东山县志

(1989—2008)

中共东山县委党史和地方志研究室　编

方志出版社
Publishing House of Local Records

图书在版编目（CIP）数据

东山县志 ： 1989—2008 / 中共东山县委党史和地方志研究室编，-- 北京 ： 方志出版社，2020.12
ISBN 978-7-5144-4515-2

Ⅰ. ①东… Ⅱ. ①中… Ⅲ. ①东山县—地方志 Ⅳ. ①K295.74

中国版本图书馆CIP数据核字(2020)第256653号

东山县志（1989—2008）

编　　者： 中共东山县委党史和地方志研究室
责任编辑： 丛　珺
出 版 者： 方志出版社
地址　北京市朝阳区潘家园东里9号（国家方志馆4层）
邮编　100021
网址　http://www.zgfzcb.cn
发　　行： 方志出版社图书经销中心
电话（010）67110500
经　　销： 各地新华书店
印　　刷： 福州德安彩色印刷有限公司
开　　本： 889×1194　1/16
印　　张： 49.125
字　　数： 1648千字
版　　次： 2020年12月第1版　2020年12月第1次印刷
印　　数： 0001～3000册
ISBN 978-7-5144-4515-2　**定价：** 560.00元

东山县地图

比例尺 1：150 000

编制单位：福建省地图出版社　审图号：漳S〔2020〕012号　资料截止：2008年12月

东山县城全景

中共东山县第十一次代表大会

东山县第十五届人大一次会议

政协东山县第八届委员会第二次会议

八尺门大桥竣工剪彩

八尺门海湾一角

西铜公路

西铜公路夜景

冬古码头

澳角渔港

宫前渔港

冬古渔村

东海岸公共保税仓

东山海关大楼

东山一中综合大楼

东山县医院住院部大楼

金殿大酒店

西埔聚福花园商住楼

东山电信大楼

前楼镇岱南新村

金华养鸡场

八尺门海上渔村

拉山网

东山鲍鱼工厂化养殖

宫前村渔市

东山特产——沙梭鱼

东山特产——褐菖鲉，也叫石翁鱼

东山特产——鱿鱼

东山特产——鲍鱼

东山特产——鲍鱼干

东山特产——虾干

东山特产——瓜螺

东山特产——海带结

东山特产——紫菜

东山特产——墨鱼干

东山特产——鱿鱼干

东山特产——海苔食品

东山特产——辣巴浪鱼食品

东山特产——海苔与鱼松食品

东山特产——条尾鲱鲤鱼干

东山特产——二长棘鲷辣条食品

东山特产——鳀鱼干

东山特产——巴浪鱼干

东山特产——芦笋茶

东山芦笋罐头产品

海魁牌水产罐头（中国驰名商标）

东山特产——冻鱿鱼圈

东山特产——鱿鱼丝

东山特产——腐皮墨鱼卷

东山特产——深海小八爪

下湖 220 千伏变电站

西坑 110 千伏变电站一角

东山油罐公司

乌礁湾风力发电站

东山旗滨玻璃厂全貌

东山县海魁水产集团有限公司加工区及办公区

东山东兴水产加工有限公司加工区

陈向东、陈向旭金木雕作品

陈平金木雕作品

陈智博金木雕作品

陈博谦金木雕作品

李素贞金银玉挂件作品

陈平贝雕作品

谢定水贝雕作品

谢玛莉贝雕作品

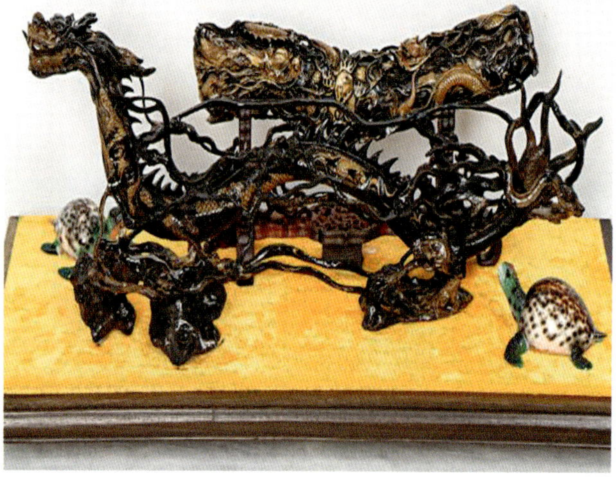

陈向旭海柳雕作品

陈金龙海柳雕作品

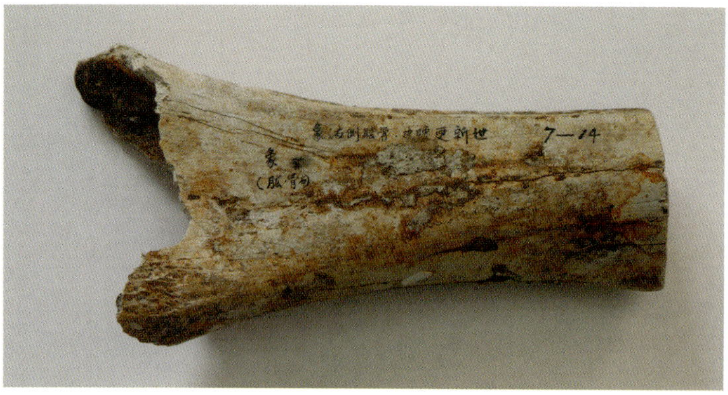

象右侧肱骨化石

青铜时代石锛

大帽山贝丘遗址文物——骨制品

大帽山贝丘遗址文物——陶豆

冬古沉船遗址文物——铜铳

冬古沉船遗址文——铜铠甲

冬古沉船遗址文物——手雷

南宋黑釉瓷碗

清“麟趾蠢斯”铜镜

黄道周公园

谷文昌纪念馆

东明寺景区

宫前妈祖

马銮湾月夜

金銮湾浴场

1995 年 1 月，东山民众欢送关帝神像应邀出巡台湾

2007 年关帝文化节文艺表演

2008 年关帝文化节期间广场文艺活动

2008 年关帝文化节烟花燃放

2008 年建宅军民联欢

2008 年文化“三下乡”活动

省级潮剧传承人——马丽端

省级潮剧传承人——曾友禄

演唱东山歌册

沙滩音乐会

广场舞

杏陈镇英坑村女子演奏队

2008 年 4 月，“庆五一・迎奥运” 东山千名老人健步活动

张贤明作品

林锦荣作品

陈淑蓉作品

刘子铭作品

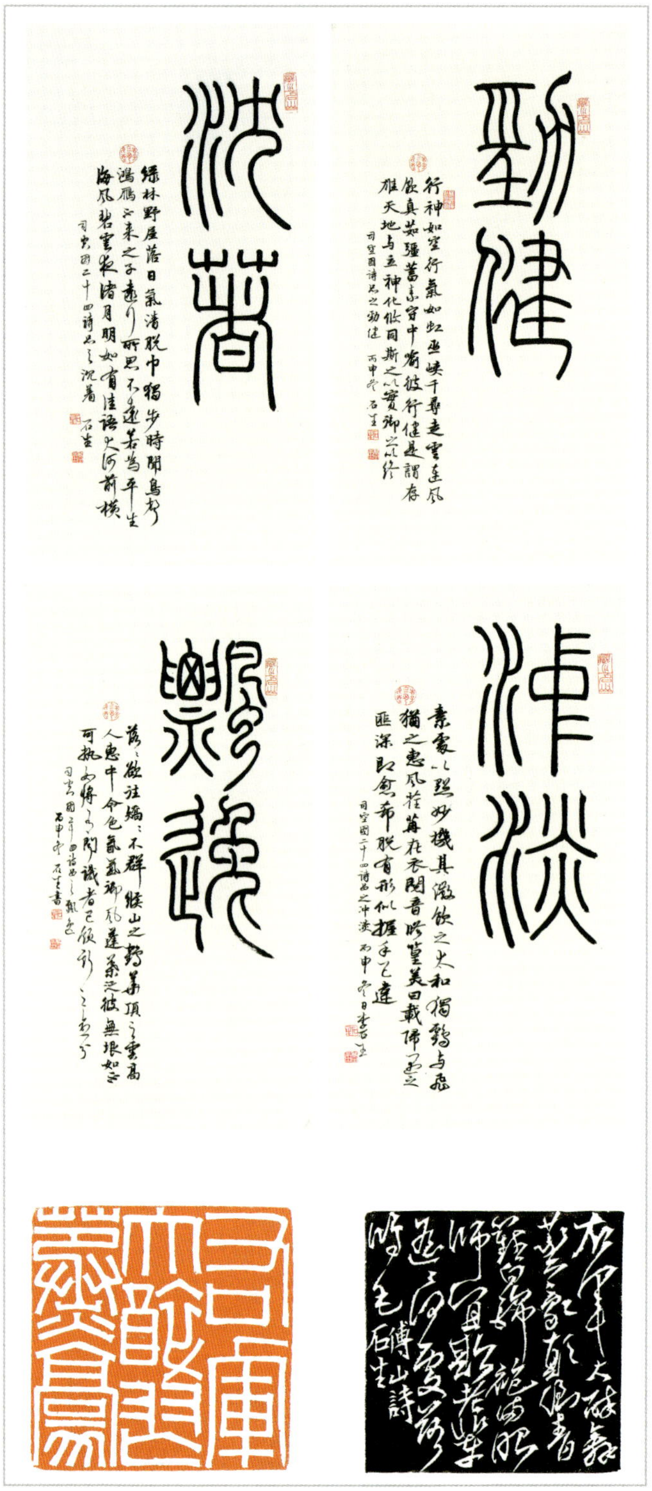

李石生作品

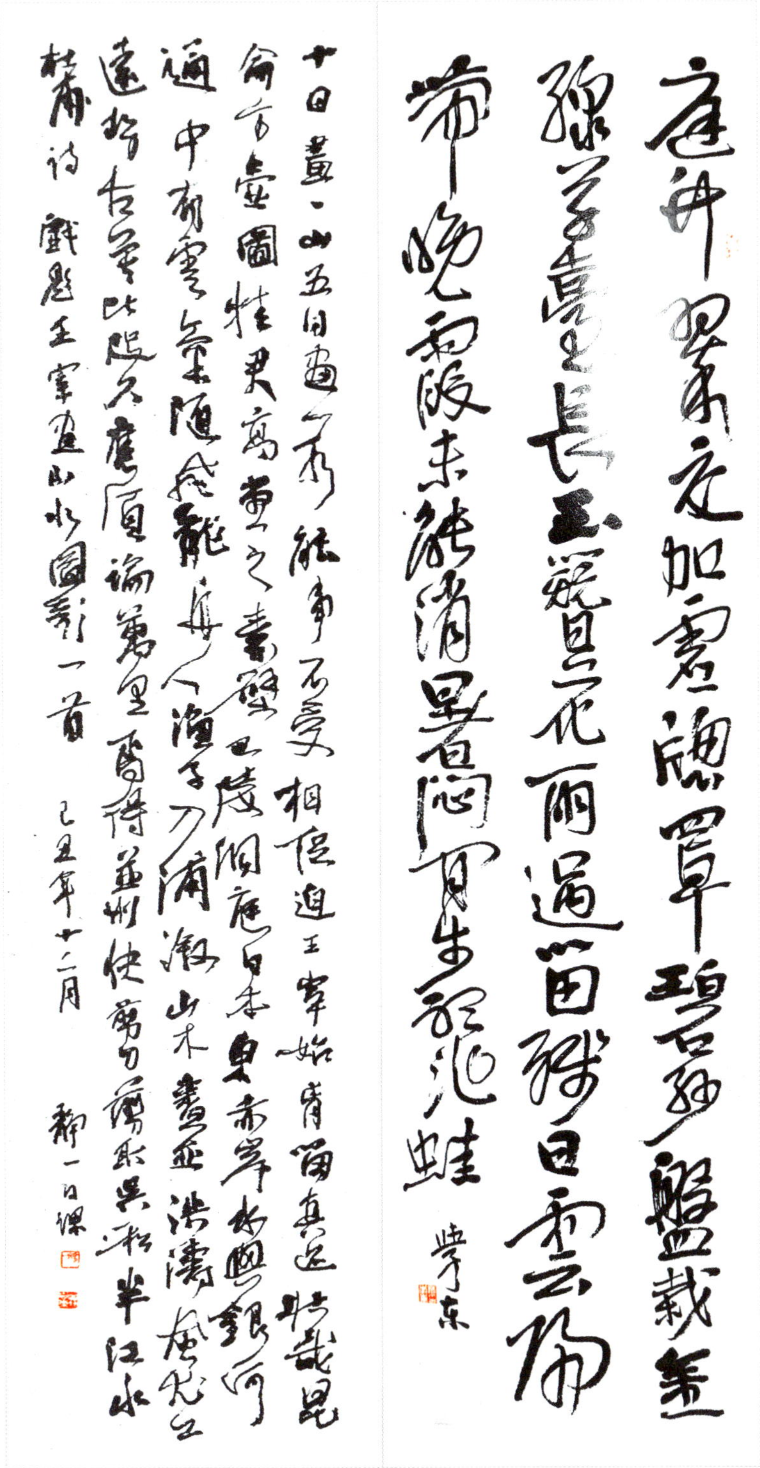

林学东作品

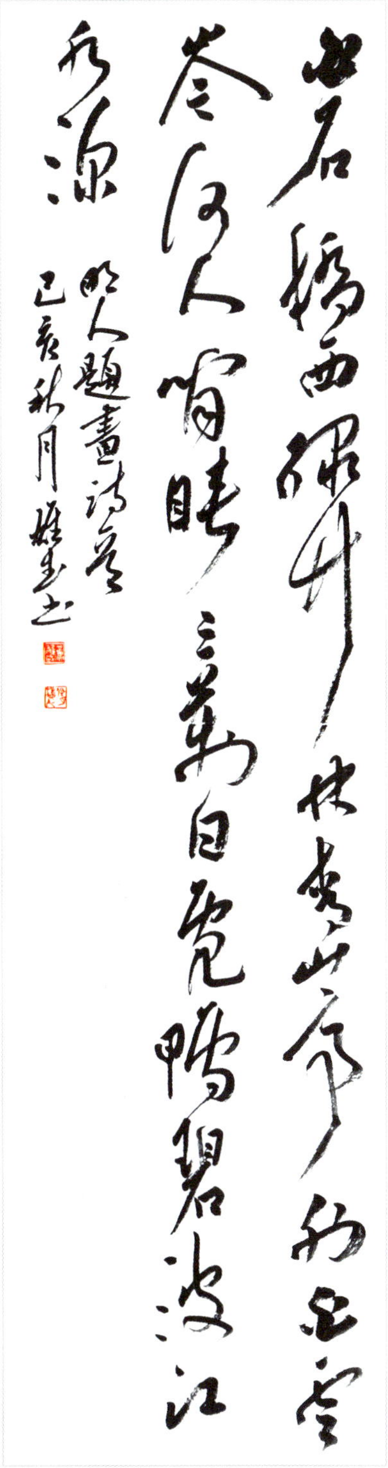

黄雄武作品

2018年1月4日，《东山县志（1989—2008）》评稿会全体人员合影

东山县第二届地方志工作领导小组和《东山县志（1989—2008）》编审人员名单

东山县第二届地方志工作领导小组成员

名誉主任：洪泰伟

主　　任：黄键鹏

副 主 任：朱文挺　　林裕辉

委　　员：（按姓氏笔画为序）

纪亚勇　孙文灿　许锦木　李结生　佘再炎　吴乐章　吴华安
何伟湃　沈又夫　沈明星　沈俊敏　张美光　陈志雄　陈松炎
陈春亮　周育民　林木粦　林志阳　林志忠　林庆发　林油通
林坤顺　林建忠　翁鸿超　唐铭锟　黄志贤　谢晓明　潘荣添

《东山县志（1989—2008）》编辑人员

主　　编：陈春亮

副 主 编：黄克桐　林彩平　谢惠英

曾任主编：林裕辉　杨国良

曾任副主编：林文辉　陈锦生　谢惜华　张剑锋

总　　纂：黄启注

副 总 纂：沈建顺

编　　辑：（按姓氏笔画为序）

孙丹义　孙英龙　刘泽金　李玉聪　李剑卿　陈锦生　沈建顺
沈钦松　沈快生　杨宝孝　林长华　林平才　林定泗　林惠生
黄启注　黄克桐　谢惠英　蔡坤通

《东山县志（1989—2008）》评稿会参评人员

吕秋心　田保家　康元泰　蔡春枝　葛向勇　詹文华　刘可明　许　霖　蔡钰臻
吴水林　邱旺山　张少容　张辉煌　赵惠娇　林丽红　许渊彪　唐顺军　简少雄
许国松　江　亚　张大南　董其勇　周元火　林宝卿　廖美清

《东山县志（1989—2008）》审稿领导小组成员

组　长：朱　真

副组长：朱文挺　王文生

成　员：（按姓氏笔画为序）

孙文灿　佘再炎　吴华安　陈志雄　陈伟猛　陈松炎　陈春亮　何雪艺
沈明星　沈建顺　林木犇　林志阳　林庆发　林油通　周育民　翁鸿超
唐铭锟　黄启注　黄志贤　潘荣添

中共漳州市委党史和地方志研究室
《东山县志（1989—2008）》审稿验收小组成员

康元泰　曾一石　蔡春枝　郑美华　陈坤山　杨　静　许渊彪　许国松　黄寿康
高晓明　林丽娟

序　一

国有史，邑有志，县志是一个地方的百科全书。《东山县志（1989—2008）》终于修纂完成，可喜可贺！这是新中国成立后东山修纂的第二本县志，也是东山第一本断代志。恰值履新，循例作序，甚为荣幸。

修志之本，在记录历史。本志记载的是1989—2008年间的发展变迁。这是砥砺奋进的二十年，谷文昌带领东山干部群众改造自然和社会，在老百姓心中树起了一座不朽的丰碑。这是继往开来的二十年，在谷文昌精神引领下，东山人不断开拓创新，政治和谐安定、经济繁荣发展、社会全面进步、人民安居乐业。这是浓墨重彩的二十年，东山先后摘得一系列荣誉桂冠：国家级生态示范县、国家级可持续发展试验区；福建省“经济发展十佳县”“经济实力十佳县”“基本小康县”“最佳旅游目的地”。

修志之要，在激励当代。治国者以史为镜，治郡者以志为鉴。海岛东山，自然有大美，人文育俊彦。如何用好这些资源创造更加美好的生活？二十年来东山人用勤劳和智慧向历史交出一份新的答卷。续编县志必将发挥“存史、资政、教化”之功，成为了解东山、宣传东山、研究东山的“百科全书”，成为教导群众知我东山、爱我东山、发展东山的“乡土教材”，成为各级领导干部认识县情、探索规律、科学决策的“资治之鉴”。

修志之义，在启迪后世。通古今，叙沿革，知兴替。从“闽南孤岛”到“东海绿洲”，东山人以敢教日月换新天的气魄创造了可歌可泣的历史功绩；从“黄道周风骨”到“谷文昌精神”，一代代东山人创业创新创造的精神薪火传承、代代相袭。立足新时代，在更高起点上打造宜居宜业、宜商宜游的“生态旅游岛、富美新东山”，我们相信，有美好的蓝图作引领，有过去几十年打下的良好基础，有22万东山人齐心协力共同打拼，坚持“绿水青山就是金山银山”生态发展理念，一张蓝图绘到底，一任接着一任干，建设“国际旅游海岛”的目标必将早日实现！

是为序。并向全体编者致以崇高敬意和衷心感谢！

中共东山县委书记：洪泰伟

2020年11月10日

序　二

志者，一域之重典；修志，一方之盛事。《东山县志（1989—2008）》几经寒暑，现付梓问世，这是东山县文化事业建设一大成果，是一件值得庆贺的大事。

全志共31卷及概述、大事记，约160万字，全面系统记载了1989—2008年20年间全县政治、经济、文化、社会、生态文明的发展脉络；既总览全貌，又突出特色；既贯穿历史纵线，又彰显时代风貌，是一部继往开来、服务当代、垂鉴后世的地情书。

二十年春华秋实，二十年沧桑巨变。与其说这是编者记录的二十年，不如说是广大东山人民砥砺前行书写的盛世华章。二十年的筚路蓝缕，二十年的艰苦奋斗，二十年的豪情满怀，铸就了二十年的光辉岁月。

东山经济技术开发区成立，东山口岸成为国家级一类口岸，水产品、芦笋等特色产品创汇位居全国县级前列，被确定为国家级科技兴海示范区、生态示范县，省级“基本小康县”“优秀旅游县”，东山活力迸发、产业兴旺、生态优美、百姓富庶。

逢盛世、勤修志。修志不仅记录辉煌，更在经世致用。一卷在手，犹如全县于胸。从政者可以观兴废、知得失，以之为鉴，有裨于明长识短、科学决策；为民者可以纵览故里嬗变，激发明志笃行、敬业奉献的家国情怀，其意义和价值举足轻重。

本届修志，集众人之识，仗众人之笔，精心采集，专心研究，数易其稿，耕耘十载，始得本志。在此，向默默奉献的县志编纂组和县委史志室工作人员、向全体修志人员表示诚挚慰问与崇高的敬意，向指导修缮志稿的中共福建省委党史研究和地方志编纂办公室、中共漳州市委党史和地方志研究室、兄弟县（市）党史和地方志研究室领导与专家表示衷心感谢！

忆往昔，创业艰辛；展未来，任重道远。全县人民，特别是各级领导干部、机关企事业干部职工、学校师生，要普遍开展读志、用志、传志活动，要以志为鉴、励志建树，秉承“黄道周风骨”“谷文昌精神”，在县委、县政府的领导下，朝着建设“国际旅游海岛”的新征途接续奋斗，再创辉煌。

东山县人民政府县长：黄建鹏

2020年11月10日

凡 例

一、本志以马克思列宁主义、毛泽东思想、邓小平理论、“三个代表”重要思想、科学发展观、习近平新时代中国特色社会主义思想为指导，坚持党的四项基本原则和解放思想、实事求是、与时俱进、求真务实的思想路线，坚持辩证唯物主义和历史唯物主义的立场、观点、方法，力求思想性、科学性和资料性相统一。

二、本志贯彻立足当代原则。时限 1989 年 1 月至 2008 年 12 月，全面客观记载县境自然、经济、政治、社会的历史与现状，突出地方特色和时代特点。

三、本志由概述、大事记、专业志、人物志、图照、表格、附录、索引组成。志为主体，横排门类，纵述史实。图照集中列于全志目录之前。表格随文。专业志依自然、经济、政治、文化、社会排序；各专业志卷首设无题概述，卷内设章、节。人物志设人物传、人物表、人物名录。

四、本志采用现代汉语记述体。大事记采用编年体略兼记事本末体。

五、人物传坚持“生不立传”原则，传记排列以卒年先后为序，收录对东山县有重要影响与贡献的人物。人物表收录获全国及省劳动模范称号与五一劳动奖章者、获省部级及以上机关表彰者。人物名录收录高级技术职称者。附录收录东山县籍在外任处级（相当处级）及以上职务者。

六、本志记述的中共福建省委、中共漳州市委、中共东山县委，统一简称为省委、市委、县委；福建省人民政府、漳州市人民政府、东山县人民政府统一简称省政府、市政府、县政府。县属机构、文件、会议名称在章中首次出现用全称，后用简称。人名直书其姓名，需表明其职务时以当时职务称谓。地名以东山县地名办公室公布的名称为准。外国国名、地名、人名、机构名均以新华社发布的译名或社会公认为准。动物、植物、矿物名用中文学名（个别括注习称）。

七、本志清代及以前采用历史纪年括注公元纪年；民国之后采用公元纪年，需说明农历日期时，用汉字数字表示。

八、本志数据采用东山县统计局编辑的《东山统计年鉴》中公布的数据，统计部门欠缺的则采用相关部门的档案数据。

九、本志资料绝大部分来自各部委办局（部门单位史志稿），少部分来自报刊、书籍、网络，个别来自当事人、知情者的口述、笔录，经核实后采用。记述中概不注明出处。

目　录

第四卷 城乡建设

第五卷 交通 邮政 通信

第六卷　水　利

第七卷　渔　业

第八卷 农 业

第九卷 林 业

第十卷　工　业

第十一卷　商贸与服务业

第十二卷　旅游业

第十三卷 金 融

第十四卷 财政 税务

第十五卷 口岸管理

第十六卷　综合经济管理

第十七卷 中共地方组织

第十八卷 地方人民代表大会

第十九卷　地方人民政府

第二十卷　政协地方组织

第二十一卷　社会团体

第二十二卷 法 治

第二十三卷　民政　军事

第二十四卷　人力资源和社会保障

第二十五卷　台港澳事务·侨务·外事

第二十六卷　教　育

第二十七卷　科学技术

第二十八卷　文化　体育

第二十九卷　医药卫生

第三十卷 宗教信仰 风俗

第三十一卷 人 物

附 录

索 引

概　述

海西蝶岛　南国风光

美丽的东山岛，镶嵌在台湾海峡西岸、闽南海滨，与其周围星罗棋布的75个大小岛屿，组成东山县。陆域247.25平方公里，海域26300平方公里。东与台湾岛隔海相望，南与广东南澳南澎列岛隔海对峙，西隔诏安湾与诏安县为邻，北西隔八尺门小海峡即云霄县境，北东隔东山湾有漳浦县古雷半岛环抱。县城西埔在东山岛地理中心。2008年，全县7个镇、16个社区、61个建制村，共58902户、206321人（其中台胞家属3万多人）。

东山岛形似展翅蝴蝶，故称蝶岛。其西北部低丘连绵起伏，东南部沙地平原开阔平坦。亚热带海洋性季风气候特征明显，春多细雨，夏有台暴，秋吹凉风，冬多晴日，既无酷暑，也无严寒。水生野生动物850多种，水生野生植物90多种（海藻为多）。陆生野生动植物较少。

东山岛自20世纪60年代起就有“东海绿洲”之美称。长期持续造林更新，绿化水平不断提高，山丘披林片，沙滩飘林带，田野布林网，公路罩林荫，处处郁郁葱葱。东山岛有诸多奇特自然景观。铜陵风动石在明代已被誉为“天下第一奇石”；文峰塔屿被纳入中国四大名屿；龙虎狮象屿“四兽”构成海中动物园；7处月牙形海湾串成绵延30多公里的银滩；海底蕴藏千姿百态的珊瑚、海柳。如今的东山岛，蓝天碧海，黛屿银滩，绿林繁花，彩鸟锦帆，风光迷人。

开放港口　发展外贸

东山县最大优势是海洋，而优势核心在港口。东山港东去澎湖98海里、高雄170海里；水路北上厦门77海里，南下汕头73海里、香港230海里。

20世纪80年代后期开始，中共东山县委、县人民政府不断加强港口建设，发展港口经济。编制《东山港口经济发展规划》，实施“以港口经济为中心，带动全县经济发展”战略，经科学论证、规划与建设，至2008年建成铜陵中澳坪2个5000吨级的杂货码头和硅砂专用码头，冬古斗笠尖山3000吨级的硅砂码头，铜陵 3000 吨级的石油码头，铜陵 3000 吨级的液化气码头，铜陵 200 吨级的台轮专用码头。在建中的码头有城垵 2.5 万吨级的杂货码头与滚装码头。

改革开放后，东山港先后被省政府和国务院批准为对台贸易船舶停靠点、国轮外贸出口物资运输起运点、外轮海上临时交货点、进口废钢船直航交接冲滩点。1992 年，国务院批准东山港对外国籍船开放，东山口岸成为国家级一类口岸，全方位开放。东山口岸设置中华人民共和国东山海关、中华人民共和国东山出入境检验检疫局、东山县港务局；涉外服务单位和港埠企业迅速建立齐全、发展壮大。

东山港对外国籍船开放后，与日本、韩国、朝鲜、美国、新加坡、马来西亚、加拿大、俄罗斯、土耳其等 20 多个国家通航。由地方性港口建设成区域性港口，成为闽南、闽西、粤东等地区为主并辐射 10 多个省市的进出口货物集散地。1993 年至 2008 年，年均进出口签证的外国籍船只 50 多艘次，中国港澳船只 200 多艘次及台轮 600 多艘次。港口货物吞吐量逐年上升，2008 年，东山港进出口货物为 118.11 万吨（进口 53.87 万吨，出口 64.24 万吨），集装箱进出口最高峰年 5000 多标箱。客运也开辟了东山到香港客轮航线、厦门至东山至汕头高速客轮航线。

港口的建设与开放经营，带动了地方海运业的发展。县内有国际船队、航运企业、海上打捞公司等。其中航运企业 3 家，运输船只 59 艘（其中千吨级以上货轮 4 艘），总吨位 1.25 万吨。港口建设与开放，带动了临港工业长足发展。创建县硅砂矿、漳州旗滨玻璃等矿业企业 10 多家，年出口石英砂 100 多万吨；创建规模以上的食品加工、制造企业 100 多家，产品出口 20 多个国家并销往中国港澳地区。港口建设与开放，繁荣了渔商市场。福建、粤东、浙南的 17 个县市数千艘渔船、商船，常进东山港补给、卖货、避风。台湾渔船、商船常进东山港避风、补给、进行小额贸易。东山港区建成中国东南水产城，场地 1.16 万平方米，有批发门市近百家。港口建设与开放，带动了对外贸易的发展。2008 年，全县对外、对台贸易输出额 29735 万美元，比 1988 年增加 255 倍；输入额 1273 万美元。

建设“三区” 振兴经济

1988 年 7 月，东山县被福建省人民政府批准为创汇农业试验区。此起，县委、县政府实施农业结构调整、良种引进、出口创汇等方面的 10 条优惠政策，发展创汇农业，逐步形成规模化、产业化的芦笋种植、水产养殖、食品罐头加工的创汇农业基地。1989 年，全县芦笋种植面积 2000 公顷，为全国最大的县级芦笋生产基地。芦笋产值 7000 万元，占全县农业总产值 25.61%。芦笋加工制罐大量出口，创汇 3094 万美元。当年，海水养殖对虾水面 1000 公顷，产量 1799 吨，大部分对虾加工制成罐头食品出口创汇。1989 年后，创汇农业项目除巩固芦笋、对虾外，大力发展鳗鱼、石斑鱼、牙鲆鱼等鱼类养殖，以及鲍鱼、扇贝、贻贝、巴非蛤等贝类养殖；大力发展荔枝、龙眼等水果种植；建造钢质渔船，进一步拓展外海捕捞。

创汇农业形成七大生产基地：芦笋种植基地面积 1354 公顷（2008 年数据，下同）；对虾养殖基地面积 713 公顷；海水网箱养鱼基地 2.7 万箱；鲍鱼工厂化养殖基地有养殖场 924 家、养殖面积 7.86 万立方米；贝藻养殖基地 4233 公顷；水果种植基地 1741 公顷；海洋捕捞渔船 2088 艘（其中钢质船 456 艘）。七大生产基地年产值共 15 亿元以上；提供大量原料加工出口创汇。其主要农产品产量：芦笋 22212 吨，水果 12064 吨，对虾 1808 吨，海水网箱养鱼 12189 吨，成品鲍鱼 1469 吨，海水藻类 15226 吨，海水贝类 99848 吨，海洋捕捞产量 145498 吨。除满足当地市场需求外，大部分产品提供加工制罐或鲜活出口。2008 年，全县农林牧渔总产值 302217 万元（现行价），比 1990 年的 95702 万元，增长 2.15 倍。其中，农业种植业产值 19408 万元，占农林牧渔总产值 6.42%；渔业产值 258889 万元，占农林牧渔总产值 85.66%；畜牧业产值 9453 万元，占农林牧渔总产值的 3.13%；林业产值 475 万元，占农林牧渔总产值 0.16%；农林牧渔服务业产值 13992 万元，占农林牧渔总产值 4.63%。

东山经济技术开发区是 1993 年 1 月由国务院批准设立，总规划面积 10 平方公里，位于西埔镇境内。中共东山县委、县政府迅速组建东山经济技术开发区管委会，进行开发区建设与招商引资工作。按照“开发一片，建设一片，收益一片”的原则，大胆探索，积极开拓。由于东山的环境优美、资源丰富、政策优惠、“三胞”（港澳同胞、台胞、海外侨胞）众多等优势，东山经济技术开发区成为港澳台商、侨商和外商投资的热土；也成为省内、国内企业家投资的热土。至 2008 年，已完成 5 平方公里的开发配套建设，区内主干道、排涝、排污、供水、供电、通信等设施齐全；进区项目不断增加，规模不断扩大，科技含量档次不断提升。1989 年至 2008 年 12 月，全县累计批准三资项目 361 个，合同外资额 126814 万美元，实际利用外资 74436 万美元。初步形成水产品加工业、金属塑料制品制造业、食品加工制罐业的产业结构，涌现海魁水产集团有限公司、龙生水产制品有限公司、东兴水产品加工有限公司、海之星水产食品有限公司、英特（东山）食品有限公司等一批龙头企业。东山经济技术开发区的发展逐渐成为东山县经济发展的龙头，在其带动与辐射下，铜陵、西埔两个以农渔产品加工为主的工业小区也较快形成。全县工业总产值 1988 年 17789 万元，2008 年增加至 566317 万元，增长 30.84 倍。至 2008 年，全县有芦笋加工企业 25 家，消化县内芦笋原料的 80%，芦笋罐头食品、速冻、饮料等系列产品的 96%（以上）出口，出口量约占全球芦笋市场 1/10，为福建省出口创汇拳头产品。全县各类水产品加工企业 240 多家，年水产品加工能力 10 万吨，产品也大部分出口。2008 年，全县有出口经营权的企业由计划经济时期的 1 家（县外贸公司），发展到 46 家。经济技术开发区迅速拓展，推进“光伏及玻璃新材料产业园”和“海洋生物科技园”的建设，促进产业转型升级。

东山旅游经济开发区于 1993 年 6 月由省政府批准设立，规划面积 58 平方公里。县委、县政府在 1992 年发展旅游业兴建“百亿新城”基础上，进一步掀起发展旅游业热潮。成立东山旅游经济开发区管委会及县旅游开发总公司，全面展开旅游经济规划，招商引资建设。利用丰富多彩的自然景观和人文景观，组织修缮景点，兴建景区，发展旅游经济。县委又于 1995 年 2 月制发《关于加快发展东山旅游业的若干意见》，决定加快“百亿新城”等龙头项目建设。经过多年努力，相继建成风动石—塔屿景区、马銮湾景区、金銮湾景区、乌礁湾景区，各具特色。东山关帝庙、铜山古城、黄道周故里、郑成功水操台、东山抗战烈士陵园、东山战斗烈士陵园、寡妇村展览馆、东山战斗英雄八少年传统教育室、谷文昌纪念馆、东山第二中学海洋生物标本馆等，构成内容丰富、文化底蕴深厚的人文景点集群。“东海绿洲”的国家森林公园、多处海滨浴场、丰盛的海鲜美食尤为五洲四海游客所赞赏。旅游景区交通便捷、卫生整洁、安全保障。旅游业配套设施有各类宾馆酒店（度假村）70 多家，旅行社 5 家。开发各种旅游专项服务项目 10 多项，其中沙滩度假休闲游、关帝文化赏识游、帆船帆板运动游等闻名海内外。2002 年 3 月，风动石景区被国家旅游局评为国家 AAAA 级旅游区，成为漳州市首家国家 A 级旅游区。2008 年，东山县以高分通过省级优秀旅游县的验收，成为全省第六个、全市第一个优秀旅游县，被誉为福建省最佳旅游目的地。是年，全县接待国内外游客 118 万人次，旅游业总收入 4.27 亿元。

东山县国民经济在“三区”开发中逐年发展。至 2008 年，全县地区生产总值（当年价算）为 510897 万元，比 1988 年（当年价算）32165 万元，增加 14.88 倍。其中，第一次产业 169166 万元，比 1988 年 17261 万元，增加 8.8 倍；第二次产业 193640 万元，比 1988 年 7481 万元，增加 24.88 倍；第三次产业 148091 万元，比 1988 年 7423 万元，增加 18.95 倍。三次产业比重由 1988 年 53.66：23.26：23.08，调整为 33.11：37.90：28.99。2008 年人均 GDP 为 23969 元；财政总收入 32068 万元（其中地方财政收入 21700 万元），比 1988 年 3634.7 万元，增长 7.82 倍。

改善民生　实现小康

人居环境优化美化　1989—2008 年，东山县以建设国际旅游海岛为目标，努力推进城乡基础设施建设，人居环境不断改善。优化道路交通：改造拓宽西铜公路、西陈公路、西前公路、学府路、城垵路等，并实现路面水泥化；建成宫前、岐下、田尾等陆岛交通码头；开工建设疏港公路。建设夜景工程：在西埔、铜陵、康美、陈城等镇累计完成 82 处夜景工程。保护生态环境：继续植树造林，巩固全岛绿化成果，完善西铜公路、金銮大道、环岛路段的配套绿化；推进“节能减排”工程，主要污染物排放总量得到有效控制；红旗水库保护区进行专项整治，确保全县饮用水安全；铜陵垃圾中转站、康美垃圾焚烧窑等一批镇村垃圾清运设施配套到位，铜钵生物氧化塘建成，双东污水处理厂开建。全县生态环境大改善，2008 年，东山县被评为国家级生态示范县，前楼镇通过“全国环境优美乡镇”验收。全面推进新农村建设：开展“家园清洁行动”和“家园整理”，努力改善农村环境卫生，陈城、康美、杏陈、前楼 4 个镇，马銮、石埔、澳角等 35 个建制村，先后通过省级环境卫生验收；建制村间、社区间道路大部分改造修建；实施村村通自来水工程，至 2008 年累计有 34 个建制村（占全县建制村数 56%）用上自来水；农村电网改建全面完成，通过省级电气化县验收；居民点规划建设有序进行，有 20 多处被省评为新村建设示范点。2005 年，澳角村获“全国文明村”称号。至 2008 年，累计有 12 个建制村（社区）获省级文明村称号。

社保体系更加完善 1989—2008 年，东山县社会保障在原有的灾害救济、烈军属优抚、五保户供养、离退休生活费等项目的基础上，不断扩大范围，增加项目，提高标准。全面实行机关事业单位、企业单位、城镇与农村社会养老保险；全面实行机关事业单位、企业单位、城镇与农村居民医疗保险；同时，全面实行工伤、失业、生育保险。1997 年，建立城镇、农村居民最低生活保障制度，逐步扩大保障面，提高保障金额标准，做到应保尽保。2008 年，全县享受低保人数 6222 人，占全县总人口的 3.02%。实行残疾人创业、就业的优惠政策，全面建立就业保障金制度，兴办福利企业，开展白内障复明手术，为配假肢或助听器者提供训练服务，注重残疾儿童特殊教育。提高革命烈士、因公牺牲军人的家属抚恤金标准和义务兵家属优待金标准。妥善安置退伍军人并给予优惠待遇。及时救济遭受严重自然灾害（尤其是海难）的家庭，使之安定生活，恢复生产。完成杏陈镇埔头地质灾害点的居民搬迁。推进铜陵、西埔的经济适用房建设，向 383 户发放廉租房补助金。实行政策性渔船保险和渔工责任保险，至 2008 年，全县渔工投保 7291 人，占全县专业渔业劳力 26.20%；渔船保险 1132 艘，占全县捕捞渔船总数 54.21%。配套完善海上救助中心设施，筹集海难救助基金 100 万元。社会保障体系不断完善，社会和谐程度显著提高。

科教文卫全面发展 1989—2008 年，东山县实施“科技兴农”“科技兴渔”战略。组织县科技部门加强与中国台湾地区的科技交流合作。先后引进芦笋、蔬菜、水果、贝藻、鱼虾等门类的良种近 300 个，经试验培育，已有数十项“安家”并大面积推广。同时，实施“科技兴林”战略，引进优良林木种苗和先进培苗与更新造林技术。开展农、渔、林、水、工、建、医卫和环保的科研，20 年间有 18 项成果获省部级奖励，有数十项成果获市级奖励。实施全民科学素质工程，东山县于 1998 年被评为全国科技工作先进县。开展可持续发展实验区建设，于 2008 年获国家级验收。教育事业不断加强。1995 年 10 月，经省政府组织验收，东山县实现基本扫除青壮年文盲和基本普及九年义务教育。经继续努力，于 2008 年一次性通过省级“双高普九”验收，实现高水平、高质量普及九年义务教育。推行素质教育，不断提高教学质量，东山县于 2008 年被评为市级高考教学质量先进县。文化体育娱乐活动在民间广泛开展，书画等文艺作品和潮剧等演出节目，获省部级奖励 10 多项。多次承办全国全省的帆船帆板比赛。西埔、铜陵数字电视整体转换如期完成。开展非物质文化遗产的调查与保护，东山关帝文化、东山歌册被列入闽南文化生态保护展示点和示范区。每年举办福建东山关帝文化旅游节，成为海峡两岸民间交往的盛会。卫生事业投入不断增加。持续开展爱国卫生运动。多次进行食品和药品市场的卫生安全整治。完善西埔、铜陵社区卫生服务中心及重点镇卫生院的建设。计划生育服务水平逐年提高，人口自然增长率下降，2008 年为 4.49‰，计划生育工作连续 10 年保持全省一类先进县。同时，不断推进精神文明教育，弘扬“东山保卫战”精神，开展“学习谷文昌”活动和“五讲四美三热爱”活动，广大干部民众政治思想素质不断提高。推进“平安东山”建设，加强“打黑除恶”专项行动，落实安全生产责任制，开展渔业生产、道路交通专项整治，严防各种事故发生，和谐社会建设取得显著成效。20 年间，在开展文明单位评选中，有 30 多个单位被评为省级文明单位，澳角村被评为全国文明村。

基本小康提升小康 1989 年起，县委、县政府带领全县人民奔小康的目标逐步明确，步伐加快。1991 年，全县农民人均纯收入 1407 元，跃居全省前列。1992 年，全县经济发展进入全省的“十佳县”行列。“一港三区”建设与开放经营，促进国民经济迅速提升，带来社会各项事业的全面发展。1995 年 1 月起，实施县委制定的《增创新优势，建成小康县——工作要点》。当年末，按照省委、省政府《关于加快实施农村小康计划的意见》，县委、县政府组织全县小康进程普查。普查结果，全县农村小康进程综合得分 95.76 分，基本达小康的农户占总农户的 94.30%。在此基础上持续不懈抓小康建设，并报市复查。1996 年夏，中共漳州市委组织复查后，报省复查。1996 年 10 月 13－17 日，省委农村奔小康领导小组办公室组织复查。复查结果：1995 年农村小康进程综合得分 96.72 分，16 个指标中有 14 个指标达到或超过小康值（满分），2 个指标（人均日摄入蛋白质和恩格尔系数）未达标，总体评价东山县农村基本实现小康。省委、省政府确认并公布东山县为基本小康县。此后，县委、县政府按照省委农村奔小康领导小组复查的建议，根据实际开展小康县的巩固、充实与提高的工作。不断加强村镇建设，加快农村城市化步伐；加强后进村和困难户的帮扶，促进共同富裕面扩大；加大综合开发力度，培植高优农业产品产业（绿色产业、蓝色产业、创汇农业），培植高优林业品种以更新林带、林网、林片；大力发展生产，壮大集体经济，向更高层次小康迈进。在全省社会主义新农村建设和农业现代化建设中起小康示范县作用。2002 年后，更加注重发展工业，培植龙头企业，带动整体经济持续、稳定发展。在大抓物质文明建设的同时，加强精神文明、政治文明建设。又经 13 年努力，小康县水平明显提高。2008 年抽样调查，农民年纯收入人均 7001 元，比 1995 年小康复查（下同）的 2823 元，增加 4178 元，增 1.48 倍；衣着支出人均 241 元，比增 166.2 元，增 1.22 倍；其他指标的小康水平除恩格尔系数外，都有所提高。城镇居民年家庭总收入人均（抽样调查）11893 元；总支出人均 10436 元（其中消费性支出人均 8832 元，含衣着消费支出 718 元），恩格尔系数为 49%。城镇居民小康水平较高。

五大提升　再铸宏图

1989—2008 年，东山县经济、社会的发展速度空前；但经济总量偏小，工业项目规模不大，旅游设施尚需升级，农业有待提高产业化水平。

县委、县政府总结经验，确定今后数年实施“产业、环境、文化、社会管理、人民素质五大提升工程”。按照“以工业立今天，以旅游谋未来”的发展思路，加快建设进程；深化对台交流合作，全面提升招商引资水平；以生态促发展，建设“宜居宜业宜行”的幸福家园，努力把东山建成国际生态旅游岛和海洋经济强县。

大事记

1989 年

1 月 10 日，东山县关心下一代协会成立。

2 月 1 日，县政协主办的“台湾海峡两岸东山人画展”在县文化馆展出，其中旅居台湾东山籍人士书画作品 37 幅。

2 月 12 日，县气象局成立，与县气象台合署，为正科级单位。

3 月 21 日，县政府发文，决定 4 月 1 日起取消城镇居民（含国家干部职工、高初中在校生）平价粮油分等定量供应制度，粮油销售实行市场调节价。

4 月 27 日，县台湾同胞联谊会第二次代表大会召开，出席会议代表 63 人，选举产生县台湾同胞联谊会第二届理事会组成人员。

5 月 10 日，东山港首次停泊万吨货轮。为上海远洋运输公司的“汤阳号”货轮从朝鲜南浦港运载万吨水泥进港停泊。

6 月 5 日，县人民代表大会常务委员会设立华侨委员会。

6 月 10 日，县国防教育领导小组成立。

7 月 13 日，县政府召开 1986—1987 年度东山县科技进步奖励大会，“25DB-18 清水泵研制”等 25 个科技项目获科技进步奖。

7 月，东山县以绿化覆盖率 31%、街道绿化率 100%、人均绿化面积 10 平方米的成绩，在全省县城绿化检查评比中获第三名。

8 月 1 日，东山华侨新村“西班牙山庄”落成。该山庄由漳州市华侨房地产公司独资开发经营，占地面积 4266 平方米，共建 24 套。

8 月 15 日，县供销速冻厂成立。为县内首家生产速冻食品企业。

9 月 5 日，县邮电局开通市内电话 1000 门，全县实现市内电话自动化。

10 月 8 日，县举办首届老年人运动会暨首次老年人大型健身活动。

10 月 14 日，东山卫生检疫所（二级所）成立，为副处级单位，负责出入境商品卫生检疫事务。

12 月 6 日，县海外联谊会成立。

12 月 15 日，县硅砂矿厂房设施通过竣工验收并投产。

12 月 20 日，县普法办公室被中共中央宣传部和司法部评为全国普法工作先进单位。

12 月 25 日，东山县被中共福建省委、省人民政府评为沿海防护林体系建设工程先进单位。

1990 年

1 月 8 日，中共东山县第六届委员会第六次全体委员会议召开，会议通过《关于发扬光大东山保卫战精神和谷文昌精神的决定》。

1 月 15 日，经省政府核准，县外贸公司获得进出口经营权。

1 月 17 日，县潮剧团应泰国黄金半岛慈善发展董事会邀请，到泰国曼谷进行商业演出，至 3 月 13 日共演出 46 场。是全省地方剧团首次赴泰国演出。

1 月 30 日，撤销杏陈乡、陈城乡，改设杏陈镇、陈城镇，由乡建制改为镇建制，辖域均不变。

5 月 5—7 日，省委书记陈光毅到县调研创汇农业试验区。

6 月 20 日，县残疾人联合会第一次代表大会召开，选举产生县残联理事会成员。

6 月 29 日 18 时，第 6 号台风正面袭击东山，持续 14 小时暴雨。全县农作物受灾面积 3200 公顷，受灾户 18408 户、105870 人；死亡 4 人，伤 113 人；民房倒塌 501 间，船损失 142 只。全县经济损失 4600 多万元。民政部门发放救灾款 11.6 万元。30 日，省委书记陈光毅到东山视察灾情并指导救灾。

7 月 1 日零时第四次全国人口普查结果：全县总户数 39288 户、总人口 182967 人，其中男性 91952 人。

7 月 5—7 日，县举办首届关帝文化节暨海外侨胞、台胞和港澳同胞省亲恳谈会，洽谈经贸项目 33 个，签订贸易合同 11 份。

8 月 10 日，县石斋初级中学成立，位于铜陵镇文峰社区 263 号，为省属普通初中。校园占地面积 6004 平方米，校舍建筑面积 2600 平方米。

9 月 10 日，中国人民解放军南京军区司令员固辉中将、政委傅奎清中将到东山视察驻岛部队。

10 月 11 日，县老龄工作委员会成立。

12 月 6—9 日，中共东山县第七次代表大会在县城人民会堂召开，出席会议代表 208 人。大会审议通过《坚持党的基本路线，加快东山海岛建设》工作报告，选举产生中共东山县第七届委员会组成人员和县纪律检查委员会组成人员，洪我追当选县委书记。

12 月 17—18 日，县举行第十一届人民代表大会代表选举，选出县人民代表大会代表 215 人。

12 月 22 日，东山县被省政府评为全省首批消灭荒山县。

1991 年

1 月 6 日，巴拿马籍“特罗奴号”货轮进入东山港。该船载重 1.54 万吨，装载日本客商所需的高尔夫球场用沙（从东山港启航开往日本）。这是东山口岸设立（1982 年）后承接的最大货轮。

1 月 17—18 日，以粕谷进为团长的日本国谏早市友好访问代表团一行，到东山参观考察。

1 月 19 日，东山县与河南省商水县结成友好县。副县长林定波和商水县副县长胡道平分别在两县友好协议书上签字。

1 月 20—24 日，政协东山县第四届委员会第一次会议在新落成的县政协大楼召开，出席会议委员 90 人。会议选举产生新一届政协领导班子，沈淮彬当选主席。

1 月 22—26 日，县第十一届人民代表大会第一次会议在县城人民会堂召开，出席会议代表 215 人。会议审议通过《扩大开放，加快开发，团结进取，再展宏图》政府工作报告和县人大常委会、县人民法院、县人民检察院工作报告；选举产生县第十一届人大常委会主任、副主任、常务委员，县政府县长、副县长，选举产生县人民法院院长、县人民检察院检察长。选出市第十一届人大会代表 21 人。廖进彩当选县人大常委会主任，江宏真当选县长。

2 月 25—27 日，受省科学委员会委托，由省科技开发中心与省科技交流中心联合主持的“闽台对虾养殖、保活技术交流会”在东山县召开，闽台两地对虾养殖专家学者、技术人员 80 人参加。

4 月中旬，中国人民解放军南京军区政委史玉孝中将到县视察，并为四号民兵哨所和某部八连官兵分别题词“东山巾帼，永远向前”“建设东山好八连”。

5 月 24 日，中央顾问委员会委员项南一行到县视察铜陵硅砂矿码头等。

6 月 19—20 日，国际麻风救济会理疗顾问珍妮·沃森女士和波弗尔女士到县考察并洽谈资助麻风康复合作项目。

6 月 20 日，县广播站改设县广播电视局(正科级)；设立县保密局（副科级)；县城乡建设环境保护局分设为县城乡建设委员会和县环境保护局（均为正科级)。

8 月 7 日，省水泵行业第四届全会在东山召开。省机械工业厅等 20 个单位、45 名专家参加。会议通过鉴定，确认东山微型水泵厂生产的 QDX1.5×1.8-0.37 微型交流单相潜水泵为国内首创。

9 月 1 日，杏陈初级中学成立，开始招收初中一年级新生入学。

9 月 1 日，县邮电局开办无线寻呼业务，第一批用户 50 户。

9 月 3 日，县政府在东山抗战烈士陵园举行纪念抗战胜利 46 周年大会暨萧克将军为陵园题字揭匾典礼，县各界人士 400 多人参加。

9 月 3 日，县举行纪念北宋名医吴真人（吴夲）活动，召开吴真人学术研讨会，闽台 50 多名学者、专家、医师参加，会上收到学术论文 50 篇。

10 月 1 日，第 19 号台风正面袭击东山，最大风力 12 级，风速 39 米/秒。全县经济损失 1586 万元，2 人失踪。

10 月 15 日，县委对台工作部改称县委台湾工作部；同时设立县政府台湾事务办公室，与县委台湾工作部合署办公。

10 月 15—16 日，由省农村发展研究中心和县政府联合举办的“东山·闽台农业经济技术合作交流恳谈会”在东山举行，海内外人士 500 多人参加。省人大常委会副主任温秀山、副省长游德馨和闽台经济文化交流促进会会长胡宏等参加大会。

10 月 16 日，县被农业部评为“全国渔业生产先进县”，县内渔业发展成就被收入《水产业佼佼者——全国渔业生产先进奖十省百县经验汇编》一书。

12 月 30—31 日，中共中央委员、海军司令员张连忠中将视察东山岛，并看望驻岛部队。

1992 年

1 月 6—8 日，福建省 1991 年度省、地（市）政协“三胞”工作协作交流会在东山县召开，参加会议 70 多人。

3 月 3 日，俄罗斯联邦“帕蒂择斯克号”油轮运载 2557 吨柴油进入东山港卸货。这是俄罗斯联邦轮船首次进入东山港。

3 月 15 日，撤销樟塘乡，改设樟塘镇，由乡建制改为镇建制，辖域不变。

3 月 21—22 日，陈城镇宫前村、岐下村渔船在台湾浅滩渔场作业时，遭台风袭击，2 艘渔船沉没，4 艘渔船及 19 名渔民失踪。

3 月 25 日，县住房制度改革领导小组成立。

4 月 2 日，县政府撤销设在八尺门的县工商局缉私检查站、县财政局特产税检查站和县公安局治安管理小组，仅保留县税务检查站。

4 月 22 日，中国人民解放军总政治部原主任陈士榘上将在漳州市市长韩玉琳陪同下，到东山视察。

4 月 25 日，中华人民共和国东山动植物检疫局成立，为副处级单位，承担东山、云霄、诏安、漳浦等县出入境动植物检疫工作。

5 月 19 日，15 时 20 分，东山关帝庙风景区景点“钓鳌台”突然一声巨响，自行裂开 2 米宽。

5 月 28 日，县农村社会养老保险领导小组成立，并立即开展农村社会养老保险试点工作。

6 月，县台湾同胞联谊会第三次代表大会召开，出席会议代表 65 人，选举产生第三届理事会成员及会长、副会长。

7 月 1 日，共青团东山县委等单位联合举办首届东山十佳青年评选活动。

7 月 10 日，撤销康美乡，改设康美镇，由乡建制改为镇建制，辖域不变。

7 月 20 日，福建省闽台农业经济技术交流中心在县西埔成立。中心占地面积 4.67 公顷。

8 月 8 日，县 6000 门程控电话正式开通。

8 月 28 日，县土地开发公司成立。

9 月 5 日，林业部批准设立东山岛国家海滨森林公园。

10 月 6—13 日，由中国盐业总公司举办的“首期全国盐业藻垫在盐业生产上的应用研习班”在东山开学。有 12 个省、市科研单位 40 名科技人员参加。

10 月 8—10 日，第四次全国海岛市、县长联席会议在县召开，国家海洋局副局长陈炳鑫主持会议，参加会议 96 人。

11 月 6 日，台北市民间潮乐团（19 人）抵达东山访问演出。这是台湾首家到东山县访问演出的民间艺术团体。

11 月 10 日，东山港务局成立。该局隶属于漳州港口管理局。

11 月 15 日，县政府公布第四批文物保护单位 12 处：朱旋墓、港口盐课大使署、樟塘解山庙、铜陵真君宫、美山康美古榕树群、石鼓石锣石龟、美山世美堂杨观吉墓、铜陵古来寺、铜陵东岭大庙、铜兴御乐轩旧址、钱岗崇孝堂和赤山谷文昌陵园。

12 月 17 日，省政府授予东山县“’92 经济发展十佳县”称号。

12 月 20 日，福建省东山海上安全监督局成立，为科级事业单位，隶属于漳州海监局。

12 月 28 日，东山口岸经国务院批准正式对外国籍船舶开放。

1993 年

1 月 13 日，东山县举行东山港对外国籍船舶开放典礼、首航剪彩和港口开放揭牌仪式。

1 月 20 日，国务院批准设立东山经济技术开发区。该区位于县境中心，东至樟塘新溪，西至石埔新溪，南至西铜公路，北至向东支渠到下湖溪，辖区总面积 10 平方公里。

2 月 17 日，福建省全国政协委员视察组一行 12 人到东山视察农业综合开发工作。

2 月 18 日，福建省对外劳务合作公司东山办事处成立。

3 月 10 日，东山进出口商品检验局成立。该局管辖东山、云霄、诏安 3 个县的进出口商品检验业务。隶属于福建商检局，为处级单位。

3 月 20 日 17 时 15 分，铜陵第二渔业公司“闽东 1259 号”流刺作业船在北纬 23° 17′18＂、东经 178° 9′30＂海区作业时，被一台轮撞沉，6 名渔民死亡，仅 1 名生还。

3 月 31 日，福建东山盐政处成立。

4 月 1 日，县政府召开减轻农民负担工作会议，会议制定《东山县减轻农民负担实施方案》。

5月19日，由共青团东山县委主办的福建省首家县属青年旅行社东山县青年旅行社开业。

5月27日，17时40分，县顶西坑11万伏输变电工程启用。

5月28日，县农村社会养老保险公司成立。公司采取政府组织引导与农民自愿结合的办法，建立农村社会养老保险制度。

6月1—5日，全国台盟宣传工作会议在东山县召开。台盟中央主席蔡子民、秘书长及19个省市的33名台盟领导人出席会议。

6月3日，陈城镇澳角村的大茂新村举行落成典礼。大茂新村位于山下湖仔自然村对面的公路旁。1991年2月11日动工建设，建成后由大茂自然村整体搬迁进驻。

6月中旬，县第二医院引进的白内障人工晶体植入技术经试验获成功。

7月1日，东山人民广播电台正式开播。

7月8日，省政府批准设立东山旅游经济开发区。

7月30日，县开始实行工伤保险和生育保险。

8月16日，东山港5000吨级码头集装箱配套工程完工，投入试运行。

12月27—30日，中共东山县第八次代表大会在县城人民会堂召开，出席会议代表209人。大会审议通过《解放思想，团结奋斗，加快东山旅游港口城市的建设》工作报告和县纪律检查委员会向代表大会所做的工作报告，选举产生中共东山县第八届委员会组成人员和县纪律检查委员会组成人员；郑道溪当选县委书记。

1994年

1月18—22日，政协东山县第五届第一次会议在县政协大楼召开。出席会议委员99人，大会选举产生县政协第五届主席、副主席6人；郑道溪当选主席。

1月19—23日，县第十二届人民代表大会第一次会议在县人民会堂召开。出席会议代表215人。会议审议通过《抓住机遇，加快发展，为把东山建成旅游港口城市而努力奋斗》政府工作报告和县人大常委会、县人民法院、县人民检察院工作报告；审查县国民经济与社会发展计划和县财政预算报告。选举产生县人大常委会主任、副主任、常务委员，县长、副县长，县人民法院院长、县人民检察院检察长。沈淮彬当选县人大常委会主任，黄汉河当选县长。

3月11日，土耳其籍“伊斯达姆号”（5万吨级）货轮，运载4万多吨钢材到东山港卸货。为东山港对外开放后停靠吨位最大的船舶。

4月10日，经广播电视部批准，设立东山有线电视台。

4月20日，县政府外事办公室成立，与县侨务办公室合署办公。

5月1日，东山港举行集装箱码头竣工暨东山至香港集装箱班轮首航仪式。该码头是漳州市第一个年吞吐量达9000标箱的集装箱码头。

8月3日，县政府举行“先行工程”建设开工典礼。

9月13日，漳州市最大的石油设施项目东山铜陵新油库投产。

9月13日，县税务局分设为县国家税务局和县地方税务局。

9月15日，东山经济技术开发区管理委员会成立，为副处级单位。

10月1日，东山县开始实行企业用工最低工资标准，年内企业员工月最低工资标准为190元。

11月5—6日，全县出动3万多人次，开展消灭“木毒蛾”虫害统一行动。

11月19—21日，首届女子帆板世界冠军巡回赛在东山岛金銮湾举行。

12月15日，东山县被省委、省政府评为双拥模范县。

12月18日，东山县被省军区评为省国防教育先进单位。

1995年

1月1日，东山县开始实施机关事业单位工作人员退休养老保险。

1月13日，东山关帝庙神像应台湾基隆关帝庙管理组织邀请，首次赴台，参加台湾七朝清醮大典，活动历时6个多月，台湾几十万人朝圣。有15家新闻单位全程报道活动盛况，其中刊发报道文章249篇。7月20日，台轮送关帝神像回东山。

2月19日，铜陵镇第二渔业公司1262号拖网船出海作业，在返航途中遇大风狂浪袭击于兄弟岛附近海面沉没，7名船员遇难。当月下旬，县民众举行为“二一九”海难船员捐资活动，共募捐15.09万元。

3月9日，县召开黄道周诞辰410周年纪念大会，并举行黄道周塑像揭幕仪式、黄道周文化研讨会等活动。

3月15日，经省政府批准，县设立冬古台轮停泊点。

3月17—18日，由省委、省政府与中央电视台联合举办的“’95福建行”大型电视采访团到东山县采访。中央、省、市19家新闻单位就东山旅游资源开发、创汇农业、基础设施建设、两岸“三通”等内容进行专题采访。

3月19日，县旅游景区被国家旅游局定为“’96中国休闲游”重要旅游点，列入国际旅游线路。

4月19日，国防部部长迟浩田上将与南京军区司令员固辉上将等到东山岛视察。

4月26日，铜陵镇铜兴村一艘定置网作业渔船，在对面屿海面作业时突遇大风，船被打翻，遇难3人，幸存1人。

6月10日，县旅游局与县文化局联合在东山关帝庙举办第五届关帝文化节暨漳州市“芳草计划现场会”活动。

8月25—27日，中国首届南方企业家经济合作恳谈会在东山县召开，广东、海南、北京、上海等地130多名专家学者、企业家参加会议。

10月15日，县“基本普及九年义务教育、基本扫除青壮年文盲”通过省政府评估验收，各项指标均达到国家和省定标准，核准为基本普及九年义务教育和基本扫除青壮年文盲县。

11月10日，县农械厂研制的9FWS-40型无筛粉碎机获1995年“双龙杯”全国科技发明成果博览会金奖。

12月20日，西埔至铜陵码头公路改造工程全线通车。该工程于1994年8月开工，起点西埔三角点，终点铜陵码头，全长11.68公里，沥青路面，宽15米，总投资507.5万元。

1996年

4月8日，东山县被国务院列入全国第三批建设农村电气化县。

4月20日零时20分，铜陵渔业第二公司的“闽东渔1208号”拖网渔船，在距县境50多海里处，遇强风暴袭击沉没，9名船员失踪。

4月20日，县人民武装部由直属地方建制改为军队建制，隶属于漳州市军分区。

5月23日，经省政府批准，东山经济技术开发区管委会从即日起行使市地一级经济管理权限。

6月27日至7月11日，东山县举办首届文化艺术节，举行大型歌舞、农村文艺会演、少儿文艺会演和农民卡拉OK大赛；举行东山风光电影联展；举行美术、书法、摄影、盆景、花卉展等展览会。共9大类15个项目，参加活动人数1.2万人次。

6月28日，县举行建县80周年庆典活动，同时举办东山水上运动表演和东山岛旅游度假产品交易会。400多名国内外嘉宾、新闻记者参加盛典。

7月21日，受第7号台风影响，县境刮8级以上大风，持续10小时，降雨量262.9毫米。全县芦笋园受淹1400公顷，虾池决堤受淹280公顷，原盐损失18万吨，网箱养殖损失100多万元，房屋倒塌5间，合计直接经济损失3570万元。

8月15日，西港养殖场培育泥蚶苗取得成功，首批育蚶苗2亿多粒，该项目填补省内培育泥蚶苗空白。

8月15日，创办前楼初级中学（学校前身为前楼学区附中），学校占地面积16000平方米，校舍占地面积3000平方米，建有教学楼、办公楼、多媒体教室、实验室、操场等。

10月10日，县环岛路工程竣工通车。该路全长24.57公里，其中水泥路面长14.2公里，柏油路面长10.37公里，总投资3200万元。工程于1995年5月28日动工建设。

10月12日，东山县小康县建设正式通过省级验收，被确定为福建省小康示范县。

11月5日，东山县被文化部命名为中国民间艺术之乡(民间音乐)。

12月6日，东山关帝庙被国务院列为第四批全国重点文物保护单位。

12月10日，县国防动员委员会成立。

12月10日，县医院被世界卫生组织、世界儿童基金会、卫生部联合授予“爱婴医院”称号。

年内，东山县被省政府评为全省严打工作先进县。

1997年

1月5日，东山县前楼乡顶上村“6203号”渔船在广东省阳江县上闸附近海面沉没，8名船员获救，2名船员失踪，直接经济损失40多万元。

1月28日，县召开清理民间“标会”动员大会，县长主持，有关部门单位领导参加，部署开展民间“标会”清理整顿工作。

3月5日，县工商行政管理局举行铜陵工商综合大楼落成暨福建省工商局东山县检查大队揭牌庆典；设立县消费者投诉服务台，开通“95315”专线服务电话，每天24小时受理消费者投诉。

4月16日，杏陈镇后林村民众发现一头伪虎鲸追逐鱼群窜入海湾内，群众逐赶未能离去，搁浅海滩，至20日死亡。该伪虎鲸系雄性，体长5.7米，重1000公斤，被东山第二中学海洋动物标本馆收入制成标本。

5月1日，陈城镇申嘉鲍鱼厂陈路生获共青团中央、国家科委授予全国农村青年星火带头人标兵称号。

6月2—22日，东山关帝庙建庙610周年庆典暨海峡两岸关帝文化学术研讨会在铜陵镇举行，海内外学者、客商300人参加；研讨会上交流学术论文59篇。

6月28日，县农业银行职工李义女被中国农业银行总行评为“’96年度中国农业银行先进女职工”；被中国金融工会全国委员会授予“全国金融系统先进女职工”称号。

6月30日，铜陵大澳渔港码头扩建完工。该渔港为国家一级渔港，1993年8月开工扩建，投资641万元，码头岸线长142米。

7月10—12日，由百亿新城度假村承办的“第五届中国超级精英模特大赛暨’97世界超级精英模特中国选拔赛东山赛区”在东山县举行。

8月7日，在西埔镇探石建制村辖区划出金石尾自然村，增设金石建制村。

8月25日，《东山县志》(1994年9月版）获全国地方志书优秀成果二等奖，9月获省地方志书一等奖。

11月2日，县海魁水产有限公司生产的“海魁牌”鲨鱼片，获中国农业博览会名牌产品称号。

12月11—13日，首届闽粤经贸合作洽谈会暨中外企业家交流会在东山县召开。海外客商及省、市、县有关部门共1300多人参加会议。

12月12日，东山县顶西坑变电站二期工程建成投产，项目总投资260万元，增添110千伏变电器1台，容量3.15万千伏安。

1998年

1月1日，东山县开始实施城镇居民最低生活保障制度。确定最低生活保障对象为无生活来源、无劳动能力、无法定赡养人或抚养人的居民。确定最低生活保障标准：单人户月130元，多人户每人月120元。

3月4日，中午，铜陵渔业第二公司“1242号”渔船于距东山港81.9海里的海区，拖带台湾地区澎湖籍“金福胜号”台轮到东山港维修（该台轮因机械故障在台湾海峡漂流4昼夜）。14日，“金福胜号”台轮安全返回澎湖。

3月5日，县劳动局发出《关于实行职工下岗登记制度的通知》。即日起开始办理“企业职工下岗证”。办证对象为进入再就业服务中心托管的下岗职工和全民所有制企业、县集体企业离岗3个月以上的下岗职工。

4月17日，日本NHK摄制组到陈城镇澳角村举行“妈祖诞辰”民间庆典活动和风土人情采访活动，历时5天。

5月1日，福建省东发贸易集团公司成立（位于铜陵镇东澳路）。为省内第一家对台贸易的集团公司。

5月15日，下午，国家一级口岸东山港集装箱冷冻货柜航线首次开通。由中远集团公司“荔兴号”船承运的首批集装箱冷冻货柜从东山港启航香港。

6月3日，经省民政厅批复，撤销前楼乡改设前楼镇，由乡建制改为镇建制，辖域不变。

6月7日，全国政协委员赴闽视察团一行37人到东山视察。

6月10日，县启动“110”社会联动机制，参加联动有“110”报警服务台、“122”交通事故报警服务台、共青团东山县委青年志愿队等11个单位。

6月20日，西埔镇农业综合开发土地治理项目通过省、市专家组确认，被列为1998年国家级农业综合开发项目，投资200万元。

6月25日，县人民防空办公室成立，为县政府正科级议事协调机构。

7月1日，县开始实施农村居民最低生活保障制度。保障对象为1997年度家庭人均收入低于800元的农村贫困人口。最低生活保障金标准：单人户月110元，多人户每人月100元。

8月1日，东山县大嵊跨海大桥竣工通车。该桥长705.7米，桥面宽16.5米，总投资5560万元。

8月，划出铜陵镇文峰街一部分辖域增设苏峰街。

9月24日，县首次举办人才集市暨1998年度非师范类大、中专毕业生“双向选择”洽谈会，有15家用人单位代表和400名大、中专毕业生、专业技术人员参加。其中，有求职者100多人与用人单位达成就业协议。

9月28日，县邮电局邮、电分离，拆成县邮政局、县电信局，均为正科级单位。

11月2—3日，由人民日报社、光明日报社、中央电视台等10多家新闻单位组成的“’98中华环保世纪行”记者团一行40多人到东山县，对实施可持续发展战略、海洋环境保护和旅游资源开发等进行专题采访。

11月19—20日，中共东山县第九次代表大会在县城人民会堂召开，出席会议代表242人。大会审议通过中共东山县第八届委员会《高举邓小平理论伟大旗帜，朝着跨世纪宏伟目标奋勇前进》工作报告，选举产生中共东山县第九届委员会组成人员和县纪律检查委员会组成人员，陈易洲当选县委书记。

11月20日，县电信局在铜陵设立县内首家电脑网络中心，开始经营宽带业务。

12月8—10日，举行县第十三届人大代表选举，参加投票的选民141538人，参选率99.59%，选出县第十三届人大代表167人。

12月11日，县医院被卫生部授予“二级甲等医院”。

12月20日，县渔民在距东山岛100海里的海域捞到一块亚洲象下颚化石。“化石”经专家鉴定，距今约一万年。

年内，重新测定全县陆域面积为247.25平方公里。主岛陆域面积220.18平方公里；周边岛屿共75个，面积27.07平方公里。海岸线长162公里。

1999年

1月10—13日，政协东山县第六届委员会第一次会议在县政协大楼召开，出席委员116人，选举产生新一届县政协主席、副主席5人，高爱明当选为县政协主席。

1月11—15日，县第十三届人民代表大会第一次会议在县城人民会堂召开。出席会议代表166人。大会审议通过《坚定信心，励精图治，把东山建成海峡西岸繁荣带的黄金口岸》政府工作报告和县人大常委会、县法院、县检察院等工作报告。选举产生第十三届县人大常务委员会主任、副主任、常务委员，县政府县长、副县长，县人民法院院长、县人民检察院检察长。吴裕光当选县人大常务委员会主任、黄双庆当选为县长。

3月10日，县举行筹建谷文昌陵园捐资仪式，干部职工踊跃参加（至3月末首期捐款48.63万元）。同日，开设谷文昌事迹陈列馆。

3月12日，东山县公安局西埔派出所民警林培琼被公安部评为“全国优秀人民警察”。

4月25日，樟塘镇樟塘村被全国绿化委员会评为全国造林绿化“千佳村”。

5月1日，县“寡妇村”展览馆落成开馆。该馆址在康美镇铜钵村。1950年5月10日晚，国民党军从东山岛溃退台湾时，抓去岛上青壮男丁3000多人，其中铜钵村147人，造成近百名妇女成为寡妇。

5月22—23日，20多名香港籍全国政协委员视察东山，并对东山县的景区建设、文化保护等提出建议。

7月1日，县电信局析出移动通信业务，成立福建移动通信有限责任公司东山分公司。

7月5日，中共中央宣传部原副部长、原文化部代部长、著名诗人贺敬之偕中华诗词学会会长刘征到东山考察访问，并为“寡妇村展览馆”题写馆名。

8月5日，县委、县政府出台《关于服务企业 优化软环境 大力鼓励扶持非公有制经济发展的意见》，实施32条优惠政策和扶持措施。

8月27日，台湾海峡两岸大学生闽南文化研习会一行30人，到县参观考察并进行学术交流。其间还与东山本地大学生共同植树留念。

8月30日，东山县被命名为全国科技兴海东山水产品精深加工示范基地。该基地是经过科技部、国家计委等5个部委组织专家论证后命名的。为全国三个国家级科技兴海示范区之一。

9月10日，东山风动石—塔屿景区被省旅游部门列为全省创建文明风景旅游区示范点。

9月21日，东山县海魁水产集团有限公司经对外经贸部批准获进出口经营权。为全县私营企业中首获进出口经营权企业。

10月1日，县铜陵台轮专用码头竣工。是漳州市第一座台轮专用码头，具靠泊、装卸、避风、供应、商贸和服务多项功能。码头岸线长220米，可同时停靠3艘作业船；港池可同时停泊50～300吨轮船20多艘，项目建设总投资500多万元。

10月10—15日“’99亚洲帆板巡回赛、奥运帆板精英赛、全国帆船锦标赛”在东山举行。日本、波兰、以色列等15个国家和地区及中国14个省市代表队共500余名运动员参赛。国际帆联主席阿龙·波特扎尔、中华体育总会名誉会长李梦华、国家体育总局水上运动管理中心副主任席有余等出席开幕式。

11月23日，东山出入境卫生检疫局、东山动植物检疫局和东山进出口商品检验局，合并组成中华人民共和国东山出入境检验检疫局，为正处级单位，负责监管东山、云霄、诏安等县的出入境卫生检疫、动植物检疫和进出口商品检验业务。

12 月 20 日，东山县被授予福建省 1999 年经济发展十佳县和经济实力十佳县称号。

年内，东山县被评为全国优抚工作先进县。

2000 年

1 月 25 日，在西埔镇冬古村海域底部发现一条沉船。经勘察，为明末清初古船，船上存有铁炮、铜铳、弹药及盘、碗等瓷器。初定为郑成功水师沉船。

1 月 26 日，东山县陈城镇万亩芦笋节水喷灌工程项目（在白埕、黄山等地）投建。

1 月 30 日，《东山县年鉴（1989—1995）》正式出版。该年鉴由县地方志编纂委员会编纂，是东山县首部综合性年鉴。

2 月 25 日，县广播电视事业局被评为全国广播电影电视系统先进单位。

3 月 20 日，南京军区司令员梁光烈视察东山岛。

4 月 2 日，中国社会科学院原副院长于光远视察东山岛创汇农业等工作。

4 月 29 日，县实验小学校长林惠敏被国务院授予全国教育先进工作者称号。

7 月 8 日，县机构编制委员会办公室成立，为科级单位。

8 月 23—27 日，2000 年中国沙滩排球巡回赛在东山举行，有 50 支代表队 130 名运动员参加。

8 月 25 日，东山移动通信分公司在东山海域兄弟岛的兄岛（亦称大柑岛）建造全省首座海上移动通信基站，完成设备安装调试。该基站采用太阳能供电，总投资 200 万元。

8 月 29 日，县电信局开始经营小灵通业务（至年末有用户 16929 户）。

9 月 11 日，中央军委副主席张万年视察东山岛。

10 月 3 日澳仔山风力发电厂正式并网发电，为福建首个风电厂。该厂位于陈城澳仔山，1999 年 4 月开始第一台大型风力发电机组吊装。首期安装 10 台单机，总容量 6000 千瓦。该风机系巴桑伯纳斯 600 千瓦 IV 型，高 46 米，叶片长 19 米，总投资 6000 万元。

10 月，划出康美镇铜钵村一部分辖域增设龙潭街。

11 月 1 日零时全国第五次人口普查结果：全县总人口 206152 人，其中男性 103689 人。

12 月 12 日，东山海上安全监督局与厦门港务监督东山监督站合并组建中华人民共和国厦门东山海事处，为副处级事业单位，是厦门海事局派出机构。

12 月 25 日，黄道周公园落成。该公园位于铜陵镇三角点路口，占地面积 6120 平方米，总投资近 100 万元。

2001 年

1 月 1 日，东山县开始实行城镇职工医疗保险。保险范围包括全额拨款行政事业单位、差额拨款单位、自收自支单位及中央、省、市管理单位和有缴费能力的国有企业。缴费标准为单位按月工资总额的 7%缴纳，个人按月工资总额的 2%缴纳；退休人员不缴费。

2 月 26 日，县委召开东山县“三个代表”重要思想学习教育动员大会，县、镇和各部、委、办负责人参加，学习教育活动分为镇、县直机关、村（社区）三批进行。

2 月 27 日，县博物馆在铜陵烟墩山发现旧石器点，采集旧石器 30 多件。

4 月 11 日，经国务院批准，东山港口岸更名为漳州港口岸。

4 月 29 日，县梧龙硅砂矿职工郑务慧获得全国五一劳动奖章。

4 月 30 日，东山电信大楼建成投入使用。该大楼位于东山经济技术开发区光明 2 路。1997 年 9 月始建，总投资 3500 多万元，占地面积 19329 平方米，建筑面积 13200 平方米，框架结构，楼高 13 层，为城区第一高楼，是融办公、通信机房为一体的综合性大楼。

5 月 8 日，县委、县政府召开打击“六合彩”骗赌活动专项斗争动员大会。县委向各镇、县直机关党委下达打击“六合彩”责任书。

5 月 15 日，新建东山车站西埔客运站投入使用，站址在东山经济技术开发区东环路。该车站于 1998 年开建，占地 6660 平方米，候车房面积 1050 平方米，设计发送能力年 185 万人次，总投资 500 万元。

5 月中旬，县林业部门在陈城镇山口村等地开展退池退耕还林工作，实施填池（虾池）还林 12 公顷，退耕还林 6.67 公顷，恢复造林防止沙化。

6 月 10 日，县大嵊村青年李华东参加由国家体育总局和海南省政府联办的首届全国横渡琼州海峡比赛，获第二名。

6 月 19 日，原县中医院、县第二医院、铜陵产院合并，称县中医院，并加挂铜陵镇中心卫生院牌子，人员编制 260 人。

6 月 20 日，澳角二级渔港工程竣工。该渔港位于陈城镇东部，投资 1220 万元，防波堤长 635 米，港池面积 8 万平方米，可同时停泊渔船 280 艘。

7 月 1 日，中共东山县实验小学党支部获全国优秀基层党组织称号。

7 月 5 日，台风“尤特”影响东山全境，风雨持续 12 小时，海堤崩塌，田园受淹，直接经济损失 6000 万元。

7 月 7—10 日，全国政协委员一行 38 人，到东山视察闽台农业交流合作情况。

8 月 20 日，东山县被国家环保总局授予“国家级生态示范建设试点县”称号，生态建设重点有海洋生物多样性保护等 9 大项目。

10 月，县政府改革审批制度，保留审批事项 49 项，核准转报事项 247 项，备案事项 47 项，取消或调整审批和核准事项 130 项。同时废止地方规范性文件 226 件，修改 6 件。

11 月上旬，风动石景区被国家旅游局评定为国家 AAAA 级旅游区。

11 月 16 日，全县农村电网改造工程通过省政府验收。该改造工程涉及 6 个镇 56 个建制村，5 条千伏主干线，3.2 万用户，总投资 1996 万元。

11 月 20 日，东山县完成县机关事业单位社会保险中心、县农村社会保险中心和县医疗保险中心划转县劳动局统一管理的改革，实现养老、失业、工伤、生育、医疗保险“五险合一”。

12 月 22 日，东山县被科技部批准设立国家级可持续发展实验区和环境生态示范区。

2002 年

2 月 6 日，中国联通有限公司东山分公司成立。

2 月 20 日，县“寡妇村”展览馆被列为省级爱国主义教育基地。

3 月 21—26 日，由国家体育总局水上运动管理中心举办的 2002 年全国帆船冠军赛在东山县马銮湾举行。

5 月中下旬，县委、县政府组织干部 150 多人到各村指导抗旱。县境自 2001 年 9 月下旬至 2002 年 5 月中旬，累计降雨量仅 68.9 毫米，为历年同期平均降雨量的 18%。全县 27 座小（2）型水库基本干涸，红旗水库多次从云霄杜塘水库紧急调水。农作物受旱 4666 公顷，经济损失 1.32 亿元。全县开展抗旱，共投入抗旱设备 3000 多台套，新挖机井、真空井 397 口，清理沟渠 78 公里，出动运水车辆 4100 车次，灌溉农作物4.8万公顷。

6月20日，县民族与宗教事务局成立。

7月3日，东山牙鲆鱼南方人工育苗及产业化示范项目通过专家组验收。该项目的技术成果居国际同类研究领先水平。

7月5日，西埔镇青年干部实践锻炼基地陈万林被共青团中央授予2001年度全国农村青年创业致富带头人称号。

7月10日，县政府公布第五批文物保护单位9处：山后朱氏家庙、东山戍守台湾将士墓群、城垵山庵庙旧址、铜陵马兆麟墓地、铜陵宝智寺、前何追远堂、东山碑廊、七圣夫人庙文物群、前何威惠庙。

8月19—30日，县人事局首次举办专业技术人员计算机应用培训，有60多名专业人员参加。

12月20日，樟塘镇农机站张朝胜在全国各族农村妇女“双学双比”竞赛活动中，被评为优秀科技服务工作者。

12月，东山县被评为全省德育工作先进县。

2003年

1月18日，东山县东门屿被国家林业局列为国家森林公园，范围包括赤山林场。

1月18—19日，省委副书记、省纪委书记梁绮萍到东山县慰问特困户、五保户、烈属等。

2月，县委组织全县干部职工师生学习谷文昌精神。其间，传达中央领导人关于向谷文昌学习的批示。

3月上旬，东山岛开始实施联合国全球环境保护基金会确定的“联合国海洋生物多样化保护示范区”项目，以国家一类保护动物中华白海豚为重点保护对象。

3月，县人民政府教育督导室被教育部评为全国先进教育督导室。

4月21日，县政府召开非典型肺炎防治工作会议，成立县防治“非典”协调领导小组，县长黄云山任组长。26日，县政府出台《关于预防和控制传染性非典工作预案》。5月2日，县“非典型肺炎防治协调领导小组”更名为“县防治非典型肺炎指挥部”，成立办公室，下设8个工作组。

5月5日，撤销县劳动局，组建东山县劳动和社会保障局，为正科级单位。

5月15日，撤销县支前办公室，组建东山县支前双拥工作领导小组办公室，为正科级协调办事机构。

7月8日，省政协主席陈明义到东山调研。

7月14日，县在东山战斗烈士陵园举行纪念东山保卫战50周年大会。党、政、军、民、战斗英雄、模范功臣代表共1000多人参加。

9月，东山县“海岛小城镇与人居环境可持续发展示范工程”被列入“十五”国家重点科技攻关项目。

10月1日，县日产5万立方米自来水厂扩容第一期工程竣工。

10月20日，县政府修订出台《东山县破坏性地震应急预案》，成立县防震减灾领导小组，县长任组长，下设办公室于县科技局。

11月16—18日，中共东山县第十次代表大会在县城人民会堂召开，出席大会代表256人。大会审议通过《团结奋斗，开拓创新，为建设新型港口旅游城市而努力奋斗》工作报告。选举产生中共东山县第十届委员会组成人员和县纪律检查委员会组成人员，黄双庆当选县委书记。

11月16日，经国家文物局批准，国家博物馆水下考古研究中心等单位28名专家组成的水下考古工作队进驻东山岛，开始对冬古湾海域的郑成功古战船遗址进行挖掘。

11月24日，东山县海魁水产集团有限公司在美国设立美国海昌公司。这是漳州市在美国设立的首家私营企业。

11月24—28日，福建省鲍鱼健康养殖技术培训班在东山县举行，莆田、泉州、石狮、漳浦等地的120名水产科技人员和养殖者参加。

12月10日，举行县第十四届人民代表大会代表选举，选出代表168人。

12月26日，东山县航运公司货轮正式通航金门岛。

12月28日，东山县被民政部、中国人民解放军总政治部评为全国双拥模范县。

2004年

1月2—5日，政协东山县第七届委员会第一次会议在县城召开，出席会议委员118人。会议选举产生政协东山县第七届委员会组成人员，高爱明当选主席。

1月2—6日，县第十四届人民代表大会第一次会议在县城召开，出席代表168人。会议听取和审议县政府工作报告和县人大常委会、县人民法院、县人民检察院等工作报告。会议选举产生县人大常委会主任、副主任、常务委员；选举产生县政府县长、副县长；选举产生县人民法院院长、县人民检察院检察长。林国武当选县人大常委会主任，黄云山当选县长。

2月21日，谷文昌纪念馆举行落成剪彩仪式并揭牌。纪念馆占地面积2000平方米，建筑面积1335平方米。

4月25日，县行政服务中心开始对外服务，位于东山经济技术开发区办公楼。

5月1日，省工笔画小品展在东山县举办，展出40名工笔画作者的作品72幅。

5月20日，第十三届福建东山关帝文化节开幕，150多名台胞抵东山朝圣。

6月10日，东山县与诏安县、云霄县、漳浦县的县际海域行政区域界线勘定完成。

6月22日，县水利部门实施村村通自来水工程，并对西埔、铜陵地区主要自来水输水管网进行改造。

9月10日，东山县白芦笋原产地标志注册通过国家级认证。

10月15日，东山白芦笋组培育苗及大田种植推广应用项目通过省农业专家组验收。该项目为省科技厅重点科技项目，填补国内该项技术空白。

10月20日，谷文昌纪念馆被确定为省爱国主义教育基地。铜钵“寡妇村展览馆”被授予全省首批国防教育基地。

11月3—8日，县政府作为中国地方政府代表派员出席在韩国汉城举行的第五届中、日、韩三国地方政府间加强合作，共同防止地球温室效应研讨会，并作题为《东山岛沿海防护林体系建设和风能利用现状》报告。

11月18—19日，东山鲍鱼养殖农业标准化示范区建设通过农业部验收。

12月15日，东山经济技术开发区规划通过国家级审核批准。

2005年

1月1日，东山岛八尺门跨海大桥建成通车。该桥于2002年12月26日动工，采用梯形简支梁钢结构，长520米，宽17米；两端接线长1000米；工程包括渡槽改造、扒堤清淤等。总投资5400万元。

1月27日，县红十字会开展首次“红十字博爱送万家”活动，向贫困户发放大米、棉被、花生油等物资，价值5万多元，受益200多人。

3月5日，陈城镇陈城村村民发现清代德政碑。该碑刻于清乾隆四十二年（1777年），记述福州籍丁梦松在当地从事盐政事务管理期间，开辟集市贸易、修桥造路、止息讼争等事迹。

4月5日，县东兴水产加工有限公司（台资企业）生产的大有牌鱿鱼类海产小食品，在第十二届莫斯科世界食品博览会上获金奖。

4月25日，宫前村党支部书记陈平川被全国总工会评为全国劳动模范。

4月26日，东山大澳中心渔港工程开工。该工程于2003年12月经农业部批准立项，总投资5696万元，在一级渔港基础上向西扩建，包括后澳避风港和田尾湾区域。该工程港池面积60多万平方米，可同时停泊渔船1000多艘。

4月30日，东山水产品加工区开工建设。该加工区位于大澳中心渔港市场西南处，计划建设面积73.3公顷，总投资5800万元。

6月17日，台湾货轮装载台湾产的凤梨、芒果、木瓜等水果首次抵达东山港，顺利通关上市。

6月20日，东山水产类罐头出口俄罗斯，填补福建省此类商品出口的空白。

8月4—10日，县图书馆举办“抗日战争胜利60周年集邮•林卫民藏币展览”，共展出邮票2000多枚、藏币300多套。参观者累计7000多人次。

8月13日，第10号强热带风暴“珊瑚”登陆县域，出现12级以上台风，至15日过程雨量248.1毫米。全县经济损失11180万元。

10月5日，澳角村获中共中央文明委授予全国文明村称号，是漳州市至此唯一获此殊荣的建制村。

10月15日，东山水产品加工区被农业部评为全国首批农产品加工业示范基地。

11月5—7日，中国、日本、韩国“共同合作防止地球变暖研讨会”在东山岛召开。

12月26日，为顺利实施南海生物多样性研究项目，启动东山岛—南澳岛示范区执行机构组建工作。该项目由全球环境基金（GEF）资助，联合国开发计划署（UNDP）执行，国家海洋局联合美国海洋与大气局及中国相关沿海省份具体承担实施。

12月26日，“东山歌册”和“东山关帝信仰习俗”项目分别入选首批省级戏曲类和民间信仰类非物质文化遗产名录。

12月28日，东山战斗烈士陵园被列入省红色旅游线路景区。

2006年

1月1日，新组建的东山县农村信用合作联社开业，为省内第一家县级农村信用合作联社。

1月30日，县开始实施农村义务教育阶段学生全免除学杂费，每生年均免除学杂费186.86元。

2月7日，台湾活水船运载4吨名贵活青石斑鱼抵达东山港，为台湾名贵活鱼50年来首次直运至东山销售。

2月18日，金銮湾大酒店被省旅游局、省经贸委、省文明委等部门联合授予全省首届百佳诚信旅游企业称号，是漳州市唯一获此殊荣的酒店。

2月20日早，“闽东渔9567号”渔船与南京籍货船碰撞沉没，船上落水渔民4人。其中2名渔民获救，2名渔民失踪。

2月21—25日，2006年全国帆船冠军赛在东山县举行。

3月2日，县第一实验小学被全国妇联授予全国三八红旗手集体称号。

3月13日，县委农办、县林业局、东山赤山林场等单位被省沿海防护林体系建设指挥部授予沿海防护林体系建设先进单位。铜陵镇、陈城镇澳角村和厦门铁道实业公司东山养殖基地分别被福建省绿化委员会评为省级园林式乡镇、省级园林式村庄和省级花园式单位。

5月16日，强热带风暴“珍珠”登陆东山县。沿海各地出现接近或超过警戒水位。县境11级以上大风持续12个小时以上，为近20年罕见。过程雨量220毫米，局部超过280毫米。至5月18日11时，全县各类经济损失超5亿元。其中，农业受灾面积4200公顷，损失4100万元；渔业损失3.52亿元；盐业受灾1100公顷，损失3050万元；水利设施损毁20处，损失1093万元；林业、电力、通信、道路、工矿企业、民房及市政设施等损失6609万元。

6月2日，“东山歌册”入选国家首批公布的非物质文化遗产名录。县“东山歌册艺术研究会”收集整理散落民间的歌册唱本有《冯常春》《望春风》《王昭君》《韩延美》等2000多册。

6月13日，经国家邮政局批准，由北京邮票厂印刷的《美丽的东山岛（系列2）》个性化邮票在全国发行。

6月15日，东山县被省委、省政府评为平安建设先进县。

7月12—14日，中共东山县第十一次代表大会在县城召开，与会代表256人。会议审议通过《立足新起点，描绘新蓝图，奋力推进生态港口旅游城市跨越式发展》等工作报告。选举产生第十一届中共东山县委员会组成人员和纪律检查委员会组成人员。黄双庆当选县委书记。

7月18日，陈城110千伏输变电工程竣工并投产。该输变电站占地面积5300平方米，总投资2000万元。

8月30日，东山乌礁湾风电场建设完成，并入省电网。该项目为省重点技改项目，总投资3.12亿元。

9月5日，县冬古码头疏港公路通过验收。该公路于2004年8月28日开工，起点省道西铜公路梧龙路口，终点冬古5000吨泊位码头，全长6.7公里，路基宽13米，路面宽9米，为二级水泥公路。总投资542万元。

9月22日，县政府公布第六批县级文物保护单位12处：康美林氏家庙、湖塘永慕堂旧址、冬古苏峰古寺旧址、东沈永锡堂、东沈祀先堂、铜陵南少林和尚、陈城追远堂、龙潭苦菜寺旧址、铜陵明德宫、铜钵燕翼堂、顶城燕翼堂、埔头林凤将军墓。

9月26日，东山220千伏红旗输变电站工程在樟塘镇下湖村动工投建。该输变电站由省电力公司投资1.4亿元；同年12月竣工。

9月28日，县环境监测站与厦门大学、福建海洋研究所合作完成的“福建典型海水养殖区富营养化的生物修复技术研究”项目，在全省科学技术大会上获2005年度“福建省科学技术奖”二等奖。由东山赤山国有防护林场与省林业科学研究院合作完成的“沿海沙地相思树种栽培试验及其在防护林中的应用研究”项目获三等奖。

10月20日，东山第二中学、铜陵第四小学获省第三届“绿色学校”称号。

12月5日，东山县获2006年全省计划生育优质服务先进县称号。

年内，东山县被评为全省法制宣传教育先进县。

2007年

1月10日，东山县海魁水产集团有限公司被农业部评为全国农产品加工业出口示范企业。

1月18—20日，政协东山县第八届委员会全体会议第一次会议在政协大楼举行。出席会议委员136人。会议听取和审议第七届县政协常委会工作报告；听取并审议常委会提案工作报告；列席县第十五届人大第一次会议。会议通过县政协第八届委员会第一次会议《政治决议》；协商选出县政协主席、副主席和常务委员会委员。沈平忠当选县政协主席。

1月18—21日，县第十五届人民代表大会第一次会议在县人民会堂召开，出席会议代表163人，县政协第八届第一次会议委员和县委、县政府及部门领导人列席会议。会议听取和审议《政府工作报告》和县人大常委会、县人民法院、县人民检察院的工作报告，及经济与社会发展计划执行情况和安排、财政预算执行情况和安排报告，并通过其决议。会议选举产生县人大常委会主任、副主任、常务委员；选举产生县政府县长、副县长；选举产生县人民法院院长、县人民检察院检察长。林国武当选县人大常委会主任；王毅群当选县长。

1月25日，县新型农村合作医疗管理中心成立。实行新型农村合作医疗保险对象为县常住农业户口的农民；缴费以户为单位，每人年一次性缴纳参保费15元。

5月8日，东海岸保税物流中心获国务院台湾事务办公室批准成立。该中心为海峡两岸（福建东山）水产品加工集散基地，集生产、加工、仓储物流为一体。

6月12日，县流动人口计划生育管理服务队成立，同时在各镇设立流动人口办证服务大厅。

7月13日，“中国东山”网开通，由县政府主办。

7月21日，前楼镇自来水工程通水。该工程于今年5月开建，输水管道长3.6公里，投资150万元。

8月4日，县畜牧兽医局成立，隶属于县农业局，为副科级事业单位，下设县动物卫生监督所、县动物疫病预防控制中心、县畜牧技术服务站等机构；各镇设立畜牧兽医站。

10月，县市容管理局成立，隶属于县建设局，为正科级事业单位。

12月1日，县开始征收污水处理费，征收对象为城市用水和排放污水的单位和个人。

12月12日，西埔至陈城镇宫前村自来水工程竣工通水。该工程于今年4月开工，输水管道总长16公里，总投资750万元。

12月28日，省保护知识产权举报投诉服务中心东山站成立，位于东山经济技术开发区办公楼。

2008年

2月28日，以县委原书记谷文昌为原型创作的电影《公仆》在北京人民大会堂举行首映式。

2月29日至3月1日，铜陵镇部分群众因反对PX（对二甲苯）项目落户漳浦古雷而聚集铜钵路口，造成交通堵塞。县委召开常委会、常委（扩大）会议，研究处置办法；并采取措施，平息事态。

4月1日，县开始实行城镇居民医疗保险。

5月，东山县通过省政府“双高普九”评估。

6月16日，县举行西埔至铜陵公路改扩建工程通车仪式。该工程于2007年8月20日开工，水泥路面，长12.2公里。按城市道路标准设计，工程总投资1.2亿元。

6月16日，县举行漳州市滨海一级疏港公路东山支线奠基仪式。该疏港公路设计起于东山大嵕收费站，经径口村，沿省道双码线接东西一路到铜陵港区，全长19.764公里，总投资预计5亿元。

6月16—18日，县举行第十七届海峡两岸（福建东山）关帝文化旅游节、第二届漳州旅游节暨闽台水产品博览会。

7月8日，中国工程院院士汪硕卿到县举办科普讲座。县直机关副科级以上干部共572人听讲。

10月24日，铜钵110千伏变电站二期工程完工。工程建筑面积276平方米，投资2300万元。

10月29日，农业部原部长、中国农体协主席陈耀邦到厦门铁道实业公司东山养殖基地、东山县海魁水产集团有限公司、东山关帝庙等单位考察调研。

11月4日，省长黄小晶到东山调研农村工作。

11月10日，全国幸福工程经验交流会代表团一行200多人到东山县，就实施幸福工程救助计生贫困母亲工作进行调研。

11月18日，海魁水产集团有限公司在第十届海峡两岸（福建漳州）花卉博览会暨台湾农博会获第二批福建省品牌农业企业金奖。

11月19日，中国国民党台湾嘉义县党部参访团一行56人，到东山参观访问。

12月8日，旗滨玻璃有限公司硅砂选矿厂投产，年产硅砂50万吨，总投资3500万元。

12月14日，县新福水产贸易加工有限公司注册的“DS.XF及图”商标获中国驰名商标，为县内首个中国驰名商标品牌。

12 月 15 日，全县各邮政网点开办台湾海峡两岸邮政业务。

12 月 19 日，厦门海事局、汕头海事局和东海救助局第二飞行队在县国家中心渔港新码头，联合举行台湾海峡中南部首次海空联合巡航仪式。随后开展为期 3 天的海空联合巡航行动。

12 月 25 日，新华都连锁企业（全国商业连锁百强企业）进驻东山县铜陵东方御景购物广场签约仪式举行。该企业为县内引进的首家上市零售企业。

12 月 27—29 日，首届全国帆船帆板（东山）邀请赛在马銮湾举行。由县文化体育局协办。

12 月 29 日，东山县再次被全国双拥工作领导小组、民政部、中国人民解放军总政治部评为全国双拥模范县。

第一卷　政区与自然环境

东山县位于福建省东南部，在东海与南海交汇处。地理坐标北纬23°33′33″～23°47′11″，东经117°17′36″～117°34′32″。东濒台湾海峡，与台湾岛隔海相望；西临诏安湾，与诏安县一水之隔；南远接南澎列岛；东北隔东山湾与漳浦县古雷半岛为邻。全县由东山岛和周边75个小岛屿组成。东山岛东西距离最宽处17.5公里，最窄处2公里；南北距离最长处27.5公里。2008年，全县陆地面积247.25平方公里。

1989年，东山县有2个镇、5个乡、1个直辖村、14个街道、59个建制村。经多次调整、改制，至2008年有7个镇、1个开发区（国家级东山经济技术开发区和旅游经济开发区）、61个建制村、16个建制社区，共有141个自然村。县人民政府设于西埔镇。

东山岛地势西北高，东南低。西北多低丘，东南有连片风沙地。地形切割，岗峦起伏，有小山丘413座，最高处苏峰山顶海拔274.3米。无大溪流，有4条皆不足5公里长的小溪流。海岸线曲折，长162公里。港湾多，滩涂、海域面积辽阔。

县境属南亚热带海洋性季风气候。气温多年平均为21.2℃；降水多年平均为1317.2毫米；日照多年平均为2232.4小时；无霜雪；夏秋常有台风。

县境硅砂和海水野生动物资源丰富。硅砂总量2.7亿吨。野生动物850余种(除浮游动物外)，经鉴定的549种。

第一章　政　区

第一节　县域勘定

一、陆域

东山县地处福建省东南端，位东海与南海交汇之滨，陆域由东山岛和周边75个小岛屿组成。1989年，陆域总面积194平方公里。东山岛主岛（含大嶝）面积188平方公里。周边44个小岛屿面积共6平方公里，其中，虎屿头、对面屿、东门屿、小彭屿、尾涡屿、鼎盖屿、南赤屿、西屿有人居住。经多年围海造田，陆域面积扩大。

1998年，重新测定全县陆域面积为247.25平方公里。主岛陆域面积220.18平方公里；周边岛屿共75个，面积27.07平方公里。海岸线长162公里。

二、海域

东山县与诏安县、云霄县、漳浦县海域行政区域界线勘定工作于2004年6月10日完成。

（一）东山县与诏安县海域划分

东山县和诏安县之间海域行政区域界线起始点，以诏安湾顶的诏安—云霄—东山海域三界线交点为诏东线海域勘界起始点，界线垂直于领海外界的垂点（本海域行政区域界线的终点）。东诏线海域行政区域界线共设 7 个拐点。全长 75.6 公里。

从起点开始，界线向西南（方位角 230° 19′ 21.36″）沿潮沟 0.56 公里后至 01 拐点，转向南偏西（方位角 205° 53′ 36.24″）方向，继续沿潮沟 1.67 公里后至 02 拐点，继续沿潮沟向西南（方位角 232° 01′ 37.20″）方向 1.2 公里后至 03 拐点（位于大嵫村西侧，乌礁滩北端两潮沟相汇的中心点），界线转向南偏西（方位角 188° 43′ 52.68″）方向 4.65 公里后至 04 拐点（乌礁滩南段的东碇礁），界线转向西南（方位角 221° 38′ 16.08″）方向 2.60 公里后至 05 拐点（位于前楼镇西下坑村西向的潮沟深处），界线转向南偏西（方位角 193° 06′ 09.36″）方向 10.65 公里后至 06 拐点（在城洲岛和西屿之间连线的中点赤礁），界线继续延伸（方位角 193° 48′ 03.96″）4.30 公里后至 07 拐点（湾内界线延长线与东山岛西南岬角诏安方向闽粤海域行政区域界线所作垂线的相交点），界线转向东南（方位角 141° 52′ 24.24″）垂直于领海基线 49.98 公里后至本界线在领海外界的垂点（本海域行政区域界线的终点）。

（二）东山县与漳浦县海域划分

东山县与漳浦县之间海域行政区域界线起始点（云漳线海域勘界终点和东云线海域勘界终点的交点）：东山湾内的漳浦—云霄—东山海域三界线交点。该界线把领海外界的垂点作为本海域行政区域界线的终点，其间共设 2 个拐点，全长 52.96 公里。从起点开始，界线向东南（方位角 133° 06′ 13.32″）延伸 3.81 公里，至 01 拐点（位于虎屿岛以东主航道边缘），转向南（方位角 180° 00′ 0.00″）6.18 公里后至 02 拐点（位于东山湾口云南岩以东海面），界线向东南方向（方位角 130° 23′ 23.28″），垂直于领海基线，42.97 公里后至终点（即在领海外界的垂点）。

（三）东山县与云霄县海域划分

东山县与云霄县之间海域行政区域界线起始点就是云诏线海域界线终点和诏东线海域界线起点的交点，即以诏安湾顶的诏安—云霄—东山三县海域界线交点为云东线海域界线起始点，共设 14 个拐点，全长 20.74 公里。从起点开始，界线在八尺门水道中线向东北（方位角 60° 01′ 02.92″）1.82 公里，至 01 拐点，转向东偏北方向（方位角 82° 55′ 50.15″），0.98 公里后至 02 拐点，界线转向东南（方位角 133° 55′ 39.65″）方向 0.65 公里后至 03 拐点，界线继续向东南（方位角 147° 44′ 25.06″）方向 0.38 公里后至 04 拐点，界线继续向东南（方位角 133° 48′ 58.74″）方向 0.53 公里后至 05 拐点，界线继续向东南（方位角 115° 28′ 16.10″）方向 1.85 公里后至 06 拐点，界线继续向东南（方位角 137° 29′ 15.65″）方向 0.94 公里后至 07 拐点，界线继续向东南（方位角 149° 19′ 35.84″）方向 075 公里后至 08 拐点，位于鸡心礁西侧，八尺门水道段界线终结；界线进入东山湾西南海域，继续向东南（方位角 121° 49′ 01.34″）方向 1.34 公里后至 09 拐点，界线转向东北（方位角 53° 33′ 35.32″）方向 4.21 公里后至 10 拐点，界线转向东（方位角 89° 48′ 46.15″）方向 0.45 公里后至 11 拐点，界线继续向东偏南（方位角 102° 44′ 50.33″）方向 1.51 公里后至 12 拐点，即白屿北侧，界线转向东北（方位角 62° 37′ 05.16″）方向 1.32 公里后至 13 拐点（位于尾涡屿北侧），界线继续向东北（方位角 63° 35′ 48.88″）方向 1.42 公里后至 14 拐点，即柳谢礁南侧，界线转向东偏南（方位角 109° 37′ 46.57″）方向 2.59 公里后至终点（东山湾内漳浦—云霄—东山县海域界线交点）。

第二节　区划变更

一、乡镇界线

1995 年 8 月，东山县进行乡（镇）界勘定工作，至 2003 年 11 月完成。全县共勘定乡（镇）界线 7 条（康美镇与樟塘镇、西埔镇与樟塘镇、西埔镇与前楼镇、西埔镇与杏陈镇、西埔镇与陈城镇、杏陈镇与前楼镇、樟塘镇与杏陈镇），总长 37.4 公里。同时，勘定主要乡（镇）三界线交点 2 处：西埔镇—杏陈镇—前楼镇三交点、西埔镇—樟塘镇—杏陈镇三交点。勘定起止点 8 处：康美镇—樟塘镇起点、康美镇—樟塘镇止点、西埔镇—樟塘镇止点、西埔镇—前楼镇止点、西埔镇—陈城镇起点、西埔镇—陈城镇止点、前楼镇—杏陈镇起点、前楼镇—杏陈镇止点。

二、建制乡镇变更

1989 年，东山县沿用 2 个建制镇（西埔镇、铜陵镇）、5 个建制乡（康美乡、陈城乡、杏陈乡、前楼乡、樟塘乡）的设置。1990 年 1 月 30 日，撤销杏陈乡、陈城建制乡，改设杏陈、陈城建制镇，辖域范围不变。

1992 年 3 月 15 日，撤销樟塘建制乡，改设樟塘建制镇，辖域范围不变。同年 7 月 10 日，撤销康美建制乡改设康美建制镇，辖域范围不变。

1994 年，县政府为申请撤县设市，拟扩大西埔中心城域，向省政府申请调整县内区划，将铜陵建制镇区域并入西埔镇。同年 9 月 3 日，省政府批准撤销铜陵建制镇，将其所辖区域并入西埔镇。此区划调整至 2008 年尚未实施。

1998 年 6 月 3 日，撤销前楼乡改设建制镇，辖域范围不变。至此，全县建制镇 7 个，即西埔镇、铜陵镇、杏陈镇、陈城镇、康美镇、前楼镇、樟塘镇。至 2008 年不变。

三、建制村（社区）变更

1989 年，东山县设 14 个建制街道、59 个建制村、1 个县直管村（大嶝）。1991 年，撤销大嶝县直管村，改设大嶝建制村，划入杏陈镇辖域。

1994 年，拟划出康美镇的铜钵村、樟塘镇的湖尾村、南埔村等 3 个建制村并入西埔镇，此区划调整没有实施。

1997 年 8 月，划西埔镇的官路尾自然村增设金石建制村。

1998 年 8 月，划出铜陵镇文峰街一部分辖域增设苏峰建制街。2000 年 10 月，划出康美镇铜钵一部分辖域增设龙潭建制街。

2008 年，全县设 61 个建制村、16 个建制社区、141 个自然村。

第三节　镇与开发区

一、西埔镇

西埔镇位于东山岛中部，东濒海，西邻前楼镇，南面海，东北接樟塘镇，西北连杏陈镇，西南接陈城镇。

1989 年沿用镇建制，土地面积 34.37 平方公里，设 12 个村民委员会，4 个居民委员会。是县政府所在地，东山县政治、经济、文化中心和交通枢纽。2008 年 12 月，全镇土地面积 39.55 平方公里，常用耕地面积 654.87 公顷，全镇乡村公路长 67.7 公里。设 4 个居民委员会、13 个村民委员会，34 个自然村。镇政府驻地为西埔村。全镇总户数 13831 户，人口 46427 人，其中非农业人口 30692 人。是年，全镇农林牧渔业总产值（现行价）29791 万元。其中，农业总产值 2669 万元，牧业总产值 2735 万元，渔业总产值 24387 万元。水产品总量 19522 吨，其中海洋捕捞 13091 吨，海水养殖 5167 吨，淡水养殖 1264 吨。全镇工业产值 132319 万元，其中规模工业企业 11 家、规模工业产值 117872 万元。镇财政总收入 2042 万元，农民人均纯收入 8032 元。镇境内有小学 9 所，初级中学 1 所，完全中学 1 所；幼儿园 29 所，其中公办幼儿园（托儿所）3 所；有文化站 1 家，电影院 1 家；县医院 1 家，社区卫生院 1 家。全镇区公共绿地 71999 平方米。

二、铜陵镇

铜陵镇位于东山岛东北端，西与康美镇毗邻，东、南、北三面濒海。1989 年沿用镇建制，土地面积 5.44 平方公里，设 10 个居民委员会和 1 个村民委员会。镇人民政府驻观音山（也称九仙山）南麓，距县城西埔 12 公里。地处闽南渔场中心，是福建省重点渔镇之一，拥有国家一级渔港——大澳渔港。省市海洋与执法机构、县海洋与渔业局均设于此。国家 AAAA 级景区和福建省十大风景名胜之一的铜山风动石—塔屿风景名胜区位于该镇。郑成功营址与操练水师指挥台、施琅水师指挥部驻址、天地会活动遗址的水寨大山，及近代的抗日烈士陵园也在该镇。东山港是国家一类口岸。2008 年 12 月，全镇土地面积 7.33 平方公里，常用耕地面积 30.2 公顷。全镇乡村公路长 10 公里。设 11 个居民委员会、1 个建制村，1 个自然村，镇政府驻地为码头社区的九仙山南麓。全镇总户数 17429 户，人口 53634 人（全部为非农业人口）。全镇农林牧渔业总产值 59748 万元。其中，农业总产值 135 万元，牧业总产值 189 万元，渔业总产值 59424 万元。水产品总产量 61858 吨。其中，海洋捕捞 52200 吨，海水养殖 9658 吨。工业总产值 112904 万元。其中，规模工业企业 22 家，规模工业产值 80196 万元。镇财政总收入 3132 万元。镇境内有中学 3 所，其中省重点完全中学 1 所（东山第二中学）、初级中学 1 所（石斋中学）、职业中专学校 1 所；小学 4 所，其中省重点小学 1 所（东山第一实验小学）；幼儿园、托儿所 35 所，其中公办幼儿园（托儿所）4 所；县博物馆、县图书馆、县影剧院、县中医院各 1 家，镇区公共绿地 10000 平方米。

三、陈城镇

陈城镇位于县境东南部，东、南、西三面临海，北连前楼镇、西埔镇。是东山县创汇农业主要基地，先后被省委、省政府评为“百强乡镇”“渔业十强镇”；被中共漳州市委、漳州市人民政府评为先进基层党组织、五好乡镇党委等 10 多个荣誉称号。

1989 年沿用乡建制，土地面积 61.06 平方公里；海岸线长 53 公里，海域面积 2.63 万平方公里；1990 年 1 月，陈城撤乡改镇。设有 13 个村民委员会、31 个自然村。耕地面积 1197 公顷，林地面积 2000 公顷，山地面积 2400 公顷。2008 年 12 月，全镇土地面积 66.04 平方公里，常用耕地面积 688.58 公顷，全镇乡村公路长 67.2 公里。设 13 个村民委员会，31 个自然村，全镇总户数 7990 户，人口 32256 人。镇政府驻地为陈城村。农林牧渔业总产值（现行价）109821 万元。其中，农业总产值 5111 万元，牧业总产值 1553 万元，渔业总产值 103157 万元。水产品总量 103147 吨。其中，海洋捕捞 70831 吨，海水养殖 30891 吨，淡水养殖 1425 吨。工业总产值 59268 万元。其中，规模工业企业 15 家，规模工业产值 44009 万元。镇财政总收入 1920 万元，农民人均纯收入 8373 元。镇内有初级中学 1 所，小学 11 所，幼儿园（托儿所）13 所；镇级文化站 1 家，村级文化阅览室 8 处，农村文化中心户 75 户，锣鼓管弦乐队 3 支；镇级卫生院 1 所、村级医疗所 15 家；镇级敬老院 1 所。陈城镇旅游景观多，有谷文昌公园和纪念馆，国家级海滨森林公园，被称为“海上动物园”的澳角龙、虎、狮、象四屿，清康熙年间名将施琅收复台湾的水师集结地之一的宫前天后宫，农业引进隔离区西屿岛。

四、杏陈镇

杏陈镇地处县境西北部，东北接樟塘镇，东南连西埔镇、前楼镇，北部隔海与诏安、云霄相望。杏陈镇是东山的北大门。漳诏高速东山岛出入口和国道 324 线、八尺门大桥均在杏陈，素有“东山门户”之称。镇政府驻地在前何村和埕英村之间。

1989 年沿用乡建制，土地面积 36.54 平方公里。辖 10 个村民委员会，17 个自然村。1990 年 1 月，杏陈撤乡改镇。2008 年 12 月，全镇土地面积 51.75 平方公里。常用耕地面积 516.8 公顷。全镇乡村公路长 50.7 公里。设 10 个村民委员会，23 个自然村，总户数 7076 户，人口 26882 人。是年，农林牧渔业总产值（现行价）23557 万元。其中，农业总产值 1872 万元，牧业总产值 1527 万元，渔业总产值 20158 万元。水产品总量 23376 吨。其中，海洋捕捞 1095 吨，海水养殖 20809 吨，淡水养殖 1472 吨。工业总产值 49323 万元。其中，规模工业企业 15 家，模规工业产值 39959 万元。镇财政总收入 746 万元。农民人均纯收入 5491 元。镇内有初级中学 2 所，小学 8 所，幼儿园与托儿所 10 所。

五、康美镇

康美镇东连铜陵镇，西接樟塘镇，南北濒海。1989 年沿用乡建制，土地面积 20.92 平方公里，设 8 个村民委员会。乡政府驻地在康美村。1992 年 7 月，康美撤乡改镇。

康美镇地处西铜公路两侧，交通状况良好。是东山县主要的旅游度假区，也是芦笋种植区，有良好的港口资源。2001 年 3 月，成立龙潭街道居委会。2008 年，全镇土地面积 23 平方公里。常用耕地面积 274 公顷，全镇乡村公路长 22.7 公里。设 1 个居民委员会、8 个村民委员会，12 个自然村，全镇总户数 5308 户，人口 19044 人。全年农林牧渔业总产值（现行价）17005 万元。其中，农业总产值 3280 万元，渔业总产值 12328 万元，牧业总产值 1397 万元。水产品总量 15950 吨。其中，海洋捕捞 1046 吨，海水养殖 13555 吨，淡水养殖 1349 吨。工业总产值 21703 万元。其中，规模工业企业 7 家，规模工业产值 17277 万元。镇财政总收入 1098 万元。农民人均纯收入 6738 元。镇境内有初级中学 1 所，小学 5 所，幼儿园（托儿所）9 所（其中公办幼儿园 1 所）。全镇有农村文化中心户 50 户，主要有奇石收藏、乐器、音乐、舞蹈、书画、体育等项目。有“寡妇村”展览馆，是福建省重要爱国主义教育基地，每年接待近万人次。

六、樟塘镇

樟塘镇地处县境中部，东连康美镇，西南接西埔镇。1989 年沿用乡建制，土地面积 18.80 平方公里。辖 9 个村民委员会，17 个自然村，镇政府驻地在樟塘村。1992 年 3 月，撤乡设镇。2008 年，全镇土地面积 21.04 平方公里，常用耕地面积 325.73 公顷。全镇乡村公路长 31.4 公里。设 9 个村民委员会,23 个自然村，总户数 4081 户，人口 15528 人。是年，全镇农林牧渔业总产值（现行价）12363 万元。其中，农业总产值 2300 万元，牧业总产值 1553 万元，渔业总产值 8510 万元。水产品总量 12199 吨（其中海洋捕捞 368 吨）。工业总产值 28971 万元。其中，规模工业企业 8 家，规模工业产值 25245 万元。镇财政总收入 695 万元，地方级财政收入 220 万元。农民人均纯收入 6715 元。镇北部有南正院，南部有金銮湾两个旅游小区。镇境内有初级中学 1 所，小学 6 所，幼儿园（托儿所）9 所（其中公办幼儿园 1 所）。

七、前楼镇

前楼镇地处县境西南侧，东连西埔镇，西濒诏安湾，南接陈城镇，北邻杏陈镇。1989 年沿用乡建制，土地面积 16.87 平方公里。1998 年 6 月，撤乡设镇。镇政府驻地为前楼村。2008 年，全镇土地面积 38.54 平方公里，常用耕地面积 247.07 公顷，全镇乡村公路长 27.4 公里。设 7 个村民委员会，17 个自然村，总户数 3187 户，人口 12550 人。是年，农林牧渔业总产值（现行价）23346 万元。其中，农业总产值 3018 万元，牧业总产值 626 万元，渔业总产值 19702 万元。水产品总量 36353 吨。其中，海洋捕捞 6867 吨，海水养殖 28867 吨，淡水养殖 619 吨。工业总产值 12932 万元，其中规模工业企业 8 家，规模工业产值 11009 万元。镇财政总收入 265 万元。镇内有初级中学 1 所，小学 5 所，幼儿园（托儿所）7 所，镇级文化站 1 家。

2008 年东山县行政区划基本情况表

表 1-1

名称	土地面积（平方公里）	建制村（个）	建制社区（个）	自然村（个）	户数	人口（人）	
						总人口	其中外来人口
西埔	39.55	西埔、双东、西坑、宅山、坑北、顶西、石埔、冬古、梧龙、亲营、坑内、探石、金石	白石、东埔、龙舞、中兴	西埔、东埔、北埔、双过山、西笼仔、东陂、西坑、宅仔、新山后、旧山后、坑北、顶西埔、石坛、埔上、石坛圩、过冬、岩仔、新乡、古雷庄、梧龙、亲营、旧坑内、新坑内、下尾、杉寮、新圩、下柳、漳浦、岱里、顶下尾、西头、西园、官路尾、下圩	13831	46427	1620

续表 1-1

名称	土地面积（平方公里）	建制村（个）	建制社区（个）	自然村（个）	户数	人口（人）	
						总人口	其中外来人口
铜陵	7.33	铜兴	顶街、公园、下田、演武、桥雅、大澳、码头、苏峰、桂花、文峰、铜亭	东坑口周围	17429	53634	1500
陈城	66.04	陈城、宫前、澳角、山口、白埕、黄山、湖塘、港口、后姚、岐下、山东、山南、后崎	—	陈城、顶城、陈城圩、前黄、北山、宫前、澳角、湖仔、大帽山、顶赤山、下赤山、大路口、赤石、西湖、白埕、下林仔、赤涂、黄山母、山只、湖塘、林边、港口、后姚、东厝、岐下、下垵、山东、前坑、山南、后崎、下西崎	7990	32256	3744
杏陈	51.75	后林、张家、高陈、磁窑、前何、埕英、礁头、径口、埔头、大嵊	—	后林、张家、福场、建宅、前坑洞、牛仔林、高陈、桥仔头、磁窑、前何、港后、肖瓜林、埕下、西园、英坑、杏陈、礁头、径口、埔头、客鸟林、嵊后、顶州、嵊腰	7076	26882	138
康美	23.00	康美、钱岗、美山、马銮、西崎、城垵、铜钵、东沈	龙潭	康美、钱岗、美山、马銮、西崎、城垵、前佘、后宅、后厝、城仔内、东巷、东沈	5308	19044	310
樟塘	21.04	樟塘、湖尾、南埔、下湖、港西、古港、前马、后马、南山	—	樟塘、湖尾、留田、顶山前、下山前、后岭、大石、翁山、新厝、下湖、岭下、西港、前马、古港、南山、港西、后马	4081	15528	55
前楼	38.54	前楼、岱南、东英、径里、叶厝、顶上、下西坑	—	前梧、涂楼、洋上、顶岱南、下岱南、后边、洪厝、东郑、下英、岱寮、东凌、径里、车里、下溪、东埕、叶厝、詹厝、顶上、东澳、下林尾、下西坑、长山尾、西澳	3187	12550	92
合计	247.25	61	16	141	58902	206321	7459

八、东山经济技术开发区

（一）开发区概况

1993 年 1 月，国务院批准设立东山经济技术开发区。1994 年 5 月 10 日，东山经济技术开发区举行挂碑暨项目奠基仪式；9 月 15 日，成立开发区管理委员会，为副处级机构。1995 年，福建省人大常委会颁布《东山经济技术开发区条例》。系福建省三个国家级经济技术开发区之一，也是漳州市唯一的国家级开发区。位于县境中心，东至樟塘镇新厝，西至西埔镇石埔，南至西铜公路，北至向东支渠到樟塘镇下湖村，总面积 10 平方公里。

开发区管委会制定行政管理规定并组织实施；制定开发区发展规划并组织实施。2000 年 3 月，中共福建省委编办批准东山经济技术开发区管委会机构规格为副处级。2002 年 9 月，县委编办批准开发区管委会内设办公室、经济发展局、财政局、国土资源局、建设环保局。2004 年 12 月 15 日，东山经济技术开发区规划通过国家级审核批准。区内进驻企业快速增加。至 2008 年，区内投产企业 45 家；规模工业产值 14.58 亿元。东山县海魁水产集团有限公司、东山县英特食品有限公司、东山县华远食品有限公司、东山县华昌食品有限公司等企业产值增幅较大。其中，东山县海魁水产集团有限公司年产值 6 亿元，占全区工业产值的 41.15%。2008 年，全区海关出口值 10684.8 万美元（比上年增长 90.43%）。年财政总收入 9333 万元（比上年增 29.47%），其中本级财政收入 5076.7 万元（比上年增长 31.73%）。年内，区内在建项目 21 个，其中工业项目 13 个；新开工项目 8 个，其中投资 500 万元以上 5 个；新投产项目 7 个，其中投资 500 万元以上工业项目 4 个。

（二）基础设施建设

引进福州嘉园环保工程有限公司，建设东山县双东污水处理厂。成立专门工作小组，协调解决建设中遇到的困难与问题。同时，加快区域路网建设，抓好育新路祥和路段、东湖小区主排水管网工程及糖厂三角点交叉路口拓宽。实施聚福路、福瑞路、英才路、新发路、祥和路等工程的施工。

（三）土地开发利用

委托福建大地评估咨询有限公司做好开发区土地利用评价工作，确保按时通过国土资源部的验收。推进县双东污水处理厂、内坑自然村搬迁、县融丰食品有限公司等项目道路用地、东西二路樟塘路段、南北八路路段等项目的征地工作。完成东山疏港公路开发区路段工程定点、地类详查、界桩及测量成果、土石方工程测算等工作。

（四）家园清洁行动

成立家园清洁行动领导小组和督查小组，建立卫生保洁队伍管理机制。投入 20 万元，配套完善区内卫生设施（如保洁车等）。实行全天候路面保洁，确定 12 个路段的清洁责任人和责任范围；建立考核机制，定期督查，确保区内道路整洁卫生。

（五）实施生态绿化

投资 29 万元，对东西一路、东环路两侧绿化进行整治提升，总绿化面积 10335 平方米。对东环路东侧的聚福段、东山南加州海洋食品有限公司路段、东山县海辰食品有限公司路段原有绿地植被进行修复；对东环路的宅山路段至东西二路两侧新增绿化带种植；对东山县长途汽车站至宅山路、祥和小区及县公交公司等路段增加绿地建设。

第二章　自然环境

第一节　地质地貌

一、地　质

东山岛地层约 2/3 属上三叠统侏罗系变质岩，主要分布于建宅、西埔、亲营山、岩雅一线以西、以南及铜陵镇北部。岩性为片岩，变粒浅粒岩类。另 1/3 属侏罗系上统南园组火山岩，主要分布于大嶝及八尺门、后林、杏陈、磁头、埔头一线以北。第四系残积层主要是风化的红黏土，分布于杏陈、前楼、西埔、梧龙、东沈、康美、城垵、铜钵、亲营、冬古、陈城；第四系上更新统上段风积砂，分布于东沈、铜陵、澳角；第四系上更新统中下段海陆过渡相堆积层，集中于顶西坑；第四系上更新统上段海积层分布于西埔、山前、马銮；第四系全新统冲洪积层呈小块状分布于陈城等地山前地块；第四系全新统中段海积层分布于大路口、白埕、东沈、前楼、陈城、礁头；第四系全新统上段海积层分布于大嵤、西港、双东盐场；第四系全新统上段风积层分布于湖尾、山只、林边、赤山、白埕、亲营；第四系全新统坡积层分布于局部山麓；侵入岩有黑云田花岗岩和二长花岗岩，黑云母花岗岩分布于西埔、樟塘、城垵、铜陵的北部和亲营山北麓，二长花岗岩分布于西埔至铜陵沿公里两侧地带。

二、地　貌

（一）低丘与台地

东山岛西北部为低丘台地区（包括杏陈、前楼二镇和西埔、康美、樟塘等镇的一部分），分布在 35 个建制村及其范围内的农场、盐场等。低丘海拔 50～274.3 米、坡度 10～37 度，面积 2467 公顷，占全县总面积的 9.98%。有波状丘顶低丘、馒头状低丘。台地海拔 10～15 米、坡度 2～10 度，面积 6933 公顷，占全县土地总面积 28.04%。县境山脉源自云霄县境，穿八尺门海峡入岛，分南北、东西二支。其走向以北东为主，北西次之。东山主岛上大小山丘 413 座，海拔 80 米及以上的山丘有 29 座。

（二）滨海小平原

东南部滨海小平原区包括铜陵、陈城、西埔、樟塘和康美镇的一部分，分布在 26 个建制村和 15 个建制社区，及其范围内的林场、盐场等。海拔均在 10 米以下，面积共 10000 公顷，占全县土地总面积的 40.44%。其土层深厚，土质较肥沃，地下水资源丰富。有海积平原、河谷堆积地形、风积地形。

（三）海岸地貌

1. 海湾　东山岛有 3 个海湾。东山湾（也称铜山湾），位于东山岛与漳浦县的古雷半岛之间，水域面积 189 平方公里，底质多为泥沙或沙泥，属于东山县的海岸线长约 30 公里。苏峰湾（也称东南海湾），自南门澳至宫前澳，海岸线长 60 公里，多属海滩堆积地貌，沙质细白，湾内岛礁错落。诏安湾，位于东山岛与诏安县之间，属于东山县的海岸线长 40 公里，水域面积 96.26 平方公里，湾内滩广水浅，底质多为泥沙或沙泥。

2. 港澳　东山湾内港澳共 9 个，即东门澳（位于铜山古城东侧）、西门澳（位于铜山古城西侧）、澳雅头澳（东接西门澳）、大澳、后澳（大澳、东澳两澳相连，东接澳雅头澳）、佛堂澳、城垵澳（佛堂澳、城垵澳两澳相连）、古港澳（位于古港村西侧）、港西澳（位于港西村东侧）。苏峰湾内港澳共 7 个，即南门澳（也称南门湾，位于铜山古城南侧）、马銮湾（也称前港）、后港（也称后江或东沈湾，东与前港相连，南接圆锥角）、过冬澳（也称荟东澳，在斗笠尖山西北）、亲营澳（也称乌礁湾，东接过冬澳，西至苏尖角）、澳角澳（位于苏尖角、鲨角两岬角之间）、宫前澳（位于宫前村前）。诏安湾内港澳共 2 个，即布袋澳（位于西屿北隅，已围垦）、西埔湾（位于双过山村前）。

3. 岬角　东山岛有岬角 5 个。即，北天尾岬角，位于塔屿西隅；圆锥角岬角，位于苏峰山前沿，介于后港、过冬澳之间的突出部；苏尖角岬角，位于大肉山前沿，介于澳角澳、亲营澳之间的突出部；鲨角岬角，位于澳角澳、宫前澳之间的突出部；诏安头岬角，位于宫前湾、诏安湾之间的突出部。

4. 滩涂沙滩　县域滩涂底部平坦，底质沙泥或泥沙，面积 941 公顷。分布在东山湾和诏安湾的海岸背风处。县域沙滩面积 1260 公顷，主要分布于铜陵镇至宫前一带的东南沿海海湾。

5. 岛屿（礁）　东山县由东山岛和周边 75 个岛屿组成，其中重要岛屿 43 座，一般岛礁 32 座。最大的岛屿大嵤岛面积为 4.06 平方公里，距东山岛 1.03 公里，海岸线长 8.64 公里，有常住人口。小彭屿、尾涡屿、后登屿、蒲姜屿、马鞍屿、大坪屿、对面屿、虎屿岛等面积较小，有暂住人口。东门屿（塔屿）建寺庙并常居僧人。大多数岛屿礁岩产紫菜、赤菜、石花菜、羊栖菜等多种海藻，以及产牡蛎、珠螺、马蹄螺、锈凹螺、蝾螺、角螺、梭子螺、黑贻贝、扇贝、马戟、珠螺、锈凹螺、蝾螺等多种海螺。附近水域多有鲷、鳗、青鳞鱼、梭子鱼、跳跳鱼、石虎、丁香鱼、金鲷、大黄鱼、石斑鱼、龙虾等鱼类。多数岛屿生长相思树、木麻黄、湿地松、黑松、榕树、小叶桉、木棉、凤凰木等多种树木，常有鸟类栖息。

东山岛周边岛屿（属东山县的）一览表

表 1-2

岛屿名称	又称	北纬	东经	距东山岛（公里）	面积（平方米）	岸线长（米）	地质
大嵫岛	大产岛	23° 44′ 28.2″	117° 2′ 28.0″	1.0280	4060020	8640	火山岩
五屿	青草屿	23° 46′ 37.9″	117° 31′ 01.4″	2.750	4427	275	变质岩
乌岩屿	乌礁	23° 46′ 30.0″	117° 30′ 57.1″	2.480	4161	235	变质岩
车轮礁	—	23° 46′ 29.8″	117° 30′ 38.2″	2.100	751	175	变质岩 残坡积土
小彭屿	—	23° 46′ 25.7″	117° 31′ 06.1″	2.49	34162	892	变质岩
尾涡屿	尾屿	23° 46′ 25.1″	117° 30′ 27.5″	1.720	54934	1251	变质岩
后登屿	白点	23° 46′ 21.1″	117° 30′ 50.2″	2.080	33876	700	变质岩
小白屿	白屿 白礁	23° 46′ 06.2″	117° 29′ 39″	0.815	2574	186	花岗岩
蒲姜屿	补羌屿	23° 46′ 02.8″	117° 31′ 18.5″	1.990	11633	405	变质岩
鼎盖屿	鼎敢屿	23° 45′ 47.2″	117° 30′ 45.9″	1.260	4078	409	变质岩
马鞍屿	马鞍	23° 45′ 41.8″	117° 31′ 52.4″	2.070	38064	1397	变质岩
大坪屿	—	23° 45′ 13.6″	117° 33′ 33.3″	—	121735	1545	花岗岩
鱼首岛	—	23° 45′ 13.3″	117° 33′ 20.4″	3.6	2189	184	花岗岩
小赤屿	赤屿 赤屿仔	23° 44′ 58.8″	117° 31′ 08.0″	0.420	3060	220	花岗岩
对面岛	—	23° 44′ 55.9″	117° 31′ 28.1″	0.350	96099	1992	花岗岩
虎屿岛	虎屿头	23° 44′ 51.4″	117° 33′ 52.8″	4 海里	144491	2355	花岗岩
金龟屿	金龟岩	23° 44′ 49.0″	117° 31′ 26.0″	6.1	1262	148	花岗岩
铁钉屿	铁钉屿	23° 44′ 39.2″	117° 32′ 17.6″	0.86	548	86	花岗岩
有水岩屿	山屿尾	23° 44′ 32.3″	117° 33′ 56.3″	1.90	73356	1267	花岗岩
东门屿	塔屿	23° 43′ 57.7″	117° 33′ 04.9″	0.910	0.659	6880	花岗岩海沙
鸡心岛	小鸡心屿	23° 43′ 57.7″	117° 33′ 04.9	0.210	1174	138	花岗岩
树尾屿	屿尾	23° 43′ 30.7″	117° 33′ 36.9″	0.410	2378	258	花岗岩
南屿	南屿	23° 43′ 17.9	117° 31′ 24.6	0.150	42299	850	花岗岩
不流屿	渤流屿 薄流屿	23° 42′ 44.6″	117° 31′ 10.5″	034	45961	404	花岗岩
复鼎屿	趴鼎屿 覆鼎屿	23° 42′ 42.3″	117° 31′ 19.8″	0.49	905	108	花岗岩
头屿	大屿	117° 29′ 53.7″	117° 29′ 53.7″	1.11	9061	404	花岗岩
二屿	圆屿	23° 42′ 32.2″	117° 29′ 38.6″	0.690	3003	207	花岗岩
东山三屿	三屿	23° 42′ 26.5″	117° 29′ 33.9″	0.54	14731	645	花岗岩
大白屿	—	23° 42′ 30.4″	117° 20′ 29.3″	1.49	1025	119	花岗岩
铜锣礁	—	23° 42′ 28.6″	117° 29′ 49.7″	1.04	2255	177	花岗岩

续表 1-2

岛屿名称	又称	北纬	东经	距东山岛（公里）	面积（平方米）	岸线长（米）	地质
赤屿	—	23° 42′ 23.4″	117° 29′ 18.8″	0.226	21519	664	花岗岩
南赤岛	无名屿	23° 42′ 16.7″	117° 29′ 16.9″	7.90	3366	292	花岗岩
鸡心屿	方屿	23° 39′ 25.5″	117° 29′ 40.4″	0.50	5916	424	变质岩
后屿头	—	23° 36′ 38.4″	117° 20′ 48.2″	0.02	14707	561	变质岩
西屿	布袋屿	23° 36′ 31.8″	117° 19′ 05.2″	1480	1175706	6699	变质岩 松散冲积物
屿下	屿下岛	23° 35′ 50.5″	117° 20′ 02.2″	0.166	2679	189	变质岩
象　屿	椰屿	23° 35′ 47.8″	117° 28′ 08.5″	2.530	111900	1451	变质岩
狮　屿	眠犬屿	23° 34′ 41.5″	117° 27′ 22.1″	1.42	134800	1867	变质岩
狮尾屿	—	23° 34′ 29.2″	117° 27′ 20.2″	1.45	4504	265	变质岩
虎屿	—	23° 34′ 18.0″	117° 25′ 14.9″	1.46	43851	854	变质岩
龙　屿	—	23° 33′ 51.3″	117° 25′ 07.0″	2.00	165915	2183	变质岩
小柑山	弟岛 弟屿	23° 33′ 07.1″	117° 39′ 51.4″	22.8	9497	465	沉积岩
大柑山	兄岛 兄屿	23° 31′ 57.1″	117° 41′ 17.7″	25.9	24301	817	沉积岩
七星岩	—	23° 46′ 29.8″	117° 30′ 38.2″	4.7	面积较小	—	—
黄石小岛	—	23° 46′ 09.4″	117° 29′ 38.8″	—	面积较小	—	—
狮卧岛	—	23° 45′ 42.8″	117° 29′ 06.7″	5.5	面积较小	—	—
刺蒲礁	—	23° 45′ 33.2″	117° 25′ 35.5″	4.125 海里	2112	254	变质岩
顶黑礁	—	23° 45′ 30.9″	117° 28′ 44.7″	3.4	面积较小	—	—
下黑礁	—	23° 45′ 28.4″	117° 28′ 41.6″	3.4	面积较小	—	—
老鼠礁	—	23° 45′ 24.2″	117° 30′ 19.8″	5.6	面积较小	—	—
大坪屿岩	—	23° 45′ 13.6″	117° 33′ 18.8″	—	2189	184	变质岩
五角岛	—	23° 45′ 00.7″	117° 31′ 23.0″	6.8	面积较小	—	—
刀砍石岛	—	23° 44′ 59.3″	117° 31′ 09.4″	6.7	面积较小	—	变质岩
扁圆岛	—	23° 44′ 56.8″	117° 31′ 10.9″	6.6	面积较小	—	—
鸡笼礁	—	23° 44′ 50.8″	117° 31′ 27.0″	6.05	面积较小	—	—
露头岛	—	23° 44′ 49.4″	117° 31′ 22.0″	6.02	面积较小	—	—
金龟南岛	—	23° 44′ 47.0″	117° 31′ 25.8″	6.0	面积较小	—	—
门口礁	—	23° 43′ 59.1″	117° 32′ 31.4″	4.1	面积较小	—	—
鸡啼麟礁	—	23° 43′ 34.0″	117° 33′ 31.0″	2.4	面积较小	—	—
园墩岛	—	23° 43′ 26.7″	117° 30′ 01.0″	7.3	面积较小	—	—
铁砧礁	—	23° 43′ 26.2″	117° 31′ 28.4″	5.9	面积较小	—	—
鳄鱼石岛	—	23° 43′ 17.9″	117° 30′ 05.3″	7.5	面积较小	—	—
横断石岛	—	117° 30′ 33.9″	23° 42′ 51.8″	7.5	面积较小	—	—

续表 1-2

岛屿名称	又称	北纬	东经	距东山岛（公里）	面积（平方米）	岸线长（米）	地质
园滑岛	—	23° 42′ 18.9″	117° 29′ 27.1″	7.9	面积较小	—	—
乌龟岛	—	23° 42′ 18.5″	117° 29′ 15.7″	7.7	面积较小	—	—
白石岛	—	23° 42′ 16.4″	117° 29′ 26.6″	8.0	面积较小	—	—
熊掌石岛	—	23° 42′ 16.0″	117° 29′ 21.7″	7.9	面积较小	—	—
鸵鸟岛	—	23° 42′ 14.3″	117° 29′ 19.4″	7.9	面积较小	—	—
双 礁	—	23° 40′ 51.6″	117° 20′ 39.1″	6.5	面积较小	—	—
和尚礁	—	23° 36′ 47.0″	117° 19′ 49.7″	5.6	面积较小	—	—
和尚礁边岛	—	23° 36′ 45.5″	117° 19′ 49.0″	5.6	面积较小	—	—
白石崎礁	—	23° 36′ 43.9″	117° 18′ 45.3″	4.1	面积较小	—	—
黄石崎岛	—	23° 36′ 29.3″	117° 19′ 23.2″	5.2	面积较小	—	—
红石北岛	—	23° 36′ 11.8″	117° 18′ 47.5″	4.7	面积较小	—	—
银顶红石岛	—	23° 36′ 11.3″	117° 18′ 47.0″	4.7	面积较小	—	—

第二节　气象水文

一、气象

（一）气象特征

东山属南亚热带海洋性季风气候。1989—2008 年，春季(3—6 月)气候多变，时冷时热，晴雨交替。夏季(7—9 月)以晴好、稍热、少雨天气为主。秋季(10—11 月)少雨，多东北大风，蒸发量大，雨日最少，相对湿度最小，常出现干旱。冬季(12 月至次年 2 月)不冷、无霜雪、少雨、多东北大风。气候分区：西北低丘台地温暖少水区，东南部滨海平原温暖缺水区。

（二）气象要素

1. 气温　1989—2008 年，年平均气温 21.2℃，气温最高出现在 2004 年 7 月 2 日，为 38.2℃，最低出现在 1991 年 12 月 29 日和 1999 年 12 月 23 日，为 4.7℃。月最高气温为 7 月，平均气温 27.7℃；月最低气温为 2 月，平均气温 13.7℃。

2. 降水　1989—2008 年，年平均降水量 1317.2 毫米。其中，日降水量最多为 1990 年 6 月 30 日 310.5 毫米。2001 年 9 月下旬至 2002 年 5 月中旬，累计降水量仅 68.9 毫米。年降水量最多月份为 8 月，平均 292.7 毫米；最少月份为 11 月，平均 21.1 毫米。

3. 日照　1989—2008 年，年平均日照时数 2232.4 小时。日照时数最多为 2003 年 6 月 24 日，为 13.1 小时。蒸发量最大为 1990 年 8 月 27 日 12.8 毫米。

4. 风　1989—2008 年，年平均风速为 5.4 米/秒，风向随季节变化，4—8 月以偏南风或东南风为主，9 月至次年 3 月以西北风或东北风为主；瞬间最大风速出现在 2005 年 8 月 13 日，为 35.4 米/秒。年内，台风出现最早的月份是 2006 年 5 月 16 日 0601 号“珍珠”，风速 38 米/秒、14 级；年内，台风出现最迟的月份是 2004 年 12 月 1 日 0428 号台风，风速 18 米/秒、7 级。

5. 相对湿度　1989—2008 年，年平均相对湿度为 80.5%，月份平均湿度最高为每年 6 月 86.9%，月份平均湿度最低为每年 10 月 72.4%。

6. 蒸发量　1989—2008 年，年平均蒸发量为 1714 毫米，年中蒸发量最多为 10 月 197.6 毫米，最小蒸发量2月91.5毫米。

1989—2008年东山县气象要素情况表

表1-3

平均值要素＼月份	1月	2月	3月	4月	5月	6月	7月	8月	9月	10月	11月	12月	全年
气温(℃)	13.8	13.7	15.6	19.6	23.6	26.4	27.7	27.6	26.7	23.9	20.4	16.2	21.2
降水量(毫米)	31.7	58.7	94.4	117.6	128.5	199.9	152.5	292.7	149.9	41.1	21.1	29.2	1317.2
日照(小时)	160.5	113.4	114.7	130.6	151.7	196.9	275.4	255.8	228.2	223.0	196.8	185.4	2232.4
相对湿度(%)	77.8	80.5	82.2	83.7	84.7	86.9	85.1	85.8	79.9	72.4	72.9	74.5	80.5
蒸发量(毫米)	105.3	91.5	108.7	121.1	140.5	148.6	183.6	171.1	169.6	197.5	153.9	123.5	1714.9
风速（米/秒）	6.8	6.5	6.1	5.1	4.6	4.1	3.4	3.6	4.6	6.7	6.7	6.8	5.4

二、水文

（一）地表水

1.小溪流 东山无大河、湖泊，有4条长均不足5公里的小溪流。即，坑内溪，源出坑内，经下湖、港西入海；下溪，源出西山背，经下溪、下英、岱寮等村入海；墓庵溪，源出坑北，经石坛等村入双过山港(现溪流变短)；东赤港溪，源出樟塘村，经东沈埭、东赤港入海。

2.水库 小（1）型水库1座(红旗水库)，总库容量329万立方米。小（2）型水库27座，总库容量860.18万立方米。

3.池塘 由于农业生产需要，农民挖筑小池塘集蓄地表水。2008年12月，全县小池塘近4000个。

（二）地下水

基岩裂隙水，分布于前楼、杏陈、陈城等镇的低丘基岩出露地带，面积61.5平方公里。风化带网状裂隙水，分布于樟塘、西埔等镇的台地地带，面积49.2平方公里。松散岩类孔隙水，分布于前楼、陈城、铜陵等镇的滨海小平原，面积33.8平方公里；以及分布于梧龙外砂与康美、白埕、大路口、澳角等村的滨海小平原，面积29.6平方公里。

（三）海水

1.海水盐度 1989—2008年，海区海水盐度年变化范围在11.9‰～35.5‰之间，平均值30.5‰；月均海水盐度最高为7月34.2‰,最低为10月为28.7‰。

2.海水水温 海区水温年平均21.9℃,年变化范围在10.8～30.1℃之间；月平均海水水温最低为12.2℃,最高为30.0℃。

（四）海潮海浪

1.潮流 海区潮流属正规半日潮流，近海、港澳等处多往复流。东山湾涨潮流向北偏西，落潮流向南偏东。湾口西航门平均海水流速约2节(1节=1海里/小时)，最大2.5节，并有强烈的湍流；湾口东航门海水流速大于2节。诏安湾涨潮流向东北，落潮流向西南。西屿与斜州岛之间流速一般为1.8节。兄岛、弟岛海区涨潮流向东北，落潮流向西南，流速1节。

2.潮汐 海区潮汐类型属正规半日潮，潮汐周期12～13小时。潮位夏季高，冬季低。农历每月初三、十八日前后大潮，初十、二十五日前后小潮；平均潮差2.3米,平均最大潮差3.4米，平均最小潮差0.8米。实测最大潮差4.24米（1996年8月1日)，最大可能潮差5.0米；东山海区平均海平面黄零0.48米。据东山海洋环境监测站资料，1989—2008年，铜陵附近海域最高潮位2.97米，最低潮位-1.90米；平均高潮位1.71米，平均低潮位-0.66米。平均潮差2.37米,最大潮差4.24米，最小潮差0.63米，多年平均海平面0.49米。

东山海区潮汐，每昼夜2次涨潮和2次落潮，一涨一落历时12小时25分钟；一天内2次涨（落）潮的高度几乎相等,涨（落）时值也差不多。每日涨潮时间计算方法，以0.8小时乘以农历日期。在正常条件下，每潮向后推迟40分钟。潮汐的活动规律每半月轮回一次，即农历初一与十六日略同。

3.海浪　海域南风浪大，北风浪小；外海风浪大，内海风浪小。当台风袭击时，常出现6级以上的风浪，时有7～8级大浪或波长200～300米、波高6～8米的狂浪。

第三节　自然资源

一、土地资源

（一）土地总面积

1989年4月，县土地管理部门对全县土地利用情况进行调查。调查结果显示，全县土地总面积24740.49公顷，其中耕地面积3476.34公顷，园地面积4142.51公顷，林地面积5920.71公顷，居民点及工矿用地面积3565.41公顷，交通用地面积301.72公顷，水域面积5785.78公顷，未利用土地面积1547.98公顷。

2008年，全县土地利用情况调查结果显示，全县土地总面积24834.26公顷。

1.耕地　全县耕地面积2797公顷，占全县土地总面积的11.26%。其中，水田面积104.29公顷，占3.72%；水浇地面积244.24公顷，占8.73%；旱地面积2448.53公顷，占87.54%。

2.林地　全县林地面积4435.87公顷，占全县土地总面积的17.86%。其中，乔木林地面积3717.88公顷，占83.81%；灌木林地102.42公顷，占2.31%；其他林地615.65公顷，占13.88%。

3.园地　全县园地面积3967.53公顷，占全县土地总面积的15.97%。其中，果园面积2766.80公顷，占69.73%；其他园地面积1201.12公顷，占30.27%。

4.草地　全县草地面积195.13公顷，占全县土地总面积的0.78%。

5.居民住房及工矿用地　全县居民住房及工矿用地面积4832.27公顷，占全县土地总面积的19.46%。其中，农村居民住房用地面积1553.21公顷，占32.14%；城镇居民住房用地面积1396.17公顷，占28.89%；矿山用地面积1502.33公顷，占31.09%；风景区用地面积380.57公顷，占7.87%。

6.交通用地　全县交通用地面积546.73公顷，占全县土地总面积的2.20%。其中，公路用地面积198.93公顷，占36.38%；农村道路用地面积308.37公顷，占56.40%；其他路用地面积39.44公顷，占7.21%。

7.水域及水利设施用地　全县水域及水利设施用地面积6863.73公顷，占全县土地总面积27.63%。其中，溪流水面面积175.37公顷，占2.55%；内陆滩涂水面面积2.42公顷，占0.03%；水库面积180.22公顷，占2.62%；坑塘水面面积3558.51公顷，占51.84%；沟渠水面面积413.87公顷，占6.03%；水上建筑物用水部分面积64.29公顷，占0.93%；其他水面面积2469.09公顷，占35.97%。

8.其他土地　全县其他土地面积1196公顷，占全县土地总面积的4.82%。其中，设施农用地面积441.17公顷，占36.88%；裸地面积494.24公顷，占41.32%；沙地面积122.36公顷，占10.23%；田坎地面积138.33公顷，占11.56%。

（二）土壤类型与分布

1.水稻土　境内水稻土分为4个亚类：淹育型水稻土亚类，主要分布于低丘缓坡地；潴育型水稻土亚类，主要分布于坑垄和沟谷出口处及溪沟两旁；潜育型水稻土亚类，仅分布于古港、岐下、下西坑等村的坑垄底部或坡麓泉水溢出处；盐渍型水稻土亚类（滨海盐土经淹水洗盐种植水稻后发育而成的），主要分布于滨海小平原村镇附近的老埭田。

2.风沙土　境内风沙土分为2个亚类：风沙土亚类和耕作风沙土亚类。

3.砖红壤性红壤　境内砖红壤性红壤分为4个亚类：砖红壤性红壤亚类、粗骨砖红壤性红壤亚类、黄色砖红壤性红壤和赤土亚类。

4.盐土　境内盐土主要分布于滨海平原，分为2个亚类，即滨海盐土亚类、埭土亚类。

二、矿产资源

（一）天然石英砂

东山天然石英砂按成矿类型、赋存状态、用途分为3个亚种：以海积成因为主的玻璃砂型砂和水泥标准砂分布于梧龙、山只2处矿区，总储量达2.7亿吨；以风积成因为主的建筑用沙（或农业用沙）矿体多呈圆顶小沙丘或单斜坡状赋存，主要分布在林边、亲营、梧龙、赤山、湖塘等地，资源量800万吨；为海积成因的潮间带石英砂（海沙），分布于全县各潮间带，资源量700万吨。

（二）高岭土

境内高岭土矿点有6处，资源量共50万吨。主要分布于陈城的麒麟山、大帽山、岐下，杏陈的高陈、磁窑，西埔的冬古等地。

（三）玄武岩

境内玄武岩主要分布于西屿岛，有11个矿体，最大矿体长250米，厚45～70米，出露标高10～43.8米，资源储量61.7万吨。

（四）硅线石

境内硅线石分布于苏峰山和亲营山的混合岩中。

（五）独居石

境内独居石分布于冬古、亲营、澳角、宫前一带的滨海，为含钍独居石。矿石常与锆英石、金红石、钛铁矿等有用矿物伴生，资源量1109吨。

（六）泥炭

境内泥炭矿点6处，分布于赤山、黄山母、新乡、苏峰山东北侧海边、后岭、前港等地。其中，黄山母泥煤矿位于沙滩与沙丘中，长600米，厚1.5米，顶板为石英砂、沙土，底为石英砂，估算资源量29万吨。

（七）红柱石

境内红柱石矿点在象屿、冬古2处。其中，象屿矿点有3条含矿脉。

（八）建筑用石料

境内建筑用石料出露的面积80平方公里，约占全县陆域面积的32.36%。主要分布于县域西北侧的前梧、埔头、径口、西山岩、牛犊山、大山、前山、三公山；东侧的苏峰山、亲营山；南侧的大肉山、大帽山；西南侧的旗山等地。

（九）砖瓦用黏土

境内砖瓦用黏土主要分布在剥蚀堆积地貌区内。主产地有前梧、后林、建宅、前何、张家、坑北、金石、梧龙、顶西坑、双过山、铜钵、城垵等地。出露岩性为沙—黏土、矿质黏土、湖积黏土。

（十）饰面石材

境内饰面石材主要分布于北侧的三公山，东侧的三枝尖、犁壁，南侧的湖仔山。

三、淡水资源

（一）淡水资源总量

东山县境淡水源靠降水补给，由于降水时空分布不均，资源补给不等。1989—2008年，平均年降水量2.95亿立方米。5—9月降水量约占全年降水总量的65%。如2001年降水量1280毫米，折合陆域年降水总量3.14亿立方米，与往年平均比较多6.4%，与上年比较多7.5%。2008年，全县人均年占有淡水资源量（含天然水和客水）为1550多立方米，比1988年的740多立方米增47.7%。

（二）地表水资源

东山县地表水资源总量受自然地理位置及地形地貌影响，分布不匀，相对较少。1989年，全县地表水资源为1.32亿立方米。2001年，全县地表水资源为1.48亿立方米，占漳州市地表水资源总量的11%。年径流深在502毫米，为漳州市最少。2008年，全县地表水资源为1.46亿立方米。

（三）地下水资源

1. 地下水资源量　境内有开采价值的地下水主要分布于康美、梧龙、白埕等 3 个水源地。全县地下水年平均 3198.3 万立方米。其中，岩裂隙水 691.7 万立方米，分布在标高 10～20 米的台地地段，面积 61.47 平方公里，不易开采；风化带网状裂隙水 553.8 万立方米，分布在标高 20～280 米的低丘地段，面积 49.22 平方公里，可开采 547.5 万立方米；水量中等松散岩类孔裂隙水 1367.5 立方米，分布在滨海平原沙质地段，面积 29.6 平方公里，可供开采 1095 万立方米（主要水源）；水量贫乏区松散岩类孔裂隙水 585.3 万立方米，分布在标高 3～15 米滨海平原，面积 33.79 平方公里，可开采 461.2 万立方米（水质较差）。

2. 地下水普查　2001 年 1—5 月，东山县水利部门对县内 3 处（康美、梧龙、白埕）地下水水源地开展普查，2005 年通过验收。普查结果显示：县境地下水类型为第四系孔潜水，含水层由风积、海积的中细砂、细砂组成。水位较浅，主要受降雨和人工开采双重影响，由于 2000 年降雨量偏少，致使区域孔隙水水位比上年略降，局部由于开采量减少，使平均水位与上年持平或微升。

1999 年与 2000 年东山县地下水水位特征情况表

表 1-4　　单位：米

水源地名称		水位监测点号	最高水位		最低水位		平均水位		年最大变幅	
			1999 年	2000 年	1999 年	2000 年	1999 年	2000 年	1999 年	2000 年
康美		02+1	6.70	6.22	5.11	5.01	5.73	5.62	1.59	1.21
		03	5.65	5.12	3.84	3.91	4.44	4.57	1.81	1.21
		04	4.41	4.64	3.52	3.43	3.84	3.93	0.89	1.21
梧龙	南埔湖尾	05	2.41	2.67	0.86	−1.48	1.97	1.84	1.55	4.15
		06+1	3.10	3.15	2.04	1.98	2.50	2.46	1.06	1.17
	梧龙	08	9.57	9.63	5.86	5.75	7.76	8.05	3.71	3.88
		09	10.64	9.09	8.49	7.79	9.40	8.26	2.15	1.30
		11+1	11.52	11.21	10.81	10.29	11.19	10.82	0.71	0.92
白埕		14	6.31	6.20	5.36	5.16	5.77	5.65	0.95	1.04
		15	7.19	7.27	6.20	5.84	6.63	6.57	0.99	1.43
		18	6.29	6.23	5.79	5.72	6.00	5.93	0.50	0.51
		19	7.69	7.73	6.76	6.57	7.13	7.04	0.93	1.16
		20	4.53	4.65	3.79	3.83	4.16	4.14	0.74	0.82

说明：05、08 号监测点为常年开采井

四、野生动物资源

（一）陆地野生动物

1. 兽类　1989—2008 年，县境常见兽类主要有水獭、豹猫、豪猪、山狗、山羊等。

2. 鸟类　1989—2008 年，县境常见鸟类主要有麻雀、乌鸦、伯劳、鹧鸪、八哥、白头翁、喜鹊、画眉、燕子、苍鹰、海鸥、鱼鹰、海鸭；偶见的有鸠莺、猫头鹰、啄木鸟、百灵鸟、大雁等。

3. 爬行类　1989—2008 年，县境常见爬行类动物主要有壁虎、蜥蜴、蚯蚓、水赤蛇、眼镜蛇、金环蛇、银环蛇、翠青蛇、蟒等。

4. 昆虫类(农田)　1989—2008 年，县境农田常见昆虫类主要有螟、叶蝉、稻飞虱、飞蝗、黏虫、甘茹象鼻虫、地老虎、大豆食心虫、金龟子(蛴螬)、蚜虫、菜蛾、松毛虫等。害虫天敌主要有蜻蜓、七星瓢虫、蟾蜍、绒茧蜂等。

（一）水生野生动物

1. 海水鱼类

软骨鱼　1989—2008 年，县境海域软骨鱼主要有狭纹虎鲨、日本须鲨、鲸鲨、花点魟、黄魟、南海牛鼻鲼、日本单鳍电鳐等。

硬骨鱼　1989—2008 年，县境海域硬骨鱼主要有宝刀鱼、北梭鱼、脂眼鲱、中华青鳞鱼、金色小沙丁鱼、花鰶、鳓鱼、七丝鲚、尖吻小公鱼、赤鼻棱鳀、黄鲫、日本鳀、尖头银鱼、遮目鱼、长蛇鲻、龙头鱼、鳗鲶、海鳗、中华须鳗、尖吻蛇鳗、油魣(牛杴)、鲻鱼(乌仔鱼)、四指马鲅(伍鱼)、青石斑鱼(土鲙)、鲈鱼、军曹鱼、蓝圆鲹、颌圆鲹、竹荚鱼、黑纹条鰤(甘仔鱼)、棘头梅童鱼、大黄鱼、鮸鱼、黄唇鱼、叶姑鱼、黄姑鱼、黄鲷、真鲷、二长棘鲷、黑鲷、蓝点马鲛、中华马鲛、银鲳(白鲳)、刺鲳(肉鲫)、玫瑰毒鲉(虎鱼)、鳄鲬(牛尾鱼)、黄鳍金枪鱼、扁舵鲣、牙鲆，条鳎、绒纹单角鲀、圆斑兔头鲀等。

2. 淡水鱼类

1989—2008 年，县境淡水鱼类主要有青鱼、草鱼、鲢鱼、鳙鱼、鲤鱼、鲫鱼、尼罗罗非鱼、莫桑比克罗非鱼、鳗鲡、鲶、胡子鲶、斑鳢、黄鳝等。

3. 软体动物

腹足纲　1989—2008 年，县境海域腹足纲软体动物主要有杂色鲍、中华楯、龟甲、单齿螺、朝鲜花冠小月螺、钩棘骨螺、亚洲刺螺、黄口荔螺(辣螺)、方斑东方螺、管角螺等。

瓣鳃纲　1989—2008 年，县境海域瓣鳃纲软体动物主要有泥蚶、翡翠贻贝、桑氏短齿蛤、缢蛏、竹蛏、栉江珧、海湾扇贝、海月、近江牡蛎、褶牡蛎、太平洋牡蛎、单纹心蛤、波纹巴非蛤、紫血蛤等。

头足纲　1989—2008 年，县境海域头足纲软体动物主要有长枪乌贼、中国枪乌贼、莱氏拟乌贼、金乌贼、短蛸、长蛸、真蛸等。

多板纲　1989—2008 年，县境海域多板纲软体动物主要有鬃毛石鳖、日本宽板石鳖、朝鲜鳞带石鳖等。

掘足纲　1989—2008 年，县境海域掘足纲软体动物主要有大角贝等。

4. 节肢动物

甲壳纲　1989—2008 年，县境海域甲壳纲节肢动物有龟足、黑藤壶、长毛对虾、斑节对虾、日本对虾、中国新对虾、哈氏仿对虾、日本毛虾(苗虾)、中国龙虾、锦绣龙虾、虾蛄、三疣梭子蟹、远海梭子蟹、锯缘青蟹、中华绒螯蟹等。

肢口纲　1989—2008 年，县境海域肢口纲节肢动物有东方鲎。

5. 其他海生动物

哺乳动物　1989—2008 年，县境海域哺乳动物主要有伪虎鲸、中华白豚等。

爬行动物　1989—2008 年，县境海域爬行动物主要有棱皮龟、绿海龟、龟、玳瑁等。

棘皮动物　1989—2008 年，县境海域棘皮动物主要有米氏海参、镶边海星、细雕刻肋海胆、海盘等。

环节动物　1989—2008 年，县境海域环节动物有方格星虫等。

拟软体动物　1989—2008 年，县境海域拟软体动物有海豆芽等。

腔肠体动物　1989—2008 年，县境海域腔肠体动物有白色霞水母、海蜇、柳珊瑚、日本红珊瑚、黑角珊瑚、标准蜂巢珊瑚(浮石山)、绿海葵、海仙人掌等。

多孔动物　1989—2008 年，县境海域多孔动物主要有海丝瓜、白枝海绵等。

苔藓动物　1989—2008 年，县境苔藓动物有脊突苔虫等。

五、野生植物资源

（一）植被种类

东山县森林原生植被为亚热带常绿针叶林、常绿阔叶林和亚热带季雨林。地带性植被仅零星残存，森林植被多数为人工林，植物种类与层次结构较简单。2008 年，全县具维管组织植物有 179 科、666 属、1222 种。

1. 乔木树种　1989—2008 年，县境乔木树种主要有木麻黄、马尾松、湿地松、黑松、杉木、柠檬桉、窿缘桉、巨尾桉、台湾相思、大叶相思、马占相思、肯氏相思、厚荚相思、油桐、榕树、木棉、刺桐、凤凰木、樟树、羊蹄甲等。

2. 灌木树种　1989—2008 年，县境灌木树种主要有潺槁木姜子、鹅掌柴、野漆树、土密树、黄橘子、梅叶冬青、车桑子、山芝麻、桃金娘、黑面神、牡荆、美丽胡枝子、盐肤木、木蜡树、石斑木、胡颓子、石楠、菝葜等。

3. 草本植物　1989—2008 年，县境草本植物主要有芒萁骨、五节芒、龙爪茅、牛筋草、野牡丹、马唐、白茅、四脉金茅、纤毛鸭嘴草、地胆草、莠狗尾草等。

4. 果树　1989—2008 年，县境果树有 13 科、20 属、21 种。主要有柑橘、香蕉、龙眼、荔枝、李、番石榴、桃、葡萄、芒果、凤梨、枇杷、柚、波罗蜜、林檎、余甘、番木瓜、草莓、橄榄、柿、沙梨等。

5. 农作物　1989—2008 年，县境粮食作物有甘薯、水稻、大小麦、高粱、玉米等。豆类作物有大豆、豌豆、绿豆、白豆等。油料作物有花生，芝麻。糖料作物仅有甘蔗。饮料作物有玫瑰茄、西番莲、茶。蔬菜有小白菜、大白菜、甘蓝菜、芥菜、菠菜、苋菜、空心菜、韭菜、花椰菜、金针花、冬瓜、丝瓜、苦瓜、南瓜、瓠瓜、番茄、茄子、辣椒、菜椒、芦笋、萝卜、芋头、球茎甘蓝、茭白笋、蒜、芫荽、芹菜、洋葱、葱等。

6. 间层植物　1989—2008 年，县境间层植物主要有菝葜、匙羹藤、金樱子、千金藤。新引进的有霍霍巴、黑荆等。

7. 花卉　1989—2008 年，县境花卉植物主要有月季、芍药、玫瑰、蔷薇、三角梅、茶花、玉兰、米兰、百合、海棠、芙蓉、扶桑、含笑、夜来香、菊花、夹竹桃、龙吐珠、昙花、茉莉、百日红、鸡冠花、蟹爪兰、铁树等。

8. 药作植物　1989—2008 年，县境药作植物主要有桔梗、生地、天门冬、麦门冬、山栀子、射干、枸杞、车前、蓖麻、柴胡、苍耳、艾、沙参、益母草、香附、淡竹、万年青、桑寄生、木贼、菖蒲、菊花、一见喜、蒲公英、酢浆草、海藻等。还有一点红、马齿苋、黄胆草、马鞭草、大飞扬、天胡荽、无根藤、荽胡、半边莲、灯笼草、鸡屎藤、梨头藤、鸭趾草、积雪草(蚶壳草)、鬼针草、黄毛耳草、薜荔等。

9. 绿肥植物　1989—2008 年，县境绿肥植物主要有水浮莲、水花生、日本水仙、金光菊、田菁、太阳麻。

10. 海藻植物　1989—2008 年，县境海藻植物主要有绿藻、红藻、褐藻等 3 门，计 33 科 91 种，其中经济藻类 37 种，主要有海带、紫菜、石花菜、羊西菜、孔石莼、铁钉菜等。

（二）植被分布

1989—2008 年，县境以木麻黄为主的树种重点分布在陈城镇山东村、宫前村、澳角村、山口村、白埕村、赤山林场；西埔镇亲营村、冬古村、梧龙村；樟塘镇湖尾村、南埔村；康美镇东沈村、康美村、马銮村、铜钵村；铜陵镇铜兴村。沿海岩岸一面山以台湾相思、黑松为主，构成沿海防护林绿色屏障的闭合圈。以松树、相思树、桉树为主的树种遍布全县低丘山地，作为薪炭林和特用林。以龙眼、荔枝、芒果、枇杷、番石榴为主的经济林遍布全县林缘空地和低产农地。高品位的绿化树种秋兰、石榴等分布在全县的村、宅、路、水旁和庭院，作为绿化、美化、净化特用林。

第四节　自然灾害

一、台风暴雨灾害

1989—2008 年，影响县境台风共 24 次（1989 年第 8 号；1990 年第 6 号、第 12 号、第 18 号；1991 年第 7 号、第 19 号；1992 年第 12 号；1993 年第 2 号、第 9 号；1994 年第 6 号；1995 年第 4 号；1996 年第 7 号、第 8 号、第 15 号；1997 年第 10 号、第 14 号；1998 年第 10 号；2000 年第 10 号；2001 年第 4 号、第 8 号；2002 年第 14 号；2003 年第 9 号；2005 年第 10 号；2006 年第 1 号）。台风影响境内最多的

年份有 1990 年、1996 年各 3 次。影响境内严重的台风（风速≥33 米/秒，过程雨量≥100 毫米），正面登陆县境的台风，共 14 次。直接登陆境内的台风有 1990 年第 6 号、1991 年第 19 号、1996 年第 7 号。

1990 年第 6 号台风影响县境，风速 40 米/秒，持续 14 小时暴雨，过程雨量 442.5 毫米。1991 年第 19 号台风影响县境，风速 39 米/秒，过程雨量 200.8 毫米。1995 年第 4 号台风影响县境，风速 38 米/秒，过程雨量 343.6 毫米，8 级以上大风持续 10 小时（降雨量 262.9 毫米）。2001 年 7 月 5 日，第 4 号台风“尤特”影响东山全境，持续 12 小时，过程雨量 61.5 毫米。2005 年第 10 号台风“珊瑚”影响县境。8 月 12 日 17 时出现 10 级大风，13 日 5 时 35 分出现 11 级大风，13 日 7 时 5 分出现 12 级以上大风，至 13 日 12 时县境最大风速都在 11 级以上，为以往 10 年罕见。12 日 19 时 30 分开始降雨，13 日 16 时后一小时降雨量 45.9 毫米，总过程雨量（至 15 日 8 时）为 248.1 毫米。2006 年 5 月 16 日，第 1 号台风“珍珠”影响县境，风力强（11 级以上）影响范围广、破坏性大，过程雨量 220 毫米，强风暴雨使县境遭受重大损失（共超 5 亿元）。

二、旱灾

2001 年 9 月下旬至 2002 年 5 月中旬，县境发生 1989—2008 年期间最严重的旱灾，累计降雨量仅 68.9 毫米，为历年同期平均降雨量的 18%，特旱。受干旱影响，全县 27 座小（2）型水库全干涸。县内主要饮用水源小（1）型红旗水库多次从云霄县杜塘水库紧急调水，西埔、铜陵两镇采取定时限量和分区供水，其他乡镇有 18 个村 3.61 万村民饮用水要靠外运。地下水位急剧下降，有 78 口老井出水不足。农作物受旱面积 4860 公顷，经济损失计 1.32 亿元。

三、地震

1994 年 9 月 14 日 14 时 20 分，台湾海峡南部发生 7.3 级地震，是 1918 年以来发生地点离东山最近、最强烈的地震。县境有民房数间倒塌，或墙壁破裂，没有人员伤亡。

1989—2008 年，据东山地震台测报：东山县境及附近（北纬 23°～24°、东经 117°～118°）常发生 2.9 级以下地震；而震级在 5.0 级以下至 3.0 级共发生 29 次，其中影响较大的是 2000 年 2 月 12 日 19 时 3 分 25 秒，发生在南澳东南的 4.4 级地震。

1989—2008 年东山县境及附近发生的 3.0 级以上地震情况表

表 1-5

发震时刻						震中位置			震级	深度
年	月	日	时	分	秒	纬度	经度	地点	ML	公里
1989	10	31	11	50	45	23° 38′	117° 41′	东山海域	3.3	12
1990	11	23	18	51	13	23° 83′	117° 65′	漳浦海域	3.0	—
1991	10	24	09	13	56	23° 33′	117° 36′	东山海域	3.1	—
1991	10	27	08	08	52	23° 35′	117° 43′	东山海域	3.8	—
1991	11	08	17	54	45	23° 35′	117° 46′	东山海域	3.8	—
1993	12	21	15	35	36	23° 61′	117° 85′	漳浦海域	3.9	13
1994	01	18	19	39	40	23° 50′	117° 80′	东山海域	3.0	6
1994	10	29	03	29	41	23° 33′	117° 38′	东山海域	3.0	4
1995	10	09	15	30	28	23° 33′	117° 45′	东山海域	3.8	8
1996	07	08	10	54	20	23° 40′	117° 55′	东山海域	3.3	8

续表 1-5

发震时刻						震中位置			震级	深度
年	月	日	时	分	秒	纬度	经度	地点	ML	公里
1998	11	16	22	38	27	23° 31′	117° 46′	东山海域	3.7	8
1999	9	14	09	39	38	23° 21′	117° 27′	广东南澳以东	3.2	17
2000	02	12	19	03	25	23° 17′	117° 15′	广东南澳东南	4.4	19
2000	02	17	03	07	51	23° 20′	117° 20′	广东南澳东南	3.1	21
2000	10	20	13	01	10	23° 18′	117° 25′	广东南澳东南	3.1	18
2003	05	15	20	33	23	23° 16′	117 24′	广东南澳海域	3.4	12
2003	05	15	20	33	35	23° 17′	117 25′	东山海域	3.4	11
2004	01	29	05	36	52	23 17′	117 24′	东山海域	3.3	15
2005	12	03	03	13	42	23 35′	117 14′	东山海域	3.2	20
2006	09	13	10	14	59	23 19′	117 21′	广东南澳海域	3.3	20
2006	10	01	22	19	14	23 23′	117 31′	东山海域	3.0	20
2006	10	31	05	43	18	23 21′	117 29′	东山海域	3.4	20
2006	11	18	05	41	24	23 19′	117 24′	东山海域	3.6	20
2007	03	14	13	39	56	23° 37′	117° 03′	广东饶平	3.0	21
2007	04	06	08	50	34	23° 19′	117 23′	东山海域	3.7	20
2008	02	17	11	28	56	23° 39′	117° 24′	东山海域	3.3	30
2008	05	18	17	24	15	23° 20′	117° 19′	广东南澳海域	3.0	20
2008	06	27	14	06	27	23° 22′	117 25′	东山海域	3.4	20
2008	07	18	07	10	05	23 17′	117 14′	广东南澳海域	4.1	20

第二卷　人　口

1989—2008年，东山县随着人民生活水平的逐步提高，优生优育政策的贯彻落实，群众生育观念发生根本性转变，全县人口计划实施情况良好，人口素质大幅度提高。1989年，全县总人口176487人，人口自然增长率8.95‰，出生率14.09‰。2008年，全县总人口206321人，人口自然增长率4.30‰，出生率12.32‰。6岁以上人口中，小学以上文化程度人口从1990年的115562人上升到2008年的168834人，文盲、半文盲从1990年的45685人下降到2008年的24016人。

20年间，东山县经济、社会和文化事业不断发展，城乡一体化进程不断加快，全县农业人口从1989年的120681人下降到2008年的98031人，非农业人口从1989年的55806人上升到2008年的108290人。

计划生育工作成效显著，1999—2005年，东山县连续7年保持全省计划生育工作一类先进县；2006—2008年,连续3年被省政府授予“全省计划生育优质服务先进县”称号。

第一章　人口状况

第一节　人口总量

1989年，东山县有41271户，常住总人口176487人（比1988年增加2840人），其中男性89855人。1990年，开展第四次全国人口普查（标准时间点1990年7月1日零时），全县总户数39288户、总人口182967人，其中男性91952人。人口密度每平方公里943人，比1982年第三次人口普查时增加120人。之后，人口数量逐年增加，增势趋缓。2000年，开展第五次全国人口普查（标准时间点2000年11月1日零时），全县有51052户、206152人，比第四次人口普查增加23185人。至2008年，全县总人口206321人，其中男性103423人，总人口比1989年增加29834人，增长16.9%。

1989—2008年东山县人口统计表

表2-1

年份	总户数	总人口数	其中：男性人口数
1989	41271	176487	89855
1990	42911	182417	92305
1991	44131	184915	93700
1992	45060	186988	94848
1993	45977	189053	96044
1994	46558	191223	97185

续表 2-1

年份	总户数	总人口数	其中：男性人口数
1995	47769	193061	98118
1996	48317	196032	99526
1997	50060	198881	100860
1998	49704	199944	101494
1999	52566	200591	101564
2000	54270	202404	101439
2001	54807	202814	101852
2002	55355	203123	101869
2003	55824	202862	101603
2004	56396	203212	101732
2005	56848	203319	101793
2006	57327	203438	101894
2007	58214	204788	102659
2008	58902	206321	103423

第二节　人口变动

一、出生与死亡

1989 年，东山县出生人口 2486 人，出生率 14.09‰；死亡人口 907 人，死亡率 5.14‰；人口自然增长率 8.95‰。之后，人口出生率、死亡率与人口自然增长率都略有下降。至 2008 年，全县出生人口 2543 人，出生率 12.32‰；死亡人口 1656 人，死亡率 8.02‰；人口自然增长率 4.30‰，与 1989 年相比，人口自然增长率减少 4.65 个千分点。

1989—2008 年东山县人口自然增长情况表

表 2-2　　单位：‰

年份	出生人数	出生率	死亡人数	死亡率	自然增长数	自然增长率
1989	2486	14.09	907	5.14	1579	8.95
1990	2987	16.37	947	5.19	2040	11.18
1991	2417	13.07	827	4.47	1590	8.60
1992	1884	10.08	931	4.98	953	5.10
1993	2265	11.98	920	4.87	1345	7.11
1994	2897	15.15	894	4.68	2003	10.47
1995	1902	9.85	975	5.10	927	4.75
1996	1977	10.09	1064	5.43	913	4.66

续表 2-2

年份	出生人数	出生率	死亡人数	死亡率	自然增长数	自然增长率
1997	1949	9.80	1068	5.37	881	4.43
1998	2153	10.77	1134	5.67	1019	5.10
1999	2621	13.07	962	4.80	1659	8.27
2000	3491	17.25	1556	7.69	1935	9.56
2001	2269	11.19	1059	5.22	1210	5.97
2002	2423	11.93	1056	5.20	1367	6.73
2003	1150	5.67	750	3.70	400	1.97
2004	1931	9.50	960	4.72	971	4.78
2005	1653	8.13	1064	5.23	589	2.90
2006	1703	8.37	1106	5.44	597	2.93
2007	2190	10.69	1094	5.34	1096	5.35
2008	2543	12.32	1656	8.02	887	4.30

二、迁出与迁入

东山县籍人口因婚嫁、工作调动、招工、参军、大中专生入学与分配、务工经商、离退休返回原籍或投亲靠友等原因，而迁出与迁入。1989 年，人口迁入 3883 人，迁出 3451 人；净迁入 432 人。1997 年 11 月始，执行福建省政府《关于批转省公安厅〈小城镇户籍管理制度改革方案及加强和完善农村户籍管理工作意见〉的通知》，符合条件的干部职工的父母、子女、配偶等均可申请办理小城镇常住户口；执行国务院《农村地区新生儿可以随父随母登记常住户口》政策精神，为新生儿办理户口迁入手续。

2008 年，全县人口迁出 3097 人，迁入 3378 人；净迁入 281 人。20 年间有 11 年迁入人口多于迁出人口（1995 年、1999 年、2001 年、2002 年、2003 年、2004 年、2005 年、2006 年、2007 年除外）。

1989—2008 年东山县人口迁移情况表

表 2-3　　单位：人

年份	总人口	迁入数	迁出数	机械变动人口
1989	176487	3883	3451	+432
1990	182417	6112	5878	+234
1991	184915	2517	2443	+74
1992	186988	2959	2770	+189
1993	189053	1205	1081	+124
1994	191223	1103	1074	+29
1995	193061	2202	2280	−78
1996	196032	4959	4854	+105
1997	198881	5691	5458	+233
1998	199944	1591	1566	+25
1999	200591	1566	1596	−30

续表 2-3

年份	总人口	迁入数	迁出数	机械变动人口
2000	202404	2045	1801	+244
2001	202814	1014	1506	-492
2002	203123	3097	3306	-209
2003	202862	1519	1984	-465
2004	203212	1928	2441	-513
2005	203319	1748	2172	-424
2006	203438	18354	18604	-250
2007	204788	2663	2684	-21
2008	206321	3378	3097	+281

第三节　人口分布与密度

1989 年，东山县陆地面积 194 平方公里，总人口 176487 人，人口密度为每平方公里 910 人。1998 年，全县土地面积经测量调整为 247.25 平方公里；人口密度平均每平方公里 809 人。2008 年 12 月，总人口 206321 人，全县平均每平方公里 834 人。每平方公里 800 人以上的有西埔、铜陵、杏陈、康美 4 个镇；每平方公里 800 人以下的有陈城、樟塘、前楼 3 个镇。人口密度最高的铜陵镇，每平方公里 7317 人；最低的是前楼镇，每平方公里 326 人。

1989—2008 年若干年份东山县各乡（镇）人口密度情况表

表 2-4

乡（镇）名称	土地面积（平方公里）			总人口数			人口密度(人/平方公里)		
	1989 年	1998 年	2008 年	1990 年	2000 年	2008 年	1990 年	2000 年	2008 年
全县	194.31	196.79	247.25	182967	206152	206321	941	1048	834
西埔镇	34.37	39.25	39.55	35538	43855	46427	1034	1117	1174
铜陵镇	5.55	7.33	7.33	48410	52956	53634	8722	7225	7317
陈城镇	61.06	53.96	66.04	30435	33863	32256	498	628	488
杏陈镇	36.74	30.74	51.75	24659	26418	26882	671	859	519
康美镇	20.92	23.00	23.00	16898	20464	19044	807	890	828
樟塘镇	18.80	21.04	21.04	15169	16021	15528	806	761	738
前楼镇	16.87	21.47	38.54	11858	12575	12550	703	586	326

说明：表内 1990 年、2000 年为全国人口普查资料数字，2008 年为《东山统计年鉴》数字；1998 年后，全县土地面积 247.25 平方公里

第二章　人口构成

第一节　民族与姓氏构成

一、民族构成

东山县人口以汉族为绝大多数。1990 年，根据第四次人口普查资料，全县 182967 人中汉族人口 182931 人；少数民族 36 人，其中回族 11 人、彝族 2 人、壮族 2 人、满族 3 人、畲族 4 人、高山族 13 人、锡伯族 1 人。

2000 年，第五次人口普查时，全县总人口 206152 人。其中，汉族 206019 人，占总人数 99.94%；少数民族有蒙古族、回族、藏族、维吾尔族、苗族、彝族、壮族、布依族、满族、侗族、土家族、畲族、高山族、朝鲜族，共 14 个民族 133 人，占总人口 0.06%。与 1990 年相比，少数民族增加蒙古族、藏族、维吾尔族、苗族、布依族、侗族、土家族、朝鲜族等民族。

1990 年和 2000 年东山县各民族人口统计表

表 2-5　　单位：人

民　族	1990 年	2000 年	民　族	1990 年	2000 年
汉　族	182931	206019	布依族	—	3
蒙古族	—	6	满　族	3	13
回　族	11	21	侗　族	—	3
藏　族	—	3	锡伯族	1	—
维吾尔族	—	5	土家族	—	16
苗　族	—	15	畲　族	4	20
彝　族	2	13	高山族	13	4
壮　族	2	8	朝鲜族	—	3

说明：表内为 1990 年、2000 年全国人口普查资料数字

二、姓氏构成

漳州市公安部门 2006 年 6 月的户籍资料显示：东山县人口有 238 个姓（共 203926 人），其中单字姓 236 个、复姓 2 个（王孙、欧阳）。万人以上人口姓氏有 3 个，为林、陈、黄；万人以下、千人以上人口姓氏有 24 个，主要有沈、李、张、朱、吴、何、王、谢、孙、蔡、许、刘、郑、杨、高等姓；千人以下、百人以上人口姓氏有 36 个；百人以下至 2 人人口姓氏有 103 个；人口单人姓氏有 72 个。

2006 年 6 月东山县人口姓氏统计表

表 2-6

姓 氏	人 数	姓 氏	人 数	姓 氏	人 数	姓 氏	人 数
林	47378	陈	27485	黄	10626	沈	9892
李	9127	张	8368	朱	8351	吴	8329

续表 2-6

姓氏	人数	姓氏	人数	姓氏	人数	姓氏	人数
何	7143	王	6126	谢	5733	孙	5263
蔡	5243	许	4432	刘	3939	郑	3367
杨	2317	高	2315	叶	1793	潘	1734
曾	1669	欧阳（欧）	1447（1434）	方	1377	翁	1364
徐	1102	唐	1025	洪	970	汤	944
彭	921	佘	915	江	837	游	808
姚	757	周	652	郭	635	庄	618
柳	598	余	555	田	468	沙	464
涂	419	胡	381	马	381	卢	349
颜	313	施	305	罗	290	汪	259
赖	234	廖	218	邱（丘）	215（1）	赵	177
詹（占）	175（3）	甘	157	崔	152	文	139
董	135	薛	132	苏	122	柯	115
童	108	雷	105	冯	97	白	89
侯（候）	89（26）	阮	85	萧（肖）	71（68）	戴	67
孔	65	盛	61	卓	57	邹	56
吕	53	魏	53	程	52	温	52
宋	50	俞	48	钟	48	连	47
傅（付）	41（5）	史	33	桑	32	蒋	30
康	28	毛	27	韩	25	麦	25
梅	19	邓	18	杜	18	范	18
蓝（兰、篮）	18（8、1）	钱	17	石	17	陶	15
曹	14	严	14	章	14	梁	13
陆	13	辛	13	奕	11	袁	11
丁	10	黎	10	耿	9	公	9
纪	9	金	9	鲁	9	夏	9
龚	8	姜	8	骆	8	段	7
简	7	焦	7	龙	7	秦	7
邵	7	甫	6	冷	6	任	6
辜	5	楼	5	邢	5	熊	5
安	4	柴	4	贾	4	蒲	4
尤	4	于	4	劳	3	芦	3
倪	3	片	3	齐	3	释	3

续表 2-6

姓 氏	人 数	姓 氏	人 数	姓 氏	人 数	姓 氏	人 数
万	3	伊	3	尹	3	祝	3
敖	2	薛	2	布	2	查	2
葛	2	关	2	路	2	茅	2
善	2	商	2	谭	2	王孙	2
巫	2	伍	2	相	2	左	2
阿	1	邦	1	包	1	毕	1
薄	1	卜	1	产	1	常	1
成	1	池	1	仇	1	串	1
单	1	党	1	墩	1	樊	1
丰	1	港	1	顾	1	官	1
昊	1	黑	1	湖	1	华	1
惠	1	季	1	尖	1	靳	1
晴	1	精	1	闸	1	寇	1
旷	1	朗	1	莲	1	凌	1
麻	1	苗	1	缪	1	莫	1
聂	1	农	1	庞	1	裴	1
莆	1	祁	1	乔	1	阙	1
绕	1	申	1	舒	1	司	1
隋	1	藤	1	闻	1	奚	1
岩	1	炎	1	晏	1	蚁	1
殷	1	应	1	虞	1	郁	1
岳	1	越	1	云	1	樟	1
贞	1	珠	1				

第二节 年龄与性别构成

一、年龄构成

1989 年起，东山县人口的年龄构成出现一下降一上升现象。18 周岁以下的人口，1990 年占全县总人口的 35.39%，2008 年下降至占总人口的 18.98%；60 周岁以上的人口，1990 年占全县总人口的 9.0%，2008 年上升至占总人口的 13.99%。东山县步入老龄化社会。

1990—2008年若干年份东山县人口年龄构成情况表

表 2-7　　单位：%

年份	总人口数	18岁以下		18～35岁		36～60岁		60岁以上	
		人数	占比例	人数	占比例	人数	占比例	人数	占比例
1990	182967	64749	35.39	59708	32.63	42048	22.98	16462	9.00
2000	206152	56514	27.41	66939	32.47	60404	29.30	22295	10.82
2008	206321	39167	18.98	56978	27.62	81320	39.41	28856	13.99

说明：表内1990年、2000年为全国人口普查资料数字；2008年为《东山统计年鉴》数字

1990年和2000年东山县各年龄组人口比重情况表

表 2-8　　单位：周岁、%

年龄组	1990年			2000年		
	合计	男	女	合计	男	女
0～4	10.05	5.46	4.59	5.20	2.81	2.39
5～9	8.33	4.40	3.93	7.52	4.08	3.44
10～14	9.48	4.92	4.56	9.93	5.14	4.79
15～19	12.40	6.35	6.04	7.53	3.87	3.65
20～24	10.79	5.44	5.35	7.88	3.85	4.03
25～29	9.30	4.75	4.55	11.55	5.85	5.70
30～34	7.67	3.97	3.70	10.29	5.25	5.04
35～39	6.80	3.53	3.28	8.71	4.44	4.27
40～44	5.00	2.65	2.35	6.85	3.53	3.32
45～49	3.81	2.09	1.73	5.98	3.10	2.89
50～54	3.94	2.10	1.84	4.44	2.33	2.11
55～59	3.43	1.57	1.87	3.32	1.76	1.55
60～64	3.04	1.20	1.84	3.12	1.61	1.52
65～69	2.11	0.77	1.34	2.71	1.19	1.52
70～74	1.70	0.55	1.15	2.16	0.74	1.42
75～79	1.22	0.34	0.88	1.35	0.41	0.94
80～84	0.62	0.13	0.49	0.86	0.23	0.63
85～89	0.23	0.04	0.19	0.46	0.08	0.38
90～94	0.06	0.01	0.05	0.12	0.02	0.10
95以上	0.01		0.01	0.02		0.02

说明：表内为1990年、2000年全国人口普查资料数字

2008年东山县百岁及以上健在老年人一览表

表 2-9　　　　　　　　　　　　　　　　　　　　　　　　　　　　单位：周岁

序号	姓名	性别	出生年月	年龄	民族	健康状况	居住地
1	林　恙	女	1904.11	104	汉	一般	东山县铜陵镇苏峰社区
2	蔡乌兰	女	1904.04	104	汉	健康	东山县陈城镇白埕村
3	郑鉴轩	男	1905.01	103	汉	健康	东山县铜陵铜亭社区
4	沈亚担	女	1905.07	103	汉	一般	东山县前楼镇岱南村顶岱南
5	柳秀娥	女	1905.03	103	汉	一般	东山县樟塘镇湖尾村
6	蔡凤兰	女	1906.10	102	汉	健康	东山县陈城镇白埕村
7	吴权吓	女	1907.06	101	汉	差	东山县西埔镇亲营村
8	李远贞	女	1907.10	101	汉	健康	东山县陈城镇港口村
9	陈寿莲	女	1907.11	101	汉	一般	东山县陈城镇黄山村山只
10	高乌番	女	1908.02	100	汉	健康	东山县陈城镇岐下村
11	陈秀菊	女	1908.01	100	汉	健康	东山县杏陈镇后林村
12	王赛娇	女	1908.11	100	汉	健康	东山县杏陈镇大嵊村嵊后
13	郑秀娇	女	1908.08	100	汉	健康	东山县康美镇钱岗村
14	林珍仔	女	1908.07	100	汉	一般	东山县樟塘镇南山村
15	林玉英	女	1908.01	100	汉	差	东山县铜陵镇大澳社区
16	林金菊	女	1908.10	100	汉	健康	东山县陈城镇澳角村

二、性别构成

1990年和2000年两次人口普查资料显示，东山县人口性别构成比例基本平衡。1990年，男性91952人，占全县总人口50.25%；女性91015人，性别比为101.03。2000年，全县总人口中男103689人，占全县总人口50.29%；女102463人，性别比为101.20。2008年，东山县总人口中男103423人，占全县总人口50.12%；女102898人，性别比为100.51。

1990年和2000年东山县人口普查男女比例情况表

表 2-10

年份	年龄组（周岁）	人口数			占总人口比（%）		性别比
		合计	男	女	男	女	
1990年（第四次人普）	合　计	182967	91952	91015	50.26	49.74	101.03
	0～14	50982	27050	23932	53.06	46.94	113.04
	15～64	121092	61540	59552	50.82	49.18	103.33
	65以上	10893	3362	7531	30.86	69.14	44.63
2000年（第五次人普）	合　计	206152	103689	102463	50.30	49.70	101.20
	0～14	46694	24811	21883	53.14	46.86	113.39
	15～64	143604	73363	70241	51.09	48.92	104.44
	65以上	15854	5515	10339	34.79	65.21	53.34

第三节　文化与职业构成

一、文化构成

1990 年，第四次人口普查结果显示，东山县 6 周岁(含，下同)以上人口共 161247 人。各种文化程度人口共 115562 人，占总人口的 63.16%；占 6 周岁以上人口的 71.66%。其中，大专文化程度以上 975 人，占（各种文化程度人口）0.84%；高中（含中专）9881 人，占（各种文化程度人口）8.55%；初中 28186 人，占（各种文化程度人口）24.39%；小学 76520 人，占（各种文化程度人口）66.22%。文盲人口 45685 人，占总人口的 24.97%；占 6 周岁以上人口的 28.33%。

2000 年，第五次人口普查结果显示，东山县 6 周岁(含，下同)以上人口共 192850 人。其中具有小学以上文化程度的共 168834 人，占总人口的 81.90%；占 6 周岁以上人口的 87.55%；与 1990 年相比，分别提高 18.74%和 15.89%。有文盲、半文盲人口 24016 人，占总人口的 11.65%；占 6 周岁以上人口数的 12.45%；与 1990 年相比，分别下降 13.32%和 15.88%。

第五次人口普查与第四次人口普查相比，初中文化程度以上人口有大幅度增加。其中，每万人口中有大专文化程度以上的 191 人，增加 138 人；高中 878 人，增加 337 人；初中 2583 人，增加 1042 人。

1990 年和 2000 年东山县人口文化构成情况表

表 2-11　　　　单位：人、%

年份	6 周岁及以上人口	小学以上文化程度人口								文盲、半文盲	
		大专以上		高中（含中专）		初中		小学		人数	构成比
		人数	构成比	人数	构成比	人数	构成比	人数	构成比		
1990	161247	975	0.60	9881	6.13	28186	17.48	76520	47.46	45685	28.33
2000	192850	3943	2.05	18098	9.38	53253	27.61	93540	48.50	24016	12.45

二、职业构成

1989 年，随着改革开放的深入和产业结构的不断调整，东山县人口的职业构成发生明显变化，从事工商业人口增多，并出现一些新兴职业，如房地产管理业、公用事业、居民服务业和咨询业、物流业。2000 年第五次全国人口普查资料显示，15 岁及以上人口（按总人数 10%抽样）15460 人。其中，职业人口 11453 人，占 74.08%；未工作人口 4007 人，占 25.92%。从事农、林、牧、渔、水利业的人口比重，由 1990 年的 65681 人，占职业人口 67.06%，下降至 2000 年的 5627 人，占职业人口 49.13%。从事工商业人口比重由 1990 年的 20.69%上升至 2000 年的 29.11%。从事房地产管理、公用事业、居民服务和咨询业，共 558 人，占职业人口 4.87%。

1990 年和 2000 年东山县人口职业构成比例情况表

表 2-12　　　　单位：%

职　　业	1990 年		2000 年	
	人数	比重	人数	比重
在业总人数	97944	100.00	11453	100.00
农、林、牧、渔、水利业	65681	67.06	5627	49.13
工业	13529	13.81	1959	17.10

续表 2-12

职　　业	1990 年		2000 年	
	人数	比重	人数	比重
商业、公共饮食业、物资供销和仓储业	6743	6.88	1376	12.01
交通运输、邮电通讯业	3086	3.15	366	3.20
国家机关、政党机关和社会团体	2690	2.75	401	3.50
教育、文化艺术和广播电视事业	1980	2.02	330	2.88
建筑业	1600	1.63	571	4.99
房地产管理、公用事业、居民服务和咨询业	1373	1.40	558	4.87
卫生、体育和社会福利事业	737	0.75	137	1.20
金融、保险业	497	0.50	93	0.81
科学研究和综合技术服务事业	71	0.07	1	0.01
地质普查和勘探业	7	0.007	7	0.06
其他行业	0	0	27	0.24

说明：表内为 1990 年、2000 年（2000 年按总人口 10%抽样调查）全国人口普查资料数字

第四节　农业与非农业构成

1989 年，东山县总人口中以农业人口占大多数。之后，随着产业结构的不断调整，农村劳动力向城镇转移，以及每年农业人口因上学、参军、随军等转为非农业人口，农业人口比重下降，非农业人口增加。1990 年 12 月，全县人口 182417 人，其中农业户口 126181 人，占总人口的 69.18%，非农业户口 56236 人，占总人口的 30.82%。2000 年，全县农业户口 132878 人，占总人口的 65.65%，非农业户口 69526 人，占总人口的 34.35%。

2002 年，全县农业人口 97947 人，占总人口的 48.22%，比 1989 年减少 20.16%；非农业人口 105176 人，占总人口的 51.78%，比 1989 年增加 20.16%。2008 年，全县农业人口 98031 人，占总人口的 47.51%，比 2002 年减少 0.71%；非农业人口 108290 人，占总人口的 52.49%，比 2002 年增加 0.71%。

1989—2008 年东山县农业与非农业人口比例情况表

表 2-13　　单位：人、%

年份	总人口	农业人口		非农业人口	
		人口	占总人口比例	人口	占总人口比例
1989	176487	120681	68. 38	55806	31. 62
1990	182417	126181	69. 18	56236	30. 82
1991	184915	127809	69. 12	57106	30. 88
1992	186988	129083	69. 03	57905	30. 97
1993	189053	130438	69. 00	58615	31. 00
1994	191223	131655	68. 85	59568	31. 15

续表 2-13

年份	总人口	农业人口		非农业人口	
		人口数	占总人口比例	人口数	占总人口比例
1995	193061	132815	68. 79	60246	31. 21
1996	196032	133001	67. 85	63031	32. 15
1997	198881	134115	67. 43	64766	32. 57
1998	199944	133875	66. 96	66069	33. 04
1999	200591	132868	66. 24	67723	33. 76
2000	202404	132878	65. 65	69526	34. 35
2001	202814	132254	65. 21	70560	34. 79
2002	203123	97947	48. 22	105176	51. 78
2003	202862	96544	47. 59	106318	52. 41
2004	203212	96542	47. 51	106670	52. 49
2005	203319	96569	47. 50	106750	52. 50
2006	203438	96622	47. 50	106816	52. 50
2007	204788	97421	47. 57	107367	52. 43
2008	206321	98031	47. 51	108290	52. 49

第三章　婚姻家庭

第一节　婚　姻

1990 年第四次全国人口普查资料显示，全县 15 岁(含 15 岁)以上人口 131985 人(男 64902 人，女 67083 人)。其中，有配偶的 83188 人(男 41288 人，女 41900 人)，占 63.03%；丧偶的 10080 人(男 1391 人，女 8689 人)，占 7.64%；离婚的 431 人(男 210 人，女 221 人)，占 0.33%；未婚的 38286 人(男 22013 人，女 16273 人)，占 29.00%。未婚的人口中 33～44 周岁的 785 人（男 720 人），占未婚人口的 2.05%。

2000 年第五次人口普查显示，按总人口 10%抽样调查，全县 15 岁(含 15 岁)以上人口 15460 人(男 7624 人，女 7836 人)。其中，初婚有配偶的 10551 人(男 5219 人，女 5332 人)，再婚有配偶的 200 人(男 104 人，女 96 人)，未婚的 3604 人(男 2117 人，女 1487 人)，离婚的 78 人(男 43 人，女 35 人)，丧偶的 1027 人(男 141 人，女 886 人)。

1990 年和 2000 年东山县 15 岁以上人口婚姻情况表

表 2-14　　单位：人

类别	1990 年			2000 年		
	总数	男	女	总数	男	女
合　计	131985	64902	67083	15460	7624	7836
未　婚	38286	22013	16273	3604	2117	1487

续表 2-14

类别	1990 年			2000 年		
	总数	男	女	总数	男	女
有配偶	83188	41288	41900	10751	5323	5428
丧　偶	10080	1391	8689	1027	141	886
离　婚	431	210	221	78	43	35

第二节　家　庭

1990 年第四次全国人口普查资料显示，全县人口总户数为 39288 户，182967 人。其中，家庭户 39038 户、人口 178721 人，每户平均 4.58 人；集体户 250 户、人口 4246 人。家庭户中单身户 1228 户，占家庭户总数的 3.15%；一对夫妻户 978 户，占 2.50%；二代户 22978 户，占 58.86%；三代户 11000 户，占 28.18%；四代户 612 户，占 1.57%；五代户 1 户，占 0.003%。

2000 年第五次人口普查资料显示，全县人口总户数 51052 户，206152 人。其中，家庭户 50076 户、人口 201666 人；集体户 976 户、人口 4486 人。平均每个家庭户人口为 4.03 人，比 1990 年第四次人口普查时的 4.58 人减少 0.55 人，家庭结构向小型化发展。在全县 50076 户家庭户中，一代户 4166 户，占 8.32%；二代户 31109 户，占 62.12%；三代户 13896 户，占 27.75%；四代户 901 户，占 1.80%；五代户及五代以上户 4 户，占 0.01%。与第四次人口普查相比，一代户增加 2.67%，二代户增加 3.26%，三代户减少 0.43%。

第四章　人口控制

第一节　机构与设施

一、机　构

（一）东山县人口和计划生育局

1989 年，沿设县计划生育委员会，为正科级，内设办公室、计财股、宣教股、法规股，工作人员 8 人。1997 年 8 月，改称县计划生育局，编制 11 人，实有 10 人。2003 年 5 月机构精简，编制 9 人。2005 年，更名为县人口和计划生育局，内设办公室、宣教股、科技计财股、法规股。2008 年 12 月，全局实有人员 9 人。

（二）东山县计划生育服务站

1989 年 3 月，成立县计划生育宣传技术指导站，为股级单位，负责计划生育宣传与技术指导，编制 4 人，实有 5 人。1991 年，更名为县计划生育服务站，内设检验、咨询、B 超等科室。2000 年，该站被福建省计划生育委员会评为省一类服务站。2008 年 12 月，全站实有人员 18 人。

（三）东山县计划生育流动人口管理站

1993 年 8 月，县计划生育流动人口管理站成立，为股级单位，负责计划生育流动人口管理事项，编制 3 人。2008 年 12 月，全站实有人员 6 人。

（四）乡镇计生服务机构

1989 年，全县 7 个乡镇沿设计生办公室，配备计生干部共 11 人。1992 年后，各镇相继增设计生服务所。2000 年，计生服务所均达福建省计划生育委员会制定的合格标准。至 2008 年，各镇计生干部、职工共 95 人。

（五）村（社区）计生机构

1989年，全县60个建制村（含大嵊村）、14个街道居委会均配备计生辅导员1～2人。2004年起，村（社区）计生辅导员改称计生管理员，人口4000人以上的建制村、社区配备计生管理员2人。计生管理员实行县管、镇聘、村用制。至2008年，全县各建制村、建制社区均配齐计生专(兼)职副书记、计生协会专职副会长、计生管理员、计生女组长。是年12月，村、社区共有计生管理员91人。

二、计生服务设施

1999年7月，县计生综合服务大楼建成，占地面积3487平方米，建筑面积2500平方米，总投资280万元。此后至2008年，共投入120多万元，添置各种检查检验设备，如优生检测仪等。

第二节　政策措施

一、生育政策

1989—2008年，县计划生育政策继续执行1988年4月29日省人大常委会审议通过的《福建省计划生育条例》。1989年，县委、县政府发台《关于严禁党员、干部、职工超计划生育的通知》作为配套政策。20年间，全县符合政策生育率从1989年的69.71%提高到2008年的91.56%，有效控制人口过快增长。

二、奖励规定

（一）经济奖励

1989年，县政府继续执行计划生育奖励优惠政策，对领取独生子女证的夫妻给予经济奖励，一次性奖励200元。2002年开始，独生子女户和农村二女结扎户的奖励标准提高至500元。同时，落实计生低保户补助政策，计生低保户在原有享受低保标准基础上每月增加10元补助。至2008年该奖励标准和补助政策不变。

（二）就学奖励

1989年起，县政府对农村双女户及放弃二孩生育指标的独女户，其子女在参加初中升高中考试招生中，给予5分奖励。2007年起，对考上大学本科者奖励500元，考上大专者奖励300元。至2008年仍沿用该奖励政策。

（三）就医优惠

1989年起，县每年为独生子女户和二女结扎户提供一次免费健康普查。每年为独女户、二女户的贫困母亲提供免费体检。2008年1月起，对参加新型合作医疗的农村二女结扎户，给予部分医疗费补助。

（四）其他优惠

2007年1月1日始，县对农村放弃二孩生育指标户、双女结扎户和独男户，在申请宅基地时增加1人份额。每年在救灾、救济、补助、节日慰问中对上述3种对象给予优先安排。

第三节　优生优育

一、优生优育机制

1989年，县继续推行优生、优育、优教政策。1999年4月，成立县“三优”工作领导小组，县委书记任组长，县长、县委副书记、县委常委宣传部部长、分管计生副县长任副组长，成员单位有县计生委、县卫生局、县教育局、县民政局等19个。2005年4月，县政府颁布《关于成立“三优”工作指导组的通知》和《关于加强“三优”工作的实施意见》，推进“三优”工作和人口有效控制。2006—2008年，东山县连续3年被省政府授予“全省计划生育优质服务先进县”称号。

二、优生优育服务

（一）独生子女病残儿医学鉴定与筛选

1989年，东山县成立由县医院、县计生宣传技术指导站组成的独生子女病残儿医学鉴定小组，对独生子女病残儿实行预防、鉴定和治疗，并做好善后工作。当年，开展独生子女病残儿医学鉴定筛选工作，鉴定、初筛病残儿共5例。此后，每年均开展此项工作，至2008年，县内医学鉴定、筛选独生子女病残儿183例。

（二）优生咨询门诊服务

1992年起，县内开展优生咨询门诊服务。当年，优生咨询服务1689例。此后，优生咨询门诊服务量每年在1000～2500例之间。

（三）不孕症普查

1993年起，每年开展不孕症普查治疗工作。至2008年，组织不育不孕症夫妇共116对到漳州市计划生育服务站就诊，其中已治愈而生育者19对。

（四）计划生育与节育措施

1989年，县内计划生育措施落实主要用避孕药具，节育主要实施节育措施。1995年，开展红外线微波治疗宫颈糜烂工作。1996年始，推广使用皮下埋植剂避孕方法。1999年9月，启动孕前优生检测，实行避孕药具免费发放，全县设20个发放点，当年共筛查9589人。至2008年，全县计生药具应用率95%，有效使用率96.8%，药具使用随访率98%以上。

（五）妇科病普查和治疗

2002年起，县计生服务站每年对县直机关、企事业单位和乡镇、村已婚育龄妇女进行2次妇科病普查和治疗。至2008年，共普查已婚育妇2.6万人次，查出妇科病患者5200人次，患病率为20%，有效治愈率80.10%以上。

（六）婚前优生培训

1989—2008年，县计生服务站每年举办婚前优生知识培训2～3期，全县新婚夫妇100%接受优生教育。2002年起，为新婚夫妇提供风疹病毒、巨细胞病毒、弓形虫等优生检测筛查服务。至2008年，累计检测4199例，发现阳性53例，全部治愈。

第四节　晚婚晚育

1989年，东山县继续提倡晚婚晚育。创办县、镇人口学校共8所，向新婚夫妇传授晚育与优生优育知识。1992年后，通过乡镇人口学校和计生服务所及村人口学校开展晚育与优生优育知识教育；以“五期教育”（青春期、新婚期、孕产期、育儿期、更年期）知识和计生节育知识、生殖保健等基本知识为内容，开展晚育普及活动。

1993年起，开展以“关爱女孩”“婚育新风进万家”为主题的“三下乡”活动。2001年，东山县被评为全省“婚育新风进万家活动”先进县。2008年，东山县人口的晚婚水平显著提高。年平均晚婚率从“八五”期间（1991—1995年）的55.40%提高到“十一五”前三年（2006—2008年）的67.37%。

1989—2008年东山县符合政策生育和女性初晚婚情况表

表 2-15　　单位：%

年度	符合政策生育		女性初婚		其中	
	人数	政策符合率	人数	初婚率	晚婚人数	晚婚率
1989	1733	69.71	1417	80.9	1004	70.85
1990	1650	38.87	1320	73.6	828	62.73
1991	1714	44.71	1807	99.1	1074	59.44
1992	1746	55.75	1377	74.3	777	56.43
1993	1810	58.58	1265	66.7	597	47.19
1994	1846	63.59	1478	76.9	866	58.59
1995	1827	71.79	1638	84.5	907	55.37
1996	1980	85.20	1363	69.2	765	56.13
1997	2052	90.04	1576	78.7	949	60.22
1998	2014	90.80	1435	71.3	841	58.61
1999	1891	94.27	1555	77.2	1052	67.65
2000	2132	96.65	1571	77.9	1108	70.53
2001	1874	91.82	1189	58.8	834	70.14
2002	1686	90.02	1313	64.7	970	73.80
2003	1659	89.48	1201	58.9	913	76.02
2004	1663	91.12	1427	69.6	1024	71.76
2005	1696	92.68	1441	70.0	1034	71.76
2006	1750	90.44	1383	66.8	946	68.40
2007	1797	89.23	1467	70.5	966	65.85
2008	1952	91.56	1615	77.2	1096	67.86

说明：资料来源于符合政策生育各年度还原数，女性初婚各年度统计年报汇编

第五节　计生管理

一、常住人口计生管理

（一）计生目标责任制

1989年起，县计生部门建立以“乡镇负责、村（居）民自治、组为基础、户抓落实”的常住人口计生管理机制。1998年开始，实施常住人口计生管理目标责任制，县、镇签订计划生育责任书，实行人口计生“一票否决”政策。每年年终，县委、县政府对各部门、镇都开展计生目标管理责任考核，兑现奖惩。2008年，全县计生工作合格村和基本合格村达94.67%。

（二）计生信息管理

1989年起，县计生工作部门设立计生手工登记台账，如花名册、登记簿等。1998年始，推进计生工作信息化管理，逐步建立电脑网络管理系统，至1999年，全县7个镇计生办公室实现网络链接。2000年，

全县计生系统实现电脑联网，常住人口计生管理实行网络自动化。

二、流动人口计生管理

1989年，东山县继续对流动人口实行计生管理，主要采取流动人口计生证申办管理方式。县内流出人口凭村级计生证明到乡(镇)计生办办理流动人口“婚育节育证明”；流入人口凭流出地“婚育节育证明”，到流入地乡(镇)计生办办理登记、审检手续。1993年，设立县计划生育流动人口管理站，负责流动人口计生管理工作。把流动人口计生管理纳入属地管理服务工作范围，每年制定目标管理责任制，兑现奖惩措施。2004年，县政府制定《关于组建企业和流动人口计划生育协会的意见》，建立用工单位流动人口计生管理服务工作责任制。2006年，成立东山县流动人口计划生育综合治理领导小组，协调建立“信息互通、管理互补、服务互动”的流动人口计生综合管理机制，实行出租（借）房户流动人口计生管理服务协管责任制和流动人口已婚计划生育合同管理责任制。2007年6月12日，设立县流动人口计划生育管理服务队，同时在各镇设立流动人口办证服务大厅，形成全县流动人口计划生育管理服务网络。2008年，全县流动人口2234人。其中，流入人口1072人，持“婚育节育证明”329人，无证列入管理743人。流入人口中，育龄妇女819人，已婚育龄妇女316人；外省流入842人，占流入人口数78%。流出人口1162人，向所在镇办理“婚育节育证明”1106人，办证率95%；流出人口中，育龄妇女818人，已婚育龄妇女372人。

第三卷　环境保护

20年间，东山县实施县长环境保护目标责任制。每年制定实施环境保护目标责任书及年度工作计划。县环保部门逐步加大治理废气、废水、固体废物、噪声污染力度。加强对大气、水、悬浮物、噪声等的监测，建立环境影响评价体系。实行建设项目审批制度，对新建、扩建、改建项目严格执行“三同时”（同时设计、同时施工、同时投产）制度。加强环境监察，依法查处违反环保法律法规案件。2008年，城镇三废治理项目投资2607万元。

同时，加强生态建设与保护。开展自然生态、海洋生态、生态林业、生态农业、生态养殖和生态工业、生态旅游等领域的规划、保护与建设；建立省级东山珊瑚自然保护区，加大对矿产资源、景区资源的保护。通过提高地表植被覆盖，改善风蚀水蚀状况，恢复生态环境脆弱区等办法，有效治理水土流失。1989—2008年，全县累计实施小流域水土保持综合治理项目22个，共治理水土流失面积32.6平方公里。

2001年8月20日，东山县被国家环保总局列为国家级生态示范区建设试点县；是年12月，科技部批准东山县为可持续发展实验区。2008年12月，东山县可持续发展实验区通过科技部专家验收。

第一章　环境监测

第一节　监测设施与项目

一、监测设施

1989年，东山县环保部门加强环境监测设施建设，配备车辆，购置监测仪器并开展实测工作。1993年5月，县政府投资50多万元，建成环保监测大楼，占地面积1600平方米，建筑面积970平方米。后，设备陆续添置。至2008年，县政府先后投资150多万元，建立实验室，配备电子酸度计、紫外可见分光光度计、电光分析天平、电热蒸馏水器、噪声全自动监测仪、溶解氧速测仪、电子天平、红外测油仪、COD快速测定仪、极谱仪、真空泵等仪器设备，并配置监测车辆。配备电脑设计软件处理监测数据，提高工作效率和数据准确度。

二、监测项目

1989年，东山县环保部门与县外经委联合对全县三资企业污染源状况开展检测调查，共检测调查企业12家。其中，有排污企业5家，环境保护投入5.6万元人民币和0.13万美元；执行环境影响报告书6家，执行建设项目环保设施“三同时”5家。1990年，开始实施向排污企业收取排污费的监测。同时，开展常规监视性监测、项目验收监测、污染事故监测、饮用水源监测等。1992年，建立全县重点污染源动态数据库，编写《1991年东山县环境现状公报》。1993年，县环保部门监测污染企业等污染源共33处。对县拆船公司附近海域油类污染实行每月一次监测；对东山县造船厂、东山东兴水产有限公司、东山县福煌五金制品有限公司等22家企业排放的废水进行监测；对县外海冷冻厂、县东华轧钢厂等10家企业进行噪声监测。同年，县环保部门对新建项目实行环境影响评价和环保设施三同时保证金管理制度。县政府赋予环保部门建设项目选址“一票否决权”；征用土地建设的项目和利用旧厂房扩建、改建的建设项目，一律执行环境影响报告书(表)审批制度。凡可能排放工业“三废”及产生噪声污染的个私企业，在申办工商执照前须报县环保局审批。建设项目审批时，由县环保局预收项目环保设施“三同时”保证金，其比例按环保预算投资额10%～50%幅度和建设项目对环境造成的污染程度预收。建设单位在落实环保设施“三同时”过程中，县环保局按环保工程进度退还部分保证金，验收合格后保证金全部退还。是年，全县成片开发土地及大中型建设项目环境影响报告书(表)执行率达100%，环保设施“三同时”执行率达100%。全年，县环保局审批的建设项目207个，均按环保要求落实环保措施。

1995年，县环保局受理举报环境污染违法案件（纠纷）17件，其中水污染案件10件、大气污染案件4件、噪声污染案件3件，全部得到调解处理。查处违反《建设项目环境管理办法》2家，分别处以关闭、罚款（并补办审批手续）。开展东山湾海域海水水质监测和红旗水库等饮用水源地的水质监测；对县域近海海域环境功能区划内的八尺门、诏安湾、乌礁湾、西埔湾等海域水质进行规划，编制并实施《东山县近海域环境功能区划》。此后，每年均开展水污染源、噪声、大气、地面水、地下水、海水水质等项目的环境监测。2006年，县环保部门环境监测项目有：工厂污染源监测、环境污染纠纷监测、红旗水库水质例行监测、探石埭沟和双东水库等地表水监测、井水监测、东山湾等海湾海水常规监测、环境空气监测、酸雨采样与监测、县城区域环境和交通噪声监测、工业企业厂界噪声监测、工程竣工验收监测等。全年采集、提供常规环境监测数据2508个，为排污收费、环境管理、领导决策和工农业生产提供可靠的依据。2007年，增加监测项目有近岸海域养殖区海水水质调查监测、全国污染源普查监测、全县工业企业污染源监督性监测等。全年采集、提供各类监测数据1026个。

2008年，县环保部门环境监测项目有：工厂污染源监测、全国污染源普查全年4个季度的监测、红旗水库水质例行监测、探石埭沟和双东水库等地表水监测、东山湾等海湾海水常规监测、县城区环境空气监测和酸雨采样监测、县城区域环境和交通噪声监测；参与监测解决环境污染纠纷事故、地下水源水监测；全县舞厅、卡拉ＯＫ厅等娱乐场所、厂界噪声监测，东山县福泰渔具制品有限公司等6家企业竣工验收监测；澳角渔港、聚福花园三期、古雷对二甲苯化工等重大建设项目环境影响评价，其水、气、声等基础环境资料调查监测。全年采集、提供环境监测数据1545个。全年，全县城镇三废治理项目投资2607万元。

第二节　监测业务

一、饮用水监测

东山县以红旗水库的水源为饮用水源，县环保部门长期对其进行经常性监测。1989年，红旗水库水环境质量良好。1990年，饮用水源水质达标率94.6%。1991—1992年，饮用水源水质达标率95%。1993—2004年，红旗水库水质基本达到Ⅲ标准，个别时段高锰酸盐指数、pH值和非离子氨、总氮、总磷超标。

2005—2008年，实施全县水环境质量监测，水环境质量良好。其中：地表水各监测水体除高锰酸盐和氨氮外，其余指标均符合地表水Ⅴ类质量标准。地下水大部分区域符合地下水Ⅲ类水质标准（康美）。生活饮用水源——红旗水库水质除硫化物外，其余各项指标均达地表水Ⅱ类水质标准。

二、近海海水监测

1989年，东山县环保部门继续对县域近海海水进行采样监测，监测结果：八尺门海域增养殖区水质为二类至三类海水，铜陵地区附近海域为一类海水，马銮湾附近海域为一类海水，西埔湾附近海域为一类海水。1995年，完成环境质量海水监测9次，提供数据721个。2000年，县域近海海水采样监测结果：八尺门海域增养殖区水质为二类至四类海水，铜陵地区附近海域水质为一类至二类海水，马銮湾附近海域水质为一类海水，西埔湾附近海域水质为二类至三类海水。

2005—2008年，县域近海海水采样监测结果：近岸海域大部分水质达国家二类海水水质标准。

2008年，县域近海海水采样监测：八尺门海域增养殖区水质为三类至四类海水，铜陵地区附近海域为一类至二类海水，马銮湾附近海域为一类海水，西埔湾附近海域为二类至三类海水。

多年县域近海海水采样监测结果表明：东山县近海的八尺门海域、铜陵地区附近海域、西埔湾海域的海水水质，20年间有污染逐步加重趋向；马銮湾附近海域海水水质仍保持一类。

三、空气质量监测

1989—2004年，县环保部门对空气质量实施采样监测,县域环境大气污染较少。2005年后，县环保部门加大县域环境大气采样监测。2008年，县域大气污染指数（API）仍小于50，空气质量级别仍为一级、优，属清洁型。

四、噪声监测

1989年后，县环保部门加大县城区域环境噪声监测。监测结果表明：县城环境噪声主要有道路交通噪声、工业噪声和生活噪声，而这些环境噪声是县城区域噪声治理的重点。

1991—1992年，县城区环境噪声平均值63.0分贝。1995年，监测厂界噪声15家，提供数据16个。2005年，加强县城区域环境噪声监测。是年，县城区域环境噪声平均值为55.4分贝，2006年为55.1分贝，2007年为54.8分贝。2008年，县城区域环境噪声平均值为55.0分贝，皆符合《城市区域环境噪声标准》（GB 3096—93）2类混合区的噪声标准。

县城区域主干道交通噪声平均值：2005年为67.7分贝，2007年为67.2分贝。2008年，县城区域主干道交通噪声平均值为67.7分贝，皆符合4类标准。

五、企业“三废”监测

1991年，县环保部门对县内企业生产过程中产生的废水、废气和噪声等“三废”污染源开始监测。1995年，监测水污染源49家、70次，提供监视数据173个。至2000年，主要监测县医院、县鱼钓厂、县食品化工厂及造纸厂等单位的废水排放。2001—2005年，县环境监测站监测“三废”排放企业累计92家次。其中，废水排放企业38家次，废气排放企业30家次，噪声排放企业24家次。2006—2008年，县环境监测站监测废水排放企业32家次，废气排放企业32家次，噪声排放企业27家次。监测结果，皆没有发现重大污染问题。

第二章　环境治理

第一节　废气排放与治理

一、废气排放

1989年前，东山县域环境大气污染较少。1989年后，工业企业快速增加，大气受污染状况逐渐显现。主要废气污染源为工业锅炉、砖瓦厂等产生的烟尘、粉尘、二氧化硫和氟化物。1991年，县域废气排放总量3.48亿标立方米，其排放的污染物主要有粉尘356吨、二氧化硫110吨、氟化物14吨。

1995年，县域废气排放总量7.15亿标立方米，其排放的污染物主要有粉尘1215吨、二氧化硫518吨、氟化物14吨。1996年后，加大废气排放治理，县域环境废气排放总量有所减少。2000年，县域废气排放总量4.50亿标立方米，其排放的污染物主要有粉尘290吨、二氧化硫251.3吨、氟化物10吨。此后，县环保部门加强工业企业废气排放治理，县域环境废气及主要污染物排放总量有所减少。2006年，县域工业废气及主要污染物排放总量6479万标立方米，其排放的污染物主要有二氧化硫24.76吨、氮氧化物15.52吨、烟尘22.4吨、工业粉尘27.78吨；生活和其他废气及主要污染物排放量中，二氧化硫112吨、烟尘

24 吨。

2008 年，县域工业废气及主要污染物排放增加，总量 350751 万标立方米，其排放的污染物主要有二氧化硫 775.01 吨、氮氧化物 850.45 吨、烟尘 162.24 吨、工业粉尘 100.22 吨；生活和其他废气及主要污染物排放量中，二氧化硫 93 吨、氮氧化物 512 吨、烟尘 38 吨。

二、废气治理

1989 年后，县环境保护部门每年对县域大气环境中的二氧化硫、二氧化氮、总悬浮颗粒物等污染因子进行监测，采用空气污染指数（API）法评价，逐步加大企业排放废气污染治理力度。1990 年，在工业企业实行控制工艺尾气（粉尘）排放项目，县城生产企业共投资 14 万元，安装锅炉消烟除尘设备 9 处。1990—1992 年，县内所有工业企业的锅炉安装消烟除尘装置。整治企业废气排放，除尘控制区覆盖率 100%。1993—1994 年，开展新建企业废气排放达标状况监督。两年新批准开办的 15 家机砖生产厂，其废气排放均达到环保标准。1995 年，县造纸厂、县联营纸厂的生产锅炉实施除尘治理，安装锅炉消烟除尘设备并投入运行。县城区域停建污染大气环境的项目，关闭设备落后、污染大气环境严重的小规模生产企业（小型机砖厂）；居民生活中推广用电或使用液化气，减少使用锅煤。2006 年，在县城区域创建“烟尘控制区”，域内所有锅炉均安装消烟除尘装置；削减机砖厂的二氧化硫污染物的排放，对污染严重企业坚决实施关闭。2008 年，全县大气污染指数（API）仍小于 50，属清洁型。

1991—2005 年若干年份东山县域废气及主要污染物排放情况表

表 3-1　　单位：亿标立方米、吨

年度	废气排放量				主要污染物排放量		
	总量	其　中					
		工业锅炉	机砖厂	居民燃煤	粉尘	二氧化硫	氟化物
1991	3.48	0.59	1.07	1.82	356	110	14
1995	7.15	0.49	4.86	1.80	1215	518	—
2000	4.50	0.38	4.12	—	290	251.3	10
2005	3.66	0.29	3.37	—	562	446	12.2

2006—2008 年东山县域废气及主要污染物排放情况表

表 3-2　　单位：万标立方米、吨

年度	工业废气及主要污染物排放量					生活和其他废气及主要污染物排放量		
	废气	二氧化硫	氮氧化物	烟尘	工业粉尘	二氧化硫	氮氧化物	烟尘
2006	6479	24.76	15.52	22.4	27.78	112	—	24
2007	5618	86.46	131.42	21.1	11.2	128	416	20
2008	350751	775.01	850.45	162.24	100.22	93	512	38

第二节　废水排放与治理

一、废水排放

东山县废水污染源主要来自水产品加工厂、水产品冷冻厂、医院、鱼钓厂、食品化工厂、造纸厂等企业排放的废水，以及城镇居民生活排放的污水。

1991 年，全县工业废水排放量 71.23 万吨。其排放污染物主要有化学需氧量排放量 464.8 吨，悬浮物 447 吨，六价铬排放量 96 公斤，氰化物排放量 150 公斤。同年，城镇生活污水排放量 130 万吨。受其污染地表水水体地区主要有探石埭沟、铜钵埭沟、双东水库等。

1993 年后，县工业发展加快，食品和水产品加工企业快速增加，工业废水的排放量逐年增多。1995 年，全县工业废水排放量 90 万吨。其主要污染物排放中有化学需氧量 521.61 吨、悬浮物 421.79 吨；城镇生活污水排放量 200 万吨。2000 年，全县工业废水排放量 227 万吨。其主要污染物排放中有化学需氧量 294.80 吨、悬浮物 112.86 吨；城镇生活污水排放量 250 万吨。2008 年，全县工业废水排放量 207.02 万吨。其排放的污染物主要有化学需氧量（COD）297.61 吨，氨氮 40.56 吨。城镇生活污水排放 781.1 万吨，排放污染物主要有化学需氧量（COD）3514.95 吨，氨氮 273.38 吨。

二、废水治理

1989 年后，县环境保护部门对企业单位废水污染源排放实行限期治理。1990 年，县财政和企业单位共投入环保资金 165.4 万元，安装污水处理设施，治理生产、生活过程中的废水及污水排放。其中，县造纸厂投资环保资金 19.2 万元，安装造纸废水回收设施。全县修建污水排放沟长 1.85 万米。1991 年，建成原县水电局至北市场段的污水排放沟，对东埔溪实施清淤砌墙，净化东埔溪水质。县财政拨付环保补助资金，重点支持县医院、县中医院购置废水处理设施，对病原体废水进行治理。同时，督促县福煌五金制品有限公司、东山福泰渔具制品有限公司等企业增加环保资金投入，购置电镀废水处理设备；促使县造纸厂、县联营纸厂和后林造纸厂等工业废水重点排污企业逐步实行关停。同时，实行新建工业项目环保设施“三同时”制度，促进企业加大环保资金投入。如东山东兴水产加工有限公司、东山华农食品有限公司等企业的烤鳗项目，在项目投产前均投资百万元，购置工业废水处理设备，建废水处理设施，有效地控制废水排放。至 2000 年 12 月，全县 30 个重点工业企业的废水污染源，全部完成治理并实现达标排放。

2008 年，东山县投建铜砵生物氧化塘处理工程、县双东污水处理厂，污水处理能力进一步提高。

1991—2008 年若干年份东山县工业废水及主要污染物排放情况表

表 3-3

年度	工业废水排放量（万吨）	其中：主要污染物排放量		城镇生活污水排放量（万吨）
		化学需氧量（吨）	悬浮物（吨）	
1991	71.23	464.80	447.00	130
1995	90.00	521.61	421.79	200
2000	227.00	294.80	112.86	250
2005	158.41	155.48	—	662
2006	138.75	138.75	—	662.69
2007	99.75	154.35	—	779.64
2008	207.02	297.61	—	781.1

第三节　固体废物排放与治理

一、固体废物排放

县境固体废物污染主要来源是工业固体废弃物、医院产生的危险性固体废弃物及生活垃圾。1991 年，县境工业固体废物污染产生量 2541 吨。1995 年，县境工业固体废物污染产生量 1800 吨。2000 年，县境工业固体废物排放4500吨。2007年，由于漳州市旗滨玻璃集团有限公司的玻璃项目及一批食品工业、水产品加工企业等投产，东山县境工业固体废物排放大量增加。2008年，县境工业固体废物排放量14.85万吨。其中，危险性固体废弃物产生量为1.30吨。

二、固体废物治理

1989—1992年，县环保部门对工业固体废物排放治理主要采用工厂搬迁的方式进行，同时，推行综合利用固体废物和生活垃圾的方式治理，使其变废为宝。至1990年，先后敦促固体废物排放较多的双东机砖厂、礁头饮料厂、礁头塑料制品厂、大嵝塑料制品厂等企业，以及因固体废物排放而影响主干道交通的3家壳灰厂进行搬迁。1991年，全县综合利用工业固体废物2233吨，占工业固体废物排放总量87.88%；工业固体废物处置（排放）量308吨，占工业固体废物排放总量12.12%。1993—1994年，加大工业固体废物处置量和生活垃圾治理，修建西埔垃圾中转站和铜陵垃圾中转站并投入使用，提高生活垃圾中转处理能力。1995年，全县综合利用工业固体废物100吨，占工业固体废物排放总量5.56%；工业固体废物处置量1700吨，占工业固体废物排放总量94.44%。此后，县环保部门进一步控制固体废物乱排放，出台固体废物的治理措施，引导企业单位加快对工业固体废弃物进行综合利用。在食品生产和水产品加工企业中，推进企业充分利用其下脚料生产辅助产品。同时，监督医院等单位对危险性固体废弃物妥善处置。2008年，全县综合利用工业固体废物11.52万吨，占工业固体废物排放总量77.58%；工业固体废物处置量3.33万吨，占工业固体废物排放总量22.42%。

1991—2008年若干年份东山县工业固体废物排放情况表

表3-4　　　　单位：吨

年度	排放量	综合利用量	处置（排放）量
1991	2541	2233	308
1995	1800	100	1700
2000	4500	1100	3400
2008	148500	115200	33300

第四节　噪声排放与治理

一、噪声排放

县城噪声污染主要是道路交通噪声、工业噪声和生活噪声。1989—1990年，县城环境噪声平均值63.0分贝。1991—1992年，县城区环境噪声平均值63.0分贝。此后，重视治理噪声污染。2005年，县城区域环境噪声平均值为55.4分贝，2007年54.8分贝。县城区域主干道交通噪声平均值：2005年为67.7分贝，2007年为67.2分贝。

二、噪声治理

1989年后，县环境噪声治理重点是县城区域的环境噪声。1991年，县环保部门配合县交通、建设等部门，对省道经过县城区主干道路进行改线，由原穿城通行改为绕城郊通行，即省道过境改从西埔东环路、铜陵渔港路通行等。对城区内产生噪声较为严重的加工厂实行搬迁，如敦促惠东华盛石材厂搬迁等。同时，加强歌舞厅等娱乐场所、建筑施工的现场管理。对建筑施工现场实行限时作业；对歌舞厅等娱乐场所实行限时营业，营业时段不准其超标准排放噪声。经治理，县城区域环境噪声平均值下降，2006年为55.1分贝，2008年为55.0分贝，皆符合《城市区域环境噪声标准》（GB 3096—93）2类混合区的噪声标准。

县城区主干道交通噪声平均值：2005年67.7分贝，2007年67.2分贝，2008年67.7分贝，皆符合4类标准。

第三章　水土保持与生态保护

第一节　水土保持

一、水土流失普查

东山县气候属较为典型的南亚热带海洋性季风气候特征，气温高、风大、蒸发量大、降雨分布不均；县境人多地少，人为活动频繁，因此，土壤侵蚀现象严重。1995年，东山县组织对全县水土流失状况进行普查。普查结果：全县水土流失面积44.35平方公里，占全县总面积的22.82%。此后，通过种树、种草，提高地表植被覆盖，改善风蚀水蚀状况，恢复生态环境脆弱区等办法，治理水土流失。2005年，东山县应用现代先进技术对项目区域内的水土流失状况进行监测。据监测显示，全县水土流失面积11.75平方公里，占全县总面积的4.75%。其中，轻度流失8.5平方公里，中度流失2.15平方公里，强度流失1.1平方公里，分别占水土流失总面积的72.34%、18.30%、9.36%。

二、水土流失治理

1989年，东山县开展樟塘小流域水土流失综合治理，陈城乡、杏陈乡实行封山育林1000公顷，共强化治理水土流失面积140.2公顷，改造坡耕地66.67公顷。1990年，开展防护林带二代更新改造48公顷，治理水土流失面积93.3公顷。

1991—1992年，分别在樟塘小流域和顶西溪小流域等地开展水土流失综合治理，完成强化治理面积636公顷。其中，造林面积64.5公顷，种植水果面积54公顷，治理坡耕地117.5公顷，封禁治理400公顷；完成土石方50180立方米。1995年，开展东山湾海水水质达标治理和杏陈小流域综合治理，更新沿海防护林体系。

2003年1月起，开展东沈小流域综合治理。东沈小流域介于康美和樟塘两镇之间，以康美镇为中心，总面积35.5平方公里。海拔274米以下，年平均气温20.8℃，年均降雨1095.8毫米，年均日照时数2386.8小时。由于历史原因和自然因素影响，该小流域水土流失比较严重，人均占有土地资源贫乏，生态环境脆弱，土壤侵蚀较严重。水土流失面积583公顷，其中轻度流失445.67公顷，占水土流失面积76.44%；中度流失80.67公顷，占13.84%；强度流失面积56.66公顷，占9.72%。土壤侵蚀模数1375吨/平方公里。该流域实施封禁综合治理：种植速生林，改变林分单一、覆盖率低的面貌，封禁面积85公顷。造林7公顷，种草25公顷。造林种草采取幼龄果园套种草，提高地表植被覆盖率，改善风蚀水蚀状况，促进良好的土壤结构形成，恢复生态环境脆弱区的生态系统。采用缩短流程减少径流冲刷办法，拦蓄降雨，增加渗透，提高蓄水保肥能力，促进农业生态环境系统良性循环，从根本上改良土壤，减少水土流失。经过连续2年的综合治理，2005年，流域水土流失面积降至466公顷，减少20.07%。年土壤侵蚀模数从1375吨/平方公里降至1256吨/平方公里以下，年减少土壤侵蚀流失0.42万吨。植被覆盖度从68%提高到85%。治理后流域的农、林、牧、副、渔均得到全面发展。

2004年1月起，开展海风蚀区东南滨海综合治理。东南滨海风蚀区位于县境东南沿海，是省政府公告的水土流失重点治理区。该风蚀区涉及4个镇，流域面积6532公顷（其中林地1424公顷，果园1024公顷，耕地1435公顷）。项目区海拔在274米之内，属南亚热带海洋季风气候，年平均气温20.8℃，年均降雨1095.8毫米，年均日照时数为2386.8小时。由于气候是较为典型的南亚热带海洋性季风气候特征，加上人为活动频繁，造成土壤侵蚀现象严重。流域水土流失面积975公顷，占流域面积14.93%。其中，轻度流失650公顷，占66.67%；中度流失232.5公顷，占23.85%；强度流失92.5公顷，占9.48%。实施风蚀区综合治理。建设水土保持综合防治体系。采取拦泥、蓄水、土壤改良等措施，减少自然灾害、调节气候，提高坡耕地利用率和生产力。是年，造林 40 公顷，种草 5 公顷。通过治理，水土流失面积降至 935 公顷，年土壤侵蚀模数从 1530 吨 / 平方公里降至 1430 吨 / 平方公里以下，减少土壤侵蚀流失 0.65 万吨，植被覆盖率由 65.2%提高到 68.2%以上，林分郁闭度提高，改善了生产条件。通过综合治理，项目区的风蚀状况得到改善，有效地消除水土流失。

2005 年 1 月起，开展东山红旗水库小流域生态治理。红旗水库小流域位于西埔镇，距西埔县城区 4 公里。流域面积为 10.5 平方公里，其中丘陵面积 95.03 公顷、耕地面积 56.04 公顷，人均土地 3 公顷、人均耕地 0.018 公顷。植被覆盖度 65%，海拔在 150 米以下。流域水土流失面积 110.79 公顷，其中轻度流失 75.68 公顷，中度流失 10.59 公顷，强度流失 24.52 公顷。土壤侵蚀模数 2720 吨 / 平方公里。该流域综合治理中，完善流域坡面排水、道路系统；控制泥沙和其他有害物质进入水库；绿化和美化库区环境，恢复地表植被，植被覆盖度从原 65%提高到 86%；封禁、补植山坡上部的树木及草被，在山坡中部种植果树。实施封禁山林，至 2006 年，流域内封禁山林共 710 公顷。造林 83 公顷，种草 20 公顷，坡改 94 公顷，初步建成流域水土保持防护体系。该流域水土流失面积降至 42.5 公顷，减少流失 61.6%。年土壤侵蚀模数从 2720 吨 / 平方公里降至 1530 吨 / 平方公里以下，减少土壤侵蚀流失 1.25 万吨，有效消除阻碍流域发展的障碍因子和水土流失。通过综合治理，流域的农、林、牧、副、渔均得到发展。

2008 年，东山县水土保持累计实施小流域综合治理项目 22 个，共治理水土流失面积 32.6 平方公里。

第二节　生态保护

一、生态保护规划

1989—2008 年，县环保部门开展自然生态、海洋生态、生态林业、生态农业、生态旅游、生态养殖和生态工业等领域的规划。1997 年 10 月，《东山县可持续发展实验区规划》（以下简称《规划》）编制初步完成。1998 年 5 月，东山县开始实施可持续发展实验区规划。2001 年 4 月，《规划》通过科技部组织的专家论证。2001 年 8 月，东山县被国家环保总局批准为国家级生态示范区建设试点县。同年 12 月，科技部批准东山县为可持续发展实验区。2008 年 12 月，东山县可持续发展实验区通过科技部专家验收。

二、生态保护项目

1994 年，实施东山湾自然生态环境治理保护。1997 年，海岛小城镇建设与人居环境可持续发展示范工程项目被列入国家“十五”科技攻关项目。2005 年，东山县生态保护建设项目增加。其中，福建省典型富营养化海区的生物修复工程项目、东山乌礁湾风电 30MW 技改项目、东山东兴水产加工有限公司海水直接利用与废料综合利用项目，被环境部列入 2005 年度环境和资源节约综合利用备选项目。

2006—2008 年，全县生态保护建设项目主要有：海洋生态产业建设工程、生态农业建设工程、生态工业建设工程、生态旅游建设项目、生态林业和城镇绿地建设、海洋生物多样性保护、水环境保护和水污染控制等，共投入资金 8.66 亿元。保护区环境质量明显改善，为全国推广生态建设提供第一手资料。同年 10 月，前楼镇创建全国环境优美乡镇工作通过省环保局专家组验收，并报环保部批准命名。

第四章　管　理

第一节　机　构

一、行政机构

东山县环境保护局　1989年，沿设县环境保护委员会，下设办公室（简称环保办），隶属于东山县城乡建设环境保护局，股级行政单位，工作人员6人。

1991年6月，县环境保护委员会办公室从县城乡建设环境保护局析出，设立东山县环境保护局，为县政府主管环境保护工作部门，正科级，内设办公室、监督管理股，编制5人。下辖县环境监察大队、县环境监测站。2006年3月，增设生态建设管理站。2008年，全局工作人员6人。

二、事业单位

（一）东山县环境保护监测站

1989年，沿设县环境保护监测站，承担环境监测数据的收集与发布，工作人员6人。2000年1月4日，获福建省技术监督局的计量认证。2006年8月18日，获福建省质量技术监督局颁发的资质认定计量认证证书。2008年，工作人员6人。

（二）东山县环境监察大队

1989年，沿设县环境监察大队，负责环境监察执法和案件查处。2008年，工作人员7人。

（三）东山县生态建设管理站

2006年3月，成立县生态建设管理站，负责环境生态建设管理事项。2008年，工作人员2人。

第二节　环境管理

一、建设项目审批

1989年，县环保部门对新建、扩建、改建项目继续严格执行环保设施“三同时”制度（防治污染等公害设施必须与主体工程同时设计、同时施工、同时投产），防止重污染项目建设施工。做到建设项目未经县环保部门审批不立项、不批准用地、不进入设计施工、不发给营业执照。1991年，审批建设项目37个，环保设施三同时执行率100%。1993年，实行新建项目环境影响评价和环保设施“三同时”环境保护管理制度；实行新建项目选址“一票否决制”。是年，全县审批建设项目207个，项目环境影响报告书执行率100%。此后，严格按环保标准执行建设项目审批。1995年，东山县审批建设项目70个，环保设施“三同时”执行率100%。2000年，东山县审批建设项目101个，环保设施“三同时”执行率100%。至2008年，东山县审批建设项目50个，环保设施“三同时”执行率100%。

1991—2008年东山县建设项目环境影响情况表

表3-5　　单位：个、%

年度	审批建设项目	环保设施三同时执行率	年度	审批建设项目	环保设施三同时执行率
1991	37	100	1993	207	100
1992	125	100	1994	105	100

续表 3-5

年度	审批建设项目	环保设施三同时执行率	年度	审批建设项目	环保设施三同时执行率
1995	70	100	2002	42	100
1996	74	100	2003	42	100
1997	83	100	2004	32	100
1998	120	100	2005	37	100
1999	63	100	2006	65	100
2000	101	100	2007	55	100
2001	71	100	2008	50	100

二、执法检查

1991 年起，县环保部门根据环保法律法规，依法查处违反环保法规事件，对违反环境保护法规者依法依规处理。1992 年，查处违反《建设项目环境保护管理条例》案件 2 起。1996 年，查处违反《中华人民共和国水污染防治法》案件 7 起。2000 年，查处违反《福建省环境保护条例》案件 9 起。2004 年，查处违反环保法规案件 5 起，其中违反《中华人民共和国大气污染防治法》案件 1 起。2005 年，县环保部门开设环保“110”社会服务电话，加大环境执法力度。对违反环境保护法规的单位分别处以关闭、罚款，或补办审批手续。2008 年，县环保部门查处违反《中华人民共和国水污染防治法》的案件 3 件，违反《中华人民共和国大气污染防治法》的案件 1 件，违反《建设项目环境保护管理条例》的案件 2 件。

1991—2008 年东山县查处违反环保法规事件统计表

表 3-6　　单位：件

年度	违反水污染防治法	违反大气污染防治法	违反建设项目环境保护管理条例	违反福建省环境保护条例	年度	违反水污染防治法	违反大气污染防治法	违反建设项目环境保护管理条例	违反福建省环境保护条例
1991	0	0	0	0	2000	0	0	2	9
1992	0	0	2	0	2001	1	0	5	5
1993	0	0	2	0	2002	0	0	7	4
1994	0	0	0	0	2003	0	0	5	2
1995	0	0	2	0	2004	2	1	2	0
1996	7	0	0	0	2005	6	0	6	0
1997	2	0	0	0	2006	0	0	0	0
1998	0	0	0	0	2007	0	0	3	0
1999	0	0	3	0	2008	3	1	2	0

三、排污费征收

1990 年，县环保部门根据《中华人民共和国环境保护法》《征收排污费暂行办法》等有关法律法规的规定，经现场监测调查，与有三废排放的企业单位签订征收超标排污费协议书。征收排污费从原来只征收工业企业、建筑噪声等三废排放的企业，扩大到服务业等第三产业。排污费主要用于污染源治理补助和环保贷款。是年，全县征收排污费企业单位 80 家、11.18 万元。1995 年，征收排污费企业单位 390 家、51.36

万元。此后，逐步扩大征收排污费范围。2000年，征收排污费企业单位507家、86.30万元。2008年，全县征收排污费265家、90万元。

1990—2008年东山县征收排污费情况表

表3-7　　单位：万元、家

年度	征收排污费	开征户数	年度	征收排污费	开征户数
1990	11.18	80	2000	86.30	507
1991	11.41	100	2001	86.70	510
1992	21.50	135	2002	83.00	520
1993	25.40	186	2003	82.00	532
1994	42.80	305	2004	80.00	532
1995	51.36	390	2005	80.00	508
1996	69.15	408	2006	87.0	245
1997	72.00	420	2007	110.5	289
1998	75.00	480	2008	90.0	265
1999	90.00	498			

第三节　环保宣传与科技

一、环保宣传

县环保部门积极开展环境保护宣传，每年结合纪念“6·5”世界环境日活动，宣传《中华人民共和国环境保护法》《中华人民共和国水污染法防治实施细则》《中华人民共和国大气污染防治法》等法律法规。采取多渠道、多形式开展保护环境，宣传教育人人有责。1989年，与县广播站、乡镇文化站联合举办环境保护专题节目，播出稿件200多篇，编印《东山环境》(简报)。1990年，开展学习《中华人民共和国环境保护法》活动，汇编环保文件进行宣传；与县教育局合作在4所重点中、小学校开办环保教育课；拍摄环境保护照片、录像，进行展览、播放。

1993—1994年，围绕“保护蓝天碧水，促进改革开放”和“一个地球、一个家庭”主题，开展环保宣传；与县广播电视局、县文化馆联合举办环保征文比赛，在县有线电视台开设《环保》专题栏目；开展纪念“4·22”地球日活动，出版纪念专刊；“6·5”世界环境日期间，县政府领导作《保护环境、持续发展，振兴东山》电视专题讲话；通过有线电视《东山新闻·中华环保世纪行》栏目，宣传东山环保治理成效，曝光环境污染现象，提高群众环保意识。

1998年，拍摄《同在一片海，“东南”各不同》环境保护专题片。该专题片于当年11月30日，在中央电视台《经济半小时》播出。至2008年，县环保部门每年均开展环保专题宣传活动。

二、环保科技

(一)科技成果

1989—2008年，东山县环保部门先后与厦门大学、福建海洋研究所合作开展科学研究活动。有环保科技成果3项，其中获省部级科技成果奖2项(福建典型海水养殖区富营养化的生物修复技术研究、江蓠对养殖污染海水修复技术研究)、县级科技成果奖1项(马銮湾泵房水井污染治理研究)。获国家实用新型专利科技成果2项：底播式养殖网箱和岸基江蓠吊养筏架。

（二）科技论文

1989—2008 年，东山县环保部门工作人员发表于《福建环境》的论文有《红旗水库饮用水源水质恶化与应急措施》；发表于中国自然科学核心期刊《生态学报》的论文有《龙须菜对富营养化海水的生物修复研究》；发表于《中国水产科学》的论文有《菊花心江蓠在网箱养殖区的生物修复作用》。此外，《菊花心江蓠对池塘养殖水质的修复研究》《龙须菜对富营养化海水的生物修复研究》《菊花心江蓠在网箱养殖区的生物修复作用》《东山县康美村地下水污染与村民致癌关系》等入选福建省环境科学技术学会出版的《依靠科技进步，促进人与自然和谐发展学术研讨会论文集》。

科技论文《江蓠对赤潮消亡前后的水质影响》获 2003 年福建省生态环境与可持续发展学术研讨会优秀论文二等奖。《龙须菜对富营养化海水的生物修复研究》获 2004 年福建省“依靠科技进步，促进人与自然和谐发展学术研讨会”优秀论文一等奖。

第四卷　城乡建设

1989—2008 年，东山县以加快中心县城建设，推进东山城市化进程为战略目标，以小城镇建设和农民新村建设为重点，加大城镇建设力度，城乡面貌发生巨大变化。同时，加强建筑市场和房地产业管理，对工程招投标、建筑工程质量安全实行监管。逐步建立房屋权属登记、房地产买卖鉴证登记和房产抵押贷款登记制度。改革公有住房，建立住房公积金制度，改革公房租金，出售公有住房，实行廉租住房补贴，建设解困房、安居房、经济适用房，逐步改善群众住房条件。至 2008 年，全县建筑企业总产值 111624 万元；全县资质等级以上建筑企业建安产值 8339.2 万元，房屋施工面积 15.4 万平方米，房屋竣工面积 7.9 万平方米；房地产开发完成投资 38236 万元，全年房地产施工面积 45.44 万平方米，商品房销售面积 12.23 万平方米。城镇固定资产累计投资 9.25 亿元。铜陵、西埔的部分旧城改造推进，先后建成隆鑫商业城、聚福花园、宏益商城、森都花园、祥和小区、康悦花园、同兴苑、金丰小区、广益小区等一批商住新区。

县城面积由 1989 年 2.29 平方公里，至 2008 年扩大为 3.3 平方公里（北至县糖厂、南至庙山、西至虎山、东至尖山）。城市基础设施逐步完善：城市日供水量由 0.12 万立方米发展到 1.14 万立方米；完成铜陵的苏峰二路、东澳路、海港路、铜亭路和西埔的龙泉路、康福路、东环路中段、新城路北段等路段的道路建设及排水沟改造，城市道路网络初步形成。道路面积由 57 万平方米增加到 73 万平方米。垃圾处理场建成投入使用。城市公共绿地 1.056 公顷，绿化覆盖率达 32%。农民新村建设稳步发展，梧龙新村、双东新村、宫前新村、澳角新村、康美新村、岱南新村、城安新村、马銮新村基本建成。

城区建设迅猛发展，村镇基础设施逐步完善，为提高城市品位，改善招商投资环境提供良好的基础。

第一章　城乡建设规划

第一节　县域总体规划

一、城市总体规划

1990 年，东山县人民政府委托福建省规划设计院编制的《东山城市总体规划》完成。翌年，通过省城乡规划设计研究院鉴定。1993 年，对规划进行调整。1994 年，邀请华西集团重庆规划设计研究院等单位对规划进行修订。1995 年，上报省政府审批。1996 年 10 月 27 日，省政府批准《东山城市总体规划（修订）》，将东山县定为“区域性港口与旅游城市”，城市规划区范围为全岛。

1998 年，东山县邀请清华大学城市规划系对《东山城市总体规划（修订）》再次进行编修。2004 年，《东山城市总体规划（编修）》由县政府提请县人大常委会审查。2006 年，通过县人大常委会审议并报漳州市政府审批，同年 10 月 17 日，市政府同意《东山城市总体规划（编修）》方案。

二、县域城镇体系规划

1998 年，县政府邀请清华大学城市规划系制定编修《东山县域城镇体系规划》。2004 年，由县政府提请县人大常委会审查。2006年，通过县人大常委会审议并报漳州市人民政府审批。同年10月17日，市政府同意《东山县域城镇体系规划》方案。

三、东山岛发展战略规划

2007年，县政府公开征集《东山岛发展战略规划》方案，组织该规划方案国际竞赛活动。有国内外87家（其中国外43家、国内44家）机构参赛。2008年初，经初选，有5家机构的规划方案进入第二轮竞赛。县政府先后举行中期规划成果汇报会与《东山岛发展战略规划》成果评审会，邀请国内知名规划专家对入围5家机构的规划方案进行评审。经广泛征求各界意见，确定委托美国柏城集团（亚洲）有限公司对各家规划方案进行整合，形成《东山岛发展战略规划》方案。

四、中心县城规划

2006年，县规划设计部门编制完成《西埔城区6.5平方公里控制性详细规划》，征求专家与各界人士的意见。同时，着手规划中心县城4平方公里的新行政办公区建设用地。编制完成西埔A区改造项目的修建性详细规划、康福路西段两侧旧区改造详细规划。

第二节 乡（镇）村建设规划

一、乡镇建设规划

1989年，东山县建设规划部门开始对乡镇进行建设规划。1990年，完成陈城、杏陈两个镇的总体规划（其中，杏陈镇规划获漳州市建设委员会“村镇规划”三等奖）。1992年，完成樟塘乡规划，并按法定程序完成杏陈、陈城、樟塘3个乡（镇）的建设规划报批。1994年，完成康美镇规划。1995年起，又对康美、杏陈、陈城、樟塘4个乡（镇）规划方案进行调整。至2005年，完成康美镇、陈城镇、杏陈镇的总体规划调整方案并实施。2008年，全县7个镇都完成建设总体规划方案并实施。

二、村建设规划

1990年，县建设规划部门完成铜钵村等6个中心村的新村建设规划。1992年，在陈城镇白埕村和康美镇东沈村开展达标村规划试点工作，规划建设一批新村。至1995年，编制完成全县60个中心村的新村建设规划。1995年，又开展编制中心村建设规划的“四图一书”（现状图、规划图、设施图、住宅设计参考图；村庄整治规划的说明书）工作。1999年，康美村建设规划在漳州市村镇规划竞赛中获三等奖。2005年，编制完成全县61个中心村的建设规划“四图一书”工作。2008年，在编制新农村建设规划中，县建设规划部门组织专业人员编制城垵村、岐下村、岱南村、梧龙村的新村建设规划，以及马銮村旧村改造规划。以澳角村、马銮村、坑北村等中心村建设规划为示范点，推进全县新村建设。

第三节 专项规划

一、东山风动石—塔屿风景名胜区总体规划

1989年，东山县沿用由厦门市城市规划设计院1988年编制完成的《东山风动石—塔屿风景名胜区总体规划》。2008年6月，邀请厦门大学艺术研究所编制完成《东山关帝文化广场控制性详细规划》，当年提交评审。

二、东山国家森林公园总体规划

2003年，东山县委托省林业调查规划院编制完成《东山国家森林公园总体规划》，规划总面积240平

方公里。以风景资源为主，分为天象景观、地文景观、水文景观、生物景观、人文景观5类。立足生态旅游，以森林、山海交融特色景观为依托，倡导绿色文明，融自然与人文景观于一体。具有休闲度假、康体健身、闽台文化、道德教育、宗教朝圣、科普宣传等多种功能。规划以可持续发展、优化、特色、系统、保护为原则。近期规划从2004年至2005年，中期规划从2006年至2010年，远期规划从2011年至2015年。

三、东山县域城镇垃圾治理专项规划

2007年开始，县建设规划部门对各镇垃圾中转站的选址及建设进行规模布局。2008年，陈城、杏陈两镇垃圾处理场规划建设前期工作完成；并重新规划东山垃圾无害化处理场建设地点。

第二章　县城建设

第一节　旧城改造

东山县旧城区改造始于1990年。1992年7月，为加快西埔、铜陵两地旧城区改造步伐，县政府颁布《关于开展旧城改造的通知》和《关于旧城拆迁补偿的有关补偿规定》，成立东山县旧城改造领导小组，并成立旧城拆迁指挥部负责处理具体事项。1992年起，西埔城区实施旧城改造，共有6个地段（原西埔供销社、原西埔木器社、原西埔镇政府驻地、原西埔百货大楼后、原西埔旧市场、原西埔电影院等）进行拆迁，开发西埔经纬商住楼小区等。

1994年，设县房屋拆迁公司（与县房地产综合开发公司为一套人马、两块牌子），由其负责房屋拆迁事务。1995年，拆迁改造新城路原县第二建筑工程公司旧址，开发西埔旅游商城商住楼。1998年，县政府制定《东山县城区房屋拆迁安置补偿标准》。2003年，又颁布《东山县城镇房屋拆迁货币补偿指导意见》。年内，拆迁改造原宏益小区2.41万平方米。拆迁改造西埔西前路南侧原县果品公司、原西埔粮站、原县土产公司、原县医药公司西埔医药站等址，开发森都花园住宅小区。2004年，拆迁改造西埔新城路原公安局、原商业局楼等址，开发龙泉住宅小区。2006年起，房屋拆迁由拆迁公司通过招标进行，县旧城改造领导小组派员协助相关工作事宜。把西埔A区和康福路西段两侧的旧区列为旧城改造重点。拆迁改造原县委楼、县政府楼、县财政局办公楼等旧楼，开发中信新城首期；拆迁改造原县公交公司、县土地管理局、县建设局等旧楼，开发益泰花园小区；拆迁改造原西埔北市场，开发北市福景小区。为此，县委派百名干部加快推进旧城改造工作；县建设部门组成宣传组、协调组、理赔组、拆迁组开展工作。县金安拆迁公司配合县旧城改造领导小组，组织房屋拆迁与理赔等。西埔A区经过入户宣传、面积丈量、赔偿估算、协商理赔等，完成拆迁理赔（机关企事业单位17户、政府店面11房、公房私住45户、个人住宅34户）。康福路西段两侧完成个人住宅22户、机关企事业单位8户的拆迁理赔，总拆迁用地面积1.4万平方米，拆除建筑物面积1.1万平方米。2008年，县建设部门与县物价部门联合对《东山县城镇房屋拆迁补偿指导意见》进行修订，规范房屋拆迁补偿行为，维护房屋拆迁当事人的合法权益。

第二节　市政设施建设

一、城区道路建设

1989年初，西埔城区主要道路共3条：新城路、县府路、育新路，总长1.95公里；巷16条：康福巷、富境巷、新榕巷、埔顶巷、虎山下巷、晨光巷、甘泉巷、顶巷、下巷、石鼓巷、西厝巷、东桥巷、石林巷、霞云巷、西湖巷、红庙边巷。1990年后，拓宽西陈路面，长400米；新建东环路中段道路，长1公里，建

设新城路北段、党校路、南市场道路。1993年，随着东山经济技术开发区的设立及旧城改造展开，带动城区道路建设，新辟通港路4.92公里、育新路5.7公里、文昌路2.16公里、西外环路2.68公里、东外环路2.19公里、英雄路1.13公里，完成新城路等路面的改造。1994年，完成西埔新城路两侧人行道统一铺设马路砖。2008年，城区干道共15条，总长33.423公里。街、路与诸条巷道相通，道路网络相连。

2008年东山县城区主要道路一览表

表4-1 单位：米

路名	起止点	长度	宽度	结构
通港路	坑北路—东环路	4918	50	混凝土
文昌路	通港路—西铜大道	2161	50	混凝土
育新路	西外环路—文昌路	5698	24	混凝土
英雄路	西外环路—通港路	1130	18	混凝土
建发南路	泽园路—兴业路	531	16	混凝土
建发北路	兴业路—创业路	430	16	混凝土
西外环路	通港路—西前公路	2679	30	混凝土
东外环路	通港路—西铜大道	2185	30	混凝土
西环路	通港路—西前公路	2404	30	混凝土
东环路	通港路—西铜大道	2237	30	混凝土
创业路	西外环路—通港路	2915	18	混凝土
和平路	通港路—西铜大道	2061	50	混凝土
虎山路	英雄路—西前公路	1974	24	混凝土
龙泉路	新城路—东环路	800	16	混凝土
康福路	虎山路—东环路	1300	24	混凝土

二、城区电网改造

1991年,东山县城区有35千伏输电线路1回，总长24.6公里。随着全县经济发展，东山县加快电力设施改造，提高供电能力，满足人民群众日益增长的用电需求。1993年5月，建成110千伏顶西坑变电站。此后，2001年，开始对县城区主干线进行改造更新。至2008年，全县城区配电线路有西埔线、开发区I线、开发区II线,线路总长39/90公里，其中架空线路37公里、电缆线路2.5公里；配电变压器113台、容量3.48万千伏安；供电范围半径4公里，户籍人口6.4万人，基本形成城区西埔线与开发区I回联络、前楼线与陈城线联络、苏峰线与工业线联络等环网供电格局。

三、城区路灯布设

1989年初，县城道路安装路灯照明的主要街道有：东山第一中学门口至县府路；新城路至西埔十字路口；西埔十字路口至县物资局；十字路口至糕饼厂；三角点至县公安局，路灯共840盏。1990年后，随着城区道路的新建、改建、扩建，城区道路路灯照明不断延长，数量逐渐增多。1995年，县城路灯共2031盏。2005年，县城路灯增至4838盏。城区路灯主要分布在新城路、县府路和东山经济技术开发区内的各条主干道以及一些巷道。每间隔30米设一盏，均采用水泥杆、金属杆,安装高压钠灯。有路灯维护人员8人。2007年，东山县实施夜景工程建设。根据建筑物的不同特点，采用多样形式的灯光夜景设计。城区夜景工程灯光安装52处，投资341万元，并制定《东山县灯光夜景工程管理制度》。2008年，夜景灯光工程再完成安装30处，投资250万元。同时组建夜景灯光工程维修专业队，对损坏的灯光设备进行日常维护。

四、城区排水道建设

1989年初，西埔城区排水系统有3条：①集顶西回水至停车场三角点的地下污水，汇入排水沟，排向双东水库入西埔湾。②集庙山一带(包括西班牙山庄)的地下污水，随排水沟，排向双东水库入西埔湾。③集原县水电局、县医院、西埔市场一带排水沟；又集南山南面、北市场、宅山南面及虎山北面、东面的污水，排向双东水库入西埔湾。1990年，投资6万元改造西埔三角点排水沟；又集资18.5万元，建设新城路北段、原县水电局北面、顶西村区内3条排水沟，共长1.33公里。1992年，投资26万元续建北市场、东埔溪的排水系统。1993年，再维修东埔溪排水沟2.5公里。2004年，城区主要排水道有新城路、西前路、文昌路的排水道，主要担负城区中东路的雨水、生活污水及工业废水的排放。东埔溪排水道主要担负城区地表雨水及生活污水的排放。县城旧区沟渠纵横交错，断面大小不一，深浅各异，排水能力较差。当年投资2万元对县城排水沟进行再维修。2006年，筹建双东污水处理厂，完成立项与环境评价，召开征收排污费听证会。该污水处理厂建成后将提高东山经济技术开发区方向的雨水、生活污水及工业废水的排放处理能力。2008年，西埔城区排水沟3条，总长7.8公里，可确保城区不发生涝灾。

第三节　供水供气

一、供　水

1989年，西埔自来水厂日产淡水5000立方米。西埔区域有各种型号主输水管道共5.32公里。1990年，县自来水公司投资69万元建梧龙引水管道，以缓解用水紧张。1991年，县自来水公司扩建万吨水厂，并完成清水池、过滤池、沉淀池的土建和设备的安装。翌年，投资100多万元，完成万吨自来水厂扩建工程。1994年，邀请上海市政工程设计院编制西埔区域供水规划。当年，延伸自来水管道（管网）长12公里，新增用水户1096户。此后自来水管道（管网）不断延伸。2008年，西埔区域自来水输水管网总长35公里，用户13243户，年供水量348.2万立方米。

1989—2008年若干年份东山县城区（西埔）供水情况表

表4-2　　单位：万立方米

年份	年供水	日供水	年份	年供水	日供水
1989	43.3	0.12	2000	195.00	0.53
1990	28.9	0.08	2003	240.00	0.66
1993	84.5	0.23	2005	295.00	0.81
1995	175	0.48	2008	348.20	1.14
1998	167	0.46			

二、管道燃气

2007年初，成立漳州安然燃气有限公司东山分公司，负责经营东山辖区管道燃气业务。县建设部门制定《东山县推进液化天然气工程（LNG项目）建设的意见》，发出《关于加强天然气工程（LNG项目）配套建设的通知》，规定由房地产开发企业开发的住宅工程，自当年起凡未进行工程竣工验收的，均需增补配套管道燃气项目。

2008年12月，在西埔地区铺设燃气管道，长12公里，主要有聚福花园、益泰、龙祥、北市福景、东方广场和聚祥等新区。

第四节　园林绿化

一、园　林

（一）庙山公园

庙山公园位于西埔镇东南部。1989 年 8 月，县人民政府委托厦门规划院编制庙山公园整体规划，并定性其为城市综合性公园。翌年，县建设局共投资 65 万元修建公园北大门、管理房、主体山头（庙山）的园路系统、亭阁水池等设施。1997 年，邀请上海同济大学规划设计院重修庙山公园总体规划及修建性详细规划。2005—2008 年，园内种植许多相思树、木棉、扶桑、茶花、三角梅、佛肚竹等。

（二）人民会堂公园

人民会堂公园位于西埔镇县府路人民会堂边。2005 年建成，公园占地面积 1500 平方米，总投资 30 万元。至 2008 年，种植的树木花草主要有华棕、夹竹桃、天鹅绒等。

二、绿　化

1989 年，西埔城区绿化覆盖率 27.6%，人均公共绿地面积 1.9 平方米。环境绿化、美化工作不断加强，绿化基调树种有榕树、芒果、海枣、洋紫荆；骨干树种有凤凰木、菩提、依兰、黄花槐、盒架子、大花紫薇、鱼尾葵、木棉等,各主干道路实现绿化、美化。1993 年，投资 3 万元对西埔新城路和西铜大道的绿化进行补植。1995 年，投资 20 万元新增城市公共绿地 6000 多平方米，完成县城主干道 3.75 公里人行道植树绿化。2000 年起，对新城路、东环路等主要道路中间隔离带进行绿化，种植景观植物等。2007 年，种植 120 株风景树，加强康福路两侧绿化。2008 年，西埔城区绿化覆盖率 31%，人均公共绿地面积 10.2 平方米，道路绿化总长 7.21 公里。

第五节　环境卫生

一、环卫设施

1989 年，县环卫处有垃圾载运车 3 辆，洒水车 1 辆。1992 年，投资 9 万元，在亲营山征地 1 公顷，建设 1 处垃圾堆放处理场，为县城环卫垃圾堆放处理地。筹集资金 39 万元，建设 1 座占地 760 平方米的封闭式垃圾中转站。1993 年，投资 1.5 万元在县城主街道两侧添置垃圾桶 50 个；投资 13.5 万元购置 2 辆垃圾载运车。1994 年，在西埔再建 1 处封闭式垃圾中转站；在梧龙筹建垃圾处理场，占地 3.33 公顷，至 1998 年共投资 70 万元，完成该处理场建设。2002 年，再投资 15 万元对该处理场的机械装备进行维护与更新。2008 年，县城区有封闭式垃圾中转站 2 处，载运车 5 辆，洒水车 1 辆。

二、清扫保洁

1989—2008 年，县城区卫生清扫、保洁由西埔环卫所负责，以人力清扫为主，洒水车清洗为辅。县城二级道路环境卫生清扫保洁范围：东至人民银行东山支行交界处；南至中国银行东山支行；西至西埔初级中学门口；北至县农村信用联社门前。实施县城区主干道沿街两侧单位和私人住宅生活垃圾袋装化管理。实行岗位目标责任制，按路段划分，定人、定段、定责任。实行每天两大扫、两保洁。县府路、新城路等重要路段则实行全日保洁。卫生清扫面积：1989 年为 15 万平方米；1991 年为 17.5 万平方米；1996 年为 20 万平方米。2008 年，西埔城区卫生清扫为 24 万平方米。

西埔环卫站负责县城 128 个垃圾围点（含单位内部）和周边村（3 个中心村、4 个社区）生活垃圾清运，日清运量约 61 吨，垃圾采用高温堆集。

第六节　城建监察

一、城区环境整治

（一）市容管理

1989—2008年，县城建监察部门加强城区秩序管理，对部分严重影响市容市貌、环境卫生和交通安全的小摊贩，进行劝导、教育、警告或给予处罚。每年与各商店、个体经营户签订协定书，要求其不得在未经工商行政管理部门和城建管理部门批准设置的地段摆摊营业、堆放货物，开设店外店和摊外摊，违者按有关规定给予处罚。通过签订协定书，大部分店主、个体经营户或摊贩都能自觉在划定地段经营。1991—2008年，共劝导乱摆摊设点的摊主13.3万人次，处罚9300人次。

（二）实行门前三包

1989—2008年，县城主街两侧实行“门前三包”（包卫生、包绿化、包秩序）管理，县城建监察部门与经营户签订“门前三包”责任书，与有关单位签订责任状，共同管理好单位出租的店面。2008年，共签订“门前三包”责任书（或责任状）近千份。不定期发动群众清理垃圾死角。1991—2008年，共清理垃圾死角3600余处，清运垃圾9万多吨。

（三）整治户外广告

1989年，县城建监察部门对乱贴挂广告现象进行整治，制定《东山县户外广告管理办法》。其后，逐步规范条幅广告、店牌、户外广告牌等设置的审批程序，对未经批准的作违章处理。1991—2008年，县城建监察部门共拆除、清洗乱贴的违章广告近5000张（处），并给予罚款。

二、城区道路管理

（一）规范车辆停靠

1994年，县城建监察部门在城区道路沿街画线，确定“车辆停靠点”31处，并查处车辆乱停放现象。1997年，城区道路“车辆停靠点”调整为37处。后，将车辆停靠点改为停车线，标明停车方位及车头朝向。2006年，配合交警部门在城区主干道画定不同类型车辆停靠点60处。调整城区客运车辆停靠点，将县公交公司地址由新城路迁至西埔城郊外的原县糖厂旧址，并在城区画出3个公交汽车停车点。1997—2008年，经常开展道路畅通专项整治，共纠正车辆乱停靠1.9万起，查处违法案件40多起，新闻曝光800余起。

（二）基建堆料运输管理

1989—2008年，县建设部门继续对基建堆料进行管理，在城区主街道实行运输基建堆料车辆挂许可牌；对基建工地围栏作业画定基建车辆运土路线，实行谁漏洒谁负责清理，以减少对城区的污染。对基建运输车辆进行跟踪管理，制止基建废土乱倒现象。1999—2008年，县建设部门共清理乱堆放基建材料7000余处，处罚运沙土泄漏1000多车次；查处乱挖掘道路500多起，责成路面修复面积近4万平方米。

三、城区建筑监察

1989年，县城建管理部门继续对城区建筑进行监察，要求在建工程实行围栏作业，对需拆建的工程实行先围圈后拆建。1993年，共查处违章建筑90起，建筑面积约1000平方米，其中拆除19起，建筑面积290平方米。罚款金额4200元，收取占地费124283元，罚款和收费均上缴县财政。1997年后，对私人建房等需堆放材料的，实行申报审批制度，限定时间及堆放地点，严禁乱堆放；对不申请或不按审批要求堆放的，作违章处理；对屡劝不改的，实行强制清除。1991—2005年，县城建管理部门共发出各类整改通知书672份，查处违法建设3908起，责成补办建设许可证1866份，拆除违章建筑（含违章搭盖）1623处，建筑面积13.8万平方米，清理乱堆放基建材料或废弃土，计27.5万立方米。2008年，县城建管理部门清理乱堆放基建材料200余处，责成路面修复面积0.3万平方米。自2006—2008年，共制止无证个人建房

2260多起，促成补齐审批手续510户；拆除违法个人建房23户、建筑面积2400多平方米。

四、环岛路整治

2003年起，根据县委、县政府关于环岛路两侧乱建养殖场整治的要求，县城建管理部门对环岛路两侧周边环境进行整改，拆除违法抢建的鲍鱼养殖场。

2003—2008年，城建管理部门拆除违法抢建鲍鱼养殖场共42起，建筑面积6.9万平方米；责成养殖场整改周边环境33起。

第七节　主要建筑物

一、东山县青少年宫

县青少年宫位于西埔城区新城北路（1988年5月建）。占地面积9600平方米，总建筑面积2600多平方米，工程总投资160万元。1998年8月12日开放。

二、东山第一中学

1989年起，东山一中校园建设速度加快，先后建有综合楼、科学楼、教学楼、师生餐厅、学生宿舍楼。2008年，东山一中校园面积74609平方米，建筑面积21151平方米，有400米跑道田径场、篮球场、排球场。

三、西埔旅游商城

西埔旅游商城位于西埔城区新城中路。1996年，由东山县旅游实业公司投资，建筑面积8200平方米，1998年投入使用，总投资1000万元。商城主要销售东山特色的产品。

四、东山县电信大楼

县电信大楼位于东山经济技术开发区光明2路。1997年9月建，占地面积19329平方米，建筑面积13200平方米，框架结构，2001年4月竣工，总投资3500多万元。是集办公、通信机房为一体的综合性大楼。楼高12层，为城区第一高楼。

五、东山公安交通指挥中心大楼

东山公安交通指挥中心大楼位于东山经济技术开发区东环路。1998年8月动工，占地面积6616.04平方米，为框架结构，建筑面积3172.30平方米，1999年4月竣工，总投资566.13万元。内设办证厅、教学厅、多功能厅、“122”报警服务台等。

六、东山车站（西埔客运站）

东山车站位于东山经济技术开发区东环路。1998年建，占地6660平方米，前沿广场200平方米，停车场4105平方米，发车位10个，辅助设施面积1200平方米。建筑面积1950平方米，候车面积1050平方米，年运送能力185万人次，总投资500万元。2001年5月投入使用。

七、东山县地税大楼

县地税大楼位于东山经济技术开发区东西路。2001年10月建，占地面积6448平方米，建筑面积6319平方米，2004年9月竣工，总投资1544万元。为框架结构，楼高8层，为多功能综合办公楼。

第三章　镇村建设

第一节　镇区建设

一、铜陵镇区建设

（一）旧城区改造

1994年6月起，铜陵镇城区团结路两侧、陵峰楼等地段进行拓宽改造。至2000年，铜陵镇旧城区拆迁3个地段：七星小区、铜陵电影院、县对台部地段，占地面积共1万多平方米。其中，七星小区旧址拆迁改造民居面积4347平方米，开发“七星坊”商住楼。2004年，拆迁改造铜陵原县家具厂旧址，开发恒益商城。2006年起，实施铜陵镇南门湾水产路西侧片区改造，共4.69万平方米。2007年，县建设局与县物价局联合制定《东山县西铜公路拓宽房屋拆迁货币补偿指导意见》。批准铜陵桂花市场南侧、朝圣楼西侧片区和风动石景区扩区等3个项目的拆迁改造。拆迁铜陵桂花市场，开发铜陵桂花市场小区。2008年，实施铜陵镇西门兜片区和关帝庙片区旧城改造拆迁；拆迁铜陵苏峰一路原县福利院旧址，开发东方御景广场小区。

（二）道路建设

1989年起，铜陵镇加大交通基础设施建设，新建、改建一批道路、自来水、电力设施满足人民群众需要。年内，建西门滨海路，长870米，宽8米，混凝土路面，总投资125万元。1990年初，建苏峰二路，长200米，宽10米，混凝土路面，总投资25万元，当年12月竣工。1991年9月，建苏峰一路（台湾新村路），长620米，宽10米，混凝土路面，总投资60万元，1993年12月竣工。1994年3月，建苏峰一路至鲍珠站路，长1331米，宽6米（其中混凝土路面宽10米，长290米），总投资60万元，当年10月竣工。同年3月，建铜兴路，长1350米，宽12米，混凝土路面，总投资420万元。该路因分段施工，至2008年12月全线竣工。1995年1月，建大澳路，长1300米，宽12米，混凝土路面，总投资200万元，当年12月竣工。同年7月，建环岛路，长1500米，宽8米，混凝土路面，总投资250万元，1997年10月竣工。2002年4月，建苏峰三路，长330米，宽8米，混凝土路面，总投资40万元，当年12月竣工。2006年，建东澳路，长750米，宽8～12米，投资61万元，同年7月竣工。同年，建苏峰路，长1.2公里，路基宽12米，水泥路面宽9米，投资96万元，年底竣工。此外，20年间，新建与修复短道路18条：九仙山路、文峰东路、东亭路、桂花中路、文新路、渠北路、大澳知母坑路、学仔下路、七星路、石斋路、东兴路南路、南门海堤防汛路、石斋初级中学南路、育新路、桥雅头路、后路、澳路街路、下街路，总长11.7公里。

（三）自来水管网改造

2002年9月，县供水公司对铜陵城区自来水管网进行改造，主要地段有大澳街后路、海港路、龙潭街、营前区、龙潭山、铜亭街商品房及公园街后山、打铁街、澳路街、顶街后山及城脚、铜亭五里亭下、下田石鼓街、演武街上坑及知母坑等地。管道采用PVC给水塑料管替代原铝制水管。水管规格有：D20、D40、D25、D32、D40、D50、D63、D75、D90、D110。至2008年，改造城区自来水管网长23293米，总投资123万元。

（四）排水系统建设

1989年，铜陵镇继续对镇区排水系统进行改造，进一步提升镇区排水、排洪能力。1990年，改造翁厝池排洪排污系统，建排水沟，长345米；建污水处理池面积190平方米、雨水调节池面积2264平方米、晒泥埕面积596平方米，总投资46万元（1993年竣工）。1992年，疏通东亭路两旁排水沟，总长1000米；维修街、村排水沟66条，总长3431米。改造团结路排水系统，修建文新路排水沟，长250米、桂花路排水沟长260米。2000年，投资20万元，修建（维修）顶街、南门居民区的道路排水沟。同时，投资100

万元，完成街区排洪排污清淤面积 8796 平方米，建成排水沟，长 780 米，埋设支管长 350 米。2001 年，新建、改造道路两旁排水沟，长 1800 多米。2004 年 7 月，建镇工贸小区排水沟，长 1000 米，总投资 20 万元，当年 12 月竣工。2008 年，全镇区主排水沟共 28 条，总长 14850 米。

（五）电网改造

铜钵变电站位于康美镇铜钵村，占地 5333 平方米。1988 年建成 35 千伏变电站，安装 2 台容量为 35 千伏安变压器。该电网主干线多在铜陵地区。2001 年，将铜钵变电站改造为 110 千伏变电站。2002 年 6 月Ⅰ期投产，安装 1 台容量为 31500 千伏安变压器。Ⅱ期于 2008 年 1 月开工。

2001 年开始，铜钵电网主干线进行改造，改造铜兴街区主干线（用电者 4539 户），改造 9 个台区，新增 4 个台区，总容量 3475 千伏安，10 千伏线路 2.25 公里、0.4 千伏线路 7.62 公里、接户线 70.78 公里。

2002 年，改造铜钵变电站电缆出线，更换电缆为 YJV22-3X150，共 9 回路，总长 1.55 公里。同时，更换团结路 10 千伏主干线的导线，将原为 LGJ-50 导线更换为 JKLGYJ-70、LGJ-70，全长 4.67 公里。

2002 年，改造铜兴街 13 个台区，新增 8 个台区，总容量 5135 千伏安，10 千伏线路 4.97 公里、0.4 千伏线路 8.87 公里、接户线 97.33 公里。

（六）朝圣楼建设

朝圣楼位于铜陵西门兜、团结路尾。1992 年 6 月始建，占地面积 1716.4 平方米，建 7 层，楼高 41.5 米，石砌混凝土结构，建筑面积 2954 平方米。主要靠捐资筹集。2008 年 12 月，完成主体工程及楼层外墙装修。

（七）黄道周公园建设

黄道周公园位于铜陵镇三角点路口。1998 年 6 月 24 日奠基，占地面积 6120 平方米。1999 年 1 月 28 日，举行黄道周雕像揭幕仪式。黄道周雕像由优质花岗岩巨石雕成，高 7.19 米，加基座总高 17 米。基座雕刻黄道周传略（黄启注文）、捐建者芳名录。2000 年 12 月至翌年 8 月，建围栏、喷水池及公园绿化；总投资近 100 万元，资金大部分从个人、企业或团体募捐；铜陵镇政府出资 17.5 万元。

（八）公厕修建

1990 年，投资 35 万元，在大澳、西门兜各建公厕 1 座（占地面积各 60 平方米）。1993—1995 年，在后铺山和东亭路西侧，各建公厕 1 座，投资共 24 万元。1997 年，投资 10 万元，建南门海堤公厕 1 座。

二、西埔镇区建设

（一）街路巷建设

1989 年起，西埔镇加快“三纵四横”城区路网建设（三纵，即新城路、东环路和西环路；四横，即西前路、康福路、东西二路、南环路）。2008 年 12 月，“三纵”有新城路、东环路建成投入使用，西环路建成南段、北半段投入使用。“四横”有西前路、东西二路、南环路建成投入使用。同时，筹集资金建设部分巷路，主要有龙泉路、育新路、农委路、西中路、庙山公园路、口圩桥仔头路、顶西路等。

（二）村道建设

2003 年，建梧龙至金石村路，长 0.7 公里；路基宽 7 米，水泥路面，宽 5 米。2004 年，建西埔至岩雅自然村水泥路，总长 6.1 公里；路基宽 9 米，路面宽 6.5 米。

（三）市场建设

1989 年初，西埔城区有中心市场和南市场。1996 年 4 月，县工商行政管理部门集资改造中心市场，将原平房及露天场地改建成 3 层建筑的综合市场，第一层为通透式农副产品和小商品交易市场，摊位 493 个；第二层为服饰商店；第三层为居室（1997 年 10 月投入使用）。1997 年，顶西村筹资 130 多万元，在原电影院、原县公安局东面空地建东市场，占地 8333 平方米，摊位 132 个，主营蔬菜、水果批发，逐渐发展为综合市场。

（四）电网台区改造

2002 年，改造顶西村 8 个台区电网，新增台区电网 3 个，总容量 2435 千伏安，更换高耗能配变压器 7 台，容量 1825 千伏安；10 千伏线路长 4.09 公里，0.4 千伏线路长 9.68 公里，接户线总长 52.14 公里。

三、杏陈镇区建设

（一）道路建设

2002 年，建埕英至后林路，长 2.2 公里；路基宽 8 米，水泥路面，宽 5 米。2003 年，建张家至埕英村主干道，长 1 公里，连接省道 201 线，总投资 160 多万元。2004 年，投资 30 万元，建埕英村内水泥路，长 500 米。2006 年，建大嵻村道，长 1 公里，路基宽 7 米，水泥路面，宽 5 米，投资 55 万元。2008 年，镇内各村主干道均为水泥路面。

（二）水、电建设

2001 年 3 月开工，建杏陈 35 千伏变电站，位于径口村，占地面积 3000 平方米。安装 1 台容量为 5000 千伏安变压器，2002 年 3 月投产。2002 年，投资 10 多万元，架设镇区主干道路灯。同年，投资 180 万元，建镇区自来水项目。

（三）市场建设

2003 年，投资 800 多万元，建成杏陈和大嵻农贸市场。杏陈农贸市场占地 6700 平方米，摊位 62 个，建配套商品房 46 套，于当年 11 月 26 日开业。

（四）机关办公楼建设

1991 年，建机关办公楼 1 幢、5 层，建筑面积 1600 平方米。2003 年再建办公楼 1 幢、2 层，建筑面积 800 平方米。

（五）园林绿化

2003 年，对镇政府及周边环境进行造林绿化，面积 2000 平方米。至 2008 年，镇所在地各主干道均建绿化带。

四、陈城镇区建设

（一）道路建设

1998 年，投资 600 多万元，建澳角村至白埕村环岛路，长 10 公里。2003 年，建港口村至岐下村水泥路，投资 200 多万元。2004 年，建山只村至山斗自然村水泥路，长 4.1 公里，路基宽 8 米，路面宽 5 米；建港口村至下垵自然村水泥路，长 5 公里，路基宽 8 米，路面宽 5 米；建宫前村至山南村水泥路，长 5.5 公里，路基宽 7 米，路面宽 6 米，共投资 500 多万元。2005 年，投资 500 万元，建陈城至山东村水泥路，长 1.5 公里，路基宽 7 米，路面宽 5 米；建白埕村至山只村水泥路，长 4 公里。2006 年，投资 800 多万元，建陈城北山自然村至宫前村水泥路，长 4 公里；2007 年，建西陈公路后姚村至前黄自然村水泥路，长 3.4 公里，路基宽 12 米，路面宽 7 米，投资 340 万元；建黄山村道水泥路，长 0.6 公里，路基宽 6 米，路面宽 4 米，投资 25 万元。

（二）变电站建设

1994 年 2 月，建陈城 35 千伏变电站，位于西埔湾南堤边，占地面积 0.51 公顷，安装主变 2 台各为 1000 千伏安变压器，1995 年 1 月投产。2005 年 1 月，建 110 千伏变电站，迁址于北山村，占地面积 0.51 公顷，安装 1 台容量 31.5 万千伏安变压器，2006 年 7 月投产。

（三）农村亮化工程

2000 年，投资 20 多万元，架设镇区路灯。2005 年，投资 170 多万元，完成全镇 13 个建制村主干道夜景工程，在全县率先实现村村亮路灯。

（四）市场建设

1994 年，投资 80 万元，建成陈城农贸市场，占地面积 1.2 万平方米。

（五）机关办公楼建设

1996 年，投资 200 多万元，建设 3 层办公楼，建筑面积 360 多平方米。

（六）园林绿化

2003—2008 年，镇所在地道路实施植树绿化，面积 1.6 万平方米。

（七）环卫建设

2007年10月，投资65万元，建垃圾焚烧窑，占地面积1.33万平方米，每日处理垃圾5～8吨。

五、康美镇区建设

（一）金銮片旧区改造

2008年，东山县开展康美镇金銮片区旧城改造的前期工作，确定改造方案，与业主进行洽谈。年内，完成土地收购、合同签订；共签订土地面积14.25公顷，占百亿新城北区面积的41.23%。收购地上建筑物6764.8平方米，拆除7间别墅。

（二）道路建设

2003年，建西崎村至康美村水泥路，长2.2公里，路基宽7米，路面宽5米。2006年，建城垵村至西崎村水泥路，长1.5公里，路基宽7米，路面宽5米，投资60万元。2007年，建铜钵村至城垵村水泥路，长1.7公里；路基宽8米，路面宽6米。东沈村1990—2001年共投资199万元，建水泥路2.76公里。西崎村于1997年投资120万元，建柏油路，长2公里。铜钵村于2000年投资50万元，建水泥路，长0.7公里。钱岗村于2003年投资49万元，建水泥路，长2公里。康美村于2005年投资80万元，建村水泥路，长1公里。同年，城垵村投资98万元，建村水泥路，长1.7公里。马銮村于2005—2007年，投资70万元，建村水泥路，长1公里；同年，龙潭社区投资90万元，建社区内水泥路，长0.6公里。

（三）市场建设

1994—2003年，康美镇域建综合小市场的村有：东沈村、康美村、马銮村和城垵村。市场以日常生活的农副产品和小商品交易为主。

（四）园林绿化

至2008年，镇区公共绿地面积共10多万平方米,人均5.3平方米。

六、樟塘镇区建设

（一）道路建设

2000年，樟塘镇投资近百万元，建镇主干道——红缨路，为双向2车道水泥路，长1公里。2004年，建樟塘村内水泥路，长500米,投资30万元。2006年，建下湖村至古港村水泥路，长1.8公里，路基宽6米，路面宽8米。同年，建下湖村至前马村水泥路，长2.8公里，路基宽7米，路面宽5米，投资130万元；建港西村水泥路，长1.3公里，路基宽7米，路面宽5米，投资65万元。

（二）市场建设

1990年，投资15万元，建樟塘村市场，摊位22个。

（三）机关办公楼建设

1991年，投资40万元，建2层办公楼1幢，建筑面积600平方米。1997年，再建3层办公楼1幢，建筑面积2000平方米。

（四）园林绿化

1991年，镇政府办公楼周边实施绿化，面积2000平方米，建设文化小公园1处。2000年起，绿化主干道，建中间绿化带。

七、前楼镇区建设

1995年5月，建叶厝村主干道，长200米，宽3米，柏油路面；同年7月完工，总投资6万元。2004年6月，建西湖线至顶上村水泥路，长1860米，路面宽6米，2005年1月完工，总投资115万元。同年6月，建岱南环村水泥路，长2200米，路面宽5.5米，2005年4月完工，总投资200多万元。同年10月，建东英村主干道水泥路，长850米，宽5米，2005年10月完工，总投资33万元。同年11月，建下西坑村主干道水泥路，长1020米，宽5米，2005年3月完工，总投资48万元。2005年，建前楼至下西坑村水泥路，长3.2公里，路基宽7米，路面宽5米。同年5月，建前楼村水泥路，长600米，路面宽4米，

8月完工，总投资28万元。2006年，建顶上村水泥路，长0.3公里，路基宽6米，路面宽3.5米，投资15万元。2007年，建前楼至叶厝水泥路，长1.8公里，路基宽7米，路面宽5米。

第二节 村庄建设

一、新村建设

1989年起，县境村庄建设规划管理由县乡（镇）村建设管理站负责。村民建房实行“一书一证”（规划选址意见书、规划建设许可证）制度。1991年2月11日，在陈城镇澳角建制村建大茂新村，位于湖仔村对面公路边，1993年6月3日落成。

1997年，设立县村镇建设服务中心，指导农村新村建设。是年，在澳角、康美、宫前、梧龙、樟塘等村进行旧村改造。同时，推荐康美镇和澳角村作为漳州市“一镇一村”建设试点村镇。2000年起，澳角村、宫前村、马銮村、城垵村、双东村、梧龙村、康美村、岱南村等的村容村貌改造加快，路、水、电、公共绿地等基础设施建设增加，相继建成规划起点高、建设标准高、管理水平高的现代新农村。农村人均居住面积从18.3平方米提高到2000年的26平方米。

2005年，陈城镇澳角村被省列为社会主义新农村试点新村。2006年，按照城乡一体化建设要求，编制22个建制村的规划设计，推广澳角村新村建设示范点模式。2007年，推进康美村1.5公顷旧区改造规划、陈城村2公顷的新村及城垵和梧龙中心村的建设规划等。推介省建设厅等编制的《福建省村镇住宅通用图》，以澳角、岱南、马銮、铜兴等中心村建设为示范点，推动全县新农村建设的发展，其中澳角新村建设为省级社会主义新农村建设试点村之一。

1992—2008年东山县部分农民新村建设情况表

表4-3

名称	规划户数	占地面积（平方米）	建设年份
铜兴新村	36	6200	1992
坑北新村	48	11520	1998
马銮新村	35	8000.4	1998—2000
康美新村	75	7500	1999—2002
探石新村	13	1560	2000
宫前新村	40	4800	2001
岱南新村	22	2860	2001—2003
城垵新村	70	8400	2003
双东新村	76	9120	2005
冬古新村	40	5560	2005
梧龙新村	150	18900	2000—2008
澳角新村	201	24120	2000—2008

二、农村建房

1989年起，县境村民建房实行“一书一证”制度。1990年，全县农村建房投资2349万元，竣工房屋建筑面积9.26万平方米，其中个人住宅8.68万平方米。是年，农村人均住宅面积20平方米，比1988年的18.3平方米增加1.7平方米。1992年，全县农村建房户185户，房屋建筑面积41696平方米。

1995 年，开展创建“文明新村”竞赛活动，制定“三化五普及”达标条件（“三化”即住宅楼房化，主干道路水泥化，公共厕所标准化；“五普及”即普及卫生用水，普及用电，普及闭路电视，普及幼儿教育和普及社会福利），推动全县新农村建设。年内，全县农村私人建筑工程投资 7017 万元。农村私人竣工房屋建筑价值 3919 万元，竣工房屋建筑面积 107863 平方米，其中个人住宅价值 3830 万元，建筑面积 101129 平方米。1997 年，全县农村私人建房投资 323 万元，竣工房屋建筑面积 4210 平方米（均为个人住宅）。

2000 年，全县农村私人建房投资 5645 万元，竣工房屋建筑面积 77345 平方米，其中个人住宅建筑面积 75854 平方米。全县村民人均居住面积从 20 平方米提高到 26 平方米。2005 年，全县农村建房投资 1295 万元，竣工房屋建筑面积 10134 平方米。2008 年，全县农村固定资产项目投资 35469 万元。全县农村人均居住面积 41 平方米。

第四章　建筑业

第一节　勘察设计

1989 年，东山县建筑勘察设计工作主要由县建筑设计室（所、院）和县测绘队负责；县村镇规划建设管理站负责村镇建设设计。一些较大的建筑项目设计则委托省、市设计单位进行。是年，县建筑设计室完成建筑设计总面积 4 万平方米，设计费收入 8.5 万元。

1990 年，完成建筑设计项目 34 个，总面积 2.8 万平方米。1992 年，县建筑设计所投资建立 CAD 工作室(计算机辅助设计)，提高设计水平、设计质量和效率。1993 年，完成东山第一中学综合楼和县医院病房大楼设计。全年完成设计工程造价 6000 多万元，建筑面积 7.5 万平方米，设计收入 100 万元。

1994—2008 年，县建筑设计院完成的勘察设计项目近 300 项,共 120 万平方米，主要有东山商检局、东山交警培训中心、铜陵朝圣楼、金利小区、广益小区等项目。

第二节　施工技术与材料

一、工程施工技术

1989—2008 年,东山县在建筑工程施工中逐步推广应用新的技术,主要有新型模板和脚手架应用技术、高强高性能混凝土技术、高效钢筋和预应力混凝土技术、建筑节能和新型墙体应用技术、新型建筑防水和塑料管应用技术、钢结构技术、玻璃幕墙安装、墙体干挂安装、大型构件和设备整体安装技术等。

二、新型建筑材料应用

（一）新型墙体材料

1989—2000 年，县内建筑工程墙体材料有黏土机砖、黏土空心砖、加气混凝土砌块、复合板材等新型建筑材料。2001—2008 年，在建筑工程广泛运用混凝土空心砌块、加气混凝土砌块、纤维水泥夹心板、纸面石膏板等新型墙体材料。

（二）新型装修材料

2000—2008 年，县内推广应用的新型装修材料有仿古琉璃轻质屋面瓦、无水型粉刷石膏、液体壁纸与传统涂料、软石地板、强化木地板、集成吊顶材料等，另有自来水施工材料 UPUC 管等。

（三）新型保温隔热材料

2000—2008 年，县内推广应用的新型保温隔热材料有隔火纤维泡沫、玻璃棉、矿物棉、膨胀珠岩、硅酸钙等，主要应用于冷库及宾馆、酒店等建筑物，以及广播、通信等设施。

第三节 建筑企业

一、建筑企业概况

1989年，东山县内建筑施工企业4家，即县第一建筑公司、县第二建筑公司、县第三建筑公司，铜陵建筑公司，均为县集体所有制企业。1990年，全县建筑安装工程固定资产完成投资1268万元。3家县级建筑企业，即第一、二、三建筑工程公司，职工922人，完成建安产值714万元，实现利润10.4万元。1992年，全县建筑安装企业总产值1766.84万元。其中县第一、二、三建筑工程公司共完成建安产值920万元，实现利润13万元。1995年，全县建筑安装企业8家，职工总数1625人，建筑安装工程固定资产完成投资5098万元。其中，县属建筑安装企业5家，职工1295人。3家县级建筑安装企业，全年完成施工产值1195.02万元，比1994年增加46.66%。

2000年，全县建筑安装工程固定资产完成投资11452万元，其中建筑工程固定资产投资8952万元，安装工程固定资产投资2500万元。全县建筑安装企业有15家，建筑工程施工项目45个，完成建筑施工产值4820万元。此后，随着商品房建设等固定资产投资规模的扩大，外地建筑安装工程企业进驻东山县承包工程施工增多，建筑业总产值逐步提高。2005年，全县建筑安装工程固定资产完成投资18775万元，其中建筑工程固定资产投资16763万元，安装工程固定资产投资2012万元。全县有资质建筑企业5家（内资企业），年末，建筑从业人员734人，其中专业技术人员195人，管理人员72人；建筑业总产值62771万元,其中建筑工程产值61207万元，安装工程产值1564万元。2008年，全县建筑安装工程固定资产完成投资70107万元。建筑企业22家，从业人员1036人，建筑业总产值111624万元。其中，有资质建筑企业6家（内资企业），从业人员926人（其中，专业技术人员415人，管理人员326人）；建筑业产值8339.2万元,其中建筑工程产值8246.9万元，安装工程产值92.3万元。

二、主要建筑企业简介

（一）东山县第一建筑工程公司

县第一建筑工程公司位于铜陵大澳路，属县集体所有制企业。为三级房屋建筑企业，能承建12层以下、24米跨度建筑工程。1989年初，设施工管理组、政工组、财务组、材运组。职工总数91人，其中管理人员28名、技术人员14名。分22个组，其中泥水组10个，土木组4个，家具、钢筋、油漆、锯台、预制组各1个，机修组2个及1个水电安装队。机械设备有17台升降机、6台搅拌机、12台平面震动器，固定资产61.1万元。1998年后，公司实行改革，推行班组、个人承包制。2000年后,企业处于停业状态。2008年，企业破产，职工分流安置。

（二）东山县第二建筑工程公司

县第二建筑工程公司位于西埔尖山顶，属县集体所有制企业。为三级房屋建筑企业，能承建12层以下、跨度24米的建筑物。1989年初，职工总数310人，其中有管理人员16人，八级工1人、七级工24人。分13个组，其中木工、泥水组各4个，钢筋组2个，锯台、机修、预制组各1个。机械设备有5台升降机、6台搅拌机及2台震动器。1998年后，公司实行改革，实行班组、个人承包制。2000年后，企业处于停业状态。2008年，职工下岗分流。

（三）东山县第三建筑工程公司

县第三建筑工程公司位于铜陵铜亭街附近，属县集体所有制企业。为四级房屋建筑企业，能承建9层以下、跨度15米的建筑物。1989年初，职工总数185人，其中七级工3人、四至六级技术工69人。有8个组，其中泥水组3个，木工组2个，钢筋、预制、机修组各1个。机械设备有4台升降机、4台搅拌机、4台震动器。1998年后，公司实行改革，实行班组、个人承包制。2000年后,企业处于停产状态。2005年，公司改制为民营建筑企业。2008年，职工下岗分流。

（四）东山县仁和建筑装饰工程有限公司

县仁和建筑装饰工程有限公司位于西埔镇龙舞街新城巷 48 号。1992 年 3 月成立，注册资产 160 万元，职工 20 人。1997 年 11 月，经省建设委员会审定为三级建筑装修装饰企业。主营室内外装修装饰，兼营装修装饰材料。公司下设工程技术部、设计室、财会室、办公室、外联部、采购供应部、铝合金车间、金工制作车间、水电安装车间、不锈钢制作车间、铝合金制作车间。拥有气动锣筒机、气动 45 度窗圆机、玻璃直圆线磨中机、铝合金窗功能机床等机械设备。

2008 年，公司有固定员工 38 人，其中专业技术职称 11 人。1992—2008 年，公司承建东山商检大楼、龙潭山庄商检培训中心、人民银行东山支行办公大楼、省人民银行东山培训中心综合楼、漳州财贸培训中心马銮湾综合楼、中国银行东山支行办公大楼、东山宾馆迎宾楼、人寿东山保险公司大楼，以及百亿新城国际俱乐部、县东发公司、县新华书店、恒享箱包有限公司、东山海事处等工程的室内外装修，建筑合格率 100%。

（五）东山承益建筑工程有限公司

东山承益建筑工程有限公司位于康美镇铜钵村综合大楼。1995 年 7 月成立(前身为县铜砵建筑工程有限公司)，注册资产 560 万元，职工 150 人。为四级建筑施工企业。2002 年 7 月，晋升三级建筑企业。2005 年，公司改制为民营建筑企业，下设办公室、施工技术部、安全生产部、预算决算部、项目经理部。公司有 80 人取得工程和经济系列的技术职称。拥有资本 1526 万元，其中生产性固定资产 487.6 万元。主营房屋建筑工程，兼营建筑装修装饰、机电设备安装、建筑材料（不含化学危险品）销售等。2008 年，公司有固定员工 150 人，其中专业技术职称 11 人。

1995—2008 年，该公司承建龙岩（东山）恒益商城、县远隆食品有限公司厂房、县第二实验小学教学楼（市优工程）、东山金正商住楼（市优工程）、漳州市水电局综合楼（市优工程）、县电力公司综合楼（市优工程）、漳州市边防支队东山轮训楼、县福勇渔业制品有限公司厂房和综合楼、东山新合发食品有限公司厂房和综合楼等工程，建筑质量合格率达 100%。企业被省质量协会、福建质量管理杂志社评为“2005—2006 年度福建省质量管理优秀单位”。

（六）东山县旅游区建筑安装工程有限公司

县旅游区建筑安装工程有限公司位于西埔镇白石街育新路 160 号。1995 年 1 月成立，注册资产 600 万元，职工 160 人。被省建委审定为四级建筑施工企业。1997 年，晋升为三级建筑施工企业。1999 年，晋升为二级建筑施工总承包企业。公司主营房屋建筑工程、地基与基础工程、机电设备安装工程、建筑装修装饰工程和园林古建筑工程。能承担高层次、大跨度的建筑工程施工任务。2008 年，该公司资本总额近 2 亿元，其中生产性固定资产 2063 万元；职工 175 人，其中取得专业技术职称 56 人（高级职称 6 人，中级职称 50 人）。

1995—2008 年，完成澳角管理区综合楼（市优工程）、建设银行东山支行北市分理处大楼（市优工程）、省安全厅 968 工程（市优工程、市首届水仙杯优质工程）、陈城邮电综合楼（市优工程）、东山中兴广场（市优工程、市第二届水仙杯优质工程）、东山长途汽车站（市优工程、市第三届水仙杯优质工程）、漳州党校教研楼（市优工程、市第六届水仙杯优质工程）、陈城镇政府综合楼（县优工程）、县邮政大楼（县优工程）、东海山庄、东山旅游商城、漳州鑫园小区 4#和 6#楼等 32 项工程，质量合格率达 100%。该公司多次被市建委（市建设局）评为先进企业。

（七）东山县建筑工程有限公司

县建筑工程有限公司位于西埔镇双东村。2003 年由东山县第一建筑工程公司和东山县第二建筑工程公司改制合并而设立。为三级建筑施工企业。有技术人员 72 人，其中中级职称及以上 28 人。企业有各类机械设备 189 台，机械总功率 2466 千瓦。2005—2008 年，处于半停业状态。

（八）东山县达鑫建筑工程有限公司

县达鑫建筑工程有限公司位于西埔东环路附近。2006 年 9 月，由东山县建筑工程有限公司部分职工出资组成股份制企业。主要从事建筑工程承包及施工，注册资本 2500 万元，为三级建筑施工企业。2008 年，有员工 40 多人。

第四节　建筑工程

一、房屋建筑

1989 年，全县房屋建筑施工面积 35573 平方米，房屋竣工面积 22201 平方米，其中住宅竣工面积 2262 平方米。1995 年，全县房屋施工面积 97860 平方米，竣工面积 53880 平方米，其中住宅竣工面积 21978 平方米。此后，随着县内商品房建设投资规模的扩大，外地建筑安装工程企业进驻东山县承包工程施工增多，全县房屋建筑施工、竣工面积逐年增加。

2000 年，全县房屋建筑施工面积 7.1 万平方米，项目工程竣工 28 个，房屋建筑竣工面积 4.83 万平方米。2005 年，全县房屋建筑施工面积 101682 平方米；房屋建筑竣工面积 63802 平方米，其中住宅建筑竣工面积 45205 平方米。2008 年，全县房屋建筑施工面积 60724 平方米；房屋建筑竣工面积 78827 平方米，其中住宅建筑竣工面积 65176 平方米。

二、城镇和工矿私人建房

1989 年，全县城镇和工矿私人建房共 801 户，竣工房屋建筑面积 81984 平方米（内有住宅面积 65176 平方米），竣工房屋价值 2387 万元（住宅价值 2095 万元）。其中，县城私人建房共 111 户，竣工房屋建筑面积 12509 平方米（内有住宅面积 11372 平方米），竣工房屋价值 395 万元（住宅价值 346 万元）；镇私人建房共 690 户，竣工房屋建筑面积 69475 平方米（内有住宅面积 61827 平方米），竣工房屋价值 1992 万元（住宅价值 1749 万元）。

1995 年，全县城镇和工矿私人建房共 223 户，竣工房屋建筑面积 25303 平方米（内有住宅面积 24903 平方米），竣工房屋价值 1770 万元（住宅价值 1743 万元）。其中，县城私人建房共 65 户，竣工房屋建筑面积 7880 平方米（均为住宅），竣工房屋价值 551 万元（均为住宅）；镇私人建房共 158 户，竣工房屋建筑面积 17423 平方米（内有住宅面积 17023 平方米），竣工房屋价值 1219 万元（均为住宅）。

2000 年，全县城镇和工矿私人建房共 1109 户，竣工房屋建筑面积 205902 平方米（内有住宅面积 184770 平方米），竣工房屋价值 10800 万元（住宅价值 9184 万元）。其中，县城私人建房共 366 户，竣工房屋建筑面积 988478 平方米（内有住宅面积 83631 平方米），竣工房屋价值 8591 万元（住宅价值 7763 万元）；镇私人建房共 743 户，竣工房屋建筑面积 107424 平方米（内有住宅面积 101139 平方米），竣工房屋价值 8524 万元（住宅价值 7435 万元）。

2005 年，全县城镇建房竣工房屋面积 95563 平方米（内有住宅面积 1300 平方米），竣工房屋价值 1945 万元。2008 年，全县城镇建房竣工房屋面积 98271 平方米，其中个人建房面积 38584 平方米。

第五章　房地产业

第一节　住房制度改革

一、公有住房出售

1992 年 3 月 25 日，成立东山县住房制度改革领导小组，下设办公室。制定《东山县城镇住房制度改革实施方案》和《东山县出售公有住房管理暂行规定》。县房改办通过调查，确定全县公有住房建筑面积 88023.4 平方米，居住户 1226 户。其中，财政性公房 20219.1 平方米，居住户 307 户；单位自管房 67804.3 平方米，居住户 919 户。同年 7 月，县房改领导小组研究确定，以县税务局宿舍楼、安全局宿舍楼及财政“4 号楼”作为房改试点单位，将其公房出售。成立县公房出售评估小组，对出售公房进行评估定价。同年 8 月，《东山县城镇住房制度改革实施方案》经市政府批准执行。其主要内容是：取消住房实物分配，逐步推行住房分配货币化，建立住房公积金制度。至 1995 年，全县出售公有住房总面积 87690 平方米，共 1214 户，收回售房资金 1200 万元。

1999 年，全县公有住房一律按全部产权出售，即购买者拥有房屋继承权、所有权、土地使用权等。至 2008 年，全县累计出售公有住房 12.37 万平方米（比原县公有住房建筑面积多 3.6 万平方米，多出面积为单位集资建房面积），收回售房资金 2503 万元。

二、公房租金改革

县内干部职工租用公房原为低租金，租价不一，缴纳保证金的数量和形式各不相同。1992 年 8 月，《东山县城镇住房制度改革实施方案》中规定，凡属住周转房的原住户或新配住周转房者都应先按规定向产权单位缴纳保证金，方能取得住房使用权。每平方米保证金标准：1989—1990 年建造的为 15 元；1990 年以后建造的为 20 元。缴纳保证金后，仍需按规定逐月缴纳租金。每平方米使用面积月租金：1989—1990 年建造的为 0.35 元；1990 年后建造的为 0.40 元。

1997 年起，提高公房租金标准：是年，月租每平方米为 1.3 元；1998 年，月租每平方米为 1.8 元；1999 年，月租每平方米为 2.3 元。2000 年，月租每平方米为 3.3 元；2008 年不变。

三、廉租住房补贴

2007 年，县政府颁布《东山县城镇社会保障住房管理办法》。县建设部门与县财政和物价部门联合制定东山县城镇最低收入家庭廉租住房保障标准。

2008 年，对全县城区最低生活保障线以下城镇居民的住房情况进行调查和保障标准测算，并实行建档管理。是年，对 345 户住房困难户发放廉租住房补贴，计 10.5 万元。

第二节 社会保障性住房建设

一、解困房建设

1998 年，根据县住房制度改革领导小组的《东山县房改近期“解困”计划及实施安排细则》，县财政投资 650 万元，建设解困房 156 套（在西埔），建筑面积 1.5 万平方米。1998 年，解困房（砖混一等结构）成本价每平方米 627 元，比市场价格低 15%。

1999—2008 年，建设的解困房价格随着建筑材料物价的上涨和人力成本提高而调整。

二、安居房建设

1995 年，县职工住宅合作社分别在康美镇铜钵后宅自然村和西埔镇宅山征用土地，共 4.34 万平方米，建安居房。1998 年，根据《东山县干部、职工集资建房管理暂行规定》，县职工住宅合作社筹资 1700 万元，建铜钵后宅安居房 6 幢 172 套，总面积 1.45 万平方米；建宅山安居房 2 幢 46 套，总面积 4600 平方米。

三、经济适用房建设

2007 年，县政府颁布《东山县城镇社会保障住房管理办法》，并初步完成西埔、铜陵两地社会保障性住房建设的规划设计。县建设与县财政和物价部门联合制定城镇最低收入家庭廉租住房保障标准。

2008 年，成立县社会保障性住房管理委员会，制定《东山县经济适用房管理暂行规定》。同时，对全县城区最低生活保障线以下城镇居民的住房情况进行调查，建档管理。同年，规划在铜陵、西埔地区建经济适用住房。铜陵在滨海小区教堂南面建经济适用房，占地面积 4100 平方米，共 172 套（12000 平方米），投资 1960 万元，年末动工建设。西埔在尖山北侧建经济适用房，占地面积 2000 平方米，共 100 套。

第三节　房地产开发

一、房地产企业

1990 年，东山县房地产开发企业注册登记 19 家，主要有县房地产综合开发公司、县城建开发公司、东山正强房地产公司等企业。1993 年，全县注册登记的房地产开发企业 30 家，其中内资 12 家、外资 18 家，实际进行房地产开发投资的企业 10 家。1995 年，全县注册登记的房地产开发企业 15 家，其中内资 9 家、港澳台独资 4 家，三级资质 1 家、四级资质 9 家，年内房地产总投资 13828 万元。此后，县内房地产开发企业数时有增减。1997 年，全县房地产开发总投资 3797 万元，其中商品房投资 2824 万元，土地开发投资 885 万元，完成土地开发面积 50517 平方米。

2000 年，全县注册登记的房地产开发企业 18 家，从业人员 178 人。其中，国有企业 5 家，集体企业 4 家，其他性质企业 9 家。年内，房地产开发投资 4546 万元，其中商品房建设投资 3675 万元，土地开发投资 568 万元，完成开发土地面积 30811 平方米。

2005 年，全县房地产开发投资 19487 万元，其中商品房建设投资 18304 万元，土地开发投资 461 万元，完成土地开发面积 82986 平方米。2008 年 12 月，全县注册登记的房地产开发企业 46 家（其中内资企业 35 家，年平均从业人员 449 人），从业人员（年平均）586 人。其中，三级资质 5 家，四级资质 23 家。全县房地产开发投资 38236 万元，其中土地开发投资 5190 万元，完成开发土地面积 18256 平方米。

二、主要房地产企业简介

（一）东山县房地产综合开发公司

1989 年，沿设县城乡房地产开发公司，隶属县建设局，注册资本 200 万元。1994 年，经省建委批准更为现名，为四级开发资质单位。内设办公室、财务部、工程部、售房部、拆迁业务部（1994 年改设县房屋拆迁公司，为一套人马、两块牌子）。2008 年，有工作人员 17 人。

（二）东山县城建开发公司

1989 年，沿设县城建开发公司，为城乡房地产开发企业，隶属县建设局，注册资本 208 万元。2008 年，有工作人员 27 人。

（三）东山正强房地产公司

1989 年，沿设县建材预制厂，隶属县建设局。2002 年改现称，注册资本 200 万元，为城乡房地产开发企业。2008 年，有工作人员 12 人。

（四）东山县职工住宅建设合作社

1994 年 4 月 8 日，成立县职工住宅建设合作社，隶属县房改办，为公益性合作经济组织，注册资本 200 万元，员工 10 人。1995 年后，隶属县建设局。内设办公室、住宅开发部、财务部。2008 年，有员工 6 人。

（五）东山县旅游区建筑安装工程有限公司

1998 年 10 月，成立县旅游区建筑安装工程有限公司，民营企业，注册资本 2063 万元，三级资质。2008 年，有员工 16 人。主要项目有金利小区同兴苑、金帝商住小区向阳苑商住楼、金利小区 A 区二期商住楼。

（六）东山县广朋置业有限公司

1999 年 11 月，成立县广朋置业有限公司，民营企业，注册资本 1089 万元，三级资质。2008 年，有员工 13 人。主要开发项目有广荣商住楼、广益小区、广宏商住楼、广成商住楼、广新住宅楼、广发小区、广升小区。

（七）漳州市东山聚福房地产有限公司

2004 年 9 月，成立漳州市东山聚福房地产有限公司，民营企业，注册资本 2000 万元，三级资质。2008 年，有工作人员 18 人。开发项目主要有聚福花园商住楼、聚福花园二期、聚福・名城。

（八）东山县舒泰房地产有限公司

2005年11月,成立县舒泰房地产有限公司，民营企业，注册资本800万元，三级资质。2008年，有员工11人。开发项目主要有祥和商住小区、铜陵舒合住宅楼。

（九）东山县宏文房地产开发有限公司

2006年11月，成立县宏文房地产开发有限公司，民营企业，注册资本200万元，四级资质。2008年，有工作人员9人。开发项目主要有房地产项目有金海岸公寓项目。

（十）福建帝业房地产开发有限公司

2006年3月,成立福建帝业房地产开发有限公司，民营企业，注册资本2000万元，三级资质。2008年，有工作人员17人。开发项目主要有龙腾商住楼、帝业商厦。

三、商品房开发

1989年，东山县开发一批商品房，主要有康美房地产开发有限公司开发的铜陵镇铜亭片区的住宅楼，以及由漳州市华侨房地产公司独资开发的西埔尖山商品房。同年8月，由漳州市华侨房地产公司独资开发经营的商品房“西班牙山庄”落成。该“山庄”占地面积4266平方米，共24套。同年，县城镇建设开发公司在西埔新建商品房27套（户），建筑面积3714.43平方米。至年末，全县商品房竣工262套（户），建筑面积2.7万平方米。

1991—1992年，县城镇建设开发公司在西埔虎山、庙山和铜陵五里亭3个地段开发商品房100套，总面积12000平方米。1992年7月2日，东山东嘉建设开发股份有限公司（台商独资企业）在马銮湾旅游区内的土地成片开发项目开始动工，总面积47.27万平方米，第一期在马銮湾东面建商品房。1993年，全县房地产业开发投资8624万元，开发商品房和别墅的竣工面积48051平方米。

1995年，县职工住宅合作社计划兴建“安居工程”，分别在康美镇铜钵的后宅和西埔镇宅山共征用土地4.35万平方米，后宅片区规划建设6幢共175套和宅山片区规划建设2幢共46套的合作住宅。收社员入社基金203户共426万元，并进入全面施工。县房地产综合开发公司开工建设独户式住宅14套，建筑面积1200平方米。年内，全县商品房开发施工面积141032平方米，其中住宅施工面积97040平方米，商业营业用房施工面积16404平方米；竣工面积33075平方米，其中住宅面积1754平方米，商业营业用房面积940平方米。1996年，开发西埔旅游商城商住楼。1997年，全县商品房开发施工面积103644平方米，其中住宅施工面积53418平方米，商业营业用房施工面积31179平方米；年内，新开工商品房面积29850平方米，其中住宅施工面积17050平方米，商业营业用房施工面积12800平方米。商品房竣工面积57930平方米，其中住宅竣工面积37374平方米，商业营业用房竣工面积18012平方米。1998年，开发西埔新城路中兴广场，建商住楼共52套。1999年，开发西埔镇白石街育新路怡和苑住宅小区，建商品房126套。

2000年，对铜陵南门片区进行拆迁改造，开发“七星坊”商住小区，建商品房86套。年内，全县商品房开发施工面积91559平方米，其中住宅面积82163平方米，商业营业用房面积9396平方米。是年，新开工商品房面积55989平方米，其中住宅施工面积48262平方米，商业营业用房施工面积7727平方米。商品房竣工面积32408平方米，其中住宅面积28779平方米，商业营业用房面积3629平方米。2001年，开发南湖商住小区、瑞兴商住小区、东兴花园住宅小区，建商品房共137套。2002年，开发康悦花园住宅小区、庙山花园住宅小区，建商品房共124套。2003年，开发西埔庙山东方巴黎住宅小区，拆迁改造西埔西前路南侧原县果品公司、原西埔粮站、原县土产公司、原县医药公司西埔医药站等旧址，开发森都花园住宅小区，建商品房共415套。2004年，拆迁改造西埔新城路原公安局、原商业局等旧址，开发龙泉住宅小区，建商品房共132套；拆迁改造铜陵原县家具厂旧址，开发恒益商城。2005年，全县商品房开发施工面积269649平方米，其中住宅面积225460平方米，商业营业用房面积44189平方米。年内，新开工商品房面积107064平方米，其中住宅施工面积100255平方米，商业营业用房施工面积6809平方米。商品房竣工面积147033平方米，其中住宅竣工面积122579平方米，商业营业用房竣工面积24454平方米。

2006年，推进中低价普通商品房开发建设，开发铜陵镇嗡厝池广宏商住楼、金园楼小区、西埔祥和商住小区、鑫瑞大厦小区、聚祥福邸小区、金帝商住小区、福康楼小区，建商品房共1088套；拆迁改造原县委楼、县政府楼、县财政局办公楼等旧址，开发中信新城首期；拆迁改造原西埔北市场，开发北市福景小区，拆迁改造原县公交公司、县土地管理局、县建设局等旧址，开发益泰花园小区。2007 年 5 月，开发西埔东环城路聚福花园二期，建商品房 512 套；开发金帝商住小区 A 区二区商住楼。拆迁改造铜陵桂花市场，开发铜陵桂花市场小区，建商品房 229 套。2008 年，拆迁改造铜陵苏峰一路原县福利院旧址，开发东方御景广场小区，建综合商住楼 328 套，总面积 46988 平方米。年内，全县商品房开发施工面积 454345 平方米，其中住宅施工面积 385210 平方米，商业营业用房施工面积 53097 平方米。年内，新开工商品房面积 229150 平方米，其中住宅开工面积 197124 平方米，商业营业用房开工面积 22464 平方米。商品房竣工面积 99007 平方米，其中住宅竣工面积 86590 平方米，商业营业用房竣工面积 11521 平方米。

四、主要新区建设

1989—2008 年，东山县主要新区建设共 36 个，占地面积 296234 平方米，建商品房 6210 套，建筑面积 67.03 万平方米。

1989—2008 年东山县主要新区建设情况表

表 4-4

小区名称	开建年份	地址	占地面积（平方米）	建筑面积（平方米）	商品房套数	总投资（万元）	竣工年份
中兴广场	1998	西埔镇西埔新城路	4334	10700	52	640	1999
怡和苑住宅小区	1999	白石街育新路	12989	27000	126	1620	2001
七星坊商住小区	2000	铜陵镇南门	4347	11000	86	180	2001
南湖商住小区	2001	东山经济技术开发区东西二路南侧	9305	4112	16	280	2002
东兴花园住宅小区	2001	西埔镇龙舞街新城巷	2589	4080	63	320	2002
瑞兴商住小区	2001	铜陵镇演武东亭路	2248	7144	58	800	2002
广荣商住楼	2001	—	1954	4600	27	—	2001
金利商住小区	2001	铜陵镇团结路	19318	20960	131	1500	2002
康悦花园住宅小区	2002	铜陵镇苏峰二路中段	8128	8160	26	1888	2003
庙山花园住宅小区	2002	西埔庙山	11459	16000	98	600	2003
东方巴黎住宅小区	2003	西埔庙山	11655	16000	67	808	2004
森都花园住宅小区	2003	西埔西前路南侧	5622	30000	348	3120	2004
龙泉住宅小区	2004	西埔新城路	5406	13960	132	1360	2005
金利小区同兴苑 1 号楼	2004	铜陵镇团结路	2671	7611	65	—	2005
广益住宅小区	2004	康美镇龙潭营前区	17237	33847	411		2008
聚福花园商住楼	2004	西埔东环城路	15500	40146	493	4120	2006
鑫瑞大厦小区	2006	西埔东环路中段	3600	13500	234	1720	2008
祥和商住小区	2006	西埔东环路东侧	50637	55339	406	—	2008
广宏商住楼	2006	铜陵镇嗡厝池	1890	7600	77	650	2007
金帝商住小区	2006	西埔镇新城路东侧	5953	14600	105	1976	2008

续表 4-4

小区名称	开建年份	地址	占地面积（平方米）	建筑面积（平方米）	商品房套数	总投资（万元）	竣工年份
金园楼小区	2006	铜陵镇铜兴路	1000	4600	46	900	2008
聚祥福邸	2006	西埔东环路	4800	15900	178	1600	2008
福康楼小区	2006	西埔镇县医院西侧	1400	4000	42	300	2008
东海嘉园小区	2006	西埔尖山	4400	12600	153	1380	2008
中信新城首期	2006	西埔镇新城路与县府路交接处	10000	34000	339	6000	2008
益泰花园小区	2006	西埔新城路	6200	33600	310	6000	2008
北市福景小区	2006	西埔北市场	3400	15600	285	2490	2008
铜陵桂花市场小区	2006	铜陵铜亭街东亭路	6400	33330	229	4600	2008
金利小区同兴苑2号楼	2006	铜陵团结路	4725	8889	80	—	2007
金利小区 a 区二区商住楼	2007	铜陵团结路	1431	12000	120	—	在建
聚福花园二期	2007	西埔东环城路	17048	37812	512	4000	在建
广成商住楼	2008	西埔新城路	3595	10928	95	—	在建
广发小区	2008	铜陵五里亭	4549	15713	175	—	在建
广新住宅楼	2008	—	870	3425	45	—	在建
聚福·名城	2008	西埔东环城路	27977	77958	177	—	在建
金帝商住小区向阳苑商住楼	2007	西埔镇新城路东侧	1597	3600	25	—	在建

第四节　房地产市场

一、房地产中介机构

1989 年，设立漳州东山县平诚公司，隶属漳州平诚公司，挂靠东山县城乡建设委员会。之后，县内相继出现 2～3 家房地产中介机构，负责房地产评估事务。2000 年，县平诚公司改制为民营企业。2008 年，县境房地产中介机构 3 家，从业人员 10 多人。其中，东山县平诚公司员工 4 人。

二、房地产交易

1989 年，县境开发一批（铜亭片区等）商品房并开始销售。1996 年，商品房销售面积 15410 平方米，成交金额 1341 万元。其中，商品住宅销售面积 12370 平方米，成交金额 896 万元；商业营业用房销售面积 2640 平方米，成交金额 380 万元。全县商品房空置面积 27581 平方米。1998 年，商品房销售 46083 平方米，成交金额 2890 万元。其中，商品住宅销售面积 16144 平方米，成交金额 1233 万元；商业营业用房销售面积 13436 平方米，成交金额 911 万元。全年商品房批准预售面积 1320 平方米，全县商品房空置面积 41736 平方米。2000 年，商品房批准预售 35846 平方米。其中，商品住宅预售 33613 平方米，商业营业用房预售 2233 平方米。全年商品房销售面积 39334 平方米，成交金额 3439 万元。其中，商品住宅销售 34397 平方米，成交金额 2779 万元；商业营业用房销售 4937 平方米，成交金额 660 万元。全县商品房空置面积 36809 平方米。2005 年，全县商品房销售面积 55342 平方米，成交金额 6111 万元。其中，现房销售面积

38032 平方米，成交金额 3966 万元；期房批准预售 17310 平方米，成交金额 2145 万元。在商品房销售面积中，普通住宅销售面积 49811 平方米，成交金额 5288 万元；商业用房销售面积 5531 平方米，成交金额 823 万元。全年普通现房平均每平方米销售价格 3675 元，商业现房平均每平方米销售价格 7000 元；普通期房平均每平方米销售价格 2400 元，商业期房平均每平方米销售价格 2500 元。全县商品房空置面积 68052 平方米，其中普通住宅面积 36092 平方米，商业用房面积 31960 平方米。2008 年，全县商品房销售面积 122345 平方米，成交金额 26474 万元。其中，现房销售面积 12022 平方米，成交金额 2676 万元；期房批准预售 110323 平方米，成交金额 23798 万元。在商品房销售面积中，普通住宅销售面积 110423 平方米，成交金额 19657 万元；商业用房销售面积 10996 平方米，成交金额 6670 万元。全县商品房空置面积 12255 平方米，其中普通住宅空置面积 4710 平方米，商业用房空置面积 6559 平方米。

1990—2008 年东山县房地产开发销售情况表

表 4-5　　单位：万元、平方米

年份	房地产开发投资				商品房建设		商品房销售		空置面积
	总投资	商品房投资	土地开发投资	土地开发面积	施工面积	竣工面积	销售金额	销售面积	
1991	120	—	—	—	—	5700	—	—	—
1992	320	—	—	—	—	4800	—	—	—
1993	8624	—	—	—	—	48051	—	—	—
1994	12277	—	—	—	—	23600	—	—	—
1995	13828	—	—	—	141032	33075	-3730	15240	27711
1996	8547	6952	479	135661	155095	16990	1341	15410	27581
1997	3797	2824	885	50517	103644	57930	3235	42870	42451
1998	3826	2660	1141	42586	89579	45518	2890	46083	41736
1999	4739	3764	885	33307	58584	27812	2627	17849	44897
2000	4546	3675	568	30811	91559	32408	3439	39334	36809
2001	3396	231	703	8512	96097	37949	2377	29237	19075
2002	3835	3715	120	17014	85880	24658	1146	18746	7852
2005	19487	18304	461	82986	269649	147033	6111	55342	68052
2006	12019	10439	1535	521	238298	94432	14089	116896	18009
2007	22833	19172	—	—	368012	145255	26788	159233	14191
2008	38236	—	5190	18256	454345	99007	26474	122345	12255

第六章　管　理

第一节　机　构

一、行政机构

（一）东山县建设局

1989年，沿设县城乡建设环境保护局。内设人秘股、建工股、城建股。下辖环保办、建筑设计院、建筑工程质量监督站、西埔环卫所、风景区管理处等单位，以及公共交通公司、梧龙硅砂矿、第一建筑公司、第二建筑公司、第三建筑公司、建材预制厂、建材公司等企业。1991年6月，县城乡建设环境保护局更名县城乡建设委员会（简称县建委）；划出环保办、风景区管理处单设。1997年7月，县建委改称县建设局。2008年，县建设局内设政工科、办公室、城建股、建工股（安全监督站）。下辖县建设规划办公室、县城市规划设计室、县建筑设计院、县建设工程造价管理站、县乡镇规划建设管理站、县建筑安全监督站、县建设工程质量监督站、建设工程项目交易管理中心、县测绘管理站、县城建档案室、县房产管理处（县房地产交易所合署）、县园林管理处、县环卫处、县城市建设管理监察大队、西埔环卫所。年末，全局工作人员106人(含下辖单位)。

（二）东山县住房保障与房地产管理局

1989年，沿设县房产管理公司，提供房地产管理服务、房屋产权管理、房地产权属登记、测绘与发证、房地产交易管理、房地产抵押登记、房屋拆迁管理、房地产信息收集发布。2000年后，改称县房地产管理处。2008年，改设县住房保障与房地产管理局，为副科级单位，工作人员27人。

（三）东山县住房制度改革办公室

1992年3月，成立县住房制度改革领导小组，下设办公室，负责住房改革相关事务，工作人员4人。2008年，工作人员1人（兼职）。

二、事业单位

（一）东山县规划建设办公室

1989年，沿设县规划建设办公室，人员6人。为县城乡规划建设和管理的主管单位。2008年，工作人员12人，其中专业技术人员7人（中级职称4人）。

（二）东山建筑设计院

1989年，沿设县建筑设计室。1992年12月，更名县建筑设计所；1995年6月，改称福建东山建筑设计院，资质等级为丙级。2008年，工作人员19人，其中技术人员15人（高级工程师2人，工程师8人，助理工程师5人）；有二级注册建筑师4人，二级注册结构师3人，注册设备师1人。

（三）东山县建设工程质量监督站

1989年，沿设县建设工程质量监督站。内设监督室、检测室、办公室，工作人员12人。2008年，工作人员11人，其中高级工程师1人，注册监理工程师3人，工程师5人。

（四）东山县建筑安全监督站

1989年，沿设县建筑安全监督站，负责建筑工程安全监督事务，有工作人员1人。2008年，工作人员2人。

（五）东山县村镇规划建设管理站

1989年，沿设县乡（镇）村建设管理站，工作人员6人。1992年4月，改称县村镇规划建设管理站。2008年，工作人员5人。

（六）东山县城市规划设计室

1989 年 4 月，设立县城市规划设计室，人员 8 人。2008 年，人员 25 人，其中高级城市规划师 1 人、城市规划师 5 人、注册规划师 2 人、注册建筑师 1 人。

（七）东山县房地产交易所

1989 年 12 月，设立县房地产交易所，与县房管处合署办公，一套人马、两块牌子。

（八）东山县城市建设管理监察大队

1991 年 7 月，设立县城市建设管理监察中队和铜陵分队，编制 12 人。1996 年 5 月，升格为县城市建设管理监察大队，为副科级事业单位，下辖铜陵城市建设管理监察中队（由原分队升格），人员编制 25 人。1998 年 3 月起，全县 7 镇 1 区（经济技术开发区）均设城监综合中队。2002 年 9 月，对各镇(区)城监综合中队进行整合，保留西埔、铜陵中队。2008 年 12 月，大队内设办公室、法制督查股、规划中队，下辖西埔中队、铜陵中队，工作人员共 29 人。

（九）东山县建设工程造价管理站

1991 年 7 月，设立县建筑工程定额站，人员 3 人。1992 年 4 月，改称县建设工程造价管理站。2008 年，工作人员 15 人，其中中级职称 4 人。

（十）东山县园林管理处

1993 年 7 月，设立县园林管理处，隶属县建设局，负责园林、公共绿地管理。2006 年，划归县市容管理局。

（十一）东山县房地产价格评估事务所

1994 年 12 月，成立县房地产价格评估事务所。2008 年，转为社会中介机构。

（十二）东山县城建档案室

1995 年 11 月，设立县城建档案室，负责提供建设档案有偿服务。2008 年，工作人员 2 人。

（十三）东山县测绘队

1996 年 3 月，设立县测绘队，为建设单位提供测绘有偿服务。2008 年，处于停产状态，职工下岗。

（十四）东山县村镇建设服务中心

1997 年，设立县村镇建设服务中心。2008 年，工作人员 3 人。

（十五）东山县建设工程项目交易管理中心

2003 年 10 月，设立县建设工程项目交易管理中心，负责对建筑工程的招标投标进行管理，规定工程造价 50 万元以上的、建筑面积 1000 平方米以上的项目均进入该管理中心招投标。2008 年，工作人员 4 人。

（十六）东山县环境卫生管理处

1998 年 3 月，设立县环境卫生管理处（西埔环卫所下放至西埔镇管理）。2008 年，工作人员 15 人。

第二节　规划管理

一、建设用地规划管理

1990 年 4 月起，根据新颁布的《中华人民共和国城市规划法》，县建设部门开始对建设项目选址意见书、建设用地规划许可证进行管理。此后，每年核发《建设项目选址意见书》和“建设用地规划许可证”80～100 件。2006—2008 年，共核发《建设项目选址意见书》134 件，用地规模 456 万平方米。核发“建设用地规划许可证”134 件，建设用地面积 4144.9 万平方米。

二、建设工程规划管理

1990 年 4 月，根据新颁布的《中华人民共和国城市规划法》，县建设部门开始对“建设工程规划许可证”进行管理。每年核发“建设工程规划许可证”80 多件。2006—2008 年，核发“建设工程规划许可证”93 件，建设面积 83.42 万平方米。

三、村镇建设管理

1989 年 11 月，设立杏陈、康美、樟塘、陈城、前楼等乡镇村建设管理站，隶属各乡镇政府。业务由县村镇规划建设管理站负责。2008 年，各镇的镇建设管理站有工作人员 3～5 人。1989—2008 年，各镇村建设管理站加强镇政府和村委会所在地建设管理，控制建设用地，注重建筑设计，编制村镇建设规划，不断完善村镇基础设施建设。同时，严格审查村镇建设用地，查处私自占地建房行为。

四、个人建房管理

1990 年 4 月，县建设部门为满足西埔、铜陵镇区的个人建房需要，开始对上述 2 个镇区个人建房进行审查。同时，查处违规建设、违章搭盖行为，责令补办规划审批手续，拆除违法建筑物。此后，每年审查个人建房近 200 件。2006—2008 年，审查西埔、铜陵两个镇区的个人建房 594 件，建筑面积累计 9.92 万平方米。

第三节　工程管理

一、工程施工许可证制度

1989 年，县建设部门执行建设部《关于整顿建设市场秩序的通知》，实行建设工程施工许可证制度，规范建筑市场。1997 年起，贯彻执行《中华人民共和国建筑法》和《福建省建筑市场管理条例》，加强工程开工前各个环节的管理，杜绝无证设计、无证施工、越级承接工程任务的违法行为。

1990—2008 年，每年核发施工许可证 5～15 件，建筑面积 5 万～18 万平方米，工程造价 3000 万～2 亿元。每年办理企业资质年检 10～35 家。

二、工程招投标

1989 年，县政府制定《建筑工程实行招投标的暂行规定》，规定建筑面积 500 平方米、总投资 15 万元以上的建筑工程，一律实行公开招、投标。公布标函，明标计分，平等竞争；参与招投标的单位必须是三级以上资质的建筑施工企业。当年，全县招投标工程 11 个，建筑工程总投资概算 337 万元；实行招投标后，建筑工程平均造价下降率 4%。1990 年，在进一步实行建筑工程招标基础上，对部分建筑工程采用议标形式，优先照顾县级建筑施工企业。年内，进行投标、议标的建筑工程 11 个，建筑面积 14449 平方米，总造价 501 万元。此后，建筑工程招投标逐步规范。2003 年 10 月，设立县建设工程项目交易管理中心，设专业评标人员，制定建筑工程招标投标管理办法，确定工程造价 50 万元以上、建筑面积 1000 平方米以上的项目均应招标投标。当年，全县新开工建筑工程 6 个，建筑面积 16389 平方米，总造价 1415 万元，其中实行公开招标的建筑工程 3 个，邀请招标的工程 3 个。2003—2005 年，累计招标投标建筑工程 43 个，其中公开投标 21 个，总建筑面积 61199 平方米，投资总额 5287.75 万元；邀请招标 22 个，总建筑面积 41635 平方米，投资总额 2707.7 万元。通过招投标，中标工程造价平均降低率为 18%。2006 年起，开展对房屋建筑和市政基础设施工程串通投标违法行为进行专项整治，打击串通投标扰乱市场秩序的行为，强化建设市场管理，健全公开、公正、公平的建筑市场竞争机制。2008 年，全县招投标建筑工程 57 个，其中公开投标 53 个，总建筑面积 36644 平方米，投资总额 18034 万元；邀请招标 4 个，总建筑面积 800 平方米，投资总额 190 万元。通过招投标，中标工程造价平均降低率 18%。

三、工程造价审核

1990 年，设立县建筑工程定额管理站，负责建筑工程预算、决算工作。县建设工程造价管理站根据国家、省、市有关规定，对施工预算、招标投标、竣工结算与审查等进行造价管理，对建设工程造价实行动态跟踪管理。每年与相关部门合作，对建筑材料价格指数进行测定、调整，组织施工单位及有关部门到机砖厂、沙石场调查地材价格，及时编制、上报建筑工程材料预算价格表，经物价管理部门批准后实施。按有关规定，准确收集、整理信息，为建设工程决算提供合理造价依据。1994—2005年，全县共审核报送造价3.4亿元，核减造价3818万元，核减率为11.23%。2006年，审核报审造价核减率12.5%。此后，县内工程造价审查业务由社会中介机构承担。

四、工程质量监督

1989年起，县建设工程质量监督部门根据国家有关规定，对全县建筑工程施工质量进行监督、检查、验收。采用日常监督检查与抽查、送检取样相结合方式进行。工程质量强制按规定标准实施，把工程的地基与基础、主体结构质量和影响使用功能安全的质量问题作为监督重点，加大对现场主要建材、重要部分检验力度，强化工程质量全过程控制和“点”细化控制；实行送检试件的见证取样制度，落实单位工程的现场送检材料见证工作，确保现场使用建筑材料的真实可靠，杜绝劣质建材的使用。抓工程质量整治，重点抓房屋防水、外墙裂缝等整治。年内，受理工程质量监督申报53个，总建筑面积6.47万平方米，总造价1760万元。建筑工程质量监督中，查处质量隐患及事故共86起，其中责成返工8起，采取加固措施78起。1990年，进一步强化政府监督职能，加强对施工中机砖、钢筋、混凝土和砂浆的测试。年内，受理工程质量监督申报项目36个，监督建筑面积3.61万平方米，总造价998.3万元，工程监督率100%。1995年，县建设工程质量监督站受理工程质量监督申报69个，监督建筑面积68.25万平方米，工程总造价7096万元。2000年，受理工程质量监督申报34个，监督建筑面积7.19万平方米，总造价4272万元。2005年，受理工程质量监督申报25个，监督建筑面积11.88万平方米，总造价7137万元。2008年，受理工程质量监督申报38个，监督建筑面积47万平方米，总造价4.8亿元。组织工程竣工验收17个，出具工程质量报告17份，总建筑面积14.8万平方米，总造价约9000万元。

1989—2008年东山县建设工程质量监督情况表

表4-6　　单位：万平方米、万元

年份	工程个数	面积	造价	年份	工程个数	面积	造价
1989	53	6.47	1760.0	1999	35	7.19	5807.0
1990	36	3.61	998.3	2000	34	7.19	4272.0
1991	26	3.72	1439.0	2001	19	7.00	4200.0
1992	62	9.96	2267.0	2002	17	11.53	4628.0
1993	44	17.53	6806.0	2003	18	8.90	5200.0
1994	59	37.17	14693.5	2004	28	15.40	9100.0
1995	69	68.25	7096.0	2005	25	11.88	7137.0
1996	51	11.80	6895.0	2006	24	15.40	10610.0
1997	40	7.93	2049.8	2007	33	21.20	14589.0
1998	35	7.22	5807.0	2008	38	47.00	48000.0

五、工程安全管理

1989—2008年，县建设部门与施工企业签订安全生产责任状，建立质量安全生产目标责任制，深入工地进行现场指导，落实安全防范措施。每年开展建设工程质量安全检查活动，进行建筑施工安全专项整治、隐患排查治理。开展建筑施工安全知识培训，组织企业负责人和项目负责人、专项安全员、特种作业人员参加培训。在高温、台风、汛期等时间内，及时发布安全生产预警信息，组织开展工程安全检查，排除隐患。20年间，全县发生重大建筑安全生产责任事故1起，死亡2人，直接经济损失9万元。

六、清理建设工程拖欠款

2003年5月，县建设局与县劳动和社会保障局联合发出《关于坚决制止建筑企业拖欠和克扣农民工工资有关问题的通知》，对建筑企业拖欠农民工工资进行检查。2004年起，开展以建筑业为重点的清理拖欠农民工工资执法检查，督促企业制定还款计划、分期偿还，为农民工讨回被拖欠工资。2006年，县建设部门协助理顺建筑公司拖欠农民工工程款事项。当年，协助理顺清偿工程拖欠款累计97万元，其中政府性拖欠款清偿49万元、社会性拖欠款清偿48万元。

第四节　房地产管理

一、房地产销售管理

1994年，成立县房地产市场检查领导小组及办公室，对房地产市场进行检查。县政府颁布《东山县商品房预售管理暂行办法》，组建东山县房地产价格评估事务所，对房地产企业开发销售的商品房，实行预售登记和许可证制度，并执行《商品房销售规范合同》和《住宅质量保证书》《住宅使用证明书》（简称“两书”）制度。1998年9月1日起，将“两书”作为商品房销售买卖合同的必要附件。2006—2008年，实行新建商品房备案制度和预售监督管理，规范房地产交易行为。

二、房地产登记发证

1989年12月起，县房地产交易所开始办理房屋权属登记。1993年，全县办理房屋权属登记2591件，发证1500件；房屋测绘1650件，建筑面积16万平方米。1995年，办理房屋权属登记1230件，发证1150件；房屋测绘1208件，建筑面积13.4万平方米。此后，随着二手房交易日益增多，房屋权属登记业务逐年增加。2005年，全县办理房屋权属登记1350件，发证1323件；房屋测绘1369件，建筑面积26.8万平方米。2006年，办理房屋权属登记1426件，发证1374件；房屋测绘1385件，建筑面积24.3万平方米。2007年，完成房屋权属登记1325件，发证1614件；房屋测绘1305件，建筑面积19.6万平方米。2008年，全县办理房屋权属登记1129件，发证1296件；房屋测绘1179件，建筑面积17.7万平方米。

三、房地产鉴证登记

1989年12月，设立东山县房地产交易所，开始进行房地产权属登记交易鉴证。1993年，全县房地产权属登记交易鉴证340件。1994年12月，成立县房地产价格评估事务所，负责房地产交易的价格评估。房地产交易机构根据国家有关政策、法规，开展房地产经营业务，对房地产经营、交易、评估进行指导、监督、调控市场价格。1996年，全县办理房地产权属登记交易鉴证186件，建筑面积1.7万平方米，交易额966.4万元。此后，办理房地产交易业务逐渐增加。2000年，共办理房地产权属登记交易鉴证557件，建筑面积7万平方米，交易额5204万元。2005年，共办理房地产权属登记交易鉴证1131件，建筑面积14.52万平方米，交易额17047万元。2006年，推进二手房交易，进一步规范房地产交易行为，促进房地产市场平稳发展。2008年，共办理房地产权属登记交易鉴证176件，建筑面积3.7万平方米，交易额1987万元。

1996—2008 年东山县房屋交易鉴证情况表

表 4-7　　单位：件、万平方米、万元

年份	鉴证登记件数	建筑面积	交易金额
1996	186	1.7	966.4
1997	388	4.0	2251.0
1998	506	5.5	3590.2
1999	586	8.3	5080.2
2000	557	7.0	5204.0
2001	348	4.2	2850.0
2002	427	8.1	5230.0
2003	369	4.8	3732.0
2004	950	10.3	12619.0
2005	1131	14.5	17047.0
2006	1146	16.0	19398.0
2007	285	3.4	5130.0
2008	176	3.7	1987.0

四、房产抵押贷款鉴证

1996 年，县房管部门开始受理房产抵押贷款登记，并不断完善制度。2000 年，全县办理房产抵押鉴证 572 件，建筑面积 29 万平方米，抵押贷款金额 21624 万元。2005 年，办理房产抵押鉴证 971 件，建筑面积 32.6 万平方米，抵押贷款金额 38784 万元。2008 年，全县办理房产抵押鉴证 1083 件，建筑面积 36.51 万平方米方米，抵押贷款金额 62908 万元。

1996—2008 年东山县房地产抵押贷款情况表

表 4-8　　单位：万平方米、万元

年份	鉴证件数	建筑面积	贷款金额
1996	94	11.9	14470
1997	190	6.6	10366
1998	301	18.8	19692
1999	390	34.7	20314
2000	572	29.0	21624
2001	1338	28.1	12999
2002	1848	31.0	19617
2003	1761	48.6	31463
2004	1815	41.6	35296
2005	971	32.6	38784
2006	1334	32.7	48828

续表 4-8

年份	监证件数	建筑面积	贷款金额
2007	1129	35.4	26649
2008	1083	36.51	62908

五、物业管理

1995 年后，房地产开发商在完成新建小区后，负责对区内物业实行管理；有的新建小区由业主通过协议形式聘请物业公司管理。2005 年，县内出现专业物业管理公司——东山县信德物业服务有限公司。有的机关事业单位也聘请物业公司管理卫生等内勤杂务。

东山县信德物业服务有限公司于 2005 年 11 月成立，为民营企业，主要从事物业管理。2008 年，该公司负责 2 个小区及若干个机关单位的物业管理，从业人员 100 多人。

第五节 住房公积金管理

一、管理机构

1995 年，设立东山县住房基金管理所，与县房改办合署办公，负责全县住房公积金管理事务。2003 年 1 月，该所改称漳州市住房公积金管理中心东山管理部（归漳州市管辖）。2008 年，漳州市住房公积金管理中心东山管理部有工作人员 5 人。

二、公积金管理业务

1992 年 3 月，根据《东山县城镇住房制度改革实施方案》，东山县取消住房实物分配，推行住房分配货币化。同年 6 月，东山县全面实行住房公积金制度，缴纳标准为职工工资总额的 3%（单位、个人各 3%）。其业务委托福建省建设银行东山支行“房改信贷部”承办。1995 年，县政府制定《东山县住房公积金暂行规定》，对全县职工住房公积金进行统一管理，实行专户储存，按规运作。当年，全县有 132 个机关企事业单位、6008 人参加缴纳住房公积金。住房公积金缴纳标准为职工工资总额 5%～10%，是年，全县收集住房公积金 160 万元。住房公积金的缴存为符合条件的住房购房者提供贷款服务。1998 年，全县参加住房公积金缴纳单位 243 个，住房公积金缴纳总额 52.4 万元；审批发放住房公积金贷款 256 户，贷款金额 347 万元。2000 年，全县参加住房公积金缴纳单位 243 个，住房公积金缴纳总额 606.1 万元；审批发放住房公积金贷款 294 户，贷款金额 365 万元。2005 年，全县参加住房公积金缴纳单位 253 个，住房公积金缴纳总额 1605.3 万元；审批发放住房公积金贷款 252 户，贷款金额 1555.5 万元。2008 年，全县参加住房公积金缴纳单位 272 个，住房公积金缴纳总额 17365.6 万元；审批发放住房公积金贷款 275 户，贷款金额 2501 万元。

1997—2008 年东山县住房公积金收集与放贷情况表

表 4-9　　单位：个、万元

年份	缴交单位	收集资金	贷款户数	贷款金额
1997	240	726.52	27	100.6
1998	243	52.4	256	347
1999	243	59.5	322	352
2000	243	606.1	294	365

续表 4-9

年份	缴交单位	收集资金	贷款户数	贷款金额
2001	243	852.8	127	334
2002	243	752.3	197	338
2003	243	1109.3	174	588
2004	248	1545.6	275	1441
2005	253	1605.3	252	1555.5
2006	234	10637.6	79	644
2007	258	13811.3	107	1054
2008	272	17365.6	275	2501

说明：1997 年数据为 1995—1997 年合计数

第五卷　交通　邮政　通信

1989—2008 年，东山县交通邮电迅速发展。交通运输大为改善，建设环岛路，拓宽改建双码线、西铜、西陈、西前等公路，实施农村水泥路“村村通”。建设 2 条出岛通道——大嵊大桥和八尺门大桥。2008 年 12 月，全县公路总长 258.29 公里。其中，省道 2 条，全长 17.69 公里；县道 5 条 87.1 公里；乡村道 74 条 153.5 公里。全县公路运输企业 11 家，县内登记客运汽车 180 辆，年客运量 16 万人次公里，客运周转量 156 万人公里。全县核定普通货运汽车 900 辆，载重量 1678 吨位；专用载货汽车 5 部，载重量 118 吨位，年货运量 355 万吨公里，货运周转量 17182 万吨公里。形成大、中、小型配套的运力结构。海上运输进一步加强，新建、扩建各类码头 10 处，开辟国内航线 12 条。至 2008 年，海上货运量 39.2 万吨，货运周转量 27.5 万吨公里；集装箱运输 2100 标箱，运输产值 1200 万元。

电信事业快速发展。1991 年,开办无线寻呼；1992 年 8 月，改用程控交换设备。1993 年 5 月,开通自动声讯服务台；同年 8 月，建移动通信基站。1998 年 11 月，设电信局电脑网络中心并开始经营宽带业务。1999 年 7 月，成立福建移动通信有限责任公司东山分公司；同年 8 月，东山县电信局开始经营小灵通业务。2002 年 2 月，成立中国联通有限公司东山分公司。2008 年，全县移动电话用户 11.65 万户（含小灵通用户）；固定电话用户 49819 户，其中市内电话用户 23672 户，农村电话用户 23737 户。宽带设备合计容量 1.5 万端口，互联网宽带用户 7879 户；小灵通基站共 750 个。

邮政事业有新成就。改革经营机制，开展上门揽收业务、发行纪念邮票、集邮,快递业务较快发展，业务量上升。1989 年，县间邮路总长 136 公里（单程，下同）。2008 年，县间邮路 1 条，长 21 公里；县内邮路 3 条，共长 36 公里；市区投递线路 12 条，共长 36.5 公里；农村投递线路 9 条，共长 174 公里。特快邮件出口 2.65 万件，进口 3.85 万件，年业务总收入 859 万元，比 2000 年增加 1.06 倍。县邮政局 2 次（1999 年和 2005 年）被评为省级文明单位。

第一章　陆路交通运输

第一节　路桥建设

一、公路建设

（一）环岛路建设

1995 年 5 月 28 日动工，铜陵至澳角，全长 24.57 公里。其中，铜陵至狗爬岭段为水泥路面,长 14.2 公里，路宽 7.5 米；狗爬岭至澳角段为沥青路面,长 10.368 公里,路宽 11 米。公路三级，总投资 3200 万元。1996 年 10 月 10 日竣工通车。

（二）西铜公路改造

1994 年 8 月，西埔至铜陵公路实施第一次改造。起自西埔三角点至铜陵码头，全长 11.683 公里。其中，铜陵码头至铜陵车站段为水泥路面，宽 9 米；铜陵车站至铜钵段，为沥青路面，拓宽为 15 米；铜钵至南埔段为沥青路面，拓宽为 12 米；改造西埔三角点至南埔路段为沥青路面，长 3.85 公里，拓宽为 22 米。1995 年 12 月 20 日，全线竣工，总投资 507.5 万元。1995 年 1 月，拓宽西铜公路支线铜陵海港路，起自东山检疫局前三角点，至县木材公司前，长 1.3 公里，宽 12 米，路面由沥青改水泥，总投资 600 万元，同年 12 月竣工。

2007 年 8 月，西埔至铜陵二级公路实施第二次扩建改造。按城市道路标准设计为水泥路面，总长 9.1 公里,总投资 1.2 亿元。改扩建后路基宽 50 米，主车道宽 23.5 米，两旁的绿化带宽各 3 米、非机动车道宽各 5.25 米、人行道宽各 5 米，设计行车速度 60 公里/小时。2008 年 6 月 16 日全线正式通车。排水工程埋设混凝土管道 4185 米、检查井 268 座；污水工程埋设混凝土管道 7650 米、检查井 262 座。绿化工程在公路两侧共种植大树 1369 株。路灯工程采用大中华景观灯造型，每隔 40 米 1 盏，共 490 盏，其中西铜公路 445 盏，滨海路 45 盏。

（三）双码线八尺门至坑北路段改造

1995 年 11 月，八尺门至坑北路段进行第一次改造。全长 7.8 公里，其中八尺门至张家段路面拓宽为 9 米，水泥路面；张家至坑北路面拓宽为 6 米，沥青路面，四级公路。

1998 年 11 月，八尺门至坑北路段进行第二次扩改建。全线改为水泥路面，路基拓宽为 23 米，路面拓宽为 15 米，2000 年 5 月竣工，总投资 2500 万元。

（四）双码线常山至八尺门段改造

1996 年 8 月,常山至八尺门段进行改造。全长 8.6 公里，路面由沥青改为水泥，路基拓宽为 23 米，1998 年 3 月竣工，总投资 2547 万元。

（五）西陈公路改造扩建

1995 年 10 月,西埔至陈城公路实施第一次改造。全长 16.384 公里，路面拓宽为 9 米，沥青路面，四级公路。其中，西埔三角点至西埔新墟段路面拓宽为 16 米，水泥路面；陈城镇海口路面宽为 6 米。

2005 年起，西埔至陈城路段进行第二次扩建改造。分三段建设，全长 16 公里，路基全长拓宽为 12 米，原 6 米宽的路面拓宽为 7 米，水泥路面。是年 11 月,扩建西埔至白埕路段，全长 6.2 公里；2007 年 8 月，扩建白埕至山只路段，全长 2.91 公里。2008 年 4 月,扩建山只至北山路段，全长 6.79 公里。2008 年 12 月，全段通车，总投资 1200 万元。

（六）西前公路改造扩建

1996 年 3 月，西埔至前楼公路实施第一次改造。全长 6.3 公里，路基拓宽为 12 米，路宽 7 米，沥青路面。12 月完工，总投资 1000 万元，为四级公路。其中，西埔三角点至双东段路面宽 9 米，为水泥路面；双东至斗门头段路面宽 6 米，斗门头至前楼顶上段路面宽 15 米。2004 年 6 月，建西湖线顶上路段水泥路，长 1860 米，路面拓宽为 6 米，2005 年 1 月完工，总投资 115 万元。

2007 年 8 月，西埔至前楼路段进行第二次扩建改造。路面由沥青改水泥，长 6.3 公里，路基宽 21 米，路面宽 16 米，总投资 447 万元。2008 年 2 月通过省交通厅验收。

（七）冬古码头疏港公路建设

2004 年 8 月 28 日，冬古码头疏港公路开工。该公路起于省道西铜公路梧龙路口,至冬古 5000 吨泊位码头,全长 6.7 公里，路基宽 13 米,路面宽 9 米,为二级水泥公路，总投资 542 万元。2005 年 11 月 20 日完工；2006 年 9 月 5 日通过验收。

（八）陈城至澳角公路改建

2006 年，陈城三角点至澳角村段公路进行改建，路面由沥青改水泥，长 6 公里，路基宽 9 米，路面宽 7 米，投资 580 万元。

（九）铜陵滨海路建设

2007 年 10 月 22 日，建设铜陵滨海路。该路段从大澳路口至风动石景区原停车场（海景路），总长 1.5 公里，水泥路面，为城市二级次干道。2008 年 6 月通车，投资 350 万元。其中，大澳路口至下宫段路基宽 22 米，道路宽 12 米；下宫经县航运公司、朝圣楼至风动石景区原停车场段路基宽均为 12 米，道面宽 7 米。两旁绿化带各 2 米，人行道各 3 米。

（十）东山疏港公路

东山疏港公路，为漳州市滨海一级疏港公路东山支线段，也是省道东东线连续段，是县内第二条直通铜陵东山港区的高等级公路。该路段2008年6月16日奠基，起自大嵊大桥收费站，经径口村、省道双码线，沿前马村、钱岗村至西岐村，直到东山港区，全长19.764公里。路基宽50米，道路连线控制为40米。按平原微丘一级公路建设，路面为双向6车道，设计行车速度为80公里/小时，总投资5亿元。项目分段实施，一段大嵊至西埔为省道东东线（S309），二段西埔沿前马、钱岗至城垵，三段大嵊大桥至沈海高速林头互通段。同年10月，进行前期测量、勘察工作。

二、桥梁建设

（一）大嵊大桥建设

大嵊大桥，1995年7月动工建设。桥长705.7米，净宽16.5米，共25墩24孔，通航净高6.5米。采用上部为预应力混凝土T梁，下部为双柱式结构。设计行车速度80公里/小时，荷载100吨。两端接线（东山径口至诏安林头）总长5.82公里，水泥路面，总投资5560万元。由省交通规划设计院设计，铁道部第十七工程局第一处承建。1998年8月1日，大桥竣工通车。

（二）八尺门大桥建设

八尺门大桥，2002年12月26日动工建设。桥长520米，净宽17米，桥孔16个。采用上部为预应力混凝土T梁，下部为双柱式结构。设计行车速度80公里/小时，荷载100吨。两端接线长1公里，总投资5400万元。2005年1月1日，大桥建成通车。

三、乡村道路建设

1989年，县内乡村道（可通车，下同）共19条，全长计76.2公里（大部分为泥结碎石结构，其中柏油路面4条总长4公里）。分别是：八尺门至张家、杏陈至高陈、径口至大嵊、径口至前梧、西埔至岩雅、坑北至西山岩、西坑至梧龙硅砂矿、西坑至古港、东沈至双码线、康美至双码线、美山至双码线、马銮至双码线、铜钵庙至双码线、铜陵镇政府至避风港、山只至山兜、港口至下垵、陈城至山南、前梧至下西坑、顶上至湖塘。

2002年始，县境兴起农村水泥路“村村通”建设。全县各建制村先后展开道路修建，有的改石坡路、沙土路为水泥路，有的把路扩宽、延长并铺水泥，有的新开水泥路。至2008年，乡村道共74条，计长153.5公里。主要有：杏陈镇的埕英至后林、英坑至后林、省道S201至后林、杏西线至樟塘村、径前线径口至埔头段、大嵊至西园、大嵊至顶州、英坑至杏陈、福场至张家、港后至肖瓜林、径口至前楼；前楼镇的前楼至下西坑、前楼至叶厝、径前线至径里段、东东线至大嵊村道、叶厝至尖厝、东英至下英、下西坑至长山尾、车里至径里、西湖线至前梧；西埔镇的西埔至岩雅、西埔至石埔、梧龙至金石村、顶西坑至康美、西岩线至冬古段；康美镇的铜钵至城垵、城垵至西崎、康美至西崎、西铜线至马銮、前佘至铜城线、西铜线至美山村；陈城镇的山只至山斗、港口至下垵、后姚至前黄、西陈公路至黄山、陈城至山东、宫前至山南、环岛路陈城至澳角、前黄至顶城、北山至顶城、东厝至后姚、新乡至顶角、林边至湖塘、白埕至西陈线；樟塘镇的南埔至湖尾砂矿、下湖至古港、下湖至前马、下湖至樟塘、樟塘至康美、西前公路至顶上村道、杏西线至港西、西港至岭下、下湖至岭下。

第二节　陆路交通线

一、公路总长

1989年，东山县公路总长148.9公里。其中，省道1条，长33.1公里；县道4条，共长39.6公里；乡村道19条，总长76.2公里。此后，道路交通线经多次改造扩建。2000年，全县公路总里程188.06公里，包括省道和县道及乡村道路。其中，二级公路17.2公里，占全县公路里程9.14%；公路通行政村率

100%（以四级公路为主）。

2008年,全县公路总长258.29公里。其中，省道2条，共长17.69公里；县道5条，共长87.1公里；乡村道74条，共长153.5公里。

二、省道

1989年，东山县有省道1条，即省道双码线，全长33.1公里，其中进入县境长24.3公里。省道双码线起自云霄县常山(双山)，经陈岱，跨八尺门海堤,进县境后林，经张家、杏陈、径口、坑内、西埔、西坑、南埔、东沈、铜钵至铜陵码头。

1999年，县境省道改为2条：漳东线和东东线，共长17.69公里。漳东线，从杏陈镇后林村至西埔三角点，全长11.73公里，路面宽15米，水泥路面，二级公路；东东线，从杏陈镇径口至诏安县林头村，全长5.96公里，路面宽17米，水泥路面，二级公路。2008年，县境内省道2条不变。

三、县道

1989年，东山县有县道4条：西宫线、陈澳线、西长线、张山线，全长39.6公里。2002年，县道调整为5条，全长87.1公里：

1.西陈线，即西埔至陈城镇宫前海口。从西埔三角点途经白埕、黄山、山只、湖塘至陈城、宫前海口，全长16公里。

2.西湖线，即西埔至陈城镇湖塘。从西埔三角点经双东斗门头、途径前楼镇顶上至陈城镇湖塘，全长14公里。

3.西杏线，即西埔至杏陈镇八尺门。从杏陈镇八尺门途经径口、坑内、西埔、梧龙至冬古，全长17公里。

4.西铜线，即西埔至铜陵码头。从西埔三角点途经西埔、南埔、东沈、铜钵至铜陵码头，全长11公里。

5.铜陈线（环岛路)，即铜陵至陈城。从铜陵经马銮、亲营、澳角至陈城，全长29.1公里。至2008年,县内县道5条不变。

四、乡村道

2008年,县内乡村道共74条，总长153.5公里。

第三节　公路养护

一、公路养护体制改革

1989年,东山县的省道和主要县道由公路道班工人养护。1991年，东山公路段组织专业队对公路实行承包养护。1993年，实行公路小修经济责任制，将下属5个班（站）改设为东沈、白埕、坑北3个公路站，分别养护公路长20.74公里、21.60公里、17.20公里。1998年，将3个公路站并为坑北和白埕2个公路站，管养公路总长61.52公里。2004年，实行“管、养分离”和“养护生产公司化，管理方式企业化”的改革，组建公路养护公司。2005年，制定《东山公路分局养护管理经济责任目标管理和考核评分标准》和《东山公路分局专养公路养护承包合同》，对各养护线路成本进行核算，与班（站）签订合同后实行定额管理。2006年，把小修养护路段及相应的管理工作交付养护公司承包，由养护公司进行实体运作。将辖区养护公路划为14个责任段，分解到每个养护工，并根据《小修养护管理规定（试行)》和《小修养护承包缺陷处罚管理办法》进行成本核算，与养护工人签订责任劳动合同。2008年延续。

二、公路维护

1989年，东山县公路综合好路率79.6%，干线平均好路率91.6%；省道和县道路段消灭差等路。平常养护业务按责任制规定开展，遇台风暴雨等天气灾害及时组织抢修。1990年6月，县境受台风暴雨袭击，梧龙至砂矿路段，路基冲毁长25米（堵车6小时）；陈城至山南路段，路基水淹深1.2米（堵车一昼夜）。县公路养护队组织人员突击抢修，保证公路尽快恢复畅通。1991年，公路养护以提高路况为中心，加强小修保养。雨季来临前，各道班备足沙、土、石料，维修涵洞、培护路缘，修补路面坑槽。加强次等专养路段的全面保养和乡村路段路况的综合治理，清理障碍，拆除违章搭盖。1991—1992年，东山公路段连续两年被省公路局授予“县乡公路养护先进单位”称号。1995年，完善“三包五定一奖赔”的道路养护承包责任制，全年公路综合好路率85%。1996年，县境大部分公路段改建、扩建，全年公路综合好路率降为70.3%，主干线公路好路率83.3%。

2000年，东山公路段完成公路大修专案工程4个，清理边沟58.6公里、路障边沟杂物4560立方米，整修路肩9.7万平方米，修补沥青路面坑槽0.41万平方米。是年，县境专养道路长61.46公里（省道23.81公里，县道24.65公里，乡道13公里），公路年平均综合好路率76.2%，干线综合好路率86.6%。

2005年，县境公路养护以省道漳东线和县道铜西线为主线，以桥涵养护和修补路面为重点，全年整修路肩81万平方米，整修边坡75平方米，清扫路面793公里，清理边沟长115公里，疏通桥涵940道次，修补路面坑槽1.05万平方米，参与抗台抢修水毁计225工日。全年辖区专养道路段综合好路率73.5%，干线道路好路率77.6%。2006年，因受台风暴雨影响，辖区养护道路出现坑槽、积水、路基缺口、挡土墙坍塌、行道树折倒、水沟涵洞淤塞等。公路部门迅速启动《紧急情况工作预案》，进行抢修。整修路肩98万平方米、边坡7.2万平方米，清理路障及溜方1200立方米，清扫边沟长42公里，疏通桥涵1110道次，修补路面坑槽12000平方米，参与抗台风抢修170工日，全年辖区养路支出198.52万元。

2008年，东山公路分局修补沥青路面坑槽2000多平方米，维修涵洞22道。清扫水泥路面103.2万平方米，清理边沟长43公里，整修路肩108.3万平方米、边坡8万平方米，维修大嵕大桥伸缩缝5条共75米，硬化漳东线路段路肩6000平方米。全年投入小修养护经费140万元。年末，辖区专养公路7条62.8公里。即省道漳东线，县道西陈线、西湖线、杏西线、铜西线、铜陈线，乡道澳角线。道路综合好路率68.1%，干线道路好路率74.2%，均高于漳州市公路局下达指标。

三、公路绿化管护

1989年后，东山公路段对公路两边树木的养护管理加强，及时补种苗木，整修树枝，不断提高绿化成荫率。1990年，全县公路绿化成荫率为98%。1996年后，大部分公路段改建，公路绿化率有所下降。2000年，加快改建后公路两边树木绿化和路中绿化带管理。2004年，重点管养漳东线中央绿化带，总长8公里。2006年，在漳东线中央绿化带补种苗木1800余株。2007年，对该绿化带实施补苗、除草、除虫、修剪、施肥、浇水等管护。2008年，漳东线中央绿化种植黄金叶1000株、黄金榕200株、七里香150株。

2004—2008年，东山公路分局、县林业部门和村镇合作，在铜陈线路肩种植盆架子860株、香樟树580株、榕树250株；在径口至坑北路段两侧石质边坡种植爬藤植物2000平方米；在县道西湖线公路两侧挖坑种植尾叶桉1000株。皆由养护公司负责管理，标段定责任人，建立公路绿化长效机制。2008年，全县公路绿化成荫率为80%。

第四节　陆运企业

一、客运企业

（一）漳州市长运集团东山分公司

1989年，沿设东山汽车运输站，位于西埔镇龙舞街六一巷606号。1998年4月，迁址铜陵镇大澳路铜陵客运站。1999 年 3 月，企业改制，成立福建漳州市长运集团有限公司东山分公司（东山县客运中转站），设 25 个作业班组及科室，下辖铜陵、西埔客运站，各设调度室、运管室、车辆趟检室、微机售票室、行包房、问讯处等。2001 年 5 月 15 日，迁址东山经济技术开发区东环路东山车站（1998 年开建，占地 6660 平方米，投资 500 万元）。公司推行单车承包、合资承包、承包挂靠经营等形式，出台《单车集资租赁承包试行办法》，对新车实行合资租赁承包，对部分旧车产权转让给个人经营。开展“爱在长运，情满旅途”争创星级车站的优质文明服务竞赛活动，实施“末位淘汰制”等，提高服务质量。其管理经验被省运输管理局向全省推广。2001 年，企业实行会计核算电脑化；2003 年 1 月，取得 ISO 9001:2000 质量管理体系认证书。2008 年，漳州市长运集团有限公司东山分公司在职人员 44 人，其中在编管理人员 9 人，站务人员 24 人，车辆承包、驾驶员 11 人。各类型车辆 22 辆、832 座。

（二）东山县交通服务公司

东山县交通服务公司位于铜陵镇大澳路 10 号，隶属县交通局。1989 年，有货车 22 部，共 115 吨位。1990 年货运量 3.7 万吨，周转量 617.8 万吨公里，运输产值 55.9 万元。1998 年，置出租车 39 辆（后逐渐退出货运市场）。2000 年，客运量 21.13 万人，周转量 95.10 万人公里，产值 157.09 万元。2002 年，公司改制，与县长兴公司和县汽车运输公司进行股份合作。2005 年，建办公楼 1 座，占地 7000 平方米，建筑面积 1200 平方米；有出租车辆 44 辆，客运量 19.85 万人，周转量 156.17 万人公里，年产值 207.6 万元、税利 15 万元。2008 年，县交通服务公司有职工 55 人。

（三）东山县公共交通公司

东山县公共交通公司原位于西埔新城路 1080 号，隶属县建设局。1989 年，实行车辆投标承包。1990 年，有客运车辆 21 辆、750 座，职工 123 人，日发班车 60 班次，年客运量 186.6 万人，营运收入 92 万元。2007 年，迁址于东山经济技术开发区疏港路 41 号。2008 年，有职工 150 人；客运车辆 60 多部，日发班车 400 班次，年客运量 359.8 万人，营运收入 917 万元。

（四）东山县长兴运输有限公司

2003 年 6 月，东山县长兴运输有限公司成立，为股份制企业，位于东山经济技术开发区东环路。主营东山至云霄及县内客运。2008 年，有员工 16 人，其中技术人员 7 人；出租汽车 41 辆，年客运量 9.5 万人。

二、货运企业

（一）东山县汽车运输公司

东山县汽车运输公司位于西埔尖山南，隶属县交通局，为全民所有制企业。1989 年，有货车 22 部，共 112 吨位。1990 年，货运量 3.3 万吨，周转量 574 万吨公里，职工 36 人。1998 年，购置出租车 30 辆，小型客车 10 多辆，中型客车 3 辆。2002 年，公司改制，将客运车辆及出租车与长兴公司和县交服公司进行股份合作。公司占地面积 10776 平方米，办公楼、车棚等建筑面积 1250 平方米。2008 年，在职人员 8 人，车辆 30 辆（有挂靠货运车辆 2 辆），客运量 2.1 万人，周转量 210 万人公里，年产值 28 万元。

（二）东山县立新货物运输有限公司

2003 年，东山县立新货物运输有限公司成立，民营企业，位于西埔镇坑北村。2008 年，有职工 26 人，货运车辆 6 辆，年货运量 0.6 万吨，货运周转量 31 万吨公里，产值 350 万元。

三、客运站

（一）西埔客运站（东山车站）

1989 年，西埔客运站沿设，位于西埔镇龙舞街六一巷 606 号。1998 年，建设新站址，位于东山经济技术开发区东环路，占地 6660 平方米。其中，停车场 4105 平方米，发车位 10 个；建筑面积 1950 平方米，候车室 1050 平方米。年客运能力 185 万人，总投资 500 万元。2001 年 5 月，新西埔客运站投入使用。2008 年沿设。

（二）铜陵客运站

1989 年，铜陵客运站沿设，位于铜陵镇大澳路。1992 年 6 月建站楼，1998 年 4 月投入使用。占地面积 8426.2 平方米，建筑面积 1546 平方米，总投资 380 万元。2008 年，有职工 5 人。

四、专业运输车队

（一）福建能源（危险货物）运输车队

2007 年，福建能源运输车队成立，位于西埔镇冬古码头左侧，货车 5 部。2008 年，有职工 40 人，货运车辆 4 辆，年货运量 0.7 万吨，货运周转量 32 万吨公里，产值 480 万元。

（二）福建大东石油（危险货物）运输车队

2006 年，福建大东石油运输车队成立，位于铜陵镇大澳街田尾 367 号。2008 年，有职工 30 人，货运车辆 5 辆；年货运量 0.8 万吨，货运周转量 35 万吨公里，产值 600 万元。

五、汽车维修企业

（一）东山县交通服务公司汽车修理厂

1989 年，东山县交通服务公司汽车修理厂沿设，承担公司车辆的保养与维修，厂场面积 180 平方米。2008 年，有职工 8 人，其中中级技术人员 2 人，资产 10 万元。

（二）东山县汽车运输公司汽车修理厂

1998 年，东山县汽车运输公司汽车修理厂成立，由下岗职工承包经营。厂场面积 170 平方米，承担公司营运车辆的保养与维修。2008 年，有职工 20 人，资产 80 万元。

第五节　陆路运输

一、陆路客运

（一）长途客运班线

1989 年，东山县长途客运班线共 11 条。其中，省际客运班线 2 条（铜陵—汕头、西埔—黄岗），市际客运班线 4 条（铜陵—福州、铜陵—厦门、铜陵—惠安、东山—福州），县际客运班线 5 条（铜陵—漳州、西埔—漳州、铜陵—漳浦、西埔—诏安、西埔—云霄）。

当年，东山汽车运输站日发长途班车 21 班：铜陵—福州 1 班，铜陵—厦门 1 班，铜陵—漳州 3 班，铜陵—汕头 1 班，铜陵—惠安 1 班，西埔—黄岗 2 班，西埔—汕头 1 班，铜陵—漳浦 1 班，西埔—诏安 6 班，西埔—云霄 4 班。日接送旅客 2600 人次，年客运量为 98 万人次，客运周转量 3082 万人公里。

县公共交通公司日发长途班车 2 班：西埔—漳州 1 班，西埔—汕头 1 班。此外，有个体专业运输户客运车辆发长途班车，无固定班次。

1990 年，县公交公司开通西埔—平和(三坪)，日 1 班。2001 年 1 月，停开西埔—漳州、西埔—汕头、西埔—平和车班。同年 3 月，东山汽车运输站开通东山—福鼎，全程 777 公里，途经漳州、福州、宁德、福安、柘荣，每天 1 班（2003 年 6 月停开）。此后，客运班线多次调整。

2008 年，东山县长途客运班线共 12 条，其中省际客运班线 2 条，市际客运班线 6 条，县际客运班线 4 条。省际客运班线有：

东山—汕头，全程 117 公里，途经诏安、澄海、东里、樟林、黄岗，每天 5 班。

东山—普陀山（1997 年 6 月通车），全程 1376 公里，途经泉州、莆田、福州、宁德、福鼎、温州、宁海、宁波、沈家门，每天 1 班。

市际客运班线有：

东山—厦门（1985 年 2 月通车），全程 221 公里，途经云霄、漳浦、漳州，每天 12 班。

东山—石狮（1998 年 3 月通车），全程 273 公里，途经云霄、漳浦、漳州、安海、水头、马巷，每天

1 班。

东山—福州（1998 年 9 月通车），全程 477 公里，途经漳州、泉州、莆田，每天 1 班。

东山—惠安（2001 年 7 月通车），全程 327 公里，途经云霄、漳浦、漳州、同安、泉州，每天 1 班。

东山—龙岩（2003 年 4 月通车），全程 285 公里，途经云霄、漳浦、漳州、适东，每天 1 班。

东山—泉州（2005 年 4 月通车），全程 282 公里，途经云霄、漳浦、漳州、马巷、官桥、水头、同安，每天 2 班。

县际客运班线有：

东山—漳州，全程 146 公里，途经常山、云霄、漳浦，每天 38 班。

东山—平和，全程 144 公里，途经常山、云霄、漳浦，每天 2 班。

东山—诏安，全程 66 公里，途经陈岱、常山，每天 25 班。

东山—云霄，全程 48 公里，途经陈岱、常山，每天 45 班。

（二）县内客运班线

1989 年,县内客运班线有 3 条，即西埔—铜陵、西埔—宫前、西埔—澳角，主要由县公共交通公司承担，日发短途单程 60 班。另有个体专业运输户承担县内客运，无固定班次。此后，客运班线多次调整，至 2008 年,县内客运班线共 10 条。

西埔—铜陵，上午每 4 分钟 1 班，下午每 5 分钟 1 班（每天 6:30 发车，20:30 停发）。

西埔—宫前，上午每 6 分钟 1 班，下午每 7 分钟 1 班。

西埔—山口，上午每 30 分钟 1 班，下午每 5 分钟 1 班（1990 年通车）。

西埔—前楼，上午每 20 分钟 1 班，下午每 30 分钟 1 班（2000 年 5 月通车，2004 年 1 月停开；2008 年 10 月复通车）。

西埔—康美，每 30 分钟 1 班。

西埔—大嶝，上午每 15 分钟 1 班，下午每 20 分钟 1 班（2004 年 1 月通车）。

西埔—八尺门，上午每 15 分钟 1 班，下午每 20 钟 1 班（2006 年 1 月通车）。

西埔—澳角，每 20 分钟 1 班。

西埔—岐下，每 30 分钟 1 班。

西埔—山南，上午每 1 小时 30 分钟 1 班，下午每 2 小时 1 班。

（三）客运量

1989 年，东山县办理营运客运汽车 82 辆、1616 座，年客运量 353.3 万人，客运周转量 11787 万人公里。公路长途客运以东山汽车运输站为主，县公共交通公司、个体出租户兼营。县内客运以县公共交通公司、个体出租户为主，客运车辆有公共汽车、出租车和摩托车。1995 年，全县载客汽车 153 辆（含私有 132 辆），其中大型客车 8 辆。全县公路客运量 318 万人（其中私人及联户客运量 316 万人），公路客运周转量 5702 万人公里（其中私人及联户客运周转量 4278 万人）。

1998 年起，县交通部门对出租车实行“总量控制、稳步发展、规范管理”的原则。当年，县交通部门上报漳州市交通部门审批新增出租车 50 多辆。

2000 年，大力发展个体运输，全县共有载客汽车 256 辆、3033 座，其中大型客车 34 辆、1300 座。全年公路客运量 41.7 万人，比上年增 8.2%；公路运周转量 182.4 万人公里，比上年增 16.5%。2006 年，出租汽车起步价由 2 公里 4 元调整为 2 公里 5 元，并实行油价补贴。

2008 年，县内登记客运汽车 180 辆(其中班车 95 辆，出租车 85 辆)，营运车辆基本形成大、中、小型配套，高、中、普通档次齐全的运力结构。年客运量 16 万人，客运周转量 156 万人公里。

二、陆路货运

1989 年，全县办理营运货运汽车 1850 辆，共 1656 吨位。其中，轮式拖拉机 22 辆，共 707 吨位；手扶拖拉机 1768 辆，共 884 吨位；农用车 31 辆，共 50 吨位；三轮货运摩托车 29 辆，共 15 吨位。

1990 年后，随着专业物流配送业的迅速发展，货运车辆有普通货运汽车、专用载货汽车、牵引车、挂车、手扶拖拉机及三轮货运摩托车等，运输路线远达江西、浙江、上海、广东、广西、湖南、湖北等地。当年，全县公路货运量 174.7 万吨，货运周转量 17746 万吨公里。

1995 年，全县普通货运汽车 241 辆，载重量 849 吨位。全县公路货运量 416 万吨，周转量 36022 万吨公里。其中，私人车货运量为 348 万吨，货运周转量 12662 万吨公里。

2000 年，全县普通货运汽车 506 辆，共载重量 1150 吨位；专用载货汽车 6 部，共载重量 66 吨位。货运量 456.9 万吨，货运周转量 40497 万吨公里。2005 年，全县货运量 355 万吨，货运周转量 17182 万吨公里。

2008 年，全县核定普通货运汽车 900 辆，载重量 1678 吨位（其中专用载货汽车辆 5 部，载重量 118 吨位）。年货运量 355 万吨，货运周转量 17182 万吨公里。

第六节　管　理

一、机　构

（一）行政机构

1. 东山县交通局　1989 年，县交通局沿设，其内设机构与下辖单位多次调整，至 2008 年，内设办公室、计划与财务股、工程路政股。下辖县运管所、县乡公路管理所及县航运公司、县交通服务公司、县汽车运输公司、县打捞公司、县水运公司和县大嶝航运公司。局有行政编制 8 人。

2. 漳州市公路局东山分局　1989 年，东山公路段(正科级)沿设，下辖东沈、白埕、坑北 3 个班站。1992 年 10 月 1 日，办公地点由坑北迁至西埔北市新楼。1993 年 1 月 1 日，改称福建省漳州市公路局东山分局。1998 年 3 月，把东沈、白埕、坑北站并为坑北、白埕公路站；2002 年 4 月又并为坑北公路站。2008 年，分局、公路站干部职工共 48 人。

3. 东山县公路路政管理所　1991 年 9 月，设立东山路政管理站，与东山公路段为一套人马、两块牌子。1995 年 10 月，单设并改为现称。2008 年，有干部职工 6 人。

4. 东山县交通战备办公室　1990 年 6 月，成立县交通战备办公室，行政编制 2 人。2008 年不变。

（二）事业单位

1. 东山县运输管理所　1990 年 3 月，设立县运输管理所，隶属县交通局，为具有行政管理职能和行政执法主体资格的副科级事业单位，位于县交通局院内。下辖铜陵、杏陈、陈城、西埔运输管理站。2005 年 6 月，内设机构调整为：综合股、运输管理股、车辆维修管理股、培训股、稽查队。2008 年，有工作人员 36 人。

2. 东山县乡公路管理所　1998 年 12 月，设立县乡公路管理所，隶属县交通局，为事业单位，位于县交通局院内。2008 年，有工作人员 5 人。

3. 福建省公路稽征局东山稽征所　1993 年，设福建省公路稽征局东山稽征所，为事业单位。2008 年，有工作人员 6 人。

二、陆路交通运输管理

（一）运输市场管理

1989 年，县交通运输管理部门继续对客运车辆的经营条件、资格、线路等进行严格审核（考核）。1993 年，强制客运车辆一律进客运站接受安全检查；建立专职稽查队伍，实行路检户查，清理非法客运车辆，保护合法经营。加强对停车场、洗车场管理，杜绝无证维修和超等级维修。1994 年，开展对停车场、洗车场整治和车辆维修单位的技术等级评定，整顿车辆服务市场。是年，准予经营纳入管理的停车场 6 家、洗车场 12 家、车辆维修单位 80 家（其中维修户技术等级为二类、三类的 10 家，四类的 70 家）。1995 年，实行营运车辆核发营运证与挂营运牌制度。年内，全县营运车辆营运证年检 2483 辆。其中，客车 153 辆，货车 241 辆，农用车 135 辆，手扶拖拉机 1444 辆，其他机动车 510 辆。1996 年起，开展全县客运市场秩序整顿，完善客运线路标志牌制度，发放春运有关牌证，打击宰客、甩客、无牌无证营运等行为；开展路查、路检稽查，查纠沿街揽客、乱停车现象和无照客运车辆，维护县内客运市场秩序。

2000年，加大运输人力结构、经营结构和组织结构调整，逐步形成多元化、竞争有序的运输市场机制。此后，每年春运、“十一”黄金周等运输繁忙期间，制定科学的疏运方案，合理调配运力，提供优质服务，实现运输密集期间的安全畅通。同时，对西埔、宅山、铜陵客运站实行运政人员驻站管理，执行客运车辆进出站排班、趟检、签证等制度。至2008年，每年客车趟检率100%，车辆维修合格率100%。

（二）交通规费征收

1989年，东山县交通规费延续由县运输管理站征收，1990年征收75万元。其中，养路费49万元，运管费26万元。1993年，成立福建省公路稽征局东山稽征所，负责交通规费征收，结合车辆年审，收缴规费。1994年1月，设立八尺门车辆通行费征收站，对进岛车辆进行收费；1998年1月起改为出岛收费。2000年，征收交通规费312万元。2008年，征收各项交通规费328万元。其中，公路运输管理费206万元，养路费87万元，货运附加费35万元。

2003—2008年东山县公路运输管理费定额征收标准一览表

表5-1

<table>
<tr><th colspan="2">车　型</th><th>计征单位</th><th>金额</th></tr>
<tr><td rowspan="7">客车</td><td>普通客运31座以上</td><td>元/座·月</td><td>4</td></tr>
<tr><td>直达客运31座以上</td><td>元/座·月</td><td>6</td></tr>
<tr><td>普通客运16～30座</td><td>元/座·月</td><td>5</td></tr>
<tr><td>直达客运16～30座</td><td>元/座·月</td><td>6</td></tr>
<tr><td>6～15座</td><td>元/座·月</td><td>6</td></tr>
<tr><td>卧铺车</td><td>元/座·月</td><td>8</td></tr>
<tr><td>出租车</td><td>元/辆·月</td><td>50</td></tr>
<tr><td rowspan="5">运货车辆</td><td>货运汽车</td><td>元/吨·月</td><td>20</td></tr>
<tr><td>农用运输车</td><td>元/辆·月</td><td>24</td></tr>
<tr><td>轮式拖拉机</td><td>元/辆·月</td><td>30</td></tr>
<tr><td>手扶拖拉机</td><td>元/辆·月</td><td>9</td></tr>
<tr><td>三轮摩托车</td><td>元/辆·月</td><td>10</td></tr>
</table>

说明：大中型客车按核定座位数扣除驾乘人员2座计征，小型客车扣除1座计征；油罐车按货车标准减半征收

1990-2008年东山县机动车养路费征收标准一览表

表5-2

<table>
<tr><th colspan="2">车　型</th><th>计征单位</th><th>1990—1994年金额</th><th>1995年1月起金额</th></tr>
<tr><td rowspan="3">摩托车</td><td>二轮</td><td>元/辆·月</td><td>3</td><td>4</td></tr>
<tr><td>三轮</td><td>元/吨·月</td><td>140</td><td>170</td></tr>
<tr><td>侧三轮</td><td>元/辆·月</td><td>6</td><td>8</td></tr>
<tr><td colspan="2">手扶拖拉机</td><td>元/辆·月</td><td>40</td><td>50</td></tr>
</table>

续表 5-2

车型		计征单位	1990—1994 年金额	1995 年 1 月起金额
方向盘轮式拖拉机	10 马力以下	元/辆·月	30	40
	10～20 马力	元/辆·月	60	70
	20～30 马力	元/辆·月	90	110
	30～40 马力	元/辆·月	120	145
	40～50 马力	元/辆·月	150	180
其他机动车（农用车）		元/辆·月	140	180

说明：手扶拖拉机在农耕季节免征；1 马力≈0.74 千瓦

（三）交通安全管理

1. 日常管理　1989 年，县交通运输管理部门进行交通运输安全整治，开展“反违章、压事故”活动和“安全生产活动周”，对维修厂（场）、车站、车辆进行检查，发现隐患及时整改。1994 年，强化安全工作队伍建设，设立专职安全工作机构 15 个（班组 70 个），专职安全员 126 人。1999 年，加强安全责任制，按“谁主管，谁负责”的原则，与企业签订安全生产责任书，对运输企业实行目标管理。2000 年，开展安全生产隐患、道路危险货物运输和道路交通客运安全的专项整治，贯彻“安全第一，预防为主，综合治理”方针，加强道路运输安全监管，全县道路危险货物运输驾驶员持证上岗。至 2008 年，持证上岗率达 100%。

2. 安全标志　1989 年，县公路部门继续在公路两侧增设公路安全标志。如路面标线、标志牌、诱导标、交叉路口示警桩等。后，每年均有增加标志牌。2006 年，画路面标线 9 公里，增设高悬标志牌 5 根，埋设诱导标 5 支，交叉路口示警桩 50 多根。2007 年，在公路沿线岔路口，村镇、学校路口及事故多发路段设安全标志；在漳东线增设警示桩 26 根、导向牌 2 根；在西陈线宫前段、西湖线增设三级路夜间限行标志牌 2 面。2008 年，在西陈线 2K+300、铜陈线 28K+100 增设急弯警示 4 根；在漳东线 888K+500 处增设导向标志牌 2 根；在漳东线八尺门至坑北路段岔路口设示警桩 18 根；完成漳东线路面标线 4180 平方米。

3. 治理超限运输　1995 年，东山县公路路政管理所贯彻“依法治路、综合治理”方针，以治理超限运输为重点，维护路产路权。2004 年初，全县车辆超限运输率 80%。是年，加大力度开展车辆超限运输专项治理，采用卸载与处罚相结合的办法，加强公路检查。至年底，全县车辆超限运输率降至 5%。此后，超限运输现象减少。2006 年，检查超限 52 起、处罚 6.6 万元。2007 年，加强源头管理，防止超限运输现象反弹。全年共查处超限运输车辆 146 辆，其中处理卸载 104 辆（货物 1000 多吨），超限率 5%以下。全年办理各类处罚案件 128 起，收取路产赔偿费 25 万元，罚款 17.27 万元。

第二章　海路交通运输

第一节　陆岛交通码头

一、东山港 500 吨级客货专用泊位码头

东山港 500 吨级客货专用泊位码头在 5000 吨多用泊位码头东侧。1998 年初，扩建 500 吨级客货专用泊位，码头长 43 米，宽 15 米，高桩梁板结构。1999 年初，竣工交付使用，总投资 100 万元。

二、宫前300吨级陆岛交通客货码头

宫前300吨级陆岛交通客货码头于1998年5月动工，位于陈城镇宫前村东南部。码头长200米，宽15米，高桩梁板结构，总投资700万元（其中地方自筹280万元）。2000年12月竣工。

三、铜陵东门屿100吨级陆岛交通码头

铜陵东门屿100吨级陆岛交通码头位于铜陵东门屿。2005年12月6日开工，建设100吨泊位1个，码头长33米，宽18米，重力式空心方块结构，总投资300万元（地方自筹150万元）。2007年7月竣工。

四、岐下、西崎300吨级陆岛交通码头

岐下、西崎300吨级陆岛交通码头位于陈城镇岐下村和西崎村。2006年10月20日两个码头同时开工，建设300吨泊位各1个，每处码头皆长61米、宽8米，重力式空心方块结构，共投资1300万元(地方自筹530万元)。皆于2007年11月竣工。

五、铜陵田尾1000吨级陆岛交通码头

铜陵田尾1000吨级陆岛交通码头位于铜陵镇田尾。2006年11月18日开工。码头长110米，重力式空心方块结构。总投资1000万元（其中地方自筹400万元），至2008年完成投资905万元，占工程量82%。码头主体全部完成，进入配套设施建设阶段。

第二节　海路交通线

一、海路长途航线

1989年，东山港主要海路航线有：东山至汕头73海里；东山至香港230海里；东山至榆林650海里；东山至厦门77海里；东山至上海613海里；东山至石岛1120海里；东山至天津1321海里。

1994年5月，开通东山至香港国际集装箱货运定期航班。1995年5月，东山至香港客轮首航。1997年9月，开通厦门—东山—汕头高速客轮航线。

2000年，东山至外地客运航线有：东山至厦门，东山至汕头,东山至香港。货运航线有：东山至汕头、深圳、海口、北海和中国的香港、澳门；东山至厦门、福州、宁波、上海、天津、大连。国际航线有：东山至日本、新加坡、马来西亚等东南亚地区。2002年12月，交通部正式批准，开通漳州东山至金门直航航线。2008年，东山至外地所有客运航线停开，货运航线延续。

二、海路短途航线

1989年，东山至邻县的短途航线有：铜陵澳雅头渡口至漳浦县古雷，澳雅头渡口至云霄县剂屿，陈城顶州渡口至诏安县林头村。1991年6月1日，批准铜陵关帝庙停车场码头至东门屿客运航线。此后，由于陆路交通运输业的发展，短途航线陆续废置。2008年，县内海路短途航线仅存铜陵关帝庙停车场码头至东门屿客运航线。

第三节　海运企业

一、国有海运企业

（一）东山县航运公司

东山县航运公司位于铜陵镇澳雅头门头畔，隶属县交通局，为地方国有海上运输企业。1989年有轮驳

船32艘，净载重7631吨位。1990年，有轮驳船36艘，净载重10096吨位，年货运量27.5万吨，周转量10999万吨公里，运输总收入862.4万元，职工577人。1995年，公司辖下两艘500吨级货驳船改装成32个标箱、700吨级货驳船，每月定期航行香港3个航次。1996年，县航运公司出租3艘货轮，并发展多家代理，增设驻外调度点，拓宽货源；对国内航线船舶实行承包经营。1997年，吸收职工资本参与股份制改造；购置3艘千吨位的多用途集装箱货轮。采取定航次工资、定月利润，实行奖赔挂钩等办法管理船舶运输。全年航行港澳航线314次，货运量9.22万吨，产值551万元。2000年，货运量28.50万吨，周转量19550万吨海里。2005年，货运量42.30万吨，周转量13700万吨海里，产值425万元。2008年，公司在职职工324人，船舶4艘：东荣号、东昌号、东旭号、东益号，总吨位4868吨，经营航线为上海、浙江、江苏、福建、广东、香港、澳门。

（二）东山县大嵊航运公司

东山县大嵊航运公司位于大嵊岛州仔港渡头畔，隶属县交通局，为国有海运企业。1989年有轮驳船16艘、净载重1079吨位。航线有东山至广东汕头、揭阳。年货运量3.05万吨，货运周转量710万吨公里，营运收入36.63万元，固定资产原值80.21万元，职工56人。1991年3月，建造钢质货轮“产航301号”投产，300吨位，造价70万元。1995年，拓展东山至福州、广州和珠江三角洲航线，并在广州、汕头、汕尾等港口增设业务联络点，建立大宗货源基地。1998年起，公司并入县航运公司。

二、县办集体海运企业

（一）东山县打捞公司

东山县打捞公司位于东山港畔的水运公司大楼，隶属县交通局，为县办集体所有制企业。1989年沿称县打捞队，1992年，更名县打捞公司。经营近海打捞、救护及水下作业的施工安装。1993年12月，购置一艘钢质工程船。用于水下基础和风坡堤墙基安砌、水下炸礁、安装抛设航道航标等作业。1995年，公司完成产值49万元；2000年，完成产值19万元；2005年，完成产值24万元。2008年，完成产值26万元，有职工18人。

（二）东山县水运公司

东山县水运公司位于东山港畔，隶属县交通局，为县办集体所有制企业。1989年，公司设安全生产股、行政股、财务股等。有轮驳船7艘，净载重1350吨位，年货运量5.48万吨，周转量1793.7万吨/公里，利润总额2.8万元，职工280人。1990年，在江西省波阳船厂建造2艘300吨节能钢质轮。当年，“水运6号”和“铜陵316号”2艘货轮经批准首航港澳航线。1992年，集资和贷款再造2艘钢质节能货轮。年末，有货船5艘、拖船1艘、驳船1艘。1997年，员工104人，船舶共1710吨位，与外地公司实行联营，运输产值132万元，年实现税利8.75万元。1998年后，公司船舶由个人承包经营。

三、其他类型海运企业

（一）东山县铜陵镇轮渡营运服务管理处

东山县铜陵镇轮渡营运服务管理处位于县铜陵镇环城路停车场边。1997年5月设，隶属铜陵镇政府；2002年10月改属县林业局。2008年，有客运船舶3艘，分别为“闽东山交5005号”（34座）、“闽东山交5006号”（40座）和“闽东山交5007号”（48座）。航运路线：铜陵关帝庙码头至东门屿。

（二）东山县兴航船务有限责任公司

2004年，设东山县兴航船务有限责任公司，隶属县交通局，由县航运公司以职工资本形式组建，为民营企业。位于铜陵镇龙潭街卫检办公楼101号。2008年，公司有职工44人；船舶3艘，分别为“陵海01号”（480吨）、“陵海07号”（480吨）和“永世丰33号”（1600吨集装箱），经营航线有大陆沿海各主要港口，以及中国的香港、澳门地区港口。

（三）东山鸿荣海运有限公司

1992年11月，经交通部批准成立东山鸿荣海运有限公司，由东山县旅游公司与台商合资筹建，主要经营东山至厦门至汕头的豪华气垫船客运业务。1997年7月撤销。

（四）东山县华鸿船务有限公司

1997 年 7 月，由东山县旅游公司与厦门华都企业有限公司合作组建成立东山县华鸿船务有限公司（替代东山鸿荣海运有限公司），从事东山至厦门、汕头客运业务。同年 9 月后停止业务。

第四节　海路运输

一、海路客运

1989 年，东山县短途水路客运航线有铜陵码头至漳浦县古雷。1991 年 6 月，增设铜陵关帝庙停车场码头至东门屿航线。无固定班次，每天客运量 100～200 人次。后，铜陵码头至古雷航线因设备差、安全无保障等因素被淘汰。仅有铜陵关帝庙停车场码头至东门屿客运业务。1992 年 11 月 10 日，东山鸿荣海运有限公司开始经营东山—厦门—汕头 240 座快速双体侧壁式豪华气垫船客运业务。后因客源少停航。1995 年 4 月，东山县太平洋海湾旅游开发有限公司与广东省汕头航运总公司合作，租用福建联合船务企业有限公司所属豪华客轮“福建号”，经营东山至香港水路客运航线，5 月 28 日在东山港举行首航仪式，每周往返 1 班次。后因客源少停航。1995 年全县短途及长途客运船 4 艘，客运量 2 万人次、客运周转量 14 万人公里。1997 年 7 月，东山县华鸿船务有限公司从事东山—厦门—汕头客运业务。9 月 7 日，公司从广东珠海调一艘 338 座双体高速豪华客轮“海昌号”，在厦门和平码头举行厦门—东山试航仪式。后因不适应厦门至东山海区的风浪而停航。1999 年 9 月 19 日，开通汕头—东山—厦门游轮航，由汕头市航运总公司“南湖号”豪华游轮经营。后因水路客运客源少停航。2002 年后，海上客运只有铜陵关帝庙停车场码头至东门屿短途客运航线，有客运船 2 艘共 65 座。此航线由铜陵镇轮渡营运服务管理处经营。2008 年，该航线客运船舶 3 艘，分别为 34 座“闽东山交 5005 号”、40 座“闽东山交 5006 号”和 48 座“闽东山交 5007 号”，年客运量 15 万人。

二、海路货运

1989 年，东山县海上货运企业有县航运公司、县大嵻航运公司、县水运公司，共有运输机动船 36 艘、6346 吨，总功率 9855 千瓦。其中货船 24 艘、4965 吨。1990 年，海上货运量 36 万吨，货运周转量 13629 万吨公里。1994 年 5 月 1 日，东山至香港集装箱班轮首航。1995 年货运量 36 万吨，货运周转量 18880 万吨公里。1998 年 5 月 15 日，国家一级口岸东山港集装箱冷冻货柜航线开通。由中远集团公司“荔兴号”船承运的首批集装箱冷冻货柜从东山港启航香港。2000 年，货运量 29.2 万吨，货运周转量 19823 万吨公里；集装箱运输 2806 标箱，比上年减 44.4%。2002 年 12 月，东山县航运公司“东荣号”“东益号”2 艘货轮经交通部正式批准，主要经营东山直航金门航线。2003 年 12 月 26 日，东山县航运公司“东荣号”货轮承运石料及砂石等货物从漳州、厦门口岸直航金门岛。2008 年，全县海上货运量 39.2 万吨，货运周转量 27.5 万吨公里；集装箱运输 2100 标箱，运输产值 1200 万元。

第五节　管　理

一、机构

1989 年，海上运输管理机构有东山港务局、东山港务办事处、厦门港务监督东山监督站、东山海事处、东山外轮代理办事处等，负责各类船舶的航政管理业务。

二、海上交通运输管理

（一）船舶管理

1989 年，船舶进出东山港时，船舶管理单位循例检查船舶国籍证书、船舶登记证书或船舶执照等证照。

办理中国籍船舶进出港签证，检查外国籍船舶进出港证照、货物等。港口主管部门指派领航员引航船舶在港内安全航行、移泊。此后，每年开展水上运输安全整治，确保辖区水域运输船舶长年安全无事故。2008年延续。

（二）船员管理

1989年，东山港务局继续对60总吨位以下船舶的船员进行考核、发证；60总吨位以上船舶的船员由厦门港监部门考核、发证。船舶人员配备：200总吨位以下的船舶配备船长、大副、二副、轮机长、大管轮、二管轮；500总吨位以上的船舶增配三副、三管轮、报务员、电机员。2008年延续。

（三）规费管理

1989年，东山港务局延续对进港船舶实行收费，主要有引航费、移泊费、系(解)缆费、船舶港务费、停泊费、开(关)仓费、起货机工力费、货物港务费、船舶业务代理费、货物保管费、装卸费和其他劳务费等。收取航行国际船舶进出口货物装卸费，征收港口建设基金。2008年延续。

第三章　邮　政

第一节　设施与邮路

一、邮政设施

1989年初，县邮政运输设备有自行车19辆、板车1辆；营业设备有日戳12支、函件台秤7台、包裹台秤4台、磅秤1台、保险柜6只、铁皮柜11架、铅字夹5副、包裹橱2张、分拣格眼橱5张、邮政信箱和信筒共47个(分设于各地)，农村信报站7处。

1998年9月，运输设备添加3辆汽车，营业实行微机化操作，同时配电子秤、点钞机等设备；分拣业务配备函件过戳机、登单机、函件扎捆机各2台，配备电子扫描枪、袋牌打印机各1台。2008年12月，全县设邮政信箱和信筒共43个。

二、邮路

（一）县间邮路

1989年，县间邮路1条：漳州—漳浦—云霄—东山—诏安，逐日班，单程136公里。2000年，县间邮路改为东山西埔至云霄常山。2008年，县间邮路1条，西埔至常山，总长21公里（单程）。

（二）县内邮路

1989年，县内邮路5条：西埔—东山汽车站；西埔—陈城汽车站；铜陵邮电支局—东山汽车站；陈城邮电所—陈城汽车站；西埔—康美邮电所（后3条为自行车邮路）。共单程77公里，日行程169公里。其中，委办汽车邮路2条，单程26公里，日行程112公里；自行车邮路3条，单程51公里，日行程57公里。此后，县内邮路多次调整。2008年，县内邮路3条，总长36公里（单程）：西埔至铜陵，总长11公里；西埔至陈城，总长13公里；西埔至杏陈，总长12公里。

三、市区投递线路

1989年，东山县沿设西埔市区投递线路，分两段：

一是白石街、龙舞街及东埔街一部分；二是中兴街和东埔街一部分。此后，市区投递线路多次调整。2008年，东山县市区投递线路分西埔市区投递线路和铜陵市区投递线路，共12条，总长36.5公里(单程)。

西埔市区投递线路共7条，总长21.5公里。一段：县医药公司—西埔派出所，单程2公里，日均行程7公里。二段：县盐务局—东山第一中学，单程2.5公里，日均行程9公里。三段：新城东路—中兴街居委会，单程 3 公里，日均行程 8 公里。四段：东陂村—东成冻厂，单程 4 公里，日均行程 9 公里。五段：县进修学校—县房管处，单程 3.5 公里，日均行程 10 公里。六段：县电力公司—县种子公司，单程 2.5 公里，日均行程 8 公里。七段：县海魁水产集团有限公司—梧龙新村，单程 4 公里，日均行程 11 公里。

铜陵市区投递线路共 5 条，总长 15 公里，日均行程 190～240 公里。一段：旧戏院—佛祖庙，日均行程 40 公里。二段：新村林峰公司—海警中队—县农行办事处，日均行程 40 公里。三段：县交通局—桂花山—林峰生活商店—下田池，日均行程 35 公里。四段：林峰生活商店—演武街—大澳码头，日均行程 40 公里。五段：东亭—五里—龙潭—铜钵，日均行程 40 公里。

四、农村投递线路

1989 年，县内农村投递线路共 11 条，单程 279 公里，日行程 352 公里，均为逐日班。2003 年 3 月后，农村线路多次调整。至 2008 年，农村投递线路 9 条，总长 174 公里（单程）。

铜陵农村投递线路 1 条：城垵村—康美村—钱岗村—西崎村—前佘村—美山村—漳州财政培训中心—省帆船队集训中心，单程 27 公里，日均行程 55 公里。

西埔农村投递线路共 4 条，单程 89 公里，日均行程 169 公里。其中，一段：梧龙新村—樟塘地税所，单程 18 公里，日均行程 43 公里。二段：后边自然村—东山经济技术开发区，单程 25 公里，日均行程 43 公里。三段：探石砂矿—顶下尾自然村，单程 23 公里，日均行程 44 公里。四段：坑北村—永利油库，单程 23 公里，日均行程 39 公里。

陈城农村投递线路共 2 条，单程 28 公里，日均行程 60 多公里。一段：宫前—澳角，单程 15 公里，日均行程 30 多公里。二段：后姚村—山东村—山南村—岐下村—港口村—湖塘村，单程 13 公里，日均行程 30 公里。

杏陈农村投递线路共 2 条，单程 30 公里，日均行程 70 多公里。一段：前何村—张家村—后林村—磁窑村—建宅村—前坑洞村，单程 16 公里，日均行程 35 公里。二段：大嵊村—埔头村—英坑村—径口村—埕英村，单程 14 公里，日均行程 35 公里。

第二节　邮政业务

一、邮政业务种类

1989 年，东山县邮政业务种类分基本资费和非基本资费。基本资费有国内信函、明信片；非基本资费有国内资费和国际与港澳台资费。国内资费有印刷品、邮简、回音卡、挂号费、回执、盲人读物、包裹、特快专递邮件、邮政汇兑、机要邮件、保价费、存局候领手续费、撤回邮件或更改收件人名址手续费、使用电报办理查询、撤回、更改收件人名址电报费、代发广告费；国际与港澳台资费有国际信函与印刷品、港澳台信函与印刷品。

2003 年 8 月 30 日始，国内特快专递邮件起重、续重的计重单位由 200 克调整为 500 克。起重 500 克及以下邮件资费为 20 元；对 500 克以上邮件续重资费实行分区计费，按运距归为 3 个计费区；一区（1500 公里及以下）续重每 500 克资费 6 元；二区（1500 公里以上至 2500 公里）为 9 元；三区（2500 公里以上）为 15 元。窗口零星交寄省内、同城特快专递邮件资费执行新调整的资费标准，其中续重部分资费执行一区资费标准，即起重 500 克及以下资费为 20 元，续重每 500 克资费为 6 元。国内邮政汇兑附言服务收取费用，6 个汉字以内（含 6 字）的免收费；超过 6 个汉字（12 个字节）的附言，从第 7 个汉字（13 个字节）起，每超一个汉字（2 个字节）收取 0.10 元。附言中每个标点、字母和阿拉伯数字，视为 1 个字节统计；不足 2 个字节的，不足部分免收附言费。通过网络或磁盘方式与邮政企业互换汇款信息的，免收附言费。

2006 年 11 月 15 日起，调整业务种类资费。国内普通邮件业务种类资费有信函、明信片、印刷品、邮简、回音卡、挂号费、回执、盲人读物、普通包裹、快递包裹、保价费、存局候领手续费、撤回邮件或更改收件人名址手续费、使用电报（传真）办理查询、撤回、更改收件人名址电报费。中国香港、澳门、台湾地区邮件资费项目有信函、明信片、航空邮简、印刷品、印刷品专袋、盲人读物、小包、全球优先函件、挂号费、印刷品专袋挂号费、确认投递费、印刷品专袋确认投递费、保价函件包裹保价费、保价包裹手续费、回执费、撤回或修改收件人名址申请费、进口欠资函件处理费、存局候领费、送交海关验关费、航空附加费等。资费调整：信函资费首重 100 克以内，每重 20 克本埠由 0.6 元调整为 0.8 元，外埠由 0.8 元调整为 1.2 元；100 克以上的续重资费维持每重 100 克本埠 1.2 元、外埠 2.0 元不变。明信片资费由每件 0.6 元调整为 0.8 元。2008 年延续。

二、邮政业务量与收入

（一）函　件

1989 年，东山县邮政延续办理函件进出口业务。1990 年，函件出口 67 万件（其中国际及港澳台 1.8 万件），进口 50 万件。1998 年，函件出口 5.13 万件，进口 50.69 万件，年函件业务收入 29.52 万元。2000 年，函件出口 12.32 万件，进口 56.44 万件，年函件业务收入 30.15 万元。2005 年，函件出口 58.33 万件，进口 46.57 万件，年函件业务收入 44.85 万元。2008 年，函件出口 17.11 万件，进口 43.16 万件，年函件业务收入 63 万元。

（二）包　裹

1989 年，东山县邮政延续办理包裹业务，分乙类保价包裹业务和代收货价包裹业务。1990 年包裹出口 5131 件，进口 8330 件。1998 年，包裹出口 545 件，进口 510 件，年业务收入 32.53 万元。2000 年，包裹出口 4640 件，进口 6290 件，年业务收入 34.20 万元。2005 年，包裹出口 8841 件，进口 12307 件，年业务收入 35.00 万元。2008 年，包裹出口 7479 件，进口 10507 件，年包裹业务收入 27 万元。

（三）特快邮件

1989 年，东山县邮政延续办理特快邮件业务。1990 年，特快邮件出口 1.6 万件，进口 1.8 万件。1996 年，特快邮出口 3.56 万件，进口 2.3 万件。1998 年，设立邮政礼仪特快专递业务。当年特快邮件出口 1.53 万件，进口 1.35 万件，年业务收入 30.53 万元。2000 年，特快邮件出口 1.19 万件，进口 1.09 万件，年业务收入 30.45 万元。2005 年，特快邮件出口 1.72 万件，进口 1.8 万件，年业务收入 87.18 万元。2008 年，特快邮件出口 2.65 万件，进口 3.85 万件，年业务收入 95 万元。

（四）汇　兑

1989 年，东山县邮政延续办理汇兑业务。1990 年，汇兑出口 4.2 万笔，进口 1.2 万笔。1996 年，汇兑出口 4.1 万笔，进口 1.08 万笔。1998 年，汇兑出口 3.96 万笔，进口 2.94 万笔，年业务收入 14.60 万元。2000 年，汇兑出口 2.90 万笔，进口 2.77 万笔，年业务收入 14.60 万元。2005 年，汇兑出口 1.73 万笔，进口 1.32 万笔，年业务收入 8.27 万元。2008 年，汇兑出口 3.35 万笔，进口 0.91 万笔，年业务收入 43 万元。

（五）机要件

1989 年，东山县邮政延续办理机要件业务。1998 年，机要出口 0.14 万件，进口 0.05 万件，年业务收入 0.06 万元。2000 年，机要出口 0.20 万件，进口 0.05 万件，年业务收入 0.05 万元。2005 年，机要出口 0.18 万件，进口 0.04 万件，年业务收入 0.03 万元。2008 年，机要出口 0.04 万件，进口 0.23 万件，年业务收入 0.06 万元。

（六）报刊发行

1989 年初，县邮电局和各支局(所)均有办理代订报刊业务。全局有报刊门市部 1 处，农村售报站(点)7 处，社会报刊发行站 14 处、发行点 1 处。1995 年 9 月，成立信报收投公司，制定报刊“短一罚二”等承诺制度，改善信报收投工作，当年报刊订阅 403.95 万份。1998 年，报刊订阅 400.13 万份，报刊流转额 239.79 万元，年业务收入 54.82 万元。2000 年，报刊订阅 375.27 万份，报刊流转额 236.79 万元，年业务收入 57.92 万元。2005 年，报刊订阅 328.19 万份，报刊流转额 231.68 万元，年业务收入 56.75 万元。2008 年，报刊订阅 3330 万份，报刊流转额 257.23 万元，年业务收入 70 万元。

1998—2008年若干年份东山县邮政业务收入情况表

表 5-3 单位：万元

年度	函件	包裹	汇兑	报刊	快递	发行纪念邮票	机要
1998	29.52	32.53	14.60	54.82	30.53	65.75	0.06
2000	30.15	34.20	14.60	57.92	30.45	42.86	0.05
2003	33.71	31.79	11.61	58.80	37.26.	51.63	0.03
2005	44.85	35.00	8.27	56.75	87.18	45.77	0.03
2008	63.00	27.00	43.00	70.00	76.00	75.00	0.06

第三节 邮政储蓄

一、邮政储蓄营业单位

1989年，县邮电局设西埔邮政储蓄所、铜陵邮政储蓄所，办理邮政储蓄业务。至2008年5月，县邮政局（1998年改为邮政局）设中国邮政储蓄银行东山支行，下设西埔分行、铜陵分行及森都、开兴、铜亭营业所，共有工作人员30余人。

二、邮政储蓄业务

1989年12月，东山县邮政储蓄种类有零存整取、活期、定期及有奖储蓄等。全县邮政储蓄户1万多户(多为有奖储蓄户)，余额80多万元。1993年，县邮政部门开展职工协储活动，创办陈城、杏陈、铜陵储蓄代办点，增加邮政储蓄业务。年末，全县邮政储蓄存款余额467.1万元。1996年12月，全县邮政储蓄存款余额增至3723.5万元。1998年12月，全县邮政储蓄存款11000多户，存款余额3900多万元，全年业务收入101万元。2000年12月，全县邮政储蓄存款17000多户，存款余额12000多万元，全年业务收入156万元。2005年12月，全县邮政储蓄存款21000多户，存款余额1.98亿元，全年业务收入285万元。2008年6月，县邮政储蓄改设东山县邮政储蓄银行，业务独立。当年12月，东山县邮政储蓄银行存款56000多户，存款余额2.23亿元，全年业务收入469万元。

第四节 集 邮

一、纪念邮戳使用

1994年10月1日，县邮电局与县图书馆举办国内邮展，推动民间集邮活动，并启用“风动石”“石僧拜塔”纪念邮戳各一枚。

二、特殊纪念性邮票发行

1994年12月，东山县邮电局举办纪念毛泽东诞辰100周年邮票展，发行特殊纪念邮票一种，共发行500枚。2003年7月，在纪念东山保卫战50周年之际，县邮政局发行纪念性邮票一种及纪念信封。

三、集邮业务

1996年8月1日，成立东山集邮公司。1998年，全县发行多种纪念性邮票23.82万枚，业务收入65.75万元。2000年，举办东山县第七届集邮展，进一步推进民间集邮活动；发行多种纪念邮票35.9万枚，业务收入42.86万元。2008年，全县发行多种纪念性邮票26万枚，业务收入56万元。

第五节　管　理

一、机　构

（一）东山县邮电局

县邮电局位于西埔城区新城中路。1989 年，县邮电局沿设，内设投递组、营发组、邮政业务室；报务组、机务组、线务组、话务组、电信技术室、财务室、供应室、企业管理办公室。下辖铜陵邮电支局、康美邮电所、杏陈邮电所、陈城邮电所及西埔邮电营业处，全局干部职工 103 人(含计划内临时工)。1995 年 1 月 17 日起，邮电局内设机构改为办公室、财务室、经营室、电信室、邮政室。同年 9 月 13 日，成立信报收投公司；11 月 27 日撤销西埔综合机房，设立西埔程控机房和西埔“112”、西埔电力室。

1996 年 1 月 1 日起，移动通信从邮电通信中分离，实行独立核算，划归省移动通信局管理。8 月 1 日，成立县集邮公司。1998 年 9 月 28 日，邮政与电信机构分设，撤销县邮电局。

（二）东山县邮政局

1998 年 9 月 28 日，成立县邮政局，位于西埔城区新城中路。内设综合办公室、市场部、储汇分局、信报收投公司、商函公司、集邮公司、物流速递公司；下辖铜陵邮政支局、陈城邮政支局、杏陈邮政支局及西埔邮储专柜、铜陵开兴邮储专柜、铜陵团结路邮储专柜、铜陵邮储专柜。2008 年 12 月，全局有员工 93 人。

（三）下属单位

1. 铜陵邮政支局　1989 年，铜陵邮电支局沿设，位于铜陵镇五里亭邮电综合大楼，内设邮政组、投递组、线务组、电力组、自动电话室、载波室、话务组和邮政储蓄所，干部职工 35 人。1998 年 9 月 28 日，邮、电分设后，铜陵邮政支局内设邮政组、投递组、邮政储蓄所。2008 年 12 月，员工 14 人。

2. 杏陈邮政支局　1991 年 3 月，设杏陈邮电支局，位于杏陈村，职工 7 人。1998 年，杏陈邮政支局有员工 3 人。2008 年延续。

3. 陈城邮政支局　1988 年沿设陈城邮电支局，位于陈城村，职工 8 人。1998 年，陈城邮政支局有员工 3 人。2008 年延续。

4. 东山县邮储专柜　1998 年，设西埔邮储专柜、铜陵开兴邮储专柜、铜陵团结路邮储专柜、铜陵邮储专柜，负责当地邮储业务，每专柜有员工 3～5 人。2008 年延续。

5. 东山县信报收投公司　1995 年 9 月成立，位于县邮政局内。负责报刊订阅和信件投递，员工 22 人。2008 年 12 月，员工 26 人。

6. 东山商函公司　1998 年 9 月成立，负责特快邮件。2008 年 12 月，员工 5 人。

7. 东山县集邮公司　1998 年 9 月成立，位于县邮政局内。负责经营集邮业务。2008 年 12 月，员工 2 人。

8. 东山物流速递公司　1998 年 9 月成立，位于县邮政局内。负责邮件速递业务。2008 年 12 月，员工 11 人。

二、企业经营管理

1998 年 9 月，邮电分营后，县邮政局转换经营机制，变传统经营为全员经营。对各工种、专业公司、班组实行承包与考核，采取百元业务收入按比例计酬工资制、计件计额工资制，对超额完成任务数的实行重奖。制定《局务公开量化考核办法》《班务公开实施细则》《职工内部分配办法》等管理办法，加强企业民主管理、民主监督。开展主动上门服务，揽收商包、商函和邮储业务。建立专兼职营销员 12 人（2 名正式工，3 名招聘工，7 名代办工），招揽邮政业务，并以业务业绩计酬。同时，加强市场调查及信息收集，为调整经营政策提供第一手资料。1999 年，该局被省委、省政府评为第七届（1998—1999 年度）省级文明单位。2000 年度，业务总收入 417 万元。2005 年度，业务总收入 756 万元。是年又被省委、省政府评为第九届（2003—2005 年度）省级文明单位。2008 年，该局业务总收入 859 万元。

第四章 电 信

第一节 固定电话

一、长途电话

（一）长途电话网路

1989年，县邮电局长途电话电路共25路（另有出租电路4路）。其中，东山至广东省汕头市明线载波电路2路；东山至福州电缆载波电路2路；东山至厦门明线载波电路1路；东山至漳州明线载波电路3路，明线实线电路1路；东山铜陵至漳州电缆载波电路12路，明线载波电路2路；东山至云霄明线载波1路，明线实线1路。1990年，增开自动电路、数字传输电路、电缆载波电路，同时淘汰明线载波电路。1992年8月8日，东山开通6000门程控电话后，长途线路计63路。1994年，县邮电局出口长途线路有东山TS—漳州174路（其中数字传输12路、电缆载波54路），东山LS—漳州数字传输150路；年末，长途线路为354路。1996年，东山LS—漳州电路增至330路，东山—漳州市邮电局移动150路，出租线路3路。至2008年，东山长途线路有350路。

（二）长途电话设备

1989年初，县邮电局长途电话设备有60门磁石交换机、简易半自动拨号设备、单路载波机、12路载波机、3路载波机各1套；铜陵邮电支局的长途电话设备有60路载波机、长途暗码计时机各1套，40门长途共电交换机3部，及长市农合用编码纵横制自动交换机的部分长途设备。同年9月，增加长途对端设备。1992年8月8日，开通铜陵、西埔S1240制式程控电话交换机各3072门，长途出口电路63路。增加的设备有S1240程控电话和长途对端设备及共电式交换机；其他长途设备有人工台数字接口设备，一次群信令设备和跳群复用设备各2套、信令转换VF架。1993年12月，杏陈、陈城邮电支局电话交换设备各512门。年内，全县所有长途和全县局间中继全部采用光纤通信方式；所有长途载波电话终端机全部停开。1994年5月，西埔、铜陵分别扩容程控电话各5120门，长途对端设备增加300路端，原长途台共电式40门交换机撤销。1995年7月，西埔、铜陵扩容S1240制式程控电话各8000门，西埔程控机房增设分组交换节点机24端口，铜陵邮电支局程控机房增设数据网节点机1部56端口；长途人工台100门共电式交换机撤销。1996年，西埔、铜陵两机房设置数字数据网节点机、分组交换节点机各32端口。2008年，上述设备不变。

（三）长途电话业务

1989年初，县邮电局长途电话业务有代号电话、普通电话、公务电话、新闻电话、紧急调度电话、特种电话。同年9月5日，开通自动电话，全县自动电话实现与漳州市邮电局自动长途电话联网，可直拨全国各地自动电话。当年，增设长话特快业务和长话代办点。长途去话业务种类有国内国际长途自动电话、国内人工长途电话、200电话卡、电话会议、可视电话会议。长途直拨权用户14787户，其中直拨国际用户14308张，用户传真37户，国内长途直拨出口175.07万张，其中计费173.38万张，国际第八直拨出口13034张。此后，随着程控电话业务发展，国内国际长途全面开放，出口话单未统计。

二、市内电话

（一）市内电话网路

1989年，东山县市内电话交换点2处，分设于县邮电局和铜陵支局。同年9月5日，西埔开通铜陵市话1000门，全县自动电话经漳州市邮电局自动长途联网电话，可自动直拨全国各地。1990年，对线路设备进行整修，整修架空电缆长度为23.8皮长公里，地下电缆长度为12.9皮长公里。市话交换机整修后消除断音、串话等障碍。当年，市话杆路长度为 22 杆公里，电缆长度为 49.2 皮长公里，用户线对为 2865 对。1992 年，县邮电局引进国外的先进通信设备。8 月 8 日，在西埔、铜陵市话交换点改为程控交换设备，容量各 3072 门。1994 年，西埔、铜陵各扩容 5060 门；1995 年，各再扩容 8192 门。至 1996 年，全县市内电话交换机总容量为 32768 门，中继电路为 2468 路（数字传输电路），电缆长度为 2241 皮长公里，光纤电缆长度为 10.5 皮长公里，用户交换机中继电路 89 路，出租电路 4 路。此后，多次对市内电话网络进行优化改造。2008 年，全县市内电话中继电路为 3468 路；光纤电缆长度为 150 皮长公里。

（二）市内电话设备

1989 年，安装在县邮电局的市内电话设备有晶体管二线制共电交换机 2 部，四线总配线架 1 座等。同年 9 月 5 日，县邮电局原共电式交换机设备改制为市、农话编码纵横制自动交换机，全县市内电话实现自动化。1992 年 8 月 8 日，西埔、铜陵两地交换设备改制为程控电话交换机。至 2008 年，主要设备为程控电话交换机，市内电话总容量为 8.3 万门。

（三）市内电话业务

1989 年，东山县市内电话业务种类有普通电话、电话副机、同线电话、用户交换机中继线和分机、临时电话，代维修机线设备。市内电话费实行包月制租费。至 1996 年 12 月，公用电话点 383 处，市话业务开办种类 18 种。即普通电话（正机）、电话副机及附件、地绳电话、用户交换机及分机、中继线、专线、临时电话及临时专线、公用电话、用户终端复用设备、租杆挂线、代维设备、程控电话服务项目、电话查号、移机、改名、过户、代办工程、选号。当年，市话用户 15862 户，全年业务收入 1117.2 万元。1998 年 9 月，全县实行大市话网，实现城乡一体。当年，全县市话用户为 24396 户。2008 年，市话公用电话点 200 处，市话用户为 23672 户。

三、农村电话

（一）农村电话网路

1989 年初，县邮电局农村电话线路杆路长共 67 杆公里，架空明线 123 对公里，农村电话电缆总长 287.3 皮长公里。当年，改造前楼乡西埔湾用户线，使其农话用户并入市话自动系统。1990 年，架设西埔至县硅砂矿、东沈村、西埔湾、岱南等村电缆。1991 年，扩建杏陈、大嵝村、党校、岱南、陈城、澳角村用户电缆。1992 年，增设西埔至陈城、西埔至山口、西埔至亲营、西埔至梧龙、铜陵至城垵、陈城至山南、岐下的架空中继电缆和架空用户电缆，用户明线全部更新为电缆。全县取消明线电话线路。1993 年，新增电缆杆路有杏陈、前楼、陈城、樟塘共 40.14 杆公里。11 月，开通西埔至陈城光端机 2 端、西埔至杏陈光端机 2 端。同年取消铜陵至康美、西埔至康美埋地中继电缆。年底，中继电路全部实现传输数字化。至 1996 年 12 月，电话中继电路为 300 条，电缆长度为 646.7 皮长公里，光缆长度 23.2 皮长公里，利用长途光缆芯线开通光电路 92.8 对公里。此后，网路不断扩增。2008 年 12 月，电话中继电路 2468 条，光缆长度 150 皮长公里，利用长途光缆芯线开通光电路 1024 对公里。

（二）农村电话设备

1989 年初，县邮电局农村电话设备有 100 门磁石交换机 4 部，60 门磁石交换机 2 部，30 门磁石交换机 1 部，12 路载波终端机 2 端(套)。1990 年 7 月，新装农话、长话合用共电式交换机 1 部，总机门数 140 门。1991 年 4 月，陈城邮电所更新磁石交换机 100 门 1 部。1992 年 2 月，杏陈邮电所更新 100 门磁石交换机 1 部；拆除县邮电局农话台 140 门、康美邮电所 30 门磁石交换机 1 部。1993 年 12 月，杏陈、陈城邮电支局开通海南康威制式自动交换机各 512 门。全县取消“摇把式”电话。实现城乡电话自动化、交换程控化。1995 年 10 月，杏陈、陈城制式程控电话各增至 2048 门。此后至 2008 年，农话设备不变。

（三）农村电话业务

1989 年，农村电话业务有普通电话、电话副机合用电话、用户小交换机、分机、会议电话、中继线、专线电话。至 1996 年 12 月，全县农村电话用户 1757 户，年业务收入 490.68 万元。1998 年 12 月，全县农村电话用户 4508 户。2000 年 12 月，全县农村电话用户 13697 户。至 2008 年 12 月，全县农村电话用户 23737 户。

四、会议电话

1989 年，县邮电局装设会议电话汇接机 1 部，县委会议室装设 2 部会议终端机。1996 年，在铜陵邮电支局设立可视（电视）电话会议室。时，全县可视会议电话 31 路，会议电话 1 路。2000 年，县政府在县电信大楼 3 楼设立可视（电视）电话会议室。在东山电信局与县委会议室设有专线。至 2008 年上述设备不变。

五、168 信息台

1993 年 5 月 17 日，东山县开通“168”信息台，也称自动声讯服务台，为电话用户提供信息咨询服务。实用性为主，娱乐性为辅，内容涉及政策法规、邮电业务、公众服务、社会礼仪、百科全书、自动点歌等 20 种信息咨询。

六、有线宽带业务

1998 年 11 月 20 日，县电信局在铜陵开设电脑网络中心，开始经营有线宽带业务。2000 年，完成铜陵、西埔等 11 个点的设备扩容，新增 576 端口，总端口数 736 个。2002 年，东山电信分公司投建有线宽带交换设备 7 套，宽带网速率达 2 兆，容量共 1000 端口，覆盖全县所有乡镇。当年，全县有线宽带用户 507 户。此后，有线宽带用户不断增加。2005 年 12 月，全县有线宽带用户 2300 多户。2006 年，开展“宽带网优提质活动”和“大客户网络专项整治工程”，完成税务系统、保险公司等专线铺设、测试。全年，有线宽带障碍修复及时率达 99.5%，客户申告率降至 1%。2008 年，全县有线宽带交换设备合计容量 1.5 万端口，有线宽带用户 7879 户。

第二节　电报与无线寻呼

一、电　报

（一）电报电路

1989 年初，县邮电局电报电路共 5 路：东山至漳州明线载波电报电路，幻线电报电路，短波无线电报电路，东山至福州电缆载波电报电路，县邮电局至县气象站实线话传电报电路。1990 年 7 月 18 日，开通县人民银行至漳州报房出租用户电报电路 1 路。1991 年 8 月 25 日，增设 1 路“翰林”电报机，停用 3 部电传电报机，另 2 部电传电报机转备用，实现来报接收自动化。1993 年，漳州自动转报系统直接开通东山至福州报路，东山至漳州电传报路 1 路停用。同年 4 月，县邮电局报房通往各邮电支局（所）的电报改用真迹传真，取消话传。至 1995 年 12 月，县邮电局电路共 4 路：东山至福州（光纤电缆）、东山至漳州（无线）、县人民银行至漳州、县邮电局报房至铜陵气象台（话传）。至 2008 年，电报电路改为传真电报。

（二）电报设备

1989 年初，县邮电局电报设备有：15 瓦报话收发讯机 1 部，102－E81 型报话收发讯机 1 套，单路载波话机 3 部，单路真迹传真机 1 部(停用)，四路插报机 1 部，双四路插报机 1 部，电子电传机 2 部(备用)。1991 年 7 月，添置“翰林”智能终端机 1 部；同年 12 月，添置日本产短波单边带发信机 1 部。1993 年 4 月，添置日本佳能图文传真机 1 部；同年 5 月，铜陵、杏陈、陈城营业窗口添置 T40 型、T 型、T490 型各 1 部，用于与县邮电局报房互传电报。至 1995 年 12 月，县邮电局报房主要设备有：佳能传真机 1 部，西铁城打字机 2 部，翰林智能终端机 2 台，汉字电传机 2 台，稳压电源机 1 部，日本国产蓝波电台、国产“八一”型电台各 1 部，收报话收发信息用的整流器 2 部。2008 年，报房设备撤销，仅用传真设备。

（三）电报业务

1989 年，县邮电局电报业务有普通电报、汇款电报、天气电报、水情电报、特种电报、公电(邮电系统内部电报业务)，涵盖国内电报、国际电报及公众传真电报 3 种。当年，开办“公众真迹传真”和“公众用户真迹传真”电报业务。1994 年 6 月 1 日，开办鲜花、蛋糕礼仪电报业务。1995 年，全县国内电报出口量为 5.20 万份，国际电报出口 80 份，业务收入 9.7 万元。随着程控、移动电话的开通，及国内国际长途直拨电话业务的发展，电报业务量逐年下降。2000 年后，县内电报业务取消，改为传真。

二、无线寻呼

1991 年 7 月，在铜陵邮电支局建立无线寻呼台，信号覆盖范围为半径 25 公里，频率范围为第一频点，主要设备有无线寻呼操作终端机 2 部，发射机 1 部；7 月 16 日投入使用。同年 9 月 1 日，县邮电局开办无线寻呼通信业务，第一批装置满 50 户。年末，全县无线寻呼用户有 100 户。1992 年，用户为 453 户。1993 年 10 月，增开第二频点。1994 年 6 月，于县邮电局设立无线寻呼发射台，有发射机 1 部，频率范围 152.750MH，其无线寄挂在移动电话天线铁塔上。1994 年，用户为 1631 户。1995 年 4 月至 1996 年 9 月 7 日，铜陵邮电支局无线寻呼台相继增设第 5、3、6、7 频点，县邮电局（西埔）无线寻呼台相继增设第 2、4、5、7 频点。1996 年 12 月，用户为 10842 户。此后，随着移动通信业的发展，无线寻呼业务逐渐被淘汰。

第三节　移动通信

一、电信移动电话

（一）移动电话设备

1993 年 8 月 21 日，东山县政府与漳州市邮电局签订《关于建设东山县移动通信网协议书》。县邮电局投资 290 万元，在铜陵邮电支局建移动通信基站 1 座，引进美国模拟蜂窝移动通信设备，信道数 18+2 天线，采用全方位覆盖。铁塔及土建工程于 1993 年 11 月 10 日完工。12 月 26 日完成设备安装投入使用。1994 年初，县邮电局 4 楼建移动通信基站 1 座，6 月投入使用，并开通东山移动电话基站漳州市邮电移动电话局长途数字电路 30 条。1996 年 5 月，省移动通信局在杏陈、陈城邮电支局投建数字蜂窝移动电话基站，6 月 30 日开通使用。1997 年，新建模拟移动电话基站，至年末，全县有模拟移动电话基站 4 个 150 信道，模拟直放站 1 座 9 个信道，数字基站 7 座 13 个载频。1999 年 7 月 1 日，县电信局将部分移动通信设备划出，归新成立的福建移动通信东山分公司管理。2008 年 10 月 1 日，承接联通天翼业务，接收 CDMA 基站 23 座，新建基站 31 座，基站总数 54 座，提高网络覆盖范围。

（二）移动电话用户

1993 年 12 月，县邮电局移动电话用户 36 户。1994 年 12 月，全县用户 738 户。1996 年，全县用户 1996 户。1998 年 12 月，全县移动电话用户 8374 户。1999 年 7 月 1 日，县电信局将移动通信部分业务划出，归移动通信东山分公司经营。2006 年，推广超级无绳电话，推出“合家欢”、“全家福”、村村乐组网及欢喜系列，将超级无绳与建网相结合，促进农村家庭及商户使用超级无绳移动电话。同年 12 月，全县超级无绳总用户 11887 户。此后，超级无绳电话逐渐淘汰。2008 年 10 月 1 日，承接联通天翼业务，承接移动电话用户 5012 户。同年 12 月，全县天翼移动电话用户 7569 户。

（三）小灵通

2000 年初，投资 1500 万元建设无线环路市话系统。同年 8 月 29 日，东山电信分公司开办小灵通移动电话业务，年末，全县用户 16929 部。此后，不断增建与优化。2005 年 12 月，共建 500 兆瓦基站 80 座、优化 200 兆瓦基站 25 座。2006 年，以村为单位进行天线倾角更换、高杆试点、直放站测试等，调整出 13 个 500 兆瓦基站用于市场热点区域覆盖；整治基站，提高网络运行稳定性、安全性。2008 年 12 月，全县小灵通基站 750 座，全县小灵通移动电话用户有 2.4 万户。

二、移动通信电话

1999 年 7 月 1 日，县电信局划出移动通信部分业务，归新成立的福建移动通信有限责任公司东山分公司。开始在县内建移动通信基站。业务主要有“全球通”“八闽通”。当年末，营销代办点 28 个，全县移动电话用户15093户。年业务收入287万元。2000年，推出“全球通2000”“神州行”“神州行2000”移动电话新业务。5月，在东山海域兄弟岛（大柑岛）建全省首座海上移动通信基站，投资200万元，采用太阳能供电，8月25日完成设备安装。2003年，将各移动业务品牌整合为“全球通”“动感地带”及“神州行”；在各镇增设办事处。2006年12月，东山移动“村村通”网络工程建设完成，移动通信覆盖率100%。2008年11月，撤销兄弟岛（大柑岛）移动通信基站。年末，移动通信电话用户4.6万户。

三、联通移动电话

2002年2月，中国联通有限公司东山分公司建GSM基站，至年末共建GSM基站21座；同年开始建CDMA基站。至2005年12月，公司在7个乡镇共设立GSM基站35座，CDMA基站29个；全县GSM信号覆盖达93%，CDMA信号覆盖达95%。2007年，全县有GSM移动电话用户1.8万户，CDMA移动电话用户1.1万户。2008年10月1日起，有23座CDMA基站移交县电信局管理。年末，全县联通移动电话用户3.5万户。

第四节　管　理

一、机　构

（一）东山县电信局

1989年，沿设东山县邮电局（1997年9月，在东山经济技术开发区建东山电信大楼，占地面积19329平方米，建筑面积13200平方米，2001年4月30日投入使用），位于西埔城区新城中路。

1998年9月，邮政、电信机构分设。县电信局内设办公室、财务室、市场部、建设维修部，下辖4个分局：西埔分局、铜陵分局、陈城支局、杏陈支局，干部职工共65人。2004年1月，电信局加挂福建省电信有限公司东山县电信分公司牌子。2008年1月，加挂中国电信股份有限公司东山分公司牌子。年末，电信局内设生产经营管理、人员调配、财务、材料设备、技术质量监督和安全保卫等科室，下辖4个分局，31个模块机房，4个营业网点，17个社会代办点。干部职工共61人。

电信局下辖单位：

西埔电信分局　2001年4月，成立西埔电信分局，位于电信大楼内，管辖西埔、前楼、宅山、石埔、坑北、南山、樟塘、梧龙电信业务。2008年，有工作人员10人。

铜陵电信分局　1989年，沿设铜陵邮电支局，位于铜陵镇五里亭邮电综合大楼，管辖铜陵、康美两镇邮电业务。1998年，改设铜陵电信分局，主营市话、长话业务，内设铜陵机房、机线组、营业组，职工24人。2008年，有工作人员21人。

陈城电信支局　1989年，沿设陈城邮电支局，位于陈城村。1996年有职工6人。1998年，改设陈城电信支局。2005年，有职工9人（其中正式工1人）。2008年，有工作人员6人。

杏陈电信支局　1989年，沿设杏陈邮电所，位于前何村。1991年3月，升格为杏陈邮电支局。1996年，有职工7人。1998年，改为杏陈电信支局，管辖杏陈、前何、后林、张家、高陈、大嶝电信业务代办及维护工作。2008年，有职工6人（其中正式工1人）。

康美邮电所　1989年，沿设康美邮电所，位于康美村，职工4人。1998年该所撤销。

（二）福建移动东山分公司

1999年7月1日，将东山县电信局移动通信部分划出，成立福建移动通信有限责任公司东山分公司，隶属于漳州移动通信公司。2006年11月14日，东山移动分公司更名为“中国移动通信集团福建有限公司东山分公司”。内设机构多次变动，至2007年，有综合办公室、网络建维室、营销室、客户服务室及服务业务管理组；下辖南市营业厅、铜陵营业厅、陈城营业厅、杏陈营业厅。2008年，公司员工共81人，其中正式职工8人，合同工2人，聘用制职工71人。

（三）东山联合网络通信分公司

2002年1月，成立中国联通有限公司漳州分公司东山办事处。2004年2月6日，成立中国联通有限公司东山分公司，仍隶属漳州分公司，内设经理办公室、综合部、市场部、客户服务部及铜陵办事处；外设营业厅4个、代办点60个。2008年10月，东山联通分公司与东山网通合并，称中国联合网络通信有限公司东山分公司。是年12月，该公司（含营业厅）有工作人员30人。

二、企业经营管理

（一）电信经营管理

1.技术质量管理 1989年，县邮电局运用先进的技术手段进行网络管理。是年，西埔综合机房被省电信局评为先进集体。1995年，西埔程控机房被省电信局评为先进集体。1996年后，不断加强装移机和修障的考核，并逐步建立覆盖全县、数字光缆传输为主的智能化的立体交叉的公众多媒体通信网络。通过运用先进的网络管理手段，城乡电话网、传输网、接入网、数据通信网和业务支撑网等不断优化，网络运行质量提升。2008年，全县所有建制村均通电话，CDMA网络、小灵通网络覆盖全岛。

2.业务管理 1989年，县邮电局对外实行服务制度公示；经常检查公用电话点收费情况，处罚乱收费现象。对企业内部实施系列改革，整合原机构，重新制定岗位职责。贯彻“用户至上，用心服务”服务理念，建立和完善大客户、社区、农村以及“180”台四大服务渠道。开展青年文明号活动，有两个单位获得“市级青年文明号”。建立“110”联动应急抢修队，开展上门、流动等多元化服务。在全省电信行业服务质量测评活动中，连续数年获“综合满意度第一名”，连续三届被评为“省级文明单位”。

3.财务管理 1993年7月1日，实行新的会计制度。1994年，开展清产核资。1996年起，加强成本核算，注重企业利润考核。1998年9月，完成邮电、邮政财务分离工作。1999年，制定成本费用控制管理办法。2006年，强化财务管理、内控管理；按照省、市公司要求，全部实行网上报账。

（二）移动通信经营管理

1999年，东山移动通信分公司独立运营后，由漳州移动通信分公司统一管理，实行定员、定岗、定额制度。2000—2004年，东山移动通信分公司不断完善财务管理制度，加强稽核与财务检查，严格成本费用开支范围和标准，压缩非生产性支出，降低成本费用水平。2005年开始，实施预算管理。从制定公司经营目标总预算，到每个项目成本预算，将公司业务、收入、支出、利润、资金流动纳入全面预算管理体系。通过考核，强化预算管理的执行力度。同时，加强资金安全管理，完善内控制度，加强计费、收费、缴费、欠费等环节的稽核检查。公司于2003年10月被福建省消费者委员会评为省级诚信单位。

（三）联通通信经营管理

2004年2月，东山县联通分公司开始运营，由中国联通有限公司漳州分公司统一管理，其经营事项有国内长途通信、国际长途通信、移动通信、无线寻呼、互联网络通信和IP电话业务。公司拥有全球应用最广泛的WCDMA 3G技术。该公司对各部门、科室及营业厅实行定人员、定任务、定奖惩制度，每月检查，每季初评，年终总评奖励。该公司建立健全经营管理制度，对外发布《关于客户信息收集、使用规则的公告》，规定客户应出示合法有效真实证件，否则，不提供服务；并依法保护个人信息，严格保密。该公司向公众发出《中小企业“提速降费”公告》，下调互联网专线、企业宽带的标准资费，以提高企业竞争力。

第六卷　水　利

东山县境内无天然江河湖泊，水源靠降水补给。1989—2008 年，县水利部门大力开展农业水利建设，提高防洪抗旱能力。每年都投入资金和劳力维修水库、清淤渠道，建山地蓄水池、节水灌溉工程，建机灌站，维修水闸，抢修水毁设施，开展小流域水土流失综合治理，改善灌溉条件；建海堤，并对原有海堤进行除险加固。2004 年，开始实施福建省政府“六千”水利工程项目（千万农民饮水工程、千座水库保安工程、千万亩节水工程、千公里河道清水工程、千万方山地水利工程和千万亩水土流失治理工程建设），实施村村通自来水工程。改善农村生活用水与灌溉条件，提高抵御自然灾害能力，促进工农业生产的发展和民众生活水平提高。

1989—2008 年，累计投入冬春水利设施建设资金 23225 万元、投入劳力 1764.58 万工日，完成土石方 1553 万立方米，改善（恢复）灌溉面积累计 11539 公顷，水毁修复 667 处，清淤沟渠 1383 公里，疏浚河道 72 公里，新增蓄水能力 179 万立方米。全县 28 座水库都经过分期分批除险加固，有节水喷灌工程 6 处，机灌站 10 座、电灌站 2 座；新建海堤 10 条；加固维修海堤 3 条。自来水输水管网全部进行改造，主输水道总长 50 公里，实现村村通自来水。

第一章　水利工程

第一节　蓄水工程

一、水库除险加固

1989 年，全县有小（1）型水库 1 座，为红旗水库，总库容 329 万立方米，渠道总长 22.1 公里，有效灌溉面积 405 公顷；小（2）型水库(库容 10 万～100 万立方米)27 座，总库容 860.18 万立方米，渠道总长 62 公里，有效灌溉面积 808 公顷。小（1）、小（2）型水库因年久，水库出现坝身渗漏，放水设备失灵，涵洞损坏漏水、溢洪道冲刷损坏等险情。1990 年，县水利部门争取专项水利经费，实施水库除险加固。采用混凝土衬砌灌溉渠道和清淤维修，达到渠道防渗节水标准。当年，清淤维修红旗水库宅山至双东段、东井水库牛仔林渠道。1991 年，实施山兜水库大坝除险加固及缺口翻填，并对岱南、红旗水库进行灌浆除险加固。2004 年，开始实施福建省“千座水库保安工程”。至 2008 年，完成陈城水库、山兜水库、龙潭水库、城南水库、南正院水库、西山岩一级水库、西山岩二级水库、叶厝水库、三八水库、径口水库、会东水库、钱岗水库、张家水库、东英水库、岱南水库、东沈水库、前坑洞水库、崎坑水库等 18 座小（2）型水库除险加固，投资 385.98 万元。至 2008 年，全县 28 座水库都完成除险加固。

1989—2008年东山县水库建设维修情况表

表6-1

水库名称	集雨面积（平方公里）	库容（万立方米）	渠道长度（公里）	灌溉面积		第一次建设的竣工年月	维修年份	维修资金（万元）
				有效（公顷）	保灌（公顷）			
红旗水库	3.00	329	22.1	405	177	1963.3	1991	45.5
龙潭水库	1.43	80.5	2.14	61	35	1958.7	2004	30.2
崎坑水库	0.36	35.38	0.5	20	16	1978.10	2007	25
会东水库	0.33	18.85	2.28	19	10	1958.10	2005	14.2
新乡水库	0.20	13.24	0.58	11	6	1961.5	1995	15
人底水库	0.5	12.01	2.17	28	5	1957.3	1995	11
西山岩二级水库	0.96	70.70	5.33	53	26	1959.12	2006	33.4
西山岩一级水库	0.62	39.45	0.5	35	17	1956.7	2005	31.5
八一水库	0.75	51.50	3.6	25	13	1959.12	1996	18
东井水库	0.70	22.60	1.2	28	20	1960.1	1990 1993	38.2
张家水库	1.01	48.00	3	60	38	1958.6	2007	23
前坑洞水库	0.25	12.70	1.3	21	10	1962.3	2008	22.5
笼底水库	0.62	31.05	3.92	35	15	1970.8	2000	25
林牛仔水库	0.78	26.30	1.6	43	12	1959.5	1990	10.1
后方坑水库	0.1	11.38	1.50	15	12	1979.1	2000	20
径口水库	1.1	11.00	1.12	11	3	1980.10	2005	12.6
东英水库	0.4	61.00	2.70	25	8	1959.12	2007	23.6
前楼水库	0.68	50.30	3.61	35	15	1961.4	1997	20
岱南水库	0.25	22.66	2.57	25	22	1963.4	1991 2008	15.2 25.2
叶厝水库	0.45	19.00	1.95	14	5	1959.11	2005	18.6
城南水库	0.4	22.25	1.95	25	12	1959.4	2004	30.5
东沈水库	0.3	20.20	2.40	28	11	1961.12	2008	26.1
钱岗水库	0.1	8.71	0.87	7	5	1978.8	2005	22.6
三八水库	0.1	19.25	2.00	19	9	1973.5	2005	19.5
南正院水库	0.3	17.80	2.56	17	8	1959.2	2005	30.6
多泥坑水库	0.2	19.05	0.30	11	9	1980.8	2000	20
陈城水库	1.4	66.90	4.00	99	43	1962.6	2004	30
山兜水库	0.8	48.40	7.20	45	21	1965.10	1991 2004	20.3 36.5

二、梧龙矿坑集雨工程

2003年，县投入24万元修建梧龙矿坑集雨工程，开沟疏导雨水集中引入矿坑。每年集蓄雨水100余万立方米，有效灌溉面积405公顷，提高地下水位，改善周边生态环境。

三、山地蓄水池建设

1989年，县水利部门继续利用山地水沟、水塘，经改造扩建为蓄水池。1990年,修复亲营西沟围塘、岐下围塘、山南围塘工程。2004年，建成前楼镇山地蓄水池50口，总容积2400立方米，投资24.7万元。2005年，建成铜兴山地蓄水池30口，容积1450立方米，投资17万元。2006年，建成西埔山地蓄水池50口，容积2380立方米，投资28万元。2007年，建成杏陈山地蓄水池8口，容积450立方米，受益面积5公顷，投资23.5万元。2008年，全县建成山地水利蓄水池28口，容积1650立方米，新增蓄水能力0.133万立方米。

第二节　节水灌溉工程

一、散片节水喷灌工程

1989年，东山县散片节水真空井、机井主要分布在康美、白埕、梧龙等地，共有各式真空井150多眼，农民常年维护使用。1990年，县水利部门进一步发动与指导农民开展节水喷灌工程建设，主要采用建固定式、半固定式、移动式等节水喷灌系统。当年，在杏陈地区建低压管灌工程，新建机井、真空井26口（眼），清淤井20口，配套机械抽水、喷灌设备45台（套），喷灌面积90公顷，总投资65万元。2002年，全县散片节水喷灌工程新建的机井、真空井397口（眼），清淤井105口。2004年，开始实施省“千万亩节水工程”。当年，投资75万元，建设康美片节水灌溉面积200公顷。2006年，投资52万元，建设西埔梧龙节水灌溉片，面积133公顷。2007年，全县新增节水灌溉面积480公顷。2008年，建设节水灌溉面积47公顷，投资75万元。至2008年12月，全县散片节水灌溉工程6处，地下水涵道共13条，长13914米，机井21眼、沉井20口、真空井500多眼。全县喷灌面积1167公顷，分布于杏陈片、康美片、湖塘片、白埕片、梧龙片、探石片。

二、万亩芦笋节水灌溉示范工程

2000年1月，县水利部门在陈城镇建万亩芦笋节水增效灌溉示范工程。至2003年初，共建机井38眼、真空井1215眼，清淤井81口，配套抽水、喷灌设备207台（套），埋设硬塑管道长9750米，总投资303.12万元，完成工程土石方3.5万立方米，喷灌总面积889公顷。

第三节　引提水工程

一、引水工程

1989年，东山县引水工程延续为向东渠，从云霄峰头水库引水入红旗水库，全线85.81公里。向东渠因年久失修，渡槽老化，有的U型槽露筋，险情隐患多。其中全长4.325公里的八尺门跨海渡槽，出现槽身扭曲，接头处脱位漏水，多处排架倾斜。1990年，县水利部门实施向东渠道除险加固，维修渠道总长1270米；对八尺门渡槽各伸缩缝采用新型材塑胶煤焦油进行防渗，处理渗漏面积5610平方米。1996年，成立向东渠岛外引水维修配套工程指挥部。9月开工维修杜塘至东山八尺门渠段，长25.4公里，维修改建八尺门渡槽4352米。

实施红旗水库大坝加固。1997年1月竣工，投入资金总额1050万元，采用塑膜砂浆防渗技术，完成土石方 7.2 万立方米（其中石方 1.4 万立方米），塑膜砂浆 20.3 万平方米。

二、提水工程

1989 年，全县有机灌站 76 处，装机 81 台（套）共 1232 千瓦（1675 马力）；电灌站 16 处，装机容量 282.5 千瓦。当年，新建前何白沙机灌站；将马銮、城垵、宅山 3 座机灌站改为电灌站。此后，因大型机械设备不适应家庭联产承包责任制的分散使用，逐渐改为小型移动式离心泵抽水机，由抽水专业户购置。用水户聘请专业户抽水送水，按抽水时间收费(每亩灌水一次收 4～10 元不等)。1996 年，全县有农用电动机 23 台，喷滴管灌机械 509 套，农用水泵 445 台，机电井 213 眼，泵站 2 个。2006 年，全县有排灌动力机械 3161 台，节水灌机械 400 套，排灌站 54 个，机电井 365 眼。2008 年，全县有农用水泵 3010 台，年灌溉面积 3400 公顷。

第四节　堤防工程

一、海堤建设

（一）冬古海堤建设

冬古海堤位于西埔镇冬古村东南面，属保护农田堤防。1992 年 9 月，动工建设，全长 1000 米，坝型为斜坡式，堤顶高程 6 米，顶宽 3 米，防浪墙高 1.2 米、宽 3.5 米。总投资 350 万元，1994 年 6 月完工。1998 年 6 月至 2000 年 6 月，加固冬古海堤内外护坡 1 公里，投资 80 万元。

（二）杏陈海堤建设

杏陈海堤分布于杏陈镇后林村、磁窑村、高陈村、前何村、埕英村、埔头村、大嶂村，属保护农田、盐场堤防。1992 年，动工建设，全长 17720 米，坝型为斜坡式，堤顶高程 3.9 米，顶宽 4 米，防浪墙高 0.80 米、宽 2.5 米，总投资 750 万元。1997 年 10 月完工。

（三）屿南湾海堤段建设

2001 年 5 月，屿南湾海堤段动工建设。位于铜陵镇东南面，属保护农田堤防。全长 500 米，坝型为斜坡式，堤顶高程 6.5 米，顶宽 12 米，防浪墙高 1 米、宽 3.5 米，总投资 180 万元。2002 年 3 月完工。2006 年，被列为省第五期利用国债资金海堤除险加固工程项目。

（四）对面屿防波堤建设

对面屿防波堤位于铜陵镇北面。计划新建 3 段防波堤，全长 1040 米，投资预算 1530 万元。2005 年 4 月动工，完成堤心石抛填主体工程，进入堤面埋坡和插砌条石施工。至 2008 年 12 月，防波堤 3 段全部建成，总长 1040 米。

（五）金銮湾海堤建设

金銮湾海堤位于康美镇康美村东面，属保护农田堤防，全长 4300 米。2006 年动工，被列为省第五期利用国债资金海堤除险加固工程项目。至 2008 年 12 月，完成 1100 米堤段的基础填埕,堤顶高程 5.5 米，顶宽 2.5 米，防浪墙高 1～2 米、宽 2.5 米，总投资 840 万元。

二、海堤维修

（一）南门海堤加固维修

南门海堤位于铜陵镇东南面。全长 1204 米，南段土坝长 720 米，属保护农田堤防；北段石坝长 484 米，属保护住宅、市区安全堤防。堤顶高程 5～7 米，顶宽 3 米，防浪墙高 1 米、宽 0.8 米。1989—2008 年，对南门海堤进行 3 次较大规模的除险加固。1992 年 9 月至 1996 年 12 月，完成省第一期海堤加固达标 1.5 公里和海堤管理房建设，投资 201 万元。1998—2000 年，对 1 公里堤段进行三面护砌、放浪墙及堤后排水建设，投资 149.4 万元。2001—2002 年，进行二期扫尾和三期加固，并建防汛堆料平台、防汛公路，投资 187.3 万元。

（二）港西海堤维修加固

港西海堤位于樟塘镇港西村北面（1975年12月建成）。海堤长985米，属保护农田堤防。1993年，实施达标加固维修560米。此外，东山县御潮海堤工程建设还完成澳角防波海堤、湖塘海堤、下西坑海堤、大嵊海堤、小彭屿防波堤5个堤段，共长4.2公里的维修加固。

2008年10月，东山县的陈城海堤、杏陈海堤、长山尾海堤和康美海堤4个堤段，共长8.68公里，被列为省六期海堤除险加固项目。

第五节　围垦与治涝工程

一、围垦工程

（一）围垦工程数

1989年，东山县有围垦工程16处，海堤长共5519.5米，围垦面积共2540公顷。1993年，实施小澎海区围垦，海堤长300米，围垦面积36公顷，垦区内开展网箱养殖，有网箱约1000口，牡蛎吊养3.33公顷，扇贝吊养1.33公顷。此后，以西埔湾围垦除险加固为重点，多次对围垦海堤进行除险加固。2008年，全县围垦工程17处，海堤长共5819.5米，围垦面积共2712公顷。

（二）西埔湾围垦除险加固

西埔湾围垦工程（1983年全部完成）海堤长4350米，垦区总面积2167公顷，纳潮排洪闸两座15孔（南堤排洪水闸3孔，北堤排洪水闸12孔）。工程完工后，多次对海堤进行除险加固。1989年，实施西埔湾围垦工程海堤护坡加固，完成土石方1600立方米；新建垦区内隔堤3条；水闸8座。1991年10月，翻砌外护坡，将乱石砌坡改为条石丁砌。1992年3月，进行达标加固，共投入资金184万元。1998年10月，对3座水闸和2条排水沟进行除险加固，完成土方19480立方米，石方5670立方米，水泥170.34吨，钢材14.44吨，碎石141.32立方米，沙子342.39立方米，投工25012工日，总投资613.446万元。2000年6月完工。其中，内护坡翻修2339米；浆砌排水沟4300米；建设普通水泥公路200米及海堤内外潮水位观测房。2001年，修复水闸外侧工作桥板60米，更换启闭机12台、电动机12台、螺杆11支；水闸内侧砌筑导流墙82米和水闸内外坡加固；外导流墙浆砌块石24米；更换水闸板10片及胸墙墙板等。此后，至2008年，只对海堤内设施进行修复。

二、治涝工程

（一）桥闸

1989年，东山县有治涝排水沟13.5公里，排水闸26座，闸前普遍设置较大调节池，治理内涝160公顷。当年，对高陈水闸进行维修。1990年，新建岐下水闸和港西水闸。此后，陆续新建、改建、加固一批水闸。至2008年，全县有水闸31座，治理内涝234公顷，新增除涝面积73公顷。

（二）埭溪治理

1989年，县水利部门实施埭溪治理。主要有东陂溪、铜钵埭溪、东赤港、樟塘溪、下湖溪、陈城竣沟、湖尾竣沟等治理。1991年春，治理东赤港，改线670米。1998年6月起，实施东陂溪（长800米）排涝工程，对堤岸闸库进行加固，完成土石方42.8万立方米，投入46.7万工日，投资323万元。至2008年，东陂溪全程清淤，完成土石方0.336万立方米，投资16.5万元。铜钵埭溪排水沟完成全程清淤，投入土石方0.36万立方米，投资8万元。樟塘溪完成清淤3公里，投入土石方1.2万立方米，投资26万元。下湖溪清淤0.5公里，完成土石方0.5万立方米，投资10.5万元。陈城竣沟完成清淤1.5公里，投入土石方1万立方米，投资20万元。

1989—2008年东山县冬春水利建设情况表

表 6-2

年份	劳力投入（万工日）	完成土石方（万立方米）	总投资（万元）	改善（恢复）灌溉面积（公顷）	水毁恢复（处）	新增蓄水能力（万立方米）
1989	32.27	27.00	58.10	333	—	—
1990	45.55	37.63	115.50	40	—	—
1991	75.93	62.68	646.19	320	—	—
1992	107.46	71.66	668.37	340	—	—
1993	48.24	42.51	450.29	247	—	—
1994	122.21	105.52	382.00	487	—	—
1995	117.66	81.90	775.5	333	—	—
1996	50.25	69.39	1450.00	1327	—	—
1998	25.61	23.25	305.00	140	—	—
1999	63.90	65.99	678.33	1060	53	15
2000	116.10	114.80	1462.00	80	52	—
2001	118.20	117.00	1360.00	1240	65	40
2002	108.50	104.70	4903.00	247	102	—
2003	86.90	84.20	1515.00	1073	75	27
2004	160.20	145.20	2785.00	340	101	30.8
2005	137.00	111.00	1726.00	327	50	0.4
2006	135.00	90.00	1155.00	1533	43	65
2007	102.00	98.00	1250.00	1400	65	0.26
2008	111.60	100.10	1540.00	672	61	0.13
合计	1764.58	1552.53	23225.28	11539	667	179

第六节　饮水工程

一、饮水水源

1989 年，东山县饮用水延续从云霄县峰头水库引水储于东山县红旗水库。红旗水库仍是县内饮用水的主要水源，峰头水库引水作为饮用水的主要调节水源。1990 年，建梧龙硅砂湖，为饮用水的补充水源。

1997 年，再引入杜塘水库水源为县内饮用水的补充水源。2000 年，梧龙硅砂湖不再作为饮用水的补充水源。2006 年 10 月，划定红旗水库为县内饮用水水源保护区。2008 年，县内饮用水水源仍为红旗水库。

二、自来水工程

1989 年，县自来水厂日产淡水 5000 立方米(位于顶西村北)，水源来自红旗水库，调节水源为向东渠引水。1990 年 1 月，在梧龙硅砂矿区建日产 2000 立方米的取水泵房，作为净水厂补充水源，铺设 1 条直径 200 厘米铸铁输水管道至西埔净水厂，总长 5 公里，投资 70 万元，当年 5 月供水。1991 年，扩建日产万立方米水厂，完成清水池、过滤池、沉淀池的土建和部分设备的安装，投资 100 多万元。1992 年，建沉淀池、清水池、吸水井、加药车间、化验室和一级、二级泵房。主输供水管道3条：从一级泵房到净水厂的铸铁输水管道，长2712米；从净水厂至铜陵镇配水厂，长9227.5米（口径均为400毫米）；从净水厂至西埔城区，安装各种型号输水管道共5320米，为机关、厂矿和居民供水。1993年，延伸直径20毫米以上管网8.14公里，延伸直径80毫米以上管道1.85公里。1994年，延伸输水管道、管网12公里（其中直径80毫米的管道5.3公里）。1996年9月，对向东渠全线进行扩建，改造杜塘至东山八尺门渠段，引入杜塘水库水源补充县内饮用水。2002年4月，建设县自来水日产5万立方米扩容工程。工程包括建自来水厂，在红旗水库建取水泵房，铺设DN800浑水管道3.5公里,总投资850万元。在西埔净水厂建沉淀池、清水池泵房等基础设施；改造西埔、铜陵两地管网，总长15公里，改镀锌管为塑料管。2003年10月，该工程完工。2003年初，改造西埔净水厂至铜陵配水厂主输水管道，新铺设1条长9.5公里DN500主输水管道，总投资7400万元。2004年初，投资200万元，建东山经济技术开发区至大嶝自来水管网，铺设1条长6公里DN200主输水管道。同年10月，大嶝村自来水通水。2006年6月2日，开工建杏陈镇（前何村、埕英村）自来水管网。从径口村管网接入，铺设1条长3.2公里DN200输水管道。同年10月16日完工，投资178万元。2007年4月，投资750万元，建西埔至陈城镇宫前村自来水管网，铺设一条总长16公里的DN315管道(陈城至宫前铺设DN250管道)。5月，建西埔至前楼镇自来水管网，铺设1条长3.6公里DN80输水管道，7月21日，前楼镇自来水通水，投资150万元。同年12月12日,西埔至陈城镇宫前村自来水通水。

2008年12月，全县自来水输水管网总长50公里。其中，主输水管道7条：一级泵房到净水厂、净水厂至铜陵镇配水厂、净水厂至西埔城区、西埔城区至大嶝、径口至杏陈镇（埕英村）、西埔至陈城镇宫前、西埔至前楼镇。用水户33243户，年供水852万立方米（其中，西埔区域自来水输水管网总长35公里，用户13243户，年供水量348万立方米）。

三、农村自来水建设

1989年，农村饮用水仍以公用水井和家庭水井为主，其中家井20%有机泵、水管、贮水池等配套设施。是年，开展饮用水源调查，全县饮用水源4035处，其中公共水井1023处，私人水井3012个；有自来水站、点7处。此后，有些村因地下水位下降、水质恶化，选择新址打大井；有的铺设自来水管，引山围塘水饮用；有的引用县自来水厂的自来水。至2004年，全县有铜兴、西埔、顶西、冬古、亲营、樟塘、湖尾、南山、下湖、东沈、美山、前何、埕英、陈城等14个建制村通上自来水。2004年6月22日起，实施福建省“千万农民饮水工程”。对西埔、铜陵地区主要自来水输水管网进行改造；对全县农村自来水建设进行全面规划，实施建制村自来水管网与县自来水输水管并网,实施村村通自来水管网、户户用自来水的工程。2005年，石埔、金石、山南、白埕、钱岗、西崎、港西、前马、叶厝和后林等村完成自来水管网建设。此后,每年完成数个建制村自来水建设。至2008年，又有宅山、梧龙、双东、坑北、探石、顶西坑、坑内、大嶝、张家、康美、马銮、城垵、铜钵、岱南、东英、南埔、山口、宫前、黄山等19个建制村及龙潭社区，完成自来水管网建设。西埔、铜陵各社区完成自来水输水管网改造，总投资700万元，受益群众12.23万人。2008年12月，县境有34个建制村和（社区）用上自来水。

第二章　防汛抗旱

第一节　防灾减灾体系建设

一、防汛抗灾机制

每年5—10月为东山县防抗台风的防汛期。1989年,成立东山县防汛抗旱指挥部,调整充实指挥部成员,实行领导包堤包库岗位责任制,组织抢险队,健全防汛值班制度。此后，在每年台风、汛期前,县委、县政府均召开防灾减灾工作会议。县防汛部门组织技术人员检查海堤、水库、闸坝、渠道、泵站等水利设施，做好水情、雨情、风情监测的预测预报。实施海堤、水库、闸坝、渠道、泵站维修、加固等措施。台风、汛期期间，县主要领导、分管领导均到县防汛抗旱指挥部值班；全县各镇、县直机关实行 24 小时值班，进村入户落实防抗灾害工作。1990 年，县成立以防汛专家组和民兵预备役为主的抢险总队，并设有 6 个防汛专业组，县、镇、村抢险应急分队均 24 小时集结待命。制定与实施防汛抗灾工作预案，完善各级防汛抗灾责任制；县政府、县防汛办编制《东山县防洪抗台风应急预案》，并下达各镇政府和防汛抗旱指挥部成员单位。2003 年 3 月，建设潮水位监测系统、雨情监测系统、风情监测系统。在县海洋站建潮水位监测点；在陈城、铜陵、西埔镇区建雨情监测点；在铜陵南门海堤建风情监测点。2008 年，县级、部门、镇、村（社区）均设有防汛抢险应急分队，防汛抢险期间均 24 小时集结待命防灾。

二、物资储备

1989—2008 年，东山县在台风、汛期前夕，落实抢险抗灾物资储备。每年在一线储备物资有编织袋、救生衣、冲锋舟等；同时，增加二线防汛物资储备，各镇和各水利工程单位也均有防汛物资储备。2008 年，县级备有编织袋 10 万条，以及沙、碎石料、装载车及运输车辆。

第二节 抗 旱

2001 年 9 月下旬至 2002 年 5 月中旬，东山县境累计降雨量仅 68.9 毫米，为多年同期平均降雨量的 18%。全县 27 座小（2）型水库基本干涸，小（1）型红旗水库多次从云霄杜塘水库紧急调水，西埔、铜陵两镇采取定时限量和分区轮次供水，其他镇有 18 个村 3.61 万民众饮用水靠外运。全县农作物受旱 4666 公顷，经济损失 1.32 亿元。旱情发生后，县委、县政府多次召开抗旱工作专题会、现场会，制定落实抗旱措施，下派干部入村帮助抗旱；县财政紧急拨下抗旱资金 150 万元，县抗旱服务队、水利技术员到旱情“重灾村”指导群众打井挖沟蓄水；县水政监察大队全天候巡查红旗水库等水利设施。全县民众全力投入抗旱和生产自救，共投入抗旱设备 3000 多台套，新挖机井、真空井 397 口，清理淤井 105 口，清理沟渠 78 公里，出动运水车辆 4100 车次，灌溉农作物 4.8 万公顷，投劳力 62 万工日、资金 1530 万元。

第三节 防 汛

一、热带风暴灾害

1990 年 6 月 29 日 18 时，当年第 6 号台风正面袭击东山，持续 14 小时暴雨。全县农作物受灾面积 3200 公顷；受灾户 18408 户、105870 人，死亡 4 人，伤 113 人；倒塌民房 501 间，损坏船 142 艘。全县经济损失共 4600 多万元。

1991 年 10 月 1 日，当年第 19 号台风正面袭击东山，最大风力达 12 级，风速 39 米/秒。全县经济损失 1586 万元，2 人失踪。

1996 年 7 月 21—27 日，当年第 7 号台风影响东山县，8 级以上大风持续 10 小时，降雨量 262.9 毫米。全县芦笋园受淹 1400 公顷，虾池决堤受淹 280 公顷，原盐损失 18 万吨，网箱养殖损失 100 多万元，房屋倒塌 5 间，直接经济损失 3570 万元。

1998 年 10 月 27 日，受当年第 10 号强台风影响，灾情严重，直接经济损失计 12554.215 万元。

2001 年 7 月 5 日，当年第 4 号台风“尤特”影响东山全境，持续 12 小时，最大风速 27.7 米/秒，过程雨量 61.5 毫米，又值天文大潮。海堤冲毁 1369 米，道路水沟冲垮 6320 米，渔船破损 6 艘，成品盐受淹 62 吨，危房倒塌 19 间。直接经济损失 6000 万元。

2005 年第 10 号强热带风暴“珊瑚”，于 8 月 11 日 14 时在菲律宾以东海面形成，后向西北方向移动，13 日 12 时 45 分在广东澄海登陆。东山县从 12 日 9 时起出现 8 级东北大风，而后风力逐渐加强，17 时出现 10 级大风；13 日 5 时 35 分出现 11 级大风，7 时 5 分出现 12 级以上大风。12 日 19 时 30 分开始降雨，13 日 8 时至 14 日 8 时日降雨量 180.4 毫米，过程雨量（至 15 日 8 时）248.1 毫米。截至 8 月 15 日 10 时，全县经济损失 11180 万元。其中，芦笋园受灾 1333 公顷，损失 2400 万元；果林受灾 1667 公顷，损失 900 万元；蔬菜地受灾 267 公顷，损失 400 万元；网箱养殖受损 318 个，损失 2745 万元；滩涂养殖受损 66.7 公顷，损失 300 万元；虾池养殖受损 1000 公顷，损失 1600 万元；林木受损 27 万株，损失 940 万元；盐田受损 3866 公顷，损失 156 万元；渔船受损 37 艘，损失 280 万元；道路冲毁 5 处 1500 米，损失 160 万元；堤坝冲毁 4 处，共 1325 米，损失 238 万元；涵洞冲毁 7 处，损失 40 万元；民房倒塌 54 间，损失 308 万元。

2006 年 5 月 16 日，第 1 号强台风“珍珠”影响县境。风力强，县境 11 级以上大风持续 12 个小时以上，为近 20 年罕见。台风登陆时，恰逢天文大潮涨潮期，县境出现接近或超过警戒水位的高潮位。台风带来强降雨，过程雨量 220 毫米，局部超过 280 毫米。至 5 月 18 日 11 时，全县经济损失超 5 亿元。其中，农业受灾 4200 公顷，损失 4100 万元（含芦笋受灾面积 1333 公顷，经济损失 2400 万元）；渔业损失 3.52 亿元（渔船受损 165 艘，损失 3800 万元；网箱养殖受损 1.74 万个，损失 7350 万元；滩涂养殖受灾 1760 公顷，损失 2.17 亿元；岸上工厂化养殖受损 256 家，经济损失 1626 万元）；盐田受灾 1100 公顷，损失 3050 万元；水利设施损毁 20 处，损失 1093 万元；林业、电力、通信、道路、工矿企业、民房及市政设施等损失 6609 万元。

二、重大灾害抗灾纪要

2005 年 8 月 11 日，县委、县政府接到台风警报后，立即启动防抗台风工作预案，县五套班子领导成员即刻赶赴各挂钩镇、村；镇领导班子成员深入各村指挥抗灾；全县各有关部门迅速行动，强化各级防抗台风责任制。各镇、各有关单位实行 24 小时防汛值班制。组织所有渔船进港避风；渔排、网箱上的人员在规定的时间撤离上岸。因提前部署，准备充分，全县无人员伤亡。

2006 年 5 月 15 日，县委、县政府接台风“珍珠”警报后，立即全面启动防台风工作预案。动员所有渔船进港，渔排、网箱上的人员上岸。至 16 日 12 时，渔排、网箱上的老弱妇幼 141 人全部撤离上岸；至 16 日 18 时，渔船 1671 艘全部进港，渔排、网箱上的劳动力 2385 人上岸。排查建筑工地、学校、危房和低洼地等重点部位，转移民众 5000 多人。景区全封闭，危房民众转移。加强重点部位防范，对海堤、水库、水闸组织专门人员定时巡逻检查；集结抢险救灾队伍 75 支 2752 人，其中县级抢险救灾队伍 8 支，部门 6 支，镇级 7 支，村级 54 支，均 24 小时待命；驻岛部队、边防官兵积极配合，多次到海上帮助转移群众、抢修海堤、水库等；交通、电信、电力、供水部门成立应急小分队，加强对基础设施和线路的检查、维护，保证电信畅通，供电、供水稳定安全。落实编织袋及沙、碎石料、装载车、运输车辆等抢险物资，全县共备编织袋 25 万条。加强督查，确保责任落实。从 15 日晚起，县效能办对各镇各部门进行明察暗访，检查人员到岗位情况。16 日上午 9 时，巡查发现南门海堤“先生公”段有 120 米护坡基础被浪潮淘空。县领导及时赴现场指挥，组织技术人员实施抛石固脚应急方案，速调省渔港公司驻东山工程队抢修。出动工程车 10 辆、挖掘机 3 部，人员 100 多人，在海堤脚处抛筑 2400 多立方米的石料。险情于 16 日晚全部排除。17 日上午，发现西埔镇冬古村西岸海堤护坡位移 30 米、塌陷 10 平方米。立即组织人员 100 多人、工程车 4 部，运载石头 200 立方米，对护波进行压实，对塌陷部位用沙包填堵。当日下午险情排除。至 18 日 8 时，全县排除险情 15 处。

第三章 管 理

第一节 机 构

一、行政机构

1989年，沿设东山县水利电力局，隶属县农业局，为县政府主管水行政副科级机构。内设人秘股、农田水利建设股、农田水利管理股、电力股，编制34人（其中行政干部3人，工程师2人、助理工程师3人、技术员4人）。下辖县电力公司、水资源水政管理站。1996年起，管辖县自来水公司。1999年3月，县电力公司划归省电力公司。2001年4月，更名县水务局，内设人秘股、财务股、水政股和水利工程建设股。2003年，局内设办公室、水利建设管理股、水政水资源股。2007年，获福建省水利系统先进集体称号。2008年12月，县水务局内设办公室、工程管理股（水利技术管理站），编制46人（其中行政编制5名、事业编制41名）。下辖县水政监察大队、县水土保持办公室、水利工作服务中心、抗旱物资服务队、西埔湾围垦管理处。

二、挂靠机构

1989年，沿设东山县防汛抗旱指挥部，设指挥长、常务副指挥长，下设办公室。指挥长由县长兼任，常务副指挥长由分管农业副县长兼任。办公室（挂靠县水利电力局）负责日常工作。2008年，县防汛抗旱指挥部办公室工作人员8人（属水务局各科股抽调，无专门编制）。

三、事业单位

（一）东山县水资源监察大队

1989年11月，设立县水资源水政管理站，隶属县水务局。1996年5月，更名县水政水资源管理站。1996年12月，改称县水资源监察大队，为股级差额拨款事业单位，编制10人（列入财政拨款4名）。2008年，工作人员9人。

（二）东山县水土保持办公室

1989年，沿设县水土保持办公室，隶属县农办，有工作人员2名。2003年7月，改隶属县水务局。2008年，有工作人员3名。

（三）东山县水利工作服务中心

1999年，设立县水利工作服务中心。2008年，有工作人员19人。

（四）东山县水利工程建设管理站

1989年，沿设县水利电力技术队，工作人员14人。1999年，改设县水利技术管理站，工作人员13人。2008年，改称县水利工程建设管理站，编制9人，实有工作人员14人。

（五）东山县抗旱服务站

1999年，设立东山县抗旱服务站，编制4人。2008年，有工作人员2人。

（六）西埔湾围垦管理处

1989年，沿设西埔湾海堤管理处。1990年，改称西埔湾围垦管理处，内设海堤管理所、人秘股、综合经营股，工作人员59人。2008年，有工作人员56人。

四、企业单位

1989年，沿设东山县自来水公司，隶属县水务局，为国有企业。下辖西埔配水厂、铜陵配水厂、铜陵供水公司。1996年，与向东渠管理处合并，组成东山县供水公司，下设铜陵配水厂、铜陵供水公司、西埔配水厂。2008年，县供水公司员工206人。

第二节　项目管理

一、项目编制与建设管理

1989年后，县水务局（县水利电力局）每年延续做好水利项目规划编制与申报，对水利工程建设项目进行管理。水利工程项目建设前期，与设计单位、审查单位联系，提供有关资料并及时掌握进度，努力缩短前期工作时间。组织开展地质钻探、测量工作。项目开工时，严格按照工程规范组织施工、加强监督，组织验收。2002年编制《向东渠改扩建工程计划》，并向水利部申报项目。2003年，《向东渠改扩建工程计划》可行性研究报告通过省水利厅专家组和省工程咨询公司专家组的审查。2005年，编制完成《东山县农村水利“十一五”规划》《东山县海岛与沿海岛屿供水规划》《东山县水土保持总体规划方案》《东山县小型农田水利规划》《东山县泵站改造规划》《东山县“十一五”期间水利工程项目计划》《东山县“十一五”水库除险加固规划推荐名单》等。2006年，编制《东山县红旗水库清洁型小流域综合治理项目实施方案》。2007年，完成《东山县初级水利化县建设规划》《东山县农村饮水现状调查评估报告》。2008年，编制完成《东山县内涝治理近期计划和中远期规划》《东山县引水工程建设方案》（包括向东渠蓄引水改扩建工程——第一水源工程和第二水源工程——自诏安县龙潭水库引水）。并延续管理水利工程建设项目。

二、工程单位管理

1989年，县内各海堤、水库、闸坝、渠道、泵站都设有专门管理机构，并配备人员2～5人，制定管理人员值班制度和管理办法，维护工程日常运行。此后，每年在台风、暴雨或高潮位来临之前，组织日夜巡逻、严加防守，发现险情，立即抢修，灾后维修加固。2007年，出台《东山县水管体制改革实施意见》。2008年，完成各种水利工程单位分类定性、定编、定岗，建立管理制度。

第三节　水政管理

一、法律法规宣传

1989—2001年，县水利部门每年开展法律法规宣传活动。2002年，县水利部门开展《中华人民共和国水法》宣传，出版专刊，悬挂标语条幅，印发宣传品，广播电视宣传，并组织人员深入厂矿企业和农村开展宣传，为各种水事活动正常开展营造良好的社会氛围。此后，每年在世界“水日”开展《中华人民共和国水法》宣传，张贴宣传画、播放录音和录像、书写固定标语等，至2008年延续。

二、水资源管理

1989年，县水利部门延续实行饮用水源保护措施，加强水资源管理。1990年，建立县、乡（镇）、村三级水资源管理网络，加强对全县水资源开发利用的管理，对重点水源地开展巡查，整顿规范打井取水队伍，依法取缔非法打井行为。1994年，实行取水许可制度，对取水、供水、地下水开采实行管理，规范取水的申请、审批和监督，打击无证取水活动。是年，全县28座小型水库都配备水库管理员。2005年，完成全县地下水资源调查评价；加大水事纠纷调处力度，保障取水、用水事活动的正常开展。当年，县水政监察大队被省水利厅评为“水资源工作先进单位”；被水利部太湖流域管理局评为“水政监察规范化建设先进集体”。2008年，全县年引水量由2000年的500万立方米增至800万立方米。1995—2008年，查处水事案件1起，调节水事纠纷2起。

三、水费征收

（一）水资源费征收

1989 年，县水利电力部门延续实行向县自来水公司售水并征收水资源费制度。1994 年起，实行取水许可制度，对城乡取水用户实行收费管理，并制定工业用水的不同价格（农业用水不收费）。当年，依法征收水资源费 1.74 万元。此后，工业用水价格多次调整。1995—2008 年，全县共征收水资源费 32 万元。

（二）自来水收费

1989 年，东山县延续实行向自来水用户收取售水费制度。每立方米自来水售价：生活用水和工业用水 1 元，商业用水 1.5 元，临时性用水 1.4 元，公益性用水和农业用水不收费。当年，全县自来水收费 150 万元。1996 年，调整自来水售水价格，每立方米自来水售价：生活用水 1.6 元，工业用水 2.5 元，商业用水 2.8 元，临时性用水 2.5 元，公益性用水 0.8 元。

2008 年，再次调整自来水收费，每立方米自来水售价：生活用水和工业用水 2 元，商业用水 2.8 元，临时性用水 2.8 元，公益性用水 0.8 元。当年，全县自来水收费 1500 万元。

1989—2008 年若干年份东山县自来水公司供、售水量情况表

表 6-3　　单位：万立方米

年份	供水量	售水量
1989	163	137
1995	349	313
2000	434	386
2005	656	522
2008	852	768

第四节　综合经营

一、西埔湾围垦管理处综合经营

1989 年，西埔湾围垦管理处开展对虾、贝类和鱼类养殖，并逐渐扩大增殖放养种类，综合经营迅速发展。1990 年，垦区养殖面积 1000 公顷。是年被省水利电力厅评为水利综合经营先进单位；1991 年被水利部评为全国水利系统综合经营先进单位。2008 年 12 月，垦区养殖面积 1200 公顷。

1990—2008 年，垦区各项收入累计 1800 万元。

二、小澎海区综合经营

1993 年，小澎海区围垦面积 36 公顷，开展网箱养殖。2008 年，围垦区内有网箱约 1000 口，牡蛎吊养 3.33 公顷，扇贝吊养 1.33 公顷。年产值约 500 万元，就业人员 40 人。

第七卷 渔 业

东山各类水产生物资源有 900 多种，主要经济鱼类有 50 多种。海洋捕捞作业区主要为闽南渔场至台湾浅滩渔场，面积 26300 平方公里。全县可供养殖的浅海面积 29289 公顷，可供养殖的滩涂面积 1814 公顷，可供养殖的淡水面积 740 公顷。

海洋捕捞方面：1989—2008 年，随着渔业体制改革和作业调整，原小功率拖网、灯围、底层定刺网渔船，向大功率和现代机械化方向发展。重视资源保护和各种作业合理布局，规定禁渔期和作业范围，加强渔业安全生产管理。2000 年后，引导和扶持发展大功率钢质渔船，开发台湾浅滩外斜渔场资源。至 2008 年，全县海洋捕捞产量 14.5 万吨。其中，拖网作业、笼捕作业、定置作业、流刺作业、灯围作业、钓具作业产量，分别占捕捞总产量的 71%、8%、7%、6%、3%和 1.5%。

养殖方面：随着渔业生产结构调整，先后出现两次群众性养殖热潮。1992 年兴起“两贝三蛤”养殖热潮，发展工厂化、生态化、标准化、规模化养殖技术与设施。2001 年，兴起“一鲍一虾三鱼”养殖热潮，形成各具专业特色的新优品种、丰产高效的养殖示范片、产业带和生产基地，推进鲍鱼、鱼类工厂化和普通网箱、深水抗风浪网箱等 4 大现代化养殖上档次，引领全县海水养殖业向全面现代化目标前进。2008 年，全县海水养殖面积 6074 公顷，产量 127554 吨；淡水养殖 433 公顷，产量 7473 吨。

1989—2008 年，东山县不断加强渔政管理，继续执行渔船马力控制数，实行渔业捕捞许可证管理和伏季休渔制度，打击非法捕捞，实施捕捞渔民减船转产和养殖证制度，开展人工增殖放流，促进渔业资源可持续发展。

2008 年，全县渔业总产量 280525 吨，产值 258889 万元（当年价），占农林牧渔业总产值 302217 万元的 85.66%。其中，海水产品产值 250248 万元，淡水产品产值 8641 万元。海水产品产值中，鱼类产品产值 81600 万元，甲壳类产值 60887 万元，贝类产值 70575 万元，藻类产值 7672 万元，其他产值 29514 万元。

第一章 生产条件

第一节 渔场与养殖区

一、渔 场

1989 年，东山县海洋捕捞延续历史习惯，主要作业区为北起北纬 24°、南至北纬 22°30′的 10～100 米等深线海域，为闽南渔场至台湾浅滩渔场，面积 26300 平方公里。地形从北偏西向南偏东方向倾斜，以澎湖列岛与台湾浅滩及东沙组成隆起区为分界，北偏西一面为海底地形平坦，南偏东一面海底地形陡斜一直进入大陆坡。台湾浅滩南部上升流区和近岸上升流区是有名的上升流渔场。沿岸有九龙江东溪、韩江、漳江等河流入海带来丰富的营养盐；台湾暖流支梢和南海水在这里汇合。海域水温具有热带和亚热带海区特点，常年水温变动在 9.5～31℃之间，适宜各种不同习性的鱼、虾、头足类栖息、生长和繁衍。各类水产生物资源有 900 多种，主要经济鱼类有 50 多种。

2003 年，福建省海洋与渔业局开展县际海域勘界，确定东山县沿岸近海海域界线：北点在东山湾口北纬 23° 41′ 35″ 、东经 117° 34′ 08″ ，向东南方向，连线至领海基线点北纬 23° 26′ 24″ 、东经 117° 53′ 18″ ；南点从诏安湾口北纬 23° 33′ 47″ 、东经 117° 17′ 27″ ，向东南方向连线至领海基线点北纬 23° 12′ 25″ 、东经 117° 35′ 28″ 。

二、养殖区域

（一）浅海滩涂养殖区

全县浅海面积 42342 公顷，可养殖面积 29289 公顷，占浅海面积 69%。滩涂面积 2350 公顷，可养殖面积 1814 公顷。围垦面积 2092 公顷可供养殖。

（二）淡水养殖区

全县池塘、水库、埭沟等可供淡水养殖面积 740 公顷。

第二节　水生生物资源

一、海水生物资源

鱼类按各种作业年产量的高低分为 3 大类：多获性种类，年产量 6000～20000 吨，有玉筋鱼、蟹类、鲹类、带鱼、枪乌贼类、虾类、乌贼等；中获性种类，年产量 800～3000 吨，有鲷类、鲳类、鲱鲤、鲐、竹荚鱼、多鳞鱚、贝类、马面鲀、鲻鱼、白姑、马鲛、鳀鱼、鳗类、章鱼等；少获性种类，年产量 50～600 吨，有虾姑、鲣类、鲬、鳎类、蛇鲻、鲂、梅童、叫姑、鲀类、鮸、黄姑、石斑鱼、鳓鱼。此外，还有鲆鲽、黄鲫、鲨、大眼鲷、鲂鮄、眼镜鱼、鳐类、龙头鱼、小公鱼、海蜇、鲟、鲳、马鲅、海马、鲔等。

藻类有紫菜、海带、龙须菜、羊栖菜、赤菜等。

二、淡水生物资源

据 1990 年全县渔业资源普查，县域淡水鱼类共 11 科、24 种。常见的有鳗鲡、草鱼、鲢鱼、鳙鱼、鲤鱼、罗非鱼、鲻鱼、鲫鱼、泥鳅、黄鳝、鲈鱼；罗氏沼虾、南美白对虾、牛蛙等。

县域水体透明度大，有良好的光照和气温，水生生物丰富。主要有青草、水浮连、水葫芦、浮萍、水绵、软丝藻等浮游生物和底栖生物。

第三节　渔业劳力与设备

一、渔业劳力

1989 年，东山县有渔业公司 12 家，渔业村 3 个，渔农兼业村 54 个，渔业户共 5393 户、人口 24389 人；渔业劳力 13302 人。其中，专业 9398 人（捕捞 7674 人、养殖 1724 人），渔农兼业 3904 人（捕捞 2515 人、海水养殖 993 人、淡水养殖 396 人）。1990 年后，50 岁以上渔民逐步退休；年轻渔民（具有初、高中文化程度）逐年补充。渔民陆续分批参加职务船员“四小证”（海上救生、海上逃生、消防安全、艇筏操纵）技能培训；养殖人员大部分经过养殖知识培训。随着外海渔业的发展，渔业劳动力迅速增加。陈城、西埔等镇的渔村捕捞劳力逐步雇用外地人员，有的渔村雇工率 60%～70%，主要来自邻县和惠安、莆田以及外省籍人员。2008 年，全县渔业户 9496 户 37741 人，渔业劳力 32920 人（含外来工 8222 人）。其中，专业渔业劳动力 27829 人，兼业渔业劳动力 5091 人。专业渔业劳动力中，捕捞劳力 12455 人，养殖业劳力 9015 人，渔务人员 6359 人。

1990—2008 年若干年份东山县渔业生产劳动力情况表

表 7-1

年份	渔业公司（家）	渔业村（个）	渔农兼业村（个）	渔业总户（户）	渔业劳力（人）	专业渔业劳动力（人）	兼业渔业劳动力（人）
1990	12	3	54	5338	12853	9798	3055
1993	12	3	54	5683	18498	13262	5236
1995	12	3	54	6210	20568	15431	5137
1998	12	3	54	6104	24818	17793	7025
2000	12	3	54	6225	27689	21390	6299
2008	12	4	54	9496	32920	27829	5091

二、渔船

1989 年，县内渔民仍然采用合股和私人投资建造木质单拖渔船，大多数渔船船型和主机功率较小。全县有捕捞渔船 1212 艘、总吨位 16442 吨、功率 44340 千瓦，平均每吨位配功率 2.70 千瓦。此后，在实行“双控”（控制捕捞渔船数和主机功率）中，重点发展大功率渔船。2000 年，开始建造钢质渔船，发展外海捕捞业。2005 年全县捕捞渔船 2019 艘、总吨位 50748 吨、功率 215451 千瓦，平均每吨位配功率 4.25 千瓦。船数、总吨、功率分别增加 40%、68%和 80%，每吨位功率增加 1.55 千瓦。其中钢质渔船由 2000 年 1 艘增至 2005 年的 121 艘。2008 年，全县捕捞渔船 2088 艘、总吨位 85645 吨、功率 300758 千瓦（含非机动木质船 175 艘、总吨位 305 吨），其中钢质渔船 456 艘。

1989—2008 年若干年份东山县渔船拥有量情况表

表 7-2

年份	捕捞渔船（艘）		总吨位（吨）	功率（千瓦）
	总数	其中：钢质渔船		
1989	1212	—	16442	44340
1995	1608	—	37188	143745
2000	1796	1	40848	172848
2005	2019	121	50748	215451
2008	2088	456	85645	300758

三、渔船装备

（一）起网机械与船用冷冻机械

1989 年后，东山县不断推广与更新渔用起网机械和船用冷冻机械。至 2008 年，全县起网机械与船用冷冻机械主要有卧式液压传动绞纲机 690 台，卧式机械传动绞纲机 293 台，液压舷侧滚筒式起网机 12 台，倒复式舷侧液压起绫机 264 台，鼓轮悬挂式液压起绫机 23 台，立式液压起放笼机 87 台，立式液压起钓机 78 台，微冻保鲜设备 325 套。

（二）助渔导航通信设备

1989 年后，东山县不断推广与更新助渔导航通信设备。至 2008 年，全县助渔导航通信设备有卫星导航（含电子海图、彩色探鱼功能）1274 台，雷达 1183 台，单边带电台 329 部，船舶载终端机（含 GPS）

210 部。还有 CDMA 系统实施海上渔船安全预警调度指挥网络。

四、渔用机具、绳网制造

1989 年，县内大多数船厂和渔具加工作坊由私人经营。1990 年，政府实行造船厂资质整治。此后，县内造船厂和渔具加工作坊都做了调整，并扩充新设备。至 2008 年，全县有造船资质船厂 13 家；液压网机、螺旋桨网板和船用电器安装、制造、维修的工厂（作坊）共 43 家；助渔导航通信设备维修店 8 家。原由县绳缆、塑料厂生产合成纤维网线、绳索，由于原材料涨价而停产、转产（或转为生产休闲用品）。渔用网线、绳索、网片大部分为作坊加工产品，全县共有作坊 116 家。

第四节　渔　港

一、大澳中心渔港

大澳渔港位于铜陵镇北部海域。该渔港（1975 年 9 月兴建，1977 年竣工，总投资 524 万元）港池水面 36 万平方米，水深 2～6 米，码头岸线 420 米，可容纳渔船 600 多艘。岸上面积 10 万平方米。配套建设冷冻厂、水产加工厂、修造船厂、渔业机械修造、渔产品销售、供水、供油等企业，以及县水产供销公司、市和县渔政渔监机构、边防工作点。被列为国家一级渔港。1993 年 8 月，扩建渔港码头，岸线长 142 米。1997 年 6 月 30 日完工，投资 641 万元。2000 年，再扩建大澳水产品批发市场，占地面积 5000 平方米，建筑面积 3000 平方米，投资 400 万元。2003 年 12 月，农业部批准立项东山大澳中心渔港，2005 年 4 月 26 日开工建设。工程概算投资 5696 万元，在一级渔港基础上向西扩建，包括后澳避风港和田尾湾区域。主建海上三段防坡堤，总长共 1040 米。其中，码头长 315 米，护岸长 285 米。岸上面积 15.6 万平方米，道路工程面积 16740 平方米，渔政执法用房面积 1175 平方米。中心渔港建成后，港池水面 60 多万平方米，可同时停泊渔船 1000 多艘。码头岸线总长 860 米，年卸鱼量 20 万吨。中心渔港后部衔接东山水产品综合批发市场及海峡两岸（东山）水产品加工集散基地。

二、澳角一级渔港

澳角渔港位于陈城镇东部海域。渔港于 1985 年 5 月和 1999 年 2 月分两期投建，2001 年 6 月 20 日竣工，投资 1220 万元。防坡堤长 635 米，港池水面 8 万平方米，可同时停泊渔船 280 艘，为国家二级渔港。2008 年 9 月动工扩建为一级渔港，码头长 315 米，护岸长 285 米，陆域面积 15.6 万平方米，道路长 16.24 公里，防坡堤长 1040 米。建成后可停泊渔船 1000 艘。

三、宫前二级渔港

宫前渔港位于陈城镇东南部海域。1993 年 5 月投建二级渔港（1985 年建宫前避风港），1999 年 12 月竣工，总投资 2464 万元。码头岸线长 181 米，防坡堤长 580 米，并配有道路设施；港池水面 30 万平方米，可同时停泊渔船 500 艘，为国家二级渔港。

四、冬古二级渔港

冬古渔港位于西埔镇东部海域。1989 年，冬古渔船仍将冬古硅砂码头（1981 年建，堤长 175 米）内水面作为避风港。1999 年，始建冬古渔港，2003 年 12 月竣工，总投资 700 万元。码头岸线长 180 米，港池水面 20 万平方米，可同时停泊渔船 450 艘，为国家二级渔港。

五、岐下二级渔港

岐下国家二级渔港位于陈城镇岐下村西部海域。2006 年 10 月建，总投资 585 万元，防波堤长 300 米，码头泊位 2 个。

六、前楼三级渔港

前楼国家三级渔港位于前楼镇下西坑村南部海域。2000 年 1 月建，总投资 274 万元，防波堤长 380 米，进港路长 200 米。

七、古港三级渔港

古港国家三级渔港位于康美镇古港村北部海域。2000 年 12 月建，总投资 302 万元，防波堤长 180 米。

八、后林三级渔港

后林国家三级渔港位于杏陈镇后林村北部海域。1998 年建，总投资 175 万元，防波堤长 100 米，码头泊位 2 个。

第二章　渔业生产体制

第一节　集体与国有渔业

一、集体渔业

1989 年，县内有些镇、村经济组织继续创办水产养殖场、育苗场（室），属镇村经济组织集体所有，雇工生产，如陈城镇水产养殖场。有些部门单位也创办水产养殖场、育苗场（室），属该单位集体所有，由单位职工及雇工生产，如县供销联社水产养殖场、县水产养殖服务公司养殖场等。至 2008 年，全县有集体所有制渔业单位 7 家。

二、国有渔业

1999 年，铁道部厦门实业发展有限公司创设东山养殖基地（场），属国有渔业企业，也是省海洋与渔业龙头企业。2008 年，该养殖基地（场）仍在经营。

第二节　合作制渔业

一、单位船股份合作制

1989 年 1 月，县内原社队集体所有制渔业生产单位均改制为单位船股份合作制。单位船的财产属单位船全体入股者所有。其生产的水产品自行销售、分配（初有派购任务，后取消），其生产收入，要上缴渔业公司（或村民委员会）公积金、公益金、管理费，扣除成本费用和船公积金后，按股份和劳动工分分红（各占 50%）。股份合作制主要为海洋捕捞船，分布在铜陵 12 家渔业公司和宫前、澳角、冬古、岐下等建制村共 488 个单位。1995 年后，由于原渔船财产损废、劳力更替变换及经济关系演变等原因，股份合作制单位逐年减少，至 2008 年，县内单位船股份合作制单位有 213 家（个）。

二、新联合体股份合作制

1989 年，全县有 200 多家股份合作制渔业生产单位。其经营办法是由渔民自愿组合，共筹资金入股，民主选举负责人，民主制定经营管理办法；挂靠渔业公司或村民委员会并上缴公积金、公益金、管理费；其收益按股份与劳动付出相结合分配。主要是近内海的钩钓、扫蠘等小型捕捞作业，及紫菜、海带、对虾、鳗鱼、贝类等养殖业。1990 年后逐渐增加，至 2008 年，全县有新联合体股份合作制渔业生产单位 455 个。

三、与外商或港台合资合作制

1989 年，县内与台资合作的渔业企业有 2 家，分别是：铜陵镇第一渔业公司与中国台湾振洲渔业有限公司合作创办的东洲渔业开发有限公司；西埔湾垦区管委会与台商合作创办的东茂水产兴业有限公司。1990 年后，还有一些合资合作单位建立。其经营办法是由县内单位（或个人）与外商或港台企业合资合作。合资的由双方共同投资入股，生产单位财产共有，共同制定经营管理办法，盈利共享，亏损共负。合作的一般由当地一方提供场地及原设施，外来一方提供资金、技术和先进设备，共同进行经营管理，按有关协议进行收益分配。2000 年后，这种体制的生产单位因经营管理较难完善而逐步消失。

第三节　外资或港台独资渔业

1989 年，县境有中国香港源基有限公司在东门屿附近海域独资进行网箱养鱼。1991 年，台商在东沈独资创办富源鲍鱼养殖场。1994 年，台商在陈城镇高陈村独资创办赫华水产养殖公司。1995 年，台商在前楼乡创办艺隆水产养殖有限公司。之后，外商及台港商在县内创办渔业独资企业者还有：新加坡商人独资的汇发水产有限公司、台商独资的泰峰隆水产养殖有限公司、台商独资的宏详水产养殖有限公司等。2008 年，县内有外资及港台独资渔业企业共 7 家。

第四节　个体与私营渔业

一、个体渔户

1989 年，全县个体渔户 500 多户。渔户自筹资金购置生产工具，自家人进行生产，经营“自留滩”“责任滩”，开展水产养殖，或在近浅海进行扫蠘、钩钓等小型捕捞作业。由村民委员会（或渔业公司）管理，缴纳承包费、管理费。1995 年后，县内个体渔户逐年增多，至 2008 年，全县有个体渔户 9496 户。

二、私营渔业

1989 年，县内一些个体渔业经营户逐渐发展成为雇工生产的私营渔业企业（单位），由私营者投资购置渔船网具，雇工捕捞；或投资购置养殖设备，雇工养殖。1995 年后，私营渔业生产单位逐步增多。投资者多是船老大和养殖大户（养殖能手），拥有资金和生产工具，支配产品，付给雇工工资。私营渔业得到发展，至 2008 年，全县私营渔业（单位）135 家。

第五节　渔业专业联合体与合作社

一、渔业专业联合体

1989 年，县渔业企业实行内引外联，发展跨地域、跨所有制、跨行业的横向经济联合体。如：县水产公司与捕捞单位联营，县外贸公司与渔业生产单位合办水产养殖场，形成产供销联合体。还有资源与技术联合体，由渔业生产单位吸纳科研技术单位（或科技人员）以技术入股。至 2008 年，全县有渔业专业联合体 5 家（个）。

二、渔业合作社

2004 年 6 月，东山县西陈园区海珍养殖经济合作社成立（集体所有制），地址设在林良光鲍鱼养殖场，法人代表林良光，社员 36 人。该社在新优海珍品引进、试验、推广和营销渠道拓展等方面取得成果。当年，合作社主持龙胆石斑鱼虾池育苗与养成推广项目，开辟高优品种海水养殖新领域，苗种和成品鱼大批量进入国内外市场。还研试推广中国皱纹盘鲍与日本盘鲍交配子代繁育，初步成功。同时，积极推广黑鲍壮苗海区吊养，为养殖户提供种苗与技术支持，成为县内养殖推广示范单位。2008 年，全县有渔业合作社 5 家，社员 505 人。

第三章 海洋捕捞

第一节 沿仔绫与大目流刺作业

一、沿仔绫作业

（一）沿仔绫作业渔场渔法

沿仔绫属底层定置刺网，是东山岛海洋捕捞传统作业之一。铜陵澳雅头渔民将绫网绑沉石定置在礁旁围捕大黄鱼、黄姑鱼、鲨鱼。后使用此定置方法兼捕岩礁鱼类，但苧麻网衣容易破网。此后开始网具结构的变革。至 20 世纪 80 年代在柑仔西北捕捞黄姑鱼，单位船日产量最高 2 吨。1990 年后，扩大鱼类品种的捕捞，由沿岸区沿仔绫发展为适应台湾浅滩海域生产的鳎鱼定刺网、鲬鱼定刺网、蟹定刺网、三重定刺网。其中，以鲬鱼定刺网、蟹定刺网为典型。单位航次产量最高为 3 吨。1999 年，沿仔绫作业船 56 艘，年产量 5363 吨。2000 年后，大多数以笼捕鱼船进行兼作轮作生产。

沿仔绫作业渔场在礼是列岛、兄弟岛、台湾浅滩海域。渔期沿岸水域为全年，台湾浅滩海域为 9 月至翌年 5 月。主要捕捞蟹、鲬鱼、鳎鱼、乌贼、中华海鲶、鳐鱼、鲨鱼、石斑鱼、鲷鱼、黄姑鱼、鮸鱼。

（二）沿仔绫作业网具结构

该作业网长 102 米，网高 1.47 米，全网为锦纶单丝织成。有浮子纲、沉子纲、塑料浮子、铅沉子、浮标绳、浮标、沉石、小铁锚。木质渔船吨位 2～50 吨，配备主机功率 2.2～10.2 千瓦的船带网 30～50 片，136～257 千瓦的船带网 600～800 片。配备起绫机、隔热保鲜鱼仓，以及助渔导航通信设备。

二、大目流刺作业

（一）大目流刺作业渔场渔法

大目流刺网又称大目绫，属漂流单片刺网。该作业是由县水技站对台湾大目绫网片进行试验，成功后推广。1990 年后，由于马鲛鱼资源的明显衰退，加上该作业的范围遍布近海，与其他作业争夺渔场，因此，该作业逐年减少。1994 年，全县流刺作业船 269 艘，网具 32400 张，年产量 6416 吨。2008 年起，该作业在冬季多转场广东外海海域生产。

该作业渔场在兄弟岛、鸡心粗、粤东水深 40 米以内海域，主要捕捞马鲛鱼、金枪鱼、鲔鱼、鲵鲣、鲨鱼。

（二）大目流刺作业网具结构

该作业网具度长 25.95 米，高 17.3 米，全网为乙纶线编织，有上纲、下纲、沉子纲、浮筒绳、浮筒、沉子、灯标。木质渔船配备主机功率 88～183 千瓦，配备液压流网起网机、助渔导航、通信设备。

第二节　竹桁与单拖作业

一、竹桁作业

（一）竹桁作业渔场渔法

竹桁（又称定置网）属双桩有翼张网，是东山岛传统的作业之一。先后采用固定的“死桁”、浮沉的“活桁”、乙纶网代替棉纱网等方法。20 世纪 80 年代推广“沉网捕虾法”，宫前村渔民创造了“束口提捕法”。1994 年，全县定置网作业船 405 艘，网具 5504 张，年产量 18636 吨。1999 年起，采用铁锚代替木桩张挂网具，网具加大，灵活移动桁位，逐渐向深水海域发展。

作业渔场在礼是列岛至勒门列岛海域水深 10～40 米处。渔期全年；2000 年后，改为 7 月至翌年 4 月。主要捕捞日本鳀鱼、康氏小公鱼、哈氏仿对虾、糠虾、带鱼、乌贼、尖吻小公鱼、绒纹单角鲀、竹荚鱼、虾姑、海蜇及小杂鱼。

（二）竹桁作业网具结构

该作业网口周长 73 米，网衣纵直长 49.67 米，上纲长 41.6 米，有上下纲、根绳、中浮筒绳、边浮筒绳、沉石、塑料浮子、铁锚。木质渔船吨位 15～20 吨，主机功率 88～161 千瓦，配有绞纲机、助渔导航通信设备。

二、单拖作业

（一）单拖作业渔场渔法

单拖作业属单船底层有翼单囊拖网。该作业先后推广加大功率“V”型开缝网板并改为机帆船单拖，引进拖粗网和橡胶边轮胎圆片与铁沉子制成大沉纲。1990 年，改进船型、捕捞机械、网具网型，发展以各种捕捞对象为特点的网具技术，共有 10 多种网型网具，机械传动绞纲机改用液压传动绞纲机。1994 年，全县机单拖作业船 586 艘，网具 9394 张，产量 64183 吨。至 1999 年，单拖渔船有 899 艘（其中宫前村 400 艘），单位船年产值最高为 100 多万元。2005 年，全县有单拖渔船 983 艘，其中钢质渔船 121 艘，单位船年产值最高 280 万元。产量较为稳定，跃居全县海洋捕捞业的首位。2008 年，全县有单拖作业渔船 1022 艘（其中钢质船 456 艘），为各类作业船中最多。

作业渔场在闽南或台湾浅滩和粤东渔场东北部海域。渔期为 8 月至翌年 5 月。主要捕捞二长棘鲷、鲱鲤、蛇鲻、带鱼、白姑、绿布氏玉筋鱼、鲂、枪乌贼、虾、蟹、章鱼、乌贼、兰圆鲹等。

（二）单拖作业网具结构

该作业网口周长 60 米，网衣纵直长 46.32 米（上纲长 25.29 米），全网为乙纶线编织。有上、下纲、浮沉子纲、塑料浮子、网板、曳纲。渔船：木质或钢质渔船，每船吨位 50～100 吨，主机功率 220～441 千瓦，配有绞纲机、隔热保鲜鱼仓或微冻保鲜设备和助渔导航通信设备。

第三节　灯光围网与光诱鱿鱼增作业

一、灯光围网作业

（一）灯光围网作业渔场渔法

灯光围网属单船光诱无囊围网。该作业由县水产局于 1964 年试验成功后推广，多数渔船使用吊式四纱大光灯集鱼，或用铊铟灯新电源，或用 6.5 千瓦光灯集鱼，也有用万光灯艇进行作业。1989 年后，继续实施灯围渔船技术改造，玻璃钢灯艇替代木质灯艇，乙纶网改用锦纶网，网具长高比由 3～2:1，改为 1.9～1.8:1，改进绞纲机，推广使用液压舷侧滚筒起网机，同时改革漂流灯诱法，采用“抛锚灯诱”“找鱼穴”方法。因灯围渔船的资金、劳力等条件受到单拖作业竞争，而逐渐减少。1995 年，灯围作业 20 组，年产量 4370 吨。2000 年后，灯围作业实施网船配置大功率电光源和金属卤化物灯的技术改革。2005 年，全县灯围作业船有 12 组，年产量 5355 吨。作业单位船年产量最高为 1080 吨。2008 年，灯围作业船共 16 组。

作业渔场在闽南或台湾浅滩渔场、粤东海域。渔期为全年。主要捕捞兰圆鲹、金色小沙丁鱼、竹荚鱼、鲐鱼、中国枪乌贼等中上层鱼类。

（二）灯光围网作业网具结构

该作业网长 310 米，网高 170 米；全网为锦纶线编织，有上纲、下纲。1994 年，全县灯围作业船 20 艘，网具 26 张。船体及配套设备：木质或钢质渔船，每艘吨位 70～110 吨，主机功率 257～367 千瓦，配备集鱼灯 150～180 盏。每艘木质或钢质渔船配灯艇 3 艘，每艘灯艇配备集鱼灯 4 盏；有起网机、隔热保鲜仓或冷海水保鲜设备，及助渔导航通信设备。

二、光诱鱿鱼缯作业

（一）光诱鱿鱼缯作业渔场渔法

光诱鱿鱼缯属箕状敷网。该作业由县水产局于 1980 年吸取澳角舾缯和中国台湾地区臭肉缯的特点，经试验成功后推广。1990 年又仿效试行远洋鱿鱼钓船装备模式，改配置光诱鱿鱼缯电光源，集鱼灯光更强，网具改大，增添卧式滚筒起网机，提高光诱鱿鱼缯技术水平，并开始注重发展大型光诱渔船装备。2008 年，全县此种作业船有 26 艘，年产量 650 吨，其中鱿鱼产量占 38%。

作业渔场在头沟、二沟、三沟、兄弟岛、南澎列岛、台湾浅滩海域。渔期 5—10 月。主要捕捞中国枪乌贼、杜氏枪乌贼、长枪乌贼、火枪乌贼、诗博加枪乌贼和中上层趋光性鱼类。

（二）光诱鱿鱼缯作业网具结构

该作业浮子纲上纲长 135.24 米，下纲长 85.86 米，全网用锦纶线编织，有上纲、下纲、浮沉子纲、泡沫塑料浮子、铅制沉子、铁环、沉石括纲、支撑杆、导鱼灯纲。木质或钢质渔船，每艘吨位 30～90 吨，主机功率 136～257 千瓦，发电机组 50 千瓦，铊铟灯 450 瓦 36 盏。导鱼灯白炽灯或金属卤化物灯每盏 1500 瓦，还有起网机、隔热保鲜鱼仓、助鱼导航和通信设备。

第四节 鱿鱼手钓与鲷鱼延绳钓作业

一、鱿鱼手钓作业

（一）鱿鱼手钓作业渔场渔法

鱿鱼手钓是单线手持复钩钓，也称“一本钓”，因钓具形似有柄的菊花又称“菊花钓”；属真饵复钩垂钓。东山鱿鱼手钓已有 100 多年历史。作业以一艘母船背带多只竹排、木筏组成。由于驶缯和灯光围网作业兼捕鱿鱼效果良好，鱿鱼手钓作业逐渐减少。

1989—1999 年，继续发展光诱手钓抄捕鱿鱼。1995 年，引进发光塑料外套鱿鱼钓具和日本鱿鱼钓具。2000 年起，新式发光塑料外套鱿鱼钓开发新的钓鱿技术，白天和夜间上钩率基本相近。从而改革了传统夜间鱿鱼手钓方式，开始白天鱿鱼手钓作业，单位产量鲜鱿 25 吨。2005 年后，以海岛旅游渔业方式，仿效试行旅游渔业型简单光诱手钓抄捕鱿鱼，成为休闲旅游新项目。

作业渔场主要在鸡心岛、兄弟岛、南澎列岛、台湾浅滩海域。渔期 5—9 月。主要钓捕中国枪乌贼、杜氏乌贼、长枪乌贼等。

（二）鱿鱼手钓作业网具结构

该作业有单线复钩钓、锦纶单丝手线、钓线、转环、钩钓、沉锤。手绳的有：锦纶单丝手线、钓线、三叉状转环、三支钓钩、沉锤、手抄网。渔船为木质或钢质渔船，每船吨位 25～50 吨，主机功率 183～294 千瓦，木质骨架泡沫塑料结构小筏 15～20 只，配备隔热保鲜鱼仓、助渔导航通信。

二、鲷鱼延绳钓作业

（一）鲷鱼延绳钓作业渔场渔法

鲷鱼延绳钓，属底层定置延绳钓，传统作业之一。东山传统延绳钓还有白带鱼延绳钓、咬网延绳钓、吧哴鱼延绳钓、鰳鱼延绳钓、鲨鱼延绳钓和钩钓，由于灯光围网作业大量发展，逐步将延绳钓作业船改为灯围及流刺网作业，并推广鲨鱼钓（流动式延绳钓），后因鲨鱼钓作业产值不及单拖作业高，船上设备差，缺乏开发利用远方渔场的能力，而暂停鲨鱼钓作业。1990年，铜陵渔民吸取大黄鱼延绳钓特点，改进鲷鱼延绳钓干线、支线和钩钓型，成为适宜流急、岩礁、沙砾海区捕捞生产的有效渔具。至2008年，全县有小机船延绳钓作业30多艘。主要在铜陵镇。

该作业渔场在礼是列岛、兄弟岛、南澎列岛海域。渔期为全年。主要捕捞鲷鱼、黄姑鱼、犁头鳐、鲨、鲂、海鳗、鮸鱼、石斑鱼等底层鱼类。

（二）鲷鱼延绳钓作业网具结构

该作业网具主尺度干线长430米、支线长2.85米（70钓），干线为乙纶线四股捻成，支线为锦纶单织。钓钩为钢丝制，有浮子、浮标、碇、钓筐。渔船：木质渔船吨位1.5～2吨，功率8.8～26.4千瓦。

第五节　蟹笼、拖蛤网与搬山网作业

一、蟹笼作业

（一）蟹笼作业渔场渔法

蟹笼作业属笼壶类倒须型定置延绳式渔具，古老捕鱼方式之一。东山渔民用贝壳（螺）栓结支绳上的延绳式章鱼螺作业。1994年，省水产厅推广笼捕作业的试验，铜陵镇有20多艘船操螺笼、蟹笼作业。因笼捕作业布放定置延绳长度达10海里以上，与拖网作业发生矛盾，经常发生笼具丢失。于是，笼捕渔船作业时间改变在大风天气出海，无序竞争，风险较大。笼捕作业处于萎缩状态。2000年后，随着钢质渔船的发展，改革笼具绳索，采用弹勾转环，丙纶维尼夹铅绳，并增添起笼放笼机械，渔船蟹笼数量增加1～2倍，捕蟹效率很高。2005年，笼捕渔船156艘，年产量13865吨，单位船产值最高达120万元。虽然其产量不高，但产值高，笼捕作业成为主要的捕捞作业方式之一。滨海渔村渔民使用章鱼笼、螺笼、鱼笼、蟹笼在沿岸礁区捕捞各种鱼类、头足类、蟹和螺。以海岛旅游渔业方式，仿效试行旅游渔业笼壶捕捞，又成为旅游新渔具之一。

作业渔场在台湾浅滩和粤东东北部海域。渔期为全年。主要捕捞剑梭子蟹、三星梭子蟹、长蛸、短蛸、石斑鱼、鳗类、鲀类。

（二）蟹笼作业网具结构

该作业网具主尺度干线长8000米，支线长3.6米，共系蟹笼1500～2000个；笼具为铁骨乙纶网片，圆柱形直径60厘米，高度24厘米，三处漏斗入口，有子绳、支绳、系笼纶、弹勾、转环、浮标、小铁锚。为木质或钢质渔船吨位50～100吨，主机功率183～294千瓦，配备起放笼机械、隔热保鲜鱼仓、助渔导航及通信设备。

二、拖蛤网作业

（一）拖蛤网作业渔场渔法

拖蛤网属拖曳齿耙耙刺由牵风作业网具改变而成。即将牵风网具的底口铁改为耙齿，改变耙架耙与海底夹角，提高耙网耙蛤、漏泥效果，并将牵风渔船改为拖蛤作业船。同时，引进东南亚地区的耙架加以改进。在西坑、顶上村及铜陵有此作业船，其发展盛期有50～60艘，单位日产量最高4～6吨。由于拖蛤无限制地发展，东山湾和诏安湾的巴非蛤资源明显衰退。大型拖蛤船逐渐转场广东惠东、广西北海和海南岛海域生产。

作业在东山湾、广东粤西、广西南部、海南岛西部。渔期为 8 月至翌年 5 月。主要捕捞波纹巴非蛤、花蛤。

（二）拖蛤网作业网具结构

该作业耙架网口纲长 1.8 米，网衣纵直长 6 米，两个耙具。网衣为乙纶线编织，有纲索、钢筋制成耙架。木质或钢质渔船吨位 50～70 吨，主机（单机或双机）功率 220～330 千瓦，配备绞纲机、卫星导航仪和通信设备。

三、搬山网作业

（一）搬山网作业渔场渔法

搬山网又称地拉网作业，属地曳纲，古老捕捞作业。该作业是利用沿岸水域鱼资源的一种有效渔法，以岸滩为基地拖曳起网，设备简单，操作方便，男女老少皆可参与。1990 年后，该作业逐步成为沙滩休闲旅游项目。

作业在铜陵、康美、樟塘、西埔、陈城的沿岸水域。渔期为 4—10 月。主要捕捞蓝子鱼、绒纹单角鲀、兰圆鲹、金色小沙丁鱼等。

（二）搬山网作业网具结构

该作业网翼长 146 米，网口周长 73.6 米，网身囊长 17.9 米，全网用乙纶线编织。有上、下纲，浮沉子纲，泡沫塑料浮子，陶瓷沉子，曳纲。渔船：木质小船，配备木浆、螺号。

第四章 海水养殖

第一节 贝类养殖

一、贝类养殖面积与产量

1989 年，东山县继续引进新优贝类品种开展人工繁育。当年，全县贝类养殖面积 2758 公顷、产量 555 吨。此后，贝类养殖品种不断增加，规模扩大。1995 年，全县海水贝类养殖面积 12236 公顷、12842 吨。2000 年为 47234 公顷、产量 90140 吨。2005 年，全县贝类增养殖品种计 32 种以上。即杂色鲍、盘鲍（俗称黑鲍）、皱纹盘鲍、九孔鲍（台湾杂色鲍）、红鲍、杂交鲍（主要是皱纹盘鲍与盘鲍杂交子代）、褶牡蛎、近江牡蛎、长牡蛎（太平洋牡蛎）、文蛤、台湾文蛤、花蛤、青蛤、波纹巴非蛤、环沟格特蛤、尖紫蛤、缢蛏、竹蛏、泥蚶、魁蚶、寻氏肌蛤、翡翠贻贝、紫贻贝、华贵栉孔扇贝、墨西哥湾扇贝、海湾扇贝、栉江瑶、西施舌、马氏珍珠贝、方斑东风螺、蝾螺等。2005 年，海水贝类养殖面积 50984 公顷、产量 107109 吨。2008 年，全县贝类养殖面积 3609 公顷、产量 95288 吨。

二、贝类人工育苗

1989 年，东山县延续开展贝类人工育苗。1996 年 8 月 15 日，西港养殖场培育泥蚶苗成功，首批蚶苗 2 亿多粒，该项目填补福建省内空白。2005 年，全县海水贝类人工育苗量 3.18 亿粒，其中鲍苗 2 亿粒。2008 年，全县海水贝类人工育苗 4.22 亿粒，其中鲍鱼苗 2.6 亿粒。

三、贝类养殖种类

（一）鲍鱼养殖

1989 年，东山县鲍鱼养殖仍以鲍鱼珍珠贝培苗实验站为主，继续推进对鲍鱼人工育苗技术和养殖的研究及工厂化养殖步伐。

1990年春，东沈村村民沈荣富兄弟，在东沈湾赤屿创办漳州市首家民营工厂化鲍鱼养殖场，养殖品种有杂色鲍、皱纹盘鲍等。同年冬，台商林镇源在东沈湾海滨建富源养鲍场，设室内养殖池面积300平方米，并在海区设网箱吊养，品种为台湾九孔鲍。两个养鲍场当年生产成品鲍共2吨，供出口。1992年初，台商黄庆良兄弟承接富源鲍鱼场经营，将富源养鲍场改称富源水产养殖公司。投资1300万元，购地1000平方米，扩大养殖场、池及育苗室规模，引进一批箱式塑料养殖笼等先进设备和台湾九孔鲍，采用江蓠、海带为饲料，成为福建省最大的陆上工厂化养鲍场。同年3月，台商陈建龙、陈正阳到陈城镇山东村建养鲍场，投资20多万美元，建养殖池48口，水面面积1152平方米，引进台湾九孔鲍150公斤（每公斤约40粒），进行养殖与育苗，成活率98%。1994年，漳州市人民政府组织水产部门在东山湾开展“中日渔业合作东山湾水产增殖中心项目”的试验，攻破技术难关，实现鲍鱼（及鰤鱼）的繁、养殖批量生产，促进东山县鲍鱼工厂化养殖的快速发展。县政府提出“建设鲍鱼岛”规划，并付诸实施。

1996年，县内出现严重的鲍鱼苗“脱板病”等疫病，损失较大。经邀请专家研究，采取措施防治，疫病得到控制。同时，市、县科技部门总结经验，通过对九孔鲍、皱纹盘鲍、杂色鲍（本地）等品种杂交试验，取得效果，提高其品种的抗病力。还对养殖设施和技术进行改革，创新改造附苗器，提高附着率，降低成本；推广使用贝螺养殖器，提高育苗成活率。

1997年2月，鲍鱼养殖业被漳州市政府列为支柱产业加以培育，并成立东山湾鲍鱼养殖基地规划领导小组及其办公室。同时，县政府也成立鲍鱼养殖基地建设领导小组及其办公室（县长任组长），还设立鲍鱼养殖开发公司及子公司。规划开辟冬古、澳角至湖仔、宫前至山南3个陆上工厂化养鲍开发区；确立虎头屿、赤屿及西屿为海上鲍鱼增殖资源区，促进东山鲍鱼岛建设。至1999年，全县陆上工厂化养鲍场73家、养鲍面积223445平方米，年产商品鲍1082吨和鲍苗1.8亿粒；其面积和产量皆居全省各县（市、区）之首。

2004年，县鲍珠站从日本引进野生皱纹盘鲍雄性亲体，与盘鲍（黑鲍）杂交，子代育苗与养成都获成功。从此，东山杂交鲍、东山盘鲍替代九孔鲍而成为东山县鲍鱼养殖的主要品种。该品种结构优化，推进全县养鲍业的快速发展。这年，全县鲍鱼工厂化养殖场443家（陈城镇290家、康美镇60家、西埔镇34家、铜陵镇18家、前楼镇17家、樟塘镇14家、杏陈镇10家），养殖面积613578平方米（水体698078立方米），成品鲍产量1662吨，育苗2亿粒。东山鲍鱼岛建设形成规模化、专业化格局，成为全国规模最大、产量最多、技术最高的县级鲍鱼养殖基地，申请东山鲍鱼原产地认定。

2005年5—8月，县内某些养鲍户将接近成品的鲍鱼运往青岛、大连海区“避暑”(因从山东引进的盘鲍品种宜在8～28℃环境生长，高温与严寒皆易病亡)；12月12日始运回，共120多万粒（为东山盘鲍、皱纹盘鲍）。而青岛、大连养殖的鲍鱼则于每年1月起运到东山岛海区越冬（翌年夏运返）。首次出现“候鸟式”鲍鱼养殖，南北优势互补。2005年,全县鲍鱼养殖面积111.87公顷，成品鲍产量1662吨。

2008年，全县鲍鱼工厂化养殖场924家，养殖水体78600立方米，成品鲍产量1469吨，育苗2.6亿粒。

（二）牡蛎养殖

东山县牡蛎养殖是人工海贝养殖较早的项目之一。1989年，全县牡蛎养殖63公顷、产量55吨（折净肉）。主要产地在后林、钱岗、古港、城垵等附近海滩。品种多为褶牡蛎，也有少量太平洋牡蛎（1983年12月从中国台湾地区引进，采用浮筏式吊养试验并获成功）。1990年后，推广太平洋牡蛎浮筏式吊养，单产提高，养殖区向较深水域扩张。有10多家太平洋牡蛎育苗室，大批量生产苗种供应各地养殖。1995年，全县养殖牡蛎42公顷，产量152吨。2000年，全县养殖牡蛎猛增到1303公顷，产量40245吨（带壳），平均每公顷30.89吨。2005年，全县养殖牡蛎1452公顷，产量50192吨（带壳），平均每公顷34.57吨。比1988年面积扩大16.12倍、总产增加40倍（按可比口径计算，下同），单产增加1.32倍。其中，牡蛎吊养面积1306公顷，产量46555吨，平均每公顷35.65吨。2008年，全县养殖牡蛎1110公顷，产量45591吨（带壳），每公顷41.07吨。其中，吊养面积966公顷，产量42618吨，平均每公顷44.12吨。面积与产量皆居漳州市各县（市、区）第三位。

（三）扇贝养殖

东山县扇贝养殖是人工海贝养殖较早的项目之一（始于20世纪70年代后期由县鲍鱼珍珠贝培苗实验站进行华贵扇贝人工育苗、养成试验成功后，逐步推广）。1989年，继续推广养殖扇贝。1992年，掀起养扇贝热。1993年，樟塘、康美、铜陵等乡镇共养殖16.33公顷，主要养殖区在东山湾，少量在马銮湾，年产量共290吨。1997年，养殖面积31公顷，总产量24.08吨。1998年2月下旬，东门屿、虎崆澳等海区所养的扇贝发生暴发性病毒死亡，药物防治无效；至4月，扇贝死亡殆尽。这年，全县养扇贝面积45公顷，产量仅50吨。事发后，许多养贝场从广东购进扇贝进行人工育苗，逐渐恢复生产，同时减少东山湾养殖面积，扩大马銮湾海滩养殖规模。1999年，全县扇贝养殖面积45公顷，产量530吨。此后，扇贝养殖面积、产量保持平稳发展。2005年，全县扇贝养殖面积91公顷，产量1455吨，居漳州市各县（市区）第二位。2008年，全县扇贝养殖面积77公顷，产量1388吨。

（四）翡翠贻贝养殖

东山县翡翠贻贝养殖（始于1974年，养殖面积0.67公顷）因采苗和养殖技术难题未能突破，发展缓慢。1990年，全县贻贝养殖面积2公顷，产量8吨。1991年10月，推广漳浦县下蔡林场用木麻黄树干作附着基，于浅海区采苗并用延绳式浮筏养殖贻贝的经验，养殖32公顷，年产量390吨，平均每公顷12.19吨。1992年，全县养殖贻贝面积增至358.53公顷（为历史最多），年产量4680吨，平均每公顷13.05吨。1995年后，调整养殖品种，减少养殖面积，主攻提高单产，提高滩涂养殖效益。2005年，全县贻贝养殖面积290公顷，产量10430吨，平均每公顷35.97吨。面积和总产量均居漳州市各县首位。2008年，全县贻贝养殖面积211公顷，产量8924吨，平均每公顷42.29吨。

（五）泥蚶养殖

东山县泥蚶养殖是人工养殖海贝较早的项目之一。1989年，养蚶区大多数改建为虾池，只有杏陈镇高陈村养泥蚶2公顷、产量3吨（带壳）。

1997年后，杏陈镇沿海村庄推广云霄县对虾与泥蚶混养、滩涂蓄水养泥蚶等新模式，养蚶面积、产量迅速增加。2005年，全县泥蚶养殖171公顷，产量3925吨。2008年，全县泥蚶养殖79公顷，产量2418吨。

（六）缢蛏养殖

东山县缢蛏养殖始于1991年，主要分布在杏陈镇沿海滩涂浅海区，有的利用虾池养蛏。2005年，全县养蛏面积39公顷，产量500吨。2008年，全县养蛏面积27公顷，产量429吨。

（七）江瑶贝养殖

东山县江瑶贝养殖始于20世纪80年代，陈城镇渔民在诏安湾口滩涂浅海区试养殖缢蛏江瑶贝，但苗种需从外地购进，成本高，养殖者不多。1993年，全县江瑶贝养殖面积6.33公顷，产量50吨，平均每公顷7.9吨。由于养殖技术难题未有突破，效益难提高，影响养殖者的积极性。1994年，养殖面积减为2.67公顷，产量25吨。1996年，养殖面积虽然增到6.67公顷，但产量仅20吨，平均每公顷3吨。2000—2008年，江瑶贝养殖面积逐年减少。

（八）蛤类养殖

1989年，东山县继续推广蛤类人工养殖，主要分布于东山湾、杏陈、康美、樟塘、陈城、前楼等地海滩，养殖品种有寻氏肌蛤、波纹巴非蛤和花蛤。1992年，漳州市掀起“两贝三蛤”养殖热潮中，县内蛤类养殖面积有所扩大。至2008年，全县蛤类养殖面积1908公顷，产量29826吨。

1. 寻氏肌蛤 1989年，县内继续推广寻氏肌蛤养殖，主要在陈城、前楼、杏陈、康美等地海滩。当年全县养殖面积200公顷，产量6000多吨。寻氏肌蛤除供人食用外，又是鱼虾的优质饲料，其价格逐年提高，促进养殖。2000年，西埔湾某养殖户出售寻氏肌蛤30多吨，收入18万余元，平均每公斤6元，价格比10年前提高4倍。2008年，全县寻氏肌蛤养殖面积197公顷，产量5243吨。

2. 波纹巴非蛤 1989年，县内继续推行波纹巴非蛤养殖。1992年，全县养殖波纹巴非蛤210公顷，产量550吨。平均每公顷2.61吨。县注重养殖技术研究推广，单产逐步提高。1996年春，东山、云霄两县渔农民因争夺用东山湾五屿一带海区巴非蛤资源问题发生纠纷。1997年9月，经市政府协调，两县政府签订了《关于五屿海区划定海上渔业生产临时管理线协议书》。11 月，市政府又批转市水产局《关于五屿海域海洋天然资源增殖保护区管理暂行规定》。五屿海区巴非蛤养殖生产秩序步入正常。2005 年，全县巴非蛤增养殖面积 1973.33 公顷，成品蛤产量 22455 吨，分别占全市的 40.75%和 23.21%，位居各县（市）第二位。平均每公顷 11.38 吨。2008 年，全县巴非蛤养殖面积 1500 多公顷，产量 23000 多吨。

3. 花蛤 1989 年，县内继续推行养殖花蛤，主要分布在康美、樟塘、杏陈、大嶂等地滩涂。因养蛤滩涂多改建为虾池，养蛤面积逐年减少。1992 年起，在全市“两贝三蛤”养殖热潮推动下，采取虾池虾蛤混养模式，花蛤养殖逐渐恢复发展。2000 年，全县花蛤养殖 713.33 公顷，年产量 4000 多吨。此后，因养蛤滩涂多改养殖其他贝类，花蛤产量逐年减少。2008 年，全县花蛤养殖 200 多公顷，年产量 1100 多吨。

第二节 鱼类养殖

一、鱼类养殖面积与产量

1989 年，全县海水鱼类养殖种类 40 多种，养殖面积 790 公顷、产量 528 吨。此后，海水鱼类养殖呈上升趋势，至 1995 年，全县海水鱼类养殖面积 8288 公顷、产量 3287 吨；2000 年面积 1329 公顷、产量 9850 吨。

2005 年，全县海水鱼类养殖种类达 58 种以上。即黑鲷、黄鳍鲷、平鲷、真鲷、斜带髭鲷、花尾胡椒鲷、点斑石鲷、紫红笛鲷、白星笛鲷、勒氏笛鲷、川纹笛鲷、白胡椒鲷、大斑石鲈、花鲈、断斑石鲈、大黄鱼、鲻鱼、鮸状黄姑鱼、双棘黄姑鱼、浅色黄姑鱼、卵形鲳鲹、金丝鮸、白花鮸、褐毛鲿、遮目鱼、美国红鱼、褐蓝子鱼、军曹鱼、牙鲆、大菱鲆、红鳍东方鲀、菊黄东方鲀、双斑东方鲀、赔纹东方鲀、海鳗、高体鰤、大弹涂鱼、半滑舌鳎、青石斑、棕点石斑、马拉巴石斑、龙胆石斑、三斑石斑、点带石斑、赤点石斑、硅点石斑、褐石斑、云纹石斑、金钱鱼、中华乌塘鳢、鬼鲉、褐昌鲉、欧洲鳗鲡、日本鳗鲡、大西洋牙鲆、漠斑牙鲆、条纹鲈、七星鲈等。是年，全县海水鱼类人工增养殖面积 1286 公顷、产量 13432 吨，分别比 1989 年增长 62%和 24 倍。全年海水鱼类人工育苗 22600 万尾

2008 年，全县海水鱼类人工增养殖面积 903 公顷、产量 12189 吨，育苗 3010 万尾。

二、鱼类养殖种类

（一）石斑鱼养殖

1989 年，东山石斑鱼人工网箱养殖（始于 20 世纪 80 年代初），因苗种靠天然海区捕捞，养殖发展缓慢。2000 年春，县永昌发水产养殖有限公司、县水产技术推广站与山东省海洋研究所合作，开展青石斑亲鱼促熟催产技术研究获得成功，至 7 月，培育出青石斑鱼苗 30 万尾，抽查平均体长 5.8 厘米，进行推广养殖，养殖 18 个月成鱼，个体重 1 公斤以上。同年，厦门铁道实业公司东山养殖基地从台湾引进龙胆石斑、青石斑、点带石斑亲鱼，进行人工育苗，翌年育出 100 万尾。2001 年，有 10 家养殖场向厦铁东山基地购买石斑鱼受精卵进行孵化育苗，皆获得成功。2002 年，全县石斑鱼育苗近 200 万尾，推广养殖成品。随着石斑鱼育苗量的不断增加，推广养成面积与产量也不断增长。养殖模式除海水网箱养成外，厦铁东山基地和一些台资企业还进行陆上工厂化养成。养殖的石斑鱼类品种有 10 多种。2003 年，全县石斑鱼养殖产量 780 吨；2005 年 1230 吨；2008 年 1331 吨。

（二）鲷鱼养殖

1989 年，东山鲷鱼网箱养殖（始于 1984 年）继续发展，因苗种靠天然海区捕捞，发展缓慢。1990 年后，养殖场推广漳州市水产技术推广站人工繁育黑鲷、黄鳍鲷苗种技术，开展人工培育鲷鱼苗种，取得成功。苗种批量生产供应养成，鲷鱼网箱养殖业迅速发展，东山湾、诏安湾和八尺门海区的网箱养鲷每年增加数百箱，并发展了海水土池混养模式。养殖期为 12 个月，成鱼个体重 1 公斤。2000 年，全县海水土池混养鲷鱼产量 1100 吨。2003 年，全县网箱养鲷和土池混养鲷成品鱼产量 2300 吨；2005 年产量 2163 吨；2008 年 2251 吨。

（三）鲈鱼养殖

1989 年，东山鲈鱼网箱养殖（始于 20 世纪 80 年代初）继续发展，苗种靠天然海区捕捞或人工培育。1993 年后，县内推广省水产研究所在龙海大径海水鱼类试验场开展的鲈鱼全人工繁殖技术，获得成功，促进鲈鱼养殖业发展。其养成模式为海水网箱养殖和海水土池混养。2000 年，全县网箱养鲈 4400 箱，土池混养面积 200 公顷。2003 年，全县鲈鱼养殖产量 1020 吨；2005 年产量 1153 吨；2008 年 1088 吨。

（四）鰤鱼养殖

东山鰤鱼养殖始于 1989 年。养殖户从广东沿海地区养殖户购进高体鰤鱼天然苗，在东山湾南部浅海区设网箱进行养殖。鰤鱼养殖一年，个体重 1 公斤以上。1990 年，全县养鰤网箱近 2000 箱，分布在东山湾内的对面屿、后登屿、东门屿和马銮湾、岐下等海区，年总产量 100 多吨。1992 年，县海洋渔业开发公司与省鰤鱼课题组合作，从厦门火烧屿购进 18 尾高体鰤亲鱼，在螺壁海区用规格为 3 米×6 米×3 米的网箱进行育苗试验，培育幼龄亲鱼取得成功。1994 年，市东山湾水产增殖中心开展高体鰤全人工育苗和养成试验取得成功后，促进东山高体鰤鱼养殖业较快发展。至 2000 年，全县高体鰤养殖网箱达 4800 箱。2003 年，全县高体鰤养殖产量 890 吨。2005 年，全县鰤鱼养殖产量 1090 吨，占全市总产量的 55.27%，居全市各县（市）首位。2008 年产量 964 吨。

（五）乌塘鳢养殖

东山乌塘鳢养殖始于 1990 年。鱼苗从广东、广西购进。因鱼苗成活率低于 40%，养成周期长达 20 个月，效益低，难以推广。1994 年，县水产部门与广西海洋研究所工程师罗砚（以“中华乌塘鳢育苗技术成果”为股份）合办银海水产育苗场（位于东沈湾），开展乌塘鳢人工育苗，选用体壮性良的国外乌塘鳢亲鱼，经杂交、繁殖、培育，年生产质优价廉的乌塘鳢苗种 500 多万尾，供养殖。其苗种成活率达 80%以上，养成周期为 10 个月左右。接着，“银海场”又与广西海洋研究所及厦门大学合作攻关乌塘鳢育苗、养成与病害防治等课题，并指导养殖户养殖。此后，乌塘鳢与虾混养，或盐埕沟专养，获得较快发展。1996 年，全县乌塘鳢产量 285 吨。1997 年夏，杏陈镇养乌塘鳢面积 13.33 公顷，翌年 6 月收获，产量 20 多吨；并创办 4 家育苗室，年产乌塘鳢苗 400 万尾。该镇蔡培生投资 270 万元创建乌塘鳢养殖场，有育苗池 300 个、面积 1500 平方米，养成池面积 10 公顷，被称为“养乌状元”。1998 年，县水产养殖服务公司也开始培育乌塘鳢苗种。1999 年，全县养殖乌塘鳢面积 53.33 公顷，产量 350 多吨。2005—2008 年，全县年养殖乌塘鳢面积 54 公顷，年产量 450～500 吨；主产地杏陈镇。

（六）大黄鱼养殖

1992 年，县水产局从宁德水产研究所购进大黄鱼苗 10 万尾（个体长 2～4 厘米），于铜陵田尾养殖场网箱试养。两年后育成大批亲鱼，供部分育苗场进行人工繁育，都获得成功。成品鱼养殖规模逐步扩大。1999 年，全县网箱养大黄鱼 2700 箱（约 180000 平方米）、产量 355 吨。2000 年，全县网箱养大黄鱼 6000 箱（400000 平方米）、产品鱼 450 吨。2005 年，养殖 7500 箱、产量 743 吨，占全市的 64.89%，居市内各县之首。2008 年，全县网箱养殖大黄鱼产量 600 吨。

（七）欧洲鳗鲡养殖

东山欧洲鳗鲡养殖始于 1996 年，县水产部门引进欧洲鳗鲡种苗试行海水工厂化养殖。试养结果其成本比日本鳗鲡低 50%以上（20 世纪 80 年代，东山曾养殖日本鳗鲡），养成周期比日本鳗鲡缩短 1/5。因而，养欧鳗者日益增多。欧鳗鲡养殖模式有工厂化专养，土池与贝类混养，也有浅海网箱养殖。1998 年，全县海水欧鳗养殖 68 公顷，成鳗产量 670 吨，占全市的 62.62%。2000 年，前楼镇岱南村林亚龙的 4.7 公顷虾池实行鳗蚶混养，每公顷成品鳗 1.49 吨，吨价 6.5 万元，效益很高。其经验被其他养殖户仿效，仅西埔就有 100 公顷虾池推行鳗虾或鳗贝混养。当年，全县欧鳗养殖面积 280 公顷，产量 1118 吨，每公顷成品鳗 3.99 吨。2004 年，全县欧鳗养殖面积 347 公顷，产量 1740 吨。2005 年，养殖面积 378 公顷，产量 1885 吨，每公顷成品鳗 4.99 吨，占全市的 78.67%，居市内各县（市）之首。2008 年，全县欧鳗养殖产量 2173 吨。

（八）牙鲆养殖

东山牙鲆鱼养殖始于 1998 年。县水产局在市水产局指导下，从山东省引进牙鲆鱼苗进行度夏培育试验，取得成功。1999 年，铁道部厦门实业发展有限公司与山东省某水产集团合作，在陈城镇宫前村投资2500 多万元兴建牙鲆鱼养殖场（工厂化育苗），全场占地面积 4 公顷。用于养殖面积 19000 平方米，有亲鱼培育区面积 3500 平方米，育苗区面积 3500 平方米，养成区 4 个总面积 12000 平方米。1999 年 10 月，从山东购进亲鱼和鱼苗，投入饲养。2000 年初，养成一批规格商品鱼，育出鱼苗 300 万尾。县内养殖户开始向其购苗养殖牙鲆鱼。2001 年，县内有 12 家牙鲆养殖场实行工厂化养殖，面积 19317 平方米，并有育苗。2002 年，全县培育牙鲆鱼苗 500 多万尾，供县内养成 200 多万尾，销往县外、省外 300 万尾。当年，全县有 30 多家养殖场养殖牙鲆鱼，工厂化养殖面积 4 万多平方米，池塘养殖面积 134 公顷，成品鱼产量 1000 多吨。其面积与产量皆居全省各县（市）首位，东山形成工厂化牙鲆鱼养殖示范片。2003 年，全县牙鲆鱼育苗 600 万尾，成品鱼产量 1380 吨。其中，工厂化养成面积 10 万平方米，网箱养成 4000 箱，土池养成面积 200 公顷。2004 年，全县牙鲆育苗 600 万尾，成品鱼产量 2340 吨。2005 年，全县牙鲆育苗 530 万尾，成品鱼产量 2334 吨，仍居全省各县（市）首位。2008 年，全县牙鲆育苗 400 万尾，成品鱼产量 1599 吨。

（九）美国红鱼养殖

1998 年，县内养殖户开始试养殖美国红鱼（亦称眼斑石首鱼），网箱养殖与池塘养殖皆获得成功。之后，着重推行美国红鱼网箱养成。2003 年，全县美国红鱼养殖成品鱼产量 600 吨。2005 年，成品鱼产量 665 吨，占全市产量的 70.74%，居市内各县（市）之首。2008 年，全县美国红鱼养殖产量 1008 吨。

第三节　虾蟹类养殖

一、虾蟹类养殖面积与产量

1989 年，全县海水虾蟹类人工增养殖种类近 10 种，面积 1000 公顷、产量 2253 吨。育苗单位 30 多家，育苗水体 8000 立方米，年育苗量 10 亿尾左右。此后，海水虾蟹类人工增养殖面积、产量与种类均有所发展。2000 年，养殖面积 1046.67 公顷、产量 2950 吨。2005 年，全县海水虾蟹类人工增养殖品种 15 种，即长毛对虾、中国对虾、日本对虾、黑吉对虾、斑节对虾、凡纳滨对虾（南美白对虾）、南美蓝对虾、刀额新对虾、脊尾白对虾、短钩对虾、锯缘青蟹、三疣梭子蟹、远洋梭子蟹、龙虾、虾姑等；养殖面积 1230 公顷、产量 4391 吨。2008 年，养殖面积 938 公顷、产量 4851 吨。

二、虾蟹类养殖种类

（一）对虾养殖

1989 年，东山对虾养殖面积继续扩大（始养于 1981 年），主要扩大贝类养殖滩涂改建虾池养殖对虾，品种有长毛对虾、日本对虾。当年，全县对虾养殖面积 1000 公顷，产量 1799 吨，平均每公顷 1.80 吨。皆为专养模式，且有一年养殖双季甚至三季。1990 年，对虾产量 2310 吨，平均每公顷 2.31 吨。由此，对虾养殖业上升为海水养殖支柱产业，对虾加工产品成为县出口创汇拳头产品之一。1992 年夏，出现大面积虾病，传播快，涉及面广，危害严重，药物防治无效。县水产局和有关部门邀集专家检验，认为以病毒性虾病为主，兼有细菌性、寄生虫等病害。虽多方施治，成效仍甚微。1993 年，养殖面积 1100.07 公顷，产量 309 吨，平均每公顷 0.28 吨。1994 年，专养模式减少，推行半封闭式生态养虾、全封闭式养虾、低盐度比重养虾、鱼虾混养、虾贝混养等模式，降低了病害的危害。1995 年起，对虾产量缓缓回升。1998 年后，推广养殖南美白对虾。该品种抗病力强，生长快，盐度适应范围广，单产高。2005 年，全县对虾养殖面积 977 公顷，产量 1572 吨，平均每公顷 1.61 吨；南美白对虾育苗量 4 亿尾。2008 年，全县对虾养殖面积 713 公顷，产量 1808 吨，平均每公顷 2.54 吨。

（二）青蟹养殖

1989 年，东山青蟹养殖继续发展（始养于 1984 年）。因苗种靠天然海区捕捞，发展受制约。1998 年，从云霄县购进大批量青蟹苗种，加快了青蟹养殖业发展。2003 年，全县青蟹养殖产量 1310 吨。2005 年，全县青蟹养殖面积 220 公顷，产量 1517 吨，平均每公顷 6.90 吨；2008 年，全县青蟹养殖面积 225 公顷，产量 1709 吨，平均每公顷 7.60 吨。

（三）龙虾养殖

东山养殖龙虾始于 20 世纪 80 年代后期，铜陵镇等地一些水产养殖户收购海洋捕捞的幼小龙虾，集中投入网箱养成（选址多在东山湾内），饲料为小杂鱼或人工配合饲料。由于龙虾人工繁殖育苗难题未解决，故养殖尚为零星少量。2008 年仍有少量养殖。

第四节　海藻类养殖

一、海藻类养殖面积与产量

1989 年，东山县海藻类人工增养殖种类主要有坛紫菜、阔盘紫菜、海带、羊栖菜、赤菜等，全年海藻类养殖面积 4.33 公顷、产量 55 吨。1995 年，养殖面积 53.33 公顷、产量 672 吨；2000 年，全县海藻类人工增养殖面积 329.33 公顷、产量 10800 吨；2005 年面积 799 公顷、产量 16177 吨。2008 年，全县海藻类人工增养殖的品种有坛紫菜、阔盘紫菜、细基江蓠、金丝江蓠、菊花心江蓠、海带、羊栖菜、赤菜、螺旋藻等，全年养殖面积 624 公顷、产量 15226 吨。

二、海藻类养殖种类

（一）紫菜养殖

1989 年，东山紫菜养殖（始于 1960 年）面积 0.87 公顷、产量 3 吨，主要产于西埔镇的亲营、冬古村一带海域。1990—2000 年，紫菜养殖逐年减少，一些年份几乎停养。2002 年，县内有养殖户向漳浦、龙海等地购进苗种，恢复紫菜养殖，当年紫菜养殖面积 11 公顷，产量 14 吨，平均每公顷 1.28 吨。2004 年，紫菜养殖面积扩展为 217 公顷，产量 525 吨，平均每公顷 2.42 吨。2005 年，紫菜养殖面积 257.33 公顷，产量 670 吨（居全市各县第二位），平均每公顷 2.60 吨。2008 年，全县紫菜养殖面积 191 公顷，产量 615 吨，平均每公顷 3.22 吨。

（二）海带养殖

1989 年，东山海带养殖（始于 20 世纪 50 年代中期）分布于东山湾和冬古湾海区，产量 3 吨。由于海带在工业、医药广泛应用和食用营养价值高，县重视提高海带加工技术，提升产品质量，促进海带养殖业发展。1998 年，全县养殖海带面积 39 公顷，产量 1585 吨，平均每公顷 40.64 吨。主要养殖区为亲营、冬古及东山湾海区。苗种从龙海购进。当年，东峰水产加工有限公司等企业引进台湾“海带杀生”技术，海带制品价格提高 5 倍。随后该技术在全县推广，促进海带养殖业发展。2005 年，海带养殖面积 118 公顷，产量 5320 吨（居全市各县第二位），平均每公顷 45.09 吨。2008 年，全县海带养殖面积 90 公顷，产量 4412 吨（保持在全市各县第二位），平均每公顷 49.02 吨。

（三）江蓠养殖

1992 年，东山县兴起鲍鱼养殖业后，因缺乏饲料，曾从广东购进江蓠作为鲍鱼饲料，每年约购 3 万～4 万吨。为了解决鲍鱼养殖所需饲料问题，东山开始江蓠养殖。1994 年 10 月，一位许姓台商到杏陈镇高陈村创办赫华水产养殖场，投资 40 万美元，租赁虾池和盐田计 10 公顷，引来台湾菊花心江蓠苗试养获得成功，并逐步扩大养殖面积。翌年，县内推广虾池混养台湾菊花心江蓠，有 30 多家养殖场（户），养殖面积 66.67 公顷。蒋姓台商也在前楼镇新滩盐埕创办艺隆水产养殖有限公司，租地 10 公顷，建 12 个养殖池，养殖江蓠 8 公顷。随后，又有 2 名商人创办江蓠养殖场。1998 年，全县江蓠养殖面积 114 公顷，年产量数千吨，为养鲍户提供鲍鱼饲料。县鲍鱼岛建设办公室还组织人员到广东省汕尾、阳江等地参观学习江蓠养殖技术，引进细基江蓠等品种，进行推广养殖。

1999 年，省、市水产与有关科研单位联合在前楼、杏陈等地推广江蓠与对虾混养、江蓠与青蟹混养技术，推广面积 157 公顷。经 6 个月养殖，与虾混养每公顷产江蓠 57.5 吨、虾 225 公斤；江蓠与蟹混养的，每公顷产江蓠稍少，蟹 225 公斤。两种混养模式效益都更高，由此进一步推广。2000 年，全县江蓠养殖面积 248 公顷（其中杏陈 86.67 公顷，陈城 43.33 公顷，前楼 40 公顷，其他镇场 78 公顷），平均每公顷江蓠 30 吨。2005 年，全县江蓠养殖面积 418 公顷，产量 10107 吨，占全市江蓠养殖总面积的 97.88%。2008 年，全县江蓠养殖面积 339 公顷，产量 10121 吨。

（四）羊栖菜养殖

东山羊栖菜养殖始于 1993 年。时，铜陵镇第九渔业公司引进浙江羊栖菜（俗称虎须）苗种进行人工养殖，养殖面积 2.67 公顷，产成品菜 20 吨，作为鲍鱼饲料。此后又有其他单位养殖羊栖菜。2003 年，羊栖菜养殖面积 5 公顷、产量 80 吨。2008 年，全县羊栖菜养殖面积 4 公顷，产量 78 吨。

第五节 其他海水生物试养

一、其他海水生物试养种类

1989—2008 年，东山县尝试紫海胆、海马、螺旋藻、海蜇、短蛸、长蛸等海水生物养殖。

二、紫海胆养殖试验

东山紫海胆养殖始于 1998 年。时，县鲍鱼增殖站与省海洋研究所合作，在东山县开展“紫海胆人工育苗与养殖技术研究”。1999 年，该项目被省科委、国家科委列为重大科技研究项目，也是东山湾海洋综合开发试验区第二期“兴海工程”项目。科研人员在原有研究成果的基础上，针对紫海胆育苗饲料角毛藻不稳产问题，改用小水体半密封式培养的新方法，使角毛藻稳产，育苗顺利。至 2000 年 9 月，培育出紫海胆稚苗 12 万多只，平均体长 0.77 厘米，最大 1.6 厘米，最小 0.4 厘米，亲海胆产卵率达 82%。10 月 17 日，该研究成果通过省科委组织验收。此后，县科委和县水产局组织科技人员开展“紫海胆网笼试养”项目研究，获得初步成果。

三、螺旋藻养殖试验

东山螺旋藻养殖始于 1998 年春。时，县农委、县水产技术推广站与国家第三海洋研究所合作，利用县鲍鱼增殖站场地设施，开展东山县螺旋藻海水养殖试验。两年后获得成果。2000 年 9 月初，该项目通过省农委农科教领导小组组织的专家组验收。开展螺旋藻产品的深加工探索，开发出片剂胶囊等系列样品。

四、海马养殖试验

东山海马人工养殖始于 20 世纪 90 年代初，陈城乡白埕村就有人工试养海马。通过多年的经验积累，人工养殖海马技术逐渐成熟，全镇沿海各村的养殖规模陆续扩大。2000 年 1 月，县科技与县医药部门联合组建“东山海马人工育苗与养殖基地”，从中国台湾地区和菲律宾等地购进海马亲体 2000 多只，进行育苗试验。当年 6 月，培育出小海马约 3 万只。继而进行养成试验，获得成效。但因养殖海马所需饲料活性小生物来源问题未能解决，且养殖池设施未能适应海马成长需要，该基地首试后停养而撤销。

五、海蜇养殖试验

东山海蜇养殖始于 2003 年 3 月。时，县水产部门和县科技部门组织养殖户在西埔湾、大嵘等地利用虾池套养海蜇试验。6 月，西埔湾养殖场产海蜇成品 2000 多公斤，运往福州水产精加工出口公司，经加工后出口日本。此后，县内虽有海蜇养殖，但因投养的海蜇苗种成活率低，养成甚微，而废养。究其原因，认为海蜇的饲料以浮游生物为主，虾池中套养海蜇密度大，而浮游生物衍生慢，造成饵料不足，致使海蜇苗种大量饿死。

第五章 淡水养殖

第一节 淡水养殖面积与产量

1989年，全县淡水养殖面积289.2公顷、产量458吨，养殖区主要分布在陈城、杏陈、康美、西埔等地的池塘、水库、埭沟。养殖种类主要是“四大家鱼”（青鱼、草鱼、鲢鱼、鳙鱼）、罗非鱼、鳗鱼、福寿鱼等。1991年开始，加大引进新优品种并扩大养殖面积，推广立体种养模式。1996年，全县淡水养殖面积达547.87公顷，产量5200吨。1999年后，“四大家鱼”和鲤鱼、鲫鱼等传统品种养殖发展趋势减缓，而罗非鱼、鳗鱼、淡水白鲳等新优种类养殖持续发展。2000年，全县淡水养殖面积增到725.07公顷，产量8818吨。此后，罗非鱼逐渐成为淡水养殖的主导种类，其中奥尼罗非鱼占大部分。2008年，全县淡水养殖面积433公顷，产量7473吨，分别比1989年增加60.1%和15.31倍。

1989—2008年若干年份东山县淡水养殖面积、产量情况表

表7-3 单位：公顷、吨

年份	面积	产量	主要种类产量				
			罗非鱼	鳗鱼	牛蛙	鲤鱼	四大家鱼
1989	289.2	458	58	—	—	—	—
1995	534.2	4058	—	—	—	—	—
2000	725.1	8818	3610	1495	670	450	1495
2005	730	10107	3829	1520	756	504	1700
2008	433	7473	2668	1038	586	361	1334

第二节 淡水养殖模式

一、池塘养殖

1989年，全县池塘养殖面积110.87公顷，产量291吨，平均每公顷2.62吨。此后，挖建池塘养鱼者逐步增加，鱼池规格化，推广以养鱼为主的“鱼—果—畜禽”立体生产模式。池塘养殖种类多，有青鱼、草鱼、鲢鱼、鳙鱼、鲻鱼、鲈鱼、澎泽鲫、银鲫、建鲤、胡子鲶、奥尼罗非鱼、淡水白鲳、日本鳗鲡、罗氏沼虾、南美白对虾、牛蛙、甲鱼、加州鲈鱼、黄颡鱼、淡水石斑鱼等。1995年，全县池塘养殖面积318.2公顷，产量2526吨。2000年，池塘养殖面积458公顷，产量6111吨。2005年，面积463公顷，产量6816吨，平均每公顷14.72吨。2008年，全县池塘养殖面积292公顷，产量4868吨，占淡水养殖总产量的65.14%，平均每公顷16.67吨。

二、水库养殖

1989年，全县小水库28座，总水面面积174.2公顷，红旗、龙潭、陈城、东英、岱南及其他大部分小水库都有养鱼。养殖鱼类主要是罗非鱼、鲢鱼、草鱼、鲤鱼、鳙鱼、鲈鱼。当年全县水库养鱼面积101.07公顷，产量100吨。此后，有的水库因管理不善或蓄水量不稳定等而无养殖。1995年，水库养鱼面积111公顷，产量539吨。由于大力推广“鱼—禽—果”立体生产模式，实行精细、高效养殖，产量逐步提升。

2000 年，水库养殖产量 1042 吨。2005 年，水库养殖产量 1247 吨。2008 年，全县水库养鱼面积 74 公顷，产量 1006 吨，平均每公顷 13.59 吨。

三、埭沟养殖

1989 年，全县埭沟养殖面积 77.26 公顷，产量 67 吨。1990 年后，加强埭沟承包养殖责任制，注重提高养殖技术与采用新优品种，埭沟养殖产量剧增。1995 年，埭沟养殖面积 105 公顷，产量 993 吨。2005 年，埭沟养殖面积 105 公顷，产量 1288 吨，平均每公顷 11.70 吨。2008 年，全县埭沟养殖面积 67 公顷，产量 1013 吨，平均每公顷 15.12 吨。

第三节　新优品种养殖

一、罗非鱼

1989 年，全县罗非鱼养殖产量 58 吨。1990 年起，全县推广养殖单雄性罗非鱼。该品种逐渐成为常规养殖品种。1997 年，全县罗非鱼产量 2350 吨。2001 年，由于单雄性、奥尼杂交等育种技术的突破与推广，罗非鱼成为淡水养殖主导品种，形成产业化生产。2004 年，全县罗非鱼产量 3831 吨。2008 年，罗非鱼产量 2668 吨，占淡水养殖总产量的 36%。

二、鳗鱼

1989 年，全县淡水养鳗面积 2.53 公顷。当时，农渔民在资金和苗种紧缺条件下，仍筹措资金在陈城镇的山口、康美镇的康美、东沈、西埔的梧龙等地建淡水养鳗池，养殖日本鳗，苗种自采或外购。1990 年后，县内养殖场（户）引进欧洲鳗鲡苗种养殖，成本低，效益高。1992 年，县内淡水养鳗面积仍为 2.53 公顷、成鳗产量 54 吨，大部分出口。此后，引进陆上工厂化养鳗设施与技术，淡水养鳗继续发展。1998 年，全县淡水养鳗面积 50 公顷，产量 1200 吨。2000 年，国际市场鳗鱼价格下降，养鳗业下滑。政府采取下调计税基数，减免或缓征各种税费等措施，稳住养鳗业。2008 年，全县淡水养鳗场面积 64 公顷，成鳗产量 1038 吨。

三、牛蛙

1990 年，县内农民开始养殖牛蛙。1993 年，养殖牛蛙面积 23.8 公顷，产量 631 吨。1999 年，牛蛙养殖面积 30.8 公顷，产量 443 吨。2008 年，全县养殖牛蛙面积 30 公顷，产量 586 吨。

四、鲤鱼

1989 年，县内农渔民推广养殖漳州市鱼种场人工培育繁殖的丰鲤、建鲤苗种等品种。多与“四大家鱼”混养于土池。1990 年产量 35 吨；1997 年产量 335 吨；2004 年产量 497 吨。2008 年，全县鲤鱼养殖面积（混养）20 公顷、产量 361 吨。

五、中华鳖

1993 年，县内农渔民引进中华鳖种苗养殖，于水池与鱼类混养，养殖面积 1.4 公顷，产量 3 吨。1994 年，养鳖面积 4.2 公顷，产量 10 吨。2000 年，推广精（专）养技术，提高单产。之后，因经济效益低，养鳖专业场（户）逐渐减少，至 2008 年仅有零星混养。

第六章　水产品产量

第一节　水产品总产量

1989 年，全县水产品总产量 46059 吨，比 1988 年增加 4015 吨，增长 9.55%。其中，海洋捕捞 42210 吨，占 91.64%；海水养殖 3391 吨，占 7.36%；淡水养殖 458 吨，占 1%。为贯彻"以养为主，养殖、捕捞、加工并举，因地制宜，各有侧重"的渔业发展方针，1991 年 10 月和翌年 2 月，市委、市政府召开翡翠贻贝养殖现场会和"海上田园"建设流动现场会。会后，县掀起浅海滩涂养殖热潮，海水养殖迅猛发展。扩大浅海滩涂养殖面积，引进新优养殖品种，推广工厂化养殖技术设施，养殖产量持续增加。海洋捕捞业经过调整，建大船、增马力，造钢质船，推广现代化装备与先进技术，发展外海作业，捕捞产量稳步上升。2000 年起，海洋捕捞业贯彻保护海洋水产资源，实施"零增长"方针，年产量稳定在 15 万余吨至 16 万余吨之间。至 2005 年，全县水产品总产量 318183 吨，比 1989 年增加 272124 吨，增长 5.91 倍。其中，海水养殖产量 141109 吨，占水产品总产量的 44.35%，比 1989 年提高 36.99 个百分点，增长 40.6 倍；海洋捕捞产量 166967 吨，占 52.48%；淡水养殖产量 10107 吨，占总产量的 3.17%，比 1989 年提高 2.17 个百分点，增长 21 倍。2008 年，全县水产品总产量 280525 吨。其中，海水养殖产量 127554 吨，占 45.47%；海洋捕捞产量 145498 吨，占 51.87%；淡水养殖产量 7473 吨，占 2.66%。

1989—2008 年若干年份东山县水产品产量情况表

表 7-4　　单位：吨

年份	总产量	海洋捕捞				海水养殖					淡水鱼养殖
		海捕产量	鱼类	虾蟹类	贝类	海养产量	鱼类	虾蟹类	贝类	藻类	
1989	46059	42210	40589	1113	509	3391	528	2253	555	55	458
1991	51910	45935	40848	2043	3043	5455	895	2762	1602	196	520
1995	135790	114049	93288	13652	7101	17683	3287	882	12842	672	4058
2000	279678	157120	106003	24575	26542	113740	9850	2950	90140	10800	8818
2001	285088	155145	103511	25308	26326	120955	10466	3200	94400	12889	8988
2005	318183	166967	133354	24386	9227	141109	13432	4391	107109	16177	10107
2008	280525	145498	94212	29186	4560	127554	12189	4851	95288	15226	7473

第二节　主要种类产量

一、海洋捕捞主要种类产量

县境海洋捕捞水产品中，常见的鱼类有蓝圆鲹（巴浪、鳀）、金色小沙丁鱼（鳁）、脂眼鲱、圆腹鲹（尖水）、羽鳃鲐（马鲛）、鳗鱼、小公鱼（江鱼母）、真鲷（咬力）、黑鲷（乌格）、鲨鱼、带鱼、大黄鱼（红瓜）、二长棘鲷（咬力鲇）、蓝点马鲛、康氏马鲛（涂套）、银鲳、鲬（牛尾鱼）、刺鲳（肉鲫）、石斑鱼（鲙）、三角鱼等 50 多种，产量以鳀、鳁等中上层鱼类为最。2008 年，鳀、鳁等中上层鱼类捕捞产量 10625 吨，占海洋捕捞水产品总量 7.30%。

常见的软体水生动物有各种枪乌贼（鱿鱼）、墨鱼、杂色鲍、蛤和螺，以台湾枪乌贼、小管乌贼最多。2008 年，枪乌贼、小管乌贼捕捞产量 16880 吨，占海洋捕捞水产品总量 11.60%。

常见的节肢动物有各种虾、蟹、龙虾、虾姑，以哈氏仿对虾、三疣梭子蟹和虾姑为多。2008 年，对虾、三疣梭子蟹和虾姑捕捞产量 24361 吨，占海洋捕捞水产品总量 17.1%。

常见的其他海产动物有海胆、海蜇、海参等，以海蜇、海胆居多。2008 年，海蜇、海胆捕捞产量 24 吨。

二、海水养殖主要种类产量

县境海水养殖产量中，鱼类以鲷鱼、石斑鱼、鲈鱼、鰤鱼、大黄鱼、美国红鱼、乌塘鳢等较多。2008 年，鲷鱼、石斑鱼、鲈鱼、鰤鱼、大黄鱼、美国红鱼、乌塘鳢等养殖产量共 12489 吨，占海水养殖总产量 9.79%。

软体动物以牡蛎、鲍鱼、蛤类、泥蚶较多。2008 年，牡蛎、鲍鱼、蛤类、泥蚶养殖产量 95288 吨，占海水养殖总产量 74.7%。

节肢动物以虾类、青蟹为多。2008 年，虾类、青蟹养殖产量共 4851 吨，占海水养殖总产量 3.8%。

海藻以海带、紫菜、江蓠、羊栖菜为多。2008 年，海带、紫菜、江蓠、羊栖菜养殖产量 15226 吨，占海水养殖总产量 11.94%。

三、淡水养殖主要种类产量

县境淡水养殖产量中，较多的有青鱼、草鱼、鲢鱼、鳙鱼、罗非鱼、鳗鲡等。2008 年，青鱼、草鱼、鲢鱼、鳙鱼、罗非鱼、鳗鱼养殖产量 5040 吨，占淡水养殖总产量 67.44%。

第七章　渔业科技推广

第一节　科技推广网络

一、县级渔业科技网络

1989—2008 年，县水产技术推广站、县水产研究所、县鲍鱼珍珠贝试验场（鲍鱼增殖站）等继续加强网络建设，推广水技站“五有站”（有较高素质的科技推广和经营管理队伍，有适应现代化要求的服务设施和服务手段，有科技示范点，有经济实体，有办公设施、经费和工作制度）标准建设。至 2005 年，县站示范项目中，海水养殖滩池示范面积 1080 公顷，网箱水体 2.8 万立方米，产量共 25070 吨，产值 7150 万元，受益户 350 户，另指导养殖面积 670 公顷；淡水养殖池库示范面积 12 公顷，产量 50 吨，产值 40 万元，受益户 10 户，另指导养殖面积 5 公顷。2008 年，县水技站工作人员 12 人，其中技术人员 10 人（中级技术职称 7 人）；大学本科文化程度 5 人，大专文化程度 3 人。

二、乡镇渔业科技网络

1990 年 9 月，铜陵镇和陈城镇水技站成立。至 1992 年 8 月，其他乡镇均设置水技站，全县 7 个乡镇水技站编制共 26 人。2005 年起，推进乡镇水技站“五有站”建设，促进市、县科研项目的实施和科研成果推广应用及示范。2006 年，全县乡镇站示范项目成果有海水养殖滩池面积 1420 公顷，网箱水体 3.1 万立方米，产量共 31240 吨，产值 10950 万元，受益户 480 户（另指导养殖面积 780 公顷）；淡水养殖面积 15 公顷，产量 550 吨，产值 42 万元，受益 8 户（另指导养殖面积 90 亩）。有 3 个镇水技站自办 3 个科技推广示范场，面积共 18 公顷，育苗水体 520 立方米。乡镇水技站人员得到较快成长，成为科技骨干。

2008 年，各镇水技站配员 29 人，其中中级技术职称 2 人，初级技术职称 6 人；大学本科文化程度 3

人，大专文化程度3人。

三、村级渔业科技网络

1989年，县继续加强村级渔业科技网络建设，推进“科技兴渔”活动开展，各村民委员会陆续选配科技副主任，选聘水产技术人员，成立村科技小组，有的村还组建水产专业研究会、协会。在渔业水产科技项目推广工作中，一般先选择示范点试验，然后以试点为示范，组织参观、交流、培训、推广。养殖方面，选择重点养殖场（户）试点示范；在捕捞方面，选择重点渔船试点示范。多数村级水产技术员是试点示范户。通过示范户、场、船的试点实践，总结经验、培育典型、示范推广。示范户、场、船多数根据研试项目需要而临时选定，少数则较稳定。1991年后，为避免有机物污染，试行吊养江蓠、网箱养褐蓝子鱼、美国红鱼，以及养殖翡翠贻贝等项目，都取得修复养殖环境的效果，在全县甚至全市起了示范推广作用。2000年，贯彻全省水产科技推广工作会议精神和省政府《关于加强村级农民技术员队伍建设的意见》，重视村级科技组织建设与水产技术员选聘工作。至2005年，全县有28个建制村和13个渔业公司选聘水产技术员共68人（其中女性6人），其中属水产养殖大户技术主干35人。2008年，全县有25个建制村和12个渔业公司选聘水产技术员共53人。其中，女性3人；大专文化程度5人，高中文化程度17人。

第二节 科技应用与成果

一、渔业科技应用

1989—2000年，东山县海淡水养殖研究推广应用的科技项目取得较好成绩。贝类养殖项目推广应用的科技项目有：太平洋牡蛎引进与吊养技术、华贵栉孔扇贝人工育苗与养殖技术、花蛤人工育苗技术、花蛤混养技术、波纹巴非蛤浅海增养殖技术、海湾扇贝和墨西哥湾扇贝引进人工育苗与养殖技术、鲍鱼育苗与养殖技术、鲍鱼工厂化养殖技术等。鱼类养殖项目有：海水网箱养殖石斑鱼、鲷鱼、鲈鱼等的技术推广，欧鳗引进实行工厂化育苗与养成，罗非鱼引进养殖与人工繁殖，美国红鱼引进养殖与人工繁殖，中华乌塘鳢引进养殖与人工繁殖，牙鲆鱼引进繁养殖与工厂化养殖，鰤鱼（高体鰤）人工繁养殖育苗与养成的技术等。虾蟹类养殖项目有：对虾人工育苗与养殖，日本对虾人工越冬促熟及育苗，青蟹人工养殖，南美白对虾育苗与养殖技术等。藻类养殖项目有：紫菜喷孢子水采苗，紫菜自由丝体培育与直接采苗，龙须菜引进养殖，羊栖菜引进养殖，虾池养殖龙须菜技术等。

2001—2008年，县内养殖科技推广项目向多样化发展。在品种优化、养殖工厂化、标准化、生态化、现代化技术装备等的推广应用都取得丰硕成果，把海水养殖领域拓展到10米等深线，甚至20米以外的海区。推广数十个新优品种养殖，如牙鲆鱼、龙胆石斑、青石斑、马拉巴斑、云纹石斑、花尾胡椒鲷、斜带髭鲷、细鳍笛鲷、暗纹东方鲀、菊黄东方鲀、双斑东方鲀、红鳍东方鲀、军曹鱼、尖塘鳢、高体鰤等，逐步淘汰效益差的传统品种，进一步优化品种结构。工厂化养殖，除欧鳗、鲍鱼工厂化养殖得到普及外，还推广了牙鲆工厂化养殖，石斑鱼苗、南美白对虾苗等鱼虾贝工厂化育苗生产技术。推行鲍鱼标准化、波纹巴非蛤增养殖技术规范、南美白对虾标准综合体、罗氏沼虾标准综合体等养殖。鲍鱼养殖项目在获得“省级农业标准化示范区”称号后，于2001年被国家质监总局列入第三批国家级农业标准化示范建设项目。通过三年实施，示范产品产量年均增长10.05%，生产周期由原10个月缩短为4至5个月。该项目2004年11月19日通过国家级验收。

推广健康生态养殖，如南美白对虾大面积推行兑淡养殖，生态式虾池综合开发，扇贝、海带、海水网箱等套养的立体养殖。此外，还开展沉箱式网箱养鱼试验、鲍鱼海区网箱吊养试验等。

二、渔业科技成果

1989—2008年，县渔业科技成果获市（厅）级以上表彰奖励的项目共8个。其中，养殖科技成果4个，海洋捕捞3个，其他（综合类）1个；获国家部委颁奖的3个、省人民政府颁奖的3个、农业部渔业局颁奖的1个、市人民政府颁奖的1个。

第三节　现代化养殖方式与设备

一、鲍鱼工厂化养殖与设备

（一）鲍鱼工厂化养殖技术

1. 养殖面积与数量　1992年，县渔业部门引进台湾九孔鲍品种及其工厂化养殖技术设施，试行陆上工厂化养鲍，成功而推广，为中国大陆开展工厂化养鲍较早的县份。1994年，推广漳州市东山湾水产增殖中心引进的陆上工厂化鲍鱼人工育苗新技术，促使工厂化养鲍业大面积发展。1997年，县政府出台《鲍鱼岛建设规划》，建立“九孔鲍综合标准化示范基地”，制定有关鲍鱼养殖的4个省级地方标准，以及扶持养鲍业的有关政策，付诸实施。经努力，形成冬古、澳角至湖仔、宫前至山南3个规模化、工厂化养鲍区。2008年，全县工厂化养鲍924家。

2. 育苗技术　鲍鱼苗附着板底栖硅藻培养，亲鲍催产前1～4天，选择鲍鱼苗适口又营养丰富的硅藻，用附着板进行接种、培养。

3. 亲鲍选择与催产　种鲍（杂色鲍、九孔鲍体长6厘米以上，盘鲍7厘米以上）性腺饱满、大小合适、个体健康，雌雄比例10:1，采用阴干、变温、紫外线照射海水等方法加以刺激、诱导，每1～2个小时全换水一次，直到排精产卵。

4. 受精与洗卵　鲍鱼卵收集于容器并加入一定量活力好的精子，受精后几分钟取卵液用显微镜观察，每个卵周围有数个精子。之后，用倾倒或虹吸法洗卵三四次，或将卵收集在筛绢网内以流水冲洗，去掉多余的精子与杂质。

5. 孵化与浮游幼体选育　鲍鱼苗孵化密度每毫升10～20个。将上浮幼体虹吸到育苗池中培育，密度每毫升5～10个。每天换水2次，每次换水量1/3～2/3，一直育至后期面盘幼体。将面盘幼体收集、计数，投放有附着板的育苗池中。每立方米水体投5万～15万个。受精好且胚胎发育正常的受精卵可直接投入有附着板的育苗池中发育、附着。

6. 匍匐幼体培育　鲍鱼幼体附着后开始流水培育，密度为每平方米附着板100～1000个，流水量为水体2～4倍，充气，溶解氧保持每升5毫米以上。用遮阳网控制光照。

7. 稚鲍、幼鲍培育　稚鲍第一呼水孔形成后，附着板底栖硅藻若不能满足其摄食需要，则将其剥离投入幼鲍培育池，投喂人工配合饲料或粉碎的江蓠等，育至规格苗（杂色鲍、九孔鲍2厘米左右，盘鲍2.5厘米左右）。池中四脚砖的放养密度，壳长5毫米幼鲍4000个/平方米，壳长10毫米以上的2000～3000个/平方米。培育过程全天流水、充气，不可长时间中断。每隔2～3天洗池一次，清除残饵、排泄物和死苗。

（二）鲍鱼工厂化养成工艺与设备

1. 深水式立体养殖

养殖设施　养殖池每池面积20～30平方米，深1.2～1.8米，多池并联，各自进排水。每池一端有3～4个直径50毫米PVC管进水口，另一端有2个直径160毫米排水孔，池底铺设散气管6支。养殖箱（笼）为黑色硬塑箱，长、宽、高为36～40厘米、27～30厘米、12厘米。箱内5片隔板，箱四周有孔1平方厘米，箱一端有投饵门。

养殖密度　养殖箱重叠5～10个为一组，池内可放6排箱，每排20组。每箱放鲍苗15～30个。每排箱下安装一条充气管，每两排中间有通道宽70～80厘米。

日常管理　流水量一日换水量为总水体的5～7倍。投饵以江蓠、海带、石莼为主，投江蓠以每次三四天被吃完为宜，投海带以每次一两天被吃完为宜。清池以投喂江蓠每4～6天清洗一次，投喂海带每两天清一次，清除残饵、杂质、死鲍。每天巡池察看并作记录，及时发现病害等问题并解决。

遮光设施　池四周立镀锌管柱，拉上钢丝，上铺盖二层黑色遮光帘，四周也用黑色遮光帘围之。或用石棉板作屋顶，也可搭竹篷。

2. 浅水式平面单层养殖

养殖设施　养殖池面积 10～30 平方米，深不超 1 米，长、宽、高约 10 米、0.9 米、0.8 米（长渠型），底铺散气管和四脚砖等附着基。池内放置网箱（长、宽、高为 90 厘米、60 厘米、25 厘米），箱内放置皱纹塑板（70 厘米×55 厘米），板上有直径 2～3 厘米圆孔（便于幼鲍穿爬）。养殖密度，每平方米投放鲍苗数量，壳长 1～2 厘米的个体 1000～1500 只；壳长 2～3 厘米的有 500～1000 只；壳长 3～4 厘米的 150～160 只。

日常管理与遮光设施　与深水式立体养殖基本相同。

二、鱼类工厂化养殖及设备

（一）鱼类工厂化养殖

1994 年，县渔业部门引进欧洲鳗鲡进行工厂化养殖，获得成功。1995 年又兴起石斑鱼陆上工厂化养殖，以繁育苗种为主，兼有少量养成。1999 年，再兴牙鲆、大鲮鲆工厂化养殖。经多年推广，至 2008 年，全县鱼类工厂化养殖场共 76 家，养殖面积 7 万平方米。

（二）鳗鱼工厂化养殖技术设施

鳗鱼养殖应有储水池、养殖池（数口），有水泵、鼓风机、气石、水轮增氧机、饲料搅拌机等。池为八角形，混凝土建造。每口养殖池面积数十平方米。日换水量为池容量的 4 ～ 5 倍。饲料以小杂鱼、食油、抗生素、食粉类和水混拌成团，早晚各投喂一次。随着鳗鱼生长，逐步改用加工配合饲料。定期筛选大中小不同规格鳗鱼分开饲养。

（三）牙鲆工厂化养殖技术设施

1. 水池　牙鲆养殖应有储水池、沙滤池、养殖池，池周围八角形，混凝土底、砖墙。储水池、沙滤池每口面积数百平方米，底部安抽水管，置鼓风机、抽水泵、供气管。养殖池每口面积 20～60 平方米（设多口），有进水口 3 ～ 4 个（同向均匀分布），排水口在池底中央。池底从周边向中央倾斜坡降，以借各口进水流动力与池底坡度而形成环流，使水流匀布，水交换充分，池底残饵、鱼粪容易排净。

2. 围墙搭盖　牙鲆养殖池四周筑墙或用塑遮阳网围栏，高 2～3 米。其上搭钢筋拱形架或木质架，覆盖玻璃钢瓦或塑棚布，透光率 5%～10%。

3. 池水处理　养殖池每昼夜处理水量为养殖水体 7～8 倍，进行过滤、消毒，消除水中杂质与病菌。

4. 放养密度　养殖池每平方米水面放养苗量，个体重 10 克以下的 2 公斤；个体 10～50 克的 2～5 公斤，个体重 50～100 克的 5～7 公斤。

5. 饲料投喂　鱼体长约 12 厘米时，投喂干配合饲料为主，日投 4～6 次；鱼体长 13 厘米后，投喂冰鲜配合饲料为主，日喂 3～4 次。湿颗饲料以玉筋鱼等小杂鱼加工而成。

6. 日常管理　每日检测溶解氧和氨氮浓度，调整适宜；水每日 5～10 次循环，并实施适宜换水量；水温多日在 27℃以上时要降温；每日清除池底污物、残饵；每日 2 次短时间停水流和充气，观察鱼情，发现病鱼即捞出，并采取措施防治疫病；幼鱼体长 6 厘米以下的按大小分池饲养，以免“残食”。

三、海水网箱（普通）养鱼与设施

（一）海水网箱养鱼发展简况

东山县海水网箱养鱼发展至 1990 年共有 3000 箱。主要分布在东山湾、马銮湾、八尺门海域。1992 年，东沈村村民沈荣富、沈水生等 5 人合资 100 多万元，在马銮湾二屿建 1 条 100 多米防浪堤，堤内设网箱 4000 多箱养鱼。1993 年，县水电局小坪屿综合经营场在小坪屿建 1 条 300 米防波堤，堤内设网箱 3000 多箱养鱼。1993 年，全县网箱养殖 12720 箱，产量 1239 吨，为当时全国最大的县级网箱养鱼基地。各地网箱养殖石斑鱼、鲷鱼、鲈鱼、大黄鱼等鱼类。1996 年，八尺门海区推广精养褐蓝子鱼千余箱；1997 年推广养殖红鳍东方鲀；1998 年推广养殖美国红鱼。该海区成为网箱养殖示范片。1999 年，铜陵镇在东山湾五屿岛建成防波浮堤，设网箱 3000 多箱养鱼。至 2008 年，全县海水网箱（普通）养鱼 2.7 万箱（53800 平方米），产量 5306 吨。养殖种类有石斑鱼、鲷鱼、鲈鱼、大黄鱼、鮸鱼、美国红鱼、鰤鱼、牙鲆、褐蓝子鱼、褐毛鲿、卵形鲳鲹、东方鲀、褐菖鲉等。

（二）海水网箱（普通）设施

1. 网箱结构 网箱由框架、网衣、浮力及配件等组成。浮框架边长 3 米×3 米，框架外边绑 2 个短圆柱形泡塑浮子，框架内边（接合边）每边绑 1 个浮子，使浮框架上沿高出水面约 20 厘米。网衣用锦纶或聚乙烯线编织，规格 3 米×3 米×3 米或 3 米×6 米×4 米，网目 1～6 厘米，网底装有底框（由直径 3.8 厘米镀锌管焊接成）。网衣底部四角各绑着沙袋沉力。

2. 连成鱼排 每 6～24 个网箱连成一组鱼排，浮框架以木板（8 厘米厚，25 厘米宽）连接，接合处以铁板和大螺丝固定。

3. 固定锚泊 鱼排布置与潮流方向平行，每组鱼排用 4 个或 6 个或 8 个铁锚，每铁锚重 60～100 公斤（也可用钢筋混凝土块固定）。锚绳为聚乙烯线、丙烯线编织，直径 3～5 厘米，长 60～70 米。

4. 海区选择 网箱养殖要选择底质沙或泥沙、潮流畅通、风浪较小、水深 5～10 米、无污染源的海域。

（三）海水养殖技术

养殖密度适中，过密即疏散网箱，及时捕出成鱼上市，减轻生物负载量。使用人工配合饲料，适量投喂鲜饵，减少残饵，避免变质污染。水质和气候突变时，使用净化剂、增氧剂，或转移安全地方。注意防治细菌病、寄生虫病。加强水质监测，发现问题及时解决。鱼苗个体长 2～3 厘米，养周年个体重一般 0.5 公斤以上，鮸鱼、鰤 1 公斤以上。

四、深水抗风浪网箱养鱼及设施

（一）深水抗风浪网箱养鱼发展简况

1991 年，金陵养殖场从香港引进挪威基地式深水抗风浪网箱试养鱼，取得初步经验。后在省海洋与渔业局支持下，于 2003 年在东门屿海区设沉浮式深水抗风浪网箱 2 组 8 口，投苗养殖，初获成效。实践证明，深水抗风浪大型网箱养殖石斑、真鲷等鱼类，生长快、病害少。鱼苗天然捕捞或人工培育均可。沉浮式网箱投放的鱼苗个体长 5～10 厘米，放养密度每立方米 10～15 尾，饲料以小杂鱼为主，经养一年成鱼个体重 0.5～1.5 公斤，产量每立方米水体 10～13 公斤；基地式网箱投放鱼苗个体长 3～5 厘米，放养密度每立方米 4～5 尾，经养一年成鱼个体重 0.5～1.5 公斤，产量每立方米水体 4～10 公斤。2008 年，县境仅有深水抗风浪网箱养鱼 4 箱（水体 4000 立方米），产量 2 吨。深水抗风浪网箱养殖将浮动式与沉下式网箱养殖结合起来，具有立体利用养殖水体空间而大幅度提高效益，抗风浪性能强而使养殖海区拓展到 10 米甚至 15～20 米等深线以外等优点。

（二）深水抗风浪网箱设施

1. 沉浮式抗风浪大型网箱设施 网箱由框架、网衣、浮力、沉力、铁锚及配件组成。网箱上部 2 个圆环管（环管空心，直径 25 厘米，高密度聚乙烯制），内环周长 42 米，外环稍长，两环间距十数厘米，由连接件固定。内环装有若干根 HDPE 管（直径 11 厘米，高 90 厘米），连接周长 42 米圆环为操作栏杆。网衣规格 12 米×8 米×8 米，网目 3.5～6 厘米，无结节。网筋若干根（直径 16～18 厘米）沿箱体均匀分布，纵向结扎，承受箱体沉浮力。网筋拴系 42 公斤重的铸铁沉力。网箱下部一铁筒，直径 1.5 米，高 0.8 米。单口网箱定位（也有两口组合定位）有 4 支铁锚，锚重 480 公斤，锚链长 10～15 米，锚缆长 100～120 米。欲令网箱下沉，则上部两环和下部铁筒进水排气；令其上浮，则压进空气排水。这一操作由空压机完成，过程约 20 分钟。

2. 基地式抗风浪大型网箱设施 网箱由框架、网衣、浮力、沉力、混凝土锚及配件组成。上部框架正四边形，每一边由 2 根 12 米和 2 根 40 厘米镀锌等边角钢、中间一片钢板网焊接而成，设在塑料浮筒上，上面由 3 根镀锌管焊接成“凸”形，高 90 厘米，为操作栏杆，组成四方形框架。框架下网衣规格 12 米×12 米×4 米，网目 3.5～6 厘米，无结节。网衣四个角各拴系 1 个沙袋沉力。多个网箱组合，箱与箱固定连接，由 2 根 12 米和 2 根 1.1 米镀锌等边角钢、中间一片钢板网焊接成长方形框。其上为工作通道，组成田字形网箱组合排。组合排上设管理房和操作平台，配备照明、增氧、湿式饲料配制、网箱冲洗等设备。

锚泊固定，由绳索和混凝土锚组成井字形系统，四个方位角各拴系一条主锚缆。混凝土锚重 250 公斤，一组 2 个串联定位，铁链长 10 米，锚缆长 70～90 米。

第八章　管　理

第一节　机　构

一、行政机构

（一）东山县海洋与渔业局

1989 年，沿设东山县水产局，内设办公室、水产技术推广站、渔业经营管理站、渔政管理站，下辖东山鲍鱼养殖站、县水产供销公司、县水产造船厂、渔港供水站。

2002 年 7 月，撤销县水产局，组建县海洋与渔业局，内设办公室、渔业产业股、资源环境保护与海域管理股。下设县海洋与渔业执法大队、县渔业经营管理站、县水产技术推广站、县鲍鱼增殖站等 4 个渔业管理事业单位。2008 年，局工作人员 8 人

（二）福建省海洋与渔业执法总队直属三支队

1989 年，沿设闽南渔场指挥部，为副处级单位，下设办公室、电讯科、生产科。工作人员 20 多人。1999 年 4 月 4 日，增挂福建省渔政处闽南分处。2004 年 5 月，改称福建省海洋与渔业执法总队直属三支队，内设综合科、政工科、执法科和指挥科等。2008 年，支队实有工作人员 18 人。

二、事业单位

（一）东山县水产技术推广站

1989 年，沿设县水产技术推广站，隶属县水产局，从事水产新技术、新品种的实验与推广。1990 年起各乡镇设立水产技术推广站。2008 年，县水产技术推广站有人员 12 人。

（二）东山县海洋与渔业执法大队

1989 年，沿设县渔政管理站，隶属县水产局，编制 2 人；下辖西埔湾分站。2004 年 12 月，由东山县渔政管理站、中国海监东山县大队合并组建县海洋与渔业执法大队，隶属县海洋与渔业局；加挂中国海监东山县大队、中国渔政东山县大队、中华人民共和国东山县渔港监督站及中华人民共和国东山渔业船舶检验站，一套人马、五块牌子。内设人秘股、渔政渔港监督股、渔船检验股、海洋监察股、海洋监督股。2006 年 9 月，确定为副科级事业单位。2008 年，实有人员 26 人。

（三）东山县鲍鱼增殖站

1989 年，沿设县鲍鱼增殖站，隶属县水产局。2008 年，实有人员 12 人，其中高、中级技术人员各 1 人。

（四）东山县渔业经营管理站

1989 年，沿设县渔业经营管理站，隶属县水产局，编制 6 人。承担县域养殖证和海域使用证发放工作。2008 年，实有人员 2 人。

（五）漳州渔港监督东山监督站

1989 年，沿设漳州渔港监督东山监督站，隶属于漳州市渔港监督处，负责县域渔港监督管理。2004 年 12 月该机构撤销，其职能划归县海洋与渔业执法大队。

第二节　渔政管理

一、捕捞业管理

（一）捕捞许可证管理

东山县渔业捕捞许可证审批发放权在省、市渔业行政主管部门，县渔业行政主管部门受上级渔业主管部门委托，负责受理渔业捕捞许可申请。1989年，全县经批准发证的渔业捕捞作业船784艘，其中定置作业船299艘，拖网作业船40艘，流刺作业船366艘，灯光围网作业船61艘，其他作业船18艘。有部分渔船没有纳入管理。1990年，根据农业部《渔业捕捞许可证管理办法》和省水产厅的部署，县渔船换发由农业部统一印制的新捕捞许可证，并开始征收渔业资源增殖保护费，共换发捕捞许可证865艘。2002年8月，农业部颁布《渔业捕捞许可管理规定》。根据规定，县内拖网、张网作业不能兼作其他类型作业。2003年休渔期间，铜陵镇有150余艘拖网渔船兼业从事笼壶作业。对此，省海洋与渔业局根据渔民要求，特许东山县这部分拖网渔船在2003年休渔期间可从事笼壶作业。2003年5月，东山县对持有“渔业船舶检验证书”“渔业船舶登记证书”和“渔业捕捞许可证”的海洋小型渔船（指主机功率未满44.1千瓦且船长未满12米）进一步简化手续，实行“三证合一”，换发“中华人民共和国海洋小型渔业船舶证书”，全县有25艘小型渔船按要求换发“三证合一”渔业船舶证书。

2004年4月起，执行农业部和省海洋与渔业局关于在全国换发新版捕捞许可证的规定，新的捕捞许可证规定拖网渔船应在底拖网禁渔区线外生产，换证要求其应适应二类航区（也是近海航区）的标准。同时，对主机功率“船证不符”的渔船，按实际功率重新检验发证。全县“船证不符”的渔船有126艘，重新检验发证。2008年，全县发放捕捞许可证年审渔船1701艘。

（二）渔业资源增殖保护费征收

1989年，县渔业行政主管部门根据《福建省渔业资源增殖保护费征收使用实施办法》，负责全县捕捞渔船渔业资源增殖保护费（以下简称渔业资源费）的征收。征收以作业类型渔船为标准，并在捕捞许可证年审时实行一次性征收。1990年，全县征收渔业资源费49.91万元。此后，渔业资源费征收逐年增加，2000年征收253万元。2008年，全县征收渔业资源增殖保护费400.4万元。

1990—2008年东山县年审渔船数和渔业资源费征收情况表

表7-5　　单位：艘、万元

年份	捕捞许可证年审渔船数	渔业资源费征收金额	年份	捕捞许可证年审渔船数	渔业资源费征收金额
1990	865	49.91	2000	1044	253
1991	622	41.7	2001	1170	282.4
1992	670	51.12	2002	1281	330.5
1994	788	87.39	2003	1227	301
1995	802	105	2004	1219	0
1996	891	171.3	2005	1133	494.9
1997	957	197	2006	1409	356.7
1998	978	171.2	2007	1642	389.1
1999	899	228.9	2008	1701	400.4

说明：1993年为减轻渔农民负担未征收渔业资源费；2004年3月换证未征收渔业资源费，在2005年征收

（三）幼鱼比例检测

1989年，东山县继续执行幼鱼比例检测制度，以保护幼鱼资源。每年5月16日至7月15日，对进港的机动底拖网作业渔船进行捕获物中幼鱼比例检测，采取自检和重点抽检相结合方式，检查带鱼、二长棘鲷等经济鱼的幼鱼比重。1999年起，拖网作业实行伏季休渔，幼检工作停止。

（四）伏季休渔制度

1999年，东山县开始实行伏季休渔制度。休渔对象与时间：张网定置作业为每年5月1日零时至6月30日24时；拖网、大围缯作业为每年6月1日零时至7月31日24时，2001年起改为6月1日12时至8月1日12时；桁杆拖虾作业从2003年起每年6月1日12时至7月1日12时，2001年起改为每年6月1日12时至8月1日12时；灯光围网作业禁止进入北纬22°30′～23°30′、东经117°～120°海域，2004年起每年6月1日12时至8月1日12时。所有灯光敷网作业禁止进入北纬22°30′～23°30′、东经117°～120°海域。休渔渔船按规定时间做到船进港、网入库、人上岸。2004年起，休渔渔船证书集中于县渔政管理站代保管。每年休渔季节，县渔业行政部门都组织县乡镇渔业干部开展宣传发动，建立责任制，层层抓落实。

（五）捕捞渔船与网具指标控制

1989年，东山县渔船马力控制数继续执行以1987年6月经省、市审批发放的许可证马力数为基数，并有计划地更新、改造现有沿岸、近海作业的灯光围网、底拖作业渔船，更新改造所增加的渔船马力数须经省渔政部门批准。1990年起，执行《渔业捕捞许可证管理办法》，对近海捕捞渔船马力指标控制实行贴花制度（捕捞许可证贴附渔业行政部门印制的马力凭证，凭证与船主机额定功率要相符）。1997年4月，省政府颁发《关于我省“九五”期间控制海洋捕捞强度指标实施意见》，县海洋渔船的“双控”指标为船数1408艘、功率157923千瓦。县根据《意见》，进一步加强“双控”指标管理。开展“双控”宣传；结合换发新版捕捞许可证，制定和落实“双控”计划；对无捕捞许可证和未满110千瓦的拖网渔船予以裁减，对废旧淘汰、报废渔船予以取缔，对农副业船不发给捕捞许可证；对从事外海、灯围、流钓作业的，优先办理渔业证件。2002年12月起，随着农业部《渔业捕捞许可管理规定》的实施，县渔业行政部门进一步完善渔船审批、渔船检验与登记、捕捞许可证办理等规章制度。凡制造、更新改造、购置、进口海洋捕捞渔船，都按规定先申请，经省渔业行政主管部门审批（总控制指标以内）并核定船网工具指标，发给“批准书”，方能办理渔船登记和渔业捕捞许可证。2008年，全县捕捞渔船1701艘，都在控制指标之内。

（六）实施捕捞渔民减船转产

2003年3月，县渔业部门根据上级文件精神把组织实施渔民减船转产转业工作列入年度工作重点，开展宣传，引导捕捞渔民转业水产养殖、水产品加工及流通服务等。至2005年，全县减船13艘，并按规定得到上级财政专项补助金。2006年，全县减船29艘，减功率3734.7千瓦，并按规定得到上级财政专项补助金。

2003—2006年东山县渔民减船转产情况表

表7-6 单位：千瓦、万元

年份	减船数（拆解）	减功率	转产人数	拨给转产补助金	拨给拆解经费
2003	4	398.7	23	21	0.34
2004	6	754.8	31	32	0.56
2005	3	288.2	14	15	0.24
2006	29	3734.7	—	182.2	—

（七）打击非法捕捞

1989年，县继续宣传贯彻《福建省水产资源繁殖保护实施细则》，严禁电、炸、毒鱼，发现此类案件即及时查处。1995年起，贯彻市海防管理委员会制发的《漳州市打击违法违规捕捞、强买、抢劫联合行动实施方案》，县政府组织公安、渔政、港监等部门联合行动，严厉查处各种海上违法违规捕捞、强买抢劫以及堵塞航道港口的行为。当年，共查处案件 63 起。其中，违反禁渔区捕捞 21 起，电炸毒鱼 11 起，强买 8 起，其他 7 起。清理“三证不齐”渔船 277 艘，补办各类证件 166 本。2000 年 6 月，东山县和诏安县渔政部门在市渔政部门主持下，联合行动整治非法长袖定置网作业，省渔政管理处派遣中国渔政船 807 号参加。这次联合行动依法拆除非法设置长袖定置网 12 艚，主要在诏安湾海区。此作业也称陷阱网，大鱼、幼鱼皆捕，破坏幼鱼资源，有令禁止。2004 年 6 月，东山县和市渔政部门联合行动，对非法设置在诏安湾、西埔湾的长袖定置网作业进行整治，共拆除 45 艚。2005 年 1 月下旬，县渔政部门再次组织对设置在诏安湾、西埔湾的非法长袖定置网作业进行整治，省海洋与渔业执法总队直属第三支队和市渔政渔监部门派人参加，共拆除 50 多艚。

2004—2008 年，共查处电鱼、炸鱼、毒鱼案件 38 起，其中较大案件 5 起，移交司法机关实行刑事处罚。

（八）严禁污染渔业水域

1989 年，县渔政部门继续配合环境保护部门广泛宣传严禁污染渔业水域的有关法规，查处污染事故。1990 年 3 月，农业部颁布施行《渔业水域污染事故调查处理程序规定》后，县渔政部门进一步加强这一工作。由于预防工作做得较好，至 2008 年无发现重大污染事故。

二、人工增殖放流

1989—2008 年，县、市渔政部门从征收渔业资源保护费中，提取部分资金购鱼贝苗种，在苏峰山、西屿、南屿、不流屿等海区开展人工增殖放养。1991 年 4—6 月，在苏峰等海区放流人工鲍苗（规格 1 厘米以上）10 万粒。至 2008 年，共放流鲍鱼苗 3 次计 150 万粒；在西埔湾垦区放流各类鱼苗 5 次计 52 万尾、虾苗 2 次计 4000 万尾。

三、水生（野生）动物管理

（一）水生（野生）动物苗种管理

1. 江瑶 1989 年，东山湾继续被划为江瑶贝自然保护区。凡进区捕此贝的渔船，需先经渔政部门批准，捕捞个体只能在 16 厘米以上。每年 6 月 1 日至 9 月 30 日禁捕。2008 年继续实行。

2. 真鲷苗 1989 年，县继续对进东山湾、西埔湾捕捞、收购、运输真鲷苗者实行许可证管理制度。2000 年起，真鲷人工育苗技术推广后，采捕天然真鲷苗者大为减少，无再核发许可证。

（二）水生野生动物保护管理

1993 年 8 月 26 日，省政府发布《国家重点保护野生动物名录》（其中水生 11 种）后，县渔政管理部门逐步加强对国家和省重点保护的水生野生动物的保护与管理。结合每年“宣传月”和“爱鸟周”活动，会同公安、工商、林业等部门联合开展对农贸市场、餐饮店、商店经营水生野生动物情况进行检查。2003 年 5 月 13 日，在省渔政部门配合下，查获铜陵镇 6 家旅游工艺品商店非法经营海龟 19 只、鹦鹉螺 38 个、冠螺 102 个、虎斑宝贝 163 个及一批石珊瑚等。6 月 4 日，县渔政部门和警方在大嵊大桥查获三大筐中华鲎 33 对 183 公斤，对当事人进行处罚，并将鲎全数护送到东山湾大澳港放生。随着宣传的广泛深入，广大渔农民保护水生野生动物的意识提高，对误捕或冲滩搁浅的水生野生重点保护动物，主动送交或报告渔政部门救护、放生。1998—2005 年，共救护水生野生动物 9 起，有鲸类 3 尾、龟类 3 只、豚类 2 尾、巨蜥 1 尾。

四、水产养殖业管理

（一）实施养殖证制度

2002 年 8 月，县渔业部门开始实行水域滩涂养殖使用权证和养殖证制度。2004 年，按照省海洋与渔业局《关于开展养殖证制度实施试行情况检查的通知》进一步实施养殖证办理发放工作。2005 年，贯彻执行市政府《关于加强养殖用海确权办证工作的通知》，推进海域使用确权发证和养殖证办理发证。至 2005

年12月，全县养殖水域确权的面积1168.05公顷，其中海水养殖20宗、面积1094.20公顷，淡水养殖9宗、面积73.85公顷，累计发放养殖证29本，其中海水养殖证20本、淡水养殖证9本。2008年，全县养殖水域确权15宗、面积135.35。至当年12月，养殖证累计发放71本（其中海水养殖证62本、淡水养殖证9本）。

（二）水产养殖用药管理

2004年3月24日，根据国务院颁布新修订的《中华人民共和国兽药管理条例》，县渔政部门对水产养殖中兽药使用、兽药残留进行检测。至2008年每年都开展渔用药物使用管理知识宣传，并会同县水产技术推广站开展水产养殖用药情况调查和监督管理。

第三节 渔业船舶管理与渔港监督

一、渔业船舶管理

（一）渔业船舶登记

1989年，漳州渔港监督处东山监督站,继续对渔业船舶进行登记、检验、发证工作。2000年，根据农业部的部署，开展首次全国海洋渔业船舶普查。普查内容为渔业船舶种类、作业方式、生产能力、技术装备和持证等。普查结果，全县登记渔船1905艘，总吨位41478吨，总功率174455千瓦。其中，59千瓦以上渔船1061艘，总吨位38774吨，总功率165224千瓦；未满59千瓦渔船844艘，总吨位2704吨，总功率9231千瓦。普查登记在册渔船中，渔业证书齐全的渔船596艘、22915吨位、89593千瓦；渔业船舶证书不齐全的有624艘、17530吨位、66756千瓦；未持有渔业船舶证书的有685艘、1033吨位、18106千瓦。因不符合相关渔业船舶安全和技术规范要求，检验部门不予检验的排、艇、筏，被列为清理的渔船共638艘，其中“三无”（未取得有效渔业船舶检验证书、登记证书和捕捞许可证）渔船156艘，三证不齐（只取得“三证”中一种证或两种证）渔船482艘。普查中还对部分三证齐全但其船舶主机功率数据与“三证”记载不符的渔船开展整顿。至2001年，累计清理“三无”渔船129艘、“三证不齐”渔船476艘。2005年，全县渔业船舶经登记发证1574艘。2008年，全县渔业船舶经登记发证2088艘。

（二）非渔业系统管理渔船转入渔业系统管理普查

2005年12月，县渔业管理部门开始对非渔业系统管理渔船转入渔业系统管理（以下简称“非转渔”）进行普查，对象是原由边防部门或乡镇船舶管理站管理，依法应转入渔业部门管理的渔船。至2006年2月，全县共普查登记“非转渔”渔船1342艘，功率10801千瓦。其中，捕捞船814艘、功率7957千瓦；辅助船269艘、功率1285.8千瓦；养殖船259艘、功率1558.2千瓦。

2006年9月，经省海洋与渔业局确认，将原已纳入渔业部门管理、登记、检验的养殖渔船、捕捞辅助船，不再列为此次“非转渔”普查、清理对象。2006年12月，经核实，东山县符合“非转渔”捕捞渔船共208艘、功率10411千瓦。其中，大中型渔船52艘、功率8908.6千瓦；小型渔船156艘，功率1502.4千瓦。至2007年12月，先后完成此批“非转渔”捕捞渔船的检验、登记和发放捕捞许可证工作。同时，还检验、登记辅助渔船54艘、养殖渔船25艘。

（三）渔船检验

2006年7月，东山渔业船舶检验站成立，负责检验主机功率不满44.1千瓦且船长不满12米的小型渔船，至12月，检验263艘。主机功率44.1千瓦以上的渔船，仍由市渔船检验机构负责检验。2008年，全县经检验的渔船793艘。

（四）船员管理

1989—2008年，县渔业管理部门延续对渔业船员进行培训考试发证和年审。其间，曾组织主机功率150千瓦以上船员进行海上救生、海上急救、救生筏操纵、船舶消防四项基本技能训练及考核发证（称“四小证”）。2008年，全县渔船基本实现职务船员持证上岗。

二、渔港监督

（一）港航安全监督

1989 年 8 月 1 日，《中华人民共和国渔港水域交通安全管理条例》施行，东山渔港监督执法工作逐步展开。重点执行港航安全管理规定，对违反规定者进行检查处理。2001 年 4 月 21 日国务院发布《关于特大安全事故行政责任追究的规定》后，东山渔港监督加大渔港水域安全巡查，及时教育违反港航安全规定者。2008 年，组织渔港水域安全监督检查近百次，查处违规案件数十起。

（二）渔业航标设置与管理

1989 年，县域渔业航标有铜陵镇树尾屿渔业航标（灯桩），为漳州市首个渔业航标。其灯质为联闪（2）白 6 秒、灯高 9 米、射程 5 海里。1997 年 10 月，建澳角“小马头”航标，灯质闪白（3）11 秒、灯高 30 米、射程 5 海里。同时，建澳角避风港西侧灯桩，灯质闪绿 6 秒、灯高 7.5 米、射程 5 海里。1999 年 1 月，建宫前渔港码头右侧灯桩，灯质闪绿 6 秒、灯高 6.6 米、射程 3 海里。以上都用钢筋混凝土建造；使用能源除宫前港码头灯桩使用电池外，另 4 桩都为太阳能；每年都给维护费，少者 1.6 万元，多者 3 万元，有专人管理。2008 年保持不变。

第九章　渔镇渔村

第一节　渔　镇

一、铜陵镇

1989 年，铜陵镇机动渔船 452 艘，吨位 9018 吨、29958 千瓦（40731 马力），非机动辅助船 57 艘，吨位 102 吨。水产品总产量 18770 吨（海捕 18710 吨、养殖 60 吨），占全县水产品总产量的 40.75%。

1990 年后，渔业生产实行捕捞、养殖、加工等项目统筹发展，积极实施外海捕捞、网箱养鱼和水产品深加工，不断调整优化渔业结构。建造钢质渔船，发展远洋渔业；修建扩建避风港、水产品批发市场、台轮停靠码头；推进特色水产养殖模式，将五屿海区建成为无公害养殖示范窗口；在大澳渔港建立加工工业区，水产品产量和贸易量不断增加。同时，控制渔船数与马力数的发展和近内海捕捞量。该镇是县海洋与渔业局、省海洋与渔业执法第三支队和市海洋与渔业执法大队的驻地。建有国家级大澳中心渔港、县水产品综合市场、南门渔业码头、渔业救助通信网站、县气象台、县海洋站、水产品检测中心、台轮停靠码头。有县水产造船厂、县水产供销公司冷冻加工企业、民营水产加工冷冻企业及渔机网具修造厂场，共 100 多家；还有县石油公司柴油供应站。镇境干鲜水产品及旅游海产品市场十分繁荣。

2008 年，全镇渔业公司 12 家，渔民 3432 户、12752 人，劳力 8835 人。有机动渔船 410 艘，吨位 29324 吨、功率 87468 千瓦（119000 马力），辅助船 6 艘。主要作业为拖网、灯光围网、流刺、笼壶、钓鱿等。海水养殖有网箱 6004 多箱（其中深水抗风浪网箱 4 个，水体 4000 立方米），鲍鱼工厂化养殖水体 16566 立方米，贝、藻类养殖 503 公顷。水产品总产量 61858 吨，占全县水产品总产量的 22.05%。其中，海捕 52200 吨；养殖 9658 吨，占全镇水产品总产量的 15.61%。

二、陈城镇

陈城镇位于东山岛东南端突出部，辖 13 个建制村。其中，主要渔村有宫前、澳角、岐下，其他为渔农或农渔兼业村。1989 年，该镇继续大力发展海水养殖，同时发展钢质渔船外海捕捞业。建设宫前渔港（二级）、澳角渔港（二级）。建立水产加工企业和运销队伍，拓宽外销市场。

该镇是县创汇农业基地，对虾养殖、海捕业、网箱养殖、鲍鱼工厂化养殖、芦笋园等为支撑产业，是省、市渔业强镇。2008 年，全镇渔民 2995 户、11794 人，渔业劳力 10091 人（含外来劳力）。有机动渔船

1191 艘，计 42851 吨位，功率 16.7 万千瓦。主要作业拖网、流刺、光诱围网、定置网等。海水养殖有陆上工厂化养殖水体 428698 立方米，网箱养殖 7000 箱，滩涂贝类养殖 322.2 公顷，土池虾蟹类养殖 301.3 公顷。水产品总产量 103147 吨（其中海捕 70831 吨，养殖 32316 吨），占全县水产品总产量的 36.77%。

第二节 渔 村

一、澳角村

1989 年初，陈城镇澳角村有机动渔船 135 艘，计 1105 吨位，4539 千瓦，水产品产量 1470 吨。

该村依靠科技兴渔，造大渔船，推广先进技术设备，拓展外海捕捞，发展海水养殖，加强渔业基础设施建设。1992 年，投建澳角二级渔港，投资 1220 万元（村财支付 1030 万元，群众集资 80 万元，国家补助 110 万元），2001 年竣工。建成陆岛交通码头（堤长 400 米，可泊船 10 艘），投资 600 万元（村财支付 345 万元，上级补助 255 万元）。建有“泰山”渔业信息服务台，安装大功率电台和对讲机。2005 年，全村渔船 286 艘计 10260 吨位、功率 98500 千瓦。普及卫星导航、雷达、对讲机、救生筏等设备，渔业固定资产超亿元。主要作业为拖网、流刺等，捕捞劳力 1300 多人（其中雇用外地 600 多人）。年捕捞产量 28200 吨，比 1988 年增 18 倍。海水养殖有鲍鱼、牙鲆、对虾养殖场 38 家，劳力 150 多人（含雇用外地 50 多人），育苗与养成品面积共 32 公顷，年产值 9800 万元。有水产冷冻厂、精深加工厂、造船厂、机修厂（店）、织网厂、油库等企业共 32 家，年产值 1 亿元。全村年经济总产值 3.02 亿元；人均年纯收入 8280 元，比 1988 年增 6.2 倍。2008 年，全村渔船 265 艘，吨位 13930 吨，功率 53841 千瓦。年捕捞产量 20400 吨。全村经济总产值 1.2 亿元。

近十多年间，该村筹资 1000 多万元（村财为主，群众集资，上级补助）完成农贸新市场、村前防波堤、村部综合楼、村主干道（3 条）、村中绿化带、路灯（风景烟灯）等建设。澳角自然村开辟荒地建渔民别墅 400 多幢（投资亿元），建成现代风格新村。大帽山自然村 45 户，在建制村财政资助下于山下建成大茂新村，从山顶搬下山入新村安居。2008 年，澳角村 839 户、3558 人，有 90%多渔农民住新楼、别墅；家家有固定电话（共 862 部），手提电话 1313 部，有摩托车 30 多辆、小轿车 12 辆，家家有电视机。全村有 310 多户被评为“文明户”。

自 1989 年至 2008 年，该村先后被省委、省政府授予先进基层党组织、文明村（第六、七、八届）、精品文明村（第一、二届）荣誉；多次被评为拥军支前先进单位；2003 年 11 月，省公安厅授予治安保卫工作先进集体称号；2004 年 10 月，省司法厅和民政厅授予民主法制示范村称号；2005 年 10 月 5 日，中共中央文明委授予全国文明村称号。

二、宫前村

1989 年，陈城镇宫前村大力实施科技兴渔策略，造大船、钢质船，普及先进技术设备，开拓外海捕捞业；同时发展海水养殖，加强渔业基础设施建设。1993 年，投建宫前二级渔港。1998 年，建码头，堤长 181 米，为连接渔港的陆岛交通码头，设渔业信息点。2005 年，全村渔船 480 艘，吨位 3.6 万吨，功率 19 万千瓦，其中钢质船 80 艘、吨位 1.6 万吨、功率 4 万千瓦。捕捞劳力 2880 人，其中雇用外地 1080 人。养殖面积 103.8 公顷，其中鲍鱼养殖 82 家 46.13 公顷，牡蛎养殖 20 公顷，牙鲆及其他养殖 39 公顷。水产品深加工企业 9 家，家庭加工场 120 多家，造船厂 4 家，织网厂 16 家。加工水产品销往日本、东南亚和中国台湾、香港及内陆许多城市。全村 986 户 4100 人、劳力 3200 人（其中女性 1200 人）。工农业总产值 4 亿元，人均年纯收入 1.5 万元，比 1988 年增 10.5 倍。

2008 年，全村渔船 450 艘，吨位 2.75 万吨，功率 7.87 万千瓦。捕捞渔场拓展到台湾浅滩，作业类型以单拖、流刺、定置为主。捕捞劳力 1645 人。年捕捞产量 4.6 万吨。养殖有鲍鱼、牡蛎、牙鲆等。水产品深加工企业 11 家，此外有机修厂、加油店等涉渔企业 10 多家。年加工水产品 1.8 万多吨。全村 952 户 4046 人。渔业产值 4.2 亿元。1989—2008 年间，村筹资（主要是村财投入和群众集资）1000 多万元，完成渔贸商业楼、自来水工程、环村路、有线电视、电网改造、新村民居、通港路、海滨路、商业街、学校、老人活动中心、公园、排水沟、停车场等建设。80%村民入住新楼，100%渔家有电视、电话与用电（或液化气）煮饭菜。全村有手机2000多只、摩托车120多辆、小轿车12辆。该村多次被省政府授予渔业十强村称号。

三、冬古村

1989—2008年，西埔镇冬古村加快发展海洋捕捞业和养殖业，大力推广先进技术设备。2005年，全村有渔船213艘，吨位2800吨，功率17860千瓦，捕捞劳力1250人（含240多名外地雇佣人员），年海洋捕捞产量11900吨；海水养殖20家，劳力120人，养殖面积33.3公顷，年产量187吨，育苗500万粒（尾）。村里有水产品加工厂（场）、造船场、机修站等企业22家。工农业产值17500万元，其中渔业产值12600万元，占72%。人均年纯收入6240元，比1988年增5.64倍。全村600多户、3000多人，大部分村民住新楼房，有小轿车4辆，电话、电视、手机普及率100%。2008年，全村有渔船232艘，吨位8095吨，功率24157千瓦，捕捞劳力2650人（含雇用外地的人员），年捕捞产量11491吨；海水养殖劳力150人，产量1200吨。渔业产值10540万元。全村784户、3252人。该村过东澳有一座长175米、宽24米的码头，可泊千吨位轮船，装运硅砂，也供渔船装卸鱼货、避风。1999年，建冬古渔港；2003年12月竣工。村里建4条水泥路，共长405米，宽4米，有公路经过村边，交通便利。村里驻有县渔业信息点。该村多次被评为省、市渔业生产先进村。

第八卷　农　业

1989—2008 年，中共东山县委、县人民政府持续加强“三农”(农业、农村、农民)工作,深化农村改革,实施科技兴农战略,加快农业综合开发，建立芦笋种植等高优农业生产基地。调整优化农业经济结构，建立农业现代化产业化示范基地。发展订单农业，扩大无公害蔬菜新品种种植；引进中国台湾地区名优水果新品种。2004 年 9 月，东山白芦笋注册国家原产地标志。加强农作物病虫害防治，建立县、镇（乡)、村三级畜牧兽医防疫网络,加强对上市动物及其产品的检疫。设立农民负担监督机构，取消农业税,减轻农民不合理负担。完善农村家庭联产承包责任制，实施第二轮土地承包，至 2002 年 12 月，全县发放耕地承包使用证并签订合同 27260 户，占应发证 99%。加大农村富余劳动力转移，增加农民收入。建立村级财务集中管理制度，实行村务公开。

2008 年 12 月，全县耕地 2737.6 公顷，其中基本农田保护区面积 2542.87 公顷，比 1989 年初的基本农田保护区面积 5278 公顷，减少 2518 公顷，减少率为 47.71%，有效灌溉面积 10822 公顷。全县农村劳动年龄人口 78015 人，其中从事农林牧业 25417 人，占 32.58%，平均每个劳动力负担耕地 0.11 公顷。全县农业机械总动力 44985 千瓦，比 1989 年增加 6799 千瓦。全县农业产值 19408 万元（现行价)。

2008 年，粮豆作物种植面积 1388.74 公顷(其中水稻 179.8 公顷、甘薯 1195.27 公顷、其他杂粮 13.67 公顷)，比 1989 年粮豆作物种植面积 2915.47 公顷，减少 1526.73 公顷；经济作物种植面积 4908.8 公顷，比 1989 年 3990.2 公顷，增加 918.6 公顷。水果种植面积 2266.67 公顷，产量 15000 吨，为有记录以来最大面积和产量。畜肉产量 3190 吨，比 1989 年增长 1.18 倍。全县农业种植业产值 19408 万元（现行价)，占农林牧渔总产值 302217 万元的 6.42%；畜牧业产值 9453 万元，占农林牧渔总产值的 3.13%；农林牧渔服务业产值 13992 万元，占农林牧渔总产值 4.63%。农民人均年纯收入 7001 元，比 1990 年的 1145 元增长 5.11 倍。

第一章　生产条件

第一节　耕　地

一、耕地面积

1989 年初，全县耕地面积 5278 公顷。此后，由于道路交通等基础设施建设、工业发展、乡村集体基建、农民建房用地及退耕还林等，耕地有所减少。1996 年,开展第一次全国农业普查时，全县耕地面积 3625.7 公顷。2006 年,开展第二次全国农业普查,全县耕地面积 2793.33 公顷,比 1989 年减少 2453 公顷。

2008 年 12 月，全县耕地 2737.6 公顷（国土资源局资料为 2796.93 公顷)，其中基本农田保护区面积 2542.87 公顷（国土资源局资料为 2769 公顷)。农业人口人均耕地 0.028 公顷，比 1988 年减少 0.017 公顷。

1989—2008年若干年份东山县耕地面积情况表

表 8-1 单位：公顷

年份	总计	其中		农业人口人均面积
	总面积	水田面积	旱地面积	
1989	5246.33	1580.00	3666.33	0.043
1990	5221.27	1711.87	3509.40	0.041
1995	4855.20	1553.33	3301.86	0.037
2000	4773.27	1458.47	3314.80	0.036
2005	4538.13	1389.00	3149.13	0.034
2006	2791.06	1384.34	1406.72	0.029
2008	2737.6	1082.27	1655.33	0.028

说明： 2006年为农业普查数据，其余为县统计局年度统计数据

2008年东山县各镇常用耕地面积情况表

表 8-2 单位：公顷

镇名称	常用耕地总面积	其中		农业人口人均面积
		水田面积	旱地面积	
西埔	654.87	96.20	558.67	0.041
铜陵	30.20	18.67	11.53	0.014
陈城	688.53	313.40	375.13	0.025
康美	274.40	153.33	121.07	0.021
樟塘	325.73	220.00	105.73	0.027
杏陈	516.80	100.00	416.80	0.027
前楼	247.07	180.67	66.40	0.023
合计	2737.60	1082.27	1655.33	0.028

二、耕地改良

1989年，县内耕地改良由传统规格化平整改良转变为因地制宜平整改良，因害设防保护耕地，提倡用农作物茎秆回田和施用农家土杂肥改良土壤，提高土壤肥力和病虫害防御能力。此后，每年冬季，组织农民开展积肥改良土壤、修农田水利。农业部门每年实施耕地综合改良项目，并以点带面推广。1998年，县实施国家立项的农业综合开发土地治理项目。项目区在西埔镇，涉及11个建制村，总投资191.8万元。实施水利、农业、林业三大工程，重点解决农田的排灌问题，营造良好的农业生态环境。其中，农业工程完成土石方6万立方米，其中改良土壤133.33公顷，建设良种基地33.33公顷。林业工程造农田防护林网33.33公顷。项目示范区初步建成“田成方、林成网、渠相连、路相通、旱能灌、涝能排”的标准化农田，新增灌溉面积200公顷，改善灌溉面积466.67公顷，改造中低产田533.33公顷，形成现代农业示范园雏形。项目区当年增产粮食490吨、生产芦笋1750吨，增产值598万元，农民人均年增收269元。2008年，仍对中低产田进行改造。

第二节　草　场

1989 年,县境草场分布在田间空隙地带、林缘空隙地带、低产田抛荒地带，供禽畜觅食。田间空隙地带草场主要在水库边、池塘边、田埂、园旁、沟边及海岸边。林缘空隙地带草场主要在林果地、防护林带及山林间隙地，离居民点较远。低产田抛荒地草场主要在部分未耕作低产田，常年杂草丛生，也成为放牧禽畜的场所。是年，全县草场 2994.2 公顷，共有 26 科、63 种。

1990—2008 年，县境许多草场用于开辟公路、扩建村道、建设新居，或植树造林、开水渠、修水库等。2008 年 12 月,全县草地面积 195.13 公顷。

第三节　农村劳动力

一、劳动力人数

1989 年，全县农业人口 120681 人,农村总劳动力 64737 人。其中，从事农林牧业 37590 人，占总劳动力的 58.1%，平均每个劳动力负担耕地 0.14 公顷。1995 年，全县农村总劳动力 67966 人，从事农林牧业 34833 人，占总劳动力的 51.3%，平均每个劳动力负担耕地 0.14 公顷。

1996 年后，农村劳动力逐渐转移,渔业、第二产业、第三产业的农村劳动力逐年增加；从事农林牧业劳动力比例逐年下降。2005 年，全县农村劳动力年龄人口 77422 人，从事农林牧业劳动力 27729 人，占总劳动力的 35.8%，平均每个劳动力负担耕地 0.17 公顷。

2008 年，全县农村从业人员 97058 人（含外来劳力）。其中,劳动年龄人口 78015 人。从事第一产业 45149 人，占农村从业人员的 46.52%，平均每个劳动力负担耕地 0.07 公顷；从事第二产业的 28875 人，占农村从业人员的 29.75%；从事第三产业的 23034 人，占农村从业人员的 23.73%。

二、文化素质

1989—2008 年，东山县注重提高农村劳动力的文化技术素质，举办扫盲班,提高半文盲女青壮年的文化知识，举办农村科普知识讲座,提高其农业技能。此后,利用县白埕职业中学、县农业广播学校等培训机构,每年举办农业技术培训班，对农村劳动力进行技术培训；组织农业技术专家进村办农业科技讲座，重点培养农业技术能手。2008 年 12 月，全县农村劳动力人口中，小学文化程度以上占 91%。其中，小学文化程度占 45.3%，初中文化程度占 39.3%，高中文化程度占 5.4%，大专以上文化程度占 1%。被评为农业初级职称及以上技术人员 113 人。

第四节　农机具

一、农业机械总动力

1989 年初，全县农业机械总动力 38159 千瓦。随着科学技术发展和农业结构调整，许多农业机械更新换代。2008 年 12 月，全县农业机械总动力 44985 千瓦，比 1989 年增加 6799 千瓦，增长 17.81%。

二、农机具种类

（一）耕作机具

1989 年,县内传统耕作农具有犁、耙、锄头、花生除草耙、花生开穴器等。2004 年，梧龙村大面积种植水稻，引进旋耕机 4 台。至 2008 年 12 月，全县有旋耕机 13 台，年机耕面积 187 公顷。

（二）播种插秧农具

1989年，传统开穴播种工具主要使用开穴器。水稻插秧机因耕地及机具难以适应秧苗规格多变的需要，没有推广。2008年，水稻播种仍手工插秧。

（三）排灌机具

1989年，传统的提水灌溉工具有戽斗、水桶、绞桶、龙骨水车。随着水泵灌溉大力推广，戽斗逐步淘汰，龙骨水车已废止。2008年，全县有农用水泵3010台，年灌溉面积3400公顷。

（四）植保机具

1989年，传统植保机具有管式喷雾器，背负手摇式喷雾器。1989年后，随着芦笋、果树等作物大面积种植，机动喷雾机逐渐推广使用。2008年，全县有机动喷雾（粉）机396台，年机械植保面积2540公顷。

（五）收获农具

1989年，县内大面积推广种植芦笋、蔬菜、果树等经济效益较高的农作物，其收获多用手采箩装、扁担挑、板车运。此后，水稻种植面积减少，电动脱拖粒机已废止，收获延用旧式脱粒脚踏机或打谷桶。2008年，拖粒脚踏机、打谷桶仍使用。

（六）农副产品加工机具

1989年，农副产品加工用具有碾米机、饲料粉碎机、磨面粉机、榨油机、甘薯磨粉机、手摇式甘薯抽丝机。此后，养殖业发展普遍使用饲料粉碎机。至2008年，全县有粮食加工机械88台、油料加工机械23台、饲草料加工机械262台。年加工粮食503吨、油料205吨。

（七）农用运输机具

1989年，县内农用运输工具有胶轮手推车、拖拉机、农用汽车。1994年后，大中型轮式拖拉机因费用高又不灵便，较少使用。1998年，引进方向盘式变型拖拉机（功率14.7千瓦以上），但成本高，其机身较宽，不适合田间小道作业，难推广。至2008年12月，全县有手扶式拖拉机1053台、农用载重汽车26台、农用低速载货汽车192台；年农业运输量2219.76万吨。

第五节　农业普查

一、第一次农业普查

1996年1月1日至12月31日止，东山县开展第一次全国农业普查工作。

（一）人口与劳动力

全县总户数41321户，总人口178607人；农村住户28807户，住户人口129064人，其中女性64899人。农村常住从业劳动力81332人，其中男性40606人、女性40726人；从事第一产业51866人（从事农作物种植业41759人、林业123人、畜牧业2633人、渔业7085人、农林牧渔服务业266人），第二产业13360人，第三产业16106人。

（二）农业机械与设施

全县有小型拖拉机798台，大中型拖拉机配套农具45台，小型拖拉机配套农具27台，农用电动机23台，农用柴油机1671台，喷滴管灌机械509套，农用水泵445台，农用载重汽车7辆，农用运输车33辆，机电井213眼，泵站2个。

（三）经营耕地与农作物播种面积

全县土地总面积247.25平方公里，经营耕地面积3625.7公顷。其中水田1019.69公顷，旱地2606.01公顷。经营果园地面积1196.21公顷。

全县农作物种植面积5388.25公顷。其中，粮食作物种植面积1924.75公顷，油料作物种植面积1111.61公顷，蔬菜种植面积541.62公顷，饲料种植面积366.7公顷，其他作物种植面积1443.57公顷。

（四）农业技术措施应用

在全县耕地面积中，机电灌溉面积1094.6公顷。在播种面积中，机电播种面积1.13公顷，化肥施用面积 5157.77 公顷，农药施用面积 5101.32 公顷，地膜覆盖面积 16.34 公顷，温室面积 400.1 平方米。有效灌溉面积 2043.2 公顷，其中渠灌面积 599.2 公顷，井灌面积 585.87 公顷，喷滴管灌面积 604 公顷。

（五）畜牧业生产

全县黄牛存栏数 2466 只，其中役用黄牛 2104 只；生猪存栏 38626 只，出栏 36005 只；能繁殖母猪存栏 282 只，出栏 18 只；家禽存栏 82020 羽，出栏数 207516 羽。

二、第二次农业普查

2006 年 1 月 1 日至 12 月 31 日，东山县开展第二次全国农业普查工作。

（一）人口与劳动力

全县总户数 57327 户，总人口 203438 人；农村住户 32667 户，人口 135608 人。农村常住从业劳动力 81445 人，其中，男性 42040 人、女性 39405 人；从事第一产业 41466 人（农作物种植业 23213 人、林业 57 人、畜牧业 1408 人、渔业 15255 人、农林牧渔服务业 1533 人），第二产业 22208 人，第三产业 17771 人。

（二）农业机械与设施

全县有大中型拖拉机 15 台（配套农具 10 台），小型拖拉机 316 台（配套农具 20 台），排灌动力机械 3161 台，节水灌溉机械 400 套，联合收割机 4 台，机动脱粒机 9 台，农用运输车 218 辆，挤奶机 3 台，机动剪毛机 5 台，孵化设备 4 套，排灌站 54 个，机电井 365 眼。

（三）农业生产房室

县内有温室面积 1.4 公顷、大棚面积 1.71 公顷。农业生产用房面积 429683 平方米，其中畜牧养殖用房 150715 平方米。

（四）经营耕地与农作物播种面积

全县土地面积 247.25 平方公里。经营耕地面积 2791.06 公顷，其中水田面积 1384.34 公顷、旱地面积 1406.72 公顷。经营果园地面积 1676.24 公顷，其中桑园面积 0.48 公顷、果园面积 1647.41 公顷、其他园地面积 28.35 公顷。

全县农作物播种面积 5771.3 公顷，其中粮食作物 1680.5 公顷，油料作物 1235.71 公顷，糖料作物 0.71 公顷，芦笋 1211.07 公顷，蔬菜 1400.55 公顷，果田瓜 60.58 公顷，花卉和园艺苗木 55.41 公顷，其他作物 126.77 公顷（含温室、大棚、生产用房种植 3.31 公顷）。

（五）农业技术措施应用

在播种面积中，全县机播面积 45.15 公顷，机电灌溉面积 156.95 公顷，喷灌面积 144.62 公顷，滴灌渗灌面积 7.83 公顷；机播面积 0.39 公顷，机收面积 0.22 公顷，地膜覆盖面积 0.82 公顷。

（六）畜牧业生产

全县牛出栏 465 头、生猪出栏 48936 头、羊出栏 1455 只、家禽出栏 278161 羽、兔出栏 15535 只。年末，牛存栏 1384 只、生猪存栏 35655 只、羊存栏 1129 只、家禽存栏 129031 羽、兔存栏 14370 只、能繁殖母牛存栏 281 只、母猪存栏 460 只。年肉类总产量 3976 吨，其中牛肉产量 48 吨、猪肉产量 3520 吨、羊肉产量 21 吨、家禽肉产量 365 吨、兔肉产量 23 吨、奶类 8 吨、蜂蜜 25 吨、禽蛋 7 吨。

（七）农产品销售收入

当年，全县农产品销售总收入 14330.76 万元（含林业产品销售收入 407 万元），其中农作物种植业产品销售收入 10174.01 万元，畜牧业产品销售总收入 3749.75 万元。

第二章　农作物种植

第一节　农作物种植面积与总产量

一、农作物种植面积

1989年，东山县粮豆作物以甘薯、水稻、麦、大豆为主，杂粮为辅；经济作物以芦笋、花生、蔬菜为主。此后，县委、县政府关于“稳定粮食，增加创汇，发展经济，提高效益”的战略，农业种植结构实施调整，粮豆作物种植面积适当减少，经济作物种植面积持续增加，水果种植面积逐年扩大。2008年，粮豆作物种植面积1388.74公顷（其中水稻种植面积179.8公顷、甘薯1195.27公顷、杂粮5.07公顷、豆类8.6公顷），比1989年2915.47公顷（其中水稻种植面积543.53公顷、甘薯1961公顷、小麦238.27公顷、大麦21.8公顷、大豆84.6公顷、其他杂粮66.27公顷）减少种植面积1526.67公顷；经济作物种植面积4908.8公顷（其中芦笋种植面积1354公顷、花生1251.73公顷、蔬菜饲料2154.6公顷），比1989年3990.2公顷（其中芦笋2080.2公顷、花生1634.13公顷、蔬菜饲料275.87公顷）增加种植面积918.6公顷。

二、农作物总产量

1989年，东山县加大推广良种力度，提高复种指数和粮食单产。县内耕地种植粮豆、甘薯、花生等，粮豆产量12119吨，平均每公顷产量3037公斤。此后，逐年转为种植果树和蔬菜，粮豆作物种植面积减少。为提高粮食单产，县政府注重农业基础设施建设。1996年，县农业部门推广优质稻种33.33公顷，甘薯良种“金山57”1667公顷，花生良种“泉花10号”333公顷。其中，实施旱地粮油“1241”工程667公顷，增产粮油2000吨。利用幼龄果园、花生园、芦笋园进行早晚两季间套种的甘薯、花生、杂粮等，面积计1667公顷，套种增加粮油作物产量1750吨。当年，全县粮食作物播种面积2445公顷，总产量11984吨，平均每公顷产量4901公斤。其中早稻种植201.33公顷，总产量1510吨，平均每公顷产量7500公斤；晚稻65.33公顷，总产量495吨，平均每公顷7577公斤。甘薯种植1795.6公顷，总产9148吨，平均每公顷产量5095公斤。杂粮种植244.73公顷，总产量522吨，平均每公顷产量2133公斤。经济作物播种面积3444.2公顷，其中花生种植面积1536.53公顷，总产量3559吨，平均每公顷产量2316公斤。2000年，全县粮食作物总产9944吨，平均每公顷产量4977公斤。2005年，全县粮食作物总产7517吨，平均每公顷产量4730公斤。2008年，全县粮豆作物总产量7427吨，平均每公顷产量5348公斤。

1989—2008年若干年份东山县粮豆与经济作物面积、产量情况表

表8-3

年份	播种总面积（公顷）	粮豆作物			经济作物		
		面积（公顷）	总产量（吨）	每公顷产量（公斤）	面积（公顷）	占播种总面积（%）	其中:蔬菜饲料面积（公顷）
1989	7156.40	2915.47	12119	3037	3990.2	59.26	426.33
1990	7848.53	3595.73	15440	4294	4252.80	54.18	423.53
1995	7662.20	2510.00	12042	4978	5152.20	67.24	1603.73
2000	6739.74	1997.87	9944	4977	4741.87	70.35	1499.73
2005	6029.94	1589.27	7517	4730	4440.67	73.64	1676.46
2008	6297.54	1388.74	7427	5348	4908.80	77.95	2154.60

第二节　芦笋种植

一、芦笋种植面积与产量

芦笋生产是东山县农业支柱产业。1989—2000 年，县内延续推广种植芦笋等创汇农业作物，年芦笋种植面积约 2000 公顷，年产量约 3 万吨，成为全国最大的县级芦笋生产基地。2000 年，芦笋种植面积 2098.67 公顷，总产量 29239 吨。

2001 年后，因芦笋品种老化，病虫害严重，芦笋所需土壤养分减少，长势衰退，芦笋产品收购价格不稳定，芦笋种植面积逐渐减少（转为种植果蔬）。针对芦笋种植现状,东山县坚持“保笋稳粮促丰收”方针，加大农业科技投入，提高芦笋单位面积产量和笋质。2002 年，全县芦笋种植面积 1665.87 公顷，总产量 24686 吨；2008 年为 1354 公顷，总产量 22212 吨，平均每公顷产量 16405 公斤，单产创历史最高。

1989—2008 年若干年份东山县芦笋种植面积、产量情况表

表 8-4

年份	种植面积（公顷）	总产量（吨）	每公顷产量（公斤）	年份	种植面积（公顷）	总产量（吨）	每公顷产量（公斤）
1989	2080.20	30788.1	14801	1998	1927.07	28091	14577
1990	1999.87	16208	8105	2000	2098.67	29239	13932
1993	2101.67	28015	13330	2002	1665.87	24686	14819
1995	1970.67	32599	16542	2005	1510.80	20451	13537
1996	1907.67	29059	15233	2008	1354.00	22212	16405

二、芦笋种植促产措施

（一）推广新品种

1989—2008 年，县内先后引进抗逆性强、高产优质的芦笋新品种，主要有“UC800”“UC157-F2”“荷兰 4 号”“荷兰 5 号”“硕丰”等，经试验成功，大面积推广。2008 年，这些品种仍在推广种植。

（二）低产笋园改造

1995 年，县农业部门在陈城镇港口村开展芦笋低产园改造试点，重点改造地势低而易渍水笋园。首批改造笋园 33.33 公顷，当年，亩产芦笋提高 70%，等级笋率提高 5%，增收 164.5 万元。此经验和办法在全县推广。

1996 年，县农业部门应用笋园土壤改良、病虫害综合防治、改善排灌条件等技术，在陈城、康美、杏陈、前楼、西埔、樟塘等镇，改造低产笋园共 333.33 公顷。建立笋园“低改”中心示范片，共 53.33 公顷，以点带面，推广全县。

1997—1999 年，3 年时间，分别实施芦笋“155”“166”“6683”工程。分别改造低产笋园 667 公顷、667 公顷、400 公顷；高产栽培示范笋园分别为 334 公顷、400 公顷、400 公顷；轮作更新笋园分别为 334 公顷、400 公顷、534 公顷。1999 年，还扩种新植芦笋 200 公顷，推广高产优质栽培新技术。至 2008 年，全县芦笋低产园改造近 2000 公顷。

（三）推广无公害新肥药

1989 年起，县农业部门注重引进无公害新型肥、药进行试验与示范，提高芦笋施肥用药效果。1998—2008 年，先后引进推广 2 种有机肥、3 种营养液肥和 4 种杀菌杀虫药剂。肥料主要有农宝牌丰产素和野牛牌、超牛牌有机肥。丰产素施用后，亩笋增产 17%，级笋率提高 9%；有机肥施用后，亩笋增产 12%～25%，级笋率也提高，纤维含量减少。杀虫药剂主要引进 43%大生富悬浮液和 40%百杀得可湿性粉剂，防治茎枯病效果好，在全县推广应用。2008 年，这些肥药仍在推广应用。

（四）芦笋标准化生产

1989 年，县农业部门继续组织科技人员深入农村、笋园，为笋农提供科技咨询，指导应用标准化栽培技术。1992 年，编写《芦笋生产管理技术》教材，供笋农学习使用。此后，每年举办多期电视专题讲座和技术培训班，提高芦笋栽培技术水平。2001 年，县农业部门制定《白芦笋技术规范》，推广芦笋标准化栽培技术，引导笋农按照“规范”种植。同时，推广使用无公害的新型肥料和药剂。2004 年 9 月 10 日，东山县白芦笋原产地标志注册通过国家级认证。

2008 年，全县在美山、探石、白埕、岱南、东英等地建设芦笋标准化生产示范片 534 公顷。

三、芦笋种植户选介

林细南 前楼镇岱南村人，种植芦笋 0.2 公顷，年均每公顷产量 53～60 吨，为县境有记录以来单产最高。其经验是注重土壤改良和增施有机肥，重施越冬肥，培育良好的越冬根盘和肉茎根。

吴宇忠 前楼镇前楼村人，种植芦笋 0.43 公顷，年均每公顷产量 45 吨。其经验是采用节水喷灌技术，增施有机肥改良土壤；采用先进栽培管理技术，提高芦笋产量，连续多年取得较高的经济效益。

第三节 甘薯种植

一、甘薯种植面积与产量

1989 年，全县甘薯种植面积 1961 公顷，占粮食作物面积 67.3%，产量 7401 吨，占粮食总产 61.1%。1990 年后，由于扩大果蔬种植面积，甘薯种植面积逐年减少。为了提高甘薯单位面积产量，县农业部门利用良种场、西屿岛农业引进隔离场，引进甘薯良种进行试种，获得成功后示范推广。1994 年起，先后引进推广甘薯金山 57、福薯、美国红丹甘薯、岩薯 5 号等良种。建设万亩“1241”旱作粮油工程，幼龄果园套种甘薯，调进无公害优质肥、药供应农民施用，配套完善薯园排灌设施，提高甘薯单产。2001 年，全县甘薯种植面积 1603.13 公顷，平均每公顷产量 5256 公斤。

2008 年，全县甘薯种植面积 1195.27 公顷，占粮食作物播种面积 86.1%；产量 6292 吨，占粮食总产 84.7%；平均每公顷产量 5264 公斤，比 1989 年提高 1490 公斤。

1989-2008 年若干年份东山县甘薯面积、产量情况表

表 8-5　　单位：公顷、吨、公斤

年份	面积（公顷）	总产量（吨）	平均每公顷（公斤）	年份	面积（公顷）	总产量（吨）	平均每公顷（公斤）
1989	1961	7401	3774	2000	1557.67	7988	5128
1990	2280.87	10012	4390	2005	1218.47	5856	4806
1995	1922.40	9469	4926	2008	1195.27	6292	5264

说明：5 公斤鲜甘薯折 1 公斤稻谷（表中产量已折算）

二、薯作类型

（一）旱甘薯

旱甘薯种植于旱地，立夏前后栽植（前作为麦地或休闲地），立秋至秋分季节收获，起轮作并为其他薯作提供薯苗的作用。但由于轮作复种指数低，种植面积较少。

（二）半冬甘薯

半冬甘薯种植于旱地，夏至前后栽植（前作为大豆地），寒露至霜降季节收成。1990 年，陈城镇陈城村、杏陈镇张家村各实施 2.67 公顷“1241”旱作工程示范片。其做法是在旱花生种植季节，按半冬甘薯种植规格做成甘薯畦，在薯畦两侧各种一行花生，夏至前后薯畦中心套种甘薯。花生收获后，将其藤蔓复土培畦，既疏松土壤又提高肥力，保证甘薯稳产高产。1995 年起，全县进行大面积推广“1241”旱作粮油工程，种植面积占半冬甘薯总面积 50%以上。

（三）田甘薯

田甘薯种植于水稻田，立秋前后栽植（前作为早稻），大雪至小寒季节收成。先犁出畦型，再用人工捧土筑畦，可增强土壤通风和透水性。薯苗栽植后，用稻草盖畦面，减少水分蒸发和杂草滋生，提高薯苗成活率，增加土壤有机质，提高田甘薯单位面积产量。

（四）晚甘薯

晚甘薯种植于旱地，在立秋前后栽植（前作为早熟花生或早甘薯），冬至至大寒季节收成。

（五）过冬甘薯

过冬甘薯种植于旱地，在秋分前后栽植（前作为秋花生），翌年清明季节前后收成。

三、甘薯种植品种

1989 年，县内甘薯种植品种仍沿用南徽 7 号、南徽 8 号和新种花。这些品种种性逐渐退化，常发生疫病。2000 年起，先后引进推广金山 57、福薯、美国红丹甘薯、岩薯 5 号等品种。2008 年，这些品种仍在种植。

四、甘薯种植户选介

陈东海　陈城镇陈城村人，甘薯高产示范户，主要采用促控结合的栽培技术。2008 年，种植早甘薯 1.13 公顷，总产 45 吨（生薯），平均每公顷产量 39823 公斤。

蔡东生　湖塘村人，主要采用速生高效栽培技术，产品上市早，经济效益提高 30%以上。2008 年，种植早甘薯 10 公顷，总产量 400 吨（生薯），平均每公顷产量 40000 公斤。

第四节　水稻种植

一、水稻种植面积与产量

1989 年，县域水田改种蔬菜和水果增多，水稻种植面积逐年减少。全县水稻种植面积 543.53 公顷，比 1988 年减少 223.67 公顷。为了提高水稻单位面积产量，县农业局组织乡镇农技站和村农科小组技术员 240 多人，设 120 个实验点开展丰产竞赛和吨粮田建设。当年，全县水稻总产 3542.7 吨，平均每公顷产量 6518 公斤。此后，由于水稻种植面积继续减少，且分散种植，田坵小，水源不足，单产难以提高。至 2008 年，全县水稻种植面积 179.8 公顷，总产 1106 吨，平均每公顷产量 6151 公斤。

二、稻作类型

县内稻作类型有单季早稻和双季稻。雨水充足的年份，双季稻种植面积增加；干旱年份双季稻种植面积减少，有部分水田因缺水而改种甘薯。春旱则早稻种植减少，部分水田改种蔬菜。

三、水稻种植品种

1989 年，县域水稻种植品种主要是汕优组合 78-130 等。2001 年后引进巴西陆稻，逐步推广种植。2008 年，上述水稻品种仍在种植。

1989—2008 年若干年份东山县水稻面积、产量情况表

表 8-6

年份	合计			早稻			晚稻		
	面积（公顷）	总产量（吨）	每公顷产量（公斤）	面积（公顷）	总产量（吨）	每公顷产量（公斤）	面积（公顷）	总产量（吨）	每公顷产量（公斤）
1989	543.53	3542.7	6518	446.40	2991.4	6701	97.13	551.3	5676
1990	645.27	3680.0	5703	540.33	3032.4	5612	104.93	647.6	6172
1995	263.13	1770.0	6727	191.80	1291.0	6731	71.33	479.0	6715
2000	230.33	1510.0	6556	170.33	1146.0	6728	60.00	364.0	6067
2005	212.60	1341.0	6307	164.93	1051.0	6372	47.67	290.0	6083
2008	179.80	1106.0	6151	6556	806.0	6225	50.33	300.0	5961

第五节 麦种植

县境小麦品种以龙溪 35 号、晋麦 2148 为主；大麦以上海早熟 3 号为主。

1989 年，东山县开展 120 个点的“吨粮田”建设，杏陈镇高陈村的百亩“三熟三高产”示范片春小麦，平均每公顷产量 4223 公斤（其中示范田春小麦平均每公顷产量 4800 公斤，一类田平均每公顷产量 4385 公斤）。县农业部门总结小麦高产栽培技术经验推广全县。1991 年，全县种植小麦面积 375.87 公顷，总产量 1086 吨，平均每公顷产量 2889 公斤，创历史新高。

1992 年后，县内蔬菜种植面积增多，麦种植面积逐年减少。至 2005 年，全县小麦种植面积 33.87 公顷，总产 53 吨，平均每公顷产量 1565 公斤。2008 年，县域小麦种植极少。

1989—2008 年若干年份东山县大小麦面积、产量情况表

表 8-7

年份	小麦			大麦			合计	
	面积（公顷）	总产量（吨）	每公顷产量（公斤）	面积（公斤）	总产量（吨）	每公顷产量（公斤）	面积（公顷）	总产量（吨）
1989	238.27	507.9	2132	21.80	22.4	1028	260.07	530.3
1990	397.40	1125.5	2832	29.20	63.8	2185	426.6	1189.3
1995	40.33	83	2058	0	0	0	40.33	83
2000	45.13	59	1307	0	0	0	45.13	59
2005	33.87	53	1565	0	0	0	33.87	53
2008	0.1	0.2	2000	0	0	0	0.1	0.2

第六节 大豆及杂粮种植

一、大豆种植

县境种植春大豆，也种秋大豆。但产量产值较低，农民种豆积极性不高。专种大豆的田地逐渐减少，以套种为主。品种主要有穗稻黄、花面豆和青仁乌。1989 年，全县种植大豆 84.6 公顷，产量 105.5 吨；1999

年，种植大豆 49 公顷、产量 129 吨；2005 年，种植大豆 6.67 公顷、产量 17 吨；2008 年种植大豆 7.07 公顷、产量 12 吨。

二、杂粮种植

县内杂粮作物按收获季节，有春收杂粮、夏收杂粮和秋收杂粮。春收杂粮以豌豆籽为主，前作是晚稻田和半冬甘薯地，冬种春（收将藤蔓回田作为绿肥），小面积分散种植。夏收杂粮以高粱、绿豆、白豆为主，绿豆、白豆有小面积分散种植，大部分套种在早花生地的步道上。随着早花生种植面积的增减，夏收杂粮套种也相应增减。秋收杂粮主要有玉米、高粱。1989 年，全县杂粮种植面积 66.27 公顷，产量 211.9 吨。1990 年，杂粮种植 153.33 公顷，产量 425.2 吨；2008 年，杂粮种植 5.67 公顷，产量 14 吨。

第七节 花生种植

一、花生种植面积与产量

1989 年，东山县花生种植面积 1634.13 公顷，产量 3018.5 吨。后因许多花生园地改种芦笋或水果，花生种植面积逐渐减少。1995 年，花生种植面积 1518 公顷，产量 3697 吨。2000 年，全县花生种植面积 1090.2 公顷，产量 2568 吨。2005 年，花生种植面积 1100 公顷，产量 2519 吨。2008 年，全县花生种植面积 1251.73 公顷，产量 2745 吨。

二、花生种植类型与品种

春花生，春种夏收。1989 年，县域花生品种以粤油 551、白沙 212 为主。1996 年引进泉花 10 号，种植 333.33 公顷，该品种优质高产，全县逐渐推广种植。2000 年，全县春花生种植面积 942.4 公顷，产量 2256 吨。2005 年，春花生种植面积 897.67 公顷，产量 2126 吨。2008 年，春花生种植 1093.07 公顷，产量 2398 吨。

秋花生，品种以春花生收获后作为种子进行“翻秋”（称“倒种春”），收获花生果筛选质优者为翌年种植春花生种子。2000 年，全县秋花生种植面积 147.8 公顷，产量 312 吨。2005 年，秋花生种植面积 202.33 公顷，产量 393 吨。2008 年，秋花生种植 158.67 公顷，产量 347 吨。

1989—2008 年若干年份东山县花生种植面积、产量情况表

表 8-8

年份	合计			春花生			秋花生		
	面积（公顷）	产量（吨）	每公顷产量（公斤）	面积（公顷）	产量（吨）	每公顷产量（公斤）	面积（公顷）	产量（吨）	每公顷产量（公斤）
1989	1634.13	3018.5	1847	1404.40	2633.3	1875	229.73	385.2	1677
1990	1736.73	3739.9	2153	1432.53	3182	2221	304.20	557.9	1834
1995	1518.00	3697.0	2435	1318.33	3309	2510	199.67	388	1943
2000	1090.20	2568	2356	942.40	2256	2394	147.80	312	2111
2005	1100.00	2519	2290	897.67	2126	2368	202.33	393	1943
2008	1251.73	2745	2193	1093.07	2398	2194	158.67	347	2187

第八节　蔬菜种植

一、蔬菜种类与面积产量

县境蔬菜传统种类有洋葱、大葱、葱、蒜、芥菜、小白菜、大白菜、包菜、花菜、韭菜、芹菜、空心菜、菠菜、芥蓝、白芋、槟榔芋、瓠瓜、南瓜、冬瓜、丝瓜、四季豆、豆荚、豌豆、辣椒、甜椒、姜、茄、白萝卜、西红柿、球茎甘蓝、甘蓝等数十种。其中洋葱、大葱、蒜、白萝卜等产量多，有部分销往省内外或出口。

1989 年，县农业部门以西屿岛、县良种场、县农科所为依托，引进国内外蔬菜优良品种进行试种成功后，示范推广。主要有春花菜、番茄、油菜、甜椒、牛蒡、芥菜、日本春蕾 2 号白萝卜、胡萝卜、白菜、秋葵、卷心菜、白枝毛豆等 20 多种。

1996 年，县农业部门在铜陵、西埔、陈城等镇指导建立蔬菜基地，引导菜农根据市场需求，扩大春花菜、甜椒、芥菜、白菜、秋葵等优质品种种植面积。推广地膜覆盖和大棚蔬菜栽培技术，探索反季节蔬菜高产栽培技术。当年，全县蔬菜种植面积 1084.53 公顷，产量 24850 吨。

1997 年后，以发展高效、优质、适销蔬菜和根茎类蔬菜为主，探索公司+农户+基地、公司+基地、公司+基地+农户等多种经营模式。开展招商引资，发展蔬菜订单生产。2000 年，全县蔬菜种植面积 831.13 公顷，总产量 13145 吨。

2001 年,西埔镇梧龙村与中国台湾绿笋开发公司签订经销合同，种植胡萝卜 13.33 公顷。同年，前楼镇岱南村与建瓯市蔬菜公司签订经销合同，种植菜豆 13.33 公顷。2003 年，推广马铃薯、甜菜等订单种植 66.67 公顷。2004 年，发展甜菜、马铃薯、洋葱等蔬菜订单种植 133.33 公顷。

2005 年，利用农田、抛荒田重点发展白萝卜、胡萝卜、洋葱、大葱等蔬菜出口，共种植 200 公顷。年内，全县种植蔬菜 2545.67 公顷，总产量 34748 吨。

2006—2007 年，种植白萝卜、胡萝卜、大葱、洋葱等订单蔬菜各 333.33 公顷，共种植 1333.33 公顷。2008 年，全县蔬菜（含菜用瓜）种植面积 2888.33 公顷，产量 53119 吨。其中，白菜、包菜、花菜等种植 533.33 公顷，大葱、白萝卜、胡萝卜等订单模式蔬菜种植 666.67 公顷。

二、蔬菜节水高产栽培示范片

1997 年，县农业部门建立蔬菜节水高产栽培示范片，推广蔬菜节水高产栽培。其示范片主要有：西埔镇探石村种植洋葱 6.67 公顷和胡萝卜 3.33 公顷，陈城镇山口村种植白萝卜 13.33 公顷及西埔镇梧龙村种植马铃薯 3.33 公顷。

第九节　其他作物种植（栽培）

一、甘蔗种植

糖蔗原是县主要经济作物之一。1989 年，县糖厂延续生产芦笋罐头，县域糖蔗要外运邻县收购，成本较高，农民种蔗积极性不高，糖蔗种植面积大幅度减少，全县甘蔗种植 46.13 公顷。1993 年，全县甘蔗种植 2.67 公顷，1994 年后,县内甘蔗种植极少。少数农户只是将其作为果蔗种植，产量少。

二、芝麻种植

县内一些农民小面积种植黑芝麻和白芝麻，产量较少，产品用于制作糕饼。

三、青饲料种植

县内农民利用自留地、边角地种植牛皮菜、甘蓝、甘薯藤（藤排）等供畜禽食用。2008 年，全县青饲料种植面积 620.26 公顷，产量 3546 吨。

四、药材种植

1989 年后，县内有农户小面积种植菊花、生地等中药材，由制药单位收购。2008 年，县内仍有零星农户种植中药材。

五、食用菌栽培

1989 年，县境延续推广食用菌栽培，菇农利用丰富的芦笋秆、稻草、相思树叶等为栽培基，扩大蘑菇、平菇、金针菇和灵芝等食用菌栽培。1995 年，全县食用菌栽培面积 8 万平方米，菇总产量 65 吨。2000—2007 年，食用菌栽培面积逐渐减少，年总产量在 35～60 吨之间。2008 年，全县食用菌栽培产量 75 吨。

第三章　水果种植

第一节　水果种植面积与产量

1989 年，东山县延续发展山地水果种植。县政府规划 3 处种植带，拨款 10 万元作为镇（乡）水果发展基金，组织科技人员为果园种植提供技术服务。是年，全县新种果树 83.33 公顷（其中柑橘 14.67 公顷、李子 24 公顷、荔枝 24.67 公顷、龙眼 6.67 公顷）；年内，全县果树种植面积 389.87 公顷，其中采摘面积 127.87 公顷，产量 324 吨。

1990 年，县政府出台水果种植优惠政策，规定每种植 1 公顷果树，由县、镇（乡）各拨款 750 元作为种植户周转金。县计委、县科委等部门与陈城镇黄山、南山和康美镇东沈等村挂钩，调进龙眼、荔枝、紫花芒果等优良树种，成片种植，并建立示范片；组织科技人员为果农提供技术支持。当年，全县新植果树 256.53 公顷。1993 年，杏陈镇和樟塘镇划出宜果山坡，分户承包，并引入侨资种果。县农技中心为果农提供技术指导，引进“福眼”“乌叶”等龙眼、荔枝优质种苗。全县水果种植持续发展。

1995 年后，县农业部门先后引进台湾青枣、珍珠芭乐、软枝凤梨释迦、黑珍珠莲雾、早钟 6 号枇杷、软枝杨桃、印度蜜枣等水果新品种，通过西屿岛、良种场、农科所试种后，在全县推广种植。

1996 年，县政府再次调整水果种植优惠政策，发放贴息贷款 300 万元。当年，新种水果面积 551.8 公顷（其中柑橘 13.33 公顷，荔枝 88.93 公顷、龙眼 400.8 公顷）。至 1998 年，引进“水南 1 号”等龙眼良种 10 多个、“蜜丁香”等荔枝良种 5 个，引进中国台湾地区“黑珍珠”莲雾、四季芭乐等新品种。同年，东山县果树协会成立，协调水果种植业学术交流与技术指导。1999 年起，县农业部门组织实施水果“425”工程（新植优质水果 4000 亩，“低改”2000 亩，高产栽培 5000 亩）建设，扩大优质水果种植规模。2005 年，全县建成新优水果基地 6 个，共 200 公顷。其中台湾青枣基地，水果种植面积 66.67 公顷，分布在康美镇美山、东沈、杏陈镇埕英、前楼镇前楼等村；珍珠芭乐基地，种植面积 66.67 公顷，分布在杏陈镇张家、埕英、前楼镇岱南等村；软枝凤梨释迦基地，种植面积 13.33 公顷，分布在康美镇钱岗、陈城镇山口、樟塘镇樟塘等村；黑珍珠莲雾基地，种植面积 13.33 公顷，分布在陈城镇山口、西埔镇石埔、康美镇钱岗等村；早钟 6 号枇杷基地，种植面积 13.33 公顷，分布在西埔镇西山岩、杏陈镇径口等村；软枝杨桃基地，种植面积 6.67 公顷，分布在前楼镇岱南、叶厝、康美镇美山等村。

2008 年，全县水果种植面积 2266.67 公顷，产量 1.5 万吨，为历史最多。

1989—2008年若干年份东山县水果种植面积、产量情况表

表 8-9 单位：公顷、吨

年份	面积	产量	年份	面积	产量
1989	389.87	324	2001	2111.67	4582
1990	620.13	819	2005	2010.60	10610
1995	954.53	2402	2008	2266.67	15000
1996	1449.67	2660			

第二节　龙眼种植

一、龙眼种植面积与产量

1989年，县内龙眼种植面积累计30.27公顷（其中优良新品种6.67公顷）、产量4.2吨。1990年，县政府出台水果种植优惠政策,鼓励水果种植,果农继续扩大其种植规模；加强果园管理，龙眼产量和质量提高较快。龙眼新种面积108.33公顷，累计面积138.6公顷、产量10.3吨。

1996年，县政府提倡连片开发果园，建立苗圃培育基地。全县共培育优质龙眼苗20多万株，满足需求。当年,开展龙眼树品种改良，采用高接换种办法改良品种33.33公顷。建立千亩龙眼速生丰产示范片；做好病虫害测报及综合防治。是年，全县新种龙眼树361.87公顷，累计852.33公顷、产量718吨。1998年后，引进水南1号等龙眼新品种10多个，在县内推广种植。

1999年，县农业技术推广站在西埔镇金石村防护林带内开展风沙栽培龙眼“矮密早”模式实验。种植面积6.67公顷，引进“龙优”“储良”等优质品种，通过矮化、密植、速生快长等技术栽培，实现防风、早产、稳产、高产的栽培模式，为果农种植提供示范，推进全县龙眼种植快速发展。至2008年，全县龙眼种植面积1600公顷，产量6000吨。

二、龙眼种植品种

1989年,县境龙眼品种有乌龙岭、赤壳、青壳、红核子等。1990年后，先后引进福眼、水涨、油潭本、东壁、八一早、水南1号、水南2号、龙优、储良等一批新品种。由于引进的新品种有的不适应县内土壤和气候条件要求，逐渐被淘汰。至2008年，县内种植较多的龙眼品种有福眼、乌龙岭、青壳、水涨、东壁、水南1号等。

三、龙眼种植户选介

沈武添　康美镇东沈村人。1990年,种植龙眼1.6公顷，为县内龙眼丰产示范户之一。至2008年,年平均每公顷产量12000公斤。

沈玉香　樟塘镇樟塘村人。1992年,种植龙眼0.33公顷。至2008年,年平均每公顷产量12000～15000公斤，为县内种植龙眼单产有记录以来最高。

1989—2008年若干年份东山县龙眼种植面积、产量情况表

表 8-10 单位：公顷、吨

年份	面积	产量	年份	面积	产量
1989	30.27	4.20	2001	1385.40	2356.00
1990	138.60	10.30	2005	1337.60	6843.00
1995	490.47	466.00	2008	1600.00	6000.00
1996	852.33	718.00			

第三节 荔枝种植

一、荔枝种植面积与产量

1989 年，全县荔枝种植 122.35 公顷（其中新种植荔枝 24.67 公顷），果产量 16 吨。此后，县政府实施优惠政策，引进优良品种，荔枝种植面积逐年增加。2001 年，全县种植荔枝 603.6 公顷，产量 1222 吨。2002 年起，因荔枝结果“大小年”明显，果实成熟期集中保鲜技术差，鲜果上市期短、价贱，农民逐渐淘汰低产荔枝果树。全县种植荔枝面积逐年减少。至 2008 年，全县荔枝种植面积 333.33 公顷，产量 1125 吨，平均每公顷产量 3375 公斤。

二、荔枝种植品种

1989 年，县境荔枝主要有乌叶、兰竹、绿荷包常规品种。此后，引进妃子笑、蜜丁香、东流一号等新品种。2008 年，县域荔枝品种主要有乌叶、兰竹、绿荷包妃子笑、蜜丁香、东流一号等。

三、荔枝种植户选介

林龙福 樟塘镇下湖村人。1989 年，种植荔枝 700 株，为县内种植荔枝面积较大户之一。2008 年，荔枝每公顷产量 3475 公斤。

1989—2008 年若干年份东山县荔枝种植面积、产量情况表

表 8-11 单位：公顷、吨

年份	面积	产量	年份	面积	产量
1989	122.35	16	2002	572.4	1332
1990	226.73	33	2005	494.67	1627
1995	297.87	553	2008	333.33	1125

第四节 柑橘种植

1989 年，全县柑橘种植面积 90.6 公顷。果农总结管理经验，攻克种植技术难关，全县柑橘种植保持稳定高产。1994 年，全县柑橘面积 53.13 公顷，产量 1565 吨，平均每公顷产量 29456 公斤，单产创历史新高。2005 年，柑橘种植面积 31 公顷，产量 536 吨，平均每公顷产量 17290 公斤。2008 年，县境柑橘品种主要有蕉柑、十月芦、芦柑。全县柑橘种植面积 32.93 公顷，产量 659 吨，平均每公顷产量 22018 公斤。

1989—2008 年若干年份东山县柑橘种植面积、产量情况表

表 8-12

年份	面 积（公顷）	产量（吨）	每公顷产量（公斤）	年份	面 积（公顷）	产量（吨）	每公顷产量（公斤）
1989	90.60	231.0	25497	2001	27.20	507	18640
1990	86.80	599.2	6903	2005	31.00	536	17290
1994	53.13	1565.0	29456	2008	32.93	659	22018
1995	44.20	1091.0	24683				

第五节　其他水果种植

县内水果种植还有芒果、桃、李、香蕉、梨、芭乐、石榴、番石榴、桑树等。

一、芒果树种植与产量

1989年,县域芒果树种植主要是道路两侧及建筑物四旁绿化。1992年后，逐渐在赤山林场、陈城镇黄山村、樟塘镇樟塘村等地成片种植。至2008年，全县芒果种植面积2.93公顷，产量10吨。主要品种有紫花芒、艾文、桂花芒等。

二、桃树种植与产量

1989年,县域桃树种植主要在房前屋后零星种植。1994年后，逐渐在林缘空地和低产园地扩种。1995年，全县种植桃树面积22.07公顷，产量16吨。1997年，种植面积27.6公顷，为历史最多。2008年,全县桃树种植面积4.33公顷，产量37吨；主要品种有苦桃、甜桃、水蜜桃。

三、李树种植与产量

1989年，全县李树种植面积102公顷，产量51.4吨。1991年，全县李树种植面积97公顷，产量105.2吨。此后，李树种植逐年减少。1998年，种植面积42.93公顷，产量250吨。2008年，全县李树种植面积仅12公顷，产量70吨。主要品种有四月李（又称青皮李)、双华李（又称红肉李)。

四、香蕉种植与产量

县内香蕉种植主要在山围塘、池塘、水田或沟渠的边缘。1989年，全县香蕉种植面积7.27公顷，产量13吨。1996年，香蕉种植13.2公顷，产量129吨。2008年，香蕉种植8.13公顷，产量96吨；主要品种有天宝蕉、台湾蕉。

五、梨树种植与产量

县内梨树多在房前屋后零星栽植。1989年，全县梨树种植面积0.8公顷，产量1.9吨。1995年，梨树种植1.13公顷，产量4吨。2000年，梨树种植面积1公顷，产量5吨。2008年，梨树种植稀少。

六、芭乐树种植与产量

县域芭乐树种植用野生番石榴改良而发展，主要种植在房前屋后或低产园地。2008年，全县芭乐种植面积33.67公顷，产量866吨。

第四章　畜禽蜂养殖

第一节　家畜养殖

一、家畜饲养量

1989年，全县家畜出栏猪37256头、牛180头、羊1200只、兔2500只；年肉类产量1466吨，人均占有量8.3公斤。年末，家畜存栏猪45457头（其中能繁母猪2700头)、牛5966头（其中能繁母牛1798头)、羊505只、兔357只，人均养猪0.26头。此后,家畜饲养量逐年增加。1996年，家畜出栏猪52652

头、牛 160 头、羊 372 只、兔 3500 只；年肉类产量 4069 吨，人均占有量 20.8 公斤。年末，家畜存栏猪 52800 头、牛 3553 头（其中从事劳役 3022 头）、羊 547 只、兔 511 只；人均养猪 0.27 头。

1997 年后，随着农业结构的调整，农村剩余劳动力的转移，加之养猪成本提高，市场猪肉价格不稳定，农村传统的家庭养猪大幅度减少。为了稳定肉品市场供需，县政府实施优惠政策，推广家畜专业化养殖，并注重改良品种，推广饲养新技术，提高出栏率，家畜养殖数量稳定且略有增加。2008 年，全县猪出栏 42440 头、牛 505 头、羊 2002 只、兔 24426 只；年肉产量 3190 吨，人均占有量 15.5 公斤。年末，猪存栏 29243 头（其中能繁殖母猪 1326 头）、牛 1511 头（其中能繁殖母牛 396 头）、羊 1629 只、兔 18965 只；人均养猪 0.14 头。

1989—2008 年若干年份东山县家畜养殖年未存栏情况表

表 8-13

年份	猪（头）		牛（头）		羊（只）	兔（只）	肉产量（吨）
	总数	其中能繁殖母猪	总数	其中能繁殖母牛			
1989	45457	2700	5966	1798	505	357	1466.0
1990	46752	2427	5900	1828	589	458	3063.7
1996	52800	—	3553	1058	547	511	4069.0
1997	46815	—	2841	1108	1066	7678	3391.0
2000	47229	240	2520	762	—	14966	4808.0
2004	38124	1097	2063	419	1332	10840	4470.0
2008	29243	1326	1511	396	1629	18965	3190.0

二、家畜饲养品种

（一）猪饲养

1989 年，东山县延续引进良种猪养殖。本地良种高脚黑猪逐渐绝迹。1998 年，西埔镇金石村金石养猪场从漳州引进梅山黑母猪 15 头。其特点是母性好、产仔率高，每胎可产仔 12 头以上，后代适应能力强、耐粗饲、长膘快，在全县推广养殖。2008 年，县内猪品种主要有梅山黑母猪、长白猪、约克夏、村洛克公猪及其杂交的后代母猪（特点是后代适应性强、长膘快、瘦肉率高）。

（二）牛饲养

1989 年，县内养殖牛品种以闽南黄牛为主，主要为役用。2005 年，引进肉用鲁西黄牛。2008 年，鲁西黄牛出栏 505 头，年未存栏数 1054 头。

（三）羊饲养

县内养殖的羊品种多属高山羊，适应沿海气候条件，食草性广、性格温顺，耐粗饲，肉质好。

三、家畜饲养户选介

1989 年，全县家畜养殖专业户 35 户。此后，逐年增加。2008 年为 175 户。其中，年猪出栏 100 头以上的专业户 105 户，母猪存栏 10 头以上的专业户 52 户；年羊出栏 100 只以上的 4 户，兔出栏 2000 只以上的 14 户。

2008 年，县内家畜养殖专业户主要有：西埔镇西山岩村郑宗福，饲养生猪，年出栏 1462 头，年末生猪存栏 850 头（能繁殖母猪 82 头）。陈城镇宫前村沈妙东，养肉牛，年出栏 300 头。樟塘镇港西村林福结，养羊，年末羊存栏 110 只。港西村林木坤，养兔，年兔出栏 4800 只。

第二节　家禽养殖

一、家禽饲养量

1989年，全县家禽出栏182616羽，禽蛋产量44.7吨，年禽肉产量273吨。年末，家禽存栏135180羽，其中鸡124068羽、鸭9572羽、鹅1540羽。随着民众物质生活水平不断提高，家禽饲养户及饲养量逐年增加。1996年，家禽出栏786435羽，禽蛋产量394吨，年禽肉蛋产量1377吨，人均占有量7公斤。年末家禽存栏414025羽，人均养家禽2.11羽。

1997年后，随着肉品加工企业的发展，家禽需求量增多，县域家禽饲养由家庭散养向专业化饲养发展。县畜牧兽医部门开展家禽品种改良，引导专业户利用山围塘、果园等作为养殖场地，推广鸭—鹅—鱼、猪—鸭—鱼、鸡—果等立体养殖模式，应用家禽饲养新技术，缩短饲养周期，提高出栏率等措施，以满足市场需求。2008年，全县家禽出栏249148羽，禽蛋产量80吨，禽肉产量466吨，人均占有量2.26公斤。年末，家禽存栏113890羽，其中鸡46310羽、鸭61114羽、鹅6466羽；人均养家禽0.55羽。

1989—2008年若干年份东山县家禽饲养年末存栏情况表

表8-14　　单位：羽、吨

年份	合计	其中			禽蛋产量	禽肉产量
		鸡	鸭	鹅		
1989	135180	124068	9572	1540	44.7	273
1990	140913	123981	15108	1824	75.5	335
1995	445476	—	—	—	78	902.1
1997	224455	—	—	—	449	1035.6
2000	204300	—	—	—	223	656
2004	123965	49285	73680	1000	104	—
2008	113890	46310	61114	6466	80	466

二、家禽饲养品种

（一）蛋鸡饲养

1990年，县畜牧兽医站从漳州引进艾维茵蛋鸡，共4000羽，分养于县内各地，此后，逐渐绝迹。1991年，从龙岩引进红波罗蛋鸡，共1500羽，分养于铜陵、西埔，至2008年尚有存养。1993年，杏陈镇张家村林幼妹创办金华鸡场，从广州引进海兰蛋鸡进行饲养。2008年，海兰蛋鸡存栏1.5万多羽。

（二）肉鸡饲养

1996年后，县境肉鸡品种以石岐杂鸡为主，特点是生长快、肉质好、体格适中。

（三）鸭饲养

1989年，县境养殖的鸭主要有麻母鸭和黑公番鸭杂交后代的半番鸭。该品种生长速度慢，饲养数量逐年减少。1997年后，引进京白鸭，其品种体大、生长快、产量高，2008年仍有饲养。

（四）鹅饲养

1989年，县境养殖的鹅以广东狮头鹅为主。后因品种体型大、销售较难逐渐少养。1998—2008年，以诏安灰鹅与广东狮头鹅杂交后代为主，该品种体型适中，耐粗饲、长膘快、肉质好。

三、家禽养殖户选介

1989 年，全县家禽养殖专业户 15 户。此后，逐年增加。2008 年，家禽养殖专业户 36 户。其中，养鸡专业户 7 户，养鸭年出栏 2000 羽以上的专业户 25 户，养鹅年出栏 1000 羽以上的专业户 4 户。

2008 年，家禽养殖专业户主要有：杏陈镇张家村林幼妹，年末蛋鸡存栏 1.3 万羽。西埔镇坑北村王舜川，年鸭出栏 6.8 万羽。陈城镇白埕村林和平，年鹅出栏 5000 羽。

第三节　蜜蜂养殖

县境植物资源丰富，四季花香，养蜂条件优越。蜜蜂养殖地点不固定，根据植物花期季节变化，移动到植物盛开花期的地方。

1989 年，全县有蜜蜂养殖户 5 户、450 箱，产量 12 吨。1995 年后，蜜蜂养殖户逐步增加。2008 年，全县蜜蜂养殖户 35 户、760 箱，产量 29.87 吨。其中，养蜂 20 箱以上的专业户 16 户。西埔镇坑北村王大股养蜂最多，达 120 箱。蜜蜂品种主要是意大利蜂、中华蜜蜂。

第五章　病虫害防治

第一节　农作物病虫害防治

一、芦笋病虫害防治

（一）芦笋病虫害种类

县内芦笋病害主要有根腐病、茎枯病、褐斑病、立枯病；虫害有夜盗虫（斜纹夜蛾、甜菜夜蛾、棉铃虫）、小地老虎等。

（二）芦笋病虫防治方法

1989 年，县农业部门与省农科院植保所的专家通过实地调查研究，掌握芦笋各种病害的病原菌及其发生为害规律和害虫活动为害规律，为综合防治病虫害提供依据。

1. 根腐病与立枯病防治　拔除芦笋病株集中烧毁，并撒施石灰粉消毒土壤。初发病期，用药液灌根防治，常用药剂有 25%敌克松可湿性粉剂、50%退菌特可湿性粉剂、50%福美双可湿性粉剂。

2. 茎枯病与褐斑病防治　芦笋每季交新母茎时，把病枝清除烧毁；增施有机肥，不偏施氮肥；雨季注意排水，防止涝渍。春秋两季母茎出土前，用药液浇灌头部，母茎生长出土时喷药，直至茎叶浓绿，不同药剂轮换使用。常用药剂有 50%多菌灵可湿性粉剂（土壤消毒）、70%甲基托布津可湿性粉剂、65%好生灵可湿性粉剂、40%代森铵水剂、80%新万生可湿性粉剂、50%硫悬浮剂。

3. 夜盗虫与小地老虎防治　用“性诱剂”或敌百虫糖醋液诱杀成虫；人工摘除卵块和捕杀幼虫；掌握幼龄期喷药防治，不同药剂轮换使用。常用药剂有 90%敌百虫晶体、50%辛硫磷乳油、安打、点将等兑水喷雾。

二、甘薯病虫害防治

（一）甘薯病虫害种类

县内甘薯病害主要有丛枝病、疮痂病、甘薯瘟、蔓割病。虫害有小象虫、叶甲、斜纹夜蛾、卷叶虫等。

（二）甘薯病虫防治方法

通常采用轮作，铲除杂草，选用抗病品种，用药剂洗苗。加强田间管理，发现病虫害及时防治。

1. 丛枝病与疮痂病及甘薯瘟防治 发现病株，立即拔除；土穴及周围用石灰粉消毒；同时用3%中生菌素（克菌康）兑水喷雾。

2. 蔓割病防治 病株及时拔除，用2%宁南霉素（菌克毒克）兑水喷雾。

3. 叶甲防治 早晨和傍晚用器具盛泥浆抖落成虫，集中消灭；用40%毒死牌兑水喷雾。

此外，防止种薯带虫传播，收获后将田间遗留臭薯、藤蔓集中堆肥，结合中耕除草，用3%米乐尔拌细土撒施。

三、水稻病虫害防治

（一）水稻病虫害种类

县内水稻病害主要有细菌性条斑病、稻瘟病、纹枯病、白叶枯病。虫害有螟虫、稻飞虱、蓟马、卷叶虫等。

（二）水稻病虫防治方法

采用播种前漫种消毒、催芽，稀播培育壮秧，合理密植，科学施肥。加强田间管理，提高水稻抗病虫能力。注意病虫害预测预报，发现病虫害及时防治。

1. 细菌性条斑病防治 常用药剂有85%强氯精（浸种）、25%叶青双、3%中生菌素（克菌康）、1000万单位农用链霉素兑水喷雾。

2. 稻瘟病防治 常用药剂有80%“402”（浸种）、20%三环唑、2%春雷霉素（加收米）兑水喷雾。

3. 纹枯病防治 常用药剂有5%井冈霉素和30%爱苗兑水喷雾。

4. 螟虫防治 冬季挖毁虫源田稻桩，消灭越冬虫源；春耕淹没稻桩7～10天；铲除田边杂草，减少越冬虫口；适时插秧，采摘秧田卵块。常用药剂有25%杀虫双或90%杀蝉兑水在秧苗期和孕穗破口期均匀喷雾；20%三唑磷和50%杀螟松乳油兑水喷雾。

5. 稻飞虱防治 掌握稻飞虱低龄若虫盛发期，及时用药剂防治。常用药剂有10%吡虫啉（大功臣、利虫净）、25%扑虱灵和25%阿克泰兑水喷雾。

四、花生病虫害防治

（一）花生病虫害种类

县内花生病害主要有黑斑病、褐斑病、锈病、青枯病；虫害有蛴螬（俗称沙虫）。

（二）花生病虫防治方法

采用轮作，推广抗病品种，播种时深开沟，增施有机肥和磷钾肥；注意田间排水，发现病虫及时防治。

1. 黑斑病与褐斑病防治 常用药剂有70%甲基硫菌灵（甲基托布津）、50%多菌灵、80%代森锰锌（壮生、大生）兑水喷雾。

2. 锈病防治 常用药剂有75%百菌清（达科宁）、25%丙环唑（敌力脱）、12.5%烯唑醇（禾果利）等兑水喷雾。

3. 青枯病防治 田间发现病株即拔除烧毁。常用药剂有2%福尔马林液或20%石灰水灌注病穴、53.8%可杀得2000型兑水灌根、1000万单位农用链霉素兑水灌根。

4. 蛴螬防治 用辛硫磷（每亩0.5公斤）掺沙，于雨前撒施毒杀，有效率90%以上。

五、蔬菜病虫害防治

1989年后，农业部门组织技术员通过实地调查、研究，掌握蔬菜各种病害的病原菌及其发生规律和害虫种类及其发生规律，为科学防治病虫害提供依据。

县内蔬菜病虫害防治方法主要是采用轮作，收获后及时处理残败株叶，铲除杂草，清洁园地，深翻晒土，选用抗病品种，高畦播种栽培，合理密植，科学施肥，注意排灌水。做好病情虫情预测预报，发现病虫害，对症下药，科学防治。

第二节　果树病虫害防治

一、龙眼病虫害防治

（一）龙眼病虫害种类

县内龙眼病害主要有叶斑病类及鬼帚病、霜疫霉病、煤烟病；虫害主要有果蛀虫类、荔枝蝽象、白蛾蜡蝉、角类木虱。

（二）龙眼病虫防治方法

采果后清园，将枯枝落叶和烂果集中烧毁，减少病原菌的发生和蔓延。剪除虫害枝叶（集中烧毁），控制冬梢抽发，减少虫源越冬场所。注意检查，发现病虫害，及时对症下药。

1. 鬼帚病防治　实行检疫，严防病苗、病穗传入；严禁在病树上采穗或高压繁殖苗木；离病部 20 厘米处剪除病梢病穗、病苗拔除后集中烧毁。

2. 叶斑病类防治　常用药剂有 0.5:0.5:100 波尔多液、70%代森锌、70%甲基托布津、30%氧氯化铜兑水喷雾。

3. 炭疽病防治　在各次梢叶展开时喷药，常用药剂有氧氯化铜、70%甲基托布津、90%百菌清等兑水喷雾。

二、荔枝病虫害防治

（一）荔枝病虫害种类

县内荔枝病害主要有霜疫病、炭疽病、溃疡病。虫害主要有荔枝蝽象、蛀果虫类、瘿螨、天牛、拟木蠹蛾类等。

（二）荔枝病虫防治方法

防治荔枝蝽象、蛀果虫类所采用的方法，与防治龙眼虫害相似。其他病虫害防治方法有：

1. 荔枝蝽象防治　人工捕杀成虫和卵块，给荔枝蝽象 3 龄以前若虫喷药，常用药剂有 90%敌百虫、10%灭百可、20 杀灭菊酯兑水喷雾。

2. 果蛀虫类防治　做好虫情测报，成虫羽化率在 30%左右喷药防治。常用药剂有 20%杀灭菊酯乳油、10%氯氰菊酯乳油、3%高效百可乳油、2.5%溴氰菊酯乳油、25%杀虫双、25%喹硫磷乳油等兑水喷雾。

3. 霜疫病防治　常用药剂有 0.3～0.5 波美度的石硫合剂（清园后喷一次）、75%百菌清或 25%甲霜灵，或 58%瑞毒锰锌或 64%杀毒矾兑水，在花蕾期、幼果期和果实成熟前各喷一次。

4. 瘿螨防治　在嫩梢刚抽出和幼叶刚展时喷药。常用药剂有波美 0.2 度石流合剂、20%三氯杀螨醇乳油和 50%敌敌畏乳剂加 40%乐果乳剂兑水喷雾。

三、柑橘病虫害防治

（一）柑橘病虫害种类

县内柑橘病害主要有疮痂病、炭疽病、黄龙病、溃疡病、白粉病、缺素症；虫害主要有红蜘蛛、锈壁虱、矢尖蚧、吹绵蚧、黑刺粉虱、柑橘蚜虫、角肩蝽、潜叶蛾、卷叶蛾、尺蠖、凤蝶。

（二）柑橘病虫防治方法

加强栽培管理，增施有机肥和磷钾肥，增强树势，提高抗病力。冬季清园，修剪有病虫枝叶，扫除落叶落果，并集中烧毁。注意检查，发现病虫害及时采用药剂对症下药。

1. 疮痂病防治　常用药剂有 75%百菌清、50%托布津、50%多菌灵等兑水喷雾。

2. 炭疽病防治　常用药剂有 65%代森锌、50%代森铵、70%甲基托布津兑水喷雾。

3. 溃疡病防治　常用药剂有 40%氢氧化铜、50%代林铵等兑水喷雾。

4. 白粉病防治　常用药剂有 25%粉锈宁、70%甲基托布津等兑水喷雾。

5. 红蜘蛛防治 常用药剂有5%尼索朗、10%四螨嗪（螨死净）、5%溴螨脂和20%达螨灵等兑水喷雾。

6. 柑橘蚜虫防治 常用药剂有10%吡虫啉、20%啶虫脒、48%乐斯本等兑水喷雾。

7. 潜叶蛾防治 常用药剂有10%灭扫利（甲氰菊酯）、20%叶蝉散、5%农梦特等兑水喷雾。

8. 卷叶蛾防治 常用药剂有10%高效氯氢菊酯、苏云金杆菌等兑水喷雾。

9. 尺蠖防治 常用药剂有48%乐斯本、2.5%功夫、苏去金杆菌等兑水喷雾。

10. 凤蝶防治 常用药剂有苏云金杆菌、2.5%溴氰菊酯、5%氯氢菊酯等兑水喷雾。

第三节 畜禽疫病防治

一、畜禽防疫网络

1989年，东山县建立县、镇（乡）、村三级畜牧兽医防疫网络。1990年，各镇、村畜牧兽医站配有专职兽医师或兽医负责畜禽疾病诊治和防疫工作。此后，每年春季、秋季期间，县农业部门开展疫病检查统一行动，发现疫病及时通报，组织治疗。开展咨询服务，向群众普及畜禽饲养与防疫灭病知识；组织优质疫苗供应；健全畜禽防疫、疾病诊治工作责任制，与工商、食品、卫生、公安、兽医等部门联合开展卫生监督；加强对上市动物及其产品的检疫，遏制病、死动物及其产品上市。2008年，全县有兽医人员161人，其中，县畜牧兽医站10人（兽医师4人），镇兽医站30人（兽医师2人），村级兽医121人。

二、畜禽免疫

（一）畜禽免疫注射

1989年，全县共预防猪瘟、猪丹毒、猪肺疫注射79704头，占全年猪存栏数85.1%；预防鸡瘟注射178131羽，占全年鸡存栏数72.8%。当年参加防疫注射的兽医人员308人次。此后，每年春、秋两季均组织人员开展畜禽防疫注射，预防牲畜“口蹄疫”、猪瘟、猪丹毒、猪肺疫、鸡瘟、禽霍乱、鸭瘟等畜禽疫病，年防疫率均占畜禽全年存栏数的75%以上。2008年，全县投入20多万元，强化高致病性禽流感、口蹄疫、猪瘟和高致病性猪蓝耳病等的免疫。春秋两季集中强制免疫注射禽32.46万羽、猪4.94万头、牛羊3790头（只）。免疫密度100%，基本实现“应免尽免，不留空当”的目标。

（二）畜禽免疫注射效果检测

2007年4月25—26日和11月14—15日，县农业局组织人员对当年县内畜禽免疫注射效果进行检测。随机抽查14个建制村和部分畜禽养殖场，共抽取生猪血清170头份、鸡鸭鹅170羽份。检测结果：家禽AIH5抗体合格率85%，牲畜“口蹄疫”抗体合格率80%，均达国家规定70%以上的免疫标准。

三、畜禽疫病控制

1990—1991年，县域因外来疫源传入，康美镇铜钵、陈城镇宫前、杏陈镇后林等村先后发现“口蹄疫”病猪。县农业部门立即开展疫病控制预防，无害化处理病猪及同群猪共6368头。

1995年，铜陵镇畜牧兽医站在市场肉品检疫中发现1头绦虫病猪，即派人对该病猪进行深埋无害化处理，查清该病猪输入源头，采取措施防止病猪再输入。当年10月至翌年3月，县畜牧兽医站组织技术人员对“布鲁氏菌病”进行普查，普查结果均为阴性，表明县境没有“布鲁氏菌病”病猪疫源。2003年，铜陵镇兽医站在一批从江西省贵溪县调入的生猪（234头）中检出“口蹄疫”病猪，立即组织对该批生猪及其同群猪进行无害化处理。2007年，县畜牧兽医部门共检疫上市生猪5.5万头，家禽18万羽。无害化处理病死猪61头，家禽500羽。复检外调商品猪2.2万头，办理准运证660证；检测“瘦肉精”样品550份，阴性率100%。

四、畜禽疾病诊治

1989年，东山县坚持以预防为主的防控疾病方针，加强畜禽疾病诊治。不断提高猪气喘、链球菌、弓形体、仔猪白痢、传染性胃肠炎等疾病和耕牛流行性感冒、牛瘤胃臌气、耕牛血痢、猪牛日射病等主要疾病的诊断治疗。诊断准确率达 90%以上，治愈率达 95%以上。1995 年 4 月 11 日，杏陈镇高陈村高某饲养的 968 羽鸭发病，县畜牧兽医站诊断为小鸭球虫与巴氏杆菌病混合感染。经肌注复方新诺明，同时饲喂四环素、牛黄解毒片，连用 3 天，95%羽痊愈。2000 年，前楼镇东英村翁某 1 头 4 岁母牛胃部鼓胀。经县畜牧兽医站兽医诊治确诊为耕牛瘤胃鼓气并伴有轻度中毒。先用病胃穿刺针排气；再以卟硝、大黄为主的中药加水煎，灌服，经 3 天治疗，该牛痊愈。2008 年，成功助产母牛、母猪难产上百例,完成耕牛“百叶干”手术 10 多例。

第六章　管　理

第一节　机　构

一、行政机构

（一）东山县农业局

1989 年，沿设县农业局，内设办公室等科室。下属有农业技术推广站、县种子公司、县良种繁育场、县畜牧兽医站、县经营管理站、县农业科学研究所、县西屿农业引进隔离场等事业单位。有工作人员 97 名。此后，内设机构及下属单位多次调整。

2008 年，局内设办公室、执法股、科教信息股。下属有县农业技术推广站、县种子管理站、县经营管理站、县农业机械管理站（副科级）、县西屿岛农业引进隔离场（副科级）、县畜牧兽医局（副科级）、县良种繁育场（副科级）、省闽台农业经济技术交流中心（副科级）、县农业行政综合执法大队、县农业科学研究所、县农业区划办公室等事业单位。全局工作人员 86 人。其中，行政编制 7 人；高级技术职称 5 人，中级技术职称 15 人。

（二）东山县乡镇企业局

1989 年，沿设县乡镇企业局，工作人员 8 名。2002 年并入县农业局，为副科级单位，工作人员 4 人。2004 年析出，并入县经济贸易局。

二、事业单位

（一）东山县良种繁育场

1989 年，沿设县良种繁育场，为副科级单位。2008 年，工作人员 4 人。

（二）东山县西屿岛农业引进隔离场

1989 年，沿设西屿岛农业引进隔离场，工作人员 2 人。1992 年升为副科级单位。2008 年，工作人员 2 人。

（三）东山县农业技术推广站

1989 年，沿设县农业技术推广站，工作人员 11 人。1995 年，增设东山县植保植检站，与县农业技术推广站为一套人马、两块牌子。2008 年，工作人员 8 人。

（四）东山县经营管理站

1989 年，沿设县经营管理站。2008 年，工作人员 10 人。

（五）东山县农业科学研究所

1989 年，沿设县农业科学研究所。2008 年，工作人员 3 人。

（六）东山县农业经济技术推广中心

1991 年，增设县农业经济技术推广中心。2008 年，工作人员 2 人。

（七）东山县闽台农业经济技术交流中心

1992年，增设县闽台农业经济技术交流中心，为副科级事业单位。2008年，工作人员3人。

（八）东山县种子管理站

1989年，沿设县种子公司，有工作人员6人。1995年，设立县种子管理站。2001年，定编8人，同时撤销县种子公司，人员并入该站。2008年，县种子管理站工作人员6人。

（九）东山县农业行政综合执法大队

2000年，设立县农业行政综合执法大队。2008年，工作人员5人。

（十）东山县农业行政综合执法大队

1989年，沿设县农业行政综合执法大队，隶属县委农村工作办公室，工作人员2人。2002年，划属县农业局。2008年，工作人员4人。

（十一）东山县农业机械管理站

1989年，沿设县农业机械管理站，隶属县经济局，为副科级事业单位，工作人员15人。2004年，改属县农业局，工作人员11人。2008年，工作人员11人。

（十二）东山县畜牧兽医局

1989年，沿设县畜牧兽医站，下设镇（乡）畜牧兽医站，工作人员19人。1991年，增设县畜牧兽医技术服务中心，工作人员5人。1995年，增设县兽医卫生监督检验所，与县畜牧兽医站为一套人马、两块牌子。

2004年，设县畜牧兽医服务中心，与县畜牧兽医站为一套人马、两块牌子；同时，撤销县畜牧兽医技术服务中心和乡镇畜牧兽医站，其人员并入县畜牧兽医服务中心。

2008年，设立县畜牧兽医局，为副科级事业单位，下设县动物卫生监督所、县动物疫病预防控制中心和县畜牧技术服务站及镇畜牧兽医站。同时撤销县畜牧兽医站、县畜牧兽医服务中心，其人员并入县畜牧兽医局，年末有工作人员21人。

第二节　农村事务管理

一、农村劳力转移

（一）农村劳力县内转移

1993年后，随着县内农业产业结构的不断调整，有大批农村富余劳动力逐渐向食品、服装、鞋帽和渔具等行业转移。1995年，县委农办与县劳动局配合，开始对农村富余劳动力进行流动管理。当年，县劳动局办理农村劳力务工证1875人，根据其劳动技能，安排到适合的企业务工。此后，农村劳力务工者每年都略有增加。为提高农村劳动力素质，县农业、县劳动等部门联合，根据企业用工需求，常年举办农民工技术培训班，年培训农民工近1000人。2005年，县内举办针纺、鞋类、食品加工、水产养殖等农民工技术培训班21期，培训3456人次。年内，农村劳动力转移到水产养殖业务工的有1000多人，转移到商贸、餐饮、旅游、房地产、技术服务等第三产业的1380人。2007年，东山县实施“全国农村劳动力转移培训阳光工程示范县”。2008年，全县农村劳动力转移在县内各地务工共1.31万人。

（二）农村劳力向外县转移

2000年后，县内以劳动力派遣方式向外县转移农村富余劳力，县内一些民营企业家到山西、山东等省的芦笋产区办芦笋加工厂，带去农村劳动力600多人。一些海水养殖户到广东、海南、广西等省创办水产养殖场，也从县内带去部分农村劳动力。2008年，全县常年出县务工的农村劳动力1.23万人。

二、减轻农民负担

1993年4月，县政府设立东山县农民负担监督管理办公室，对全县农民负担情况（各项税费）实行监督管理，具体工作由县农村农业经济经营管理站负责。各镇（乡）也相应设立农民负担监督机构。县农民负担监督管理办公室开展涉及农民负担的法律、法规和政策的宣传；清理涉农负担文件，取消不合理负担项目；参与对涉农的规范文件的制定与审核，监督检查有关农民负担法规和政策的执行情况；对村提留、乡镇统筹资金、劳动积累和使用情况进行审计；参与对有关农民负担的纠纷处理，查处加重农民负担案件等。1995 年，取消不合理负担项目 2 个，年减轻农民负担 45 万元。

2000 年后，按照中央的政策，先后取消对先行工程费、农业特产税、屠宰税等税费的征收。制定《东山县村级范围内一事一议筹资投劳管理办法》和《东山县村集体财务管理暂行规定》等文件。至 2005 年，县内涉及农民各种农业特产税费均取消，全县年减轻农民负担 2006 万元。查处继续向农民强行集资、摊派税费和搞突击清收税改前税费尾欠等行为，减轻农民负担 228 万元（主要项目是税改前农业税的尾欠数）。2006 年 1 月 1 日起，取消农业税。2006 年后，"减负"工作重点从过去对提留统筹费的监管，转为对一些部门侵犯农民合法权益行为的综合监管，实行涉农价格和收费"公示制"、农村中小学义务教育收费"一费制"、村级组织订阅报刊费用"限额制"、涉及农民负担案（事）件"责任追究制"等四项制度。

三、农业承包合同管理

1989 年，县农业部门开展全县农业承包合同管理普查。在康美镇西崎、西埔镇西埔、宅山、梧龙、樟塘镇樟塘、港西等建制村，发现承包合同管理不完善问题，进行整改。1990 年初，县农业承包合同管理委员会成立，负责土地承包合同的签订、鉴证、调处纠纷等事务。此后，分期分批对土地承包合同进行鉴证。至 1995 年，全县完成农业承包合同鉴证工作。1996 年，县农业部门在第二轮土地承包工作开展前，组织人员对 20 个建制村就延长土地承包期状况进行调查，并提出可行性报告。1997 年，实施第二轮土地承包使用证签订工作。按"大稳定，小调整"原则，将第二轮土地承包期延长为"三十年不变"。承包期内人口变动，实行"增人不增地，减人不减地"，人地矛盾用"动账不动地"的办法解决。同时，县农业承包合同管理委员会开展业务培训，健全农业承包合同管理制度，建立合同档案，及时调处纠纷。至 2002 年 12 月，全县发放耕地承包使用证并签订合同 27260 户，占应发证 99%。其余 200 多户翌年完成。

四、农村财务管理

（一）农村会计制度改革

1991 年 3 月，县农业经济管理部门制定《东山县农村合作经济组织财务管理制度的规定》。全县村级财务工作开始实行规范化管理。1997 年，执行财政部《村合作经济组织财务制度（试行）》规定，在全县各建制村实行新的会计制度。组织村经济合作社主任、村委会主任和会计人员开展业务培训。2002 年，举办 2 期村主任、会计参加的财务管理规范化培训班，培训村财务管理人员 140 多人。经考核，有 110 多人获农村财会任用证、有 30 多人获农村财务审计证。同年，根据《全国村级财务公开检查方案》，县农业经济管理部门组织对全县 61 个建制村的财务公开进行检查。经查，各建制村均实行财务公开制度和财务监督制度，并都取消村级招待费。2006 年，根据市农业局等单位制定的《关于漳州市开展村集体会计委托代理试点工作实施方案》，县农业经济管理部门建立镇级会计委托代理服务中心。对全县 7 个镇的委托代理会计、61 个建制村的村主任和报账员进行村级财务管理、村集体资产管理、农村经济承包合同以及项目建设招标等业务培训。2007 年 1 月 1 日起，7 个镇级会计委托代理服务中心开始运作，共配备委托代理会计 22 名，西埔、樟塘、陈城、康美 4 个镇实行电算化管理。村级不设会计，改设报账员。各村设财务公开栏，定期公布财务账目；成立民主理财小组，审核财务账目。

（二）农村财务审计监督

1990 年 7 月 30 日，成立东山县农村财务内部审计所。按照有关财经法律法规的要求，每年均开展村级财务常规审计，或根据群众提出的项目进行专项审计。村级财务每 3 年审计 1 次；村委会换届前对领导人进行离任审计。1995 年，共审计 18 个村（单位），审计金额 2386 万元。查出违纪金额 3.72 万元，不合理开支 465 万元，各种拖欠款 96 万元。帮助追回欠款 56 万元，纠正错账 5 笔金额 12.5 万元，挽回集体损失 36.7 万元。

2003 年，实施《福建省村级集体财务管理条例》，重点审计村级集体资产、土地补偿费、村主干任期、离任及群众反映的热点难点问题。当年，审计全县61个建制村，审计总金额16493.19万元，查出违规金额1014.51万元，移送司法机关处理1人。2008年，完成8个建制村的财务审计，提出整改意见56条，立案查处18起。

附：农村合作基金会

1990年，县农业部门以筹集农村闲散资金用于发展农业生产为宗旨，组建农村合作基金会。当年10月，陈城镇白埕村按自愿互利原则，创办东山县第一个农村合作基金会，共筹集股金77万元。此后,全县推广其做法。至1992年12月，陈城镇山口、湖塘、澳角、陈城、铜陵镇铜兴、前楼镇前楼、岱南、樟塘镇樟塘、南埔、古港、康美镇康美、东沈、西埔镇西埔、宅山等村先后设立合作基金会，共集资2255万元，融资3134万元。是年，成立县农村合作基金联合会（非营利性服务组织），负责管理、协调全县农村合作基金会和融通集体积累资金运作事务。

1993年，增设杏陈镇埕英、康美镇钱岗、马銮、西埔镇梧龙合作基金会。至年末，全县共有农村合作基金会（含县联合会）21家。各基金会遵守国家金融政策、法规，开展信贷业务，对促进农业生产起到积极作用；此后,由于普遍缺乏管理经验，监管不到位，借出的资金到期难于收回等原因，严重影响基金会资金周转、利用。为尽快扭转局面，自1995年10月起，各基金会对到期逾期借款进行清收。2000年3月15日，县委、县政府联合制发《关于进一步加强清理整顿农村合作基金会工作的意见》,成立清理整顿农村合作基金会领导小组，组织人员对欠款进行清理，至年末完成清收工作，退还股金，关闭农村合作基金会组织。

五、农资市场检查

1989年,县内农资市场管理事务由县供销合作联社负责。2005年起，农资市场管理事务改由县农业部门负责，主要有打击制售假冒和伪劣种子、农药、化肥、杀鼠剂等行为。当年，县农业部门出动40多人次，检查农药、化肥和种子经营门市20家次，查处假冒、过期农药9种、复合肥2种，分别给予警告、没收、罚款处理。此后，县农业部门每年与县工商行政管理局、县技术质量监督局以及县供销等部门联合开展农资市场执法行动，年检查农资市场20多次，查处违法经营行为。2007年，累计出动940人次，检查农资经营场所178家，查处违法经营行为7起，罚款3600元；没收禁用农药、兽药55公斤；销毁过期农药、兽药8公斤。

第九卷 林 业

1989 年起，东山县实施沿海防护林体系工程建设。1994 年起，按照“绿化标准有创新，绿化质量有提高，综合效益有突破”原则，实施全国高标准平原绿化试点县，建设多功能、高效益的防护林体系，实行“路、水、田、林”综合治理。至 2000 年，实现农田林网配套合理，路、沟、渠基本绿化，城镇、村庄绿化档次提高。2006 年起，绿化工作以“创绿色家园，建富裕新村”为目标，坚持“五个结合”（沿海防护林重点工程建设、非规划林地造林、绿色示范村建设、绿色通道和城乡绿化一体化、建设国际旅游海岛生态绿化规划相结合），做到“四个好”（造林绿化、资源保护、绿色产业、兴林富民都好）。

造林绿化中，大力推广科研成果，如木麻黄无性系更新造林技术、相思树类沙地造林技术、巨尾桉沙地造林技术等，提高造林绿化质量。同时，加强森林防火、森林病虫害防治，实施林权改革，依法治林等工作。通过沿海防护林体系工程建设，基本达到优化树种和林种结构的目标，山头树林化、沙滩绿洲化、农田林网化、道路林荫化、城镇村庄园林化、旅游景点绿色优美化水平显著提高，为东山建设国际旅游海岛创造良好的生态条件。2008 年，全县具维管组织植物有 179 科、666 属、1222 种。是年，林业产值 475 万元。

1989—1991 年，东山县连续 3 年被福建省沿海防护林体系建设指挥部、福建省林业厅授予沿海防护林体系建设先进县称号。1991 年，东山县被国家绿化委、林业部、人事部授予全国造林绿化先进单位（县）称号。1993 年 12 月，东山县被林业部、人事部授予 1990—1992 年三年无森林火灾先进单位（县）称号。1994—1998 年，东山县连续 5 年无森林火灾，受到省、市表彰。

2001—2008 年，依法治林成绩显著，获福建省、漳州市森林公安部门表彰的单位和个人计 10 多次。2005 年，东山赤山国有防护林场被漳州市林业局授予“十五”林业科技先进单位称号。

第一章 森林资源

第一节 森林植被

一、植被树种

东山县森林原生植被为亚热带常绿针叶林、常绿阔叶林和亚热带季雨林。地带性植被仅零星残存，森林植被几乎为人工林，植物种类与层次结构较简单。据 2007 年至 2008 年 10 月东山县森林资源调查资料显示，全县具维管组织植物有 179 科、666 属、1222 种。

主要乔木树种有木麻黄、马尾松、湿地松、黑松、杉木、柠檬桉、窿缘桉、巨尾桉、台湾相思、大叶相思、马占相思、肯氏相思、厚荚相思、油桐、榕树、木棉、刺桐、凤凰木、樟树、羊蹄甲等。

主要灌木树种有潺槁木姜子、鹅掌柴、野漆树、土密树、黄橘子、梅叶冬青、车桑子、山芝麻、桃金娘、黑面神、牡荆、美丽胡枝子、盐肤木、木蜡树、石斑木、胡颓子、石楠、菝葜等。

主要经济树种有龙眼、荔枝、芒果、枇杷、柑橘、莲雾、桃、李等。

主要植物群落有：常绿阔叶林——木麻黄林、相思树林、桉树林；常绿针叶林——马尾松林、黑松林、湿地松林、杉木林；常绿针阔混交林——马尾松和相思树混交林、黑松和相思树混交林；竹林——青皮竹林；经济林——果树林。

主要草本植物有芒萁骨、五节芒、龙爪茅、牛筋草、野牡丹、马唐、白茅、四脉金茅、纤毛鸭嘴草、地胆草、莠狗尾草等。

二、植被分布

以木麻黄为主的树种重点分布在陈城镇山东村、宫前村、澳角村、山口村、白埕村、赤山林场，西埔镇亲营村、冬古村、梧龙村，樟塘镇湖尾村、南埔村，康美镇东沈村、康美村、马銮村、铜钵村，铜陵镇铜兴村。遍布东南沿海作为基干林带，也遍布全县田野作为农田林网，西北沿海海岸木麻黄树种筑成“百里海堤林”。沿海岩岸一面山以台湾相思、黑松为主，构成沿海防护林绿色屏障的闭合圈。以松树、相思树、桉树为主的树种遍布全县低丘山地，作为薪炭林和特用林。以龙眼、荔枝、芒果、枇杷、番石榴为主的经济林遍布全县林缘空地和低产农地。以高品位的绿化树种分布在全县的村、宅、路、水四旁和庭院，作为绿化、美化、净化特用林。

第二节 林地资源

一、林业用地总量

1989 年,东山县林业用地面积 6955.4 公顷，森林面积 6120 公顷，森林覆盖率为 30.33%。1997 年，全县林业用地面积 7759.13 公顷。此后，有些林地用于种果树、开公路，林地减少。

2005 年起，县内松林发生松材线虫病疫情，采伐大量林分，病木枯死后变为疏林地；又因森林火灾频发，至 2008 年，有火烧迹地 83.13 公顷。2008 年，全县林业用地面积 7394.13 公顷，占全县土地总面积 29.9%；非林业用地面积 15166.8 公顷，占 61.34%。全县林业用地面积比 1997 年净减 365 公顷,森林覆盖率为 26.77%，林木绿化率为 29.34%。

1997 年、2008 年东山县林地面积一览表

表 9-1 单位：公顷

年度	林地合计	其中					
		有林地	疏林地	灌木林地	未成林造林地	苗圃地	无林地
1997	7759.13	7211.4	55.00	1.06	117.6	6.27	367.8
2008	7394.13	6212.33	97.07	0	563.2	4.2	517.33

二、有林地及林种面积

1989 年,东山县林业用地面积中,有林地面积 6120 公顷。1995 年,全县有林地面积共 6441.46 公顷。1997 年,全县林业用地面积 7759.13 公顷中,有林地面积 7211.4 公顷，疏林地面积 55 公顷，灌木林地面积 1.06 公顷，未成林造林地面积 117.6 公顷，苗圃地面积 6.27 公顷，无林地面积 367.8 公顷。有林地面积中，薪炭林 412.07 公顷，防护林 4370.8 公顷，特用林 159.8 公顷，经济林 2259.93 公顷，竹林面积 8.67 公顷。全县非林地面积 15166.8 公顷。2008 年,东山县有林地面积共 6212.33 公顷。其中,用材林面积 122.4 公顷，薪炭林面积 465.4 公顷，防护林面积 2922.4 公顷，特用林面积 186.2 公顷，经济林面积 2502.2 公顷，竹林面积 13.73 公顷。

第三节　森林蓄积量

1989 年,东山县森林林木蓄积量 201409 立方米。其中，有林地林木蓄积量 162463 立方米，占 80.66%；疏林地林木蓄积量 7946 立方米，占 3.94%；“四旁树”和杂竹蓄积量 31000 立方米，占 15.39%。此后，县内因大量采伐感染松材线虫病的马尾松疫木，使防护林和特用林蓄积量大幅度减少。

2000 年,全县森林林木蓄积量 155707 立方米。其中，有林地林木蓄积量 144648 立方米，疏林地林木蓄积量 1401 立方米，散生木蓄积量 3355 立方米，“四旁树”林木蓄积量 6303 立方米。至 2008 年,全县防护林林木蓄积量净减 33748 立方米，特用林木蓄积量净减 10710 立方米，其他林木蓄积量林木净减 20952 立方米，共减少 67818 立方米。减少幅度达 33%。

2008 年，全县森林林木总蓄积量 133591 立方米。其中，有林地林木蓄积量 116143 立方米，占 86.9%；疏林地林木蓄积量 592 立方米，占 0.5%；散生木蓄积量 3866 立方米，占 2.9%；“四旁树”林木蓄积量 12990 立方米，占 9.7%。杂竹林总株数 4170 株，其中杂竹林 3130 株、散生竹 1040 株。

2008 年东山县生态林各林种面积一览表

表 9-2　　单位：公顷

单位名称	合计	防护林							特用林					
		小计	防风林	护路林	护岸林	农田林	水土林	水源林	小计	国防林	环境林	风景林	名胜林	试验林
合计	3108.6	2922.4	1901.2	9.27	194.53	50.13	744.47	22.8	186.2	117	23.07	3.73	0.73	41.67
西埔镇	645.1	584.8	480.47	1.33	12.6	4.93	62.67	22.8	60.33	48	12.33	0	0	0
铜陵镇	145.53	142.2	133.67	0	8.53	0	0	0	3.33	0	0	3.33	0	0
陈城镇	992.21	984.27	630.8	2.53	4.87	21.73	324.33	0	8	0	8	0	0	0
杏陈镇	246.2	217.53	112.93	—	22.13	0	82.47	0	28.67	28.67	0	0	0	0
樟塘镇	249	246.93	94.33	2.8	70.07	8.53	71.2	0	2.07	1.67	0	0.4	—	0
康美镇	270.93	228.8	141.93	2.6	71.2	6.07	7	0	42.13	38.67	0	2.73	0.73	0
前楼镇	187.73	187.73	78	—	2.87	5.4	101.47	0	0	0	0	0	0	0
赤山林场	366.07	324.4	229.07	0	0	0	95.33	0	4167	0	0	0	0	41.67
向阳盐场	2.27	2.27	0	0	2.27	0	0	0	0	0	0	0	0	0
西港盐场	3.47	3.47	0	0	0	3.47	0	0	0	0	0	0	0	0

1997 年、2008 年东山县各类森林林木蓄积量一览表

表 9-3　　单位：立方米、株

年度	林木总蓄积	其中							
		用材林	薪炭林	防护林	特用林	疏林地	散生木	四旁树	竹林
1997	154543	0	6810	120693	19485	358	894	6303	940
2008	133591	1354	19069	86945	8775	592	3866	12990	4170

第二章　山林体制

第一节　山林权属

20世纪80年代初，东山县完成林业“三定”（稳定山林权、确定林业生产责任制、划定社员自留山）工作。2003年5月起，根据《福建省人民政府关于推进集体林权制度改革的意见》，开展集体林权制度改革，明晰产权，落实经营实体，依法维护林业经营者的合法权益，实现“山有其主、主有其权、权有其责、责有其利”的目标，林业生产力进一步发展。2008年，全县林业用地面积7394.13公顷，其中国有和集体有林地面积6212.33公顷。

一、国有林地

1989年，全县国有林业用地面积699.46公顷，占全县山林地面积的10%；有林面积676.53公顷。其中，东山赤山国有防护林场林地面积687.47公顷，有林面积667.8公顷；西港盐场林地面积10.67公顷，有林面积8.73公顷。2008年，全县国有林业用地面积701.8公顷，有林面积654公顷。其中，东山赤山国有防护林场林业用地面积688.8公顷，有林面积641公顷；向阳盐场林地面积2.27公顷，有林面积2.27公顷；西港盐场林地面积8.2公顷，有林面积8.2公顷；下溪苗圃林地面积2.47，有林面积2.47公顷；西埔湾林地面积0.07公顷，有林面积0.07公顷。

二、集体林地

1989年，全县集体林业用地面积5360.2公顷，有林面积5307.07公顷。2008年，全县集体林地面积6003.93公顷，有林面积5535.8公顷。

三、自留山林地

1989年初，全县自留山林地897.07公顷，比1983年划定面积减少502.27公顷。其原因是一些农民对自留山林只砍不造也不管，如前楼乡詹厝自然村等。后各镇（乡）将一些经营不善的自留山按县委、县政府有关规定收归集体所有，并由镇村组织经营管理。2008年，全县自留山林地虽有688.4公顷，但基本无林。

第二节　集体林权改革与林业生产责任制

一、集体林权改革

2003年5月，县委、县政府开始实施集体林权制度改革（以下简称林改）。2004年12月，完成林改事务；2005年6月，通过县政府验收。2006年3月，全县集体林权制度改革工作通过市、省联合验收。

林改时，全县集体林业用地面积7016.2公顷。其中，商品林面积3036.2公顷，内有1424.6公顷属于农地种植经济林，不列入林改范围；有1611.6公顷商品林列入林改。通过林改，明晰产权，全县集体林权登记发证面积5328.67公顷，其中生态林3717.07公顷，商品林1611.6公顷。全县区划宗地数1723个，皆达标，林权申请登记率100%。经审核，符合条件的申请登记面积5235.2公顷。2008年12月，全县发放林权证240本（宗地549宗，面积2043.47公顷）。其中，生态林101本（264宗，面积1234公顷），商品林139本（285宗，面积809.47公顷）。

二、林业生产责任制

1989年，实施省委、省政府提出的“三五七”计划（3～5年完成荒山造林，7年实现山地绿化）造林绿化工程后，县委、县政府及时调整布局，实行“宜林则林，宜果则果”政策，鼓励承包者综合开发，发展名特优果树经济林。时，承包者积极性提高，到1996年，有名特优果树经济林1000多公顷，采取集约经营方式进行管理，扩大投产面积。2003年5月，林改后“耕者有其山”的政策进一步落实，实现“山有其主、主有其权、权有其责、责有其利”的目标。林业承包者对山地的投入加大。既培育现有的森林资源，又吸收社会资金投资造林，扩大承包面积，有的还搞跨地承包，经营以巨尾桉、木麻黄、厚荚相思等短轮伐期的速生丰产林，并向村级上缴山地使用费。2008年，全县林业承包有1330户，承包面积1893.33公顷。

第三章　林业生产

第一节　种源与育苗

一、种　源

1989年，县林木种子来源基本延续由省林业厅种苗总站和漳州市林业局种苗站按年度育苗指标提供。主要种类有湿地松、柠檬桉、大叶相思、厚荚相思等。1995年，木麻黄育苗采用优良无性系“小枝水培”或“沙培”。采穗品系主要有：来源于澳洲的“501”“601”“701”品种，来源于平潭的“平2号”品种、惠安的“惠1号”品种，以及县境的“东选1号”“A13”品种。2003年，引进巨尾桉，主要品种有“U6”“3229”“201”，种源由市林业局组织培养中心提供。2008年，县内林木种子仍由省林业厅种苗总站和漳州市林业局种苗站按年度育苗所需提供。

二、育　苗

（一）育苗技术

1989—1995年，县内林种育苗延续以种子营养袋育苗为主。其特点是育苗期短、造林成活率高、造林季节拉长。1995年，培育种苗15万株，其中容器苗10万株、大田苗5万株。1996年后，木麻黄、巨尾桉采用组织培养育苗，主要为木麻黄小枝水培或沙培育苗。其特点是充分保持优良母树的优势性状，使造林后迅速生长成林。2008年12月，全县累计育苗面积63.4公顷，产苗1902万株。主要苗木树种有木麻黄、相思树、桉树、湿地松等。其他绿化树种以县外调入为主。

（二）育苗经营

1989年，县内林业育苗经营延续以国营、集体和个体方式进行。国营单位育苗重点供应“四旁”、广场、公园、寺庙、陵园等绿化的优质树种；集体单位育苗重点供应乡镇或村大面积造林的常规树种；个体育苗只是作为全县造林苗木的调剂和补充。此后，林业育苗由专业户承包经营，县林业局按年度规划所需的各种树种苗木数量、质量规格，与有育苗技术资质的个体育苗户签订育苗产销合同，实行定面积、定品种、定产量、定标准、定价格、定奖赔和统一调拨、统一分级、统一结算的“六定三统一”管理制度。县林业局为其提供种源、育苗预付金和育苗技术指导。育苗承包者保证按时提供合格的苗木数量。2008年，全县育苗重点户共5户，其中赤山林场2户、西埔镇石埔村1户、坑北村1户、梧龙村1户。

第二节 造 林

一、林种、树种布局

1989—2008年，东山县造林的主要林种、树种分布是：在沿海风口沙滩地带营造以木麻黄为主的防护林（包括基干林带、防固林、农防林、护岸林）。在低丘山地营造以松类、相思树类、桉树类为主的薪炭林、水保林、特用林、用材林。在农耕地带营造以木麻黄、巨尾桉为主的农防林。在林缘空地营造以龙眼、荔枝、芒果、枇杷和竹类为主的经济林和竹林。在“四旁”、广场、公园、学校、寺庙、陵园营造以名贵绿化树种为主的特用林和防护林。

二、造林工程

（一）造林总量

1989年，东山县延续实施福建省沿海防护林体系建设第一期工程。沿海防护林体系工程，推广木麻黄优良无性系、湿地松、厚荚相思、桉树类等优良品种，采用营养袋苗造林。沙荒风口地带，用大营养袋苗、回客土、下基肥造林；风口前沿种植沙竿草、老鼠刺等，在秋季设置挡风障，减少风沙危害。基干林带内沿实行多林种、多树种、林果混合种植。防护林体系建设同平原绿化、“三五七”造林绿化工程建设相互结合。造林地点遍布全县各镇（乡）村。

1990年，全县造林面积155.47公顷。至1992年12月，完成第一期工程，形成海岸林成带、农田林成网、荒山荒滩林成片，“带、网、片”相结合。全县完成沙荒风口造林、老林更新、农田林网、荒山造林等，共1225公顷。

1993—1996年，实施沿海防护林体系第二期工程建设。重点在东南部沿海地带及西北部的低丘山地植树造林。采取造、封、育结合和“因地制宜、因害设防、合理布局、讲究实效”原则，宜林则林，宜果则果，林果竹混合种植。优化体系结构，建设生态、经济、社会三大效益相统一的防护林体系。至1996年12月，全县完成沙荒风口造林、沙荒造林、老林带更新改造、农田林网、试验示范林等，共709.67公顷。

1994年，东山县被林业部列为全国高标准平原绿化试点县。县委、县政府，以“绿化标准有创新，绿化质量有提高，综合效益有突破”为原则，做好规划设计，编制试点方案。樟塘镇在实施绿化试点建设中严格规划，精心施工，农田林网建设、四旁绿化、三荒造林并举，森林覆盖率达51.5%，为各镇之首。全镇完成农田林网造林27.5万株，控制农田面积2533公顷，控制率48.7%。路、沟、渠造林绿化14.6万株，绿化总长度109公里；村庄绿化造林30万株，林木覆盖面积与村庄面积比为12.4%；“三荒”造林面积245.33公顷，其中经济林42.13公顷。

1996年，樟塘镇樟塘村被全国绿化委员会授予全国造林绿化“四佳”（千佳村、百佳乡、百佳县、十佳城市）单位称号。1999年，全县森林覆盖率由1994年的29.3%提高到32.9%，平原农田林网控制率由1994年的82%提高到85%。全县沟、渠、道路基本绿化，城镇、村庄绿化进一步提高，林种、树种结构更为合理，生态、经济、社会三大效益显著。

1999年12月，东山县沿海防护林体系重点工程获中央财政预算内专项资金立项。项目总投资300万元，其中获中央财政预算资金150万元，省级配套资金75万元、地方财政配套资金75万元；建设总规模4787公顷（其中人工造林654公顷、封山育林4133公顷）。该项目采用筑沙堤、竖挡风障、植草固沙、退池填池整地和回客土等生物工程辅助措施，以基干林带、沙荒风口、农田林网填平补齐、老林带更新为造林重点，做好幼林抚育管理。

2000年，清理被占林地。3月，陈城镇在湖塘村、山口村召开退耕还林、退池填池还林现场会。会后，清理收回被毁被占林地，并拨出专款35万元，用于虾池回填以及基干林带和农田林网填平补齐。至年底，全县完成退耕、退池还林造林653.86公顷（其中海岸基干林带造林24.73公顷、沙荒风口造林10.2公顷、农田林网13.1公顷、木麻黄老林带更新137.4公顷、沙荒造林196.43公顷、护路林带26.93公顷、护岸林带 3.33 公顷、科技试验示范林 38.67 公顷、一般造林 203.07 公顷）。此后，开展沿海防护林体系建设，发动群众造林与封山育林，至 2005 年共 4133 公顷，投入资金 299.66 万元。

2006 年 3 月 13 日，县委农办、县林业局、东山赤山林场被省沿海防护林体系建设指挥部授予沿海防护林体系建设先进单位称号。同年，铜陵镇、陈城镇澳角村和厦铁东山水产养殖基地分别被省绿化委评为省级园林式乡镇、省级园林式村庄和省级花园式单位。

2006 年 7 月起，东山县实施“创绿色家园、建富裕新村”行动，实行“五个结合”，即与沿海防护林重点工程建设相结合，与非规划林地造林相结合，与绿色示范村建设相结合，与绿色通道和城乡绿化一体化相结合，与建设国际旅游海岛生态绿化规划相结合。

2008 年，完成《东山县城市绿地系统规划（2007—2020)》，形成“一带，二轴，四廊，九线，十三园”城市绿地系统的科学化布局。完成沿海防护林重点工程建设国债造林面积 852 公顷，非规划林地造林面积 235 公顷。西铜公路绿化配套工程投资 1200 万元，完成大树栽植 1500 多株及两旁人行道的绿化配套。金銮湾大道、环岛路段的绿化配套完成种植中东海枣、盆架子等树木 1500 多株，铺植草皮近 2 万平方米。全县绿色示范村 16 个，其中省级绿色示范村 1 个（陈城镇黄山村）、市级示范村 4 个（陈城镇澳角村、铜陵镇铜兴村、康美镇康美村、陈城镇陈城村）、县级示范村 11 个（陈城镇陈城村、湖塘村、白埕村，西埔镇石埔村、梧龙村，杏陈镇大嵊村、张家村，前楼镇岱南村、前楼村，樟塘镇樟塘村、康美镇东沈村）。共种植降香黄檀、木莲、山桂花、香樟等珍贵树木近 4 万株。

（二）“三五七”绿化工程

1989 年 7 月，省委、省政府作出《关于加快造林绿化，大力发展林业的决定》，要求全省在 1995 年前实现绿化八闽“三五七”工程。东山县组织技术力量，对荒山林地进行“三查三规划”，即查荒山地块，作出造林绿化规划；查疏林地，做出补植、封山的改造规划；查当年采伐迹地，做出更新造林规划。

1989—1992 年，全县人工造林更新保存率 97.56%；封山育林成林面积 33.33 公顷。全县有林地省定责任目标为 5340 公顷，经验收为 5567 公顷，超有林地责任目标 227 公顷。至 1996 年初，全县造林保存面积为 893 公顷。

（三）军民友谊林

1989 年，部队进东山岛驻训期间，继续参与驻地民众的造林活动。驻岛部队每年在造林季节均与当地群众共同植树，营造军民团结友谊林。2008 年 12 月，全县共营造军民友谊林 24.67 公顷。

三、造林组织形式

（一）国有造林

东山县域国有造林以赤山林场为主，实施赤山工区、大帽山工区的沿海防护林二代更新及西山岩工区低丘山地造林。赤山工区、大帽山工区的沿海防护林二代更新，实行“定地点、定数量、定质量”造林，由林场造林专业队按计件付酬办法承包造林及管护（1—2 年），经验收合格后，由林场兑现劳酬，林地归林场。西山岩工区低丘山地造林，主要种植龙眼树等经济林，采取划片由职工承包方式进行。承包者负责投资，收益按 8:2 分成（承包者 8 成，林场 2 成），承包期限 40 年，到期林权归林场。至 2008 年，累计更新植树 516.07 公顷。

（二）集体造林

1989 年，东山县延续实施沿海防护林体系一期工程建设。沿海基干林带、农田林网及低丘台地的有林地归镇、村集体经营管理，山林权属集体所有。部分无林地、疏林地承包给个人造林，造林投资由承包者承担，政府给予补助，承包期为 30—40 年，收益采用比例分成，到期山林权属归集体。集体林地由县、村投入经费，组织专业队伍造林，以老基干林带的更新改造、沙荒风口的治理和农田林网建设为重点，以及“三五七”造林期间的宜林荒山造林和疏林地封育、改造。1990 年全县集体造林 493.33 公顷，1995 年造林 136.6 公顷，2000 年集体造林 653.87 公顷，2005 年集体造林 294.2 公顷。至 2008 年 12 月，全县集体造林和承包者造林累计（含更新造林）4383.54 公顷。

1989—2008年东山县集体造林面积一览表

表 9-4 单位：公顷

年份	造林面积	年份	造林面积	年份	造林面积	年份	造林面积
1989	400.00	1994	158.27	1999	200.27	2004	204.40
1990	493.33	1995	136.60	2000	653.87	2005	294.20
1991	113.13	1996	318.07	2001	115.40	2006—2008	851.53
1992	111.87	1997	225.00	2002	107.60	合计	4383.54

（三）部门单位造林

1989年起，县内党政机关部门以及事业单位积极组织干部职工参与沿海防护林体系工程和高标准平原绿化试点县工程建设。部门造林采用“四个结合”，即与精神文明建设结合、与公路建设结合、与小康村建设结合、与农业综合开发结合。公路建设，对八尺门至铜陵、西埔至澳角、西埔至西埔湾、环岛路等主要交通干线两旁实行绿化、美化。农业综合开发，对水、田、路、林实行统一规划、建设，营造网格型农田林网。小康村建设，开展乡村庭院绿化美化配套，新建的小区及厂区做到与绿化配套同步设计、同步施工、同步验收。至2008年，县内有省绿化红旗单位29家，绿化美化面积56公顷；公共绿地12处，面积22公顷，周围植树23.2万株。

（四）个体造林

1989年，县内个体造林延续巩固防护林效益，把防护林林缘空地、残次林采伐迹地、立地条件较好的缓坡地以及退耕还林地作为发展经济林地，种植龙眼、荔枝、芒果、枇杷等果树。2006年起，鼓励农民利用低产田和抛荒地等非规划林地植树造林，共造林234.67公顷。至2008年，全县农民个体种植的经济林累计2667公顷，其中山地种水果面积1025.67公顷。

第三节 育 林

一、幼林抚育

1989年，东山县继续实施幼林抚育。1990年，全县幼林抚育面积1121.13公顷。此后，幼林抚育主要根据造林项目需求培育树木幼苗，主要有桉树类、相思树类、松树、木麻黄等商品林。每年幼林抚育数100公顷～700公顷。2008年，全县幼林抚育面积近800公顷。

二、封山育林

1989年，县境封山育林面积近2000公顷，其中陈城、杏陈封山育林面积共1000公顷。采取半封、全封、轮封3种方式，对新造幼林地进行半封禁，定期“开山”让群众割草，结合抚育，注意保护幼树和目的树种。对沿海岩岸一面山、公路两侧一面山实行全封禁；对林分素质差山林采用造、管、封、育并举方法，利用林木的再生能力，促进天然更新。轮封多用在有残次林的荒山，根据当地群众生产生活需要，分区划片，轮流封育。2008年12月，全县封山育林面积1666公顷。

第四节 林木采伐

1989年，县境营造的沿海滨海沙地防护林和低丘山地薪炭林都进入成（过）熟林分。对其进行采伐，更新造林。1996年，全县防护林更新采伐1543立方米。此后，林木采伐对象一直是失去防御自然灾害功能的木麻黄成（过）熟林和低丘山地薪炭林。低丘山地薪炭林主要择伐幼龄或中龄林占多数的松树、相思树成熟林。2000年，全县实际采伐林木1292立方米，其中更新采伐林木999立方米。2005年，全县实际采伐林木4380立方米，其中更新采伐林木3843立方米。2008年，全县实际采伐林木5057.1立方米，其中更新采伐林木2736立方米。

1996—2008年东山县林木采伐情况表

表9-5

年度	限额指标（立方米）	实际采伐（立方米）	其中：更新采伐		年度	限额指标（立方米）	实际采伐（立方米）	其中：更新采伐	
			蓄积（立方米）	面积（公顷）				蓄积（立方米）	面积（公顷）
1996	2000	2121	1543	165.80	2003	8400	3762	1103	41.20
1997	2000	723	454	59.00	2004	5485	4357	3987	167.20
1998	2000	892	581	33.33	2005	5500	4380	3843	114.47
1999	2000	1389	834	34.67	2006	5510	5353	2948	349.00
2000	2000	1292	999	13.47	2007	8710	7076.9	5988.7	346.47
2001	2000	1041	548	21.87	2008	5510	5057.1	2736	83.23
2002	4029	2947	2570	146.33					

第五节　防护林效益

一、改善小气候

2002—2003年，福建省林业科学研究所的专家到东山调查，发现东山岛上防护林在抗灾减灾中发挥显著作用，小区气候效应突出。在防护林保护下，岛上风力2008年比20世纪50年代减弱41.3%～61.0%，冬季平均温度提高1.15℃，湿度平均提高5%～10%。蒸发量平均减少22%，平均降雨量增加13.6%。全县农田、民居、道路、市镇、工厂及各项建筑物皆得到有效保护。自然灾害，特别是台风所造成的损失大大降低。

二、改善农业生产条件

1989—2008年，县境耕地在防护林保护下，农作物一年可种植二至三季，复种指数提高，多种农作物获得稳产高产。芦笋种植获得成功而大面积推广，全县芦笋年种植1333～2000公顷，成为全国最大的县级芦笋生产基地，芦笋产业成为县创汇农业与农民致富的支柱产业。由于有防护林保护，缘空地、低丘台地种植名特优水果，陆续引进种植新经济品种，并推广发展，培植了新经济增长点。每年间伐林木约8.4万吨，解决砖瓦生产等烧火用柴。通过二代更新采伐木材，提供造船和水产养殖的用材，给农渔业生产与民众生活提供方便。

三、促进经济发展

1989—2008年，由于防护林建设改善了生态环境，提高海外侨胞、港澳台同胞回乡旅游观光、投资办厂的热情和信心。他们在回乡观光、探亲的同时，开展经济合作、技术交流和贸易往来频繁。全县创办三资企业38家，对外贸易和对台小额贸易量增加，旅游业发展。随着生态绿化建设的提升，全县呈现“旅游提速、项目突破、群众受益”的态势。2008年，全县接待境内外游客达118万人次，旅游收入4.27亿元，东山成为漳州市第一个、福建省第六个“优秀旅游县”。

第四章　森林保护

第一节　护林组织

一、村级护林组织

1989 年，东山县村级专职护林员仍由村治安保卫委员会有关人员组成，每村 2～5 人。护林员与村民委员会签订护林防火承包责任书，实行“定地段、定面积、定职责、定报酬、定奖赔”的“五定”责任制。2008 年，全县有村级专职护林员 196 人。

二、镇级护林组织

1990 年，县林业局配备专职护林员 15 人，分配到各镇，负责协调、督促、检查护林防火工作。1998 年，聘请县直机关离退休干部和村老人协会人员共 13 人，负责监督森林资源培育和保护。2003 年 1 月 1 日，全县再调配 38 名专职护林员到各镇，负责生态公益林管理保护工作。专职护林员由镇林业工作站管理。2008 年，全县有镇专职护林员 53 人。

第二节　依法护林

一、法制宣传

1989 年，县林业部门和森林公安机关每年开展《中华人民共和国森林法》《中华人民共和国森林法实施条例》《中华人民共和国森林防火条例》《福建省森林法实施办法》《福建省沿海防护林条例》等法律法规宣传。1998 年 11 月，县政府召开全县林业工作会议，贯彻新修订《中华人民共和国森林法》和国务院《关于保护森林资源制止毁林开垦和乱占林地的通知》。此后，全县开展宣传活动，并在沿海防护林重点保护地段设碑警示，在各镇重点山头醒目位置设封山育林碑。2000 年 7 月，县林业部门在县党校举办林业法律法规普法培训班，各镇党委书记、镇长、村“两委”负责人共 100 多人参训。2008 年，全县沿海防护林重点保护地段设碑 25 处，设封山育林碑 63 处。

二、查处森林违法案件

1989 年，县森林公安机关继续贯彻“预防为主、以打促防、打防结合、标本兼治”方针，对破坏森林资源和野生动物资源等违法行为加大打击力度。此后，每年重点打击盗伐、乱砍滥伐林木、纵火烧林、违法乱占林地等违法行为。至 2008 年，全县累计查处林业行政案件 511 起 550 人次。

第三节　森林病虫害监测与防治

一、森林病虫害监测

县境森林病虫害主要有马尾松毛虫、木麻黄毒蛾、松突圆蚧、桉白蚁、松针褐斑病等，年发生森林病虫害 1334 公顷。1989 年，县林业部门执行“预防为主，综合治理”的方针，开展森林病虫害监测与防治，实施白僵菌为主的生物防治消灭马尾松毛虫和木麻黄毒蛾等害虫，取得较好的效果。1990—1991 年，在县境设森林病虫害监测样地 160 处，累计监测面积 3384.13 公顷。其中木麻黄病虫害监测样地 60 处、累计监测面积 1193.6 公顷，松林病虫害监测样地 100 处、累计面积 2190.2 公顷。县林业部门加大森林病虫害监测与防治力度，将木麻黄毒蛾、马尾松毛虫、松突圆蚧、松材线虫病、松针褐斑病作为县森林病虫害的监测和防治重点。2005 年 10 月，县内发现松材线虫病，松林受到一定危害，县森防检疫部门及时防治，有效控制了疫情。2008 年，全县设有森林病虫害监测样地 160 处，监测率 100%。

二、森林病虫害防治

（一）马尾松毛虫与木麻黄毒蛾防治

1989 年起，东山县陆续发现木麻黄毒蛾卵块寄驻，森林病虫害的主测防治对象由马尾松毛虫增加木麻黄毒蛾。木麻黄毒蛾年均发生面积 200 公顷，发生率 16.7%；马尾松毛虫年均发生 400 公顷，发生率 18.2%。县林业部门年年适时开展马尾松毛虫和木麻黄毒蛾防治，采用白僵菌粉、粉炮、1605 粉、菊酯类农药，组织专业队对木麻黄毒蛾、马尾松毛虫进行生物和化学除治，年均除治面积 600 公顷（为发生面积 100%），做到有虫不成灾。1994 年，县境发生木麻黄毒蛾面积 758.67 公顷。7 月、11 月，县委、县政府两次发动全县干部群众、中小学师生共 3 万多人次，统一行动，集中采摘、烧毁木麻黄毒蛾卵块计 1500 多万块（能出幼虫约 45 亿多条）。至 2008 年，每年均组织专业队对木麻黄毒蛾、马尾松毛虫进行生物和化学防治。

（二）松突圆蚧与松针褐斑病防治

2002 年，县森林防疫检疫部门在松林中发现突圆蚧和松针褐斑病危害，将其列为主要监测对象及时防治。对松突圆蚧危害的病木进行生物防治；对有松针褐斑病危害的湿地松，采取人工机械防治。至 2008 年，仍采用这两种办法防治。

（三）松材线虫病防治

2005 年 10 月，县森林防疫检疫部门发现松树疑似松材线虫病枯死，遂组织专业人员对全县 2190.53 公顷松林进行普查。普查结果：全县有松树枯死木 9605 株，分布在 164 个小班，面积共 662.33 公顷。经对 372 株枯死木取样分离镜检，确诊为松材线虫病。其疫点分布在西埔、杏陈、前楼、康美、樟塘等镇和赤山国有林场，面积共 450.6 公顷。为防止疫情扩散蔓延，县林业部门编制《东山县松材线虫病除治与监控方案》，分别于当年 10 月和 2006 年 3 月、6 月、9 月对松林实施 100%监测，对枯死松树进行调查和除治。2006 年 10 月，林业部门采用设诱捕器和诱木的办法辅助防治松材线虫病。在松林内挂设诱捕器 210 个，诱捕天牛成虫 1206 只，经分离镜检，携带松材线虫的天牛 484 只，松材线虫病携带率 40.1%。同时绘制诱捕天牛成虫数与时间的关系曲线图，掌握松墨天牛成虫羽化的高峰期。在松林设诱木 840 株，平均每株 14 个刻槽，计 11760 个刻槽。是年，共除治枯死松树 825.73 公顷 51473 株。其中，鉴定有松材线虫病 450.6 公顷，除治枯死松树 30002 株，防治率 100%。2006 年 10 月，所设诱木统一伐除焚烧，有效降低松墨天牛的虫口密度。至 2008 年，全县共除治枯死松树 84433 株，完成发生区松树清理除治面积 527.53 公顷，发生面积控制在 667 公顷以下。

第四节　森林防火

一、防火责任制

1989 年 2 月间，县政府召开春季森林防火专题会议，调整充实县、镇森林防火领导机构成员，部署森林防火工作，做到组织、人员、措施、经费、器具五落实。此后，每年均召开专题会议，按照省政府下达的年度森林防火责任书要求，县护林防火指挥部与各镇、场签订森林防火责任状，落实防火责任人负责制。

县森林防火指挥部制定“扑火应急预案”，并以通告方式下发给各级护林防火组织知晓。一旦发现火情，立即启动预案，尽快组织扑救，把火情扑灭在初发阶段。发生火情，森林防火指挥部成员及时到现场指挥扑救，确保安全有效地扑灭火灾；并对现场进行全面清理，派人看守，防止余火复燃。森林防火指挥部办公室实行日常以领导带班的 24 小时值班制度。高火险期间，全员上岗，分别到各镇协助检查各项防火措施的落实。各镇政府和林业站也加强值班巡查，严格执行森林火灾报告制度，确保信息畅通。

1998 年，东山县被省森林防火指挥部、省林业厅评为“五年连续（1994—1998 年）无森林火灾县”。2002 年 3 月，县森林防火办公室朱辉明被国家林业局评为 1998—2000 年度全国森林防火工作先进个人。2008 年，全县森林防火责任制工作进一步落实，无火灾发生。

二、防火宣传教育

1989 年 3 月和 9 月，县政府开展森林防火宣传。此后，每年 3 月和 9 月定为森林防火宣传活动月。县、镇、村及有关部门统一行动，开展形式多样的宣传教育活动。宣传森林防火常识和法律法规，用典型森林火灾案例教育群众；发布县长“防火令”，落实野外用火“八不准”；发给学生家长的一封信，进村入户张贴、分送森林火灾常识材料。在春耕、秋收、冬种生产性用火多的季节，利用新闻媒体开展宣传。在林区村庄、主要路口、公路沿线以及旅游景区设置宣传标牌，使“护林防火、人人有责”成为广大民众的自觉行动。2008 年，森林防火宣传教育工作延续。

三、防火措施

1989 年，沿设县森林防火指挥部，下设办公室（以下简称县防火办），其人员由县直森林消防队伍、县林业局男性青壮年及护林员组成，共 50 人，配有防火装备，实行半军事化管理。基层扑火队伍由各镇、村、护林防火协会及林业经营大户等组成；镇以常驻的男性青壮年干部职工组成，人员 30～50 人；村以男性“两委”成员、基干民兵及护林防火协会会员组成，人员 15～30 人。平时强化森林消防扑火技能演练和安全知识培训。建立与驻岛解放军部队和武警部队的联系，组成军地协作扑火队伍，成为县内一支扑救森林火灾的重要力量。

县林业部门实行野外生产性用火审批制度，在高火险天气期间，发布禁火令，停止一切野外用火审批；全县护林员实行全天候巡山，防止火源进山。日常批准的野外生产性用火，严格按照规程组织实施，指定专人看守。做到气候不适不烧，无人看守不烧，未开设防火路不烧，未做好扑火准备不烧。加强重点部位火源管理，在节假日期间，组织护林员在山头、路口、风景区、旅游景点等部位巡查，防止火源进入。推广有计划烧除杂草，在春耕、秋收、冬种时节，由镇政府统一组织，按计划、有防范地烧除田埂草等。

每年规划建设生物防火林带 20 公里，开设防火道 24 公里。建立森林火灾预防和扑救基金。其基金按林地面积每公顷 1 元纳入年度同级财政预算。每年财政下拨的森林防火经费全用于购置扑火器具、灭火弹和防火通信设备。2008 年，省市林业主管部门下拨的森林防火经费共 100 万元，全用于购置扑火器具、灭火弹和防火通信设备。

四、扑灭森林火灾纪要

2002 年 2 月 14 日下午，前楼镇径里村和尚寮发生森林火灾。县防火办接报后，即启动扑火应急预案。县、镇领导、林业局人员及当地群众及时赶到现场灭火。经县防火办、森林公安人员勘查，查明该火灾是烧田埂草引起，过火森林面积 25.67 公顷，受灾面积 2.13 公顷，受害树种主要是松、果。火灾肇事者被依法刑拘。

2003 年 10 月 6 日，西埔镇冬古小学后山发生森林火灾。县防火办接报后，即启动扑火应急预案。县森林防火指挥部成员及驻岛部队、县林业局人员、镇工作人员及时赶到现场灭火。火灾扑灭后，经县防火办、森林公安人员勘查，该火灾由农事引起，过火森林面积 5.2 公顷，受灾面积 1.53 公顷。火灾肇事者被依法惩处。

第五节 野生动物保护

一、野生动物种类

1997—1999 年,县林业部门组织境内野生动物调查。调查结果：野生动物 92 种，其中两栖爬行类 16 种、兽类 3 种、鸟类 73 种。两栖爬行类有蟒蛇（锦蛇）、眼镜蛇、眼镜王蛇、银环蛇、金环蛇、滑鼠蛇、水赤链蛇（水蛇）、翠青蛇、乌游蛇、王锦蛇、大泛树蛙、黑眶蟾蜍、石龙子、沼蛙、黑斑蛙等，分布于县境各地。兽类有小灵猫、大灵猫、野猪，主要分布在西屿、西山岩、大岭。鸟类分布于县境各地。

二、野生动物保护宣传

1989 年，县林业部门继续开展野生动物保护宣传。利用专刊、标语、宣传车、广播电视等，宣传《中华人民共和国野生动物保护法》《中华人民共和国陆生野生动物保护实施细则》《福建省实施〈野生动物保护法〉办法》《福建省陆生野生动物猎捕管理规定》等法律法规，提高民众保护野生动物的自觉性。1997 年 4 月，开展爱鸟周活动；10 月，开展野生动物保护宣传月活动。10 月 23 日，县林业局会同铜陵镇政府工作人员将一条爬到人行路上的国家一级保护动物蟒蛇（体重 41 公斤）放回山上归大自然，并利用电视新闻进行宣传。2008 年，县林业部门在 4 月爱鸟周活动和 10 月野生动物保护宣传月活动中,利用电视新闻开展宣传，出版保护野生动物专栏 4 期。

三、整顿非法经营野生动物

1989 年，县林业部门延续开展整顿非法经营野生动物工作。1998 年 7—10 月，县林业、公安、工商等部门联合，对全县加工经营野生动物的摊位进行整顿。查处无证经营 4 家，没收非法贩卖（经营）野生动物活体共 1355 头（只）。至 2008 年均开展整顿非法经营野生动物活动。

第五章 造林技术

第一节 二代更新造林试验

一、新树种引进

1989 年，东山县开始引进新树种。采用先进的技术育苗和造林试验观察，筛选出木麻黄优良品系、湿地松、相思树类、桉树类等 10 多种新树种，在滨海沙地试验种植。试验结果： 滨海沙地造林及其二代更新造林均显示较大效益。由此，全县大面积推广种植。至 2008 年，共引进新树种 43 种。

二、木麻黄无性系更新造林试验

1992 年春，省林科所在赤山林场赤山工区沙地木麻黄采伐迹地进行无性系造林试验，采用“701”“601”“501”“9201”4 个无性系品种，与普通实生苗对比种植试验,初植密度为 2 米×2 米。至 2000 年，试验结果表明：木麻黄无性系品种用于更新造林比实生苗成长更具优势，生长土壤条件越好，优势越明显，特别是“701”“501”品系。省林科院多次在东山县采用多种方式进行的木麻黄无性系更新造林试验，均表现出较明显优势。2008 年，该品种仍在防护林二代更新种植中推广。

三、相思树类沙地造林试验

1989 年，中国科学院热带林业研究所继续在赤山林场赤山工区进行相思树种（包括厚荚相思、毛绢相思、大叶相思、马占相思、肯氏相思）沙地造林试验。试验地为风积性沙土，水肥条件中等，以营养袋苗栽植，初植密度 2 米×2 米。至 1997 年，试验结果表明：厚荚相思树在风积沙土上造林生长良好，年均生长高 1.49 米、胸径 1.76 厘米，材积年均生长 2.27 立方米（每亩）。马占相思、大叶相思次之，生长一般；而毛绢相思、肯氏相思在风积沙地上造林生长不良。1998 年，县林业部门将厚荚相思作为二代更新树种，在西埔镇梧龙村风积沙土第一代木麻黄采伐迹地上进行更新造林试验，面积 6.67 公顷。采用与木麻黄块状混交，初植密度 2×2 米，木麻黄为普通营养袋实生苗。至 2004 年 12 月，试验结果显示：在风积沙土木麻黄采伐迹地上营造厚荚相思，生长良好，年均生长高 1.54 米、胸径 1.85 厘米、蓄积量 1.38 立方米（每亩）。2003 年，在西埔镇梧龙村风积沙土第一代木麻黄采伐迹地上，营造卷荚相思试验林 3.33 公顷，但生长不良。2008 年，该品种没有在二代更新沙土造林中推广。

四、巨尾桉沙地造林试验

1993 年，赤山林场在赤山工区风积沙土栽植巨尾桉、刚果 12 号桉、柠檬桉等树种生长比较试验。至 2000 年，试验结果表明：巨尾桉在滨海风积沙土上造林生长良好，年均生长高 1.73 米、胸径 1.54 厘米、蓄积量 1.71 立方米（每亩），其材积生长是柠檬桉的 6.82 倍。刚果 12 号桉、柠檬桉生长均较差。2008 年，刚果 12 号桉、柠檬桉没有在沙地二代更新林中选择使用。

第二节　主要树种栽植技术

一、木麻黄造林

（一）裸根苗栽植

东山县木麻黄裸根苗造林时间为每年 5 月至 6 月，造林地主要为滨海沙地，造林后新根萌发需地温 20℃以上，多选择初夏以后雨季造林。苗木根部蘸泥浆，利于与土壤黏合提高成活率。造林株行距 2 米×2 米，沙地前沿造林适当加密，为 1.5 米×1.5 米，适当深栽。

（二）营养袋苗栽植

县境木麻黄营养袋苗造林一般于每年 3—4 月。造林时营养袋薄膜袋拆除，利于根系伸长。密度与裸根苗造林同。

二、湿地松造林

县境湿地松作为二代更新造林的主要树种，于滨海沙地造林，分为裸根苗造林和营养袋苗造林。湿地松裸根苗造林季节在每年的大寒前后，其苗木萌芽前栽植，成活率高。若大寒前后因天气或其他原因无法造林，或在萌芽新梢稳定时造林，成活率也较高。湿地松营养袋苗造林季节以每年的春季为好，每年 6—8 月也可，但当年生长情况较差。湿地松沙地造林的密度以 2 米×2 米为宜。

三、马尾松、日本黑松造林

县境马尾松裸根苗造林季节为每年的大寒前后，苗木新梢萌发前栽植。马尾松营养袋苗造林季节以每年的春季为宜。日本黑松只有穴状直播造林，穴播种子 3～5 粒，土覆盖，雨后种子萌发，5～7 年成林。

四、相思树类造林

县境台湾相思树造林分大田裸根苗造林和营养袋苗造林，而厚荚相思、大叶相思、马占相思、卷荚相思树类均用营养袋苗造林。台湾相思树裸根苗造林季节为每年 2—3 月，常用 1 年至 1 年半生苗木低切干（基部至切干处 20 厘米以内）栽植。1989 年后，县境台湾相思树造林均用营养袋苗，有秋育苗和春育苗，以秋育苗为主。造林季节为每年 4—6 月，幼林一年生长约 80～100 厘米，造林株距 1.5～2.5 米。厚荚相思树种适应沙地造林，作为二代更新的参与树种。大叶相思于沙地造林生长较差；马占相思树种不宜作为沙地造林树种；卷荚相思也不适合沙地造林。厚荚相思、大叶相思、马占相思、卷荚相思造林季节在每年2—7月，造林密度为2米×2米。

五、桉树类造林

东山县气候适应桉树类品种生长，大部分品种在疏松的丘陵台地种植后生长迅速，如柠檬桉、窿缘桉、大叶桉、薄皮大叶桉、刚果12号桉、巨尾桉等。幼林年长高1～1.5米、胸径长1～1.5厘米、林木蓄积量1立方米（每亩）。东山县桉树类造林均采用营养袋苗。造林时间为每年3—5月；造林整地挖大穴，一般为40厘米×40厘米×30厘米；密度视品种而异，柠檬桉、窿缘桉、巨尾桉造林密度为2米×2米（也可2.5米×2.5米），大叶桉、薄皮大叶桉造林密度为3米×3米较宜。桉树类品种不适宜在县境沙地造林。

六、竹类造林

县境竹类造林品种主要有黄竹（俗称花竹）、青皮竹，在丘陵台地、滨海沙地造林生长均良好。竹类造林分丛生竹和散生竹两类。散生竹有竹苗栽植和母竹移栽，栽植时间为每年12月至翌年2月。起母竹时选优良的1～2年生的母竹，挖竹时保留竹鞭并避免损伤芽眼。栽植用全株或截秆（保留母竹基部起1.5～3米竹竿），直立栽植。丛生竹除竹苗栽植外，主要为截秆移蔸栽植。截秆移蔸选优良的健壮母竹，以全秆或截秆栽植（秆长保留2米左右），栽植时间为每年2—3月，斜45度栽植（芽眼朝上），密度一般4米×4米。

第三节 树种选择

一、“四旁”造林树种

（一）路旁树种

1989—2008年，县境路旁造林选择树干通直、枝下较高、树冠伞状或塔状树种。主要有柠檬桉、木麻黄、樟树、银桦、母生、盆架子、岭南酸枣、巨尾桉、铁刀木、白千层、大叶榕、垂心榕、圆柏、刺柏、璎珞柏、华盛顿棕榈、假槟榔、大王椰子、鱼尾葵等。

（二）宅旁树种

1989—2008年，县境宅旁造林选择树形匀称、树冠塔状或小伞状的中小乔木或灌木。主要有樟树、母生、岭南酸枣、黄槿、白玉兰、红千层、垂心榕、琴叶榕、圆柏、刺柏、侧柏、璎珞柏、龙柏、罗汉松、假槟榔、散尾葵、鱼尾葵等。

（三）村旁树种

1989—2008年，县境村旁造林根据场地的大小选用恰当的树种。主要有榕树、刺桐、榆树、朴树、乌桕、大叶合欢、大叶桃花心木、凤凰木、黄槿、木芙蓉、岭南酸枣、母生、孔雀豆、铁刀木、羊蹄甲、黄槐、白千层、红千层、樟树、罗汉松、竹柏及棕榈科类、观赏竹类等。

（四）水旁树种

1989—2008年，县境水旁造林选择树枝柔韧、枝条较优美的树种。主要有柳树、榆树、乌桕、黄槿、木芙蓉、夹竹桃、红千层、羊蹄甲、台湾相思、大叶相思、牛鼻樟、蒲葵、璎珞柏及部分竹类。

二、园林树种

1989—2008年，县境园林树种采用大冠幅与小冠幅配搭，高大通直与观赏美化并重，乔、灌木与花草有序排布。主要树种有榕树、朴树、榆树、木棉、凤凰木、南洋楹、大叶合欢、孔雀豆、橡皮树、榄仁树、刺桐、桃花心木、岭南酸枣、麻栋、羊蹄甲、柠檬桉、象牙红、夹竹桃、竹柏、罗汉松、重阳木、银桦、油桐、母生、考氏南洋杉、落羽杉、圆柏、刺柏、龙柏、璎珞柏、侧柏、木麻黄（修剪）、棕榈科类及观赏竹类等。

三、寺庙陵园造林树种

1989—2008 年，县境寺庙陵园造林选择庄重肃穆、四季常青的树种。主要有菩提树、罗汉松、竹柏、榕树、柏类、含笑、茶花、榆树、苏铁、观音竹、佛肚竹、木麻黄（修枝造型）等。

第六章　东山赤山国有防护林场

第一节　林场设置

1989 年，沿设东山赤山国有防护林场，为生态型沿海防护林场，隶属福建省林业厅，为漳州市林业局主管的生产性科级事业单位。内设生产科、开发科、综合科、财务室；下设赤山、大帽山、西山岩 3 个工区。各工区配备主任、技术员、护林员和造林施工监督员。2008 年，全场在编人员 42 人，其中干部 7 人，有专业技术人员 6 人（其中高级工程师 1 人、工程师 2 人、农艺师 1 人）。

第二节　赤山林场林业资源

1989 年，东山县赤山林场总面积 660 多公顷，分设赤山工区、大帽山工区、西山岩工区。经过多年植树造林，防护林更新改造，至 2008 年，东山赤山国有防护林场经营总面积 773.8 公顷，其中赤山工区 414.53 公顷、大帽山工区 229.67 公顷、西山岩工区 129.6 公顷。林业用地面积 688.8 公顷（约占全县林业用地面积的 9.32%），其中有林地面积 641 公顷、无林地面积 44.73 公顷、未成林造林地面积 3.07 公顷，森林覆盖率 82%。森林蓄积量 40599 立方米（约占全县蓄积量的 30.39%），其中生态林面积 364.46 公顷、蓄积量 27941 立方米，商品林面积 276.53 公顷、蓄积量 40599 立方米。主要树种分布有松林 180.93 公顷、木麻黄 193.47 公顷、相思树 13.53 公顷、桉树 115.6 公顷、荔枝和龙眼 132.93 公顷、竹林 4.53 公顷。

第三节　赤山林场生产活动

一、营林活动

1989—1990 年，县赤山林场开展多种经营，实行绿化与开发、造林与育苗并举。两年间，采集树种 415 公斤，育苗面积 1.6 公顷，造林面积 63.4 公顷，抚育幼林面积 266.67 公顷。采用造、管、封、育并举办法，促进林木天然更新，提高林分素质，两年内防护林更新采伐面积 20 公顷。1995 年，东山赤山林场实行生产责任制，把各项工作任务分解到工区，并签订责任书。同时采取股份合作，推行造林责任制。全年采集树种 130 公斤，育苗面积 0.13 公顷，培育容器苗 3 万株，造林面积 33.53 公顷，抚育幼林面积 223.67 公顷，低产林改造 3.6 公顷。此后，县赤山林场进一步改革，发展多种经营。2005 年 12 月，东山赤山国有防护林场被福建省沿海防护林体系建设指挥部、福建省林业厅授予“全省沿海防护林体系建设先进单位”称号。2008 年，全场采集树种 200 公斤，育苗面积 0.13 公顷，培育容器苗 2.2 万株，造林面积 27.33 公顷，抚育幼林面积 201.33 公顷，低产林改造 3 公顷。1989—2008 年，全场共完成造林面积 516.07 公顷。

1989—2008 年东山赤山林场造林情况表

表 9-6　　单位：公顷

年度	造林树种	造林面积	年度	造林树种	造林面积
1989	湿林松、木麻黄	12.13	2000	龙眼、荔枝、木麻黄	10.33
1990	湿林松、木麻黄	51.27	2001	龙眼、荔枝、木麻黄、阔叶树	9.8
1991	湿林松、木麻黄	28.8	2002	龙眼、荔枝、木麻黄、竹子	8.67
1992	龙眼、荔枝、木麻黄	19.67	2003	龙眼、木麻黄	4.87
1993	龙眼、荔枝、木麻黄	29.6	2004	木麻黄、竹子	9.87
1994	湿林松、木麻黄	33.4	2005	巨尾桉	33.2
1995	龙眼、荔枝、木麻黄	33.53	2006	巨尾桉、木麻黄、竹子	34.86
1996	龙眼、荔枝、木麻黄	24.00	2007	巨尾桉	58.6
1997	龙眼、荔枝、木麻黄	47.87	2008	巨尾桉、木麻黄	27.33
1998	木麻黄	18.67	合计		516.07
1999	龙眼、荔枝、木麻黄、桉、竹子	19.6			

二、林木采伐

1989—1990 年,东山赤山林场采伐的林木主要是成过熟林分的沿海滨海沙地的防护林和低丘山地薪炭林，两年木材采伐 2680 立方米。此后,逐年采伐更新造林。采伐对象是失去防御自然灾害功能的木麻黄成熟林、低丘山地薪炭林中的松树和相思树成熟林。1995 年,木材生产 872 立方米。

2005 年，因部分松林受松材线虫病危害，实施除治更新改造采伐。年度采伐量按省林业厅下达指标执行,共采伐 1650 立方米。2006—2008 年，东山赤山国有防护林场年采伐量 3040 立方米，出材量 1714 立方米，其中抚育间伐 352 立方米、采伐 100 立方米，更新采伐 746 立方米、低效林改造采伐 259 立方米，其他采伐 257 立方米；消耗商品材 1326 立方米。

第四节　赤山林场科研活动

一、科技研试

1989 年，东山赤山林场开展“木麻黄二代更新试验研究”“木麻黄地理种源试验研究”和“沿海沙地木麻黄更新树种选择研究”等项目试验。1992 年，项目均通过省科委、省林业厅技术鉴定，达到国内及省内先进水平。同年，林场开展“木麻黄优良无性系沙培育苗技术研究与应用”项目试验，该项目获 1994 年漳州市科技进步三等奖、县科技进步二等奖。1994 年，承担“滨海沙地适生树种选择研究”课题试验，该课题获 1995 年福建省科技进步三等奖、市科技进步二等奖。2005 年 12 月，东山赤山林场被漳州市林业局评为“十五”期间林业科技工作先进单位。2008 年，东山赤山国有防护林场与福建省林业科研院校合作，开展沿海防护林更新改造研究课题主要有：“海岸防护林更新改造技术研究”“厚荚相思引种与栽培模式研究”“沿海沙质地桉树速丰林栽培技术研究”“滨海沙地竹子引种试验研究”、福建省林木种苗攻关项目“木麻黄良种选育与扩繁技术研究”和“福建省纵深防御在沿海防护林体系构建与示范研究”。还承担省科技厅重大专项研究课题，主要有“稳定高效型沿海防护林体系构建与示范研究”等。这些课题研究，在沿海防护林更新改造的关键技术上取得重大突破和创新。

二、科技成果示范推广

（一）基干林带更新

1989 年，赤山林场在赤山工区、大帽山工区进行基干林带隔离带更新示范 13.33 公顷。2008 年，基干林带更新技术仍在推广。

（二）低效林改造

1989—2008 年，赤山林场继续对 20 世纪 70 年代末及 80 年代营造的第二代木麻黄实生低效林进行全面改造，采用木麻黄优良无性系、巨尾桉、厚荚相思等多树种、多林种结构优化配置，营造 26.67 公顷试验示范林。示范林为省林业科学院沿海防护林研究基地之一，在全省沿海防护林体系建设中起到科技典型示范作用。

（三）种苗推广

1989 年，赤山林场运用“木麻黄优良无性系沙培育苗技术研究与应用”技术培育种苗，年培育幼苗 50 万株以上，供给 5 个育苗点移植营养袋育苗，供全县沿海防护林体系工程造林用苗。2008 年，仍在推广。

第七章　管　理

第一节　机　构

一、行政机构

（一）东山县绿化委员会办公室

1989 年，沿设县绿化委员会，下设办公室。主任、副主任由县长、副县长兼任。办公室挂靠县林业局，主任由县林业局领导担任。

（二）东山县森林防火指挥部办公室

1989 年，沿设县森林防火指挥部，下设办公室。指挥长由分管林业副县长担任，副指挥长由县直有关部门领导担任。办公室挂靠在县林业局，主任由林业局领导担任。与县林业局为一套人马、两块牌子。

（三）东山县林业局

1989 年，沿设县林业局，内设办公室、林政股，下辖防护林站、野生动物保护站、下溪国有苗圃、科技站、规划队、森防检疫站、木材公司、东门屿管理区及 7 个镇林业工作站，有工作人员 51 人。2008 年，全局工作人员 52 人。

二、事业单位

（一）东山县防护林站

1989 年，沿设县防护林站，主要负责森林防护等工作。2008 年，工作人员 4 人。

（二）东山县野生动物保护站

1989 年，沿设县野生动物保护站，主要负责森林野生动物保护等工作。2008 年，工作人员 3 人。

（三）东山县下溪国有苗圃

1989 年，沿设县下溪国有苗圃。2008 年 12 月，工作人员 10 人。

（四）东山县林业科技站

1989 年，沿设县林业科技站。2008 年 12 月，工作人员 5 人。

（五）东山县林业规划队

1989 年，沿设县林业规划队。2008 年 12 月，工作人员 5 人。

（六）东山县森林防治检疫站

1989 年，沿设县森林防治检疫站，负责森林病虫害监测、防治和检疫等工作，有工作人员 2 人。2003 年，东山县建立国家级森林病虫害中心测报点，并在各镇和赤山国有林场设立监测点，配备兼职测报员。2008 年 12 月，工作人员 5 人。

（七）东山县林业东门屿管理区

1989 年，沿设县林业东门屿管理区，位于铜陵镇东门屿，负责该屿森林管理工作。2008 年 12 月，工作人员 10 人。

第二节　林政管理

一、木材采伐管理

1989 年，延续对森林实行限额采伐。年森林采伐限额指标按“合理经营和永续利用”的原则，逐级上报。经国务院批准后，逐级下达。东山县森林采伐延续执行许可证制度，按许可证的规定进行采伐。采伐许可证申请，需提交采伐申请书及有关证明，经县林业站审核报告县林政资源站，经审批发放采伐许可证。同时加强采伐监督管理，伐后收回采伐许可证并注销。年批准发放采伐许可证近百份。1996—2001 年，年下达东山县森林采伐限额指标为 2000 立方米。2002—2008 年，年下达采伐指标为 5510 立方米（包括农村居民生活用材等）。有些年份由于工程造林任务增加，需老林和低效林更新，或松林发生松材线虫病，疫木除治更新，经申请而增加采伐指标。2008 年，全县采伐申请书 71 份，批准发放采伐许可证 71 份，凭证采伐 5057.1 立方米，占省林业厅下达的年森林采伐指标 5510 立方米的 91.8%。

二、木材运输管理

1989 年，县林政管理部门严格执行凭证运输的木竹运输管理制度。各类木材在县内运输，均凭“木材发货票”和“检尺单”；运出县外省内的木材，须有县林政部门发给的“福建省木材省内运输证”，没有办理运输证而运输木材，以非法运输依法刑事处理或行政处罚。2008 年，受理林业木材运输行政案件 18 起，处罚 21 人，罚没金额 8.73 万元。

三、木材市场管理

1989 年，东山县延续在铜陵、西埔等圩镇设立固定的木材市场。凡进入木材市场交易的单位和个人，必持木材销售证或运输证明。1989 年 7 月，东山县被划为非林区县。1999 年，开展木材市场清理整顿。经整顿，全县核准木材经营加工许可企业 44 家，主要分布西埔镇、铜陵镇，以个私经营为多。2008 年，获得木材经营加工许可的企业 40 多家，没有发现违规现象。

四、林地林权保护管理

1992 年起，县林业主管部门开展林地林权的保护管理工作，对建设项目、开垦建设经营项目征占用林地实行初审制度。1998 年 10 月 25 日，执行国务院《关于保护森林资源，制止毁林开垦和乱占林地的通知》，县委、县政府成立“清理毁林开垦和乱占林地工作领导小组”。11 月 5 日，召开全县林业工作会议。随后，对 1994 年 5 月后的毁林开垦和乱占林地进行“四清”（查清发生时间、面积、造成损失、责任人）。共清出非法占用林地 186 起、面积 67.87 公顷，其中鲍鱼场、鳗鱼场 106 起，面积 44.53 公顷；鱼虾池、牛蛙池 54 起，面积 20.53 公顷；采石取沙场 26 起，面积 2.8 公顷。依法处理 1998 年 12 月 31 日前占用林地的养殖户 30 户，处行政罚款共 13.95 万元。1999—2008 年，林业主管部门开展林地林权保护管理工作中，共清出非法占用林地 15 起、面积 2.67 公顷，处于行政罚款 5.2 万元。

第十卷　工　业

1989—2008 年，中共东山县委、县人民政府坚持走工业强县之路，把发展壮大新型工业经济作为战略性全局性的重要举措。民间资本和外资纷纷投资兴办工业企业。硅砂、机砖、水产品加工和芦笋果蔬加工等行业有较大发展。

20 年间，随着市场经济的发展，深化工业企业改革。实行承包经营责任制及企业内部用工、人事、分配制度改革；推进企业产权制度改革。大多数国有企业和集体企业及乡镇企业实行改制、出售。终结清算的国有企业和变现资产的集体企业依法与职工解除劳动关系。

20 年间，不断加大招商引资力度，改善投资环境，提升服务质量，促进工业发展。完成自来水扩容一期工程和电网改造工程，扩建、改造公路和港口。修订工业发展规划，以东山经济技术开发区为龙头带动工业区域发展壮大；设立东山临港经济工业园和旗滨玻璃项目。鼓励民间资本投资工业，促进企业技术进步，打造产品品牌。工业投资呈现金额递增、项目规模增大的态势。2006—2008 年，全县工业固定资产投资额分别为 3.89 亿元、5.1 亿元和 7.42 亿元；投资 500 万元以上的在建项目分别为 27 个、42 个、37 个。新建的工业企业普遍规模较大，技术装备新，产品质量高。至 2008 年，有 26 家企业取得出口卫生注册，10 家企业获对美国 HACCP 注册，8 家获对俄罗斯注册，5 家获对欧盟注册，17 家获对韩国注册；有 10 家获 ISO 9000 认证；有 1 件全国驰名商标、8 件福建省著名商标、8 件漳州市知名商标，并有 7 种产品获福建省名牌产品称号。许多产品远销国际市场和国内大中城市。

2008 年，全县工业单位 1433 家，工业总产值 566317 万元，是 1988 年 17789 万元的 31.83 倍；工业税金 12321 万元；工业全员劳动生产率 182683 元/人，是 1989 年 24867 元/人的 7.3 倍。规模工业企业 112 家，产值 480817 万元，比 1998 年 44 家、产值 80010 万元分别增长 155%和 509%。其中，工业产值亿元以上的企业有 11 家，形成地方产业支柱。

第一章　工业管理体制改革

第一节　工业企业改革

一、国有工业企业改革

1989 年，东山县贯彻国家整顿经济秩序、治理经济环境方针，继续推进国有企业改革。国有企业完善厂长经理负责制和承包经营责任制。部分企业试行公开招标，全员风险抵押承包；有的企业试行厂和车间班组双层承包。1990 年，县政府制定《关于深化改革，搞活工交企业的十条意见》。工业企业普遍在总结第一轮承包的基础上开始第二轮承包，由厂长（经理）承包改为领导班子承包，推行全员风险机制，实行工资报酬与工效挂钩，建立企业职工养老保险制度。1992 年开始，重点深入实施企业内部人事、劳动、分配三项制度改革。1993 年，县政府根据《中华人民共和国企业转换经营机制条例》，以扭亏增盈为突破口，开展“企业转换经营机制年”活动。采取“一厂一策、分类指导”方式，深化国有企业改革。国有企业开展外资引进内部联营即“外引内联”。县罐头厂与厦门罐头厂实行联营成立东山县罐头食品有限公司，后因市场变化，经营困难，1994 年，厦门罐头厂退出。县商业罐头厂与福建省粮油进出口公司合资成立东山绿丰罐头有限公司，1997 年,县商业罐头厂全部股份被省粮油进出口公司兼并，后停产。县味精厂与外地企业合资开办县东联冷冻厂，后因对方退出，由县味精厂自行经营，改称县工贸冷冻厂。

1997 年后，东山县贯彻国务院关于产权制度改革和“抓大放小”的方针，改变经济增长方式,对连年亏损、陷入困境的企业实行关闭、终止、出售,妥善安置职工。县罐头厂、东山华福冷冻厂、县第一糕饼厂、县商业纺织厂、县食品化工厂、县陶瓷厂及县罐头厂等国有企业实现资产变现，职工依法与企业解除劳动关系，并获得经济补偿。县拆船公司以职工带资自谋职业的办法安置职工。县盐业冷冻厂停办后，职工回原单位工作。

1998 年 1 月,根据县政府《关于实施再就业工程的意见》,对国企下岗职工自谋职业实行减免税收等优惠，县劳动部门依法发给基本生活费，在一段时间内发给失业金。县食品厂职工在“身份转换”后，大部分职工将领取的经济补偿金合股创办东山县联丰食品有限公司。县水产公司下属的冻厂实行部分资产由职工承包，部分资产与外资合办东山县蓝特水产加工有限公司。1999 年，县委、县政府抽调干部分组进入工业、商业、交通等国有企业，帮助企业制定并实施改革方案，加快企业改革进程。至 2008 年 12 月，县供电公司由省电业公司与东山县合股实行“条条”管理；县供水公司完成扩建获得发展；县硅砂矿和县梧龙硅砂矿多次进行技术改造和扩建码头；西港、向阳和双东等国有盐场实行盐田分片包干经营；县印刷厂、县工贸冷冻厂、县农械厂、县水产造船厂以及县塑料编织厂、县塑料制品一厂等企业，实行承包或出租。县水产造船厂和县拆船公司改革方案通过初步审核。少数企业由于资产尚未变现，改革未完全到位。

二、集体工业企业改革

1989 年,东山县二轻系统引进港资、台资成立县东祥合营企业公司、县东正家私制品有限公司、县东华塑料胶制品有限公司；后因港商、台商方面的原因而终止。县东正家私制品有限公司改由二轻人员自行经营；县东祥合营企业公司由二轻人员按其设备另行组建企业经营。县渔钓厂与台商合作成立东山福煌五金制品有限公司，由台商经营。二轻联社引进华福投资公司合办玩具厂，数年后停产。

1990—2000 年，县二轻系统集体企业出售、拍卖的有县木器厂、县装潢公司、县制鞋厂、县家具厂和县服装刺绣厂（改制为私营公司)。其他企业停产或基本停产，有的靠出租场地厂房，维持少数留守管理人员的工资及退休职工的少量退休金。由于停产企业资产未能实现变现，其职工得不到安置。其中，县铁工厂、县金银饰品厂、县农渔具厂、县鱼钓厂的职工已办理养老保险；而县塑料制品二厂、县绳缆一厂、县绳缆二厂、县五金一厂、县五金二厂、县拉链厂及县塑料编织厂（归口二轻管理的国有企业）共有职工 1000 多名（含退休)，尚未办理社会保险。另外，县丝绸厂、县玩具厂、县贝雕厂、县旅游工艺厂和装潢公司已关闭多年，其企业无资产，共有职工（含退休）100 多人，均得不到妥善安置。其他系统的县属集体企业中，只有县鱼露厂、县印刷厂城关印刷工场等企业还在经营，其余企业都停产、基本停产或关闭终止。

第二节　管理部门改革

一、多门分管

1989 年至 1997 年 5 月，东山县工业企业分属县政府多个部门管理。县工业局主管 9 个国有工业企业及 2 个集体工业企业。负责企业领导班子建设和干部职工人事，制定和落实下属企业工业生产发展计划，指导下属企业的经营管理与技术改造，监督下属企业财务运作与统计工业生产指标。

县二轻局（与县二轻联社合署）主管下属二轻集体工业企业以及归口管理的 2 个国有工业企业。负责企业领导班子建设和干部职工人事管理，制定和落实下属企业生产发展计划，指导帮助下属企业技术改造与经营管理，监督、审计下属企业财务运作与统计工业生产指标。

县盐管处专门管理盐业生产经营。

县经委对全县工业生产、企业管理、技术改造等方面进行指导、服务、协调和管理，对本系统企业领导班子负责配备任免。此外，对县工业、二轻、盐业、交通、邮电、农机等部门负责协调指导。

县财政委员会（以下简称县财委）、县商业局、县粮食局、县供销合作社、县农业委员会、县水产局、县水电局、县建设局、县民政局、县劳动局及县教育局都主管其下属工业企业。乡镇企业由乡镇政府和县乡镇企业局管理。

二、集中统管

1997 年，县政府进行机构改革，撤销县经委、县工业局、县二轻局（保留二轻联社）、县财委、县商业局、县物资局。新设立县经济贸易局，由其统一管理工业，结束“多头管理、政出多门”局面。至 2008 年，东山县工业都统一由县经济贸易局管理。改革后，县经济贸易局对工业的管理主要负责编制中长期工业发展规划、规范企业行为规则、实施技术改造投资、技术引进与消化吸收、新产品开发和新技术推广。督促企业加强质量管理，培训企业管理经营人员，组织企业智力引进工作。负责组织企业新产品、新技术的鉴定工作，培育名牌产品。

第二章　工业所有制结构

第一节　国有工业企业

1989 年，全县国有工业企业 38 家，从业人员 3621 人，国有工业产值 7461 万元（当年价，下同）；分属多个部门管理。其中，县工业局管理 9 家：县罐头厂（由县糖厂转产）、县农械厂、县食品厂、县印刷厂、县食品化工厂、县味精厂（后改为工贸冷冻厂）、县陶瓷厂、县装饰材料厂（由县玻璃厂转产）、县拆船工业公司；原东山盐管处管理 3 家：西港盐场、向阳盐场、双东盐场；原县经委管理 1 家：县硅砂矿；县二轻局管理 2 家：县第一塑料制品厂、县塑料编织厂；县商业局管理 4 家：县第一糕饼厂、铜陵糕饼厂、县商业纺织厂、县商业罐头厂；县粮食局管理 3 家：城关粮食加工厂、西埔粮食加工厂、县面粉厂；县建设局管理 3 家：县梧龙硅砂矿、县自来水公司、铜陵自来水公司（2 家自来水公司后合并为县供水公司，归县水务局管理）；县水产局管理 2 家：县水产公司、县水产造船厂；县水电局管理 1 家：县电力公司；华福酒店管理 1 家：华福冷冻厂（后改归县经委管理）。1990—1995 年，新建县速冻厂（县农委主管）、县盐业冷冻厂（县盐管处主管）、县饲料厂和县粮油食品工业公司（县粮食局主管）等企业。1995 年，县域全民工业企业 40 家，工业产值 12276 万元。

随着改革开放和市场经济的发展，一些垄断性及资源型企业经整合改革进一步发展。一些国有企业因技术设备老化、债务沉重、经营机制不灵活、自我发展能力缺乏等原因而停产、关闭、改制、出售、终结清算。2000 年，县域国有工业企业 13 家，产值 11796 万元。2005 年，县域国有工业企业 10 家，年均从业人员 1656 人，产值 21081 万元，利税总额 1820 万元。

2008 年，县域国有工业企业 13 家(县供电公司、县供水公司、县硅砂矿、县梧龙硅砂矿、县西港盐场、县向阳盐场、县双东盐场以及县农械厂、县水产造船厂、县印刷厂、县工贸冷冻厂、县塑料制品厂、县塑料编织厂)，从业人员 1742 人，工业产值 25351 万元。其中，供电公司、供水公司和 2 个硅砂矿共 4 家企业为规模工业企业,从业人员 1295 人，工业产值 22643 万元，利税总额 1631 万元；其他企业进一步实施产权改革。

第二节　集体工业企业

1989年，东山县集体工业企业119家，集体工业产值8829万元（当年价）。其中，县属集体工业企业50家，从业人员1825人，工业产值3830万元；乡镇集体69家，从业人员2118人，工业产值4999万元。县属集体工业企业主要分布在二轻系统，有县绳缆一厂、县绳缆二厂、县第二塑料制品厂、县铁工厂（后加挂县铝合金制品厂牌子）、县渔钓厂、县五金一厂、县五金二厂、县工艺一厂（后改为金银饰品厂）、县工艺二厂（旅游工艺厂）、县贝雕厂、县家具厂、县木器厂、县农渔具厂、县玩具厂、县丝绸厂、县制鞋厂（一度分为2户）、县刺绣服装厂、县拉链厂、县五金制罐厂、县蓄电池厂、县装潢公司，共21家。此外，县集体工业企业还有县工业局管理的县渔露厂、城关印刷工场；县粮食局管理的城关粮食制品厂、西埔粮食制品厂；县民政局管理的县民政纸箱厂；县建设局管理的县建筑材料预制厂；县商业局管理的县蜜果厂；县供销社管理的县供销速冻厂；县水产局管理的水产综合厂、渔需修造厂、水产购销第一经理部、水产购销第二经理部、水产购销第三经理部、水产购销第四经理部和水产购销第五经理部；县外贸局管理的抽纱厂、外贸加工厂、海胆加工厂；县劳动局管理的县城关家具厂、县双东水泥预制铸造厂、县建筑装饰材料厂。此后，县教育局系统创办许多校办小工厂。乡镇和村（居）创办较多“小集体”企业。如铜陵镇办的造纸厂，一度产销很好，吸纳了200多名劳动力。这些企业为县域经济发展做出一定贡献。1995年，全县集体工业企业126家，产值27121万元。其中，县属集体企业49家，工业产值7865万元。

1996年后,因资金、市场、技术管理等原因,大多停产、关闭、出售、终结，部分企业则改制分化为私营、三资工业企业和个体户，个别集体企业（如数家硅砂矿）有所发展。2000年，全县集体工业企业5家，产值8228万元。2005年，全县集体规模工业企业5家,从业人员675人，工业产值8687万元。

2008年，全县集体企业31家,从业人员894人，工业产值9985万元。其中，规模企业2家（探石硅砂矿、东强罐头厂）,从业人员247人，工业产值5354万元，利税总额299万元。

第三节　私营工业企业

1989年,东山县民间资本延续兴办小工厂、工场（坊）,并得到较快发展，主要有水产品加工、金属加工、塑料制品、机砖制造等行业。多数个私户靠挂乡镇村（居）或政府部门，冠以集体企业、乡镇企业的名称。随着改革开放的深入和经济的发展，私营企业发展加快。

1995年后，新办私营企业数量多，多数规模大、技术装备新、实力强。2000年，全县私营工业企业97家,从业人员4847人。2005年,全县私营规模工业企业39家,从业人员4357人,工业产值107720万元。

2008年12月，全县私营工业企业131家，从业人员7508人，工业产值226714万元。其中，规模企业（私营有限责任公司）70家，占全县规模企业62.50%，从业人员6086人，工业产值212724万元，占全县规模企业产值44.24%，利税总额13687万元（内有私营有限责任公司64家，从业人员5520人，工业产值203137万元，利税总额12961万元，民营工业占主体地位）；私营规模企业中，水产加工企业21家、食品加工企业19家、渔具制品加工企业4家、建材硅砂企业13家、电子加工企业2家、服装（包袋）加工企业2家、其他加工企业3家。

附：主要私营工业企业名录

水产加工企业：东山县延兴水产贸易有限公司、东山县瀛海水产有限公司、东山县顺发水产有限公司、东山县新福水产加工有限公司、东山县隆兴水产冷冻有限公司、东山县宏兴水产贸易有限公司、东山县鑫源水产有限公司、东山县龙生水产制品有限公司、东山县三南水产有限公司、东山蓝特水产加工有限公司、东山县东亚水产有限公司、东山县立成水产有限公司、东山县启昌冷冻加工有限公司、东山县华昌有限公司、东山县宏祥水产有限公司、东山县协兴水产加工有限公司、东山县成隆水产有限公司、东山县津龙水产有限公司、东山县茂源水产有限公司、东山县乐兴水产有限公司、东山县海旺水产冷冻有限公司、东山县源兴水产有限公司。

食品加工企业：东山县永隆水产食品有限公司、福建东山华康食品有限公司、东山县晨隆海产品有限公司、东山县一峯食品有限公司、东山县华远食品有限公司、东山县勋源海产食品有限公司、东山县正顺水产食品有限公司、东山县永鑫水产食品有限公司、东山县东盛食品有限公司、东山县超然食品有限公司、东山县顺达水产食品有限公司、福建东山县海之星水产食品有限公司、东山县东协成水产食品有限公司、漳州东山聚华食品有限公司、东山县顺来发水产食品限公司、东山县永鑫水产食品有限公司、东山县福康水产食品有限公司、东山县新苏绿食品有限公司、东山县鑫连水产食品有限公司、东山县鸿顺发食品有限公司。

渔具制品加工企业：东山县辉永泰绳缆制品有限公司、东山县铜兴渔具制品有限公司、东山县盈辉网具制品有限公司、东山县东耀铁件塑料加工有限公司、东山县陵煌制罐厂、东山县豪鑫金属制品有限公司。

建材硅砂企业：东山县鸿运矿业开发有限公司、东山县正达混凝土有限公司、东山县鸿源建材有限公司、东山县爱砾硅砂有限公司、东山县金石硅砂有限公司、东山县昌升建材有限公司、东山县东鑫装饰材料有限公司、东山县吉发建材有限公司、东山县枝华建材有限公司、东山县银英建材有限公司、东山县华林建材有限公司、东山县埕英机砖厂、东山县云生机砖厂、东山县永生机砖厂。

船舶修造企业：东山县振标造船厂、东山县平海澳船业有限公司、东山县群铭船舶有限公司、东山县丰泰船舶有限公司、东山县龙杰船舶修造有限公司、东山县冬古健弘船舶修配厂。

电子加工企业：东山县福源电源技术有限公司、东山县东升电子科技有限公司、东山县康力电池隔板有限公司、福建能源发展有限公司、东山县超越电子元件有限公司、东山县慧民电池隔板有限公司。

服装（包袋）加工企业：东山县光明服装有限公司、东山县丰达包袋有限公司。

其他企业：东山县海璟针织工艺有限公司、漳州市东山思通家具有限公司、东山县联泰饲料有限公司、东山县彼奥特生物技术有限公司。

第四节　三资工业企业

1989 年，东山县三资工业企业有 3 家，从业人员 198 人，工业产值 919 万元。1990 年后，三资企业不断发展。1995 年后，县内三资企业投资逐渐增多，工业产值逐步扩大。外商投资工业企业 8 家，工业产值 2034 万元；中国港澳台商投资工业企业 16 家，工业产值 22849 万元。

2000 年，外商投资企业 2 家，工业产值 9859 万元；中国港澳台商投资企业 15 家，工业产值 53397 万元。2005 年，全县三资企业规模有所扩大。年内，外商投资企业 8 家，年均从业人员 1432 人，工业产值 20780 万元；中国港澳台商投资企业 21 家，年均从业人员 4705 人，工业产值 70040 万元。

2008 年，全县三资工业企业 38 家，从业人员 5841 人，工业产值 147427 万元。其中，规模企业 27 家，占全县规模企业数的 24.1%；从业人员 5663 人，产值 145645 万元，占全县规模工业企业产值 30.29%；外商投资企业 11 家，工业产值 87353 万元；中国港澳台商投资企业 16 家，工业产值 58292 万元。三资规模企业中，水产品与食品加工业 10 家、金属与塑料制品加工业 4 家、服装（箱包）制品加工业 12 家、风电业 1 家。

附：三资规模工业企业名录

东山东兴水产品加工有限公司、东山东旺水产冷冻有限公司、东山县海魁水产集团有限公司（2008 年由私营企业改为三资企业）、东山远隆食品有限公司、英特（东山）食品有限公司、东山东毅食品有限公司、东山新合发食品有限公司、东山全联冷冻食品有限公司、山东佳美食品工业有限公司漳州分公司、东山融丰食品有限公司；东山福泰渔具制品有限公司、金福隆（东山）轻工有限公司、东山合泰金属塑料有限公司、东山欧凯金属塑料制品有限公司；东山福助轻纺有限公司、贝贝（东山）防护用品有限公司、东山远南包装制品有限公司、东山专芳箱包有限公司、东山嘉慧箱包有限公司、东山恒兴箱包有限公司、东山南利针织时装有限公司、东山江南轻工有限公司、东山豪协缝纫工艺有限公司、漳州昱喜休闲用品有限公司、东山嘉盛轻工有限公司、东山椿益塑胶制品有限公司；福建省东山澳仔山风电开发有限公司。

第三章　工业生产

第一节　工业总量

1989 年，全县工业生产单位 1792 家，工业总产值 26772 万元。其中，规模工业企业 161 家，工业产值 17349 万元。之后，私营企业、三资企业不断兴办，企业数量逐年增多，企业规模不断扩大，虽然一些国有、集体企业改制、停产、关闭、拍卖，但工业经济总量增加。1995 年，全县工业生产单位 2130 家，工业总产值 106600 万元。其中，规模工业企业 170 家，工业产值 57200 万元。

1998 年起，确定全部国有企业及年产值 500 万元以上非国有企业为规模企业。当年，规模企业有 44 家，产值 80010 万元。2000 年，全县工业企业 168 家，加上继续存在的众多小工厂、小工场作坊，共 1340 家，工业总产值 194900 万元，比 1989 年增长 6.3 倍。其中，规模企业 47 家，产值 133900 万元，比 1998 年增 67.4%。

2001 年后，贯彻漳州市工业大会精神与市委、市政府“工业强市”方针，加大发展工业的措施力度，招引兴办一些新型的科技含量较高的项目集中于东山经济技术开发区及城垵临港工业区，促使全县工业经济总量迅速提升。2005 年，全县工业企业 376 家，加上小厂小工场作坊共 1657 家，工业总产值 315440 万元。其中，规模工业企业 86 家，工业产值 236240 万元。

至 2008 年，全县工业企业 376 家，加上小厂小工场作坊共 1433 家，工业总产值 566317 万元，比 2000 年增加 1.9 倍，平均年递增 23.8%。其中，规模工业企业 112 家，产值 480817 万元，分别比 2000 年增加 138.3%和 259.1%。

1989—2008 年东山县工业总产值统计表

表 10-1

年份	企业总数	职工总数	总产值（万元）	比上年增长（%）	其中规模企业			
					企业数	职工数	产值（万元）	比上年增长（%）
1989	1792	14749	26772	22.6	161	7451	17349	24.0
1990	1646	14880	29553	12.6	161	7763	19495	15.3
1991	1741	14950	38841	29.9	143	9180	24649	29.0
1992	1958	15010	57600	61.3	149	6864	30599	57.5
1993	2026	15805	77600	26.3	141	8560	41610	32.0
1994	2095	16200	94100	19.8	173	10364	50590	21.0
1995	2130	16656	106600	8.7	170	11960	57200	8.0
1996	1895	16350	133400	19.9	218	13790	78602	30.3
1997	1669	16015	154700	21.7	213	13933	93600	33.9
1998	1571	15320	139400	0.2	44	7541	80010	0.6

续表 10-1

年份	企业总数	职工总数	总产值（万元）	比上年增长（%）	其中规模企业			
					企业数	职工数	产值（万元）	比上年增长（%）
1999	1465	17260	169100	14.7	45	9029	109015	22.9
2000	1340	19305	194900	10.8	47	10078	133900	14.6
2001	1392	20015	204600	4.9	55	10223	141423	6.3
2002	1443	20721	197500	2.7	53	8613	131101	3.0
2003	1501	21432	223266	6.4	59	9359	152410	4.7
2004	1608	22201	250400	13.1	71	11461	176924	30.1
2005	1657	24901	315440	25.6	86	13153	236240	33.1
2006	1616	26401	403197	30.2	105	14388	328297	37.6
2007	1525	28008	482091	21.9	104	14584	402591	24.6
2008	1433	29816	566317	18	112	14902	480817	20.4

说明：1998 年之前规模企业为乡级及乡级以上企业；1998 年起，规模企业指国有企业及年产值 500 万元以上非国有企业

1989—1995 年部分年份东山县主要工业产品产量一览表

表 10-2

产品名称	单位	1989 年	1990 年	1991 年	1992 年	1993 年	1995 年
玻璃砂	吨	220980	215800	17.46	24.8	0	0
型砂	吨	16540	21000	12.61	13.9	0	0
原盐	吨	110064	65619	83761	71788	30690	65474
罐头	吨	2733	2858	5346	4901	6476	18045
塑料制品	吨	1931.4	2435	1457	2025	1257	4210
塑料缆绳	吨	665.1	703	632	698	0	0
编织袋	万条	159.4	161	261	292	859	4029
机制纸及纸板	吨	4190	13253	8350	10976	8892	9504
化学医药	吨	626.3	605	458	0	0	0
味精	吨	10.3	31	—	63	—	—
混合饲料	吨	3705	3506	2604	1958	1738	2003
食用植物油	吨	361	47	0	37	0	0
日用陶瓷	万件	3.23	1	1.8	2.8	—	2.7
布	万米	8	10.29	0	0	0	0
布鞋	万双	8.9	3.3	21.0	31	—	—
皮鞋	万双	3.42	7.66	0	3.4	6	2
皮革包	万个	—	—	—	—	58	140

续表 10-2

产品名称	单位	1989 年	1990 年	1991 年	1992 年	1993 年	1995 年
服装	万件	—	—	48	6	33	54
化妆品	万元	—	—	700.0	797.2	—	—
酱油	吨	0	0	0	1179	—	—
砖	万块	—	—	—	—	12360	1523

1998—2008 年部分年份东山县规模工业主要产品产量一览表

表 10-3

产品名称	单位	1998 年	2000 年	2003 年	2004 年	2005 年	2008 年
硅砂	万吨	43	55.6	78	80	85.7	74.9
原盐	万吨	27169	19637	11100	8700	3900	18112
木材	立方米	230	280	—	—	—	—
水产品加工	万吨	79980	84120	6	6	8	—
罐头	吨	20980	18070	12550	18660	18063	38253
软饮料	吨	1457	560	4450	3700	2850	3389
天然皮革手提包袋	万个	—	—	215	464	991	901.21
人造板表面装饰板	平方米	300	—	22400	71500	77782	183330
家具	件	25100	31500	1200	35200	30190	6287
纸制品	吨	360	340	—	612	578	540
机制纸	吨	2862	1210	—	—	—	—
机制纸板	吨	350	310	—	—	—	—
塑料制品	吨	910	2430	1130	806	1830	1352.3
燃料油	吨	—	—	—	—	80515	80388
砖（折标准砖）	万块	40000	27840	5260	10541	13303	49318
墙地砖	万平方米	5.0	6.0	—	—	—	—
大理石板材	万平方米	0.8	0.91	—	—	—	—
花岗石板材	万平方米	3.31	3.75	—	—	—	—
粮食加工机械	台	90	80	117	45	110	—
食用植物油	吨	82	110	—	—	—	—
酱油	吨	695	920	—	—	—	—
冷冻饮品	吨	1380	910	—	—	—	—
配混合饲料	吨	217	270	—	—	—	—
服装	万件	60.5	540	—	—	—	—
皮鞋	万双	10.4	11.7	—	105	236	—
冷冻水产品	吨	—	—	—	—	—	103775

续表 10-3

产品名称	单位	1998 年	2000 年	2003 年	2004 年	2005 年	2008 年
速冻蔬菜	吨	2310	2678	—	—	—	—
精制茶	吨	—	—	—	—	—	3068
床罩	万个	—	—	—	—	—	16.29
民用钢质船舶	载重吨	—	—	—	—	—	5200
工艺美术品	万元	3215	3615	—	—	—	2663
风力发电量	万千瓦／小时	—	—	1105	968	1083	7787

第二节　主要工业门类

一、工业门类变化

1989 年，东山县充分发挥本地资源优势，引进境外、县外资金、技术等资源，提升传统产业，拓展海外市场，鼓励和引导产业发展。逐步形成以水产品、芦笋果蔬为主要原料的农副产品加工业和食品制造业；以玻璃、机制砖为主的非金属矿物制品业；以硅砂、海盐为主的非金属采矿业；以缆绳和渔需品、休闲用品、蓄电池隔板为主的塑料制品业和金属制品业；以箱包、皮鞋为主的皮革皮毛制品业和服装业；以电力供应和风能生产、合成柴油加工为主的能源业等支柱产业。

2005—2008 年，东山县工业主要门类发生明显变化，整体工业经济规模快速扩张，少数产业萎缩。农副产品特别是水产品加工业和食品制造业发挥原料产地优势，发展较快，成为工业第一大支柱产业；塑料制品业、金属制品业等传统产业因改进技术装备提升产品质量，稳步发展；风电生产贯彻国家发展绿色能源方针，发挥丰富风力资源的优势，迅速发展；电力因工业和城乡居民用电快速增长，供应量大幅增加；石油加工业的合成柴油符合节能方向，受到市场欢迎；机制砖产业由于经济建设和民生建设快速发展而成倍增长；船舶制造业由木质船更新换代为铁质船；硅砂生产因新矿点未开发总体产量略有下降；原盐生产因多年来全国性产大于销，盐场效益不佳，盐田废转等原因，盐产量大幅下降。

二、采矿与矿产加工业

1989 年，东山县继续利用丰富硅砂资源发展采矿与矿产加工业。是年，县梧龙硅砂矿投建，年产无槽粗选砂 8 万吨，年设计生产能力 30 万吨。

1990 年，全县硅砂生产企业 16 家，从业人员 979 人，年硅砂总产量 23.68 万吨、产值 1104 万元。其中，规模企业 4 家，从业人员 693 人。此后，以私营为主的硅砂生产企业发展较快。

2000 年，全县硅砂生产企业 10 家、从业人员 785 人，年硅砂总产量 55.6 万吨、产值 5952 万元。其中，规模企业 4 家，从业人员 849 人，产值 45998 万元。

2008 年，全县硅砂生产企业 11 家，从业人员 920 人，硅砂总产量 74.9 万吨、产值 8031 万元。其中，规模企业 5 家，从业人员 830 人。重点企业有县梧龙硅砂矿、县硅砂矿、县鸿运矿业开发有限公司、县爱砾硅砂有限公司、县金石硅砂有限公司。

三、采盐业

1989 年，采盐业仍然是东山县主要产业之一。全县盐场有国有、乡镇集体所有和村所有三种体制，分别由县经委、乡镇政府和建制村负责管理。其中，国有盐场 3 家（西港、向阳、双东），盐田面积 423.28 公顷；乡镇集体办盐场 5 家（西埔、陈城、前楼、杏陈、康美），盐田面积 151.73 公顷；村办盐场 15 家（陈城、湖塘、港口、白埕、探石、岱南、岱寮、前梧、下西坑、埔头、礁头、径口、埕英、前何、大嵊），盐田面积 776.87 公顷。当年，全县盐田总面积 1351.88 公顷，全年原盐产量 110064 吨。

1990 年，县盐业管理部门贯彻县政府《关于加强盐业管理的意见》，进行盐业税利改革，加强盐田建设和技术改造，落实承包责任制，强化质量管理，健全场、工区、班组三级质量管理网络。继续实施盐田技术改造，以结晶池、盐业生产扬水吊卤系统、电力系统和纳潮系统改造为重点，改善盐田的生产条件，并创办东山劳务精盐厂从事精品盐生产。是年，全县采盐企业 12 家，盐产量 65619 吨，产值 1213.8 万元。

1995 年，向阳盐场对生产天然盐进行技术创新，率先生产天然细白盐。其创新点在盐田陶片坎的结晶工序增加人工旋卤，使盐结晶时形成细颗粒晶体，故称天然细白盐。是年，全县采盐企业共 10 家，原盐产量 65474 吨，产值 1005 万元。此后，实行低产盐田废转，盐产量逐年减少。1997 年，根据国务院《食盐加碘消除碘缺乏病管理条例》的规定和市场需求，东山劳务精盐厂改办原盐加碘加工厂，试产试销，不久停办（碘盐由省局统一办厂生产）。1998 年，全县盐田总面积 1302.91 公顷。其中，国有盐场 3 家，盐田面积 423.28 公顷；乡镇集体盐场 5 家，盐田面积 127.78 公顷；村办盐场 15 家，盐田面积 751.85 公顷。

2000 年，全县规模采盐企业 3 家，原盐产量 19637 吨，产值 3254 万元。2002 年，全县盐田总面积 1172.66 公顷。其中，国有盐场 3 家，盐田面积 399.09 公顷；乡镇集体盐场 5 家，盐田面积 112.71 公顷；村办盐场 15 家，盐田面积 660.86 公顷。全县年原盐产量 13500 吨。

2008 年，全县盐田总面积 1135 公顷，年原盐产量 18112 吨。

四、农副食品加工业

1989 年，东山县继续发展以水产品和芦笋等蔬菜加工为主的具有本地特色的食品加工业。当年 8 月 15 日，设立县供销速冻厂，为县内第一家从事芦笋等蔬菜速冻产品加工的企业。1990 年，县内水产加工业企业 11 家，水产品加工产值 3318.4 万元。

1995 年，县内食品加工业企业 46 家，产值 23068 万元；水产加工业企业 25 家，水产品加工产值 17224 万元。此后，食品加工业企业不断发展，至 2000 年，全县农副食品加工企业（不包括个体加工户，下同）72 家，从业人员 10444 人。其中，规模工业企业 13 家，从业人员 2645 人，年渔农产品加工能力 13 万吨，当年实际产量 5.2 万吨。

2008 年，全县农副食品加工企业 87 家，从业人员 15750 人。其中，规模工业企业 41 家，从业人员 5459 人，产值 255623 万元。在规模工业企业中，水产品冷冻加工 38 家，产值 244907 万元；鱼糜制品及水产品干腌制加工企业 1 家，产值 8674 万元；水产饲料制造企业 2 家，产值 2042 万元。重点企业有海魁水产集团有限公司、华昌食品有限公司、蓝特水产品加工有限公司。全县年农副食品加工能力 45 万吨，全年产量 10.4 万吨。

五、食品制造业

1989 年，东山县继续发展具有本地特色的食品制造业。1990 年，食品制造业 36 家，产值 7613.3 万元。其中，粮食加工业企业 6 家，产值 469.8 万元；植物油加工业企业 2 家，产值 59.3 万元；罐头制造业 5 家，产值 2621.9 万元；调味品制造企业 5 家，产值 329.3 万元，年产味精 31 吨；糕点糖果制造企业 3 家，产值 127.9 万元。

1995 年，食品制造业 24 家，产值 16518 万元。其中，罐头食品制造业 12 家，产量 18045 吨，产值 15607 万元。此后，本地特色的食品制造业逐步发展为县域工业支柱产业。1999 年 8 月 30 日，东山县被科技部、国家计委等五部委命名为全国科技兴海——东山水产品精深加工示范基地。

2000 年，全县食品制造业企业共 30 家，从业人员 4110 人，其中规模企业 7 家，从业人员 2074 人。主要产品有“海魁牌”的冻罗非鱼片及蟹类、虾类罐头（包括切蟹、蟹排、蟹肉及保鲜蟹肉去头虾、凤尾虾、整虾、虾仁）；“大有牌”金枪鱼类水产品罐头、冷冻水产调理食品、罐装冷藏巴氏杀菌蟹肉和速冻巴氏杀菌蟹肉(包括蟹脚肉、切蟹、蟹饼)、鱿鱼饼、虾仁、贝类、海捕鱼鱼片等。年内，加工食品罐头 18070 吨，冷冻饮品 910 吨。

2005 年，食品制造业快速发展成为工业支柱产业之一。当年 6 月 20 日，县水产类罐头出口俄罗斯，填补福建省此类商品出口的空白。

2008年，全县食品制造业企业共13家，从业人员2324人。其中，规模企业10家，从业人员2311人，全县食品制造业产量（罐头）6.8万吨，产值62848万元。在规模食品制造业企业中，罐头制造业企业8家，产值61568万元（水产品罐头制造业企业2家，产值27904万元；蔬菜、水果罐头制造企业6家，产值33663万元）。重点企业有东毅食品公司、英特食品有限公司、东强食品有限公司、华康食品有限公司等。

六、皮革与服装加工业

1989年，东山县继续发展箱包、皮鞋为主的皮革、皮毛制品业和服装业。1990年，全县皮革制造业与服装加工业企业共10家，从业人员603人。其中，规模企业6家，从业人员442人。主要企业有县丝绸厂、县制鞋厂、县刺绣服装厂。主要产品是布、皮鞋、布鞋。当年，全县布产量10.29万米，布鞋产量3.3万双，皮鞋产量7.66万双，产值共513.4万元。规模企业中，皮革制品业企业2家，产值199.6万元；纺织工业1家，产值148.4万元；缝纫工业企业3家，产值165.4万元。

1995年，全县皮革制造业与服装加工业企业共6家，产值3755万元。其中，皮革、皮毛及其制造业3家，产值3541万元。此后，皮革、皮毛制品业和服装加工业不断发展，产值逐年提高。至2000年，全县皮革制造业与服装加工业企业共23家，从业人员3050人。其中，规模企业2家，从业人员651人。

2008年，全县皮革制造业与服装加工业企业共17家，从业人员2075人。其中，规模企业9家，从业人员410人，产值14626万元。重点企业有光明服装有限公司、丰达包袋有限公司、福助轻纺有限公司、贝贝（东山）防护用品有限公司、远南包装制品有限公司、专芳箱包有限公司、嘉慧箱包有限公司、恒兴箱包有限公司、南利针织时装有限公司。主要产品是箱包、皮鞋、服装等。年皮革制造业与服装加工业产量901万件。

七、造纸及纸制品业

1989年，县内造纸及纸制品业持续发展。1990年，全县造纸及纸制品业企业5家，机制纸产量13253吨，产值1926.7万元。主要产品为机制纸、纸箱及纸制品等。主要企业有铜陵造纸厂、铜陵联营纸厂、樟塘纸箱厂。

1995年，造纸及纸制品业企业6家，机制纸、纸板及纸制品产量9504吨，产值2156万元。2000年，造纸及纸制品业企业3家，产品以纸制品为主，产值1650万元。此后，造纸业因污染环境等原因而逐步关停镇办造纸企业。2005年，全县纸制品产量578吨。

2008年，全县造纸及纸制品规模企业1家，从业人员50人，产值844.3万元。全年纸制品产量540吨。

八、塑料制品工业

1989年，东山县继续发展塑料制品工业，提高生产企业产品质量。县绳缆一厂按国际标准生产塑料绳缆产品，其塑料单丝产品获得福建省标准计量局颁发的合格证。全年塑料制品产量1913.4吨，塑料缆绳产量665.1吨。

1990年，全县塑料制品生产企业共17家，从业人员985人。其中，规模企业13家，从业人员823人。主要企业有县第一塑料制品厂、县塑料编织厂、县绳缆一厂、县绳缆二厂、县第二塑料制品厂；年塑料制品产值2665.5万元。其中，丝绳编织企业9家，产值1623.6万元。县绳缆厂其鲸鱼牌DE绳缆于1990年获福建省首届工业产品博览会银奖，并获轻工部产品博览会铜奖。1995年，全县塑料制品生产企业共14家，产值1546万元。此后，塑料制品生产向产品多样化发展，主要产品有塑料单丝、绳索等。

2000年，全县塑料制品生产企业13家，从业人员755人。其中，规模企业1家，从业人员64人。年塑料制品产值611万元。全年塑料制品产量2430吨。2005年，全县塑料制品产量1830吨。

2008年，全县塑料制品生产企业10家，从业人员628人。其中，规模企业4家，从业人员532人，产值5369万元。主要企业有辉永泰绳缆制品有限公司、欧凯金属塑料制品有限公司、椿益塑胶制品有限公司、合泰金属塑料有限公司。在规模塑料制品企业中，塑料丝、绳及编织品制造企业 2 家，产值 1281 万元；塑料板、管、型材制造企业 1 家，产值 2900 万元。全年塑料制品产量 1352.3 吨。

九、非金属矿物制品业

1989 年，东山县继续发展以适应本地资源优势的玻璃、机制砖为主的非金属矿物制品业。其中，建材业为重点发展的行业之一。1990 年，建筑非金属制品工业 20 家，从业人员 1410 人，产值 347.6 万元（内有砖瓦石灰制造企业 10 家，产值 195.3 家；水泥制品业企业 8 家，产值 135.5 万元）。重点企业有县装饰材料厂、县双东水泥预制铸造厂、县建筑装饰材料厂。主要产品是机制砖、水泥预制品。当年，全县机制砖、水泥预制品产值 286 万元。此后，以生产水泥制品、机制砖为主的企业快速发展。

1995 年，非金属矿物制品业 25 家，产值 2272 万元。其中，砖瓦、石灰等建筑材料制造企业 17 家，产值 2052 万元。全年标准砖产量 1523 万块。

2000 年，非金属矿物制品业共 15 家，从业人员 566 人。其中，规模企业 2 家，从业人员 64 人。全县建筑材料产品生产量为：水泥预制构件 6.1 万平方米、砖 27840 万块、大理石板材 0.91 万平方米、花岗石建材 3.75 万平方米、日用玻璃制品 15 吨、墙地砖 6 万平方米。

2008 年，全县非金属矿物制品业企业 18 家，从业人员 1324 人。其中，规模企业 10 家，从业人员 950 人，全年机砖产量 49318 万块，产值 15696 万元。在规模非金属矿物制品企业中，黏土砖及建筑砌块制造企业 8 家，产值 12879 万元。重点企业有县正达混凝土有限公司、县鸿源建材有限公司、县昌升建材有限公司、县东鑫装饰材料有限公司、县吉发建材有限公司、县枝华建材有限公司、县银英建材有限公司、县华林建材有限公司、县埕英机砖厂、县云生机砖厂、县永生机砖厂等。

十、金属品制造业

1989 年，县内金属制品企业开展技术革新，改革生产工艺，采用国际标准生产金属制品鱼钓，产品获得福建省标准计量局颁发的合格证书。1990 年，全县金属制品业企业 14 家、从业人员 673 人。其中，规模企业 7 家、从业人员 608 人，产值 899.7 万元。1992 年 3 月，东山福泰渔具制品有限公司成立并开业，为福建省第一家中外合作生产鱼钓制品企业。随后，金福隆（东山）轻工有限公司、合泰金属塑料有限公司、欧凯金属塑料制品有限公司等三资企业相继创办经营。

1995 年，全县金属制品企业 9 家，产值 1749 万元。此后，县内金属制品业有所增加。2000 年，全县金属制品业企业 10 家，从业人员 756 人。其中，规模企业 3 家，从业人员 628 人。当年，全县金属制品业产值 10901 万元。

2008 年，全县金属制品业企业 12 家，从业人员 1289 人。其中，规模企业 7 家，从业人员 1215 人，年产值 23483 万元。在规模金属制品企业中，金属丝绳及其制品制造企业 5 家，产值 14047 万元。重点企业除上述三资企业外，还有县铜兴渔具制品有限公司（福建省渔需渔具龙头民营企业之一）。主要产品有各种鱼钓系列产品及绳索、转环、铅锤等渔具配套产品，产品远销美国、欧洲、非洲和东南亚地区。其“双钩（DOUBLE HOOKFISH）”鱼钓，获漳州市知名商标称号。

十一、交通运输设备制造业

1989 年，县内交通运输设备制造业有县交通局所属交通运输设备维修企业和船舶制造业。船舶制造业仍以县水产造船厂（地方国营企业）和县振标船厂为主。县水产造船厂是闽南主要修造船基地之一，位于铜陵镇后澳，职工 300 多人。该厂占地面积 55117 平方米，建筑面积 7158 平方米；建有载重 300 吨的横移船台架，有每位规格 40 米×12 米的遮蔽船台 4 位、露天船台 2 位；规格 35 米×12 米的露天船台 4 位。是年,成为福建省首批获得国家木质渔船生产许可证企业。

县振标船厂，位于铜陵镇大澳避风港内，占地面积 5940 平方米，建筑面积 300 平方米，职工 25 人，固定资产 150 万元。1989 年，经农业部渔船检验局认可，为木质渔船修造一类企业、钢质渔船修造二类企业，属于具有气胀式救生筏检测资质的企业。

1990年后，以私营为主的船舶修造企业发展较快。1995年，全县交通运输设备制造企业11家，产值565万元。至2005年，全县船舶修造企业共10家，从业人员220人。其中，规模企业3家，从业人员80人。全县有渔船报废点拆解厂4家（冬古健弘船厂、振标造船厂、水产造船厂、宫前丰华渔船修造厂），有渔业船舶建造修理厂资质认可的企业19家。其中，获准建船长30米及以下钢质类渔业船舶的企业有县航运公司船舶修理厂、县振标造船厂、县福东船业修造有限公司、县永发船舶修造厂、县宫前平海澳修造厂、县安航造船有限公司、县冬古健弘船厂。获准建造船长20米及以下木质渔业船舶的企业有陈城镇宫前县龙兴渔船修造厂、县宫前长发造船厂、县昌盛木船修配厂、县顺发造船厂、宫前丰华渔船修造厂、铜陵镇第四渔业公司修造厂、闽江造船厂、县水产造船厂、县城关造船机械修配厂、县第三渔业公司霞尾沙船厂、县铜陵镇煌船厂、县铜陵辰利船厂。2005年，全县交通运输设备制造业产值7052万元。

2008年，全县交通运输设备制造业企业11家，从业人员261人。其中，规模企业7家，从业人员148人，产值8429万元。主要船舶制造企业有县振标造船厂、县群铭船舶有限公司、县龙杰船舶修造有限公司、县丰泰船舶有限公司。

2008年东山县规模工业主要门类一览表

表10-4

门类名称	企业数	主要产品	产量产值
农副食品加工业	41	冷冻水产品	10.4万吨
食品制造业	10	罐头	6.8万吨
皮革及服装加工业	9	箱包服装	901万件
石油加工业	1	燃料油	8万吨
非金属矿物制品业	10	机砖	49318万块
金属制品业	7	渔钓	23483万元
采矿与矿产业	5	石英砂	74.9万吨
交通运输设备制造业	7	船舶	8429万元
塑料制品业	4	塑料制品	5369万元
风力发电	1	电力	7787.27万千瓦时

第三节　电力工业

一、电力经营管理单位

东山县供电有限公司，位于西埔镇白石街甘泉巷430号。1989年沿设东山县电力公司，属县国有企业。内设办公室、生产技术股、财务股、验表室、收费室，下辖顶西坑变电站、工程队、铜钵变电站。1999年，改为全民所有制股份企业，公司注册资金1000万元，员工共449人。

2004年1月，更名东山县供电有限公司，由省供电有限公司统一经营管理。下辖顶西坑变电站、铜钵变电站、陈城变电站、杏陈变电站和铜陵供电所、西埔供电所、陈城供电所、杏陈供电所、康美供电所，员工444人。

2008年，公司内设总经理工作部、人力资源部、生产技术部、安全监察部、营销部、政工部、监察审计部和调度室；下辖1个安装公司、6个供电所、4个变电站，并设立7个服务窗口，员工共447人。

二、供电营业单位

（一）亿力安装公司

亿力安装公司位于西埔镇东埔街妙园路1号，2007年设立，承建电力、钢结构、输变电工程；小区建设电力配套、电力线路及通信线路安装、维修。2008年，工作人员71人。

（二）西埔供电所

西埔供电所位于县人民大会堂旁，2000年设立。管辖西埔镇和前楼镇所辖建制村供电事务。2005年，工作人员46人。2007年撤销，该所分为南市供电所和开发区供电所。

（三）康美供电所

康美供电所位于康美镇政府办公楼旁边，2000年设立。管辖康美镇和樟塘镇部分建制村的供电事务。2008年，工作人员15人。

（四）陈城供电所

陈城供电所位于陈城镇西埔湾南堤边，2000 年设立。管辖陈城镇所有建制村供电事务。2008 年，工作人员26人。

（五）杏陈供电所

杏陈供电所位于杏陈中学正对面，2000年设立。管辖西埔镇、杏陈镇和樟塘镇部分建制村的供电事务。2008年，工作人员17人。

（六）铜陵供电所

铜陵供电所位于铜陵镇苏峰街南坑 6 号，2000 年设立。管辖铜陵镇及铜钵村供电事务。2008 年，工作人员74人。

（七）南市供电所

南市供电所位于西埔镇，2007年设立。管辖西埔镇部分村供电事务。2008年，工作人员17人。

（八）开发区供电所

开发区供电所位于东山经济技术开发区内，2007年设立。管辖经济技术开发区内及周边建制村供电事务。2008年，工作人员10人。

三、变电站

（一）顶西坑变电站

顶西坑变电站位于西埔镇顶西坑，占地1.33公顷。1989年4月，在原址改建110千伏变电站。1993年5月，第一期投产，安装1台容量31500千伏安变压器。1996年，第二期开工建设。1997年11月，投产。此后，再安装1台容量3.15万千伏安变压器。该站负责西埔镇、杏陈镇、樟塘镇、前楼镇的供电。2008年，工作人员22人。

（二）铜钵变电站

铜钵变电站位于康美镇铜钵村，占地0.53公顷。原为35千伏变电站（于1988年投产），主变2台容量为35千伏安变压器。2001年，在原址建设110千伏变电站。2002年6月投产，安装1台容量31500千伏安变压器。2008年1月第二期开工，安装1台容量为3.15万千伏安变压器。该站负责铜陵镇、康美镇的供电。2008年，工作人员10人。

（三）陈城变电站

陈城变电站位于陈城镇北山村，占地0.51公顷。1994年2月，在陈城镇西埔湾南堤边建设35千伏安变电站，占地5.1公顷。1995年1月投产，安装主变2台各1000千伏安变压器。2004年，在陈城镇北山村规划建110千伏变电站。2005年1月开工，2006年7月18日投产，安装1台容量3.15万千伏安变压器。工程占地905平方米，总投资2000万元。该站负责陈城镇范围供电。2008年，工作人员8人。

（四）杏陈变电站

杏陈变电站位于杏陈镇径口村，占地0.3公顷。2001年3月，开工建设，安装1台容量为5000千伏安变压器；2002 年 3 月投产。该站负责杏陈镇范围供电。2008 年，工作人员 9 人。

四、输电线路

1989 年初,东山县有 35 千伏输电线路 1 回，总长 24 公里。是年 4 月，建顶西坑 110 千伏变电站，线路由常山至顶西坑变电站，然后分两条线路：一条至铜钵 35 千伏变电站，长 9 公里；另一条至陈城 35 千伏变电站，长 13 公里。2001 年 3 月，建杏陈变电站，线路由常山引入，至顶西坑变电站，长 8 公里。2008 年，全县有 110 千伏输电线路 3 回，总长 93 公里。

五、电网改造与建设

（一）农村电网改造

1999 年，东山县改革农电体制，实行城乡电网一体化管理。2000 年 3 月，农村电网改造，当年 10 月完成第一期农村电网建设与改造，有 6 个镇 56 个建制村，5 条千伏主干线路，共 61 个单项，改造 10 千伏线路 79 公里、0.4 千伏线路 127 公里、接户线 503.44 公里，改造台区 126 台、容量 10.635 兆伏安（其中新增 12 台、容量 2.8 兆伏安），安装单相电能表 32766 只、三相电能表 4681 万只；总投资 1996 万元。2001 年 11 月 16 日，通过省政府正式验收。

2002 年 8 月起，进行第二期农网改造。至 2003 年 8 月完成 10 千伏主干线改造，总投资 2273.64 万元。

（二）城区电网改造

2004 年 3 月，实施城网改造工程，改造线路 4 条 10 千伏线路、长 29.21 公里，以及顶西坑电变站新建 10 千伏开关柜等，共投资 805.71 万元。2005 年继续对城区配电网举行改造，共有 2 条 10 千伏线路、长 11.02 公里，顶西坑电变站直流系统改造和 10 千伏出线盘整，以及配网自动化项增补，共投资 339.93 万元。

2006 年，对铜陵团结路 10 千伏线路、长 2.66 公里和 0.4 千伏线路、长 3.38 公里进行改造，配变压器台区 8 台、容量 1710 千伏安，接户线 53.67 公里，改造户数 1870 户。同时，对西埔县城龙舞街路 0.4 千伏线路长 5.9 公里进行改造，配变压器台区 10 台、容量 2705 千伏安，接户线 26.32 公里，改造户数 1210 户。还完成亲营线、东沈线（两线共长 23.23 公里）电变站 10 千伏开关柜绝缘热缩工程的改造等。

六、风电场建设

1997 年 11 月，东山县电力公司与福建省电力工业局合资，成立东山县澳仔山风电开发有限公司，注册资本 1325 万元，福建省电力工业局占股份 60%，东山县电力公司、福建省火电工程承包公司各占股份 20%。内设生产技术部、安全监察部、营销部。2008 年，公司员工 34 人。1997 年 11 月起，东山县电力公司与福建省电力电业局合资投建澳仔山风电场。该风电场由福建省水利水电勘测设计研究院勘测设计，福建省第二电力工程建设公司承包施工。

1999 年 4 月起，沿海岸线安装 10 台（BOUNS）单机、容量 600 千瓦，总容量 6000 千瓦。采用西班牙巴桑伯纳斯公司 MK 600 千瓦Ⅳ型定桨风力发电机组，架设 10 千瓦输电线路，长 7 公里，发电并入福建省电网。2000 年 10 月完工投产，总投资 6000 万元。

2005 年 11 月起，建乌礁湾风电场。该风电场由福建省水利水电勘测设计研究院设计，福建省第二电力工程建设公司施工。采用 15 台丹麦维斯塔斯公司 2000 千伏的 V80-2.0MW 风机，总装机容量为 3 万千伏，成为国内第一个引进单机容量最大的风力发电机组；架设 110 千伏输电线路，长 3.9 公里，发电并入福建省电网。2006 年 9 月完工并投产，总投资 31200 万元。2008 年，澳仔山和乌礁湾风电场共装机 25 台，总容量 3.6 万千瓦。

2000—2008 年东山县风电场发电量情况表

表 10-5　　单位：万千瓦时

年份	发电量	上网电量	年份	发电量	上网电量
2000	426.4128	419.29	2005	1136.6947	1082.73
2001	1150.7682	1106.52	2006	3523.44	—
2002	1040.314	1013.64	2007	7794.26	—
2003	1162.2864	1110.84	2008	7787.00	—
2004	1028.2686	968.28			

七、购电与供电

1989 年，县电力公司延续为县内专事供售电的企业（1986 年 8 月原东山县电厂停止火力发电生产），由公司直接向漳州电业局购电供应县内。1990 年，全县供电量4116 万千瓦时，售电量 3449 万千瓦时，线损率 16%。1999 年，实行城乡电网一体化管理，当年，全县供电量12001.88 万千瓦时，售电量 10104.52 万千瓦时，线损率 16%。

2000 年 3 月，开始农网改造，实行城乡统一电价。通过农网改造，县农村电网供电可靠率 99.5%以上，电压合格率达 99%以上。对农村用电实行“四到户”（销售到户、抄表到户、收费到户、服务到户)、“五统一”（统一发票、统一票据、统一抄表、统一核算、统一考核)、“三公开”（电量公开、电价公开、电费公开）服务。2003 年，全县供电量 19722.36 万千瓦时，售电量 17403.01 万千瓦时，线损率 12%。

2005 年，全县供电量 28553.252 万千瓦时，售电量 25478 万千瓦时。2008 年，全县供电量 33800.86 万千瓦时，售电量 30995.39 万千瓦时，营业总收入 18374 万元，纳税 900 万元。

1990—2008 年东山县供售电情况表

表 10-6　　单位：万千瓦时

年度	供电量	售电量	年度	供电量	售电量
1990	4116	3449	1999	12001.88	10104.52
1991	4738.32	4036.86	2000	13256.45	11284.86
1992	5247.17	4690.97	2001	14550.78	12605.72
1993	6088.82	5217.68	2002	16564.56	14551.17
1994	6989.19	5940.83	2003	19722.36	17403.01
1995	7910.87	6993.06	2004	23668.76	20876.02
1996	9008	7674.8	2005	28553.252	25478
1997	10046.42	8634.75	2008	33800.86	30995.39
1998	11004.18	9881.94			

第四节　工业园区

一、东山经济技术开发区工业区

东山经济技术开发区于 1993 年 1 月经国务院批准设立，1994 年 5 月挂牌运作。东山经济技术开发区位于县中心地带，东至樟塘新溪，西至石埔新溪，南至西铜公路，北至向东支渠到下湖溪，总面积 10 平方公里，是福建省三个国家级经济技术开发区之一。

区内规划工业用地、高科技园区、绿化用地等 7 大功能区，其中工业、综合、高科技园区用地占开发区总面积 50%以上，具有工业综合开发区特色，形成水产品加工、渔具渔需加工、轻工品加工三大支柱产业。

2008 年，区内投产企业 45 家，规模工业产值 145761 万元。东山海魁水产集团有限公司、英特食品有限公司、华远食品有限公司、华昌食品有限公司等企业产值增幅较大。

二、临港经济工业园区

（一）海峡两岸（福建东山）水产品加工集散基地

2007 年 5 月 8 日，经国务院台湾事务办公室批准建设“海峡两岸（福建东山）水产品加工集散基地”。该基地建设包括东山大澳国家中心渔港、水产品综合批发市场、水产品加工区、福建省东山县东海岸保税仓储物流中心等四大功能区建设。集散基地计划用 5 年时间建成集生产、加工、仓储、运输多功能的辐射闽、粤、浙、台四省的水产品物流中心。其中,水产品加工区位于中心渔港市场西南处，计划建设用地 73.33 公顷。2005 年 4 月动工，至 2008 年，平整土地近 26.66 公顷，完成水电等基础设施建设，签约进场建设企业 19 家，其中建成投产 3 家。

（二）旗滨玻璃项目

旗滨玻璃项目位于东山城垵作业区，2007 年 6 月 27 日奠基。该项目主要从事优质浮法玻璃生产，总投资 26 亿元，分期投建 8 条生产线。该项目是利用本地硅沙资源优势，合理开发、发展特色资源型的产业，力争建成海峡两岸玻璃制造加工基地。2008 年，基本完成基础设施配套及厂房建设，投资 4.21 亿元。是年,第一条年产 900 万吨的玻璃生产线投产。

三、东山生态工业园

东山生态工业园位于县西北部海岛进出口处，东临省道双码线，西接沈海高速公路，总面积 19.7 平方公里。园区开发坚持“前瞻性规划、生态型建设、市场化运作”的原则，突出以工业为主体，划分为四大产业区（轻纺工业园区、电子科技产业园区、食品加工园区、教育研发示范园区）。2007 年起，开始园区基础设施建设，招商引资。

四、西埔工业园区和冬古临港经济区

（一）西埔工业园区

西埔工业园区位于西埔城区南侧，1995 年规划面积 3 平方公里。2001 年,列入省级工业园区建设基地。2004 年，列入省级水产品精深加工示范区。2006 年，区内企业 26 家，其中水产加工业 14 家。规模工业 7 家，其中水产加工规模企业 6 家，水产品精深加工占全县总量的 42%，出口交货值占全县的 46%。区内“顺发”“新福”“东盛”等水产有限公司是福建省水产品精深加工的龙头企业。“新福”被省财政厅、省农业厅评为省级调整农业产业化龙头企业。“顺发”“东盛”被省乡镇企业局评为省级农产品加工龙头企业。有“新福”蟹肉、“顺发”鱿鱼、“东盛”罗非鱼等品牌产品。有 70 多种产品获 HACCP 食品安全体系认证。顺发水产有限公司和新福水产有限公司获欧盟认证。2008 年，园区有企业 28 家，其中规模工业企业 8 家。

（二）冬古临港经济区

冬古临港经济区规划面积 3 平方公里，区内有福建能源、海之星、健弘造船等企业。福建能源是省内主要能源企业之一，年产值 6 亿多元。2006 年，闽粤台燃料油交易中心项目落户区内，计划投资超 3 亿元。该区逐渐发展成为临港石化、造船产业基地。2008 年，园区有企业 7 家，其中规模工业企业 4 家。

五、铜陵工贸小区

2002 年 12 月，设立铜陵工贸小区，位于文峰社区内，占地面积 6 公顷。2003 年 4 月起，先后有东协成水产食品有限公司、辉永泰绳缆制品有限公司、新合发水产品有限公司等 3 家规模企业落户。至 2005

年，共有水产品加工、食品加工、渔具制品等企业 25 家（其中规模工业企业 18 家），固定资产投资近 2 亿元，工业总产值 3 亿元。

2008 年，区内有企业 32 家（其中规模工业企业 27 家），固定资产投资近 3 亿元，工业总产值 5.4 亿元。

第四章　工业重点企业与名牌产品

第一节　工业重点企业

一、工业产值超亿元企业

1989—2008 年，东山县工业企业继续发展，产值不断提高，规模逐渐扩大，出现一批年产值超亿元的企业和获得驰名商标、著名商标的企业。2008 年，全县产值保持超亿元的企业 11 家。其中，水产品加工企业 8 家，即福建省东山县海魁水产集团有限公司、东山新福水产加工有限公司、福建东山县顺发水产有限公司、东山东毅食品有限公司、东山县华昌食品有限公司、东山县东亚水产有限公司、福建东山县海之星水产食品有限公司、东山县东协成水产食品有限公司；芦笋果蔬企业 1 家，即英特（东山）食品有限公司；能源电力企业 2 家，即东山县供电有限公司、福建能源发展有限公司。同年，全县有 13 家企业获得品牌名牌称号。其中，中国驰名商标 1 个、福建省著名商标 8 个、漳州市知名商标 8 个，福建省名牌产品 7 个。

二、主要工业企业选介

（一）东山县海魁水产集团有限公司

该公司位于东山经济技术开发区道周路 8 号（1984 年创办），为集研发和产供销为一体的现代化企业集团，占地面积 5 万多平方米，私营企业，员工 1500 多人，注册资本 5065 万元。公司通过国际水产品欧盟注册、国际水产品 HACCP、ISO 9001 认证，已开发鱼、虾、蟹、贝、鱿、藻、罐头、料理食品八大类产品 100 多个品种。1994 年 9 月，注册“海魁及图”商标；2001 年 3 月，“海魁牌”商标被福建省工商局批准为著名商标，产品畅销国内外。是福建省水产品龙头企业之一和全国农产品加工出口示范基地。2008 年公司改为三资企业。同年 11 月，该公司获福建省政府颁发的福建省品牌农业企业金奖。是年，产值 59800 万元，纳税 1364 万元。

（二）福建东山东兴水产加工有限公司

该公司于 1991 年创办，位于铜陵镇东兴路 890 号，占地面积 3 万平方米，台资企业，员工 800 人，注册资本 350 万美元。建有 3000 吨冷藏库和 2500 平方米加工车间，生产鱿、鱼、虾制品。1996 年，公司创建第一家子公司——东山东旺水产冷冻有限公司，位于东山县铜陵镇文峰街 890 号，占地面积 1.66 公顷，建有 8000 吨的冷藏库和日产 250 吨的急冻设备，加工车间 2500 平方米，台资企业，员工 500 人，专事生产冷冻水产调理食品及速冻饵料。1999 年，被福建海峡两岸农业合作实验区工作领导小组定为“海峡两岸农业合作实验区企业”。2001 年 1 月 9 日，公司获得 ISO 9002 质量体系认证证书，同年 4 月，被中共漳州市委、市政府评为“优秀台资企业”。2003 年 6 月，其“大有 DAYOU”商标被福建省工商局批准为福建省著名商标。同年 10 月，被市政府评为“农业产业化市级龙头企业”；同年 12 月，被福建海峡两岸农业合作实验区工作领导小组评为“闽台农业合作重点企业”。2006 年 9 月，“大有牌”水产品再获福建省著名商标。2008 年，公司（含 2 个子公司）共有员工 800 多人，年加工能力 3 万吨，产值 8674 万元，纳税 350 万元。

（三）东山县铜兴渔具制品有限公司

1992年，创办铜兴鱼钓厂，2004年改现称，位于铜陵镇工业路，占地面积1.3万平方米，注册资本888万元，私营企业，员工600人，其中专业技术人员65人。公司不断进行技术工艺改革，实现全自动化生产，产品符合日本、挪威、韩国等国家质量标准。主要生产各种鱼钓系列产品及绳索、转环、铅锤等渔具配套产品。产品远销美国、欧洲、非洲和东南亚地区。该公司是福建省渔需渔具龙头民营企业之一。2008年，产值1713万元，纳税92万元。

（四）东山县华昌食品有限公司

该公司于1993年创办，位于东山经济技术开发区创业路7号，占地面积1.5万平方米，私营企业，员工1200多人，注册资金1506万元，是集研发、生产、出口于一体的福建省水产产业化龙头企业。主要产品是罐装冷藏巴氏杀菌蟹肉和速冻巴氏杀菌蟹肉、切蟹、蟹饼、鱿鱼饼、蟹脚肉、虾仁、贝类、海捕鱼及鱼片，广受国内外消费者欢迎。2008年，产值15350万元，纳税303万元。

（五）东山新福水产加工有限公司

该公司于1993年3月创办，位于西埔镇工贸区，注册资金247.9万元，占地面积3万多平方米，综合楼建筑面积5000多平方米。有大型单冻流态机及各种先进加工机械设备十几台套，固定资产1700余万元，员工1200人。私营企业，有进出口经营权。2000年，被省政府列为省级重点企业；被省农办、省财政厅定为农业产业化省级龙头企业。2003年12月，公司获中国国家认证认可监督管理委员会颁发的HACCP质量体系认证。2005年6月，公司获得北京凯新认证有限公司颁发的ISO 9000、ISO 9001质量认证书。2006年11月，获福建省出入境检验检疫局颁发的欧盟认证。2006年和2008年，两次被福建省农业产业化工作领导小组评为省级重点龙头企业。2008年，加工量9500吨，产值25680万元，纳税2150万元。

（六）漳州市凯顺彩印有限公司

该公司于1993年创办，位于西埔镇建发北路5号，占地面积8000平方米，私营企业，员工60人，注册资本263万元。主要产品为簿本、纸箱、纸盒、商标等纸质印刷品，兼开发农副产品包装箱盒，产品多次获国家优质奖。“凯顺牌”包装箱盒获漳州市知名商标称号。2008年，产值180万元，纳税15万元。

（七）东山县顺发水产有限公司

该公司于1995年创办，位于西埔镇工贸区，是私营企业，员工2000人，注册资本600万元，占地面积20000多平方米。主要生产速冻鱿鱼、章鱼、虾仁、贝类、鱼及鱼片和蟹肉罐头。产品主要外销。公司是福建省渔业产业化龙头企业和农业产业省级重点龙头企业。2008年，产值20608万元，纳税447万元。

（八）东山县辉永泰绳缆制品有限公司

该公司于1996年6月创办，位于铜陵镇工贸小区，占地10200平方米，私营企业，员工65人，注册资本375万元。登山绳制品于2005年、2007年被世界青年攀岩赛组委会、中国青海高原世界杯攀岩赛组委会指定为比赛专用绳。被国家体育总局登山运动管理中心指定为2008年奥运火炬登珠峰接力活动专用绳。是国家标准动力登山绳项目主要起草单位。2008年，产值730万元，纳税33万元。

（九）福建东山县超然食品有限公司

该公司于1997年创办，位于铜陵镇东西二路边（东海岸保税区），占地21000平方米，建筑面积2392平方米，私营企业，员工68人，资本158万元。以开发本地芦笋和海洋产品为主，研制出芦笋茶、芦笋口服丸、芦笋即食品等芦笋系列产品，鹿角燕、紫菜、洋栖菜等海藻系列产品，以及果蔬干、即食鱼虾产品和罐头，产品畅销国内外市场。2005年8月，通过中国绿色食品发展中心“绿色食品A级产品”认证，为国内首家通过该项认证的芦笋茶企业。2007年9月，被福建省农业厅评为福建省农产品加工示范企业。2008年1月，获福建省质量技术监督局颁发的全国工业产品生产许可证，即QS认证。2008年，产值1619万元，纳税25万元。

（十）东山县东鑫装饰材料有限公司

该公司由中外合作企业东山东正家私制品有限公司于1999年改制而成。位于康美镇对外对台加工区，占地3500平方米，生产车间2000平方米。员工30人，注册资本250万元，净资产700万元。公司生产木质家具、装饰材料及木质包装系列产品。其东正牌PVC美纹板获漳州市知名商标称号。于2006年被东山商检局指定为木质包装、木质产品出口单位。2008年，产值2529万元，纳税30万元。

（十一）东山县供电有限公司

详见本志第十卷工业第三章工业生产第三节电力工业“电力经营管理单位”。

（十二）东山县蓝特水产品加工有限公司

该公司于2000年创办，专业从事水产品深加工的国有企业，位于铜陵镇大澳路渔港区48号，占地面积1.2万平方米。车间建筑面积4000多平方米，配备IQF速冻生产线1条、鱼糜生产线1条、平板速冻机4台、平板速冻间（12吨/次）2间、速冻间2间、低温冷藏库1座。2008年有各类高、中级技术人员和管理人员150人，注册资本264万元。主要产品冷冻鱼糜类、冷冻调理食品类，产品畅销国内外市场。2002年，公司获国家出入境检验检疫局出口食品卫生注册登记。2004年，被中国学生营养健康节组委会评为首届中国学生营养健康节优秀企业。2007年，被福建省工商行政管理局评为2005—2006年度“福建省守合同重信用企业”。2008年，产值3480万元，纳税70万元。

（十三）东山县顺达水产食品有限公司

该公司于2000年创办，位于铜陵镇大澳街379号，是集海洋捕捞和生产加工为一体的工贸企业，注册资本360万元，私营企业，员工800人。公司占地面积1.33万平方米，建筑面积近1万平方米，有一座严格按HACCP要求设计建造的标准化精加工车间，冷藏库量2500吨，日速冻量150吨。2001年，通过福建出入境检验检疫局“出口食品生产企业卫生”验收。主要产品鲜冻水产品及“玄顺牌”鱼松等制品畅销国内外市场。公司多年被福建省消费者委员会评为“省级诚信单位”。2008年，产值1901万元，纳税26万元。

（十四）东山县东亚水产有限公司

该公司于2001年创办，位于陈城镇后姚村东侧，占地面积1万平方米，建有现代化食品加工标准厂房、冷藏库、综合楼共3620平方米。注册资本1350万元，固定资产1500万元，私营企业，员工250人，其中各类管理、技术人员23人。主要生产鱼糜、速冻水产品。2004年，取得国际卫生认证、通过HACCP质量体系论证，并获得进出口经营权。产品远销美国、日本及东南亚地区。2008年，产值15629万元，纳税72万元。

（十五）东山龙生水产制品有限公司

该公司于2001年12月创办，为合资股份制企业，位于西埔镇东环路6号。注册资本500万元，占地面积3.8万平方米，年平均员工800人。生产各类鱼糜冻品及水产品深加工。设备达到HACCP标准，有独立车间鱼糜生产线、综合水产品加工标准车间（2000平方米）及速冻调理食品车间（2500平方米）。公司已通过ISO 9001:2000、GB/T 22000-2006质量管理体系认证，有一流的检测设备，是国内最大的冷冻鱼糜生产供应商。2008年，产值8348万元，纳税273万元。

第二节 工业名牌产品

一、手工业品

“双钩鱼”牌系列鱼钓产品，由铜兴渔具制品有限公司出产，有36个型号、1000多个规格品种。采用优质特殊钢丝原料，经复杂的工艺制造而成，适用于江河、湖泊、海洋渔业生产（钩钓和捕捞）。年产量20多亿枚，在国内市场占有率为30%，国际市场占有率为15%。远销泰国、新加坡、马来西亚、孟加拉、菲律宾、南非、新西兰、马里等20多个国家。2007年，“双钩鱼”牌商标获评“漳州市知名商标”。2008年，“双钩鱼”牌被省工商行政管理局评为福建省著名商标。

二、工艺品

（一）海柳雕系列产品

东山海柳雕系列工艺品为东山县主要传统工艺品之一。以海柳为原材料，艺人根据海柳的奇特形状和天然色泽，通过剪枝、车、磨、钻、雕镂等多道工序，雕出各种工艺美术品，如烟斗、手镯、盆景、茶具、动物摆件等。用海柳制作的烟斗（烟嘴）不仅精美，而且吸烟时会感到清凉可口，故十分珍贵。东山海柳雕以造型奇特、清雅别致、色泽油亮而成为闽南工艺上品，闻名国内外。主要雕刻艺人有陈佛顺、林涌春、林金春。

陈佛顺为中国工艺美术家协会会员，至 2008 年，其创作的海柳雕作品近千件。主要有手镯、戒指、烟斗（烟嘴）、动物摆件等。其中以“连年有余”“单龙戏珠”“双龙戏珠”“龙迎八仙”“喜鹊登枝”“龙凤情侣”等为题材的海柳雕烟斗，深受消费者和收藏界人士的青睐。其大型海柳雕摆件《九龙托弥勒佛》（48 厘米×24 厘米×7 厘米）于 2006 年 10 月在杭州举行的第七届中国工艺美术大师作品暨“百花杯”工艺美术精品博览会上获铜奖；是中国首位以海柳雕作品获奖的艺人。是年，海柳雕成为东山县主要的旅游工艺品，全县经销海柳雕等工艺品的店铺 20 多家。

艺人林金春创作的海柳雕作品《文武关公》于 2007 年 11 月在第八届中国工艺美术大师作品暨工艺美术精品博览会上获铜奖。

（二）贝雕系列产品

东山贝雕系列产品以贝壳为原材料，艺人们根据贝壳的形状、纹色，经过酸化、漂洗、磨光、雕镂、剪裁、上釉、油漆、粘嵌等工序，运用拼粘法、浮雕法、支撑法、镂空法处理，制作成盆景、挂屏、贝雕画、花瓶、人物和花鸟虫鱼、禽兽等工艺品，有的还配上小动物、小礁石、中国的海螺蛸壳，别具一格。典型的作品有百花图、海螺瓶、孔雀雕、盆景、葡萄、松鹤图等。东山贝雕远销中国港澳台地区，还出口日本和东南亚各国。

1990 年后，东山风动石景区形成县内最大的旅游工艺品市场，经销贝雕等工艺品的店铺有 20 多家。东山县铜陵镇顶街民间贝雕艺人张祖伟制作的贝雕工艺品有一二百种，主要有麒麟、雄狮、猛虎、锦鸡、恐龙、花猫及十二生肖等动物，有贝螺壳制作的风铃、项链、手链、胸挂等饰品。精美的贝雕工艺品为络绎不绝的中外游客所青睐，名声远播世界各地。

（三）金银雕系列产品

东山金银雕产品生产历史悠久。制作工艺既继承中国南方传统，又融合北方的技艺，用冲、压、锻、拉、雕刻、混丝、镶嵌和简单清泛等技巧，加工成项链、手链、手镯、戒指、腰带、胸饰、发饰、耳环、帐钩、鳄鱼、牡丹、凤凰夹、浮雕龙狮象饰品等十几个品种、一百多个花式。

东山金银雕产品主要由东山县工艺美术厂生产。1989 年，该厂更名为东山县金银饰品厂，拥有员工 200 多人、厂房 2000 多平方米、先进设备 40 多台（套），产品远销国内各大城市，并出口国外。1991 年，该厂加工的黄金饰品获全国名优特产品“山城杯”银杯奖。除东山县金银饰品厂外，从事金银雕饰品生产加工的作坊有近百家，仅铜陵绿池门不足百米的小街，就有 10 多家，形成一条新的“打金街”。

（四）珊瑚系列工艺品

东山珊瑚系列工艺品以东山岛海域丰富的珊瑚资源为材料，是东山县主要工艺品之一。东山珊瑚工艺品有红珊瑚和白珊瑚传统工艺品。艺人们把珊瑚进行剪裁，艺术加工、造型，配上小岩石、小贝壳、小海胆等，制作成苍松古柏、岩洞水帘、悬崖峭壁、海底奇观、亭阁绿树等。随着人们保护珊瑚生态环境意识的提高，珊瑚工艺品日益减少。

三、水产加工类产品

（一）海魁牌冻罗非鱼片

2001 年，东山县海魁水产集团有限公司开始生产“海魁牌”冻罗非鱼产品，以新鲜罗非鱼为原料，经验收、放血、清洗、剖片、去皮、修整、分级、称重、排盘、冻结、脱盘、镀冰衣、包装、金属检测等工序，产品在-18℃以下贮存，质量优良，营养丰富。产品特点是光泽度好，肉质紧密有弹性，形体完整，无刺，无串级。年产量4500吨，产品畅销德国、比利时、波兰、美国、法国、荷兰、俄罗斯等国家和中国香港地区。2007年11月，海魁牌冻罗非鱼片被省政府评为福建名牌产品。

（二）蓝特牌冷冻鱼糜

2000年，县蓝特水产加工有限公司开始生产冷冻鱼糜产品。产品以天然优质的海洋底层鱼类为原料，采用先进的生产设备和工艺技术精制而成。具有蛋白质含量高，色泽白，夹杂物少，凝胶强度好，组织细腻，耐贮藏，易流通加工等特点。是制造鱼糜制品，如鱼丸、虾丸、鱼糕、鱼香肠、蟹柳等产品的上等原料。2004年，“蓝特牌”冷冻鱼糜被中国商业联合会食品安全办公室、商业科技质量中心联合评为中国消费市场食品安全放心品牌。同年，被中国绿色食品发展中心认定为绿色食品。2007年，注册商标“蓝特牌”被省工商行政管理局评为福建省著名商标。公司拥有自营进出口权，年产量5600多吨。产品销往福建、广东、辽宁、山东、上海、台湾等地，出口日本、韩国、菲律宾、新加坡、美国等国家。

（三）新福牌鱼贝水产制品

东山新福水产加工有限公司生产的“新福牌”鱼贝水产制品，采用清洗消毒平板速冻先进工艺（HACCP质量体系），产品有蟹、鱿、鳗、虾4大系列（其中蟹、鱿系列2007年获省级品牌称号）。主要产品有冷冻三点蟹、冷冻鱿鱼圈、冷藏鲍鱼。其特点是色鲜味美，营养丰富；年产量4800吨。产品畅销欧洲、美国、日本、韩国等国家和东南亚地区。2008年9月，“新福牌”（“DS・XF及图”）商标被省工商行政管理局评为福建省著名商标；同年12月，“新福牌”鱼贝水产制品被省政府评为福建名牌产品；同月，“新福牌”商标被国家工商行政管理局评为中国驰名商标。

（四）顺达牌水产食品

东山顺达水产食品有限公司于2002年5月注册“顺达牌”（“SHUNDA顺达及图”）商标；2003年8月注册“玄顺牌”商标。出口鲜冻水产品，有“顺达牌”吧哏鱼、竹叶鱼、白面鱼、沙丁鱼、鲭鱼、虾、蟹等；出口加工产品有“玄顺牌”鱼肉松、生鱼片、鱼肉罐头等。产品主要销往美国、加拿大、日本及欧洲、东南亚地区等20多个国家。2004年7月，“顺达牌”水产食品被中国商业联合会食品安全办公室、商业科技质量中心评为中国消费市场食品安全放心品牌。2007年11月，“顺达牌”注册商标被省工商行政管理局评为福建省著名商标。

（五）大有牌水产品

东兴水产加工有限公司生产的“大有牌”水产品以南、北太平洋鱿鱼等水产品为原料，采用先进工艺，严格按ISO 9002、HACCP国际质量卫生认证体系加工生产。产品通过国家QS认证，有鱿鱼制品、罐头食品、调理食品、冷冻鱼饵和海洋休闲食品五大系列。选料严格、工艺精湛，保持原有的天然营养成分，美味可口。1997年8月，注册“大有牌”商标，其产品达60多种。其中“大有牌”鱿鱼干、鱿鱼丝、鱿鱼排、美人鲍片、鲭鱼罐头及“大有牌”冷冻鲃哏鱼等销往中国台湾、香港、澳门地区，并出口日本、韩国、马来西亚、俄罗斯和美国等国家。2001年1月9日，公司获ISO 9002质量体系认证；同年10月2日，在重庆举办的福建省水产百家企业名优产品展销会上，其产品获名优产品奖；12月1日，获国家认证认可监督管理委员会颁发的卫生注册证书。2004年1月15日，通过HACCP认证。2004年3月，“大有牌”金枪鱼果、风琴鱿片、鱿鱼丝获得绿色食品A级产品证书。2005年4月5日，“大有牌”鱿鱼类海产小食品在第12届莫斯科世界食品博览会上获金奖。2006年9月，“大有牌”水产品获福建省著名商标。2007年11月，“大有牌”罐头水产品获省名牌产品称号。

（六）龙生牌水产制品

东山龙生水产制品有限公司生产的“龙生牌”水产制品以新鲜深海鱼为原料，经严格监控，科学加工而成。公司已通过HACCP卫生安全体系认证。其中，2001年，开始生产的“龙生牌”冷冻鱼糜调理食品，采用二次离心精滤提纯鱼糜先进工艺。其特点是白度好、杂质少、弹性高、口味佳，是适合不同地域风味的鱼糜调理食品。“龙生牌”冷冻鱼糜获2008年省名牌产品称号。产品远销日本、泰国、澳大利亚、新加坡、俄罗斯等国家和中国香港、台湾地区。

（七）陵海东亚牌速冻水产品

2001 年，东亚水产有限公司生产的“陵海东亚牌”速冻水产品，以章鱼、鱼类、螃蟹类为原料，采用全自动速冻先进工艺，生产章鱼类、鱼片类、螃蟹类制品以及鱼糜产品。其产品鲜度好，肉质细嫩。2005 年 12 月，获得“陵海东亚牌”商标注册；2006 年取得国际卫生认证并获得进出口经营权。2007 年，“陵海东亚牌”速冻水产品获省名牌产品称号。产品畅销菲律宾、越南等国家和中国台湾、香港地区。

四、茶类产品

1997 年，超然食品有限公司综合利用芦笋原料研制开发新产品芦笋茶获得成功，并注册“超然牌”商标。该产品精选无公害基地生产的白芦笋，采用微波技术和膜浓缩技术，运用现代食品加工工艺，确保产品健康安全系数，并保留芦笋原有营养成分。产品有浓香的气味，茶汤琥珀色，纯正剔透，芬芳四溢，口感纯爽；制成袋泡式塑封装茶品，长期存放不易变质。2003 年，在厦门举办的“9·8”中国投资贸易洽谈会国际茶文化节上，该茶品被推为“指定用茶”，被誉为“三星级国际茶王”，并获“国际名茶优质奖”。同年，“超然牌”芦笋茶被国际华人总会世界茶商委员会评为“金冠名茶”和“保健名茶”。2004 年，通过农业部农产品质量安全中心“无公害农产品”认证。同年，被北京钓鱼台国宾馆世界华人企业家国庆招待会指定为专用礼品茶。2005 年 8 月 15 日，通过国家“绿色食品 A 级产品”认证。

2005 年 8 月 23 日，县华远食品有限公司生产的“陵岛牌”白芦笋，被省政府授予福建名牌产品称号。2007 年 12 月，“超然牌”芦笋茶系列产品被省政府评为福建名牌产品。年产量 8000 多吨。产品畅销北京、上海、广州、香港等地，出口欧洲、东南亚地区。

第五章　管　理

第一节　机　构

一、行政机构

（一）东山县经济委员会

1989 年，沿设县经济委员会，内设办公室、政工股、企业管理股，工作人员 15 人。该委员会于 1997 年撤销。

（二）东山县经济贸易局

1997 年，设立县经济局，内设办公室、政工股、工业股、贸易股、综合股，工作人员 31 人。1999 年，改设县经济贸易局；2008 年，工作人员 19 人。

（三）东山县工业局

1989 年，沿设县工业局，内设办公室、企业管理股，工作人员 8 人。该局于 1997 年撤销，经管职能并入县经济局。

（四）东山县二轻工业局

1989 年，沿设县二轻局，内设办公室、企业管理科、劳工人秘股、企业管理股、生产技术股、财务股、审计股，工作人员 26 人。1997 年，撤销县二轻局，其经管职能并入县经济局。

二、事业单位

1989 年，沿设县二轻联社，与县二轻局为一套人马、两块牌子。1997 年，县二轻局撤销，县二轻联社保留；2008 年，工作人员 12 人。

第二节 工业企业管理

一、产品质量管理

1989—2008年，东山县工业企业不断改进技术设备，提高产品质量。逐步淘汰落后设备，采用先进技术设备生产，加强产品质量管理与认证。2000年7月，东山东旺水产冷冻有限公司的鱿鱼系列产品首获ISO 9000质量体系认证。2003年12月，东山新福水产加工有限公司获国家认证认可监督管理委员会颁发的HACCP质量体系认证。2004年6月，“超然牌”芦笋茶通过农业部农产品质量安全中心“无公害农产品”认证；2005年通过国家“绿色食品A级产品”认证。2005年6月，东山新福水产加工有限公司获得北京凯新认证有限公司颁发的ISO 9000、ISO 9001质量认证书。此后，县内不断有公司通过ISO 9000质量体系认证。

2008年1月，县超然食品有限公司获省质量技术监督局颁发的全国工业产品生产许可证，即QS认证；6月，海魁水产集团有限公司获得北京世标认证中心颁发的ISO 9001:2000质量管理体系认证书。至2008年12月，全县有10家企业通过ISO 9000质量体系认证。

2008年东山县通过ISO 9000质量体系认证企业一览表

表10-7

序号	企业名称	产品名称	通过ISO 9000质量体系认证时间
1	东山东旺水产冷冻有限公司	鱿鱼系列产品	2000年7月
2	欧凯金属塑料制品有限公司	休闲运动用品	2001年9月
3	东山椿益塑胶制品有限公司	卫浴制品	2003年5月
4	东山远隆食品有限公司	果蔬罐头	2002年9月
5	英特（东山）食品有限公司	果蔬罐头	2002年12月
6	东山绿沅食品有限公司	瓶装饮料	2002年9月
7	东山爱烁硅砂有限公司	硅砂	2003年1月
8	福建省东山县海魁水产集团有限公司	冷冻水产品、贝类	2003年6月
9	福建省东山县顺发水产有限公司	冷冻水产品	2004年1月
10	东山县铜兴渔具制品有限公司	鱼钓及配套产品	2004年

二、产品卫生管理与对外注册

1989—2008年，东山县食品生产企业不断加强产品质量管理与认证，开发出一批驰誉国内外市场的工业名产。1996年，福建东山远隆食品有限公司果蔬罐头产品首次获得出口卫生注册，销往加拿大。此后，东山县获得出口卫生注册企业不断增加。

2008年，全县获出口卫生注册企业26家；获对美HACCP认证注册10家，获对俄罗斯注册企业8家，获对欧盟注册企业5家，获对韩国注册企业17家，获对加拿大注册企业3家。

2008年东山县出口卫生注册和对外注册企业一览表

表10-8

序号	企业名称	产品名称	卫生注册年份	对外注册国别
1	东亚水产有限公司	冷冻生加工水产品（不包括双壳贝类）；冷冻鱼糜制品；晾晒水产干品（非即食）	2004	—
2	东山远隆食品有限公司	果蔬罐头	1996	加拿大
3	英特（东山）食品有限公司	果蔬罐头	1998	加拿大
4	福建东山华康食品有限公司	果蔬罐头	2000	—
5	东毅食品有限公司	水产罐头（不包括巴氏杀菌蟹肉罐头）	2002	美国、俄罗斯、欧盟、加拿大
6	顺达水产食品有限公司	冷冻生加工水产（不包括双壳贝类、河豚）	2005	韩国
7	一峰食品有限公司	冷冻生加工、热加工水产品（不包括河豚）	2008	—
8	东兴水产加工有限公司	即食干制水产制品、水产罐头（不包括巴氏杀菌蟹肉罐头）	1998	美国、俄罗斯、欧盟、韩国
9	中海烤鳗有限公司	冷冻烤鳗	1998	俄国、韩国
10	海魁水产集团有限公司	冷冻生加工水产品；冷冻热加工水产品、冷冻鱼糜；冷藏巴氏杀菌蟹肉罐头；水产罐头（不包括双壳贝类）；干制紫菜；鱿鱼干、虾干、狗母鱼干	1999	美国、俄罗斯、欧盟、韩国
11	金海兴水产加工有限公司	冷冻生加工水产品（不包括双壳贝类、河豚）	2000	韩国
12	顺发水产有限公司	冷冻生加工、热加工水产品	2001	美国、俄罗斯、欧盟、韩国
13	东山县蓝特水产加工有限公司	冷冻鱼糜；冷冻生加工海捕鱼类（不包括河豚）；冷冻鱿鱼	2002	—
14	龙生水产制品有限公司	冷冻鱼糜	2002	韩国
15	东盛食品有限公司	冷冻生加工海捕水产品；冷冻热加工海捕水产品（不包括河豚）；冷藏巴氏杀菌蟹肉罐头	2003	美国、俄罗斯、韩国
16	华昌食品有限公司	冷冻生加工、热加工水产品（不包括河豚）；冷藏巴氏杀菌蟹肉罐头	2004	美国、韩国
17	东协成水产食品有限公司	冷冻生加工及热加工水产品（不包括河豚、冷藏巴氏杀菌蟹肉罐头）	2005	美国、俄罗斯、韩国
18	正顺水产食品有限公司	冷冻生加工水产品（不包括河豚）	2008	韩国
19	顺来发水产食品有限公司	冷冻生加工水产品（不包括双壳贝类、河豚）；冰鲜海捕水产品（不包括双壳贝类、河豚、易产生组胺的鱼类）	2007	韩国
20	宏祥水产有限公司	冷冻生加工水产品（不包括贝类、河豚）；冷冻鲍鱼；晾晒水产品干品（非即食）	2008	—
21	茂源水产有限公司	冷冻生加工水产品（不包括双壳贝类、河豚）	2008	—
22	新福水产加工有限公司	海捕水产品冻鱼、冻鱼片、冻蟹、冻虾仁、冻鱿鱼等	2008	美国、俄罗斯、欧盟、韩国
23	东旺水产冷冻有限公司	海捕水产品冻鱼、冻虾、冻鱿鱼	2008	美国、俄罗斯、韩国
24	新合发食品有限公司	海捕冻蟹、冻鱼、冻鱿鱼	2008	美国、韩国
25	瀛海水产有限公司	冷冻生加工水产品；冷冻鱼糜	2008	韩国
26	腾新食品有限公司	冷冻生加工水产品	2008	韩国

三、安全生产管理

1989年，东山县工业企业贯彻“安全第一，预防为主”的方针，建立企业负责和参与的安全管理体系。实行“防火、防盗、防事故”的安全生产责任制。各企业以总经理为安全生产第一责任人——组长，负责本公司的安全事务；副总经理任副组长，具体负责安全事务的日常管理。公司各部门负责人负责执行安全生产事项。各部门设一名安全员，负责监督、检查、上报安全事项。车间设立消防员，负责对突发火情的紧急处理。此后，每年开展安全生产宣传教育，举办讲座、培训班以提高企业管理人员和职工的安全意识。每年5月“安全生产月”期间，开展企业安全生产大检查。此外，定期、不定期进行企业安全生产检查，发现隐患及时发出整改意见。

2003年初，县政府制定《东山县安全生产责任目标考核办法》，县经济贸易局与各企业签订年度安全生产责任书，并实行安全生产“一票否决”制。建立安全生产月通报制度，对工业企业的安全管理人员进行培训，提高全员安全意识。此后，每年5月均开展安全生产咨询月活动，发放有关安全生产的法律法规和知识小册；在厂矿企业等悬挂安全生产横幅。2008年，全县工业企业均建立安全生产小组，加强日常安全生产管理。

第十一卷　商贸与服务业

1989—2008 年，东山县进行商业体制改革，建立和完善适应市场经济运行的商贸体制，不断发展壮大社会服务业，逐步完善多元化、广覆盖的商贸格局，众多商贸行业、批零门市、综合超市、物流市场、专卖店等遍及城乡，商品门类繁多，物资流通顺畅，消费市场繁荣。

1989 年，全县商贸业单位（商店）2413 家（其中国有 120 家、集体 212 家、个体私营 2081 家），从业人员 7416 人。随着经济体制改革推进，县内逐步放开粮食、食油、棉布、生活用煤等生活资料和钢材、燃油、燃煤、木材等生产资料的经营。深化国有和集体商业企业（含供销、粮食系统）改革，出台商贸系统企业改革改制方案，分别实施拍卖、关闭和承包、租赁经营等改革方式。职工与企业依法解除劳动关系，实行下岗再就业。至 2008 年，粮食系统企业按国家及省市有关规定完成改革，物资系统基本完成改革，商业系统和供销社系统大部分企业完成改革。2008 年，全县商贸业单位 4030 家（其中国有 5 家、集体 34 家、私营 137 家、个体 3766 家、公司 88 家）；社会消费品零售总额 180090 万元（其中批发零售贸易业 154606 万元、住宿餐饮业 23312 万元、其他 2172 万元）；社会商品购进总额 132551.6 万元，社会商品销售总额 160269 万元。

东山县对外贸易及经济合作实施全方位、外向型开放发展战略，坚持“以开放促开发，开发促发展”方针，扩大出口创汇，扩大利用外资，外向经济持续发展。1989 年，全县外贸出口总值（含一般贸易出口、三资企业出口和“三来一补”出口等）388.8 万美元。2008 年，外贸出口总值 29735 万美元，创历史最高水平。外贸出口市场有 60 多个国家和地区。全县一般贸易出口 14223 万美元，为历史新高，占外贸出口总值的 47.8%。其中，民营企业外贸出口 13991 万美元，占全县一般贸易出口值的 98%。

20 年间，全县社会服务业不断发展。至 2008 年，全县餐饮业、旅社、摄影、广告、修理、美容、洗染、家政服务等经营单位共 1177 家 7397 人。

第一章　社会商品消费水平

第一节　社会消费品零售总额

1989 年，东山县社会消费品零售总额 12335 万元。1990 年，全县社会消费品零售总额 13231 万元。1992 年，全县社会消费品零售总额 15994 万元，其中贸易业占 88.58%、住宿餐饮业占 8.86%、其他占 2.55%。1995 年，全县社会消费品零售总额 35624 万元，其中贸易业占 88.30%、住宿餐饮业占 9.77%、其他占 1.93%。

2000 年，全县社会消费品零售总额 75257 万元，其中贸易业占 86.61%、住宿餐饮业占 11.91%、其他占 1.48%。2005 年，全县社会消费品零售总额 115398 万元，其中贸易业占 87.90%、住宿餐饮业占 11.06%、其他占 1.04%。2008 年，全县社会消费品零售总额 180090 万元，其中贸易业占 85.85%、住宿餐饮业占 12.94%、其他占 1.21%。

1992—2008年东山县社会消费品零售额一览表

表 11-1　　单位：万元、%

年份总额比增		社会消费品零售总额	按行业分		
			零批贸易	住宿餐饮业	其他
1992年	总额	15994	14168	1418	408
	比增	不可比	不可比	不可比	不可比
1993年	总额	19913	17609	1843	461
	比增	24.5	24.3	30.0	12.7
1994年	总额	26189	23144	2524	521
	比增	31.5	31.4	37.0	13.3
1995年	总额	35624	31455	3480	689
	比增	36.0	35.9	37.9	32.2
1996年	总额	45818	40354	4565	899
	比增	28.6	28.3	31.2	30.5
1997年	总额	48650	42324	5421	905
	比增	6.2	4.9	18.8	0.7
1998年	总额	59077	51225	6855	997
	比增	21.4	21.0	26.5	10.2
1999年	总额	66850	57899	7958	993
	比增	13.2	13.0	16.1	-0.4
2000年	总额	75257	65179	8966	1112
	比增	12.6	12.6	12.7	12.0
2001年	总额	82577	72155	9285	1137
	比增	9.7	10.7	3.6	2.2
2002年	总额	86522	75719	9658	1145
	比增	4.8	4.9	4.0	0.7
2003年	总额	94223	82811	10254	1158
	比增	8.9	9.4	6.2	1.1
2004年	总额	103034	90950	10895	1189
	比增	9.4	9.8	6.3	2.7
2005年	总额	115398	101437	12761	1200
	比增	12.0	11.5	17.1	0.9
2006年	总额	130029	114753	13960	1316
	比增	12.2	13.1	9.4	9.6
2007年	总额	148743	128545	18527	1671
	比增	14.4	12.0	32.7	27.0
2008年	总额	180090	154606	23312	2172
	比增	21.1	20.3	25.8	30.0

第二节 限额以上法人单位营业总额

一、贸易业法人单位商品购销总额

1998年，东山县始有限额以上企业记载。2000年，限额以上批零贸易业商品纯购进总额49299万元，销售总额54223万元。2005年，限额以上批零贸易业商品纯购进总额25838万元，商品销售总额26736万元。2008年，限额以上批零贸易业法人单位8家，从业人员485人，商品购进总额132551.6万元，商品销售总额160269万元。其中，批发4家，从业人员148人，商品购进额125816.5万元，商品销售额153313.7万元；零售4家，从业人员337人，商品购进额6735.1万元，商品销售额6955.3万元。

二、住宿餐饮业法人单位经营总额

2005年，东山县始有限额以上住宿餐饮业法人单位记载。是年，住宿餐饮业或法人单位限额以上企业6家，从业人员446人，营业收入1454.4万元。其中，客房收入823万元，餐费收入426万元。2007年，住宿餐饮业限额以上企业7家，从业人员417人，营业收入2472万元。其中，客房收入1300万元，餐费收入997万元。2008年，限额以上住宿餐饮业法人单位5家，从业人员316人，营业收入2314.4万元。其中，客房收入816.4万元，餐费收入1217.8万元；住宿业3家，从业人员271人，营业收入1650.2万元；餐饮业2家，从业人员45人，营业收入662.2万元。

第二章 国内商贸

第一节 商贸体制

一、国有商业体制改革

1990年起，东山县实施国有商业企业改革，落实企业自主权，实行多种承包经营责任制，采用领导班子承包或集体承包经营方式。公司、门市、柜台实行定人员、定利润指标，逐步放开商品价格，实行放活流通。1992年，加大改革力度，引进竞争机制、风险机制，把企业推向市场；取消商品计划采购、凭票供应及商品价格“双轨制”。

1993年，国有商业企业实行国有民营。西埔百货大楼、陵城餐厅、新榕旅社及铜陵、西埔2家五交化商店实行“收回资金、风险抵押、税费自理、自负盈亏”的国有民营形式；县第一糕饼厂实行厂地公开拍卖，县糖烟酒公司拍卖铜陵批零部的经营场地；县商业罐头厂与台商合资建立东山丰城罐头食品有限公司；县食品公司撤销前楼、陈城、杏陈、樟塘和康美等5个食品站。1995年，国有商业企业加大国有民营机制转换。县绿丰罐头食品公司对2个罐头车间实行“抵押承包、自负盈亏、定额上缴”的合资承包形式。

1999年，县石油公司实行直属管理，其不良资产划归中石化集团实业公司，并改设东山县石化经营部。2000年，县石化经营部实行改制，全员买断工龄转换身份实行聘用制，同时，中石化集团公司出资收购县内个体加油站，规范成品油经营。

2001年，东山县开始新一轮国有商业的机制体制改革。对长期亏损的企业实行关闭清算，有条件企业实行整体或部分出售企业资产，并依法与职工签订解除劳动合同关系。资产不能出售的企业保留个别的管理人员看管企业资产，处理遗留问题，并以出租房产方式维持日常管理费用。

至2008年，全县有百货公司、纺织品公司、糖烟酒公司、商业贸易公司、华侨友谊公司、饮服公司、食品公司、燃料公司、工业供销公司、医药公司及木材公司等国有商业企业完成改革，有544名职工与企业签订解除劳动合同关系。县农机公司改革方案完成初审。县五交化公司、城关商业工业品经营部和二轻供销公司等制定改革方案。

二、供销社体制改革

1989 年，东山县供销合作社联合社（简称县供销联社）推行经理、主任任期目标责任制，完善多形式的经营承包责任制，实行租赁、定额管理、联销计酬；改变经营机制，组织工业品联购分销，开展工商、农商联营。是年，下辖县罐头原料生产办公室、县农业生产资料公司、县土产日杂公司、县果品食杂公司等单位和国有公司，管辖西埔工业品店（人员 59 人）、西埔综合商店（人员 38 人）、西埔贸易商店（人员 15 人）、城关（铜陵）果品商店（人员 50 人）、城关贸易商店（人员 22 人）、城关日杂商店（人员 132 人）、陈城综合商店（人员 12 人）等 7 家集体所有制合作商店。县供销系统共有单位 133 个，从业人员 752 人。1990 年，增设县罐头原料生产领导小组，下设办公室，挂靠在罐头原料公司，为一套人马、两块牌子。1992 年后，芦笋市场全面放开，县罐头原料公司仅保留对芦笋生产和供销情况的统计与调研，其经费来自店面租金。1993 年，县供销联社完善下属各公司经营承包责任制，对 113 个门市、网点采取“核定基数、公开承包、优化组合、自负盈亏”办法管理。1995 年，采取“确保基数，资产保值，风险抵押，公开标包，现场兑现，签订合同”办法，实行超利分成、以分计奖、租赁经营等管理企业；城关、西埔、樟塘供销合作社采取联购联销或联购分销等形式，扩大经营。1995 年后，各合作商店经营困难，县供销合作联社采用逐个单位清算、予以撤销、职工分流再就业办法进行改制。1996 年 7 月，县果品食杂公司因亏损撤销，职工依法分流安置，给予经济补偿。

1997 年，根据国务院《关于深化供销合作社改革的决定》，全县供销系统实行改革。坚持服务“三农”，实行“开放办社，改革创新，和谐共进，科学发展”方针，整合优化农资经营资源，确保农业生产资料供应。下属公司和基层社实行改制，对长期亏损企业采用清理财务、变现资产办法，依法安置和分流职工；对改制后保留的企业，返聘部分人员继续经营。2001 年，县农资公司、土产日杂公司改制（名称保留）。职工分流，与企业解除劳动关系，依法给予经济补偿。县土产日杂公司专营的烟花爆竹业务和县农资公司经营的农药、化肥等农业生产资料均由原职工承包经营。县供销联社逐步向农村新型专业服务转型。

2008 年，县供销联社投资 45 万元建成烟花爆竹储备仓库，并通过验收。是年，撤销县罐头原料公司，保留县罐头原料生产办公室，留用人员 2 名，为事业单位，经费由县财政核拨；其他人员分流安置。全县 7 家集体所有制合作商店仅有西埔工业品店继续经营。县供销联社成为农村新型专业合作社，发布农村商品信息，拓展为“三农”综合服务的平台。

三、粮油经营体制改革

（一）粮油企业改革

1989 年，县粮食局所属粮油经营企业 6 家，负责城镇居民平价粮油供应；粮油议价经营企业 3 家；饲料经营企业 1 家。县粮食局另辖管粮油加工企业 4 家，为国有企业；辖管粮食复制品加工厂 2 家，为集体企业，共有员工 192 人。

1992 年 7 月，实行粮油经营企业改革，增设县粮食经营部。1993 年，撤销西埔粮食复制品厂。1995 年，撤销城关粮食复制品厂。1998 年 3 月，撤销县饲料公司。这些撤销企业职工均实行分流再就业，予以经济补偿，职工与企业解除劳动关系。同年 4 月，重组县粮油贸易公司。11 月，改县粮食经营部，设县粮食储备库，为国有企业。1999 年，县内各粮站更名为县粮食购销公司，为政策性国有企业,有员工 205 人。2000 年 7 月，撤销杏陈、陈城粮食购销公司，部分人员实行分流，予以经济补偿，与企业解除劳动关系，部分在系统内调剂；铜陵、西埔粮食购销公司更名为铜陵、西埔粮油贸易有限公司，改制为非政策性国有粮食企业，员工 94 人。同年，注销西埔粮油加工厂、城关碾米厂、县饲料厂，实行人员分流再就业，予以经济补偿，职工与企业脱离劳动关系。

2008 年，县粮食局所属粮油经营企业有县粮油贸易公司、县粮食储备库、县粮食购销有限公司以及铜陵、西埔粮油贸易有限公司等单位。

（二）粮油购销政策改革

1989 年，东山县实行“试行平价粮油购销改革方案”，自当年粮食年度（1989 年 4 月 1 日起至 1990 年 3 月底）起，合同定购粮油由实物改收价差款（此办法试行至 1993 年 3 月底）。主要内容是：价差款标准按当时市场行情测算，每百公斤粮食的平议差价定为 40 元；价差款的收取任务由县政府下达各乡镇政府，由乡镇向农户直接收缴，留一定比例作为乡镇收缴费用后，其余上缴县财政；实行差价负担原则，耕地面积负担 50%；粮食、花生、甘蔗作物负担 50%；花生、甘蔗统一折算成粮食当量；粮食部门负责购进议价粮油完成顶抵合同定购任务。县粮食部门根据上级政府每年下达的定购任务，与农民签订定购合同，收购的地产粮按国家统购价从外地调入“现粮”（车船开动后一切费用由调入县负责）。县粮食部门按补定购任务完成情况，自行购进“议转平”粮食，弥补缺口。从 1993 年 4 月 1 日起，全省统一取消平价粮油供应，粮油供应实行市场调节价。

1989 年，全县定购任务粮食 2000 吨、花生 2250 吨。全年差价款收缴（按粮食年度算）237.99 万元；县财政增收节支 427.14 万元。1992 年，全年差价款收缴 58.31 万元。

（三）城镇居民定量平价粮油供应改革

1. 城镇居民定量粮油供应改革 1989 年，县内继续实施城镇居民定量平价粮油供应改革（1988 年 10 月 1 日起施行）。主要内容是：儿童定量等级简化；高中生定量减为每月 14 公斤；高于 14 公斤的工种粮按 14 公斤供应，减少部分由县财政按 0.14 元/公斤予以补贴。城乡渔民定量减为每月 14 公斤。是年，县内多次调高粮油统销价，城镇居民供应平价粮油与市场价接近。部分居民逐渐转向选购议价粮油。当年，国有粮油经营户网点 13 家，从业人员 210 人。1989 年粮食年度，全县发证定量供应平价粮的人口约 6 万人，年供应粮食 1.3 万吨，加上财政供应、侨汇供应等，年供应粮食近 1.5 万吨。1991 年，全县城镇平价粮销售 17252 吨。

1992 年 5 月 1 日起，县内实行粮油销售价格改革试点，开始放开粮油销售价格，取消城镇居民粮油定量供应，居民粮食用品皆在市场自由选购。原有“购粮证”改换为“市镇居民粮籍证”。2001 年 5 月 1 日起，取消“市镇居民粮籍证”。

1989 年 3 月至 1993 年 3 月东山县城镇人口定量口粮供应标准一览表

表 11-2　　　　单位：公斤/月

<table>
<tr><td colspan="2">1989 年 3 月市镇居民粮食定量</td><td colspan="2">1989 年 4 月—1993 年 3 月执行改革方案标准</td><td colspan="2">（89）闽粮供应 33 号文通知标准</td><td colspan="3">试补《改革方案》2 种粮定量标准</td></tr>
<tr><td>类型</td><td>标准</td><td>类型</td><td>标准</td><td>类型</td><td>标准</td><td>类型</td><td>改革前标准</td><td>改革后标准</td></tr>
<tr><td>不满 1 周岁</td><td>3.5</td><td rowspan="3">1～3 岁</td><td rowspan="3">5</td><td rowspan="3">1～3 岁</td><td rowspan="3">5</td><td rowspan="2">干部、职工</td><td rowspan="2">14</td><td rowspan="2">14</td></tr>
<tr><td>1 周岁不满 2 周岁</td><td>5.5</td></tr>
<tr><td>2 周岁不满 3 周岁</td><td>6.5</td><td rowspan="2">中学生</td><td rowspan="2">15</td><td rowspan="2">14</td></tr>
<tr><td>3 周岁不满 4 周岁</td><td>7.5</td><td rowspan="3">4～6 岁</td><td rowspan="3">7.5</td><td rowspan="3">4-6 岁</td><td rowspan="3">8</td></tr>
<tr><td>4 周岁不满 5 周岁</td><td>8.5</td><td rowspan="2">特种体力劳动者</td><td rowspan="2">16</td><td rowspan="2">14</td></tr>
<tr><td>5 周岁不满 6 周岁</td><td>9.5</td></tr>
<tr><td>6 周岁不满 7 周岁</td><td>10</td><td rowspan="4">7～10 岁以下</td><td rowspan="4">10</td><td rowspan="4">7～10 岁以下</td><td rowspan="4">11</td><td rowspan="2">一般体力劳动者</td><td rowspan="2">20</td><td rowspan="2">14</td></tr>
<tr><td>7 周岁不满 8 周岁</td><td>10.5</td></tr>
<tr><td>8 周岁不满 9 周岁</td><td>11</td><td rowspan="2">特重体力劳动者</td><td rowspan="2">22.5</td><td rowspan="2">14</td></tr>
<tr><td>9 周岁不满 10 周岁</td><td>11.5</td></tr>
<tr><td>10 周岁以上居民</td><td>12</td><td>10 周岁以上居民</td><td>12</td><td>10 周岁以上居民</td><td>按当地规定</td><td colspan="3">城乡渔民改按 14 公斤供应，农村渔民按农村销价供应，城镇渔民按经销价供应</td></tr>
</table>

说明：1993 年 3 月为全省统一取消定量平价粮油供应时间

2.行业补贴平价用粮改革　1989年，县内继续实施行业补贴平价用粮改革（1988年10月1日起施行）。行业补贴平价用粮分别按统销价和农村销价供应。保留西埔、大嵊和岩仔村的定销粮和原土地粮，其余村一律放开；困难户用粮由县民政部门统一分配；取消陈城镇澳角、宫前村的花生定购任务。取消行业用粮、会议用粮和居民平价油供应，只保留军队和侨汇的平价油供应。是年，该粮食年度全县平价粮压销节余粮食3765吨。1993年4月起，取消定销粮和原土地粮及侨汇的平价油供应，实行粮食市场调剂。

四、物资经营体制改革

1989年，县物资局与县物资公司政企合一，承担县内的钢材、水泥、玻璃制品、化工产品、机电产品等国家指令性计划产品供应，并负责调配，产品均从县外调入。1992年，物资市场逐步放开后，县物资局主要承担抗洪救灾重要物资的供给与储备，同时专营、管理爆破物品。

1997年，县物资局撤销，改设东山县物资站，管理原物资局的资产与人员，负责专营爆炸物品。1998年起，县物资部门撤销，钢材、水泥、平板玻璃等建筑材料购销全面推向市场，私营个体建筑材料经营户迅速发展。

五、商贸结构

（一）国有商业

1989年，东山县国有商业机构120个，从业人员2207人。全年商品纯购进总额7324万元，销售总额10156万元。2000年，全县国有商业机构107家。其中，批发贸易业13家，批发贸易网点37家，从业人员1161人；零售贸易业19家，零售贸易网点38家，从业人员526人；商品销售收入48720万元，社会商品零售总额30252万元，资产总值10876万元。

2008年12月，全县国有商业机构5家，注册资金511万元。其中，限额以上法人单位批发业1家，从业人员51人，商品购进总额4181.9万元，商品销售总额4274.5万元；限额以上法人单位零售业1家，职工16人，商品购进660.7万元，商品销售641.2万元。

（二）集体商业

1989年，全县集体商业机构212家，从业人员1717人。全年商品纯购进总额2908万元，销售总额3463万元。是年，集体商业企业改革分配制度，企业经营效益与职工收入挂钩。1992年，全县集体商业机构220家，人员1393人，销售总额2853万元。

1995年，全县集体商业173家。其中，批发贸易业5家，批发贸易网点17家，从业人员260人；零售贸易业24家，零售贸易网点127家，从业人员543人。全县集体商业商品购进总额3376万元，商品销售总额3727万元。2000年，全县集体商业机构145家，从业人员545人，社会商品零售总额2829万元。其中，批发贸易业6家，批发网点12家，从业人员107人；零售贸易业13家，零售网点114家，从业人员438人。2001年，进一步深化集体商业企业改革，集体商业企业通过改制成为私营、个体企业，置换职工身份。2008年，全县集体商业机构34家，注册资金2418万元。

（三）个体（私营）商业

1989年，全县个体（私营）有证商业共2081家，从业人员3492人，社会商品零售总额5177万元。

1993年，县政府出台《加快我县个私经济发展的若干意见》，鼓励发展私营、个体商业。个体私营贸易加快发展，社会商品零售总额迅速上升，个体经济消费品零售总额15086万元。1995年，全县个体经济批发网点105家，从业人员458人；个体经济零售网点3717家，从业人员5379人；社会消费品零售总额37640万元。

1999年，县委、县政府出台《关于服务企业，优化软环境，鼓励非公有制经济发展的实施意见》，全县私营、个体商业加快发展。2000年，全县私营商业13家，个体商业3743家，从业人员10621人。其中，个体批发网点93家，从业人员321人；个体零售网点3650家，从业人员10300人。个体商业社会商品零售总额65664万元。此后，全县私营、个体商业快速发展，行业遍布粮油、副食品、百货、医药、日用杂品、图书、石油、金属交电化工、餐饮服务业等。2005年，县内限额以上私营商业批发企业1家，职工

32人，年商品购进总额8985.1万元，商品销售总额8865.6万元；限额以上零售业有限责任公司2家，职工48人，年商品购进总额2496.6万元，商品销售总额3069.2万元。

2008年，全县私营商业机构137家，注册资金1138万元。其中，限额以上私营批发商业企业法人单位2家，职工68人，年商品购进总额48524.7万元，商品销售总额55151万元；限额以上零售业有限责任公司1家，职工13人，年商品购进总额880.6万元，商品销售总额878.1万元。全县个体商业3766家，从业人员10724人，社会商品零售总额8.11亿元。

（四）股份（责任）有限公司

2000年，县内逐步办起股份有限公司或责任有限公司的商业企业。其中，有内资独办商业企业，也有外资商业企业或港台资独办的商业企业，还有内资与港台资合办的商业企业。当年港澳台商投资企业社会商品零售总额940万元，外商投资企业社会商品零售总额259万元。2005年，全县限额以上零售业有限责任公司1家，职工10人，年商品购进总额579.5万元，商品销售总额688.2万元。

2008年，全县股份（责任）有限公司共88家，注册资金24132万元。其中限额以上法人单位批发业股份有限公司1家，职工29人，年商品购进总额73109.9万元，商品销售93888.2万元；限额以上零售业有限责任公司1家，职工13人，年商品购进总额880.6万元，商品销售总额878.1万元。

第二节　商贸市场与网点

一、商贸市场

（一）商贸市场建设

1989年，县工商行政管理部门集资在西埔中心地段建17个定点经营摊位；集资10万元，在南市场建200个经营摊位；集资1万元建17个服务柜台。集资在铜陵地区建108个食品、肉类经营摊位。1991年，按“政府决策，统一规划，合理布局，多方兴建，工商行政管理部门统一管理”要求，发展各类市场。至1992年，累计投入313万元用于市场基础设施建设，先后扩建、改建、新建（筹建）市场9处（改建铜陵人民市场，续建西埔北市市场、铜陵桂花市场、西埔“丁”字街及西埔农贸市场摊位，开辟铜陵商业街小商品市场和铜陵大澳水产品批发市场，新建西埔北市场农副产品交易摊位，筹建陈城农贸市场）。1993年，县政府把市场建设纳入城乡建设总体规划。当年，筹集市场建设资金54万元，改造西埔中心市场、铜陵桂花市场，开发（乡镇一级）陈城农贸市场、宫前水产品市场以及前楼、杏陈农贸市场，增设摊位网点，为农民进市场交易提供120个摊位。1995年，在西埔和铜陵地区市场增加200个摊位。

1998—2000年，投资20万元，改善西埔、铜陵各市场服务设施。此后县内集贸市场设施不断改善。至2008年，县域设施较好的集贸市场有铜陵人民市场、铜陵桂花市场、西埔中心市场、西埔北市场、西埔南市场、西埔东市场、杏陈农贸市场、陈城农贸市场、大澳水产品批发市、宫前水产品市场。

(二)市场简介

1.铜陵人民市场　1989年沿用，为单层市场，占地4100平方米。1991年7月，市场改建为3层综合楼，1992年7月竣工，建筑面积4092平方米，摊位200个，总投资355万元。2008年，贸易额1.2亿元。

2.铜陵桂花市场　1989年8月建成并投入营业。该市场占地面积10250平方米，建筑面积4092平方米，摊位88个，总投资88万元。为综合性集贸市场，有鱼、肉、菜、家禽、水果等交易。2007年起，市场扩改建；2008年未完工。

3.大澳渔港水产品批发市场　1997年筹建，占地面积5000平方米，建筑面积3000平方米，总投资400万元。2000年建成投入营业。2008年，贸易额1亿元。

4.西埔中心市场　1996年4月，由县工商管理部门集资改建，占地面积8225.8平方米，为3层综合楼，建筑面积11826平方米，总投资1420万元。一楼摊位493个，二楼、三楼（建筑面积5671平方米）有店面120间（皆由私人购买）。1997年10月2日开业。2008年贸易额5000万元。

5.西埔北市场　1989年，该市场继续建设，1997年3月竣工。建筑面积2128平方米，摊位100个，总投资 100 万元。为农副产品经营市场。2008 年，因改建未能进行正常交易。

6. 西埔南市场　1989 年 8 月，县工商局集资 10 万元，建 200 个简易摊位。1992 年，投资 88 万元扩建该市场，占地面积 10250 平方米，建筑面积 4092 平方米，规格摊位 88 个，为综合性集贸市场，有鱼、肉、菜、家禽、水果等交易。2008 年，贸易额 2000 万元。

7. 西埔东市场　1997 年，顶西村筹资 130 多万元，在村旁（原县电影院、公安局东面）空地建东市场，占地 8333 平方米,有摊位 132 个，为综合性市场。主营蔬菜、水果批发；交易品种有鱼、肉、菜、水果、食品等。2008 年，贸易额 3000 万元。

8. 陈城农贸市场　1994 年建，投资 80 万元，占地面积 1.2 万平方米，为综合性集贸市场。有鱼、肉、菜、家禽、水果等交易。2008 年，贸易额 2500 万元。

9. 宫前水产品市场　1992 年筹建，占地面积 5000 平方米，建筑面积 3000 平方米，摊位 70 个。投资 12 万元。1993 年建成投入营业，为水产品交易市场。2008 年，贸易额 2500 万元。

10. 樟塘农贸市场　1990 年扩建，投资 15 万元，设摊位 22 个，为综合性市场，有鱼、肉、菜、家禽、水果等交易。2008 年，贸易额 500 万元。

11. 杏陈农贸市场　2003 年 11 月 26 日建成，占地面积 6700 平方米，摊位 62 个，配套商品房 46 套，为综合性集贸市场。有鱼、肉、菜、家禽、水果、食品等交易。2008 年，贸易额 500 万元。

二、商贸网点

（一）商业经营网点

1989 年，全县国有商业经营网点 82 家，从业人员 941 人。其中，农副产品采购供应 18 家，从业人员 321 人；工业品批发 5 家，从业人员 65 人；零售 59 家，从业人员 555 人。集体商业经营网点 194 家，从业人员 1204 人。其中，农副产品采购供应 2 家，从业人员 72 人；工业品批发 3 家，从业人员 78 人；零售 189 家，从业人员 1054 人。餐饮业经营网点 233 家，从业人员 609 人。其中，个体（私营）有证餐饮业 214 家，从业人员 453 人。工业品销售网点，主要分布在西埔镇旧城区、铜陵镇团结路和东亭路及人民市场等地。农副产品销售网点主要分布在西埔镇的中心市场、南市场、北市场和东市场；铜陵镇的人民市场、桂花市场。其他乡镇的镇所在地皆成为商品集散中心，原有墟日多改为日日市。

1995 年后，随着市场经济的推进，个体经营的商业网点逐步增加。商业网点中批发单位仍以国有、集体为主，零售网点中个体经营占 80%以上。至 2000 年，全县商贸从业人员比 1995 年增加近 80%，其中个体从业人员增加 91%。年末，全县国有商业网点 75 家，其中批发网点 37 家，零售网点 38 家，从业人员 1687 人。集体商业网点 126 家，其中批发网点 12 家，零售网点 114 家，从业人员 545 人。个体商业网点 3743 家，其中批发网点 93 家，零售网点 3650 家，餐饮网点 469 家，共有人员 10611 人。2001 年后，民营商业网点有较大发展，公司户数增多，注册资本增加。先后出现“好邻居”“佳佳”等一批超市、连锁店和品牌专卖店。逐步发展了网络购销、送货上门、生产企业直销等经营方式。民营经济占据市场主要份额。2008 年，全县商贸市场主要分布在西埔镇的新城路、旅游商城、中兴广场，铜陵镇的团结路、东亭路、苏峰一路、人民市场的商品市场，其他镇政府驻地自然也成为商贸聚集区，商业零售网点均为个体经营。2008 年 12 月，全县国有商业 5 家、集体商业 34 家、公司商业 88 家（企业法人 88 家），私营企业 137 家。全县商业零售网点 4600 多家。

（二）供销经营网点

1989 年，东山县供销企业经营机构 124 家，从业人员 596 人。其中，农副产品采购供应网点 2 家，从业人员 72 人；工业品批发（机构）网点 3 家，从业人员 78 人；零售网点 118 家，从业人员 435 人；其他经营机构 1 家，从业人员 11 人。当年，全县农业生产资料经营零售网点 14 家，从业人员 91 人；并增设 24 家系统外农资经售网点。1997 年，利用县联社后院临近市场条件建设经营店面，面积共 1000 平方米。年内，全县农资经售网点发展至 88 家。2000 年，全系统企业经营机构 98 家，从业人员 420 人；工业品批发（机构）网点 5 家，从业人员 82 人；其他经营机构 1 家，从业人员 8 人；零售网点 87 家，从业人员 192 人。全县农业生产资料经营批发企业 12 家，从业人员 36 人。2004 年 3 月，建杏陈农产品市场，利用杏陈供销社闲置的旧办公楼、仓库和场地，新建市场店面，共2042平方米，2006年投入使用。2008年，全系统企业经营机构99个，从业人员320人；工业品批发（机构）网点7家，从业人员32人；零售网点102家，从业人员202人；其他经营机构1家，从业人员7人。

（三）粮油经营网点

1989年，县粮食局所属粮油经营企业6家，其中国有粮站4家，负责城镇居民平价粮油供应，有经营网点10家，从业人员210人。粮油议价经营企业3家，其中县粮油贸易公司、县兴利贸易公司有经营网点6家、从业人员17人。1999年，县内各粮站更名为粮食购销公司，为政策性国有企业，有经营网点10家，从业人员205人。2000年6月，铜陵、西埔粮食购销公司更名为铜陵、西埔粮油贸易有限公司，改制为非政策性国有粮食企业，有经营网点4家，从业人员94人。2005年，全县民营、个体粮食经营114家，网点150家，从业人员320人；批零兼营网点11家，从业人员44人。2008年，县粮油贸易公司有经营网点3家，从业人员10人。铜陵、西埔粮油贸易有限公司有经营网点4家，从业人员43人。全县民营、个体粮食经营批零兼营15家，从业人员60人；网点160家，从业人员320人。

第三节　商品购销

一、农副产品、副食品购销

县境上市的农副产品、副食品主要有水产类、肉类、禽畜蛋类、蔬菜、粮食制品类，以及饮料类、烟酒类等。

1989年，全县从事副食品购销机构共100家，从业人员536人。全县市场商品交易年销售水产品类7077.4吨、鲜蛋548.2吨、食糖2061.2吨、生猪52126头、食用植物油801吨、酒类927.2吨、茶叶220.5吨。水产品类、蔬菜类自给有余，部分销往外地；蛋类、生猪、禽畜自给不足，需调入供应。1990年起，发展以芦笋为主的蔬菜生产基地，扩大白菜、青椒等栽种面积，建蔬菜大棚，栽种反季节蔬菜；建生猪、鸡鸭专业养殖场，扩大生猪、鸡鸭养殖。蔬菜的批量收购依托各地收购点，形成蔬菜、水产品、禽类等批发市场和集贸市场体系。水产品批发市场主要有铜陵大澳水产品市场、宫前水产品市场和澳角水产品市场。扶持海魁水产集团有限公司、东兴水产有限公司、华昌食品有限公司等一批水产品加工销售企业加快发展。副食品营销从国有、集体单位营销为主，逐渐变为个体私营营销为主，有“好邻居”和“佳佳”等个私超市。1995年，全县食品、饮料、烟草、日用杂品（含日用品）批发业的商品购进总额10125万元，销售总额18864万元。全县食品、饮料、烟草零售业12家，网点2223个，从业人员3482人，商品购进总额1455万元，销售总额1458万元。2000年，全县从事食品、饮料、烟草销售的批发企业9家，网店84家，从业人员962人；零售企业11家，零售网点2944家，从业人员8993人。当年，全县（限额以上）食品、饮料、烟草批发业的商品购进总额6626.4万元，销售总额7858.9万元。2005年，西埔、铜陵两镇的集贸市场上农副产品、副食品、饮料、烟酒类摊位共593个，年商品零售额17230万元。其中，水产品经营摊位312个，商品零售额12393万元；肉禽蛋类摊位共174个，商品零售额2070万元；蔬菜类摊位56个，零售额455万元；干鲜果品类摊位3个，零售额30万元；饮料类摊位6个，零售额102万元；烟酒类摊位9个，零售额356万元；其他类摊位33个，商品零售额1824万元。2008年，县内农副产品、副食品交易网点仍以西埔、铜陵各市场及其他镇所在地集市为主，并向大型超市汇集，有林峰新生活广场（分设西埔、铜陵、大嶝3家）、吉马超市、恒晟超市（分设西埔、铜陵2家网点）。超市副食品的采购、运输、储存由各自公司专门配送或委托专业物流公司配送。是年，全县农副产品、食品销售（限额以上批发和零售业）中，批发13家，网点3321家。水产品批发销售额4274.5万元，肉禽蛋类零售额37.8万元，蔬菜零售额20.3万元。食品饮料批发企业1家，商品购进总额4181.9万元，销售总额42745万元；饮料类零售额279.8万元，酒类零售额84.7万元。

二、粮油购销

（一）粮油收购

1989 年，县继续执行粮食油料合同定购政策，由漳州市人民政府核定定购任务。粮食油料定购由收购实物改为收粮油差价款，当年全县共收粮油差价款 237.99 万元。全年粮食收购（折原粮）16937 吨，其中议价收购粮食 14937 吨；油料（折油）1508 吨，其中议价收购油料 923 吨。1990 年，全县共收粮油差价款 166.6 万元，收购粮食 19001 吨，其中议价收购粮食 1700 吨；收购油料 1598 吨，其中议价收购油料 968.3 吨。此后，每年根据上级部门下达的任务合同定购粮油。1992 年 5 月，县内粮油销售价格开放后，民营粮食经营户经营的大米及粮食制品主要从外地调进，如到漳州、龙海采购。是年，全县粮食收购 26697 吨，其中议价收购粮食 15722 吨。1995 年，全县粮食收购 20956 吨，收购油料 64.4 吨。2000 年后，粮油购销实行市场调剂，县粮食部门职能转换为县级粮食储备。县内经营大米及粮食制品主要从江西、安徽、江苏、黑龙江等外省采购，大部分粮食及制品由原产地发货至广东省汕头火车站或漳州火车站而后转运至东山。

（二）粮油销售

1989 年，县内粮油销售继续实施城镇居民定量平价供应，以及议价粮油经营并行的办法。是年，有议价粮油经营网点 1 家（县粮油贸易公司），从业人员 5 人。全县个私粮食经营户网点 40 多家，从业人员近 100 人。年销售粮食 31208 吨，其中平价粮销售 17180 吨，议价粮销售 14028 吨。1990 年，全县粮食销售 16623 吨（议销粮食）。1992 年 5 月，粮油销售价格开放后，民营粮食经营户迅速增加，经营量约占市场份额的一半以上。是年，全县粮食销售 27111 吨，其中平价销售 9394 吨，议价销售 17717 吨。1993 年春节前后，数次出现粮油价格波动，县粮食部门及时组织议价粮油抛售压价，稳定粮油价格。是年，议价销售 28566 吨，食用油销售 283.3 吨。1996 年春节、元旦期间，组织优质大米 1000 多吨、优质食油 15 吨，以低于市场的价格供应居民及城乡五保户、特困户，县粮食部门共补贴差价 27.39 万元。1996 年与 1997 年，居民的粮油供应全由民营、个体粮食经营商承担，每年大米及其粮食制品购销量为 2.5 万～3 万吨。1997 年后，县内粮油市场价格趋于稳定，议价粮油购销量下降并出现亏损。至 2000 年，议价粮食销售共 142963 吨、议价食油销售 5763.6 吨。2001 年起，粮食部门停止粮油议价经营。2005 年，全县民营、个体粮食网点大米及其粮食制品购销量为 3 万吨，食用油购销量为 240 吨。2008 年，全县民营、个体粮食经营大米及其粮食制品购销量为 3.4 万吨，食用油购销量为 240 吨。

1989—1994 年东山县粮油购销情况表

表 11-3　　单位：吨

年份	粮食收购（折原粮）		油料收购（折油）		粮食销售		油料销售	
	总数	其中议购粮食	总数	其中议购油料	总数	其中议销粮食	总数	其中议销油料
1989	16937	14937	1508	923	31208	14028	—	—
1990	19001	1700	1598	968.3	16623	16623	—	—
1991	36290	20062	1224.5#	1224.5#	35279	16428	—	—
1992	26697	15722	—	—	27111	17717	—	—
1993	28043	28043	270.9*	270.9*	28566	28566	283.3*	283.3*
1994	13072	11660	117*	117*	10739	10739	77.3*	77.3*

说明：#为花生果；*为食用油

1989—1990年东山县粮油收购情况表

表 11-4　　单位：吨

年份	谷子	其中议价谷子	小麦	其中议价小麦	议价杂粮	议价大豆	花生果	其中议价花生果	议价油菜籽	食用油	其中议价食用油
1989	13662	11812	3154	3004	100	21	2762	1512	1000	270	270
1990	17380	15393	1338	1325	277	6	2753	1863.2	1250	128	96.6

1989—2000年东山县议价油料收购、销售情况表

表 11-5　　单位：吨

年度	收购		销售		年度	收购		销售	
	花生果	花生油	花生果	花生油		花生果	花生油	花生果	花生油
1989	1511.8	265.1	1461	140.9	1996	—	33.7	—	51.4
1990	1863.2	94.3	1836.8	208.9	1997	—	52.3	—	49.9
1991	1224.5	230.8	1067.2	361.7	1998	—	60.3	—	65.1
1992	435.4	505.1	115.3	557.4	1999	—	32.8	—	39.7
1993	92.6	227.3	92.6	205.1	2000	—	23	—	29.3
1994	7.2	100.1	1.2	63.6	—	—	—	—	—
1995	—	56	—	60.9	—	—	—	—	—

1989—1995年东山县议价粮食经营情况表

表 11-6　　单位：吨、万元

年度	议购粮食	议销粮食	利润	年度	议购粮食	议销粮食	利润
1989	14937	14028	84.4	1996	6119	5302	14
1990	17000	16623	27.87	1997	1321	4247	2
1991	20062	16488	59.46	1998	1158	1300	3
1992	15722	17717	29.1	1999	1420	2179	0
1993	28043	28566	—	2000	5820	2009	2
1994	11660	10739	29.86	合计	184515	142963	—
1995	26290	23765	3.8				

三、农业生产资料购销与服务

（一）农业生产资料购销

1989年，县供销社系统以农药、化肥等农业生产资料为主要经营商品，兼营日用百货商品。经营中严格执行农业生产资料专营政策，精心做好化肥农药的采购和销售，特别是对芦笋种植产业提供全方位服务。年内，全年采调各种化肥21215吨，销售农药303吨，销售中小农具8万件，收购芦笋5914.8吨。全年商品总购进9293万元，商品总销售额11523万元。1990年，全系统调入化肥2.1万吨，销售2.01万吨；购进农药350吨，销售354吨；收购芦笋5111.4吨。此后，县供销社系统的商品购销额逐年减少。1993年，引进优良种子，开展种植技术培训，提供市场信息。组织技术人员下田间，现场指导科学用药、施肥，

并印发种植科技信息进行宣传。1994 年，调进农药 443 吨、各种化肥 4943 吨，其中调进复合肥 183 吨、进口尿素 1170 吨、钾肥 399 吨、碳铵 2186 吨、过磷酸钙 405 吨。1995 年，开展产销调研，促进芦笋增产扩销。引进并安排县内外加工企业到村设点收购，提供芦笋采摘后服务。年内，全系统的商品总购进 3186 万元，总销售额 3513 万元。1996 年后，县供销社系统每年提供化肥、农药及优良芦笋种子（约 500 万粒）；举办种植技术培训 10 多期，提供市场科技信息数百条，服务农业生产。2000 年，全县农业生产资料经营批发企业 12 家，从业人员 36 人。全年商品总购进 1938 万元，商品总销售额 2194 万元。2001 年，县供销社系统进行改制，采用灵活的经营方式，商品购销额逐步回升，经济效益提高。2005 年，全系统商品总购进 2113 万元，商品总销售额 2323 万元。2008 年，县供销联社系统共销售农药 160 吨、化肥 26230 吨。农资零售依然占县内市场绝大多数份额。是年，全系统商品购进总额 7028 万元，比上年增 16.7%；商品总销售 7072 万元，比上年增 16.32%；利润 5 万元，实现转亏为盈。

（二）服务“三农”

1. 组织农民专业合作社 2004 年 6 月，县供销联社组织樟塘镇樟塘村果农创建东山县第一个农民专业合作社——樟塘水果专业合作社，开展农资咨询、预约送货、指导农户科学施肥用药，协助收购农产品等事务。2005 年 3 月，组织康美镇马銮村笋农成立马銮芦笋专业合作社，有 57 户加入。开辟县内外芦笋销售渠道 3 条，借助县供销联社农副产品流通信息服务中心平台发布产品销售信息。该村农户当年增收 27 万元，翌年增收 150 多万元。该合作社被全国供销合作总社誉为全国“千社千品”富农工程专业合作社。2006 年，组织创办樟塘生产资料专业合作社，开展农资咨询服务、送货上门、指导农户科学施肥用药等事务。同年，被省供销联社确认为全省农业产业化龙头企业之一。2007 年，组建康美镇美山农产品专业合作社，首批 35 户农户加入。该合作社不断扩大农产品收购销售网络，使种植户受益。至 2008 年，县供销联社共组建农村专业合作社 4 家，为农户提供各项服务。

2. 农副产品流通信息服务中心 1997 年，县供销联社创建农副产品流通信息服务中心，作为县农副产品流通与价格信息发布平台，每年在网络、信息刊物发布大量农副产品流通与价格信息，拓宽销售渠道。2004 年，在互联网上注册“东山供销”网页，并入全省供销系统网站，开辟“供求信息”“东山特产”“最新动态”等 7 个板块，围绕东山鲍鱼、对虾、芦笋等农副产品的产销动态，及时向全县农户提供供求、价格信息以及政策和科技信息。至 2008 年，该服务中心下设 4 个信息站、13 个信息点，有信息员 19 人，年发布信息近千条。

3. 村级综合服务站 2001 年，县供销合作联社协助各基层社创办村级综合服务站。作为农村生产生活服务平台，服务站集购销、信息、科技、文化服务于一体。既拓展经营业务，又为农村提供综合服务，社会和经济效益明显。2008 年，全县有村级综合服务站 46 个，年为农村提供综合服务近百项。

四、日用品购销

1989 年，全县国有、集体日用品（工业产品）批发网点 8 家，从业人员 143 人；纺织品类零售商店 15 家，从业人员 73 人；百货类商店 24 家，从业人员 204 人；书店 2 家，从业者 11 人；日用杂品类零售店 11 家，从业者 61 人；综合性商店 31 家，从业者 145 人。全年集体商业各种服装购进 75562 件，销售 73294 件；缝纫机购进 363 架，销售 272 架；手表购进 162 只，销售 142 只；自行车购进 2044 辆，销售 1760 辆；电视机购进 112 台，销售 86 台（其中彩色电视机购进 15 台，销售 9 台）；录音机购进 343 台，销售 295 台；电风扇购进 1112 台，销售 889 台；洗衣机购进 53 台，销售 43 台；电冰箱购进 6 台，销售 6 台。1995 年，全县日用百货零售企业 11 家，网点 411 家，从业人员 769 人，商品购进总额 1578 万元，销售总额 1798 万元。日用杂品零售企业 7 家，网点 159 家，从业人员 259 人，商品购进总额 74 万元，销售 77 万元；纺织品、服装、鞋帽零售企业网点 566 家，从业人员 849 人。此后，社会日用品消费结构逐渐变化，洗衣机、冰箱等家用电器销售量逐渐增加；缝纫机、自行车、手表、半导体收音机、布匹的销量逐渐减少；针织毛衣、床上用品、毛巾、袜子销量大体保持平衡，服装更新换代加快。新型产品销售增多，五金交电品种、档次、规格不断提升；黑白电视机逐步淘汰，迅速发展 21～25 英寸遥控彩色电视机、新型进口摩托车、影碟机、录放像机、音响功率放大机、电脑、混响机、CD 唱机、VCD 影碟机等家庭日用音像产品。铜陵、西埔地区逐渐发展综合经营日用工业品的电器超市。林峰电器、人和电器商场、叶林电器、东山艺光电器等超市相继开业。有专门经营电脑及其配件产品的公司和经营部。服装、文化办公用品及小百货等商品多数从广东的汕头及广州采购，部分从漳州、泉州等地进货，直接由厂家供货的比较少。商品运到县城后再向乡镇扩散。2000 年，全县纺织品、服装、鞋帽零售业网点 456 家，从业人员 958 人；日用百货零售业网点 185 家，从业人员 610 人；五金交电化工零售业网点 38 个，从业人员 171 人；图书报刊零售业网点 25 家，从业人员 65 人；日用杂品零售网点 60 家，从业人员 133 人。2001 年后，县内各种型号的国产洗衣机、电冰箱、空调机销售逐渐增加，电脑、复印机、传真机等新型办公用品逐渐普及，国产品牌彩色电视机、新型电话机、空调机、燃气热水器、电热水器、太阳能热水器、遥控电风扇、消毒柜、各式照明灯具、摩托车、电动摩托车销量超进口产品。传统的服装市场逐渐被专卖店替代，而传统购布料裁剪加工的服装逐渐减少。大件耐用消费品、名优产品指定专卖店代理，统一市场价格。一些批量较少的货品，仍从漳州、泉州、汕头批发商进货。2008 年，全县日用品批发 10 家，零售网点 876 家。（限额以上）家用电器零售企业 1 家，从业人员 260 人，商品购进额 4434.6 万元，商品销售 4605.6 万元。纺织品、服装、鞋帽零售额 101.4 万元，日用品类零售额 574 万元，文化办公用品类零售额 14.1 万元，通信器材类零售额 17.6 万元。主要商场有吉马超市、恒晟超市、乐万家摩托车电器商场、东大电气、东百超市、成璋电器商场、三木电器商场等。

五、矿产品、建材及化工产品购销

1989 年，县内的钢材、水泥、玻璃制品、木材等建筑材料实行计划供应，由县物资部门负责调配，产品均从县外调入；砖、石、沙及壳灰等建筑材料，大部分由乡镇村企业生产经营供应。年内，建材企业 3 家，销售钢材 2451 吨、平板玻璃 1187 重量箱（8227 平方米）、木材 3008 立方米、水泥 6397 吨。1995 年，县内五金交电化工零售企业 2 家，网点 234 个，从业人员 356 人，商品购进总额 56 万元，销售 65 万元。1997 年，县物资部门调入计划钢材 1127 吨、水泥 927 吨、平板玻璃 1173 重量箱；销售钢材 1909 吨、水泥 6454 吨、平板玻璃 725 重量箱（12900 平方米）。1998 年起，县物资部门撤销，钢材、水泥、平板玻璃等建筑材料购销全面推向市场，私营个体建筑材料经营户迅速发展。2000 年，全县建材批发企业 2 家，网点 2 家，从业人员 65 人。（限额以上）建材批发企业 1 家，商品购进 4157.1 万元，销售总额 4619 万元，产品销售收入 3349 万元。此后，随着建筑项目增多，商品房大批开发，各种新型建筑材料出现，建材品种呈多样化和高档化。县内建材经营企业、网点不断增加。2008 年，全县矿产品、建材及化工产品（限额以上批发和零售业）有批发企业 3 家，从业人员 97 人，商品购进总额 121634.6 万元，销售总额 149039.2 万元。主要经营钢材、水泥及其制品，石板材、砖、河沙、防水材料，卫生搪瓷制品、玻璃制品、玻璃陶瓷制品、木材制品等。

六、石油及其制品购销

1989 年，县内石油购销由县石油支公司经营实行计划供应，计划内石油（以汽油、柴油为主）由省石油总公司漳州分公司按年定量，按季度安排供油，用户凭证定量购买。部分计划外石油开放经营。当年，全县石油商店 7 家，从业人员 75 人。

1990 年，全县供应石油 3456 吨，其中供应汽油 788 吨、柴油 2073 吨、煤油 589 吨、润滑油 6 吨。此后，石油供应逐渐开放。1995 年，石油及制品类中，汽油批发 8577 吨，柴油批发 17299 吨；柴油零售 259 吨，煤油零售 741 吨，润滑油零售 6 吨。1997 年，从事成品油仓储、批发、零售经营的企业必须通过县经济局审查才能经营。当年，有（限额）石油及制品批发企业 1 家，年石油及制品购进总额 24918 万元，销售总额 27117 万元。石油及其制品销售收入 23722 万元。2001 年后，各加油站油品销售实行自动化操作控制，实行油品统一配送、统一价格、统一报账、统一标识的管理模式。2005 年，全县企业单位加油站 39 家。全年购进汽油 409 吨、柴油 1563 吨、燃料油 1325 吨、液化石油气 122 吨、其他石油制品 1 吨。全年销售汽油 404 吨、柴油 1542 吨、燃料油 1329 吨、液化石油气 122 吨、其他石油制品 1 吨。2008 年，全县企业单位加油站 39 个。全年购进汽油 455.95 吨、柴油 1697.69 吨、燃料油 635.05 吨、液化石油气 76.51

吨、其他石油制品 4.68 吨。全年销售汽油 455.95 吨、柴油 1721.1 吨、燃料油 625.44 吨、液化石油气 76.51 吨。(限额以上)石油及制品批发限额以上法人单位 3 家，从业人员 97 人，商品购进 121634.6 万元，商品销售 149039.2 万元。主要石化储存经营企业有：大东石油化工有限公司、裕华石油化工有限公司、闽南能源发展有限公司、漳州安燃燃气有限公司东山分公司。

第四节　专卖品经营

一、烟草专卖

(一) 卷烟采购

1. 省内采购　1989 年，东山县购进卷烟按省烟草公司每季开产销订货衔接会的安排进行采购。1993 年，改由福建省卷烟批发贸易中心每月举办一次交易会，实行现货浮动价招标交易，县烟草公司以竞标方式采购。1995 年，改半年办一次订货会。2000 年，根据漳州市烟草专卖局下达销售量指标，直接从烟厂调拨。

2004 年下半年，县烟草公司撤销，以市公司为经营主体。卷烟采购由市公司统一进行调拨。至 2008 年不变。

2. 省外采购　1989 年，东山县省外购进卷烟由省烟草公司按计划安排，并通过市烟草分公司直接向国内烟草经营单位采购，县公司主要采购云南烟。2001 年，改由省公司采购经营，县公司向其电话订购，再派车到省公司运货。2002 年，改由市分公司采购经营，县公司直接从市分公司采购。2003 年后，省外卷烟调入量渐少。

(二) 卷烟销售

1989 年，东山县购进卷烟 8623 箱，销售卷烟 8985 箱，实现利润 71.35 万元，税 87.88 万元。1995 年，全县有铜陵、西埔、陈城、杏陈 4 个批点网点及前楼、樟塘 2 个代办点，有零售户 300 多户；当年销售卷烟 7121 箱。2002 年 8 月始，全县实行配送供货，同时撤销批点、网点、代办点，改设铜陵、西埔 2 个访销组，构建零售户网。当年，全县卷烟零售户 800 多户。2003 年，撤销访销组，成立电话呼叫中心，采用电话订货。建立营销队伍，为零售户提供销售服务。2004 年，卷烟销售推行电话订货、电子结算、网上配货方式。2004 年 7 月，撤销东山县烟草公司法人资格和卷烟销售电访中心，县境卷烟营销业务及仓储与配送业务，划归漳州市烟草分公司管理。2005 年，县境卷烟零售户 1205 户；年销售卷烟 9537 箱，利润 1366 万元，税 1748 万元。2008 年，全县卷烟零售户 1361 户，年销售卷烟 11497 箱。

1989—2008 年东山县烟草公司卷烟购销情况表

表 11-7　　单位：箱

年份	购入量	销售量	年份	购入量	销售量
1989	8623	8985	1999	7505	7443
1990	10164	10063	2000	7080	6869
1991	7164	7381	2001	6205	6213
1992	8047	7847	2002	6779	6901
1993	9678	9636	2003	3649	3635
1994	8564	8308	2004	9034	9034
1995	7044	7121	2005	9537	9537
1996	5576	5426	2006	9766	9766
1997	6420	6305	2007	10619	10619
1998	5600	5571	2008	11497	11497

二、盐品专卖

1989 年，东山地产盐继续销往广西梧州、江西赣南、广东等地区和福州第二化工厂、龙岩化工厂等单位。全县盐产品销售 97246 吨。

1990 年，受全国盐产供大于求、国家放开工业盐指令性调拨计划、销区自主选择产地调进盐产品等因素影响，东山地产盐销售量减少。盐务部门实行限产压库，各盐场产品除按盐务部门要求的数量保留库存外，实行自销。1995 年，全县盐产品销售 45430 吨。

1999 年，东山盐业实行体制改革，保留西港、向阳 2 个国有盐场，生产的盐产品按上级指标销售。镇、村盐场除岱南和双东规范（属西埔镇办）盐场的产品由盐务部门收购外，其他进行废转。2000 年，全县盐产品销售 16413 吨。2001 年后，国有盐场实行盐田单元个人承包经营，产品按计划收购，由县盐业公司收购调运。2005 年，全县盐产品销售 5398 吨。2008 年，东山市场所需食盐和食品加工用盐，主要由漳州盐业分公司从外地调入及地产盐供应。全县盐产品销售 20129 吨。

1989—2008 年东山县原盐产量与销售量一览表

表 11-8 单位：吨

年份	产量	销量	年份	产量	销量
1989	110064	97246	1999	28020	22087
1990	64966	88103	2000	19637	16413
1991	103051	77599	2001	15000	18213
1992	71788	69650	2002	13500	12774
1993	68679	62172	2003	11100	11547
1994	71990	40353	2004	8700	10586
1995	65474	45430	2005	3750	5398
1996	75849	35387	2006	11821	8625
1997	14645	18140	2007	18004	15600
1998	27169	17024	2008	18112	20129

第三章　对外及对中国港澳台地区贸易

第一节　出口贸易

一、出口贸易总值

1989 年，全县出口贸易总值 388.8 万美元。1995 年，全县出口贸易总值 4817 万美元。1998 年为 10023 万美元，首次超 1 亿美元，比 1988 年增长 24.75 倍。2000 年，全县出口贸易总值 5835 万美元。2005 年，全县出口贸易总值 10456 万美元。

2008 年，全县出口企业 48 家（三资企业 24 家、民营企业 22 家、国有企业 2 家），有 36 家企业获准一般贸易经营权。是年，全县出口总值 29735 万美元，比 1998 年绝对数增长 1.96 倍。其增幅列漳州市各县区首位。有出口业绩企业 22 家。其中，东山县海魁水产集团有限公司、新福水产冷冻有限公司、东毅食品有限公司、欧凯金属塑料制品有限公司、东兴水产有限公司、顺发水产有限公司、东协成水产食品有限公司、华昌食品有限公司、东亚水产有限公司、海之星水产有限公司等 10 家企业（年出口值均超千万美元）出口值共 2.24 亿美元，占全县出口总值 75.4%。

2005—2008 年东山县生产企业出口值统计表

表 11-9　单位：万美元

企业名称	2005 年	2006 年	2007 年	2008 年
顺发水产有限公司	1351	1311.7	1077.7	2945.2
东协成水产食品有限公司	5.5	157.3	795	2711
华昌食品有限公司	480	969	1410	2165.5
东亚水产有限公司	6.7	8.8	97	1180.6
海之星水产食品有限公司	—	41.2	706.4	1031
东盛食品有限公司	284.2	648.6	304.8	726.7
一峰食品有限公司	—	—	—	434.6
蓝特水产加工有限公司	33	90.5	463.2	399.3
聚华食品有限公司	156.9	379.3	347	393.9
龙生水产制品有限公司	241.5	244.9	210.4	390.6
勋源海产食品有限公司	37.3	220.6	292.9	347.8
福康水产食品有限公司	—	—	30.8	270.2
瀛海水产有限公司	—	—	123.5	259.5
顺达水产食品有限公司	—	—	81	219.5
乐兴水产食品有限公司	—	—	—	183
茂源水产食品有限公司	—	—	—	99.8
源兴水产有限公司	—	—	—	82.9
正顺食品有限公司	—	—	—	69.5
盈晖网具制品有限公司	—	—	—	44
宏祥水产有限公司	—	—	—	19.1
海星渔业有限公司	—	—	2.8	11.9
南达防护用品有限公司	—	—	4.8	5.3

二、一般贸易出口

1989 年，县内一般贸易出口以国有企业为主，主要出口商品有芦笋罐头、速冻芦笋、冻对虾、绳缆、花生仁及硅砂，还有海蜇皮、萝卜丝、海胆酱、桂圆肉、鱼钓、刺绣、纤维板及民俗用品等；主要销往地为德国、法国、荷兰、美国、韩国、巴基斯坦、泰国等国家和中国香港地区。是年，一般贸易出口总值 204.2 万美元。1991 年，县外贸公司开拓新品种、新市场，利用外商提供的新技术设备、新包装材料，生产新罐型芦笋罐头和速冻芦笋、蘑菇、海带、板栗、四季豆、荷兰豆等新品种，进入西欧市场；又与韩国、日本签订硅砂出口合同。1992—1994 年，一般贸易出口持续下滑，其出口总值分别为 349 万美元、288 万美元、260 万美元。1995 年，县外贸公司完善经营体制改革，采取灵活经营，开拓代理经营方式，当年，一般贸易出口总值 519 万美元。1996 年，县外贸公司根据国家外贸税收政策调整，拓展贸易渠道，向省经贸委争取芦笋罐头许可证，自营出口 2600 吨；协调县硅砂矿提高码头装载能力，出口硅砂 13 万吨。两大宗产品出口量突破历史最高水平。引导开发活海鱼、冻鱿鱼新产品出口。1997 年，县外贸公司与县东发公司协作，形成以港口为依托，推行自营与代理并举、对销与转口并举、大宗与小额并举的经营模式，巩固芦笋罐头、硅砂、水产品、速冻蔬菜类等传统拳头产品出口，开发塑料软绳、工艺品、柴油等新产品出口，自营出口 2900 吨。产品销往东南亚、东欧、西欧、中东、美国、日本、韩国等国家和地区及中国香港市场；全县一般贸易出口值 800 万美元。1998 年，东山县实施“巩固东南亚、加强港澳、拓展欧美日”的贸易网络战略，继续发挥传统商品出口优势，开拓新兴的国际市场，大宗商品出口规模稳定增长。当年，主要产品有绳缆等出口欧洲，速冻芦笋、菠萝汁饮料、鹌鹑蛋罐头、石英钟及工艺品等出口美洲。全县一般贸易出口值 1685 万美元，比 1997 年增长 1.1 倍。1999 年，东山县根据国家应对亚洲金融危机的政策调整，采取提高出口退税、财政贴息和出口奖励金等办法，扶持鼓励鳗鱼、罐头食品等产品出口。县外贸公司、县东发公司两家国有公司继续巩固东南亚、欧洲、美国、日本、韩国等国家和地区市场和中国香港地区市场，开拓中东、非洲和南美洲市场。2000 年，县海魁水产集团有限公司出口值 90 万美元，实现民营企业出口的新突破；大宗商品烤鳗鱼出口日本，鱼钓出口美国，两宗货值 2888 万美元，占当年一般贸易出口值 94.8%。新拓展新西兰、斐济、毛里求斯、俄罗斯 4 国市场。当年，全县一般贸易出口总值 3045 万美元。2001 年，受国际市场烤鳗、水产品等价格下降影响，全县一般贸易出口下滑。2002 年，县外贸公司新开拓沙特、阿曼、科威特等中东市场，新增代理出口机电产品。2003 年，出口企业运用电子商务渠道（电话、传真、电子邮件、国际互联网等）与客户联系，成功开辟索马里、南非、孟加拉、印度尼西亚等新市场。东山商品检验检疫局、县工商行政局等部门，引导生产企业申请国际认证。是年，有 8 家企业通过 HACCP 验证，3 家企业获 ISO 9000 质量体系认证。民营企业外贸出口恢复发展，其出口产品以水产品为主。当年，全县一般贸易出口值 1958 万美元。其中民营企业出口占 3/4。2004 年，东山县实施科技兴贸战略，出口企业提高加入世界贸易组织（以下简称“入世”）后应对能力。是年，有 9 家企业分别通过 ISO 9000 质量体系和 HACCP 国际质量认证。海魁水产集团有限公司取得国际认证后，出口量增加；县顺发水产有限公司为全省第 4 家取得欧盟注册。当年，全县一般贸易出口值 2841 万美元，比 2003 年增长 45.1%，其中民营企业出口占 8 成。2006 年，产品出口市场新增挪威、巴布亚新几内亚、巴西、秘鲁等国家。2008 年，东山县一般贸易产品出口市场有约旦、沙特、智利、葡萄牙等 60 多个国家和地区。全县一般贸易出口总值 14223 万美元，其中民营企业出口 13991 万美元，占全县一般贸易出口 98.4%。

三、三资企业出口

1989 年，东山县三资（外商投资、中外合资、中外合作，下同）企业出口值 102.4 万美元，比上年增长 9.5 倍。1991 年，东兴水产有限公司、义芳食品有限公司及远东速冻食品工业有限公司等企业相继投产。1993 年，东成食品冷冻有限公司、新福水产加工有限公司等企业投产，三资企业出口值增至 1510 万美元，占全县出口总值 3/4。1996—1998 年，县内又有一批三资企业投产，三资企业出口后劲加大，3 年出口值先后为 4305 万美元、5100 万美元、5835 万美元，占全县外贸出口总值分别为 71.5%、68%、58.2%。2001 年，东旺水产冷冻有限公司、顺丰益水产有限公司、新合发食品有限公司、顺丰益水产有限公司等企业投产，三资企业出口总值占全县外贸出口总值 40%。2002 年，全县三资企业出口占全县外贸出口总值 50%。2005 年，县内三资企业中有出口业绩 23 家，出口总值共 5133 万美元。2008 年，全县三资企业中有出口业绩 23 家，出口总值共 15168 万美元。

2005—2008 年东山县三资企业出口值统计表

表 11-10　　　　单位：万美元

企业名称	2005 年	2006 年	2007 年	2008 年
海魁水产集团有限公司	1003	1538.5	1952	5998.4
新福水产冷冻有限公司	974.4	1432.3	1740.2	2560
东毅食品有限公司	284.2	541.7	981.2	1598.3
欧凯金属塑料制品有限公司	816	915.5	1279.4	1185
东兴水产加工有限公司	914	609.2	302	1031.4
新合发食品有限公司	668.6	671	646	850.2
椿益塑胶制品有限公司	186.4	191	175.2	326.4
恒兴箱包有限公司	1.4	—	86.2	289.5
昱喜休闲用品有限公司	—	—	17.3	211.5
远隆食品有限公司	90.2	155.7	198.8	191
福泰渔具制品有限公司	67.7	98.3	125.3	189
专芳箱包有限公司	180.8	194.8	271.3	184.8
贝贝（东山）防护用品有限公司	142	195.2	188.2	152.4
美林蓓园艺有限公司	27.5	40.8	68.9	76.6
合泰金属塑料制品有限公司	57.7	61.2	65.7	72.6
全联冷冻食品有限公司	—	57.2	242.2	55.5
福助轻工有限公司	91.2	103.5	197	54.5
金福隆轻工有限公司	178.8	110	106.9	49.9
福煌五金制品有限公司	9.2	9.5	15.2	43
东旺水产冷冻有限公司	75.1	50.3	52.9	27.3
主州环保科技有限公司	33.1	15.4	—	8.1
长景饰品有限公司	11.2	24.5	1.3	1.7
江南轻工有限公司	—	—	1.3	1.5
富丽达食品有限公司	253.3	65	—	—
远东速冻食品工业有限公司	68	21		—
义芳食品有限公司	2.8	—	—	—

四、来料加工合作

1989 年，东山县延续开展来料加工、来样加工、来件装配生产和补偿贸易，简称“三来一补”（“三来”业务是由外商提供相关设备及原材料、辅料或零部件或样品，县内企业加工、装配、生产，产品交外商销售，企业收取工缴费；“一补”业务是县内企业利用外资船舶从中国港澳地区企业引进生产设备，用产品分期补偿）。是年，县内“三来一补”净出口 4.7 万美元，实收工缴费 3.4 万美元。1990 年，签订来料加工合同 24 个，主要有服装、针织、渔网具、五金、牛骨制品、铅铜工艺品、电子表壳、空白录音带等加工；补偿贸易合同 2 个 2.99 万美元。1992 年，“三来一补”主要加工项目有服装、包袋、渔网具、五金、丝袜、制鞋等。1993 年，“三来一补”净出口 12 万美元，实收工缴费 8 万美元，其客户均来自中国香港、澳门。1995 年，大部分外商客户转办三资企业，“三来一补”业务萎缩。1998 年，县内“三来一补”出口增至 900 万美元。1999—2008 年，东山县停止“三来一补”业务。

1989—2008 年东山县出口贸易总值统计表

表 11-11　　单位：万美元

年份	合计		其中					
	总值	比上年增（%）	一般贸易出口值	比上年增（%）	三资企业出口值	比上年增（%）	三来一补出口值	比上年增（%）
1989	388.8	127.6	204.2	270.7	102.4	956	4.7	-4.5
1990	635.8	63.5	304.3	49	184.1	79.8	7.1	51
1991	906.5	42.6	395	29.8	280	52.1	10.5	48
1992	1286	41.9	349	-12	500	78.5	10	-5
1993	2020	57	288	-17.5	1510	202	12	20
1994	3066	51.7	260	-10	2440	62	12	持平
1995	4817	57	519	99.6	3020	24	—	—
1996	6014	24.8	607	17	4305	42.5	—	—
1997	7500	24.7	800	32	5100	18.5	—	—
1998	10023	33.6	1685	110	5835	14.4	900	净增长不可比
1999※	5781	4.6	2775	46.4	1528	3	—	—
2000	5835	1	3045	9.7	1600	4.7	—	—
2001	3862	-33.8	2066	-32.1	1576	-1.5	—	—
2002	4685	21.3	1859	-10	2106	33.6	—	—
2003	5352	14.2	1958	5.3	2750	30.6	—	—
2004	7938	48.3	2841	45.1	4309	56.7	—	—
2005	10456	31.7	4087	43.9	5133	19.1	—	—
2006	13093	25.22	5940	45.34	5563	8.38	—	—
2007	15967	21.95	6051	2	8727	56.88	—	—
2008	29735	86.23	14223	135	15168	73.8	—	—

说明：1999 年起为海关口径统计数

第二节　进口贸易

1989 年，县内外贸进口仅限于三资企业投资采购自用的设备及用于生产出口产品所需原辅材料，外汇由企业自求平衡。是年，全县三资企业进口值 168.8 万美元。1990 年，全县三资企业进口值 220.9 万美元。2001 年，东山县积极应对中国“入世”后国家增加外汇储备，逐步放宽对国有、民营企业用汇审批等政策措施，实施鼓励企业“以进养出”政策。是年，全县三资、国有、民营企业增加进口原辅材料，经精加工扩大出口量，提高附加值。2003 年，全县进口原辅材料值 578.5 万美元。2005 年，企业商品进口值 2387.1 万美元。2008 年，全县有外贸进口的企业 24 家，进口原辅材料值 1273 万美元。

2007—2008 年东山县外贸企业进口原辅材料值统计表

表 11-12　　单位：万美元

企业名称	2007 年	2008 年
东兴水产加工有限公司（三资）	597.3	250.4
欧凯金属塑料制品有限公司（三资）	297.9	223.2
昱喜休闲用品有限公司（三资）	25	155
椿益塑胶制品有限公司（三资）	63	107.7
东毅食品有限公司（三资）	134.3	97.4
贝贝防护用品有限公司（三资）	122.1	92
新合发食品有限公司（三资）	59.5	76
主州环保科技有限公司（三资）	2.3	33
金贝贝防护用品有限公司（三资）	4.3	5.3
美林蓓园艺有限公司（三资）	2.9	6.4
金福隆轻工有限公司（三资）	16.3	4
专芳箱包有限公司（三资）	—	4.8
合泰金属塑料制品有限公司（三资）	1.3	2.2
东旺水产冷冻有限公司（三资）	12.6	6.8
长景饰品有限公司（三资）	0.8	—
新福水产冷冻有限公司（三资）	0.8	—
新发贸易有限公司（国有）	157	78.2
县外贸公司（国有）	11.9	15.4
旗滨玻璃集团有限公司（民营）	—	111.4
东协成水产食品有限公司（民营）	—	3.3
华昌食品有限公司（民营）	1.1	0.2
东盛食品有限公司（民营）	4.5	—
海魁水产集团有限公司（民营并购三资）	22.5	—
龙生水产制品有限公司（民营）	0.2	—
合计	1537.6	1272.7

第三节　进出口企业

一、外贸经营权企业

1989 年，县内具备外贸经营权的一般贸易机构有县外贸公司和县吉昌公司 2 家。1990 年 6 月，县吉昌公司被外经贸部取消进出口经营权。1997 年 5 月，县东发公司获准进出口经营权。1999 年 9 月，民营企业东山海魁水产集团有限公司获外经贸部批准取得进出口经营权。2001 年，利用国家放宽企业进出口经营权申报条件，县永发水产有限公司、华农股份有限公司、顺发水产有限公司 3 家民营企业先后获进出口经营权。2002 年，县启昌水产有限公司、东山龙生水产有限公司、县东盛食品有限公司 3 家民营企业和县硅砂矿、县梧龙硅砂矿 2 家国有企业获准进出口经营权。2003 年，县骏达食油有限公司、闽南能源有限公司、华远食品有限公司 3 家民营企业获进出口经营权。2004 年，县顺达水产有限公司、华昌食品有限公司、东协成水产食品有限公司、东亚水产有限公司、新福食品贸易有限公司、勋源海产品有限公司、福建东山环球水产有限公司7家民营企业和外轮供应公司、县新发贸易有限公司2家国有企业获进出口经营权。2005年，县宏兴贸易有限公司、蓝特水产有限公司、聚华食品有限公司、海之星水产有限公司、超然食品有限公司、海星渔业有限公司、恒鑫贸易有限公司7家民营企业先后获准进出口经营权。2006—2008年，县顺来发水产食品有限公司、宏祥水产有限公司、南达防护用品有限公司、超越电子有限公司、陆发商贸有限公司、大洋贸易有限公司、福康水产有限公司、瀛海水产有限公司、旗滨玻璃集团有限公司、一峰食品有限公司、乐兴水产食品有限公司、茂源水产有限公司、源兴水产有限公司、正顺食品有限公司、盈晖网具制品有限公司、东山海魁公共保税仓16家民营企业先后获进出口经营权。

2008年，全县有国有企业5家、民营企业40家、集体企业1家享有进出口经营权。其中，出口生产企业36家，贸易性公司10家。10家贸易性公司中，综合性外贸公司2家（县外贸公司和县东发公司），专业性公司2家（新发贸易公司和外轮供应公司），其他贸易性公司6家。

二、外贸企业选介

（一）东山县对外贸易公司

1989年，沿设县对外贸易公司，位于铜陵镇南门，为从事一般对外贸易经营的国有企业。内设办公室、财务科、食品科、矿产轻工科和综合贸易科。下设西埔外贸收购站，附设外贸加工厂、外贸海胆厂，有员工57人。1991年，与县东发公司、中国船舶工业总公司上海第九设计院合资投建外贸冷冻厂。1992年，企业进行改革，试行经营承包责任制。1993年，实行以法人承包为核心，组织业务骨干集体承包。1994年，各业务科实行优化组合，在编人员由68人减为35人，并妥善安置富余人员。1996年，增设内贸科。1997年，与东发公司合作，扩大产品出口。至2000年，企业一般贸易出口仍居全省各县前茅。2001—2002年，受国际市场产品价格下跌影响，出口总量下滑。2003—2005年，公司出口值在400万～500万美元之间。2007年，撤销内贸科。2008年，仅有零星商品出口，出口值23万美元。

（二）东山县东发贸易公司

1989年，沿设县东发贸易公司，位于铜陵镇东澳路2号。内设办公室、财务科和业务一、二、三科；下属宏盛商场、龙通电子公司及招待所。公司员工59人。1993年，企业对下属公司单位实行承包经营制。1994年，开拓大宗出口渠道，发展转口贸易，扩大经营品种，促进贸易发展。1997年5月，获进出口经营权，当年，出口值114万美元。1998年，一般贸易出口值1250万美元。1998—2002年，连续5年均以超千万美元的总量成为全县一般贸易出口大户。2003年，停止一般贸易出口业务。

（三）东山县新发贸易公司

2004年，成立县新发贸易公司，为国有控股股份制公司，与东发公司一套人马、两块牌子。经营一般贸易及对台小额贸易业务。2008年，一般贸易出口值为209万美元。

第四节　招商引资活动

一、引入招商

1989年5月，香港光大集团公司董事长王光英率团到东山参加漳州光阳玻璃浮法生产项目可行性研究报告论证会。

1990年，县委、县政府实施“文化搭台、经贸唱戏”外贸发展战略，7月5日，举行东山县首届关帝文化节暨“三胞”省亲恳谈会，新加坡、泰国客商及中国港澳台地区同胞共172名参加，洽谈经贸项目33个。其中，批准并上报立项9个，签订贸易合同11份，签订马銮湾旅游综合开发项目意向书。是年，台商、港商等到访洽谈商务者计2000多人次。1991年10月，举行“东山·闽台农业经济技术合作交流恳谈会”，有港、澳地区客商130多人参加，洽谈投资贸易项目16个。同年9月，韩国玻璃工业株式会社社长一行考察东山硅砂矿，签订12万吨硅砂购买合同。1992年11月，香港太平洋企业有限公司与汕头工商银行信托投资公司等单位联合开发“百亿新城”首期两个启动项目——东山岛金銮湾别墅区、工业城。1994年5月，与中国香港、澳门地区客商及外商签约20个投资合作项目。同年7月，香港隆泰房地产开发有限公司与西埔镇经济发展总公司联合开发西埔南市商住城。同年11月，签约8个项目。1998年7月，广东省东莞市300多名客商应邀到东山参加招商投资说明会。2004年5月，美国、加拿大、厄瓜多尔、西班牙、新加坡等国商会组成贸易考察团先后到东山考察，洽谈投资贸易意向。2006年6月，利用举行东山海峡两岸（福建东山）关帝文化旅游节契机，开展招商活动。2007年6月，举办投资说明会暨项目签约仪式，签约5个台资项目。2008年6月，第十七届海峡两岸（福建东山）关帝文化旅游节活动期间，签约8个项目。

二、出县招商

1989年，东山县组织经济、外贸等部门及企业负责人参加“9・8”厦门・福建投资贸易洽谈会（此后年年参加），签约项目4个，成交额278万美元，商品主要有速冻芦笋、工艺品等。1993年，县组团参加“9・8”厦门贸洽会招商活动，签约22个外资投资项目。1994年1月，组织人员参加省、市招商组往香港、新加坡等地招商，共签约10个外资投资项目。同年9月，县外贸公司参加在荷兰举办的中国工业品展销会，展出罐头速冻产品及工艺品，成交罐头800吨、百万美元。1995年，组团参加香港’95福建招商会，签约9个外资项目。1996年，组团参加“3・19”香港福建“九五”规划说明会，赴欧美开展招商，参加“9・8”厦门贸洽会，三次共签约17个项目。1997年，先后组团赴新加坡、马来西亚、韩国等国家及中国香港、珠海、汕头、厦门等地招商，参加“4・9”漳台经贸恳谈会、“9・9”漳州投资说明会、“12・11”漳州首届闽粤经贸洽谈会、“9・8”厦门・中国国际投资贸易洽谈会（此后年年参加）招商，共签约19个项目。1998年，先后组团分赴深圳、汕头、东莞、厦门等地招商，委托招商联络处开展网上招商，参加漳州市赴京沪项目推介会和香港招商会等，共签约45个项目。1999年，改进招商方式，在北京、厦门和境外建立招商引资联络点，扩大招商引资项目来源，并参加“9・7”漳台恳谈会等，共签约37个项目。2000年，县组团赴欧洲和中国香港地区招商，组织人员分赴广东、北京、厦门等地招商，参加香港中国投资贸洽会等，共签约43个港澳投资及外资项目。2001年，县组团分赴东莞、深圳、厦门等地，请在东山创业的外商、中国台湾商人牵线进行再招商，参加漳州“1・8”花博会（此后年年参加）等，共签约44个项目。2002年，县组团分赴东莞、深圳、厦门、晋江、漳州等地招商，共签约22个项目。2003年，县组团分赴东莞、泉州、厦门等地招商，共签约37个项目。2004年，县组团分赴汕头、珠江、温州、厦门、泉州、漳州等地招商，共签约39个项目。2005年，县组团参加东莞招商说明会等，共签约47个项目。2006年，县组团参加“4・2”泉州项目推介会、深圳招商会等，共签约26个项目。2007年，县组团赴上海、浙江、广州、泉州及等地招商，举办多场投资说明会，参加漳州水仙花雕艺展、东南亚旅游项目推介会等，共签约22个项目。2008年，县组团参加深圳投资贸易洽谈会等，共签约13个项目。

第五节　利用外资及中国港澳台资

1989年，县境延续利用外资兴办三资企业。是年，全县新办三资企业9家，合同金额478万美元，实际利用126万美元。1990年，全县新办三资企业10家，合同金额483万美元，实际利用212万美元。1991—1992年，全县新办三资企业57家，合同金额6721万美元，实际利用2210万美元。1995年批准外商投资企业19家，合同金额24138万美元，实际利用6050万美元，比上年增32%。1998年，全县新办三资企业36家，合同金额7640万美元，实际利用7057万美元。2005年，全县新办三资企业19家，合同金额4820万美元，实际利用1668万美元。2008年，全县新办三资企业5家，合同金额1973万美元，实际利用2325万美元。

至2008年12月，全县累计批办三资企业361家（平均每年18家），合同金额共126814万美元（平均351万美元/家）；实际利用74436万美元。全县三资企业尚在生产经营者95家，投资总额34623万美元，注册资本19411万美元。其中，食品业18家，水产品加工业16家，房地产业11家，包装包袋业9家，渔具业7家，酒店业6家，旅游工艺品业6家，生态科技业3家，服饰饰品业3家，体育防护用品业3家，观光园艺业2家，风力发电业2家，轻工类业2家，建筑装饰、机械、化工、印刷、塑胶、饲料、仓储物流企业各1家。投资者有美国6家、英国3家、新加坡12家、菲律宾6家、泰国1家、印尼1家、佛得角1家，以及中国香港26家、澳门3家、台湾36家。

1989—2008年东山县三资企业利用资金统计表

表11-13 单位：万美元

年份	新批三资企业数	合同金额	实际利用金额	年份	新批三资企业数	合同金额	实际利用金额
1989	9	478	126	1999	17	8907	5354
1990	10	483	212	2000	16	10596	5622
1991	17	864	550	2001	17	8388	5645
1992	40	5857	1660	2002	16	7233	4811
1993	40	10010	3520	2003	13	7580	2684
1994	25	8542	4600	2004	16	4112	3504
1995	19	24138	6050	2005	19	4820	1668
1996	12	5178	7250	2006	9	3396	1990
1997	10	5089	7505	2007	15	1530	2303
1998	36	7640	7057	2008	5	1973	2325

第四章 服务业

第一节 餐饮与旅馆业

一、餐饮业

1989年，全县经营饮食业者233家，从业人员609人。其中，国有饮食业3家，从业人员58人；集体饮食业16家，从业人员98人；个体饮食业214家，从业人员453人。当年，县内成立首家星级酒店——华福酒店（1989年由东山县政府和省华福投资公司合资投建，是漳州市第一家三星级酒店）为餐旅兼营企业。

1993年，县境全面放开粮油市场供销渠道和价格，个体餐饮业发展加快。至1995年，全县餐饮业基本由个体户包揽市场。经营形式也发生很大变化，夜市、早点、快餐大量出现；私营大排档快速增加。铜陵的团结路、南门湾和马銮湾等海边大排档成了东山夏夜繁荣之处。是年，全县餐饮业网点374家，从业人员972人，年营业额3372万元。随着东山旅游业发展，国有、集体、民营、外资等资本纷纷进入餐饮业（连带住宿业）。2000年12月，全县主要从事餐饮业法人17家，网点700个，从事人员2584人；年营业总额15904万元。此后，酒店逐渐增多，一批规模较大、设施较齐全的酒店、饭店先后开业，如金沙大酒店、金銮湾大酒店、台湾饭店、元丰酒店等。县政府先后出台政策，鼓励发展餐饮业，进一步推进餐饮业发展提高；大排档成为个体发展餐饮业的主要形式。2005年，先后成立一方酒店、秀东酒楼、恒达酒店、铜山酒店、华都酒店、成兴饭店等一批中高档酒店。2008年，全县餐饮业共837家，从业人员4105人，年营业总额26003万元。

二、旅馆业

1989年，县内注册经营旅店业有9家，床位710张，从业人员125人，主要是国有和集体企业。此后，随着旅游业的发展，新建扩建一批新设备较为完善的旅馆。私营旅店快速增加，民营、个体、外资等资本先后进入，推动旅馆业快速发展。

2003年后，旅馆业较快地向食、住、娱、游接待服务全面发展，并以豪华套房、商务套房、标准房、单人房供客人选择；收费由原来以床位为准改按标准房计费，并有钟点收费。县旅馆主要有华福酒店、华侨大酒店、金銮湾大酒店、漳州市财政培训中心、东山宾馆、焦作市东山海滨度假中心、渔业招待所、秀东宾馆、金成兴旅馆、南英大旅社、粮站宾馆、巧成旅馆、东山渔业招待所、松斌旅社、铜陵旅社、新城宾馆、元丰宾馆、吉达宾馆、绿都宾馆、元利宾馆、东港旅馆、甘泉宾馆、东风宾馆、西埔春风旅馆。其中，较具规模（星级酒店）有华福酒店、华侨大酒店、东山宾馆、金銮湾大酒店、台湾饭店、漳州市财政培训中心等。2008年，全县旅店业共47家，床位3420张，从业人员1988人，年营业总额7309万元。

2008年东山星级酒店（含住宿）情况表

表 11-14　　单位：万元

类别	法人单位个数	从业人员数	营业收入	年末床位数	年末餐位数
总计	6	446	1454	1112	1324
国有企业	3	142	772	550	650
联营企业	1	147	276	228	236
外资企业	2	157	406	334	438

第二节　摄影与广告设计业

一、摄影业

1989年，全县有摄影业14家，从业人员35人。其中，新城照相馆和城关（铜陵）照相馆为集体所有制企业，其他为个体经营。主要经营证件照、结婚照、风景照、纪念照等拍摄、冲洗业务。1992年，全县有摄影业28家，从业人员143人。

2000年，先后成立美林、倩影、星照彩扩部等照相馆。经营者引进进口冲印设备或数码快照速印设备，开展特约外拍或摄像，开设婚纱摄影等业务。2008年，全县有摄影业32家，从业人员158人。

二、广告设计业

1989年，县内有从事广告设计单位2家，工作人员数人。1990年后，从事广告设计经营单位逐渐增多，服务项目有广告策划、设计与制作。2000年后，广告设计业快速发展，从业者都以个体注册方式经营。2008年，全县从事广告设计7家，从业人员95人。主要有天艺广告有限公司、陆诚广告装饰中心、海生广告装潢中心、新形象广告有限公司、金典广告装饰工程有限公司、凌峰广告有限公司、博乙广告有限公司。

第三节　居民服务业

一、日用品修理业

1989年，全县从事日用品修理服务业199家，从业人员332人。多为集体或个体经营，业务有配钥匙和维修自行车、手表、电风扇、洗衣机、电视机等。随着日用工业品更新换代加快，新的家电维修服务业较快发展，有新型的洗衣机、电冰箱、空调机、燃气热水器、电热水器、遥控电风扇、消毒柜、摩托车、电动摩托车等家电维修，有电脑、复印机、传真机等办公用品维修。日用品修理服务一部分是由电器经营企业内设的售后维修部承担，对出售的品牌产品提供维修服务；大部分为个体修理店（也提供上门服务）。2008 年，全县日用品修理服务业近 100 家，从业人员 380 多人。

二、美容美发业

1989 年，全县从事理发服务业 65 家，从业人员 96 人。有集体经营，也有个体经营，服务项目主要有剪发、洗发。1995 年，集体经营的西埔理发店、城关（铜陵）理发社进行改制，人员大部分以个体方式继续从事理发服务。随着人们生活水平的不断提高，对美容美发的需求日益多样化，出现以女士美容美发为服务对象的新领域。理发服务项目增加烫发、染发、发型设计、吹风造型、晚装盘发、化妆美甲等多样性服务，并出现连锁店经营服务。2008 年，全县有美容美发服务业 105 家，从业人员 330 多人。

三、洗染业

1989 年，全县洗染业者 10 家，从业人员 19 人。经营户主要在西埔、铜陵地区，大部分为夫妻店、家庭作坊式的洗衣店，属个体经营。随着人们消费水平的提高，生活观念变化，以及服装纺织面料的快速发展，一些宾馆、酒店等单位也附设洗衣房。服务项目有洗、烫、染、上光等。2008 年，全县洗染业 28 家，从业人员 45 人。

四、家政服务业

1989 年，县内开始有家政服务人员，服务项目多为临时保姆或钟点清洁工。2000 年后，以社区为依托组建家政服务公司，组织下岗职工或农村富余人员从事家政服务。服务项目有钟点清洁工、保姆、月嫂、护理、搬家搬运等。2008 年，全县家政服务单位 12 家，主要有宏鑫家政服务有限公司、龙舞社区益群家政服务有限公司、解百家政服务有限公司、演武社区利民家政服务有限公司、西埔镇白石家政服务有限公司、桥雅社区好帮家政服务有限公司、县金亭家政服务公司等 10 家，从业人员 214 人。

五、中介服务业

1989 年，县内中介服务业 4 家，从业人员 10 多人。此后，从事中介服务逐渐发展，业务多为二手房买卖、房屋租赁介绍等。2000 年，中介服务项目快速发展，有职业介绍、房产评估、土地评估、房产转让介绍、土地转让介绍、房地产抵押评估、二手车转让介绍、礼仪服务等。2008 年，全县中介服务业 11 家，从业人员 82 人。主要有县人才技术信息交流中心、县地价评估事务所、东山阳光房产中介、东山恒瑞房地产中介有限公司、县住友房产中介服务有限公司、金土地评估有限公司东山分公司、东兴中介有限公司、欣立中介服务有限公司、西埔镇舒心房产中介服务部、西埔镇安居房产中介服务部。

第五章　管　理

第一节　机　构

一、商业机构

（一）东山县商业局

1989 年，沿设县商业局，内设秘书股、政工股、业务股、财务股，工作人员 17 人。下辖 10 家国有商业企业：县百货公司、县纺织品公司、县五金交电化工公司、县华侨友谊公司、县食品公司、县饮食服务公司、县糖业烟酒公司、县贸易商业公司、县商业工业品经营部、东山外轮供应公司；3 家商业工业企业：城关糕饼厂、第一糕饼厂、县商业罐头厂。1997 年，县商业局撤销，管理事务归县经济局。

（二）东山县物资局

1989 年，沿设县物资局，承担国家指令性生产资料钢材、水泥、玻璃、化工产品、机电产品等计划调配供应。1992 年，物资市场放开后，主要承担抗洪救灾重要物资的供给与储备，专营、管理爆破物品。内设人秘股、业务股、财务股，人员 44 人，下辖东山县物资综合经营部（集体企业）。1997 年，撤销县物资局，改设东山县物资站，归县经济局管理，为事业单位，管理原物资局的资产与人员，专营爆炸物品。

（三）东山县财贸委员会

1989 年，沿设县财贸委员会，内设办公室、政工科、经贸科，人员 15 人。1997 年，撤销县财贸委员会，管理事务归县经济局。

（四）东山县经济贸易局

1997 年，成立县经济局，同时县财贸委员会、县商业局、县物资局、县经济委员会、县工业局、县二轻局撤销后其职能划入。内设办公室、政工股、工业股、贸易股、综合股，工作人员 31 人。1999 年，改称县经济贸易局。2008 年，工作人员 19 人。

（五）东山县乡镇企业局

1989 年，沿设县乡镇企业局，隶属于农业局。2004 年，由县农业局析出，并入县经济贸易局。

（六）东山县食品安全委员会办公室

2006 年 4 月，成立县食品安全委员会，下设办公室，挂靠县药监局，负责食品安全管理事务。2008 年，工作人员 2 人。

二、供销机构

（一）东山县供销合作社联合社

1989 年,沿设县供销合作社联合社，下辖事业单位县罐头原料公司；管辖县农业生产资料公司、县土产日杂公司、县果品食杂公司、县供销速冻厂等 4 个国有企业；管辖西埔、铜陵、陈城、杏陈、前楼、樟塘、康美等 7 个基层供销社；下有西埔工业品店、西埔综合商店、西埔贸易商店、城关（铜陵）果品商店、城关贸易商店、城关日杂商店、陈城综合商店等 7 个集体商店。联合社内设人事科、业务科、基层科、财务科，工作人员 30 人。1996 年 12 月，被列为事业单位，经费由县财政核定拨补。2007 年 3 月，被列为科级事业单位，经费改由县财政全额核拨。2008 年 2 月，列为参照公务员法管理单位，内设办公室、综合指导科、财审科、资产管理科，工作人员 19 人。

（二）基层供销社

1989 年，县内基层供销社有西埔（人员 107 人）、城关（铜陵，人员 197 人）、康美（人员 43 人）、前楼（人员 33 人）、樟塘（人员 38 人）、陈城（人员 81 人）、杏陈（人员 97 人）等 7 个，共有职工 596 人，各为独立法人，属集体所有制企业，均设理事会和监事会；人事、业务等归县供销联社管理。1995 年后，各基层供销社逐步实行改革，分流职工，依法予以经济补偿，职工与企业脱离劳动关系；同时改设为经营点，并保留原机构名称，以服务“三农”为主；返聘部分原企业人员经营农业生产资料。2008 年 12 月，有西埔、铜陵、杏陈、樟塘、前楼、陈城基层社完成改制，共有经营网点 57 个，均采用场所租赁、人员聘用、自负盈亏、基层社监督管理的运营模式。

三、粮油机构

（一）东山县粮食局

1989 年，沿设县粮食局，有管理和经营双重职能，内设人秘股、财会股、购销股、储运股，工作人员 34 人。1993 年后，负责粮食宏观调供，管理粮食专项储备、军粮供应和市场监控。1997 年，定为副科级单位。后，下辖企业多有变动。2008 年 12 月，局设人秘股、监督检查股、业务股，工作人员 17 人。

（二）粮油经营企业

1989年，县粮食局所属粮油经营企业6家。其中，国有粮站4家：城关粮站（员工80人）、西埔粮站（员工60人）、杏陈粮站（员工30人）、陈城粮站（员工40人），负责城镇居民平价粮油供应，员工210人。粮油议价经营企业3家：县粮油贸易公司、县兴利贸易公司（两公司共有员工17人）、县粮油食品工业公司（为国有企业，员工18人）。饲料经营企业1家：县饲料公司（辖县饲料厂，员工13人）。另辖管粮油加工企业4家：西埔粮油加工厂（员工57人）、城关碾米厂（员工26人）、城关面粉厂（员工12人）、县饲料厂（员工13人），为国有企业，共有员工108人。辖管粮食复制品加工厂2家：城关粮食复制品厂（员工54人）、西埔粮食复制品厂（员工30人），从事粮食制品加工，为集体企业，共有员工84人。1992年7月，增设县粮食经营部。1993年，撤销西埔粮食复制品厂。1995年，撤销城关粮食复制品厂。1998年3月，撤销县饲料公司。同年4月，重组县粮油贸易公司，并将县粮油食品工业公司、县兴利贸易公司入该公司。11月，改县粮食经营部，设县粮食储备库，为国有企业。1999年，县内各粮站更名为粮食购销公司，为政策性国有企业,有经营员工205人。2000年7月，撤销杏陈、陈城粮食购销公司；铜陵、西埔粮食购销公司更名为铜陵、西埔粮油贸易有限公司，改制为非政策性国有粮食企业，员工94人。同年，注销西埔粮油加工厂、城关碾米厂、县饲料厂，员工分流，依法予以经济补偿，职工与企业脱离劳动关系。

2008年12月，县粮食局所属粮油经营企业有县粮油贸易公司（员工10人）、县粮食储备库（员工14人）、县粮食购销有限公司（员工5人）以及铜陵、西埔粮油贸易有限公司（员工83人）等单位。

四、专卖机构

（一）东山县烟草专卖局

1989年，沿设县烟草专卖局（与县烟草公司为一套人马、两块牌子），下设人秘股、专卖股、业务股、财务股，工作人员13人。1999年，增设西埔专卖管理所；2002年，设铜陵专卖管理所。2003年，设稽查大队。2004年6月，改属漳州市烟草专卖局。2008年12月，全局工作人员55人。

（二）东山盐务局

1989年,沿设县盐场管理处，内设办公室，下辖西港、向阳、双东等3个国有盐场，管辖陈城、白埕、岱南、前何、礁头、大嵊、康美等7家盐务所和西埔湾麻袋仓库，有工作人员50人。1993年，加挂东山盐政处牌子。1994年，设盐政检察室，1995年撤销。1996年，设东山县人民法院盐政执法联络室。

1997年，改称东山盐务局，内设财务科、盐政科及铜陵盐站，工作人员50人。1999年，实行机构改革，负责诏安县、云霄县的盐品专营和盐业执法职能。保留陈城、白埕、埕英、大嵊等盐务所和西埔湾麻袋仓库。2002年1月，东山盐务局改属漳州盐务局，内设营销科、盐政科，为非独立核算单位。定编17人，全员通过竞争上岗。2008年，工作人员17人。

（三）企业单位

1.东山县烟草公司 1989年,沿设县烟草公司，位于西埔尖山南，与县烟草专卖局为一套人马、两块牌子，员工13人。1993年迁址至铜陵苏峰四路，建有办公楼和仓库。2002年迁址西埔。2004年6月，县烟草公司法人代表资格取消，改属漳州市烟草公司辖管。2005年5月，建新办公楼，位于东山经济技术开发区，占地面积16127平方米，2008年投入使用。2008年12月，有工作人员55人。

2.福建省盐业公司东山支公司 1997年,成立福建省盐业公司东山支公司,与东山盐务局为一套人马、两块牌子。2002年1月，改属漳州盐业分公司，为非独立核算单位，只承担东山县盐务经营。2008年不变。

五、外贸机构

（一）东山县外资工作领导小组

1990年10月，成立县外商投资工作委员会，下设办公室，挂靠县外经委，为一套人马、两块牌子。

1995年8月，成立县外资工作领导小组，下设办公室，挂靠县外经委，为一套人马、两块牌子；同时撤销东山县外商投资工作委员会。至2008年不变。

（二）东山县对外经济贸易局

1989年，沿设县对外经济贸易委员会，内设办公室、外资劳务管理科、贸易管理科；下辖县对外贸易公司、东发贸易公司、县对外经济合作公司，托管东山华福酒店、东山拍卖行，有工作人员8人。

1997年7月，改为县对外经济贸易局（简称外经贸局），负责县外贸、外资、外经工作，内设机构和下辖经营单位不变，有工作人员8人。

2000年5月，与县经济贸易局合署。2008年，内设办公室、外资劳务管理科、贸易管理科；下辖对外贸易公司、县东发贸易公司、县对外经济合作公司，托管东山华福酒店、东山拍卖行。全局工作人员6人。

第二节　经营管理

一、商业经营管理

（一）生猪定点屠宰

1989年，县内生猪屠宰由县食品站负责。1995年，东山县逐步实行“定点屠宰，集中检疫、统一税费、分散经营”的生猪定点屠宰管理制度，西埔、铜陵地区上市生猪到县食品站指定的屠宰点屠宰；其他乡镇生猪屠宰由乡镇食品站人员负责，猪肉上市销售前到定点屠宰场补检、缴税费。

2004年2月，县政府成立县牲畜定点屠宰管理领导小组，下设办公室，挂靠县经贸局，负责全县生猪定点屠宰管理工作。出台《东山县关于在全县实行生猪定点屠宰管理的通知》，成立县牲畜定点屠宰管理执法队，人员由县经贸局、县工商行政管理局、县畜牧兽医站、县卫生局等组成。2008年，全县设立生猪定点屠宰点1处；执法队人员10人，年执法检查生猪屠宰点近百次。

（二）成品油市场管理

1989年，县内成品油经营资格由县财贸委员会负责审核。1997年，改由县经济局负责审核。2006年11月，县经贸局根据《成品油市场管理暂行办法》，实施成品油经营行业管理，对成品油仓储、零售经营资格进行审核。2007—2008年，县内共审核成品油仓储1家、成品油批发经营2家、零售经营35家。

（三）酒类行业管理

1989年，县内酒类行业管理由县商业局负责审核。1997年起，改由县经济局管理。2005年11月，县经贸局根据商务部《酒类流通管理办法》，成立县酒类流通管理领导小组，下设办公室，挂靠县经贸局，负责全县酒类流通管理事务。自2006年1月1日起，开始实行酒类流通登记制度和溯源制度。2008年，全县按规定登记的酒类经营户83户，购买酒类流通随附单52本。

（四）食品安全管理

1989年，县内食品安全管理继续分别由县工商行政管理局、县食品卫生监督所、县财贸委员会等单位负责监督检查。1997年起，分别由县工商行政管理局、县食品卫生监督所、县经济局等单位负责监督检查。

2000年，县经济贸易局与县工商行政管理局等部门开展治理餐桌污染专项整治。以经营副食品进货渠道为检查重点，查处不合格进货渠道的肉类、蔬菜类案件5起，案值2.6万元；查处食品有质量问题经营户30户，案值56万元。

2004年，设立县治理餐桌污染，建设食品放心工程领导小组办公室，挂靠县经贸局，管理全县食品安全事务，开展食品安全检查。

2006年，改设立县食品安全委员会，食品安全管理事务移交县药监局管理。2007年，开展食品安全整治工作，对食品生产、经营、餐饮企业进行监督，检查饮食商店及校园周边饮食摊点。

2008年，县政府出台《东山县重大节假日期间食品安全专项整治工作方案》，组织开展28次食品安全联合执法；接受群众咨询、投诉等928多人次，为群众解决食品安全问题28件，督促24家存在食品安全隐患的食品经营单位整改。

二、供销经营管理

1989年，县内各乡镇供销社经营农药、化肥等农业生产资料产品，共有农资零售网点38家，执行“五个统一”（统一进货渠道、统一质量标准、统一批零差价、统一零售价格、统一明码实价）制度。县供销联社对经营企业进行监管，维护农民利益；组织送肥、药到田间地头，方便农民生产。是年，组织3次农药、化肥专营市场大检查，查封非法经营化肥1781公斤、农药8130瓶，销毁失效农药580瓶。1995年，农资市场逐渐放开。县供销社加强农资市场经营管理，整合农资经营网点资源，扩大农资零售网点，增设系统外农资零售网点20家。组建18家“庄稼医院”，接受农民咨询，走进田间地头开展农作物病虫害防治。1996年3月，与县工商、物价、质量监督等部门联合开展农资市场专项整治，共检查农资经营户88户，查处违法经营户16户，查获假化肥30吨、假农药452公斤。1999—2008年，供销联社每年开展农资市场经营检查，保证农资产品质量。2008年，县供销联社未发现销售假化肥、假农药者。

三、粮食经营管理

（一）建立粮食风险基金

1993年，东山县开始建立粮食风险基金，按省县1:1.5比例筹集，开设财政专户，由县政府按规定调度使用。使用范围为县级储备粮油的利息、粮油更新和日常管理费用。至1995年，共筹集基金78万元。1996—2001年，共筹集200万元。2001—2008年，筹集基金250万元。

粮食风险基金支用为：1993—2000年，年均支出184万元；2001—2007年，年均支出207万元。

（二）粮食专项储备

1993年，东山县建立粮食专项储备制度，东山粮食储备库以储备稻谷为主。日常存储管理由县粮食储备库和铜陵、西埔两个国有粮油贸易公司共同承担。是年，落实县级储备粮，各责任单位严格依规管理，多次更新库存，确保储备粮油安全。2000—2008年，多次扩建新仓储，确保粮食安全。

（三）军粮供应管理

1989年，县内军粮供应凭军队供粮计划和“平价购粮票”“财政粮票”等，在指定的军购粮店优先优质供应所需粮油。当年，有军供网点3家。1993年，改凭“军粮供应卡”供应，实行平价、电脑联网管理。1994年6月起，执行国家颁布的《军粮供应与管理办法》。2000年6月，设县军粮供应站，网点2家。同时，强化服务与管理，坚持军粮质量第一责任人制度和“一批一检一报告”制度。县军供站于2007年被省粮食局和人事厅评为“2004—2006年度先进集体”。

（四）粮食市场管理

1998年6月，县粮食部门执行国务院《粮食收购条例》《粮食购销违法行政处罚办法》，对粮食批发企业实行准入制度；成立由副县长任组长的粮食市场管理领导小组。县粮食局和县工商行政管理局联合成立粮食稽查队，依法对全县粮食市场进行检查。1995年，对粮食购销工作进行量化管理考核，从省内外采购调进粮食2000多吨，调剂粮资金周转总额1157万元。1999年，检查粮食市场382次、粮食经营户295户。2000年，县内获经营许可证的粮食收购批发企业4家。2004年，执行国务院《粮食流通管理条例》。县粮食和县工商部门进一步完善粮食市场监管，年检查粮食市场数十次，确保全县粮油商品质量安全；建立重点粮油经营大户的经营台账。2008年，县内获经营许可证的粮食收购批发企业4家。

四、专卖管理

（一）烟草专卖管理

1.烟草经营管理 1989年，县烟草专卖局执行《中华人民共和国烟草专卖法》和《福建省烟草专卖管理办法》，开展宣传和执法管理。1991年起，卷烟批发价和零售价全面放开，县级公司获得三级批发的卷烟定价权，并成立定价领导小组，负责卷烟批零价格的制定和调整。2000年，实行全省地产烟属地销售的控制，执行省统一批发价。2001年8月，对烟草经营户零售实行户籍化管理，以“管理到户、服务到户、宣传到户”为标志，建立经营户档案，分片包干，责任到人，实行长效动态管理，促使市场占有率、合法经营率迅速提升。2003年6月，开展“烟草经营户籍化管理提升为诚信等级管理”工作。2004—2008年，开展明码标价工作，并利用电脑CRM系统对卷烟零售户进行户籍化管理。

2.违法案件查处　1989年，县烟草专卖局开展查处无证运输卷烟行为；与公安、边防、工商、渔政部门协作，联合开展专项打假。是年，查获走私烟案4起，没收卷烟3000多件，价值500万元。至1994年，查获海上走私卷烟共6743件。1995年至1998年，查获走私卷烟共3920件。1999年至2003年6月，共查处烟草非法渠道进货和销售案件124起；查处非法运输案件203起。2003年7月至2005年，共查获假冒商标卷烟11548件、卷接机5套，予以销毁。2006年，县烟草专卖局会同省、市打假部门，在公安机关配合下，查破制假窝点7个，查缴大量制假设备和原辅材料，抓获11名制假嫌疑犯移交县公安部门处理。2007年，县烟草专卖局与公安部门协作，侦破东山“6•22”销售假烟网络案件，涉案金额200多万元，涉及跨省十多个市县，涉嫌人员38人。查获走私香烟550件；查破制假窝点3个，查缴一批制假物资，抓获14名制假嫌疑犯移交公安部门处理。2008年，查破卷烟制假窝点1个，查缴多件制假物资。

（二）盐务管理

1.盐税管理　1989年，盐税延续由税务机关按盐品放运三联单，每吨征收142元。年盐税入库约300万元。之后，由于镇、村办盐场普遍实行私人承包经营，对镇村盐场实行定产定税办法，直接向盐场征收税金。1999年，盐税调整为每吨140元。国营盐场由县财政局从盐场销售收入中代征入库。

2.查缉盐品走私　1989年，东山县盐业派出所延续加强查缉盐产品走私。至1992年，共查获走私盐案件215起，罚没款22.76万元。之后，东山查缉盐走私工作先后由公安盐业派出所、盐政处、稽查大队负责。2005—2008年，东山境内共查获走私盐案件344起，罚没款56万元。

五、对外贸易管理

（一）一般贸易宏观管理

1989—2008年，东山县一般贸易宏观管理由县外经贸局（委）负责。主要有审核转报企业申报并协助争取外贸经营权、出口许可证切块下达；研究与部署适应国际市场变化和企业外贸发展的经营策略，及时修正企业经营方案；编制、制订企业外贸发展规划和年度工作目标，掌握企业出口进度；协调有关单位为企业提供出口货源、通关、检验检疫、出口退税、结汇结算、资金周转等提供方便；协助解决企业经营中遇到的困难和问题。

（二）外商投资管理

1.项目管理与服务　1989年，县外经贸局（委）继续将管理职能与协调、服务相结合，在管理中实施服务，在协调中增强服务。加强外商投资项目管理，从宣传、招商引资，到项目申报、项目论证、签订合同、制订章程、核发批准证书、筹建企业、开业投产，直至经营期满申报终止停业，全过程纳入管理与服务范畴。根据审批权限，及时受理外商投资所呈报的文件审核批准，或向上级专报，反馈协助解决审批中存在的问题，对经营中的项目进行管理和跟踪服务。1995年8月，县政府出台《关于外商投资联合办公制度》《关于外商投资重点项目联合审批制度》《关于引进外资考核制度》及《关于进一步加强台资企业管理和服务工作的意见》，对外商投资项目的签订、申报、审批、跟踪、服务、协调等环节作详细规定。1998年，推行社会服务承诺制度。2001年，沟通协调解决口岸通关问题，配合税务、海关等部门做好“中国电子口岸”联审备案和出口退税、出口贴息等工作。及时上报兑现“出口奖励金”和国家提供的“中小企业国际市场开拓资金”。2002年，继续抓好世贸知识的宣传与普及，加强应对“入世”工作指导，及时通报各种进出口食品安全警示及相关国际的绿色壁垒；加强与海关、检验检疫局等部门协调，推进“大通关”环境建设，加快出口货物通关速度。2005年，开展“我为外经贸企业办实事”活动。当年，帮助企业争取出口增量奖励金、出口保险补贴及反倾销应诉补贴，计20多万元。帮助企业申办质量认证，全县累计取得ISO9000质量认证企业有9家，获得对美国HACCP国际认证企业10家，对韩国注册企业11家，对加拿大注册企业3家，对欧盟注册企业4家，出口卫生注册水产品加工企业18家。2007年，县政府出台《东山县鼓励投资优惠政策》，推进项目跟踪落实与服务，建立协调工作机制。促进东山县海魁水产集团有限公司并购外资，东山椿益塑胶制品有限公司、东山新合发食品有限公司、东山欧凯金属塑料制品有限公司等企业增资，福建省东山澳仔山风电开发有限公司风电2期及新批的东山融丰食品有限公司、上峰包袋有限公司等企业到资。落实出口扶持政策，帮助5家出口重点企业申请“省农轻纺贸易促进资金”“省2007年成长型中小企业扶持资金”“省适应国家政策调整专项资金”等，共378万元。2008年，制订《东山县招商引资管理办法》，协助企业解决产品出口遇到的困难，使东山县海魁水产集团有限公司、东山县顺来发水产食品限公司、东山县东协成水产食品有限公司、东山县新福水产加工有限公司、东山县华昌食品有限公司等企业完成出口值2000万美元。引导企业强化品牌意识，协助企业做好名、优、特、新产品研发，新增东山县东协成水产食品有限公司开发冻煮鲍鱼、东山县海魁水产集团有限公司开发金枪鱼罐头、东山县新福水产加工有限公司开发海鳗鱼片等出口产品，开拓中东、美洲等新市场。帮助30家企业争取外经贸发展专项基金、境外展销补助资金、外经贸应急调控资金、福建省促进重点出口产品结构优化扶持资金、成长型中小企业扶持资金，共153万元。

2. 清理税外收费项目 1995年，东山县成立以县长任主任的外商投资企业税外收费审查委员会，以分管副县长为组长的清理收费工作小组，制定《东山县经有权机关批准的涉及外商投资企业税外收费项目一览表》和《东山县涉及外商投资企业税外收费停、缓收项目一览表》。取消收费项目19个，并把税外收费纳入规范化管理。1998年，县政府公布《关于进一步规范涉外企业税外收费有关事项的通知》，防止已取消的收费项目反弹。2001年起，执行省政府公布的《福建省涉及外商投资企业税外收费项目目录》，建立外商协调座谈会制度，定期或不定期邀请外商及涉外职能部门召开座谈会，听取意见。

3. 建立外商投诉制度 1995年8月，县政府制定《关于外资投资权益保障制度》《关于外商投资企业投诉管理制度》《关于外资企业对职能部门民主评议制度》。1997年，规范外商投诉制度，设立县外商投诉中心，直接受理外商投诉，全年受理外商投诉8件，全部妥善处理。1998年，确定每月15日为局长接待外商投诉日，做到每件投诉均有回音。全年受理外商投诉8件，都妥善解决。县外经贸局协同县人大、县监察局等部门走访重点三资企业28家，协助解决投资软环境存在的问题。2000年，县政府实行“一投诉、一登记、一查办、一反馈”外商投诉管理制度。全年受理外商投诉2件，均合理解决。2008年，外商投诉管理进一步规范，投诉件全部及时妥善解决。

（三）外贸企业管理

1989年，东山县国有外贸企业实行改革。县外贸公司以“扩大出口创汇”为中心，开展贸易联营、工贸联营，组织名优传统商品出口，开拓新产品新市场，推行代理出口业务。1992年，县外贸公司试行经营承包责任制。1993年，转换企业经营机制，试行《落实企业经营责任制和承包方案》，以法人承包为核心，实行集体承包与层层分包相结合形式落实承包指标，将出口计划、出口净收汇和经营利润基数承包，超收多留、歉收自补。1994年，县外贸公司实行优化组合，精减人员，妥善安置富余人员。1995年起，推行公司全员合同制度。1996年，健全各业务科指标考核制度，落实考核奖惩挂钩措施；公司经理与主管部门外经委签订完成出口创汇、利润指标的承包合同，并将经营指标分解到各科室，按月考核、按季小结、全年总算并兑现奖惩。经营上坚持自营为主，强化代理业务，稳定老客户、联络新客户，开发新产品、拓宽贸易渠道，以促进贸易发展。但是，由于多种原因，业务与效益连年减少。2008年，县外贸公司经营困难。

第十二卷　旅游业

东山县旅游资源丰富，自然景观与人文景观多姿多彩。1989 年后，中共东山县委、县人民政府注重旅游景区、景点规划，先后编制完成《东山风动石—塔屿风景名胜区总体规划》《马銮湾旅游综合开发区控制性详细规划》《东山岛旅游经济开发区总体规划》《东山县旅游发展规划》等，加强景区、景点各项设施建设。2008 年，在旅游经济开发区 58 平方公里范围内，全部达到“三通一平”（通水、通电、通信，道路平整）标准。

1989—2008 年，县政府加大旅游配套项目招商，组织人员分赴新加坡、泰国等东南亚国家，以及中国香港、台湾、北京、上海、广州、深圳、厦门等地，推出“东山旅游招商项目库”向各地客商推介。并通过参加“4·9”漳台恳谈会、“9·8”厦门国际投洽会（第三届海峡旅游博览会）、全国旅游交流会，举办海峡两岸（福建东山）关帝文化旅游节，承办旅游赛事，发行宣传品，积极推介东山旅游资源和旅游环境，与各地客商洽谈休闲游乐设施、酒店建设等项目。精心规划旅游路线，打造岛内岛外两条旅游线路。2008 年，东山县往岛外的旅游线路共 7 条，岛内有一日游至七日游综合旅游线和 12 条专项旅游线路。同时，成立东山县旅游资源保护大队，实行旅游资源保护责任制，加大景区绿化和景区旅游食品卫生及安全管理。在海区景点增设瞭望台，设立海上安全警戒线、配备救生艇和救生员，景区安全设施进一步完善。对导游活动及旅游市场实施监管，实行导游员参加全国导游员资格考试制度，建立旅游投诉制度，实施《东山一地导游员管理暂行规定》。

2008 年，东山县被福建省旅游局评为“优秀旅游县”“福建最佳旅游目的地”。有国家 AAAA 级旅游区——风动石景区、国家健康型海水浴场——马銮湾景区、国家森林公园、国家级生态示范县等国家级旅游品牌。拥有 47 家宾馆（酒店、度假村）和 7 家旅行社；旅游定点接待单位 28 家。全年接待境内外游客 118 万人次，旅游总收入 4.27 亿元。

第一章　景区景点

第一节　风动石景区

一、风动石景区简介

风动石景区位于铜陵镇东端，面积 15 公顷，是融奇石、古城、庙宇等为一体的观光朝圣旅游区。景区于 1987 年被福建省人民政府列为第一批省级风景名胜区。1991 年起，先后对该景区的宝智寺、城隍庙进行修缮，扩建武庙广场，建西门楼、综合广场、旅游码头和商业网点等。2002 年 3 月，风动石景区被评为国家 AAAA 级旅游区，成为漳州市首家国家高级别旅游区。2007 年，改造关帝文化广场，启动关帝庙右侧片区拆迁改造，进行扩区升级。

二、风动石景点

（一）风动石

风动石是东山岛的标志性景观。位于东山关帝庙左侧海滨，石高 4.37 米、宽 4.47 米、长 4.69 米、重约 200 吨，巍然屹立于一块卧地凸起且朝海倾斜的磐石上，接触面仅 10 多平方厘米，摇摇欲坠，以奇、险、大而载入《中国地理之最》。

（二）东山关帝庙

东山关帝庙，又称铜陵武庙或铜陵关帝庙。始建于明洪武二十年（1387 年），原称关王祠。正德三年（1508 年）五月初七扩建。嘉靖二十一年（1542 年）重修。清康熙三年（1664 年）被焚毁。康熙十九年，复界后，在原址按原样兴筑，翌年落成。庙宽 17 米，总长 40 米，建筑面积 680 多平方米。庙坐西向东，属抬梁式木构架，单檐歇山顶，传统对称型建筑，内有回廊厢房、丹墀龙陛、华表僧舍，其建筑中轴线正与隔海相望的文峰塔相对。庙门为牌楼式，称太子亭。正殿祀三国名将关羽神像，其上悬清咸丰皇帝御笔“万世人极”横匾，左右挂明武英殿大学士黄道周亲书的木刻楹联，殿前有一方青石龙陛。庙内存有多方石碑刻、柱础、铜钟、香炉等珍贵文物。金木雕、石雕工艺精湛。庙前有莲花池、古井和数对石狮。据考证，台湾最早的关帝庙，是从东山关帝庙分灵（分香火）的。东山关帝庙是中国台湾、香港地区，以及东南亚数百座关帝庙的香缘祖庙。1996 年，东山关帝庙被国务院列为第四批全国重点文物保护单位。

（三）铜山古城

铜山古城是明洪武二十年（1387 年）为防御倭寇侵扰，江夏侯周德兴到东山征民择险而筑。城依山临海，气势雄伟，周长 1903.33 米（五百七十一丈），高 7 米（二丈一尺），女墙 864 个，窝铺 16 个，设东门“晨曦”、西门“思美”、南门“答阳”、北门“拱极”，是闽海疆五大古城之一。1997 年，修复古城西门楼等建筑。

（四）石僧拜塔

石僧拜塔位于关帝庙北面，有一天然巨石，高 4 米，形似披袈裟僧人，俯首合掌，虔诚对东门屿的文峰石塔朝拜，成“石僧拜塔”景观。

（五）钓鳌台

钓鳌台位于风动石南面，为一座巨大石台。其上有一凹穴，形似脸盆，盆中有一足印，大人、小孩的脚套在足印上，皆适合，此盆俗名“仙脚桶”。站在钓鳌台上眺望，水天一色，尽收眼底。1992 年 5 月 19 日 15 时 20 分，钓鳌台一裂为二，形成“一线天”奇观。

（六）虎崆滴玉

虎崆滴玉位于铜山古城东门外海滨。为海蚀岩洞，洞长 15 米，宽 5 米，内置一石桌，地面为冲积沙，洞峭壁缝中溢一眼清泉。泉水淙淙，如落珠玉，故称滴玉。泉甘而润，长年不绝。清光绪年间诏邑翰林林壬曾在此题字曰“灵液”。洞内幽深清爽，洞口面海，周围是广阔的海蚀岩，陡崖峭壁，千奇百怪。

（七）宝智寺

宝智寺紧连东山关帝庙北侧。始建于元代，清康熙三年（1664 年）焚毁，乾隆三十六年（1771 年）扩建，1987 年重修。寺纵深 34.5 米，宽 11.7 米，面积 403.7 平方米。寺内“大雄宝殿”匾额由中国佛教协会原会长赵朴初所题。殿内悬挂黄道周手书“洗心之藏”。后殿奉祀泰国楠佛寺监制的“泰国铜佛”，并奉祀三尊缅甸白玉佛。

（八）东山县博物馆

东山县博物馆位于黄道周纪念馆之左后方（原址黄道周纪念馆内）。1995 年 3 月，完成建馆，占地面积 1400 多平方米，建筑面积 986 平方米，馆名为陆定一题写。馆内设文物室、闽台史前文化关系陈列室、东山建县 80 周年成就回顾展等展室，展出旧石器时代至今的文物、图片、拓片等 700 多件。有一万年前的“东山人”肱骨化石，新石器时代石锛、石斧、石刀等；还有古代金石陶器、名家墨迹、东山与台湾历史渊源关系图谱、高山族独木舟及郑成功古战船上的古炮、炮弹、古钱等文物。属国家三级博物馆，福建省二级博物馆，是福建省爱国主义教育基地。

（九）黄道周纪念馆（黄道周故居）

黄道周纪念馆位于宝智寺左侧（1985 年投建，1987 年落成），建筑面积 800 平方米，占地面积 1000 多平方米。门楼大匾为彭冲手书“黄道周纪念馆”，大厅石匾“节义千秋”为刘海粟手书。馆内陈列有黄道周的生平事迹简介、遗物和书法遗存等。

黄道周故居位于东山关帝庙前右侧。占地面积 350 平方米，建筑面积 216 平方米。房面阔三间，进深一间，为砖瓦石木结构。故居中堂悬挂黄道周旧传画像。画像楹联：“纲常万古谁能偶，节义千秋孰比肩”，横批“为善最乐”。厅堂还挂有多幅黄道周书画。为福建省爱国主义教育基地。

（十）城隍庙

城隍庙位于铜陵关帝庙南侧。明洪武二十年（1387 年）江夏侯周德兴主建。1990 年，庙殿重修，1999 年竣工。该庙坐北朝南，占地面积 160 平方米，由院子、两廊、小殿、大殿构成，属抬梁式木构架建筑。庙前一广场，面积 612 平方米。

（十一）碑廊

碑廊位于东山关帝庙北侧。1998 年秋建成，陈列古碑刻 30 多件，反映东山明、清及民国时期政治、经济、军事、民俗等情况，是研究东山历史、闽台关系的重要资料。如《大明旌义坊》，是表彰西埔镇宅山村朱柏父子自发抗击倭寇的事迹；《都督苏公德政碑记》记述东山与台湾自古商贸往来的情况。

（十二）民俗角

民俗角位于碑廊旁，1998 年设。收集展出东山古代的民俗器具，如石磨、水桶、水车、石臼等。

（十三）南溟书院

南溟书院又名文公祠，位于铜陵镇狮山东侧。明嘉靖五年（1526 年），由巡海道蔡潮倡建，祀南宋理学家朱熹，为士子习书礼文场所。清康熙三年（1664 年），“迁界”时被毁。康熙三十年，漳浦知县陈汝咸主持重修。翌年，由唐朝彝、陈汝咸及地方人士捐资扩建。1968 年“文化大革命”期间，该祠被毁。2005 年 5 月 1 日，依原址重建，祀孔子、朱熹、黄道周等。书院周围风光秀丽，明代以来摩崖石刻甚多，有“天开文运”“与造物游”“学海文澜”“结山水缘”“登山观海”“丈夫襟度”“海天一色”“小蓬莱”等。

第二节 东门屿景区

一、东门屿景区简介

东门屿景区位于铜山古城东门外附近海面，面积近 1 平方公里，是个“工”字形岛屿。其中段的东侧和西侧是海滨沙滩，中间部分有防风防沙林带。屿上自然风光秀美，人文景观众多，被誉为“海上仙山”“天然影棚”，是中国四大名屿之一。1987 年，被省政府批准为第一批省级风景名胜区。2002 年 12 月，东门屿（与赤山林场、西山岩同时）被国家林业局列为国家森林公园。是福建省十大风景名胜区之一。东门屿有文峰塔、鹰嘴岩、东明寺等 7 处主要景点，还有渔翁垂钓、石船迎客、青蛙望天、神龟悟道、壁虎戏象、黄鹂鸣翠等奇石；有文昌阁、半山亭等建筑和“海滨邹鲁”“达观”“案山”“石洞”等早期石刻。

二、东门屿景点

（一）文峰塔

文峰塔是东门屿的标志性建筑。明嘉靖五年（1526 年），巡海道蔡潮倡建。塔为八角形密檐式实心建筑，共七层，由花岗岩砌成，塔高 16.68 米，塔基底层周长 28.6 米，从第二层起八面均有一幅浮雕，塔顶由两个葫芦状石头叠成。是该海域航行的重要标志，为东山胜景之一。

（二）鹰嘴岩

鹰嘴岩在东门屿南段，有一巨石，坐山面海，形似展翅欲飞的苍鹰，称鹰嘴岩。附近石壁上镌有“海滨邹鲁”四个大字，宽 4.1 米，长 1.3 米。

（三）云山石室

云山石室在东门屿南段，巨鹰翼下，镌有“石斋”二字。岩下，有一石室。黄道周少年时，曾在此石室中潜心攻读。石室由三四块巨石纵横互叠，形成两洞。大洞内宽约 3 米，长 5 米余，可容纳 20 多人。洞内有 3 块方形石块，可作石凳。洞口有黄道周所题的“云山石室”和明朝巡抚路振飞所题的“磐涧”石刻。清乾隆十六年（1751 年），巡抚潘思榘在石室前立一华表，上面横额题“黄石斋先生读书处”；背面题“高山仰止”；两侧对联：“仰止高山已表儒林首出，溯游学海群推道岸先登。”

（四）东明寺

东明寺位于东门屿北段佛澳，始建于明代，原是一座小寺庙。1987 年，释道裕禅师携僧众渡海，经多年募资扩建，建成万佛宝殿、天王殿、卧佛坛、藏经阁、万佛城等，建筑面积 6000 多平方米，形成相当规模的佛教寺庙建筑群。东明寺是全国距海平面最低的寺庙，仅有 0.6 米。

（五）种德居

种德居位于东门屿文峰山西边。一块悬石镌刻“种德居”三字，卧在两块大石上，巧成一个双口岫洞。洞口面临平静的港湾、棋布的岛屿，景色壮美。

（六）观海崖

观海崖位于东门屿文峰塔东南边。是一块数十米见方的大石。立足巨石上，左可观无垠大海，右可见铜山古城，是看海上日出的最佳场所。

（七）太阳纹岩画群

太阳纹岩画群位于东门屿文峰塔东侧 30～40 米处的山坡岩石上。由七八处太阳纹岩画组成，是 3000 多年前古人类刻画的图画。该岩画利用岩石一些裂痕雕刻成半圆形，半圆周围深刻一道道放射线状条纹，像一轮轮光芒万丈的初升太阳；前面有一石头雕成祭台。该岩画与台湾发现的许多岩画时代相近，使用工具和雕刻工艺也基本相似，是东山岛先民将太阳作为神祇崇拜的表现。

第三节　九仙山景区

一、九仙山景区简介

九仙山景区在铜陵镇北面。九仙山古时曾建有观音亭庙。明景泰年间于此建水寨，故亦称观音亭山或水寨大山。为中国东南沿海历代军事要地，天地会活动遗址。明代戚继光、郑成功，清代“天地会”创始人僧道宗等曾在山上屯兵抗敌、吟诗作赋，留下 20 多处珍贵的摩崖石刻和碑记。水寨大山为省级文物保护单位。

二、九仙山景点

（一）水操台

九仙山巅有一巨石，面临东山湾，其势雄险，海湾上来往船只尽收眼底，称水操台。是戚继光指挥水师抗倭遗址，也是郑成功操练水师的指挥台。上刻“瑶台仙峤”四个楷体大字。

（二）九仙石室

九仙石室在九仙山上有巨石构成的天然石室，又名铜山石室，为东山岛十八景之一。室内平坦宽阔，可坐十余人，内有郑成功军队在此活动的一块重要碑记《仙峤记言》。室内冬暖夏凉，清幽宜人；室外古榕葱茏，风光秀美。清初“天地会”创始人之一道宗禅师长期在此隐居，秘密从事抗清活动。

（三）摩崖石刻

水寨大山有许多摩崖石刻，主要有《仙峤记言》、施德政的《横海歌》、林文穆的《游九仙岩诗》、方文耀的《步韵》、林汝楫的《前韵》、方圹的《与僧道宗等人和韵》、程朝京的《题铜山石室》、李楷的《和韵二首》等刻文。还有蔡潮的“宦海恩波”、杨洪震的“人世仙境”、道宗禅师的“悟石飞来”，以及无考题刻者的“瑶台仙峤”“视天门”“仙道皈宗”“石磴云梯”“海天一色”“障净光纯”“燕泉”“闭韵”“源头”等刻字。皆是研究相关历史的重要古迹。

第四节　马銮湾景区

一、马銮湾景区简介

马銮湾景区位于铜陵镇西南处，北起南门屿，南至赤屿，西北以铜陵至西埔公路为界。马銮湾湾长2500米，水深2～3米,海滩宽80多米，为天然的海滨浴场。是国内26个国家级健康型海滨浴场之一。1989年起，景区先后建成漳州市财政培训中心、财委培训中心、商业培训中心、农行培训中心、安全局培训中心、扬波酒店、闽台科技交流中心等。2005年，该景区被评为首届闽西南最受欢迎自驾车旅游十佳品牌景区。至2008年12月，景区内建成的酒店和培训中心十余家，建筑面积共2.8万平方米。

二、马銮湾景点

（一）马銮湾海滨浴场

马銮湾海滨浴场于1985年8月20日开设。该浴场长2000米，水深2～3米，海水清澈，无污染、无暗礁；冬无巨浪，夏无狂涛。海滩宽80米，沙滩洁白细软，坡度平坦；沙滩后是海滨防护林带。浴场配套游艇、摩托艇、香蕉船等水上运动项目。并有东山古老的拉山网捕鱼作业。浴场内配套有淋浴室、停车场、工艺品小卖部、海上游乐器材出租等设施。

（二）潜水俱乐部

马銮湾属于典型的亚热带海域，多珊瑚、鱼、虾、贝、藻等。1991年，成立马銮湾海上游乐有限公司。2002年，设立东山岛红珊瑚潜水俱乐部，配套国际标准的潜水设备和海上运动器材，聘请持有国家CMAS证书的专业潜水教练员，并设有摩托艇、豪华快艇、香蕉艇、海上垂钓等游乐项目。

（三）寡妇村展览馆

寡妇村展览馆位于铜钵村西侧。1999年8月7日落成，占地面积1.2万平方米，建筑面积2200平方米。展览馆主体为三层花园式建筑，主展厅分“人间浩劫”“旷世悲歌”“海峡曙光”三部分，以历史照片、实物、模型等，展现铜钵村半个世纪的沧桑巨变。2002年2月，该展览馆被批准为省级爱国主义教育基地。

第五节　金銮湾景区

一、金銮湾景区简介

金銮湾景区位于东山县东南部，长5000米，外侧是沙质海滩，内侧为防护林带。是开展帆板、帆船、沙滩排球等水上、沙上运动的地方。区内设百亿新城、国际俱乐部、马术培训中心、水上活动中心。景区内有县境最高山峰——苏峰山，海拔274.3米。每当天气变化，常有白云萦绕峰峦，称“苏柱擎天”。

二、金銮湾景点

（一）金銮湾海滨浴场

金銮湾海滨浴场海滩长3000多米。海域宽阔，无暗礁，风浪小，海滩洁白。1998年，金銮湾大酒店（三星级）投资开设金銮湾海滨浴场。内设停车场、海鲜大排档、海滨茶座、烧烤天地、综合商场、海上游乐器材出租等配套设施。1999年7月，金銮湾大酒店对外营业。

（二）百亿新城

百亿新城位于东山岛金銮湾畔。由香港太平洋企业有限公司、汕头市工商银行信托投资公司等单位联合开发。1993年1月，百亿新城首期项目318幢金銮湾别墅区动工，为当时国内规模较大的别墅区，并开建水上活动中心、骑术训练中心和别墅式国际俱乐部。经近三年的建设，完成投资4亿多元的第一期新城建设。1996年，投资5000多万元，建设水上活动中心大楼及彩弹射击场、网球场等。其国际俱乐部、水上活动中心、马术培训中心等3个单元被列为国家级旅游度假产品，至1996年，累计完成7亿元投资。

（三）水上活动中心

水上活动中心拥有130多艘豪华型游艇、摩托艇，及滑水屐、冲浪板或降落伞等设施。设有帆板、帆船、电动冲浪、滑浪风帆、滑水屐、独木舟、水上摩托艇、海上拖曳伞、豪华游艇、沙滩风筝及沙滩排球等运动项目。多次在此举办或承办国际、国内大型赛事。1995年，在水上活动中心举办世界帆板精英赛；1998年，举办全国帆板、帆波板锦标赛；1999年，举办亚洲帆板巡回赛等。国家体育总局将国家帆船帆板训练基地设在金銮湾景区，每年均有大批帆船帆板运动员在此集训。

（四）马术培训中心

马术培训中心有骏马上百匹，拥有国际标准沙圈，配专业骑术教练。

（五）国际俱乐部

国际俱乐部是一个集食、宿、娱、乐、行等多功能服务为一体的国家级大型旅游度假综合接待群体，设有高、中档别墅客房400余间。配有东山大酒楼、渔家傲海鲜馆、地中海西餐厅、小食街、牛仔吧、海边露天茶座、夜总会及桑拿浴等休闲娱乐项目。

第六节　乌礁湾景区

一、乌礁湾景区简介

乌礁湾景区包括乌礁湾、赤山林场（含大帽山、西山岩）。有龙虎狮象四屿和谷文昌纪念馆等景点。区内大帽山海拔251米，为东山岛第二高山。山上有新石器时代文化遗址和贝壳化石遗址，有县境内最大的古墓——明代蔡方平父子墓；其南面山下有明代“宪断公海”石刻等。

二、乌礁湾景点

（一）乌礁湾国家级海滨森林公园

乌礁湾为东山最大的海湾，湾长10公里，海水湛蓝、清澈；沙滩洁白细软，坡度平缓。背靠海滨防护林带，是优良的旅游性海湾。乌礁湾边有国家级海滨森林公园。由赤山林场含大帽山和西山岩等组成。林区遍布木麻黄、湿地松、马尾松等森林，还有荔枝、龙眼、芒果、柑橘等果树。1992年7月，被林业部列为国家级海滨森林公园。2002年12月，被国家林业局命名为国家森林公园，也称乌礁湾国家海滨森林公园。该公园南起大帽山，北至苏峰山，沿着乌礁湾及其腹地，绵延10多公里，其中林地646公顷，森林覆盖率84.6%。

（二）龙虎狮象四屿

龙虎狮象四屿在乌礁湾南部，距澳角村2～3海里，被誉为天然的“海上动物园”。虎屿，像一只卧虎，栩栩如生。龙屿，又称穿山，身段颀长起伏，龙首直伸入海；屿中有一洞，竹排可从洞中穿过，在洞内仰望天空，能见到蓝蓝一线，称“海上一线天”。狮屿，昂首吼叫，威风凛凛，前面有一块形如彩球的礁石，在浪中时大时小，构成“狮子戏球”景观。象屿，两耳下垂，长鼻探入海中，悠然自得，形态逼真。

（三）谷文昌纪念馆

谷文昌纪念馆位于东山岛赤山林场。1999年，修建谷文昌陵园，内有谷文昌塑像与谷文昌陵墓。谷文昌纪念馆经中共中央办公厅批准建立，2004年2月建成开馆。为白墙青瓦式福建传统民居2层楼建筑，占地面积2000平方米，建筑面积1335平方米，总投资400万元。展馆展出大量珍贵的历史图片和谷文昌生前使用过的公文包、笔记本、书籍、锄头、镰刀、衣物等实物。2004年10月，谷文昌纪念馆被确定为省爱国主义教育基地。

第七节　其他景点

一、东山抗战烈士陵园

东山抗战烈士陵园位于铜陵镇五里亭。陵园内种植多种花木。1991 年 3 月，该陵园被列为省级文物保护单位。2005 年 12 月 28 日，该陵园被列入省红色旅游线路景点。

二、东山战斗烈士陵园

东山战斗烈士陵园位于西埔镇石坛村后的石坛埔。建有一座纪念馆，馆内陈列战斗英雄石雕像、烈士英名录、史料图片和实物。2007 年，陵园被省政府命名为福建省国防教育基地。

三、石庙山

石庙山位于西埔镇东边，又称庙山。景区面积 40 万平方米，山上石庙寺景区青松翠柏，曲径通幽，景致优美。庙山香火分灵传播到新加坡等地。

四、西山岩

西山岩位于西埔镇西北侧，是国家级森林公园的一部分。景区内山坪院是县内最古老的佛教寺院。景区内有座明代古城——西城遗址，并有“观日峰”“望江岩”“洗法台”等胜景。

五、南正院

南正院位于樟塘镇后马村。南正院四周翠竹苍松，环境清幽，景色宜人。有和尚石、仙脚迹、石龟、石蛇和石刻等景点。

六、沙生植物园

沙生植物园位于陈城镇白埕村。1995 年 5 月创办。2001 年，由福建省科技厅命名，是全国唯一的滨海沙生植物园。该园占地 13.33 公顷，建筑面积 2100 平方米，总投资 1000 多万元。园内种植从中国台湾地区引进的黑珍珠莲雾、台湾凤犁释迦，以及日本春雷白萝卜等果蔬和新疆红柳等 130 多个高优品种植物。园内兼设东山岛闽台民俗馆，馆内设民俗民具展览厅、民具体验厅、海洋生物陈列厅，陈列 240 多种 1.15 万件古近代展品。

第二章　景区规划建设与保护

第一节　景区规划

1989—1992 年，东山县先后编制完成《东山风动石—塔屿风景名胜区总体规划》《马銮湾旅游综合开发区控制性详细规划》《马銮湾（中部）修建性详细规划》《东沈湾旅游区（百亿新城）总体规划》《马銮湾（妈庙山旅游区）控制性详细规划》《东山岛旅游经济开发区总体规划》等景区建设规划。

1993 年 6 月，省政府批准设立东山旅游经济开发区。该区北至东山湾，南至澳角湾，西至铜陵—西埔—陈城公路，东至海滨，陆地总面积 58 平方公里。该开发区总体规划目标为：建成国际度假旅游和接待海外旅游者为主的综合性旅游区。1996 年 10 月 27 日，省政府批准《东山城市总体规划（修订）》，将东山县定为“区域性港口与旅游城市”。

2002 年至 2003 年 7 月，东山旅游经济开发区管委会、东山县旅游局聘请福建省大愚旅游规划设计研究所联合编制《东山县旅游发展规划》（以下简称《规划》），并于 2003 年 7 月 29 日通过省专家评审组评审。《规划》把东山定位为福建省著名海岛生态休闲度假胜地、全国县级知名国家海滨森林公园及宗教、朝圣旅游目的地。《规划》根据东山经济建设总体规划目标和漳州市旅游发展总体规划，把东山岛旅游发展分近期、中期、远期目标。近期目标为 2003—2005 年，调整旅游产业规划，制定切实可行符合东山旅游经济发展实际的中远期发展规划；调整产业结构，对八大旅游功能区建设内容进行调整，做好建设的前期准备工作；整顿旅游市场秩序，全面推行规范化管理。中期目标为 2006—2010 年，全面启动、集中财力、物力建设东山旅游业发展“十个一”重点工程，全面提升东山旅游产业品位和整体形象。远期目标为 2011—2020 年，全面建成东山旅游业发展十个重点工程，即风动石风景名胜区、塔屿休闲度假岛、海底珊瑚礁生态系统观赏区、马銮湾海滨浴场、百亿新城海滨旅游度假村、赤山国家森林公园、西屿海上休闲垂钓岛、东山海上旅游观光线、西埔和铜陵旅游商业街、东山海洋文化旅游节。形成八大旅游功能区和若干旅游功能分区，即风动石—东门屿观光、朝圣游览区，马銮湾—屿南湾会议、体育度假区，金銮湾国际海滨康乐休闲度假区，乌礁湾高级森林生态旅游区，大帽山—澳角青少年健身游乐度假区，西埔湾—西屿岛内海垂钓、海鲜美食旅游区，西山岩—南正院森林观光旅游区，西埔、铜陵旅游商品购物区。

2003 年，省林业调查规划院编制完成《东山国家森林公园总体规划》。以风景资源为主，分为天象景观、地文景观、水文景观、生物景观、人文景观 5 类。具有休闲度假、康体健身、闽台文化、道德教育、宗教朝圣等多种功能。

2006 年，东山岛列入福建省“十一五”旅游产业发展专项规划，为福建旅游重点发展的“四岛”之一；休闲度假产品成为全省建设蓝色旅游带和闽南旅游产业集群的重要组成部分；海滨旅游产品及对台旅游产品列入全省十大精品线路。“漳州东山金銮湾旅游度假区”即“海峡论坛”项目成为全省“十一五”十大重点旅游项目之一。2008 年 9 月，县委、县政府制定《进一步加快旅游产业发展若干意见》，组织实施。

第二节 景区建设

一、旅游道路、停车场建设

（一）旅游道路建设

1989 年初，建铜陵镇西门兜滨海路，长 870 米，宽 8 米，总投资 125 万元。1990 年，建成马銮湾海滨人行道，长 720 米，及临时车道长 380 米，并投资 80 多万元建设环区旅游道路。1993 年，投资 40 万元，建设风动石—塔屿风景区的城隍庙和西门兜游览道。1995 年，投建马銮湾主干道路、职训路和临海路。1996 年，投入 30 多万元建设环岛路马銮湾路段道路配套设施和游步道。2004 年，建设马銮湾景区和风动石景区旅游步行道。2007 年 8 月，改扩建西铜公路时，将该路段作为城市旅游景观道路进行设计与施工，道路两侧配套绿化带、景观灯等。

（二）景区停车场建设

1991—1998 年间，风动石景区先后建综合广场、旅游码头及停车场。1998 年，于马銮湾景区投建水泥地面停车场 3600 平方米。2008 年，金紫荆温泉海岸项目建成海滨广场等配套设施。

二、景区水、电、通信设施建设

1989 年起，东山县不断改善风动石景区和马銮湾景区的通信、水、电设施。1995 年，马銮湾景区的路网、通信、给排水等基本配套齐全，并完成铜陵海滨路自来水改管工程和临海排污工程，安装通信电缆。至 2008 年，在旅游经济开发区 58 平方公里范围内，全部达到“三通一平”（通水、通电、通信，道路平整畅通）标准。

三、岛屿轮渡码头建设

1991 年夏，开通塔屿至铜山古城旅游班轮，投入运营交通旅游船 4 艘，即东屿 1 号（18 座）、东屿 2

号（65 座）、东屿 3 号（30 座）、东岸交 1 号（33 座）。

1993 年，县交通部门投建东门屿轮渡码头（位于风动石景区内）；1995 年投入使用。此航线由铜陵镇轮渡营运服务管理处经营。2005 年 12 月 6 日，始建铜陵东门屿 100 吨级陆岛交通码头（位于东门屿），为 100 吨泊位 1 个，长 33 米、宽 18 米，总投资 300 万元，于 2007 年 7 月竣工。

2008 年，从事铜陵码头至东门屿景区客运船舶 3 艘，分别为“闽东山交 5005 号”“闽东山交 5006 号”和“闽东山交 5007 号”。

第三节 景区保护

东山岛海滨沙滩总长 32.28 公里，是东山重要的旅游资源。因建筑用沙和种植芦笋用沙需求量大，沙滩保护难度大。1989 年起，全县沙土开采实行许可证制度，对无证开采和越界开采予以处罚。1993 年 3 月，县政府颁发《关于切实保护旅游资源和矿产资源的通告》，并划定芦笋用沙采沙点，有效引导农业用沙开采，杜绝开采建筑用沙（建筑用沙则到云霄、诏安购买河沙）。

1995 年，组建金銮湾管理处，并与公安部门协作组建金銮湾派出所，两个单位在保护旅游资源方面发挥了积极作用。

1996 年，成立东山县旅游资源保护大队，负责东山旅游经济开发区范围内旅游资源保护工作。该大队实行日常执勤，在重要路口设执勤点，查堵海沙公路运输，制止盗采海沙、砍伐沿海防护林等行为。实行旅游资源保护责任制，规定各风景区管理处及各镇政府、村委会对其辖区旅游资源保护负全责。2001 年，制止盗采海沙行为 600 多起。2003 年起，组织执法部门对环岛路两侧养殖场进行整治。至 2008 年，共拆除违法抢建鲍鱼养殖场 42 起，建筑面积 6.9 万平方米；责成养殖场环境整改，深埋养殖场进排水管道共 63 家 280 根；拆除影响旅游环境的排档 18 家。

第三章 旅游市场

第一节 旅游配套项目建设招商

1989 年，东山县加强旅游配套项目建设招商，引进一批培训中心、酒店。是年，在马銮湾景区，漳州财政培训中心、海味餐厅建成投入使用。1990 年 12 月，东山华侨大酒店建成营业。1992 年，县政府派人分赴新加坡、泰国等东南亚国家，以及中国香港、台湾等地招商，并分赴北京、上海、广州、深圳、厦门等地开展旅游项目招商活动。组织参加“4・9”漳台招商恳谈会、“9・8”厦门国际招洽会、广州春秋季交易会等招商活动。采取以商引商、委托招商、网上推介等办法，招揽客商投资东山。重点吸引外资对旅游资源开发、旅游设施、旅游商品、旅游交通的投入。同年秋，香港太平洋集团公司组建“百亿集团”，成立 10 多家公司，推动东山县房地产、旅游、娱乐项目投资建设。至 1996 年，“百亿新城”项目建设完成 7 亿元投资。金沙大酒店、龙潭山庄、交警培训中心等旅游配套设施相继建成投入营业，金銮湾假日中心、地税培训中心、恒达酒店等加紧建设。

1998 年，由于受金融危机影响，外商投资整体降温，东山县及时优化招商形式，拓展招商渠道。县政府制定《项目引荐奖励办法》，重奖招商引资有功人员；并在新加坡和中国香港、台湾等地设立招商联络处，拓宽招商渠道。2001 年起，推出“东山旅游招商项目库”向各地客商推介。相继引进东门屿潜水俱乐部、国家帆船帆板训练中心、金殿大酒店和海景庄园、海峡论坛（东山金銮湾旅游度假区）等项目。2006 年，制定新的招商“项目库”，推出 5 大类 15 小项招商项目，上网发布。参加全国旅游交易会、“4・9”

漳台恳谈会、“9·8”厦门国际投洽会等活动，洽谈一批旅游综合开发、休闲娱乐设施项目。

2007年起，以打造海峡西岸海洋旅游休闲度假基地、建设“国际旅游海岛”为目标，立足对台旅游、滨海旅游、生态旅游主题，完善招商“项目库”，制作旅游招商宣传和招商项目简介。通过参加“4·9”漳台恳谈会、“9·8”厦门国际投洽会（第三届海峡旅游博览会）、全国旅交会，积极推介东山旅游资源和旅游环境，与上海、深圳等地客商洽谈海上及岸上休闲娱乐设施、酒店建设等项目。

第二节　旅游宣传促销

一、旅游项目推介会

1989年，东山县政府积极组织人员参加国际性、区域性旅游交易会，多次组织促销活动，展示东山的旅游资源和旅游设施。5月，召开东山旅游促销会，邀请汕头、厦门、泉州、漳州等地21家旅行社及10家新闻单位参加。着力推介东山旅游线路，倡导建立厦门—东山—汕头（包括三明、漳州、泉州等）旅游协作区。1990年7月，召开东山关帝朝圣旅游研讨会，探讨东山关帝庙与台湾关帝庙的渊源关系，向新加坡及中国香港、台湾等地旅行社推销旅游线路。1991年，派遣人员参加香港国际旅游博览会，推介东山旅游项目。

1996年，县政府派代表参加上海国内旅游交易会，设置两个展台，展出东山旅游景点和旅游设施。同年6月28日，举办东山建县80周年庆典。其间，举办东山水上运动表演和东山岛旅游度假产品交易会，日本、新加坡、菲律宾、马来西亚、韩国等国家来宾，中国香港、澳门、台湾等地区来宾，以及国家旅游局、省市领导人和东山籍在外学者等400多人参加。1997年，县政府派员参加大连旅游交易会，设置三个展台。1998年，组团参加全国性旅游交易会，赴广东珠三角地区客源地宣传促销。1999年，组织人员参加昆明全国旅游交易会。

2000年，县政府派遣人员参加乌鲁木齐旅游交易会；参加首届福建旅游博览会。2001年，派遣人员参加成都旅游交易会。2002年，组团参加省旅游局组织的“旅游大篷车”活动，开拓江苏、浙江、上海等长线客源市场；组团参加南京旅游交易会活动。2003年，北上黑龙江、吉林、辽宁考察促销；南下赴广东的肇庆、广州、深圳等重点城市举办推介会。2004年，与东莞建立互惠型的“东莞模式”促销形式，选择东莞青年旅行社作为合作伙伴。2005年，组织参加桂林旅游交易会。

2007年，县政府组织酒店、旅行社负责人参加苏州旅游交易会，并组织旅游企业负责人到温州、长江三角洲地区等客源地促销。组织参与举办“闽西南最受欢迎自驾车旅游十佳品牌景区”和“福建最佳旅游目的地”的评选活动。通过评选活动，推介东山旅游产品。其中，风动石景区和马銮湾景区获“闽西南最受欢迎自驾车旅游十佳品牌景区”综合奖；东门屿景区获“闽西南自驾车旅游最具魅力小岛”单项奖。在“福建最佳旅游目的地”25个候选景点投票中，东山景点获得网络投票第三名；短信投票第二名。通过宣传促销，来自长江三角洲、江浙一带的游客大幅度增加。

2008年1月，在福建省旅游局和东南电视台举办的“福建最佳旅游目的地”评选活动中，东山被评为“福建最佳旅游目的地”。

二、关帝文化旅游节活动

1990年7月，东山县举办首届关帝节。其间举办关帝楹联画像艺术展及民俗活动，接待中国台湾宜兰大溪协天庙、台南慈圣宫、澎湖红毛成、高雄青隐宫、莲花宫、福慈宫、台中圣寿宫等朝圣团，促进旅游业发展。1993年起，每年农历五月十三日关帝圣诞期间，东山县皆举办关帝文化节。每次文化节，湖北当阳、河南洛阳、山西运城等地的关帝庙信众、台湾各大关帝宫庙信众及世界各地研究关帝文化的专家学者组团到东山参加盛典。

1996年东山关帝文化节期间，举办东山建县80周年庆典暨’96中国度假休闲游东山水上运动表演开幕式，举行东山岛旅游产品交易会等系列活动。

2000 年，举办东山第九届关帝文化节暨第四届中华关帝庙联谊会。其间，有 60 余家中国台湾地区的关帝庙组织代表信徒 400 人参加盛会与旅游。

2005 年 6 月，东山承办“东山·海峡两岸关帝文化旅游节”。有文艺表演、项目签约、东山特色产品展示、风筝表演、拉山网表演、精品美食小吃品尝、海峡两岸书画展、东山风光摄影展、海峡两岸关帝文化交流回顾展、台湾水果展销会、旅游形象大使选拔赛等 19 项活动。海峡两岸关帝信众、国内外客商及东山民众近万人参加，规模大、档次高、内容丰富。

2006 年 6 月，举办第十五届海峡两岸（福建东山）关帝文化旅游节。举行关帝文化论坛、海洋渔业博览园、民俗文化踩街、漳州旅游风光展、焰火晚会等 10 多项活动。海峡两岸关帝信众、国内外客商及东山民众数万人参加活动。本届关帝文化旅游节升格为漳州市人民政府、福建省旅游局主办，增加漳州市台商协会、台湾中华国际观光协会等团体承办。专家学者、旅游业界、关帝庙宇代表及各界人士近 200 人参加“海峡两岸关帝文化论坛”。

2007 年 6 月，举办“漳州首届旅游节、第十六届海峡两岸（福建东山）关帝文化旅游节暨闽台水产品博览会”。举行项目推介和开工奠基、闽台水产品博览会、漳州旅游风光展、投资说明会暨项目签约仪式、海峡两岸关帝文化东山研究会交流促进会成立大会暨座谈会、广场演出、焰火晚会等 10 多项活动。国家、省、市领导人和重要客商、台湾知名人士、泰国知名人士、海内外关帝信众、旅游者，数万人参加节庆活动。

2008 年 6 月 15—17 日，举办第二届漳州旅游节、第十七届海峡两岸（福建东山）关帝文化旅游节暨闽台水产品博览会。举办独具东山海岛特色的关帝祭祀表演、西铜公路竣工通车典礼、东山规划成果展示、旅游产品展示等 15 项活动，参观游客 2 万多人。

三、旅游赛事承办

1994 年 11 月 19—21 日，东山承办首届女子帆板世界冠军巡回赛，来自 14 个国家和地区的 40 多名帆板运动员参赛，观赏游客数千人。自此，东山水上运动进入新阶段。1995 年，承办东山全国滑水精英赛。配合举办漳州市“芳草”计划现场会暨第四届东山关帝节和大型“旅游美食周”活动。

1997 年，承办“赊店杯”中国东山岛海钓大赛。举办“恒达杯”摄影大赛、第五届中国精英模特大赛暨’97 超级精英模特中国选拔赛——东山分赛区的比赛。

2000 年 8 月 23—27 日，中国沙滩排球巡回赛在东山举办，共有 50 个代表队 130 名运动员参加。2002 年，举办东山特色烹饪比赛，提高东山旅游饮食文化品位。

2006 年 2 月 21—25 日，全国帆船冠军赛在东山举行。

2008 年 12 月 27—29 日，首届全国帆船帆板（东山）邀请赛在马銮湾举行。

四、宣传品制作发行

1989 年，县政府邀请北影电视制作中心拍摄《蝶岛情》电视风光片，并制成录像带对外发行。

1995 年，县有关部门编制出版《导游图》《东山旅游度假区画册》《东山岛旅游手册》及《东山岛故事》《东山铜陵关帝庙》等宣传资料；摄制旅游风光片《东山岛》，并在中央电视台播出；在主要路段设立旅游广告牌。同年 6 月，中央电视台《今日中国》栏目摄制组到东山，以“百亿新城”度假区为重点拍摄东山岛旅游建设成就。

1996 年，县旅游部门制作东山岛风光录像带，由歌唱家毛阿敏配套演唱《美丽的东山岛》，在中央电视台 1～4 套节目中播出。县旅游局创办《东山旅游报》，每月编辑出版，发送全国各地的酒店、旅行社。发行一套《东山风光》明信片，启用《东山风动石》《石僧拜塔》两枚风景邮戳；印发《东山岛旅游线路图》和旅游画册。

1997 年，在中央电视台、厦门电视台播出东山旅游专题片，并在刊物《旅游天地》及《厦门时报》推出东山旅游专版。1998 年，编辑出版《作家笔下的东山岛》一书；重新制作东山岛导游图、电视风光《天然影棚东山岛》和东山旅游 VCD。

2000年，发行一套（共10枚）《东山旅游风光邮资明信片》。2001年，出版精制《东山旅游风光》画册；邀请山东、江西和东南电视台及《海峡导报》的记者到东山采风，制作东山旅游专题片、旅游风光片。2002年，投入20余万元升级旅游网站——东山岛旅游资讯网。

2003年，出版《东山旅游风光》《东山旅游线路精选（新版）》画册，《东山岛丛书》（《东山岛》《走进东山岛》《东山岛的故事》）等旅游图书，介绍东山景观及旅游发展概况。

2005—2006年，制作新版东山旅游VCD、旅游画册、旅游风光片、关帝庙DVD等系列宣传品。2007年，编辑出版《东山关帝庙志》，推出东山旅游专题纪念邮票。在全县主要镇区和交通干道增设旅游标识牌；制作全新东山旅游DVD和《向往东山岛》旅游歌曲；制作中英文对照的旅游宣传折页、旅游线路精选等旅游宣传品。

第三节　旅游线路

一、岛外旅游线路

1989年，东山通往岛外旅游线路主要是东山到漳州、到福州、到汕头、到广州等线路。

1991—1992年，县旅游公司与广东（香港）旅游有限公司和潮州中国国际旅行社联合推出“东南黄金海岸游”；与香港康泰旅行社联合，在香港推出潮汕—东山五日游。1993年，东山中国旅行社联合厦门、汕头两地旅行社，推出潮汕—东山五日游；厦门—潮汕—东山五日游。

1996年，东山与厦门、汕头特区旅游工作部门共同推出“游一个东山和两个特区”线路。1999年，推出厦门—东山—武夷山五日游和厦门—东山—潮汕五日游。此后，旅游线路多次调整。2008年，东山通往岛外的旅游线路共7条。

二、岛内旅游线路

（一）岛内综合旅游线

1989年，县旅游部门推出东山精华三日游、东山假日游，并增辟宗教和寻根访祖等旅游线路。1990年，推出弘扬“关帝文化”的关帝朝圣旅游线路。当年，推出县内旅游线路6条，吸引更多的国内外游客。此后，旅游线路多次调整。2008年，东山县境内综合旅游线路有一日游至七日游。

一日游：上午风动石—东门屿景区，下午“寡妇村”展览馆—马銮湾海滨浴场。

二日游：第一天上午风动石景区—文公祠，下午“寡妇村”展览馆—马銮湾海滨浴场。第二天上午东门屿景区，下午九仙山—净山院—金銮湾。

三日游：第一天上午风动石景区—文公祠，下午“寡妇村”展览馆—马銮湾海滨浴场。第二天上午东门屿景区，下午九仙山—净山院—金銮湾。第三天上午风力发电场—滨海沙生植物园—谷文昌公园，下午乌礁湾—澳角村—龙虎狮象四屿。

四日游：第一天上午风动石景区—文公祠，下午“寡妇村”展览馆—马銮湾海滨浴场。第二天上午东门屿景区，下午九仙山—净山院—金銮湾。第三天上午风力发电场－滨海沙生植物园—谷文昌公园，下午乌礁湾—澳角村—龙虎狮象四屿。第四天上午宫前湾—宫前天后宫—石庙山，下午西屿—西埔湾。

五日游：第一天上午风动石景区—文公祠，下午“寡妇村”展览馆—马銮湾海滨浴场。第二天上午东门屿景区，下午九仙山—净山院—金銮湾。第三天上午风力发电场—滨海沙生植物园—谷文昌公园，下午乌礁湾—澳角村—龙虎狮象四屿。第四天上午宫前湾—宫前天后宫—石庙山，下午西屿—西埔湾。第五天上午国家中心渔港—水产品批发市场—海洋生物标本馆—美山芦笋基地，下午南正院—羊角山。

六日游：第一天上午风动石景区—文公祠，下午“寡妇村”展览馆—马銮湾海滨浴场。第二天上午东门屿景区，下午九仙山—净山院—金銮湾。第三天上午风力发电场—滨海沙生植物园—谷文昌公园，下午乌礁湾—澳角村—龙虎狮象四屿。第四天上午宫前湾—宫前天后宫—石庙山，下午西屿—西埔湾。第五天上午国家中心渔港—水产品批发市场－海洋生物标本馆—美山芦笋基地，下午南正院—羊角山。第六天上

午矿砂湖 - 岩仔村，下午苏峰山。

七日游：第一天上午风动石景区—文公祠，下午“寡妇村”展览馆—马銮湾海滨浴场。第二天上午东门屿景区，下午九仙山—净山院—金銮湾。第三天上午风力发电场—滨海沙生植物园—谷文昌公园，下午乌礁湾—澳角村—龙虎狮象四屿。第四天上午宫前湾—宫前天后宫—石庙山，下午西屿—西埔湾。第五天上午国家中心渔港—水产品批发市场—海洋生物标本馆—美山芦笋基地，下午南正院—羊角山。第六天上午矿砂湖—岩仔村，下午苏峰山。第七天上午东山战斗烈士陵园—西山岩景区，下午石庙山。

（二）岛内旅游专线

1996 年，县旅游部门推出朝圣观光游、军事古今游、渔村风情游等 10 多条旅游专线。1999 年，开发“短、平、快”项目，开辟夏季沙滩夜市、冬季海上观日出、铜钵村敬老院、谷文昌公园和“八•六海战”史迹展览馆专线游和东山战斗旅游专线，南正院、天后宫、西山岩、关帝庙、东明寺宗教信仰旅游专线，芦笋基地、鲍鱼基地、水果基地农业观光旅游专线。2003 年起，推出学习弘扬谷文昌精神教育专线、海鲜美食旅游专线、朝圣观光旅游专线等。2005 年 12 月，风动石景区、东山战斗烈士陵园被省列为红色旅游景区。2007 年，推出以东门屿、龙虎狮象四屿等为主的岛屿专线游；以澳角村（全国文明村）、铜兴村为主的海岛乡村游；以海鲜美食、海滨大排档、沙滩夜市、特色风味小吃为主的海鲜美食游；以岐下海钓基地、西埔湾、东门屿等为主的海钓专线游；以关帝庙、东明寺、宫前天后宫、庙山、南正院等为主的观光朝圣游；以施琅将军收复台湾的出征地、“寡妇村”两岸情缘等为主的对台特色游；以南音、歌册等为主的民俗文化游；以谷文昌纪念馆、东山战斗烈士陵园等为主的红色旅游。2008 年，旅游专线路有 12 条。

1. 观光农业旅游线　八尺门网箱养殖基地—厦铁水产养殖基地—西屿—滨海沙生植物园—美山芦笋基地。

2. 海钓旅游线　岐下海钓基地—西埔湾—岩仔村—屿南湾—东门屿。

3. 学生夏令营旅游线　福建省青少年海洋生物标本馆—东山县博物馆—东山战斗英雄八少年传统教育室—“寡妇村”展览馆—谷文昌公园（谷文昌纪念馆）—东山战斗烈士陵园—芦笋生产基地—鲍鱼养殖基地—风力发电场—滨海沙生植物园—澳角村—风动石景区—马銮湾景区。

4. 朝圣旅游线　东山关帝庙—东明寺—古来寺—净山院—南正院—石庙寺—七圣夫人庙—宫前天后宫—西山岩山坪院。

5. 对台旅游线　东山关帝庙—东山博物馆—铜陵对台专用码头—台胞接待站—东山战斗英雄八少年传统教育室—九仙山—铜钵村—“寡妇村”展览馆—净山院—金銮湾东山战斗遗址—七圣夫人庙—宫前湾—宫前天后宫—东山战斗烈士陵园。

6. 军事旅游线　铜山古城—九仙山水操台—东山抗战烈士陵园—金銮湾东山战斗遗址—宫前湾—东山战斗烈士陵园。

7. 海鲜美食旅游线　东山各大餐厅、酒楼—东门屿扇贝粥—南门湾沙滩夜市—铜陵海鲜大排档—马銮湾海鲜大排档—金銮湾海鲜大排档—大嵕海鲜大排档—澳角鲍鱼宴。

8. 岛屿旅游线　东门屿—东山湾岛屿群—马銮湾四小屿—龙虎狮象四屿—西屿。

9. 民间节庆旅游线　春节民间节庆—农历五月十三关帝文化旅游节—农历七月二十九祭海节。

10. 学习谷文昌精神旅游线　滨海沙生植物园—谷文昌纪念馆—谷文昌陵园—山口村—赤山林场—乌礁湾—风力发电场。

11. 红色旅游线　海战展览馆—谷文昌纪念馆—东山战斗烈士陵园—金銮湾东山战斗遗址。

12. 乡村旅游线　铜钵村—冬古村—岩仔村—澳角村。

第四节　游客与旅游业总收入

一、客源地

1989 年后，东山县旅游部门分别与新加坡、泰国、日本等国家和中国香港、澳门、台湾地区的旅行社建立业务联系，逐步拓展海外游客资源。继续与上海、广州、深圳、潮州、汕头及福州、厦门、泉州等地的宾馆酒店、旅行社建立业务联系，开拓客源市场，开辟新的旅游项目和线路。至 1993 年，到东山的游客以旅游团队为主。其中，台湾同胞较多，港澳同胞及外国人次之；还有部分来自潮州、汕头、厦门以及诏安、云霄等邻近县市的游客。

1996 年后，到东山的游客主要来自厦门、泉州、福州、龙岩及广州、深圳、东莞等地，部分来自中国港澳台地区，以及新加坡等东南亚国家。2003 年起，外国及中国港澳台地区的游客较少。2005—2008 年，家庭式自驾车游客增多。

二、景区收费标准

（一）风动石景区收费标准

1994 年以前，风动石景区门票收费标准 2 元/人。1995 年调整为 4 元/人。1998 年调整为 20 元/人。2007 年调整为 35 元/人，至 2008 年不变。

（二）东门屿景区收费标准

1995 年起，东门屿景区门票收费标准为 2 元/人。1998 年调整为 5 元/人。2003 年调整为 15 元/人，至 2008 年不变。1996 年以前，东门屿轮渡客运收费标准为 5 元/人。1997 年调整为 10 元/人。2005 年调整为 15 元/人，至 2008 年不变。

（三）马銮湾景区收费标准

1994 年以前，马銮湾景区门票收费标准为 1 元/人。1995 年调整为 2 元/人。1998 年调整为 5 元/人，至 2008 年不变。

（四）谷文昌纪念馆收费标准

2004 年，开放谷文昌纪念馆，门票为 10 元/人，至 2008 年不变。

（五）“寡妇村”展览馆收费标准

1999 年，开放寡妇村展览馆，门票为 5 元/人，至 2008 年不变。

三、旅游业总收入

1989 年起，东山每年接待的游客人数逐渐增加，旅游业收入保持增长态势，占全县 GDP 比重和第三产业增加值比重不断提高。1995 年，全县共接待境内外游客 62 万人次，旅游总收入 2 亿元。2000 年，接待境内外游客 75.6 万人次，旅游业总收入 2.77 亿元。2008 年，全县接待境内外游客 118 万人次，比上年增长 15%；旅游总收入 4.27 亿元，比上年增长 13.56%。

1989—2008 年东山县接待过夜旅游人数统计表

表 12-1 单位：人次

年份	过夜游客合计	其中				
		外国人	华侨	港澳同胞	台湾同胞	小计
1989 年	—	921	7	431	2778	4137
1990 年	—	879	14	1129	3481	5503
1991 年	—	1079	392	3204	5048	9723
1992 年	—	1130	1018	1952	5795	9895
1993 年	—	1724	—	3279	6698	11701
1994 年	—	1807	—	1603	5271	8681
1995 年	7685	1684	—	1585	4416	7685

续表 12-1

年份	过夜游客合计	其　中				
		外国人	华侨	港澳同胞	台湾同胞	小计
1996 年	47517	1967	—	1879	6854	10700
1997 年	55477	2483	—	9834	7072	19389
1998 年	94754	2694	8	10401	8210	21313
1999 年	91716	2644	14	6456	7728	16842
2000 年	113505	4494	—	3757	8436	16687
2001 年	107988	2789	—	2512	5549	10850
2002 年	98377	2839	—	972	7432	11243
2003 年	103642	1112	—	568	4245	5925
2004 年	113430	1650	—	387	4355	6392
2005 年	109060	2393	—	260	6456	9109
2006 年	123254	1744	—	246	5281	7271
2007 年	141683	2458	—	195	3376	6029
2008 年	113756	1313	—	132	2043	3488

1995—2008 年东山县接待游客数与旅游业收入情况表

表 12-2

年份	接待游客（万人次）	比上年增长（%）	实现旅游收入（亿元）	比上年增长（%）
1995 年	62	—	2	—
1996 年	65	4.84	2.2	10
1997 年	70	7.69	2.4	9.09
1998 年	80	14.3	3	25
1999 年	72	-10	2.56	-14.67
2000 年	75.6	5	2.77	8.2
2001 年	76.2	0.76	2.79	0.72
2002 年	76	-0.3	2.8	0.36
2003 年	70.5	-7.24	2.25	-19.64
2004 年	76.11	7.96	2.47	9.78
2005 年	81.23	6.73	2.87	16.2
2006 年	88.7	9.20	3.33	16.03
2007 年	102.6	15.67	3.76	12.91
2008 年	118	15.01	4.27	13.56

第四章　旅游服务

第一节　旅行社

一、接待游客的旅行社

1989 年，县内有旅行社 2 家，分别是东山县旅游公司和东山县中国旅行社。1992 年，增办东山华福旅行社。1993 年 5 月，增办东山县青年旅行社。1994 年和 1995 年，分别成立东山太平洋旅行社和东山天马旅行社。1998 年，县旅游公司停业。1999 年，成立东山海之角旅行社。2001 年，东山太平洋旅行社更名为东山新程旅行社。此后，组织旅行社总经理、部门经理参加接待业务资格考试。2004 年 7 月，金海湾旅行社成立，是东山唯一的股份制旅行社。当年，经考核，有 7 人获得旅行社总经理资格证书，1 人获得旅行社部门经理证书。2008 年，东山春秋旅行社成立。当年末，东山县有接待游客旅行社 7 家。经营业务主要是招待旅游者，代理交通、游览、住宿、饮食、购物、娱乐事务及提供导游等；并为旅游者代购、代订国内交通客票、提供行李寄存服务等。

2008 年东山县旅行社一览表

表 12-3

名称	创办时间	人员数	名称	创办时间	人员数
东山县中国旅行社	1958	33	东山新程旅行社	2001.2	4
东山华福旅行社	1988.6	10	东山金海湾旅行社	2004.7	5
东山新东方旅行社	1994	3	东山春秋旅行社	2008.11	5
东山天马旅行社	1996.4	6			

二、主要旅行社简介

（一）东山天马旅行社

东山天马旅行社于 1996 年 4 月设立，隶属东山旅游经济开发区管委会，为全民企业。内设航空售票处、旅游部、外事部。1999 年，增设驻漳州办事处（后改为漳州红凤凰旅行社）。2008 年，员工 6 人。

（二）东山中国旅行社

东山中国旅行社位于西埔镇中兴街 1093 号，隶属县侨务办公室。1989 年，沿设东山县中国旅行社。1990 年，经营范围包括客房、餐饮、接团等，员工 32 人。2008 年，员工 33 人。

第二节　宾馆饭店

一、宾馆饭店创办

1989 年，县境接待游客的宾馆（饭店）主要有华福酒店、东山宾馆、新城宾馆、东山台胞接待站等 15 家，共有床位 956 个。随着东山旅游业的快速发展，至 2008 年，全县有宾馆、酒店、度假村等 47 家，总床位 3420 位，员工 1988 人。其中，四星级酒店 1 家，三星级酒店 4 家，二星级酒店 1 家，酒店数量和档次居全省县级首位。

2008年东山县旅游饭店宾馆一览表

表12-4　　单位：个、人

宾馆酒店名称	床位	员工	宾馆酒店名称	床位	员工
金殿海景大酒店（四星）	325	320	海事培训中心	48	23
金銮湾大酒店（三星）	240	210	交警培训中心	85	23
华侨大酒店（三星）	148	180	粮食招待所	55	25
百亿新城（三星）	181	150	南苑酒店	67	23
扬波酒店（三星）	87	80	人保培训中心	42	10
省安度假中心（二星）	130	40	长运招待所	46	13
金沙大酒店	152	60	吉达宾馆	30	10
东山宾馆	65	50	春丰旅馆	20	6
漳州财政培训中心	219	120	金山旅馆	23	5
东圣宾馆	90	60	新城宾馆	38	6
公路培训中心	35	20	东风旅馆	33	10
新典酒店	70	30	铜陵旅社	45	13
福建听涛园	40	30	南英大旅社	60	20
龙潭山庄	83	40	东港旅馆	23	10
恒达酒店	30	40	木材招待所	50	10
人行培训中心	56	45	元丰宾馆	58	35
台胞接待站	85	25	怡城旅馆	65	20
秀东宾馆	57	25	甘泉宾馆	99	40
第二粮食招待所	23	6	巧成旅馆	33	10
渔业招待所	48	15	金成兴旅馆	19	6
城关旅社	35	10	东门屿招待所	64	16
龙兴旅馆	22	10	育新旅馆	24	6
百货招待所	30	12	长运度假别墅	42	10
成兴饭店	100	60			

二、旅游定点接待单位

1990年，东山县建立旅游定点接待单位制度，评定旅游定点接待单位16家。1995年，重新评定县旅游定点单位16家。其中，甲级有华福酒店、华侨大酒店、东山宾馆、百亿新城国际俱乐部；乙级有华都酒店、元丰宾馆、财政培训中心、财贸培训中心、台胞接待站；丙级有商业培训中心、甘泉宾馆；丁级有铜陵粮食招待所；未定等级的有元一酒楼、秀东酒楼、天马航空售票处、北园酒店。1998年，重新评定旅游定点单位22家，给予享受相关优惠政策，同时，使用“东山旅游质量随行单”对定点单位服务质量进行跟踪监督。2005年，组织在定点接待单位开展厨师、服务员等培训，提高旅游总体的服务素质和服务水平。2006年2月，风动石景区、金銮湾大酒店、东山县中国旅行社等3家旅游企业被评为福建省百佳旅游诚信单位。2008年，全县有旅游定点接待单位28家。其中，甲级5家，乙级6家，丙级8家，丁级9家。

三、主要宾馆饭店简介

（一）华福酒店

1989年，沿设华福酒店（1988年6月28日开业），隶属县外经贸委员会，为全民联营酒店，员工265人，下设华福旅行社。同年,增设东山国际海员俱乐部，承担接待外国船员。酒店主楼12层，有102间标准双人房，6间豪华套房和6间海景单人房，床位237个。有中餐厅、西餐厅、茶座、迪斯科舞厅、美容室、按摩室、棋牌室、商场、商务中心、商务洽谈室、大小会议室等服务设施，及配电室、空调机房、锅炉房、电梯机房、洗衣房、中央控制室等辅助营业设施。1990年10月，经国家旅游局核准授予国际三星级酒店，为漳州市首家三星涉外酒店。1994年，开办福来阁桑拿理疗中心，为全市首家。1995年，营业收入1312万元，为历史最高。1996年后，营业额逐年下滑。1999年3月，酒店投入800多万元进行西区改扩建，建设大型会议室、保龄球馆等。2005年，该酒店床位调整为214个，员工120人（在册173人）。2007年，酒店停止营业。

（二）百亿新城度假村

百亿新城由香港太平洋企业有限公司与国内外财团联合创办，规划面积23平方公里，已开发14平方公里。工程于1993年2月动工，至1996年，完成投资7亿元，建成游艇别墅区（347幢房）、百亿新城中心广场、水上活动中心、骑术中心、星级客房、大型夜总会、网球场等（占地面积80万平方米）。其中国际俱乐部、水上活动中心、马术中心三个单元被列为国家级旅游度假产品。1998年，受1997年东南亚金融危机影响，百亿新城项目仅国际俱乐部旅游接待部分运营。

1999年，国际俱乐部转让给漳州新城集团，更名百亿新城度假村，重新改造后对外营业。2004年，百亿新城度假村被评为三星级酒店。为一家集客房、餐饮、娱乐、休闲、健身于一体的豪华大型海滨别墅式酒店（被国家旅游局指定为国家级旅游度假休闲单元产品）。拥有各类别墅客房30多幢200多间（套），有能容纳300人同时就餐的大酒楼，有大型豪华夜总会、KTV、桑拿理疗中心、外商俱乐部、电子游艺中心等游乐设施。有骑术培训中心、网球场、保龄球馆等康体活动项目。百亿新城水上活动中心举办过多届国家级或世界级帆板帆船赛事。

（三）金銮湾大酒店

1997年，金銮湾假日中心建成投入运营。拥有海滨浴场、停车场、海鲜大排档、海滨茶座、烧烤天地、综合商场、海上游乐器材出租等。1998年12月，被评为三星级酒店。2002年，更名为金銮湾大酒店。2004年，通过省星评委员会的三星级酒店复评。2008年，该酒店有床位240个，员工210人。

（四）华侨大酒店

华侨大酒店隶属县侨务办公室，为中外合资企业。1990年12月15日开业。固定资产150万美元，客房69间,床位148个。经营范围：客房、餐饮、商场、代办机车船票，全店职工120人。2004年该酒店被评为三星级酒店。2008年，全店员工180人。

（五）扬波酒店

1997年，扬波酒店（也称地税培训中心）建成投入运营。2004年，该酒店投资400多万元，按三星级旅游酒店标准进行改建。2006年，该酒店被评为三星级酒店。2008年，全店有床位87个，员工80人。

（六）金殿海景大酒店

金殿海景大酒店占地面积86667平方米，总投资1.55亿元，分四期建设。一期工程按四星级酒店标准建设“听涛阁”“浪琴轩”及18栋商务式酒店公寓。2005年9月12日，金殿海景大酒店开业。二期工程于2005年12月开工，建成商务酒店公寓22栋，总面积10000平方米，总投资4500万元。2006年，完成二期工程大部分。2007年，四星级金殿海景大酒店正式揭牌。2008年，该大酒店有床位325个，员工320人。

（七）省安度假中心

1992年7月25日，福建省工业设备安装有限公司东山培训中心（简称省安度假中心）立项，1994年11月24日，竣工验收。1996年1月，省安度假中心正式营业。以接待内部职工培训、会议为主。2001

年，重新装修。2002 年 1 月 25 日，该度假中心被评为二星级旅游涉外饭店。2008 年，有床位 130 个，员工 40 人。

第三节　旅游餐饮

一、海滨大排档

1989 年，马銮湾风景区管理处投资 60 万元在区内建成海味餐厅。1997 年，铜陵镇南门湾海滨建起第一家民营海鲜大排档。此后，陆续有多家大排档在此建起，形成滨海海鲜大排档一条街。大排档经营刚从海上捕捞的活鱿鱼，味道鲜嫩爽口，远近闻名。蟹类、石斑、虾蛄、章鱼等各种生猛海鲜吸引游客。附近铜兴路相继建起多家以经营海鲜为主的酒楼、大排档，成为知名度较高的海鲜美食街。此外，在东山经济技术开发区内的主干道旁也相继办起数十家海鲜为主的大排档，形成海鲜美食集中区。金銮湾、乌礁湾与西埔湾也陆续办起多家海鲜大排档。2008 年，南门湾、金銮湾、马銮湾、乌礁湾等海边各有海鲜大排档 10 多家。夏秋季节，到南门湾海滩品尝刚打捞的鱿鱼，到马銮湾、金銮湾、乌礁湾海滨吃搬山网新出水海鲜，成为东山旅游的特色餐饮。海鲜烧烤也是马銮湾、金銮湾特色餐饮之一。烤牡蛎、烤鱿鱼、烤鲨鱼片等，花样繁多。东山岛上各宾馆、酒店，海鲜品都洗净放在盘里，摆在透明的橱窗内，活鱼、活虾、活鳝则放养在玻璃箱中，供食客选点，可蒸、可煮、可炒、可炸……

二、东山特色菜肴

东山餐饮兼具闽南菜和广东菜特点，善于用各种新鲜海味做菜。东山各酒店、宾馆、度假中心及海边大排档，推出很多具海岛特色的菜肴，如“生蒸龙虾”“芦笋宴”“鲍鱼宴”“海胆炒饭”“水煮石斑鱼”“醉龙虾”“鱿鱼煲”“扇贝粥”“红蟹饭”等，菜肴美味可口。品尝海鲜为主的多种特色菜肴，是东山旅游的重要内容。

三、东山特色小吃

（一）东山蚵仔煎

东山蚵仔煎选用牡蛎中的上品“珠蚝”为主要原料，拌入鲜蒜、韭菜、白菜、番薯粉，清水调匀，在热锅中油煎。煎时应掌握火候，适时加油，将蚝煎松动，翻面，防止焦黑。煎熟后配以辣酱、胡椒粉、芥末等佐料，趁热食用。味香，鲜嫩不腻。

（二）东山鲜鱼饺

东山鱼肉捣成泥状，放上适量甘薯粉、盐粉加工成饺子皮，内料有瘦肉、鳊鱼干、虾肉、葱料等混合成，用开水煮熟即可，味道鲜美。

（三）东山烧腱灵

东山烧腱灵古时用鸡鸭腱为主料，故名。今用瘦猪肉（占 80%）、肥猪肉（占 20%），配料有白糖、绍酒、酱油、五香粉。1 公斤肉调配料 100 克，用“网纱油”包成肉管状，串在铁叉上用阴火烤熟，食用时配萝卜丝、芫荽，香脆鲜美。

（四）烧五香金钱肉

东山烧五香金钱肉状如古代钱币，故名。瘦猪肉和肥肉各 50%，切成方形薄片，调上白糖、五香粉、酱油、绍酒，用一片瘦肉和一片肥肉成一合串在铁叉上阴火烤熟。配料有萝卜丝、香菜、辣酱等。清香可口，食而不腻。

（五）东山鱼丸

东山鱼丸选马鲛、蛇鲻(狗母)等鲜鱼，去鱼皮、鱼骨，刮鱼肉成泥状，加适量地瓜粉、盐粉、味精等搗拌均匀，用手抓挤出小球形，用汤匙取之放入温水煮熟。鱼丸熟后捞上晾干。食用时再放入开水中煮沸，佐以芹菜末、味精、葱油。雪白晶亮，香脆鲜美。

（六）猫仔粥

东山猫仔粥用米饭、猪腰片、猪心片、鲨鱼肉片、香菇丝、瘦猪肉丝、贝类肉、味精、盐粉、芹菜丝、葱油等放入开水煮熟。

（七）东山烧卖（又名肖米）

东山烧卖有数百年历史。以面粉和少量地瓜粉做皮；馅用干萝卜丝混合虾肉、鳊鱼干、肉丝，调酱油，包成上端露馅的小团团，蒸熟。食用时配以黄芥末、辣椒，味道鲜美，油而不腻。

（八）东山薄饼（又称春卷）

东山薄饼面粉加工成薄饼皮，馅由煮熟的鲜笋丝、瘦猪肉丝、豆腐丝、菜、蟹肉、蛋丝等组成，混合包成圆筒状；吃时，将上述食材加炒花生粉糖（有的再经油炸），也可蘸酱料。

第四节　旅游购物

一、购物店区

1989 年，风动石—东门屿、马銮湾景区均配套建购物区，主要销售工艺品和海产干品等。

1996 年，县旅游实业总公司投资近千万元，建西埔旅游商城。1998 年，该商城投入使用，建筑面积 8200 平方米，销售东山特色的工艺品和海产干品及服装等。同年，在风动石景区建成综合广场和商业网点；马銮湾景区建成中心广场，销售多种海产干品和东山特色工艺品。1998 年，投资 1300 万元建西埔中兴广场，于 1999 年投入使用，为东山旅游购物重点场所。至 2008 年，东山旅游购物场所主要分布在风动石景区、马銮湾景区和西埔地区的旅游商城、中兴广场。各家星级饭店也都设专柜出售东山特色的旅游商品。

二、东山特色商品

东山特色工艺品主要有海柳雕系列产品、贝雕系列产品（贝雕、贝壳挂件、贝壳饰、贝壳车）、金银雕系列产品、关帝系列产品（关帝纪念金牌、石雕关帝像、木雕关帝像、关帝纪念卡、关帝护身牌）等。主要海产品有：墨鱼干、鱿鱼干、虾干、海蛎干、虾米；原味鱿鱼丝、精制鱿鱼丝、鱿鱼枣；干贝、鱼翅、鱼胶、巴浪鱼干（学名蓝圆鲹）、海马、海龙、香烤鳗、丁香鱼、赤宗鱼、鱼骨酥、紫菜；以及宋金枣、芦笋系列产品（速冻芦笋、芦笋干、芦笋罐头、芦笋茶、芦笋汁）等。

三、东山主要特产简介

（一）金银饰品

东山金银饰品是东山岛传统工艺品之一。产品有项链、手链、手镯、戒指、腰带、胸饰、发饰、耳环、帐钩、摆件；样式有鳄鱼、牡丹、凤凰夹、浮雕龙狮象等十几个品种、百多个花式。

（二）海柳雕工艺品

东山海柳雕是东山岛传统工艺品之一。海柳雕工艺美术品有烟斗、手镯、盆景、茶具等。用海柳制作的烟斗（烟嘴）不仅精美，而且吸烟时会感到清凉可口，故十分珍贵。东山海柳雕以造型奇特、清雅别致、色泽油亮而成为闽南工艺上品，闻名国内外。

（三）珊瑚工艺品

东山珊瑚工艺品有红珊瑚和白珊瑚传统工艺品。艺人们把珊瑚进行剪裁，艺术加工，制作成苍松古柏、岩洞水濂、悬崖峭壁、海底奇观、亭阁绿树等。2008 年，随着人们环保意识的增强，珊瑚工艺品日益减少。

（四）贝雕工艺品

东山贝雕是东山岛传统工艺品之一。艺人们根据贝壳的形状、花色制作成盆景、贝雕画、挂屏以及花瓶、花鸟虫鱼、禽兽等工艺品，有的还配上小礁石、海螵蛸壳，别具一格。典型的作品有百花图、海螺瓶、孔雀雕、盆景、葡萄、松鹤图等。

（五）龙虾挂屏工艺品

东山龙虾挂屏又称龙虾板，是东山岛民间工艺美术品之一。艺人把龙虾壳漂洗干净后钉在一块美观、油漆的纤维板上，并油漆龙虾壳，使之保持原有的色泽与形态。然后装在油漆镜框里，挂壁上，成为精美瑰丽的工艺美术品。

（六）花织带工艺品

东山花织带是东山民间棉织工艺品之一，也是家庭妇女传统手工艺品。制作有裙带、腰带、斗笠带、围巾带、手提带、背裙带（背孩子的裙）等。多以棉线为主织成。色线有蓝白、红白、黑白相间和五色杂镶。图案一般为花、鸟、鱼、虫、龙、凤，或由篆字组成的连续几何图案。质地坚牢，经久耐用，着色和谐，朴素大方。

（七）抽纱织品

东山民间传统抽纱织品以手工为主，用纱线钩织而成。东山抽纱织品有各种花鸟鱼虫、飞禽走兽的图案。品种有台布、枕套、被单套、床罩、手帕、手巾、围裙、面巾、沙发套及其他家庭生活用品数十种。东山抽纱织品为东南亚各国民众青睐。

（八）海浮石工艺品

东山海浮石产于沿海，一般为白色、浅灰色，部分呈浅红色，具有标准的多孔构造，形似蛀窠，有些具有管状构造，性易脆，比重小，在水中可浮起。制成海浮石工艺品有洞水濂、高山峻岭、宝塔、假山、人物、鸟、兽等。

（九）宋金枣食品

东山宋金枣由晚清时期老店铺“寿全堂”研制，世代传承。具有消食、祛风、健脾、益胃等功效。在闽南一带和台湾地区，以及新加坡等东南亚地区享有盛誉。2007 年 8 月 28 日，东山宋金枣传统制作工艺被列为福建省第二批非物质文化遗产保护项目。

（十）东山芦笋茶

东山芦笋茶以芦笋为原材料，经精心研制加工而成。具有消除疲劳、抗衰老、减肥、利尿、清火解热等功效，长年饮用无任何副作用，是居家、旅行、馈赠佳品。可用于炖排骨、炖鸡鸭等，味道鲜美。袋泡式的包装便于携带。

第五章　管　理

第一节　机　构

一、行政机构

（一）东山旅游经济开发区管委会

1993 年,东山旅游经济开发区管委会成立，正科级，负责景区规划及设施管理，核定项目审批或转报审批。设主任 1 人、副主任 3 人；设办公室等办事机构。2008 年，该管委会工作人员 8 人。

（二）东山县旅游局

1989 年，沿设县旅游局，负责制定全县旅游规划及开发布局，实施对全县旅游行业管理，开展旅游宣传促销，加强对全县旅游从业人员的管理。配局长 1 人、副局长 2 人，设办公室等办事机构。2008 年，全局工作人员 9 人。

二、事业单位

（一）风动石景区管理处

1989 年，沿设风动石塔屿管委会，隶属县建设委员会，负责管理风动石景区、塔屿景区、马銮湾景区和九仙顶景区。1991年9月，撤销风动石塔屿管委会，改设风动石景区管理处，隶属东山县旅游局，为财政差额拨补事业单位，负责风动石景区内所有景点的建设及管理。1993年，管理处改属东山旅游经济开发区管委会管理，1996年改为自收自支事业单位。2008年，该管理处下设办公室、财务室、园林卫生组、治安组、门票组、票务组、庙务组等，员工41人。

（二）马銮湾景区管理处

1989年，沿设马銮湾景区管理处，隶属县旅游局。1993年8月，改属东山旅游经济开发区管委会。2008年，全处员工22人。

（三）金銮湾景区管理处

1995年5月，设立金銮湾景区管理处，隶属东山旅游经济开发区管委会。2008年，全处员工6人。

（四）东山县导游中心

1995年，设立县导游中心，隶属县旅游局，负责管理旅游市场，培训导游员和讲解员等事项。2008年，员工14人。

（五）乌礁湾景区管理处

1996年12月，设立乌礁湾景区管理处，隶属东山旅游经济开发区管委会，负责扩展东山南线旅游项目，保护环岛路旅游资源，并提供相关社会服务。2008年，员工3人。

（六）屿南湾景区管理处

1996年12月，设立屿南湾景区管理处，隶属东山旅游经济开发区管委会。负责屿南湾景区资源的管理与保护。2008年，员工1人。

（七）东山县旅游质量监督管理所

2008年，设立县旅游质量监督管理所，负责查处旅游违法违规行为，监督旅游市场秩序，以及旅游吃、住、行、游、购、娱的服务质量，处理旅游投诉。年末，工作人员2人。

三、企业单位

（一）东山县旅游公司

1989年，沿设县旅游公司，隶属县旅游局。经营范围包括组织旅游团、接旅客团、贸易等。2008年，公司员工28人，其中导游员10人。

（二）东山县旅游实业总公司

1989年，沿设县旅游实业总公司，为国营有限责任公司。公司注册资本202.5万元，主要经营旅游房地产开发。2008年，公司员工8人。

（三）东山县蓝海旅游发展公司

1995年3月，设立县蓝海旅游发展公司，隶属东山旅游经济开发区管委会。为有限责任公司，注册资本180万元，经营范围包括代办代理旅游开发区内投资项目、承办开发区公共设施、承办旅游投资咨询等。2008年，公司员工4人。

第二节　导游管理

一、导游员培训

1989年上半年，县旅游公司5名导游员参加全国导游员资格考试，全部合格。1995—1996年，县内举办导游培训班2期，培训导游员78人。1997年，举办第三期导游员培训班。1998年，举办第四期导游员培训班。至此，全县导游员累计160人。1999年，举办第五期东山一地导游员培训班。2003年，举办一期导游员年检培训，内容是导游员的服务接待及语言水平等；组织东山一地导游员到谷文昌公园、沙生植物园等新景点实地考察；组织导游员参加省“导游之星”杯大奖赛；举办东山一地导游员培训班及酒店、旅行社高级管理人员的资格培训，邀请汕头大学教授为旅游培训班做专题讲座。2004年，开展景区、景点讲解员评优工作，5 名讲解员获得优秀讲解员称号。2008 年，全县导游员 160 人。

二、导游监管

1989 年，县旅游部门加强对导游活动及旅游市场监管。1990 年，建立旅游投诉制度，设立旅游服务电话、投诉电话。1995 年，建立一地导游管理制度。1998 年，实行导游员统一佩证上岗。1999 年，实施《东山旅游线路监督表》和东山旅游线路监督制度。2000 年，出台《东山一地导游员管理暂行规定》，加强对导游员的管理。至 2008 年 12 月，对导游员管理和旅游市场监管形成常态。

第三节　景区管理

一、景区绿化

1989 年，东山县持续注重景区植树造林、种花栽草，为旅游业发展营造良好生态环境。1989 年起，风动石景区在东城门外种植木麻黄、湿地松等树木，并改造关帝庙前广场的草坪。马銮湾景区对滨海路广场和环岛路两侧进行绿化。1993 年，马銮湾景区在沿海滨路大面积种植草坪，栽种棕榈、槟榔、波罗蜜等观赏树木，绿化面积 1.5 万平方米。1998 年，风动石景区与马銮湾景区均完成二期绿化工程。全岛交通主干道两侧和重点城镇加大绿化力度，创造优美舒适的旅游环境。2000 年，对铜山古城东门外进行绿化。2007 年，完成城市绿地系统规划生态绿化系统布局。2008 年，全县景区种植降香黄檀等各类名贵乡土树木 15 万株；投入 1200 万元，配套西铜公路、金銮大道及环岛路段的绿化工程。改善全岛生态环境，被评为国家级生态示范县；前楼镇被评为全国环境优美乡镇。

二、旅游食品卫生管理

1989 年，县旅游局与县工商行政管理局、县技术监督局等部门联合开展旅游食品卫生专项检查活动，重点检查西埔旅游商场、东山关帝庙风景区等主要食品批发店。此后，每年开展旅游食品卫生专项检查，及景区、景点环境卫生整治。2002 年，开展旅游市场打假专项整治，巡查旅游景点，检查旅游产品经营户 90 户，查处销售劣质产品 10 户。2003 年，县旅游部门与铜陵工商行政管理分局联合行动突击检查，取缔风动石景区无照经营户以及“野导”“黑社”等。全年共检查旅游经营单位 40 家（次），立案查处 11 起，取缔无照经营户 8 户。2004 年，开展旅游企业食品卫生专项整治。县旅游、公安、建设、城监等部门，联合开展为期 1 个多月的环岛路海滨“大排档”食品卫生检查，统一规划“大排档”样式。2005 年，旅游管理单位与县卫生部门联合对各景区、酒店、旅行社的食品卫生进行检查。此后，对景区、景点开展食品和环境卫生的整治成为常态。

三、景区安全管理

（一）安全标识设置

1998 年，马銮湾景区管理处在域内海上设立浮标安全线。2000 年，在风动石—塔屿景区实施夜景工程首期建设，各景点路径安装草坪灯和投影灯。在马銮湾景区投资铺设夜景灯，增设瞭望台。

2004 年，风动石景区加强对海滨礁石群等重点地段的安全管理。马銮湾景区在海上设置警戒标志，加设安全警示牌，使用广播宣传海上注意安全事项。2007 年，在风动石景区和马銮湾景区设立安全警示牌、警示标志、防护栏等；在马銮湾海滨浴场设立海上安全警戒线、配备救生艇和救生员。2008 年，全县各景区安全设施进一步完善，景区及沿线海滨均设立安全警示牌或警示标志及防护栏；酒店客房及其显要位置都设安全温馨提示卡。

（二）防火防盗管理

1989 年，各景区在重要地段、地点配置消防器材，开展安全消防培训。2004 年，开展“平安旅游区”创建活动。2005 年，县旅游部门协同公安、消防等部门对各景区、酒店、旅行社进行消防安全专项检查。

至 2008 年，每年对景区、酒店、旅行社等旅游企业都开展消防专项检查活动。

（三）渡口安全管理

1989—2008 年，县旅游部门延续加强渡口的安全管理。每年节假日期间，县旅游局、县安监局等部门联合对游轮渡口检查管理，对码头“三无”船只进行清理，严防无证小船载客，确保游客生命安全。

第四节 行业管理

一、星级酒店报批

1989 年，县旅游部门根据《中华人民共和国评定旅游涉外饭店星级的规定和标准》，对东山华福酒店申请三星级酒店进行初审。同时按照饭店必备条件与检查评分相结合的综合评定方法，分别对饭店的建筑设施设备、服务项目、维修保养、清洁卫生、服务质量、宾客满意程度进行检查，根据其达到的标准初定星级。1990 年，东山华福酒店经国家旅游局和省旅游局联合组织的国家旅游饭店星级评定考核，被评为三星级酒店。1998 年 12 月，金銮湾大酒店经国家旅游局和省旅游局联合组织的国家旅游饭店星级评定考核，被评为三星级酒店。2004 年，引导各酒店提高层次和档次，百亿新城度假村、华侨大酒店经申报、考核，被评为三星级酒店；华福酒店、金銮湾大酒店通过省星评委员会的三星级酒店复评。此后，星级大酒店申报、考核、复评成为常态。2005 年，组织各酒店的管理人员参加酒店经理资格上岗证的培训。2008 年，全县星级酒店 6 家，其中四星级酒店 1 家、三星级酒店 4 家、二星级酒店 1 家。

二、旅游市场检查

1989 年后，县政府年年组织县旅游、县公安等部门开展全县旅游行业执法检查。根据“谁主管，谁负责”的原则，严厉打击嫖娼、卖淫、聚众赌博现象和专项打假整治。2000 年，设立东山旅游协调服务中心，对外公布服务协调电话，为游客协调解决问题。同时，设立旅游市场检查岗和旅游投诉电话，及时处理游客投诉，制止各种违规行为。加强对酒店、旅行社等的管理，查处各种不规范经营行为。2002 年 9 月，成立东山县旅游协会，制定行业行规，加强旅游市场检查。同月，县旅游局与县工商行政管理局、县技术监督局等部门开展旅游市场打假活动。共检查白酒、啤酒 25 种、224 批次，饮料 8 种、25 批次，海产品 5 种、250 批次，香烟 16 种、126 批次，及其他食品 20 多种、340 批次。查处假冒厂名、厂址海产品店 5 家，案值 8000 多元；查处定量包装不足及产品标识不全 6 家。此后，每年均开展旅游市场专项检查。

三、开设旅游保险

1990 年始，在全县旅游行业开展旅游保险业务，有 6 家旅行社与县财产保险公司签订《旅行社责任险协议书》。此后，每年均开展旅游保险业务。2008 年 12 月，全县有办理旅游保险业务的旅行社 7 家。

四、旅游文明单位创建

1990 年起，县旅游管理部门在旅游行业开展创建文明单位活动，用社会主义道德规范宾馆经营活动。1998 年，开展创“文明景区”“文明酒店”“文明员工”“服务社会、奉献社会”等活动，评选一批文明单位。当年，东山华福酒店、县风动石管理处被评为漳州市第六届文明单位。1999 年 9 月，东山风动石—塔屿景区被列入全省创建文明风景旅游区示范点(全省 10 个风景区示范点)。2004 年，开展旅游行风评议、评优活动。2006—2008 年，开展旅游管理人员、导游员、餐厅服务员、客房服务员、前厅服务员和厨师等“六个十佳”评选活动。东山宾馆、金銮湾大酒店、东山县风动石•塔屿管理处被评为漳州市第九届文明单位。

第十三卷　金　融

1989 年，东山县银行业机构 7 家，典当行 1 家，农村信用社 1 家。年终各项存款余额 7655 万元，各项贷款余额 21236 万元。此后，逐步实行国家金融体制改革，县工商银行、县建设银行、县中国银行、县农业银行，以及县农村信用合作联社先后实施股份制改革。银行业务不断发展，开办代发工资、代理发行债券等中间业务，进一步改善经营状况，减少不良贷款。2004 年 4 月，设立中国银监会东山办事处，强化金融市场监管，加强网络监控，建立大额现金支付审批制度，开展反假币、反洗钱工作。

2008 年 12 月，全县金融机构 11 家（其中典当行 2 家），年终各项存款余额 238856 万元(不含外币)，比 1989 年 12 月增长 23.74 倍。在人民银行货币信贷政策的积极引导下，各金融机构不断增加信贷投放，有力地支持东山县地方经济发展。2008 年 12 月，全县各项贷款余额 179243 万元(不含外币)；全县银行业金融机构盈利 7208 万元。

20 年间，县境保险业发展迅速。1996 年 3 月，中国人民保险公司东山支公司分设为中国人民财产保险股份有限公司东山支公司和中国人寿保险股份有限公司东山支公司。此后，又有中国太平洋人寿保险、中华联合保险在东山设营销部。保险险种越来越多，投保者不断增加，意外灾害损失得到及时理赔，保险业务不断拓展。

2008 年，财产保险保费收入 17473.46 万元，理赔支出 922.2 万元；人寿保险保费收入 5718.84 万元，理赔支出 223.52 万元。

第一章　货币金融服务

第一节　机　构

一、中国人民银行东山支行

1989 年，沿设中国人民银行东山支行（简称县人民银行），为中国人民银行的派出机构（三级）。内设人秘股、计划股、金管股、外管股、会计股、发行股、保卫股，员工 35 人。1991 年，改设人事股、办公室、计划股、金管股、稽查股、外管股、会计股、发行股、保卫股。此后，内设机构多次调整。2003 年 12 月，内设办公室、纪检监察审计室（与办公室合署）、信贷调统股、外汇管理股、营业室、保卫股。2008 年 12 月，内设机构不变，全员 32 人，其中专业技术人员 29 人（中级技术职务及以上人员 11 人）。

二、国家外汇管理局东山县支局

1989 年，沿设国家外汇管理局东山县支局，与人民银行东山支行合署办公，为一套人马、两块牌子。2008 年 12 月不变。

三、中国银监会东山办事处

2004年4月，成立中国银监会东山办事处，为中国银行业监督管理委员会漳州监管分局派出的正科级单位。2008年12月，有员工4人（中级职称1人）。

四、中国工商银行东山支行

1989年，中国工商银行东山支行内设办公室、人事科、计划科、信贷科、技改科、储蓄科、房地产信贷部、出纳科、会计科、保卫科、国际业务部；下设工商银行城关办事处、前街储蓄所、大澳储蓄所、桂花街储蓄所、城关储蓄所、铜陵储蓄所、西埔储蓄所、新城储蓄所等营业网点，员工共110人。此后，内设机构与营业网点多次调整。2008年12月，内设综合部、客户部、营业部；下设支行本部和铜陵营业网点，员工共67人，其中专业技术人员47人(中级技术职务及以上人员13人)。

五、中国建设银行东山支行

1989年，中国建设银行东山支行内设会计科、人秘科、业务科、储蓄科、房贷部、国际业务部；下设铜陵分理处、文峰储蓄所、西市储蓄所，员工共40人。此后，文峰储蓄所撤销，业务并入铜陵分理处，西市储蓄所并入支行储蓄专柜。2006年，铜陵分理处撤销，业务并入支行经营部。2008年12月，内设会计科、人秘科、业务科、储蓄科、房贷部、国际业务部；下设支行储蓄专柜、支行经营部，全行员工36人，其中中级技术职称及以上人员3人。

六、中国银行东山支行

1989年，中国银行东山支行内设人秘股、存汇股、信贷计划股、计财股、出纳股、稽核股、保卫股、纪检监察股；下设华福储蓄所、铜陵储蓄所、中兴储蓄所、侨联储蓄所等营业网点，员工共31人。至2005年，更名为中国银行股份有限公司东山支行，迁址于西埔，内设综合管理部；下设铜陵分理处和中心分理处网点。2008年12月，全行员工26人，其中专业技术人员24人（其中高级技术职务8人，中级技术职务10人）。

七、中国农业银行东山支行

1989年，中国农业银行东山支行内设办公室、人事股、监督股、保卫股、计划股、资金组织股、信贷股、会计出纳股；下设城关营业所、康美营业所、西埔营业所、杏陈营业所、陈城营业所，铜海储蓄所、演武储蓄所、西埔储蓄所、北市储蓄所、市场储蓄所、县支行营业部，员工共95人。此后，内设机构与营业网点多次调整。2008年12月，内设综合部、信贷部、财会部、客户部、资产经营部；下设城关分理处、西埔分理处、开发区分理处、营业厅、演武储蓄所等营业网点，全行员工91人，其中专业技术人员55人（中级技术职务及以上人员26人）。

八、东山县农村信用合作联社

1989年，县农村信用社依旧隶属县农业银行。1996年4月，单设，为地方性金融机构。2005年10月，改称东山县农村信用合作联社，为法人机构。内设综合部、业务部、计财部、风险部、稽查部、保卫部，科技部；下设城关信用社、文峰分社、康美信用社、西埔信用社、杏陈信用社、陈城信用社、宫前分社、澳角分社、北市分社、营业部等营业网点。2006年1月1日，县农村信用合作联社正式开业。2008年12月，全社员工136人，其中专业技术人员32人（高级技术职务1人、中级技术职务14人）。

九、中国邮政储蓄银行东山支行

1989年，县邮电局沿设邮政储汇部，下设西埔、铜陵邮政储蓄网点。1991年，县邮政储蓄开始向单间专柜发展。1993年，创办陈城、杏陈、铜陵储蓄代办点，增加邮政储蓄业务。1995年，改设东山县邮电局邮政储汇中心。1998 年 10 月，邮政、电信分营，成立东山县邮政局储汇分局，邮政储蓄业务实现全国通存通取。

2008 年 6 月，改称中国邮政储蓄银行东山支行，位于西埔，内设综合管理部、综合业务部、信贷部、公司业务部、会计部；下设西埔分行、铜陵分行、森都营业所、开兴营业所、铜亭营业所等邮蓄营业网点。年末，员工共 55 人，其中专业技术人员 2 人（中级技术职务 1 人）。

十、东山县恒达典当行

1989 年，沿设县恒达典当行（1988 年 8 月建立），位于铜陵，为省内首家经省人民银行批准的典当行，内设总经理办公室、营业部、质贷部、保安部、行务办公室，员工 29 人。2002 年 4 月，经省经贸委批准，国家经贸委备案，改制为有限责任公司。2008 年，内设机构不变，员工 33 人，其中专业技术人员 23 人（中级技术职务 5 人）。

十一、东山县全发典当行

1993 年 5 月，成立县全发典当行，位于西埔，内设总经理办公室、营业部、信贷部、人秘部。2002 年，改制为有限责任公司。2008 年 12 月，员工 10 人。

第二节　货　币

一、货币种类

（一）纸　币

1989 年，县境延续流通中国人民银行发行的第四套人民币（纸币），面额有 100 元、50 元、10 元、5 元、2 元、1 元共 6 种，与第三套人民币混合流通使用。1999 年 1 月，第二套人民币（纸币）停止流通并陆续兑换回收。同年 10 月 1 日起，发行流通第五套人民币（纸币），面值有 100 元、50 元、20 元、10 元、5 元、1 元、5 角、1 角共 8 种。2000 年 1 月，第三套人民币（纸币）停止流通并陆续兑换回收。

（二）硬　币

1992 年 6 月 1 日起，县境流通第四套人民币硬币（金属），面值 1 元、5 角、1 角共 3 种。2000 年 10 月 16 日起，县境发行流通第五套人民币硬币，面值 1 元、1 角等 2 种。2002 年 11 月 18 日，发行流通第五套人民币硬币，面值 5 角 1 种。2007 年 7 月，停止流通 1980 年 4 月发行的人民币硬币，面值 1 元、5 角、2 角、1 角共 4 种。

（三）纪念币

1989 年，县人民银行延续发行普通流通纪念币、特种流通纪念币和纪念钞等。1993 年 12 月 26 日，发行“毛泽东诞辰 100 周年”纪念币。1993 年 6 月，发行“珍稀野生动物”系列纪念币，如华南虎、大熊猫、金丝猴等图案的纪念币。1999 年 10 月，发行“纪念中华人民共和国成立 50 周年”纸质纪念钞，面值 50 元，与人民币等值流通。2000 年 11 月 28 日，发行塑质迎接新世纪纪念钞，面值 100 元。此后，每年均有纪念币发行。纪念币绝大多数被钱币爱好者作为收藏品保存，市面流通少见。

二、货币投放与回笼

1989—1993 年，全县货币投放 15 亿元；货币回笼 13.86 亿元。现金投放渠道主要有：工资性支出、储蓄存款支出、产品收（采）购支出、行政管理费支出、信用社及其其他金融机构支出、汇兑支出；现金回笼渠道主要有商品销售收入、储蓄存款收入、服务事业收入、税款收入、信用社及其其他金融机构收入、汇兑收入。该时期的货币流通量反映其净投放趋势。1994—1998 年，货币投放 18.5 亿元；货币回笼 18.6 亿元。1999—2003 年，货币投放共 22.5 亿元，货币回笼 20.25 亿元。该时期的货币流通反映其净投放的趋势。2008 年 12 月，货币投放近 25 亿元，货币回笼 20 多亿元。

三、货币管理

（一）发行管理

1989 年，中国人民银行东山支行沿设发行库，货币发行管理执行“适当集中，合理摆布，灵活调拨”原则。至 2006 年，人民银行东山支行发行库撤销。此后，人民银行东山支行不再承担发行货币职能。

（二）现金管理

1989 年，县内现金管理继续由开户银行负责，县人民银行对开户银行的现金管理实施督查。1991 年，县人民银行对信贷总量和货币投放规模实行监控管理，严格各银行净投放指令性指标，实行行长负责制，未经批准，不得突破。建立大额现金支付审批制度，确保县内现金净投放总量控制在指令性指标内。1997 年，根据《大额现金支付登记备案管理制度》《福建省大额现金支付管理办法》，严格大额现金支付审批。对 10 万元以下提现由开户银行审批；10 万元以上提现由县人民银行审批；对边远农村信用社适当放宽审批权限。2000—2008 年，现金管理以防范和打击诈骗、洗钱、逃税为重点。日常大额现金支付的审批及现金账户管理，授权开户银行办理，并按规定上报县人民银行备案。

（三）反假币

1995 年起，县内开始“反假币”工作。1998 年 5 月，建立县“反假币”联席会议制度，成员由金融、公安、法院、工商等 14 个单位组成。按照“肃内堵外，内紧外松”原则，将“反假币”工作从内部向外部拓展。1998—2000 年，共收缴假币 5.74 万元。2001 年，成立县“反假币”工作领导小组，由分管金融工作的副县长任组长，县人行行长任副组长，联席会议成员单位分管领导为成员，下设办公室（挂靠县人行），加强“反假币”工作。2003 年 4 月后，县内“反假币”工作执行《中国人民银行假币收缴、鉴定管理办法》。2001—2008 年，全县共收缴假币 17.89 亿元。

（四）残损币销毁

1989—2008 年，县内的损伤票币经各金融机构收回复点后上缴县人民银行，再集中送漳州市人民银行销毁中心销毁。全县回收损伤票币共 118 亿张，币值 20.6 亿元，全部按规定集中上缴销毁。

第三节　存款业务

一、城镇储蓄存款

1989 年，县内各商业银行把吸储个人存款，提高资金自给率作为立行之本，推行各种储蓄承包责任制，增加储蓄存款量。1990 年 12 月，各商业银行储蓄存款余额共 3648.1 万元。1992 年，各行开展储蓄“柜员制”试点（集经办、复核、出纳、复付多种职能于一身，当面办理柜面收付业务，以顺应国际业务操作的通常做法），推进存款额较快增长。1994 年后，建立各商业银行的电子汇兑系统，吸储功能提高，储蓄存款持续增长。1995 年 12 月，各商业银行储蓄存款余额 22612 万元。2000 年 12 月，全县储蓄存款余额 60394 万元。2005 年 12 月，全县储蓄存款余额 119885 万元。2008 年 12 月，全县储蓄存款余额 18.04 亿元，比 1989 年 12 月增长 60 多倍。

二、财政性存款

1989 年，全县财政性资金延续分别存于各商业银行。1990 年 12 月，县财政性存款余额 97.9 万元。1995 年 12 月，县财政性存款余额 1282 万元。1998 年后，县财政存款余额相继减少。2000 年 12 月，县财政性存款余额 83 万元。2005 年 12 月，县财政性存款余额 441 万元。此后，县财政性存款余额有所增加，至 2008 年 12 月，全县财政性存款余额 372 万元。

三、企业存款

1989 年，各商业银行以吸收企业存款（含各种所有制的企业存款）为重点，实行存贷挂钩制度，采取灵活经营措施，巩固企业存贷关系。1990 年 12 月，全县企业存款余额 3471.3 万元。1993 年 7 月，执行中国人民银行《关于不准擅自提高和变相提高人民币存、贷款利率的十项制度》和《关于进一步加强外币利率管理的十项规定》，制止各商业银行不正当竞争。企业存款额逐年上升。1995 年 12 月，全县企业存款余额 12079 万元。2000 年 12 月，全县企业存款余额 18704 万元。2008 年 12 月，全县企业存款余额 38687 万元，比 1989 年增加 10.34 倍。

四、农村集体存款

1989 年，县内农业产业化逐渐形成，吸储农村集体存款成为银行业务重点之一。至年末，全县农村集体存款余额 314.4 万元。1994 年，银行吸储农村集体存款下降，1995 年 12 月，全县农村集体存款余额 362 万元。1996 年后，随着农村集体经济和农业多种经营发展，存款逐步回升。2000 年 12 月，全县农村集体存款余额 1662 万元。2008 年 12 月，全县农村集体存款余额 12368 万元。

五、信托存款

1989 年 12 月，全县信托存款余额 74.7 万元。此后，信托存款时断时续。1992 年，信托存款余额为 0.4 万元。1995 年，信托存款余额为-202 万元。2002 年，信托存款余额为-359 万元。此后至 2008 年 12 月，信托存款余额为零。

六、其他单位存款

1989 年 12 月，全县其他单位存款（包括银行应解汇款、临时存款、保险公司存款及养老保险金存款、住房公积金存款等）余额 415.9 万元。1995 年，全县其他单位存款余额 653 万元。2000 年 12 月，全县其他存款余额 628 万元。2008 年 12 月，全县其他单位存款余额 6990 万元。

1989—2008 年东山县各项存款余额情况表

表 13-1　　单位：万元

年份	合计	其中					
		企业存款	财政存款	城镇个人储蓄存款	信托存款	农村集体存款	其他单位存款
1989	7655	3741.7	182.7	2925.6	74.7	314.4	415.9
1990	8293.8	3471.3	97.9	3648.1	61.4	445.2	569.9
1991	9786.8	4235	117.6	4127.2	19	622.1	665.9
1992	12268.8	5940.9	107.4	4616.2	0.4	974.8	629.1
1993	13589.2	7510.9	158.8	4626.6	0.4	709	583.5
1994	17304.5	9278.3	160.2	7922.1	−186	129.9	0
1995	36786	12079	1282	22612	−202	362	653
1996	52323	13954	1040	35395	−366	1281	1019
1997	63687	14236	733	47187	5	1021	505
1998	73525	14889	44	57046	−358	1267	637
1999	74914	15533	36	57178	−362	2118	411
2000	81115	18704	83	60394	−356	1662	628

续表 13-1

年份	合计	其中					
		企业存款	财政存款	城镇个人储蓄存款	信托存款	农村集体存款	其他单位存款
2001	78964	11967	155	64289	-359	1346	1566
2002	96046	12445	118	79042	-359	1097	3703
2003	123872	17632	450	99486	0	1894	4410
2004	143010	21811	246	113998	0	1832	5123
2005	151346	22008	441	119885	0	3071	5941
2006	176977	23191	1018	142653	0	6389	3726
2007	200406	27093	4905	150892	0	10108	7408
2008	238856	38687	372	180439	0	12368	6990

第四节 贷款业务

一、农业贷款

1989 年，县农业银行、县农村信用社把支持农业生产作为信贷投放重点，至年末，全县农业贷款余额 8344 万元。此后，逐年增加对农业有效投入，芦笋和水果生产、海洋捕捞、水产养殖业，不断增加信贷额度；推广农户小额信用贷款，简化支农贷款手续，服务春耕生产。1995 年 12 月，全县农业贷款余额 10458 万元。2000 年 12 月，全县农业贷款余额 18944 万元。2001 年后，开展货币信贷创新，为渔民建造新渔船提供贷款。2005 年 12 月，全县农业贷款余额 29627 万元。2008 年 12 月，全县农业贷款余款 43212 万元，比 1989 年增加 4 倍多。

二、流动资金贷款

（一）工业贷款

1989 年，东山县各银行的工业贷款重点支持出口创汇、农副产品生产加工业，帮助企业调整产品与产业结构，促进企业提高经济效益，增强经营后劲。1990 年 12 月，全县工业贷款余额 2893 万元。此后，工业贷款逐年增加，至 1995 年，工业贷款对象主要是国有、集体企业，至年末，全县工业贷款余额 4469 万元。2000 年 12 月，全县工业贷款余额 16040 万元。2005 年 12 月，全县工业贷款余额 17166 万元。2008 年 12 月，工业贷款余额 44985 万元，其中民营企业贷款占 73%。

（二）商业贷款

1989 年，县内银行商业贷款延续支持国营商业和供销合作的商业经营发展。国营商业的贷款主要投于人民群众日常生活消费品的采购（包括家用电器）。供销合作商业贷款重点帮助基层合作社调进化肥、农药、农膜等农业生产资料，确保农业生产的需求。1990 年 12 月，全县商业贷款余额 5800 万元；1995 年 12 月，商业贷款余额 7422 万元。2000 年后，县内商业贷款主要投于林峰超市、吉马超市等民营商业经营，扩大县城区域商业经营网点，丰富人民生活消费。2005 年 12 月，商业贷款余额 11893 万元。2008 年 12 月，全县商业贷款余额 1338 万元。

（三）个体工商贷款

1989 年后，县内各商业银行逐步实行个体工商贷款，支持个体民营企业的发展。1990 年 12 月，全县各商业银行个体工商贷款 14 万元。此后，支持个体经济发展贷款逐年增加，至 1995 年 12 月，全县个体工商贷款799万元。1996年后，各银行的个体工商贷款进一步增加，贷款主要对象逐渐转向有市场有效益的个体民营企业。2000年，县内各商业银行逐步实行个体工商贷款3199万元。之后，各银行的个体工商贷款逐步缩小，至2008年，每年个体工商贷款规模保持在800万～1500万元之间。

（四）建筑企业贷款

1989年后，县内各商业银行逐步扩大建筑企业贷款，支持建筑企业发展。1990年12月，全县各商业银行建筑企业贷款875万元；1995年12月，建筑企业贷款1652万元。此后，各商业银行逐步缩小建筑企业贷款规模。2000年，县内各商业银行建筑企业贷款1097万元。至2008年12月，每年建筑企业贷款规模保持在900万～1400万元之间。

（五）乡镇企业贷款

1989年，县内金融机构根据乡镇企业生产经营需求给予贷款，至年末，全县乡镇企业贷款余额688万元。1991年后，贷款支持对象主要是农副产品加工、出口创汇企业；对高耗、低质、效益差的企业，停止新贷款。1995年12月，全县乡镇企业贷款余额2031万元。2000年12月，全县乡镇企业贷款余额784万元。此后，逐年减少。2008年12月，全县乡镇企业贷款余额为0元。

三、固定资产贷款

1989年，东山县各银行的继续增加固定资产贷款额度，至年末，县内各银行固定资产贷款余额2070万元。此后，县内各银行固定资产贷款随着经济发展而不断扩大，1995年，各银行固定资产贷款余额5396万元。2000年，各银行固定资产贷款余额15944万元。2008年，县内各银行固定资产贷款余额增至89708万元。主要为技术改造贷款和基本建设贷款：

（一）技术改造贷款

1989年，东山县各银行的技术改造贷款重点支持企业的技术改造和技术创新。1990年12月，全县技术改造贷款余额887万元。此后，各银行的技术改造贷款规模逐步扩大。1995年12月，全县技术改造贷款余额1623万元。2001年12月，全县技术改造贷款余额7682万元。此后技术改造贷款余额为零。

（二）基本建设贷款

1989年，县内金融机构延续支持水利、自来水、通信、电力、公路、码头等基本建设贷款，促进重点工程顺利完成，是年，全县基本建设贷款余额496万元。随着开展住房改革，县建设银行建立住房改革信贷资金，对房改单位实行公积金缴存，设立房地产信贷部，为房改单位提供住房贷款。1990年12月，全县金融机构基本建设贷款余额572万元。1996年后，开展城镇土地开发和房地产建设，各金融机构积极参与，为房地产开发提供大量的贷款资金，推动城镇建设发展。2000年12月，全县金融机构基本建设贷款余额5006万元。2005年12月，全县金融机构基本建设贷款余额6709万元。2008年12月，全县基本建设贷款余额23008万元。

四、信托贷款

1989年，县内金融机构实行信托贷款。1990年12月，全县金融机构信托贷款余额476万元。1993年12月，全县金融机构信托贷款余额889万元。此后，县内金融机构信托贷款余额0元。

五、其他贷款

1989年，县内金融机构的消费贷款项目主要有个人购房贷款、大宗家用电器消费贷款和个人定期储蓄存单小额抵押贷款。至年末，全县其他贷款余额303万元。此后，县内金融机构其他贷款规模逐步扩大。1995年，全县各金融结构其他贷款余额1107万元。2000年12月，全县其他贷款余额12733万元。贷款项目主要有商品房按揭贷款、二手房贷款、家居装修贷款、个人质押贷款、国家助学贷款、个人汽车消费贷款、个人综合消费贷款、长城卡大额消费贷款等业务。2003—2008年，全县其他贷款规模每年保持在1000万～3000万元之间。

1989—2008年东山县各项贷款余额情况表

表 13-2 单位：万元

年份	合计	农业贷款	工业贷款	商业贷款	建筑企业贷款	个体工商业贷款	乡镇企业贷款	固定资产贷款	信托贷款	其他贷款
1989	21236	8344	2614	5828	835	12	688	2070	542	303
1990	21888	8404	2893	5800	875	14	724	2377	476	325
1991	22670	8650	3128	6075	960	17	697	2241	563	339
1992	24747	8577	3563	6522	1190	124	748	2965	726	332
1993	27344	8966	3765	8035	1190	245	742	3204	889	308
1994	24926	8320	3929	5498	1119	569	792	4485	0	214
1995	33334	10458	4469	7422	1652	799	2031	5396	0	1107
1996	47573	10807	6617	8679	2058	1267	2207	14432	0	1506
1997	59740	12844	13707	9221	2853	1373	2596	15112	0	2034
1998	72150	15710	13671	12091	4713	2376	1341	15723	0	6525
1999	85565	17954	16011	14240	1485	2911	1568	19938	0	11458
2000	80929	18944	16040	12188	1097	3199	784	15944	0	12733
2001	79811	16894	16214	13388	1013	226	791	24687	0	6598
2002	88264	18287	16819	12521	920	453	758	28303	0	10203
2003	86981	21263	17800	13068	—	0	656	34194	0	—
2004	93993	25305	20502	10630	—	0	305	37251	0	—
2005	91940	29627	17166	11893	—	0	292	32962	0	—
2006	133110	28240	43303	2335	—	0	140	59092	0	—
2007	147845	33600	43677	2821	—	0	80	67667	0	—
2008	179243	43212	44985	1338	—	0	0	89708	0	—

第五节　外汇业务

一、贸易外汇

（一）出口收汇核销管理

1991 年 1 月 1 日起，县内实施出口收汇核销制度。年内，全县贸易出口收汇核销 346 万美元。1992 年，贸易外汇根据“统一政策，平等竞争，自主经营，自负盈亏，工贸结合，推行代理制，联合统一对外”的方针，实行出口收汇核销管理。1993 年，全县贸易出口收汇核销 367 万美元。此后，全县贸易出口收汇核销不断增加。1995 年，全县贸易出口收汇核销增加至 1858 万美元。2000 年，出口收汇核销 4113 万美元。2001 年 6 月 1 日起，使用中国电子口岸出口收汇核销系统，贸易外汇管理规范化。2005 年，全县出口收汇核销 10001 万美元。2008 年，全县出口收汇核销 29742 万美元。

（二）进口付汇核销管理

1994 年 8 月 1 日起，县内实施进口付汇管理。1996 年，全县进口付汇核销 308 万美元。1997 年 3 月 1 日始，实施贸易进口付汇核销监管，明确进口单位、银行、外汇管理局的责任，加强管理，堵住逃套汇、骗购汇行为。2000 年，全县进口付汇核销 474 万美元。此后，全县进口付汇核销逐年增加。2008 年，全县进口付汇核销 1107 万美元。

1989—2008 年东山县贸易外汇情况表

表 13-3 单位：万美元

年度	出口收入	出口核销金额	进口支出	进口核销金额
1989	39	0	19	0
1990	98	0	35	0
1991	346	346	22	0
1992	649	595	1613	0
1993	432	367	0	0
1994	0	574	0	0
1995	4817	1858	0	0
1996	1753	1445	308	308
1997	1993	1836	222	380
1998	0	1921	0	992
1999	5881	5723	617	721
2000	4136	4113	697	474
2001	2614	2460	372	275
2002	4148	4245	646	576
2003	5563	5589	496	451
2004	7850	7814	772	768
2005	10140	10001	781	740
2006	11156	12952	807	839
2007	15246	16010	1251	1197
2008	27056	29742	1010	1107

二、非贸易个人外汇

1989 年，县内需要用汇的单位，延续凭外汇管理局的批文和外汇额度，持相应金额的人民币到指定银行兑换外汇。1994 年 4 月 1 日始，从境外汇入县域的个人外汇，除国家允许保留外，须在银行汇兑；来华人员从境外汇入的外汇可持有，也可卖给银行。1996 年 12 月 1 日起，实行人民币经常项目可兑换。个人经常项目的外汇收付，只要真实需要，不加限制。1998 年 9 月 15 日起，境内居民个人外汇分为经常项目和资本项目，实行不同的外汇管理政策。2002 年后实行外汇账户管理，至 2008 年不变。

三、外汇账户管理

2002 年，县外汇管理局推进外汇账户改革，采取更灵活的外汇管理政策，放宽开户标准，允许涉外企业多头开户，适当提高外汇账户限额，进一步方便企业经营，降低企业经营成本。是年，县境中资企业开立外汇结算账户共 39 家。2005 年 8 月，根据国家外汇管理局规定，调整境内机构经营项目外汇账户限额，对境内机构开立的捐赠、援助、国际邮政汇兑及国际承包工程等暂收待付项下的经常项目外汇账户，根据实际需要，其限额仍可保留 100%。至 2008 年不变。

四、资本项目外汇

1989 年，县内外商投资企业可保留现汇，自由借债，外汇可自求平衡。1990 年，全县外商投资企业外汇登记 9 笔，其资本金流入 194 万美元。此后，外商投资企业资本金流入规范迅速扩大。1995 年，全县外商投资企业资本金流入 6050 万美元。1996 年 7 月始，外商投资企业纳入银行结售体制，其外汇可通过外汇调剂中心买卖，在开立外汇账户方面享受比中资企业更优惠政策。1998 年 12 月 1 日起，取消外商投资企业外汇调剂业务，其外汇承兑买卖均纳入银行结售体制。此后，全县外商投资企业资本金流入逐年有所减少。2000 年，全县外商投资企业外汇登记 6 笔，其资本金流入 333 万美元。

2002 年 7 月 1 日始，改革外汇管理方式，外商投资项目下的资本金结汇，授权外汇指定银行直接审核办理。对外商投资企业在验资前，其注册会计师向县外汇管理局提供外方出资证明材料（包括银行询证函、回函、资本项目外汇业务核准件及进口货物报关单等）。同年 10 月 15 日始，调整经常项目外汇账户管理政策，统一中外资企业外汇账户开户条件。县域外商投资企业经常项目外汇收入可卖给外汇指定银行承兑，可通过外汇调剂中心承兑，也可在外汇局核定限额内开立外汇结算账户保留外汇。经常项目外汇支出凭有效单证和有效商业单据，可从其他外汇账户中支付，也可到外汇指定银行兑付。外商投资企业资本项目外汇收入应存入相应的外汇账户，兑换成人民币的，需经县外汇管理局批准。2005 年，全县外商投资企业外汇登记 15 笔，其资本金流入 2142 万美元。验资询证外资外汇登记 1920 万美元。2008 年，外商投资企业外汇登记 1 笔，资本金流入 691 万美元。验资询证外资外汇登记 1926 万美元。

1989—2008 年东山县外商投资企业外汇运作情况表

表 13-4 单位：万美元

年度	资本金流入总额	企业外汇登记笔数	外汇年检及联合年检参检企业个数	企业验资询证外资外汇登记次数
1989	99	18	11	—
1990	194	9	13	—
1991	550	28	—	—
1992	1045	16	16	—
1993	3314	33	17	—
1994	4274	—	20	—
1995	6050	—	16	—
1996	—	—	14	—
1997	7505	14	51	—
1998	72	2	53	—
1999	163	1	55	—
2000	333	6	57	—
2001	1665	35	57	—
20002	4000	10	48	252
2003	477	3	68	574
2004	413	17	54	598
2005	2142	15	59	1920
2006	899	5	62	1329
2007	1642	7	67	1642
2008	691	1	61	1926

五、外汇存贷款

1989 年，县内外汇存贷款业务继续由中国银行东山支行办理，主要有外汇储蓄存款、单位外汇结算、解付侨汇等业务。随着对外贸易的发展，外汇存贷款业务增加。2000 年 12 月，全县外汇存款余额 848 万美元；外汇贷款余额 342 万美元。2003 年，县工商银行开办外汇存贷款及外汇汇款、外汇兑换、国际结算、结汇与售汇等业务。此后，外汇存贷款业务下降。

2005 年，县农行开办外汇代理和国际结算业务，推行本外币一体化经营，主要业务有外汇存款、外汇贷款、外汇汇款、外汇兑换、国际结算、结汇、售汇等。2005 年 12 月，县中国银行开发国际结算业务品种，主要有信用证来证通知、审单、信用证、议付、跟单、托收、汇入汇款、保函通知、保函索赔、进口开证、进口代收、汇出汇款及保函开立等业务。县外汇存款余额 495 万美元；外汇贷款余额 109 万美元。2008 年 12 月，全县外汇贷款余额 35 万美元；外汇存款余额 469 万美元。

六、国际收支统计

1997 年，东山县外汇管理局建立国际收支统计申报制度，该制度由计算机系统自动生成。是年，国际收支统计申报 823 笔。2000 年，国际收支统计申报 622 笔。此后，境域国际收支统计申报逐年增加。2005 年，国际收支统计申报 2760 笔。2008 年，申报 5669 笔。

1997—2008 年东山县外汇存贷款余额及国际收支情况表

表 13-5　　　　单位：万美元

年度	外汇存款余款	外汇贷款余款	国际收支统计申报笔数
1997	—	—	823
1998	—	—	74
1999	—	—	511
2000	848	342	622
2001	760	342	846
2002	813	312	1249
2003	690	314	1920
2004	578	227	2413
2005	495	109	2760
2006	450	70	3060
2007	772	70	3885
2008	469	35	5669

七、对台小额贸易出口核销

2001 年 11 月，县域实施省外汇管理局出台的《福建省东山县对台小额贸易出口核销管理试行办法》，由东山海关监管的鲜活、冷冻海产品等为主对台小额贸易，单笔交易金额等值 2 万美元（含）以下的出口，可按照有关规定办理出口收汇核销手续；有的也用收回的人民币货款办理出口核销手续。2002 年，全县对台小额贸易出口人民币核销额 5967 万元、外汇核销额 13 万美元。2005 年 3 月 1 日起，执行国家外汇管理总局制定的《福建省对台小额贸易外汇管理暂行办法》。2008 年，全县对台小额贸易出口核销额 3503 万元。

八、外汇业务监督检查

1989年，县外汇管理局延续开展外汇业务监督检查。该局还与县公安局、县工商局等协同对有外汇收支业务的企业进行检查与监督。至2008年，开展重大的外汇业务检查共200次，检查企业70家，未发现违纪行为。

九、外汇管理

1989年，县内官方汇率继续实行一次性的方式。1991年，实行官方汇率和外汇调剂市场汇率并存机制，即实行“单一的有管理的浮动汇率制”。1995年，实行银行结、售汇制，全县外汇调剂成交555万美元。

2005年7月21日起，外汇管理实施以市场供应为基础，参考“一篮子货币”定价机制。人民币汇率不再单一美元，形成更具弹性的人民币汇率机制。

第六节　支付结算

一、结算业务

县内银行业结算方式沿用现金结算和非现金结算（转帖结算），结算业务地域范围有国内结算和国际结算，以及同城结算和异地结算。

1989年，各专业银行同城结算方式主要有现金支票结算、工资交接专用支票、转账支票、同城托收无承付、定额支票等。异地结算方式主要有全国通用汇票、省内各专业系统汇票、商业承兑汇票、银行承兑汇票、本省银行承兑汇票、银行本票、信汇、电汇支票、邮划托收承付、电划托收承付等。1991年，县人民银行成立票据交换所，实施同城票据交换，各金融机构在县人行开立清算账户并存入一定数额的清算资金（备付金）。通过票据交换清算，提高当天进账抵用率。1993年1月1日始，实行大额汇（划）款项通过人民银行转汇，扩大转账结算，凡超过1000元的业务实行转账结算；在银行开立账户的个体工商户之间的经济往来，也办理转账结算。1993年，县人民银行开通县级电子同城票据交换系统，实现微机处理网络化。同年，铜陵镇也建立票据交换所，西埔、铜陵的金融机构对公业务直接纳入同城票据交换。1994年始，乡镇也纳入二级票据交换。1997年10月1日始，实施人民银行制定的《票据管理实施办法》。同年12月1日始，实施《支付结算办法》，取消国有商业银行签发50万元大额汇票通过人民银行清算规定，停止办理托办承付结算的托收业务。1998年，实现电子同城票据资金清算、电子联行、央行会计核算业务自动转移，同城票据当日抵用率从原44%提到94%。2000年4月1日始，与全国同步使用联行专用编押机进行联行业务编押核算，同时停止手工编押。2001年，县农村信用合作联社加入漳州市同城票据交换，形成全市票据结算大同城的电子清算网络。2002年5月15日，县人行退出漳州市同城票据清算。2005年，县工行开通跨行支付系统（IBPS），同年12月31日，东山县同城票据清算业务网络完成后，停止运行电子同城票据清算系统，结束同城票据清算方式，但仍保留现有票据交换所办理各交换行末截留票据的传递。

2006年5月始，县内推广使用个人同城跨行转账。2007年11月，开通个人跨行通存通兑业务。2008年，同城结算种类主要有现金支票、转账支票、同城委托收款等。异地结算种类主要有托收承付、委托收款、汇兑、票汇等。

二、账户管理

1989年，县内银行业务存在多头开设账户问题。1991年，账户管理要求一个独立的财务部门只能在所在地的一家商业银行开设账户。对财政资金与信贷资金、基本建设资金与流动资金实行分口管理；预算内资金与预算外资金分开核算，分别在银行开设相关账户。1994年11月起，各商业银行将存款账户分为基本账户、一般存款账户、临时存款账户和专用账户，并分别管理。1995年始，县人民银行对各商业银行账户进行检查，重新核发存款户开户许可证；清理机关、团体、事业单位、企业及个体经济户等存款户，撤销、纠正多头开户和违规开户行为。2003 年 9 月 1 日，根据《人民币银行结算账户管理办法》，严格执行银行结算账户制度。规范商业银行结算账户的开立、变更、撤销和使用办法。至 2003 年累计核发存款户开户许可证 1840 户；撤销基本账户 864 户、其他账户 1632 户。2004 年后，各金融机构完善银行账户系统，加强账户管理，规范金融结算秩序。2008 年不变。

三、银行信用卡

1991 年，县内银行开始推出具有消费信用、转账结算、存取现金等功能的磁卡式电子理财工具的人民币信用卡，分单位卡和个人卡。此后，逐步推出工商银行的牡丹卡、农业银行的金穗信用卡、中国银行的长城信用卡、建设银行的龙卡、县邮政储汇局的邮储绿卡等。1999 年 3 月，根据《中国人民银行卡业务管理办法》，加强各银行信用卡管理。

1991—2008 年间，县工商银行共发放牡丹卡 3.8 万张，签约金额 28.43 亿元，消费总额 19 亿元。县中国银行共发放长城信用卡 1.2 万张，签约金额 14465 万元，消费总额 12346 万元。县农业银行共发放金穗信用卡 0.2 万张，签约金额 2000 万元，消费总额 600 万元。县建设银行共发放龙卡 8.17 万张，签约金额 17360 万元，消费总额 15456 万元。

1995—2008 年，县邮政储汇局共发放邮储绿卡 3 万张，签约总额 1.6 亿元，消费总额 1.4 亿元。

四、国库结算

1989 年，县沿设地方金库，属中国人民银行和地方政府双重领导，东山县人民银行根据《国家金库条例》及其《实施细则》管理金库。1994 年，东山县人民银行设置国库股，完善国库管理体制。2000 年始，实行预算收入拨款、退库三级审批制度，推行国库统一支付工资办法，有 4 家商业银行营业网点作为代理发放工资窗口，并在县人民银行会计核算中心建立统一的银行基本账户，取消各单位开设的账户。

1991—2008 年，县国家金库共办理中央级预算收入 71502.7.万元，省级预算收入 27539.3 万元，县级预算收入 270678.6 万元。

五、结算监督

（一）银行结算监督

1989—2008 年来，东山县人民银行延续执行《票据管理实施办法》和《支付结算办法》等法规，加强会计结算监督。每年开展银行结算监督检查，以商业银行在结算中存在的压票、退票、逃避汇差管理、不向人民银行转汇和移存、拒绝代理和受理其他银行正常业务等为重点，有效纠正违规违纪行为，保证结算工作的正常进行。

（二）国库结算监督

1989 年以来，东山县人民银行延续加强国库结算监督。每年组织对国库入库情况检查。1989—2008 年，共查阅凭证 14.6 万笔，金额 55673 万元。均无发现金融机构延压国库资金现象。

六、计算机系统建设

1991 年初，东山县金融行业计算机应用系统实行金融业务的单机处理。是年，县人民银行的计算机应用系统并入漳州市人民银行计算机账户清理管理系统运行。1993 年，县人民银行开通县级电子同城票据交换系统，实现微机处理网络化。1994 年 12 月，县人民银行电子化业务通信并入市人民银行系统开通的“电子信箱”系统。1995 年，启用全国统一的《中央银行会计核算系统》。1996 年 7 月，开通全市通信专线，启用电子邮件通信网。1999 年 2 月 1 日，开通银行信贷登记咨询系统，县内银行网点均可查询。

2002 年 3 月，开通中国银行会计核算系统。2004 年后，全县金融系统开通应用电子业务系统有“大额实时，小额批量支付系统”“货币金银管理信息系统”“人民币银行结算账户管理系统”“贸易进口付汇核销系统”“事后监督系统”等。2008 年年末，县内金融机构的计算机应用系统覆盖联行业务的核算与监督、柜台业务电脑实时处理、同城票据清算和网络化的全国联行资金清算等工作。

第七节　中间业务

一、代发工资

1992 年，县工商银行开办代发工资业务，月代发 57.6 万元。1993 年，县建设银行开办代发工资业务，月代发 38.61 万元。1998 年，县邮储银行开办代发工资业务，月代发 19 万元。2000 年始，实行国库统一支付工资，全县财政拨款的工资全部由银行代发。此后，企业、社会团体也相继由商业银行代发工资。2003 年，县农业银行开办代发工资业务，月代发 850 万元；同年，县中国银行开办代发工资业务，月代发 152 万元。2008 年，全县各商业银行共为 308 个单位代发工资，年代发 30839 万元。其中，县工商银行为 12 个单位代发工资，年代发 9852 万元；县农业银行为 178 个单位代发工资，年代发 7355 万元；县中国银行为 62 个单位代发工资，年代发 8340 万元；县建设银行为 36 个单位代发工资，年代发 2592 万元；县农村信用合作联社为 2 个单位代发工资，年代发 2420 万元；县邮储银行为 18 个单位代发工资，年代发 280 万元。

二、代收税款

1996 年，县农业银行与县税务部门签订合作协议，代理客户缴税，代理纳税户 320 户，年纳税 4000 万元。2004 年，县建设银行开办代理纳税业务，代理纳税户 60 户，年纳税 1550 万元。

三、代理发行基金

县中国银行于 2002 年代理发行易方达等基金，发行额 300 万元。2008 年代理发行嘉实等基金，发行额 3000 万元。

县工商银行于 2004 年代理发行股票型、债券型等基金，发行额 5000 万元。2008 年代理发行股票型、债券型、混合型、货币型等基金 800 多种，发行额共 9000 万元。

县农业银行于 2006 年代理发行华夏、长城、鹏华基金，发行额 325 万元。2007 年代理发行博时、大成、景顺、长城基金，发行额 6580 万元。2008 年代理发行农银汇、长信、国海富兰克林基金，发行额 404 万元。

四、代理保险业务

县中国银行于 2003 年开设代理保险业务，年业务额 182 万元；2008 年代理保险业务额 225 万元。

县工商银行于 2008 年代理中国人保、中国人寿等 4 家公司的保险业务，代理金额 250 万元。

五、代理其他业务

（一）代收行政处罚款

1996 年，县农业银行、县工商银行与县交警、公安、土地、技监、工商、文化等部门签订行政执法处罚款代收协议。至 2008 年，各行仍代理相关业务。

（二）代收水电费

1998 年，县建设银行开办代收水费、电费、电话费等业务。此后，农行、工行、中行相继开办上述收费业务。

（三）代理发行债券

1994 年，县建设银行代理国债发行 55 万元（为 3 年期）；2006 年，又代理国债发行 37.5 万元（为 3 年期和 5 年期）。

（四）代理证券业务

2003年，县中国银行开设代理证券业务，年业务额158万元；2008年，又代理证券业务额185万元。

第八节　典当业务

1989年，县内典当行只有1988年9月成立的县恒达典当行。其收受的典当质押物主要是房地产、汽车等交通工具、黄金饰品、有价证券等符合法律规定的物品。1990年12月，借贷业务金额1200多万元。此后，典当借贷业务量逐年上升。1993年，开办县仝发典当行。1994年12月，县仝发典当行借贷业务金额2170万元。1995年12月，县恒达典当行借贷业务金额3915万元。1997年12月，两典当行业借贷业务金额共6964.5万元(其中县仝发典当行借贷3396万元)。此后，由于融资困难及其他因素，典当借贷量下降。

2000年起，县恒达典当行、仝发典当行开办限额内绝当物品的变卖、鉴定评估、咨询服务以及经国家经贸委依法批准的其他业务。2008年12月，仝发典当行借贷业务金额1408万元，年利润53万元；县恒达典当行借贷业务金额900万元，年利润36万元。

第九节　金融监管

一、整顿金融秩序

（一）内部整顿

1993年，县贯彻全国金融工作会议精神，成立县整顿金融秩序领导小组，开展清理整顿工作。1994年，县人民银行规范自身监督行为，开展全县金融机构网点合法性、规范性、安全性大检查，规范网点建设。1995年，开展清资金、清机构、清账户工作。1997年，各金融机构开展业务管理自查自纠工作，签订制止不正当业务竞争活动的《同业公约》，自觉纠正业务不正当竞争行为。此后，县人民银行执行《同业公约》规定，每年均开展金融机构执行有关金融法律法规情况检查，至2008年不变。

（二）清理三角债

1989年2月，县农业银行开展“三角债”清算活动，清理对虾养殖业等不良贷款，至年末，共追回各种沉淀贷款9000万元。1990年，县银行系统开展企业间因互相拖欠货款，造成银行贷款到期无法归还的债务链清理工作。1991年4月，召开全县挖潜清欠工作会议，成立“县挖潜清欠领导小组”，清缴不良贷款。2000年，县金融部门追回大量由“三角债”形成的不良贷款，理清企业互相拖欠“三角债”。至2008年，基本理清企业互相拖欠“三角债”。

（三）控制信贷规模

1989年，县金融部门按照资金安全、信贷效益要求，优化信贷投向，控制信贷规模。1993年，个别银行出现超规模放贷和资金体外循环等状况，银行系统采取严控社会集团购买力，严格信贷项目审查审批，严格项目风险认定，增加货币回笼等，确保资金安全，风险可控。1994年，县金融系统执行国务院“继续整顿金融秩序，稳步推进金融改革，严格控制信贷规模，切实加强监督管理”的货币信贷方针，建立贷款规模旬报制度，按季监控，按月考核，确保贷款规模控制在限额内。县人民银行在督促各银行执行固定资产贷款有关规定的同时，支持地方建设，保证重点建设项目的资金需求。此后，根据国务院金融改革政策，加强监督管理，适当调整信贷控制规模，保证重点建设资金需求。

（四）反洗钱

2003年2月，县人民银行设立反洗钱工作领导小组，启动反洗钱工作，建立金融业大额交易报告、可疑交易报告和记录保存等制度，预防和控制洗钱犯罪活动。2004年6月，对全县金融系统反洗钱工作进行检查，检查银行4家，抽查会计凭证40本、登记簿及各类账户资料50种，以促进金融部门反洗钱工作的开展。2005年9月，建立东山县反洗钱工作机制，由县公安局、县监察局、县建设局、县工商行政管理局、东山海关、县国家税务局、县人民银行以及各商业银行和县保险公司等单位组成反洗钱工作联席会议，出台《东山县反洗钱工作联席会议制度》，以促进反洗钱工作全面开展。此后，每年均开展反洗钱工作。

二、城市信用社停业整顿

2000 年 7 月，东山县金陵城市信用社和金龙城市信用社出现经营不善、资产质量低下等情况。县人民银行成立城市信用社停业整顿领导小组，下设办公室，对两家信用社进行停业整顿。整顿期间，进行债务登记、甄别、确认，并按公告承诺的期限，做好个人债权的置换和兑付，至 2003 年 12 月完成，收回贷款及其利息，并按规定拍卖固定资产，兑付债务，分流员工。2007 年 12 月，经福建省银监局批准，东山县金陵城市信用社和金龙城市信用社撤销。

三、金融风险防范

1989 年，县金融业以防范金融风险作为重点，建立防骗购汇、逃套汇等工作机制。此后，建立银行售付汇电脑台账，鉴定企业、银行的售付汇行为，加强进口付汇的核销管理；通过联网系统检查进口报关单位，采取实际进料抵扣的方式核销差额，有效防范利用伪造进口报关单等手段进行骗汇活动。1997 年，县金融机构建立《东山县银行支付结算公约》，各金融机构对防范票据诈骗行为承担相应的义务和权利。2000 年，全县银行营业网点实现全监控，加强防范金融诈骗，及时查处金融诈骗案件。至 2008 年，每年均开展防范金融诈骗工作。

第十节　经营管理

一、农业银行东山支行经营管理

（一）业务管理

1989 年后，县农业银行推行本外币一体化经营模式，及时为客户提供包括银行承兑汇票、票据贴现、进出口信用证、信用证押汇、打包放款、出口退税、账户质押贷和西联汇款等服务。1997 年 6 月 28 日，县农业银行李义女被中国农业银行总行评为“’96 年度中国农业银行先进女职工”；被中国金融工会全国委员会授予全国金融系统先进女职工称号。1997 年起，发展网上银行、金融超市等业务，满足客户需求，提高市场竞争力；逐步通过规范本行各部门业务操作规程，进行风险在线实时监督、内部审计、风险管理，加强业务管理。2007 年，东山农行被省农行内部控制委员会评为“内控一类行”。2008 年，盈利 2144 万元。

（二）资金投向

1989—2008 年，以农业综合开发为主要资金投向，支持芦笋加工出口创汇等产业发展。后，延续支持水产、水果生产基地、“菜篮子”工程建设、农副产品购销和出口创汇等产业发展。2000 年后，新贷款业务大部分投向海洋捕捞渔船、水产养殖、水产冻库、三资企业等产业和项目。

二、中国银行东山支行经营管理

（一）业务管理

1991 年，先后推出长城人民币信用卡、定期定额有奖储蓄、人民币个人支票存款、代收代付、质押贷款等业务品种。1995 年开展储蓄网点达标工作，对个别网点进行撤并，重新调整网点布局。1999 年后，全县网点重新进行整合，以降低经营风险。2000 年，开办银证转账、代理基金和保险等理财产品；推出大额耐用消费贷款、个人购房（车）、教育助学等 10 多个贷款业务品种。2008 年，盈利 603 万元。

（二）资金投向

1989—2008 年，县中国银行以创汇效益型的外汇进出口企业、出口创汇型的外商企业和国有重点企业为信贷重点。1994 年，实施资产负债比例管理，人民币信贷计划改为以存定贷的原则，信贷规模按存贷增量的比例分配，集中资金支持出口创汇企业。2000—2008年，稳步实施授信（银行授信客户主动退出管理办法）退出机制，将高回报率的企业作为资金主要投向。

三、建设银行东山支行经营管理

（一）业务管理

1989年，县建设银行开展储蓄达标工作，结合“核算管理”达标活动，推动完成各项任务指标。1995年，建立风险内部评级体系和风险评级预算系统，启动内部评级工程，开展额度授信业务，制定实施《授信额度管理办法（试行）及〈集团客户额度授信操作规程（试行）〉》；针对原有信贷审批体制的弊端，引进先进管理制度，有效防范信贷风险。1996年，改革管理体制，按照“面向市场、职责清晰、强化内控、精简高效”原则，建立“产权明晰、权责明确、政企分开、管理科学”的经营模式，创造垂直管理的风险组织架构，形成以市场为导向的运行机制和内控机制；建立以效益为中心的经营战略，实行授信退出机制，提升全行经营效益。1999年，扩大信贷业务、中间业务、国际业务、房地产金融业务，提高总体经营发展目标。2008年，盈利1152万元。

（二）资金投向

1989—2008年，推出“抢市场、增份额、争位次”的经营策略，以基础设施重点项目为主要投向。1991—1992年，共为房地产提供贷款1450万元，完成建设住宅面积6113.8平方米。2004年，采取措施扩大新兴市场项目，大力筹集资金，支持重点建设项目和房地产开发。至2008年12月，发放房地产开发和项目建设资金贷款12826万元。

四、工商银行东山支行经营管理

1989年，县工商银行实行行长经营目标责任制，开展经营目标量化管理。此后，按照现代企业管理模式，逐步建立具有国际标准的财务会计制度和信息披露制度；建立动态、多渠道的资金补充机制；压缩风险资产，强化风险贷款责任考核，成立贷款后监督检查中心，完善内部控制和监督机制，增强风险防范能力。实行储蓄承包责任制，实施激励、整体联运、服务、安全保障等专项制度，提高市场营销能力。2001年，开展以“质量、效益、安全”为重点工作检查，提高经营质量效益。2005年，提倡“存款立行”的经营理念，实施“突破、拓展、稳固、分流”的存款经营策略，拓展业务新品种，增强经营活力，调整负债结构，清理不良资产。2008年，共清理不良资产10694.05万元，尚有2300万元不良贷款仍在清理。当年，盈利1590万元。

五、县农村信用合作联社经营管理

1991年，县农村信用合作联社加强业务管理，把吸收存款作为业务发展重点，制订年度吸储存款计划，将指标细化到各网点及员工。在完善考核激励机制，激发员工揽储积极性的同时，支持“三农”发展，设立贷款审批委员会，基层信用社设贷款审批小组。采用“审批委员会”或“审批小组”集体审批贷款形式，加强贷前的调查、审批、担保等环节的管理。推行贷款担保抵押制度和“阳光贷款”公示制度，减少操作不当而诱发风险。实行贷款责任人、贷款损失赔偿责任制、贷款终身责任制和贷款责任金处罚制度；落实连带清收责任，对每个贷款责任人按月进行考核，视其完成清收任务的优劣，采取在岗和下岗清收措施处置。1992年，建立信贷监测考核制度。1993年，实施《信贷员岗位责任制考核办法》，贷款实行“五包”责任制（信贷员包调查、包发放、包管理、包清收、包效益）。1996年，建立《贷款责任人制度》。1999年，实施农户小额信用贷款的一次性核定、随用随贷、余额控制、周转使用的管理办法。2000年，开始办理“多户联保、按期存款、分期还款”的农户联保贷款。2002年，县农村信用合作联社实现各营业网点通存通兑。2003年，实施中国人民银行《农村信用社改革试点专项借款管理办法》。2004年，东山信用合作联社业务加入全省大联网综合业务系统，全面提升工作效率。2006年12月，全社营业网点建立10个视频监控和数据网络分中心，实现多功能网络化管理，提高金融风险防控能力。2008年，盈利1574万元。

六、县邮政储蓄银行经营管理

1989年12月，县邮政储蓄银行储蓄种类有零存整取、活期、定期及有奖储蓄等。邮政储蓄户1万多户(多为有奖储蓄户)，余额80多万元。1993年，创办陈城、杏陈、铜陵储蓄代办点，增加邮政储蓄业务。1991年，县邮政储蓄开始向单间专柜发展。1992年，开通福建省邮政储蓄前台计算机处理系统。1995年，县邮政储蓄银行接入省邮储网点同步绿卡系统，并与全国中心联网，实现省内外异地通存通兑。1999年，实现全省邮政储蓄省内跨中心异地业务由省中心交换和清算。2002年6月，启动东山邮储银联卡工程，实现绿卡网与银联卡网的连接。2008年6月，邮政储蓄改设储蓄银行，业务独立。至年末，存款56000户，余额2.23亿元，全年业务收入469万元。2008年,储蓄银行盈利56万元。

七、典当行经营管理

1989年，县恒达典当行延续实行对质押物品的计价原则上从低，一般为市场价的80%。1993年，县恒达典当行、县仝发典当行在办理质押典当中，均要求客户提供质押物及本人身份证。凡质押房地产等大金额物品，抵押贷款金额大，时间长，则派员进行调查、登记、估价抵押物，严格办理手续。贷后进行跟踪、按时收回。对逾期未还贷的，按法律程序拍卖典当物。2008年，县恒达典当行盈利36万元；县仝发典当行盈利53万元。

1989—2008年东山县货币金融机构盈亏情况表

表13-6　　单位：万元

年度	县农业银行 盈（+） 亏（-）	县中国银行 盈（+） 亏（-）	县建设银行 盈（+） 亏（-）	县工商银行 盈（+） 亏（-）	县农信合作联社 盈（+） 亏（-）	县邮储银行 盈（+） 亏（-）	县恒达典当行 盈（+） 亏（-）	县仝发典当行 盈（+） 亏（-）
1989	-727	+49	+96	+83	—	—	+41	—
1990	-600	+31	+79	+176	—	—	+64	—
1991	-278	+18	+68	+133	—	—	+69	—
1992	-139	+24	+55	+42	—	—	+62	—
1993	-271		+58	+36	—	—	+66	-1
1994	-902	-73	+117	+0.4	—	—	+68	+6
1995	-998	+202	+18	+29	—	—	+78	+7
1996	-879	-35	+30	-182	-282	—	+56	+18
1997	-595	-104	+287	-292	+82	—	+89	-72
1998	-471	+306	+501	-453	+78	-11	+34	-84
1999	-351	—	+648	-721	+55	-8	+22	+3
2000	+56	-139	+256	+708	+45	+4	+29	-21
2001	+62	-88	+845	+1392	+71	+18	+39	-81
2002	+120	-51	+491	+700	+55	+23	+28	-33
2003	+239	+213	+526	-223	+71	+45	+36	-12
2004	+593	+171	+672	+54	+92	+37	+27	-112
2005	+806	+207	+654	-275	+202	-14	+26	+29
2006	+1037	+320	+1616	+48	+569	-27	+35	+29
2007	+1458	+803	+1246	+67	+1043	+39	+38	+48
2008	+2144	+603	+1152	+1590	+1574	+56	+36	+53

第二章 保 险

第一节 机 构

一、中国人民保险公司东山支公司

1989年，沿设中国人民保险公司东山支公司，为省直国有企业。内设经理室、综合科、业务科、营业部，正式员工10人。1991年，增设涉外科、办公室。下设铜陵、康美、杏陈、陈城、西埔5个保险代理处及城关办事处，员工共13人。1996年3月31日，公司分设为中国人民（财产）保险公司东山支公司和中国人寿保险公司东山支公司，人员业务随后进行分割。

二、中国人民财产保险股份有限公司东山支公司

1996年3月31日，成立中国人民（财产）保险公司东山支公司，内设经理室、综合部、营业一部、营业二部、营业三部，员工22人。保险业务主要有机动车辆险、企业财产险等。2002年7月，改为中国人民财产保险股份有限公司东山支公司（简称东山财产保险公司），为股份制企业，实行经理负责制。2008年12月，内设经理室、综合部、营业一部、营业二部、营销管理部，员工28人。年保险业务收入1596.8万元，理赔586.2万元，盈利246.56万元。

三、中国人寿保险股份有限公司东山支公司

1996年3月31日，成立中国人寿保险公司东山支公司，内设经理室、业务科、计财科、综合科，员工9人。1998年，招聘营销员86人。1999年4月，增设营销部，员工15人。2001年3月，撤销计财科，设办公室、业务拓展部、客户服务部。2004年8月，改为中国人寿保险股份有限公司东山县支公司（简称东山人寿保险公司），为股份制企业，实行经理负责制，设经理室、个险部、业务部、客户服务部、办公室，员工19人。2008年12月，内设机构有经理室、综合部、客服部、团险部、银保部、个险部，全公司员工26人。经营寿险险种共71种，年保险业务收入5510万元，理赔金额94.93万元。

四、中国太平洋人寿保险股份有限公司东山营销服务部

2001年10月，设中国太平洋人寿保险股份有限公司东山营销服务部（简称东山太平洋人保营销部），为国有控股的股份制企业，内设经理室、综合办公室、银行保险部、团体保险部、保费管理部、个人业务部。2008年12月，该部员工35人。

五、中国太平洋财产保险股份有限公司东山支公司

2002年8月，设中国太平洋财产保险股份有限公司东山支公司（简称东山太平洋财保公司），为国有控股的股份制企业。内设总经理室、财务部、理赔部、业务部。员工均采取聘用制，实行工资福利与工效业绩挂钩办法。2008年12月，该公司员工15人。

六、中华联合财产保险公司东山营销服务部

2005年10月，设中华联合财产保险公司东山营销服务部（简称东山中华联财保营销部），为国有控股的股份制企业。内设经理室、承保组、理赔组、客户部、办公室。主要经营机动车保险业务。员工均采取聘用制，工资福利与业绩挂钩。2008年12月，该公司员工12人。

第二节　财产保险

一、企业财产保险

1989年，东山人民保险公司的企业财产保险推广固定资产和流动资产承保及附加值承保，主要险种有汽车险、家财险、雇主责任险、意外险、机器损坏险等。1996年，东山财产保险公司承接县人保公司的全部财产保险业务后，不断扩大险种范围，保险业务得到发展。2006年，该公司调整经营策略，优化险种结构，简化理赔手续，吸纳更多的投保项目，是年，财险保费收入125.75万元。但因受台风“珍珠”袭击和两次洪水灾害影响，该公司首次出现亏损，赔付率为109.82%。2008年，东山财产保险公司财险保费收入1596.9万元，比2006年增长61.40%。

二、农（渔）业保险

1992年，东山人民保险公司遵循“积极开拓、大力发展、风险共担、宏观调整、限额赔付”的原则，采取倾斜政策，开办芦笋统保业务，承保芦笋面积1833公顷。1996年后，先后推出蔬菜、网箱养鱼等农业保险，推动地方农业生产发展。2006年，东山人寿保险公司开办渔工人身意外伤害保险业务，承保渔工1930人，年保费收入11.6万元。

2007年，东山太平洋财产保险与东山农村信用社联合，推出渔船贷款保险业务，为县农村信用社的渔船贷款提供保险。至2008年12月，累计承保渔船486艘，收取保费362万元。

2008年，根据省政府《关于开展渔业保险试点工作的通知》，东山县作为省内渔工责任保险唯一试点区。县政府出台《关于渔工责任保险试点的实施方案》，成立东山县渔工责任保险试点工作领导小组，以东山人民财产保险公司为试点单位开展渔工责任保险工作。至年末，参保责任险渔工7291名，收取船东参保费13780万元（省政府补贴保费39.37万元）；公司年收取保费106.3万元。承办渔船保险1132艘，年收取保费179.66万元（县政府补贴保费25.66万元）。是年，东山人民财产保险公司保险业务总额中，渔船保险业务占总额60%，年保费为123.19万元。

三、家庭财产保险

1992年起，东山人民保险公司开办家庭财产保险业务。当年，参保37户，年收保费0.17万元。1996年，东山人民财产保险公司承接东山人民保险公司家财保险业务后，不断创新家庭财产保险业务。2000年，家财险年保费32.32万元；2005年为45.41万元。2006年，东山人民财产保险公司与各商业银行结成合作联盟，为银行按揭个人房屋抵押贷款提供保险。同年，推出总公司的一卡通家财险新产品，促进家财险承保规模的扩大。至2008年，东山人民财产保险公司家财险保费收入63.97万元，比1996年的2.13万元增长30倍。

四、机动车辆保险

1989年，东山人民保险公司继续承保机动车辆保费业务。1993年，开办机动车辆及第三者责任保险。1995年，对机动车辆采取成数、限额和验车承保办法；对承保的高保额车辆采用重点跟踪措施；对易失窃的摩托车、微型工具车不再承保，有效地控制出险率。1998年，东山人民财产保险公司开展机动车辆及第三者责任保险业务，年承保机动车辆3822辆，保费收入441.08万元。

2002年，县内增设东山太平洋财产保险公司，以机动车辆保险业务为主。2005年，加设中华财险公司东山营销服务部，县内机动车辆保险业务竞争日益剧烈。至年末，东山人民财产保险公司年收机动车辆保险费521.42万元；东山太平洋财险公司年收机动车辆保费258万元。2006年，东山人民财产保险公司调整优化车辆保险产品结构，提高车辆综合赔付率（64.74%），增加拖拉机的险种业务，全年各种车辆保费收入579.16万元，比2005年增长11.07%。年内，中华财险东山营销服务部推出交通强制保险（2006

版车险）业务，及担保公司的银行车辆按揭贷款的保险业务，全年机动车辆及第三者责任保险费收入 260 万元。

2008 年，机动车辆保险业务收入：东山人民财产保险公司 778.9 万元；东山太平洋财产保险公司 4.5 万元；中华财险东山营销服务部 450 万元。

五、货运保险

1989 年，东山人民保险公司开办进出口货物运输险种，该险种年保险费收入 1.2 万元。1996 年，东山人民财产保险公司开办水产品货运险业务，年收保费 3.2 万元；2002 年，增加货运险种相关业务 4 个，年货运保险业务收入 8.03 万元。2008 年，该公司增加预约货运险、进出口货运险、物流业货运险、托运站货运险等险种业务，年货运保险业务收入 13.45 万元，比 2006 年增长 14.28%。

六、工程保险

1996 年，东山人民财产保险公司创办工程保险业务，分别给大嶝大桥等 7 个建设工程项目投保，年收保费 10 万元。2006 年，该公司承保工程项目 6 个，主要有梧龙硅矿码头、八尺门跨海大桥等。年收保费 47.72 万元，比 2000 年的 16.65 万元，增长 1.86 倍。2008 年，东山人民财产保险公司与东山经济技术开发区合作，创办建工意外险。该险种年收保费 14.59 万元。

第三节 人身保险

一、人寿保险

1989 年，东山人民保险公司承办的人寿保险险种 5 个，年保费收入 30.4 万元。1995 年，人寿险保费收入增至 246 万元，占公司保费总收入的 91%。1996 年后，东山人寿保险公司的寿险实行公司员工直接销售，与个人代理营销并存的经营模式。对外招募营销员 40 人，推出 5 个寿险新险种面市。1999 年，公司与县工商银行、县农业银行、中国银行、县建设银行和县邮政局储蓄所等单位合作，代理销售人寿险种业务。年内，人寿保险业务收入 1100.1 万元。1997 年后，公司对销售的人寿险种进行调整。同年 12 月 1 日开办 1997 版营销险种，同时停办 1996 版险种；1998 年 10 月 1 日开办 1998 版险种，同时停办 1997 版营销险种；1999 年 6 月 11 日开办 1999 版营销险种，同时停办 1998 年版营销险种。2005 年，该公司人寿险中“分红”型险种有 9 个。2008 年，该公司人寿保险业务收入 5344.7 万元，比 2007 年增长 38.49%。

二、健康保险

1989 年，东山人民保险支公司承办的健康保险业务有学生保险并附加住院医疗保险，年收保费 2.6 万元。1995 年，收保费 3.1 万元。1996 年，东山人寿保险公司承办健康保险险种有学生附加住院医疗保险、绝育手术平安险，全年收保费 5.1 万元。此后，健康险种发展较快。2007 年，该公司健康险种 8 个，年收保费 188.8 万元，比 2000 年的 34.7 万元增长 4.4 倍。2008 年，该公司健康险种 9 个，主要有学生险附加住院医疗保险、国寿康宁定期重大疾病保险、国寿康宁终身重大疾病保险等，年收保费 276 万元。

三、意外伤害保险

1989 年，东山人民保险公司继续承办意外伤害保险业务，年收保费 0.8 万元。1993 年，推出经理、厂长和企业法人意外伤害保险业务，县内企业有 70%的法人或负责人参加保险。该险种年收保费 4.3 万元，占公司年保险业务收入 152.7 万元的 2.8%。1996 年，东山人寿保险公司的意外伤害保险业务年保费收入 66 万元。1999 年，该公司增办长途客运旅客意外保险业务，年收保费 1.8 万元。2003 年，意外伤害险保费收入共 211 万元，其中学生系列保险业务收入 130 万元，占 61.1%。2005 年，推出综合意外伤害保险。全年意外伤害险保费收入 146.4 万元。2008 年，营销的意外伤害保险险种主要有中国人寿卡、学生意外险、渔船工意外险、综合意外伤害等。全年该险种保费收入分别为：东山人寿保险公司 23.8 万元；太平洋人寿保险公司东山营销服务部 74.34 万元。

1989—2008 年东山人寿（人民）保险公司人身保险保费收入情况表

表 13-7　　单位：万元

年度	保费收入总数	其中			年度	保费收入总数	其中		
		人寿保险	健康保险	意外伤害险			人寿保险	健康保险	意外伤害险
1989	33.8	30.4	2.6	0.8	1999	1221	1100.1	31.4	89.5
1990	37	31.3	3	2.7	2000	1605.7	1427.6	34.7	143.4
1991	44.7	36.4	3.4	4.9	2001	2028	1824.6	38.4	165
1992	72.3	59.5	7.2	5.6	2002	2560.4	2338.9	45.2	176.3
1993	152.7	127	7.4	18.3	2003	3019	2750.1	57.9	211
1994	208.5	168.5	6.2	33.8	2004	3308.6	3087	62.6	159
1995	270.3	246	3.1	21.2	2005	3572	3354.5	71.1	146.4
1996	650	578.9	5.1	66	2006	3901	3557.2	174.8	169
1997	1021.8	948.6	13.8	59.4	2007	5251	3859.2	188.8	203
1998	1208.2	1116.8	23.8	67.6	2008	5718.84	5344.7	276	98.14

第四节　保险理赔

一、理赔服务

1989 年，东山人民保险公司在办理保险理赔中，注重小额赔案的时效性，讲究效率，及时赔付；大额赔案在限定时间内给予答复或兑现。1996 年后，东山人民财产保险公司和东山人寿保险公司延续东山人民保险公司的财产保险和人寿保险业务的有关理赔的政策和办法，及时办理保险理赔事项。2001 年 10 月，东山太平洋人寿保险营销部创办后，以事实为依据，做到公正、及时、准确、合理、合法理赔，及时处理保险理赔事项。2002 年 8 月起，东山太平洋财产保险公司推出全年无休、360 天营业、24 小时理赔的服务措施；开通 24 小时全国统一客户服务热线“95500”，实行全方位、无障碍与客户沟通。2005 年，东山中华联财保险营销部实行热情、快速、准确、专业的理赔服务。至 2008 年，东山各家保险公司在理赔上没有出现跟客户发生重大纠纷的事件。

二、理赔记略

（一）财产保险理赔

1992—1994 年，东山人民保险公司理赔芦笋保险等项，金额 601.3 万元。其中，1994 年理赔东山县青联铝合金制品厂火灾损失，金额 34.88 万元。

1998 年，东山人民财产保险公司财产险理赔金额 464.73 万元。1999 年 5 月，东山宫前的“闽东渔 4802 号”渔船被商船（至今未查明船号）撞沉，理赔渔业险 29.25 万元。2001 年，财产险理赔 282.40 万元；2004 年，理赔 454.2 万元。2006 年，东山人民财产保险公司财产险理赔 450.53 万元（其中，理赔受台风“珍珠”影响的财产损失，金额 86.05 万元）；东山太平洋财产保险公司财产险理赔 55 万元；东山中华联财保营销部财产险理赔 175 万元。2007 年，东山中华联合财产保营销部财产险理赔 250 万元。2008

年，东山人民财产保险公司财产险理赔 586.20 万元，东山中华联合财产保营销部财产险理赔 336 万元，合计理赔 922.20 万元。

（二）人寿保险理赔

1998 年，东山人寿保险公司人寿险理赔 114.3 万元；2001 年，理赔 131.3 万元；2004 年，理赔 176 万元。2006 年，东山人寿保险公司人寿险理赔 189.8 万元；同年，东山太平洋人寿保险营销部人寿险理赔 6.02 万元。2007 年，东山太平洋人寿保险营销部人寿险理赔 9.08 万元。2008 年，东山人寿保险公司人寿险理赔 211.7 万元，东山太平洋人寿保险营销部人寿险理赔 11.82 万元，计理赔 223.52 万元。

第十四卷　财政　税务

1989—2008 年，东山县不断深化财税体制改革，财政税务工作执行“加强征管，培育税源”的方针。财政一般预算收入呈增长趋势。1990 年，财政预算内收入 2282 万元。1994 年，实施分税制财政管理体制后，财政收入增长加快，1995 年起，加强财政资金的管理监督。1997 年，实行预算外资金“收支两条线管理”制度。1998 年，建立政府采购制度。2005 年起，县财政一般预算收入稳定增长。2008 年，全县财政总收入 32068 万元，其中县级一般预算收入 21685 万元，比 1989 年增长 9.71 倍。是年，财政支出 62094 万元，比 1989 年增长 23.13 倍。

1989 年，全县工商各税征收入库 2105 万元，完成年度计划 106.99%。1994 年，实行分税制改革，东山县税务局分设县国家税务局和县地方税务局。国家税主要税种有增值税、企业所得税、外资企业所得税、车辆购置税、消费税等。地方税主要税种有营业税、企业所得税、个人所得税、资源税、城市维护建设税、房产与城市房地产税、印花税、其他地方税。1994 年，全县工商各税征收入库 4715 万元。其中，国家税征收入库 2207 万元，地方税征收入库 2508 万元。2008 年，全县工商各税征收入库 25685 万元，比 1989 年增长 11.2 倍，比 1994 年增长 4.45 倍。其中，国家税征收入库 12729 万元，地方税征收入库 12956 万元，分别比 1994 年增长 4.77 倍和 4.17 倍。

第一章　财　政

第一节　财政体制

一、县级财政体制

（一）财政收入划分

1989 年，东山县实行“划分收支，核定基数，定额缴补，增收多留，分类包干，自求平衡”财政预算管理体制。财政收入主要有工商税、农牧业税、耕地占用税、契税、国营企业所得税等企业收入。

1994 年，执行《国务院关于实行分税制财政管理体制的决定》，实行分税制财政管理体制。以 1993 年为基数，把县上划中央和省级收入与省级下划县收入相抵后，核定中央和省 1993 年从县的净上划收入，确定省对县的税收返还数，并以此作为以后年度返还县收入的基数。1994 年以后，上划中央和省级收入达不到 1993 年基数的，相应扣减税收返还数。分税制后，县固定收入包括营业税、县级企业所得税、上缴利润、农牧业税、农林特产税、耕地占用税、契税、个人所得税、房产税、车船税、印花税、屠宰税、遗产税、土地增值税、县专项收入，县其他收入等。共享税收入包括：增值税按规定中央分成 75%，地方分成 25%；城市维护建设税省级分成 30%，县分成 70%；资源税省级分成 70%，县分成 30%；土地使用税，固定资产投资方向调节税省级分成 50%，县分成 50%；国有土地使用权有偿使用收入省级分成 40%，县分成 60%。

2002 年，省政府调整县财政体制，东山县不在财政转移支付范围。

县财政收入范围主要有上级收入和地方级财政收入。在地方级财政收入中分县级工商税收、农业税收、企业收入、其他收入；县级工商税收入有增值税、营业税、个人所得税、资源税、城市维护建设税、城镇土地使用税、其他工商税。2002年，所得税改革，所得税收入中央与县各分成50%；2003年后，所得税收入中央分成60%，县分成40%。2003年，东山县实行农村税费改革，停征屠宰税、缓征农业特产税。

2004年12月，东山县被省政府列为财政转移支付边缘县，给予实际财力相当于一般转移支付县财力的县份的待遇。至2008年延续。

（二）财政支出范围

1989—1993年，县级财政一般支出范围有：基本建筑支出、企业挖潜改造资金、科技三项费用、支援农村生产支出、农村水气事业费、工交部门事业费、简易建筑费、城市维护费、文教科学卫生事业费、其他部门事业费、抚恤和社会福利救济费、行政管理费、公检法事业支出、价格补贴支出、支援不发达地区支出、其他支出、专款支出、上解支出。

1994年，分税制后，县级财政一般支出范围为基本建设支出、企业挖潜改造资金、科技三项费用、支援农村生产支出、农林水部门事业费、工交部门事业费、商业部门事业费、城市维护费、城市青年就业经费、文教卫生事业费、其他部门事业费、抚恤和社会福利救济费、行政管理费、价格补贴支出、环境保护补助费、教育费附加支出。

2003年，县级财政一般支出范围为基本建设支出、企业挖潜改造资金、科技三项费用、流动资金、农业支出、林业支出、水利和气象支出、工业交通等部门事业费、流通部门事业费、文体广播事业费、教育支出、科学支出、医疗卫生支出、其他部门事业费、抚恤和社会福利救济费、行政事业单位离退休费、社会保障补助支出、行政管理费、公检法司支出、城市维护费、政策性补助支出、支援不发达地区支出、海域开发建设和场地使用支出、车辆税费支出、债务利息支出、其他支出。

2008年，县级财政支出范围为一般公共服务、国防、公共安全、教育、科学技术、文化体育与传媒、社会保障和就业、医疗卫生、环境保护、城乡社区服务、农林水事务、交通运输、工业商业金融等事务、地震灾后恢复重建支出、其他支出。

二、乡镇财政体制

（一）乡镇收支范围划分

1989—1993年，乡镇财政管理体制主要计划经济下的分级包干制，实行定收定支，收支挂钩，超收分成，短收扣支，超支不补，节余留用管理办法，并在这一框架基础上对特产税包干基数和分成实行分年确定。

1994年，执行“分税制”规定，县对乡镇财政实行划分收支，核定基数，超收分成，短收扣支，一年一定的管理办法。收入范围：本乡镇范围内的农业税、特产税、乡镇村（街道）办企业与个体工商户的增值税的25%部分，及营业税、企业所得税、个体所得税、印花税、城建税、房产税、车船使用税、赠与税、补税罚款收入和其他收入等。支出范围：乡镇本级的行政管理费，农林水等部门事业费，文化、教育、广播、计生等事业费（不含县级教育），乡镇财政所人员经费和村（街道）主干补贴经费等。是年，工商税收的包干基数以1993年乡镇工商税收实际入库数，剔除不可比因素后，扣分税制规定应上划中央的增值税75%后的实绩。

1999年，工商税收入基数按1998年收入基数、经济技术开发区体制调整和县集中纳税大户调整等计算下达。2000年、2001年基数按前一年基数增长15%核定。农业税基数以省政府通知的计税价格计算下达。农业特产税的收入基数和任务数，根据1998年收入基数、完成数和现有税源状况计算下达。乡镇的经费支出（不含教育经费）基数，主要根据各乡镇公务员编制数和人员现状核定，加上各村(居委会)主干补贴计算下达。2000年后，经费支出基数按前一年基数增长10%下达。

2002年，县对乡镇财政管理实行“划分收支，总量分成和超基数分成相结合，自求平衡，一定三年”的办法。收入范围：农业税、农业特产税和县级工商税收扣除下达四部分外，按属地原则划为乡镇级收入。不列入乡镇收入范围：经济技术开发区收入；县本级集中的纳税大户（指县电力公司、县硅砂矿、梧龙硅砂矿、县烟草公司、东山华福酒店、东山县电信局、移动通信公司东山分公司、东山县邮政局、爱烁硅砂矿公司、东山澳仔山风力发电有限公司，以及由以上企业直接衍生的新的企业）；县税收稽查机构查获的收入；县政府直接抓的重点基础设施建设项目。是年，工商税收不核定基数，只核定任务数。工商税收任务数综合 2002 年全县财政收入预算以及各乡镇上年实际完成数、目前财源状况等因素计算。该任务数根据财源变化一年一定。农业特产税只对铜陵、西埔、陈城 3 镇核定收入，另 4 个乡镇不核定任务基数。各乡镇任务数根据税源变化一年一定。

2005 年，县对乡镇财政管理实行“划分收支，核定基数，超收分成，短收扣支，鼓励发展，自求平衡”办法。乡镇跨区域引进发展的项目，按照县政府的有关规定确认后，项目产生的税收划归引进项目的乡镇。支出范围：乡镇本级的工资性支出及行政管理费，乡镇管理的事业费支出，对村（社区）的补贴经费，以及计生、优抚、低保金等应负担的支出。2008 年延续。

2005 年收入基数按 2002—2004 年乡镇 3 年工商税收平均数核定。此后，按年递增 10%的幅度，核定 2006 年、2007 年、2008 年的收入基数。支出基数核定：遵循适度从紧和提高乡镇财政基本保障能力的原则，适当统筹平衡各乡镇财力，按照乡镇财政供养人员数核定。

（二）乡镇财政超收分成办法

1989—1993 年，对特产税实行多奖少赔。即完成全年任务不奖不赔；超收全额分成，超收 10%以内（含 10%），按全年特产税收入总额（以生产年度计算）分成 5%；超收 20%以内（含 20%）分成 8%；超收 30%以内（含 30%）分成 12%；超收 50%以上内（含 50%）分成 16%；超收 50%以上分成 20%；短收差额赔偿，按不同档次相应扣减支出指标。

1994—2002 年，工商税收实行“总量分成，增收多留”办法。西埔、铜陵按工商税收总量 7%分成；陈城、樟塘、康美按 15%分成；杏陈、前楼按 20%分成。完成农业税任务的乡镇，按实际入库数的正税额提取 5%附加作为征收经费；短收按短收数相应扣减支出数，不能提取 5%附加。

2003—2008 年，实行“超收分成、短收扣支”办法。乡镇完成收入基数的，按核定该镇基本支出基数足额拨付；乡镇完不成收入基数的，按[（收入基数-实际完成数）/收入基数]×基本支出基数的公式计算，扣减该镇支出；在完成收入任务的前提下，任务内超基数的收入部分，乡镇按 15%的比例分成，超任务的部分按 25%比例分成。乡镇完成收入任务的，该乡镇年度总分成数不低于上一年度总分成数。

三、经济技术开发区财政体制

1993 年，东山经济技术开发区始建财政管理体制。建立本级金库，应上缴县财政的资金通过金库调度。实行季度预缴，半年结算。分成办法，除上缴省级财政外，实行总额分成办法，即县 20%、开发区 80%，开发区土地出（转）让收入全部自留。收支预算纳入县财政总盘子，按规定程序报审核准。收入范围有国有企业、集体企业、三资企业、私营企业的县级工商税收、企业所得税、耕地占用税以及土地出（转）让金收入等（包括开发区本身区内基础设施建设及其引资在区内建设的税收，不包括个体工商户）。支出范围有征用土地费用，交通、道路、管道、水电、排污、排水等疏通费用，各项招商引资费用，开发区各项事业行政费用等。其城市建设配套费，列入开发区管理，用于区内交通、道路、供水、排水、用电等费用，实行自收自支。1997 年起，县政府对开发区实行划定区域，总额分成，一定四年的财政管理体制。至 2008 年不变。

第二节　财政收入

一、预算内收入

1989 年，东山县地方财政收入 2025 万元，其中工商税收 1502 万元，农牧业税和耕地占用税 416 万元，企业收入 27 万元，其他收入 80 万元。1993 年，地方财政收入 4502 万元，比 1992 年增加 1479 万元，增长 48.9%。其中工商税收 3486 万元，比 1992 年增加 1423 万元。

1994 年，县财政总收入 5684 万元，比 1993 年增长 26.3%，其中地方财政收入 4086 万元（工商税收 2410 万元，农牧业税和耕地占用税 1061 万元，企业收入 55 万元，其他收入 560 万元）。1995 年，东山县地方财政收入 5593 万元，比 1994 年增长 36.88%。

2000 年，财政总收入 15840 万元，比 1999 年增长 12.01%。其中地方财政收入 11840 万元，比 1999 年增长 10.41%。

2005 年，财政总收入 14527 万元，比 2004 年增长 32.04%。其中地方财政收入 9396 万元，比 2004 年增长 38.85%。

2006 年，东山县实施项目发展战略，重大项目接连突破，经济快速发展。是年，县财政总收入 18716 万元，比 2005 年增长 28.8%。

2007 年，财政总收入 24669 万元，比 2006 年增长 31.8%。

2008 年，县财政总收入 32068 万元，比 2007 年增收 7399 万元，增长 29.99%。地方财政收入 21685 万元，比 2007 年增收 5012 万元，增长 30.06%。

二、上级补助收入

1989 年，东山县上级补助收入 5863 万元。至 1993 年共补助 29066 万元。

1994 年，税制改革后，补助项目改为税收返还收入、专项补助，其他补助，是年补助收入 1923 万元。2000 年，补助收入 1743 万元。此后逐年增加。2008 年，补助收入 43876 万元，比 2007 年增加 19550 万元。其中争取财力性体制补助 11147 万元，比 2007 年增加 1341 万元；争取财政专款和专户补助 32729 万元，比 2007 年增加 18209 万元（其中石油价格改革财政补贴 22497 万元，比 2007 年增加 13029 万元）。

1989—2001 年 13 年间，东山县向省、市财政部门争取各项专项补助 998.3 万元，用于修建或修补乡村道路和桥梁计长 565.8 公里，修缮 15 所农村中小学校。

1994—2004 年，共向省财政厅争取灾歉减免补助 600.8 万元，帮助受灾农民尽快恢复生产。

三、预算外收入

1989 年，东山县预算外收入 3781 万元。2000 年，东山县预算外收入 4255 万元。此后，预算外收入逐年减少。2005 年，全县预算外收入为 3014 万元；2008 年为 2905 万元。

1989—2008 年东山县地方级财政收入情况表

表 14-1　　单位：万元、%

年度	预算内收入							预算外收入	上级补助收入
	合计	工商税收	农业税收	企业收入	其他收入	比上年增减额	增长率		
1989	2025	1502	416	27	80	513	33.9	3781	5863
1990	2282	1725	395	—	162	257	12.69	3845	8325
1991	2601	1788	477	12	324	319	14.0	3877	6748
1992	3023	2063	340	220	400	422	16.2	3892	7155
1993	4502	3486	386	—	630	1479	48.9	3911	975
1994	4086	2410	1061	55	560	-416	-9.2	3957	1923
1995	5593	3176	1204	240	973	1507	36.9	3994	2000
1996	6844	4138	1202	325	1179	1251	22.4	4001	1842
1997	8141	4458	1431	276	1976	1297	19.0	4019	2134
1998	9820	4565	1652	161	3442	1679	20.6	4153	1873

续表 14-1

年度	预算内收入							预算外收入	上级补助收入
	合计	工商税收	农业税收	企业收入	其他收入	比上年增减额	增长率		
1999	10724	5548	1883	138	3155	904	9.2	4186	2000
2000	11840	5764	1932	315	3829	1116	10.4	4255	1743
2001	11251	5507	1353	203	4188	−589	−5.0	4188	2250
2002	6786	4426	1385	75	900	−4465	−39.7	3388	2600
2003	5997	4619	301	24	1053	−789	−11.6	3165	4241
2004	6767	4065	430	351	1921	770	12.8	3002	5598
2005	9396	6286	440	310	2360	2629	38.9	3014	5079
2006	12080	7773	986	230	3091	2684	28.6	3010	9043
2007	16673	11033	1786	140	3714	4593	38.0	2973	24326
2008	21685	13833	1858	490	5504	5012	30.1	2905	43876

第三节　财政支出

一、预算内支出

1989 年，县财政预算内支出 2573 万元，比 1988 年增长 7.4%。其中，基本建设投资 80 万元，企业挖潜改造资金 60 万元，农林水支出 265 万元，城市维护费支出 80 万元，行政和公检法支出 582 万元，文教卫生事业费支出 904 万元，抚恤和保障支出 43 万元，其他支出 559 万元。

1990 年，县财政预算内支出 2978 万元，比 1989 年增长 15.7%。1993 年，县财政预算内支出 5197 万元，比 1992 年增长 43.6%。其中，基本建设投资 33 万元，企业挖潜改造资金 189 万元，农林水支出 432 万元，城市维护费支出 169 万元，行政和公检法支出 1282 万元，文教卫生事业费支出 1521 万元，抚恤和保障支出 102 万元，其他支出 1469 万元。

1995 年，县财政预算内支出 7330 万元，比 1994 年增长 29.6%。其中，基本建设投资 195 万元，企业挖潜改造资金 38 万元，农林水支出 599 万元，城市维护费支出 173 万元，行政和公检法支出 2101 万元，文教卫生事业费支出 2506 万元，抚恤和保障支出 161 万元，其他支出 1557 万元。

2000 年，县财政预算内支出 13995 万元，比 1999 年增长 21.5%。2002 年，财政预算内支出 8255 万元，比 2001 年下降 36.1%。其中，农林水支出 577 万元，城市维护费支出 135 万元，行政和公检法支出 1693 万元，文教卫生事业费支出 3364 万元，行政事业单位离退休支出 1389 万元，抚恤和保障支出 341 万元，其他支出 756 万元。

2005 年，县财政预算内支出 14092 万元，比 2004 年增长 26.26%。其中，农林水利事业费支出 655 万元，城市维护费支出 198 万元，行政和公检法支出 3639 万元，文教卫生事业费支出 3890 万元，行政事业单位离退休支出 1567 万元，抚恤和保障支出 1164 万元，其他支出 2979 万元。

2007 年，县财政总支出 29409 万元（含专款支出 2601 万元），比 2006 年增加 9616 万元，增长 48%。2008 年，全县一般预算总支出 62094 万元（含专款支出），比 2007 年增加 32605 万元，增长 1.11 倍。其中，增加最多的是工业商业金融等事务支出为 23256 万元，比 2007 年多支出 22232 万元，增长 21.7 倍。

1989—2006 年东山县财政支出情况表

表 14-2　单位：万元

年度	预算内支出												预算外支出	上解支出
	合计	基本建设支出	企业挖潜改造支出	农林水支出	城市维护费支出	行政和公检法支出	文教科卫支出	行政事业单位离退休支出	抚恤和社会保障支出	其他支出	比上年增减额	增长率（%）		
1989	2573	80	60	265	80	582	904	—	43	559	—	7.43	3687	214
1990	2978	45	62	385	41	689	1018	—	75	663	405	15.74	3713	1296
1991	3126	43	23	385	108	770	1131	—	79	587	148	4.97	3754	1488
1992	3620	30	35	325	80	913	1311	—	83	843	494	15.80	3789	1606
1993	5197	33	189	432	169	1282	1521	—	102	1469	1577	43.56	3826	254
1994	5658	66	56	496	136	1601	2146	—	104	1053	461	8.87	3875	111
1995	7330	195	38	599	173	2101	2506	—	161	1557	1672	29.55	3901	238
1996	8323	43	170	757	189	2250	3038	—	164	1712	993	13.55	3922	244
1997	9805	34	41	744	249	2446	3685	177	191	2238	1482	17.81	3997	356
1998	11239	338	10	1050	244	2201	3273	543	399	3181	1434	14.63	4013	243
1999	11523		27	967	244	3140	3657	802	759	1927	284	2.53	4051	308
2000	13995	50	9	961	237	3254	4000	1080	950	3454	2472	21.45	4094	277
2001	12919	—	13	1033	257	3470	3895	1287	668	2296	-1076	-7.69	3996	298
2002	8255	—	—	577	135	1693	3364	1389	341	756	-4664	-36.10	3190	244
2003	9307	—	—	677	166	1747	3497	1380	440	1400	1052	12.74	2997	926
2004	11161	—	29	664	201	2362	3844	1511	1012	1538	1854	19.92	2933	890
2005	14092	—	—	655	198	3639	3890	1567	1164	2979	2931	26.26	2915	939
2006	19793	—	—	1051	243	4609	4835	1838	1442	5775	5701	40.46	2900	780

2007—2008 年东山县财政支出情况表

表 14-3　单位：万元

年份	预算内支出													预算外支出	上解支出
	合计	一般公共服务	公共安全	教育	科学技术	文化体育与传媒	社会保障就业	医疗卫生	环境保护	城乡社区事务	农林水事务	交通运输	工业商业金融等事务	其他支出		
2007	29409	8239	2835	6029	216	352	4165	1915	165	654	1647	575	1024	1593	2881	859
2008	62094	8290	3647	7697	256	495	4949	2899	845	989	3031	2028	23256	3712	2835	537

二、预算外支出

预算外支出主要有经济建设支出、城市维护支出、社会文教支出和其他支出。主要用于补充预算资金不足。1989 年，全县预算外支出 3687 万元。2000 年，县本级预算外支出 4094 万元。此后，逐年减少。2008 年，预算外支出 2835 万元。

三、上解支出

1989年，上解上级支出214万元；2000年为277万元。此后，逐年增加。2008年，上解上级支出537万元。

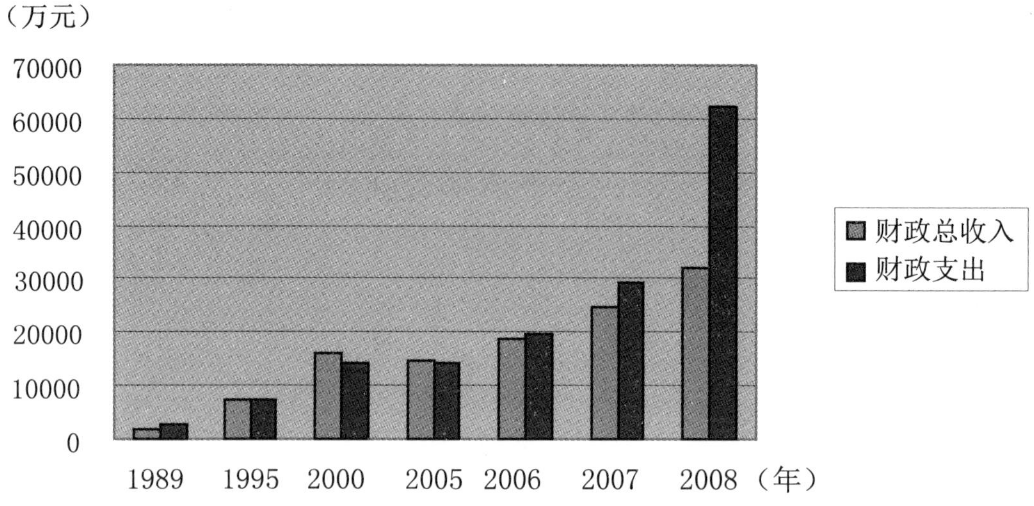

图14-1 东山县1989—2008年财政收支情况柱形图

第四节 财政管理与监督

一、财政机构

（一）行政机构

东山县财政局 1989年,沿设县财政局，内设14个股室，工作人员57人。此后内设股室多次增减撤并。2008年12月，该局内设办公室、预算股、国库股、行政事业股、经济建设股、社会保障股、农业股、农税股、企业股、外经外债股、会计管理股和国有资产管理股。下辖县行政事业性收费管理中心、县政府采购中心、县财政局农业税收稽查队、国债服务部、县会计核算中心和县契税征收中心等6个事业单位。全局在编人员72人。

（二）事业单位

1.东山县行政事业性收费管理中心 1989年，沿设县外资收费管理中心。1997年，改设东山县行政事业性收费管理中心，负责对县直行政事业性收费收入的统一征收管理和对财政票据的管理。2008年，工作人员8人。

2.东山会计师事务所 1989年4月，设立东山会计师事务所，负责全县财务会计业务指导与有关财会业务咨询；办理经济公证业务，审查会计账目，提出审查报告；调解、公证经济纠纷案件，承办中外合营的验资和企业年度会计报表及会计的审查工作，并出具验资和查账报告。1999年，该所撤销。

3.中华会计函授东山分站 1989年，沿设中华会计函授东山分站，负责会计函授教育及会计继续教育事务。2008年，工作人员5人。

4.东山县国债服务部 1993年，设立县国债服务部，负责按国家规定，办理销售、兑付、买卖和转让国库券、国债业务。2008年，工作人员2人。

5.东山县政府采购中心 2000年，设立县政府采购中心，负责对县直行政、事业单位使用财政性资金购买商品等进行统一采购；承担县政府或县财政局确定的其他政府采购事项。2008年，工作人员3人。

6.东山县契税征收中心 2000年，设立县契税征收中心，负责契税征收工作。2008年，工作人员3人。

二、财政管理

（一）预算管理

1989—1993年，实行包干型预算管理收支体制。东山县财政部门根据漳州市下达的年度财政收支计划，结合县情，坚持量力而行，量入为出原则，实行紧缩的财政政策，编制全县年度财政收入、支出预算草案，提交县人民代表大会审议批准。县财政根据县人代会批准执行预算，参照各单位编报的收支概算，下达单位年度预算指标，作为预算执行的依据。各乡（镇）财政收支预算延续按照县对乡镇的财政管理体制编制，提交乡镇人代会审议批准。

1994年，实行“分税制”预算管理体制。县财政部门增强财政宏观调控，编制全县年度财政收入预算计划数，提交县人大会批准通过。

2002年，进行乡镇财政管理体制改革，实行总量分成和超收分成相结合的办法，编制全县年度财政收入预算计划数，提交县人大会批准通过。

2008年，实施稳健的财政政策，以推进社会主义新农村建设，着力保障和改善民生，支持经济发展为重点，编制全县年度财政收入预算提交县人大会批准通过。

（二）行政事业财务管理

1989年，行政事业单位预算管理形式有全额预算管理、差额预算管理和自收自支管理三种。全额预算管理单位实行核定收支、定额或定项补助、超支不补助、结余留用；差额预算管理单位实行经费定额定项包干；自收自支单位实行以收定支、定比核支、超支不补助、结余留用。1991年，根据国务院《关于进一步改进行政、事业单位行政管理工作的通知》精神，县政府制发《关于行政事业单位公用自行车作价处理有关规定的通知》，对全县行政事业单位的公用自行车进行作价拍卖。1992年9月，县政府重新修订《关于我县国家机关、事业单位工作人员差旅费和会议费开支的规定》。1993年，县政府发出《东山县公费医疗管理暂行办法》，对公费医疗实行医疗经费由医疗单位包干管理，享受人员划片定点医疗。

1994年，县委办公室、县政府办公室、财政局联合发出《关于我县行政事业单位工作人员县外出差伙食补助标准的通知》。规范行政事业单位工作人员出差县外伙食补助标准。是年，县委办公室、县政府办公室、财政局联合制定《关于行政事业单位干部住宅电话费用管理的暂行规定》。1997年，县财政局制定《关于行政机关事业单位在职干部职工参加专修科、培训班进修学习期间伙食补助费标准的通知》。

1998年，县政府批准转发县财政局《关于严格控制财政支出加强财务管理的通知》，加强党政机关人员经费、会议费、电话费（包括住宅电话，移动电话）、差旅费、接待费、机动车辆经费（包括机动车辆统一保险）、公务用车管理、党报党刊、修缮购置经费、业务费等项目支出管理，大力压缩经费支出。同年，执行县委办，县政府办《关于党政机关公费无线移动电话和公费住宅电话配备和使用管理的补充通知》，对党政机关无线移动电话配备和使用进行清理和管理。

2001年，县财政局转发漳州市财政局《关于严肃财经纪律制止以会议等名义公款旅游的通知》，禁止公款旅游。2003年，县财政局转发省财政厅《关于印发〈福建省行政事业单位财务报销审批手续的若干规定〉的通知》，进一步规范财务报销审批手续，加强财务收支管理，制止开具虚假发票报销行为。

2008年，加强财政收支管理，健全政府采购制度，推进票据电子化管理，组织政府采购执行情况专项检查，不断完善政府采购方式及运作机制，提高采购综合效益。

（三）企业财务管理

1.工商企业财务管理 1989年，县财政部门帮助企业完善承包经营责任制财务制度，配合主管部门实施企业“工资与经济效益挂钩”财务改革。1990年，实行企业新一轮承包经营责任制，县财政部门在方案制定和实施中注重四个方面：一是合理调整确定承包基数和承包形式，包括实现利润基数、上缴财政利润基数（不含所得税）和个别企业利润还贷基数。上缴利润按“基数包干，超基数财政比例分成”实行。二是合理确定企业留利比例，即生产发展基金50%，职工福利基金20%，职工奖励基金30%（不包括“工效挂钩”企业）。三是严格控制利润还贷，不再实行税前金额还贷，实行在承包合同中核定利润还贷基数和还贷期限，超过核定的还贷基数部分以企业留用自有资金归还。四是建立承包风险保证金制度。1993年7月

1 日起，遵照财政部、省财政厅的通知，全县企业执行新的企业财务制度和企业会计制度。主要有：改变会计核算的管理模式和基本平衡公式；规定会计核算的一般原则；改变会计报表体系；确定资本保全的核算要求；实行国际通行的制造成本法，取消完全成本法；借鉴国际惯例，采用谨慎性原则。1994 年 1 月 1 日起，全县企业转入统一税制，执行新税制。新税制变动事项主要有：企业实现利润在 10 万元以上的按 33%的税率交纳所得税，在 3 万～10 万元之间的执行 27%的税率，在 3 万元以下的执行 18%的税率；税后利润另按规定再核定上缴财政。1995 年，开展企业清产核资及其产权界定和价值重估工作。对清查出来的各项资产盘盈（包括账外资产）、资产损失（包括资产盘亏）和资金挂账等均按规定作出相应的账面表现和账务处理。2000—2008 年，深化国有企业改革，开展清产核资工作。对小型企业采取拍卖、转让的形式盘活各项资产，增加财政收入。

2. 粮食企业财务管理 1989 年，县内粮食价格逐步从单一的国家计划平价改为平、议两种价格；按"自主经营，自负盈亏"原则，允许企业以粮业为主，发展多种经营。建立国家、省、市县三级储备，核定东山县地方储备粮库存，委托国营粮食企业代理，所需费用补贴由各级财政负担，粮食工业企业实行"利改税"。1992 年，县财政实付粮食政策性补贴 279.5 万元。1993 年，粮食系统企业由省属企业改为县属企业，下放县财政管理。粮油销售价格取消平价计划供应，改为市场供应，城镇居民不增加补贴；军供、侨汇供应不变，差价及其经营费用由财政负担。逐步取消中央粮食加价款专项补贴，建立中央与地方财政按比例筹措粮食风险基金制度。核定东山县粮食风险基金规模每年 26 万元，3 年共 78 万元由县财政局自行筹措，实行亏损包干。每年，中央及省财政给东山粮食企业专项补贴。实行粮食工作分级负责制，政策性业务和商业性经营业务分开，建立政策性业务和商业性"两条线"运行机制。对粮食政策性补贴实行财务包干制度，县财政局核定财务包干数为 1993 年 205 万元、1994 年 213 万元、1995 年 246 万元。1998 年，县粮食部门开展全国第二次粮食企业财务挂账清理工作。清理结果：全县新增粮食财务挂账 532 万元，其中，政策性亏损挂账 200 万元，经营亏损挂账 332 万元。1998—1999 年，粮食系统实行政企分开制度。县粮食局行政经费总额包干，在财政预算内列支。县级储备粮政策性支出在粮食风险基金专户列支。2000 年，成立东山县粮食购销有限公司，承担县级储备粮油业务。将铜陵、西埔、杏陈、陈城四个粮食贸易有限公司和粮食储备库原承担的粮食政策性业务，归并到东山县粮食购销有限公司。县财政与县粮食购销有限公司直接进行财务结算。开展国有粮食购销企业清理财务挂账工作。清理结果：2000—2004 年，县粮食购销公司财务挂账 122.02 万元。县财政局从粮食风险基金专户安排的粮食政策性补贴支出，基本保证粮食企业正常运行的需要。2008 年，粮食政策性补贴支出金额 299.87 万元。

（四）农税征收管理

1989 年，县财税部门加强特产税管征工作，全年农业、特产税收入 415.5 万元，比 1988 年增长 30.17%。1994 年，建立以"税源登记、申报纳税、纳税检查为基础，以评产计税、村级代征为依据，扎实征收、重点稽查为主体"的农税征管模式，坚持以法治税、促增收的原则，提高征管水平。2000 年起，进行农村税费制度改革。主要内容为"三个取消，一个逐步取消，两个调整和一项改革"，即取消屠宰税、乡镇统筹款、教育集资等；用 3 年时间逐步减少直至取消劳动积累工和义务工；调整农业税政策、调整农业特产税征收办法；改革村提留征收和使用办法，以农业税额 20%为上限征收农业税附加，替代原来的村提留。2003 年起，停征农业特产税；2005 年，免征农业税。1994—2006 年，农税股共征收农税 17179.6 万元。其中，农业税 1799.3 万元，农业特产税 11042.6 万元，耕地占用税 4337.7 万元。

（五）社会保障财务管理

1997 年 8 月，东山县财政局设立社会保障股。实施社会救灾救济、社会福利优抚、城市低保、农村低保、劳动就业、医疗保险、社会保险等财务和资金管理；加强对社会保障资金使用的宏观调控和监督；监管民政、卫生、劳动和残联等部门有关经费及财务。1998 年 7 月始，执行《国务院关于建立城镇职工基本医疗保险制度的决定》，建立城镇职工基本医疗保险制度，由社保股管理行政事业单位人员个人账户医疗金、财政出资社会统筹金。2000 年 7 月起，个人缴纳的住房公积金集中存入财政专户，财政负担的住房公积金集中缴存住房公积金账户。2008 年起，凡参加城镇职工基本医疗保险的人员，同时参加商业补充医疗保险。

（六）预算外资金管理

1992 年，东山县开始实行预算外资金管理。时，对县交通局、县工商行政管理局等 12 个预算外收入“大户”实行专户存储、计划使用、财政审批、银行监督的管理办法。1996 年，实行预算外资金“收支两条线管理”制度。1997 年 8 月，县政府发出《东山县人民政府关于加强行政事业性收费管理的暂行规定》，成立东山县行政事业性收费管理中心，负责县直行政事业性收费和政府性基金的统一征收和管理。1998 年和 1999 年，先后在全省县级率先开展财政性资金银行账户清理工作和预算外“收支两条线”落实情况专项检查，2 年共清理上缴财政专户资金 1.5 亿元，查出各种违纪金额 2230 万元，上缴国库 1050 万元，有效遏制私设“小金库”、账外设账、乱收费、坐收坐支、乱发奖金和福利的行为，使预算外资金管理工作走向正轨。2005 年 6 月，县财政局联合县监察局发出《关于全面推进财政票据电子化管理改革的通知》，全面推进财政收费票据电子化的实行，进一步完善财政票据发放、使用、核销的管理制度，依托科技手段，实现源头控制，更好地监督预算外收入及时、足额上缴国库或财政专户；有效地防范收费单位及人员开具虚假票据、私设“小金库”、贪污公款等违纪行为。2006 年，县直各执收单位基本都实现票据电子化，进一步完善收支两条线管理。2007 年，建立以票管收、以票促收的征管新机制，把各类非税收入及时足额纳入财政管理。重点开展对教育、公安等部门收费的检查，不断规范收费行为。全年“收支两条线”纳入财政专户管理的资金共 7000 万元。2008 年，建立政府非税收征管机制，推广票据电子化管理改革，深化预算资金管理。

（七）国有资产管理

1991 年，东山县根据国家国有资产管理局、财政部、国家工商行政管理局联合制定《国有资产产权登记管理办法》和《企业国有资产所有权界定暂行规定》，组织实施国有资产的产权界定工作，从 9 月 1 日起对国有企业单位进行首次产权登记。此后，每年组织一次产权年检，企业没有办理产权年检的，工商部门不予办理企业年检。1993 年，开展行政事业单位资产清理工作，摸清全县 155 家行政事业单位国有资产的“家底”。1995 年，县政府下发《关于对国有企业开展土地清查登记估价工作的通知》，按照“以客观事实为依据，尊重历史的本来面目，维护国有资产权益”原则，开展国有企业土地清查、登记、估价工作。全县 70 家国有企业，共有资产 45772 万元，其中固定资产 21351 万元；负债合计 22249 万元；所有者权益 23523 万元，其中土地估价增值 10972 万元。2000 年，县粮食局制定关于推进国有粮食企业改革与发展实施方案，统一拍卖其系统内的部分闲置资产，并统一下岗分流和解除职工劳动关系，统一标准支付职工经济补偿金。是年 11 月，经县政府批准，成立东山县国有资产投资经营有限公司。其经营范围为县本级国有企业所属全资、控股参与企业的国有产权管理及资本运营，经营方式为控股投资等。至 2008 年 12 月，有 39 家国有企业基本完成企业改革，解除职工劳动关系合计 1194 人，对退休和抚恤人员进行妥善安置。

（八）财政信贷管理

1991 年，县经济开发基金管理所贷出资金 90 万元，及时解决企业急需用款的困难。1992 年 7 月，基金管理所筹资 318 万元（其中基金所贷给各乡镇 134 万元，各乡镇自筹 184 万元），为 6 个乡镇（樟塘镇放弃）向县保险公司投保芦笋种植险面积 1600 公顷。1994—2000 年，县政府共筹集农业特产税税源发展基金(周转金)2381.1 万元，投入水产养殖、芦笋种植、经济果林开发等项目，促进农特产品的开发、生产及农业特产税收入的良性、快速增长，增加农民收入。1998 年，开始向世界银行贷款，项目为东山县海魁水产集团有限公司和县水产公司综合厂（后变更为东山蓝特水产加工有限公司），总贷款 216.81 万美元(“海魁”贷款 170.31 万美元，“综合厂”贷款 46.50 万美元)。贷款期限 20 年，宽限期 5 年，于 1999 年始报账提款。2003 年，东山县海魁水产集团有限公司申报水产罐头生产线，申请追加贷款，世界银行及各级财政部门批准追加 363.4 万美元。2004 年，县财政注重做好政府债务的清偿工作，提高政府信用度。是年，偿还以前年度所欠的建设项目贷款和政府性债务 1500 多万元。2005 年，筹措资金偿还债务 1256 万元。是年，漳州市政府对东山县公路收费站进行交接，清算先行工程债务，为县财政减债 10411 万元。2007 年，县财政局向国家开发银行争取授信额度 9000 万元，其中 4000 万元投入西铜公路建设，5000 万元投入东山经济技术开发区东西一路建设。

三、财政监督

1989年，县财政部门开展两公开一监督，加强财务检查。完善罚没管理制度，开展清理县内行政事业单位“小金库”，查处应入库未入库者，处以罚没款计11.2万元。1995年，加强乡镇基层所站的财务管理，开展清理乡镇财务工作，检查25个执收单位(部门)，查出违纪金额34. 42万元。1997年，开展清理小金库工作，查出违纪单位13家，违纪金额58.8万元。1999年,加强预算外资金管理，将各种税收附加和部分行政性收费金额纳入预算管理，规范财政支出管理，全方位监控资金申请、拨付和使用。2000年，在漳州市率先实行行政事业性收费票款分离管理办法，全县有145个单位纳入“收支两条线”管理，纳入财政专户的部门财政性资金计8100万元。2003年，开展清理整顿银行账户工作，专项检查35个重点单位收支两条线情况，加强预算外资金监管。2005年，联合监察、审计等部门开展清理违规账户、多头开户，清理到逾期财政周转金，共清收241万元。2008年，加强财政投资评审，全年评审资金734万元，核减48万元，核减率6.56%。

四、代理销售国库券

1989年，上级下达东山县国库券推销任务95.5万元,实际认购入库数102.37万元。是年，完成保值公债发行额154.05万元，比市下达任务超14.05万元。1991年，国库券和特种国债入库115.91万元，为市分配任务111.5万元的103.9%。1992年，完成市下达的107. 5万元国库券任务。1993年8月，县财政局成立国债信托服务部，负责公债和国库券的流通和兑付工作。是年，提前半年完成国库券263万元的销售任务，进度居全市第一。1994—1995年，均完成市下达的国库券100万元推销任务。1996年，完成国债推销任务120万元。1997年以后，国家发行国库券采用凭证式发行，县内国库券销售由各商业银行承购包销。

第二章　税　务

第一节　税收体制

一、统税制（税改前）

1989年，县实行第二步利改税，实行复合税制和工商税制改革。工商税按纳税对象，划分为产品税、增值税、营业税和盐税，并增加资源税、城市维护建设税、房产税、土地使用税和车船使用税。至1993年，税种开征、停征，税目增减、税率调整，均执行国务院的统一规定。在征的税种分为流转税类、所得税类、财产税类、目的行为税类等。税收减免分政策性减免和临时性困难性减免。政策性减免执行由国务院规定，按体制报批；临时性困难性减免，由困难企业申请报批。

二、分税制（税改后）

1994年后，国务院实行“分税制”改革，县税务局分设县国家税务局和县地方税务局。改革以增值税为主概括（按纳税对象分）为四方面，即流转税制改革、企业所得税制改革、个人所得税制改革、其他税种改革。

（一）流转税改革

1.增值税　1994年1月，东山县执行《中华人民共和国增值税暂行条例》，对县境商品的生产、批发、零售，进口商品课征增值税。改价内计征为价外计征；实行低税率和零税率；对农业生产资料等部分产品实行13%税率；对其他商品及劳务实行17%税率；实行凭发票注明税款抵扣制度；实行增值税专项纳税登记制度和增值税专用发票制度，严格减免税规定。对认定为增值税小规模纳税人的，采取按税法规定的征收率计征增值税的简便方法。2008 年延续。

2. 消费税 1994 年，东山县消费税改革包括实行增值税后税负下降较多的奢侈产品、高档消费品及不可再生资源类消费品等，税目 11 个。实行从量定额和从价定率计征办法，设置 14 档税率（税额）。2008 年延续。

3. 营业税 1994 年，东山县营业税改革主要以第三产业为课税对象，有交通运输、建筑安装、金融保险、邮电通信、文化体育娱乐、各种服务业、转让无形资产和销售不动产等。按行业和经营不同分设 3%、5%、20%税率，确定县境营业税按期缴纳，起征点为月 400 元。2006 年，执行省定营业税起征点为 500 元。2008 年延续。

（二）所得税改革

1. 企业所得税 1994 年，执行《中华人民共和国企业所得税法暂行条例》，统一内资企业所得税制；统一采用比例税率形式，基本税率为 33%。统一规范企业所得税前列支项目和标准；统一按法定政策减免，其他减免一律取消。统一停止执行国有企业承包上缴所得税的做法。2007 年执行《中华人民共和国企业所得税法》和《中华人民共和国企业所得税法实施条例》。

2. 个人所得税 1994 年，执行新的《中华人民共和国个人所得税法》，开征统一的个人所得税，适用于境内居住的中外籍人员。征税的费用扣除额为每月 800 元，对个人工资、薪金所得税实行 5%～45%的超额累进税率；对个人从事生产经营所得税实行 5%～35%的超额累进税率；积极推行个人收入申报制度。2008 年 2 月，执行《中华人民共和国个人所得税法实施条例》。

（三）其他税种改革

1994 年，税制改革后，开征土地增值税等，改革消费税、城市维护建设税及附加税费。取消产品税、盐税、特别消费税、集市交易税、牲畜交易税、烧油特别税、三个奖金税、工资调节税。1997 年，规范金融保险所得税税种税率，由 55%降为 33%；修订有关金融保险营业税税率的规定，由 5%提高到 8%。1999 年 7 月 1 日起，固定资产投资方向调节税按减半征收；2000 年 1 月 1 日起暂停征收。1999 年 11 月 1 日起，开征储蓄存款利息个人所得税，税率 20%。

第二节 国家税收

一、增值税

1989 年，增值税征收范围为在国境内销售货物、提供加工修理修配劳务、视同销售货物、混合销售、兼营非应税劳务、进口货物。基本税率为 17%，适用于除低税率和零税率货物以外的应税货物和应税劳务。低税率为 13%，用于以下四类应税货物：人民生活必需品，包括粮食、食用植物油、自来水、暖气、冷气、热水、煤气、石油液化气、天然气和居民用煤炭制品；图书、报纸、杂志三类货物，用于支持宣传、文化教育事业发展；饲料、化肥、农药、农机、农膜，以照顾农民和支持农业发展；金属矿采选产品、非金属矿采选产品。零税率：适用于出口货物。1994 年，县境国税增值税征收 1368.75 万元。2000 年，县境增值税征收 1331 万元。2005 年，县境增值税征收 5843 万元。2008 年，国内增值税征收 10218 万元，比 2007 年 7892 万元增长 29.47%。

二、消费税

1989 年，消费税计税方法有三种：从价定率征收、从量定额征收、从价定率和从量定额复合征收。消费税采用比例税率和定额税率两种形式，根据不同的税目或子目确定相应的税率或单位税额。例如，粮食白酒税率为 20%、汽油 1 升纳税 1.40 元等。1994 年，县境国税消费税征收 200 万元。2006 年，县境国内消费税征收 4 万元。2008 年，县境国内消费税征收 5 万元。

三、企业所得税

1989 年，延续实行对境内企业(外商投资和外国企业除外)的生产、经营所得和其他所得征收。是年，县境国营企业所得税征收 113.5 万元。1994 年改革企业所得税，按纳税人年度收入总额（包括生产经营财产转让、利息、租赁、特许权使用费、股息及其他），减去准予扣除项目的余额为应纳税所得税额。企业所得税实行比例税率，基本税率为 25%，低税率为 20%。1998 年，县境企业所得税征收 180 万元。2000 年，县境国税企业所得税征收 641 万元。2008 年，国税企业所得税征收 1367 万元，比上年的 1159 万元增长 17.95%。

四、外商投资企业所得税

1991 年 7 月，东山县开始征收外商投资企业所得税。1998 年，征收外商投资企业所得税 91 万元。2005 年，征收 167 万元。2005 年，征收外商投资企业所得税 401 万元.

五、个人所得税

1989 年，延续实行个人（自然人）所得税。纳税义务人包括：从国境内和境外取得所得的中国公民和个体工商户；在中国境内居住满一年，从中国境内和境外取得所得的港、澳、台同胞和华侨，以及外籍人员；在中国境内居住不满一年，从中国境内取得所的港、澳、台同胞和华侨，以及外籍人员。1994 年，改革个人所得税起点为 800 元，税率实行 5%～45%，实行超额累进制。2000 年，国税个人所得税征收 842 万元；2005 年征收 282 万元；2008 年征收 206 万元。

六、车辆购置税

1989 年，延续征收车辆购置税，当年，征收 15 万元。2000 年，征收车辆购置税 9 万元。2008 年，征收车辆购置税 139 万元。

1998—2008 年东山县国家税务局征收入库情况表

表 14-4　　单位：万元

年份	增值税	消费税	企业所得税	外商投资企业所得税	个人所得税	车辆购置税	其他各税
1998	893	—	180	91	1378	15	—
1999	1138	—	446	—	1172	9	—
2000	1331	—	641	—	842	9	—
2001	946	—	1361	—	783	—	—
2002	988	—	370	—	439	—	—
2005	5843	—	203	167	282	—	—
2006	6802	4	670	169	345	—	—
2007	7892	9	1159	233	382	—	—
2008	10218	5	1367	401	206	139	393

第三节　地方税收

一、营业税

1994 年 1 月，东山县开始征收营业税。营业税课税范围主要有交通运输业、建筑业、邮电通信业、文化体育业，税率为3%；金融保险业、服务业、转让无形资产、销售不动产，税率为5%；娱乐业税率为5%～20%。1995年，县境地税营业税征收800多万元。2003年，地税营业税征收1788万元。2005年，地税营业税征收2921万元。2008年，地税营业税征收6062万元。

二、企业所得税

1989年，延续实行对企业(外商投资和外国企业除外)的生产、经营所得和其他所得征收所得税。1994年，改革企业所得税：企业所得税实行比例税率，基本税率为25%，低税率为20%。1995年，地税征收企业所得税330万元。2003年，企业所得税征收375万元。2005年，企业所得税征收763万元。2008年，企业所得税征收1309万元。

三、个人所得税

1989年，延续征收个人（自然人）所得税。1994年，改革个人所得税，起点为800元，税率实行5%～45%，实行超额累进制。2003年，地税个人所得税征收284万元。2005年，地税个人所得税征收802万元。2008年，地税个人所得税征收1448万元。

四、城市维护建设税

1989—1993年，城市维护建设税作为增值税和消费税的附加税征收（1985年开征)。1994年，税制改革后，该税种以纳税人实际缴纳的增值税、营业税、消费税为计征依据(对外商投资企业和外国企业暂不征收)。税率设定为市级7%，县级5%，农村1%。1998年，全县城市维护建设税征收220万元。2000年，全县城市维护建设税征收225万元。2005年，全县城市维护建设税征收305万元。2008年，全县城市维护建设税征收578万元。

五、房产与城市房地产税

1989年，延续征收房产税。房产税按房产原值一次扣除25%后净额征收，税率为1.2%。出租房产，按租金收入征税，税率12%。房产税由产权所有人缴纳。产权出典的，由承典人缴纳。计税依据分为两种：以房价为计税依据和以出租房屋的租金为计税依据。相应的税率为1.2%和12%。1998年，全县房产税征收158万元。2000年，全县房产税征收333万元。2005年，全县房产税征收424万元。2007年，房产税与城市房地产税合并为房产和城市房地产税。2008年，全县房产与城市房地产税征收448万元。

六、印花税

1989年，延续征收印花税（1988年恢复开征）。1994年，执行《中华人民共和国印花税条例》，征税范围包括合同或具有合同性质的凭证、产权转移书据、营业账簿、权利许可证照、经财政部确定征税的其他凭证。采取比例税率和定额税率征收。1998年，全县印花税征收85万元。2000年，全县印花税征收114万元。2005年，印花税征收123万元。2008年，全县印花税征收260万元。

七、城镇土地使用税

1995年，东山县始征城镇土地使用税。以拥有国有土地使用权的单位和个人为征税对象，以纳税人实际占用的土地面积为计税依据，按土地等级计征。实行城镇土地使用税年税额分等，分为一等4元/平方米，二等3元/平方米，三等2元/平方米，四等1.5元/平方米。1998年，全县城镇土地使用税征收47万元。2000年，全县城镇土地使用税征收117万元。2005年，全县城镇土地使用税征收102万元。2008年，全县城镇土地使用税征收781万元。

八、土地增值税

1996年，执行《中华人民共和国土地增值税暂行条例》，对有偿转让国有土地使用权、地上建筑物及其附着物征收土地增值税。实行 30%、40%、50%、60%四级累进税率，按平均预征率 2%预征，年终结算。2000 年，全县土地增值税征收 2 万元。此后，县内土地增值税征收逐年提高。2005 年，全县土地增值税征收 120 万元。2008 年，全县土地增值税征收 1429 万元。

九、车船使用税

1989 年，延续征收车船使用税。对行驶于境内公共道路的车辆和航行于境内河流、湖泊及领海的船舶征收，实行定额税率，以辆、净吨位、载重吨位为计税依据。1994 年，执行《中华人民共和国车船税暂行条例》。1998 年，全县车船使用税征收 15 万元。2000 年，全县车船使用税征收 9 万元。2005 年，全县车船使用税征收 41 万元。2007 年，执行《中华人民共和国车船税暂行条例》和《中华人民共和国车船税暂行条例实施细则》。2008 年，全县车船使用税征收 79 万元。

1998—2008 年东山县地方税务局征收入库情况表

表 14-5　　单位：万元

年份	营业税	企业所得税	个人所得税	城市维护建设税	印花税	城镇土地使用税	房产税与城市房地产税	车船使用税	土地增值税	其他各税
1998	—	—	—	220	85	47	158	15	—	—
1999	—	—	—	229	119	57	256	9	1	—
2000	—	—	—	225	114	117	333	9	2	—
2001	—	—	—	222	52	82	381	14	12	—
2002	—	—	—	212	52	87	417	13	27	—
2003	1788	375	284	—	64	87	382	35	29	119
2004	1811	510	252	275	75	94	429	45	33	723
2005	2921	763	802	305	123	102	425	41	120	448
2006	3479	1400	829	341	139	160	467	34	286	911
2007	5679	1073	982	473	186	258	423	—	906	398
2008	6062	1309	1448	578	260	781	448	79	1429	562

十、专项基金征收

（一）教育费附加及地方教育费附加

1989 年，延续征收教育费附加。1990 年，执行国务院修改的《征收教育费附加暂行规定》，教育费附加率为 2%。1994 年，教育费附加以纳税人实际缴纳的增值税、营业税、消费税（以下简称“三税”）为计征依据，附加率为 3%。1994—2006 年，共征收教育费附加 1112 万元。2008 年，征收教育费附加征收 343 万元。2000 年，开征地方教育费附加，以纳税人实际缴纳的增值税、营业税、消费税，附加率 1%，专用于地方教育事业。2002—2006 年共征收地方教育费附加 277 万元。2008 年，征收地方教育费附加 63 万元。

（二）文化事业建设费

1998 年，开征文化事业建设费，按缴费人应当缴纳娱乐业、广告业营业税的营业额和规定的费率计算征收，费率为 3%。2000 年，全县文化事业建设费征收万元。2005 年，全县文化事业建设费征收 11 万元。2008 年，全县文化事业建设费征收 13 万元。

（三）基本养老保险费

2001 年 1 月 1 日，实施《福建省城镇企业职工基本养老保险条例》和《福建省社会保险征缴办法》，对全县城镇企业征收基本养老保险费，实行“地税征收，财政监管，社保发放”社保基金管理体制。征缴范围有国有企业、城镇集体企业、外商投资企业、城镇私营企业和其他个体工商户、企业管理事业单位及其职工。企业职工养老保险费账户由企业账户与个人账户组成。企业在职职工养老保险基金按工资额的26%征收（其中企业单位18%，个人8%）。2001—2008年，全县共征收基本养老保险基金17022万元，其中2008年征收4594万元。

（四）失业保险费

2001年1月1日起，执行《福建省企业职工失业保险条例》，征收失业保险费，失业保险基金由地方税务局代征。企业职工失业保险费由企业与职工共同缴纳形成。征收范围与基本养老保险费同。缴费标准：参保单位按月工资总额的2%，职工本人为月工资总额的1%。2001—2008年，全县共征收失业保险基金1786万元，其中2008年征收278万元。

（五）残疾人就业保障金

2005年，开始征收残疾人就业保障金，实施分散按比例安排残疾人就业，对不能按本单位在职职工总数比例人数就业的机关、团体、企业、事业单位、城乡集体经济组织，按照上年度职工年平均工资计算交纳用于残疾人就业的专项资金。2005—2008年，全县共征收173万元。

（六）以工代农资金

1989年，延续开征以工代农资金。1994年，县地税机关执行省政府委托征收以工代农资金，以乡镇企业（村办企业、联营企业或其他形式的合作企业和个体企业）的销售收入或营业收入为计征依据，税率0.5%。2002年停征。1994—2001年，共征收以工代农资金21万元。

（七）社会事业发展费

1994年7月1日开征，征收范围为从事生产、经营活动的各种所有制的单位和个人。按企业单位和个人当年销售（营业）总额的2‰缴纳；商业批发企业按1‰缴纳（批零兼营的划分批发、零售缴纳）。2004年冬停征。1994—2004年，共征收社会事业发展费652万元。

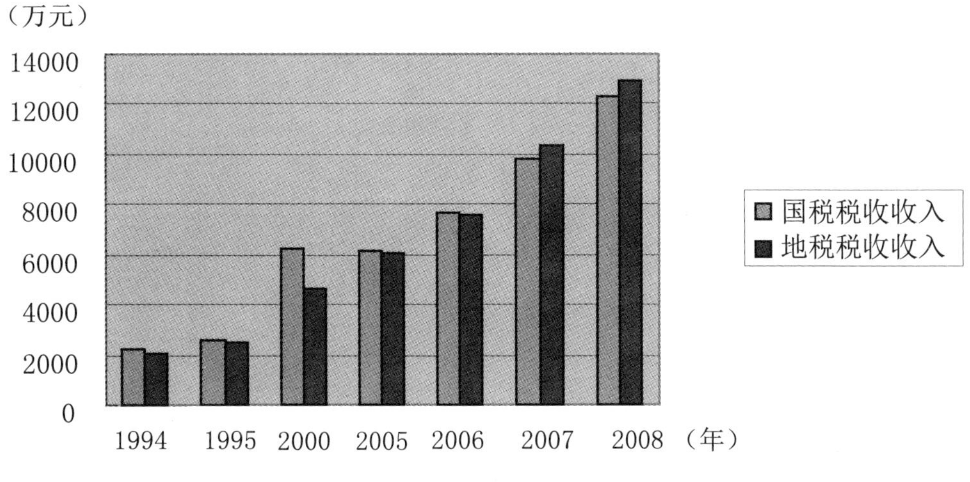

图14-2　东山县1994—2008年税收收入柱形图

1989—2008 年东山县税收收入情况表

表 14-6　单位：万元

年份	税收收入	其中	
		国税	地税
1989	2105		
1990	2290		
1991	2150		
1992	2489		
1993	3924		
1994	4715	2207	2508
1995	5142	2606	2536
1996	6610	3131	3479
1997	7646	3672	3974
1998	7866	4033	3833
1999	9857	5116	4741
2000	10870	6229	4641
2001	8909	4170	4739
2002	9124	4706	4418
2003	9199	4455	4744
2004	10033	4854	5179
2005	12201	6118	6083
2006	15303	7705	7598
2007	20159	9781	10378
2008	25685	12729	12956

第四节　管　理

一、税务机构

（一）东山县税务局

1989 年，沿设东山县税务局，内设秘书股、人事教育股、税政一股、税政二股、计会股；下辖铜陵、西埔、陈城、杏陈税务所和八尺门税务检查站。全局人员 102 人(含下属单位)。1994 年 9 月 13 日，该局分设国税局、地税局。

（二）东山县国家税务局

1994 年 9 月 13 日，成立东山县国家税务局，内设办公室、税政征管科、计划财务科、人事监察科、征收股、管理股、稽查局、信息中心（事业单位）；下设铜陵管理分局，人员 70 人。此后，内设和下属机构多次增减撤并。2008 年，内设办公室、人事教育科、监察室、综合业务科、征收管理科、计划征收科，稽查局；下辖西埔税务分局、铜陵税务分局、信息中心（事业单位）。全局在职人员 70 人。

（三）东山县地方税务局

1994年9月13日，成立东山县地方税务局，内设办公室、人教股、监察室、计财股、征管股、税政股，下设西埔税务分局、铜陵税务分局、陈城税务所、涉外税务所、杏陈税务所、康美税务所、樟塘税务所，人员共50人。1999年3月，增设信息技术股。此后，内设机构和下属机构多次增减撤并。2008年，内设办公室、人教股、监察室、信息技术科、规费征收管理科、税政科、计划财务股、征收管理与法规股和地税稽查局；下辖西埔税务分局、铜陵税务分局、陈城税务分局、涉外税务所、樟塘税务所、杏陈税务所，及西埔和铜陵办税服务中心。全局人员84人（其中临时助征员21人）。

二、税征管理

（一）分税前管理

1.征收管理　1989年，县税务局继续强化对企业所得税、增值税、资金税、能源基金的征管工作。是年，全县汇算企业160家，查补各项税款104.53万元。1993年，县税务局贯彻《税收征管法》和《税收征管法实施细则》，对全县2652家企业和个体户的税务登记证重新换证登记，对个体户实行定额调整；落实涉外税收优惠政策，全县75家外资企业全年交纳工商税172万元。同年，铜陵分局和西埔税务所实现征、管、查三分离。

2.稽查执法　1989年，县税务局查处各种税收违纪案件478起，查补税款47.82万元。1993年，县税务局对盐业、机砖制造业、房地产业等开展专项税收检查，查补税款229.53万元。贯彻国家税务局《关于抓紧清理欠税、严格执行滞纳金制度通知》，全年清回各类欠税310.89万元。

3.票据管理　1989年，县税务局延续加强发票使用监管。1993年，新版发票启用后，县税务局着重开展三方面工作：开展发票使用检查，重点检查25户，发现违章7户，补罚税款3.5万元；举办发票管理员培训班5期，经考核，有办税人员295名取得“发票注册员”资格；确定发票印刷定点单位。

（二）国税管理

1.征收管理　1994年9月中旬起，县国税局强化个体和集贸市场税收管征，清理“漏管户、无征户、漏征户”共56户，补交税款1.33万元；对个体税收定额进行调整，全年增收4.02万元；组织涉外税收166.67万元。此后，执行国家税务总局新的税收征管制度，每年开展一次检查漏税补交。2001年5月1日起，执行新颁布的《中华人民共和国税收征收管理法》，推行“以自行申报纳税和优质服务为基础，以计算机网络为依托，集中征收、重点稽查、加强管理”的征管模式。新征管模式包括“一项制度、三个体系、四个系统”。“一项制度”（即建立纳税人自行申报纳税、税务机关集中征收制度。“三个体系”即建立税务机关和社会中介组织相结合的服务体系；建立计算机网络为依托的管理监控体系；建立人工和计算机相结合的稽查体系。“四个系统”即税收征管主体软件CTAIS、金税工程、出口退税电子化管理系统和税源监控管理系统）。2001年5月起，全面推行上述征管新模式，至2008年不变。

2.稽查执法　1994年，县国税局按照新税制和分税制规定，开展税收大检查，先由262户企业开展自查，查补各税32万元，并结算增值税25户、核退税款45万元；全年共催回各种欠税119.5万元。2006年度，查处各类违反税法52户、违规28户，追补税款176.4万元。其中，组织房地产及建筑材料生产企业自查和重点检查，查补税收136万元。通过对举报案件的查处，查补税收3.26万元(2户)。通过金税工程发票协查信息管理，追缴税款7.95万元。2008年，完成21户税收专项检查，查补税款43.45万元，核减增值税进项留抵19.71万元、核增应税所得额72万元；开展对伪造完税凭证和虚开增值税专用发票进行偷税的专项整治，查补税款83.41万元；开展对17户海上加油船的专项整治，补征税款13.91万元；查处举报案件3起，补税款0.52万元。

3.税收减免　2006年，县国税局落实国家出口退税相关政策规定，加快办理出口退税和免抵调库。当年，审核上报出口退税4925万元，实际退税3484万元，外企采购国产设备退税770万元，实现免抵调库2191万元，有效增强企业在市场的竞争能力。2008年，办理出口免抵退税18291万元，同比增加8343万元，增长83.87%，有力支持企业和东山经济的发展。

4.票据管理　1994年，增值税专用发票启用后，县国税局加强增值税专用发票监管，成立增值税专用发票检查领导小组，开展检查工作，全年共查出违规者 55 户，补税 103.6 万元。此后，每年均开展增值税专用发票检查工作，2008 年不变。

（三）地税管理

1.征收管理　1994 年 9 月中旬起，县地方税务局实施全职能税收征收管理，由专管员各税统收。每年开展税收大检查，查补偷、漏税款，清理往年欠缴税款。1999 年，组织汇算清缴，全县共 218 个单位补缴企业所得税 355 万元。2001 年 5 月 1 日起，执行新的《中华人民共和国税收征收管理法》，建立和完善“以自行申报纳税和优质服务为基础，以计算机网络为依托，集中征收，重点稽查，加强管理”的税收征管新模式。2002 年，实行“双定户”申报和缴库方式改革，全县 1957 个“双定户”被纳入邮储划缴管理。2004 年，全面推行税务管理员制度，由税管员对划定区域的所有纳税户进行日常税收事务管理。2008 年，制定按月考评、通报等措施，确保“邮划率”和申报率。通过制定邮储划缴率和企业申报率考评办法，强化目标管理；推行企业所得税纳税评估“预警值”管理。实行上门申报实时电子缴税、银税通缴税、网上报缴三种电子缴税方式，实现征管信息数据化，方便纳税人，税款入库提速。

2.稽查执法　1994 年，县地税局组织邮电、有线电视、建筑安装、房地产、金融等行业进行税收自查，有 2125 户查补工商各税 72.82 万元。1997 年，开展建筑安装企业工程项目跟踪检查，共检查 17 个工程项目，查补税费及罚款、滞纳金共 38.33 万元；清理个人建房营业税，全年共清理 416 户税款 23.29 万元。后，每年都组织稽查。2008 年，县地税局加强稽查力度，全年稽查 30 户，查补税费 370 万元。

3.税收减免　1994 年，县地税局落实各项涉农、下岗职工税收优惠政策。受理下岗职工优惠 157 人，减免各项税收 57.92 万元。2005 年，县地税局依法审批减免县新华书店等单位企业所得税 7.5 万元；审批下岗自谋职业 53 人，减免税款 10.91 万元，扶持下岗失业人员再就业。此后，每年都开展各项涉农、下岗职工税收优惠减免工作，至 2008 年不变。

4.票据管理　1994 年，县地税局加强普通发票监管。1997 年起，县地税局换用全国统一的新版普通发票，旧版普通发票停用。2002 年 7 月起，停止执行福建省地方税务局《关于娱乐服务业使用定额发票强化征收管理的通知》中对定期定额户发票采用限额供应的办法，改为按定额全额供应发票。2003 年 5 月，从事服务业、娱乐业的纳税人全部改为使用服务业有奖定额发票。2005 年，全省服务业、娱乐业有奖定额发票统一换成新版发票。此后至 2008 年，不断加强发票使用监管，堵塞税源流失。

第十五卷　口岸管理

东山港位于东山岛东北端东山湾内，素以水深、港阔、避风、不冻、不淤而闻名中外，是福建省深水良港之一。水路北距厦门岛77海里，南距汕头73海里、香港230海里，东距台湾高雄170海里、澎湖98海里。陆路由东山港至县城西埔13公里，至云霄县常山25公里与国道324线连接，至漳诏高速公路18公里。东山湾内有5个可供使用的锚地（其中一个为检疫锚地），1号锚地被列入国际第19号避风锚地。东山港辖3个作业区，即铜陵作业、城垵作业区、冬古作业区。可供建设岸线5.8公里，保护性规划自然岸线长9.07公里，形成“北、东、南”3个港口作业群。

1989年起，东山县加快口岸管理改革与对外开放步伐，完善港口设施。1992年12月28日，东山口岸经国务院批准正式对外国籍船舶开放。中共东山县委、县人民政府大力推进港口码头设施建设，协调有关部门建设口岸园区，完善海事、海关、卫生检疫、动植物检疫、商品检验、边防检查、港务等口岸机构设置，加强进出境商品检验，完善电子报检业务系统，开展检疫及疫情处理，严厉打击走私犯罪活动，保证口岸安全。

至2008年，东山口岸建成码头5座，在建码头3座。全年检验检疫的出入境商品共5624批次、货值38279万美元。其中，入境商品142批次、货值804万美元；出境商品5482批次、货值37475万美元。

第一章　港口设施

第一节　作业区规划建设

一、铜陵城垵作业区

铜陵、城垵作业区主要以硅砂出口、对台贸易、旅游、商贸、散杂货等综合型作业为功能配置。毗邻大澳国家中心渔港，区内有水产品综合市场、东海岸保税仓储物流中心和旗滨玻璃集团等项目，打造以玻璃建材、仓储保税、物流运输为主的港区。城垵码头作业区规划9个泊位，其中万吨级以上泊位5个，形成码头岸线总长2290米，设计年吞吐能力625万吨；陆域面积116.65万平方米，预留临港工业岸线1028米。规划200公顷土地供临港工业用地。至2008年，铜陵城垵作业区已建成5000吨级多用途码头1个，5000吨级硅砂专用码头1个，3000吨级石油码头1个，500吨级台轮专用码头1个。在建码头有：3000吨级液体化工码头1个、城垵5000吨级和3000吨级公共码头各1个。

二、冬古作业区

冬古作业区规划为散杂货运输、能源石化储备、能源物流供应交易基地。规划泊位8个，岸线长1714.5米，预留临港工业保护岸线长1575米，陆域面积41.05万平方米，设计年吞吐能力910万吨。至2008年，建成1000吨级滚装码头1个，3000吨级散杂货码头泊位1个。

第二节　码头建设

一、扩建码头

（一）东山港中澳坪5000吨级集装箱码头

东山港中澳坪5000吨级集装箱码头位于铜陵西北侧的中澳坪。1989年，延续使用5000吨级硅砂专用泊位、5000吨级多用途泊位各1个（1987年10月竣工）。

1992年8月，在原5000吨级多用泊位码头基础上，建设集装箱配套工程。添置安装40吨多用途门式起重机1台、35吨场地轨道式集装箱龙门机吊1台、集装箱拖板车2部、60吨电子地磅1台、8吨进箱叉车2部，改造堆场1.4万平方米。设计年吞吐量9000标箱，总投资776万元，1993年8月竣工，1994年5月1日正式使用。为漳州市吞吐量最大的集装箱码头。

（二）东山港铜陵3000吨石油专用泊位码头

东山港铜陵3000吨石油专用泊位码头位于铜陵镇后澳鹭鸶礁。1989年，延续使用3000吨级泊位码头1个（1987年1月竣工）。1992年，投资650万元对码头和油库区进行扩建，扩建后年吞吐量20万吨。1995年9月，中化（东山）液化石油气有限公司投资3500万元，建设与石油码头相配套的4000立方米液化气储罐，成为设施完善的石油气化工产品仓储运输基地，2006年竣工。

二、新建码头

（一）东山港城垵3万吨级码头

东山港城垵3万吨级码头位于康美镇城垵村北侧。1996年7月开工，设计泊位长240米、宽25米，重力式结构。码头前沿设计水深13.5米，可靠泊3万吨船舶，年设计吞吐量110万吨，总投资需1.95亿元。1997年7月，因合作外方资金未到位而停工。只完成投资3987万元，占预算总投资15%。2008年，业主由东山润东码头有限公司变更为东山华浮港务有限公司，同年6月16日，码头重新开工。

（二）冬古3000吨级散杂货码头

冬古3000吨级散杂货码头位于西埔镇冬古村斗笠尖山的西北侧。码头主体工程于1997年12月3日动工，由县梧龙硅砂矿投资，中港三航局承建，码头为重力式结构，平台长121米、宽20米，引堤长129米，前沿水深7.32米，靠泊能力3000吨，设计年吞吐量30万吨。1998年11月完工，总投资3964万元。1999年6月，通过验收并交付使用。

（三）东山港铜陵500吨级台轮专用码头

东山港铜陵500吨级台轮专用码头位于东山港中澳坪5000吨级码头堆场东侧。1999年2月动工，码头长76米、宽4米，为重力式结构。设计500吨台轮泊位1个；可同时停靠3艘150吨位的船舶，港池可容纳50艘台轮避风、停泊，总投资1100万元。2000年9月交付使用，是漳州市第一座台轮专用码头，具有靠泊、装卸、避风、供应、商贸和服务6项功能。2008年，筹资40万元，扩建码头堆场及港区主通道，改善码头装卸及运输条件。

三、在建码头

（一）东山港铜陵3000吨级液体化工码头

东山港铜陵3000吨级液体化工码头位于铜陵镇后澳鹭鸶礁。2008年4月动工，由福建大东石化有限公司投建，计划建3000吨级液化气储罐，年液化气吞吐量35万吨。码头泊位长131米，工程总预算投资1485.41万元。至当年末，完成桩基工程60%，预制构件全部完成。为福建大东石油化工有限公司后方罐区配罐的专用码头。

（二）城垵5000吨级散杂货码头和3000吨级公共码头

城垵5000吨级散杂货码头和3000吨级公共码头位于康美镇城垵村北侧，由福建漳州旗滨玻璃集团有限公司投建。2008 年 4 月开工，建设 5000 吨级泊位和 3000 吨级公共泊位码头各一个，设计年吞吐量 120 万吨，其中硅砂 50 万吨，散杂货 62 万吨和集装箱 1 万标箱。泊位总长 300.5 米，码头前沿设计水深 9.8 米，前沿作业宽度 15.8 米，后沿宽度 287.3 米。工程总投资概算 21512.95 万元。

第三节　口岸园区与卡口楼建设

一、东山口岸园区建设

东山口岸园区位于龙潭山南侧，1992 年 5 月开建，占地 43.6 万平方米，建设县口岸委员会、东山港监、边检、卫检、动植检、商检等大楼和东山出入境检验检疫局办公大楼及宿舍楼、厦门东山海事处综合大楼、东山外运分公司办公楼等。2008 年，口岸主要查验单位和中介服务单位已在区内集中办公，为船东、货主提供各项业务服务，有效提高通关速度和服务水平。

二、东山海关大楼建设

东山海关大楼位于康美镇马銮湾北侧。2003 年 3 月投建，占地面积 1027 平方米，共 9 层，建筑面积 6900 平方米，总投资 1540 万元。2006 年 7 月，该大楼投入使用。

三、卡口楼建设

1992 年 5 月，在东山港 5000 吨级码头大门右侧建东山口岸卡口楼，占地面积 200 平方米，建筑面积 400 平方米。为 2 层混凝土结构，投资 18 万元，1993 年 3 月竣工。主要供东山海关、东山边检及东山进出口检验检疫等单位使用。

第二章　查验监管

第一节　海事监督

一、船舶签证及行政许可

（一）船舶签证

1992 年起，厦门东山海事处（原东山海上安全监督局）执行《中华人民共和国海上交通安全法》和《中华人民共和国船舶进出港签证管理办法》，对进出东山港的各类船舶实施现场检查签证。1993 年，为进港船舶办理进出口联检和签证手续共 1259 艘次，其中外国航线 32 艘次，港澳航线 110 艘次。

1993—2008 年，厦门东山海事处共检查签证各类船舶 17264 艘次，其中外国籍船舶 2575 艘次。

（二）行政许可

1992 年，厦门东山海事处对进出港口及靠（离）码头申请的载危险品船舶、超码头设计规范船舶实施行政审批许可。此后，接收码头建设工程、在港船舶的水上水下施工、明火作业、残油接收等申请，实施行政许可审批制度，并组织工程通航环境安全评估工作。1995 年，办理船舶登记 13 艘；培训小型船舶和游艇驾驶人员 22 人，颁发技术证书 19 本；审批船舶明火作业 37 艘次；监管船舶废油回收 3 艘次，共 840 公斤。至 2008 年，安全护航和监装监卸船舶计 3152 艘次；实行行政许可审批和组织工程通航环境安全评估共 193 件次，征收各项规费 505 万元。

二、现场安全检查

1993年，厦门东山海事处对辖区通航水域和东山港区的航道、锚地、危险品码头及铜陵客运渡口等进行水上巡航、陆上巡查；对在港区航道违规设置的网箱养殖和锚泊渔船等航障进行清理；对来港船舶和辖区客运渡船、乡镇船舶以及油船、液化气船、重点跟踪船舶进行现场安全检查，纠正违章行为，消除事故隐患。结合安全生产周、安全宣传月和元旦、春节、劳动节等节假日，开展水上运输安全管理整治、沿海小型船舶专项整治、低质量船舶专项整治、装载危险品船舶专项整治、船舶最低配员专项整治及客运渡口渡船专项整治等活动。全年抢救和处理重大海上事故5起。1995年，加强对百亿新城游艇和驾驶员的安全管理和业务培训。出动人员148人次，检查在港72艘船舶安全，及时纠正船上技术设备问题63项。此后，每年皆开展现场安全检查。2008年，厦门东山海事处组织开展水上巡航共1729航次、航程39982海里，岸上巡查2387人次、11581公里。开展船舶安全检查622艘次，查出船舶技术缺陷5204项，查处违规案件481起，处罚金额87万元。

三、危险品安全监管

1993年起，厦门东山海事处开展水上安全监管，对辖区内码头进行巡查。1995年，出动人员65人次，对37艘装载危险品（共53919吨）进行安全监装、监卸。查处违规船舶86艘次，处罚金额94610元。2005年，发出《东山港装卸危险品暂行规定》，对东山石油码头管理处、福建闽南能源有限公司和福建大东石化有限公司等危险品经营单位进行安全检查，协助危险品经营单位制定《防止船舶溢油应急预案》和《防止船舶液化气泄漏应急反应预案》。2007年8月31日，在东山石油码头组织石化相关单位及“扬顺66”轮举行防止船舶溢油应急演练。2008年6月27日，厦门东山海事处组织福建大东石化有限公司等单位及“佳顺”轮，举行防止船舶液化气泄漏船岸联合消防演练，检验船舶和码头消防设施性能及人员应急能力。

第二节　海关监管

一、监管事务

（一）运输工具监管

1. 国际航行船舶监管　1989年，东山海关继续实行国际航行船舶监管。航行国际水域的船舶进入东山境前，由船舶代理公司向各口岸管理机关预申报；船舶进港后，再分别向各管理机关办理船舶进境（港）手续。东山海关接受船舶进境申报，向船舶代理公司收取由海事部门签发的“船舶进港通知书”和船方提供的申报材料。船舶出境（港）收取“总申报单”“货物申报单”等材料，其材料经审核通过后，签发“船舶出口岸手续联系单”。1990年，东山海关共监管进出口船只1475艘次、集装箱331箱次、货物8361吨，分别比上年增加141%、491%和9.4%。1993年，共监管进出口船舶1665艘，货物19万吨，集装箱979箱。1994年，监管进出口船舶1618艘次，进出口货物15万吨。1995年，东山海关监管进出口船舶2427艘次，其中台轮1882艘次；监管进出口集装箱1928箱，进出口箱载货物22195吨。此后至2008年，东山海关每年监管进出口船舶2000艘次左右，进出口箱载货物2万多吨。

2. 航行港澳小型船舶监管　1989年，东山海关继续对区域内来往港澳地区小型船舶进行监管，其监管的船舶集中停靠在东山港内。监管船舶在进境前统一到广东大嵊岛海关监管站办理船舶进口手续，船舶及所载货物到东山关区后再办理报关手续；出境统一由东山海关一次性办结出口手续。1996年1月1日起，东山海关试行港澳小型船舶“直进直出”，查验科接受进出关查验申报。1998年10月，执行海关总署颁布的《关于来往香港、澳门小型船舶及所载货物、物品监管规定》和《关于来往香港、澳门小型船舶登记备案管理办法》。监管查验货运港澳小型船舶进入东山关区的进口舱单和关封，引导船舶按指定航线至东山海关监区，办理船舶进境（港）申报。海关查验科办理船舶出境申报手续并制作关封。2004年2月6日起，执行海关总署规定，增加电子舱单输入和确认等监管项目。至 2008 年，年平均监管航行港澳小型船舶近百艘。

3. 转关运输企业与车船监管 1989—2008 年，东山海关延续对从事转关运输企业及车、船进行监管。监管关区内从事进出境口岸接载海关监管货物的企业、汽车及驾驶人员的注册登记营运资格，核发“准载证书”和“载货登记簿”；监管转关运输企业的工商注册资金额（不低于 200 万元）、财务制度和账册管理是否符合国家规定、有无违法前科；监管车辆应为备案企业自有的厢式货车或集装箱车头，从业驾驶员应具有“中华人民共和国境内汽车司机载运海关监管货物资格证”。东山海关每年对运输企业、车辆、驾驶员进行年审，对逾期不年审或年审不合格的，暂停办理营运海关监管货物手续；逾期 3 个月未年审的，予以注销，收回有关证件。2008 年 12 月，东山海关区域内备案的从事转关运输企业 6 家、车辆 71 辆、驾驶员 71 人，运输船 7 艘。

（二）审单验货

1. 审单 1989 年，东山海关对出口货物报关继续采用审单与验货相结合的形式进行，审单主要由货征科负责。进口货物收货人在运输工具进境 14 日内，出口货物的发货人在装货 24 小时前，向海关申报。进口货物收货人超过规定期限未向海关申报的，海关征收 0.5‰滞报金；逾期三个月未申报的，海关视为无主货而变卖处理。海关货征科收到进出口货物报关单后，重点审核进出口贸易的合法性和报关单填制的规范性。是年，核发来料加工手册 220 本，进出口报关单 1081 份，分别比上年增长 15%、66%。1995 年，办理外商投资企业备案 81 家，进出口报关单 5077 单，分别比上年增加 11%和 21%。2008 年，东山海关对出口货物报关均及时审核，严格把关，促进货物快速通关。是年，核发进出口报关单近 6000 份。

2. 验货 1989 年，东山海关对出口货物继续实施验货。验货一般在海关监管区内的码头、堆场、仓库和转关货物查验场进行。东山关区货物查验场主要有东山港区、东山冬古码头及驻漳浦办事处查验场、驻诏安办事处查验场、漳浦旧镇对台小额贸易码头、云霄礁美对台小额贸易码头等。验货通常采用重点查验、抽查、外形查验等形式进行。至 2008 年，东山海关货物查验每年均按海关总署规定执行，即进口货物的平均查验率不低于 10%，出口查验率不低于 5%。

（三）对外加工贸易监管

1989 年，东山海关严格执行对外来料加工管理六项制度，根据企业资信情况确定审查重点；在境内指定的企业场所储存、加工和装配。是年，东山关区内专营对外加工装配业务的企业有东山县对外加工装配服务公司、漳浦县对外加工装配服务公司。1991—1992 年，清理整顿在东山海关登记备案的来料加工、进料加工和三资企业。1995 年，东山关区有加工贸易企业 401 家。东山海关全面清理加工贸易手册，对手册加贴激光防伪标签和编码防伪标签纸。是年，监管进出口转关运输货物共 15.4 万吨。此后至 2008 年，东山关区监管进出口转关运输货物每年 16 万～20 万吨。

（四）对台小额贸易与劳务管理

1. 对台小额贸易管理 1989 年，东山海关延续对台小额贸易管理。是年，管理对台小额贸易额 96.66 万美元，贸易货物 352 吨。1990 年，全县对台小额贸易额 301.5 万美元，贸易货物 2207 吨，分别比 1989 年增 211.9%、526.9%。1994 年，执行上级规定，入县境从事小额贸易的台轮，只能与县内的对台小额贸易公司进行交易，每船每航次输出输入限额各为 10 万美元。输出货物限于非国家专营、禁止、限制输出的；输出货物原产地限于中国台湾地区，运输工具限于 100 吨以下（含 100 吨）的台湾船只。东山关区输往中国台湾、澎湖、金门、马祖等地的主要货物有农产品、水产品、医药用品等。中国台湾、澎湖、金门、马祖等地输往东山关区的主要货物是水产品。1995 年，管理对台贸易货物 17538 吨。2008 年，东山海关管理从事对台小额贸易的台湾船 100 多艘，输出输入贸易额 1200 万美元。

2. 对台劳务管理 1989 年 7 月，经省政府批准，东山县设台湾劳务进出口岸，由负责办理云霄、诏安、漳浦等县的对台劳务输出人员。县内对台劳务输出人员按区域分远洋劳务和近洋劳务（台湾海峡及澎湖列岛作业）；按时间分短期劳务（劳务时间 1 年以下，以海上作业为主）和长期劳务（劳务时间 2～3 年，以陆上作业为主）。是年 8 月 2 日，首批劳务输出人员经东山海关办理赴台。2001 年后，因各种因素影响，东山县赴台短期劳务输出人员逐年减少直至中断。1995—2008 年，经东山关区办理赴台劳务输出人员，计

19151人次。

二、报关管理

（一）企业报关管理

1989年，东山海关继续对从事进出口经营活动的企业及其报关人员实行注册管理制度；开展年审、中期核查、核销、稽查、调查等。执行海关总署《海关对信得过企业管理办法》，试行报关企业分类管理。是年末，县内评出A类报关企业44家，B类报关企业200家，C类报关企业15家。1993年3月31日，设立东山报关行，随后，成立中国外运福建集团公司东山分公司。企业可委托报关，也可自行报关。1995年7月，东山海关实行MOU制度，即海关与注册资本500万美元以上、年创汇1000万美元以上的信誉良好企业签订《合作备忘录》，规定双方的权利和义务。首批与东山海关签订MOU协议的企业5家。1999年6月起，实行新的管理办法，县内所有进出口活动的企业分别实施A、B、C、D四类管理办法。A类企业是注册登记2年以上，连续2年无走私违规记录，无拖欠海关税款记录，加工贸易合同按期核销，会计财务、仓库管理制度完善等进出口企业；东山海关授予最高等级的A类企业。C类企业是1年内出现两次违规行为，或偷逃税款人民币5万元至50万元，或拖欠海关税款人民币100万元以下、管理混乱的企业。D类企业为2年内出现走私、偷逃应缴税款50万元以上等行为的进出口企业。不属A、C、D类的企业，归入B类企业管理。实行每季度评估一次的动态管理形式。对A类企业提供优惠便捷通关措施，对B类企业实行正常管理，对C类企业实行重点监管，对D类企业严格限制（对其进出口货物逐票开箱查验，不予办理新的加工贸易合同备案等）。至2008年12月，东山关区年审注册登记各类进出口企业635家。

（二）报关员管理

1989年，东山海关延续对从事进出口经营活动的企业报关人员实行注册管理制度。企业报关人员经培训合格后，发给“报关员资格证书”；持证书到海关注册，由海关发给“报关员证”；对报关员实行报关差错扣分制管理，进行年审，不合格者予以处罚，直至吊销报关员资格。1997年6月1日，东山海关执行新规定，报关员资格考试与录取统一由海关总署举行。2008年12月，东山关区报关员40人。

三、武警协管

2001年3月，东山海关执行国务院关于抽调武警部队到业务比较集中的沿海海关协助加强监管的决定，设武警驻勤点（分设东山驻勤点和漳浦办事处驻勤点），有20名武警官兵到关区协助码头巡防监管及货物查验。武警以海关关员身份执行海关规章制度，协助海关值勤。2001年11月12日，东山驻勤点撤销，漳浦驻勤点武警人数增至20名。2003年3月29日，漳浦办事处武警驻勤点撤销。

第三节　卫生检疫

一、卫生检疫事务

（一）交通工具卫生检疫

1989年，东山卫生检疫站延续对出入港区船舶实行卫生监督。当年，监督船舶250艘次。1990年，对船舶进行鼠患检查26艘次，消毒集装箱7标箱、废纸520吨。1991年，东山卫生检疫局开始对出入境交通工具及人员进行卫生检疫查验，派员驻东山港区联检。至1992年12月，共检疫船舶542艘次。其中，入境船舶297艘次，出境船舶245艘次。1993年下半年，实行上船卫生检疫，缩短查验时间，提高货物装卸速度。对入境的废旧船舶采用熏蒸等卫生处理办法；发现有病媒生物的，采用布放鼠笼、鼠夹等方法灭除。是年，查验入出境船舶366艘次，其中外轮入出境111艘次。1994年，开始对从事小额贸易运输的台轮进行卫生检疫；采取灵活方式，检疫进出东山港区的台轮，减少传染病传入，全年检疫台轮97艘次。1995年，检疫查验进出东山港区船舶519艘次，其中外轮72艘次；继续对小额贸易台轮进行卫生防疫，共检疫台轮1142艘次。至1999年12月，东山出入境检验检疫局共检疫处理进出东山港区船舶4150艘，签发证书 4150 份。2005 年，共检疫处理进出东山港船舶 321 艘。其中，检查鼠患 16 艘，卫生除害处理 12 艘。2008 年，东山出入境检验检疫局检疫处理进出东山港区船舶 402 艘、集装箱 3862 标箱。

2000—2008 年东山口岸出入境船舶及集装箱检疫情况表

表 15-1　　单位：艘次、标箱

年份	船舶检疫						集装箱检疫			
	总量	其中		卫生监督	鼠患检查	卫生除害处理	总箱数	其中		卫生除害处理
		入境	出境					入境	出境	
2000	297	144	153	—	37	—	3809	1289	2520	1289
2001	242	115	127	—	22	—	2000	397	1603	275
2002	170	73	97	—	16	5	1709	93	1616	93
2003	156	73	83	—	13	5	1584	0	1584	0
2004	181	80	101	—	13	6	2045	28	2017	28
2005	321	145	176	124	16	12	1550	0	1550	0
2006	252	110	142	122	10	7	1258	0	1258	0
2007	330	165	165	23	7	3	2313	0	2313	0
2008	402	198	204	15	3	5	3862	0	3862	0

（二）出入境人员卫生服务

1. 出入境人员预防接种　1989—1999 年，东山卫生检疫局对出入境人员预防接种 15763 例。其中，接种霍乱人数 15456 例，接种黄热病人数 307 例（1989 年 140 例、1992 年 103 例、1993 年 64 例）。2000 年后，因出入病疫区的国际旅行者减少，预防接种人数下降。2005 年，预防接种的出入境人员为 145 例。2007 年，执行黄热病为强制性预防接种，而其他均为推荐性预防接种。2008 年，东山出入境检验检疫局出入境人员预防接种 119 例。

2. 出入境船员检疫　1989 年，东山卫生检疫局继续对出入境船员进行卫生检疫，共查验出入境船员 4077 人次。1990 年，查验出入境人员 3868 人次。1991—1992 年，查验出入境人员 9135 人次。1995 年，查验出入境人员 6647 人次。2000 年，共检疫出入境船员 4551 人次。其中，入境船员 2254 人次，监测体检 1415 人次，发现病例 177 例。2003 年，国内发生非典型性肺炎（以下简称“非典”）疫情期间，东山县口岸与海防办公室拟定防止“非典”应急预案，协调港口码头业主召开专题会议；分别在东山港区和冬古码头设立 3 间隔离观察室，配置防护设备。对出入船舶船员实行登记检疫，对来自疫区的船舶进行彻底消毒，船员实行严格健康检查及申报制度。至 2004 年 6 月，共检测出入境船员体温 2545 人次，未发现“非典”病例及乙肝表面抗原病例。2005 年，东山出入境检验检疫局加强人感染高致病性禽流感疫情防控工作，制定《人禽流感卫生检疫应对处置实施方案》，实行疫情日报告制度，组织开展“禽流感个人防护应急处置模拟演练”。加大查验出入境船员携带的禽鸟及其产品，严防疫情在县境流传。2007 年，执行 5 种出入境人群为法定健康体检对象规定（申请来华定居，或任职、就业、学习在华居留 1 年或 1 年以上的外国人；经批准出国劳务、留学、探亲、定居及其他出境 1 年以上的中国公民；在境外居住三个月以上回国的中国公民；国际通行交通工具上工作的中国籍员工；在出入境口岸和出入境交通工具上的食品和饮用水从业人员），实施出入境健康体检。2008 年，东山出入境检验检疫局共检疫出入境船员 1571 人次。其中，入境船员 801 人次，监测体检 342 人次，发现病例 109 例。

3. 出入境人员健康检查与疾病监测　1989 年，东山卫生检疫局延续承担东山、云霄、漳浦、诏安等四县出入境人员健康检查，实施疾病监测，从海员开始，后延伸至口岸餐饮从业人员、各种出境人员，以及涉外婚姻等人群。对检出性病、开放性肺结核、精神病等疾病的外籍人员实行限期离境；对检出乙肝表面抗原（HBsAg）阳性的餐饮从业人员实行调离岗位。是年，共体检出入境人员 689 人次。1990 年，体检出入境人员 724 人次（其中体检劳务回国人员 104 人），采血 573 份，检查艾滋病病毒（HIV）抗体血清，均未发现阳性；检查 HBsAg 血清，发现阳性 20 份；实施霍乱预防接种 578 人。1991 年，为前往境外疟疾流行区的国际旅行者提供氯喹、青蒿素等防治药；为前往霍乱流行区的国际旅行者提供呋喃唑酮（痢特灵）、诺氟沙星（氟哌酸）、多西环素（强力霉素）等防治药物；为各类旅行者提供国际旅行保健盒，内含防治感冒、腹泻、细菌感染、晕车等服用药物。是年，检查 HIV 抗体血清 1016 份，未发现阳性；检查梅毒康氏反应（KT）1016 份，阳性 1 份。1993 年 12 月 27 日晚，一艘满载 42 名越南籍渔民和农民的越南渔船欲偷渡到中国台湾地区，在距东山港 40 海里途中遇大风浪沉船，经东山渔民营救入县境。东山卫生检疫局及时派员查检，查出有 HIV 抗体、梅毒及疟疾呈阳性等病例，及时进行处理。是年，进行疾病预防接种 1591 人，均妥善处理。1995 年 5 月，东山开通往返香港客轮，东山卫生检疫局为该航线进出口岸旅客提供健康体检。至 1999 年，东山出入境检验检疫局体检出入境人数 13946 人，其中实行 HIV 抗体检查 13234 人，检出 HBsAg 阳性 831 例、肺结核 16 例、梅毒 20 例、其他传染病 128 例。2007 年，检出 1 例 HIV 抗体阳性，是“三检”合并后查出的第三例艾滋病感染病例。2008 年，东山入境检验检疫局体检人数 801 人，检出 HBsAg 阳性 40 例、丙肝病毒（HCV）抗体阳性 1 例、梅毒检测试验（RPR）阳性 1 例。

2000—2008 年东山口岸出入境人员检疫及预防接种情况表

表 15-2　　　　单位：人次、例

年份	出入境船员	入境船员	监测体检	发现病例	传染病例	主要传染病种检测	预防接种
2000	4551	2254	1415	177	143	HBsAg 阳性 139 例，RPR 阳性 4 例	1674
2001	3521	1662	1162	—	107	HBsAg 阳性 103 例，RPR 阳性 3 例，HIV 抗体阳性 1 例	1266
2002	2590	1042	940	189	108	HBsAg 阳性 103 例，RPR 阳性 4 例，肺结核 1 例	1082
2003	2192	920	634	235	92	HIV 抗体阳性 1 例、HBsAg 阳性 85 例、RPR 阳性 3 例、肺结核 3 例	470
2004	2683	1184	598	223	69	HBsAg 阳性 66 例、梅毒 2 例、肺结核 1 例	321
2005	4813	2101	527	196	71	HBsAg 阳性 66 例、HCV 抗体阳性 1 例、肺结核 2 例、梅毒 2 例	145
2006	3187	1373	401	146	58	HBsAg 阳性 58 例	206
2007	2081	1015	264	89	40	HIV 抗体阳性 1 例、肺结核 2 例、HCV 抗体阳性 1 例、HbsAg 阳性 36 例	88
2008	1571	801	342	109	42	HBsAg 阳性 40 例、HCV 抗体阳性 1 例、梅毒 1 例	119

（三）进口食品卫生监督检验

1991 年，东山卫生检验部门执行卫生部、国务院口岸领导小组《关于调整进口食品卫生监督检验机构归属问题的通知》，对进口的食品及器械、包装进行卫生检测，根据国外疫情变化及时变更检测项目。是年，共检验一批进口鱿鱼 96 吨及出口水产品 12 批 301 吨。1997 年，对进口水产品开展霍乱及肠道传染病等项目检测。同年 7 月，从东山东兴水产加工有限公司进口的一批墨西哥鱿鱼中检出挥发性盐基氮超标。指导企业通过深加工等技术处理，为企业挽回经济损失。1991—1999 年，在检验进口食品中，检出不合格食品 1 批，152.8 吨。2000—2008 年，在检验进口食品中，无检出不合格食品。

（四）对台小额贸易出口卫生检疫

1994 年 10 月，东山卫生检疫局开始试行对小额贸易台轮实施卫生检疫，至年末，检疫小额贸易台轮 97 艘次。1995 年，检疫小额贸易台轮 1142 艘次。2001 年 3 月 19 日，东山检验检疫局正式实施对台小额贸易检验检疫监管，当天出具通关单 16 份，货值 11.3 万美元。2002 年，检疫出境对台小额贸易水产品 1889 批、26142.5 吨、货值 914.5 万美元。2004 年，执行福建省检验检疫局《关于对台小额贸易检验检疫有关问题的复函》，采取源头管理与现场检验检疫、海域监测与抽样检测相结合的监管方式，开设“绿色通道”，实行“24 小时服务”“节假日预约加班服务”等措施，快速审批、快速现场检疫检测、快速放行，形成在全国有一定影响的涉台检验检疫模式——东山模式。2008 年，东山出入境检验检疫局检疫出境对台小额贸易水产品 294 批 5452.6 吨、货值 495.6 万美元。

2001—2008 年东山县对台小额贸易水产品出境检疫情况表

表 15-3　　单位：吨、万美元

年份	批次	重量	货值	主要品种
2001	893	11603.3	378.3	贝类、冻鱼、冻虾蟹
2002	1889	26142.5	914.5	
2003	1024	19991	832.8	
2004	1113	22064.6	931.9	
2005	2312	32782.6	1463.5	
2006	1245	39895.0	1815.1	
2007	835	22597.7	1338.3	
2008	294	5452.6	495.6	

（五）集装箱及其货物卫生检疫

1989 年，东山卫生检疫局在东山港集装箱码头设办公点，对进出口集装箱及货物进行卫生处理和开箱检查。1995 年，集装箱体货物卫生检疫的申报实行统一电脑预录入，并入电脑联网管理。1999 年，管理网络加入漳州八达信息网，方便客户。1989—1999 年，东山口岸检疫集装箱 4505 标箱、废纸处理 7914 吨、旧塑料处理 921 吨、钢材处理 47262 吨、压舱水处理 10200 吨、其他物品处理 69 吨。2005 年，检疫集装箱 1550 标箱。2008 年，东山口岸检疫集装箱 3862 标箱。

（六）口岸卫生监督

1989 年，东山卫生检疫局口岸卫生监督重点是检验饮用水和食品卫生，实行疫情报告制度，进行肠道病人留便、临时消毒以及预防性服药和采样检验。1991 年，为东山口岸各单位职工进行甲肝疫苗注射。1995 年 7 月，中国台湾渔船运一劳务人员尸体至东山口岸。东山卫生检疫部门指定渔船停泊在检疫锚地，派员登船检疫，做消毒处理。1996 年 4 月，一位中国台湾老翁到东山探亲，突发心脏病致死，东山卫生检疫部门及时核实，为其出具“骸骨出境证”，确保骨灰及时返台。1997—1999 年，在东山港开展鼠、蚤、螨、蜱第二轮本底调查工作，共捕获鼠类 4 种 81 只，蚤类 2 种 57 只，螨类 3 种 268 只，其中首次检出柏禽刺螨和犬栉首蚤在东山口岸发现。2006 年，在东山口岸开展医学媒介生物监测，完成蚊、蝇、蜚蠊第二轮本底调查和登革热监测；开展供应出入境船舶饮用水 2 个供水点的水质监测，每月每点监测 1 次，监测涉及项目 22 个。检查结果，总体水质状况良好，无发现异常和超标现象。2007 年，在东山港开展医学媒介生物本底调查，共捕获鼠类 4 种 38 只（分别为褐家鼠、黄胸鼠、小家鼠和臭鼩鼱）、蚤类 1 种 9 只（印鼠客蚤）、螨类 3 种 186 只（分别为毒厉螨、纳厉螨、柏禽刺螨），其中柏禽刺螨为东山口岸螨类新种（经省局保健中心医学媒介生物实验室鉴定）。2008 年 5—10 月，开展伊蚊监测工作。

二、检出疫情处理

1989年，东山卫生检疫所进行船舶鼠类检查24艘次，11艘进行毒饵除鼠，7艘进行除虫处理；对2个集装箱、361吨纸、500吨旧塑料进行消毒处理。1993年，东山卫生检疫部门对入境的废旧船舶采用熏蒸等卫生办法处理；对发现的病媒生物采用布放鼠笼、鼠夹等方法除鼠。是年，共组织对50艘船舶进行鼠患检查，对50口集装箱进行卫生处理。1995年，消毒废塑料4批65吨、铜材1批400吨，集装箱卫生处理796只。2002年，对入境船舶开展检疫查验和卫生监督，发现医学媒介生物德国小蠊5船次（来自南非和中国香港、台湾地区），共177只，实施局部除虫卫生处理。2003年，发现医学媒介生物德国小蠊4船次，共336只，家蝇和丝光绿蝇1船次60只，均实施局部除虫卫生处理。2004年，截获医学媒介生物德国小蠊6船次，共1102只，实施除虫卫生处理。2005年，截获医学媒介生物德国小蠊、美洲大蠊10船次，啮齿动物2船次，共4508只。其中，德国小蠊3976只，美洲大蠊530只，褐家鼠2只，均实施局部卫生处理。2006年，截获医学媒介生物7船次，共3059只。其中，德国小蠊3048只，澳洲大蠊10只，褐家鼠1只，均实施局部卫生处理；截获禽流感、古典猪瘟、疯牛病和口蹄疫疫区动物产品27船次，共761公斤，其中猪肉353公斤、牛肉169公斤、鸡肉239公斤，实施封存处理；并对船上的动植物废弃物及泔水实施无害化处理。2007年，截获医学媒介生物3船次，共393只，经鉴定均为德国小蠊；截获禽流感、古典猪瘟、疯牛病和口蹄疫疫区动物产品4船次，共133公斤。其中，猪肉112公斤、牛肉5公斤、鸡肉16公斤，一律实施封存处理；并对船上的动植物废弃物及泔水实施无害化处理。2008年，发现病媒昆虫5艘次，截获德国小蠊602只，封存来自疫区动物产品10艘次共86公斤。其中，猪肉66公斤、鸡肉12公斤、牛肉8公斤，并对动物废弃物及泔水进行无害化处理。

附：行政执法

1993年，东山卫生检疫局依据《海港检疫章程》《检疫法实施细则》，开展行政执法工作。同年5月和6月，分别对2艘外轮入境时未悬挂检疫旗进行处罚。1995年3月12日、4月4日、5月25日，东兴水产加工有限公司分别进口3批冷冻鱿鱼产品，均未报验，东山卫生检疫局给予批评教育，并处罚款3000元。此后，每年均开展行政执法工作，查处违法行为。

三、报验员

1994年，东山卫生检疫部门对区域内从事卫生检疫的报验员实行统一培训、考试。培训学习的内容有检疫传染病介绍、《中华人民共和国国境卫生检疫法》及其实施细则、《中华人民共和国食品卫生法》、集装箱及货物（进口食品）的卫生检疫报验程序和操作规程等。合格者发给报验员证及报检磁卡。报验员证有效期为1年，实行年审制。是年，东山卫生检疫区（包括东山、云霄、漳浦、诏安）共有18名报验员通过培训考试并取得报验员证。1996年，经培训考核合格取得报验员证报验员30人。2008年，东山卫生检疫区共有从事卫生检疫的报验员50人。

第四节　动植物检疫

一、动植物检疫事务

1993年3月1日，东山动植物检疫局正式对外开展动植物出入境检疫业务，辖区包括东山、云霄、诏安、漳浦等4县。是年，共检疫进境植物产品3批次3001.5吨，进境动物8批次2091吨；出境植物产品86批次1472吨，出境动物1批次15.6吨；进出境动植物检疫总货值2239万元。入境动物品种主要有亲虾、鲍鱼苗、鳗鱼苗、甲鱼苗及鸡爪、鸡睾丸、牛筋、水产品原料等；出境品种主要有鲍鱼。进境植物品种主要有棕榈油；出境品种主要有冻菜、生姜、荷兰豆等。1994年，改革动植物检疫方式，采用电话预约报检；对未办注册登记或无报检员的单位，实行先报检，后补办手续，逐步完善检疫监管制度，提高检疫放行办结率。同年，东山县富源水产开发有限公司从中国台湾地区进口2批鲍鱼苗，因途中运输时间长，为提高苗种存活率，东山动植物检疫局把检疫现场从码头改在鲍鱼暂养隔离场进行。是年，检疫进出境动植物、动植物产品 284 批次、4985.8 吨、48.1 万尾（粒），货值 528.67 万美元。1995 年，全年检疫动植物 443 批次，货值 1268.3 万美元，船舶 240 艘，集装箱 641 标箱。1996 年，部分检疫业务实现微机管理，设立动植物检疫东山外运电脑预录入点，实现与厦门动植物检疫局本部的微机联网，加快动植物检疫通关速度。2000 年，东山出入境检验检疫局增加动植物检业务。全年出入境动植物货物检验检疫总量 3023 批次，总货值 9387.6 万美元。其中，入境动植物货物检验检疫总量 65 批次、货值 1038.6 万美元；出境货物检验检疫总量 2958 批次、货值 8349 万美元。2001 年后，加大对动植物产品加工企业的扶持，促进出口加工企业建立质量保障体系，提高 ISO 9000 和 HACCP 认证率，出口商品质量不断提高，检验合格率较高。2005 年，辖区出入境动植物货物检验检疫 5780 批次、总货值 18147 万美元。其中，入境动植物货物检验检疫总量 103 批次，货值 1711 万美元；出境动植物货物检验检疫总量 5677 批次，货值 16436 万美元。2006 年，推行“企业+基地”管理模式，实行出口农产品原料种养基地备案制，指导企业建立产品源头管理体系，落实“备忘录”及“促进水产品出口工作协议”制度；加快建立动植物农兽药残监控体系和有毒有害物质污染监控体系，提高出口动植物源性食品安全卫生质量。是年，检验出境的动植物食品不合格产品 20 批 255 吨，货值 69.67 万美元。2007 年，检验出境的动植物食品不合格产品 7 批 47.4 吨，货值 27.63 万美元。2008 年，全年出入境动植物货物检验检疫总量 5624 批次，总货值 38279 万美元。其中，入境 142 批次，货值 804 万美元；出境 5482 批次，货值 37475 万美元。检验出境动植物食品不合格产品 5 批 59.2 吨，货值 92.4 万美元。

二、疫情处理

（一）船舶疫情处理

1993 年 2 月，东山动植物检疫局配合厦门动植物检疫局运输工具检疫处检疫漳浦拆船厂进口的塞浦路斯籍“金水号”废钢船，发现一类检疫对象——菜豆象和危险性害虫谷象。是年，从入境船舶检出生活害虫主要有四纹豆象、米象、赤拟谷盗、锯谷盗和德国小镰。1997 年，在进境船舶食品仓中 7 次检验发现害虫，均采取熏蒸灭虫办法处理。1998 年，开展入出境船舶检疫，检出一类检疫对象菜豆 1 次，检出四纹豆象、米象、赤拟谷盗各 3 次。多次发现生活害虫超标，对船舶生活仓、贮藏仓进行熏蒸灭虫处理。2001 年，实施入境船舶检疫，截获来自口蹄疫疫区（主要有韩国、俄罗斯，以及中国台湾地区）的偶蹄类动物产品 24 批，全部实施封存处理，并对船上的动植物废弃物及泔水实施无害化处理。与地方检疫部门合作，8 次截获并依法销毁来自口蹄疫疫区、猪瘟疫区等疫区的禁止入境物 45787 公斤。2002 年，截获口蹄疫疫区（主要有韩国、越南，以及中国台湾地区）偶蹄类动物产品 17 船次共 2965 公斤。其中，猪肉 13 批 2870 公斤，牛肉 7 批 95 公斤，一律实施封存处理，并对船上的动植物废弃物及泔水实施无害化处理。2003 年，截获口蹄疫区的偶蹄类动物产品 13 船次 17 批 3115 公斤。其中，猪肉 13 批 2940 公斤、牛肉 4175 公斤，全部实施封存处理；对船上的动植物废弃物及泔水实施无害化处理；截获疯牛病疫区冻牛肉一船次 6 公斤，封存处理，并对船上的动植物废弃物及泔水实施无害化处理。在 1 艘入境船舶的食品干货舱中的麦麸（2 袋约 3 公斤）里截获一般生活害虫（长角谷盗），实施销毁处理。2004 年，截获一般生活害虫粉缟螟 1 船次，实施销毁处理。2005 年，截获禽流感、口蹄疫、古典猪瘟、疯牛病、牛瘟、日本脑炎疫区的动物产品 38 艘次 1510 公斤。其中，猪肉 1028 公斤、牛肉 265 公斤、鸡肉 217 公斤，实施封存并对船上的动植物废弃物实施无害化处理。

（二）动物疫情处理

1993 年，东山动植物检疫局从厦门转关入境的虾饲料 B.P. 中检出沙门氏菌 1 株。1994 年，检出生活害虫主要有：螨类、赤拟谷盗、锯谷盗、烟草甲等。1995 年，在进口检疫中发现禁止进境的土壤 2 批次，违禁物品——象牙（碎料）1 批 1100 公斤；检出不合格动物产品 1 批次。1998 年，开展入境台轮检疫消毒，4 次截获来自中国台湾口蹄疫区的猪肉 600 多公斤和大量水果，均进行无害化处理；协助诏安汾水关动植物检疫站多次截获非法进境的冻猪肚、冻猪耳等禁止进境物并进行销毁处理。2000 年 4 月 25 日，东山出入境检验检疫局对东山海关查获的一批走私鲍鱼苗采取紧急防疫措施，给予销毁，对隔离暂养场进行消毒处理。2003 年，发现 1 批原产巴基斯坦由中国香港转口的鱼肚干 4.097 吨、价值 10242 美元，感染生活害虫——白腹皮蠹，作熏蒸除害处理。2004 年，东山检验检疫局与诏安汾水关动物防疫监督站合作建立动物检疫陆上防御体系，截获并监督销毁一批来自阿根廷的冻牛肚 600 件 8400 公斤；截获口蹄疫疫区（来自韩国、俄罗斯、秘鲁、越南，以及中国台湾）、古典猪瘟疫区（来自韩国）、禽流感疫区（来自日本、韩国、新加坡，以及中国台湾）和疯牛病疫区（来自日本）动物产品 30 船次，共 3140 公斤。其中，猪肉 2170 公斤，牛肉 550 公斤，鸡肉 420 公斤，均实施销毁处理，并对船上的动植物废弃物及泔水实施无害化处理。

2008 年，检出不合格出口产品主要有：拟出口美国的罐装巴氏杀菌保鲜蟹肉 1 批 17.4 吨，货值 50.2 万美元，检出氯霉素阳性；拟出口俄罗斯的香烤虾 1 批 10.8 吨，货值 16.7 万美元，检出氯霉素阳性；拟出口俄罗斯的香烤虾 1 批 3.7 吨，货值 5.7 万美元，检出氯霉素阳性；拟出口韩国的冻螃蟹 1 批 9.1 吨，货值 6.2 万美元，检出镉含量超标；拟出口美国制作保藏面包虾 1 批 18.2 吨，货值 13.6 万美元，检出氯霉素阳性。

（三）植物疫情处理

1993 年，东山动植物检疫局开始植物疫情检验工作，全年完成进境船舶检疫 109 艘次，检疫消毒进境集装箱 98 标箱。1995 年，检出不合格产品 6 批次，其中植物产品 5 批次，动物产品 1 批次。1997 年，从一批入境木托盘中检出二类检疫对象——双钩异翅长蠹，是东山首次截获检疫对象。当年，对 5 批有较多蛀孔的木托盘进行销毁处理。1998 年，在入境植物种苗检疫中，检出一类检疫对象——香蕉穿孔线虫 1 次，进行监管退货，并对受污染的场地进行灭虫处理。2000 年 8 月 11 日，从一批来自越南的盐水草菇中，发现装载草菇的杂木板条箱中有二类危险性害虫——双钩异翅长蠹活成虫（共 9 只，7 雄 2 雌），对木板箱作销毁处理。从 4 批来自越南、中国台湾的木包装中发现螨虫超标及严重发霉，做烧毁处理。对一批来自美国的无植检证书的木包装，做烧毁处理。2002 年 4 月 15 日，在入境水草中检出三类危险性有害生物——长针线虫，对该批水草进行除害处理。同年 7 月 31 日，从入境巴拿马籍“启豪”冷冻轮船上截获一类植物检疫危险性昆虫——菜豆象和三类植物检疫危险性昆虫——四纹豆象。8 月 5 日，在对进境韩国籍“男爵（BARON）号”散货轮船实施检疫查验时，截获三类植物检疫危险性昆虫——绿豆象。2005 年，截获植物疫情 4 船次、5 种生活害虫，分别为锯谷盗、米扁虫、锈赤扁谷盗、烟草甲、谷象，均实行销毁处理。2007—2008 年，在检验出口日本的速冻敏豆产品中，检出 2 批共 12 吨不合格，其农残甲氰菊酯超标，货值 1 万美元。

第五节　商品检验

一、出入境商品检验总量

1993 年，东山商品检验局承担东山、云霄、诏安三县进出口商品检验、鉴定与监管。检疫的出境商品主要有食品罐头、速冻蔬菜、水产品及少量工矿产品；检疫进口产品主要有成套设备、车辆、钢材等。全年检疫出入境商品 1989 批次、货值 4577.4 万美元。其中，入境商品 261 批次，出境商品 1728 批次。1994 年，检疫出境增加工业产品、服装、鞋类、玩具等。全年检疫出入境商品 1271 批次、货值 3240.18 万美元。其中，检出不合格出境商品 27 批、货值 18.27 万美元，占出境批次的 2.1%、货值的 0.56%。1999 年，进出境货物检验检疫中出口业务占商品货值约 85%，出口货物主要有水产品、商品罐头、工矿产品等。2008 年，检疫出入境商品 5624 批次、货值 38279 万美元。其中，入境商品 142 批次、货值 804 万美元；出境商品 5482 批次、货值 37475 万美元。

1993—1999 年东山口岸出入境货物检验检疫情况表

表 15-4　单位：万美元

年份	进出口		进口		出口	
	批次	货值	批次	货值	批次	货值
1993	1989	4577.4	261	—	1728	—
1994	1271	3240.18	204	916.18	1067	2324
1995	1431	4215.57	31	579.57	1400	3636
1996	1263	3339	33	468	1230	2871
1997	1777	3617	3	17	1774	3600
1998	2042	5203	0	0	2042	5203
1999	1954	6091	0	0	1954	6091

2000—2008 年东山口岸出入境货物检验检疫情况表

表 15-5　单位：万美元

年份	出入境		入境		出境	
	批次	货值	批次	货值	批次	货值
2000	3128	9387.6	170	1038	2958	8349
2001	4017	7949.3	90	852	3927	7097
2002	4850	9083	156	1326	4694	7757
2003	4599	10842	84	1578	4515	9264
2004	5160	13962	96	1141	5064	12821
2005	5780	18148	103	1711	5677	16437
2006	6688	23405	201	569	6487	22836
2007	5892	27796	339	2869	5553	24927
2008	5624	38279	142	804	5482	37475

二、商品检验事务

（一）一般贸易产品出境检验检疫

1993 年，东山商品检验局检验检疫出境的一般贸易商品主要有食品罐头、速冻蔬菜、水产品及少量工矿产品。截至 1994 年 8 月，累计检验进出口商品 3185 批，货值 6923.63 万美元。1999 年，东山口岸的一般贸易商品出境检疫共 9572 吨、货值 2989.9 万美元。此后，东山口岸的一般贸易商品的出境检疫逐年增加。2005 年，一般贸易商品出境检疫共 53967.6 吨，货值 10671 万美元。一般贸易商品的出境检疫为 5 万多吨，货值 1 亿多美元。

1999—2005 年东山口岸一般贸易出口商品检验检疫情况表

表 15-6　　单位：吨、万美元

年份	重量	货值
1999	9572.0	2989.9
2000	14603.3	4094.8
2001	17314.5	3576.6
2002	29491.2	4079.2
2003	36119.9	5306.4
2004	50119	8439
2005	53967.6	10671

（二）水产品检验

1. 出口水产品检验　1993 年后，东山检验检疫局帮助企业获取出口卫生注册，提高出口产品质量。至 2000 年，域内 16 家企业获得质量证书。其中，东山海魁水产集团有限公司于 2000 年 10 月获得中华人民共和国出入境检验检疫区（CIQ）的 HACCP 证书，取得对美国出口水产品资格。2000 年，东山口岸水产品检验出境 14603.3 吨，货值 4094.8 万美元。2001 年，域内增加 3 家企业获得 HACCP 证书。2004 年 5 月 21 日，东山县政府与福建出入境检验检疫局技术中心签订《促进东山水产品出口工作协议》，在东山出入境检验检疫局设立“东山县水产品检测中心”，指导县内水产品出口企业建立实施 HACCP 和 ISO 9000 体系。同年 9 月，东山县顺发水产有限公司获得欧盟注册资格，实现对欧盟注册零的突破。2004 年，东山最大宗出口水产品是鱿鱼类产品。是年，东山鱿鱼类产品出口 6885 吨，货值 2223.3 万美元，出口量和货值分别比上年增长 48.3%和 45.3%。2005 年 7 月，东山县海魁水产集团有限公司又获得对欧盟注册资格。全年东山县水产品出口检验 86750 吨，货值 12135 万美元（其中出口美国市场 6122 吨，货值 2912.5 万美元），分别比上年同期增长 33.8%和 58.2%。2008 年，东山口岸水产品出境检验 6090 吨，货值 240.2 万美元。

1999—2008 年东山口岸水产品检验出境情况表

表 15-7　　单位：吨、万美元

年份	出境总量	
	重量	货值
1999	9572.0	2989.9
2000	14603.3	4094.8
2001	28917.8	3954.9
2002	55633.7	4993.7
2003	56110.0	6139.2
2004	72183.0	9370.0
2005	86750.0	12135.0
2006	6236.0	348.2
2007	7590.0	417.3
2008	6090.0	240.2

2. 进口水产品检验　1995 年，进口水产品加工原料成为东山县水产品加工企业生产出口产品的主要原料来源。其中，鱿鱼类产品为最大宗的进口加工原料。2004 年 7 月 1 日始，经国家质检总局批准，东山县

取消水产品入境检疫审批，促进东山水产品来料加工贸易较快发展。当年，东山进口水产品检验 32 批 20647.9 吨，货值 701.1 万美元。2008 年，东山口岸水产品检验入境 16 批 6090 吨，货值 240.2 万美元。

2000—2008 年东山口岸水产品检验入境情况表

表 15-8　单位：吨、万美元

年份	批次	重量	货值	主要品种	主要来源
2000	46	24902.2	740.74	鱿鱼	阿根廷及南太平洋海域
2001	36	12291.3	365.5	鱿鱼	
2002	43	9059.3	331.2	鱿鱼	
2003	26	9234	240	鱿鱼	
2004	32	20647.9	701.1	鱿鱼	
2005	36	28120.3	1060.7	远洋捕捞的原料型的冻鱿鱼、冻秋刀鱼	
2006	10	6236.0	348.2	鱿鱼	
2007	18	7590.0	417.3	鱿鱼	
2008	16	6090.0	240.2	鱿鱼	

（三）出口罐头及饮料检验

1993 年，东山检验检疫局辖区内食品罐头产品出口主要有芦笋、蘑菇等果蔬罐头及水产品罐头。全年，东山口岸食品罐头产品出境检验 1342 批次 19703.55 吨，货值 12035.3 万美元。2000 年，东山检验检疫局辖区内食品罐头生产企业有 14 家获得卫生注册，其中年产量 1000 吨以上的企业 7 家。当年，辖区内食品罐头产品出境检验 1483 批次 26433 吨，货值 2201 万美元。此后，食品罐头产品出境检验逐年减少。2002 年，东山检验检疫局协助东山绿沅食品有限公司在投产前取得出口饮料生产企业卫生注册证书。当年，出口饮料产品检验 32 批次 3656.4 吨，货值 144.5 万美元。2004 年，东山绿沅食品有限公司修订 HACCP 计划，提高饮料产品的质量控制水平及合格率，企业饮料出口量大幅增长。全年该企业出口饮料产品检验 156 批次 7961.1 吨，货值 304.9 万美元。其后，该公司停产，东山县没有饮料出口。2005 年，东山检验检疫局扶持企业开发金枪鱼、鱿鱼、虾等高档水产品罐头，主要销往东南亚，后逐步扩大至中东、俄罗斯等地区和国家，出口量大幅度增长。是年，罐头产品出口检验 1085 批次 18337 吨，货值 1766 万美元。其中，水产品罐头出口 3295.8 吨，货值 440.9 万美元，比 2004 年分别增长 110%和 130%。2008 年，罐头产品出口检验 1500 批次 29323.8 吨，货值 5700.8 万美元。

1993—1999 年东山口岸出境罐头产品检疫情况表

表 15-9　单位：吨、万美元

年份	批次	重量（吨）	货值（万美元）
1993	1342	19703.55	12035.3
1994	1298	19081.35	11980.9
1995	1260	18526.85	11648.5
1996	1209	15368.0	12506.3
1997	1160	13005.0	10785.6
1998	1254	14289.36	11055.2
1999	1278	14765.06	12506.8

2000—2008 年东山口岸出境罐头检验情况表

表 15-10　　单位：吨、万美元

年份	批次	重量	货值	主要品种
2000	1483	26433	2201	芦笋、蘑菇等果蔬罐头
2001	1497	21522	1950	
2002	892	13321	1286	
2003	1100	15458	1465	
2004	984	16219	1378	芦笋、蘑菇等果蔬罐头及水产品罐头
2005	1085	18337	1766	
2006	1107	21694.8	2957.3	
2007	1278	27764.7	4932.3	
2008	1500	29323.8	5700.8	

2002—2004 年东山口岸饮料出境检验情况表

表 15-11　　单位：吨、万美元

年份	批次	重量	货值	主要品种	主要销售地
2002	32	3656.4	144.5	茶饮料	中国香港
2003	106	3923.9	232.6		
2004	156	7961.1	304.9		

（四）出入境工矿产品检验

1. 入境工矿产品检验　2000 年，东山商品检验检疫局开始检验入境机电产品及原辅材料。是年，检验入境机电产品及原辅材料 146 批次，货值 737.73 万美元。2001 年，检验由东山县贝贝防护用品公司进口的一批旧锅炉，货值 15418 美元，属国家规定不许进口的机电产品，不准入境。2003 年，从日本进口的一批旧挖掘机中检出废弃物，其活动部分的高压橡胶液压管存在破损、龟裂等现象，出具“检验检疫通知书”，责令货主进行修理和卫生除害。2004 年 3 月，检验一批重量 252.9 吨，货值 6.3 万美元、共 28 标箱进口废塑料，发现货物大部分为清洗的饮料瓶，不符合相关标准要求。核定该批进口废塑料为环保项目不合格，作退货处理。同年，在入境机电产品中检出不合格 9 批、61 台套，货值 61.94 万美元。主要是传动系统、动力系统无安全防护装置，电气装置无警告语及警告标志，不符合安全标准要求,开具不合格通知书，责令企业采取技术措施进行限期整改；经验收合格后方调试使用。2005 年，进境机电产品及原辅材料检验 64 批次，货值 937.7 万美元。另，检出不合格机电产品 9 批，货值 167.5 万美元，不准进境。2008 年，进境机电产品及原辅材料检验 18 批次，货值 196.4 万美元。

2. 出境工业品检验监管　2000 年，东山商品检验检疫局对企业出口工业品进行检验监管，帮助企业整改不合格的产品；对企业出口服装抽样检测标签成分进行跟踪，提高复检合格率。同年，出境工业品（主要有轻纺、玩具，下同）检验 18 批次，货值 110.15 万美元。2003 年，在出境玩具中检出一批不合格产品，货值 3111.1 美元。2008 年，出境工业品检验 412 批次，货值 1404.8 万美元。

2000—2008年东山口岸出入境工矿产品检验情况表

表 15-12　　单位：万美元

年份	入境机电产品及原辅材料		出境工业品（轻纺、玩具）	
	批次	货值	批次	货值
2000	146	737.73	18	110.15
2001	215	641.52	25	98.3
2002	42	359.0	48	83.3
2003	69	1330.8	66	128.7
2004	90	1034.8	134	291.4
2005	64	937.7	305	1241.2
2006	62	255	285	1099
2007	57	2493	227	706
2008	18	196.4	412	1404.8

三、对外贸易公证鉴定业务

1993 年，东山商品检验检疫局实施外商有形资产鉴定工作，受理鉴定业务 33 批，外商报价 1756.76 万美元；经鉴定截降 117.46 万美元，维护投资者权益。1995 年，鉴定设备 22 批，外商报价 409.91 万美元；经鉴定为 364.57 万美元，截降 45.34 万美元。

2000 年，东山商检局运用科学技术手段，开始独立开展对外贸易的公证鉴定业务。主要业务有容量鉴定和水尺鉴重。容量鉴定业务有进出口商品的质量、数量、重量、包装等鉴定；水尺鉴重的主要商品是出口玻璃砂和铸造用型砂。东山商检局在为出口硅砂做质量检验的同时，也为对外贸易提供准确重量鉴定，维护贸易双方的权益。是年，对外贸易公证容量鉴定船舶 5 船次 7232 吨；水尺鉴重船舶 33 次 15.167 万吨。2005 年，对外贸易公证水尺鉴重船舶 105 次 50.5 万吨；容量鉴定 559 批次 645 万个单位。2008 年，对外贸易公证水尺鉴重船舶 126 船次 56 万吨，容量鉴定 620 批次 695 万个单位。

四、出口生产企业管理

（一）企业监管

1993 年，东山商品检验检疫局对东山、诏安等 12 家出口鳗鱼厂进行卫生注册登记；对东山 1 家大型速冻厂和 3 家鳗鱼厂进行注册考核与复审。1994 年，区域内有登记注册的食品生产企业 20 家、出口鳗鱼厂 15 家。1999 年，采取宏观调控和微观指导相结合的监管办法，从 20 多家罐头生产企业中选择投资大、管理好、质量高的 13 家企业作为重点扶持对象。2000 年，开展为企业提供工艺革新、国际商情、供销信息和价格信息等服务，推进出口企业建立 ISO 9000 系列技术标准和 HACCP 关键质量标准，协助解决技术难题；开展技术培训，举办罐头检验员培训班、冷冻产品加工检验规范培训班、SN0400 出口罐头检验规程及杀菌操作人员培训班、冷冻食品认可检验员培训班、集装箱认可检验员培训班。2005 年，举办 HACCP 培训班 4 期，培训出口企业人员 156 人次。此后至 2008 年，每年均开展技术培训、举办认可检验员培训班等。

（二）普惠证和原产地证签发

1993 年，东山商品检验检疫局开始实行普惠证、原产地证签发，产品主要有罐头、冷冻食品、速冻食品等。是年，签发普惠制产地证书 230 份，增强区域出口商品在国际市场竞争力。1999 年，签发普惠证 737 份，货值 2858.7 万美元；一般原产地证 101 份，货值 215.6 万美元。后，年年签发普惠证、原产地证。2008 年，签发普惠证 654 份，货值 3189 万美元；一般原产地证 1059 份，货值 11363 万美元。

1999—2008年东山口岸普惠证、一般原产地证签发情况表

表 15-13 单位：万美元

年份	普惠证		一般原产地证	
	份数	货值	份数	货值
1999	737	2858.7	101	215.6
2000	659	1924.6	131	261
2001	526	776.2	169	450.4
2002	563	747.9	286	942.4
2003	673	1425.7	373	1507.7
2004	721	1615	573	2804
2005	798	1903	656	3591
2006	773	2351	988	5664
2007	798	3225	1121	7707
2008	654	3189	1059	11363

（三）电子业务

2002年，东山商品检验检疫局辖内企业开始安装电子业务系统。该系统包括电子申报、电子签证、电子放行（转单，下同）3个子系统。同年8月正式使用。是年，有3家监管企业安装电子申报系统，16家企业安装电子签证系统。2004年，开始安装电子放行系统。2008年，区域内企业电子申报6373份，电子报检率100%；电子签证1794份，电子签证率100%；电子放行1531份，电子放行率100%。

2002—2008年东山口岸电子业务情况表

表 15-14 单位：份

年份	电子报检	电子报检率	电子签证	电子签证率	电子放行（转单）	电子放行率
2002	3962	80.3%	557	65.6	—	—
2003	881	84.2%	4747	99.8%	—	—
2004	5680	100%	1294	100%	2308	85%
2005	6403	100%	1454	100	3173	95%
2006	7605	100%	1761	100%	4203	96%
2007	6900	100%	1947	100%	3992	100%
2008	6373	100%	1794	100%	1531	100%

（四）食品标签审核

2002年起，东山商品检验检疫局在辖内开展进出口食品凭标签审核证书报检工作。当年，受理出口食品标签审核260份。此后，每年都受理进出口食品标签审核。2003年受理226份，2005年受理256份，2008年受理281份。

第六节　边防检查

1989年，东山边防检查分站继续对进入东山港的外国籍船舶和航行国际航线的中国籍船舶进行船舶和船员的出入境护照、证件、携带行李物品及所运载货物进行检查，派员在船上服务，直至船舶出港。对国内航行中国香港、澳门的船舶员工办理边检手续，实行查对护照证件，核对人数。

1992年12月，东山港口岸对外国籍轮船开放，规定外轮船员不能登岸。为照顾船方的实际需要，东山边检报经上级同意，对停港外轮因维修或联系装卸货物等急需派员上岸的，让外轮船员在外轮代理人员陪同下登陆。

1993年，围绕“反走私、反偷渡和防走私贩毒”工作重点，开展对东山港、冬古以及诏安宫口、漳浦下寨、六鳌、旧镇、龙海石码等起运点的船舶进行检查。是年，检查出入境中外船舶360艘次，员工6003人次，渔工劳务人员543人次。其中，外轮101艘次、员工2119人次；航行中国港澳地区小型机动船舶158艘次，员工2683人次；接送渔工劳务的台轮101航次、1201人次。签发各种证件4218份。1994年，检查各种出入境船舶243艘次，其中外轮42艘次，台轮79艘次，小型航行港澳船舶122艘次；检查出入境员工3167人次，其中外籍员工644人次，中国籍员工2523人次；办理渔工劳务人员手续486人次。办理各类证件598份。

1995年，县边防检查部门执行《国际航行船舶进出中华人民共和国口岸检查办法》和《中华人民共和国出境入境边防检查条例》，简化检查验证手续，方便人员和船舶的出入境。全年检查各类出入境船舶943艘次，其中外轮106艘次、台轮262艘次、远洋轮6艘次、航行中国港澳地区小型船舶567艘次、客轮2艘次。检查出入境旅客、员工6751人次（其中外籍员工659人次，中籍员工4357人次）；办理渔工劳务人员807人次；办理各类证件931份。此后至2008年，每年按常规对出入东山港的船舶进行边防检查。

第三章　税费征收

第一节　关　税

一、进口关税

1989年，东山海关继续实施征税、审价及减免税审批业务的复核制度。全年征收关税74.9万元，其他税收24.5万元，代征税66.9万元。1990年，征收关税37.7万元，其他税收0.34万元，代征税23.03万元。1992年12月，东山港对外国籍船舶开放，开始有进出境国际航行船舶停靠。1993年，东山海关征收进口环节税（主要是关税和增值税）共1297万元。东山港集装箱运输业务很不稳定，关税随之或增或减，2005年，征收进口关税891万元。2008年，征收进口关税995万元。

二、出口关税

1989年，东山海关严格控制外贸出口退税，确保税费及时入库。1992年起，执行国家鼓励产品出口的政策，由辖区内出口商品大部分为零关税。至2008年，每年征收的出口关税极少。

三、税收减免

（一）法定减免税

1989年，东山关区法定减免税的货物主要是：进口无商业价值的货样、广告品；外国政府、国际组织无偿捐赠的物资；进出境运输工具装载的途中必需的燃料、物料和饮食用品；中华人民共和国缔结或者参与国际公约规定减免税的货物、物品；因故退运的进出口货物(提供有效单据证明并经海关核实，可以免征进出口环节税)；单票货物关税税额在起征点以下。1989年至2003年11月，关税起征点为人民币10元。此后，调整为50元，至2008年不变。

（二）特定减免税

1989年，东山县为国家首批沿海开放关区享受特定地区特定减免税优惠政策。主要减免项目有区内引进的种苗、种畜及华侨捐赠等。特定用途减免税主要是进口科教用品、捐赠物资、加工贸易企业为履行合同进口的自用机器设备、企业技术改造等。特定企业为对外商投资企业进口的自用物品和设备实行减免税。1998年1月1日，开始执行国务院《关于调整进口设备税收政策的通知》，凡辖内符合《当前国家重点鼓励发展的产业、产品和技术目录》的国内投资项目，在投资总额内进口的自用设备及其关键技术和配套件（除明确规定不予免税的商品外）免征关税和进口环节增值税。2008年仍执行。

（三）临时减免税

1989年，东山海关继续执行对台贸易、进口紧缺的农用化肥等物资部分享受临时减免税。1993年7月，执行海关总署《关于暂停审批临时减免税的紧急通知》，停止受理临时减免税申请。

（四）减免税进口货物监管

1989年，东山海关继续执行海关总署《关于减免税进口货物管理年限的通知》，辖区减免税进口货物及船舶、飞机、建筑材料管理年限为8年；机动车辆和家用电器为6年；机器设备等为5年。年限皆从货物进口放行之日起计算，进口减免税货物监管年限届满，未发生违法情事的，经所有人申请，海关予以办理解除监管手续。未满监管年限的，经所有人申请，海关核准，可以接转到同样享受减免税优惠政策的企业使用，监管年限连续计算，也可以申请向银行抵押贷款和退运出境。若移作他用，则申请补税，提前解除监管。此后，东山海关每年开展监管年限内的减免税货物巡视管理。主要检查是否在法定地址、按原审批用途使用，查处倒卖、出租等违法、违规行为。

第二节　代征税

一、增值税

1994年1月1日，东山海关开始执行《中华人民共和国增值税暂行条例》，对进口货物开征增值税。税率有13%和17%两种。2008年，仍执行代征增值税业务。

二、消费税

1991年，东山海关征收的特别消费税主要有进口彩色电视机和小轿车。1992年4月24日，执行国务院《关于停止实行对彩色电视机专营管理及有关问题的批复》的规定，停止对进口彩色电视机征收特别消费税。1994年1月，执行《中华人民共和国增值税暂行条例》，对进口货物开征消费税。征收对象主要有进口的烟、酒、化妆品、贵重首饰、鞭炮焰火、汽油、柴油、汽车轮胎、摩托车、小汽车等11类产品。至2008年，东山海关仍开征消费税。

三、船舶吨税

1992年12月，东山海关开始征收外国籍船舶吨税。船舶吨税征收对象为：在中华人民共和国境内行驶的外国籍船舶，外商租用的中国籍船舶，中外合资企业使用的中外国籍船舶。2001年1月1日，东山海关执行财政部、交通部、海关总署联合下发的《关于将船舶吨税纳入预算管理的通知》，将船舶吨税作为中央预算收入全部上缴中央国库。同时，启用“海关吨税专用缴款书”，办理船舶吨税征收和就地缴库手续。由于东山港只停泊5000吨以下船舶，船舶吨税征收金额不大。2001—2005年，征收船舶吨税计40.22万元。2008年，征收船舶吨税50万元。

第三节　规　费

一、监管手续费

1989年，东山海关继续收取进口免税货物和减税货物监管手续费。进口免税货物按完税价格的3‰计征；进口减税货物按实际减除税赋部分的货物完税价格的3‰计征；进口后保税储存90天以上，未经加工即转运复出口的货物按关税完税价格的1‰计征。进料加工和来料加工项目中，属于加工装配机电产品复出口的货物，按关税完税价格的1.5‰计征；属于首饰行业进口免税料件，按关税完税价格的1‰计征；来料加工项目中的裘皮加工、机织毛衣和毛衣片、塑料玩具加工行业进口的料件，按关税完税价格的1‰计征；其他保税货物，按关税完税价格的1‰计征。监管手续费起征点为人民币10元，东山海关将征收的监管手续费汇缴海关总署。2000年8月11日，执行海关总署通知，对鼓励类的外商投资企业、外商投资研究中心、先进技术型和产品出口型外商投资企业利用自有资金进口的免税设备，暂免予征收海关监管手续费。2004年3月5日，执行海关总署《关于停止征收进口减免税和保税货物海关监管手续费问题的紧急通知》，停止征收海关监管手续费。

二、区外监管规费

1989年，东山海关继续执行《中华人民共和国海关征收规费暂行办法》，征收区外监管规费。根据进出口货物的收发货人要求，海关派员到监管区域外办理海关手续、执行监管任务，按规定收取规费。其标准是每个关员每工作日 50 元人民币，国家规定的节、假日加倍收取。规费收取后，向货主或代理人开具收据。东山海关按规费的50%留成，作为监管费用，50%按月上缴中央金库。东山海关每年执行上述收取规费规定。

三、滞报金

1989年，东山海关继续对逾期申报的货物征收滞报金。进口货物自运输工具申报入境之日起14日内申报，逾期申报的货物征收滞报金。滞报金起收日期为运输工具申报入境之日起第15日，按日计收，日征收金额为进口货物到岸价的0.5‰，起征金额为人民币10元。1990年10月25日，执行海关总署新发布的《中华人民共和国海关征收进口货物滞报金办法》，进口货物和转关运输货物滞报金的起收日期为自运输工具申报入境之日起第15日和货物运抵指运地之日起第15日，滞报金分别由进境地海关和指运地海关征收。东山海关征收的转关货物的滞报金主要有两类，一是在口岸已产生滞报，由口岸海关转至辖区内指运地征收；二是转关进口后，单证不全或手续不完整而产生滞报。2005—2008年，东山海关起征滞报金金额为人民币50元。进口货物被海关扣押期间，不征滞报金。

第四章　缉私与走私货处理

第一节　缉　私

一、缉私机构

1989年，东山海关辖区的缉私工作继续由厦门海关负责。1999年1月，设东山海关走私犯罪侦查中队，隶属漳州海关走私犯罪侦查支局，负责东山海关域内的缉私工作。2003年1月，增设查私科，驻东山海关。至2008年不变。

二、海上缉私

1989年4月，东山海关在东山港码头、东门屿缉获两艘运载走私香烟渔船，货值230万元。1990年，立案查处走私违规案件13起，案值1708.6万元。1991—1992年，查处走私违规案件28起，案值593.9万元。1994年，查获走私违规案件13起，案值1837.44万元。1998年，加大力度打击“蚂蚁搬家”式走私活动，查处走私货物主要有油品和台湾地区杂货（小型生产设备、零配件和日常生活用品等）。1999年2月20日，东山海关在漳浦旧镇码头查获走私进口摩托车化油器4740台，价值89万元。是年，东山海关与漳州海关缉私分局及有关部门联合查获台轮及沿海渔船参与的走私“红油”案件11起，没收走私进口柴油430.03吨，行政处罚11起。该案由漳州海关走私犯罪侦查支局处理。2000年7月26日，成立东山地区走私案件专案组，协助侦查中央“4·20”专案组（2000年4月20日发生于厦门的走私案）移交的东山辖区走私案件。2001年9月12日，该案由漳州市中级人民法院作出一审判决：县东发公司被判处罚款6739.77万元，中国外轮理货总公司东山分公司被判处罚款536万元；被告人何某、李某等11人分别被判处2年至12年不等的有期徒刑。该案案值3.8亿元，偷逃税额1.2亿元。

三、贸易渠道缉私

（一）加工贸易渠道缉私

1989年，东山海关重点打击不法分子利用加工贸易可跨关区进出口货物，采用“飞料”手法的走私活动。“飞料”手法，即不法外商与国内企业勾结，签订假加工贸易合同，骗取合法审批手续，将进口海关保税货物在途中倒卖，牟取暴利，走私得手后，人去厂空。之后，又发展成“三假加飞料”走私，即利用假报关单、假印章、假手册骗取海关核销。1990年，东山海关先后查获1.25万磅涤纶丝“飞料”走私等5起。1999年，东山海关建成计算机报关单联网核查系统，“飞料”走私活动逐渐绝迹。2000年后，东山海关在加工贸易渠道查缉的走私案件有以下几种类型：擅自内销进口保税料件或成品；虚报产品单耗，将节余的进口保税料件或成品内销；在通关环节多报少出；利用国产料件串换进口料件；与其他企业勾结，利用海关允许深加工结转的便利，实施空转骗取核销等。至2008年，每年查获加工贸易渠道走私案件数起。

（二）减免税渠道缉私

1989年，东山海关对减免税渠道缉私重点打击不法外商企业利用国家给予特定地区、特定企业、特定用途的进口货物的减免税收的优惠政策，倒卖进口货物活动。1994年，东山海关查获免税进口汽车走私案件6起。2001年4月，通过中期核查，发现1起倒卖保税料件指标案件，偷逃税款38万元。2008年，查获减免税渠道走私案件10多起。

四、陆上缉私

1989年，东山海关联合县工商行政管理局等部门开展打击陆上走私活动，查获一批走私、贩私案件，查扣的物资有：彩电30台、黄金37克、香烟5248条。1990年，陆上查扣走私物资有香烟17057条、手表1127只、电视机17台、录像机6台、汽油140吨、钢材16吨。1995年，陆上查获走私、贩私案件33起，案值800万元，罚款250万元；查获主要物资有进口香烟74343条、彩电9台、成品油45吨、化肥22吨、进口旧摩托车配件100袋、进口的三合板283吨、空调机489台、次品铁40吨、铝薄纸25000张。1996年，陆上查处走私贩私案件33起，案值400万元，处罚款入库40万元。2001年，陆上查处走私案件7起，查获挖掘机、电镀锌等进口物品，总值65万元。2005年，开展走私、贩私专项整治，查处“蚂蚁搬家”式销售走私红柴油，案值6.75万元，处罚款7.1万元。此后，至2008年，东山海关均开展走私、贩私专项整治活动。

第二节　走私货物处理

1989—1996 年，东山海关对查获的走私货物采取议标等形式进行处理。1997 年 1 月 1 日起，执行《中华人民共和国拍卖法》和海关总署规定，将依法没收的货物交由政府指定的有经营权的拍卖行实行公开拍卖。东山海关将走私货物拍卖所得款项全部上缴财政，中央财政和地方财政分成各 50%。2000 年 11 月 29 日起，执行财政部、海关总署、中国人民银行联合发布《海关各类罚没收入缴库实施办法（试行）》，将各类罚没收入直接缴入中央金库。2001 年，东山海关委托漳州拍卖行公开拍卖 18 台旧挖掘机散件及 13493 条旧轮胎，计 197 万元，均上缴中央财政。2002—2008 年，各类罚没收入 600 多万元，均缴入中央金库。

第五章　管　理

第一节　机　构

一、行政机构

东山县口岸与海防办公室　1989 年，沿设县人民政府口岸办公室，有工作人员 4 人。1992 年 6 月，改称东山县口岸管理委员会，负责协调口岸联检工作。1997 年 6 月，更名东山县口岸管理局，有工作人员 8 人。2002 年 7 月 14 日，改设东山县口岸与海防办公室，实行口岸、海防、“打私”三合一。2008 年，有工作人员 7 人。

二、检查检验机构

（一）东山海关

1989 年，沿设东山海关，为副处级单位，隶属厦门海关，有工作人员 39 人。1990 年 1 月 9 日，升格为正处级单位，下设办公室、货征科、调查科、行政科、驻漳浦县旧镇办事处等科级机构。同年，驻漳浦县旧镇办事处改称驻漳浦办事处。1991 年 3 月，增设诏安监管科；1992 年 3 月，改称驻诏安办事处，增设政工监察室。1995 年 3 月，东山海关调整所属机构设置，下设办公室、政工监察室、货征科、保税科、调查科、行政财务科、驻漳浦办事处、驻诏安办事处。2001 年 2 月，撤销货征科，增设通关科、加工贸易科和查验科；政工监察室改设人事教育科。2002 年 10 月，人事教育科改称人事政工科。2005 年 7 月 21 日，调查科改设后续管理科。2008 年，东山海关辖区有漳浦、云霄、东山、诏安等 4 县和常山华侨开发区。

（二）东山卫生检疫局

1989 年，沿设东山检疫站，隶属东山县防疫站。同年 10 月 14 日，改设中华人民共和国东山卫生检疫所，为单设副处级单位，隶属卫生部检疫总所，负责东山口岸出入境商品卫生检疫事务，有工作人员 10 人。1992 年 7 月，改称东山卫生检疫局。1995 年，加挂中国国际旅行卫生保健协会东山服务中心牌子。1997 年，升为正处级单位。1999 年 11 月 23 日，东山卫生检疫局撤销，职能并入中华人民共和国东山出入境检验检疫局。

（三）东山进出口动植物检疫局

1989 年，沿设中华人民共和国东山动植物检疫所，为正科级单位，隶属厦门动植物检疫所，有工作人员 12 人。1992 年 4 月 25 日，改设中华人民共和国东山动植物检疫局，同年 9 月，升为副处级单位。1993 年 3 月 1 日，正式对外开展检疫业务，承担东山、云霄、诏安、漳浦等 4 县的进出境动植物检疫工作。1999 年 11 月 23 日撤销，职能并入东山出入境检验检疫局。

（四）东山港务局

1989年，沿设东山港务办事处，隶属漳州港航运管理处。1992年11月10日，改设东山港务局，隶属漳州港口管理局；1997年7月1日，划归东山县人民政府管辖，为正科级事业单位。下辖县港口集装箱仓储公司、县港口装卸公司（前身是东山县搬运公司）、中国外轮理货总公司东山分公司、县港口服务经营部。2004年，县港口服务经营部并入县港口集装箱仓储公司。2008年，全局人员112人。

（五）东山进出口商品检验局

1992年6月1日，设立东山商品检验局筹建处，同年8月21日开始对外检验工作。8月31日，东山进出口商品检验局经国家商检局批准成立，隶属福建商检局，为正处级单位，有工作人员数人。1993年3月10日,授牌办公。1999年11月23日撤销，职能并入东山出入境检验检疫局。

（六）厦门东山海事处

1992年12月20日,设立福建省东山海上安全监督局，为科级事业单位（从东山港务办事处析出港务安全监督职能），并加挂中华人民共和国厦门港务监督东山监督站牌子，隶属漳州海上安全监督局，业务由厦门港务监督指导。2000年12月12日，东山海上安全监督局与厦门港务监督东山监督站合并，组建中华人民共和国厦门东山海事处，为厦门海事局直属派出机构，副处级事业单位，行使行政执法职能。2007年6月，增设执法大队（正科级），负责维护东山县、东山湾、诏安湾的水上通航秩序和交通安全监管。2008年，全处工作人员7人。

（七）东山出入境检验检疫局

1999年11月23日，东山出入境卫生检疫局、动植物检疫局、进出口商品检验局合并，组建中华人民共和国东山出入境检验检疫局，隶属福建出入境检验检疫局，为正处级单位，负责监管东山、云霄、诏安等3县的出入境卫生检疫、动植物检疫和进出口商品检验业务。2008年，全局人员38人。

（八）东山边防检查分站

1989年，沿设中华人民共和国厦门边防检查站东山分站。1991年12月，改称厦门边检总站东山分站。1993年1月，改属漳州边检站，辖区是东山港、漳浦下寨和诏安宫口起运点。2008年不变。

三、外轮代理机构

1989年，沿设中国外轮代理公司漳州分公司，位于康美镇龙潭社区。1993年2月，更名中国漳州外轮代理公司，开展船务代理、货运代理、集装箱运输代理等业务，兼代理揽货、订舱、报关、报检、多式联运和运输服务及海事处理。2008年，公司全员3人。

第二节　口岸开放与建设

一、口岸开放

1989年，县委、县政府向国务院申报东山口岸向外国籍船舶开放，县口岸办公室协调各口岸单位，创造优良通航通关环境。

1992年12月28日，东山口岸获国务院批准正式对外国籍船舶开放。1993年1月13日，东山县举行东山港口岸对外开放仪式。此后，县口岸管委会协调口岸各部门，简化进出口手续，减少进出境渠道限制，实行24小时电话预约报检报验服务。口岸查验查检进一步畅通联检、结算、调度、保险等环节，形成“一条龙”服务，实行查验查检速办制度。同年1—11月，口岸外贸货物量24.6万吨，进出口外轮115艘次，比上年分别增长118.6%和150%；劳务接送607人次，比上年增长120%。1995年，外贸货运量21.08万吨，其中，进口4.3万吨，出口16.78万吨。国际集装箱运输2274标箱，其中海运1481标箱。东山港内外贸货物吞吐量64.3万吨。2004年，冬古作业区列入国家“十一五”口岸开放规划。2005年，县政府申报开放冬古作业区。2006年3月，交通部批准冬古码头临时对外开放。继续做好冬古作业区临时对外开放的延期申报。同年4月，启动东山港铜陵作业区对金门、澎湖客货运直航申报。11月，交通运输部批准冬古作业区延期至2009年3月30日。11月6日，启动城垵作业区扩大开放申报。

二、完善查验单位建制

1993年，东山县口岸管委会协调口岸各部门，增设口岸有关机构和编制，落实部分查验单位用房，开展口岸园区的规划和征地工作，在康美镇龙潭山南侧建东山口岸园区，完成征地面积4.36万平方米。1997年，东山口岸管理局理顺港口管理体制，7月1日起，东山港务局划归县政府管理。2008年，东山口岸园区有海关、商检、边检、卫检、海事、港务机构，查验、服务、管理等功能配备齐全。

三、协调设施建设

1990年，东山县口岸办公室统筹建成东山港区卡口楼，交付海关、边检等单位使用；协调集装箱码头投入试用。1993年5月8日，开通东山至香港水路客运航线（首航仪式后中断）；是年，就铜陵台轮停泊点的建设开展调研。1995年，协调城垵2.5万吨码头开工建设，一期疏港公路竣工通车。1997年，协调成立东山港锚地、航道清理工作领导小组，开展锚地、航道清理；协调东山港务局投资150万元，完成东山港5000吨码头的维修，并添置作业设备。1998年，冬古3000吨码头建成投入使用；东山口岸园区基本建成，东山商检办公楼、龙潭山庄（商检培训基地）、动植物检综合楼建成投入使用，边检、卫检综合楼进入装修，口岸综合楼项目完成立项。2006年7月，东山海关大楼建成投入使用，进一步改善联检条件。2007年6月，协调大东石化3000吨液体化工码头工程项目开工建设。2008年6月，协调城垵临港工业园内旗滨玻璃集团5000吨公共泊位和3000吨公共集装箱泊位开工建设。

第三节　通关服务

1989年，东山县口岸办公室在口岸联检机构中先后开展共建文明口岸、“创文明行业、建满意窗口”“创高效通关，树国门形象”等活动，推动口岸查验制度的改革，加强通关过程各项服务。1997年后，县口岸管理局定期深入港区开展港口安全生产、管理、服务等调研。在春运高峰期间，组织协调各有关单位进驻现场，对阻碍船舶通行的渔船、排筏、定置网进行检查清理，确保船只安全进出港区。协助东山海事处建立健全航道管理规范机制。在东山港区开展作业“一条龙”服务，对外统一承接业务，统一收费标准，统一调度；在港区卡口楼实行查验单位“一站式”集中办公制度，为船方、货主提供便捷服务。

1998年，协调整修东山港区海关监管查验场（投资10多万元），改善外贸车辆检验设施，为海关提供便利检验场所，加快通关速度。2001年4月至2006年，县口岸与海防办公室（原口岸管理局）先后组织协调相关部门，对东山外运、外代、报关行等口岸中介组织进行清理，规范从业行为。建立规范公平竞争的口岸市场秩序，为各方提供良好中介服务，进一步优化口岸通关环境。

2008年，东山港区各联检部门建立渠道畅通、反应灵敏的信息反馈和处置机制，及时解决有碍“大通关”问题，营造全方位服务的口岸环境，加快口岸通关速度。

第四节　港口管理

一、港区管理

1989—2008年，东山港务办事处延续做好船舶引航、货物装卸、危险品货物作业等管理，推进港口管理工作规范化。其间，1999年7月，东山港务局筹资69.75万元对500吨级客货专用泊位前沿海域和铜陵台轮专用码头港池进行清淤，工程量46910立方米。2002年11月，筹资7万元对铜陵中澳坪5000吨码头前沿海域和铜陵台轮专用码头港池进行清淤，提高码头的靠泊能力。2002年7月，县政府制定《东山港区锚地、航道管理规定》。是年，东山港加强安全管理工作，严格执行SOLAS公约（国际海上人命安全公约）

和《港口设施保安规则》，购置安装港区电脑监控设备共7台套，建立港区安全网络，组织港区安全演练。2004年5月，东山港保安设施通过专家组考评验收，取得“港口设施保安符合证书”。此后，逐年通过年检。2006年1月，东山港务局制定《东山港区危险货物作业监督管理规定》等相关安全管理文件。同时，与海事、渔监、边防派出所等部门联合，对阻碍航道安全通行的渔船、排筏、定置网进行清理。同年6月，根据《福建省台湾船舶停泊管理办法》，设立东山台轮专用码头管理处，负责台轮专用码头管理工作，实行“一幢楼办公、一条龙服务、一窗口收费”。至2008年，台轮专用码头平均年靠泊台轮600多艘次，居全省首位。

二、救难解急

1989年10月21日，越南籍货船“边艺号”因船底破漏，机舱进水而冲滩搁浅于陈城镇白埕村海滩。县口岸办闻报，即指挥各有关单位组织人员前往救助。终于11月22日完成救助，“边艺号”恢复航行。1991年5月，开辟万吨轮过驳减载作业，为停泊在东山湾三号锚地的远洋轮“汤阴轮”（载运11000吨水泥）减载7200吨。

1993年1月19日，“畅达605号”轮满载货物在漳浦红屿东南方发生尾轴断裂，停机后向南漂流20多海里。时，风力达8～9级，船体左右摇摆达40度。海监局闻讯，迅速调派“沪救9号”和“东英19号”轮前往抢救。历经4个多小时，将“畅达605号”轮安全拖进东山港维修。

三、应对“非典”疫情

2003年春，国内发生“非典”疫情期间，县口岸与海防办公室拟定防止“非典”应急预案，协调港口码头业主召开专题会议；分别在东山港区和冬古码头设立3间隔离观察室，配置防护设备。对进出口船舶船员实行登记检疫，对来自疫区的船舶进行彻底消毒，船员实行严格健康检查及申报制度。经过数月的严密防控，东山口岸没有发现“非典”病例或疑似病例。

第十六卷　综合经济管理

1989年后，东山县不断加强宏观经济管理，规划并实施重大经济结构调整，促进国民经济和社会事业全面发展。县计划部门先后编制实施“八五”至“十一五”东山县国民经济与社会发展计划纲要，制定实施年度国民经济与社会发展计划。承担建设工程项目招投标，抓好重点项目建设管理。2008年，全县国内生产总值51亿元，比1988年3.46亿元增长13.73倍；全社会固定资产投资182506万元比1988年7758万元增长22.52倍；三次产业比例,由1990年42.8:27:30.2调整为2008年33.1:37.9:29。

县统计部门先后完成全国第四次与第五次人口普查、第一次和第二次全国基本单位普查、全国农业普查、第三次全国工业普查、第三产业普查、全国经济普查、居民收入消费调查等各项普查与专项调查工作，为县委、县政府科学决策提供依据。

县物价部门加强价格管理，开展物价专项检查，控制价格上涨幅度，保持物价基本稳定。

工商行政管理部门努力整顿规范市场经营秩序，查处假冒伪劣商品，依法打击走私和不正当竞争。实施鼓励个私经济发展的系列优惠政策，促进个体、私营经济健康发展。开展经济合同签订、鉴证和“重合同、守信用”活动，加强商标和广告监管。开展守法经营、文明经商活动，设立保护消费者利益监督站、投诉服务设施。建设与改造市场，至2008年12月，主要农贸市场有12个，基本满足民众需求。

县技术监督部门加强市场商品质量监督，查处假冒伪劣商品。实施食品质量安全市场准入制度，执行企业“QS”认证。帮助企业制定产品标准，实行产品标准审定与监督。加强计量器具的监督，检定社会公用计量器具，开展计量执法专项检查，查处计量违法案件。

审计部门开展财政预算执行情况审计、财政金融审计、领导干部任期经济责任审计、行政事业企业审计、固定资产投资审计、专项资金审计、国际贷款项目审计等。通过审计，及时发现与查处违规行为。

土地管理部门推行土地使用权与所有权分离管理办法，建立土地执法监察网络，查处土地违法行为，维护被征地农民利益。强化用地审批，并实行土地使用权登记制度。开展国有土地使用权出让、转让、出租、抵押、入股等地价评估，举行土地拍卖活动。开展全民国土、国策观念和土地法制宣传活动，提高民众保护土地意识。

安全生产管理部门执行县政府《东山县安全生产责任目标考核办法》，建立安全生产制度，开展非煤矿山、危险化学品和烟花爆竹专项整治及隐患排查，对特种作业人员进行培训，开展安全生产月主题宣传教育活动，提高全民安全生产意识。

第一章　经济总情与计划管理

第一节　经济总量

一、国内生产总值

1989年，东山县国内生产总值38022万元。1990年，国内生产总值36715万元，人均国内生产总值2045元。1995年，国内生产总值116442万元，人均国内生产总值6036元。2000年，国内生产总值233468万元，比1990年增长5.35倍；人均国内生产总值11473元。2005年，国内生产总值326103万元，人均国内生产总值15499元。2008年，全县国内生产总值510897万元，比1989年增长12.43倍；人均国内生产总值23969元。

二、工农业总产值

1989年，东山县工农业总产值54100万元。其中，农业总产值27328万元，工业总产值26772万元。1990年，东山县工农业总产值55566万元。其中，农业总产值26013万元，工业总产值29553万元。1995年，东山县工农业总产值202302万元。其中，农业总产值95702万元，工业总产值106600万元。2000年，工农业总产值373393万元。其中，农业总产值178493万元，工业总产值194900万元。2005年，工农业总产值540543万元。其中，农业总产值225103万元，工业总产值315440万元。2008年，全县工农业总产值868534万元。其中，农业总产值302217万元，工业总产值566317万元。

三、固定资产投资

1989年，东山县社会固定资产投资12344万元。1990年，社会固定资产投资7478万元。1995年，社会固定资产投资42497万元，比1990年增长4.68倍。2000年，社会固定资产投资70500万元。2005年，社会固定资产投资71073万元。2008年，全县社会固定资产投资182506万元，比1989年增长13.78倍。

第二节　经济结构

一、产业比重

1990年，东山县三次产业比例为42.8:27:30.2。1995年，三次产业比例为43.8:28.1:28.1。2000年，三次产业比例为44.1:26.4:29.5。2005年，三次产业比例为38.3:31.2:30.5。2008年，全县三次产业比例为33.1:37.9:29。

二、工农（林牧渔）业总产值比重

1989年，东山县工农业总产值中，工业产值占49.49%，农林牧渔产值占50.51%。1990年，东山县工业产值占53.2%，农林牧渔业产值占46.8%。1995年，工业总产值占52.7%，农林牧渔业总产值占47.3%。2000年，工业总产值占52.2%，农林牧渔业总产值占47.8%。2005年，工业总产值占58.4%，农林牧渔业总产值占41.6%。2008年，全县工业总产值占65.2%，农林牧渔业总产值占34.8%。

第三节　人民生活

一、社会消费品零售总额

1989年，全县社会消费品零售总额12335万元。1990年13231万元，人均737元。1995年35624万元，比1990年增长1.69倍，人均1847元。2000年75257万元，比1995年增长1.11倍，人均3698元。2005年115398万元，比2000年增长53%，人均5485元。2008年180090万元，比2005年增长56.06%，人均8447元。

二、城乡居民储蓄存款余额

1989年，全县城乡居民储蓄存款余额4332万元。1990年5485万元。1995年22611万元，比1990年增长3.12倍。2000年60394万元，比1995年增长1.67倍。2005年119885万元。2008年180439万元，比1990年增长31.90倍。

三、城乡居民生活收支

（一）在岗职工平均工资

1990 年，全县在岗职工人年均工资 1669 元。1995 年 4112 元。2000 年 8568 元，比 1990 年增长 4.13 倍。2005 年 10868 元。2008 年 19323 元，比 1990 年增长 10.58 倍。

（二）城镇居民可支配收入

1990 年，全县城镇居民人年均可支配收入 1078 元。1995 年 3902 元。2000 年 6828 元，比 1990 年增长 5.33 倍。2005 年 8134 元。2008 年 11208 元，比 1990 年增长 9.40 倍。

（三）农民纯收入

1990 年，全县农民人均纯收入 1145 元。1995 年 2823 元。2000 年 4170 元，比 1990 年增长 2.64 倍。2005 年 5114 元。2008 年 7001 元，比 1990 年增长 5.11 倍。

（四）人均消费品支出

1990 年，全县人均消费品支出 737 元。1995 年 1847 元。2000 年 3698 元。2005 年 5485 元。2008 年 8447 元。

第四节　计划管理

一、“八五”计划纲要（1991—1995 年）编制与执行

（一）“八五”计划编制

1990 年，东山县计划委员会编制《东山县国民经济与社会发展“八五”计划纲要》。纲要总体设想是：发挥海岛资源优势，以创汇农业为基础，以外向型经济为导向，着力发展创汇农业、海洋水产业、出口轻工业、海港运输业和海岛旅游业，注重经济、科学、环境、社会事业等因素对社会进步的综合作用，逐步形成港口经济的中心地位，促进国民经济持续、稳定、协调发展。

（二）“八五”计划执行结果

全县经济实力明显增强。1995 年，全县国内生产总值 11.64 亿元，是 1990 年的 3 倍。人均国内生产总值 6036 元，人均财政收入 373 元，均居漳州市各县首位。经济发展格局实现从传统农业主导型向海岛资源开发延伸型转变。全县形成芦笋种植、对虾养殖、网箱养鱼、贝类增养殖及优质水果种植五大高优农业基地。以速冻、制罐为主的食品工业和以采砂、制砖为主的建材工业逐步成为全县工业的支柱行业，占总产值比重 60%以上。五年间，国务院和省政府先后批准设立东山经济技术开发区、一类对外开放口岸和旅游经济开发区，增设台轮停靠点，东山县全方位多层次开放格局基本形成。“八五”时期，全县累计引进外资项目 141 个，合同外资额 4.7 亿美元；实际利用外资 1.3 亿美元，是“七五”末期的 27 倍。1995 年，出口总值 4777 万美元，“八五”期间出口值年均增长 48.8%；1995 年，对台小额贸易 1278 万美元，占全市的 75%。“八五”投资 8 亿多元，开发以海滨观光度假为特色的一大批旅游项目，旅游业成为东山新兴的后劲产业，提高东山的外向度和知名度。1995 年，农民人均纯收入 2823 元，城镇居民人均生活费收入 3902 元，分别是 1989 年的 2.5 倍和 3.4 倍。社会消费品零售总额 3.56 亿元，比“七五”末期增长 1.69 倍；城乡居民人均住房面积分别为 13.7 平方米和 24 平方米，人民生活基本实现小康。

二、“九五”计划纲要（1996—2000 年）编制与执行

（一）“九五”计划编制

1995 年，东山县计划委员会编制《东山县国民经济与社会发展“九五”计划和 2010 年远景目标纲要》。纲要体现东山县海岛优势及旅游、港口、创汇、对台功能，突出对台对外经济贸易，优化发展以现代渔业为重点的第一产业，积极发展以食品、建材、电子为支柱的第二产业，大力发展以旅游贸易为龙头的第三产业。

（二）“九五”计划执行结果

全县国内生产总值五年翻 1.2 倍，年均增长 18.8%；2000 年达 233468 万元。主要经济指标人均水平继续位居漳州市各县前列。“九五”期间累计完成固定资产投资 32.4 亿元，相继建成大嵝跨海大桥、风力发电场、农网改造、八尺门至坑北路段改造、冬古 3000 吨级码头（含磙装泊位）、台轮专用码头等一批大项目。“九五”期间累计批准外商投资企业 91 家，实际利用外资 3.47 亿美元，出口总值 3.06 亿美元；以国企改革为重点的各项改革稳步推进。社会事业与经济持续发展，省级可持续发展综合实验区和全国科技兴海水产品精深加工示范基地挂牌运作，科技工作进入全国先进县行列。2000 年，科技进步贡献率达 48.8%；教育“两基”、初级卫生保健达标通过验收，环保目标考核居漳州市前茅。2000 年，城镇居民人均可支配收入、农民人均纯收入分别为 6828 元和 4170 元，是“八五”末年的 1.8 倍和 1.5 倍。

三、“十五”计划纲要（2001—2005 年）编制与执行

（一）“十五”计划编制

2000 年，东山县计划局编制《东山县国民经济与社会发展“十五”计划纲要》。纲要总体要求是：发挥海岛优势及旅游、港口、创汇、对台功能，体现“经济更上一层楼，基本实行现代化”的总体要求。目标是：经济综合实力居全市县级前列，市场经济基本建立，城乡一体化建设达新水平，人民生活水平和质量有大提高，社会文明程度与经济发展水平同步提高，健全、协调的社会发展体系初步形成。

（二）“十五”计划执行结果

全县综合实力显著增强。生产总值年均递增 9.5%。人均 GDP 超过 1.5 万元，位居漳州市各县前茅。社会消费零售总额年递增 8.7%，五年财政总收入年均增长 8%。工业总产值、农业总产值分别年均递增 11.7% 和 6%。基本形成全方位、宽领域、多层次的对外开放格局，外贸出口年均递增 12.4%。五年累计实际利用外资 2.3 亿美元。“十五”期间，全社会固定资产投资累计 25 亿元。教育教学质量稳步提高，先后获福建省“德育先进县”“实验教学普及县”“课改工作先进县”等称号。可持续发展有效推进，成为福建省唯一的国家可持续发展实验区，获“2001—2002 年度全国科技进步考核先进县”称号。健全三级医疗卫生网络，确保人人享有初级卫生保健。人口与计生工作连续七年保持全省“一类先进县”称号。环保巩固提高“一控双达标”成果，全面完成县长环保责任目标，《东山县国家级生态示范县建设总体规划》通过国家环保总局评审。获“全国双拥模范县”称号。城镇居民可支配收入和农民人均纯收入 5 年年均增长分别为 4.1%和 4.2%。

四、“十一五”计划纲要（2006—2010 年）编制与执行

（一）“十一五”计划编制

2005 年，东山县发展和改革局编制《东山县国民经济与社会发展“十一五”计划纲要》。纲要体现积极参与建设海峡西岸经济区，实施“工业立县、海洋富县、旅游兴县、港口强县”的发展战略，把东山建成福建省优质水产品供应基地、闽台经贸文化合作交流基地、海峡西岸海洋旅游休闲度假基地。使之成为产业特色突出、综合实力提升、对外开放领先、人文生态和谐的新型生态港口旅游城市。目标是：全县地区生产总值年均递增 10%。森林覆盖率达 31.3%以上，城区绿化率达 30%。城镇居民人均可支配收入年均递增 6%以上，农民人均纯收入年均递增 5%以上。

（二）“十一五”计划执行结果

2008 年是实施“十一五”计划纲要的第三年，全县生产总值 510897 万元；第一、二、三产业结构比例为 33.1∶37.9∶29。全县工业总产值 566317 万元，比 2007 年增长 17.2%；外贸出口 2.97 亿美元，比 2007 年增长 78.5%。财政总收入 32068 万元，其中地方级财政收入 21685 万元；全社会固定资产投资 182506 万元；城镇居民人均可支配收入 11208 元，农民人均可支配收入 7001 元。

第五节　机　构

一、行政机构

1989 年，沿设县计划委员会，负责全县国民经济和社会发展宏观调控。设主任 1 人、副主任 2 人，内设政工科、综合科、计划科、基建科，工作人员 11 人。下设东山县电子计算站，工作人员 2 人。1997 年 10 月，改称县计划局，负责实施产业政策、国土规划制定等。设局长 1 人、副局长 2 人，内设办公室、综合规划股、投资管理股、经济发展股、社会事业股；全局有工作人员 11 人。2003 年 5 月，改称县发展计划局。2005 年 7 月，改称东山县发展和改革局，内设办公室、综合规划股、投资管理股、社会事业股，编制 8 名。2008 年 12 月，内设机构不变，有工作人员 9 人。

二、事业单位

1997 年 12 月，成立东山县经济信息中心，为县发展和改革局下辖事业单位，工作人员 5 人。2008 年 12 月，有工作人员 4 人。

第二章　统计管理

第一节　统计业务

一、常规统计

1989—2008 年，县统计部门延续做好全县统计数据基础工作，健全原始记录、台账和数据采集、审核、汇总、上报等制度，认真审核 GDP、工业增加值、固定资产投资、社会消费品零售总额和农业生产监测等主要统计数据，确保数据质量。根据国家、省、市有关规定执行月报、季报和年报等统计报表制度。

二、专项调查统计

（一）人口普查

1. 第四次全国人口普查　1989 年 6 月开始，县境开展第四次全国人口普查，完成全县人口调查、入户登记、资料审核、数据录入等，普查结果经省、市人口普查部门验收。至 1990 年 7 月 1 日零时，全县总户数 39288 户（其中家庭户 39038 户），总人口 182967 人（家庭户 178721 人），其中男 91952 人，女 91015 人，性别比为 101.03%。总人口中，汉族 182931 人，占总人数 99.98%；少数民族 36 人，占总人口 0.02%。平均每个家庭户人口为 4.58 人。各种文化程度人口 115562 人，占总人口的 63.16%；占 6 周岁以上人口的 71.66%。其中，大专及以上文化程度 975 人、高中（含中专）9881 人、初中 28186 人、小学 76520 人。文盲人口 45685 人，占总人口的 24.97%；占 6 周岁以上人口的 28.33%。而后，对第四次人口普查资料进行整理加工。1992 年，编辑出版《福建省东山县 1990 年人口普查资料》。

2. 第五次全国人口普查　1999 年 6 月，县境开展第五次全国人口普查，完成全县人口调查、入户登记、资料审核、数据录入等。普查结果经省、市人口普查部门验收。至 2000 年 11 月 1 日零时，全县总户数 51052 户（其中家庭户 50076 户），总人口 206152 人（家庭户 201666 人），其中男 103689 人，女 102463 人，性别比为 101.20%。总人口中，汉族 206019 人，占总人数 99.94%；少数民族 133 人，占总人口 0.06%。家庭户平均人口 4.03 人。各种文化程度人口 168834 人，占总人口的 81.89%；占 6 周岁以上人口的 87.55%。其中，大学及以上 815 人、大专 3128 人、高中（含中专）18098 人、初中 53253 人、小学 93540 人。文盲人口 24016 人，占总人口的 11.64%；占 6 周岁以上人口的 12.45%。而后，对第五次人口普查资料进行整理加工，2002年编辑出版《福建省东山县2000年第五次人口普查资料》。

（二）第三产业普查

1993年，县境首次开展全国第三产业普查。普查对象为除农业、工业与建筑业之外的所有行业；时间范围为1991年与1992年东山县第三产业现状。1995年10月，完成资料审核、汇总并编辑出版《福建省东山县第三产业普查资料（1991—1992)》。据查，1992年，全县从事第三产业的单位共7781个，从业人员23691人；年末,固定资产原值76301万元。其中，农林牧渔服务业单位24个，从业人员268人；地质勘查、水利管理业单位3个，从业人员41人；交通运输、仓储及邮电通信业单位2152个，从业人员4316人；批发和零售贸易、餐饮业单位4301个，从业人员9633人；金融保险业单位52个，从业人员615人；房地产业单位36个，从业人员81人；社会服务业单位1213个，从业人员8737人（其中居民服务业494个，从业人员836人，有理发美容化妆业、沐浴业、洗染业、摄影业及广告复印业等）。

(三)工业普查

1995年，县境开展第三次全国工业普查。普查对象为全部工业企业，重点是国有企业、乡镇企业和外商投资企业。普查的主要内容为1995年工业生产经营基本情况(包括生产、销售、库存和成本、费用、价格、盈利等情况)，资产负债状况及其构成，生产能力利用及技术装备状况等。1996年12月，完成全部工业普查资料的审核和数据处理工作。1997年4月，编辑出版《福建省东山县第三次全国工业普查资料汇编》。

（四）基本单位普查

1996年，县境开展第一次全国基本单位普查，普查对象为1996年度县境内除农户和个体经济以外的所有法人单位和产业活动单位，包括各类企业法人、事业单位法人、机关法人、社会团体法人和基层群众自治组织以及从事农业、工业、建筑业、交通运输业、批发零售贸易业、餐饮业、服务业等社会经济活动的产业活动单位。普查内容为单位的基本信息（包括单位代码、名称、法定代表人或负责人、单位所在地、通讯号码等)、主要属性（包括行业类别、经济类型、隶属关系、主管部门、企事业机关划分等)、基本经济活动（包括正式开业时间、营业状态、从业人员数、企业实收资本、生产经营用固定资产、营业收入等）和其他信息（包括执行会计制度种类、产业活动单位数、产业活动单位归属法人情况等）。

2001年8月，开展第二次全国基本单位普查。普查对象为2001年度全县农业、工业、建筑业、交通运输业、批发零售贸易业、餐饮业、服务业等社会经济活动领域的产业活动单位，以及境内除城乡住户和个体工商户以外的所有法人单位。

（五）农业普查

1997年，县境开展第一次全国农业普查。普查对象为县域内各类农业生产经营单位、农村住户、乡镇企业、行政村和乡镇；普查资料所属时间为1996年度。普查内容包括农业生产经营单位的数量、规模和结构；农业生产性固定资产的数量、结构和性能；农村劳动力的数量、单位、从事的行业和流动情况；乡镇企业和建制镇的基本情况。1999年5月，完成资料审核、汇总并编辑出版《中国第一次全国农业普查东山县数据资料汇编》。

2007年，开展第二次全国农业普查，资料为2006年度。普查后，开展资料审核、汇总并出版《东山农业普查资料2006年》。

（六）税源普查

1998年3月，县境开展福建省地方性税源普查。普查对象为县域内具有纳税义务、实行独立核算的各类企事业单位。普查的主要内容为1996年、1997年各纳税单位的基本属性、经济活动及纳税情况（不包括城乡个体经营户，调查年度没有从事生产、销售及其他经营活动的企事业单位也不列入普查范围)。普查时间点为1997年12月31日。普查结果：1997年全县纳税单位433个（不含个体)，实纳税额5452万元。1999年6月，完成资料审核、汇总并编辑出版《东山税源普查资料》。

（七）经济普查

2004年，县境开展第一次全国经济普查。普查时间为2004年度；对象为在境内从事第二产业和第三产业的全部法人单位、产业活动单位和个体经营户。普查的内容涉及单位的基本标识、属性指标、基本状态、财务状况和生产经营状况等，以及个体经营户的基本指标。

2008 年 5 月，开展第二次全国经济普查，标准时间为 2008 年度。普查对象是境内从事第二、第三产业的全部法人单位及产业活动单位和个体经营户。范围包括采矿业、制造业、电力燃气及水的生产和供应业、建筑业、交通运输仓储和邮政业、信息传输计算机服务和软件业、批发和零售业、住宿和餐饮业、金融业、房地产业、租赁和商务服务业、科学研究技术服务和地质勘查业、水利环境和公共设施管理业、居民服务和其他服务业、教育、卫生社会保障和社会福利业、文化体育和娱乐业，以及公共管理与社会组织等。普查的主要内容包括单位基本属性、从业人员、财务状况、生产经营情况、生产能力、能源消耗、科技活动情况等。普查后，对资料进行审核、汇总。

（八）全国 1%人口抽样调查

2000 年，第五次人口普查时，县统计部门开展全国 1%人口抽样调查，并对资料进行审核、汇总上报。

（九）居民收入消费调查

1989 年，继续对城乡居民收入消费状况进行抽样调查（全县 120 户，其中农户 70 户、城镇 50 户），并将调查资料编入年度统计年鉴。调查样本每四年更换一次。1995 年，全县农民人均纯收入 2823 元，农民人均生活消费支出 2705 元；城镇居民人均可支配收入 3697 元，城镇居民人均生活消费支出 3171 元；城镇单位职工平均工资 4112 元。2004 年起，东山县被省统计部门定为省级城乡居民收入消费调查布点单位，在陈城镇山东村和澳角村、樟塘镇下湖村、杏陈镇大嵊村、前楼镇径里村、康美镇东沈村、西埔镇双东村设农民收支调查户，共 70 户。在西埔镇白石社区、龙舞社区和铜陵镇桂花社区设城镇居民收支调查户，共 50 户。2005 年，根据调查，全县农民人均纯收入 5114 元，比 1989 年增加 2.8 倍；人均生活消费支出 3265 元；城镇居民人均可支配收入 8134 元，人均生活消费支出 7209 元；城镇单位职工平均工资 10901 元。2008 年，根据调查，全县农民人均纯收入 7001 元，人均生活消费支出 4633 元；城镇居民人均可支配收入 11208 元，人均生活消费支出 8832 元；城镇单位职工平均工资 19323 元。

1989—2008 年东山县人均收入与消费水平抽样调查表

表 16-1　　　　单位：元

年份	农民人均		城镇居民人均		城镇在岗职工人均
	纯收入	生活消费支出	可支配收入	生活消费支出	工资收入
1989	1340	1103	—	—	1569
1990	1145	955	1148	1038	1669
1991	1407	980	1458	1336	1765
1992	1361	893	1562	1438	1959
1993	1759	1164	2210	2048	2197
1994	2145	1366	2943	2793	3259
1995	2823	2705	3697	3174	4112
1996	3153	2654	4163	3849	4869
1997	3395	2502	5086	4316	5138
1998	3793	2345	5650	4337	6425
1999	4008	2800	6322	4808	7894
2000	4170	2688	6828	4943	8568
2001	4212	1867	6736	5396	8868
2002	4199	2174	6790	5318	9285

续表 16-1

年份	农民人均		城镇居民人均		城镇在岗职工人均
	纯收入	生活消费支出	可支配收入	生活消费支出	工资收入
2003	4408	1999	7105	5828	9461
2004	4729	2095	7547	6205	10013
2005	5114	3265	8134	7209	10901
2006	5529	3760	8833	7217	12039
2007	6226	4077	9966	7763	15479
2008	7001	4633	11208	8832	19323

第二节　统计监督与服务

一、统计监督

1989 年后，东山县统计局根据《中华人民共和国统计法》，由县人大、县纪委、县政府办公室等派员组成执法检查队伍，定期深入统计机构检查统计数据填报情况，发现问题及时整改，对虚报、瞒报、伪造篡改统计资料的行为，及时进行纠正，对情节严重的进行立案查处，保证统计数据准确。此后，每年都组织开展统计检查工作。至 2005 年，累计立案 20 起，警告 28 起，经济处罚 9 起。

2006—2008 年，县统计部门立案违反“统计法”案件 14 起。其中警告 13 起，经济处罚 10 起。

二、统计服务

1989—2008 年，县统计部门按期完成《东山县统计年鉴》编印；开展统计分析调研，组织统计人员撰写调研文章，配合经济部门开发利用统计数据；向各级党政部门提供各项经济运行信息，分析经济运行态势。对上年度统计资料进行分类、整理、审核后，以内部资料形式印制。至 2008 年，县统计部门编印《东山县统计年鉴》共 11 本。

第三节　机　构

一、行政机构

东山县统计局　1989 年，沿设县统计局。设局长 1 人、副局长 2 人，内设办公室、核算综合股和工业贸易社会股，下辖县农村社会经济调查队，有工作人员 12 人。1990 年 4 月，增设县城市社会经济调查队。2003 年 5 月，核定行政编制 6 人。2004 年，增设县统计普查中心。2008 年，内设办公室、核算综合股和工业贸易社会股，下辖县农村社会经济调查队、县城市社会经济调查队、县统计普查中心，局工作人员 8 人。

二、事业单位

（一）东山县农村社会经济调查队

1989 年，沿设县农村社会经济调查队，为副科级事业单位，负责全县农村社会经济统计调查工作。内设综合股和业务股，编制 4 人。2008 年 12 月，有工作人员 2 人。

（二）东山县城市社会经济调查队

1990 年 4 月，设立县城市社会经济调查队，为副科级事业单位，负责城市社会经济调查工作，设价格调查股和住户调查股，编制 6 人。2008 年 12 月，有工作人员 5 人。

（三）东山县统计普查中心

2004 年，设立县统计普查中心，为股级事业单位，负责大、中型普查工作，编制 2 人。2008 年 12 月，有工作人员 1 人。

第三章　审　计

第一节　机关企事业单位审计

一、领导干部任期经济责任审计

1999 年，县审计局根据《县级以下党政领导干部任期经济责任审计暂行规定》和《国有企业及国有控股企业领导人员任期经济责任审计暂行规定》，开展对县直机关（区）、乡镇科级主要领导和国有企业负责人任期经济责任审计。至 2005 年，审计县直机关、乡镇主要领导和国有企业负责人共 82 人，查出违规金额 895 万元，管理不规范金额 2153 万元，处理上缴县财政金额 386 万元。

2006—2008 年，审计县直机关、乡镇主要领导人和国有企业负责人共 32 人，查出违规金额 1619 万元，管理不规范金额 3672 万元，处理上缴县财政金额 193 万元。

二、行政事业审计

1989 年，县审计局延续对行政事业单位年度财政财务收支进行定期审计。重点审查资金分配、预算收入及罚没收入情况，主要监督乱收费、乱罚款、乱摊派及未按规定上缴预算收入行为；制止铺张浪费、挤占专项资金行为，查处截留财政收入和违反“收支两条线”政策规定等行为。是年，查处 5 个单位擅自购买专控商品，查罚应缴财政金额 0.62 万元。后，年年实施行政事业单位审计。2005 年，审计行政事业单位累计 404 个，查处违规违纪金额 2057.31 万元、管理不规范金额 3960.31 万元，处理上缴县财政 701.16 万元。2006—2008 年，实施行政事业单位审计 31 个，查处违规违纪金额 972 万元，管理不规范金额 2163 万元，处理上缴县财政 67 万元。

三、企业审计

1989 年，县审计局根据上级审计机关授权对中央企业审计，重点审计企业资产、负债、损益等情况，审计金额 150 万元，查出违纪金额 2.01 万元，调账处理 1.94 万元，上缴财政 0.07 万元。1990 年，对县部分重点企业实行定期审计制度，结合承包经营责任审计，共查出违纪金额 14.59 万元，上缴财政 4.16 万元。是年，对承包经营企业进行第一轮承包终结审计。2005 年年末，累计审计企业单位 117 家，查出违规金额 525.26 万元、管理不规范金额 2103.85 万元，处理上缴县财政金额 519.63 万元。2006—2008 年，审计企业单位 9 家，查出违规金额 675 元，管理不规范金额 1876 万元，处理上缴县财政金额 71 万元。

第二节　基建与专项资金审计

一、固定资产投资审计

（一）基建投资项目审计

1989 年，县审计部门对停缓建的基建项目进行跟踪审计和自筹基建项目的事前审计。是年，审计缓建的基建项目 1 个，自筹基建项目的事前审计 10 个，总投资 1724 万元，建筑面积 21614 平方米。此后，至 2008 年，每年均开展基建项目审计 5～10 个。

（二）重点项目审计

2006 年，县审计局开展县重点项目工程财政性资金投资固定资产投资审计，重点检查项目建设程序合法性、工程造价真实性、项目投资效益等。至 2008 年，共审计固定资产投资重点工程项目 6 个，审查金额计 5487 万元。

二、专项资金审计

1989 年，县审计局继续开展专项资金审计，审计项目为县社会保障资金、国土专项资金、农业林业专项资金、教育经费等。重点审计有否违规使用资金、资金滞留闲置、管理不规范造成损失浪费等。至 2005 年，共审计 26 件次，审查专项资金总额 18569 万元，查出违规金额 372.84 万元。2006—2008 年，开展专项审计与调查共 9 次，审查专项资金总额 13786 万元，查出违规金额 265 万元。

三、国际贷款项目审计

1990 年，县审计局根据上级审计机关制定的方案，对世界银行贷款项目的运用效益、是否执行国家关于世界银行贷款的规定进行审计，审计金额 1237 万元，其中外汇人民币 588 万元。1999 年，受省审计厅委托授权，对东山县利用世界银行、亚洲开发银行的贷款项目资金进行审计。审计内容为配套资金到位和使用情况。县内使用世界银行贷款项目单位有县海魁水产集团有限公司、县水产综合厂及卫生部门的结核病项目；使用亚洲开发银行的贷款有县水土保持项目。通过审计，反映项目资金在筹集、管理、使用中存在的问题，查处了违规改变资金用途、配套资金不到位等行为。

第三节　同级财政审计

一、财政金融审计

（一）财政资金审计

1989 年，县审计局继续开展财政资金审计，项目有财政专项资金、部门财政资金收支、乡镇财政决算。1995 年，财政资金审计项目不变。1996 年后，财政审计资金总额占当年预算资金总额 70%以上。至 2008 年，每年均开展财政资金审计工作，发现问题及时纠正。

（二）金融审计

1989—2008 年，县审计局受省市审计部门委托，开展金融审计。被审计的金融单位有县工商银行、建设银行、农业银行、中国银行、人民银行、财产保险公司、人寿保险公司、农村信用合作联社等，审计项目为资产、负债、损益情况。每年均审计 2～3 家银行。通过审计，及时发现、纠正金融系统存在的挤占成本、违规列支管理费等问题。

二、财政预决算执行情况审计

1995 年，县审计局贯彻《中华人民共和国审计法》，完成财政“同级审”1～9 月份预算执行情况审计。此后，每年均开展本级财政预决算执行情况审计，并向县政府提供、向县人大常委会提交同级财政预决算执行情况及其他财政收支审计情况报告。审计重点为财政局、地税局、地方金库等部门的预决算执行情况和财政周转金、各种预算外资金的收支和管理情况。至 2005 年，审计项目 107 个，查出违规金额 1854.26 万元，管理不规范金额 12563.24 万元，处理上缴县财政金额 686.36 万元。向县政府提供、向县人大常委会提交审计结果报告各 20 篇，提出合理化建议 43 条。通过审计，应缴未缴财政预决算款、未严格执行“收支两条线”、财政资金滞留闲置、违规改变资金用途等问题得到整改。2006—2008 年，对本级财政预算执行情况审计项目 27 个，查出违规金额 1182 万元，管理不规范金额 4573 万元，处理上缴县财政金额 358 万元。

第四节　机　构

一、行政机构

东山县审计局　1989 年，沿设县审计局。设局长 1 人、副局长 2 人，内设综合股、工交审计股、商粮贸审计股等，有工作人员 13 人。1995 年，内设机构为综合审计股、商粮贸审计股、工交审计股、财金审计股、行政事业审计股。1998 年，改设综合股、企业股、财金股、行政事业股、投资股。2003 年，核定编制人员 14 人,内设办公室、行政事业股、财政金融股、经贸投资股和经济责任股。2008 年，县审计局设局长 1 人、副局长 2 人，在职干部职工 17 人，其中大学本科 6 人、大专 2 人，7 人具有审计师职称。

二、挂靠机构

东山审计师事务所　1989 年，沿设县审计师事务所，挂靠县审计局，负责为外资企业注册资金验证，建设项目立项及开工前审计,并为乡镇集体企业及事业单位审计查证提供服务。有工作人员 6 人。1995 年，改称东山审计师事务所。1999 年 8 月，改制为社会服务机构，县审计机关负责对其业务实施监督。

第四章　工商行政管理

第一节　市场管理

一、市场日常管理

（一）集贸市场管理

1989 年，县工商部门继续贯彻“放而有度，管而有法，活而有序”原则管理集贸市场。支持国有、集体商业进市场交易，推行规范管理，建民主监督台，实行明码标价，落实卫生管理制度。1992 年，全县集贸市场成交额 9874 万元，比 1991 年增长 15%。1995 年，以市场物价调节为重点，推行明码标价，查处掺假伪劣及短斤少两行为。在市场设举报箱和举报电话，接受消费者对价格违法行为的举报。1996 年，县政府制定《东山县规范化市场建设实施意见（10 条）》，以铜陵人民市场为规范化市场建设试点，开展无售假冒商品活动，实施电子秤，取消木杆秤。之后，在各市场推广实施。1998 年，建立市场三级巡查制度，设立办事大厅，整治市场摊店环境。1999 年，各工商所设立内务组、检查中队，划分责任区，建立监督卡，各所对辖内各类企业、个体工商户建立经济户口档案，建立日常巡查制度，对市场主体的交易行为实行动态监督。2002 年，制定《东山县工商局综合监管实施方案》，设立“三簿三档”（巡查记录簿、12315 消费者投诉记录簿、查处违章违法记录簿，辖区经营户监管档案、违章违法案件档案、信用管理体系档案）的统一归档管理形式。2003 年，县工商局与市场开办单位签订《市场监督责任书》及承诺制度，至 2008 年延续这一制度。

（二）经营秩序整顿

1989 年，对违章搭盖或占道经营进行治理，查处无证经营。当年，在铜陵镇东澳路、东亭路、团结路等主干道两侧，拆除非法占道经营的小铁房 87 间；在西埔新城路两侧取缔无证经营户 62 户。1995 年，成立由县工商局负责的控价指导小组，与县物价部门合作，在全县各市场对个体工商户实行明码标价监督检查，查处短斤少两等违法行为。1999 年，继续依法打击商业欺诈和不正当竞争等各种扰乱市场秩序的违章违法行为。设立举报电话，在县有线电视台设立《消费者之窗》和《12315 在您身边》栏目。对查处的案件及时曝光，整顿市场秩序。2004 年，开展“无照经营查处月”活动，共检查各类市场主体 956 户，取缔无照经营 150 户。开展打击经营假冒、过期、不合格的食品专项检查。此后，至 2008 年，整顿市场经营秩序成为常态。

（三）食品、副食品经营监管

1989 年，县域放开集贸市场食品、副食品经营。县工商部门开始对集贸市场经营食品进行监管，查处假冒、伪劣等行为，保证食品安全。2000 年，把副食品进货渠道作为对市场经营户的监管重点，查处 5 起不合格肉蔬案件，案值 2.6 万元；查处质量低劣食品经营户 30 户，案值 56 万元。加强对批发市场、生产加工点、冷冻储存库进货源头和流通渠道监管，共检查冷冻食品和食品生产加工经营户 45 户，查处违法案件 35 起，查获不合格冷冻食品 260 公斤。同时，检查饮料经营单位 252 家（户）次，立案查处销售假冒伪劣、过期的饮料食品案 15 起，取缔非法制售假冒点 2 个。2001 年，治理餐桌污染，检查肉禽、水产品经营摊 1014 摊次，肉类食品加工厂、冷冻企业 7 家，用残留农药速测卡检测蔬菜经营摊点 346 摊次，查处违法经营案件 13 起，取缔无证经营户 2 户。2003 年，对食品经营实施监控，建立企业、经营户产品进销台账，实行日报制度。2004 年，与经营者签订食品安全承诺书 392 份，由经营者自查申报食品经营状况。2008 年，县工商行政管理局推进经营者签订食品安全承诺书 455 份，集贸食品监管成为常态。

二、市场专项检查整治

（一）文化市场检查

1989 年，县工商行政管理部门继续开展以“扫黄打非”为主的专项检查，查处盗版、非法出版物及淫秽刊物、录像、录音制品。1990 年，查缴非法出版物 3100 册，淫秽、盗版录像带 2150 盒。1996 年 8 月 1 日至 9 月 30 日，对铜陵、西埔地区的国有、集体、私营企业的名牌匾、广告牌进行清理，纠正不良名称 18 户。1998 年，开展清理“文化垃圾”活动，出动 138 人次，对全县文化市场进行突击检查，查处淫秽、盗版 VCD 光盘 2660 件，配合县公安、县文化局对全县 13 户娱乐企业进行检查。2001 年，对全县 28 户互联网上网服务场所进行检查，其中 23 户具备条件给予登记，5 户违规的给予处罚并取缔；对 13 户持有电子游戏机经营许可证的个体工商户重新办理许可证。当年 11 月，与公安部门联合开展歌舞娱乐场所及公众聚集场所的检查，共查处违法案件 58 起，责令停业整顿 3 户，没收盗版影碟 2 万盒、盗版书刊 1300 册。2002 年，检查“网吧” 40 户，取缔非法经营户 16 户；检查书摊、书店、录像店共 50 户，查获盗版光盘 5000 张、书刊 100 本。2008 年，开展文化市场专项整治检查，加大力度打击文化产品盗版侵权行为。

（二）医药市场检查

1990 年，县工商行政管理部门检查医药经营单位 252 家次，查处假冒片仔癀 21 粒，非法进口药品 385 件。1996 年，开展保健品市场打假活动，检查保健品经营点 385 个、仓库 35 处，捣毁制假窝点 5 处，查获假货案值 75 万元。2001 年，对全县医疗机构和药品经营单位 83 家进行检查，立案查处 16 家，没收过期、变质、假药（价值 8400 元），发出整改通知书 11 份。此后至 2008 年，每年均开展药品、保健品专项检查。

（三）食品饮料安全检查

1989 年，县工商行政管理部门继续对食品饮料市场进行专项检查，检查经营点 100 多个、仓库 15 家，捣毁制售假窝点 7 处，查处违法违规案件 14 起，案值 10 万元。查获假冒青岛啤酒 1674 瓶、假劣饮料罐头 4000 瓶、假劣儿童棒棒冰 1 万瓶。2001 年，对全县中小学校周边的摊点进行清理整顿，查获各种假冒伪劣饮料 9100 箱，假冒名酒 500 瓶。2002 年，检查经营单位 252 家（户）次，查处违法违规案件 15 起，取缔制假窝点 2 个。2008 年，加强副食品生产加工环节、食品流通消费环节的安全监管。

（四）生产资料市场检查

1989 年，延续开展农资市场检查。1996 年 3 月，在农资市场专项检查中，检查农资经营户 88 户，查处假农药、假化肥经营户 16 户、假化肥 30 吨、假农药 452 瓶。1997 年春，开展以打击假化肥、假农药、假种子为重点的农村市场检查，检查农资经营者的经营资格、经营方式、经营范围、商品质量、计量价格和进货渠道。检查经营户 70 户，查处违法违规案件 17 起，案值 17 万元，罚款 4 万元。查获假冒化肥 8 吨、假农药 2 吨。2001 年，组织 3 次农资市场集中检查，检查经营户 70 户，查处售假农资案件 16 起，查获假化肥、农药价值6000元。此后至2008年，每年均开展生产资料市场专项检查。

（五）粮食市场专项检查

1998年，成立县粮食稽查大队，开展粮食市场专项检查。配合相关部门，出动400多人次，检查粮食经营户295户，查处粮食经营违法案件2起。2001年，检查粮食经营企业、经营户120户，查处违法违规案件11起。此后，每年均开展专项检查，2008年，在节假日期间组织开展粮食经营户专项检查。

（六）汽车配件市场整治

2001年，整治汽车配件市场，查获不合格摩托车、汽车配件571件（套）；立案查处13起。2002年，开展非法拆解拼装机动车辆专项整治，检查汽车零部件经营户253户，查获不合格摩托车配件242件(套)。此后，每年均开展不定期检查整治。

（七）商品流通渠道专项整治

2002年，开展集贸市场进货源头和流通渠道专项整治，检查、整治批发经营、生产加工点、冷冻储存库等。检查冷冻、生产加工食品经营户45户，查处违法违章案件35起，查获不合格冷冻食品260公斤。此后，每年均开展不定期检查整治。2008年，组织开展农村集贸市场、城镇集贸市场、超市等专项检查。

（八）烟花爆竹专项整治

2003年，开展烟花爆竹专项整治，落实烟花爆竹专营制，检查经营户56户，查扣违规销售烟花爆竹2.5吨。此后，每年均开展专项检查。2008年，无查到违规者。

三、文明集贸市场创建

1989—1995年，县工商部门不断开展创建文明集贸市场活动。与县公安、卫生等部门及个体协会协调，从制度、规范、文明等入手，定点画线、划行归类；建民主监督台，推行亮证经营、明码标价，落实卫生管理制度，推进文明集贸市场建设。1995年，铜陵人民市场、西埔中心市场、铜陵桂花市场被评为县文明单位。1998年起，开展创建“十佳”和“十优”市场活动，建立市场三级巡查制度，开展“文明经营户”评选。至2008年，评选一批文明经营户、“十佳”和“十优”市场。

第二节　企业登记管理

一、企业登记注册

1989年，县工商管理部门延续开展工商企业登记注册，建立企业档案。是年，年检企业440家，其中三资企业14家。全年新登记个体工商户340户，从业人员472人；私营企业21家，从业人员302人。1990年，全县发放工商企业执照823家，注册资金8041万元。其中，重新换照818家，法人变更登记5家；营业登记3家，新办企业7家，注销10家。1991年，换发企业法人营业执照188家，营业登记154家；新办法人企业30家，办理企业法人变更登记43家。1992年，制定“放宽搞活”措施，简化审批手续，放宽审批条件。实行“八项放宽”政策（放宽企业名称限制，放宽生产经营范围，放宽经营方式，放宽执照副本数量，放宽企业开办条件，放宽从业人员规定，放宽群众集资办集体企业条件，放宽一次性经营条件），对受理、审查、核准、发照实行“一条龙”服务。至年末，全县有国有企业、集体企业、三资企业、私营企业和个体工商户共1100家，注册资金18483万元。

1993年，县委、县政府制发《加快我县个私经济发展的若干意见》，在企业登记管理中实行“先发展、后规范，先发照、后补证”办法。全年，新登记开办个体工商户548户，从业人员940人，注册资金642万元。1995年12月，全县内资企业共514家，注册资金11201万元；全年新办有限责任公司19家，注册资金6257万元；变更登记72家，注册登记18家；年检内资企业499家，占内资企业总数98%；对15家未年检企业给予警告和罚款。当年，全县外资企业共139家；新登记外资企业12家，注册资金7205万美元；年检外资企业115家，占应年检外资企业数的82.7%；对长期不参加年检或中止履行合同约定的外资企业注（吊）销24家营业执照。1996年，根据《中华人民共和国公司法》《中华人民共和国公司登记管理条例》，审查各类企业和法人代表资料。全年办理有限责任公司 11 家，注册资本 1027 万元；对 1995 年办理的 25 家有限责任公司和股份公司进行重新登记。年检 1995 年度登记注册的私营、内资、外资企业 108 家。2000 年，办理各类企业注册登记 555 家（户）。其中，办理个体户 515 户，注册资金 3025 万元；办理外资企业注册 9 家，注册资金 1047 万美元；办理内资企业注册 31 家（其中企业法人 5 家，营业登记 26 家）；办理内资企业变更登记 56 家。2002 年，注重审查个体私营工商户企业登记注册材料工作，重点审核法定代表人、经营场所、注册资金的真实性，回访新办企业。全年新注册登记个体工商户 504 户。2003 年，实行企业实地年检，建立企业基本信息数据库和市场信用评价体系。全年建立外资企业 85 户、内资企业 712 户和个体工商户 3901 户的基本信息档案。2008 年，注册登记的内资企业 13 家，注册资本 4995 万元。其中，国有企业 3 家，注册资本 4980 万元；集体企业 1 家，注册资本 15 万元；公司 3 家，注册资本 4980 万元。

2008 年 12 月，全县内资工商企业注册登记 839 家（其中企业法人 265 家），注册资本 185756.47 万元。其中,国有企业 46 家，注册资本 30329 万元；集体企业 597 家（其中企业法人 166 家），注册资本 10394.28 万元；股份合作企业 5 家（法人户），注册资本 14602.69 万元；有限公司 64 家（均属法人），注册资本 129678.22 万元；其他企业 127 家，注册资本 752.28 万元。全县外资工商企业注册登记 128 户，投资总额 66118.91 万美元，注册资金 35660.05 万美元，雇工 10012 人。全县私营工商企业 854 家，雇用工人 10541 人，注册资金 299430.42 万元。全县注册登记的个体工商户 2104 家，从业人员 4852 人，资金 2576.59 万元。

二、企业整顿

1989 年初，成立县清理整顿公司领导小组，对 1986 年至 1988 年成立的 34 家企业公司进行清理。重点整顿党政机关、群众团体和离退休干部开办的公司和违法倒卖重要生产资料、紧耐用消费品公司。通过整顿，保留续办 30 家（其中改变经济性质的 2 家），撤销 4 家。是年下半年，贯彻国务院《关于进一步清理整顿公司的决定》，重新对 88 家公司进行整顿。至 1990 年 5 月，经整顿保留续办 76 家，撤并公司 12 家。其中降格 5 家，注销 7 家。4 家党政机关单位在公司企业入股（全额 20 万元）、39 名党政干部投资入股（全额 3.9 万元）及离退休干部在企业或公司兼职的，全部办理退股或脱钩手续。处理 24 家注册资金与实际资金严重不符的公司，查处偷税漏税案件 24 起、违章经营 2 起，协助公司清理债权、债务 54.6 万元。1991 年，清理整顿全县商业批发企业。商业批发企业由原来的 317 家调整为 117 家，撤销商业批发权企业 200 家。此后，没有专项开展批发企业清理整顿。

第三节　经济合同管理

一、合同签订与鉴证

1989 年，县工商管理部门延续开展经济合同法规宣传、咨询服务，指导企业做好经济合同签订。帮助 16 家企业建立经济合同管理网络，鉴证经济合同 4 份，标的金额 8.5 万元。当年，全县评出 1988 年度“重合同、守信用”单位 36 家。1990 年，推行经济合同示范文本制度和合同鉴证。1991 年，运用监督、检查等方式，促进经济合同当事人自觉依法签订、履行、变更、解除经济合同和承担违约责任。1992 年，开展建筑安装和装潢、房地产开发企业合同管理。当年，办理鉴证建筑工程承包合同 24 份、标的金额 1280 万元。1991—1995 年，鉴证各类合同 391 份，标的金额共 29234 万元。1997 年，贯彻《中华人民共和国担保法》，开展抵押物登记工作。全年受理企业动产抵押物登记 30 笔、价值 3322 万元，被担保主债权 1650 万元。1996—2000 年，县工商管理部门共登记合同 998 份、标的金额共 34235 万元。1997—2000 年，县工商管理部门登记抵押动产 67 笔，抵押物评估值共 14473 万元。2002 年，鉴证合同 511 份，标的金额共 4799 万元。2001—2003 年，共登记抵押动产 55 笔。2005 年，介入农业订单管理工作，提供注册、合同等相关法规服务，指导农民做好农业合同订单的签订与履行。2008 年，县工商管理部门办理企业动产抵押登记 4 笔，标的金额 800 万元，被担保主债权 1610 万元。

二、合同争议仲裁

1989 年，县工商管理部门设立县经济合同仲裁庭，至年底，受理经济合同纠纷案件 7 起，标的金额 67 万元，帮助企业讨回被拖欠款 40.76 万元。1991—1995 年，县经济合同仲裁庭调解行政争议或仲裁合同案件 1362 件，争议标的金额 1065 万元，避免企业经济损失 668 万元。2000 年，县经济合同仲裁庭调解合同争议 124 起，争议标的 118 万元。2008 年，县经济合同仲裁庭调解合同争议或仲裁 12 起，争议标的金额共 1.3 万元，为企业避免经济损失 1.3 万元。

三、合同法规咨询

1990 年，县工商管理部门为 180 家企业提供合同法律咨询 40 多人次、法规咨询服务 148 人次。此后，每年均为企业提供法规咨询服务。2008 年，为企业提供法规咨询服务 100 人次。

第四节　商标广告管理

一、商标管理

（一）商标注册

1989 年，县工商管理部门办理东山县水产食品罐头厂“锦麟牌”罐头和东山县东正家私厂“TOWA 牌”家具商标注册 2 个。1992 年，办理核转商标 4 件，商标续 5 件；办理东山县海魁水产有限公司的“海魁牌”水产品、东山县陈城福林茶叶加工厂的“福林牌”茶叶商标注册 2 件。

1994 年，成立东山县商标广告管理所，全年办理注册商标 8 个。1995 年，开展注册商标验证工作。年内，核转申请注册商标 5 件：东山县食品厂的“陵岛牌”鱼露酱油，东山东兴水产加工有限公司的“大有牌”水产品，东山县海魁水产有限公司“风动石牌”水产品，东山南天水产加工厂“南天牌”水产品，东山智星生物工程有限公司“智星牌”。1998 年，推荐“海魁牌”“东陵牌”“东龙牌”参加市知名商标评选认定，推荐“海魁牌”参加省著名商标评选。1996—1999 年，县商标广告管理所共为企业代办申请注册商标 28 个。2000 年，县工商管理部门建立商标激励机制，鼓励企业创建品牌商标。凡评为国家级驰名商标的企业奖 10 万元，被评为省级著名商标奖 1 万元，被评为市级知名商标奖 1000 元。2001 年 3 月，东山县海魁水产集团有限公司“海魁”商标被认定为省级著名商标；东山东正家私制品有限公司、东山新福水产加工有限公司、东山华福酒店、东山东龙建瓷有限公司等 4 家企业商标被认定为市知名商标。2002 年，全县申请商标 8 件（均为农副产品）；申报知名商标 2 个。2006 年，出台《东山县人民政府关于推进实施商标品牌战略工作意见》，协助企业申请品牌商标。全年办理商标注册 16 件，代办申报知名商标 3 件、著名商标 2 件。2008 年，全县注册商标 100 件。其中，福建省著名商标 7 个、漳州市知名商标 8 个。

1989—2008 年东山县知名以上商标一览表

表 16-2

商标名称	注册时间	授予时间	商标企业	授予单位
海魁牌水产品	1994 年 9 月	2001 年 3 月	东山县海魁水产集团有限公司	福建省工商行政管理局
大有牌水产品	1997 年 8 月	2003 年 6 月	东山东兴水产加工有限公司	福建省工商行政管理局
蓝特牌	2000 年	2007 年	东山县蓝特水产加工有限公司	福建省工商行政管理局
顺达牌	2002 年 5 月	2007 年 11 月	东山顺达水产食品有限公司	福建省工商行政管理局
超然牌牌系列产品芦笋茶	1997 年	2007 年 12 月	东山超然食品有限公司	福建省工商行政管理局

续表 16-2

商标名称	注册时间	授予时间	商标企业	授予单位
双钩鱼牌系列钓鱼钩产品	1992 年	2008 年	东山铜兴渔具制品有限公司	福建省工商行政管理局
DS.XF 及图形	1992 年	2008 年 9 月	东山新福水产加工有限公司	福建省工商行政管理局
东正牌 PVC 美纹板	—	2001 年 3 月	东山东正家私制品有限公司	漳州市工商局
一方及图形	2000 年 3 月	2004 年 3 月	东山县一方酒店有限公司	漳州市工商局
蓝特及图形	2000 年	2004 年 3 月	东山县蓝特水产加工有限公司	漳州市工商局
双钩鱼的图形	1992 年	2004 年 3 月	东山县铜兴渔具制品有限公司	漳州市工商局
顺达及图形	2002 年	2005 年 3 月	东山县顺达水产食品有限公司	漳州市工商局
CR 及图形	1997 年	2007 年 5 月	东山县超然食品有限公司	漳州市工商局
友鱼及图形	2003 年	2007 年 5 月	东山县顺发水产食品有限公司	漳州市工商局
凯顺牌包装箱盒	2000 年 3 月	2008 年 4 月	漳州市凯顺彩印有限公司	漳州市工商局

（二）查处假商标

1989 年，县工商局继续开展假商标查处工作。1992 年，查处假商标标识 3.5 万张、假冒名牌商标啤酒 2 万箱。1996 年，查处商标侵权案件 1 起，案值 15.29 万元。1998 年，收缴各种假冒商标标识 260 万张。1999 年，查获假冒卷烟商标标识 23 万张、包装盒标识 169.5 万张；查处商标侵权案 79 起。2000 年，加强商标印制监管，依法严惩商标侵权行为。收缴假冒商标标识 68.42 万张，查处商标侵权案件 32 起。2001 年，加大力度查处伪冒知名商品特有名称、包装装潢，以及伪冒他人企业名称、产地、产品、质量标识行为。全年查处商标违法案件 46 起。2004 年，开展查处侵犯驰名商标、著名商标、证明商标、奥林匹克标志等商标专用权案件，检查经营单位 137 户（家）、立案查处 18 件，案值 7.84 万元。2008 年，强化商标行政保护，查处商标侵权案件 15 起，罚款 1.7 万元。

二、广告管理

（一）广告审批

1994 年，设立东山县广告审批委员会，制定《东山县广告审批发布若干规定》。是年，批准设立广告公司 1 家。1995 年，审批各类广告 109 件，审批补办广告手续 38 件。1996 年，开展“广告法”宣传活动，设立基层工商所广告监测员，监管广告内容。全年审批各类广告 140 件。1997 年，推进户外广告规范管理，开展“自强创辉煌”为主题的公益广告月活动。在西埔新城路段置公益霓虹灯箱广告一条街，共设霓虹灯箱广告牌 54 块，总面积 61 平方米。组织制作《抉择》和《请爱护我们自己的家园》等电视公益广告；在西埔、铜陵、陈城、杏陈等镇政府所在地设立公共广告张贴栏，并制止乱张贴广告现象。1999 年，规范广告张贴，在铜陵增设户外广告栏 18 处。2006 年 7 月，成立东山县户外广告管理委员会。2008 年，全县有户外广告栏 20 处。

（二）查处违规广告

1995 年，查缴虚假广告宣传单 500 张，拆除违规广告牌 6 块。1996 年，开展打击虚假广告为重点的保护知识产权活动，对音像制品经营单位或摊点、商标印刷单位及户外广告进行检查，清理违章广告牌 21 块。1997 年，对县境省道两侧广告牌进行清理，拆除违章广告牌 136 块，总面积 214 平方米；清除不良文字与店匾 6 块，收缴违章广告单 109 件。1998 年，检查主要旅游风景区的户外广告，清理不规范广告牌。全年查处各种违章印刷品广告 2.2 万张，拆除违章广告、牌匾 50 块。2002 年，查处违章广告 37 起。此后，每年都开展查处违章广告活动。

第五节 个私经济管理

一、扶持个私经济

1989年，县工商行政管理部门实施促进个体、私营经济健康发展的措施，促进个私经济发展。是年，发展个体工商户340户，从业人员472人；私营企业21家，从业人员302人。1990年，新发展个体工商户476户，从业人员641人；私营企业7家，从业人员93人。1993年，贯彻《福建省加快个体私营经济发展的暂行规定》，县政府出台《加快我县个体私营经济发展的若干意见》，实施鼓励个体私营经济发展的优惠政策。在西埔、铜陵两镇个体协会设立互助金，促进个体经济发展。当年末，全县个体私营工商户5526家（户），其中新登记个私企业工商户971户，从业人员2126人，注册资金2668万元。全县个体经济年缴纳税款1331.7万元，成为东山县财政收入的重要来源之一。1996年1月，制定《发展个体经济目标责任制》，基层工商所办理执照实行10天内上报审批、于7天内核发执照承诺制度。同年2月，县委、县政府召开全县个私经济表彰大会。表彰安置就业百人以上、投资百万元以上生产型企业；表彰40家纳税万元以上个私企业和60户文明经营户。1998年，实行“三及时，四不限”（及时提供咨询，及时办理登记，及时排忧解难；不限制比例，不限制资金来源，不限制合法经营范围，不限制经营方式）。全年新发展个体工商户907家，从业人员1363人，注册资金926.5万元。1999年，出台《东山县工商局贯彻县委、县政府关于服务企业，优化软环境，鼓励非公有制经济发展的实施意见》，推进全县非公有制经济健康发展。全年新登记个私工商户712户，其中个体经营户691人、私营企业21家，注册资金2455万元。2003年，实行个私经济实地年检制度，建立个私经济基本信息数据库和市场信用评价体系。全县录入数据库私营企业283户，录入个体工商户的电子档案3901户。2005—2008年，在农村设立工商事务联系点，为农民创办个私经济提供服务。2008年，全县私营工商企业注册登记854家，投资者1654人，个体工商户注册登记2104户。

二、取缔无证经营

1990年3月和10月，县工商行政管理部门两次开展清查无证经营活动，查处无照经营个体工商户368户。2004年，开展无照经营查处月活动，检查各类市场主体，查处无照经营户150户。2008年，取缔无照经营户5户。

第六节 打假与打击陆上走私

一、打假专项整治

1989年，检查县境城乡市场22次，查出假冒名酒3616瓶、变质罐头1235罐、变质饮料652瓶、劣质啤酒579瓶、假香烟42条。当年7月，举办东山县首期假冒商品展示会，在西埔、铜陵两地巡展4天，展示假冒商品20多种，介绍30多种假冒伪劣商品及识别办法。1993—1994年，组织打假15次，检查经营单位323家，查出假冒伪劣商品20多类、100余种，市值80多万元；捣毁制假窝点13个，移送检察机关立案7起。1995年，在全县开展4次大规模打假专项整治，共出动350人次，查处案件94起，捣毁制假窝点12个，查出假冒商品32类、110多种，市值300万元。1996年，成立打假机动队，实行领导责任制，在市场设立投诉台、举报电话，检查经营摊点300个，查处假冒案件49起。同年4月2日，在杏陈镇后林村查获制假烟窝点，查获卷烟机、接嘴机各1台及一批假烟原辅材料和铜制印模，总案值150万元。1997年，开展4次打假专项整治，查获制假窝点12个，查处案件46起，案值45万元，处罚没款26万元；查获假化肥80吨，假农药2吨及一些假饮料、掺假食品。1998—2000年，查处假冒伪劣案件400起，案值690万元。2001年，开展五次打击假冒伪劣商品专项整治，查处案件200起，案值150万元，销毁假冒伪劣商品市值 74 万元，捣毁制假窝点 20 个。2002 年，开展打击制售卷烟、假药和节日市场打假治劣保安全专项整治，查处销售假冒香烟 13 起、233 条，案值 1.2 万元；查处制售假药 15 家，没收过期变质药品保健品市值 0.5 万元；查处假冒伪劣食品案 45 起，案值 21 万元。联合企业开展打假保名优专项整治，查获假冒劲强酒 100 箱。2003 年，查处销售假冒伪劣商品 220 多种，市值 30 万元。2005 年，查处销售假冒伪劣商品市值 60 万元。2006—2008 年，共查处销售假冒伪劣商品市值 70 万元。

二、打击陆上走私

1989 年，查获一批走私、贩私案件，查扣彩电 30 台、黄金 37 克、走私香烟 5248 条。1990 年，查扣走私物资有：香烟 17057 条、手表 1127 只、电视机 17 台、录像机 6 台、汽油 140 吨、钢材 16 吨。1995 年，查获走私、贩私案件 33 起，案值 800 万元，罚没款 250 万元，查获走私进口香烟 74343 条、彩电 9 台、成品油 45 吨、化肥 22 吨、旧摩托车配件 100 袋、三合板 283 吨、空调机 489 台、次品铁 40 吨、铝薄纸 25 吨。1996 年，查处走私贩私案件 33 起，案值 400 万元，处罚款入库 40 万元。2001 年，查处走私案件 7 起，查获挖掘机、电镀锌等进口物品，总值 65 万元。2005 年，查处一批蚂蚁搬家式的走私销售红柴油案，总值 6.75 万元，处罚没款 7.1 万元。2006—2008 年，每年均开展查处走私案件。

第七节　消费者权益保护

一、投诉受理

1989 年 3 月，成立东山县消费者权益保护委员会（以下简称消委会）。1990 年，在西埔、铜陵、杏陈、陈城等镇（乡）设立消委会分会，并设保护消费者利益监督站和投诉箱。是年，受理消费者投诉案件 9 起，收到咨询信 8 件，接待来访 125 次，为消费者挽回损失 2500 元。1995 年，开展《中华人民共和国反不正当竞争法》宣传，在西埔、铜陵设立保护消费者合法权益法规咨询服务站，在康美、前楼等地市场设投诉箱。1993—1995 年，共受理消费者投诉案件 291 起，结案 165 起，为消费者挽回经济损失 65.2 万元。1996—1997 年，共受理消费者投诉案 961 件，结案 951 件，为消费者挽回经济损失 352.2 万元。其中，较重要的案件有县电力公司电压偏高导致民居烧毁案、县自来水公司擅自停水导致企业损失案、台胞许某购房被骗案等。2000 年，在集市设立“12315”告知牌，对查处的假冒伪劣、不正当竞争等侵犯消费者利益的案件进行曝光。2004 年受理、调解消费者投诉案件 198 起，为消费者挽回经济损失 7.9 万元，调解率 100%。2005 年，受理消费者投诉 91 起，结案率 100%，为消费者挽回经济损失 3 万元。此后每年都受理消费者投诉案件，为消费者挽回经济损失。

二、“12315”投诉服务台

2000 年，消费者投诉服务由“96315”改为“12315”，建立县、镇、村（街）三级联动网点 36 个，与铜陵、杏陈、陈城等消委会分会联网，实行整体联网运作。2004 年，建立县“12315”消委会、工商所二级执法网络，推进“12315”进社区、进村镇，在社区、村镇建立维权联络点 29 个，至 2008 年不变。

三、宣传教育活动

1989 年，县消费者委员会在“3·15”国际消费者权益日期间，利用广播、专栏等媒介宣传《福建省维护消费者合法权益条例》《东山县消费者委员会章程》。在西埔、铜陵举办“假冒伪劣商品展示会”，向消费者介绍识别真假商品的办法。1995 年，结合《中华人民共和国反不正当竞争法》宣传，举办《中华人民共和国消费者权益保护法》知识竞赛晚会。

1996 年，与县工商部门联合开展经营者守法经营、文明经营活动；在西埔、铜陵开展“无售假冒商品”一条街活动；在个体经营户中开展“户户讲道德，店店无假货”活动。1997 年，在县有线电视台设“96135”特别节目，解答消费者关心的问题，维护公平交易。1998 年，以“为了农村消费者”为主题，开展“3·15”

宣传活动。1999—2008 年，每年“3・15”均开展《中华人民共和国消费者权益保护法》等法律、法规宣传，举办假冒伪劣商品展示会和销毁假冒商品现场会活动。

第八节　机　构

一、行政机构

（一）工商行政管理局

1989 年，沿设东山县工商行政管理局，设局长 1 人、副局长 2 人，内设市场管理股、企业管理股和经济合同管理股、打击投机倒把股及个体经济管理股、缉私队。下设西埔、城关、陈城、杏陈工商行政管理所和八尺门检查站，全局工作人员 59 人。

1998 年，实行省工商局垂直管理，为漳州市工商行政管理局的直属机构。2002 年机构改革，内设办公室、人教股、监察室、财装股、法制股、商标广告股、公平消保股、市场合同股、注册管理股、信息技术管理股。下辖西埔、铜陵、陈城工商所及检查大队、12315 申诉举报服务台。挂靠单位有消委会、个体私营企业协会（以下简称个私协会）。2008 年 12 月，局实有人员 80 人。

（二）工商行政管理所

1. 西埔工商行政管理所　1989 年，沿设西埔工商行政管理所，管辖西埔、杏陈、樟塘 3 个镇的工商行政事务。2008 年，有工作人员 11 人。

2. 铜陵工商行政管理所　1989 年，沿设铜陵工商行政管理所，管辖铜陵、康美 2 个镇的工商行政事务。2008 年，有工作人员 14 人。

3. 陈城工商行政管理所　1989 年，沿设陈城工商行政管理所，管辖陈城、前楼 2 个镇工商行政事务。2008 年，有工作人员 7 人。

4. 杏陈工商行政管理所　1989 年，沿设杏陈工商行政管理所，工作人员 6 人。2001 年 4 月撤销。

（三）福建省工商局东山县检查大队

1997 年 3 月 5 日，设福建省工商局东山县检查大队，负责工商行政执法事项。2008 年，有工作人员 7 人。

（四）缉私检查站

1989 年,沿设八尺门缉私检查站。1992 年 4 月 2 日撤销。

二、事业单位

东山县市场服务中心　1995 年设立，隶属县工商行政管理局。为自收自支全民事业单位，编制 7 人。专门负责市场管理，承担物业服务、市场建设、维修、改造等事项。1999 年 6 月，该服务中心划归县经济局管理。2001 年 12 月，核定编制 85 人。2007 年划归县市容管理局管理，辖管铜陵人民市场、铜陵桂花市场、西埔中心市场、西埔北市市场。2008 年 12 月，有工作人员 72 人。

三、挂靠机构

（一）东山县消费者委员会

1989 年 3 月，成立县消委会。1990 年，设立县消委会西埔、铜陵、杏陈、陈城等分会，受理消费者投诉，咨询事务。2008 年，县消委会有专职人员 6 人。

（二）东山县个私协会

1989 年 3 月，成立县个私协会，下设西埔、铜陵分会。

第五章 物价与收费监管

第一节 物价水平

一、价格调控

1989年，东山县建立放开价格商品的调控制度。对糖、食盐等29种工业消费品和14种县产工业消费品实行调价申报制度；对农药、化肥、彩电、火柴、有色金属实行最高限价；对41种工业消费品采取限制商品流向、限制流通环节经营差率的管理办法。

1990年起，东山县被福建省统计部门定为省级物价调查布点单位，设16个采价点，物价指数调查范围为食品类、衣着类、日用品类、文化娱乐用品类、书报杂志类、药品及医疗用品类、建筑材料类、燃料类，采用逐月逐年编制消费品零售价格指数办法。是年，调整彩电、化肥、纺织品等10多种商品销售价格。“60控价工程”的商品价格总水平比1989年同期指数上升1.5个百分点，比控价目标降低。

1993年，对粮食、化肥和液化石油气等商品实行最高限价。

1994年起，调整物价指数调查范围，重点调查八大类商品价格，如：食品类、衣着类、家庭设备日用品类、文化娱乐用品类、医疗保健类、交通通信工具类、居住建筑类、服务项目类等，并以此作为编制居民消费价格总指数。

1995年，对液化气、自来水、电力和主要农业生产资料实行提价申报、限价管理，对粮油、猪肉制定临时性的最高限价。1997年，对列入中央管理价格目录的青霉素、头孢、大环内酯等3类15种化学药品和6类32种生物制品实行政府定价。1998年，对电价实行分类综合电价管理，全县按两个档次制定各种用电价格。

2000年，核定首批中标药品诺氟沙星（氟哌酸）胶囊等41个品种零售价。2001年，对瓶装液化气的批发、零售实行政府指导价管理。2006年，全县居民消费品价格总水平同比为101.49%，环比为100.06%，累计比为101.66%。

2008年，对超市的粮食、肉、蛋、牛奶等备案商品价格进行登记，严格履行调价备案程序，采取临时价格干预措施。是年，东山县居民消费价格总指数105（以上年为100）。

二、物价指数

1990年，全县居民生活费用价格总指数为100.6。1995年，县居民消耗价格总指数为115.9。2000年，县居民消耗价格总指数为100.3。2005年，县居民消耗价格总指数为100.9。2008年，县居民消耗价格总指数为105.9。

1989—1993年东山县居民消费价格指数一览表

表16-3

年份	居民消费价格总指数	其中							
		食品类	衣着类	日用品类	文化娱乐用品类	书报杂志类	药品及医疗用品类	建筑材料类	燃料类
1990	100.6	98.7	100.8	98.0	100.6	106.7	96.7	85.9	99.0
1991	100.8	97.9	103.9	104.6	92.2	112.3	104.5	95.9	223.9
1992	105.1	106.4	99.9	101.4	99.4	102.9	114.9	120.0	106.5
1993	110.7	112.2	101.2	108.2	101.7	103.8	108.3	149.2	134.8

1994—2008 年东山县居民消费价格指数一览表

表 16-4

年份	居民消费价格总指数	其中							
		食品类	衣着类	家庭设备日用品类	医疗保健类	交通通信工具类	娱乐教育文化用品类	居住类	服务类
1994	125.1	130.2	110.9	112.3	103.8	107.0	111.3	109.0	132.4
1995	115.9	116.7	125.1	106.7	109.1	103.1	103.0	103.3	126.8
1996	106.8	106.6	111.6	102.1	109.2	99.9	110.5	142.1	106.7
1997	103.5	99.4	104.8	97.7	106.5	97.0	92.9	103.8	147.1
1998	97.3	96.7	95.0	91.2	110.2	93.7	93.6	98.4	110.9
1999	97.3	96.1	93.4	94.0	100.0	95.1	94.2	94.4	121.1
2000	100.3	96.0	98.8	97.6	102.4	87.6	97.0	108.2	133.6
2001※	98.7	98.7	104.7	96.8	98.5	101.0	97.6	95.7	—
2002	98.4	99.1	99.0	94.6	98.0	98.4	97.5	95.2	—
2003	102.4	103.2	100.7	97.9	99.7	100.9	104.8	102.6	—
2004	105.0	109.6	101.6	98.8	97.0	103.1	103.7	107.2	—
2005	100.9	103.3	101.0	97.3	96.0	102.0	101.7	103.6	—
2006	101.7	102.8	100.8	102.2	103.2	100.9	92.8	104.4	—
2007	104.8	108.8	101.5	103.9	104.6	99.7	98.1	103.9	—
2008	105.9	111.7	101.0	106.8	101.6	99.0	100.1	109.0	—

说明：服务类 2001 年起归入“娱乐教育文化用品类”

第二节　价格管理

一、日常管理

（一）明码标价

1989 年，继续推行销售商品和服务价格明码标价制度。1990 年出台《关于商品和服务实行明码标价的规定》，商品销售服务项目使用标价卡和标价签。县物价局规定格式印制标价卡、标价签 30 万张，满足商品经营者需要。1998 年 5 月，县城餐饮娱乐服务行业推行福建省物价检查所制发的《福建省餐饮娱乐业标价簿》。1999 年 8 月，医疗服务单位推行统一使用经物价部门监制的价目表、价格牌、价格本。2001 年 4 月，石油液化气经营企业推行价目表，标明品名、产地、计价单位和零售价格。2003 年 8 月，卷烟零售经营企业推行由县物价局、县烟草专卖局联合监制的标价签，标明品名、产地、计量单位、批发价或零售价。2006 年，制定《关于商品和服务实行明码标价的规定》，推行新版中英文明码标价。2008 年，进一步完善通信市场收费明码标价。

（二）开展明码标价检查

1989 年，县物价局延续开展明码标价检查。1994 年，出动 300 人次在西埔、铜陵两地检查各类商店 700 多家，处罚价格违规经营户 20 多家。1999 年 8 月，在明码标价检查中，督促经营户整改共 40 家，处罚违规 12 家。2005 年 4 月，开展全县旅游购物场所价格环境整治，检查风动石景区、马銮湾景区、旅游商城、中兴广场等旅游商品经营户 70 多家，责令整改 10 多家，处罚违规 5 家。2006 年，先后开展 4 次明码标价检查，重点检查旅游商城、旅游门票价格、农资价格、客运票价及民用液化气价格等明码标价执行情况。2008 年，组织开展对电信、移动、联通等通信市场收费明码标价检查。

（三）收费调整

1989 年，调整自来水和各类学校部分收费项目价格。1992 年，调整县风动石景区门票价格。1993 年，调整马銮湾景区门票价格。1994 年，调整县电力价格。1995 年，调整东门屿景区轮渡客运门票价格。2003 年，调整县医院部分服务项目收费价格。2005 年，调整东门屿轮船客运价格，调整后每人次往返程为 15 元；旅游团体按 20%下浮，离退休人员、残疾人、学生减免收取。2007 年，调整殡仪服务收费，将 3 个收费项目从选择性调整为非选择性。2008 年，制定《东山县垃圾处理费征收方案》，开征垃圾处理费。

1989—2006 年若干年份东山县自来水价格调整情况表

表 16-5　　单位：元/立方米

年份	各类用水价格				
	生活用水	生产用水	基建用水	船舶用水	营业性用水
1989 年	1.00	1.00	1.00	1.60	1.50
1996 年	1.60	1.70	2.50	2.20	2.80
1999 年	1.60	1.70	1.70	2.20	2.80
2006 年	2.00（15 立方米以下） 3.00（15 立方米以上）	2.00	2.00	—	2.80

1992—2007 年若干年份东山县风动石景区门票价格调整情况表

表 16-6　　单位：元/人次

年份	项目	调整前标准	调整后标准
1992 年	门票价格	0.2	0.5
1993 年	门票价格	0.5	1.00
1994 年	门票价格	1.00	2.00
1995 年	门票价格	2.00	4.00
1998 年	门票价格	4.00	20.00
2007 年	门票价格	20.00	35.00

1994—2008 年若干年份东山县电力价格调整情况表

表 16-7　　单位：元/千瓦时

年份	综合分类电价					
	工业生产用电	农业排灌用电	农村单位用电	居民照明用电	单位照明用电	营业性用电
1994 年	0.585	0.32	0.555	0.625	0.70	1.00
1995 年	0.655	0.36	0.615	0.695	0.79	1.21
1996 年	0.705	0.36	0.665	0.745	0.85	1.30
1997 年	0.72	0.36	0.665	0.745	0.88	1.32
2000 年	0.65	0.30	0.44	0.62	0.80	1.08

续表 16-7

年份	综合分类电价					
	工业生产用电	农业排灌用电	农村单位用电	居民照明用电	单位照明用电	营业性用电
2001 年	0.65	0.30	0.63	0.63	0.80	1.08
2004 年	0.66	0.30	0.63	0.63	0.81	1.09
2008 年	0.65	0.30	0.63	0.63	0.82	1.08

1995—2005 年若干年份东山县东门屿景区轮渡客运门票价格调整情况表

表 16-8　　单位：元/人次

年份	项目	调整前标准	调整后标准
1995 年	上岛门票	—	2.00
1998 年	上岛门票	2.00	5.00
2003 年	上岛门票	5.00	15.00
1997 年	轮渡客运价格	—	10.00
2005 年	轮渡客运价格	10.00	15.00

（四）限价管理

1989 年，县物价部门对 20 多种生活必需品和重要生产资料采取提价申报、最高限价等方式管理。其中，对液化石油气、自来水、化肥、农药等商品实行提价申报；对粮、油、肉食品实行临时性最高限价。1997 年 11 月，根据国家计划委员会《关于颁布第一批中央管理药品价格的通知》，对列入管理的 3 类 15 种化学药品和 6 类 32 种生物制品，监督各医院、医药经营门市部按规定价格执行。

2001 年 8 月起，城市土地价格（基准地价、标定地价）由县物价局、县土地管理局制定；县级医疗单位服务收费标准由县物价局、县财政局共同制定；景区（旅览参观点）门票价格、物业管理服务收费（含综合管理和停车管理费）、招标采购药品零售价、农村自来水到户价由县物价局制定；经济适用住房基准价由县物价局、县住房改革办公室共同制定；机动车停放服务收费、房屋装修（垃圾）清运费、瓶装液化石油气零售价由县物价局制定。同时要求批发企业（中准价）浮动幅度内的价格变动应报物价部门备案；各零售经营户也须公布其商品价格，实行明码标价。

2004 年，县内先后出现药品、食品、建材、油气、农资等居民消费价格上涨。物价部门建立价格异常波动预警和应急处理机制，严格执行“两条控制线”，停止审批一切调价项目，实行零调价。组织监控小组，加强对粮、油、气价格的监测，定期发布价格信息，预测市场价格走势，打击价格违法行为，使药品、食品、建材、油气、农资等居民消费价格回落到正常水平。2006 年，落实《福建省重要商品价格监测报告制度》，对粮食、副食品、化肥、钢材、成品油等重要商品实行定期采价，每日一测，编印《价格动态》，适时发布重要商品价格信息。2008 年，贯彻落实《福建省重要商品价格监测报告制度》，实施价格动态监测报告制度；落实临时价格干预措施（其间，对西埔恒盛超市、林峰超市实行临时价格干预措施）。

（五）价格评估鉴定

1989 年，县物价部门继续接受公、检、法等部门委托，对涉案物品价值进行价格评估鉴定。至 2005 年，共评估鉴定涉案物品 629 件，评估标的金额 4259.2 万元。2006—2008 年，每年评估鉴定涉案物品 100 多件。

（六）价格听证会

1999 年起，县物价部门对重要商品价格的调整实行价格听证制度。同年 8 月，举行东山县电价调整听证会，就电价调整听取消费者及各方意见。参会者有县人大、县政协、县政府办公室、县财政局、县审计局等十多个部门的代表。经综合各方意见，听证会形成会议纪要，经县政府和上级物价部门批准，对县内各类用电价格进行调整，自2000年1月起执行。此后，举行东山县义务教育阶段“一费制”收费听证会。2001年，举行县殡仪馆收费调整听证会。2005年7月，举行县东门屿轮渡客运价格调整听证会。2008年，举行征收垃圾处理费听证会。

二、物价专项检查

1989年，县物价部门开展农药、化肥、石油、水泥等价格检查，查处价格违纪案件41起，查出违纪金额35.74万元（上缴财政13.44万元）。1990年，县物价委员会与县财政、县审计、县税务、县监察等部门组成收费清理整顿检查组，开展检查，共检查76个单位，查出违法收费金额270多万元。对违法收费均按《物价管理条例》给予处罚。1991—1997年，重点开展清理收费，治理乱收费，减轻群众负担工作，对土地、城建、交警、交通、邮电、中小学校及乡镇所站等单位开展检查，共查出违法收费金额60多万元，上缴入国库15.03万元，退还缴费者31.53万元。1998年，开展对农资、邮电、教育、房地产、中介机构等单位的专项检查，查处6起价格违法案件，入国库130多万元。1999年，开展药品专项检查，检查对象有县医院、县医药公司、乡镇卫生院和各药店，共查出价格违法金额8.5万元。其中，退还消费者5.7万元，上缴财政2.8万元。2000年，县物价局配合市、县有关部门，开展对公安、教育、电力、旅游等部门的专项检查，共查出违法案件36件，退还缴费者37.84万元，上缴财政19.01万元。2006年，开展对教育、医疗、土地、电力和港务等部门的专项检查，查处违法案件7件，违规金额39195元，上缴国库。

2008年，对农资、涉农收费、教育收费、医药价格、广电收费和技术收费等开展专项检查，共查处违法案件23件，违法金额92433元，上缴财政罚没款624634元。

三、价格举报投诉制度

1999年，县物价部门建立价格举报投诉制度，开通全国统一的价格举报投诉电话“12358”。投诉内容有：涉及教育收费、景区收费、港口收费、医疗服务收费、房地产收费、化肥农药等生产资料价格等。至2005年，共受理各类举报投诉175件，立案处理130件。2008年，受理各类举报投诉15件，立案处理2件。

四、副食品价格调节基金

2001—2008年，东山县建立副食品价格调节基金制度。每年征收价格调节基金10多万元，用于平抑市场物价。

五、“物价信得过”单位评选

1989—2008年，延续开展“物价计量信得过”示范市场、示范街、示范单位评选活动。活动中推行明码标价，倡导诚实守信的价格行为，提高明码标价管理水平。“物价计量信得过”单位评选活动年年举行。2000年12月，评选县医院、县电信局为示范单位；新城路店面、风动石景区店面、旅游商城为示范点。2004年9月，评选西埔中心市场、铜陵人民市场、西埔中兴街店面为市场示范街。2005年，县华友公司被福建省物价委、省标准计量局评为“物价计量信得过”先进单位；县水产渔需品供应站等5个单位被漳州市物价委评为“双信”先进单位；西埔工业品总店等6个单位被评为“表扬单位”。

第三节　行政事业收费管理

一、收费年审换证

1989年，县物价部门继续对行政事业性收费单位实行收费年审制度，按规定换发收费许可证，实行收费公示制度，许可证每4年换发一次。当年，全县有行政事业性收费单位108个。1996年、1997年，取消县邮电局“市话账号费”和教育系统2个自立收费项目，清理外资企业收费项目27个，其中取消收费项目17个。1999年后，许可证每年换发改为每3年换发一次。2005年3月，根据省物价局、省财政厅《关于开展2004年度收费年审的通知》和《福建省行政事业性收费年度审验办法》的有关规定，全县收费单位由167个减为143个，取消收费项目8个，降低收费标准12个，年减轻民众负担350多万元。2008年，全县行政事业性收费换证单位189个，年审收费金额3211万元。

二、收费标准公示

1998年6月，开始执行《国家计委监察部关于试行企业交费登记卡制度的通知》，县城行政事业性收费单位收费出示由物价部门颁发的“收费许可证”，填写“企业交费登记”。县物价部门向企业分发收费登记卡，帮企业建立起收费登记卡制度。2001年3月，推行涉农收费公示制度。当年，东山县被省物价局确定为涉农收费公示试点县，全县所有建制村、渔业公司、乡镇收费单位、中小学校、各镇卫生院均在办公场所悬挂“涉农收费公示牌（栏）”和“价目表”，实行收费公示。2003年1月，推行教育收费公示制度，各中小学均实行收费公示。2005年3月起，全县推行收费公示制度，县域有收费项目的国家机关，事业单位及其他非企业组织均在收费场所公示收费项目和标准，接受缴费者监督。2008年，全县各单位所悬挂的公示牌和价目表总数339个。

第四节　机　构

一、行政机构

1989年，设立东山县物价委员会，为正科级单位，内设办公室，下辖县物价检查所，有工作人员5人。1992年，增设漳州市价格事务所东山分所。

1997年8月，改设东山县物价局，下辖县物价检查分局、县价格认证中心。2005年4月，改属副科级单位。2008年，局工作人员5人。

二、事业单位

（一）东山县物价检查分局

1989年，设立县物价检查所，为事业单位，有工作人员5人。2001年1月，改设县物价检查分局。2008年，改属行政单位，有工作人员5人。

（二）东山县价格认证中心

2002年3月，设立县价格认证中心。2008年，工作人员3人。

（三）漳州市价格事务所东山分所

1992年设立，人员从县物价局调配。1998年10月，更名东山县价格事务所。2008年不变。

第六章　计量质量技术管理

第一节　计量管理

一、计量器具检定

1989年，县技术监督部门继续依法检定贸易结算、安全防护、医疗卫生、环保监测的计量器具。开展对台案秤、天平、压力表、加油机、血压计、游标卡尺检定，共完成检定2500台（件）。1991年，检定台案秤622台次、天平79台、压力表35台、加油机42台次、血压计40台、游标卡尺31件。办理自来水表检定和工矿企业内部使用计量器具的考核与授权，全年经考核合格的工矿企业5家。1992年，调查、登记强检计量器具，全县列入强检的计量器具共25项37种29533台件。全年检定台案秤470台件、地中衡20台、天平12台、加油机26台、血压计43支、压力表59只。此后，每年均开展计量检定工作。2000年，全县强检计量器具1511台。其中，地中衡24台、血压计88台、压力表111台、加油机57台、电话计费器218台、架盘天平150台、电光分析天平33台、流量计25台、人体秤29台、台案秤755台、电子秤21台等。2002年，全面推广使用电子台秤、弹簧台秤，淘汰木杆秤。2003年，在药店实行计量操作人员上岗证制度，以及在用计量器具强检备案，备案135家，戥秤206支实行强制标定。

2008年，推行检定期限承诺制度，开展“马上就检”服务。全年强检计量器具3784台，其中地中衡11台、血压计37台、压力表2437台、加油机238台、架盘天平31台、电光分析天平43台、流量计11台、人体秤19台、台案秤485台、电子秤472台。

二、计量监督

1989—1993年，东山县计量监督重点为市场经销店的定量包装商品（包括茶叶、味精、儿童食品、乳制品、海产品、粮食复制品等）、液化气重量、水泥等，查处违法行为。1994年，加强生产环节和经销环节计量监督。定期或不定期组织人员对市场经销的定量包装商品开展计量检查。对茶叶、味精等4起定量包装重量不足的经销者，依法惩处。1995年，开展计量执法专项检查。抽查计量定级企业2家、加油站8家、加油机12台，抽查金银首饰生产企业1家以及经销店5家（7个样品），抽查市场经销店的定量包装商品（包括茶叶、味精、儿童食品、乳制品、粮食制品等）30多个样品；检查液化气批发站2家。对各种短斤少两行为，依照计量法规给予处罚。2000年，开展生产和流通领域计量监督检查。检查包装食品(海产品、茶叶)定量包装生产厂家、经销店30家，发现问题，责令整改。2002年，开展水产品批发市场计量抽查和食品、大米、水泥等定量包装品监督抽查。抽查海产品50多家250批次，不合格20多批次；抽查方便面15批次3000多箱，不合格6批次；抽查饼干20多批次，不合格7批次；抽查茶叶40批次，不合格9批次；抽查水泥8批次130吨，不合格2批次；抽查液化气20批次，不合格2批次；抽查大米、面粉、洗衣粉，及贵重药材等60批次。共查处计量违法案件21起，处罚1.87万元。2005年，抽检定量包装净含量产品30批次；抽检加油站19家125台次；抽查住宅水电表18台件、衡器26台件，检查液化气经营点10家。查处计量违法案件15起、罚款6200元。2008年，全年抽检定量粮食包装产品、味精、酒类、贵重药材等产品1184批次；抽查住宅水电表152台件、衡器68台件，对检查液化气经营点22家。全年查处计量违法案件31起，罚款7.6万元。

第二节　质量管理

一、产品质量建设

1989年，县技术监督部门加强产品质量建设，帮助企业制定产品标准10个，办理备案手续20个。1992年，组织50多家企业人员参加全国质量函授培训，建立生产企业质量普查档案，健全质量管理制度。同年，组织企业开展计量考核认证。1996年，举办技术监督法规培训班，生产企业主要经销者40人参加。学习内容有技术监督实用知识、食品标签通用标准、食品标签处罚决定、《福建省商品质量监督条例》、零售以及定量包装商品计量监督规定等。2000年，有香料化工厂、民政纸箱厂、铜陵海产制品厂、铜兴绳缆厂和渔业第七公司冷冻厂等企业获市计量考核认证。至2004年，为50家规模以上生产企业和50家食品生产企业建立质量普查档案和卫生许可证普查档案；为3家名牌企业建立基本数据库。2008年，县域规模以上生产企业建立质量普查档案24家、食品生产企业建立卫生许可证普查档案62家；为名牌企业建立基本数据库4家。

二、食品安全监管

2004年，县技术监督部门与食品生产加工企业签订食品质量安全承诺书，对食品生产加工企业实行动态监管。实施食品质量安全市场准入制度，执行企业QS认证，帮助企业申请QS生产许可证。是年，宝岛食品厂申请获得酱油QS生产许可证，东毅食品有限公司获得水产罐头QS生产许可证。同时，对食品添加剂实行备案管理，有22家食品生产加工企业、24种食品添加剂均建立档案，进行跟踪管理。组织人员对东山东兴水产加工有限公司、东山东旺食品有限公司、东山东毅食品有限公司等水产品加工企业及旅游休闲食品企业的产品使用添加剂情况进行检查，发现违法使用食品添加剂(过氧化氢)2家，销售不合格食用精炼棕榈油1家，予以查处。2008年，健全食品质量安全监管制度,加强企业食品添加剂管理。对企业原料仓库、生产环节、成品仓库进行全过程环境卫生监管，监督企业建立原料进货来源及相关信息台账、食品添加剂使用登记台账、产品检验情况台账、产品销售情况台账；健全卫生监督制度、添加剂管理制度、产品检验制度、标准化管理制度、员工进场（厂）培训制度和实行每季度巡查企业制度。

三、质量监督

（一）食品检查

1989年，县技术监督部门延续开展食品检查，查处伪劣商品。1991年，开展市场检查，查处“三无商品”（无合格证、无生产厂家、无产地）罐头160罐、糖果蜜饯37包，查封、销毁超期变质商品罐头118罐、汽水1248瓶、假“五粮液”酒79瓶。1996年，全面检查西埔、铜陵、杏陈、康美等乡镇市场经销的茶、烟、酒、饮料及其他食品，查处假冒伪劣商品值2万余元。在“3·15”国际消费者日期间，销毁价值5万多元假冒伪劣矿泉水、罐头食品等。1998年2月9日，查获70多箱过期变质啤酒。2004年，开展食品专项整治，以水产品、冻品、干制品、酱油、芦笋茶、饮料、罐头、茶叶、糕点以及儿童食品等产品为整治重点，主要查处食品无证生产行为，重点查处没有获得QS认证但仍在生产销售食品；查处假冒或伪造他人厂名、厂址食品及定型包装“三无”食品等。年内，检查生产企业和食品经营店86家，查处没有QS标志的米、面、油、酱油、醋等五类食品，案值3万多元，罚款5000多元。2005—2008年，先后开展含孔雀石绿水产品、桶装水和蜂蜜产品等食品定量包装品的执法检查。

（二）农资产品检查

1989—1993年，开展农药产品检查，共查处假化肥8吨、假农药160包及过期变质农药120瓶。1996年春耕期间，开展化肥、农药质量检查。检查经销点20多个，查获假农药、不合格化肥产品案值近万元。1998年，检查农药品种56种、化肥10种，查处过期变质、无生产许可证农药3400瓶；抽查化肥12个样品，其中3个样品不合格。对经销不合格品单位分别予以处罚。2003年，开展农资打假活动，查处经营伪劣农药、化肥案5起，案值4500元。2004年，检查肥料销售点23户，其中查获销售劣质肥料2户2.8吨。2008年，开展查处假冒伪劣农资产品活动，无发现重大问题。

（三）石化及相关产品检查

1989—1996年，开展对汽油、柴油的质量抽检，抽查样品20个，其中1个不合格。2001年，开展液化气市场专项整治活动。检查县内液化气经营点和储备站80家，没收不合格钢瓶192瓶；查处非法经营户11家，捣毁倒罐经营点6户。2004年，开展加油机市场专项整治，对全县加油机的主板铅封情况进行检查。检查在用的加油机60台、90枪；其中铅封完好12台，老式加油机无铅封20台，修机拆动2台，无法拆动2台。对未经申报擅自拆机维修主板的加油机依法进行处理。2005—2008年，均开展石化及相关产品专项整治。

（四）查处假冒卷烟

1989—1991年，县技术监督局查处假冒卷烟1912包。1998年3月，县政府发布《关于开展打击制售假冒卷烟违法行为活动月的通告》，设立举报电话，制定7条打假措施。期间，县技术监督部门检查卷烟销售点200户，查获红中华、红梅、玉溪、阿诗玛等品牌假烟753条；查获走私万宝路、“555”牌等香烟54条，总案值8.5万元。2002年3月25日，与县公安局配合在樟塘镇山前村查获制造假冒牌卷烟过滤嘴纸加工场，缴获制假设备和原辅材料。2004年7月初，联合县公安局、县烟草专卖局、樟塘镇政府在杏陈镇前坑洞村、西埔镇坑内村和樟塘镇港西村交界处一果园，查获假烟生产窝点，查获YJ14-23卷烟机1台套、半成品卷烟7件、滤嘴棒28件、盘纸25盘、烟丝60包，涉案金额60万元。

四、专项打假

1989—1991年，县技术监督部门与县工商行政管理部门协作开展对制售假冒伪劣商品专项打假行动，共检查36次，检查品种60种。1995年，开展农资商品专项打假行动，共组织市场专项检查25次，出动150多人次，抽查商品28批次，查处假冒伪劣商品案值共5万多元。2003年，开展建材市场专项打假，对县境建材市场的瓷砖、角钢、钢筋、铝合金等进行监督抽检，共抽查经营点18家、31批次。经检验有6家、7批次产品不合格。其中角钢3.2吨、瓷砖1000多箱、线材2.5吨，总案值2.6万多元，罚款1.47万元。同年，开展烟花爆竹专项整治。春节、元宵节期间，出动执法人员150多人次，检查经营点70多个，查获土制烟花爆竹1500多公斤。2004年5月起至2008年，开展手机经营打假活动。先后检查24家手机销售店和维修点，查获“三星”“彩星”“星王”“东方龙”等品牌“三无”（无进网许可证、无3C认证、无厂名厂址或机身无中文标识）手机计45部。

第三节　标准化管理

一、产品标准审定

1992年，县技术监督部门开始实行产品标准审定工作。当年，审定通过县西港盐场食用盐生产采用国际标准和县农械厂开发的9FWS-40型无筛粉碎机产品标准。1993年，与漳州市技术监督局合作审定通过企业标准2个，即城关搬运公司的起重抓斗标准和饮料酒“三宝液”标准。其中，ZFZ-3A单索抓斗通过省交通厅产品鉴定。同时，为企业生产提供烤鱼片、水泥、机砖、瓷砖等产品标准。年末，全县国有企业产品采用国家标准率90%。1996年，乔丰食品公司、海魁水产有限公司、石水井饮料厂、前峰食品厂、英特食品有限公司等7家企业15个产品标准通过审定备案。2001年，实施白芦笋综合标准化项目，制定《东山县白芦笋综合标准技术规范》。2003年，该项目标准通过省审定，被定为省地方标准。企业通过审定备案产品标准逐渐增加。2006年，审定产品标准工作移交县食品药品监督局。2008年，全县累计通过审定备案产品标准34家、64项。

二、产品标准监督

1992年起，县技术监督部门依法对企业产品标准实行监督，对未实行标准的生产企业进行整改；查处经销伪劣酒、农药等产品的单位和个人。1994年，开展全县标准化大检查，检查机砖、水泥等行业的强制性标准产品、公共信息图形标准、酒店的公共信息符号标识（涉外宾馆、酒店）、食品标签标准等。通过检查，及时改进不完善的标准。1996年，开展产品生产许可证检查，查处无照经营商品15起；组织抽查水产品、罐头食品、饮料、茶叶及其他食品标签30批次。实施电动机运行强制标准，检测企业10家、电动机50台。1999年，县政府出台《东山县消灭工业产品无标准生产试点工作方案》。县技术监督局对全县197家（国有企业83家、集体企业70家、资个体企业44家）工业企业进行调查核实。经核实，列入消灭无标生产企业104家；列入指导填写注册登记表70家、帮助查找标准文本23家；制定企业标准2项，办理标准证书28本。同年，帮助企业申报质量体系认证。至2002年，县内有5家企业通过ISO 9000质量体系认证，4家通过食品安全卫生HACCP认证。2008年，县内有12家企业通过ISO 9000质量体系认证、3家企业通过食品安全卫生HACCP认证。

第四节　机构代码与商品条码

一、机构代码发证

1993 年 4 月，县技术监督局根据省政府关于建立组织机构代码标识制度精神，开展登记发放组织机构代码证工作。至同年 12 月，为党政机关和人民团体、社会团体、企事业共 922 个单位发放组织机构代码证。其中，党政机关和人民团体 92 个、社会团体 38 个、事业单位 51 个、企业 741 个（其中企业法人 340 个、企业非法人 401 个）。1995 年，开展代码证补漏工作，建立代码数据库并通过验收。至当年 12 月，全县累计完成办证单位 1466 个。其中，企业 1186 个（法人 492 个、非法人 496 个、私营企业 94 个、三资企业 104 个）、党政机关与人民团体 100 个、事业单位 117 个、社会团体 63 个。年内，单位代码证书已在银行、税务、工商、统计、财政等部门单位查验使用。2000 年，代码数据库建设以代码数据网上传选、网上查询，查重纠错、保证代码数据更新为重点，新建各类管理信息数据库，增设代码登录区，将单位代码和单位名称及其他信息一并入库管理，为信息交换提供共同接口。2005 年 12 月，全县办理代码证书单位累计 2843 家，其中年检 1019 家、换证 242 家、新办证 145 家；办理 IC 卡 196 家。2008 年 12 月，全县办理代码证书单位累计 3388 家，其中年检 777 家、换证 499 家、新办证 168 家；办理 IC 卡 667 家。

二、代办商品条码注册

1996 年，县技术监督局开始代办商品条码注册。1998 年，为丸善食品有限公司、得富冷冻调理食品有限公司、天义食品有限公司等 3 家企业代办商品条码注册；为乔丰食品有限公司、义芳食品有限公司、东兴水产有限公司、石水井饮料厂、英特食品有限公司、海魁水产集团有限公司等公司代办商品条码续用申请。2002 年，代办商品条码注册 6 家。2005 年，代办商品条码续用申请 12 家。2008 年，代办商品条码注册 6 家。

第五节　特种设备安全管理

一、特种设备监管

1989—1999 年，特种设备安全管理由县安全生产办公室负责。2000 年，特种设备监管职能划归县技术监督部门。监管名录有汽锅炉、压力容器（气瓶）、压力管道等承压设备；有电梯、起重机械、厂内机动车等辅助设备。2002 年，检验锅炉 20 台、电梯 50 台、压力容器 150 台、液化气钢瓶 1650 个，检查热水炉 5 台，取缔土锅炉 5 台；向存在安全隐患的企业发出监察意见书 85 份、提出整改意见 250 条。查处安全违法案件 17 起，共处罚款 3 万元。全年办理锅炉使用证 40 本、压力容器使用证 100 本。2003 年，根据《特种设备安全监察条例》《气瓶安全监察规定》，开展液化气钢瓶安全监察。共查处违反气瓶安全监察规定案件 13 起，罚款 2.9 万元。至年末，检查登记液化气钢瓶 33250 只，录入电脑建档。2005 年，检验锅炉 44 台、压力容器 122 台、电梯年检 18 台、起重设备 6 台；检验液化气钢瓶 7158 只，强制报废钢瓶 3552 只(其中监督现场报废钢瓶 450 只)。2008 年，检验各种特种设备 211 台（部），整改设备 81 台（部），检验液化气钢瓶 8003 只，经检验报废气钢瓶 2535 只。向存在安全隐患的企业发出监察意见书 73 份、提出整改意见 165 条。查处安全违法案件 7 起，罚款 12.5 万元。全年办理锅炉使用证 8 本，压力容器使用证 32 本。

二、安全技术培训

2001 年，县技术监督部门举办压力容器安全技术培训班。2002 年，举办安全技术操作培训班 6 期，共培训 343 人，考核合格者发给操作证书。2003—2008 年,每年均开展安全技术培训。

三、安全生产宣传教育

2001年起，县技术监督部门采用标语、横幅、宣传专栏、广播、有线电视等媒介开展特种设备安全生产宣传教育活动。2002年，开展《特种设备安全监察条例》宣传，在公共场所设立宣传点，开展咨询，发放《特种设备安全监察条例》手册150份、宣传资料300份，张贴宣传标语380张。2004年，宣传《特种设备安全监察条例》和《气瓶安全监察规定》，印发宣传材料2万多份；利用农村圩日在铜陵、西埔、陈城等7个镇开展咨询活动，为群众讲解答疑共8场5000多人次。2005—2008年，每年均开展安全生产宣传教育活动5～8场。

第六节　机　构

一、行政机构

1991年9月，成立县技术监督局，为科级单位，编制3人，设正、副局长各1名，下辖县计量质量监测所。1996年8月，改为副科级单位，内设办公室，编制7人，在职5人。2000年6月，改属省技术监督局垂直管理，在职人员6人。2002年5月，改称东山县质量技术监督局，设局长1人、副局长1人，内设办公室、监督稽查股、综合管理股，编制11人。2008年，局有工作人员10人。

二、事业单位

1989年1月，沿设县标准计量所。1990年，编制5人，在职人员14人。1991年1月，改称东山县计量质量监测所，负责社会公用计量标准、计量器具检定、产品质量检验、计量质量纠纷公证。1999年，编制增至25人。2000年6月，改归省垂直管理。检定业务有加油机、压力表、台案秤、地中衡、血压计、天平等。2005年2月，被省授予法定计量检定机构。2008年12月，有工作人员14人。

第七章　国土资源管理

第一节　土地使用制度改革

1989年，东山县土地使用制度继续实行土地使用权和所有权分离办法。使用权由无偿、无限期使用变为有偿、有限期使用，按照商品的属性进入市场。根据土地等级不同收取不同标准的使用费；使用权可以有偿转让。当年，县人大制定《东山县国有土地使用权有偿出转让、转让办法》。1990年，县土地管理部门与台商、外商企业签订开发成片土地协议书16.67公顷、出让土地协议书0.57公顷。1991年，为台商、外商批租用地1.27公顷。

1995年7月，根据国家土地管理局《土地资产评估和管理规定》《协议出让国有土地使用权最低价确定办法》，县域国有土地使用权出让范围扩大，出让方式逐步规范，将用于经营的划拨土地使用权转为有偿使用。当年，成立东山县地产交易管理所，开展国有土地使用权出让、转让、出租、抵押、入股等宗地地价评估业务。

2003年，东山县首次进行土地拍卖，公开拍卖一块国有土地的使用权。通过拍卖招标协议等方式，将土地使用权以一定的价格、年期及用途出让给使用者，出让后的土地可以转让、出租或抵押。至2005年，共公开拍卖国有土地的使用权（房地产项目）5宗、面积4.27公顷。2006—2008年，共公开拍卖国有土地使用权10宗、面积13.93公顷。

第二节　土地规划与利用

一、土地规划

1989年，东山县土地管理部门将全县土地划为3个不同功能区，分别为基本农田保护区、可建设区和限制建设区。此后，对全县土地规划进行调整。至2008年，全县土地规划为4个不同功能区，分别为基本农田保护区、允许建设区、有条件建设区和限制建设区。

二、土地利用

1989年4月起，县土地管理部门开展全县土地利用现状调查。全县土地利用现状调查结果：耕地面积3476.34公顷，园地面积4142.51公顷，林地面积5920.71公顷，居民点及工矿用地面积3565.41公顷，交通用地面积301.72公顷，水域面积5785.78公顷，未利用地面积1547.98公顷。全县土地总面积24740.46公顷（247.66平方公里）。

2008年，全县土地利用现状如下：全县土地总面积24834.26公顷（248.6平方公里）。其中，耕地面积2797.00公顷，园地面积3967.53公顷，林地面积4435.87公顷，草地面积195.13公顷，居民点及工矿用地面积4832.27公顷，交通用地面积546.73公顷，水域面积6863.73公顷，其他用地面积1196公顷。

第三节　耕地保护与开发

一、基本农田保护

1994年，东山县根据国务院、省、市部署，开展划定基本农田保护区工作。县政府成立专门领导小组，由常务副县长任组长，分管农业的副县长、土地局负责人任副组长，成员由县农业局、县财政局、县建设委员会、县计划委员会、县水电局、县统计局等单位负责人组成，下设办公室挂靠于县土地管理局。抽调专业人员开展基本农田保护区划定。同年12月，共划定基本农田保护区67片2856.93公顷，占全县当年耕地面积34156公顷的83.64%。对全县的基本农田保护区立牌保护，共立保护牌67块、埋设保护区界桩604支。是年，开发荒地为耕地20公顷。1998年，对基本农田保护区面积进行核查。2008年，全县基本农田保护区共134片、面积2768.24公顷。

2008年东山县各镇基本农田保护区面积一览表

表16-9　单位：公顷

保护单位名称	保护片数	保护面积
铜陵镇	2	24.53
康美镇	9	228.23
樟塘镇	17	251.67
西埔镇	13	349.55
杏陈镇	35	488.93
前楼镇	18	427.60
陈城镇	39	992.66
县良种场	1	5.07
合计	134	2768.24

二、耕地开发

1989年后，东山县逐步推动土地开发，把盐碱地、沙涝地、山杂地等改造成农田。至1991年，共开发耕地9.67公顷。2004年8月，实施西埔土地整理工程。该项目位于探石盐碱地、沙涝地地区，开发改造低产田的土地面积133.33公顷。在土地开发改造中剥离原有耕作层深30厘米，回填耕作层土壤厚40厘米，回填土方50万立方米。挖掘机井25口，埋设管道9000多米，建设、清理排水沟14条，总长8383米。种植防护林2万多株，形成防风林带，抵抗风沙的能力提高，使之变成土地平整、田地规格化、生态环境良好的现代农业园区。2006年4月，该项目通过省国土资源厅和省农业厅验收。

第四节　建设用地开发与审批

一、建设用地开发

（一）百亿新城项目用地开发

1993年，百亿新城项目动工建设，县土地管理局在1个月内迁墓1000多丘，开发土地79.4公顷，完成百亿新城前期征地。

（二）东山中心渔港项目用地开发

2004年，根据东山中心渔港项目规划，渔港经济区项目用地106.67公顷。其中，东山水产品综合市场项目用地面积52.87公顷，由水产品交易批发市场和水产品加工区构成。同年4月起，先后征用地面积48公顷，迁移坟墓1200多丘；拆迁地上建筑物面积6933平方米。

（三）海峡论坛项目用地开发

2005年，中信东胜（集团）公司计划在东山县建集旅游、度假、文化、国际会议、商业为一体的海峡论坛项目。项目总用地面积200公顷。2007年，首期用地32.27公顷获省政府批准，2008年开展征地拆迁。

二、建设用地审批

（一）国家建设用地

1989年起，县土地管理部门根据国家建设需要对建设用地进行审批。至2008年，审批省道双码线东山段等国家建设项目，共4宗、面积167.93公顷。

（二）三资企业用地

1989年开始，对三资企业用地进行审批。至2005年，审批太平洋房地产有限公司、东嘉建设开发有限公司、裕盛建设开发公司等三资企业用地，共48宗，面积196.27公顷，其中占用耕地86.87公顷。2006—2008年，审批三资企业用地共6宗，面积6.5公顷。

（三）内资企业用地

1989年始，对内资企业用地进行审批。至2005年，审批县硅砂矿、县启隆实业发展有限公司等内资企业用地207宗，面积138.67公顷，其中占用耕地57.33公顷。2006—2008年，审批内资企业用地共48宗，面积247.07公顷。

（四）商品房建设用地

1989年始，对商品房建设用地进行审批。至2005年，审批太平洋房地产有限公司、正鹏房地产公司、东嘉建设有限公司等商品房建设用地41宗，面积173.80公顷，其中占用耕地100公顷。2006—2008年，审批商品房建设用地共23宗，面积64.33公顷。

（五）个人建房用地

1989年起，县土地管理部门延续对个人建房用地进行审批。至2008年，审批个人建房用地共4156宗，面积44.93公顷，其中占用耕地15.33公顷。

第五节　土地使用权登记

一、土地使用权证办理

1990 年，根据国家土地管理局《关于加强地籍管理工作的通知》，东山县开始实行土地使用权登记。1991 年初，成立以分管土地的副县长为组长，县人民法院院长、县土地管理局局长为副组长的东山县土地登记、确权、发证领导小组，成员由县政府办、县计划委员会、县农业局、县司法局、县财政局、县建设委员会、县规划办等单位负责人组成；下设办公室挂靠于县土地管理局，负责全县土地确权工作的实施。在西埔镇白石街府后路开展试点，后推广全县。至 2008 年 12 月，全县共颁发国有土地使用权证 18885 本，集体土地建设使用权证 50267 本。

二、土地测量登记

1991—2008 年，县土地管理部门实施土地使用权属实地测量登记。测量登记委托县土地勘察中心进行，并按国家规定标准收取费用。测绘根据征用土地批准材料测制（绘）红线图、地籍图或地形图作为土地使用权证登记材料之一。至 2008 年，该工作延续。

三、土地使用权抵押登记

1995 年，根据土地资产评估和管理规定，东山县设立地产交易管理所，开始国有土地使用权出让、转让、出租、抵押、入股等宗地地价评估业务。至 2008 年，共办理 4254 宗、16. 5 公顷。

四、土地使用权档案管理

1991 年，县土地管理部门建立土地使用权证登记档案。土地使用权证档案由土地登记申请书、土地登记审批表、征用土地批准材料和红线图（地籍图或地形图）、出让金收据或契税、土地出让业务管理费交付凭证、其他证明材料（包括国有土地使用权出让合同、建设用地规划许可证、建设项目批文、营业执照等复印件）构成。至 2008 年，共管理土地使用权证登记卷宗 6 万件。

第六节　土地监察

一、土地监察机制

1989 年，县土地管理部门健全土地监察制度，建立非农业建设用地跟踪反馈机制。1992 年，成立县土地监察大队，健全镇土地所、村土地管理员三级监察网络。当年，全县 61 个建制村均聘用土地管理员，负责协助查处违法用地行为、调解住宅用地纠纷等。1993 年，成立县土地执法室，强化土地执法。1995 年，建立县、乡（镇）、村三级监察信息网络，加强执法监察。1998 年后，土地监察实行定期不定期巡回检查制度和基本农田动态监测制度。划分不同等级的巡查区，把城乡接合部、公路干线两侧、村庄周围和基本农田保护区划分为一级巡查区，实行重点巡查。2008 年，延续按不同等级巡查区加强巡查。

二、土地执法检查

1989 年，县土地管理部门延续实行土地监察和执法检查，依法查处土地违法违规行为。土地立案查处范围主要有：未经批准或采取欺骗手段骗取批准，非法占用土地的；非法买卖或者以其他违法形式转让土地的，越权非法批准占用土地的；采取化整为零等非法手段批准占用土地的；未经有权机关批准，擅自改变土地用途的；临时使用土地期满后拒不归还的；非法占用征地补偿费、安置补助费的；由于开发土地造成土地沙化、盐渍化、水土流失严重而荒芜土地的；未经批准或不按规定批准在农田取土挖沙，破坏土地资源的；利用职权和工作之便，弄虚作假、徇私舞弊、贪污受贿、索贿的；群众来信来访要求解决并经证实的重大违法案件。1990 年冬，对 1989 年以来国家、集体建设用地进行复查，共清理 132 起；制止违法用地 68 起；拆除违章搭盖 380 户，面积 6715.4 平方米。1995 年，制止土地违法用地 45 起，面积 5080.5 平方米。至 2008 年，全县共查处土地违法行为 102 起，面积 8.18 万平方米。其中，立案查处土地违法案件 32 件，面积 2.10 万平方米，结案率 100%。

三、征地补偿

1992 年，县土地管理部门贯彻省政府《关于加强征地补偿管理切实保护被征地农民合法权益的通知》，严格执行征地程序和两公告一登记制度（征用土地方案公告、征地补偿方案公告和征地补偿方案登记），建立直接发放补偿款制度。征地补偿资金在安置方案批准之日起 3 个月内全额直接发放给被征地集体经济组织和农民。探索征地安置途径，推广铜陵镇铜兴村征地补偿安置“双轨制”办法，将集体土地补偿费由村民每月领取小部分土地补偿费，其余大部分土地补偿费入股，由村委会集中投资，兴办村办企业，并吸收失地农民为企业员工，使失地农民不失业。企业收益一部分按村民入股资金比例分红，另一部分用于支付村民的养老保险和医疗保险等社会保障。至 2008 年，全县征地 600 多宗补偿款均按期发放到被征地农民手中，并帮助被征地农民转岗务工就业和发展第三产业。

四、土地监察培训

1989—2008 年，县土地管理部门延续举办土地监察培训班，共举办土地监察培训班 30 多期，培训县、镇、村土地执法监察人员 200 多人次。20 年间，共选派骨干人员 35 人次参加国家或省、市举办的土地监察培训班、研讨班。

第七节　土地法规教育宣传

一、土地法规教育

1989 年，成立县普及全民国土观念教育领导小组，开展以国情教育、国法教育和国土整治教育为主的全民普及国土观念教育活动，并确定每年 5 月为县域普及全民国土观念教育宣传月。至 2008 年，共编发各类教育资料 2 万多份（册），出版宣传专栏 50 多期，出动宣传车 50 多辆次，有线广播 80 多次，放映土地管理内容的录像片 40 多场，举办讲座、演讲会和各种形式的会议 200 多次，培训村以上国土教育宣传骨干 5000 多人次。全县成人受教育面 98%，干部受教育 100%。

二、土地日宣传

1991 年，县土地管理局组织开展“6·25”全国土地日宣传活动，以“十分珍惜和合理利用每寸土地，切实保护耕地”为主题，通过标语、有线广播、宣传栏、宣传车、踩街、灯会、土地知识竞赛、书法展览等形式，广泛宣传《中华人民共和国土地管理法》等法律法规。此后，每年“6·25”全国土地日期间均开展宣传活动。至 2008 年，“土地日”期间，县土地管理部门共发放宣传材料 2 万份、标语 2000 多条、宣传画 3000 多张，出版专栏 300 多期，有线广播宣传 20 多次，出动宣传车近 200 辆次，提供土地法规咨询 2000 多人次。

三、普法宣传

1996—2000 年，“三五”土地普法期间，开展土地法及相关法规宣传，印发县土地系统普法工作规划。2001—2005 年，“四五”普法期间，通过法律学习会、报告会、印送土地法律法规材料，组织知识新法赛、考试、法律法规咨询等，开展普及法律法规宣传。“三五”和“四五”普法期间，共召开报告会 15 场，提供法律咨询 3000 多人次，制发大小横幅标语 400 多条，张贴宣传画 1800 张，印发宣传资料 1.2 万份，连续10年免费向各乡镇、建制村赠送《中国土地报》《海峡资源报》。2006—2008年，开展“五五”土地普法宣传，召开报告会5场，提供法律咨询1000多人次，张贴宣传品800多张。

第八节　矿产资源管理

一、矿产资源保护

1989年，东山县矿产资源管理部门制定《东山县开办乡镇集体矿山企业和个体采矿管理实施办法》《东山县矿产资源管理实施办法补充规定》。县矿产资源管理部门开展沙土、沙石矿产资源调查，建立矿产资源开采矿监管机制，实行采矿申请登记、运营矿产准运证制度和经营许可证制度，查处违反《中华人民共和国矿产资源法》乱开采矿产资源行为。1990年，查处无证开采和越界开采等违法案例6起。1993年3月16日，县政府发出通告，禁止在东山岛东南沿海沙滩采沙。县矿产资源管理部门、乡镇矿管站采取措施，关闭樟塘镇湖尾村砂场和铜陵镇屿南砂场。1994年，县矿产资源管理部门关闭康美镇铜钵村虎腔澳东山湾水产增殖中心周边的无证采石场。此后，县矿产资源管理部门把对全县矿产资源保护作为工作常态，有效地制止乱采沙、采石现象。2008年，查处无证开采和越界开采沙石违法案件2起。

二、矿产开发

1989年，县内开发的矿产资源有玻璃砂、型砂、建筑砂、芦笋砂、碎石、石板石、瓦黏土、高岭土等。1990年起，东山县对矿产资源开采实行采矿许可证制度。全县办理采矿许可证企业共306家（其中国营2家、集体39家）。1993年12月，全县开发矿山总数188个点。其中国有矿山2个，集体矿山20个，个体矿山166个。全县从事矿产加工企业29家，其中机砖厂22家、石材厂7家。全年采矿总产量115万吨。此后，办理采矿许可证企业有所变动。2008年，全县办理采矿许可证企业32家，其中国营2家、集体8家、股份制7家、个体15家。全县采矿点32个，其中国有2个、集体8个、股份制和个体22个，年采矿产总量126万吨。

第九节　机　构

一、行政机构

（一）东山县土地管理局

1989年，沿设县土地管理局，设局长1人、副局长2人，内设人秘股、建设用地股、地籍股、土地监察股及土地监察队和测绘队。兼辖7个乡镇及向阳、西港、赤山林场土地管理所业务，局工作人员58人。2002年7月，撤销县土地管理局，人员与业务并入新组建的县国土资源局。

（二）东山县地质矿产局

1989年，沿设县矿产资源开发管理委员会（简称县矿管委），下设办公室，为县政府办事机构，配正副主任各1人，工作人员14人。1997年6月，撤销县矿产资源开发管理委员会，改设县地质矿产局，有工作人员14人。2002年7月，撤销县地质矿产局，人员与职能并入新组建县国土资源局。

（三）东山县国土资源局

2002年7月，由县土地管理局、县地质矿产局合并组建县国土资源局，设局长1人、副局长1人。内设办公室、执法监察股、国土资源规划利用股、耕地保护农地转征股、地籍测绘管理股、地质矿产环境管理股。下辖县国土资源监察大队、县地产交易管理所、县测绘管理站、县地质矿产事务所及7个镇国土资源所。2003年7月，增设县土地收购储备中心。2008年12月，全局实有工作人员136人，其中行政人员10人、事业单位人员126人。

二、事业单位

（一）乡镇国土资源所

1989年，7个乡镇沿设土地管理所，隶属各乡镇人民政府；并设向阳、西港、赤山林场土地管理所，分别隶属东山盐管处和赤山林场管理处。1995年9月，乡镇土地管理所划归县土地管理局管辖，为事业编制的派出机构；向阳、西港、赤山林场土地管理所仍属东山盐管处、赤山林场和县土地管理局双重管理，有工作人员17人。2002年7月，7个镇土地管理所改称国土资源所，撤销向阳、西港、赤山林场土地管理所。2008年，7个镇国土资源所共有工作人员39人。

（二）东山县国土资源监察大队

1990年5月，组建县土地监察队，负责土地监察事务，工作人员10人。2002年2月，组建县矿产资源监察大队，负责矿产资源监察事务，有工作人员8人。2003年5月，县土地监察队与县矿产资源监察大队合并为县国土资源监察大队，为县财政核实补助事业单位，编制17人。2008年，有工作人员18人。

（三）东山县国土资源测绘队

1990年5月，组建县测绘队，有工作人员10人。2003年5月，改称县国土资源测绘队。2008年，工作人员13人。

（四）东山县土地收购储备中心

2003年7月，设立县土地收购储备中心。2008年，工作人员10人。

（五）东山县土地开发公司

1992年4月，成立县土地开发公司，隶属东山县土地管理局，为企业管理的事业单位。2008年，工作人员32人。

（六）东山县地价评估事务所

1995年11月，成立县地价评估事务所，隶属县土地管理局，为自收自支全民所有制事业单位，编制5人。2002年5月，改为社会服务中介机构。2008年，工作人员5人。

（七）东山县地产交易管理所

1995年11月，成立县地产交易所，隶属县土地管理局，为自收自支全民所有制事业单位，编制5名。2003年5月，改称县地产交易管理所。2008年，工作人员6人。

（八）东山县测绘管理站

1989年，沿设县测绘管理站，隶属县建设局，工作人员3人。2003年5月，改属县国土资源局管理。2008年，工作人员3人。

（九）东山县地质矿产事务所

2003年5月，成立县地质矿产事务所，为自收自支事业单位，编制11人。2008年12月，工作人员9人。

第八章　安全生产管理

第一节　宣传教育

1989年，县安监部门开展安全生产月宣传教育活动，举办讲座、培训班以提高企业管理人员和职工的安全意识。此后,每年都举行安全生产月宣传教育活动。组织县交通局、县海洋与渔业局、县质监局、县建设局、县交警大队、县消防大队等单位人员上街开展安全生产咨询，发放安全生产法律法规和安全生产知识的小册。在建筑工地、厂矿企业、超市、车站等场所悬挂安全生产横幅。利用短信方式，向全县手机用户传送安全短信。2004年6月,县安监局组织开展“以人为本,安全第一”为主题的全国“安全生产月”

活动。其间，县安监局、总工会组织职工开展“安康杯”安全生产知识竞赛。2004—2008年，共发放安全生产知识小册2万多册，悬挂横幅1500条，传送安全短信10万条。

第二节　安全生产检查

1989年，县安全生产检查工作继续贯彻“安全第一，预防为主”方针，实行企业负责、行政管理、国家监督和群众参与的安全管理体系。此起每年5月“安全生产月”期间，县总工会、县安全生产办公室、县消防队等单位联合对全县安全生产进行大检查。并不定期进企业检查，对隐患及时发出整改意见。1998年3月9日，县政府召开政府成员会议，研究加强安全生产问题。随后制定《东山县安全生产事故灾难应急救援预案》《东山县危险化学品安全事故应急救援预案》《东山县非煤矿山安全事故应急救援预案》，并贯彻实施。2004年，县政府与各乡镇、部门签订年度安全生产责任书，并实行安全生产“一票否决”制。县安全管理部门制定《东山县安全生产责任目标考核办法》，县政府每年召开安全生产工作会议，部署安全生产工作；每季度召开一次防范安全事故会议。2006年4月8日，县政府召开常务会议，研究、出台安全生产应急预案。县安监局建立安全生产月通报制度，组织开展非煤矿山、危险化学品和烟花爆竹专项整治及隐患排查。协调有关部门对道路交通、渔业生产、消防、特种设备、建筑施工等行业进行专项整治和隐患治理。对企业管理人员及从事电工、焊工等特种作业的人员进行培训，提高全员安全生产意识。至2008年，共培训负责安全管理和特种作业的人员3500人次。

2004—2008年东山县安全生产事故统计表

表16-10

年份	事故起数	死亡人数	年份	事故起数	死亡人数
2004	64	30	2007	67	29
2005	75	16	2008	55	23
2006	71	20			

第三节　机　构

一、行政机构

（一）东山县安全生产委员会及办公室

1989年，沿设县安全生产委员会（副县长兼任主任），下设办公室（挂靠于县劳动局），工作人员3人。2003年5月至2008年12月，挂靠县安全生产监督局。

（二）东山县安全生产监督局

2003年5月，设立县安全生产监督局，为副科级，加挂县安全生产委员会办公室牌子。2007年9月，升为正科级。2008年12月，工作人员5人。

二、事业单位

2006年10月，设立县安全生产执法大队，为县安全生产监督局直属股级事业单位，编制5人。2008年12月，工作人员5人。

第十七卷　中共地方组织

1989—2008年，中国共产党东山县委员会先后召开5次党员代表大会，选举产生第七届至第十一届县委、县纪委。其间，中共东山县委坚持以经济建设为中心，围绕改革发展、稳定大局，不断加强党的建设，认真履行总揽全局、把握方向、科学决策职能，适时制定各个阶段各具特色的发展目标和发展战略，强化措施推动实施，促进全县经济和社会各项事业取得显著成绩。

县委不断加强党风廉政建设，建立教育、制度、监督并重的预防和惩治腐败体系，认真查处违纪案件，倡导“尊廉耻贪”的党风。同时，加强理论教育，开展社会主义初级阶段理论及建设有中国特色社会主义理论的学习教育；开展保持共产党员先进性教育。弘扬谷文昌和东山保卫战精神，开展“学习谷文昌，岗位创佳绩”活动。

县委注重基层党组织建设和执政能力建设，建立健全保持共产党员先进性的长效机制。以创建一流领导班子，带一流队伍，创一流业绩为主题，广泛开展“一类党支部达标”活动。加强后备干部建设，建立县管拔尖人才评选、建档、考核等制度。注重党员队伍建设，重点吸收生产第一线的优秀工人、农民、知识分子入党，以保持党的先进性。2008年12月，全县党员10051人，其中正式党员9792人；设机关党组28个，基层党委会19个（其中机关党委会12个），基层党总支53个、党支部416个。

第一章　党员与代表大会

第一节　党员与代表选举

一、党员数

1989年12月，东山县有中共党员5581人，其中正式党员5442人，预备党员139人；男4770人，女811人。此后，全县党员逐年增加。1995年12月，全县党员6440人，其中正式党员6199人，预备党员241人；男5497人，女943人。2000年12月，全县党员8352人，其中正式党员8005人，预备党员347人；男6937人，女1415人。2005年12月，全县党员9504人，其中正式党员9228人，预备党员276人；男7743人，女1761人。2008年12月，全县中共党员10051人，其中正式党员9792人，预备党员259人；男8106人，女1945人。

二、党员代表选举

1990年11月，开展中共东山县第七次代表大会的代表选举工作。全县正式党员5581人，选出代表208人（男184人，女24人）。

1993年11月，开展中共东山县第八次代表大会的代表选举工作。全县正式党员5838人，选出代表209人（男171人，女38人）。

1998年11月初，开展中共东山县第九次代表大会的代表选举工作。全县正式党员7185人，选出代表

242 人，其中干部党员代表 150 人、专业技术人员党员代表 44 人，农民、工人和其他劳动者党员代表 44 人，军队党员代表 4 人；年龄在 45 周岁以下的党员代表 128 人。

2003 年 11 月，开展中共东山县第十次代表大会的代表选举工作。全县正式党员 9133 人，选出代表 256 人（男 200 人，女 56 人）。其中：干部党员代表 153 人，专业技术党员代表 53 人，农民、工人和其他劳动者党员代表 45 人，军队党员代表 5 人；年龄在 45 周岁以下的党员代表 169 人。

2006 年 6 月，开展中共东山县第十一次代表大会的代表选举工作。全县正式党员 9461 人，参加选举 7941 人（占 84%），选出代表 256 人（男 203 人，女 53 人）。其中年龄在 50 周岁以下的党员代表 197 人。

第二节　党代会

一、中共东山县第七次代表大会

1990 年 12 月 6—9 日，中共东山县第七次代表大会在县宾馆礼堂召开，出席大会代表 208 人。大会听取并审议通过洪我追代表中共东山县第六届委员会作《坚持党的基本路线，加快东山海岛建设》的工作报告和县纪委的工作报告。大会讨论制定后 3 年县委工作的指导思想、奋斗目标和基本任务。9 日，选举产生县委委员 17 人和县委候补委员 1 人组成中共东山县第七届委员会，选举产生东山县纪委委员 10 人组成新一届县纪委会。同日，召开中共东山县第七届委员会第一次全体会议，选举洪我追、江宏真、张国胜、洪玉河、高爱明、陈瑞国、沈松池为县委常委，洪我追为书记，江宏真、张国胜为副书记。县纪委召开第一次全体委员会议，选举产生县第七届纪委会领导成员。

二、中共东山县第八次代表大会

1993 年 12 月 27—30 日，中共东山县第八次代表大会在县宾馆礼堂召开，出席会议代表 209 人。大会听取并审议通过县委书记郑道溪代表中共东山县第七届委员会作《解放思想，团结奋斗，加快东山旅游港口城市的建设》的工作报告和康君福作《中共东山县纪律检查委员会向第八次党代表大会的工作报告》。会议认为，第七届党代会提出的三年社会经济发展目标和县委的任期目标基本实现。30 日，选举产生县委委员 21 人和县委候补委员 4 人组成中共东山县第八届委员会，选举产生东山县纪委委员 15 人组成新一届县纪委会。同日，召开中共东山县第八届委员会第一次全体会议，选举郑道溪、黄汉河、康君福、吴裕光、林晓峰、高爱明、林国武为县委常委，郑道溪为书记，黄汉河、康君福为副书记。县纪委召开第一次全体会议，选举产生县第八届纪委会领导成员，康君福为书记。

三、中共东山县第九次代表大会

1998 年 11 月 19—20 日，中共东山县第九次代表大会在县宾馆礼堂召开。参加大会代表 242 人。大会听取并审议通过陈易洲作《高举邓小平理论伟大旗帜，朝着跨世纪宏伟目标奋勇前进》的工作报告和黄云山作《中共东山县纪律检查委员会向县第九次党代表大会的工作报告》。大会回顾肯定第八次县党代会提出的五年发展目标提前实现，使东山在全省率先实现基本小康县，成为全省“经济发展十佳县”“农村基层组织先进县”和“全国科技工作先进县”。20 日，选举产生县委委员 24 人和候补委员 4 人组成中共东山县第九届委员会，选举产生东山县纪委委员 15 人组成新一届县纪委会。同日，召开中共东山县第九届委员会第一次全体会议，选举陈易洲、吴斌、黄双庆、黄云山、张岩、林国武、张武生、沈平忠、何金科、方木荣为县委常委，陈易洲为书记，吴斌、黄双庆、黄云山、张岩（挂职）为副书记。县纪委召开第一次全体委员会议，选举产生县第九届纪委会领导成员，黄云山为书记。

四、中共东山县第十次代表大会

2003 年 11 月 16—18 日，中共东山县第十次代表大会在县宾馆礼堂召开，出席大会代表 256 人，大会听取并审议通过黄双庆作《团结奋斗，开拓创新，为建设新型港口旅游城市而努力奋斗》的工作报告和李辉煌作《中共东山县纪律检查委员会向县第十次党代表大会的工作报告》。大会回顾肯定县第九次党代表大会以来取得的各项成绩。全县经济持续发展，改革力度加大，开放型经济蓬勃发展，投资环境不断优化，人民生活切实改善。党的建设增强，精神文明不断提高。确定今后五年全县经济社会发展的奋斗目标和工作任务。18日，选举产生县委委员23人和候补委员4人组成中共东山县第十届委员会，选举产生东山县纪委委员15人组成新一届县纪委会。同日，召开中共东山县第十届委员会第一次全体会议，选举黄双庆、黄云山、李辉煌、沈平忠、吴敏、何金科、曹保峰、罗雄、沈永祥、黄仲芳(女)为县委常委，黄双庆为书记，黄云山、李辉煌、沈平忠、吴敏为副书记。县纪委召开第一次全体委员会议，选举产生县第十届纪委会领导成员，李辉煌为书记。

五、中共东山县第十一次代表大会

2006年7月12—14日，中共东山县第十一次代表大会在金銮湾大酒店召开，出席大会代表256人。大会听取并审议通过黄双庆代表第十届县委会作《立足新起点，描绘新蓝图，奋力推进生态港口旅游城市跨越式发展》的工作报告；李辉煌代表第十届县纪委会作《全面履行党章赋予职责，扎实推进反腐倡廉工作，为建设生态港口、旅游城市提供有力政治保证》的工作报告。大会回顾肯定县第十次党代会以来所取得的成绩。14日，选举产生县委委员29人和候补委员5人组成中共东山县第十一届委员会，选举产生东山县纪委委员15人组成新一届县纪委会。同日，召开中共东山县第十一届委员会第一次全体会议，选举黄双庆、王毅群、李辉煌、沈平忠、吴敏、何金科、罗雄、沈永祥、黄仲芳(女)、乔敏荣、黄银寿为县委常委，黄双庆为书记，王毅群、李辉煌、沈平忠、吴敏为副书记。县纪委召开第一次全体委员会议，选举产生县第十一届纪委会领导成员，李辉煌为书记。

第二章　组织机构

第一节　领导机构

1989年1月，延续中共东山县第六次党代会选举产生的第六届县委会。1990年12月，县第七次党代会选举产生第七届县委会。1993年12月，县第八次党代会选举产生第八届县委会。1998年11月，县第九次党代会选举产生第九届县委会。2003年11月，县第十次党代会选举产生第十届县委会。2006年7月，县第十一次党代会选举产生第十一届县委会，至2008年12月尚在任。在党代会和全委会闭会期间，由常委会主持领导全县工作。

1989—2008年中共东山县委书记、副书记一览表

表17-1

职务	姓名	性别	籍贯	任职时间
县委书记	杨　琼	男	福建福州	1984.12—1991.1
	洪我追	男	福建晋江	1991.1—1993.9
	郑道溪	男	福建龙海	1993.9—1995.4
	黄汉河	男	福建云霄	1995.4—1997.5
	陈易洲	男	福建龙海	1997.5—2001.7
	黄双庆	男	福建龙海	2001.7—2007.8
	王毅群	男	福建龙海	2007.8—

续表 17-1

职务	姓名	性别	籍贯	任职时间
县委副书记	方接枝	男	福建云霄	1986.4—1990.12
	何红孙	男	福建云霄	1987.7—1990.12
	洪我追	男	福建晋江	1987.7—1990.7
	江宏真	男	福建泉州	1990.7—1993.9
	张国胜	男	福建平和	1990.12—1993.12
	黄汉河	男	福建云霄	1993.9—1995.4
	康君福	男	福建诏安	1995.4—1996.5
	黄耀光	男	福建平和	1996.11—1997.6
	吴　斌	男	福建漳州	1997.6—1999.3
	黄双庆	男	福建龙海	1998.11—2001.7
	黄云山	男	福建诏安	1998.11—2006.7
	张　岩	男	—	1998.11—2003.11（省下派挂职干部）
	沈平忠	男	福建东山	1998.11—2006.7
	李辉煌	男	福建龙海	2003.11—2007.9
	吴　敏	男	—	2003.11—2007.9
	王毅群	男	福建龙海	2006.6—2007.9
	吴达金	男	福建南靖	2007.9—

1989—2008 年中共东山县委常务委员一览表（书记、副书记除外）

表 17-2

姓名	性别	籍贯	任职时间
高爱明	男	福建云霄	1983.6—1998.11
汤德元	男	福建云霄	1985.11—1990.12
陈瑞国	男	福建东山	1985.11—1993.12
沈松池	男	福建诏安	1987.7—1993.12
洪玉河	男	福建龙海	1987.9—1993.12
吴裕光	男	福建东山	1993.12—1998.11
林国武	男	福建东山	1993.12—2003.11
林晓峰	男	福建诏安	1993.12—1998.11
黄清坤	男	福建平和	1995.7—1998.11
黄舜斌	男	福建平和	1995.7—1998.11
张武生	男	福建漳浦	1998.11—2003.11
沈平忠	男	福建东山	1998.11—2003.11
何金科	男	福建东山	1998.11—2007.7
方木荣	男	福建云霄	1998.11—2003.11

续表 17-2

姓名	性别	籍贯	任职时间
曹保峰	男	河北滦南	2003.11—2006.7
罗 雄	男	福建寿宁	2003.11—2006.7
黄仲芳	女	福建诏安	2003.11—2008.12
沈永祥	男	福建东山	2003.11—2006.7
黄银寿	男	福建平和	2006.7—2007.5
乔敏荣	男	北京朝阳	2006.7—
胡栋良	男	福建诏安	2006.7—
林文楚	男	福建东山	2006.7—
邱永顺	男	福建漳浦	2006.7—
黄邦辉	男	福建古田	2006.7—
黄江辉	男	福建平和	2006.7—
陈四象	男	福建漳浦	2007.9—

附：1989—2008 年中共东山县第六至第十一届委员会委员、候补委员名单

中共东山县第六届委员会委员：王振声、方接枝、汤德元、杨琼、何红孙、沈玛添、沈松池、张福成、陈敬昭、陈瑞国、林平桂、林坤火、林泽传、林定波、洪玉河、洪我追、高爱明、黄全孝、黄瑞东。候补委员：林文楚、黄亚藕(女)。

中共东山县第七届委员会委员：王振声、江宏真、汤德元、沈玛添、沈松池、张国胜、张福成、陈荣森、陈瑞国、林文楚、林剑国、洪玉河、洪我追、翁丽端（女）、高爱明、黄瑞东、谢宝介。候补委员：林立辉。

中共东山县第八届委员会委员：汤德元、吴裕光、何金科、邱永顺、沈玛添、沈淮彬、陈益灶、林文楚、林国武、林剑国、林晓峰、林添生、郑道溪、翁丽端(女)、高爱明、黄汉河、黄成才、黄瑞东、康君福、谢宝介、蔡鸿国。候补委员：刘珍娇(女)、张福成、黄义文、吴耀辉。

中共东山县第九届委员会委员：方木荣、朱建辉、吴斌、吴武坤、吴裕光、何金科、邱永顺、沈天恩、沈平忠、沈永祥、张岩（挂职）、张武生、张海鹰、陈易洲、陈瑞国、林文楚、林秀英（女）、林国武、林素兴、高爱明、黄云山、黄双庆、黄成才、谢宝介。候补委员：刘珍娇（女）、何德发、阮水木、蔡永强。

中共东山县第十届委员会委员：朱展发、李辉煌、吴敏、吴武坤、何金水、何金科、沈平忠、沈永祥、沈慧彬、陈金枝、林加和、林财经、林国武、林素兴、林添龙、罗雄、翁伟庄、高爱明、黄义文、黄云山、黄双庆、黄仲芳（女）、曹保峰。候补委员：郭锦莲(女)、吕小波、沈汉龙、阮水木。

中共东山县第十一届委员会委员：王毅群、乔敏荣、朱永鑫、朱展发、朱德生、阮明光、李斌、李辉煌、吴敏、吴文松、吴武坤、何金水、何金科、邱永顺、沈平忠、沈永祥、沈慧彬、陈金枝、林文楚、林加和、林亚盛、林财经、林国武、林添龙、罗雄、黄义文、黄双庆、黄仲芳(女)、黄银寿。候补委员：郭锦莲(女)、曾良福、沈茂欣、朱文钦、王朝玲(女)。

第二节　县委部门机构

1989 年，中共东山县委设部门工作机构 15 个：县纪律检查委员会机关、县委办公室、县委组织部、县委宣传部、县委统一战线工作部、县委政法委员会、县委台湾工作部、县委机要局、县委组织员办公室、县精神文明建设办公室、县党建工作办公室、县委政策研究室、县委农村工作部、县直机关工作委员会、县委保密局。

1997年6月，进行机构改革。改革后的县委设工作机构12个，其中县委直属工作机构6个：县纪律检查委员会机关、县委办公室、县委组织部、县委宣传部、县委统一战线工作部、县委政法委员会；合署单位5个：县监察局与县纪委合署，县委台湾工作办公室（由县委台湾工作部更名）与县政府台湾事务办公室合署、县委机要局与县委办公室合署，县委组织员办公室与县委组织部合署，县精神文明建设办公室与县委宣传部合署；新组建单位1个：县委农村工作领导小组办公室，加挂县政府农业办公室牌子。撤销县党建工作办公室、县委政策研究室，其职能交由县委办公室承担；撤销县委农村工作部，其职能交由县委农村工作领导小组办公室承担；撤销县直机关工作委员会，其职能交由县直机关党委会承担；保密局并入县委办公室，对外加挂保密局牌子。

2005年，调整县委部门工作机构设置。调整后的县委工作机构19个，其中直属部门机构9个，即县纪律检查委员会、县委办公室、县委组织部、县委宣传部、县委统一战线工作部、县委政法委员会、县委台湾工作办公室、县委机构编制委员会办公室、县直机关党委工作委员会。合署机构2个，即县委综合治理办公室、防范和处理邪教问题办公室（皆与政法委员会合署）。部门管理机构3个，即县老干部局（由县委组织部管理）、县精神文明建设办公室（由县委宣传部管理）、县信访局（由县委办公室管理）。议事协调机构1个，即县委农村工作办公室。挂靠机构2个，即县组织员办公室（挂靠县委组织部）、县效能办公室（挂靠县纪律检查委员会机关）。参照部门管理设置机构2个，即县国家保密局、县委机要局。以上工作机构设置至2008年不变。

附1：直属部门工作机构简况

县委办公室　1989—2008年，县委办公室内设行政科、秘书科、信息科、督查科。2008年，有工作人员12人，其中主任1人、副主任2人。

县委组织部　1989—2008年，县委组织部内设干部科、组织科、秘书科、干审科、干训科。2008年，有工作人员15人，其中部长1人、副部长3人。

县委宣传部　1989—2008年，县委宣传部内设人秘科、宣传科、理论科、党教科。2008年，有工作人员12人，其中部长1人、副部长3人。

县委统战部　1989—2008年，县委统战部内设人秘科、统战科、宗教科、接待科。2008年，有工作人员9人，其中部长1人、副部长1人。

县委政法委员会　1989—2008年，县委政法委员会内设办公室、综治办。2008年，有工作人员9人，其中正副书记共4人。

县委台湾工作办公室　1989—2008年，县委台湾工作办公室内设办公室、人秘科。2008年，有工作人员8人，其中正副主任共3人。

县委编委办公室　1989—2008年，县委编委办公室内设办公室。2008年，有工作人员6人，其中正副主任共3人。

县直党工委　1989—2008年，县直党工委内设办公室、县直机关武装部。2008年，有工作人员10人，其中正副书记共3人。

附2：1989—2008年任中共东山县委各部、委、办第一负责人名单

叶启荣　李亚尼　朱坤福　沈广湖　沈玛顺　汤德元　何金科　何纯成　陈瑞国　林文章　林永顺　林明辉　林添生　林国武　林银盛　林晓峰　洪玉河　胡栋良　徐金兴　高爱明　黄成才　黄瑞东　黄振桂　黄清坤　黄鸿度　谢宝介

第三节　纪检机构

1989年，中共东山县纪律检查委员会设书记1人、副书记2人；内设办公室、案件审理室、检查室、宣教室。

1990年12月，中共东山县第七次代表大会上选举产生县纪委委员10人，并在第一次全体委员会议选举产生常委5人，张国胜为县纪委书记，县纪委副书记2人。

1993年4月，县纪委与县监察局合署办公，实行一套人马、两块牌子，履行党的纪律检查和政府的纠政、监察两种职责。内设办公室、纪检监察一室、纪检监察二室、案件审理室、信访室（举报中心）、执法监察室、宣传教育室、党风廉政建设室。同年12月，中共东山县第八次代表大会上选举产生县纪委委员15人，并在第一次全体委员会议选举产生县纪委常委8人，康君福为县纪委书记，县纪委副书记2人（其中1人兼任监察局局长）。

1998年11月，中共东山县第九次代表大会上选举产生县纪委委员15人，并在第一次全体委员会议选举产生常委7人，黄云山为县纪委书记，县纪委副书记2人，其中1人兼任监察局局长。2003年5月，增设县效能投诉中心、县纠正行业不正之风工作室、县机关效能办公室为正式机构。其中，县纠正行业不正之风工作室挂"县纠正行业不正之风办公室"，县机关效能办公室挂靠县纪委。同年11月，中共东山县第十次代表大会上选举产生县纪委委员15人，并在第一次全体委员会议选举产生常委7人，李辉煌为县纪委书记，县纪委副书记2人（其中1人兼任监察局局长）。

2006年7月，中共东山县第十一次代表大会上选举产生县纪委委员15人，并在第一次全体委员会议选举产生常委7人，李辉煌为县纪委书记，县纪委副书记2人（其中1人兼任监察局局长）。2008年，县纪委（含监察局）内设办公室、党风廉政建设室、执法监察室、纠正行业不正之风工作室、宣传教育室、第一纪检监察室、第二纪检监察室、案件审理室、信访室；挂靠单位有县机关效能建设办公室、县政府纠正行业不正之风办公室。行政干部29人，其中副处级1人、正科级6人、副科级14人。全县基层党组织共建立纪（工）委、纪检组24个。

1989—2008年东山县纪律检查委员会书记一览表

表17-3

姓名	性别	籍贯	任职时间
陈瑞国	男	福建东山	1985.11—1990.12
张国胜	男	福建平和	1990.12—1993.12
康君福	男	福建诏安	1993.12—1995.5
黄舜斌	男	福建平和	1995.7—1998.11
黄云山	男	福建诏安	1998.11—2003.11
李辉煌	男	福建龙海	2003.11—2007.9
陈四象	男	福建漳浦	2007.9—

附：1989—2008年东山县纪律检查委员会副书记名单

洪赐洁　朱联钦　陈友益　何保文　林传买　崔坤亮

第四节　基层党组织

一、机关党组

1989年，中共东山县委下设机关党组5个：县人大党组、县政府党组、政协东山县委员会党组、县人民检察院党组、县人民法院党组。1990年2月，增设县公安局党组。1996年7月，县公安局党组改设党委。此后，机关党组不断增加。

2008年，机关党组共28个：县人大党组、县政府党组、县政协党组、县人事局党组、县劳动与社会保障局党组、县国土资源局党组、县交通局党组、县科学技术局党组、县质量技术监督局党组、县食品药品监督局党组、县国家税务局党组、县地方税务局党组、县卫生局党组、县人口与计划生育局党组、县教育局党组、县法院党组、县检察院党组、县民政局党组、县司法局党组、县发展与改革局党组、县建设局党组、县环境保护局党组、县农业局党组、县林业局党组、县海洋与渔业局党组、县经济贸易局党组、县财政局党组、县审计局党组。

二、机关党委会

1989年，中共东山县委延设基层党委会12个（不包括乡镇党委）：县人武部党委、县直机关党委、东山盐管处党委、县宣传教育系统党委、县政法委党委、县计划委员会党委、县经济委员会党委、县财贸委员会党委、县农业委员会党委、县对外经济贸易委员会党委、县建设委员会党委、县口岸委员会党委。后，由于机构改革撤并，基层党委会设置有所调整。1997年6月，增设东山旅游开发区党委。

2008年，中共东山县委下设机关党委会12个：县直机关党委、县委政法委员会党委、县公安局党委、县经济贸易局党委、县发展与改革局党委、县委农村工作办公室党委、县宣传教育系统党委、县对外经济贸易局党委、县建设局党委、县口岸与海防办公室党委、东山经济技术开发区党委、东山旅游开发区党委。

三、乡镇党委会

1989年，铜陵镇、西埔镇、杏陈镇、陈城镇、康美乡、樟塘乡、前楼乡均沿设党委会，并先后召开党代会，选举新一届镇（乡）党委会（和纪检会）组成人员。2008年，镇党委会7个。

附：1989—2008年东山县各乡镇党委会书记名单

西埔镇：何永乐　林剑国　邱永顺　林素兴　朱展发　李　斌
铜陵镇：王振声　黄瑞东　沈平忠　沈天恩　张海鹰　何金水　张明东
陈城镇：谢宝介　何金科　林立辉　张海鹰　黄义文　陈汉武
杏陈镇：沈玛添　林文楚　周志聪　朱建辉　朱展发　李　斌　沈福安
康美镇：黄良全　蔡鸿国　何流芳　吴武坤　吴丁顺　沈慧彬　陈爱春
樟塘镇：潘太平　翁丽端(女)　沈平忠　林素兴　林加和　朱德生　朱文钦
前楼镇：何保文　陈益灶　林秀英(女)　黄义文　吴武坤　黄林晖

四、党总支与党支部

1989年12月，东山县有基层党总支17个、党支部229个。此后，随着党员数量的增加和机构体制改革，党总支和党支部数量多有变动。2008年12月，全县有基层党总支53个、党支部416个。

第三章　县委主要决策

第一节　第七届县委主要决策

一、经济建设

中共东山县委确定以对台对外开放为重点，着力发展轻型加工业、海洋水产业、海洋运输业和海岛旅游业，逐步形成港口经济中心地位。在实施上述决策中，抓好以下措施：完善东山港管理机构；完成6000门程控电话建设；投建年吞吐 9000 吨标准集装箱码头配套工程；完成向东渠第二期维修配套工程、自来水扩容工程（日供 1 万立方米水）；建设大澳海产品批发市场；完善西埔北市场配套并开业；建设西埔东环路、马銮湾至城垵公路和口岸港区路。同时，扩大对台农业合作，加快土地成片开发，推动创办三资企业。对产品外销、带资金技术改造企业、基础设施建设和旅游服务等项目，实行更加优惠政策，出台土地成片开发优惠政策。

二、体制改革

完善农村联产承包责任制、企业经营责任制，转变经营机制。1992 年，国有财贸商业企业推行经营、价格、分配、用工“四放开”；对亏损的工业企业实行“关、停、并、转”或风险承包、租赁经营；粮食企业由单一计划供应向多种经营发展，对个体私营工商业采取扶持措施。

三、思想教育

这 3 年间，组织党政干部和全体党员学习《邓小平文选》、中共十四大文件等，提高党员、干部对社会主义现代化建设的认识。还在农村、街道、基层所站开展社会主义教育活动，增进党群、干群关系。连续开展“发扬谷文昌精神”活动，培育“团结、进取、艰苦创业和无私奉献”精神风貌。

四、党组织建设

新成立党支部 10 个，整顿党支部 15 个，发展新党员 314 人，按德才兼备原则选拔 88 名中青年干部进入科局级领导岗位。在党风建设方面，这 3 年查处违纪案件 84 件 84 人。其中，大案要案 23 件 23 人，处理科（局）级干部 12 件 12 人，开除党籍 15 人。

第二节　第八届县委主要决策

一、经济建设

县委以“经济技术开发区”“旅游经济开发区”“港口经济区”为龙头，制定开发区整体框架方案和详细规划、优惠政策。促进百亿新城 400 幢别墅主体工程基本完成，国际俱乐部正式开业。对外开放拓展，5 年批准外商投资企业 141 家，合同外资 4.93 亿美元，实际利用外资 3.24 亿美元。调整农业结构，巩固芦笋、对虾、网箱养鱼三大创汇基地，发展“二贝三蛤”养殖。加快水利建设和农业综合开发，扩大对台农业技术合作与交流。制定发展第三产业的试行办法，形成一个适应股份合作和私营经济发展的宽松环境。大力发展民营经济，制定《关于加快发展乡镇工贸小区的若干意见》和《关于加快发展我县个体私营经济若干意见》，制定一系列优惠政策。多渠道筹措资金，确保经济技术开发区东西一路至新城路主干道等 20 个重点工程建设。制定《东山县引进内外资项目奖励办法》，成立招商专业组，赴新加坡、马来西亚、韩国等国家，以及中国香港地区招商。

二、体制改革

一是贯彻中央、省有关国有企业转换经营机制的政策。县委成立转换企业经营机制领导小组，制定“转换机制十策”。1993 年为企业转换机制年，进行全面规划和分类实施。国企普遍实行以内部分配制度为突破口的三项制度改革，对陷入困境的企业采取异地改造办法。二是商业、粮食、供销系统全面推行“国有民营”和“四放开”改革，对扭亏无望的企业采取转、租、卖、关措施。三是推行适应市场经济的城镇住房改革措施。

三、改善投资环境

抓基础设施建设。5 年间，全县投入 8.06 亿元，完成大嵊跨海大桥、环岛路、铜陵液化气码头、冬古 3000 吨码头等七路一桥四码头建设；完成万门程控电话扩容、移动电话网、大澳渔港二期、铜陵避风港清淤等重点工程建设；进行坑北至西埔公路扩宽，与四联电力有限公司协作，每年增加 3000 万瓦时供电。使县境的水、电、路、桥、码头、通信等基础设施较大改善。

四、创建小康县

1995 年 1 月，县委颁发《增创新优势，建成小康县——中共东山县委 1995 年工作要点》文件，后又颁发《关于建设小康县的实施意见》。

第三节　第九届县委主要决策

一、经济建设

县委围绕“发挥海的优势，突出台的特色，把东山建成海峡西岸繁荣带的黄金口岸”奋斗目标，抓好以下经济建设：实施芦笋“166 工程”[扶持芦笋中低产田改造 667 公顷（1 万亩），换代新植 400 公顷（6000 亩），建立中心示范片 400 公顷（6000 亩）]；着力外海渔业的拓展和海水集约化养殖；支持非公有制经济扩大投资，采取“立支柱、上规模、创品牌”策略；发展以水产品、芦笋等主要原料的食品加工业。实施开放旅游经济战略，加紧实施“696”工程（6 个续建、9 个新建、6 个备建），共投资 2.5 亿元，加强领导，建立责任制。扶持发展非公有制经济，出台《关于鼓励非公有制经济发展的若干意见》，在东山经济技术开发区划出 1.5 平方公里土地，设立非公有制经济区，给区内投资项目 11 条优惠政策。抓好国有外贸企业和三资企业的出口经营，确定全县三大类 33 个项目为重点建设项目。推进“鲍鱼岛”建设，全面开发陆上工厂化养殖和海区增养殖。2001 年，县委确立工业主导地位，开展“工业发展年”建设活动。2002 年，对 15 家临界规模工业企业和 21 家成长型工业企业进行重点扶持。

二、体制改革

县委颁发《关于加快国有企业改革和发展的若干意见》，采取股份制、联合兼并、承包租赁、淘汰压缩等形式，放开搞活，达到组织结构、产品结构和产业结构 3 个优化。以建立现代企业制度，调整和完善所有制结构为重点，加快企业改革力度。同时，制定政策扶持非公有制经济发展，推动农村改革继续深化。

三、城镇建设

开展“城镇规划建设管理年”活动。委托同济大学编制东山县域城市规划。全县 7 个乡镇每年各实施 1 个“精品工程”，抓好 1 个新村建设示范点。

四、科教兴县

开展“科教兴县年”活动。抓好 4 个科技攻关项目（鲍鱼生态养殖和病害防治，虾池混养龙须菜，加快芦笋产业化，发展防护林间观光果园），建设 3 个科研推广示范基地（全国科技兴海东山湾水产品精深加工示范基地，水产品新品种养殖引进、驯化培育基地，对台农业科技交流基地），抓好 3 个科普阵地（科技电子图书馆、海洋生物展览馆，扶持 28 家民营科研机构）。东山县的国家级可持续发展实验区工作与成果通过专家组评审，成为全省第一批国家级可持续发展实验区。

第四节　第十届县委主要决策

一、经济建设

县委推进工业化，抓好“一区三园”建设，在经济技术开发区规划村镇创业园，把西埔工业小区作为县级“无费区”（落实优惠政策），对铜陵工贸小区进行工业资讯整合（扶持壮大规模企业）。鼓励企业开展 ISO 9000 系列和 HACCP 国际质量体系认证、商标注册和申报进出口经营权。安排总投资 4.8 亿元，用于八尺门跨海大桥、乡村道路硬化工程等 16 个项目建设。开展创建国家级优秀旅游县活动，扩大“海峡两岸东山关帝文化旅游节”的规模，提升规格。不断完善风动石—塔屿国家 AAAA 级景区。发展对台小额贸易，2005 年达 1236 万美元，居全省县级首位。

确定做强渔港、滨海旅游、港口特色工业和中心县城经济为重点。继续开展“工业发展年”活动，推进农业产业化，推行“公司加基地，基地加农户，科技、市场一体化”和订单农业的经营形式。以大澳国家中心渔港建设带动水产品综合批发市场、水产品转深加工区建设，实施国家级农业综合开发项目和省级东山湾现代水产养殖项目。扩大以水产品为主的对台小额贸易。

二、城镇建设

推进西埔旧城、铜陵旧城改造，加快海岛小城镇建设；推进人居环境可持续发展展示工程，该工程被列入国家“十五”科技攻关项目。

三、教育基地建设

建成一批具有地方特色的思想教育基地，谷文昌纪念馆、东山战斗烈士陵园、寡妇村展览馆、东山战斗英雄八少年传统教育室等成为影响全省、全国的爱国主义教育和国防教育的基地，并组织广大干部、群众参观学习。

四、党组织建设

开展“三个代表”重要思想教育和保持共产党员先进性学习教育活动。以“三级核心网络”建设为重点的“三级联创”活动有效地开展，基层党建工作普遍加强。涌现前楼镇岱南村、铜陵镇铜兴村、陈城镇澳角村等先进党组织，并在全县推广其典型经验。

第五节　第十一届县委主要决策

一、经济建设

县委努力打造福建优质水产品供应基地、闽台经贸文化交流合作基地和海峡两岸海洋旅游休闲度假基地。发展水产品精深加工，提升 30 家水产品加工龙头企业的水平，带动 280 家水产品加工企业。突出对台招商，承接台湾的产业转移。加强对台文化交流，办好海峡两岸“东山关帝文化旅游节”，举办“海峡论坛”。促成风力发电等重要项目建设。主动融入漳州市东山湾临港产业集聚区开发，搞好港口岸线规划、冬古与澳角深水港区设计。2007 年，开展“项目建设年”活动，抓好“东海岸”公共保税仓储等一批项目；推进杏陈工业园区的规划建设；发展硅砂深加工、电力能源等新产业；抓好宏林精细化工、闽粤台燃料油库等重大工业项目。2008 年，推进国际旅游海岛建设。全年安排 13 个重点建设项目，抓旗滨玻璃、融丰食品、风电二期扩建、大东石化等工业项目，加快西铜公路、华浮港务万吨码头、澳角一级渔港等基础设施建设。编制冬古、龙屿作业区控制性详细规划，创造良好的对外开放环境。整合旅游资源，实现从观光旅游向休闲度假旅游转变，举办第十七届海峡两岸（福建东山）关帝文化旅游节暨闽台水产品博览会。

二、体制改革

强化土地资源管理与合理利用，抓好扩大就业和再就业，落实“三条保障线”，推动城乡医保制度改革，完善社会救助体系。创新财政收支监督机制，推行综合预算、政府采购、国库集中收支、政府收支分类等方面改革，强化审计，建设公共财政体系，提高公共财政保障和调控能力。

三、城镇建设

制定实施《东山县城市总体规划》，完善铜陵和西埔两镇控制性详规。抓好进岛公路干线、环岛景观干线、疏港公路干线、中心县城干线建设。搞好新农村建设规划，完善农村交通和供排水设施。完成东山岛发展战略规划国际竞赛活动成果整合，制作沙盘模型和建设规划展示厅，为远景发展提供决策依据。建设西埔、铜陵 2.2 万平方米经济适用房，实施陈城镇白埕、樟塘镇樟塘、前楼镇东英等 10 个村的通自来水工程。

四、科教民生事业建设

抓好国家科技富民强县专项行动计划项目——东山县海珍品技术研究与产业化基地建设的实施示范。加快城乡劳力转移。落实教育“两免一补”及学校危房改造，调整中小学校布局，合理配置教育资源。开展城乡居民医疗保险，提高新型农村合作医疗财政补助标准。抓好城镇最低生活保障扩面，保障困难群众基本生活水平。

第四章　纪律检查与监察

第一节　党风党纪建设

一、领导干部廉洁自律

1989 年，县委常委开展“廉政从我做起”活动。各级党组织逐步建立健全“领导干部廉洁自律”制度。1993 年，县委成立监督检查县处级领导干部廉洁自律工作协调机构，制发自查自纠情况表，定期填报。1995 年春，县纪委与县委组织部联合制定《关于县直机关、乡镇科级及基层站所负责人廉洁自律的实施意见》。同年 6 月下旬，县处级领导干部自查自纠，处理违规参与集资建房者 1 人，使用外籍车号牌者 2 辆 2 人，收礼金者 3 人，共 26867 元。科级（含乡镇）干部和基层站所的负责人自查自纠，主要有：违规使用外籍车号牌者 6 人，用公款为个人培训汽车驾驶技术者 2 人，超标准购置进口豪华小汽车者 2 人，私自在经济实体兼职者 5 人。此后，领导干部自查自纠报表制度与自律生活制度长期实行，不断提高自律自纠效果。2001 年，实施领导干部廉洁从政情况报告制度。2003 年，进一步健全领导干部重大事项报告制度。2004—2008 年，各级各单位领导干部向党组织签订拒收红包承诺书，有效刹住收送红包歪风。

二、党风党纪教育

1989 年，全县各党支部延续定期召开支部党员会，开展党风党纪教育。1992 年，县纪委将中纪委颁发的“十条党纪条规”编成《党纪手册》分发各基层党支部，组织党员学习。1993 年 7 月，县纪委组织开展党规党纪教育录像播放月活动，全县播放 74 场。在县广播电视台开辟“反腐败斗争”专题节目。利用

《福建党风》《东山党建》等刊物扩大教育面，编辑《反腐败斗争文件学习问答》，组织全县党员学习。1996年，中纪委举办党纪条规知识竞赛，县纪委发动全县党员干部参加答卷活动。1998年，在《中华人民共和国行政监察法》颁布一周年之际，县纪委组织发动3000多名党员干部参加该法知识竞赛。是年，组织党员干部学习贯彻《中国共产党党员领导干部廉洁从政若干准则》《中国共产党纪律处分条例（试行）》及《党政机关厉行节约制止奢侈浪费行为的若干规定》。2004年，开展学习胡锦涛总书记在中纪委第三次会议上的重要讲话精神，联系实际，对照胡锦涛总书记指出的“违背求真务实”等10种问题，落实整改。启动反腐倡廉大宣传，以东山纪检监察网、《东山宣传》、东山有线电视台《警钟长鸣》《预防职务犯罪导报》和党校为载体，以贯彻落实《建立健全教育、制度、监督并重的预防和惩治腐败体系实施纲要》为主要内容，组织广大党员学习，并开展廉政文明进企业、进农村、进社区、进学校、进家庭的宣传活动。2006—2008年，县纪委落实“三结合”（结合组织学习党章，结合深化改革，结合强化人财物监督管理），建立健全制度，促进《教育、制度、监督并重的预防和惩治腐败体系实施纲要》的推行，逐步形成“尊廉耻贪”的党风和社会风尚。

三、廉政制度建设

1989年，成立东山县委廉政建设领导小组，下设办公室，实行党风“一定三包”责任制（一定：定各级党员领导干部监督的范围和对象。三包：包遵纪守法、端正党风；包思想教育，发挥党员先锋模范作用；包纠正不正之风和查处违纪案件）。县委常委、各基层党组织建立健全民主生活会制度，各机关事业单位建立“两公开、一监督”制度（公开办事规则，公开办事结果，聘请监督员及群众监督）。1991—1992年，开展制度建设检查，结合解决群众反映的问题，重点查处机关事业单位用公款吃喝、旅游，单位招工招干中违纪违章等行为。此后，每年都开展廉政制度建设与执行情况检查。2001年，县纪委制定实施《县委县政府领导班子成员实行党风廉政建设责任制的责任范围及2001年主要任务分工》，把工作目标责任分解到各单位及负责人。同时，建立党风形势报告会制度、督查制度、履行职责制度及领导干部廉洁从政情况报告制度。制定实施《关于落实党风廉政建设责任制考核的实施办法》，完善配套制度和责任制考核办法，建立责任追究制度，在国有企业中推行厂务公开制度，发挥职工代表会、监事会作用。2006年，加强对各部门行政许可实施检查，督促改正违规设立项目收费行为，健全政府采购、建筑工程投标招标、征地补偿安置报备制度。对省、市、县三级确定的重大建设项目的招标操作程序均实行全程监督。是年，建立集体会计委托代理中心7个，工程招标监督管理服务中心3个，经济合同审核中心1个，建立会计委托、工程招投标监督、经济合同统一审核的制度。2008年，贯彻《中国共产党党内监督条例》，开展对党风廉政建设各项制度实施情况的监督检查，进一步完善监督制度。加强药品投标采购监督，全年减轻社会药费负担421万元；督查落实减轻农民负担15项（年减负2816万元）。年末，开展党风政风行风评议，重点评议单位9个，一般评议单位62个，召开现场会公布评议结果，推广党风政风行风建设的经验。

第二节　案件查处

1989—1990年，县纪委查处违纪案件109件，给予党纪处分115人（含经济案件18件23人）。其中，开除党籍53人，留党察看21人，党内严重警告19人，党内警告18人，撤销党内职务4人。

1991—1992年，县纪委查处违纪案件84件（经济案件23件），给予党纪处分75人（科级干部12人）。其中，开除党籍15人，留党察看12人，撤销党内职务2人，党内严重警告18人，党内警告28人。挽回经济损失38万元。1993—1998年，受理群众信访举报259件，立案131件（大要案41件）。经查处，给予党纪政纪处分126人（科级干部14人）。其中，开除党籍44人，移送司法机关追究刑事责任8人。挽回经济损失290万元。

1999—2003年，县纪委受理群众信访举报296件，立案140件（大要案41件）。经查处，党纪政纪处分140人（科级干部14人），其中查处县第一建筑公司原会计、出纳共同侵占集体资金67.5万元案。2004

年，受理群众信访举报63件，立案28件（大要案7件）。经查处，给予党政纪处分28人（科级干部1人），其中开除党籍1人，挽回经济损失92.6万元。办案中，推行“一案一整改”制度，发挥查办案件与治本相结合的作用。探索实践信访、举报、惩处、保护、教育有机结合，“五个并举”工作法得到上级纪检肯定和推广，获得创新项目奖。2005年，受理群众信访举报31件，立案28件。经查处，给予党政纪处分27人，其中开除党籍6人，移送司法机关追究刑事责任2人，挽回经济损失40.32万元。2007年，立案查处28件（其中要案2件），党政纪处分28人，其中开除党籍8人，撤销党内职务2人，移送司法机关追究刑事责任2人。在查案中，为7名受到失实举报的党员干部澄清是非。召开“一案一整改”警示教育现场会1次，对杏陈镇大嵊村发生腐败案件进行剖析，以案施教，以案释纪。2008年，县纪委立案查处28件（其中经济案9件），党纪处分28人（科级干部3人），其中开除党籍5人，留党察看3人，严重警告8人，警告12人，挽回经济损失22.92万元。是年，腐败案件类型新增，查处1起党员散布反“PX项目”言论案件，查处1起假医疗证明为罪犯争取保外就医的舞弊案。加大责任追究力度，对3起海损案件立案查处3人。深入开展“一案一整改”，查处陈城镇湖塘村海滩承包合同舞弊一案。

第五章　组织工作

第一节　党员队伍与基层组织建设

一、党员队伍

（一）发展党员

1989年初，全县中共党员5549人。其中，女党员813人，占14.85%；高中以上文化程度540人，占9.8%。1990—1994年，县委组织部执行“坚持标准，保证质量，改善结构，慎重发展”原则，重点吸收生产第一线的优秀工人、农民、知识分子入党。县委组织部年年制定发展党员规划，分解到各基层党委，每年举办入党积极分子培训班3～5期，并进行考察，对合格者及时按程序吸收入党。经考察，1994年，共吸收预备党员199人。1995年起，加强发展企业党员工作，举办企业党建工作研讨班，制定《东山县企业发展党员三年规划》。当年，举办入党积极分子培训班5期，参加培训636人；经考察，全年共吸收预备党员241人，其中生产第一线工人、农民、知识分子181人。2001年起，注意在非公有制经济单位中发展党员。当年吸收非公单位青年31人参加积极分子培训班，经考察后，翌年吸收积极分子25人为预备党员。20年间，全县发展中共党员4731人，其中女党员955人，占20%。

（二）党员教育

1.党性教育　1989—1993年，县委组织部组织各单位党员干部开展讲党性、做贡献系列教育活动。1995年，开展学习孔繁森先进事迹的活动。1996年，开展“社会主义市场经济条件下，坚持党员标准”大讨论，把学习邓小平理论和孔繁森先进事迹相结合，进一步增强党员宗旨意识。1998—1999年，组织实施“学理论、增党性、树形象、比贡献”系列活动，学习党的十五大精神，深化“三讲”（讲政治、讲党性、讲学习）教育，全县各党总支、党支部共召开100多场理论演讲会、报告会、座谈会与研讨会。同时，建立健全机关“夜谈日”及党员“三会一课”等学习教育制度。

2000年，开展“三个代表”重要思想的学习，把“三讲”和“三个代表”重要思想教育相结合并引向深入。同时，以纪念建党八十周年为契机，开展形式多样的党的基本知识、党性和党风廉政教育。组织第一、二批先进性教育的党员“回头看，进一步落实整改措施”。2005—2008年，在全县各级党组织开展保持共产党员先进性教育活动。以学习实践“三个代表”重要思想为主线，把握保持党员先进性主题，分3批进行，共有近万名党员参加。在学习教育中加强领导，落实责任、分类指导，深刻剖析，狠抓整改。通过这次教育活动，全县党员思想觉悟明显提高，增强纪律、改进作风、促进工作。进行第三批党员先进性教育期间，结合实际，解决党员队伍中存在的问题，解决群众最关心的问题。

2. 党员干部培训 1989—1990年，县委组织部组织全县党员干部分期分批举办理论培训班。学习《马克思主义哲学》《中国革命史》《建设有中国特色社会主义》《中国共产党章程》等，党员普遍接受一次系统的理论教育。同时，建立党员电化教育制度，形成网络，落实“一月一片”播放，组织党员观看，接受教育。1991年，组织全县党员学习邓小平理论及党的基本知识，由党校分期分批培训。此后，每年均组织开展党员干部培训。1998年，组织学习党的十五大精神，深化“三讲”教育。机关党委以县委党校为阵地，举办邓小平理论学习班3期，培训党员650人。2001—2006年，以党校为阵地，组织县直机关、镇、村（社区）党员干部举办“三个代表”重要思想教育培训。2007—2008年，把学习、贯彻、落实党的十七大精神作为首要任务，结合发展中的重大问题，在党员干部中开展专题调研。举办新提拔科级党员干部培训班和村（社区）主要党员干部培训班。

二、基层组织建设

（一）基层党委建设

1989年，县委制定《1990年组织工作重点考核细则》，组成考核小组对县机关党委和乡镇党委进行考核，为县、乡镇换届选举提供依据。1991年，县委进一步加强党的基层党委组织建设，建立坚强的领导核心，提高一把手的素质。1993－1994年，新建县口岸委党委和县建委党委；成立县直机关工委，负责领导县直机关、企事业单位、经济技术开发区和旅游经济开发区党建工作。

1996年，县委制定《东山县1996-2000年组织工作规划》，以创建一流领导班子，带一流队伍，创一流业绩为主题，全面健全基层党委组织建设。1998年，开展创建“六好乡镇党委”活动，宣传推广东山实验小学党支部、澳角村党支部等先进典型，从而推动 “六好”乡镇党委的党建创先活动。2001年起，注重开展非公有制企业党建工作。探索加强非公有制企业党支部建设和发挥党支部战斗堡垒作用的途径和方法。1998－2005年，贯彻《中国共产党地方委员会工作条例》，各基层党委组织完善民主生活会制度，有力地促进党委成员素质与领导效能的提高。2006－2008年，在全县各党委开展保持共产党员先进性教育和“学习弘扬谷文昌精神”活动，着力开展基层党委执政能力建设，强化执政为民教育，组织党员为群众办实事，建立健全保持共产党员先进性的长效机制。在开展保持共产党员先进性教育的基础上，开展“学习弘扬谷文昌精神”活动，加强执政能力建设，组织党员为群众办实事，建立健全保持共产党员先进性的长效机制。在非公有制规模企业中，采取“联、推、靠、派、荐”等方式，灵活组建党组织，完成35家非公有制企业的党建工作。

（二）基层党支部建设

1989年，县委组织部在基层党支部建设中，重点抓13个后进党支部整改工作。派员进驻这13个单位，检查指导党支部工作，对党支部组成人员考核。至1990年12月，这 13个后进党支部中有11个党支部进入一、二类行列。同年，抓农村党支部创先达标活动，县委组织部组建多个考核小组对各村党支部进行考核。1991年，县委提出全面加强村党组织建设，建立坚强的领导核心，提高村一把手的素质，调整一些不协调的村领导班子。在村领导班子换届后，及时对新领导班子提出任期目标。县委制定《东山县1991-1995年领导班子建设规划》和《关于加强农村党组织建设的实施意见》，广泛开展“一类党支部达标”活动。1993－1994年，调整充实县党建领导小组，增建国有企业、乡镇企业、“三资”企业、农村及机关等党建小组；在村办企业较多的村设立党总支，其下属企业成立党支部。1995年，县委颁发《关于加强农村基层党组织建设的几点意见》，并狠抓6个后进村党支部的整顿。同时，开展“争创农村基层组织先进县”活动，做好村两委领导班子成员考评工作。制订《东山县企业发展党员三年规划》，抓新经济组织的党建工作。是年，东山县被中共福建省委授予“农村基层组织建设先进县”称号。1996年，县委制定《东山县1996－2000年组织工作规划》，以创建一流领导班子，带一流队伍，创一流业绩为主题，全面健全农村和机关企事业单位党支部组织建设。1998年，贯彻《中国共产党地方委员会工作条例》，在各基层党支部完善民主生活会制度。开展 “学美岭、学西坑”活动；宣传推广东山实验小学党支部、澳角村党支部等先进典型。从而，推动“五好”党支部党建创先活动。至2005年，全县新建非公有制企业党支部37个。

第二节　干部培养

一、后备干部培养

1989 年，县委组织考核小组，到有关乡镇和机关企事业单位，对 15 名后备干部进行德、能、绩考核，建立科级干部个人社会档案。1991—1992 年，先后选派 62 人到省市党校培训，并建立县管拔尖人才评选、建档、考核等制度。至 2008 年末，全县培养后备干部 1248 人。

二、选拔培养党外和妇女干部

1995 年，县委统战部、县妇联分别制定《培养选拔非党干部工作意见》和《培养选拔妇女干部工作实施意见》。1996 年，县委组织部制定《东山县培养选拔年轻干部实施意见》，提出“民主推荐、公开选拔、放手培养、严格标准、保证质量”的方针，选拔优秀年轻干部 387 人，其中党外干部 146 人，妇女干部 90 人。1999 年起，在选拔干部中全面把好政治素质关、实绩关、民意关、廉洁关、计生综合关，实行一票否决制，将拟提拔的 469 人在电视上公示，接受广大群众监督。2008 年末，全县共有党外干部 2166 人，其中妇女干部 1446 人。

三、县管拔尖人才建设

1989 年起，县委组织部建立拔尖人才档案。至 2006 年，为县管拔尖人才建档 22 人，县镇换届选举中，把德才兼备、业绩突出和群众公认的后备干部及时提到领导岗位，改善领导班子结构，增强领导班子的凝聚力和战斗力。2008 年，选拔第六批县管拔尖人才 10 人、第四批县级优秀青年科技人才 20 人、优秀企业经营管理人才 21 人。

第六章　宣传工作

第一节　理论、时政宣传

一、理论学习宣传

1989—1994 年，县委宣传部通过党委成员会、支部党员会、党课教育等形式，开展社会主义初级阶段理论及建设有中国特色社会主义理论的学习宣传活动。

1995 年，县委宣传部制定《关于在全县党员中开展建设有中国特色社会主义理论和党章学习的规划意见》，各级党委成立学习中心组，党员领导干部轮训学习，利用“三会一课”辐射到全体党员。1998 年，贯彻《中共中央关于在全党深入开展学习邓小平理论的通知》，理论学习与实践紧密结合，县处级干部写学习心得和调研文章共 65 篇，科级干部共写心得和调研文章 780 篇。2000 年，实施理论武装拓展计划，县委制定《关于进一步健全党委中心组学习制度的通知》和《关于加强全县干部理论学习的意见》，建立机关、乡镇、村街等基层党校，形成较完善的党员教育网络。2001 年起，开展“三个代表”重要思想的学习，县委学习中心组成员在学习中结合实践，撰写调研文章 48 篇，出版“文集”。2003 年，组织宣讲团深入机关、乡镇、社区宣讲。2005 年起，开展科学发展观的学习教育；2006 年起，开展社会主义荣辱观的学习活动。2007—2008 年，举办“树立和落实科学发展观”培训班、《江泽民文选》学习骨干培训班，召开“社会主义荣辱观大家谈”座谈会，不断推动理论学习的深化。

二、方针政策宣传

1989—1991年，县委宣传部广泛开展党的“一个中心，两个基本点”基本路线的宣传，同时宣传中共第十二届六中全会《关于加强改革的决定》，各级党委组织党员、干部学习与实践。1992—1996年，宣传贯彻党的十四大精神。1994年，县委宣传部发出《关于认真学习党的十四届四中全会的决定》，宣传贯彻中共第十四届四中全会精神。1997—2001年，宣传贯彻党的十五大精神。1999年，重点宣传中共第十五届四中全会通过的《中共中央关于国有企业改革和发展若干重大问题的决定》。2001年，重点宣传贯彻中共第十五届六中全会通过的《中共中央关于加强和改进党的作风建设的决定》精神。2002年，宣传贯彻党的十六大精神，邀请省委党校专家，组织讲师团深入机关、乡镇、社区、学校宣讲。2004年，重点宣传中共第十六届四中全会通过的《中共中央关于加强党的执政能力建设的决定》。2006年，重点宣传中共第十六届六中全会精神及全会通过的《中共中央关于构建社会主义和谐社会若干重大问题的决定》。2007—2008年，宣传贯彻党的十七大精神。2008年，重点宣传中共第十七届二中全会通过的《关于深化行政管理体制改革的意见》精神。

第二节　革命传统宣传

一、宣传谷文昌事迹

1989年，东山县继续深入宣传谷文昌事迹，弘扬谷文昌艰苦创业精神。1990年1月8日，县委第六届第六次全体会议通过《关于发扬光大东山保卫战精神和谷文昌精神的决定》。1991年《福建日报》刊发长篇通讯《共产党人的丰碑——记党的好干部谷文昌》。省内外报刊发表向谷文昌学习的有关报道文章560篇（含照片），共20万字。1991—1992年，县委宣传部与省市有关单位联合拍摄电视剧《谷文昌》，编辑《谷文昌事迹专辑》，组织谷文昌事迹报告团到各地作专题报告。每年清明节期间，组织干部职工、军人、学生到谷文昌陵园举行纪念活动。2002年，把弘扬谷文昌精神与学习实践“三个代表”重要思想结合起来，大力宣传执政为民、从严治党，加强干部队伍建设。2003年，广泛开展“学习谷文昌，岗位创佳绩”活动。同年2月21日，《人民日报》第一版头条、二版全版发表张全景的长篇通讯——《永远活在人民心中的县委书记——谷文昌》，并配发社论《精神永恒，丰碑长存》。新华社、中央人民广播电台、中央电视台等新闻媒体同时刊播有关新闻。同年2月至7月间，全国有30多种报纸、杂志刊发有关谷文昌事迹的通讯、社论、评论员文章、理论文章、综述、体会、感想、诗歌、故事等，共1125篇（含照片），约35万字。2004年2月，举行谷文昌纪念馆开馆仪式，掀起新一轮弘扬谷文昌精神热潮。开辟“传承谷文昌精神”电视专栏，配合中共中央组织部、省委宣传部拍摄电教片《谷文昌》和纪实电视文献片《永远的谷文昌》，扩大谷文昌精神在全国的传播。此后直至2008年，均有谷文昌文献专题刊发。

二、纪念东山岛战斗

1989年，县内延续于清明节和每年“7·16”举行东山岛战斗纪念活动。1993年，县委作出《关于纪念东山保卫战40周年的决定》，全县掀起“学英模，继传统，促工作，做奉献”系列活动，捐资修葺东山战斗烈士陵园。县委党史研究室编辑出版《烈士英灵雄镇海疆》等书籍。7月16日，东山岛战斗胜利纪念日，举行纪念大会、英模事迹报告会。2000年，建成东山战斗纪念馆，被确定为爱国主义教育基地。2003年，以纪念东山岛战斗50周年为契机，开展爱国主义、革命英雄主义教育。此后至2008年，每年均举行纪念活动，举办英模事迹报告会，开展爱国主义教育，出版纪念书籍等活动。

三、弘扬抗战精神

1989—2008年，县内延续举行纪念抗日战争胜利活动。1995年，结合纪念抗日战争胜利50周年，组织编写《东山抗战史话》，举办抗日战争图片巡回展（东山岛军民同仇敌忾击退日伪军3次进攻），进行爱国主义教育。确定东山抗战烈士陵园为爱国主义教育基地。此后至2008年，每年均举行纪念活动。

第三节　建设成就宣传

一、新闻报道

1989年，县委宣传部、县委报道组及时组织人员采写县经济文化建设成就和社会发展的稿件，在县、市以上宣传媒体刊发。宣传的内容根据各时期的实际而各有侧重点。

1991—1992年，侧重于东山口岸对外开放、百亿新城规划奠基等事项。组织采写600多篇稿件，在国内外各种新闻媒体刊播。其中，百亿新城奠基仪式现场报道，在中央、省、市报刊和电视台刊播。1995年，着重农业综合开发、基础设施建设、重点工程建设等专题的宣传报道，组织采写100多篇稿件，在各级新闻单位刊播。1998年，围绕"发挥海的优势，突出对台特色，建设海峡两岸繁荣带的黄金口岸"这一主题，组织"蓝绿产业开发""开发区建设""村镇规划管理年""基础设施与重点工程建设""科技创新"等10个专题宣传稿件，在国内外刊物发表。2002年，围绕"工业立县"主题，组织"加快工业化进程""调整农业产业结构""培育旅游经济""维护生态环境"等专题宣传。2004年，围绕建设新型港口旅游城市专题组稿宣传，在国内外报刊发表新闻2300多条，在各级广播电视台发表新闻710条。2008年，以"科学发展，共创和谐"为主线，以县委《"9+2"纲要》为重点，以《东山岛发展战略规划》国际竞标活动为契机，全面组稿宣传。国内外新闻媒体共刊播东山新闻2620篇。其中，市级以上刊物发表1200多篇；中央电视台播出25篇；省市电视台播出565篇。

二、重大活动宣传

1990年7月，县委宣传部组织开展东山县首届关帝文化节暨"三胞"省亲恳谈会活动宣传。1992年后，每年举办关帝文化节期间，宣传报道东南亚地区和中国台湾地区有关人士前来参加关帝文化研究、交流等活动，宣传报道招商引资工作。1994年，举办首届女子帆板世界冠军巡回赛，邀请中央、省、市电视台和《人民日报》、香港《文汇报》的记者到东山采风，举行新闻发布会。通过各方记者，向国内外广泛宣传东山。1995年，组织开展纪念黄道周诞辰410周年庆典活动宣传，向海内外人士宣传黄道周生平与学术研究成果，宣传东山建设成就。1996年，在举办中国（东山）旅游节、东山县建县80周年庆典等活动中，向国内外游客、嘉宾宣传东山取得的建设成就。1997年，开展香港回归大宣传，回归当日（7月1日）举办东山县首届大合唱节和大型灯会、大型歌舞踩街、"香港百年"大型图片展，宣传香港回归喜报及其重大意义，广泛深入人心。2001年起，每年开展"4·9"漳台经贸恳谈会活动宣传，邀请台商、台湾记者参加，组织对台宣传。2006年，以全国文明村——澳角村为典范，开展"新农村建设"大宣传，推动全县掀起新农村建设热潮。年末，评选出22个新农村建设示范点，整理资料，进一步通过电视、报纸等形式扩大宣传。2007年，开展漳州首届旅游节暨闽台水产品博览会活动宣传，举行新闻发布会、投资环境宣传会。2008年，组织开展关帝文化旅游节活动宣传，向国内外游客、嘉宾宣传东山经济、社会、文化等各方面取得的建设成就。

第四节　涉外及涉港澳台宣传

一、制作宣传品

1989年，延续编辑出版《石斋故里》乡讯，对外宣传东山县情、建设新貌、投资环境。1989—1994年，先后编印《东山风光与建设新貌》《东山关帝庙名胜》《东山投资指南》等。1997年，制作《东山岛》VCD英文版及其他宣传品。2003年，编辑《东山旅游画册》《东山经济技术开发区投资指南》。2004年后，每年均出版画册、文学作品等对外宣传品。

二、组稿宣传

1989—2008 年，县委宣传部延续组织对港澳台宣传稿件，在中外多种新闻媒体发表。同时，依托东山岛旅游资讯网、中国东山网站，向全世界推介东山。

在对台宣传组稿中，1992 年组稿 28 篇在台湾多种媒体刊登；接待台湾媒体记者采访。2000 年，组织采写《回乡扫墓台胞驳台独》等 24 篇文章，其中在中央电视台以新闻稿形式播出 7 篇。2008 年，东山县以“4·9”漳台恳谈会为平台，邀请台湾新闻媒体记者到东山考察采编，在台湾媒体刊发。

第七章　统战工作

第一节　组织学习与通报

1989 年初，县委统战部建立人民团体负责人学习与通报制度，定期向各人民团体负责人传达县及上级党政有关文件，通报县情。邀请党外人士学习《人民日报》社论和中央领导人的讲话。许多党外人士在学习后向海外亲人写信，宣传祖国社会稳定的形势。

1991—1992 年，加强统战理论、方针和政策的学习宣传，召开统战委员、侨务干部和人民团体负责人会议，组织学习贯彻全国、省、市统战工作会议精神。

1996 年，召开纪念江泽民总书记《为促进祖国统一大业的完成而继续奋斗》讲话发表一周年座谈会；并进一步健全联系党外重点人士的交友制度，建立联系非公有制企业代表人士、三资企业代表人士、“三胞”重点人士的制度。健全季座谈会、通报会、协商会制度，组织各界人士对热点问题献计献策。

1999 年，多次召开各界人士学习邓小平理论座谈会。组织学习党的对台方针政策，揭批“台独”分子的“两国论”，加强“和平统一”“一国两制”的宣传，召开学习《邓小平新时期统一战线理论学习纲要》心得交流会。

2002 年，组织各界人士学习党的十六大精神。成立课题调研组，深入企业及有关部门，听取各界人士的意见，探索与台胞投资者加强合作途径。

2005 年，组织县政协委员、党外知名人士、工商联成员深入农村考察、调研，为发展农村经济建言献策。

2006—2008 年，县委统战部均与科技人员一起探讨科技发展规划，发挥科教文化卫生领域统战成员的作用。

第二节　举荐党外人士

1989 年，县委统战部在换届选举中，协助举荐党外人士（非中共党员）担任县政协常委及政府和司法机关的领导职务。

1991—1992 年，在县人大、县政协换届选举中，县委统战部协助举荐党外人士代表、委员。举荐党外人士 63 人被选为人大代表，其中担任县人大常委 5 人。举荐党外人士 59 人被推荐为政协委员，其中担任县政协常委 14 人。举荐党外干部 4 人担任县政府和司法机关领导职务。

1993—1994 年，对全县党外干部进行考察，建立档案。举荐党外干部 35 人，党外县人大代表 146 人。举荐党外干部 13 人被提拔任副处级职务。

1995 年，举荐党外人士 6 人分别担任特约检察员、特约监察员、特约审计员和特约教育督导员，建立档案；对全县党外知识分子进行考察，建立人才档案。1996 年，推荐党外干部 6 人担任副乡镇长，举荐党外人士 10 人为市政协委员候选人，举荐党外人士 4 人选任市人大代表。1999 年，举荐党外人士 1 人任副县长，党外人士 1 人任人大常委会副主任，党外人士 2 人任政协副主席。

2001 年，推荐党外人士 6 人为市人大代表候选人，推荐党外人士 13 人为市政协委员候选人。2004 年，县委统战部组织全县 19 个党委推荐党外后备干部共 55 人，并建立档案，进行考察。2007 年，组织全县 19 个党委重新推荐党外后备干部共 40 人，在县委党校举办为期 3 个月的培训班。2008 年，县委统战部通过调查考核，推荐无党派人士 9 人增补县政协委员，其中 4 人担任常委。

第三节　海外联谊

1989 年 12 月 6 日，东山县海外联谊会成立大会在县人民会堂召开，各界人士 200 多人参加，通过《东山县海外联谊会章程》，选举理事 30 人、会长 1 人。

县委统战部直接协调县海外联谊会，组织开展海外联谊与服务，做好海外统战工作。1990 年春节、元宵节期间，县委统战部协调县侨联等单位组织归侨、侨眷代表开展联谊活动，参观家乡建设，举办座谈会征求归侨、侨眷意见建议。此后，每年春节、元宵节、中秋节期间，都协调侨务单位组织归侨、侨眷代表和回乡省亲的侨胞，开展座谈会、县情介绍等活动。

县委统战部还经常组织人员与回东山探亲、办事的海外侨胞开展联谊。1993 年，新加坡南洋会馆组团（12 人）到东山考察，县委统战部领导参与接待并举办联谊活动。

1996 年，新加坡、文莱侨胞共 12 人到东山视察其投资项目的建设进展情况；县委统战部领导参与接待并组织开展联谊活动。

2008 年，巴西闽南同乡联谊总会、阿根廷闽南工商企业联合会组团到东山开展商事考察期间，县委统战部领导参加接待并组织开展联谊活动。

第四节　宗教事务

一、爱国守法宣传

1989 年，县委统战部多次举办宗教人士培训班，学习党的有关宗教政策和宗教法规。1993—1994 年，组织宗教界人士学习国家宗教法规，开展爱国主义教育。1997 年，组织各寺庙、教堂负责人，学习香港回归有关文件，开展迎香港回归爱国活动。2000 年 10 月，县委统战部组织天主教徒学习有关宗教法规，提高觉悟。2001 年，举办县佛教协会会员培训班，学习宗教政策。2003 年，县内在宗教界开展“四五”普法教育宣传，古来寺被列为漳州市“四五”普法教育试点单位。2005 年，组织全县宗教界人士学习《中华人民共和国宗教条例》，通过学习，各寺庙教堂进一步规范活动规章制度。此后至 2008 年，经常组织宗教人士学习宗教法规，开展普法教育学习。

二、宗教场所登记管理

1989—1990 年，县委统战部组织制定全县宗教活动场所及人员管理制度。同时，参与规划修建关帝庙、宝智寺、石庙等。1991—1992 年，县委统战部与各乡镇党委统战委员签订《加强寺观教堂守教管理责任书》，并严禁滥建寺庙和露天神佛像，支持正当的宗教活动。1992 年，批准开放杏陈基督教活动点。1993 年，开展宗教活动场所登记并发证。此后，每年进行 1 次宗教活动场所登记证年审和换证；开展活动评比。1995 年，协助西埔基督教会落实教堂建设计划并投建；重建铜陵基督教堂（位于文峰街乌墩）。1997 年，结合宗教活动场所年审开展先进宗教团体及先进个人评比，表彰先进宗教团体 3 个、先进个人 12 人。2000 年，县委统战部组织县天主教专项工作组深入铜陵调查，召开会议形成《协调解决东山县天主教房产问题专题会议纪要》，选址新建天主教堂，开展天主教活动。2001年，全县23处宗教活动场所进行年审换证。2003年，表彰一批先进宗教团体和先进个人。2008年12月，全县宗教活动场所共23处。

第八章 政法综治工作

第一节 政法综治创安

一、综合整治

1990年初，县委发出《东山县综合治理社会治安的工作意见》，设立县、镇、村和有关单位综合治理机构。推行治安承包责任制，开展综治达标村和单位“创平安”活动。1991年，县委政法委选择前楼镇岱南村为综治达标村试点，开展综合治理活动，召开现场会，总结经验推广。至1992年12月，通过检查评出，全县评出综治达标村30个。1998年，县内建立“110”社会联动机制，全县8个公安派出所均开通直拨“110”报警服务电话。县政府办、县文明办以及邮电、工商、卫生、共青团等部门组成联动机制，健全社会救助与服务体系。是年初，对各镇下达《1998年社会治安综合治理责任书》。当年12月考评，全县评出安全文明小区57个。1999年，开展以防爆炸、查隐患的安全大检查，加强对重要目标、重点部位的守护。组织对前楼镇下西坑村及前楼海区的重点治理，建立前楼、后林、大嵊3个海上警务区。设立中小学校治安特别保护区，实行企事业单位刑事治安发案情况通报制度。2002年，以西埔镇、樟塘镇“矛盾调处中心”为示范点，推动矛盾排查调处。全年共排查各类矛盾纠纷209件，调处194件。2003年起，建立每月1次矛盾纠纷排查调处例会制度，是年共排查矛盾纠纷244起，调处229起。之后，每年开展基层治保调解组织规范化建设，构建治安防控网络；开展预防青少年犯罪工作，动员社会、学校、家庭力量，抓好学生管理；加强流动人口管理，做好刑释解教人员的安置帮助教育工作。至2008年全县综治联动体系和制度不断完善加强。

二、创建平安东山

2005年起，县内开展创建“平安东山”工作，落实综治各项措施，完善三级防控体系建设。县110巡警大队日夜巡逻布控，8支镇级治安巡逻队辅助巡逻，各村建立巡逻队或义务护村队。加强对省道线、海岸线和海上运输线的管理巡逻；加强对流动人口、青少年犯罪人员和刑释解教人员管理。2006年，县委把建设“平安东山”列入《东山县国民经济和社会发展第十一个五年规划纲要》，制定党政领导创建“平安东山”责任书，建立党政主要领导抓综治平安建设的实绩档案。健全每月1次的矛盾纠纷排查调处例会制度。县委领导分工挂钩7个镇，每月15日，县领导带科负责人到各镇村办公，调处矛盾。同年6月15日，东山县被省委、省政府评为全省平安建设先进县。2007年，对涉及全县稳定的旧城改造（拆迁）、企业改制等专题进行分析，领导抓案，挂牌督办。建立责任单位汇报制度、综治5部委联席会议制度和综治一票考核制度。规范“110”“122”“119”三合一的指挥中心建设，强化“110”快捷反应机制。2008年，先后妥善处理林日瑞古墓纠纷、县烟草公司用地纠纷、县中医院医患纠纷、垃圾无害化处理场选点等事件。巩固“平安东山”建设，深化各行业各镇“平安细胞”的创建。

第二节 维护社会稳定

1990年，东山县“严打”指挥部成立，公、检、法各部门配合。至1992年，共破获各类刑事案件404起，捣毁犯罪团伙6个，抓获犯罪嫌疑人712人。开展破积案、抓逃犯、追赃款和打击车匪路霸、反盗窃打流窜专项斗争。1993—1994年，共抓获违法犯罪嫌疑人401人。开展“扫黄打丑”和“除六害”斗争，

1995年，查处卖淫嫖娼63起，抓获犯罪嫌疑人212人。

1996年，县委政法委牵头，县公、检、法联合发出《关于督促严重刑事犯罪分子投案自首的通告》，落实追捕逃犯责任制，实行定人、定案、定任务、定期限工作制。是年，破获刑事案件201起，摧毁抢劫团伙23个。1999年，开展打击走私、盗窃、抢劫机动车犯罪的专项斗争，立刑事案件633起，破获485起，在3个月追捕逃犯中，抓获在逃犯罪嫌疑人25人。2003年，破案刑事案件379起，查获犯罪嫌疑人386人，摧毁犯罪团伙14个。是年4月13日，发生以王某某为首的恶势力团伙冲击外资企业案件。县委政法委立即成立“4·13”专案组，调查取证。从该案连带破获刑事案件30起，涉案犯罪嫌疑人43人，其中经法院判刑20人，治安处罚23人。

2005年，开展“打盗抢、破大案、追逃犯”专项斗争。重点打击交通霸头、娱乐业黑恶势力和宗派恶势力。查破杀人案1起、伤害案27起、盗窃抢劫案237起，摧毁盗窃团伙3个，带破案32起，破获其他刑事案件82起；抓获流窜作案犯罪嫌疑人86人、逃犯78人、其他犯罪嫌疑人141人。是年，在铜陵镇、西埔镇整治吸贩毒品，破案贩毒相关案件78起，查获涉嫌吸贩毒嫌疑人98人。

2007—2008年，继续开展“打黑除恶”专项斗争，共打掉恶势力团伙10个，侦破1起海上养殖区涉黑案件，铲除在西埔湾和宫前湾进行敲诈、绑架犯罪嫌疑人。开展“猎狐行动”，破获虚假信息诈骗团伙2个（其中有全市最大的唐某某虚假信息诈骗案）；整治“两抢一盗”犯罪。

第三节　政法队伍建设

1989年，县委政法委贯彻从严治警方针，加强政法系统队伍建设，推动两公开一监督，防治不正之风。1991—1992年，按照“积极、稳妥、慎重、坚决”的方针、加强政法系统内部反腐败斗争。1996年，开展学“漳州110敬业爱岗活动”，进行法律教育，提高干警执法水平。是年，全县政法系统有14人被评为省、市先进工作者，有5个单位被评为省、市先进集体。

1998年，开展执法大检查，对1996—1998年办结的案件，实行业务部门自查与互查，公、检、法领导抽查，政法委总检查。全县共查各类案件1949件，其中发现有问题的317件。各执法部门及时纠正，案件办理涉及违法违纪的追究办案当事人责任，进行办案质量整顿，提高办理案件质量和水平。2002年，强化政法干部教育培训，提高整体素质和战斗力。2003年，开展争创人民信任的综治单位和干警活动，推进政法队伍建设。成立县公正执法活动领导小组，明确公正执法的指导思想、工作目标、保障措施，开展检查监督，抓示范点，以点带面，全面铺开。

2008年，实行执法督察重大专项报告、领导责任追究等制度，开展队伍纪律作风整顿，建立绩效考核机制。查找工作措施不落实等问题，增强综治队伍创建平安东山责任感。

第九章　精神文明建设

第一节　爱国主义教育基地

一、谷文昌纪念馆

谷文昌纪念馆位于东山赤山林场内。1999年3月，修建谷文昌纪念园，内有谷文昌塑像与谷文昌墓。2003年，建谷文昌纪念馆，2004年2月21日，谷文昌纪念馆落成开馆。此后逐步扩建，至2008年，建成谷文昌陵园、塑像、纪念广场、管理楼等建筑物，占地面积12万平方米。该馆为白墙青瓦式福建传统民居二层楼建筑，建筑面积1335平方米，保护范围面积8000平方米，设计风格突出园林式建筑特色，总投资 400 万元。设有展室和音像室，展馆内容布局由“昔日东山、执政为民、艰苦奋斗、求真务实、致力发展、今日东山、永久怀念”等7个部分构成，有展览图片、实物、历史遗物等共2000多件。谷文昌纪念馆是东山县党员教育培训示范基地，2004年10月被确定为福建省爱国主义教育基地。

二、“寡妇村”展览馆

“寡妇村”展览馆位于康美镇铜钵村。该馆占地面积 1.2 万平方米，建筑面积 2200 平方米，主体为三层楼花园式建筑，投资450万元。该馆一楼为展览馆序厅，中央为黑色花岗岩制作的前言，左右两侧墙上是两幅各高3米、宽6米的长方形古铜色浮雕《抓丁》与《团圆》。二楼为主展厅，为“人间浩劫”“旷世悲情”“海峡曙光”3部分构成。第一部分“人间浩劫”，设有“大抓丁”“生离两岸”“死当长相思”等栏目，采用大量珍贵的历史和现在的照片、资料，介绍发生在铜钵村的大抓丁事件经过。第二部分“旷世悲情”，运用大量的实物、模型，配以声光，选用具有代表性、普遍性的来自台属家庭的各种实物。其中“海峡鱼雁诉离情”展示两岸同胞来往数千封书信实物，台湾老兵诗词文稿，还有东山县出版的《海峡桥》《寡妇村》等书籍，以及去台人员在台湾所作辞赋300多首。第三部分“海峡曙光”，设置亲切关怀、海峡和风、故园巨变3个专栏，以大量图片展示东山岛变化，铜钵村的沧桑巨变。三楼为多功能影视资料厅，座位百个，播放“寡妇村”题材音像制品，其中有 1999 年中央电视台新闻调查制作的《寡妇村，走过从前》专题片。2002年2月，被命名为省级爱国主义教育基地。

三、东山战斗烈士陵园

东山战斗烈士陵园位于西埔镇石坛村后（为纪念 1953 年 7 月 16—17 日东山保卫战牺牲烈士而建），占地面积6.29万平方米，园区立有主体纪念碑1座（刻有叶飞上将及诸多军区首长题词）、纪念塔2座、纪念亭2座、墓区牌坊3座；有3个烈士墓区，共安葬450名烈士；是县级文物保护单位。2007年，被省政府命名为爱国主义教育基地。园区设有纪念馆1座，陈列战斗英雄石雕像。纪念馆布展烈士英名录、史料图片和实物。2000年，充实馆展内容。该馆一楼为展厅，正面是一幅象征“热爱和平，捍卫和平”主题的油画。展厅右侧是一座解放军战士塑像，左侧是东山保卫战大沙盘，展厅四周墙壁上悬挂十几幅描写东山战斗全过程的图画。二楼展厅四周墙壁上展示的图片分四个部分：第一部分为“英模风采”，展示战斗英雄和支前模范的照片及事迹；第二部分是“战斗中后勤保障和支前”；第三部分是“党政领导题词”；第四部分是“改革开放大潮中崛起”。展厅中央是一排橱柜，陈列英烈名录、军功章，以及缴获的战利品。每年清明节和“7·16”东山保卫战纪念日，东山县干部群众都在东山战斗烈士陵园举行大型悼念活动。常有学生、战士、干部、职工、农民等各界人士前去瞻仰、凭吊，听老英雄介绍东山战斗英雄事迹。

四、东山县博物馆（黄道周纪念馆、黄道周故居）

东山县博物馆位于铜陵风动石景区内，创建于1988年7月，是一座综合性博物馆，占地面积1400平方米，建筑面积 986 平方米。博物馆拥有四个展厅，分别是“史前闽台文化关系陈列”“海峡两岸同根文化展”“黄道周史迹展”“黄道周故居陈列展”，馆藏文物共 755 件（套），其中二级文物 2 件（套）、三级文物 266 件（套），还有大量的文物标本。藏品基本保持完整。藏品主要以古人类动物化石和新旧石器时代的石器为主，还有铜器、陶瓷器、玉器、木雕、书画、民俗文物等。属国家三级博物馆，福建省二级博物馆，是福建省爱国主义教育基地。

黄道周纪念馆位于宝智寺左侧（1985 年投建，1987 年落成），建筑面积 800 平方米，占地面积 1000多平方米。门楼大匾为彭冲手书“黄道周纪念馆”，大厅石匾“节义千秋”为刘海粟手书。馆内陈列有黄道周的生平事迹简介、遗物和书法遗存等。

黄道周故居位于铜陵风动石景区内（铜陵镇公园街深井村）。黄道周（1585—1646），号石斋，明天启二年（1622年）进士，隆武年间任吏部、兵部尚书、武英殿大学士，是明末著名的儒学大师、大书法家、天文学家，一生著作百余种。该馆坐东北向西南，由山门、围墙、大院、主体建筑展厅等组成。该馆占地面积350多平方米，建筑面积216平方米。门口有石板广场，环境优美，院中种满花卉、果树，为花园式建筑。馆内展厅陈列黄道周生平事迹介绍、黄道周遗物、黄道周书法遗存等。展厅内容分六个部分：第一部分为序言，以高风亮节为主题，用天然竹做材料进行雕刻；第二部分讲述黄道周青少年时代，主题为“少而好学”；第三部分讲述黄道周的爱国主义精神，主题为“节义千秋”；第四部分讲述黄道周理论建树和教育生涯；第五部分讲述后人对黄道周先生的评价和研究，第六部分讲述黄道周的治国理念、治学精神和处世态度。展厅有复制故宫博物院收藏多件黄道周书法作品，其中有其亲笔书信数十件。为福建省爱国主义教育基地。

五、海峡·东山民俗博物馆

海峡·东山民俗博物馆位于陈城镇白埕村东山县滨海沙生植物园内。1989 年，农民林财平出资创建投建东山县滨海沙生植物园，占地面积 7.2 公顷。1995 年 5 月，出资 50 多万元投建海峡·东山民俗博物馆，建筑面积 1200 多平方米；平房展室 3 间，内设民俗民间用具展厅、用具体验厅、海洋生物陈列厅、酒瓶陈列室，陈列石制品、海洋生物标本、渔具、古典家具、农具、生活用具、文化用具、古代兵器、铜制品、各类票证和陶瓷器等，共 10 大类 6 万多件藏品。其中，有台湾民俗用具、民间珍品（或孤品）和千年海龟标本等。2008 年，被命名为漳州市爱国主义教育基地。

六、东山县抗战烈士陵园

东山县抗战烈士陵园位于铜陵镇铜亭街五里亭。陵园于 1941 年由县内华侨为安葬 1939 年 7 月、8 月和 1940 年 2 月，在陈城黄山村一带抗击日本侵略军 3 次进犯东山时牺牲的近百名官兵而捐资兴建的。陵园占地面积 2000 平方米，由抗战阵亡烈士公墓、纪念碑、纪念亭（五里亭）组成。入门墙上有当年东山县县长楼胜利书写的题刻“毅魄长存”。公墓为馒头状，直径 15 米，封土堆高 1 米。墓碑刻“东山县抗战烈士公墓”。纪念亭内立碑，记载东山军民三次抗击日寇及华侨捐资建公墓的史实。为漳州市爱国主义教育基地。

七、东山战斗英雄八少年传统教育室

东山战斗英雄八少年传统教育室设于县实验小学内。1989 年，续称英雄八少年传统教育室。1998 年 7 月扩建，投资 30 万元，改称东山战斗英雄八少年传统教育室。展室建筑面积 196 平方米，由序、东山战斗英雄八少年、继传统谱新篇、为了祖国明天等 4 部分组成。为漳州市爱国主义教育基地。

八、东山二中海洋生物标本馆

东山二中海洋生物标本馆设在东山二中校园内的科学楼。1989 年续称海洋生物标本陈列室。1999 年，被省科协确定为福建省青少年科技教育重点示范点、福建省青少年科技教育基地。2002 年被命名为东山县爱国主义教育基地。2005 年，新建东山二中海洋生物标本馆，展厅面积 2980 平方米，按照物种资源分类规划设置 11 个展区，共收集台湾海峡的海洋生物标本 1200 多种。其中，海藻有绿藻、褐藻、红藻 3 大类共 62 种；海洋脊椎动物有鱼类标本约 400 种；海龟 5 种、海蛇 3 种、小型鲸类 2 种和拟大须鲸骨骼标本，伪虎鲸骨骼及皮肤剥制标本各 1 个。国内外许多专家、学者前来参观。海洋生物标本馆的许多内容被编入福建省九年义务教育初中乡土教材《生物》一书。

九、陈城镇宫前天后宫

陈城镇宫前天后宫原称天妃宫，位于陈城镇宫前村，是漳州市对台交流重点宫庙，2002 年，被命名为东山县爱国主义教育基地。始建于明代永乐年间（1404—1424），由莆田湄洲天后宫分香到此，历代屡有修缮。陈城镇宫前天后宫属传统抬梁式木构架土木建筑，悬山顶，面阔三间，进深三间，其举架高度、木构架各部用材及形式，均保留明、清时代特征和闽南古建筑艺术风格。占地面积 3700 多平方米，建筑占地面积 200 多平方米，宫庙的后面是圣母山，山顶广场屹立一座高 15.88 米的妈祖石雕像，广场两边各有凉亭。圣母山面积约 6.67 公顷。2005 年 5 月，被公布为第六批省级文物保护单位。

第二节　编写宣传谷文昌事迹

一、编写谷文昌事迹资料

1990 年，中共东山县委作出发扬光大谷文昌精神决定。1991 年，县委组织编写完成《谷文昌事迹专辑》，与市委宣传部联合编写出版《绿色丰碑——党的好干部谷文昌事迹专辑》。此后，先后出版《谷文昌故事》等刊物、资料。至 2008 年，出版谷文昌事迹资料主要有 3 种共 30 万字，印发 7000 本。这些事迹资料在县内广泛传播，也在福建省各地及省外多地传播。

二、学习与弘扬谷文昌精神活动

1990 年起，县委组织谷文昌事迹报告团，经常深入各乡镇召开有职工、学生、民众参加的谷文昌事迹报告会。1991 年，县委谷文昌事迹报告团分赴省内各地作巡回报告共 63 场，听众计 4 万人次。是年，组织县内新党员、新团员及新提拔的领导干部到谷文昌陵园参观、宣誓；省内外机关企事业单位组织谷文昌学习参观团，共 157 个团体、8600 人次。此后，学习谷文昌精神活动常年开展。

2003 年 3 月，中共中央组织部发出通知，号召广大党员干部学习谷文昌精神后。此起，全国掀起学习谷文昌热潮。县内机关事业单位每年均组织到谷文昌纪念馆开展学习活动。谷文昌纪念馆每年接待全国各地组织的谷文昌学习参观团 100 多个、上万人。

第三节　公民道德建设

一、职业道德建设

1989 年，东山县继续开展职业道德基本知识普及教育。1992 年，开展“爱我职业”活动。1995 年，开展“奉献在岗位”活动。1997 年，开展“我为东山文明树形象”活动，推行文明用语，提高服务质量，树立文明形象，建立规范的行业用语、服务忌语和服务程序。推行文明新风，简化办事手续，优化服务功能，带动全社会形成“做文明事，当文明人”的氛围。2005 年，县内各行业基本形成规范的行业用语、服务忌语和服务程序。2006 年，在广大职工中开展“八荣八耻”宣传教育。2007 年，在全县开展以“爱我东山，崇尚文明”为主线，深化道德实践活动，组织各级文明单位开展爱心助残工程、助孤工程、送温暖解忧难办实事、春风行动、文明春风暖万家等扶贫帮困活动。全县 125 个文明单位共捐出扶贫资金 20 多万元。2008 年，在全县开展道德模范先进事迹宣传教育，评选感动漳州十大人物。东山县陈美贵获“感动漳州十大人物”之爱心爷爷称号。举办“道德模范巡讲网上行”东山现场会，宣传道德模范先进事迹，并到村、社区及中小学校做巡回宣讲。

二、社会公德建设

1989 年，东山县继续开展社会公德教育，制定文明公约，举办市民文明学校。1993 年，开展文明市民活动，全县设立市民文明学校 62 所，举办社会公德教育学习班。1997 年，开展“我为东山文明树形象”活动，建立青年志愿者服务队，上街清理卫生并开展社会公德宣传。2001 年，县文明办组织人员开设“公民道德建设”讲座，并进镇入村开展宣讲，全县 80%公民接受教育。民众爱国爱乡、团结友善、勤俭自强、敬业奉献蔚然成风。2005—2008 年，开展“爱我东山”主题活动，全县民间团体性的“扶贫助困”基金会 18 个，接受社会捐资；每年资助贫困学生数百人。建立 16 支青年志愿者服务队，经常在城乡开展帮耕、帮教、送科技下乡及上街开展便民利民活动。

三、家庭美德建设

1989 年，继续开展家庭美德教育，以创建“五好家庭”“卫生之家”为主。1992 年，开展“文明户”“双文明户”“科技示范户”创建活动。1995 年，把创建“五好家庭”“十星文明户”活动与移风易俗相结合，开展家庭美德教育。各村（街）成立家庭指导委员会，全县建立家长学校 47 所，开展家庭美德系统教育。2005 年，开展“五好家庭”和“十星文明户”评选活动。2006 年，开展文明春风暖万家、美德在农家、十星文明户等活动，弘扬“知荣明耻”和“爱国守法、明礼诚信、团结友善、勤俭自强、敬业奉献”的道德风尚。2008 年，全县累计评出“五好家庭”3500 户、“十星文明户”150 户。

第四节　文明单位创建

一、获评文明单位

1989—1992 年，县内有 3 个单位（县公交公司、县图书馆、西埔环卫所）、2 个村街居委会（杏陈镇前何村、铜陵镇下田街居委会）、1 所学校（西埔小学）获省级文明单位、文明村街、文明学校称号。1993—1994 年，县内有 4 个单位（县公交公司、县图书馆、县民政纸箱厂、西埔环卫所）、2 个村街居委会（杏陈镇前何村、铜陵镇下田街居委会）、1 所学校（西埔小学）获省级文明单位、文明村街、文明学校称号。1995—1997 年县内有 5 个单位（县图书馆、县民政纸箱厂、县博物馆、县公交公司、西埔环卫所）、2 个村街居委会（杏陈镇前何村、铜陵镇下田街居委会）、1 所学校（西埔小学）获第五届省级文明单位、文明村街、文明学校称号。1998—1999 年，县内有 6 个单位（县工商行政管理局、县邮电局、县国家税务局、县博物馆、西埔环卫所、中国工商银行东山县支行）、2 个建制村（澳角村、铜兴村）、2 所学校（县实验小学、西埔中心小学）获第六届省级文明单位、文明村街、文明学校称号。2000—2002 年，县内有 8 个单位（国家税务局、县地方税务局、县工商行政管理局、县电信局、县邮政局、中国农业银行东山县支行、县公安局交通警察大队、东山出入境检验检疫局）、1 个建制村（澳角村）、2 所学校（县实验小学、县杏陈中学）获第七届省级文明单位、文明村社区、文明学校称号。2003—2005 年，县内有 8 个单位（县工商行政管理局、县国家税务局、中国农业银行东山县支行、东山县地方税务局、福建电信公司东山县电信局、县公安局交通警察大队、中国人民银行东山县支行、县电力公司）、2 个建制村（澳角村、铜兴村）、3 所学校（县实验小学、县第二中学、县第二实验小学）获第八届省级文明单位、文明村街、文明学校称号。2005 年 10 月，澳角村被评为全国文明村。2006—2008 年，县内有 8 个单位（县国家税务局、县地方税务局、县交警大队、中国人民银行东山县支行、中国农业银行东山县支行、县电信局、县邮政局、县供电有限公司）、3 个镇村社区（西埔镇、铜陵镇桂花社区、铜兴村）、3 所学校（县实验小学、县第二实验小学、县石斋初级中学）获第九届省级文明单位、文明镇村社区、文明学校称号。20 年间，全县有 17 个机关企事业单位、7 个村镇社区、6 所中小学校多次被福建省委、省政府评为文明单位、文明村镇、文明学校。

二、文明县城创建

2006 年，东山县开展创建市级文明县城活动，制定《东山县创建市级文明县城工作方案》，开展“家园清洁行动”，实施《“美化卫生环境、争创文明标兵”活动实施方案》，落实“拆、清、建、绿、洁、亮”的总体要求。2007 年，创建省级文明县城，成立县创建省级文明县城领导小组，以“廉洁高效的政务环境、公正公平的法治环境、规范守信的市场环境、健康向上的人文环境、安居乐业的生活环境、可持续发展的生态环境”等为内容开展创建活动。2008 年 3 月，东山县创建省文明县城成果通过漳州市文明县城考评组验收。

三、全国文明村——澳角村

陈城镇澳角村地处东山县东南突出部，全村 856 户 3655 人（2008 年），陆地面积 720 公顷（其中耕地面积 36 公顷,山林面积 337 公顷）,海岸线长 10 公里,是一个集海洋捕捞、海珍品养殖、水产品精深加工为一体的渔村。1998—1999 年，被评为第六届省级文明村。2000 年后，澳角村以构建和谐社会、创建全国文明村、建设社会主义新农村为目标，在致力经济建设的同时，注重特色、注重实效，“三个文明建设”成效显著。2000—2002 年和 2003—2005 年又分别被省委、省政府评为第七、第八届省级文明村。村党总支部和村委会连续多次被省委、省政府评为“先进基层党组织”“五好村党支部”。被省委组织部、省委宣传部授予“党建、党教联系点”，多次获得“双拥工作先进单位”称号。2005 年 10 月，该村被中央文明委表彰为全国文明村（时为漳州市唯一）。

第十章 其他党务

第一节 党校工作

一、机构与设施

（一）机构

1989 年，中共东山县委党校内设办公室和教研室，编制 19 人（公务员 6 人，事业教师 10 人，职工 3 人）。此后人员多有变动。2008 年，有工作人员 16 人，其中公务员 1 人，事业教师 7 人(高级讲师 2 人，讲师 3 人，助理讲师 2 人)，后勤职工 6 人。

（二）设施

1989 年，县委党校占地面积 1.47 万平方米，总建筑面积 3090 平方米。1998 年，投资 3 万元改造教室。2004 年，投资 12 万元改造学员宿舍楼。同年开设中央党校远程教学网络，采用多媒体教学。

二、人员培训

（一）入党积极分子培训

1989 年，县委党校承担入党积极分子培训，当年举办 3 期，培训 251 人。1990 年，培训入党积极分子 243 人。此后，每年都举办多期入党积极分子培训班，年培训 300～400 人。1995 年，举办 5 期，培训 401 人。2000 年，县委党校举办 5 期、培训 412 人。2005 年，举办 5 期，培训 420 人。2008 年，县委党校举办 2 期，培训 149 人。

（二）副科级以上干部培训

1989 年，县委党校继续承担副科级以上干部理论培训班，培训课程有马列主义、毛泽东思想和邓小平理论等。此后，每年都举办 2～4 期副科级以上干部理论培训班。1997—2003 年，副科级以上干部培训 520 人。2005 年，举办 2 期，培训 156 人。2008 年，县委党校举办副科级以上干部培训 5 期，培训 313 人。

（三）青年干部培训

1992 年起，县委党校承办青年干部理论学习培训班，当年，培训 50 人。1993—1995 年，共培训 524 人。此后，每年都举办 1～3 期青年干部理论学习培训班。2000 年，培训 187 人；2004 年，培训 123 人。2008 年，县委党校举办青年干部培训 1 期，培训 40 人。

（四）村级干部培训

1992 年起，县委党校承办村级主要干部培训班，当年举办村干部培训班 2 期，培训 80 人，主要学习政治理论、党建知识和农村实用技术知识等。1993 年，举办 2 期，培训 80 人。此后，每年都举办多期村级主要干部培训班。1996 年，举办村干部培训班 2 期，培训 82 人。2000—2001 年，举办村干部培训班 2 期，培训 135 人。2006—2007 年，县委党校举办村级干部培训 2 期，培训 147 人。

三、大专函授

1989 年，县委党校继续代理中央党校函授学院招收经济管理专业大专班学生，学制 3 年。1989—1996 年，经学习考试毕业 82 人。2003 年始，不再招收新函授学员。1997—2005 年，大专班学员毕业 353 人（其中 2005 年毕业 18 人）。至 2006 年有 7 人在读。

1989—2008 年中共东山县委党校人员在省级及以上刊物发表论文一览表

表 17-4

题目	作者	刊物名	刊登时间	期号
东山对台农业合作前景广阔	林云保	台湾农业探索	1998 年	第四期
浅论人口问题的综合治理	何建新	福建论坛	1999 年	第三期
硅谷离我们有多远	何建新	亚太经济	2000 年	第二期
东山与台湾的“科技三通”	陈国强	福建通讯	2000 年	第五期

第二节　老干部工作

一、落实政治待遇

1989 年，县委老干部局继续为每个离休干部订阅《福建老干部》杂志和《福建老年报》，延续开展每月 10 日老干部学习日活动，组织老干部学习政治时事。每年不定期召开老干部座谈会，由县委领导向老干部通报有关要事。县召开重要会议必请副处级以上离休干部参加。1995 年，请老干部参加环岛路动工、东山客轮至香港通航等仪式的剪彩；邀请 10 名参加抗日战争的老干部进行纪念抗日胜利 50 周年茶话会。1996 年老年节前夕，召开敬老茶话会，组织老干部学习《中华人民共和国老年人权益保障法》。1999 年，组织老干部举办“三讲”教育读书班。2006 年，举办处级离休干部读书班，全县 20 多位离休干部参加，学习社会主义荣辱观。县五套领导班子成员分工联系老干部，坚持每月 25 日在铜陵联系点召开对话会制度。2008 年 5 月，召开“纪念东山解放 58 周年”座谈会，组织第一批进入东山岛的老干部畅谈 58 年来东山巨变。

二、保障经济待遇

1990 年，县政府为部分低收入的老干部遗属增发生活费。1993 年，县政府给老干部供应廉价生活用煤。1995 年，执行省《关于调整行政事业、企业单位离休干部部分经费标准的通知》，落实老干部交通费、特需经费的新标准和漳州市补贴以及全省性生活补贴。1996 年，县委出台《切实解决拖欠离休干部离休费、医疗费问题紧急通知》。经调查，发现县食品公司、康美镇供销社、县陶瓷厂、县食品化工厂等单位有 4 名离休干部被拖欠“两费”共 2000 多元；即时责令各相关单位还清离休干部拖欠款。1997 年，做好 1950 年 5 月 12 日前入伍的退休干部享受离休干部待遇的审批工作。1998 年 1 月起，县内有 11 家困难企业的 13 名离休干部和 3 名遗属的离休费、医疗费及抚恤金等，作为县财政统筹对象给予解决。2003 年，解决县供销合作联社和县食品厂 2 名离休干部的医疗费报销问题；落实、兑现、提高行政级别在 19 级以下的离休干部待遇及其遗属提高生活补助费。2004 年，县老干部局给 4 名瘫痪的离休干部办理护理费，每人每月 600 元。2005 年，实行离休干部医疗费“月结季清”制度。2008 年，调整老干部及遗属待遇，离休干部遗属无工作单位的抚恤生活费标准由每人每月 330 元调为 500 元，并补助医疗费 100 元。

三、关照日常生活

1989 年，县委延续组织开展慰问老干部工作。县老干部局及时调查解决老干部来信来访反映的生活问题和要求。1992年，为部分老干部解决住房困难和家属农转非。1995年老年节前夕，为6名75周岁以上的老干部举办集体祝寿。1998年起，县内副处级以上离休干部每逢生日，县委领导人都上门祝寿。实施县籍离休干部免费参观全县各风景名胜区，免费乘坐县内公交车。1999年起，为老干部建立健康档案，开展“心系老干部、关爱老干部”活动。每年秋季为老干部进行体检。2008年起，聘请医学专家定期为老干部讲授老年人疾病的预防治疗和保健常识。

四、开展社会与文体活动

（一）开展社会活动

1992年，县老干部局组建老干部革命事迹报告团；聘请20多名老干部为党风廉政监督员或计划生育协会成员。1997年，部分老干部参加关心下一代组织工作，参与举办爱国主义教育和人生观教育报告会。2001年，部分老干部被聘为机关效能监督员。2005年，组织老干部开展调研，撰写《把老干部纳入海峡西岸经济区建设》等3篇调研文章。2007年，组织老干部开展宣传胡锦涛总书记倡导的“八荣八耻”；以及开展法制教育和计划生育宣传。2008年，结合全县规划，选派处级离休干部到新加坡、马来西亚、泰国等国家考察。组织老干部报告团，举行“弘扬东山战斗精神”“倡导八荣八耻新风尚”等专题报告。组织开展老干部为“汶川地震”抗震赈灾捐款和交“特殊党费”活动。全年，全县离休干部交纳的“特殊党费”共19191元。

（二）开展文体活动

1990年，县老干部局举办老年门球、乒乓球、象棋等体育比赛，丰富老干部生活。1994年，县设立老干部活动中心，内设阅览室、娱乐室、台球室、健身房、乒乓球室等，开展多种文娱活动。创办老年大学，老干部老有所学。1997年，继续为老干部活动场所添置书刊、棋类、球具健身器材等。县老年大学开设政治时事、老年人心理学、卫生保健、书画花卉、音乐欣赏等课程。县财政拨款改造老干部活动中心，老年大学配置电化教学设备。2000年，完成老年活动中心扩建工程。2004年，组织老干部合唱团参加县“七一”演唱会；老年节举办离休干部书画展。2007年，老年大学开设拳操、舞蹈等课程，举办“欢庆十七大，欢度老年节”“宣传十七大，新春欢乐行”等多场文艺会演。

五、老龄委工作

（一）组织机构

1992年10月11日，县老龄工作委员会（简称县老龄委）成立，与县老干部局合署办公，设委员12人、顾问4人、主任1人、副主任4人。1993年8月，机构单设。是年，全县各镇成立老龄委，各设主任1人、副主任1～2人，委员8～10人。随后，各行政村均成立老年协会。

2001年1月，县老龄委换届，机构性质由原群团组织改为县政府议事协调机构。由副县长兼主任，下设办公室，由县民政局局长兼办公室主任（办公室设在民政局）。2002年5月，县老龄工作职能划归县民政局。

附：1989—2008年曾任东山县老龄工作委员会负责人名单

吴如德　廖进彩　沈松池　林文楚

（二）老龄委主要活动

1.敬老助老活动　1993年起，县老龄委组织人员到各乡镇、县直机关开展老年人情况调查。之后，逐步开展对经济困难老年人、重病老年人的慰问。1998年，开始实行老年人乘坐县内公交车凭“老年人优待证”享受半价优待，为老年人办理优待证。抓好老年教育和体育健身工作，组织慰问百岁老人和特困老人。1998年起，县老龄委推广陈城镇敬老造福工程，创建“两基”（老年人福利基金和创收基地），实行老年人退休金和生活补贴。2001年，上报第一、二批申请福利金资助的11个老年福利服务星光计划项目，有7个老年活动中心项目得到上级资助；全县有7个星光计划项目于次年挂牌投入使用。2003年9月12日，县政府出台《东山县优待老年人规定》。2005年，在全国爱耳日期间，县老龄委与县残联、县卫生局、县广电局联合开展关爱老年人听力健康活动。2008年年末，全县村（社区）普遍设立老年学校和老年活动中心（站）。

2. 表彰先进　2001 年，县老龄委在全县开展创建敬老模范村（社区）活动，并进行检查验收。2004 年，推荐 10 个敬老模范示范村参加漳州市评选，并通过市评估验收。2005 年，表彰 2003—2005 年度先进老年协会 18 个、先进老龄工作者 18 人和敬老好家庭 7 户。2007 年，表彰 2006—2007 年度老龄工作先进镇 3 个、先进老年协会 8 个、先进老龄工作者 10 人、热心支持老龄事业先进个人 10 人、孝亲敬老之星 6 人。

六、关工委工作

（一）组织机构

1989 年 1 月 10 日，县关心下一代协会成立，设主席 1 人、副主席若干人。此后，各乡镇、村（街）陆续成立关心下一代协会。1994 年 7 月，县关心下一代协会改为县关心下一代工作委员会，设主任 1 人、副主任若干人；专职人员 1 人。同年 8 月起，以杏陈镇关协改建关工委为试点，全县各乡镇、村（街）推广杏陈镇改建经验。12 个县直党委相继建立关工委。全县各学区、中学、小学分别建立关工委或关心下一代工作小组。

2008 年 12 月，县关工委设主任 1 人、副主任 4 人；专职人员 1 人。全县各镇、村（社区）、中小学和部分企事业单位共建立 131 个关心下一代组织。

附：1989—2008 年东山县关心下一代工作委员会负责人

宋利山

（二）关工委主要活动

1. 宣传教育　1989—1994 年，县关协与县委宣传部、县教育局等部门协作在青少年中组织开展革命传统宣传教育活动。1995 年，县关工委成立德育报告团，基层关工委建立德育报告小组，各中学、学区、小学选配德育报告员。报告内容有《中共中央国务院关于进一步加强和改进未成年人思想道德建设若干意见》《公民道德建设实施纲要》《反分裂国家法》和八荣八耻社会主义荣辱观等，对广大青少年进行革命传统、爱国主义和法制教育。2008 年，各级关工委组织青少年参观东山战斗烈士陵园、东山战斗英雄八少年传统教育室、谷文昌纪念馆、寡妇村展览馆、东山县滨海沙生植物园、东山县青少年社会实践教育基地等，开展主题教育活动 300 多场。

2. 帮教活动　1992 年，县关协建立帮教制度，对“帮教对象”实施帮教，并参与网吧监督。1996 年 5 月，各级关工委开展帮教对象登记。以个别帮教、集体帮教和集中办班方式，对帮教对象实施感化教育。铜陵、西埔、杏陈等镇关工委在村（街道）建立帮教制度。1998 年 1 月，县关工委建立法制教育报告团，深入全县中小学校，以案析法教育学生遵纪守法。报告团与基层关工委在每年“6•26”禁毒日期间，深入村、社区、学校播放禁毒录像片、举办禁毒图片展、编发禁毒宣传材料。2000—2007 年，县关工委与有关单位配合开展法制教育活动共 901 次，受训人员 10 万人次。2008 年，全县建立帮教小组 69 个，帮教人员 220 人。20 年间，各级关工委共实施帮教劣迹和失足青少年 1204 人次。

3. 组建辅导员队伍　1992 年，县关协聘请 64 名老干部为学校志愿辅导员，分布于各中小学校。1994 年 10 月，县关工委和团县委、县教育局联合聘请 59 名老干部为学校志愿辅导员。1998 年，建立东山县校外志愿辅导员总站，各乡镇建立分站，配合学校抓好学生思想政治教育工作。校外辅导员们在维护校园秩序、调解纠纷等发挥作用。2008 年，县关工委聘请学校志愿辅导员近百人。

4. 家教工作　1994 年 12 月，县关工委成立家庭教育工作指导小组，举办家教工作骨干培训班。此后，各级关工委协助村、街、中小学校建立家长委员会，创办家长学校，举办家教讲座。县关工委分发《应该怎样教育我们的孩子》和《关心下一代论文选编》，并要求各级关工委组织学习《家长教育行为规范》。各级关工委配合学校开展以好家长、好家庭、好会员为中心内容的家庭美德教育。1996 年，铜陵镇下田街关工委创办家长学校，聘请 10 位离退休老干部为教员，该社区社会风气良好，至 2008 年没发生刑事案件和治安民事案件。2008 年 12 月，全县共有家长学校 49 所（其中，10 所先后被评为漳州市示范性家长学校），家教教员 328 人，举办家教讲座 1805 次，受教人员 3.9 万人次。

5. 扶贫助学 1997年，县关工委与有关单位联合开展扶贫助学，动员各界人士捐赠16万余元，资助贫困生293人。1999年始，县关工委每年都利用百万基金利息（3万元）扶助特困生。铜陵、西埔、杏陈等镇关工委建立扶贫助学奖学奖教金。县实验小学关工委采取减免助缓方法，对贫困生开展资助。西埔镇宅山村关工委自1991年建立振先奖学基金会，17年间共奖学1402人次、奖教150人次、助学17人次（受奖、助学学生中有博士生2人、硕士生5人、本科生96人），共支出奖金20多万元。至2008年，全县各级关工委共筹资或发动捐资扶助贫困生11843人，发放助学金337万多元；扶贫结对贫困生2561对次，扶贫资金110万多元。全县建立16个关心下一代扶贫助学奖学奖教基金，金额470万元。

第三节 信访工作

一、接访日制度

1989年，东山县继续实行县领导接访日制度。每月15日由县五套领导班子成员轮流接访。1997年起，开展“体察民情日”活动。每月15日，县五套领导班子成员分别带县委、县政府各部门负责人到各自挂钩的乡镇接访。县委常委会定期听取信访工作汇报，并研究部署信访件的办理。2004年后，县委每季度召开会议分析研究信访工作，对排查出来的问题逐一解决，从源头减少信访案件发生。2008年7月15日起，实行县委书记大接访活动。是日，县委书记、县长及县五套领导班子成员带领各部门负责人按挂钩的分工，赴全县7镇和开发区接访。各镇（区）党政领导班子成员参与。此前半个月，各镇区进行信访大排查，县委召开会议对排查出来的各种问题进行分析并研究解决的方案，为大接访做准备。接访日前几天，在县有线电视台公告各镇（区）接访的县领导名单、接访地点、时间，提前让信访群众知晓。接访现场设登记区、候访区、访谈区，导访员引导群众信访、做好服务。使用县信访局统一印制的登记表、记录表、统计表。当日把全部接访件进行整理，当场召开“研判会”，区分当场解决、限期解决、教育疏导和有待研究4类案件，报给县信访联席会议办公室（设于信访局）汇总与办理。首次大接访活动，全县共接访54件，当场解决5件，限期解决47件，疏导教育2件，受到民众好评。县委通过总结经验，确定此后每月15日为大接访日，制定《东山县“县委书记大接访”活动方案》。同时，确定其他工作日每天安排1名县党政领导到信访局值访；各镇（区）安排1位领导人值访。

二、信访件办理

1989年，县信访局办理群众来信来访211件，其中县领导接待群众来访81件。此后，县信访局在办理信访件工作中，与各有关部门单位、乡镇村、开发区密切联系，实行“六定责任制”（定督察领导人，定责任单位，定责任领导人，定责任人，定办理时限，定办结目标），严把事实关、政策关、报结关（看处理结果和信访人签写的意见，对尚不同意处理办法的还有辅助措施）。2008年7月15日，县委书记大接访后，完善办案责任制。各镇（区）把“大接访”的案件分类上报县信访联席会议办公室汇总。联席会议“研判”后的次日实施“交办”，并实行新的“六定责任制”（定责任单位、责任领导人、责任人、督办单位、办理要求、办结时限），建立档案，发“交办函”。从而，推进信访件办理质量，办结速度和办结率进一步提升。

1989—2008年若干年份东山县信访件办理情况表

表17-5　　单位：件、人次

年份	总件数	其中		县领导接访
		来信	来访	
1989	211	130	81	81
1990	257	144	113	107

续表 17-5

年份	总件数	其　中		县领导接访
		来信	来访	
1995	213	96	271	203
2000	375	102	706	554
2005	224	98	277	219
2008	373	75	659	552

第四节　保密工作

一、保密宣传

1989 年，县委保密局开展保密宣传教育活动，健全保密宣传制度。1991 年起，开展保密工作“二五”规划宣传。1996 年起，开展保密工作“三五”规划宣传。2001 年起，开展保密工作“四五”规划宣传。2006 年起，开展保密工作“五五”规划宣传。各时期按规划实施，宣传对象为县处级、科局级领导，涉密人员及公民。向县处级领导呈送《中华人民共和国保守国家秘密法》《地县级干部保守党和国家涉密的规定》及《保密工作》刊物；以党校为平台对科（局）级领导进行保密知识培训；举办保密人员培训班（1993 年和 1994 年，共办 4 期，受训 128 人次）；对公民则以广播、宣传栏、电视等形式进行宣传，在有线电视台播放《秘密从这里泄露》《警钟长鸣》《保密知识竞赛》等节目，结合节日、纪念日出专栏，县领导作电视讲话，宣传保密法律法规。各部门单位订阅《保密工作》等杂志，组织学习。每年均开展保密宣传教育活动。

二、保密管理

（一）清退机要文件

1989 年 3 月底，县委保密局开展清退前一年度的机要文件工作，6 月底完成，清退率 100%。机要文件的清退、销毁，按照有关规定执行，无涉密事件发生。1991 年，清理 1989 年 5 月 1 日至 1991 年 5 月 1 日“定密单位”文件。定密单位 6 个，共清理文件 3000 多份。其中，确定机密文件 100 多份，加以保管。1995 年 4—6 月，布置清退机要文件。全县清退文件单位 101 个，共清退机要文件 5000 多份，其中绝密、机密和秘密文件 900 多份，清退率 100%。实行机要文件寄递制度，向 83 个单位颁发机要文件“寄递证”；对社会上印刷、复印行业实施注册登记备案制度，并确定复制国家涉密载体定点单位 1 个。加强对计算机信息系统技术防范和管理制度。1999 年 4 月，县委制定《东山县保密局依法整改实施意见》，进一步健全保密工作法制化建设。此后，每年均开展清退上年机要文件工作。

（二）开展保密检查

1989 年，县保密委员会延续开展保密工作检查。督促全县各单位进行自查，自查情况和整改方案报保密局。此后，县保密委每年均开展保密检查，联合县公安局、县工商局、县委机要局对全县复印单位进行检查；联合县委办、县政府办、县委机要局、县档案局对涉密单位办公室密件管理进行检查；联合县人大法制委和县政府办法制科，对国家机关涉密单位进行抽查；联合县公安局、县工商局、县文化局对书店、书摊废品收购站进行明察暗访，查缴涉密非法出版物。1995 年 3 月，县保密局向有关单位分发《对外经济合作提供资料保密暂行规定》，发动学习对照、自查。东山经济技术开发区组织学习对照后，重新规定公开资料与不可公开资料，进一步完善保密制度。2002—2008 年，县保密局于每年 12 月联合县委办等单位人员组成检查组，对有关单位进行检查，发现保密管理不完善者，向被查单位领导反馈存在问题，提出整改措施。而后再复查，皆如期整改。

第十八卷　地方人民代表大会

1989—2008 年，东山县经历 6 届人民代表大会，共召开 23 次代表会议。历届县人民代表大会期间，全体人民代表认真履行宪法和法律赋予的职责，听取和审议县人大常委会、县人民政府、县人民法院和县人民检察院的工作报告；审查和批准国民经济与社会发展计划和财政预算，共商改革与发展大计，对全县经济建设和社会发展等工作提出意见与建议。在换届期间，代表们认真履行职责选举产生县人大常委会组成人员和"一府两院"（"一府"指人民政府，"两院"指人民法院、人民检察院）领导人。

20 年间，县人大常委会共召开例会 159 次，认真行使宪法和法律赋予的权力，开展法制宣传教育，审定重大事项，决定人事任免，履行法律监督和工作监督职能；办理代表提案、建议、意见，组织代表执法督查，视察调研。指导乡镇人大工作，推动乡镇人民代表大会制度不断完善。

20 年间，县人民代表大会及其常委会围绕经济建设中心，加强社会主义民主与法制建设，保障国家宪法、法律和党的路线、方针、政策的贯彻执行，推进全县政治文明、物质文明和精神文明建设事业有序发展。

第一章　东山县人民代表大会代表

第一节　县人大代表选举

一、县第十届人民代表大会代表选举

东山县第十届人民代表大会代表选举于 1987 年 7 月 20 日开始。其间，成立县选举委员会，下设办公室，负责选举工作。经宣传发动，选民选举投票，至 10 月 23 日结束，全县选民参选率 99.12%，选出县人大代表 206 人。

二、县第十一届人民代表大会代表选举

1990 年 7 月 17 日—12 月 18 日，举行县第十一届人民代表大会代表选举。其间，成立县选举委员会，下设办公室，负责选举工作。经宣传发动，全县分设选区 141 个，登记选民共 118527 人，初步提名推荐候选人 551 人，经过民主协商确定正式候选人 360 人；全县参加代表选举选民 117501 人，选民参选率 99.14%；应选出县人大代表 216 人，实际选出县人大代表 215 人。

三、县第十二届人民代表大会代表选举

1993 年 9 月 1 日—12 月 18 日，举行县第十二届人民代表大会代表选举。其间，成立县选举委员会，下设办公室，负责选举工作。经宣传发动，全县分设选区 142 个，登记选民共 130430 人，初步提名推荐候选人 721 人，经过民主协商确定正式候选人 359 人；全县参加代表选举选民 129314 人，选民参选率 99.14%，应选出县人大代表 218 人，实际选出县人大代表 215 人。

四、县第十三届人民代表大会代表选举

1998年下半年，举行县第十三届人民代表大会代表选举。其间，成立县选举委员会，下设办公室，负责选举工作。经宣传发动，全县分设选区126个，登记选民共142121人，初步提名推荐候选人797人，经过民主协商确定正式候选人293人；全县参加代表选举选民141538人，选民参选率99.59%，应选出县人大代表169人，实际选出县人大代表167人。

五、县第十四届人民代表大会代表选举

2003年下半年，举行县第十四届人民代表大会代表选举。其间，成立县选举委员会，下设办公室，负责选举工作。经宣传发动，全县分设选区116个，登记选民共153817人，初步提名推荐候选人648人，经过民主协商确定正式候选人285人；全县参加代表选举选民150925人，选民参选率98.12%，应选出县人大代表169人，实际选出县人大代表168人。

六、县第十五届人民代表大会代表选举

2006年下半年，举行县第十五届人民代表大会代表选举。其间，成立县选举委员会，下设办公室，负责选举工作。经宣传发动，全县分设选区114个，登记选民共159427人，初步提名推荐候选人389人，经过民主协商确定正式候选人278人；全县参加代表选举选民156398人，选民参选率98.12%，应选出县人大代表169人，实际选出县人大代表164人。

第二节　县人大代表构成

一、县第十届人民代表大会代表构成

1987年7月20日—10月23日，选出县第十届人大代表206人。其中，工人29人，农民89人，干部44人，知识分子26人，其他方面18人。代表中，共产党员135人；妇女43人；35岁以下66人；大专以上文化程度22人；县第九届人民代表连选连任的76人。

二、县第十一届人民代表大会代表构成

1990年7月17日—12月18日，举行县第十一届人大代表选举，选出县人大代表215人。其中，工人42人，农民92人，解放军、武警2人，干部59人，知识分子16人，归侨及台籍人士4人。代表中，共产党员152人；妇女50人：55岁以下200人；初中以上文化程度169人；县第十届人民代表连选连任的76人。

三、县第十二届人民代表大会代表构成

1993年9—12月，举行县第十二届人大代表选举，选出县人大代表215人。其中，工人24人，农民96人，干部45人，知识分子28人，归侨台属8人，其他方面代表14人。代表中，共产党员152人；妇女51人；55岁以下197人；中学以上文化程度170人；县第十一届人大代表连选连任的86人。

四、县第十三届人民代表大会代表构成

1998年下半年，举行县第十三届人大代表选举，选出县人大代表167人。其中，工人19人，农民58人，干部37人，知识分子23人，归侨侨眷台属7人，军人1人，其他方面代表22人。代表中，共产党员105人；妇女36人；55岁以下158人；高中以上文化程度98人；县第十二届人大代表连选连任47人。

五、县第十四届人民代表大会代表构成

2003 年下半年，举行县第十四届人大代表选举，选出县人大代表 168 人。其中，工人 17 人，农民 40 人，干部 55 人，知识分子 23 人，军人 1 人，其他 32 人。代表中，共产党员 105 人；妇女 39 人；55 岁以下 162 人；高中以上文化程度 118 人；县第十三届人民代表连选连任的 42 人。

六、县第十五届人民代表大会代表构成

2006 年下半年，举行县第十五届人大代表选举，选出县人大代表 164 人。其中，工人 32 人，农民 68 人，干部 49 人，知识分子 14 人，军人 1 人。代表中，共产党员 104 人；妇女 38 人；55 岁以下 161 人；高中以上文化程度 118 人；县第十四届人大代表连选连任的 77 人。

第二章　东山县历届人民代表大会

第一节　县第十届人民代表大会

一、县第十届人大第二次会议

1989 年 2 月 15—18 日，召开东山县第十届人民代表大会第二次会议（第一次会议于 1987 年 11 月 25 日至 30 日召开），出席代表 205 人。县政协三届二次会议全体委员、县委、县政府领导及各部门、各乡（镇）负责人列席会议（历次会议列席对象相同，下略）。会议听取并审议县长洪我追作的政府工作报告，县财政局的县财政 1988 年决算和 1989 年预算草案的报告，县人大常委会、县人民法院、县人民检察院的工作报告。大会分别通过上述各报告的决议。会议要求进一步治理经济环境，整顿经济秩序，全面深化改革，实施沿海经济发展战略和省政府开辟东山创汇农业试验区若干政策，促使东山经济持续稳步发展。大会收到议案 4 件、意见和建议 39 件，均由县相关部门办理答复。

二、县第十届人大第三次会议

1990 年 3 月 5—8 日，召开县第十届人民代表大会第三次会议，出席代表 205 人。会议听取和审议县长洪我追作的政府工作报告，县人大常委会、县人民法院、县人民检察院的工作报告；审查县 1989 年国民经济社会发展计划执行情况和 1990 年国民经济社会发展计划（草案）报告、县 1989 年财政决算和 1990 年财政预算（草案）的报告。大会分别通过各报告的决议。会议要求巩固和发展创汇农业基地，大力发展外向型经济，搞好治理整顿和深化改革工作，为 90 年代经济起飞创造良好开端。大会收到议案 4 件、意见和建议 53 件，均由县相关部门办理答复。

第二节　县第十一届人民代表大会

一、县第十一届人大第一次会议

1991 年 1 月 21—26 日，召开东山县第十一届人民代表大会第一次会议，出席代表 215 人。县政协四届一次会议全体委员和县委、县政府及部门领导人列席会议。会议听取并审议代县长江宏真作的《扩大开放，加快开发，团结进取，再展宏图》政府工作报告和县人大常委会、县人民法院、县人民检察院的工作报告；审查县计划和预算报告。大会分别通过以上 6 个报告的决议。会议选举县人大常委会主任 1 人、副主任 3 人，常务委员 13 人；选举县长 1 人、副县长 4 人；选举县人民法院院长、县人民检察院检察长、选举陈维仪、王治国、洪我追、江宏真、汤德元、沈平忠、周志聪、方丽芬（女）、陈维娜（女）、李永林、

甘天助、邱汉东、李仁达、林和生、张福溪、林亚民、朱汉成、何宜春、刘开宝、欧金妹（女）、王炳瑱等 21 人为出席漳州市第十一届人民代表大会代表。会议要求抓好对外开放和海岛开发，增强创汇农业后劲，改变工业基础薄弱环节，发挥对台、对外港口优势，争取政府工作上新台阶。大会收到议案 48 件、意见和建议 56 件。

二、县第十一届人大第二次会议

1992 年 2 月 24—27 日，召开县第十一届人民代表大会第二次会议，出席代表 213 人。会议听取和审议县长江宏真作的《加快改革开放步伐，为提前实现国民生产总值翻两番而奋斗》政府工作报告和县人大常委会、县人民法院、县人民检察院的工作报告；审查县计划和预算的报告。大会分别通过上述报告的决议；并审批《东山县国民经济与社会发展十年规划和“八五”计划》。会议提出要围绕县“八五”计划和十年规划，拓展对外开放深度广度，加快三资企业和农业综合开发建设步伐，实施“科教兴县”战略。大会收到议案 46 件、意见和建议 51 件。

三、县第十一届人大第三次会议

1993 年 2 月 8—11 日，召开县第十一届人民代表大会第三次会议，出席代表 212 人。会议听取和审议县长江宏真作的《团结奋斗，真抓实干，把东山的经济建设搞得更快更好》政府工作报告和县人大常委会、县人民法院、县人民检察院的工作报告；审查县计划和预算的报告。大会分别通过上述报告的决议。会议表彰 2 个先进乡镇人大主席团、4 个先进人大代表活动小组、25 名优秀县人大代表。会议要求以社会主义市场经济为中心，加快农业综合开发，大力发展乡镇企业和农村二、三产业；全面转换企业经营机制。大会收到议案 28 件、意见和建议 44 件。

第三节　县第十二届人民代表大会

一、县第十二届人大第一次会议

1994 年 1 月 19—22 日，在县人民会堂召开县第十二届人民代表大会第一次会议，出席代表 215 人。县政协五届一次会议全体委员和县委、县政府及部门领导人列席会议。会议听取和审议代县长黄汉河作的《抓住机遇，加快发展，为把东山建成旅游港口城市而努力奋斗》政府工作报告和县人大常委会、县人民法院、县人民检察院的工作报告；审查县计划和预算的报告。大会分别通过上述报告的决议。会议选举县人大常委会主任 1 人、副主任 3 人、常务委员 13 人；选举县人民政府县长 1 人、副县长 6 人、法院院长 1 人、检察院检察长 1 人。大会收到议案 56 件、意见和建议 112 件。

二、县第十二届人大第二次会议

1995 年 2 月 20—23 日，召开县第十二届人民代表大会第二次会议，出席代表 216 人。会议听取和审议县长黄汉河作的《突出海岛特色，增创新优势，为把东山建成小康县而努力奋斗》政府工作报告和县人大常委会、县人民法院、县人民检察院的工作报告；审查县计划和预算的报告。大会分别通过上述报告的决议。会议提出争取全面完成“八五”计划的各项任务，力争“奔小康”16 项指标达标。大会收到议案 46 件、意见和建议 37 件。

三、县第十二届人大第三次会议

1996 年 1 月 30 日—2 月 3 日，召开县第十二届人民代表大会第三次会议，出席代表 215 人。会议听取和审议代县长康君福作的《把握机遇开好局，努力拼搏起好步》政府工作报告和县人大常委会、县人民法院、县人民检察院的工作报告；审查县计划和预算的报告。大会分别通过上述报告的决议。会议审查批准《东山县国民经济与社会发展“九五”计划和 2010 年远景目标》，提出“九五”期间基本建立社会主义市场经济体制，基本建立东山国际性旅游港口城市框架。会议补选康君福为县长，补选许渭北为县人民检察院检察长；选举朱兆发、刘信恩、汤德元、李仁达、何宜春、沈淮彬、张保荪、陈平川、陈维娜（女）、林立辉、林良平、林国章、林钧伟、欧金妹（女）、郑华（女）、郑平坚、黄汉河、康君福为出席漳州市第十二届人民代表大会代表。大会收到议案 26 件、意见和建议 56 件。

四、县第十二届人大第四次会议

1997 年 2 月 14—17 日，召开县第十二届人民代表大会第四次会议，出席代表 215 人。会议听取和审议代县长黄耀光作的《同心同德，共谋大业；开拓进取，再上台阶》政府工作报告和县人大常委会、县人民法院、县人民检察院的工作报告；审查县计划和预算的报告。大会分别通过上述报告的决议。会议提出坚持稳中求进方针，加强农业基础地位，加快两个开发区建设步伐，加大企业改革力度，加快基础设施和重点项目建设，努力改善经济环境，优化经济结构和提高经济质量。会议补选吴裕光为县人大常委会主任、何土福为副主任；补选黄耀光为县政府县长；补选沈钦明为县法院院长。会议接受沈淮彬辞去县人大常委会主任职务，康君福辞去县长职务，罗萤辞去副县长职务，林哈辞去法院院长职务。大会收到议案 30 件、意见和建议 69 件。

五、县第十二届人大第五次会议

1998 年 1 月 19—22 日，召开县第十二届人民代表大会第五次会议，出席代表 216 人。会议听取和审议代县长吴斌作的《同心同德，唯实求效；把握机遇，开拓进取》政府工作报告和县人大常委会、县人民法院、县人民检察院的工作报告；审查县计划和预算的报告。大会分别通过上述报告的决议。会议提出要调整和优化经济结构，发展现代农业，减轻农民负担，发展港口经济，加大企业改革力度，营造港、贸、旅、工联动发展格局。大会收到议案 36 件、意见和建议 94 件。

第四节　县第十三届人民代表大会

一、县第十三届人大第一次会议

1999 年 1 月 11—15 日，在县人民会堂召开县第十三届人民代表大会第一次会议，出席代表 166 人。县政协六届一次会议全体委员和县委、县政府及部门领导人列席会议。会议听取和审议代县长黄双庆作的《坚定信心，励精图治，把东山建成海峡西岸繁荣带的黄金口岸》政府工作报告和县人大常委会、县人民法院、县人民检察院的工作报告；审查县计划和预算的报告。大会分别通过上述报告的决议。会议提出今后五年要实施可持续发展战略，发挥海的优势，突出“台的特色”，强化农业基础，壮大工业经济，发展海洋经济，加快旅游港口城市建设，把东山建成海峡西岸繁荣带的黄金口岸。会议选举县人大常委会主任 1 人、副主任 4 人、常务委员 14 人；选举县人民政府县长 1 人、副县长 5 人，选举县人民法院院长 1 人，选举县人民检察院检察长 1 人。大会收到代表建议 139 件。

二、县第十三届人大第二次会议

2000 年 2 月 15—18 日，召开县第十三届人民代表大会第二次会议，出席代表 169 人。会议听取和审议县长黄双庆作的政府工作报告和县人大常委会、县人民法院、县人民检察院的工作报告；审查县计划和预算的报告。大会分别通过上述报告的决议。会议提出培育海岛种养业、水产品精深加工业和滨海旅游业三大支柱，抓好经济结构调整、拓展内需、扩大开放、国企改革四个重点，开展城镇规划建设管理年、市场开拓年、科教兴县年三项活动。会议补选何土福为县人大常委会副主任。大会收到议案 1 件、意见和建议 74 件。

三、县第十三届人大第三次会议

2001 年 4 月 17—20 日，召开县第十三届人民代表大会第三次会议，出席代表 165 人。会议听取和审议县长黄双庆作的政府工作报告和县人大常委会、县人民法院、县人民检察院的工作报告；审查县计划和预算的报告。大会分别审议并通过上述报告。会议审批《东山县国民经济和社会发展第十个五年计划纲要》，提出“十五”期间，要凸现工业为主的特色产业基地、对台经贸合作窗口、滨海生态旅游基地和区域性重要港口四大功能，为在2010年基本建成区域性的港口旅游城市奠定基础。会议选举吕丽泳（女）、刘淑辉（女）、李丽芬（女）、吴雪华（女）、吴裕光、沈天恩、张林强、陈平川、陈亚龙、陈秀华（女）、林全成、林里顺、林宜跃、林国保、林素兴、林添发、赵月英（女）、黄双庆、黄兆娟（女）、黄镇祥、董惠珠（女）等21人为出席漳州市第十三届人民代表大会代表。大会收到议案2件、建议71件。

四、县第十三届人大第四次会议

2001年8月19—20日，召开县第十三届人民代表大会第四次会议，出席代表165人。会议接受黄双庆辞去县长职务，选举黄云山为县长。

五、县第十三届人大第五次会议

2002年2月20—23日，召开县第十三届人民代表大会第五次会议，出席代表164人。会议听取和审议县长黄云山作的政府工作报告以及县人大常委会、县人民法院、县人民检察院的工作报告；审查县计划和预算的报告。大会分别通过上述报告的决议。会议审议通过《关于整治和保护环境若干问题的决定》，要求政府各职能部门制定整治方案，加大执法力度；全民参与整治和保护环境。大会收到代表建议60件。

六、县第十三届人大第六次会议

2003年2月17—20日，召开县第十三届人民代表大会第六次会议，出席代表163人。会议听取和审议县长黄云山作的政府工作报告和县人大常委会、县人民法院、县人民检察院的工作报告；审查县计划和预算的报告。大会分别通过上述报告的决议。会议指出，2003年是贯彻落实中共十六大精神，全面建设小康社会的开局之年，全县要加快农业结构调整，增加农业效益和农民收入，推进农业综合开发和农业产业化进程；优化投资环境，壮大规模工业；加强对台经贸合作与交流：坚持依法治县和以德治县相结合，营造稳定社会环境。会议补选黄双庆为县人大常委会主任；接受吴裕光辞去县人大常委会主任职务、沈玛添辞去县人大常委会副主任职务。大会收到代表建议53件。

第五节　县第十四届人民代表大会

一、县第十四届人大第一次会议

2004年1月2—6日，在县人民会堂召开县第十四届人民代表大会第一次会议，出席代表168人。县政协七届一次会议全体委员和县委、县政府及部门领导人列席会议。会议听取和审议县长黄云山作的《向建设新型港口旅游城市目标迈进》政府工作报告和县人大常委会、县人民法院、县人民检察院的工作报告；审查县计划和预算的报告；审议《关于加快中心县城建设推进城市化进程的报告》。大会分别通过上述报告的决议。会议指出，要按照全面建设小康社会奋斗目标，围绕“工业立县、海洋富县、旅游兴县、港口强县”发展思路，大力推进新型工业化、农业产业化和城市化进程，提高县域经济实力和区域竞争力。会议选举县人大常委会主任1人、副主任4人、常务委员14人；选举县人民政府县长1人、副县长7人；选举县人民法院院长1人、县人民检察院检察长1人。补选林国武为漳州市第十三届人民代表大会代表。大会收到代表建议122件。

二、县第十四届人大第二次会议

2005年3月2—4日，召开县第十四届人民代表大会第二次会议，出席代表169人。会议听取和审议县长黄云山作的政府工作报告和县人大常委会、县人民法院、县人民检察院的工作报告；审查县计划和预算的报告。大会分别通过上述报告的决议。大会收到代表建议 81 件。

三、县第十四届人大第三次会议

2006 年 2 月 7—9 日，召开县第十四届人民代表大会第三次会议，与会代表 169 人。会议听取和审议县长黄云山作的政府工作报告和县人大常委会、县人民法院、县人民检察院的工作报告；审查县计划和预算的报告。大会分别通过上述报告的决议。会议审批《东山县国民经济和社会发展第十一个五年规划纲要》。提出努力把东山建成产业特色突出、综合实力提升、对外开放领先、人文生态和谐的新型生态港口旅游城市的奋斗目标。大会收到代表建议 66 件。

第六节　县第十五届人民代表大会

一、县第十五届人大第一次会议

2007 年 1 月 18—21 日，在县人民会堂召开县第十五届人民代表大会第一次会议，出席代表 163 人，县政协八届一次会议全体委员和县委、县政府及部门领导人列席会议。会议听取和审议代县长王毅群作的政府工作报告和人大常委会、县人民法院、县人民检察院的工作报告，审查县经济与社会发展计划执行情况和安排、县财政预算执行情况和安排报告。大会分别通过上述报告的决议。会议选举县人大常委会主任 1 人、副主任 4 人、常务委员 16 人；选举县人民政府县长 1 人、副县长 6 人；选举县人民法院院长、县人民检察院检察长。大会选举王毅群、方闽红（女）、朱文钦、许海钦、孙井德、李玉生、李志勇、李珊珊（女）、吴福兴、何土福、陈庆勋、陈建周、陈健卿（女）、林兴明、林里顺、林国武、林建忠、林宜跃、郭志荣、高清洁、黄双庆、黄秀君（女）、黄国忠、黄娟蕊（女）、黄耀光等出席漳州市第十四届人民代表大会代表。大会收到代表建议 86 件。

二、县第十五届人大第二次会议

2007 年 9 月 13—14 日，召开县第十五届人民代表大会第二次会议，出席代表 161 人，依例有相关人员列席会议。会议接受王毅群辞去县长职务；选举吴达金为县长。

三、县第十五届人大第三次会议

2008 年 1 月 28—30 日召开县第十五届人民代表大会第三次会议，出席代表 161 人，并依例列席人员。会议听取和审议县长吴达金作的政府工作报告和县人大常委会、县人民法院、县人民检察院的工作报告；审查县计划和预算的报告。大会分别通过上述报告的决议。会议审批《东山县“9＋2”纲要》，提出抓好城市规划、项目带动、路网建设、生态绿化、夜景工程、环境保护、家园清洁行动、干部队伍建设、重大节庆活动九项重点工作；提出推进“两园”（生态工业园区与临港经济工业园）建设和改善民生的思路、目标、举措。大会收到代表建议 55 件。

第三章　东山县人大常务委员会

第一节　县人大常委会组成人员

一、县第十届人大常委会组成人员

主任：廖进彩；

副主任：林木喜、陈达昌；

常务委员：方添源、刘羌、孙汉祥、李云霞（女）、何芝生、陈成保、林日成、林文章、林天来、邱汉东、施恩造、洪淑宝（女）。

二、县第十一届人大常委会组成人员

主任：廖进彩；

副主任：汤德元、李云霞（女）、何永乐；

常务委员：林日成、何芝生、黄亚藕（女）、徐金兴、陈自强、林启长、方添源、邱汉东、沈广湖、许立文、林木章、林永发、欧金妹（女）。

三、县第十二届人大常委会组成人员

主任：沈淮彬（任职至1997年2月）、吴裕光（1997年2月起任职）；

副主任：汤德元、何永乐、方丽芬（女）、何土福（1997年2月起任职）；

常务委员：许立文、巫锦益、何添寿、沈广湖、陈自强、林天春、林木章、林阿炮、林启长、林明发、林国保、欧金妹（女）。

四、县第十三届人大常委会组成人员

主任：吴裕光（任职至2003年2月）、黄双庆（2003年2月起任职）；

副主任：汤德元、何永乐、沈玛添、方丽芬（女）、何土福（2000年2月起任职）；

常务委员：朱耀顺、杨文桂、杨宝孝、巫锦益、何金水、何保文、何爱群、陈自强、林天春、林木章、林启长、林阿炮、林国保、欧金妹（女）。

五、县第十四届人大常委会组成人员

主任：林国武；

副主任：何土福、李云霞（女）、沈松池、林素兴；

常务委员：黄文骅、林钦坤、林贵全、林阿炮、何秋生、张荣煌、欧金妹（女）、赖民生、林坤福、蔡力颛（女）、曾良福、巫锦益、林国保、林岳生（2005年8月25日县第十四届人大常委会第十一次会议同意其辞职）。

六、县第十五届人大常委会组成人员

主任：林国武；

副主任：何土福、李云霞（女）、沈松池、林素兴；

常务委员：黄文骅、林亚炮、林良全、林钦坤、林贵全、蔡德峰、刘炜丹、何秋生、公秀敏（女）、林丁枞、林东宁、崔坤亮、蔡天明、林松峰、张荣煌、陈玉珠（女）。

1989—2008年东山县人大常委会主任一览表

表18-1

届别	姓名	性别	籍贯	任职时间
第十届、第十一届	廖进彩	男	福建永定	1987.11—1994.1
第十二届	沈淮彬	男	福建诏安	1994.1—1997.2
第十二届、第十三届	吴裕光	男	福建东山	1997.2—2003.2
第十三届	黄双庆	男	福建龙海	2003.2—2004.1
第十四届、第十五届	林国武	男	福建东山	2004.1—

1989-2008 年东山县人大常委会副主任一览表

表 18-2

届别	姓名	性别	籍贯	任职时间
第十届	陈达昌	男	广东梅县	1984.12—1991.1
第十届	林木喜	男	福建东山	1987.11—1991.1
第十一届、第十二届、第十三届	汤德元	男	福建云霄	1991.1—2004.1
第十一届、第十四届、第十五届	李云霞	女	福建东山	1991.1—1994.1 2004.1-
第十一届、第十二届、第十三届	何永乐	男	福建东山	1991.1—2004.1
第十二届、第十三届	方丽芬	女	福建云霄	1994.1—2004.1
第十二届、第十三届、第十四届、第十五届	何土福	男	福建东山	1997.2—
第十三届	沈玛添	男	福建东山	1999.1—2003.2
第十四届、第十五届	沈松池	男	福建诏安	2004.1—
第十四届、第十五届	林素兴	男	福建东山	2004.1—

第二节　县人大常委会内设机构

1989 年初，县人大常委会内设办公室、农村工作委员会、财政经济委员会、法制工作委员会、教育科学文化卫生委员会。同年 6 月，增设华侨工作委员会。

1995 年，华侨工作委员会改称华侨台胞宗教工作委员会。2004 年，增设人事代表工作委员会。

2006 年，法制工作委员会更名内务司法委员会。2007 年，增设信访办公室、城乡建设环境资源保护委员会。

2008 年 12 月，县人大常委会内设机构有办公室、农村工作委员会、财政经济委员会、教育科学文化卫生委员会、华侨台胞宗教工作委员会、人事代表工作委员会、内务司法委员会、信访办公室、城乡建设环境资源保护委员会，共有工作人员 38 人。

附：1989 年 1 月—2008 年 12 月任东山县人大常委会各委、办正职人员名单

许　和　林日成　何添寿　何金水　黄文骅　孙汉祥　徐金兴　林天春　赖民生　刘炜丹　陈成保　陈自强　林亚炮　林启长　林明发　何保文　林坤福　林良全　陈达昌　欧金妹（女）　蔡德峰　黄亚藕（女）　林贵全　林钦坤　公秀敏（女）　何秋生

第三节　县人大常委会会议

一、县第十届人大常委会会议

东山县第十届人大常委会制定并实施《东山县人大常委会决定本县重大事项的暂行规定》。举行常委会会议 23 次。审议通过县政府领导班子任期目标责任制；听取并审议通过县政府贯彻实施《关于开辟东山县创汇农业试验区的若干政策》情况汇报；听取县政府、县人民法院、县人民检察院工作报告及部门专题汇报；先后审批《关于实施〈中华人民共和国义务教育法〉的规划报告》《关于贯彻执行土地管理实施办法有关规定》《关于东山防护林体系建设总体规划》《东山县国有土地使用权有偿出让、转让办法》《东山县鼓励台湾同胞投资土地开发经营的优惠办法》等重大事项。

二、县第十一届人大常委会会议

县第十一届人大常委会举行常委会会议 19 次。先后审议并作出《东山县国民经济与社会发展十年规划和“八五”计划草案审议意见》《东山县“二五”普法规划实施意见的决议》《东山县城市总体规划的决议》《东山县城镇住房制度改革实施方案的决议》；审议通过县政府《关于将东山县建制改为东山岛市的报告》；审议通过关于康美、前楼、樟塘、杏陈、陈城 5 个乡改镇的决议。

三、县第十二届人大常委会会议

县第十二届人大常委会举行常委会会议 41 次。听取审议县政府、县法院和县检察院工作报告、专题汇报共 70 多次，讨论地方重大事项 28 项。先后作出《东山县实施第三个五年普法规划决议》《东山县国民经济和社会发展十年规划及“九五”计划草案审议意见》《东山县科技发展“九五”计划和 2010 年规划纲要决议》《东山县人大常委会关于依法治县决议》等 16 项重大决议(决定)。还对税制改革、法制建设、市场物价、先行工程、科技兴县、财政等工作报告，进行审议，提出意见。

四、县第十三届人大常委会会议

县第十三届人大常委会举行常委会会议 41 次。对“九五”计划进行调整；审议通过《东山县人民政府关于依法治县实施规划》《东山县殡葬管理暂行规定》《关于在全县公民中开展法制宣传的第四个五年规划》等。

五、县第十四届人大常委会会议

县第十四届人大常委会举行常委会会议 20 次。审查批准《东山县城市总体规划（修编）》《东山县县域城镇体系规划》；先后对九年义务教育、中心县城建设、农村公路建设、“平安东山”创建、环岛路两侧水产养殖整治、财政等工作报告，做出审议并提出工作意见。

六、县第十五届人大常委会会议

县第十五届人大常委会至 2008 年 12 月共举行常委会会议 15 次。审批《东山县旅游发展规划》《东山经济技术开发区生态工业园总体规划》等。

第四章　常委会工作活动

第一节　执法与工作监督

一、对政府的监督

东山县第十届人大常委会制定并审议通过《东山县人大常委会履行监督职责的暂行规定》，为常委会行使监督权提供依据。常委会组织人大代表和有关部门人员开展《中华人民共和国食品卫生法》《中华人民共和国药品管理法》《中华人民共和国计量法》和《中华人民共和国矿产资源法》等行政执法情况检查；并对深化改革、工农业生产、城乡建设、土地管理、实施九年义务教育、物价管理、文化体育活动、饮用水建设、维护归侨侨眷权益等开展视察，提出建议。

县第十一届人大常委会组织人大代表和有关部门人员先后开展《中华人民共和国标准化法》《中华人民共和国水法》《中华人民共和国矿产资源法》《中华人民共和国渔业法》《中华人民共和国审计条例》《中华人民共和国民事诉讼法》、《中华人民共和国环境保护法》《中华人民共和国残疾人保护法》等执行情况检查；参与市人大组织的对东山县执行《中华人民共和国妇女权益保护法》《中华人民共和国婚姻法》情况检查，督促依法办事。并对外向型经济和创汇农业发展情况进行督查；对铜陵码头港区和旅游区、西埔三角点及中心市场的秩序，及农药化肥供应、芦笋收购管理、减轻农民负担、企业转换机制、社会治安等，开展专题视察监督，对铜陵渔港和旅游景区环境卫生差、交通拥堵等问题，提出解决意见，并督促县政府抓紧整治。

县第十二届人大常委会组织人大代表和有关部门人员，先后开展《中华人民共和国义务教育法》《中华人民共和国教师法》《中华人民共和国消费者权益保护法》《中华人民共和国环境保护法》《中华人民共和国农业法》《中华人民共和国未成年人保护法》《中华人民共和国劳动法》《中华人民共和国食品卫生法》《中华人民共和国科技进步法》等执法情况检查。通过《中华人民共和国农业法》执法检查，督促县政府增加农业投入，划定农业耕地保护区 4000 多公顷。还就涉外企业税外收费、猪肉质量、芦笋产供销、清理民间“倒会”等问题组织视察检查，督促县政府及有关部门加紧解决。针对农村存在的乱收费、乱摊派问题，建立县乡（镇）两级人大代表减轻农民负担监控网，在 7 个乡镇 61 个建制村建立 80 个监控点，起到“减负”作用。

县第十三届人大常委会组织人大代表和有关部门人员，先后开展《中华人民共和国森林法》《中华人民共和国城市规划法》《中华人民共和国矿产资源法》《福建省保护华侨投资权益若干规定》《中华人民共和国烟草专卖法》《中华人民共和国产品质量法》等 29 部法律法规的执法检查。在《中华人民共和国森林法》执法检查中，发现环岛路两侧基干林带里有 12 个养殖池，督促有关单位进行回填种树。2003 年，为防止非典型肺炎传入东山，人大常委会 2 次组织人大代表视察西埔、铜陵两镇环境卫生，针对存在问题，督促有关部门及时整改，有效防止疫情传入。

县第十四届人大常委会组织人大代表和有关部门人员，开展《中华人民共和国城市规划法》《中华人民共和国治安管理处罚条例》《福建省保护华侨房屋租赁权益若干规定》《中华人民共和国道路交通安全法》《中华人民共和国残疾人保障法》《中华人民共和国基本农田保护条例》《中华人民共和国海域使用法》《中华人民共和国消防法》等执行情况的检查视察；组织开展中心县城建设、环岛路综合整治、农村公路建设等专题视察，发现环岛路两侧多座养殖场侵占林地、乱排污（污染海域），督促县政府抓好整治，改善旅游环境。

县第十五届人大常委会组织人大代表和有关部门人员，开展红旗水库及周边环境情况专项监督；开展《中华人民共和国治安管理处罚法》《中华人民共和国农村土地承包法》执法检查；还开展西铜公路改扩建、水利工程建设、教育资源配置、家园清洁行动、节能减排、外资企业生产运营、新型农村合作医疗、城乡居民最低生活保障等监督视察活动。在视察饮用水水源地红旗水库活动中，提出尽快落实内坑自然村移民搬迁，最大限度减少水库污染源，实施水库扩容，加大综合整治力度等建议。县政府高度重视，立即研究并实施内坑自然村移民搬迁、红旗水库水源监测、防污设施配套等。

二、对法院、检察院的监督

各届县人大常委会依法对县人民法院、县人民检察院行使监督权。1989—1990 年，县人大常委会组织开展全县执法大检查，召开 2 次常委会会议，听取县人民法院、县人民检察院关于惩治腐败、打击经济犯罪情况汇报。

1991 年 10 月，常委会批转县法院《关于开展执法案件大会战的实施方案》，并于 12 月底，组织人大代表听取县法院、县检察院工作汇报，提出加强治理意见。

1992 年初，通过对拘留所、看守所的执法检查，对超期拘押现象督促抓紧纠正。下半年组织检查县法院、县检察院执行《中华人民共和国民事诉讼法》《中华人民共和国行政诉讼法》的情况。

1997 年 6 月下旬至 9 月中旬，根据省市人大常委会统一部署，县人大常委会对县公安局、县人民检察院、县人民法院等司法机关以清除地方和部门保护主义，严格执法、秉公办案为主要内容的专题评议。人大代表对刑事破案率较低、判决后执行不力、经济犯罪案侦查力度不够等问题，提出意见 18 条，并督促整改。受评单位均认真实施，群众反映较好。

1999 年 4 月，审议批准《东山县人民法院关于实施依法治县决议的方案》和《东山县人民检察院关于实施依法治县决议的方案》，为依法治县提出目标、任务。1999年6月起，在县人民法院、县人民检察院、县公安局、县监察局建立重大案件呈报备案制度，规定上述单位对14类案件在处理终结的10日内，应呈报县人大常委会备案，以便进行审查。

县第十五届人大常委会除经常听取县人民法院、县人民检察院工作汇报外，还开展对县法院、县检察院工作的视察活动，并进行考核评议。组织人大代表参与县法院的庭审旁听，落实人民陪审员制度。并组织人大代表就民商事案件执行情况和执行难等问题进行调研。

第二节　人事任免

一、县第十届人大常委会人事任免

东山县第十届人大常委会审议通过4位副县长任职，任命1位代理县长；任命政府各委、办、局的局长、主任45人，免职9人；任命县法院审判员和县检察院检察员以上职务14人；任命县人大委、办主任2人。

二、县第十一届人大常委会人事任免

县第十一届人大常委会依法任免国家机关工作人员93人次。其中，任命政府组成人员57人次，免职7人次，接受辞职5人；任命法院审判员以上工作人员10人次，免职3人；任命检察院检察员以上工作人员11人次。

三、县第十二届人大常委会人事任免

县第十二届人大常委会依法任命国家机关工作人员118人次，免职44人次。

四、县第十三届人大常委会人事任免

县第十三届人大常委会任命县政府、县法院、县检察院工作人员62人，免职30人，未通过任命1人。

五、县第十四届人大常委会人事任免

县第十四届人大常委会任免国家机关工作人员76人次，接受辞职5人。

第三节　议案建议督办

东山县人大常委会对人大代表在县人民代表会议上及闭会期间提出的议案意见建议，及时召开“交办会”，交政府有关职能部门承办；并跟踪督查，使代表议案建议意见办理落到实处。每次会议的代表议案意见建议办理情况，在下次人代会上向代表汇报。县第十届一次人代会至县第十五届三次人代会期间，代表议案意见建议共1809件，其中在下一次人代会召开前即办结的828件，办理时间较长的573件，随着条件成熟逐步办理的408件。如：县第十届人大二次会议期间，代表提出《多渠道集资兴建杏陈中学和实现小学“一无二有”(无危房、有教室、有课桌椅)》的议案。会后，县政府立即成立东山县实现“一无二有”领导小组，提出在1～2年内实现村村小学有教学楼目标。1989年，全县多渠道集资308.8万元用于改善办学条件。康美初级中学和陈城镇湖塘、澳角、杏陈镇英坑、礁头、张家、康美镇钱岗、西埔镇亲营、梧龙、前楼镇叶厝等10所小学新建教学楼竣工，杏陈初级中学和陈城镇宫前、杏陈镇埕英、前何等7所小学新建教学楼也于1990年竣工。

县第十一届人大第二次会议期间，代表提出“理顺东山口岸管理机构，完善港口配套建设”的建议。市、县政府十分重视，东山口岸园区和港区卡口楼投建，并成立东山海上安全监督局、东山港务局、东山

商检局，联检机构组建齐全。交通部正式批准东山港从1992年12月28日起对外国籍船舶开放。

县第十二届人大第三次会议期间，代表提出“切实关心群众生活，从速建设菜篮子工程”和“加强海岸线管理、停止在海岸采砂”的建议。县政府将建设“菜篮子”工程列入为民办实事项目，重视发展水产品养殖基地、肉禽蛋养殖基地和蔬菜基地，设立种养项目扶持基金和粮食副食品价格风险基金。并发出《关于切实保护旅游资源的通告》，采取措施制止非法采砂行为。

县第十三届人大第一次会议期间，代表提出“加快沿海基干林带更新改造步伐”的建议。县林业局认真研究办理，当年完成造林更新137公顷，全县森林覆盖率提升为32.9%。

县第十四届人大第二次会议期间，代表提出“集资完成铜兴路康美段二期建设”的建议。县政府及时召开协调会，确定工程分步实施方案，至2006年底，铜陵苏峰二路至苏峰三路段的道路建设基本完工。

县第十五届人大第三次会议期间，代表提出“要求县政府增加自来水进村入户投入”的建议。县政府及时答复，把村村通自来水工程列入2008年为民办实事项目，是年投资621万元，建设完成陈城镇白埕、前楼镇东英等10个村通自来水工程。

第四节　视察与调研

东山县第十届人大常委会组织人大代表开展“对虾养殖”“对台和侨务工作”专题视察与调研，写出报告，提出建议。

县第十一届人大常委会组织代表，先后对城镇卫生问题、乡镇卫生院建设、三资企业现状、农田水利建设、港区环保建设、植树造林、计划生育等开展专题视察与调研，写出报告，为县委决策提供依据。

县第十二届人大常委会组织代表开展国有企业转换经营机制、鲍鱼养殖、个私经济发展、台资企业、金融体制改革、对台小额贸易现状、科教兴县、科技兴农、社会治安情况等视察与调查，提出意见建议。

县第十三届人大常委会组织代表开展康美镇铜钵等5个管理区、村财管理和减轻农民负担、农村教育事业费附加征管用、中国公民往来台湾地区管理办法、渔船保险情况等的调研活动，写出调研文章，提出意见建议。其中，《渔船保险势在必行》一文，引起县委、县政府高度重视，进行专题视察与研究并组织实施，消除民忧。

县第十四届人大常委会组织代表开展农村税费改革、实施“工业立县”战略、六千水利工程建设、新农村建设、旅游经济发展、港口经济等专题视察与调研，提出意见建议。

县第十五届人大常委会组织代表开展规模工业企业税利、调解工作、旅游品牌、对台小额贸易、社会保障资金使用管理、海岛生态建设等专题视察与调研。

第五节　指导乡（镇）选举

1989—2008年，东山县人大常委会指导乡（镇）人大代表选举工作，共6次，分别为1990年、1993年、1996年、1999年、2002年和2006年（2004年起依据《中华人民共和国地方各级人民代表大会和地方各级人民委员会组织法》修正的有关规定每五年换届）。指导各乡（镇）组建选举工作机构，核定人民代表名额，举行人民代表大会，选举乡（镇）人大主席团主席与乡（镇）长等。

2006年下半年，全县乡（镇）人大代表换届选举选出的代表数为401人。其中男297人，女104人；35岁以下81人，36～55岁278人，56岁以上42人；中共党员235人；高中及以上文化程度173人，初中及小学文化程度228人。

第六节　联系代表与信访工作

一、联系代表

东山县第十一届人大常委会在全县建立15个人大代表活动小组、78个代表活动室，形成代表联系网络。县人大常委会成员划定联系代表责任区，经常走访联系代表，征求代表意见和建议，及时整理成书面材料，送县委、县政府领导人参阅。常委会不定期举行代表议政通报会，邀请代表列席常委会会议，参加调查研究，收集民意，向政府反映问题、提建议。

二、人大信访工作

做好代表和群众来信来访工作。对来信来访按法定程序及时转办、督办，对疑难问题，县委、县人大常委会和县政府领导人亲自抓落实。县第十届人大常委会受理代表和群众来信70件，来访100多人次。对铜陵镇代表来信要求恢复“东安善堂”问题，常委会委员深入基层，了解到恢复“东安善堂”可以弘扬东山人民乐善好施美德，常委会主任亲自协调，妥善解决了这一问题。

县第十一届人大常委会受理代表和群众来信106件，来访382人次。

县第十二届人大常委会受理代表和群众来信348件，来访635人次。

县第十三届人大常委会受理代表和群众来信329件，来访519人次。

县第十四届人大常委会受理代表和群众来信163件，来访356人次。

县第十五届人大一至三次会议期间共受理代表和群众来信117件，来访231人次。经办理，解决拖欠工程款和农民工工资、拆迁安置、征地赔偿、涉法涉诉等问题，维护当事人合法权益。

第五章　乡（镇）人民代表大会

第一节　乡（镇）人民代表会议

乡（镇）人民代表大会原为三年一届。2004年后，依据《中华人民共和国地方各级人民代表大会和地方各级人民政府组织法》修正的有关规定，乡（镇）人民代表大会每届由三年改为五年，人大主席团主席、副主席任期相同。因各乡（镇）具体原因，全县7个乡（镇）的人民代表大会届次、会议召开次数、时间不尽相同。

如：2008年4月中旬，西埔镇召开第十五届人民代表大会第二次会议，同年4月18—19日，铜陵镇召开第十六届人民代表大会第二次会议。各乡（镇）每届人民代表大会第一次会议于本届代表选举产生后的次年初召开，会议听取、审议乡（镇）政府、人大主席团和财政工作报告，选举产生新一届乡（镇）人民政府正、副乡（镇）长，乡（镇）人大主席团正、副主席。

第二节　乡（镇）人大主席团

一、乡（镇）人大机构与人员

1987年起，各乡（镇）人民代表大会设立人大主席团，设主席1人，有的乡（镇）并设副主席，配置专职工作人员。主席、副主席由乡（镇）人民代表大会选举产生。每个乡（镇）人大主席团成员7～9人，乡（镇）主席团主席、副主席每届任期三年。

2004年起，依据《中华人民共和国地方各级人民代表大会和地方各级人民政府组织法》修正的有关规定，乡（镇）人民代表大会每届由三年改为五年，人大主席团主席、副主席任期也由三年改为五年。

二、乡（镇）人大主席团职权履行

各乡（镇）人大主席团成立后，密切配合县人大常委会开展工作。依法审议决定乡（镇）重大事项，监督、支持乡（镇）政府工作，围绕乡（镇）党委、政府提出的发展思路和社会热点、难点，适时组织代表开展调查研究和视察活动，对存在问题提出解决的意见和建议。如：1989年，西埔镇人大主席团审议、支持《西埔镇区市政建设规划及绿化工程造林意见》等9个工作项目。通过调查研究，向镇政府提出增加农业投入，加强水利设施建设；加强村级财务管理等意见。镇政府很重视，是年镇、村农业投入增加28.99万元。

2003—2006年间，铜陵镇人大主席团多次组织代表视察渔船生产情况，建议加大渔业投入，加快渔业作业结构调整，改变以往单一的拖网作业方式，引导100多艘渔船引进鱼笼诱捕、流刺等多种作业方式。该建议经实施、推广，有效提高了铜陵镇区渔业捕捞经济效益。铜陵镇人大主席团还针对2005年初两起重大海难事件，开展渔业安全生产情况调研，提出渔船安全生产7条建议，推进铜陵渔区安全生产专项整顿工作；还就发展铁壳船资金困难情况，主动协调有关部门，取得金融部门支持，解决渔业贷款难题。铜陵镇人大主席团组织代表视察大澳中心渔港和田尾港水产品批发市场等重点项目建设，提出政府要制定配套措施和提供优质服务等具体建议。

2007—2008年，西埔镇人大主席团开展饮用水源地——红旗水库及周边环境视察，提出内坑自然村搬迁，加大水库周边环境整治，从源头减少污染建议，引起县委、县政府重视，启动内坑自然村搬迁工作，水库周边牛蛙池也进行搬迁。西埔镇人大主席团向镇政府提出的农村建设自来水工程建议。镇政府很重视，两年投入500多万元，解决了西埔镇各村饮用水问题。

附：1989年1月—2008年12月东山县各乡（镇）人大主席团主席名单

刘文钟　江振桂　高祝豪　杨文桂　沈天恩　林裕生　陈爱春　何金水　曾海滨　林色其　叶县担
林安山　林素兴　林贵全　佘加文　黄良金　何添寿　蔡鸿国　柳才平　黄炎明　许必胜　沈慧彬
吴武坤　吴丁顺　沈添顺　沈加明　谢宝介　唐坤茂　林惠生　张海鹰　高泽辉　张木发　高龙金
林良全　朱展发　林和生　何亚县　林宝顺　黄义文　刘进义

第十九卷　地方人民政府

1989—2008 年，东山县历经第十届（1987 年 11 月至 1990 年 12 月）、第十一届、第十二届、第十三届、第十四届和第十五届（2007 年 1 月始）人民政府。1989 年，县政府直属机构设置 50 个科局（委员会、办公室）。历经 1997 年和 2002 年两次机构改革，至 2008 年，县政府所属科局单位共 31 个。

历届县政府实行县长负总责，副县长按分工处理分管工作。制定县域发展计划，组织实施县委决策，通过政府全体会议、政府常务会议、县长办公会议等部署各项工作，深入乡镇、企事业单位指导、检查推进各项工作。

20 年间，县各届政府加快政府职能转变，紧紧围绕经济建设中心，不断深入开展经济体制改革和各项制度改革，招商引资，拓展外向型经济，创办民营企业，加快水、电、路、码头等基础设施建设。拓宽创汇农业领域，实施工业强县战略，着力发展旅游业。同时，不断推进科技、教育、文化、体育、卫生、社会保障等事业的发展，促进人民生活水平不断提高。2008 年，全县地区生产总值 51.09 亿元，比 1989 年的 3.8 亿元，增长 12 倍多；农民人均纯收入 7001 元，比 1989 年增长 4 倍多；城镇居民人均可支配收入 11208 元，比 1989 年增长 3 倍。

1989—2008 年，东山县经济社会长足发展，多次获得省级以上荣耀称号。1990 年，东山县被省政府评为省扫盲先进县。1998 年，东山县在全省率先实现基本小康，成为福建省“经济发展十佳县”之一，并被评为全国科技先进县。2008 年，东山县被评为“福建省最佳旅游目的地”，并获得“国家级生态示范县”称号。

第一章　政府机构

第一节　县政府领导机构

县政府由县人民代表大会选举产生的县长、副县长和由县人大常委会任命的政府成员单位负责人组成。

1989—2008 年，县政府历经第十届（1987 年 11 月至 1990 年 12 月）、第十一届、第十二届、第十三届、第十四届和第十五届（2007 年 1 月始）人民政府。其中，第十一届从 1991 年 1 月至 1994 年 1 月、第十二届从 1994 年 1 月至 1999 年 1 月、第十三届从 1999 年 1 月至 2004 年 1 月、第十四届从 2004 年 1 月至 2007 年 1 月、第十五届从 2007 年 1 月至 2011 年。历任县长共 10 人（含代县长），副县长（含挂职）共 28 人。县政府执行同级人民代表大会和上级国家行政机关的决定、决议和命令，制定施政方案、措施和意见，发布命令、通告或决定。在中共东山县委的统一领导下，县政府实行县长负责制，对县人大负责并报告工作；同时，对漳州市人民政府负责并报告工作。县长主持全面政务工作；副县长协助县长工作，具体分管部分政务。县长兼任县委副书记，常务副县长兼任县委常委。

1989—2008 年东山县人民政府县长（代县长）一览表

表 19-1

姓名	性别	籍贯	任职时间
洪我追	男	福建晋江	1987.10—1991.1
江宏真	男	福建永定	1991.1—1993.9（代县长 1990.7—1991.1）
黄汉河	男	福建云霄	1994.1—1995.4（代县长 1993.9—1994.1）
康君福	男	福建诏安	1996.1—1997.2（代县长 1995.4—1996.1）
黄耀光	男	福建平和	1997.2—1997.5（代县长 1996.11—1997.2）
吴　斌	男	福建芗城	1998.1—1999.1（代县长 1997.6—1998.1）
黄双庆	男	福建龙海	1999.1—2001.8
黄云山	男	福建诏安	2001.8—2006.6
王毅群	男	福建龙海	2007.1—2007.9（代县长 2006.6—2007.1）
吴达金	男	福建南靖	2007.9—

1989—2008 年东山县人民政府副县长一览表

表 19-2

姓名	性别	籍贯	任职时间
林良炎	男	福建东山	1987.12—1993.9
陈振魁	男	福建东山	1987.12—1993.9
林振太	男	福建漳浦	1988.11—1991.1
吴裕光	男	福建东山	1990.10—1997.1
林定波	男	福建东山	1990.10—1994.1
江梅杰	男	—	1992.1—1993.9（省下派挂职干部）
李振宗	男	—	1991.1—1993.9（省下派挂职干部）
沈玛添	男	福建东山	1994.1—1998.12
陈汉夫	男	福建东山	1994.1—1998.10
李云霞	女	福建东山	1994.1—2004.1
罗　莹	男	—	1994.3—1997.2（省下派挂职干部）
徐建成	男	—	1994.4—1996.9（省下派挂职干部）
沈松池	男	福建诏安	1997.1—2003.1
梁红星	男	—	1998.1—2001.11（省下派挂职干部）
周志聪	男	福建东山	1999.1—2003.1
邱永顺	男	福建漳浦	1999.1—2008.12
沈平忠	男	福建东山	2001.11—2003.9
何德发	男	福建东山	2001.2—2005.7
李善贞	男	福建长乐	2003.9—2005.9（省下派挂职干部）

续表 19-2

姓名	性别	籍贯	任职时间
沈永祥	男	福建东山	2004.1—2006.7
林亚盛	男	福建东山	2004.1—2008.12
陈华生	男	福建东山	2004.1—2005.9
林文楚	男	福建东山	2004.1—2007.1
吴芳华	女	福建漳浦	2007.1—
何金水	男	福建东山	2007.1—
黄义文	男	福建东山	2007.1—
朱展发	男	福建东山	2007.1—
陈天凡	男	福建福州	2007.8（省下派挂职干部）

第二节　县政府部门机构

1989 年，县政府设置工作机构 50 个。其中，行政机构 47 个：县政府办公室(与支前办公室、侨务办公室合署)、人事局（与编制委员会办公室合署)、民政局、监察局、信访局、档案局、土地局、科学技术委员会、计划生育委员会、体育运动委员会、旅游局、卫生局、教育局、文化局、经济体制改革委员会、计划委员会、经济技术协作办公室、劳动局、城乡建设环境保护局、物资局、统计局、经济委员会、交通局、技术监督局、工业局、第二轻工业局、财贸委员会、财政局、粮食局、审计局、税务局、商业局、农业委员会、林业局、水利电力局、农业局、水产局、乡镇企业管理局、对外经济贸易委员会、口岸办公室、公安局、县国家安全局、司法局、物价委员会、工商行政管理局、国防动员委员会人民防空办公室、矿产资源开发管理委员会办公室；县直属事业单位 3 个：地方志编纂委员会办公室、台湾同胞接待站、农业机械管理站。

1991 年 6 月，将县广播站改设县广播电视局(为正科级)；设立县保密局（为副科级)；将县城乡建设环境保护局分设为县城乡建设委员会和县环境保护局，均为正科级。同年 10 月，设立县台湾事务办公室。1993 年 4 月，县监察局与县纪律检查委员会合署办公。1994 年 4 月，设立县政府外事办公室，与县侨务办公室合署办公，为一套人马、两块牌子；同年 9 月，县税务局分设为国家税务局和地方税务局。

1997 年 6 月，县政府实行机构改革。机构改革后，保留名称的机构 22 个：县政府办公室、农业局、教育局、公安局、民政局、财政局、人事局、卫生局、审计局、工商行政管理局、统计局、地方税务局、文化局、交通局、环境保护局、土地管理局、劳动局、司法局、水产局、监察局、国家安全局、林业局。改变名称的机构 8 个：计划委员会更名计划局；计划生育委员会更名计划生育局；科学技术委员会更名科学技术局；对外经济贸易委员会更名对外经济贸易局；城乡建设委员会更名建设局；口岸委员会（1992 年由口岸办公室改此称）更名口岸管理局；编制委员会办公室更名机构编制委员会办公室；乡镇企业管理局更名为乡镇企业局。新组建的机构 1 个：县经济局。撤销和合并的机构 11 个：撤销经济委员会、财贸委员会、工业局、商业局、物资局、经济技术协作办公室、第二轻工业局（保留二轻集体工业联社，其职能交由新组建的经济局承担)；撤销保密局，其职能交由县委办公室承担，保留保密局牌子；撤销经济体制改革委员会，其职能交由政府办公室承担；撤销农业委员会，其职能交由新组建的县委农村工作领导小组办公室承担（加挂县政府农业办公室牌子)。体育运动委员会与文化局合设，称文化局，对外加挂体育运动局牌子。合署的机构 8 个：监察局与纪律检查委员会合署；经济局与计划局合署；乡镇企业局与农业局合署；台湾事务办公室与台湾工作办公室合署；侨务办公室与政府办公室合署；机构编制委员会办公室与人事局合署；打击走私领导小组办公室与工商行政管理局合署；社会治安综合治理委员会办公室与政法委员会合署。对外加挂牌子的机构 3 个：县政府办公室对外加挂信访局、支前办公室牌子；侨务办公室加挂外事办公室牌子。县政府部门管理的机构 5 个（调整为副科级单位）：物价委员会更名物价局，由县计划局管理；水利电力局更名水利水电局，由农业局管理；技术监督局由县政府办公室管理；粮食局由经济局管理；矿产资源开发管理委员会办公室更名地质矿产局，由县计划局管理。

县政府直属事业单位 4 个：广播电视局更名广播电视事业局；档案局与档案馆合并，保留档案局牌子；旅游局；地方志编纂委员会。

2002 年 5 月，县政府机构调整。调整后，县政府设工作机构 20 个（监察局列入政府工作部门序列，不计入政府机构数）。县政府部门管理机构 4 个（均为副科级单位）：统计局（由发展计划局管理）、水务局（由水利水电局更名，由农业局管理）、安全生产监督局（新设立，由经济贸易局管理）、文化体育局（由文化局更名，按正科级配备，由政府办公室管理）。县政府议事协调办事机构 3 个：国防动员委员会人民防空办公室、口岸与海防办公室（由口岸管理局、打击走私综合治理领导小组办公室组成，挂打击走私综合治理领导小组办公室牌子）、支前双拥工作领导小组办公室（由支前双拥办公室组成，挂靠县政府办公室）。

2005 年 4 月，开始实行第二次机构改革，再次调整县政府机构设置。调整后，县政府直属行政机构 19 个：政府办公室（并保留外事侨务办公室牌子）、财政局（挂国有资产管理局牌子）、公安局、监察局（与县纪委机关合署，不计入政府机构数）、教育局、劳动和社会保障局（与人事局合署）、人口和计划生育局（由计划生育局更名）、审计局、建设局、环境保护局、科学技术局、卫生局、发展和改革局（由发展计划局更名）、经济贸易局（与对外贸易经济合作局合署，从农业局划出乡镇企业局并入该局）、国土资源局、海洋与渔业局、农业局（划出乡镇企业局，林业局合之）、司法局、民政局、交通局。

县政府部门管理机构 6 个（副科级单位）：统计局、粮食局、物价局（由发展和改革局管理）、水务局（由农业局管理）、安全生产监督局（由经济贸易局管理）、文化体育局（由文化局更名，按正科级配备，由政府办公室管理）。

县政府议事协调机构 3 个：国防动员委员会人民防空办公室、口岸与海防办公室、支前双拥工作领导小组办公室。

县政府直属事业单位 3 个：旅游局、广播电视事业局、地方志编纂委员会。至 2008 年 12 月，政府工作机构设置不变。

附：1989—2008 年曾任东山县政府部门机构负责人名单

王文考　王华杰　王仁贵　王福生　王劲松　王泰平　朱兆发　朱文钦　朱叶顺　朱朝忠　朱永鑫
朱联钦　朱坤福　朱联生　朱进文　朱建辉　孙国璋　李木坤　李福顺　许永和　许开金　许培斌
许炳林　许林耀　吕小波　阮水木　安　军　沈玉生　沈汉平　沈天恩　沈茂钦　沈福安　沈玛添
沈玛顺　吴广洲　吴华森　吴碧辉　吴耀辉　吴裕光　陈汉夫　陈汉成　陈亚保　陈自强　陈江祥
陈瑞国　陈荣森　陈金枝　陈瑞番　陈益灶　陈朝章　陈敬昭　杜双成　佘再炎　何永乐　何保文
何纯成　邱永顺　张福成　杨国良　杨宝孝　郑亚盐　郑和根　林才春　林文祥　林文楚　林文辉
林文章　林亚盛　林山根　林平桂　林炎福　林定波　林永贤　林章清　林传买　林鹏发　林裕生
林裕辉　林油通　林跃明　林加和　林石文　林进聪　林环顺　林莲花（女）　林春珍（女）
林征木　林添龙　林银盛　林炉火　林武烈　林秀英（女）　林剑国　林泽传　胡龙兴　郭德明
高传顺　高祝豪　唐坤茂　黄成才　黄全孝　黄平如　黄石麟　黄庄干　黄启注　黄林辉　黄瑞东
黄振桂　黄松添　黄淮培　谢宝介　盛明木　赖民生　曾国东　曾才德　雷荣坤　蔡永强　蔡德峰
蔡锡福　翁伟庄　潘太平　潘吉能　廖兆平

第三节　镇（乡）政府机构

1989年，全县沿设2个镇、5个乡（共14个街道居委会，59个建制村，1直辖村）。1990年1月，杏陈乡、陈城乡改为镇建制。1991年，撤大嵘直辖村，划归杏陈镇管辖。

1992年3月，樟塘乡改为镇建制；同年7月，康美乡改为镇建制。1998年6月，前楼乡改为镇建制。2000年12月，全县设7镇、16个社区、61个建制村。至2008年不变。

各乡镇政府内设工作机构有：办公室、财务组、农林组、工业组、商业组、计生组等。

附：1989—2008年曾任东山县各镇(乡)政府镇(乡)长名单

西埔镇：张惠平　沈平忠　朱兆发　朱叶顺　黄兆娟（女）　陈汉武
铜陵镇：林国武　谢桂生　林立辉　沈天恩　唐铭琨　张海鹰　黄国忠
康美镇：林文祥　蔡鸿国　何流芳　吴武坤　廖志群　吴丁顺　陈汉钦
樟塘镇：沈平忠　林素兴　李明清　黄兆娟（女）　朱德生
陈城镇：林石文　沈天恩　沈伟生　朱叶顺　沈福安
杏陈镇：李福顺　陈树鸿　吴丁顺　朱展发　李　斌
前楼镇：黄松添　周志聪　黄义文　朱德生　张秋毅

第二章　重要会议

第一节　县政府全体成员会议

一、第十届县政府全体成员会议

1989年11月28日，县政府召开全体成员会议，听取财政、工业、农业等工作情况汇报，部署1990年春节前的各项工作。

二、第十一届县政府全体成员会议

第十一届县政府召开全体成员会议共11次。1991年2月10日，召开县政府全体成员会议，听取冷冻同业会汇报，同意该会在同业中行使的十项职能。1992年3月9日，召开政府全体成员会议，研究关于发展对台贸易，开辟试办冬古岸上对台贸易点事项。1993年4月17日，召开政府全体成员会议，研究西埔东环路、汇泉路、全城开发区有关问题。5月26日，召开政府全体成员会议，研究并同意建设东门屿—风动石景区轮渡码头。6月15—16日，召开政府全体成员会议，研究关于西埔镇市政建设及居委会街政建设问题。

三、第十二届县政府全体成员会议

第十二届政府召开全体成员会议共35次。1994年4月19日，召开县政府全体成员会议，研究东沈湾沙滩使用问题。7月20日，召开政府全体成员会议，研究加强城建规划管理、开发铜陵海港路等事项。12月1日，召开政府全体成员会议，研究解决供销速冻厂建设办公大楼与水产局及闽南指挥部之间道路、空巷使用的协调问题。1996年4月17日，召开政府全体成员会议，研究东山港城垵2.5万吨码头开工前准备工作的协调问题。6月15日，召开政府全体成员会议，研究对台小额贸易水产品特产税征收的有关问题。8月20日，召开政府全体成员会议，研究关于康美镇龙潭山公园规划方案和第一期工程实施计划。12月4日，召开政府全体成员会议，研究东山5000吨级硅砂杂货码头维修有关问题的协调。12月31日，召开政府全体成员会议，研究东山县大嵊跨海大桥接线径口至大嵊路段建设有关问题。1997年3月7日，召开政府全体成员会议，研究关于西埔综合市场第二期改造工程建设问题。4月4日，召开政府全体成员会议，研究加强农资流通市场整顿的有关问题。7月23日，召开县政府全体会议，研究关于综合整治环岛路沿线环境问题等事项。9月19日，召开政府全体成员会议，研究关于海滨西路拆迁等问题。10月8日，召开政府全体成员会议，研究扶持漳州石油公司东山分公司建设发展有关问题。12月12日，召开政府全体成员会议，研究关于维修下西坑海堤等事宜。1998年1月6日，召开政府全体成员会议，研究建设西埔镇冬古村渔港防波堤有关事宜。4月30日，召开政府全体成员会议，研究关于防震减灾，关于鲍鱼、鳗鱼农业特产税征管，关于征收副食品风险基金，关于涉外企业税外收费等问题。6月23日，召开政府全体成员会议，研究关于粮食流通体制改革，关于退役士兵安置、农村农民最低生活保障线制度、1998年度优待金社会统筹征收、再就业问题等事项。12月16日，召开政府全体成员会议，研究关于划定沿海基干林带和加强林地保护管理工作，关于东山云霄组建漳州市向东供水总公司问题，关于街道居委会工作人员工资待遇问题，关于东山旅游经济开发区管委会升格问题；听取副县长梁红星关于建设“中国海峡水产城”总体方案的汇报。

四、第十三届县政府全体成员会议

第十三届县政府召开全体成员会议共11次。1999年4月28日，召开政府全体成员会议，研究西前公路建设有关事项。5月15日，召开政府全体成员会议，研究为民办实事项目，关于建筑物雷电灾害预防管理、卫生工作、重点工程建设、殡仪馆建设、技术开发区工作等。7月6日，召开政府全体成员会议，研究关于1999年国民经济和社会发展量化考核方案；退伍军人安置方案；关于加快发展非公有制经济优惠政策；关于生猪定点屠宰执法问题；关于成立东山县国有资产经营公司、粮食定购和储备轮换问题等事项。11月12日，召开政府全体成员会议，研究关于农业和农村工作问题；关于外贸公司经营管理中有关遗留问题；关于殡仪馆建设问题；关于原二轻局退休人员退休养老金问题、国有企业下岗职工劳动关系处理问题等事项。12月18日，召开政府全体成员会议，研究加快国有企业改革问题、财政收支两条线管理等事项。2001年1月20日，召开政府全体成员会议，就2000年政府工作报告征求意见，研究关于2001年重点建设项目和为民办实事的项目安排，关于党风廉政建设等问题。2002年7月11日，召开政府全体成员会议，研究关于加强机关效能建设、企业改革与发展及加强环保问题；关于妇女儿童发展纲要；关于政府班子落实党风廉政责任制方案；关于林地保护利用规划；关于2001年冬季城镇退伍士兵和转业士官安置等事项。8月12日，召开政府全体成员会议，研究县重点建设项目调整问题，关于八尺门大桥前期工作通报；关于东山工业发展规划、可持续发展实验区规划；关于清理逾期周转金问题；关于铜陵镇七星小区旧城改造、城监和环卫管理体制问题；关于县、镇道路硬化路面的问题。11月1日，召开政府全体成员会议，研究关于建立土地收购储备制度问题；关于城市基础设施配套费征收管理问题；关于加强农业标准化、加快农业产业化经营等事项；关于径口—大嵊桥接线道路改造工程、铜陵镇要求开发建设“九仙山”风景名胜等事项。2003年4月11日，召开政府全体成员会议，研究县电力公司改制等事项。

五、第十四届县政府全体成员会议

第十四届县政府召开全体成员会议共10次。2004年2月12日，召开政府全体成员会议，研究渔船出海生产作业有关问题；关于工作分管、财政预算、重点项目、计划安排、中心县城规划、旧城改造、渔业整改、西埔湾垦区回收、计生、禽流感、“非典”等问题。6月15日，召开政府全体成员会议，研究关于加强水产养殖场收费管理和罚没款收缴问题；关于粮食储备问题；关于县二轻联社改为全额拨款事业单位问题；关于全县实行婚姻集中登记管理问题；关于撤销西埔镇建制，设立西埔铜陵街道办事处问题；关于旅游产业发展、安全生产问题、鼓励社会力量举办民办学校等问题。7月1日，召开政府全体成员会议，研究关于国家中心渔港建设规划B片区（工业区）用地收费问题；关于环岛路两侧乱建养殖场专项整治问题。9月15日，召开政府全体成员会议，研究关于国家级生态示范区建设总体规划，关于铜陵大澳商贸区项目建设；通报西埔湾垦区虾池过渡管理方案、环岛路养殖场整治情况；通报财政增收节支情况、创造优秀旅游县准备工作情况。2005 年 3 月 29 日，召开政府全体成员会议，研究为民办实事项目；关于华福酒店股权、债权问题及委托审计情况通报；关于镇级公务员医疗保险问题、选聘村级农业技术员问题；西埔湾垦区虾池第二轮承包过渡管理有关问题；环岛路整治有关问题、环岛路两侧养殖场整治情况通报；关于国家级东山经济技术开发区扩区情况通报等。8 月 3 日，召开政府全体成员会议，研究关于重点项目年中计划调整问题；关于明确房产税、土地使用税征税范围及等级地段划分问题；关于西前路东段北侧和康福路西段旧区改造问题、铜陵旧戏院片区旧城改造问题、康美镇“康悦花园”用地延伸问题、大澳渔港部分堤地房产和县海洋与渔业局旧办公楼及培训中心用地转让问题；关于创建省计生优质服务先进县工作问题。11 月 29 日，召开政府全体成员会议，研究西埔旧城 A 区改造等事项。12 月 21 日，召开政府全体成员会议，讨论关于制定国民经济和社会发展“十一五”规划建设说明等事项。

六、第十五届县政府全体成员会议

2007 年 1 月至 2008 年 12 月，第十五届县政府没有召开全体成员会议。

第二节　县政府常务会议

一、第十届县政府常务会议

第十届县政府召开常务会议共 5 次。1989 年 9 月 12 日，召开政府常务会议，研究落实西埔镇侨属侨房所有权问题。1990 年 5 月 6 日，召开政府常务会议，研究关于 1989—1990 年粮油收购挂钩肥料供应的问题。7 月 18 日，召开政府常务会议，研究关于大嶝村围海扩建盐场问题。

二、第十一届县政府常务会议

第十一届县政府召开常务会议 18 次。1991 年 2 月 10 日，召开政府常务会议，研究关于冷冻同业会在同业中行使十项职能问题。8 月 28 日，召开政府常务会议，研究关于焦作市总工会职工技术培训中心项目的协调问题。11 月 1 日，召开政府常务会议，研究关于樟塘镇南埔、湖尾沿海海水倒灌的治理问题。11 月 16 日，召开政府常务会议，研究县固定资产投资管理问题。1992 年 2 月 17 日，召开政府常务会议，研究关于 200 吨化肥实行平转议出售问题。7 月 25—26 日，召开 2 次政府常务会议，再次研究康美镇规划和城垵公路修建问题。12 月 18 日，召开政府常务会议，研究关于县燃料公司城关煤炭二厂临街围墙改建和燃料公司西埔家具门市改建协调问题。1993 年 4 月 8 日，召开政府常务会议，研究关于康美镇铜兴村村部和东山海关乌墩宿舍楼基建协调问题。

三、第十二届县政府常务会议

第十二届县政府常务会议于 1996 年和 1997 年召开 6 次。1996 年 12 月 20 日，召开政府常务会议，研究县硅砂矿兼并县食品化工厂事宜、县水产购销第三经理部破产问题，达成一致意见。1997 年 3 月 31 日，召开县政府常务会议，听取县支前办公室负责人关于建某营房征地协调会情况汇报，经过讨论，达成一致意见。7 月 17 日，召开政府常务会议，研究县港务局体制、西埔日益公司兼并县玻璃厂等问题。9 月 2 日，召开政府常务会议，听取代县长吴斌关于“8·31”受灾情况通报及灾后工作部署，研究县自来水厂扩建规模、八尺门至白屿海区养殖管理等问题。1997 年 10 月 7 日，召开政府常务会议，研究县供销社转制中享受优惠政策、大嶝航运公司破产方案、县食品公司要求建设定点屠宰场等事宜。12 月 2 日，召开政府常务会议，研究关于解决特困企业离休干部经济待遇、城镇居民最低生活保障、加强预算外资金管理等事宜。

四、第十三届县政府常务会议

第十三届县政府召开政府常务会议 7 次。2000 年 1 月 5 日，召开政府常务会议，研究清理非农业建设用地、劳模医疗和养老保险及国有企业改革问题。2 月 14 日，召开政府常务会议，研究农业和农村工作、项目建设、金融税收和社会事业若干方面事项。3月23日，召开政府常务会议，研究为民办实事项目等事项。8月11日，召开政府常务会议，研究康美与铜陵镇界划分、城镇退伍兵及转业士官安置、国有企业下岗职工优惠政策以及建设城垵万吨滚装简易码头等事项。11月23日，召开政府常务会议，研究西埔镇旧城改造、浅海滩涂水产增养殖管理暂行规定等事项。2002年2月3日，召开政府常务会议，研究为民办实事、建设项目等事项。2003年1月17日，召开政府常务会议，研究铜陵镇政府办公地址搬迁以及城区实行保安巡逻有偿服务等问题，通过关于城镇房屋拆迁货币补偿及产权调换价格指导意见等事项。

五、第十四届县政府常务会议

第十四届县政府召开常务会议4次。2004年2月24日，召开政府常务会议，研究经济工作等事项。2005年3月23日，召开政府常务会议，研究农村公路建设、实施植树造林和绿化工作等事项。6月8日，召开政府常务会议，研究旅游招商引资项目等事项。2006年4月8日，召开政府常务会议，研究县政府应急预案初步方案等事项。

六、第十五届县政府常务会议

第十五届县政府召开常务会议14次。2007年4月10日，召开政府常务会议，研究关于高清洁环保无铅汽、柴油项目等事项。2008年1月8日，召开政府常务会议，研究双东污水处理厂投建、征收污水处理费有关问题，关于生猪定点屠宰场建设等事项。3月20日，召开政府常务会议，研究关于内坑自然村搬迁、城垵路“海峡论坛”建设、开展创建科普先进县等事项。4月3日，召开政府常务会议，研究关于东山县招商引资管理办法，关帝庙南侧片区和朝圣楼西侧片区房屋拆迁等事项。4月11日，召开政府常务会议，研究关于百亿新城盘活改造工作事项。4月28日，召开政府常务会议，研究关于铜钵生物氧化塘建设，关于鼓励企业自主创新，实施名牌、品牌战略的工作意见等事项。4月29日，召开政府常务会议，研究关于华福酒店股权转让等事宜。7月3日，召开政府常务会议，研究关于旗滨玻璃项目建设若干问题；关于东山县渔业船舶海上事故救助基金管理办法等事项。7月21日，召开政府常务会议，研究关于县政府机关效能建设、绩效评估和政风行风建设若干问题等事项。9月28日，召开政府常务会议，研究关于创建中国优秀旅游县工作、进一步加快旅游产业发展若干意见；关于旗滨玻璃项目基础设施配套建设等事项。10月27日，召开政府常务会议，研究关于华福—九仙山—铜陵镇办公场所整体开发工作方案等事项。11月23日，召开政府常务会议，研究关于促进房地产市场持续健康发展的相关措施等事项。

第三节　县长办公会议

一、第十届县政府县长办公会议

第十届县政府在1989年1月至1990年12月间，召开县长办公会议12次。1989年2月23日，县长洪我追在西屿岛召开办公会议，研究西屿岛农业引进实验场的级别、归属、人员编制、工资、事业经费、农业开发周转金及基础设施建设等问题。2月24日，县长洪我追在铜陵镇召开办公会议，研究铜陵地区公共设施建设和街道居委会有关问题。2月26日，县长洪我追在前楼乡召开办公会议，研究西长公路建设、集资和芦笋管理问题。10月14日，召开县长现场办公会议，研究关于从资金、供电、税收等方面支持二轻企业生产问题。10月15日，召开县长办公会议，听取关于铜陵地区交通、城建等综合治理情况汇报以及相应七条配套措施的建议，研究修建杏陈镇磁窑村四级公路的问题。1990年1月20日，召开县长办公会议，研究解决工业用盐问题。7月30日，召开县长办公会议，现场研究解决县工商联办公楼维修问题。11月15日，召开县长办公会议，现场研究解决铜陵镇采砂定点问题。

二、第十一届县政府县长办公会议

第十一届县政府召开县长办公会议28次。1991年5月25日，召开县长现场办公会议，研究康美初级中学第二幢教学楼基建扫尾工作。8 月 9 日，召开县长办公会议，研究关于铜陵澳仔路工作等。10 月 10 日，召开县长现场办公会议，研究关于投建西埔镇垃圾堆放场等事项。10 月 19 日，召开县长办公会议，研究建设西埔至亲营公路问题。1992 年 2 月 20—22 日，召开县长办公会议，研究财贸工作。5 月 21 日，召开县长现场办公会议，研究铜陵镇环境整治问题。7 月 7 日，召开县长办公会议，研究关于铜陵人民市场整建工作。7 月 20 日，召开县长办公会议，研究大澳水产品批发市场建设问题。9 月 1 日，召开县长现场办公会议，研究关于县医院病房大楼基建问题。11 月 5 日，召开县长办公会议，研究批准香港太平洋企业有限公司开发东沈湾旅游建设用地问题。1993 年 2 月 26 日，召开县长办公会议，研究整治西前公路和西埔中心市场，以及集装箱码头贷款付息问题。10 月 19 日，召开县长办公会议，研究铜陵镇旧城改造第二期工程有关问题。11 月 7 日，召开县长办公会议，研究南门海堤除险加固工程问题。11 月 12 日，召开县长办公会议，研究开发小彭屿海区事项。

三、第十二届县政府县长办公会议

第十二届县政府召开县长办公会议 29 次。1994 年 1 月 10 日，召开县长办公会议，研究建设县龙凤山公墓区有关事项。1 月 17 日，召开县长现场办公会议，研究投建战备路下湖段涵洞和排水沟问题。6 月 28 日，召开县长办公会议，协调解决盐业生产销售管理问题。9 月 1 日，召开县长现场办公会议，研究县职业中学征用土地等有关问题。1996 年 1 月 25 日，召开县长办公会议，研究关于径口至前楼公路修建工程有关问题。11 月 1 日，召开县长办公会议，研究关于筹资建设东环西侧道路及排水沟工程等事项。11 月 23 日，召开县长办公会议，研究狮山公墓区建设有关问题。1997 年 1 月 16 日，召开县长办公会议，研究经委所属困难企业和特困职工解困工作等事项。8 月 26 日，召开县长办公会议研究西宫公路探石路段维修事项。9 月 12 日，召开县长办公会议，研究财税工作有关问题。11 月 21 日，召开县长办公会议，研究自来水扩容工程建设资金的筹集管理有关问题。12 月 19 日，召开县长办公会议，研究铜陵镇后澳避风港工程建设有关问题。

四、第十三届县政府县长办公会议

第十三届县政府召开县长办公会议 9 次。1999 年 4 月 28 日，召开县长办公会议，研究西前公路改造等事项。2000 年 5 月 17 日，召开县长办公会议，研究关于农村合作基金会清理问题；关于人大代表的建议办理问题；关于东山 ISO 标准砂细砂项目的建设问题；关于基本医疗保险改革问题；关于筹资购置消防灭火救援装备车问题、副食品价格调节基金征收管理问题、探石东陂溪污水治理水利工程实施方案问题等事项。11 月 11 日，召开县长办公会议，研究关于“十五”规划编制等事项。2001 年 3 月 14 日，召开县长办公会议，研究 2001 年为民办实事和重点建设项目的安排；关于档案、民政、统计工作；关于农村税费改革方案；关于 2001 年财政预算；关于“工业发展年”方案等事项。5 月 31 日，召开县长办公会议，研究将东山渔业广播电台建设纳入市为民办实事项目问题；关于漳州东山冷冻食品有限公司问题；研究将东山径口至诏安林头公路列入漳诏高速公路支线问题、要求保留西铜公路为省道干线公路问题、要求恢复铜陵镇建制问题；关于对台小额贸易问题；关于人民防控专业队伍建设工作问题；关于重新划定五屿海区海上渔业生产临时管理线问题；关于东山珊瑚自热保护区建设问题等。2002 年 4 月 16 日，召开县长办公会议，研究关于县政府本年度工作目标；关于加强和改进政风建设若干意见；关于整治和保护环境问题；关于住房公积金机构、城镇职工基本医疗保险问题；关于康美镇先行工程住宅区配套用地调整问题；关于土地清理问题。2003 年 3 月 27 日，召开县长办公会议，研究关于 2003 年财政预算方案；关于第二轮行政审批制度改革；关于陈城镇鲍鱼养殖场建设整治工作；关于国家中心渔港建设有关事宜；关于东山珊瑚生态西铜国家生态保护区总体规划；关于社区平台建设有关事宜；关于统领石斋市场小区和西埔 C 区旧城改造有关事宜；关于通报省电力体制改革意见。

五、第十四届县政府县长办公会议

第十四届县政府召开县长办公会议 8 次。2004 年 3 月 25 日，召开县长办公会议，研究关于修订《东山县人民政府工作规则》问题、电子政务横向网建设、农村居民最低生活保障制度问题；研究 2004 年为民办实事项目、冬古码头疏港公路项目等事项。6 月 23 日，召开县长办公会议，研究关于实行全县婚姻集中登记管理工作等事项。7 月 10 日，召开县长办公会议，研究关于国家中心渔港建设规划 B 片区（工业区）用地有关问题；关于 2003—2004 年退伍军人安置问题。12 月 28 日，召开县长办公会议，研究关于 2004 年农村公路建设；关于县旅游业发展有关问题和聘用师范类本科毕业生补充高中师资等事项。2005 年 4 月 13 日，召开县长办公会议，研究关于华福酒店股权、债权；关于镇级公务员医疗保险、选聘村级农民技术员有关问题等事项。8 月 9 日，召开县长办公会议，研究关于明确房产税、土地使用税征税范围及等级地段划分；关于西前公路东段北侧和康福路西段两侧旧区改造问题和铜陵旧戏院片区旧城改造等事项。12 月 31 日，召开县长办公会议，研究讨论县委关于制定国民经济和社会发展“十一五”规划建议的说明等事项。

六、第十五届县政府县长办公会议

第十五届县政府（至 2008 年 12 月）召开县长办公会议 11 次。2007 年 2 月 27 日，召开县长办公会议，研究关于风动石景区东门屿码头段 500 米海堤除险加固等事项。5 月 8 日，召开县长办公会议，研究妈庙山海滨休闲度假小区项目规划和金紫荆温泉海岸项目规划有关事项。5 月 22 日，召开县长办公会议，研究关于绩效考评问题、公开向社会招聘卫生人才的问题；关于海峡论坛项目首期用地、2007 年为民办实事项目问题；关于首届漳州旅游节、第十六届海峡两岸（福建东山）关帝文化旅游节等事项。9 月 26 日，召开县长办公会议，研究关于《东山发展战略规划》、红珊瑚自然保护区调整等事项。10 月 17 日，召开县长办公会议，研究关于进一步加快国有企业改革、城镇社会保障住房管理办法；关于东山县突发公共事件总体应急预案问题。11 月 20 日，召开县长办公会议，研究关于城市居民最低生活保障资金问题。12 月 4 日，召开县长办公会议，研究关于建设经济适用房的问题、开征污水处理费的问题、内坑自然村村民搬迁异地建设的问题。

第三章　施政纪要

第一节　第十届县政府施政纪要

一、整顿经济秩序

1989 年，县政府控制投资规模，保证重点基础设施建设。控制信贷规模和资金投向，清理到逾期贷款，同时清理“三角债”，帮助企业渡难关。控制社会集团购买力，有效抑制消费资金过快增长。开展财税大检查，清理违纪开支和“小金库”共 58 万元。1990 年，开展物价大检查，查出违法金额 45 万元，并作相应处理。整顿商品流通秩序，组织职能部门清理整顿农贸市场，打击非法经营，销毁和处理伪劣假冒商品；清理整顿公司，对 1986 年以来成立的 86 家公司进行整顿，撤销 12 家“皮包公司”。对在企业兼职的党政干部，全部办理脱钩和退股手续。

二、改革经济体制

1989 年，县委、县政府出台《关于深化改革，搞活工交企业的十条意见》和《进一步搞活内资企业的十一条意见》，全面推行厂长（经理）负责制，逐步推行风险抵押承包责任制。推进企业的劳动人事、工资分配和社会保险制度等三项改革。1990 年，在总结企业第一轮承包经营的基础上，开始实施第二轮承包。继续推进多种形式的经营管理责任制，发展股份制。

三、加强农业基础

1990 年起，进一步完善以家庭经营为主的联产承包责任制。把农田基本建设、稳定粮食生产、防护林工程体系纳入乡镇领导任期目标责任制。实施植树造林、“四旁”绿化，开发荒山，提前一年实现省委提出的建设沿海防护林工程的目标。增加农业投入，县财政投入 130 万元，建立农业发展基金；投入 20 万元，建立农业科技开发基金。加强对创汇农业的扶持和服务，成立县芦笋收购管理机构；建立以县为中心，以乡镇为主体，以村为基础的多种服务内容的创汇农业服务体系。同时，投入 200 万元，支持农村 67 个项目建设。扶持扩大海洋捕捞业、水产养殖和加工业。成立农业科技承包服务队，开展科技咨询与培训。指导乡镇企业贯彻“调整、整顿、改造、提高”的方针。1990 年，全县乡镇企业总产值 2.8 亿元，从业人员 2 万多人。巩固发展创汇农业基地，芦笋种植、水产养殖、网箱养鱼成为创汇农业三大支柱。创汇农业产值占农业总产值的比重不断提高，农产品加工业初具规模，占全县工业总产值的一半。

四、扩大对外开放

制定外资、台资、港资的投资优惠政策，引进外资，发展三资企业。组织招商团参加在厦门举办的招商贸易洽谈会。开展对台农业技术合作和劳务输出。改善投资环境，加快通信、交通、码头、供水、供电等各项基础设施建设。开通程控电话，码头工程建成投入使用，11 万伏输变电工程进入调试。道路交通建设投入 700 万元，基本形成城乡柏油公路网，完成东山关帝庙风景区和马銮湾风景区的基本建设。

五、加强科教工作

贯彻“科学技术必须面向经济建设，经济建设必须依靠科学技术进步”的方针，实施科技目标管理工作责任制，形成县、乡镇、村、户四级农业科技网络，开展科技示范乡、示范户活动，建立各类专业技术研究会、协会，实施“星火计划”，推广科技成果。增加教育投入，1989—1990 年投入教育经费 1896 万元（其中县财政拨款 1089 万元），新建石斋初级中学、杏陈初级中学，扩建西埔、康美等初级中学。全面实施九年义务教育，全县适龄儿童入学率、巩固率、普及率、毕业率均在 99%以上。开展扫除青壮年文盲工作，1990 年度被省评为扫盲先进县。

六、土地管理和环保

贯彻《中华人民共和国土地管理法》，加强建设用地计划管理，建立健全国家、集体和个人建设用地审批制度。制定优惠政策，鼓励耕地开发，深化土地使用制度改革，实行有限期有偿使用，清理违法占地。开展环境综合治理，加强排污费征收管理，限期治理污染源，实行环境影响评估制度，强化环境保卫措施。

第二节　第十一届县政府施政纪要

一、改革经济体制

1991 年，完善铜陵渔区生产管理体制；健全以联产承包责任制为主的农村双层经营体制。1992 年，完善农村各类承包合同 2.3 万份，完成农村土地确权 1025 宗。工厂企业实行劳动用工、分配制度和股份制改革，加快企业经营机制转换。国营商业企业推行“四放开”，实行国有民营。粮食、供销实行指标和工资、销售挂钩办法，采取双向选择，优化组合用工等措施。开始试行社会养老保险和住房制度改革。

二、加强农业综合开发

县政府成立农业工作领导小组，建立农业发展基金，重点支持农业科技开发。1992 年，全县开发贝类养殖 900 公顷，对虾养殖 1100 公顷，网箱养鱼 8892 箱，种植名优水果 200 公顷，饲养牛蛙面积 6.6 万平方米。发展乡镇企业，引进外资，兴办股份制企业。铜陵、西埔两镇的乡镇企业产值超亿元。集资 1675 万元，投工 198 万工日，修建向东渠引水岛内加固除险工程、东赤港及西埔湾纳潮沟工程等 550 处。全面清理涉及农民负担文件和项目，减轻农民负担。

三、加快基础设施建设

围绕旅游港口城市的发展目标，加快水、电、路、通信、码头基础设施项目建设。开通 6000 门程控电话和 500 门移动电话。完成 11 万伏输变电站建设。日供水 1 万立方米的自来水厂扩容工程建成投入使用。兴建西埔垃圾堆放场；修建西埔三角点、铜陵苏峰一路和八尺门水泥路，修建西埔东环路和西埔通往各乡镇的柏油路，形成以县城西埔为中心的县、镇、村柏油公路网络。建成年吞吐量 9000 标箱的集装箱码头配套工程并投入使用。完成东山城市发展总体规划并获省政府批准。

四、实施全方位开放战略

1993 年，县政府贯彻“以开放促发展，以开发促发展”方针，建立以创汇农业实验区、经济技术开发区、旅游经济开发区、口岸园区等四大区为主的全方位开放新格局。扩大利用外资规模与领域。全县引进外贸项目 40 个，合同外资额 1.01 亿美元。出口创汇 2020 万美元。

五、促进产业发展

县政府制定“分类指导、突出重点、优先发展”方针，优先支持发展港口运输、食品冷冻加工、建材等行业。同时进行产业结构调整，发展第三产业。第一、二、三产业结构比例由 1992 年的 40.3:36.5:23.2 调整为 36.1:39.3:24.6。县政府发布《关于进一步搞活商品流通的意见》《关于鼓励发展个体和私营经济，加快第三产业发展的决定》等文件，从政策引导、资金投入和服务方面促进第三产业发展。

六、实施科教兴县

1991 年 12 月，县委、县政府发布《关于科教兴县的决定》，引进国内外的技术、资金，建立健全三级科技网络和完善科技推广服务体系，促进科技成果推广应用。1992 年，全面实施国家科委星火项目“东山湾综合开发”“水产品深度加工”和“网箱集约化养鱼”，进行芦笋品种对比等 32 个普及项目的试验，推广对虾、贝类混养等新技术，建立科技示范镇、村，开辟 200 公顷芦笋、66 公顷果树、66 公顷吨粮田和 66 公顷海水养殖四大高产示范基地，共有 49 个科技项目得到推广。深化教育改革，发展职业教育、成人教育和农村实用技术教育，为经济发展提供人才保证。

七、为民办实事

1991—1993 年，县政府多渠道集资 660 万元，兴建铜陵人民市场等乡镇市场 11 个，建成东山第一中学综合大楼、县医院病房大楼等一批公共设施。实现有线电视微波联网，建立有线电视中心和东山人民广播电台。改善卫生设施。

第三节 第十二届县政府施政纪要

一、深化改革

1994 年，理顺长期亏损大户——县食品罐头有限公司的产权关系，企业内部制度改革进一步深化，商业企业实行国有民营。建立职工住宅合作资金制度，试行村级管理区制度改革。1995 年，国有企业实行加快企业机制转换，减少企业亏损。1998 年起，以建立现代企业制度，调整和完善所有制结构为重点，加大企业改革力度。

二、扩大开放

以“两区一港”（经济技术开发区、旅游经济开发区、东山港建设）为载体，扩大开放。经济技术开发区积极招商，旅游经济开发区土地成片开发，开通东山港至香港货柜班轮。1995 年，发布《关于实施进一步优化外商投资软环境的若干制度的通知》《关于进一步加强台资企业服务与管理的意见》等一系列政策措施。加强对项目的跟踪服务。组织参加 1995 年福建香港贸洽会、新加坡招商会、厦门“9·8”贸洽会，举办东山“百亿新城”庆典（5 月 28 日）和南方企业家东山沙滩恳谈会。1996 年，制定《东山县引资奖励办法》，成立招商专业组赴新加坡、马来西亚、韩国和中国香港招商。1997 年，开通厦门至东山气垫航船班，举办“海钓节”等全国性旅游活动。1994—1998 年，累计批准外商投资企业 141 家，合同外资额 4.93 亿美元，实际利用外资 3.24 亿美元，占历年利用外资总额的 84%；进出口贸易总额 3.14 亿美元，年递增 37.3%。

三、拓宽创汇农业领域

1994 年，在巩固对虾、网箱及贝藻类养殖基础上，以中日东山湾水产增殖为契机，在全县掀起养殖鲍鱼等珍稀品水产热潮。1995 年，进一步突出“绿色基地”“蓝色基地”建设，重点抓芦笋生产、经营、收购，扩建投建加工厂，组建出口经营队伍。抓好芦笋、水果、甘薯、蔬菜、芒果、哈密瓜、牛蒡等 10 个高优农业示范点开发，抓好鲍鱼、狮鱼、龙虾、鳗鱼等高优水产品种的养殖及深加工。同时，发动群众多渠道筹集资金，新造钢质渔船，发展远洋捕捞。1997 年，调整捕捞结构，限制拖网，开拓远洋捕捞，鼓励 110 千瓦以上的船只到外海捕捞，开发多层多品类的捕捞作业。部署鲍鱼病害防治工作，保障“鲍鱼岛”建设顺利进行。多渠道集资投入农田水利建设，广泛开展木毒蛾歼灭战，保护沿海防护林。

四、加快基础设施建设

1994 年，进东山岛第二通道——大嶝跨海大桥投入建设。2.5 万吨城垵码头和 3000 吨级冬古码头完成立项。10 万立方米自来水厂扩容工程，利用 500 万美元外国设备贷款列入国家计划立项。岛外引水工程完成可行性论证。“先行工程”坑北至南埔路段加快拓宽。完成 1.6 万门程控电话扩容和 400 门移动电话建设。1996 年，多渠道筹资，建设经济技术开发区东西一路至新城路主干道等重点工程。续建、新建、筹建的基础设施项目 20 个，确保投建竣工的重点项目 10 个。

五、创建科技先进县

1996 年，制定《东山县“九五”期间科技发展规划纲要》，实施“科技兴农工程”“科技兴海工程”和“科技兴企工程”。1998 年，创建全国科技工作先进县，经国家验收达标，被确定为省级可持续发展实验区。5 年间，组织开展国家级和省级“科技星火”项目 15 项。

六、发展民营经济

1994 年，县政府制定鼓励措施，从政策、资金、服务等方面大力扶持兴办民营经济。至 1995 年，全县新发展乡镇企业 278 家，个私经营户和私营企业分别达 1008 户和 148 家。1998 年，进一步放宽政策，支持非公有制经济扩大投资，大抓以水产品、芦笋为主要原料的食品加工支柱企业。民营经济成为全县工业生产的主力军。

第四节　第十三届县政府施政纪要

一、深化企业改革

2000 年 1 月，县政府颁发《关于加快国有企业改革和发展的若干意见》，因企施策，采取股份制、联合兼并承包租赁、淘汰压缩等多种形式，放开搞活，达到组织结构、产品结构和产业结构 3 个优化。

二、推进工业化进程

1999 年 1 月，县政府制定全县工业发展五年规划，出台 32 条鼓励扶持措施，发展乡镇工业企业、个私企业和三资工业企业，培育科技含量高、市场竞争力强的成长型工业企业，全县水产、食品的工企业240多家，工业经济外向度明显提高。鼓励企业开展ISO 9000系列和HACCP质量认证，推进新型工业化，在经济技术开发区规划乡镇创业用地；把西埔工业小区作为县级“无费区”，落实优惠政策；对铜陵工贸小区进行规划，加快工业资源整合，扶持发展以水产品精深加工为主的农业产业化龙头企业，从而初步形成捕捞、养殖、加工、出口产业链。发展民营经济，出台一系列优惠政策，完善企业的服务体系，对企业融资、土地使用、人才引进等方面加大扶持力度。

三、推进农业现代化

实施科技兴农战略，加大对农业投入和服务力度。先后调进荷兰芦笋4号良种共100多万粒，培育名优新品种，努力推进芦笋生产三大工程（轮作更新333公顷，改造333公顷，建立芦笋综合标准示范片533公顷），建立探石、白埕等集约化经营典型。推进“鲍鱼岛”建设，全面开发鲍鱼陆上工厂化养殖和浅海区增养殖。海洋捕捞扩大外海作业，推广钢质渔船18艘。营造沿海防护林重点工程1033公顷，更新老林带225公顷，全县森林覆盖率达32.7%，绿化程度94%。

四、拓展招商与外贸

组织专门力量，研究制定应对“入世”的具体措施和办法。组织人员前往广州、深圳等地考察，开展招商引资。建立健全招商引资责任制，积极开展对外经贸合作，带动对台小额贸易向更高层次发展。努力开拓国际市场，外贸出口实施“市场多元化”战略，在稳定东南亚、日本、美国等传统市场的同时，着力开拓南美、欧洲、非洲等新市场。

五、加大基础设施建设

投资4.8亿元，建设八尺门跨海大桥；乡村道路硬化工程等16个项目开工建设；建成自来水5万立方米扩容工程、风力发电、农村电网改造、电信和移动网络、台轮码头、冬古码头等一批基础设施。

六、科教兴县

抓好4个科技攻关项目，鲍鱼生态养殖和病害防治，虾池混养龙须菜，加快芦笋产业化，发展防护林间观光果园；建设3个科研推广示范基地，即全国科技兴海东山湾水产品精深加工示范基地，水产品新品种养殖引进、驯化培育基地，对台农业科技交流基地；抓好科技电子图书馆、海洋生物展览馆等科普基地建设，扶持28家民营科研机构。

七、为民办实事

5年间为民办实事主要项目有：建设东南（东山）水产城和铜陵大澳、陈城、杏陈3个水产品批发市场及配套工程。改造东山第一中学、铜陵初级中学、樟塘初级中学、前楼中心小学、双东小学等5所学校危房，面积共1500平方米。建设东山第一中学科技馆，建筑面积3500平方米。建设东山殡仪馆及火化车间，建筑面积700平方米。建双东岱南、坑北、梧龙、坑内、樟塘等新村建设示范点。建成日处理垃圾150吨的垃圾无害处理场。建设东山体育中心和海上运动俱乐中心。建设120急救中心综合楼。建设海洋渔业广播电台气象“9210工程”（发射点半径300公里范围内可清晰收听服务内容和海上呼救）。建设中尺度灾害性天气预警系统第二期工程。投资1400万元，修建陈城镇岐下、樟塘镇古港、前楼镇前楼、铜陵镇大澳等渔港。投资500万元，扩建大澳渔港交易场所，增加渔船停靠泊位。投资100万元，修建铜陵镇洪厝池排洪排污废水处理池。投资500万元，对海堤除险加固，砌筑海堤长2公里；建设屿南湾海堤、宫前湾海堤。建立县级规范的法律援助中心，为社会弱势群体提供法律援助。投资100万元，建设妇女儿童活动中心。扩大居民最低生活保障面，全县城市居民保障对象由2002年的957人增至2003年1738人，占全县非农业人口的2.5%，年支付保障金125万元。投资200万元，建设东山县广播电视大学。投资140万元，建设苏峰初级中学教学楼。投资300万元，建设县青少年活动中心。

第五节　第十四届县政府施政纪要

一、加快农业产业化进程

2004年，大力发展外海远洋捕捞和轻型节能的笼捕作业，优化海水养殖模式，推广鱼排吊养黑鲍、虾池网箱养牙鲆鱼，合理规划海珍品陆上工厂化养殖，水产养殖向精品化集约型发展。2005年，推广虾池综合养殖，引进北方大鲮鲆育苗成功。发展订单农业，种植萝卜、洋葱、大葱等出口创汇新品种200公顷，在康美镇美山村实施60公顷无公害芦笋栽培技术示范推广。创新芦笋产品加工工艺。2006年，提升农业综合生产能力，实施国家级农业综合开发项目和省级东山湾现代水产养殖项目，引进推广牙鲆鱼、大鲮鲆等海珍品种养殖，推广虾池网箱吊养黑鲍新技术，发展钢质渔船150多艘。发展萝卜、大葱、洋葱等订单农业300多公顷；引进荷兰、美国、澳大利亚等国家和地区芦笋新品种；引进中国台湾地区青枣、凤梨、释迦、软枝杨桃、黑珍珠莲雾等水果新品种。鼓励发展多种经营，增加农民收入，繁荣农村经济。按照“生产发展、生活宽裕、乡风文明、村容整洁、管理民主”的总体要求，加快新农村建设。

二、发展工业生产

2004年，全县新增规模工业企业14家，其中民营企业8家。产业集群培育取得新成效。东山水产品精深加工示范园区被农业部列为福建省国家级农产品加工示范园区，水产品出口总量居全省县级首位。全县有21家企业通过HACCP认证，6家企业通过ISO 9000系列国际质量认证。东山顺发水产有限公司成为全市第一家获得欧盟注册的水产品加工企业。2005年，开展“工业发展年”活动，培育特色产业，形成水产品精深加工、渔具渔需制造、果蔬加工等特色产业群。2006年，继续开展“工业发展年”活动，全县工业总产值41亿元。是年获“全国食品工业强县”称号。抓民营工业，发展水产品加工、新型环保材料、石油化工、清洁能源等工业。抓好投资500万元以上工业企业的跟踪服务，巩固发展国家级经济技术开发区，加快村镇创业区二期工程建设步伐。抓品牌建设，引导企业做好国际质量体系认证，开展商标注册，争取进出口经营权。发展外向型经济，全县水产品罐头和饮料出口总额均位居全省县级第一。

三、招商引资

2004年，成立6个招商引资小组，多次赴广东、浙江、厦门、泉州等地招商，全年新批准外资项目16个。2005年，加大招商引资力度，与中信深圳集团签订“海峡论坛”“行政中心”两个总投资共27亿元项目框架协议书。全年新批准外商投资企业19家，实际利用外资4380万美元，比2004年增长25%。

四、加强基础设施建设

2005年，八尺门跨海大桥、冬古码头、疏港公路等重点项目竣工。开工建设水产品综合市场、大澳中心渔港。实施农村公路通达工程，投资2500万元，建设农村水泥路32公里。投资1832万元，实施城乡电网建设与改造，建设陈城110千伏变电站工程。加快城市化建设，搞好新型生态港口旅游城市的总体规划，按照全岛一盘棋的思路推进中心县城建设，突出以“三纵四横”建设为重点的路网建设。构筑城市发展框架，坚持新区建设与旧城改造并举，借助中信深圳集团的县城建设项目，打造县城建设新亮点，绿化、美化、净化、亮化县城景观。

五、为民办实事

五年间，为民办实事主要项目有：完善旅游设施，投资3025万元，在西埔、铜陵和旅游景区建公厕。投资240万元，建东山第一中学教学楼（建筑面积3000平方米）；投资120万元，建东山第二中学学生公寓（建筑面积1500平方米）；投资90万元，建东山第三中学学生宿舍楼（建筑面积1100平方米）；投资113万元，建杏陈初级中学综合楼（建筑面积1530平方米）；投资95万元，建前楼初级中学综合楼（建筑面积 1200 平方米）；投建樟塘初级中学综合楼（建筑面积 1320 平方米）、前何中心小学综合楼（建筑面积 1200 平方米）、西埔初级中学教学楼（建筑面积 2000 平方米），3 个工程合计投资 380 万元。续建县防疫综合大楼，完善配套设施。建设残疾人综合服务中心。为全县 50 名白内障患者实施复明手术。全面实施农村最低生活保障制度，基本实现应保尽保的目标。促进就业和再就业，推进农村富余劳动力转移和劳务输出派遣工作，培训劳工 5000 人，解决就业 3000 人。扩大就业和再就业，城镇就业人数 2500 人。

第六节　第十五届县政府施政纪要

一、实施工业强县战略

2007 年，引进大项目取得突破，计划投资 26 亿元的“旗滨玻璃”项目开工建设；计划投资 25 亿元的“海峡论坛”通过中期规划评审论证；投资 4.7 亿元的风电二期扩建项目通过省发改委核准；投资 2 亿港元的金紫荆海岸温泉项目完成总体规划和南区详规。33 个县级重点项目共完成投资 9.77 亿元。泰林轻工、勋源海产等 14 个项目竣工。生态工业园区建设有序推进。2008 年，制定《东山县招商引资管理办法》，加强重点项目服务。旗滨玻璃第一条 900 吨浮法玻璃生产线点火生产，第二条 600 吨在线镀膜玻璃生产线继续建设。东海岸物流保税中心项目完成征地，基础工程开工。风电二期扩建项目土建工程开工建设。加快港口建设，完成铜陵、城垵、冬古、龙屿四个作业区的规划修编。推进全县工业产业园区规划整合，海峡两岸（福建东山）水产品加工集散地初具规模。全县工业总产值 56.5 亿元，规模工业产值 48 亿元。

二、优化农业结构

加快芦笋标准化栽培示范园区建设，发展订单蔬菜和无公害蔬菜，新增良种蔬菜面积 350 公顷。引导和扶持发展钢质渔船，2008 年，发放渔船抵押贷款 5823 万元，新增钢质渔船 165 艘，累计达 456 艘。试验推广美国红鲍、大西洋牙鲆等水产养殖新品种。农业产业化进程加快，农产品加工龙头企业海魁水产集团有限公司获得“福建省品牌农业金牌企业”称号；推广芦笋标准化栽培 533 公顷；实施“订单农业”，形成规模化生产（白萝卜、大葱等蔬菜种植 400 公顷）。

三、加强基础设施建设

2007 年，抓紧建设 6 车道水泥路面的西铜公路。建设农村公路 11 条计 17.9 公里。完成西陈、西前自来水主管道铺设，实现前楼镇岱南、西埔镇梧龙等 7 个村通自来水。组织《东山岛发展战略规划》国际竞赛活动，确定 5 家入围参与竞赛。2008 年，东山疏港公路列入漳州滨海大通道，通过省发改委立项审批。东山岛外引水工程上报国家发改委。以建设国际旅游海岛为目标，大力推进城乡建设，人居环境不断优化。开展全岛绿化建设，完成造林 392 公顷，种植降香檀等名贵树种 18 万株，配套建设西铜公路、金銮大道及环岛路段的绿化工程，生态环境改善，被评为“国家级生态示范县”。依法开展红旗水库保护区专治行动，确保全县饮用水安全。

四、招商引资和发展旅游业

2007 年，修订出台《东山岛投资指南》《东山县鼓励投资优惠政策》《东山岛招商目录》，优化投资环境。举办漳州首届旅游节、第十六届海峡两岸（福建东山）关帝文化旅游节暨闽台水产品博览会。2008 年，制定《东山县关于进一步加快旅游产业发展的若干意见》，加强旅游业开发建设，金紫荆温泉海岸项目建成海滨广场等配套设施。举办第十七届海峡两岸（福建东山）关帝文化旅游节和首届全国帆船帆板（福建东山）邀请赛。旅游吸引力和知名度提升，被评为“福建省最佳旅游目的地”。

五、为民办实事

2008 年，为民办实事项目 19 个基本完成。城乡低保扩面提标，基本实现“应保尽保”。新型农村合作医疗参合率100%。实施城镇居民医疗保险，参保率61%。完善海上救助中心设施。实施全民科学素质工程，创建省级科普先进县。

第四章　政务政讯与效能建设

第一节　政务政讯

一、政务公开

2001年9月，县政府根据省政府公布的《福建省政务公开暂行办法》精神，部署全县政务公开工作。出台文件，规定政府政务公开内容为：当地经济建设和社会发展的重要事项；年度工作目标及执行情况；财政预算及执行情况；上级政府或政府部门下拨的涉及公众利益的专项经费及使用情况；领导人任免事项；为民办实事项目及执行情况；部门的职责权限、办事依据、办事程序、办事结果等事项；社会公益事业建设情况；公务员考试录用、军队转业干部安置、各类学校毕业生就业信息等人事事项；直接影响公民、法人或其他组织权益的行政执法事项；法律、法规、规章规定必须公开的政务事项；其他需要公开的事项。设立县政府政务公开栏，定期公布政府政务公开信息，接受群众监督。2007年，设立县政府网站“中国东山”，其政务公开栏目有：工作动态、领导信息、领导讲话、规划计划、行政收费、经济信息、财政预决算、采购招标、重大项目、为民办实事、应急管理、城乡建设、房屋拆迁、人事信息、金融动态、“三农”信息、法律法规、环境保护、规范性文件、公共资源配置、安全生产等。及时让群众了解政务信息。2008年5月1日起，根据国务院公布的《中华人民共和国信息公开条例》，县政府加强政务公开制度建设，定期在县政府网站和政务公开栏公布政务公开信息内容，接受群众监督。

二、政讯编发

1989年，县政府信息科继续负责收集、整理、编辑《东山政讯》，每期编印100多份。至2008年不变。20年共编发200多期。

三、数字东山

2001年起，实施政府信息上网工程。建立电子政务、电子商务、电子教育，实现宽带接入网。

2007—2008年，设立县政府网站——中国东山。

第二节　效能建设

一、效能考评

1999年5月，成立县机关效能办公室，设立县效能投诉中心。同时制定《东山县关于加强机关效能建设单位绩效考评办法》《东山县机关效能投诉中心工作规则》。2000年，开始对乡镇（开发区）和县直各单位实行绩效考评。分实质考评和民主测评。实质考评突出考评招商引资、项目工作、财政收入等主要经济指标；同时，将党风廉政建设责任制、机关作风建设、完成上级部门和县委、县政府下达任务、安全生产、计划生育、社会治安综合治理、基层党组织建设和学习、考勤等纳入考评内容，由相关职能部门负责考评认定。对机关作风、依法行政、执行党风廉政建设责任制等难以量化的考评，则采用民主评议方法进行定性测评，县五套班子领导人、县人大代表、县政协委员等参与的多层次、多形式的民主评议活动。考评采用千分制评分，绩效考评与公务员年度考核相结合，对优秀单位提高优秀公务员名额比例；与领导干部选拔使用结合，对不合格单位第一责任人实行“黄牌警告”和“末位淘汰”；与物质奖励结合，对优秀单位前3名的给予奖励。2003年5月，县机关效能办公室、县效能投诉中心列为正式机构，挂靠县纪委、县监察局。2004年11月，县委、县政府制定《东山县2004年机关效能建设单位绩效考评办法》，对全县80多个单位进行绩效考评。考评分重点考评与一般考评，重点考评对象是与社会经济发展密切相关的单位；一般考评对象以党委所属科局级单位及部分垂直管理单位为主。全县重点考评单位43个，一般考评单位44个。考评采用千分制评分，考核结果总分在800分以下为不合格。此考评制度至2008年照旧。

二、效能督查

1999年起，县机关效能办公室围绕县委、县政府工作中心，开展常规或专项效能督查，推动县委、县政府工作中心的落实。每年聘请效能监督员10多人，发挥效能监督员和各有关职能部门督促检查作用。2003年5月，增设县纠正行业不正之风工作室。2007年后，深化机关效能建设，落实“重在提请、主动服务”的要求，倡导“雷厉风行、奋发有为”的工作作风，干部工作作风改进，逐步形成想干事、能干事、干成事的氛围。2008年7月，召开政府常务会议，专门研究县政府机关效能建设、绩效评估和政风行风建设若干问题，深化机关效能督查。

第二十卷 政协地方组织

1989—2008年，中国人民政治协商会议东山县委员会（以下简称政协东山县委员会或县政协）历经第三、四、五、六、七、八届。1989年1月至1991年1月为县政协第三届委员会延续；第四届委员会从1991年1月至1994年1月；第五届委员会从1994年1月至1999年1月；第六届委员会从1999年1月至2004年1月；第七届委员会从2004年1月至2007年1月；第八届委员会从2007年1月至2008年12月尚在任。

20年间，县政协牢牢把握团结和民主两大主题，积极履行政治协商、民主监督、参政议政职能。其履行职能活动一般以全体委员会议、常务委员会会议、主席会议等形式进行；并开展专题调研、提案办理、工作视察、文史资料征集出版等活动，参与全县重大事务的协商决策，反映社情民意。为推进东山县社会主义经济建设、政治建设、文化建设、社会建设，为进一步巩固和发展爱国统一战线做出积极贡献。

第一章 县政协组织机构

第一节 县政协委员会

一、县政协第三届委员会

（一）县政协第三届委员构成

经县政协第二届常务委员会会议协商，政协东山县第三届委员会委员72人。其中，中共东山县委4人，占委员总数5.56%；归国华侨、侨眷界9人，占12.5%；台胞、台属界11人，占15.27%；工商界5人，占6.94%；教育界10人，占13.88%；医务卫生界8人，占11.11%；科学技术界8人，占11.11%；文化艺术界6人，占8.33%；特别邀请人士11人，占15.27%。委员中，中共党员占40.28%，妇女占18.06%；大专及以上文化程度占23.29%，中专、高中占36.12%；平均年龄51.65岁。

1989年2月，县政协第三届常委会第五次会议增补委员7人。

（二）县政协第三届常务委员会

经县政协第三届委员会第一次全体会议以无记人投票选举产生县政协第三届常务委员会组成人员19人。主席：沈淮彬；副主席：张和茂、方怀德、陈爱丽（女）、陈汉波、林少丹。

1989年2月，县政协第三届委员会第二次全体会议增选常务委员2人。

二、县政协第四届委员会

（一）县政协第四届委员构成

经县政协第三届常务委员会会议协商，县政协第四届委员会委员90人。其中，中共东山县委5人，占委员总数5.56%；共青团东山县委、县总工会、县妇女联合会4人，占4.44%；归国华侨、侨眷界8人，占8.89%；台胞、台属界11人，占12.22%；文化艺术界5人，占5.56%；教育界17人，占18.89%；医药卫生界9人，占10.00%；农林界6人，占6.67%；科学技术界8人，占8.89%；工商界6人，占6.67%；特邀人士11人，占12.22%。委员中，中共党员占34.4%，妇女占20%；大专及以上文化程度占20%，中专、高中占36.7%。

1993年2月7日，县政协第四届常委会第十二次会议增补委员1人。

（二）县政协第四届常务委员会

经县政协第四届委员会第一次全体会议以无记人投票选举产生县政协第四届常务委员会组成人员21人。主席：沈淮彬；副主席：张和茂、陈汉波、林少丹、林色南。

1993年2月，县政协第四届委员会第三次全体会议增选黄成才为副主席，同意副主席张和茂辞职。

三、县政协第五届委员会

（一）县政协第五届委员构成

经县政协第四届常务委员会会议协商，县政协第五届委员会委员99人。其中，中共东山县委6人，占委员总数6.06%；共青团东山县委、县总工会、县妇联3人，占3.03%；县归国华侨联合会（简称县侨联）7人，占7.07%；县台湾同胞联谊会（简称县台联）8人，占8.08%；县工商联5人，占5.05%；教育界13人，占13.13%；文艺界6人，占6.06%；医卫界8人，占8.08%；农林界7人，占7.07%；科技界11人，占11.11%；经济界10人，占10.1%；特邀人士15人，占15.15%。委员中，中共党员占37.37%，妇女占16.16%；大专及以上文化程度占69.7%；平均年龄45.63岁。

1995年2月，县政协第五届常委会第六次会议增补委员1人。

1996年1月，县政协第五届常委会第十次会议增补委员1人；同月，县政协第五届委员会第三次全体会议同意1名委员辞职；至五届三次会议时，有1名委员去世。

1997年9月，县政协第五届常委会第十六次会议增补委员2人。实有委员101人。

（二）县政协第五届常务委员会

经县政协第五届委员会第一次全体会议以无记人投票选举产生县政协第五届常务委员会组成人员18人。主席：郑道溪；副主席：黄成才、刘冰珊（女）、林日成（1997年6月逝世）、林色南、刘小龙。

1996年1月，县政协第五届委员会第三次全体会议同意主席郑道溪辞职，补选高爱明为主席。

1997年2月，县政协第五届委员会第四次全体会议同意副主席林色南辞职，增选常务委员1人。

1998年1月，县政协第五届委员会第五次全体会议增选常务委员1人。

四、县政协第六届委员会

（一）县政协第六届委员构成

经县政协第五届常务委员会会议协商，县政协第六届委员会委员118人。其中，中共东山县委7人，占委员总数5.93%；共青团东山县委、县总工会、县妇联3人，占2.54%；县侨联8人，占6.78%；县台联8人，占6.78%；县工商联13人，占11.01%；教育界11人，占9.32%；科技界9人，占7.63%；农林界9人，占7.63%；文艺体育界8人，占6.73%；医卫界8人，占6.73%；经济界16人，占13.56%；特邀人士18人，占15.25%。委员中，中共党员占40%，妇女占17%；大专及以上文化程度占60.2%；平均年龄41.9岁。

2000年1月，县政协第六届常委会第五次会议同意3名委员辞职，同时增补委员4人。

（二）县政协第六届常务委员会

经县政协第六届委员会第一次全体会议以无记人投票选举产生县政协第六届常务委员会组成人员23人。主席：高爱明；副主席：黄成才、刘冰珊（女）、刘小龙、陈华生。

五、县政协第七届委员会

（一）县政协第七届委员构成

经县政协第六届常务委员会会议协商，县政协第七届委员会委员121人。其中，中共东山县委5人，占委员总数4.13%；共青团东山县委、县总工会、县妇联3人，占2.48%；县工商联16人，占13.22%；县侨联9人，占7.44%；县台联7人，占5.79%；科技界9人，占7.44%；医卫界9人，占7.44%；文体界9人，占7.44%；教育界9人，占7.44%；农林界11人，占9.09%；经济界17人，占14.05%；特邀人士17人，占14.05%。委员中，中共党员占38.8%，妇女占23.1%；大专以上文化程度占84.3%；平均年龄41岁。

2004年1月，县政协第七届常委会第一次会议增补委员2人。

2005年2月，县政协第七届常委会第六次会议增补委员4人，同意2名委员辞职。同年9月，县政协第七届常委会第九次会议增补委员1人。

（二）县政协第七届常务委员会

经县政协第七届委员会第一次全体会议以无记人投票选举产生县政协第七届常务委员会组成人员23人。主席：高爱明；副主席：何永乐、方丽芬（女）、刘小龙、谢宝介。

2005年3月，县政协第七届委员会第二次全体会议增选常务委员1人。

2006年2月，县政协第七届委员会第三次全体会议增选常务委员1人。

六、县政协第八届委员会

（一）县政协第八届委员构成

经县政协第七届常务委员会会议协商，县政协第八届委员会委员136人。其中，中共东山县委12人，占委员总数8.82%；共青团东山县委、县总工会、县妇联8人，占5.88%；县工商联15人，占11.03%；县科学技术协会与科技界7人，占5.15%；县归国华侨联合会8人，占5.88%；县台湾同胞联谊会8人，占5.88%；县文学艺术界联合会与体育界9人，占6.62%；经济界15人，占11.03%；农林界11人，占8.09%；教育界8人，占5.88%；医药卫生界8人，占5.88%；特邀界人士12人，占8.82%。委员中，中共党员占40%，妇女占21.5%；大专及以上文化程度占85.9%；平均年龄42岁。

2007年1月，县政协第八届常委会第一次会议增补委员5人。2008年1月，县政协第八届常委会第六次会议增补委员4人。

（二）县政协第八届常务委员会

经县政协第八届委员会第一次全体会议以无记人投票选举产生县政协第八届常务委员会组成人员24人。主席：沈平忠；副主席：方丽芬（女）、刘小龙、谢宝介、吴武坤。

2008年1月，县政协第八届委员会第二次全体会议增补选举常务委员5人。

1989—2008年政协东山县委员会主席一览表

表20-1

姓名	性别	籍贯	党派	专兼职	届别	任职时间
沈淮彬	男	诏安	中共	专职	三届、四届	1987.11—1994.1
郑道溪	男	龙海	中共	专职	五届	1994.1—1996.1
高爱明	男	云霄	中共	专职	五届、六届、七届	1996.1—2007.1
沈平忠	男	东山	中共	专职	八届	2007.1—

1989—2008 年政协东山县委员会副主席一览表

表 20-2

姓名	性别	籍贯	党派	专兼职	届别	任职时间
张和茂	男	东山	中共	专职	三届、四届	1987.11-1993.2
方怀德	男	东山	中共	专职	三届、四届	1987.11—1994.1
陈爱丽	女	东山	—	兼职	三届、四届	1987.11—1994.1
陈汉波	男	东山	—	兼职	三届、四届	1987.11—1994.1
林少丹	男	东山	—	兼职	三届、四届	1987.11—1993.5
林色南	男	东山	—	兼职	四届、五届	1991.1—1997.2
黄成才	男	东山	中共	专职	四届、五届、六届	1993.2—2004.1
林日成	男	东山	中共	专职	五届	1994.1—1997.6（逝世）
刘冰珊	女	东山	—	专职	五届、六届	1994.1—2004.1
刘小龙	男	东山	—	专职	五届、六届、七届、八届	1994.1—
陈华生	男	东山	—	兼职	五届、六届	1994.1—2004.1
何永乐	男	东山	中共	专职	七届	2004.1—2007.1
方丽芬	女	东山	中共	专职	七届、八届	2004.1—
谢宝介	男	东山	中共	专职	七届、八届	2004.1—
吴武坤	男	东山	中共	专职	八届	2007.1—

第二节　县政协部门机构

一、县政协专门委员会

1989 年，县政协第三届委员会沿设学习委员会和文史资料研究委员会，各设主任 1 人、副主任 1～3 人。

1991 年 1 月，增设提案工作委员会。1994 年 1 月，增设经济科技委员会、文教卫体委员会、社会法制委员会、“三胞”联谊委员会；提案工作委员会改设提案委员会，文史资料研究委员会改设文史资料委员会。

1999 年 1 月，“三胞”联谊委员会改设台港澳侨联络委员会。2004 年 1 月，文史资料委员会改称文史委员会，保留提案委员会、经济科技委员会、文教卫体委员会、社会法制委员会、台港澳侨联络委员会、学习委员会。

2007 年 1 月，改革县政协委员会工作机构，专门委员会撤销，工作职能并入内设办事机构。

二、县政协工作组

1989 年，县政协第三届委员会沿设教育工作组、医疗卫生工作组、“三胞”工作组、科学技术工作组、文化艺术工作组、工商工作组、妇女工作组，各组设组长 1 人、副组长 2 人。

1994 年 1 月，撤销所有工作组设置，改设为委员会。1999 年 1 月，增设铜陵组、西埔组。2004 年 1 月，撤销铜陵组、西埔组，改设各界人士学习组。2007 年 1 月，撤销工作组设置。

三、县政协办事机构

1989 年 1 月，县政协办事机构沿设办公室，为正科级单位，配正、副主任各 1 人。

1992 年 3 月，办公室改称第一办公室，并增设第二办公室、第三办公室，均为正科级单位，配正、副主任各 1 人。

1999 年 1 月，县政协实行机构改革，内设办事机构有办公室、专门委员会工作办公室、台港澳侨联络办公室，均为正科级单位，设正、副主任各 1 人。

2007 年 1 月，县政协内设办事机构调整，设置办公室、提案与文史委员会、经济与科技委员会、法制与社会事务委员会、台港澳侨联络委员会，均为正科级办事机构，设主任、副主任各 1 人。原内设专门委员会办公室撤销，工作职能划归机关内设办事机构。

2008 年，县政协机关人员编制 15 人，实有工作人员 26 人。

附：1989—2008 年曾任东山县政协办事机构第一负责人名单

徐汉雄　张东平　蔡培三　谢桂生　林银盛　何纯成　林安山　刘珍娇（女）

第二章　县政协会议

第一节　县政协全体会议

一、第三届委员会全体会议

（一）第三届委员会第二次会议

1989 年 2 月 15—18 日在西埔举行。本次会议应出席委员 76 人，实到委员 74 人。会议听取并审议主席沈淮彬作常务委员会工作报告、听取并讨论《适应新形势，步上新台阶》的文史资料工作情况报告；补选本届常务委员 2 人；通过会议的政治决议；列席县第十届人大第二次会议，听取和讨论县长洪我追所作的政府工作报告及其他报告。市委书记张文良、县委书记杨琼、县长洪我追应邀出席会议并发表讲话；县委副书记、县人大常委会主任应邀出席开幕式。县政协常委会工作报告总结县政协第三届第一次全体委员会议以来的主要工作：学习十三大文件，开展党的基本路线教育；履行政协职能，积极参政议政；围绕党的中心，开展为“两个文明”建设服务活动；广交朋友，开展“三胞”联谊活动；开展政协工作的横向联系。工作报告就今后的工作提出意见：认真学习贯彻党的十三届三中全会精神；努力发挥人民政协在治理经济环境、整顿经济秩序和深化改革中的积极作用；进一步发挥人民政协参政议政的职能作用；充分发挥政协人才、智力优势，为改革开放和“两个文明”建设服务；继续做好“三胞”联谊活动，为促进祖国统一做出贡献；切实加强自身建设。

（二）第三届委员会第三次会议

1990 年 3 月 4—8 日在西埔举行。本次会议应出席委员 76 人，实到委员 73 人。县委、县人大、县政府领导人应邀出席开幕式。县委书记杨琼在开幕会上发表讲话。会议听取并审议主席沈淮彬作的常委会工作报告；专题学习中共中央《关于坚持和完善中国共产党领导的多党合作和政治协商制度的意见》文件；列席县第十届人民代表大会第三次会议，听取和讨论县长洪我追作的政府工作报告及其他报告；听取并讨论《拓宽视野、发掘题材，提高文史资料价值作用》的报告。会议期间，12 名委员作了大会发言。会议通过东山县政协第三届委员会第三次全体会议政治决议。

二、第四届委员会全体会议

（一）第四届委员会第一次会议

1991年1月20—24日在西埔召开。本次会议应出席委员89人，实到委员86人。漳州市政协、市委统战部、县委、县人大、县政府领导人应邀出席会议。会议听取并审议县政协主席沈淮彬代表第三届常委会作的工作报告；听取并讨论《关于三年来文史资料工作情况》报告；听取并审议县政协副主席林色南作的第四届委员会第一次全体会议提案审查委员会关于提案审查情况的报告；列席县第十一届人大第一次会议，听取和讨论代县长江宏真作的政府工作报告及其他报告。漳州市政协主席张全金、县委书记洪我追在开幕会上发表讲话。县政协常委会工作报告回顾三年来的主要工作：学习中共十三大文件，在反对动乱中同党中央保持高度一致；围绕推进改革开放和现代化建设，开展政治协商、民主监督；发挥政协优势，为两个文明建设服务；高举社会主义、爱国主义旗帜，开展“三胞”联谊活动；抓好政协自身建设，努力改善工作条件。报告提出今后工作建议：深入学习贯彻全国统战工作会议和全省政协工作会议精神；认真履行人民政协的基本职能；为社会稳定和发展经济贡献力量；努力开创“三胞”工作新局面；进一步加强政协机关的自身建设。会议协商选举主席、副主席和常务委员会委员，顺利完成换届工作；审议通过第四届委员会第一次全体会议政治决议。会议期间收到提案25件。

（二）第四届委员会第二次会议

1992年2月23—26日在西埔举行。出席会议委员82人。县委、县人大、县政府、县纪委领导人应邀出席会议开幕式和闭幕式。与会委员学习中共十三届八中全会文件；听取并审议县政协主席沈淮彬作的常委会工作报告，听取并讨论第四届委员会第一次全体会议以来的提案办理情况的报告；列席县第十一届人大第二次会议，听取并讨论县长江宏真作的政府工作报告及其他报告。县委副书记张国胜、县政协主席沈淮彬分别在开幕会和闭幕会上讲话。会议通过县政协第四届委员会第二次全体会议政治决议。会议期间收到提案24件。

（三）第四届委员会第三次会议

1993年2月8—10日在西埔举行。出席会议委员78人。县委、县人大、县政府、县纪委领导人应邀出席会议开幕式，县委书记洪我追发表讲话。与会委员学习中共十四大文件；听取并审议县政协主席沈淮彬作的常委会工作报告；审议提案工作委员会关于第四届第二次全体委员会议以来提案工作情况书面报告、审议《发挥文史资料作用，为改革开放服务》的文史资料工作情况书面报告；列席县第十一届人大第三次会议，听取并讨论县长江宏真作的政府工作报告及其他报告。会议增选副主席1人；审议通过县政协第四届委员会第三次全体会议政治决议。会议期间收到提案12件。

三、第五届委员会全体会议

（一）第五届委员会第一次会议

1994年1月18—22日在西埔举行。出席会议委员98人。漳州市政协副主席张国举和县委、县人大、县政府领导人应邀出席大会开幕式。会议听取并审议县政协主席沈淮彬代表县政协第四届常委会作的工作报告；听取并审议关于提案工作情况报告；听取并讨论提案委员会关于第五届第一次全体委员会议提案审查情况的报告和文史资料研究委员会关于三年来文史资料工作情况的书面报告；与会委员列席县第十二届人大第一次会议，听取和讨论代县长黄汉河所作的政府工作报告及其他报告。会议期间，全体委员学习《中共中央关于学习〈邓小平文选〉第三卷的决定》和政协章程，传达省委统战工作会议精神。漳州市政协副主席张国举、县委副书记黄汉河在开幕会上讲话；县委书记、第五届县政协主席郑道溪在闭幕会上讲话。县政协常委会工作报告回顾三年来主要工作：认真学习，把握形势，明确方向；履行基本职能，不断提高参政议政水平；发挥人才优势，积极为两个文明建设服务；开展“三胞”联谊活动；加强自身建设。报告对今后工作提出建议：认真学习和坚决贯彻中共十四大精神，用邓小平建设有中国特色社会主义理论指导政协工作；履行人民政协的基本职能，进一步坚持和完善共产党领导的多党合作和政治协商制度；充分发挥政协人才、智力优势，主动投入改革开放和经济建设主战场；积极开展“三胞”联谊活动，开创“三胞”工作新局面；加强政协自身建设，努力提高参政议政水平。会议审议通过第五届委员会第一次全体会议政治决议；协商选举出县政协第五届主席、副主席和常务委员会委员。会议期间收到提案 27 件。

（二）第五届委员会第二次会议

1995 年 2 月 20—22 日在西埔举行。应出席会议委员 100 人，实到委员 88 人。漳州市政协副主席黄幼雄、市政协秘书长林周发和县委、县人大、县政府、县纪委领导人应邀出席大会开幕式。会议听取并审议县政协副主席黄成才作的县政协第五届常委会工作报告；听取并讨论关于县政协第五届委员会第一次全体会议以来提案工作报告和县政协第五届委员会第二次全体会议提案审查情况报告；听取并讨论关于一年来文史资料工作情况的书面报告；列席县第十二届人大第二次会议，听取和讨论县长黄汉河作的政府工作报告及其他报告。漳州市政协副主席黄幼雄致辞，县委副书记康君福受县委书记郑道溪的委托，代表县委在开幕会上讲话。会议通过东山县政协第五届委员会第二次全体会议政治决议。会议期间收到提案 12 件。

（三）第五届委员会第三次会议

1996 年 1 月 30 日至 2 月 1 日在西埔举行。出席会议委员 86 人。县委、县人大、县政府、县纪委领导人应邀出席会议开幕式和闭幕式。县政协副主席刘冰珊、黄成才分别主持开幕会和闭幕会。会议听取并审议县政协副主席黄成才作的县政协第五届常委会工作报告；听取并讨论第五届第二次全体委员会议以来提案工作报告和县政协第五届委员会第三次全体会议提案审查情况报告；听取并讨论关于 1995 年文史资料工作情况报告；列席县第十二届人大第三次会议，听取和讨论代县长康君福作的政府工作报告及其他报告。漳州市政协副主席杨琼到会致辞；会议通过县政协第五届第三次全体会议政治决议；同意郑道溪辞去县政协第五届主席职务；协商补选高爱明为县政协第五届主席，增选常委会常务委员 1 人。高爱明、黄成才分别在闭幕会上讲话。会议期间收到提案 20 件。

（四）第五届委员会第四次会议

1997 年 2 月 14—16 日在西埔举行。本次会议应出席委员 99 人，实到委员 93 人。漳州市政协主席林碧华和县委、县人大、县政府、县委纪委领导人应邀出席会议。与会委员听取并审议县政协主席高爱明作的常委会工作报告；听取和讨论第五届委员会第三次全体会议以来提案工作报告和第五届委员会第四次全体会议提案征集情况的报告；审议并通过县政协《关于政治协商、民主监督、参政议政的实施办法》；列席县第十二届人大第四次会议，听取并讨论代县长黄耀光所作的政府工作报告及其他报告。林碧华、高爱明分别在开幕会和闭幕会上讲话。会议审议通过县政协第五届委员会第四次全体会议政治决议。同意林色南辞去县政协第五届副主席职务。会议期间收到提案 32 件。

（五）第五届委员会第五次会议

1998 年 1 月 19—21 日在西埔举行。出席会议委员 93 人。市政协副主席高庆丰和县委、县人大、县政府、县委纪委领导人应邀出席开幕式。与会委员听取并审议县政协主席高爱明作的常委会工作报告；听取和讨论第五届委员会第四次全体会议以来提案工作报告和第五届委员会第五次全体会议提案征集情况的报告；听取和讨论《认真扎实，尽职服务》的文史资料工作情况报告；列席县第十二届人大第五次会议，听取并讨论代县长吴斌作的政府工作报告及其他报告。会议通过县政协委员会第五届第五次全体会议政治决议，增选第五届常委会常委 1 人。会议期间收到提案 34 件。

四、第六届委员会全体会议

（一）第六届委员会第一次会议

1999 年 1 月 10—13 日在西埔举行。本次会议应出席委员 118 人，实到委员 116 人。漳州市政协副主席王秀花和县委、县人大、县政府、县纪委领导人应邀出席开幕式。会议听取并审议县政协主席高爱明代表县政协第五届常委会作的工作报告；听取并讨论第五届提案工作情况和县政协第六届委员会第一次全体会议提案征集情况的报告；听取和讨论县政协第五届文史资料工作报告；列席县第十三届人大第一次会议，听取并讨论代县长黄双庆作的政府工作报告及其他报告。高爱明、黄成才在闭幕式上讲话；市政协副主席王秀花在开幕会上致辞；县委书记陈易洲在会上作题为《奋斗拼搏创新业，携手奔向新世纪》的讲话。县政协第五届常委会工作报告总结五年来的主要工作：认真学习邓小平理论，把握党的基本路线和基本方针，增强团结合作；以经济建设为中心，抓住改革与建设中的重大问题，履行政协的三项职能；开展调查研究，提高参政议政质量，有力地支持和促进政府工作；开展台港澳侨联谊活动，促进对台对外经济文化交流，为祖国统一大业做出贡献；切实加强政协自身建设。报告对今后工作提出意见：深入学习邓小平理论，不断提高全体委员的思想政治素质；围绕团结和民主两大主题，切实履行三项主要职能；总结经验，继续推进政治协商、民主监督、参政议政的规范化、制度化；深入调查研究，充分反映社情民意；做好台港澳同胞及侨胞联络工作，促进祖国和平统一；加强政协自身建设，充分发挥委员的主体作用。会议选举县政协第六届主席、副主席和常务委员会委员；通过县政协第六届委员会第一次全体会议政治决议。会议期间收到提案 42 件。

（二）第六届委员会第二次会议

2000 年 2 月 15—17 日在西埔举行。出席会议委员 118 人。市政协副主席、市委统战部部长杨琼和县委、县人大、县政府、县纪委领导人应邀出席开幕式。会议听取并审议县政协主席高爱明代表县政协常委会作的工作报告；听取和讨论县政协第六届委员会第一次全体会议以来提案工作报告和县政协第六届委员会第二次全体会议提案征集情况的报告；听取和讨论 1999 年县政协第六届文史工作情况报告；列席县第十三届人大第二次会议，听取并讨论县长黄双庆作的政府工作报告及其他报告。漳州市政协副主席杨琼致辞；县委副书记黄双庆代表县委在开幕会上作题为《肝胆相照鼓实劲，同心同德创伟业》的讲话。会议通过县政协第六届委员会第二次全体会议政治决议。高爱明在闭幕会上讲话。会议期间收到提案 42 件。

（三）第六届委员会第三次会议

2001 年 4 月 17—19 日在西埔举行。出席会议委员 118 人。市政协副主席王秀花和县委、县人大、县政府、县纪委领导人应邀出席开幕式。会议听取并审议县政协主席高爱明作的常委会工作报告；听取和讨论县政协第六届委员会第二次全体会议以来提案工作报告和县政协第六届委员会第三次会议提案征集情况的报告；审议 2000 年文史工作情况书面报告；传达贯彻全国全省统战工作会议精神；列席县第十三届人大第三次会议，听取并讨论县长黄双庆作的政府工作报告及其他报告；讨论《东山县国民经济和社会发展第十五个五年计划纲要》。市政协副主席王秀花、县委书记陈易洲在开幕会上发表讲话。会议通过县政协第六届委员会第三次全体会议政治决议。会议期间收到提案 32 件。

（四）第六届委员会第四次会议

2002 年 2 月 20—22 日在西埔举行。出席会议委员 118 人。漳州市政协主席林碧华和县委、县人大、县政府、县纪委领导人应邀出席开幕式。会议听取并审议县政协主席高爱明作的常委会工作报告；听取和讨论县政协第六届委员会第三次全体会议以来提案工作报告和县政协第六届委员会第四次全体会议提案征集情况的报告；听取并讨论 2001 年文史工作情况报告；列席县第十三届人大第五次会议，听取并讨论县长黄云山作的政府工作报告及其他报告；市政协主席林碧华、县委书记黄双庆在开幕会上讲话。会议通过县政协第六届委员会第四次全体会议政治决议。会议期间收到提案 60 件。

（五）第六届委员会第五次会议

2003 年 2 月 17—19 日在西埔举行。出席会议的委员 118 人。市政协副主席庄瓦金和县委、县人大、县政府、县纪委领导人应邀出席开幕式。会议听取并审议县政协主席高爱明作的常委会工作报告；听取并讨论县政协第六届委员会第四次全体会议以来提案工作情况报告和县政协第六届委员会第五次全体会议审议情况报告；听取并审议 2002 年文史工作情况书面报告；列席县第十三届人大第六次会议，听取并讨论县长黄云山作的政府工作报告及其他报告；市政协副主席庄瓦金、县委书记黄双庆在开幕会上讲话。会议审议通过县政协第六届委员会第五次全体会议政治决议。会议期间收到提案 45 件。

五、第七届委员会全体会议

（一）第七届委员会第一次会议

2004年1月2—5日在西埔举行。出席会议委员121人。漳州市政协副主席谢东和县委、县人大、县政府、县纪委领导人应邀出席开幕式。会议听取并审议县政协主席高爱明代表县政协第六届常委会作的工作报告；听取并讨论县政协第六届提案委员会作的提案工作报告和县政协第七届委员会第一次全体会议提案征集情况的报告；听取并讨论县政协第六届文史资料委员会作的工作报告；列席县第十四届人大第一次会议，听取并讨论县长黄云山作的政府工作报告及其他报告。市政协副主席谢东、县委书记黄双庆在开幕会上讲话。县政协第六届常委会工作报告回顾县政协第六届常委会五年的主要工作：重视理论学习，坚持用“三个代表”重要思想统领政协工作；坚持开拓创新，推进履行政协职能的规范化、制度化建设；围绕工作大局，开展协商议政活动；坚持实践探索，逐步加大民主监督的力度；深入调查研究，提高参政议政质量；扩大对外联谊，不断巩固和发展爱国统一战线；发挥人才优势，积极参与文化建设；重视自身建设，努力提高服务质量。报告对今后政协工作提出建议：贯彻中共十六大精神，掀起学习“三个代表”重要思想新高潮；围绕建设新型港口旅游城市的奋斗目标，积极献计出力；突出团结和民主两大主题，认真履行政协职能；做好台港澳同胞及侨胞联络工作，促进祖国和平统一；加强政协自身建设，充分发挥委员的主体作用。会议审议通过县政协第七届委员会第一次全体会议政治决议；协商选举县政协第七届主席、副主席和常务委员会委员。会议期间收到提案60件。

（二）第七届委员会第二次会议

2005年3月2—4日在东山金銮湾大酒店举行。出席会议委员125人。市政协副主席谢东和县委、县人大、县政府、县纪委领导人应邀出席开幕式。会议听取并审议县政协主席高爱明作的常委会工作报告；听取并讨论县政协第七届委员会第一次全体会议以来提案工作情况报告和县政协第七届委员会第二次会议提案审查情况的报告；听取并审议文史资料工作书面报告；列席县第十四届人大第二次会议，听取并讨论县长黄云山作的县政府工作报告及其他报告。市政协副主席谢东、县委书记黄双庆在开幕会上讲话。会议通过县政协第七届委员会第二次全体会议《政治决议》；增选县政协常务委员 1 人。会议期间收到提案55件。

（三）第七届委员会第三次会议

2006年2月7—9日在东山金銮湾大酒店举行。出席会议委员126人。市政协副主席谢东到会并讲话，县委、县人大、县政府、县纪委领导人应邀出席会议。与会委员听取并审议县政协主席高爱明作的常委会工作报告；听取并审议提案工作报告和文史资料工作报告；列席县第十四届人大第三次会议，听取和讨论县长黄云山作的县政府工作报告及其他报告。会议通过县政协第七届委员会第三次全体会议政治决议；增选县政协常务委员会常委1人；会议期间收到提案57件。

六、第八届委员会全体会议

（一）第八届委员会第一次会议

2007年2月18—20日在西埔举行。出席会议委员136人。漳州市政协副主席简博士和县委、县人大、县政府、县纪委领导人应邀出席会议。会议听取和审议县政协党组书记沈平忠作的县政协第七届常委会工作报告；听取并审议常委会提案工作报告；列席县第十五届人大第一次会议，听取和讨论县政府工作报告及其他报告。县政协第七届常委会工作报告回顾三年来县政协工作：重视理论学习，把握政协工作的正确方向；紧密围绕中心，政治协商深入开展；努力拓宽渠道，民主监督逐步加强；深入调查研究，参政议政比较活跃；突出两大主题，为发展爱国统一战线凝聚力量；重视自身建设，努力提高服务质量。报告还就今后工作提出建议。会议通过县政协第八届委员会第一次全体会议政治决议；协商选出县政协第八届主席、副主席和常务委员会委员。会议期间收到提案73件。

（二）第八届委员会第二次会议

2008年1月28—30日在西埔举行。出席会议委员143人。市政协副主席吴建筑和县委、县人大、县政府、县委纪委领导人应邀出席会议。会议听取和审议县政协主席沈平忠作的县政协第八届常委会工作报告；听取并讨论提案工作报告；列席县第十五届人大第三次会议，听取并讨论县长吴达金作的县政府工作报告及其他报告。会议通过县政协第八届委员会第二次全体会议政治决议；协商增选县政协常务委员会委员5人。会议期间收到提案85件。

第二节　县政协常务委员会会议

一、第三届常委会主要会议

1989年2月16日，召开县政协第三届常委会第六次会议，对各专委会和工作组作了调整和充实，并通过负责人任命名单。5月9日，第三届常委会第七次会议听取并讨论县政府分管外经的副县长作的县里与台商合办企业的情况通报；讨论通过各专委会（工作组）活动安排。

1990年1月3日，召开第三届常委会第十次会议，听取关于县台商农业投资区规划情况的通报，并对县政协近期工作作出安排。5月14日，召开第三届常委会第十三次会议，听取县政协各专委会、工作组的工作汇报；传达省委书记、省政协主席陈光毅到东山县视察的有关意见。8月22日，召开第三届常委会第十四次会议，听取县政府领导人关于“三胞”省亲恳谈会情况通报；听取关于省委统战工作会议精神及县委贯彻意见的传达，协商有关政协工作。10月31日，召开县政协第三届常委会第十七次会议，讨论县第七次党代会工作报告，研究有关政协工作。

1991年1月12日，召开第三届常委会第十九次会议，审议通过召开县政协第四届委员会第一次全体会议有关事项。

二、第四届常委会主要会议

1991年4月11日，召开县政协第四届常委会第二次会议，传达全国政协和漳州市政协有关会议精神；讨论县内社情民意问题；听取各专委会（工作组）的工作汇报。8月12日，召开第四届常委会第三次会议，听取县委政法委关于社会治安综合治理工作通报；研究县政协有关工作。12月14日，召开第四届常委会第四次会议，听取县科委关于科技兴县工作通报；协商县政协第四届委员会第二次全体会议筹备工作。

1992年4月11日，召开第四届常委会第七次会议，听取关于贯彻邓小平南方谈话精神情况的工作通报。11月18日，召开四届常委会第九次会议，传达并讨论县委关于《认真贯彻十四大精神，加快东山经济建设步伐》的意见。

1993年1月29日，召开第四届常委会第十一次会议，审议通过召开县政协第四届委员会第三次全体会议有关决定。2月10日，召开第四届常委会第十三次会议，协商增补县政协副主席候选人事宜；通过县政协机关的机构设置和人事任命决定。5月29日，召开第四届常委会第十四次会议，听取并讨论东山经济技术开发区协调领导小组和县外经委有关工作通报。8月23日，召开第四届常委会第十五次会议，听取并讨论县政府关于外经工作通报；研究县政协有关工作。10月30日，召开第四届常委会第十六次会议，听取县监察局、县纠风办关于反腐败斗争情况通报；协商通过县政协第四届优秀委员名单。

1994年1月11日，召开第四届常委会第十八次会议，讨论协商县政协换届选举工作事宜。

三、第五届常委会主要会议

1994年1月22日，召开县政协第五届常委会第一次会议，协商通过县政协第五届专门委员会设置及组成人员名单。6月9日，召开第五届常委会第四次会议，听取县公安局、东山经济技术开发区管委会有关工作通报；通过政协委员有关视察报告；研究常委会工作安排。

1995 年 2 月 7 日，召开第五届常委会第六次会议，协商通过召开县政协第五届委员会第二次全体会议有关事项；通过增补政协委员名单。4 月 19 日，召开第五届常委会第七次会议，听取县计委关于东山县“九五”计划情况通报；通过县政协本年工作要点。

1996 年 1 月 30 日，召开第五届常委会第十次会议，协商通过县政协第五届主席候选人。6 月 25 日，召开第五届常委会第十一次会议，听取中共东山县委分管领导人关于建设小康县的情况通报。10 月 15 日，召开第五届常委会第十二次会议，听取旅游开发区管委会关于县境旅游资源开发情况通报。12 月 4 日，召开第五届常委会第十三次会议，听取县文明委关于“九五”期间全县精神文明建设规划情况通报。

1997 年 6 月 17 日，召开第五届常委会第十五次会议，听取并讨论县清会办关于清理民间“标会”情况通报。9 月 25 日，召开第五届常委会第十六次会议，听取代县长吴斌关于全县经济工作情况通报；协商通过县政协机关人事任免等事项。

1998 年 5 月 12 日，召开第五届常委会第十八次会议，听取县政府关于创建全国科技工作先进县的情况通报。9 月 11 日，召开第五届常委会第十九次会议，讨论通过《政协东山县委员会关于学习贯彻<中共东山县委关于依法治县的决定>的决议》。11 月 27 日，召开第五届常委会第二十次会议，传达并讨论东山县第九次党代会精神。

1999 年 1 月 5 日，召开第五届常委会第二十二次会议，协商通过召开县政协第六届委员会第一次全体会议有关事项。

四、第六届常委会主要会议

1999 年 1 月 14 日，召开县政协第六届常委会第一次会议，听取县委政法委关于社会治安综合治理工作情况通报；通过县政协各专委会设置及组成人员名单。6 月 3 日，召开第六届常委会第二次会议，听取县财政局关于财税工作情况通报。12 月 28 日，召开第六届常委会第四次会议，听取县纪委关于反腐倡廉工作情况通报。

2000 年 5 月 19 日，召开第六届常委会第六次会议，听取县政法委关于社会治安综合治理情况通报。7 月 14 日，召开第六届常委会第七次会议，听取县计划局、县财政局关于全县重点项目建设和财税工作情况通报。9 月 30 日，召开第六届常委会第八次会议，听取县政府关于全县经济运行情况的通报。

2001 年 5 月 31 日，召开第六届常委会第十一次会议，听取县委政法委、县公安局、县人民法院、县人民检察院关于社会治安综合治理和有关工作的通报。7 月 27 日，召开第六届常委会第十二次会议，听取关于全县财政收支情况和重点项目建设情况的通报。

2002 年 8 月 12 日，召开第六届常委会第十八次会议，通过县政协的专门委员会办公室人事任免名单。10 月 31 日，召开第六届常委会第二十次会议，听取县建设局关于城市规划、建设、管理工作情况通报。

2003 年 5 月 9 日，召开第六届常委会第二十二次会议，听取县委政法委、县公安局、县人民法院、县人民检察院关于社会治安综合治理和有关工作情况通报。8 月 25 日，召开第六届常委会第二十三次会议，听取县财政局、县发展计划局关于全县财政工作和重点项目建设情况通报。

五、第七届常委会主要会议

2004 年 4 月 9 日，召开县政协第七届常委会第二次常委会议，听取县委副书记、县委政法委书记吴敏关于全县社会治安综合治理和建设“平安东山”情况通报；听取县人民法院有关重点案件审理情况的通报。11 月 2 日，召开第七届常委会第四次会议，听取县政府领导人关于全县经济运行情况的通报。

2005 年 2 月 22 日，召开第七届常委会第六次会议，通过关于召开县政协第七届委员会第二次全体会议有关事项。5 月 11 日，召开第七届常委会第七次会议，听取县委政法委关于创建“平安东山”和社会治安综合治理工作情况通报。6 月 24 日，召开第七届常委会第八次会议，听取县财政局、县发展改革局工作通报；听取县政协党组关于在开展保持共产党员先进性教育活动中提出的整改方案的通报。9 月 16 日，召开第七届常委会第九次会议，听取市委讲师团关于构建社会主义和谐社会问题的专题讲座。12 月 28 日，召开第七届常委会第十一次会议，听取县发展改革局关于东山县“十一五”规划编制情况的通报。

2006 年 10 月 11 日，召开第七届常委会第十五次会议，听取县政府领导关于全县经济工作的通报。

2007 年 1 月 15 日，召开第七届常委会第十七次会议，听取县纪委关于党风廉政建设情况的通报。

六、第八届常委会主要会议

2007 年 1 月 20 日，召开县政协第八届常委会第一次会议，通过县政协机关内设机构负责人名单。8 月 28 日，召开第八届常委会第三次会议，听取财政工作和重点项目建设情况通报。

2008 年 1 月 30 日，召开第八届常委会第七次会议，讨论县政协有关工作安排。4 月 3 日，召开第八届常委会第八次会议，审议通过当年县政协工作要点。8 月 1 日，召开第八届常委会第九次会议，听取东山经济技术开发区和县旅游局有关工作通报。11 月 5 日，召开第八届常委会第十一次会议，听取县纪委关于反腐倡廉建设工作通报。12 月 12 日，召开第八届常委会第十二次会议，听取县政府关于全县经济工作情况通报；通过关于召开县政协第八届委员会第三次全体会议有关事项。

第三章　县政协主要工作

第一节　组织学习

一、学习组织形式

县政协把组织委员学习列为主要工作之一。设立学习委员会，专门负责全体委员的学习组织与指导。实行自学为主，分散自学与集中学习相结合。

集中学习是在铜陵和西埔各建立政协委员学习中心小组。家在铜陵和康美的政协委员（及民主人士）在铜陵学习点学习；家在西埔、樟塘、陈城、杏陈、前楼的政协委员（及民主人士）在西埔学习点学习。学习时间一般每星期集中学习半天。

县政协全体委员会议、常务委员会议、主席会议召开时都组织学习，学习党和国家的大政方针、政策以及国际大事。每逢中共中央、国务院、全国人大、全国政协新的方针政策颁布时，都及时举办政协委员学习班，组织学习贯彻。县政协经常举办专题知识学习班或讲座，请专家学者授课，结合实际学习讨论。县政协编印内部刊物《会议汇编》《政协简报》《政协信息》《东山文史资料》《重点工作文件汇编》等，提供全体政协委员学习。

二、学习内容

主要学习四个方面：一是学习马列主义毛泽东思想、邓小平理论、“三个代表”重要思想、科学发展观，学习党的基本路线、方针、政策，以提高委员们的政治理论水平，掌握分析问题的立场、观点、方法，保证履行职能的正确方向。二是学习中央与地方各级各届次党代会、人代会和政协会议的重要文件，明确各时期各年度工作重点，统一思想与行动。三是学习党的统一战线工作的理论、方针、政策，学习政协章程与相关规章制度，结合工作实践，更好地履行政协委员的职权和义务。四是学习社会主义市场经济与社会主义法制的基本理论、基本知识，增强为改革开放和现代化建设服务的能力。

1989—2008 年，每年主要学习内容如下：

1989 年，县政协组织委员们学习《人民日报》社论《必须旗帜鲜明地反对动乱》，学习李鹏总理、杨尚昆主席在北京党政军干部大会上的讲话。

1990 年，学习中共中央《关于坚持和完善中国共产党领导的多党合作和政治协商意见》《关于加强统一战线的通知》。

1991 年，系统学习政协章程及人民政协基础知识；学习人民日报社论《紧紧掌握统一战线这个法宝》《多党合作必须坚持共产党的领导》。

1992 年，学习邓小平南方谈话精神。

1993 年，学习邓小平关于建设有中国特色的社会主义理论。

1994 年，学习政协章程及政协基本职能、基本知识。学习《邓小平文选》第一、二卷。

1995 年，组织全体委员学习江泽民《为促进祖国统一大业的完成而继续奋斗》的讲话。学习政协全国委员会《关于政治协商、民主监督、参政议政的规定》。

1996 年，继续学习政协章程和政协全国委员会关于政治协商、民主监督、参政议政的规定。

1997 年，开展“讲学习、讲政治、讲正气”的“三讲”教育学习活动。学习重要文章《邓小平伟大光辉的一生》，深切怀念邓小平的丰功伟绩。

1998 年，掀起学习邓小平理论的新高潮，学习《中共中央关于在全党深入学习邓小平理论的通知》等文件。

1999 年，为使新一届委员尽快熟悉工作、正确履行职能，组织全体委员进行 4 次集中学习培训，学习政协章程和关于新时期统一战线理论、方针、政策等。

2000 年，学习“三个代表”重要思想。

2001 年，学习全国、全省统战工作会议文件；学习江泽民《在庆祝中国共产党成立 80 周年大会上的讲话》。

2002 年，深入学习邓小平理论和“三个代表”重要思想。

2003 年，贯彻中共中央《关于在全党掀起学习贯彻“三个代表”重要思想新高潮的通知》，进一步掀起学习“三个代表”重要思想新高潮。

2004 年，举办“科学发展观”和“政协章程”两个专题知识讲座，组织全体政协委员听讲。学习胡锦涛《在庆祝中国人民政治协商会议成立 55 周年大会上的讲话》。

2005 年，学习胡锦涛《在全党大力弘扬求真务实精神，大兴求真务实之风》的讲话。

2006 年，学习胡锦涛《在全国科学技术大会上的讲话》。学习《中共中央关于加强人民政协工作的意见》和《中共中央关于构建社会主义和谐社会若干重大问题的决定》。

2007 年，组织全体政协委员举办培训班，请专家学者讲课，学习《中共中央关于加强人民政协工作的意见》和政协章程。

2008 年，为全体政协委员订阅《人民政协报》和《政协天地》月刊，全体政协委员掀起学习政协报刊文章的热潮。

第二节 协商监督

1989 年起，东山县政协第三届委员会（延续）期间，认真履行政治协商、民主监督职能。县政协领导人参加五套班子（县委、县政府、县人大、县政协、县纪委）联席会议，参与审议制定招商引资优惠政策《东山县鼓励外商（台商）投资优惠办法》《东山县鼓励内联企业投资优惠办法》等文件。先后召开 4 次政协常委会议及多次座谈会，讨论县委、县政府有关决策。邀请县长洪我追通报筹建创汇农业试验区方案。邀请县委书记杨琼通报省政府关于开辟东山县创汇农业试验区若干政策，并对有关职能部门办事手续繁多、效率低下等问题提出批评。还针对物价上涨的问题，邀请县物委主任座谈对话，就加强物价管理、制止乱涨价及乱收费等提出意见和建议。

1991 年 1 月至 1994 年 1 月，东山县政协第四届委员会期间，不断提高参政议政、民主监督能力。1991 年，县政协召开 3 次常委会议、1 次专题协商会议，就社会治安综合治理、市场管理、城乡环境卫生管理、科技工作等问题，邀请县委、县政府及有关部门领导人通报情况，并对有关问题进行讨论协商，提出意见和建议。1992年初，县政协常委会在协商政府工作报告时，建议县政府把程控电话、码头集装配套工程、口岸园区建设、大澳水产品批发市场等10个建设项目列为县政府必办的实事，得到政府采纳，并经县人大通过。实施过程，县政协关注跟踪，分别于8月、11月、12月，三次进行监督视察，并由政协领导人带领县委办、县政府办、县政协办人员进行全面检查，督办落实，促进10个项目如期完成。

1994年1月至1999年1月，东山县政协第五届委员会期间，不断总结协商监督经验，促进政协工作走上规范化、制度化的轨道。政治协商方面，形成三个层次网络：一是全委会主要协商全县大政方针，对年度县政府工作报告、计划和财政预决算及法院、检察院工作报告进行审议，提出意见和建议；二是常委会每次选择一个重大问题进行协商讨论，听取县政府或部门通报情况，结合视察调研，建言献策；三是主席会议确定协商和视察的选题，组织专门委员会调查、审议，形成专题报告或主席建议案。民主监督方面，主要为执法监督、专项监督、跟踪检查、社情民意收集。参政议政方面，一是提案征集、交办落实；二是委员视察；三是反映社情民意。1998年，针对海滩采沙屡禁不止的难题，进行跟踪调研，形成政协主席建议案，提出禁绝开采海滩沙的对策建议。县委书记陈易洲给予批转；县长吴斌主持政府会议研究确定了“改革建筑用沙供应”的实施方案。该“方案”实施后，海边沙滩得到了很好的保护。

1999年1月至2004年1月，东山县政协第六届委员会期间，按照“民主、求实、团结、鼓励”的方针，从4个层次开展协商议政活动。五年中，举行5次全体委员会议、26次常委会议、60次主席会议、100多次专门委员会会议。对全县大政方针、重大决策部署及生产生活重要问题进行协商。每年举行一次全体委员会议，讨论县政府工作报告及计划、县财政预决算、县人民法院、县人民检察院的报告等，提出意见和建议。常委会议每季度召开一次成为制度，形式有情况通报会、专题座谈会、意见听取会，把政治协商纳入决策程序。民主监督力度加强，五年收集编写人民团体和政协委员的提案233件，立案228件，办复率100%。每年开展两次收集反映社情民意活动，整理专题报告，送县政府领导参阅。五年中，常委会组织15次视察活动，对有关问题提出建议和批评。在参政议政方面，县政协五年共提交调研报告62份，调查内容主要有培育海洋水产支柱产业、港口建设、旅游产业、城市化建设、国企改革、外资台资企业、芦笋企业、“三农”（农业、农民、农村）工作、社会治安综合治理、安全生产、社会保障、教育工作、文物保护、对外联谊、精神文明建设等。大部分意见和建议得到县党政领导肯定和采纳。

2004年1月至2007年2月，东山县政协第七届委员会期间，开展保持共产党员先进性教育活动，贯彻科学发展观，促进政协工作。政治协商方面，三年中，举行3次全体委员会议，听取与讨论县政府、县法院、县检察院及县财政工作报告；举行常委会议17次，主席会议36次；形成《关于东山县“十一五”规划编制的若干建议》等报告，为县委、县政府决策提供重要参考。民主监督进一步加强，委员三年中提案共175件，立案174件，提案的意见建议被采纳和部分采纳共129件；每年组织2次社情民意调查，提交《认真破解难题，加快改革步伐》《加快中心县城建设，推动县域经济发展》《政协委员关注富余劳动力转移就业问题》《环境整治要真抓实干》等专报件，反映各界人士的愿望和呼声；组织13次政协委员视察活动，写出13份视察报告，发挥了政协委员建言献策积极作用。参政议政更加活跃，紧紧围绕全县中心工作，深化专题调研，积极建言，提交《农民增收的问题与对策》《关于大澳渔港工业区和水产品综合市场建设视察调研报告》《关于把培育龙头、发展东山旅游产业划入我市“十一五”规划的建议》《关于构建和谐东山的问题与对策》等调研报告，为东山县改革开放与经济建设提出许多可行的建设性意见和建议。

2007年2月至2008年12月，东山县政协第八届委员会（头两年）期间，贯彻科学发展观，进一步发挥参政议政、民主监督职能作用。政治协商有新发展，两年中举行2次全体委员会议，全体委员列席县人大会议，听取与讨论县政府、县人大、县法院、县检察院、县财政预决算的工作报告。两年召开7次县政协常委会议，听取县政府经济工作通报，听取财政与重点项目建设、党风廉政建设、提案办理、开发区建设、社会治安综合治理等工作通报，提出协商意见和建议，推进各项工作开展。民主监督形式与内容多样化，通过提案督办、委员视察、专题调研、接待信访、参与民主评议等形式，开展民主监督活动。县政协正副主席分工督办重点提案，专委会督办专题重要提案，组织委员小组督办热点提案。此外，还组织委员及特邀监督员参加了教育“双基”检查、“家园清洁行动”检查、政风行风检查、机关效能检查、政法工作检查、计生工作检查，促进全县重点难点工作的落实。

第三节　视察调研

1989 年 2 月，县政协针对农资市场和三资企业存在的问题，组织委员深入基层供销社、有关乡村和三资企业，开展视察，提出意见建议，推动有关问题的解决。是年，县政协各工作组（专门委员会）通过调研，向县委、县政府提交《运用对台优势，发展东山经济》《加强和改善侨务工作的几点建议》《治理环境卫生与大气污染，降低癌症发病率》《我县教育工作的现状及建议》《弘扬民族文化，抵御腐朽思想》《女职工的劳动保护刻不容缓》《搞好技术咨询，促进芦笋生产发展》《关于我县当前市场物价问题的建议》《合理开发我县地质资源，为经济建设服务》等调研报告。

1990 年，县政协就教育、农业科技工作视察调研，提交《关于城关职中和白埕农中的考察报告》。是年，县政协邀请县政府有关领导人和县农委、县科委、县科协、县农业局、县林业局、县水产局负责人，就农业科技网络和农业科技成果应用推广问题进行专题协商。

1991 年，县政协就集资办学、中小学开展社会主义思想教育等问题，组织委员进行视察，并向县政府建议推广东山第一中学和东山县实验小学育人先育德的经验。

1992 年，县政协就县政府为民办十件实事进展情况，组织委员深入项目现场视察，促进项目落实。当年，提交《挖掘农村资金潜力，服务农村经济发展》《我县芦笋生产面临的形势与对策》《推进东山县城镇住房制度改革》等视察调研报告。

1993 年，县政协就深化教育改革问题，组织委员视察陈城镇山口小学，提交《关于视察山口小学试行教师聘任制情况的报告》。

1994 年，县政协组织委员分别视察西埔镇、铜陵镇、县城建、县环卫、县交通、县工商、县交警、县环保和南正院风景区，先后提交《切实治理脏乱差，创造与我县经济建设和改革开放相适应的环境》《硅砂资源的合理开采利用必须引起高度重视》《关于视察南正院风景区情况的报告》等视察调研报告，有关意见建议引起县主要领导人和有关部门的重视。

1995 年，县政协组织委员深入县第一建筑工程公司、制鞋厂、农械厂、各乡镇文化站、蔬菜基地、副食品基地和食用菌试验场，开展视察调研活动。提交《关于我县部分半停产企业情况的调查报告》《关于对全县乡镇文化站调查情况的报告》《关于视察我县“菜篮子工程”情况的报告》，为县委、县政府提供决策参考。

1996 年，县政协就县旅游资源开发与保护开展专项视察，提交《关于对我县旅游资源开发与保护的视察报告》。组织委员视察向东渠和高优农业新品种试验基地，提交《视察向东渠维修工程和高优农业发展情况》视察报告。组织委员对樟塘镇、前楼乡“教育两基”进行跟踪视察，就加强教育环境建设、提高办学质量问题提出建议。同年，县政协还提交《我县科技推广与应用的现状及思考》《做好台湾人民工作，促进祖国和平统一》等调研报告。

1997 年，县政协就实施“鲍鱼岛”规划和发展水产业问题，组织委员视察陈城镇澳角、宫前等养殖区，提交《关于鲍鱼岛建设视察报告》。组织委员对县台办、县台联和台属创办的部分企业进行视察，提交《关于东山县台属办企业情况的视察报告》。

1998 年，县政协组织委员，分别视察东山地震台、部分国有及集体企业、侨属企业，提交《关于视察东山地震台的报告》《关于视察我县企业改革情况的报告》等。此外，还就计划生育管理、社情民意热点问题等组织委员视察，提出意见建议。

1999 年，县政协组织委员小组，深入调查社情民意，形成 5 份社情民意调研报告。组织委员视察厦铁东山养殖基地、宏大、海田等养殖场，就鲍鱼生产和营销状况进行调研，提交《关于我县鲍鱼养殖业的视察报告》。

2000年，县政协组织各专委会，就加快国有企业改革、台资企业发展、加入世贸组织与农业产业化、东南水产城建设、海上安全生产、城镇规划管理和文物保护等问题，开展视察调研，提交《关于视察我县国企改革情况的报告》《关于东南水产城的视察报告》《关于视察台资企业的报告》《把人民群众生命财产安全放在首位》《关于我县冬古南明沉船遗址的视察报告》等调研报告。与县人大联合开展视察检查，提交《关于检查〈城市规划法〉实施情况的报告》。

2001年，县政协组织各专委会与县直有关部门联合开展专题调研，提交《关于增进我县精神文明建设实效的调研报告》。联合县科委先后就旅游、芦笋和水产加工的产业发展状况进行视察调研，提交《关于我县芦笋产业状况的视察报告》《增强战略意识，再创新的辉煌——关于旅游经济开发区的视察报告》《实施加工带动战略，扩大海洋产业规模——关于我县水产加工业发展情况的视察报告》。通过视察、调研、座谈、访问，收集各方面的意见和建议，提交《关于我县开展爱国卫生运动情况的调研报告》《人民调解工作是化解民间纠纷的根本途径》《东山新移民与留学人员情况调查》《“六合彩”已成蔓延之势，必须组织开展专项斗争》等专题报告。

2002年，县政协就推进城乡一体化问题开展专题调研，提交《工业带动、规划引导、改革保障——关于加快东山城市化进程的对策建议》调研报告。针对农村剩余劳动力现状和农村劳动力转移的特点，通过专题调研，提交《我县农村剩余劳动力转移的对策与建议》报告。针对历史文物与旅游文化利用现状，在调查研究基础上，提交《东山县涉台文物保护管理与对台特色旅游开发调研报告》。

2003年，县政协组织各专委会及委员在视察调研的基础上，提交《抓龙头、创名牌、促发展，建设东山水产品精深加工业基地》《关于加快东山水产品综合市场建设的调研报告》《东山港口建设现状与对策》《关于我县山只硅砂矿区开发情况的视察报告》和《东山县婚姻登记管理工作调查报告》。

2004年，县政协组织委员到县计生局、县计生服务站、陈城镇和杏陈镇实地视察、座谈，提交《关于我县实施〈人口与计划生育法〉的视察报告》。通过开展视察调研活动，形成并提交《实施项目带动战略，加快县域经济发展》《关于我县台资企业发展情况的视察报告》《认真破解难题，加快改革步伐》等专题调研报告。

2005年，县政协把“十一五”规划编制工作列为参政议政的重点课题，在开展系列专题研究的基础上，综合整理形成《关于东山县“十一五”规划编制的若干建议》《关于把培育龙头、发展东山旅游产业列入我县“十一五”规划的建议》《关于构建和谐东山的问题与对策》等调研报告。当年，县政协还分别组织委员就中心县城建设情况、交通安全法实施情况、工业区发展情况等进行视察，提交《加快中心县城建设，推动县域经济发展》《关于县看守所监管工作的视察报告》《关于提高做群众工作本领的调查报告》《关于〈道路交通安全法〉实施情况的视察报告》《关于我县重点工业区发展情况的视察报告》《创新发展二轻工业的问题与对策》《创新造船工业，发展海洋经济》等视察调研报告。

2006年，县政协组织委员到铜陵人民法庭视察，就基层法庭司法工作和创建“省级优秀人民法院”工作进行座谈。组织委员就“四五”普法工作进行专题视察，提交《加强普法工作，促进和谐社会发展》调研报告。组织各专委会开展社情民意调研，提交《精神文明建设要具体深入，常抓不懈》《环境保护令人担忧》《群众民主意识增强，村级换届选举工作马虎不得》等调研报告，及时反映委员和各界人士关注的热点问题。

2007年，县政协组织委员先后实地视察西铜公路改扩建工程现场、杏陈工业园区、红旗水库、风动石景区、经济技术开发区部分台资企业、县医院等建设项目工地和“家园清洁行动”有关重点村等，与有关单位进行座谈。编写提交《关于西铜公路建设方案专题视察调研报告》《关于设立杏陈生态工业园区的调研报告》《关于红旗水库污染和供水保障问题的调研报告》《关于风动石景区发展情况的视察报告》《关于经济技术开发区台资企业的视察报告》《关于县医院、西埔镇办公楼及西前路城区中心路段规划建设等问题的调研报告》《关于开展全县重点村“家园清洁行动”的视察报告》和《关于朝圣楼建设情况的视察报告》。

2008年，县政协围绕重点项目、重点工作和群众关注的热点问题，组织委员开展视察调研活动。分别编写提交《关于西铜公路、西陈公路、疏港公路建设情况的视察报告》《关于“三湾”（南门湾、马銮湾、金銮湾）整治工作的视察报告》《关于我县重点项目建设（旗滨玻璃、华浮船舶、水产加工基地）情况的视察报告》《关于县社会福利中心综合大楼、殡仪馆骨灰堂建设情况的视察报告》《关于海上作业影响旅游景观情况的视察报告》《关于芦笋产业可持续发展问题的调研报告》《关于开辟红色旅游景点的调研报告》《关于开辟苏峰山旅游风景区的调研报告》和《关于“三馆”（文化馆、图书馆、博物馆）问题的调研报告》。

第四节　提案办理

一、第四届政协提案办理

1991 年 1 月至 1993 年 2 月，县政协第四届委员会收到提案 61 件，审查立案 56 件，办理 5 件人民来信，提案办复率 98%。多数提案具有一定的针对性和可行性，引起县委、县政府及有关部门的重视，被采纳并付诸实施。重要提案有《关于加强渔港、避风港的建设和管理》《狠狠打击赌博歪风》《关于铜陵、西埔两镇的环境卫生和垃圾堆放处理》《关于修建通过中医院的苏峰路》《关于解决陈城卫生院的设施和医疗条件问题》等。

二、第五届政协提案办理

1994 年 1 月至 1998 年 1 月，县政协第五届委员会收到提案 131 件，立案 118 件，办复率 100%。多数提案围绕经济建设和改革开放，围绕社会主义精神文明建设、科教兴县和群众关心的“热点”问题提出意见建议。其中，经济建设方面 46 件，占提案总数的 40%；精神文明建设方面 31 件，占 26.2%。重要提案有《关于我县东南部地区地下水资源藏量可观亟待开采》《关于扶持乡镇重点企业》《关于改革考试制度，全面贯彻教育方针》《关于批准东山职中改办东山职业学校》《关于对虾养殖业》《清理和解决我县民间标会出现的倒会风问题》《理顺乡镇文化站归属问题》《完善港口航道管理》《关于开辟和整修爱国主义精神教育基地》《保护我县旅游资源》《关于投建台轮专用停靠码头》《开辟水产品专业市场》《重视扶持食品罐头厂》《确保农民增产增收》等，各有关部门都认真研究和办理。

三、第六届政协提案办理

1999 年 1 月至 2003 年 2 月，县政协第六届委员会收到提案 234 件，立案 228 件。其中，经济建设方面 103 件，占提案总数的 45.2%；精神文明建设、科技、教育、文化、体育、医疗卫生等方面 75 件，占 32.9%；政法、统战、劳动、人事方面 50 件，占 21.9%。重要提案有《培育主导产业、增强经济发展后劲》《加大基础设施建设，改善投资环境，积极应对入世（世贸组织）》《深化国有企业改革，加快发展非公有制企业》《调整农业产业结构，深化农村税费改革》《搞好城市规划，推进城镇建设步伐》《加强环境保护》《大力发展水产品精深加工，建立水产品专业市场，促进农产品营销》《加快精神文明建设，落实公民道德规范》《加强科技成果产业化，促进科教兴县》《加快教育改革，全面实施素质教育》《加强文物保护，增强文化建设投入》《 重视下岗就业问题，发展和完善社会保障体系》《深入开展严打斗争，加大打击违法犯罪力度》《推行劳动保护和劳动卫生制度》《加强对台工作，促进两岸交流和祖国统一》《落实宗教、侨务政策》等。提案均提请县有关部门、单位办理，办复率 100%，委员对办理结果表示满意的占 85%。

四、第七届政协提案办理

2004 年 1 月至 2006 年 3 月，县政协第七届委员会收到提案 175 件，经审查立案 174 件。重要提案有《积极参与海峡西岸经济区建设》《抓好“十一五”规划的编制与实施》《实施项目带动，加快发展县域经济》　《发展海洋经济，建设大渔港、大码头、大市场》《抓好生态农业建设》《提升民营经济》《重视人才资源和人才培养》《加强文化遗产和文物的保护》《加强社会治安综合治理，构建和谐东山》《加强环境保护，合理开采和利用硅砂资源》《深化医疗卫生改革》等。提案均提请县有关部门、单位办理，办复率100%。其中，提案提出的意见建议被采纳或解决的有65件，占立案总数的31.6%。

五、第八届政协提案办理

2007年2月至2008年，县政协第八届委员会收到提案164件，经审查立案155件。重要提案有《加快旅游资源整合，提升旅游品位》《整合硅砂资源，确保旗滨玻璃厂原料供给》《落实惠农政策，做好惠渔扶渔工作》《公开投资项目，引导民营企业发展》《减轻农民负担，加快水产养殖业发展》《解决城中村问题，加快旧城改造》《把三馆（文化馆、博物馆、图书馆）建设纳入海峡文化名城建设盘子》《加快西铜公路、庙山公园等重点项目建设，提高城市规划建设管理水平》等。提案都提请县有关部门、单位办理，办复率100%。其中，得到采纳和落实的51件，占立案总数的32.9%。

第五节　与台港澳同胞及侨胞联谊

一、与台港澳同胞联谊活动

东山县有去台湾地区同胞有4700多人，是重要的台胞祖籍地。县政协长期开展与台胞联谊工作，积极宣传、贯彻执行中共中央、国务院关于统一祖国的方针、政策，开展同台湾同胞的联系，致力于促进台湾回归祖国的统一大业；鼓励台胞台属为祖国和平统一做贡献，为祖国社会主义建设和家乡建设做贡献。

1989—2008年，每年县政协都举办与台港澳同胞联谊活动，每年接待回乡的中国台港澳同胞1000多人。1989年春节、元宵节期间，县政协主办“台湾海峡两岸书画展”，展出作品100幅，其中有在台湾的东山人作品50多幅。同时，帮助康美铜钵村、陈城港口村举办“迎亲书画展”“农民书画邀请展”，展出该村台胞画家作品，开展联谊活动。1990年2月，县政协邀请林向瑞带领“台北市中华业余潮乐团”（8人）到东山参加元宵节“南音弹奏新春会”，县政府和县政协领导人出席了弹奏会，并举行联谊活动。此后，台北市中华业余潮乐团多次到东山演出、联谊。1991年，以台湾宜兰协天庙负责人为首组成朝圣旅游团（472人）到东山关帝庙朝圣进香，县政协组织人员参与接待。同时，参与举办“闽台农业经济技术合作交流恳谈会”，做好恳谈会各项准备和接待工作。参加恳谈会的海内外人士共500多人。1995年1月11日至7月20日，东山关帝神像被台湾同胞邀请巡视台湾岛。台湾同胞称东山关帝庙为台湾地区100多座关帝庙的祖庙，各地信众纷涌朝拜东山关帝神像。东山关帝神像巡视了基隆、宜兰、台中、高雄、台南、桃园、澎湖等地。朝拜人数累计百万人次，台湾30多家报社、电视台都在其头版突出位置和黄金时间连续报道。是年，县政协参与接待到东山探亲、旅游、朝圣、谒祖、贸易、投资办企业的台胞共1000多人次。县政协委员谢学文夫妇于是年2月至5月赴台湾举办画展。县政协选出政协委员孙用钊的14幅国画作品赠送台湾客人。县政协协助举办“海峡两岸青年书画展”。1999年清明节期间，有300多名台胞到东山谒祖、寻亲，县政协、县台联组织人员上门拜访，帮助做好访亲寻友事务。台湾“9·21大地震发生后，县政协、县台联组织人员到台属家庭慰问，了解东山籍去台人员安全情况。2005年，县政协协同县台联接待台北、台南、基隆等东山同乡会台胞10多批1000多人洽谈商事，开展联谊活动。2007年，在第十六届东山关帝文化旅游节期间，县政协正、副主席会见台胞并介绍大陆改革开放情况、成果、政策，展示“和平统一、一国两制”的前景。2008年，县政协先后会见了台港澳同胞200多人，名并举行联谊活动。

二、与侨胞联谊活动

东山县有海外华侨华人3万多人，是重要的侨乡。县政协长期开展与海外侨胞的联系，宣传、贯彻、执行中共中央、国务院侨务工作方针、政策，加强同归侨、侨眷、海外侨胞的联谊，鼓励侨胞侨属为祖国社会主义建设和家乡建设做贡献。

1989—2008年，县政协每年都举办与侨胞的联谊活动，每年接待回乡的侨胞100多人。1990年2月，县政协邀请海外侨胞举行联谊活动。2001—2002年，县政协开展新移民和新海外留学生（1990年后出生的人员）的普查，全县有新移民116人、海外留学生47人，并建立人员档案，促进组建新移民组织，县内成立留学人员亲属联谊会（2003年正式成立）。2005年，县政协协接待中美洲哥斯达黎加圣荷西市台商以及东南亚侨胞，共10批200多人，洽谈商事并开展联谊活动。2007年，在第十六届关帝文化旅游节期间，县政协正、副主席会见海外侨胞，介绍国内改革开放情况、成果。同年，县政协领导人应邀参加新加坡东山乡亲社团庆典活动，访问新加坡、马来西亚等国家的东山同乡会组织，增强联谊。2008年，县政协先后与回乡探亲的巴西、阿根廷侨胞举行联谊活动。同年，县政协应邀组团到南非、巴西、阿根廷考察；应邀组团到新加坡参加东山同乡会纪念活动。

第六节 文史资料编辑

1989—2008年，历届县政协根据统一战线组织的特点，注重亲历、亲见、亲闻的“三亲”特色，开展文史资料的征集研究和出版工作。并根据各时期具体情况，不断调整文史资料的征集内容、体裁、时限和重点，具有涵盖面广的综合性、翔实可靠的资料性和具体生动的可读性。

1989年，县政协文史委征集文史稿22篇，出版《东山文史资料》第8辑，收录14位作者的11篇文章，刊载《东山海域人类遗骨和哺乳动物化石的发现及其学术价值》《清初铜山三次迁界史话》《大帽山新石器贝丘遗址》等史稿。

1990年，县政协文史委编辑出版《东山文史资料》第9辑“谷文昌事迹专辑”。刊载21位作者的20篇史稿，收录《东海绿洲绘图人》《植树育人的知心者》《丰碑由事业和人心铸成》等文章。

1992年，编辑出版《东山文史资料》第10辑“东山与台湾五缘关系专辑”，刊载《东山与台湾关帝信仰文化缘系小考》《从宅山人入台说起》《东山秀士在台名画家陈洪甄教授传略》等15位作者的24篇（首）作品。专辑以丰富的篇幅论证东山与台湾具有地缘相连、史缘相承、文缘相近、血缘相亲、物缘相似的“五缘”关系。

1994年1月，编辑出版《东山文史资料》第11辑，刊登《东山保卫战亲历记》《回忆东山保卫战中苏峰观察所的耳目作用》《辛亥革命老人谢又秋》等18位作者的17篇文章。

1994年12月，编辑出版《东山文史资料》第12辑，收入《东山港在对外开放中崛起》《东山海关的恢复与发展》《乞丐村变幸福村》等23位作者的27篇文章。该辑为纪念人民政协成立45周年暨庆祝中华人民共和国成立45周年，从各个角度反映各行各业发展的历史沿革和巨大变化。

1995年，编辑出版《东山文史资料》第13辑，该辑辟有“峥嵘岁月风云篇”“阳光灿烂的履痕”“海峡风帆海外虹”“史海星光”“民俗探究”“春秋什锦”“铜海蓝韵”等七个专栏，刊发《抗战“活烈士”慷慨话当年》《记东山八尺门海堤》《东山岛三崇风俗》《铜山古城的三座书院》等22位作者的30篇文章。

1997年，编辑出版《东山文史资料》第14～15辑（合刊），本辑设立“东山与台湾关系”“庆贺东山建县八十周年”“庆祝香港回归祖国诗词花束”专栏，刊登《东山建县始末》《见到毛主席的海岛民兵》《论施琅铜山出师》《关公·东山关帝庙·台湾关帝信仰》《台湾最早人类与东山陆桥》等28位作者的44篇（首）作品。其中“东山与台湾关系”中“施琅从东山出师统一台湾”“海峡两岸关公文化交流谈”“古陆桥、移居开发及其他”3个栏目的史料，或为专家学者的史实考证，或为亲历者的回忆实录，记述东山与台湾自古以来在政治、经济、文化、地理、历史、宗教等方面同宗共祖的关系。

1998年，编辑出版《东山文史资料》第16辑，该辑设立“改革开放20年”“东山与台湾关系”“海外星云”等专栏，收录《东山跨入全国科技工作先进县行列》《立足优势，高歌猛进——东山县芦笋业发展纪实》《中日东山湾水产增殖项目纪实》《东山与台湾的史前文化渊源探秘》《东山籍旅美华侨教育家陈雯登》等23位作者的26篇文章。

1999年，编辑出版《东山文史资料》第17辑，设立“庆祝建国50周年专辑”和“庆祝人民政协成立50周年专辑”2个栏目，编入28位作者的26篇文章，记述改革开放后东山“两个文明”建设的辉煌成就，叙述解放东山岛和东山战斗中军民浴血奋战与踊跃支前的光辉事迹，记载东山县政协的发展历程和工作实况，记录优秀委员在各条战线勇创佳绩、奉献社会的英华风采。

2001年，编辑出版《东山文史资料》第18辑，收文45篇，重点记述中华人民共和国成立以后（尤其是改革开放后）社会主义建设和社会各项事业发展的辉煌成就，记录海峡两岸在地缘、史缘、血缘、文缘和物缘诸方面的关系。

2004年，编辑出版《东山文史资料》第19～20辑（合刊），计30余篇文稿，着重刊发海峡两岸关系的文史资料。

2008年，编辑出版《东山文史资料》第21～22辑（合刊），载文27篇。全辑分为“史海探幽”“关帝文化”“东山与台湾关系”“铜海吟笺”“人物春秋”“岁月回眸”6个栏目。重点挖掘东山与台湾有关的文史资料，印证两岸同根同祖的血脉关系和数百年来沿袭传承的关帝文化情缘。

第二十一卷　社会团体

1989 年 1 月，东山县社会团体有工人联合会、共产主义青年团、妇女联合会、科学技术协会、归国华侨联合会、台湾同胞联合会、工商业联合会、文学艺术界联合会、红十字会、农村卫生协会、老年人体育协会等。3 月，成立县消费者权益保护委员会；5 月，成立县计划生育协会；8 月，成立县个体劳动者协会。1990 年 6 月，成立县残疾人联合会。

20 年间，各社会团体积极宣传和贯彻中国共产党的各项方针政策，加强组织建设，开展各种有益活动。县总工会积极开展劳动竞赛与技术创新，维护职工合法权益，实施劳动安全保护，开展文化活动。县共青团积极开展思想教育、青年志愿者活动，创建青年文明岗，培养青少年人才。县妇联积极开展思想教育、“双学双比”活动、巾帼建功活动、五好家庭创建、维护妇女儿童权益等。县工商联热心开展服务企业、公益捐赠等活动。县侨联热情开展联谊活动，维护归侨侨眷合法权益，协助招商引资，捐助公益。县科协努力开展科普宣传、科技培训、科技推广、青少年科技活动。县文联经常开展文艺创作、文艺交流、文艺表演活动。县残联努力促进残疾人就业，扶持贫困残疾人，帮助残疾人子女与残疾儿童上学。县台联积极开展联谊活动，协助招商引资，捐助公益事业等。其他群众团体也都发挥自身优势，开展有益活动。群众团体的活动，不断提高全县人民群众的政治思想水平，加强团结，推进工农业生产和各项事业的发展，丰富精神文化生活，为促进全县经济繁荣与社会和谐做出贡献。

第一章　总工会

第一节　工会代表大会与组织机构

一、工会代表大会

1990 年 8 月，东山县总工会第十次代表大会召开，出席代表 184 人。会议审议通过《在党的领导下依靠广大职工为稳定社会、发展经济而努力》工作报告，审议通过县总工会第九届委员会财务工作报告和第九届经费审查委员会工作报告。选举产生东山县总工会第十届常务委员 7 人、主席 1 人、副主席 1 人；选举产生东山县总工会经费审查委员会委员 5 人、主任 1 人；选举产生东山县总工会女职工委员会委员 15 人，选举主任 1 人、副主任 2 人。

1993 年 10 月，东山县总工会第十一次代表大会召开，出席代表 185 人。会议审议通过《全面贯彻党的十四大精神，发动全县职工，集中力量把东山经济建设搞上去》工作报告，审议通过县总工会第十届委员会财务工作报告和第十届经费审查委员会工作报告。选举产生县总工会第十一届常务委员 7 人、主席 1 人、副主席 1 人；选举产生东山县总工会经费审查委员会委员 5 人、主任 1 人；选举产生东山县总工会女职工委员会委员 15 人，选举主任 1 人、副主任 2 人。

1998 年 11 月，东山县总工会第十二次代表大会召开，出席代表 145 人。会议审议通过《全面贯彻党的十五大精神，团结动员全县职工为实现跨世纪宏伟目标贡献力量》工作报告。审议通过县总工会第十一届委员会财务工作报告和第十一届经费审查委员会工作报告。选举县总工会第十二届常务委员7人、主席1人、副主席1人；选举产生东山县总工会经费审查委员会委员5人，选举正、副主任各1人；选举产生东山县总工会女职工委员会委员19人，选举主任1人、副主任2人。

2003年12月，东山县总工会第十三次代表大会召开，出席代表142人。会议审议通过《与时俱进，开拓创新，团结动员全县职工为全面建设小康社会做出新贡献》工作报告；审议通过县总工会第十二届委员会财务工作报告和第十二届经费审查委员会工作报告。选举产生县总工会第十三届常务委员7人、主席、常务副主席、副主席各1人；选举产生县总工会经费审查委员会委员5人、正副主任各1人；选举产生县总工会女职工委员会委员19人，选举主任1人、副主任2人。

二、工会组织机构

（一）县总工会

1989年，县总工会沿设主席、副主席各1人，内设经费审查委员会、女职工委员会及办公室，工作人员8人。此后，下设机构有所变动。

2008年12月，县总工会有主席、常务副主席、副主席各1人，内设机构有办公室、组织宣传教育部、经济保障女工实业部，工作人员8人。

附：1989—2008年曾任东山县总工会负责人名单

许瑞旺　许立文　杨宝孝　方木荣　曾良福　邱永顺　郑亚盐(副主席)

（二）基层工会

1989年，全县基层工会148个。1990年，全县基层工会157个，会员12588人。1993年，开始在三资企业中组建工会，至1994年12月，有21家三资企业组建工会。2005年，全县基层工会316个，其中非公企业工会162个，国有和集体企业工会60个，党政机关和事业单位工会94个；全县工会会员28459人。至2008年12月，全县基层工会446个，会员39376人。

第二节　工会主要活动

一、推行职工代表大会制度

1989年，县总工会贯彻《全民所有制工业企业职工代表大会条例》，健全职工代表大会制度，促进职工参与管理活动。1990年，全县有87个基层工会实行职代会制度，共召开职工代表大会330次。此后，各基层工会每年召开职代会2～3次。大会听取单位负责人关于生产经营方针、发展规划、重大决策、职工培训计划等报告；讨论单位工作计划、重要技术改造方案和涉及职工利益的问题等，提出意见和建议；开展民主评议领导干部，选举厂长或承包人。至2008年，全县基层工会中有231个实行职代会制度，职工代表3542人。1999—2008年，县基层工会召开职代会共948次；职工代表提案5432件，其中有2962件提案得到落实。

二、职工劳动竞赛与技术创新

（一）岗位练兵和劳动竞赛

1989—1990年，在全县职工中开展“双增双节”劳动竞赛，如交通、建设部门开展“安全、降耗、优质”竞赛。1993年，全县参加岗位练兵的职工1.1万人次；参加劳动竞赛的职工1.2万人次。2004年，开展“技能月”活动。县旅游工会开展“我为东山旅游添光彩”演讲比赛。县金融系统工会举办点钞票竞赛，参赛选手68人。是年，县供电公司职工林文群参加全国“PVC”室内照明线路布线技能竞赛获第一名，被评为国家电网公司系统农村电工技术能手。2005年4月26日，宫前村党支部书记陈平川被全国总工会评为全国劳动模范。2007—2008年，全县有40多个基层工会开展职工技能练兵大比武活动；105家企事业单位和365个班组（科室）被评为学习型基层组织。

（二）合理化建议和技术革新

1989—2008 年，全县职工 3 万多人次提出合理化建议共 22689 条。其中被采纳 5000 多条，创造价值 2774 万元。县总工会针对国有盐场产品滞销、扭亏问题，深入调查，写出《盐业企业呼唤改革》调查报告，建议盐场完成国家收购任务后，可自找市场。此报告引起福建省政府高度重视，明确盐场在完成国家收购任务前提下允许自找市场，激活生产经营，使国有盐场扭亏为盈。

20 年间，全县开展经济技术创新活动的单位 130 多个、参加者 12994 人次。开展技术创新 25 项、技术攻关 16 项，维护新技术 15 项，开发新产品 10 项，获科技新成果 10 项，实施先进操作法 10 项，举办技术比赛 66 场。县硅砂矿职工陈定钦发明矿浆自动取样机、移动式抽砂装置等，被漳州市总工会评为经济技术创新能手。林岳生的农田害鼠抗生育剂研制及应用研究，获 2005 年福建省职工优秀技术创新成果二等奖。至 2008 年，全县有 8 名创新能手、6 个创新示范岗受到漳州市总工会表彰。

三、维护职工合法权益

（一）维护女职工权益

1989 年，全县建立基层女职工委员会 54 个，都配备女职工干部。基层女职工委员会继续贯彻《女职工保护条例》和《妇女权益保护法》。对从事特殊作业或岗位的女职工实施保护。同时，开展女职工妇科病普查，举办女职工文体活动。各基层女职工委员会积极为女工办实事。1993 年，在 62 个基层女工委中配备专（兼）职女职工干部 274 人。同年 3 月，县远东速冻食品有限公司女职工委员会被福建省总工会评为女职工工作先进单位。1994 年，县总工会女工委员会被福建省总工会评为女工工作先进单位。县硅砂矿女工委员会被省总工会评为 1995—1996 年福建省女职工工作先进单位。1998 年，基层女工委员会开展巾帼双文明立功竞赛活动。1999 年，开展女职工自我达标活动，有 69.5%女职工参加活动。2007 年，开展女职工建功立业工程和女职工素质提升工程活动，推进女职工特殊保护专项集体合同工作，有 15 个单位签订专项集体合同。2008 年，全县设基层女职工委员会 212 个，配备专（兼）职女职工干部 488 人。

（二）劳动纠纷调解与仲裁

1989 年，县总工会和各基层工会相继组建劳动调解委员会。1998 年上半年，县某外资公司工人（200 多人）与资方发生劳资纠纷，县总工会领导立即会同有关部门人员到现场调解、疏导，及时平息事态，维护职工的合法权益。2000 年，县原绿丰公司与 91 名下岗职工发生劳动纠纷，经县劳动争议仲裁委员会调解无果后，双方均上诉法庭。县总工会为 91 名下岗职工寻求法律援助。2001 年 12 月，经省高级人民法院终审判决，下岗职工胜诉。2007 年，全县有 13 家企业改制，分流职工 800 多人。其中，县港口装卸公司、铜陵工程公司、城关糕饼厂等 3 家企业因改制问题引发纠纷。县总工会主动介入排查和化解矛盾，保护职工合法权益。至 2008 年，全县共有劳动调解委员会 102 个，县总工会参与调解、仲裁劳动纠纷案件 20 起。

（三）平等协商签订集体合同

1996 年起，县总工会在企业单位推行平等协商签订集体合同制度，维护职工合法权益，协调劳动关系。至 2008 年，全县各企业单位都签订集体合同。

四、职工劳动安全与保护

县总工会协同有关部门每年对职工劳动环境和劳动安全经常进行检查，对从事有毒、有害和高空作业的职工及女职工给予特殊保护，督促企业实施安全生产综合治理，预防劳动事故发生。1989 年，有 92 个基层工会建立劳动保护委员会，设安全小组 375 个。1999 年起，在全县基层工会开展安康杯竞赛活动，提高职工劳动安全保护意识。同年 7 月，县硅砂矿成立以矿长为组长的“安康杯”竞赛领导小组，在各个部门开展竞赛活动。同年 12 月，县硅砂矿获福建省总工会、省安委会授予的“安康杯”安全生产百日赛先进单位称号。2007 年，县电信公司被省总工会评为“安康杯”竞赛先进单位。至 2008 年，县总工会参加全县安全生产大检查 52 次。

五、职工文化体育活动

1989年，县总工会和部分基层工会每年在元旦、三八妇女节、五一国际劳动节、十一国庆节等期间，举办职工篮球赛、乒乓球赛、棋类比赛、拔河比赛、灯谜活动、卡拉OK比赛、书画比赛等，丰富职工的节日生活。基层工会还建立图书室、卡拉OK活动室、棋室等，经常性开展文体活动。各基层工会积极创建“职工之家”，至1998年，全县有基层工会“职工之家”155个。县硅砂矿工会组织开展文体活动较突出。1996年、1997年，该工会先后被省总工会、省体委授予“职工体育工作先进单位”称号；1997年10月，被国家体委授予全国群众体育工作先进单位。至2008年，县硅砂矿工会举办三届职工运动会，职工参加运动会人数80%以上。其男子篮球队连续7年在县总工会举办的“五一”职工篮球赛中夺得冠军。2007年，县总工会摄制宣传工人阶级先进典型的电视系列片——《劳模风采》，宣传劳模精神。2008年五一国际劳动节期间，县总工会举办以“齐心创和谐”为主题的文艺晚会。

六、救助帮扶困难职工

1989年，县总工会延续开展为困难职工送温暖、金秋助学等活动。县总工会女工委员会成立东山县姐妹救助会，推动符合低保条件的特困职工纳入城市居民最低生活保障。至2008年，县各级工会组织救助和帮扶的困难职工及其家庭近1000人次，救助金额10多万元；筹集助学资金450万元，资助特困职工子女上学。

七、劳模推荐

1998年，东山县劳模评选管理委员会成立，下设办公室（设在县总工会），负责“劳模”推荐（评选）和日常管理事务。1989—2008年，全县职工中被评为全国劳动模范3人，被评为全国“五一劳动奖章”（获得者）3人；被评为省劳动模范15人、省“五一劳动奖章”（获得者）15人；被评为漳州市劳动模范18人。

第二章　共青团

第一节　共青团代表大会与组织机构

一、共青团代表大会

1990年8月21—22日，共青团东山县第十三次代表大会召开，出席代表170人。大会选举产生共青团东山县第十三届委员会委员19人，选举常委7人，团县委书记、副书记各1人。

1993年10月25—26日，共青团东山县第十四次代表大会召开，出席代表179人。大会选举产生共青团东山县第十四届委员会委员19人，选举常委6人、团县委书记1人。

1996年10月15日，共青团东山县第十五次代表大会召开，出席代表196人。大会选举产生共青团东山县第十五届委员会委员23人，选举常委5人、团县委副书记2人。

1999年10月25日，共青团东山县第十六次代表大会召开，出席代表195人。大会选举产生共青团东山县第十六届委员会委员30人，选举常委7人，团县委书记、副书记各1人。

2002年9月30日，召开共青团东山县第十七次代表大会，出席代表197人。大会选举产生共青团东山县第十七届委员会委员29人，选举常委5人，团县委书记1人、副书记2人。

2005年11月16日，召开共青团东山县第十八次代表大会，出席代表164人。大会选举产生共青团东山县第十八届委员会委员27人，选举常委5人，团县委书记1人、副书记2人。

二、共青团组织机构

（一）共青团东山县委员会

1989 年，共青团东山县委员会设书记 1 人、副书记 2 人。团县委内设机构有办公室、组织部、宣传部、学校部、县直机关团委，工作人员 7 人。此后，内设机构有所调整。2008 年 12 月，团县委设书记 1 人、副书记 2 人，内设办公室、组织部、宣传部、学校部，工作人员 6 人。

附：1989—2008 年期间曾任共青团东山县委员会负责人名单

林立辉　黄义文　何德发　沈汉龙　王朝玲（女）　许锦木

（二）基层团委

1989 年，全县有基层团委 11 个，团支部 282 个，团员 9075 人。2008 年，全县基层团委 18 个，团支部 324 个，团员 7308 人。

三、少先队组织

1989 年，全县各小学沿设少先队组织。1990 年，全县少先队有大队 58 个、中队 488 个，少先队员 13702 人，辅导员 535 人。1991 年，聘请小学学区总辅导员 22 人、校外辅导员 39 人。此后，少先队大队、中队设置有所增加。至 2008 年 12 月，全县少先队大队 62 个、中队 451 个，少先队员 17320 人，辅导员 513 人。

第二节　团县委主要活动

一、共青团思想教育

1989—1998 年，在全县共青团员和青年中开展中国共产党的基本路线和社会主义教育活动，开展学雷锋、学赖宁、学谷文昌、学“东山八少年”活动，弘扬 “东山保卫战”精神。团县委联合县教育局、县司法局在中小学开展《中华人民共和国国旗法》《中华人民共和国治安管理处罚条例》等讲座。各乡镇团委协助公安派出所、司法办举办法制教育班。1999 年，开展五四运动 80 周年纪念活动。2001 年 1 月，团县委组织中小学校近万名师生开展“反邪教‘校园拒绝邪教’签名活动”，弘扬社会正气。2002—2004 年，开展保持共产党员先进性学习活动。2006—2008 年，以“我与祖国共奋进”为主题，举办“八荣八耻”和“讲学习、促发展、赶先进、创和谐”学习讲座，在各级团组织中掀起“八荣八耻”学习热潮。

二、青年文化活动

1989 年，全县团员青年延续开展各种文化活动，丰富团员青年文化生活。1999—2000 年，先后举办跨越新世纪大型联欢晚会和首届东山乡村青年文化节暨青年欢乐擂台赛，以及“五四”青年化装舞会等活动。2005 年 5 月至 2008 年 12 月，各乡镇开展乡村青年文化节活动，展现新农村、新青年、新风采的精神面貌。

三、青年志愿者活动

1992 年，团县委实施青年志愿者行动。是年，全县组织青年志愿者 1000 多人，其中特色志愿服务队 19 支（共 400 多人），开展助老扶残、扶贫济困、法律援助、科普宣传、科技推广、医疗护理、环境保护、开发山地、绿化荒山等活动。1996 年始，实施“一助一”长期服务计划，重点服务体弱的老干部、老教师、军烈属和“五保户”、残疾人，以及农村“计生二女户”“独女户”。成立科教兴农志愿服务队，利用双休日下乡服务。1998—2000 年，先后开展“学雷锋、树新风”活动、服务老干部活动、“保护母亲河——闽台绿色工程造林植树活动”和“爱老、敬老、助老”活动。2001 年 9 月，开展青少年拒绝“六合彩”活动，召开有 1000 多人青年志愿者参加的宣誓大会，成立打击“六合彩”青年突击队、青少年志愿者宣传队、红领巾劝导队，进村入户开展宣传。2003年起，全面推行志愿者注册制度，加强志愿服务的组织、项目和机制建设。2006—2008年，先后开展“奋进在海西——践行社会主义荣辱观志愿服务月”“美化家园我先行”“喜迎奥运，万人东山青少年家园清洁行动”等活动。

四、创建青年文明号

1994年初，团县委与县交通、县工商、县税务、县公安、县卫生、县旅游、县邮电等单位联合，开展创建青年文明号活动，组织团员青年立足本职，争创“四个一流”（一流管理、一流服务、一流业绩、一流人才）。是年，全县涌现青年文明号100多个。有11个单位受到共青团福建省委、共青团漳州市委命名表彰。其中，武警东山中队被团省委授予“省级青年文明号”称号。1996年，在金融、商品检验等行业开展青年文明号创建工作。1998年，在青年文明号单位中开展“送温暖、献爱心”活动，有数十个青年文明号单位与60户贫困户结对，为贫困户捐款26372元，捐物1253件。2007年，东山出入境检验检疫局检务科青年集体被共青团中央授予“国家级青年文明号”称号。2008年12月，全县获得各级“青年文明号”称号的集体共58个。其中，国家级“青年文明号”集体1个、省级“青年文明号”集体10个、市级“青年文明号”集体36个、县级“青年文明号”集体11个。

五、青年人才培养

1989年起，团县委开展出口创汇能手竞赛活动，评选创汇先进集体和创汇能手。1992—1998年，开展东山青年科技行动，培养青年科技致富能手。团县委聘请厦门大学水产学院教授到县内举办水产养殖培训班。多次举办名优果树栽培等实用技术培训班，开展中学实践教育活动和初、高中应届毕业生的实用技术培训；举办缝纫、钳工等实用技术知识竞赛。1999年，实施“跨世纪青年人才工程”，为社会输送合格人才。当年，西埔镇青年干部实践锻炼基地被命名为“漳州市级青年星火培训基地”。2000年，团县委开展“十佳青年岗位能手争创活动”，推动青年职工争先创优。2002年7月5日，西埔镇青年干部实践锻炼基地陈万林被共青团中央授予“2001年度全国农村青年创业致富带头人”称号。2004年，县硅砂矿生产技术科被团漳州市委授予“漳州市新长征突击队”称号。2005年4—5月，团县委、县农业局、县科协联合开展“首届东山十佳农村青年创业致富带头人评选活动”。2006年，全县确立5个农村青年创业示范基地。2007年，组织21个青年文明号（单位）及“五四红旗”团组织与21个村（社区）团组织开展结对共建文明活动。是年，有1名团员获“全国农村青年创业致富带头人”称号。

六、团员青年扶贫助学活动

1989年，团县委延续开展扶贫助学活动。1994年，发动团员青年为“希望工程”捐资，资助特困生完成学业。1996年5月，在县实验小学举办“扶贫助学、献爱心”现场会。当年，全县少先队开展“手拉手、献爱心”活动70多场，捐款15652元。1997年6月初，开展“为希望工程交一次特殊团费”的活动，有3000多名团员交纳特殊团费，资助贫困少年儿童完成学业。1998年3月初，开展“捐助百名失学儿童”活动。2000年起，开展“真情扶贫助困进万家”、机关团支部与农村团支部结对、助学贷款等助学活动。2005年，团县委联系资助贫困生80多人，扶贫助学款8万多元。2008年，团县委、县青年企业家协会举行“东山青商财俊情系学子爱心工程”启动仪式暨首批助学金发放仪式，6名青年企业家与6名品学兼优的特困生签订长期资助的结对协议书。同年，将青年志愿者募捐的21297元存入中国希望工程基金会，资助地震灾区失学儿童。

七、少先队活动

1989年，团县委、县少先队工作委员会加强基层少先队组织建设，实施《中国少年先锋队教育纲要》，举行少先队鼓号队检阅和少先队基础建设检阅活动。当年，西埔小学少先队被共青团中央评为全国红旗大队；县实验小学五年（1）班中队被评为全国红旗中队；铜陵第四小学少先队被共青团福建省委评为省优秀大队。1990—1992年，开展“学雷锋、学赖宁、学谷文昌、学八少年”活动，办军校、建队室。开展“为了千家万户幸福，小交警在行动”“我是一人小小税法宣传员”“红领巾小储蓄”等活动，涌现许多先进事迹。1990 年，县实验小学六年（1）班少先队被评为全国少先队优秀中队，并被团中央命名为“全国红旗中队”。 1992 年，建立 9 个人才培养基地，举办 52 期辅导员培训班。同年 6 月，团县委举办少先队辅导员夏令营，结合学习、培训，提高县辅导员整体素质。当年，团县委获“福建省红领巾读书读报金钥匙”先进集体奖。李志欣被团中央、少工部授予 全国学赖宁优秀队员称号。1993 年起，全县少先队组织开展“两校一组”（中学生团校、少年军校、科技兴趣小组）建设，“两史一情”（近代史、现代史、国情）教育和少先队“队室”规范化建设。县少工委与有关单位多次举办中小学生“国画比赛”“三笔比赛”“征文比赛”“祖国在我心中演讲比赛”和环城跑活动。杏陈学区高陈小学学生高华卿被评为福建省第二届优秀少先队员。 1996 年，西埔小学少先队员游一隽、郭海燕被团省委评为福建省优秀少先队员。1997 年起，实施“雏鹰行动”。举办少年军校集训，锻炼少先队员意志和体魄。开展“雏鹰假日小队手拉手文明行动周”活动，全县组织上千支“假日小队”走出学校，开展“手拉手红领巾助残”“ 手拉手情系贫困小伙伴”等活动。2005 年 5 月，团县委、县教育局、县少工委联合开展“第二届东山县十佳少先队员”“优秀少先队辅导员”评选活动。2005—2008 年，抓好少先队工作规范化建设，开展第三届“东山县十佳少先队员”“优秀少先队辅导员”评选表彰活动。开展“爱我东山，雏鹰夏令营”和少年军事夏令营，增强少先队员责任感和使命感。2008 年，县第二实验小学少先队获全国少先队红旗大队称号。

第三章　妇女联合会

第一节　妇联代表大会与组织机构

一、妇联代表大会

1990 年 8 月 25 日，东山县妇女联合会第十一次代表大会召开，出席代表 195 人。选举产生东山县妇联第十一届执行委员会委员 25 人，选举常务委员 7 人、主席和副主席各 1 人。

1993 年 10 月 29 日，东山县妇女联合会第十二次代表大会召开，出席代表 195 人。选举产生东山县妇联第十二届执行委员会委员 24 人，选举常务委员 8 人、主席和副主席各 1 人。

1998 年 11 月 6 日，东山县妇女联合会第十三次代表大会召开，出席代表 195 人。选举产生东山县妇联第十三届执行委员会委员 25 人，选举常务委员 9 人、主席和副主席各 1 人。

2003 年 12 月 30 日，东山县妇女联合会第十四次代表大会召开，出席代表 158 人。选举产生东山县妇联第十四届执行委员会委员 25 人，选举常务委员 9 人、主席和副主席各 1 人。

二、妇联组织机构

（一）县妇联机构

1989 年，县妇女联合会沿设主席和副主席各 1 人，内设办公室、宣传部、组织部、儿童少年工作部、维护妇女儿童权益部、生产福利部，工作人员 6 人。此后，机构设置有所变动。2008 年，县妇联内设办公室、宣传部、权益部、生产发展部，工作人员 5 人。

附：1989—2008 年曾任东山县妇女联合会负责人名单

黄亚藕（女）　翁丽端（女）　刘珍娇（女）　郭锦莲（女）

（二）基层妇女组织

1989 年，全县有乡镇妇女联合会 7 个、村（居）妇代会 61 个。1995 年，全县有乡（镇）妇联会 7 个、村（居）妇代会以及乡镇企业与个协妇女小组 74 个；女职工委员会 54 个。同年，成立县直机关妇女委员会和女“三胞”侨台属联谊会、企业女领导干部联谊会。此后，基层妇女组织设置有所变动。2008 年，镇妇联会 7 个、村（社区）妇代会 77 个；党政机关科教文卫事业单位妇委会 8 个，女职工委员会 21 个；乡镇企业、三资企业、私营企业和个协女工组织213个。

第二节　妇联主要活动

一、开展思想教育

1989年起，全县开展妇女“四自”（自尊、自信、自立、自强）和“四有”（有理想、有道德、有文化、有纪律）教育。同时，多次举办“奉献在东山”演讲报告会。1991年，召开学习谷文昌精神广播会，号召妇女为社会做贡献。全县设妇女学雷锋小组80个，开展做好事活动，组织1050名妇女干部上街为群众做好事。1993年，成立妇女学习小组101个，学习邓小平南方谈话精神。1994年，组织开展“学雷锋，送温暖”“发扬谷文昌精神”、弘扬“东山保卫战精神”“岗位学雷锋 行业树新风”等活动。1996年 “母亲节”期间，采访3位“母亲”代表，拍摄“母亲”专题片在县有线电视播放，弘扬中华民族母亲的传统美德。1997年，发动妇女参加“我为东山文明树形象”卫生整治活动，各妇代会成立卫生清洁队，清理卫生死角，优化美化环境。1999年起，开展“巾帼倡廉”活动，发出“巾帼倡廉”倡议书，并评选表彰“廉内助”。2004年，贯彻《公民道德建设实施纲要》，开展“家庭美德格言”读书、“世纪父母”读书演讲、家庭环保、巾帼健身、妇女拒绝“六合彩”和“拒绝毒品进我家”等宣传活动。2006—2008年，在广大妇女群众中宣传“八荣八耻”，分发“八荣八耻”内容卡片，开展以“争当合格家长，培养合格人才”为主题的宣传教育活动。开办家长学校64所，传播家庭教育的科学理念和方法。

二、双学双比活动

1989年，县妇联开展学文化、学技术、比成绩、比贡献的“双学双比”活动。举办扫盲班61班，1760名妇女参加学习；举办实用技术培训班27班，1845人次参训。1990年，各乡镇开展妇女扫盲和技术培训检查评比，妇女脱盲率90%，有6622名妇女掌握一至二门实用技术。有31名“双学双比”女能手得到县妇联表彰。1992年，有169名妇女参加农业函授大学学习；全县有女科技示范户700户，女专业重点户1700户。建立“三八”绿色工程示范片面积414公顷。农村妇女创建小果园51个，小牧场13300个，小鱼塘13座，小加工厂130个。以农函大、农广校为依托，组织妇女学技术，有2.6万人妇女学得一技之长。1995年，张家村刘舜华的机砖厂吸收200多人女劳力就业，省东南台为其拍摄“今日农家女”节目，在全省播出。1996—1998年，进一步发动妇女参加农函大学习，参加各种实用技术、职业技术培训，开设芦笋栽培及其病虫害防治等实用技术讲座。1999年，县妇联与县农业局联合评定女农民技术员50多人。建立 “巾帼高新农业示范基地”，面积9.9公顷。是年，县内获省表彰的“双学双比”女能手2人、“三八”绿色工程先进个人1人。2000年，实施巾帼科技致富工程；全县评出女农民技术员50人。2001—2005年，发动妇女科技示范户、女专业户、女农民技术员等与贫困家庭结对子，帮助脱贫致富。同时，实现村村有女农民技术员，各村妇代会主任达到女农技术员目标。协助有关单位举办中医美容与养生、保险公司业务员等培训班，为富余女劳力转移就业牵线搭桥。2002年12月20日，樟塘镇农机站张朝胜在全国各民族农村妇女“双学双比”竞赛活动中，被评为优秀科技服务工作者。2006—2008年，县妇联在前楼镇、樟塘镇举办农业科技讲座，组织200多名女农民参加；在杏陈镇举办海产品加工流程技术培训，共3期。2008年，全县确定农技示范户183户，推出一批农村女科技带头人。

三、巾帼建功活动

1991年起，县妇联与县总工会联合在城镇妇女中开展为“八五”计划建功活动(又称巾帼建功活动)。1992—1993年，全县4100名城镇女职工参加大练兵活动，1500名参加各级技术比赛，其中160名获奖。34个基层女工委员会组织开展女职工技术练兵、比武活动。5000多名女工参加“双增双节”劳动竞赛。1994年，鼓励妇女创办托幼园、所及各种家庭服务行业。1995年，开展女职工“五学”（学理论、学文化、学科学、学技术、学管理）活动，召开巾帼建功报告会、经验交流会。在商业、金融、公交、卫生等行业窗口开展巾帼建功岗文明服务竞赛。1997 年，在十大行业窗口开展巾帼文明示范岗创建活动。是年，县医院妇产科被市妇联评为巾帼文明岗称号。1999 年，县实验小学被评为省级巾帼文明示范岗，有 6 名获市妇联巾帼百颗星称号。2000 年，县实验小学妇工委被全国、省、市授予巾帼文明示范岗称号。2001—2002 年，鼓励妇女兴办社区服务实体，县妇联支持创办东山县及时雨服务中心，提供家政服务。2004 年，扩大巾帼文明示范岗的创建覆盖面，全县有全国级巾帼文明示范岗 1 个、省级 5 个、县级 18 个。县妇联成立以村（社区）妇代会为单位的治安巡逻队、卫生保健队、帮教服务队、安全保洁宣传队等中华巾帼志愿者队伍，开展便民利民活动。2005 年后，相继开展巾帼双文明立功竞赛、岗位创新女能手活动、创建巾帼文明班组等活动。2008 年，全县有 2 个岗位获全国巾帼文明岗称号，5 个岗位获省巾帼文明岗称号，4 个岗位获市巾帼文明岗称号，24 个岗位获县巾帼文明岗称号。

四、五好家庭创建

1989 年，继续开展五好家庭创建活动，评选表彰五好家庭（五好的内容为政治思想好、生产工作好；家庭和睦、尊敬老人好；教育子女、计划生育好；移风易俗、勤俭持家好；邻里团结、文明礼貌好。）、五好个人。1991 年，县、乡镇妇联表彰五好家庭、文明户，评选贤内助、好婆媳、好丈夫。1992 年，全县开展“家家美”家庭文化活动 20 场，表彰五好文明家庭 341 户，转化后进家庭 128 户。此后，围绕如何建立一个幸福家庭主题，经常采访五好家庭，在县有线电视台“生活百花园”栏目播出。1994 年，县表彰五好家庭 381 户，7 个乡镇共表彰五好家庭 996 户。1995—1996 年，县妇联与县关工委、文明办联合表彰五好文明家庭（1996 年，五好的内容改为爱国守法，热心公益好；学习进取，爱岗敬业好；男女平等，尊老爱幼好；移风易俗，少生优育好；勤俭持家，保护环境好）100 户。此后，五好文明家庭创建评选活动年年举行，创建评选活动注入新内容。2001 年，组织拍摄《夫妻篇》《邻里篇》《好媳妇篇》等家庭美德系列专题片，在县有线电视台播放。2002 年，开展“尊老爱幼，男女平等，夫妻和睦，勤俭持家，邻里团结”家庭美德评选活动，与有关部门联合评选表彰五好文明家庭 10 户、五好文明青年 10 人、五好文明媳妇 10 人。2008 年，开展巾帼文化中心户创建工作，评出市级巾帼文化中心户 10 户，县级巾帼文化中心户 10 户。

五、维护妇女儿童合法权益

1989 年，举办“法律知识进万家”活动，启发妇女用法律保护自己。1990 年，县妇联配合县防疫部门对各村（街）妇女和儿童实行保健管理，定期进行健康检查。1992 年起，大力开展贯彻《中华人民共和国妇女权益保障法》宣传活动。1996 年，在集体企业、三资企业、乡镇企业、私营企业中成立女工组织，保护女工合法权益。1997 年 4 月，制定《东山县妇女发展纲要》。1998 年 4 月，开展纪念《中华人民共和国妇女权益保障法》颁布 6 周年宣传活动，县妇联与县人大法制委及县公检法司等部门联合上街开展法律知识咨询活动。1999 年，县妇联成立妇女法律咨询服务中心，各镇妇联成立法律咨询服务站，加大妇联维权力度。成立社会治安综合治理领导小组，配合有关部门调解和疏导各种社会矛盾及家庭婚姻等纠纷。2002 年，县政府制定颁发《2001—2010 年东山县妇女发展纲要》和《东山县儿童发展纲要》，优化妇女儿童生存、保护和发展环境。在“三八”维权周期间，县妇联举办《中华人民共和国婚姻法》（2001 年修正）等法律法规知识讲座，开展法制宣传活动。在“12·4”法制宣传日期间，分发《中华人民共和国婚姻法》（2001 年修正）和保护妇女儿童的法律法规等小册子。建立妇联干部参与相关案件审理的陪审员制度，为受侵害的妇女提供法律帮助。2004 年，县法院成立维护妇女合法权益合议庭。2006 年，“三八”妇女节期间，各镇举办妇女法律知识讲座、咨询、培训、知识竞赛等活动共 13 场，参加者 2000 多人次。“六一”儿童节期间，县妇联与县教育局联合举办全县幼儿教师参加的法律、卫生保健知识讲座。开展零家庭暴力社区（村）、不让毒品进我家和预防艾滋病、健康全家人活动。2007—2008 年，县妇联在“三八”妇女节、母亲节期间，举办妇科常见疾病的预防与保健知识讲座，开展贫困母亲健康免费普查和平安家庭健康妈妈义诊活动。

六、扶贫助学

1997年，开展扶贫助学和巾帼扶贫行动，县妇联筹资上万元，扶持贫困学生40人。1999年起，实施春蕾计划活动，有20名贫困女童获得热心人士资助。2001年，县内有38名女童得到省儿童基金会资助，款额16650元；另有20多名贫困女童受到热心人士援助。2002年，为全县贫困女童建档立卡，并上报省儿童基金会，年受助金额12400元。同年7月，县妇联确定全县贫困生648人（其中女生392人），向市、县及社会各界筹集善款16万元，资助贫困生400人（其中女生222人）。2004年，近100名贫困女生得到热心人士的结对帮扶，年帮扶金额4万多元。有400多名贫困女生得到县关工委、县教育局的扶助，年扶助金额10万元。2006—2008年，各村实行每个女农民技术员带动3名贫困母亲共同发展生产。发动社会各界捐资近万元，资助女童上学。向社会招募爱心妈妈，举办应征爱心妈妈与所资助孩子见面会。2008年，县妇联、县教育局、县关工委联合开展关爱儿童活动，举行爱心妈妈与春蕾女童见面会，爱心妈妈们给孩子们送书包、书籍。

第四章　科学技术协会

第一节　科协代表大会与组织机构

一、科协代表大会

1991年11月29日，东山县科学技术协会第三次代表大会暨科技进步表彰大会召开，与会正式代表89人。会议听取和审议《科协工作报告》；讨论通过《东山县科学技术协会章程》；讨论《县委县政府关于科教兴县的决定》；对东山县1988—1989年度科技奖项目的主要参加者进行嘉奖；会议选举产生县科协第三届委员会委员25人，选举主席1人、副主席2人。

2005年11月30日，东山县科学技术协会第四次代表大会召开，与会正式代表92人。会议听取和审议科协工作报告；讨论通过《东山县科学技术协会章程》；讨论县委、县政府《关于落实科学发展观，构建和谐社会的决定》，并表彰科协系统先进集体和先进工作者；选举产生县科协第四届委员会，选举常委7人、主席1人、副主席4人（其中兼职2人）。

二、科协组织机构

1989年，沿设县科协。1996年12月，县科协所辖专业学会（协会）19个，会员726人。2001年，县科协对下属学会（协会）会员进行重新登记。全县学会16个，会员928人；镇科协7个，农村专业技术研究会14个，县硅砂矿科协1个。2007年，增设东山县芦笋协会、东山县老科技工作者协会。2008年，县科协内设科学技术普及科、学会工作科、科技咨询部，工作人员6人。下辖县学会（协会）15个：县农学会、县水产学会、县工学会、县医学会、县数理化学会、县财政会计学会、县水电学会、县林学会、县青少年科技辅导协会、县集体建筑企业协会、县地人研究会、县芦笋研究会、县科普创作小组、县环境科学学会、县药学会。镇（社区）科协9个：西埔镇科协、铜陵镇科协、康美镇科协、樟塘镇科协、陈城镇科协、前楼镇科协、杏陈镇科协、铜陵镇桂花社区科协、西埔镇龙舞社区科协。

附：1989—2008年曾任东山县科学技术协会负责人名单

郑炳玑　孙才添　翁丽端（女）

第二节　科协主要活动

一、科普宣传

1989年，县科协举办科技活动周，编写科技资料稿在县广播电台广播，刊出科普专栏，印发科普资料，进行现代科技知识普及。1994年，开展“走科技兴村之路”活动，每月出刊科普画廊，利用科普宣传车下乡宣传。当年，评出铜陵镇铜兴、樟塘镇樟塘、西埔镇梧龙3个科普文明村。1996年，与县科技局合作开辟科技创先专栏，在县广播电台《科学与生活》《为听众服务》栏目中，宣传科技知识，解答科技疑难问题。与县委宣传部等联合举办“文化、卫生、科技”三下乡活动。展出科技图片，分送科技书刊、材料。三下乡活动年年开展。1998年，在艾滋病宣传日、世界无烟日、环保日、水日等开展专题宣传。2000年8月，县科协组织500多人参加中国科协主办的全国科学知识竞赛，其中1人获全国科学知识竞赛三等奖。2002年1月，在第二届全国科技活动周期间，举办科技创造未来主题宣传活动，参与活动的科技人员350人次，群众1.5万人次。2004年，在西埔城区中心地带投资10万元，建造1个标准化科普画廊。2006年，结合新农村建设，在全县农村开展科普惠农“一站一栏一员”（一个农村科技图书站，一个科普宣传栏和培养一人农村科普宣传员）实施活动。至2008年，全县农村设科普惠农活动站21个；村村建有科普惠农宣传栏，共67座；村村配备科普惠农宣传员，共90人。

二、科技培训与咨询

（一）科技培训

1989—2008年，县科协与各学会、协会、研究会联合每年举办实用技术培训班共60多期，培训各类技术人才共2000多人次；举办科技讲座20多场次，听众4000多人次，主要有果树栽培、水产养殖、食用菌栽培、芦笋种植等讲座。

（二）科技咨询

1989年，县科协组织下属各学会、协会、研究会开展以创汇农业、农业产业服务、企业技术改造以及渔业养殖、网具设计等咨询服务。1994—1996年，水电学会开展东山风力发电项目论证咨询等活动。1998年，为东山海堤水闸保险加固一期、二期工程规划设计提供咨询服务。1999年，为冬古避风港、港西海堤及两座水库的规划设计提供服务。2001年，县科协各学会开展各种技术咨询服务365次。2003年，县科协组织科技咨询服务专家组及各镇科技服务快车队，为农村、农业、农民提供服务。2004—2008年，县科协协调全县科技“110”咨询服务工作，有9名专业科技人员为从事蔬菜、芦笋、果树种植和海水养殖等专业生产者提供快速服务。樟塘镇科技服务快车队开通农技服务电话与农村供求信息服务电话，开办科技信息服务之声广播节目，为农户提供科技信息咨询服务。

三、实用技术推广

1989—1992年，县内各学会、协会、研究会主要推广芦笋优质品种、稀土施肥、容器苗造林法及疏腹结网、导航仪、定位仪等20项实用技术。1993—1996年，主要推广牛蒡种植、绿洲芦笋营养液以及拖网网具改革和先进导航避碰技术设备。1997年，县芦笋学会、县农学会推广芦笋低产园改造技术和老笋田更新技术。杏陈镇科协在抓好虾蛄混养技术、中华乌塘鳢养殖技术等典型示范后，迅速推广。1998年，科协各学会及乡镇科协共实施23个示范项目，通过现场参观、技术推广会，发放技术材料等形式进行推广应用。2008年，全县确定镇级科技示范户50户、科技示范村3个、科技示范基地4处，各学会及乡镇科协推广的新技术主要有：米乐尔防治芦笋赤斑病、 农地乐防治芦笋夜蛾害虫、荷兰芦笋良种示范、沙地果树种植、龙眼反季节栽培、鲍鱼网箱高密度养殖、大目速拖网技术、节水灌溉、鲍鱼杂交实验、牙鲆鱼虾池养殖、龙须菜养殖、环境污染源的一控双达标技术等60多项。

四、学术交流

1989—1991 年，县科协系统每年开展学术交流活动，并在省、国家级和国际性刊物发表论文。同时，采用请进来和走出去的办法，邀请专家到东山讲学；派出技术人员到外地学习先进技术。此后，学术研讨活动经常化、制度化。1992 年，有 12 个科技团体共举行 64 次学术研讨会，在全国、省自然科学刊物发表论文共 28 篇。1998 年，邀请芦笋种植专家等到东山讲学。2003 年，邀请龙海市技术人员到县开展牙鲆鱼养殖及病虫害防治技术讲座。至 2008 年，共开展各种学术交流活动 100 多场，参加人数近万人次；发表学术论文 200 多篇，其中在国际性刊物发表 6 篇、国家级刊物发表近 100 篇、省级刊物发表 100 多篇。

五、青少年科技活动

1996 年，县青少年科技协会与县环保学会合作，在 17 所中小学试点开设环境保护讲座。全年举办科技讲座 25 场，听讲人数 2800 人。1997 年，全县各中小学均成立科技活动小组、兴趣小组。全县青少年科技辅导学会和数理化学会开展科普讲座 8 场；组织学生参加学科竞赛活动，有 67 人次获奖，其中获全国奖 11 人次、省级奖 15 人次。1998 年，东山第二中学海洋生物标本馆被列为全省青少年科教重点示范基地，成为省内外青少年学生科技夏令营的活动场所，每年接待各地青少年学生参观近万人次。1999 年，县科协选拔学生参与计算机、生物、数理化学科竞赛。在省首届小学生科技制作竞赛中，县实验小学的“太阳能热水器”“蟹类标本”作品分别获一、二等奖。2001 年，县实验小学学生在全省中小学电脑课件与设计作品制作比赛中，获一等奖。2003 年，组织全县中小学校学生参加全国、省、市级的科技创新大赛、计算机和理科竞赛，有 18 人次获奖。2005 年，县科协开展科技进校园活动 9 场次，组织社会实践参观活动 7 场次，参与活动学生 3000 多人次。2006 年 3 月，选送中小学校学生制作的 35 项作品参加漳州市举办的青少年科技创新大赛活动；组织科普挂图、科技报告、讲座等活动 12 场次；组织实践参观 9 场次，参与活动学生 3200 多人次。2007—2008 年，县科协通过创建科技示范学校，建立青少年科技示范基地，开展手拉小手科技传播行动，组织中小学校学生参加全国、省、市举办的科技创新竞赛，其中获得全国和省级奖励学生 10 人。

第五章　归国华侨联合会

第一节　侨联代表大会与组织机构

一、侨联代表大会

1996 年 8 月 20 日，县归侨（侨眷）联合会第十一次代表大会召开。大会选举县第十一届归国华侨联合会委员 33 人，选举主席 1 人、副主席 3 人。

2005 年 6 月 21 日，东山县归侨（侨眷）联合会第十二次代表大会召开。大会选举东山县第十二届归国华侨联合会委员 34 人，选举主席 1 人、副主席 6 人。

二、侨联组织机构

（一）县归国华侨联合会

1989 年，县归国华侨联合会，配主席 1 人、副主席 3 人，工作人员 5 人。此后，人员有所增减。2008 年，县归国华侨联合会配主席 1 人、副主席若干人，工作人员 5 人。

附：1989—2008 年曾任东山县归国华侨联合会负责人名单

张福成　巫锦益

（二）镇侨联委员会

2000年，各镇相继成立侨联委员会并配专职人员。此后，全县各建制村陆续设立侨联工作小组并配专职人员。2008年，全县有镇侨联委员会7个，每个镇侨联会有工作人员2～3人；村侨联工作小组共105个。

第二节　侨联主要活动

一、组织联谊活动

1989年，春节、元宵节期间，县侨联与县侨办联合举行归侨、侨眷座谈会，介绍家乡建设成就。此后，每年春节、元宵、中秋等节日期间，皆组织联谊活动，接待到东山探亲、旅游、洽谈经贸的侨胞。联谊对象有新加坡（南洋）东山会馆、新加坡东山励志社等侨胞，逐步增加南美洲（巴西）闽南同乡总会、新加坡港西(含霞湖、马鞍五房家族)互助社、马来西亚雪兰莪云诏东会馆、阿根廷华侨工商联合会、阿根廷闽南同乡总会等。至2008年，与上列各社团都建立健全联系网络。

二、维护归侨侨眷合法权益

县侨联建立接待归侨、侨眷来信来访制度，协助解决有关财产、民事纠纷等。1989年，协助有关部门妥善解决铜陵镇侨属孙某等人提出的孙家侨屋后花园被占案；调查解决樟塘乡古港村老华侨权益被侵问题。1994年，协助县有关部门处理好旅居新加坡的谢某某祖坟纠纷。1998年4月，县侨联通过开展调研活动，向县政协送提案，建议有关部门维护侨资企业合法权益。提案发出后，得到有关部门采纳。

三、协助招商与捐助公益

1989年，县侨联协助县有关部门开展海外招商引资。此后，加强与侨胞联谊，协助县委、县政府加大招商引资力度，引进资金、技术和人才工作。至2008年，侨资企业环宇集团、宝联集团、美林蓓等相继到东山投资兴业。

1989—2008年，县侨胞和港澳同胞捐资助学、修路、建古迹等公益事业的款物折合人民币2000多万元。

四、建立侨情资料库

2005年，县侨联参加全省侨务系统侨情信息普查。经调查，东山县旅居海外侨胞及华人38127人；归侨244人，侨眷4126人。

1989—2008年东山县侨胞（含港澳同胞）回乡人数一览表

表21-1

年份	人次	年份	人次
1989	2199	1995	2542
1990	2347	1996	3012
1991	2592	1997	3111
1992	2756	1998	2004
1993	2433	1999	4002
1994	2636	2000	2814

续表 21-1

年份	人次	年份	人次
2001	1595	2005	2417
2002	1697	2006	2155
2003	1008	2007	2033
2004	2368	2008	2511

第六章　台湾同胞联谊会

第一节　台联代表大会与组织机构

一、台联代表大会

1989 年 4 月 27 日，召开县台湾同胞联谊会第二次代表会议，出席代表 95 人。会议选举产生县台湾同胞联谊会第二届理事会理事 15 人，选举会长、副会长（兼职）、名誉会长各 1 人。

1992 年 6 月 24 日，东山县台湾同胞联谊会第三次代表会议召开，出席代表 85 人。会议选举产生第三届理事会理事 13 人，选举会长 1 人、副会长 2 人（其中 1 名兼职）、名誉会长 1 人。

1998 年 6 月 23 日，召开县台湾同胞第四次代表会议，出席代表 63 人。会议选举产生第四届理事会理事 15 人，选举会长、副会长（兼职）、名誉会长各 1 人。

2004 年 6 月 25 日，召开县台湾同胞第五次代表会议，出席代表 61 人。会议选举产生第五届理事会理事 15 人，选举会长（兼职）1 人、副会长 2 人（其中 1 名兼职）、名誉会长 1 人。

二、台联组织机构

1989 年，县台湾同胞联谊会沿设，配会长 1 人、副会长 2 人，工作人员 2 人。此后，人员几经变动。至 2008 年，配会长 1 人、副会长 2 人，工作人员 1 人。

附：1989—2008 年曾任东山县台湾同胞联谊会负责人名单

陈春长　刘敬臣　林安山　叶香雪（女）　洪镇钦

第二节　台联主要活动

一、联谊活动

1989 年，县台联加强与东山籍台湾同胞及其第二、三代家属交友工作，增进海峡两岸同胞感情。1999 年清明节期间，有台胞 300 多名到东山寻根谒祖，县台联组织人员拜访首次返乡的中国台北东山同乡会理事长等。8—11 月，县台联会会长到中国台湾地区探亲，拜访台湾中青年人士，看望部分返台定居的台胞。同年台湾“9·21”大地震后，县台联组织人员到台属家中慰问，了解去台人员安全情况。2003 年 1 月，设立县台胞服务处。2005 年，县台联接待台北、台南、基隆等地区的东山同乡会，以及中美洲哥斯达黎加圣荷西市台商考察团等到访台胞 15 批次近千人。同年，接待笙华国际传播有限公司（台湾）、台湾人间电视台《闽南文化》电视专题系列节目摄制组一行。20 年间，县台联共接待探亲、来访、参观考察等事项的台胞 2685 人次。

二、协助招商引资

1991—1992 年，县台联通过多种渠道，协助引进台资项目 2 个。1993—1994 年，协助台胞朱家荣投资宅山村建台胞服务中心大楼。2004 年，协助县有关部门引进台资项目 6 个，投资额 420 万美元。20 年间，共协助引进台资项目 9 个。

三、捐赠公益事业

1995 年，前何村台胞集资 40 多万元人民币，助建杏陈小学。2003 年，台胞捐资 20 万元新台币资助家乡康美镇钱岗村购置电脑。2004 年，台商、台胞捐赠公益事业 20 多万元。20 年间，台商、台胞捐赠公益事业的款物折合人民币 200 万元。

四、为台胞办生活实事

1989—1992 年，县台联做好台胞台属的联系工作。1994 年，对台胞生活状况进行调查，了解到有 7 户台胞年人均收入较低，县台联及时向有关部门反映情况，提出扶贫意见，使这 7 户台胞得到经济资助。1995 年春节前夕，县台联组织慰问全县台胞，并拨款补助困难户 8 户。同年，协助台胞解决子女升学、探亲、定居等问题。1999 年，县台联筹集 3000 多元补助生活困难和患病台胞。2004 年，县台联办理台胞来信、来访，办结台胞、台商的财产纠纷、婚姻纠纷、寻亲谒祖等事项 30 多件。2005—2008 年，县台联办理台胞、台商的财产纠纷、婚姻纠纷、寻根谒祖等事项共 131 件。

第七章　青年联合会

第一节　青联会组织机构

1991 年 4 月，县青年联合会第二届第一次会议召开，出席代表 95 人。大会选举产生主席 1 人、副主席 7 人。

1997 年 9 月 16 日，召开县青年联合会第三届第一次会议，出席代表 98 人。大会选举产生主席 1 人，副主席 6 人。

第二节　青联会主要活动

1989—1991 年，县青联会每年均开展爱国主义和理想信念教育，巩固和扩大青年爱国统一战线。1992 年和 1995 年，县青联会分别举办两届“东山县十佳青年”评选活动，表彰 20 名优秀青年。1997 年 5 月 1 日，陈城镇的陈路生被共青团中央、国家科委联合评为全国农村青年星火带头人标兵。1998 年，成立县青年交谊舞协会,开展交谊舞活动，丰富青年业余生活。2005 年，在纪念抗日战争暨反法西斯战争胜利 60 周年、“一二·九” 抗日救亡运动 70 周年期间，开展“党在我心中”“民族精神代代传”等主题教育活动，组织青年瞻仰谷文昌纪念馆、东山战斗烈士陵园等爱国主义教育基地，激发青年爱国热情。1998—2008 年，县青联会加强与中国港澳台青年及海外青年的联谊活动，举办 10 多场次海峡两岸青年书画展。

第八章　工商界联合会

第一节　工商联代表大会与组织机构

一、工商联代表大会

1990年9月，召开东山县工商业联合会第六届会员代表大会，出席代表185人。选出执行委员33人，选举常务委员11人、主任委员1人(兼)、副主任委员5人（其中兼职2人)。

1997年12月，召开东山县工商业联合会第七届会员代表大会，出席代表200人。成立东山县工商业联合会商会，选出第七届执行委员41人，选举常务委员22人、会长1人、副会长11人、常务副会长1人。

2004年6月，召开东山县工商联合会(商会)第八届会员代表大会，出席代表220人。选出执行委员89人，选举常务委员34人、会长1人(兼)、副会长16人、常务副会长1人。

二、工商联组织机构

1989年，东山县工商业联合会配主任委员1人(兼)、副主任委员3人，有专职工作人员3人。1997年12月，成立东山县商会（与县工商联一套人马、两块牌子)。2006年5月，设立陈城镇商会。2008年5月，增设广东东山商会。2008年12月，县工商联（商会）有专职工作人员2人。

附：1989—2008年期间曾任东山县工商联（商会）负责人名单

陈文钦(兼)　甘天助(兼)　林永顺　林顺荣　颜国川

第二节　工商联主要活动

一、服务企业

1989—1990年，县工商联先后召开执委扩大会议4次，学习江泽民总书记在民主党派座谈会上讲话精神，并与台商、港商建立民间联谊关系。通过漳州市工商联穿针引线，先后有两批台商、港商共30多人到东山考察，并参加县举办的三胞省亲恳谈会。组织15名企业负责人参加全国工商联在福州举行的第四次华东六省一市工商企业商品、产品贸易会。1991年，县工商联成立经济咨询服务部，编印《东山工商信息》，发给各企业单位，互通信息，交流经验。1998年，县工商联政协委员在县政协第五届五次会议上提交《大力鼓励扶持个私经济发展》提案。此提案被县政府重视并采纳，专门制定十项优惠措施，鼓励扶持个私经济发展。1999年，县政府出台《关于鼓励非公有制经济发展若干意见》。2000年，配合市工商联开展芦笋加工行业专题调研。组织会员参加我国入世后与东山发展前景专题讲座，表彰获ISO、HACCP质量认证企业。2001—2005年，举办东山岛企业发展论坛3次，邀请著名学者举行讲座，为企业发展进言献策，取得良好成效。多次协调税企关系，为企业商务活动牵线搭桥。为企业员工评职称开展服务。组织会员到珠三角、长三角、东北、西北等地区及福州、厦门、泉州等地考察，到广东地区进行招商引资。2006—2008年，与县人民银行联合举办信用讲座；组织企业家到湖南省及东北地区的沈阳等地以及香港、台湾地区考察，推动会员进一步办好企业。

二、公益捐赠

1991—1998年，县工商联发动企业捐资10多万元建设黄道周公园。1999年，引导企业开展为社会献爱心活动。2002—2005 年，多次举办“非公之歌”晚会，发动企业参加大型捐资助学活动及人民会堂捐建活动。2006—2008 年期间，开展珍珠台风灾害救灾捐款和绿岛春雨助学捐款。与县委统战部联合举办工商界助学活动，共发动 50 多名企业家参与助学，助学款 13 万元。开展为汶川特大地震赈灾活动，发动商会会员为汶川捐资 50 多万元。

附：东山县冷冻海产同业公会

1990 年 12 月，成立东山县冷冻海产同业公会。初始会员企业单位 22 个。2008 年，会员企业 58 个。该公会发挥党和政府联系非公有制经济的桥梁、纽带作用，促进全县非公有制经济发展，维护会员合法权益。如 1997 年，同业公会转发国家计委等部门通知，制止某些部门单位乱摊派、乱罚款、乱收费行为，减轻企业负担。经常组织会员学习《中华人民共和国税收征收管理法》《中华人民共和国个人所得税法》等法律法规。配合县技术监督部门开展冷冻行业压力容器安全检查工作，消除隐患。参与开办水产品制冷与加工专业班，开设鱼类、制冷技术、食品冷加工工艺等课程，并安置学员就业。同业工会还扶贫济困，设立奖教奖学金，促进教育事业发展。

第九章　文学艺术界联合会

第一节　文联代表大会与组织机构

一、文联代表大会

1993 年 12 月 3 日，召开东山县文学艺术界联合会第二次代表大会，出席代表 100 人。会议选举产生县文联第二届委员会（及下属 6 个协会负责人）委员 23 人，选举主席 1 人、副主席 4 人（专职 1 人，兼职 3 人）、秘书长 1 人。

1999 年 4 月 29 日，召开东山县文学艺术界联合会第三次代表大会，出席代表 128 人。会议选举产生县文联第三届委员会（及下属各协会负责人）委员 28 人，选举顾问 4 人、名誉主席 2 人、主席 1 人、副主席 3 人（专职 1 人，兼职 2 人）、秘书长 1 人。

2005 年 3 月 30 日，召开东山县文学艺术界联合会第四次代表大会，出席代表 153 人。会议选举产生县文联第四届委员会（及下属各协负责人）委员 31 人，选举顾问 6 人、主席 1 人、副主席 5 人（专职 1 人，兼职 4 人）。通过大会决议将下属机构“文学、书法、美术、音乐、舞蹈、摄影、曲艺、戏剧、广播电视电影、诗词楹联”等 10 个文艺工作者协会更名文艺家协会。2008 年，县文联有文学、书法、美术、音乐、舞蹈、摄影、曲艺、戏剧、广播电视电影、诗词楹联等 10 个文艺家协会。

二、文联组织机构

1989 年，东山县文学艺术界联合会沿设（1988 年 5 月 10 日成立），设主席 1 人、副主席 3 人（专职 1 人，兼职 2 人），下设文学、书法、美术摄影、音乐舞蹈、戏剧曲艺、电影电视 6 个文艺工作者协会。1996 年 5 月 6 日，将美术摄影协会分设为美术协会、摄影协会，同时成立诗词楹联协会，共有协会 8 个。此后，下设协会有所调整。2008 年，县文联设主席 1 人、副主席 5 人（专职 1 人，兼职 4 人），下设文学、书法、美术、音乐、舞蹈、摄影、曲艺、戏剧、广播电视电影、诗词楹联等 10 个文艺家协会，共有会员 515 人。其中，国家级会员 10 人、省级会员 115 人、市级会员 193 人。

附：1989—2008 年曾任东山县文学艺术界联合会负责人名单

刘小龙（专职）　林学东（专职）

第二节　文联主要活动

一、举办文艺活动

1989—1992年，县文联举办“我说这十年”“向建国四十周年献礼”“谷文昌，我们歌唱你”等征文、征歌、征书、征画、征剧活动。举办东山县军警民书法联展、东山岛风情影展、绿色丰碑书法展。1993年，举办纪念毛泽东诞辰一百周年书画展、东山教师书画展、纪念东山保卫战胜利四十周年文艺晚会。1996年，举办东山建县80周年回顾展、独生子女书画展、东山县各乡镇书画大赛、山海情摄影展、 歌颂谷文昌专题歌曲演唱会、第十届学校音乐周中小学生歌咏大会、世纪之春钢琴音乐会、颂歌献给十六大电视专题、中青年交谊舞大赛等活动。举办北京《十月》东山岛文学笔会。协助中央、省、市电视台摄制组拍摄《谷文昌》《绿魂》《蝶岛情》《东山览胜》电视故事片和专题片。1999年，举办东山县第二届艺术节书画展。同年，县文联组织30多名美术骨干完成《盛世漳州》千米国画长绢东山百米分卷创作，并担负千米长绢中五个兄弟县分卷的卷首绘画任务，此画卷被确认为世界上最长的绢画，获得上海大世界吉尼斯纪录证书。至2008年，县文联举办各种文艺活动近80场次，参与创作和协助拍摄《同在一片阳光下》等电视专题和电视风光片20部。

1990—2008年，县文联征集、出版的文艺刊物有：《东山县四十年优秀文艺创作选集》《东山岛新时期青年诗选》《爱我铜陵征歌作品选》《东山岛闽台方言创作歌曲》《绿的颂歌——纪念谷文昌歌曲专辑》《迎回归·促统一诗词作品选辑》《海峡风·纪念东山建县80周年专号》《洪干堂诗词选》《陈秋顺诗联谜选集》《陈秋顺诗集》《海峡潮》，编印有《陵岛小舞台》《海峡风》《陵岛文艺》《陵岛歌声》《陵岛影评》等文艺刊物，并参与编撰“东山岛”系列丛书之《东山岛》《走进东山岛》《东山魂》，以及《东山岛诗词选》等文艺刊物，参与创作和协助拍摄30集大型电视专题《在谷文昌塑像下》。

1989—2008年，县内作者有数千件文艺作品在全国、省市及海外刊出、展出、演出、播出，有200余人次获奖。

二、文艺交流

1989年5月，台湾地区歌手、《八千里路云和月》电视节目主持人凌峰到东山参观访问。同年10月，女作家霍达与中央电视台摄制组应邀到东山拍摄电视片《蝶岛情》。是年，县潮剧团赴泰国曼谷演出。林少丹作品展在新加坡举行。谢学文在香港艺术中心举行个人山水画展。1990年和1993年，谢学文、陈雪琼夫妇两次赴新加坡举办国画联展。1992年5月，台湾画家冉茂芹到东山访问采风，创作从唐山到台湾系列画作，并与东山画家进行创作交流。海峡两岸首届关帝画展期间，台湾著名画家陈梅丰、肖世琼、曾盛乙等到东山进行艺术交流。7月，由省作家协会与县文联联办的东山岛海洋文学笔会在东山县举行，全省各地作家、诗人20多人参加；文学家、原文化部部长王蒙、《中国作家》杂志副主编章仲锷等到访问采风。1993年，县潮剧团代表福建赴汕头参加首届国际潮剧节展演。中国作家协会原党组书记唐达成、中国作家协会副主席冯牧等到访。1996年，县潮剧团第二次赴香港演出。1997年，中国美术家协会常务理事、省美协主席丁仃、画家曾贤谋一行10人到访问采风。2001年，台湾嘉义市书法协会在东山乙翔风筝书画艺术馆举办书画展。香港组织百名摄影家到东山拍摄，举办“海的女儿”摄影创作交流活动，邀请百人摄影家拍摄第十届关帝文化节。2002年7月，台湾金门县陶艺学会会长王明宗、美术学会总干事谢华东一行携陶艺作品100件应邀到东山展出。是年9月，福建省文联闽东南文艺家采风团、新千年福建省文艺家采风团到东山采风。2004年，中国音协副主席王世光、省文联副主席（省音协主席）章绍同和省音协副主席袁荣昌一行到东山采风。旅法钢琴博士江晨、旅美钢琴家周铿和汤莅华到东山采风与艺术交流。2005年11月，谢学文应邀到台湾金门举办谢学文、谢华东叔侄国画陶艺双人联展。2006—2008年，县金鹰潮剧团、县潮剧二团、县龙凤潮剧团、县青年潮剧团、县海峡潮剧团等5个民间剧团赴香港访演。2007年，邀请全国各地摄影家在东山关帝文化节期间举行百名摄影家拍东山活动。同年1月，东山籍作者林大庆在福州石桥精舍举行个人花鸟画展，展出花鸟作品 100 多幅。2008 年，东山关帝文化节期间，新加坡、中国台湾摄影家到东山创作交流。

第十章　红十字会

第一节　红十字会代表大会与组织机构

一、红十字会代表大会

1989 年，县红十字会延续第一次会员代表大会（1988 年 10 月召开），选举第一届理事 16 人，选举会长 1 人、副会长 3 人、秘书长 1 人。

1994 年 9 月，县红十字会第二次会员代表大会召开，选举第二届理事 17 人，选举会长 1 人、副会长 3 人、秘书长 1 人。

1999 年 8 月，县红十字会第三次会员代表大会召开，选举第三届理事会理事 19 人，选举会长 1 人、副会长 3 人。

2005 年 3 月 23 日，县红十字会第四次会员代表大会召开，出席代表 64 人。选举第四届理事 28 人，选举会长 1 人、常务副会长 1 人、副会长 2 人、秘书长 1 人。

二、红十字会组织机构

1989 年，县红十字会沿设（1988 年 10 月成立），挂靠县卫生局。1994 年 6 月，确定县红十字会为事业编制。年末，全县有基层红十字会 17 个，会员 995 人。 2006 年 10 月，县红十字会单设，会长由县政府领导兼任，设常务副会长（副科级）1 人，核定机关事业编制 2 人。

2008 年 12 月，县红十字会正式从卫生局分离出来，实行机构、人员、办公场所、经费等独立，为副科级群团单位，编制 2 人（实际到位工作人员 1 人）。

附：1989—2008 年曾任东山县红十字会负责人名单

会　　长：高爱民　黄成才　林国武　何金科　林　晖

常务副会长：陈汉波　林炎福　吴广洲　林色南　陈瑞国　李云霞（女）吴耀辉　林春珍（女）朱建辉　汤可恩（女）

第二节　红十字会主要活动

1989 年，县红十字会主要办理对台事务，特别是海峡两岸相互查找亲人等。此后，逐渐转向救灾、爱心救助、卫生救护培训、对台联络、无偿献血宣传等。1999 年 9 月 21 日，台湾发生 7.3 级地震，县红十字会发动捐款救灾，共送善款 102806 元。2002 年 1 月 28 日，县卫生系统开展母婴双安生命救助捐款活动，共募得善款 9000 元。2004 年 12 月 26 日，印度洋地区发生强烈地震及海啸，县红十字会开展募捐援助，募得善款 31000 元，寄往灾区救灾。2005 年 1 月 27 日，县红十字会在县卫生防疫综合大楼举行第一次“博爱送万家”救灾物资发放仪式，发放大米、棉被、花生油等价值 5 万多元的物资，慰问 61 个村的 200 户贫困户。2006 年 7 月，受 1 号台风“珍珠”影响，东山县遭受严重经济损失，县红十字会及时向上级红十字会报告灾情，中国红十字总会、厦门市红十字会及漳州灿坤实业有限公司向县红十字会捐赠衣服、棉被、大米等救灾物资，折合人民币约 30 万元，送给受灾户。2007 年 10 月 25 日，县红十字会为配合新型农村合作医疗工作，向上级红十字会及有关部门争取价值 30 万元的药品送给农村合作医疗单位。2008 年 5 月

12日，四川省汶川发生特大地震，县红十字会倡议社会各界捐款赈灾，共募集1142521元，送往灾区。

1989—2008年，县红十字会共接受捐款捐物总值241.73万元，救助10万多人。

第十一章　计划生育协会

第一节　计生协代表大会与组织机构

一、计生协代表大会

1989年5月5日，县计划生育协会第一次会员代表大会召开，选举产生理事6人、会长1人、副会长2人、秘书长3人。

1994年7月3日，县计划生育协会第二次会员代表大会召开，选举产生理事6人、会长1人、副会长2人、秘书长3人。

1999年7月15日，县计划生育协会第三次会员代表大会召开，选举产生理事5人、会长1人、副会长2人、秘书长2人。

2004年6月5日，县计划生育协会第四次会员代表大会召开，选举产生理事6人、会长1人、副会长2人、秘书长3人。

二、计生协组织机构

1989年5月16日，县计划生育协会成立，为县民政部门登记的社团组织。全县7个镇的建制村和街道居委会均建立计生协会。1997年始，在各村（居）按村民（居民）小组设立计生协会组长。2000年12月，县计生协会改为群团组织。县计生协会设理事会，由全县计生协会会员代表大会选举产生，理事会设会长、副会长、秘书长等，常务理事5～6人。常务理事实行五年一届。2004年，在经济贸易系统、东山经济技术开发区、工商个体协会等9个单位和企业建立计生协会。至2008年，全县计生协会会员2万人，其中组长605人。县计生协会工作人员3人。

附：1989—2008年曾任东山县计划生育协会负责人名单

高爱明　沈淮彬　李文喜　廖进彩

第二节　计生协主要活动

一、计生宣传活动

1989年，县各级计生协会制作宣传栏，张贴标语，印发宣传材料，宣传计划生育政策法规。还利用节假日、纪念日开展宣传活动。在人口日、中国计生协会成立纪念日期间，印发宣传材料、召开座谈会、举办演唱会开展宣传。各级计生协会理事、会员小组长和广大会员经常走访计生户，了解他们的生产、生活情况，及时掌握育龄群众的婚、孕、育等情况，宣传人口计生政策法规及优生优育优教、生殖健康知识，帮助育龄群众解决生产、生活中的实际困难，帮助计生困难户落实扶贫资金、项目，兑现优惠政策。2008年，继续开展上述宣传服务活动。

二、计生困难户帮扶活动

1995年起，全县推行计生工作三结合，每年有400户以上的计生困难户得到帮扶。1996—1998年，开展计生系列保险，全县共办理8226例，上缴保险费165.42万元。2004年6月、2006年8月，先后2

次在全县机关、企事业单位干部职工中开展为幸福工程捐款献爱心活动。第一次共筹集捐款 21.17 万元；第二次共筹集捐款 22.39 万元。2007 年，县计生协会被省计生协会、省幸福工程组委会授予幸福工程救助贫困母亲先进单位称号，获县级自筹百万幸福工程资金奖。 2008 年，全国幸福工程经验交流会在漳州市举行，东山县作《创新“企业（基地、能人）＋计生贫困母亲”的新运作模式》经验介绍，与会代表参观幸福工程协作单位东山海弘食品有限公司。至 2008 年 12 月，全县共救助计生贫困母亲 486 人，滚动投入资金 190.9 万元。

三、争先创优

2001 年起，县计生协会开展计生工作创一流及合格计生协会村（社区）活动。2004 年起，开展镇创计生工作先进，村（社区）创计生工作一流，小组创计生工作五好的“三联创”活动，促进协会工作的制度化、规范化。2008 年，铜陵镇、西埔镇、康美镇达到“创先进”标准，全县各村（社区）“双创”率 90%，“五好”小组率 30%。

2001 年，铜陵镇顶街社区计生协会被评为全国计生协会先进单位。2005 年，前楼镇岱南村计生协会被评为全国计生协会先进单位。2007 年，县计生协会被评为全国计生协会县级先进单位。

第十二章　残疾人联合会

第一节 残联代表大会与组织机构

一、残联代表大会

1990 年 6 月 20 日，召开东山县残疾人联合会第一次代表大会，与会正式代表 81 人，列席代表 67 人，特邀代表 33 人。大会审议并通过县残联工作报告、《中国残疾人联合会章程东山县实施细则（试行）》；选举产生县残联第一届主席团委员 22 人，选举主席 1 人、副主席 2 人、执行理事会理事长 1 人。

1999 年 10 月 27 日，召开东山县残疾人联合会第二次代表大会，与会正式代表 51 人，列席代表 22 人，特邀代表 15 人。大会审议并通过县残联工作报告；选举产生县残联第二届主席团委员 23 人，选举主席 1 人、副主席 4 人、执行理事会理事长 1 人、理事 2 人。

2007 年 11 月 23 日，东山县残疾人联合会第三次代表大会召开，出席会议正式代表 110 人，列席代表 21 人，特邀代表 20 人。大会审议并通过县残联工作报告。选举产生县残联第三届主席团委员 31 人，选举主席 1 人、副主席 3 人、执行理事会理事长 1 人、副理事长 1 人、理事 2 人。

二、残联组织机构

1990 年 4 月，成立东山县残疾人联合会（简称县残联），为副科级单位，配理事长 1 人、理事 2 人，有工作人员 2 人。1996 年 12 月，有工作人员 4 人。此后，各镇相继设残联组织；各建制村、街道（社区）设残联协会。

2001 年，县残联改设为正科级单位。2008 年 12 月，县残联设理事 2 人、正副理事长各 1 人，工作人员 4 人。全县有镇级残联 7 个，村、社区残协 77 个。

附：1990—2008 年曾任东山县残疾人联合会负责人名单

林文钦　何维明　陈苏英（女）

第二节 残联主要活动

一、促进残疾人就业

1991 年，全县创办福利企业 5 家，安排残疾人 87 人就业。1993—1994 年，实施《全国残疾人就业工作“八五”实施方案》，多渠道安排残疾人就业。至 1994 年 12 月，全县残疾人福利企业 18 家，职工 553 人，其中残疾人 181 人。1995 年 9 月，县政府出台《关于在全县推进按比例安排残疾人就业和实行就业保障金制度的通知》。是年，新增福利厂 2 家，安排 11 人残疾人就业；对残疾人个体户实行减免税 10%～20%的优惠待遇。1996 年，开展按比例安排残疾人就业统计调查，有 16 个单位吸纳 37 名残疾人就业。1997—2000 年，举办多期法律法规和各种实用种植技术培训班，共培训 340 人。实行抓培训带就业、助就业促脱贫办法，安置残疾人就业 18 人，个体从业 66 人。2000 年，资助残疾人参加美容美发培训和盲人按摩培训。2001—2003 年，举办残疾人种植业、手工业等实用技能培训班 4 期，培训 400 多人次，新安置就业 48 人。协助 20 多名残疾人在市福利企业就业。2004—2005 年，举办实用技能培训班 4 期，培训残疾人 200 人次。为 36 名残疾人介绍就业，组织 10 多名残疾人参加市残疾人就业洽谈会和盲人按摩培训，均被录用就业。2006—2008 年，举办电源技术、电子元件加工、电脑技能、珠绣等残疾人实用技术培训班 4 期，培训 190 多人。其中，70 多名残疾人通过洽谈会和推荐，实现就业。

二、扶助残疾人生活

1991—1992 年，县残联共募捐 16 万元扶助残疾人生活。1995 年，为全县 335 户残疾人特困户发放救济粮 10 吨。1996 年春节期间，县残联走访残疾人特困户、残疾军人、五保户等，发放慰问款 3.6 万元。第六次全国助残日期间，县卫生局组织 3 支义诊医疗队为残疾人提供义诊服务。县残联会同县妇联为全县贫困残疾人发放衣物 1.2 万件；慰问特困残疾人 357 户，发放慰问金 1.5 万元。1997—2000 年，县残联联合县教育局、县司法局、县总工会、县妇联、团县委等，开展“助残脱贫义售公益”活动，筹集扶贫资金 20 多万元。县政府制定《东山县残疾人优惠政策若干规定》，对残疾人实行多项优惠。县国税局、县地税局为残疾人个体户及福利企业减免税收。县残联开展小额信贷扶贫，扶持从事养殖业、畜养业、工商业等的残疾人贫困户，共 50 多户 35 万多元。2003 年，继续开展小额信贷扶贫，发放第二批省残联扶贫开发资金 22 万元。2005 年 12 月，协助民政部门将 993 名残疾人优先纳入农村最低生活保障线、有 1016 名被纳入城镇最低生活保障线。2006—2007 年，先后发放小额贷款 18.50 万元，扶持 28 户残疾人创业。2004—2008 年，实施安居工程，配合县民政局对残疾人危房改造、重建提供补助，累计 60 多户、20 多万元。

三、扶残助学

1999 年，县残联为 62 名贫困残疾人子女和残疾人学生发放助学金 1.4 万元，减免学杂费 800 多元。2003 年，发动社会各界开展扶残助学活动。东山敦和赈助协会资助残疾人家庭子女和残疾学生共 13 人次，学费 5000 多元；各中小学校为残疾学生和残疾人家庭学生减免学杂费共 3 万多元。2006—2008 年，配合教育部门落实“两免一补”政策，提高残疾少年儿童入学率。每年“六一”儿童节期间，与有关部门联合开展免费为残疾少儿医学鉴定办证助残助教活动。为全县近 400 名疑似残疾少儿免费体检、做残疾鉴定；对符合残疾标准的 70 多名学生办理残疾人证。配合教育局实施对特殊学校和大中专院校的残疾学生实行就学补助政策。有 1 名盲人学生和 4 名聋哑学生得到助学金（共 1 万元）。对在校残疾学生实施补助，初中生每人补助 300 元，小学生每人补助 100 元，共发放救助款 2.79 万元。实施“扶残助学金”，2008 年为 172 名低保贫困残疾人家庭子女及贫困残疾学生补助 10 多万元。

四、残疾人文体活动

1990 年，县残联延续组织残疾人开展力所能及的文体活动，如游泳、唱歌等。1991—1992 年，组织 3

名残疾人运动员分别参加省第二届残疾人运动会和省残疾人游泳比赛，获金牌6枚和银牌3枚。1996年，组织2名残疾人运动员参加省第三届残疾人运动会，获一金四银，团体总分居全市第三名。1997年，组织残疾人参加市首届残疾人文艺会演，小品《乐在盲婆家》获一等奖，诗歌《告别小平同志》获二等奖。1998年，在省残疾人田径运动比赛中，东山运动员获仰泳一金一银。同年4月在漳州市首届残疾人事业电视专题片评奖中，县残联与县广电局合作拍摄的专题片《同在一片阳光下》获一等奖。2000年，县残疾人运动员李贵顺在第五届全国残运会获得两枚自由泳铜牌。当年，李贵顺被省残联评为“热爱祖国，自强不息，十佳标兵”称号。2002年6月，在省第二届特奥会上，东山智残少年黄咪咪获田径200米第一名，100米第二名和跳远第二名。10月，东山盲人按摩师林亚生参加全国保健按摩技能竞赛，获二等奖。2003年，残疾人运动员李贵顺参加第六届全国残疾人运动会。2006年，选拔14名残疾人参加漳州市首届残疾人职业技能竞赛，获一等奖1人，获二、三等奖若干人。

第十三章　消费者权益保护委员会

第一节　消委会组织机构

1989年3月，县消费者权益保护委员会（以下简称消委会）成立，1990年，设立西埔、铜陵、杏陈、陈城等分会。2008年，县消费者权益保护委员会下设西埔、铜陵、杏陈、陈城分会。

第二节　消委会主要活动

1989年，县消费者权益保护委员会在“3·15”国际消费者权益日期间，联合县技监、县药监、县卫生、县检验检疫等成员单位，在西埔、铜陵地区设咨询服务台，宣传《福建省维护消费者合法权益条例》《东山县消费者委员会章程》《中华人民共和国消费者权益保护法》等。举办假冒伪劣商品展示会，向消费者介绍多种商品的真假识别办法。受理消费者投诉案件，为消费者挽回损失。此后，每年“3·15”国际消费者权益日均开展宣传活动，维护消费者合法权益。1995年，在西埔、铜陵设立保护消费者合法权益法规咨询服务站，并在杏陈、陈城、康美、前楼等镇市场所在地，设投诉箱。1996年，在西埔、铜陵开展无售假冒商品一条街活动，开展个体户“户户讲道德，店店无假货”活动。1997年，在县有线电视台《96315 在你身边》特别节目，解答消费者关心的问题，维护公平交易，查处不正当竞争和商业欺诈案件。1998年，以“为了农村消费者”为主题，开展“3·15”宣传；进一步规范“96315”投诉服务台，在市场、乡村、街道建投诉站（点），全县有投诉站（点）49个。2000年后，消费者投诉服务台由“96315”改为“12315”，在县有线电视台设《消费者之窗》和《12315 在您身边》等栏目，对查处的假冒伪劣、不正当竞争案件进行曝光。“12315”投诉服务台建立县、镇、村（街）三级联动网点36个，与铜陵、西埔等5个消委会分会实行联网。2004年，建立“12315”县消委会、工商所二级执法网络，在社区、村建立维权联络点29个。2005年，开展“红盾进商场”活动，在大商场建立“12315”网络联络点13个，确定联络人27人。通过与各商场建立“12315”网络联络点，及时解决纠纷。2006年，开展“2006 红盾”行动，县工商行政管理局局长现场接受群众申诉举报活动。开展诚信单位宣传工作，评出东山县昌盛茶庄等8家企业为诚信单位。“12315”消费维权服务点的建设不断加强，统一制作牌匾、台账。2008年，全县7个镇、16个社区、61个建制村、2个旅游景点、5个集贸市场、28个商场和5所中小学设“12315”消费维权服务站（点）。是年，全县受理消费申诉举报87件，为消费者挽回经济损失7.02万元。

第十四章　个私经济协会

第一节　个私协组织机构

1989 年 8 月 20 日，东山县第三届个体劳动者代表大会召开，选举县第三届个体劳动者协会成员，选举会长 1 人、副会长 2 人。县个体劳动者协会下设铜陵、西埔、陈城、杏陈、康美 5 个分会。会员共 372 人。

1996 年 6 月，县个体劳动者协会和县私营经济协会合并组成县个体私营经济组织协会，设理事长、理事等。下设西埔、铜陵、陈城 3 个分会。2008 年，县个体私营经济组织协会，下设西埔、铜陵、陈城分会。

第二节　个私协主要活动

1989—2008 年，县个体劳动者协会在个体劳动者中开展学雷锋、树新风活动，每年 3 月 5 日为集体行动日，组成便民服务队上街、上门，为群众免费修鞋、理发、修车；组织会员到养老院和五保户家，为老人理发、做家务。此外，每年开展普法学习、评比表彰、济贫解困和优惠服务等活动。2003 年，举行评选 2002—2003 年度先进个体私营企业的活动，有 50 户个体工商业户和 10 家私营企业被评为先进单位。2002 年和 2006 年，组织募捐支援闽西北地区和漳州市抗灾救灾，共捐赠 2 万多元。

第十五章　农村卫生工作者协会

第一节　农卫协组织机构

1989 年，县农村卫生工作者协会沿设（1984 年 2 月 20 日设卫生工作者协会，1988 年改称农村卫生工作者协会），核定编制 3 人，各镇设立农卫协分会。2008 年 12 月，县农卫协会会长由县卫生局局长兼任，并设秘书长、干事各 1 人；下辖 7 个镇农卫协分会。

第二节　农卫协主要活动

一、村卫生所（室）建设

1989 年，全县农村卫生所（室）11 家。此后，县农村卫生工作者协会加强对各村卫生所的指导，培训农村卫生员。1997 年，全县农村卫生所（室）117 家，从业乡医 132 人。2003 年 8—9 月，对卫生所（室）进行重新验收，审批卫生所（室）124 家，从业乡医 154 人（其中执业医师 2 人、助理医师 13 人）。

2004 年 1 月起，贯彻国务院《乡村医生从业管理条例》，对 2003 年 8 月 5 日前登记在册的乡村医生进行资格认定。全县申请认定的乡医 139 人，通过认定 125 人。对 14 名不具备认定条件的乡医由省卫生厅统一组织培训，通过考试合格，发给资格证书，并进行注册登记。同年，根据省卫生厅要求，上报陈城镇山东、山南、黄山、后崎、后姚，西埔镇顶西坑，杏陈镇磁窑，樟塘镇前马、后马、港西，康美镇西崎等

12 个村为卫生所（室）空白村。2005 年，筹建空白村卫生所。至年底，全县村卫生所（室）总数 136 家，从业人员 166 人（其中执业医师 2 人、助理医师 15 人、临时乡医 13 人）。2008 年，全县村卫生所（室）142 家，从业乡医 170 人。

二、乡村医生培训

1994 年 9 月，选派 19 名乡村医生到漳州卫生学校学习，学制二年。1995 年 9 月，委托云霄县卫生学校培训乡村医生 39 人，学制二年。经过培训和考试，部分无学历人员取得乡村医生合格证书，初中以上人员取得相当于中专水平证书。2003 年起，县农卫协会每年组织乡村医生轮训，由高、中级职称的医师为乡村医生授课。2005 年起，执行省卫生厅乡村医生培训规划，全省统一教材、统一教学方式、统一考试，每年集中学习 10 天以上。2007—2008 年，均有乡村医生参加各种形式学习，通过考试取得医学专业中专毕业证书，并参加医师资格考试，考取助理医师资格。

三、乡村医生津贴

2005 年起，县内执行省政府实行乡村医生津贴政策，平均每个建制村有 2 名乡村医生享受津贴，每人月 60 元。是年，根据省、市政府的实施意见，东山县通过对在册 125 名乡医进行考核、公示，全部被确定为发放津贴对象。

第十六章　老年人体育协会

第一节　老体协组织机构

1989 年，东山县老年人体育协会沿设（成立于 1985 年 5 月），业务由县文体局指导，配备干部 1 人。协会逐步发展各镇、村（社区）老年人体育协会基层组织。至 2008 年，全县 7 个镇均建立老体协，所有建制村和社区均建立老体协。县建立老体协活动指导中心，镇建立老体协辅导站，村、社区设老体协辅导点。全县共有辅导员 288 人，负责组织、辅导健身活动。同时成立门球、乒乓球、柔力球、中国象棋等协会，成员 350 人。2008 年，全县老年体育人口 1.8 万人，占老年人总数 55.3%。全县有门球场 5 个、柔力球场 5 个、地掷球场 2 个，有乒乓球室、棋牌室等活动场地 20 个。

第二节　老体协主要活动

1989 年，县老年人体育协会组织老年人学习、宣传法律知识，依托镇、村（社区）老体协，根据老年人的兴趣、爱好特点和生活习惯，引导老年人参加各种体育活动。此后，县老体协每年在元宵节、劳动节、国庆节、重阳节等节日开展回春医疗保健操、健身操、健身舞、广场舞表演。每年元宵节、劳动节、国庆节都举行老年人门球比赛，以及地掷球、乒乓球、中国象棋等比赛。2004 年 2 月，在县人民会堂广场召开参加全国亿万老年人健身活动展示仪式，并进行文体表演和踩街活动。2006 年 10 月，大嵊村举办首届老年人运动会，全村 4 支代表队 175 人老年运动员参加门球、地掷球、拔河、象棋、投环等 8 项比赛，市老体协主席、常务副主席、县主要领导人出席开幕式。2008 年 4 月，举办 “庆五一，迎奥运” 健步走活动，2000 多名老年人参加，县委、县政府领导人出席活动仪式。同年 9 月，举办庆奥运、迎国庆健身展示会，7 支镇代表队、教育系统代表队、老年大学代表队共 250 多人，表演拳、操、舞等文体节目。是年，东山县被评为福建省老年人健步活动先进县；朱朝忠被评为全民健身与奥运同行全国亿万老年人健步走向北京奥运会活动先进个人。

第二十二卷　法　治

1989—2008年，东山县公安部门贯彻惩治犯罪、维护稳定、服务社会方针，开展打击各类刑事犯罪活动；落实打、管、建、防、教等综合治理措施，推进社会治安综合治理；开展“破积案、抓逃犯、追赃款”“反盗窃打流窜”“反外逃、反走私、反盗窃”“打击车匪路霸和社会丑恶现象”“打黑除恶”等专项斗争，维护社会和谐稳定。加强道路交通安全管理，维护交通秩序；推进消防武警建设，加强消防安全宣传，提高全民消防意识。

县检察部门围绕“强化法律监督，维护公平正义”工作主题，履行检察职能。突出重点打击严重犯罪，不断提高办案质量和效率。刑事检察工作中，坚持依法从重从快方针，集中力量开展“严打”整治。狠抓反腐败斗争，努力查办贪污、贿赂、挪用公款等经济犯罪，依法查处渎职侵权、职务犯罪等行为。全面加强诉讼监督，促进司法公正。

县审判部门履行审判职能，加强刑事审判，坚持能调则调，当判则判，调判结合的原则，强化服务意识，严惩严重刑事犯罪，提高民商事案件审判质量。加强行政诉讼案件审理，监督行政机关依法行政，维护公民合法权利。坚持立审分开 、审执分开 、审监分开的原则，强化判决执行力度，维护法律的严肃性。

县司法行政部门认真开展普法教育，重视调解工作。充分发挥乡镇司法办公室和村（居）调解组织的作用，开展法律服务，普及法律常识，调处民事纠纷和经济纠纷，保持社会和谐稳定。

1990年，县普法办公室被中共中央宣传部、司法部评为全国普法工作先进单位。1996年，东山县被省政府评为全省严打工作先进县；2006年，被评为全省首批平安县；2006—2008年，被评为全省法制宣传教育先进县。

第一章　公　安

第一节　刑事侦查

1989年，东山县公安部门贯彻“严打”方针，开展打击各类刑事犯罪活动。是年3—4月间，开展打击“盗车”（汽车与摩托车）专项斗争，摧毁一个盗窃、销赃的盗窃团伙，抓获犯罪嫌疑人13人，缴获摩托车15辆。同年，破获广东省汕尾市一皮包公司的2名犯罪嫌疑人，诈骗县铜陵镇渔业公司加工厂和顶街水产店鱿鱼干4045公斤（价值27万多元）案件；破获西埔某水产有限公司被漳州、漳浦的朱某某、林某某等人利用假合同，诈骗鲜对虾2000公斤（价值50万元）案件。全年共立刑事案237起，破案166起，抓获违法犯罪嫌疑人475人（其中摧毁犯罪团伙1个13人）。

1991年，破获港西村台胞杨某18000美元和6250元人民币被盗案件，3名犯罪嫌疑人全部落网。1992年，破获各类刑事案件95起，其中侦破重特大案件60起，摧毁犯罪团伙2个33人，缴获赃款赃物共折人民币878.1万元。1993年，连续发生3起杀人（其中1起致死）恶性案件。县公安机关迅速侦破这3起杀人案件，先后抓获犯罪嫌疑人吴某某、林某某、黄某某归案。1994年，实施农村社会治安大整治，先后开展“打流氓、挖团伙、追逃犯”“打现行、破大案、挖团伙、追逃犯”和“打击盗窃摩托车犯罪”等专项集中统一行动，共破获各类刑事案件 77 起。其中，破获 1 个重大流窜盗窃团伙，抓获 4 名流窜犯罪嫌疑人。缴获该团伙在东山、平和、云霄等地作案 25 起盗窃的摩托车 13 辆、彩电 4 台、录像机 3 台等，总案值 15 万多元。1995 年，确定一般案件由当地公安派出所自侦，特重大案件以刑侦部门为主侦查、当地派出所协助。开展农村社会治安大整治、春季严打、百日会战、秋季“扫黄打丑”统一行动。全年立刑事案 484 起，侦破刑事案件 321 起，其中侦破重特大案件 176 起；抓获犯罪嫌疑人 241 人；摧毁犯罪团伙 18 个，抓获犯罪嫌疑人 70 人。1996 年，开展追捕在逃犯罪嫌疑人统一行动，经清理核对，全县历年在逃犯罪嫌疑人共 134 人；县委、县政府成立追逃指挥部，县公安局制定“三定三包”工作机制，各专业民警打破业务界限，通力合作，并加强政治攻势；追逃工作取得重大突破，当年有 125 名在逃犯罪嫌疑人先后被抓获或投案自首。其中，杀人、抢劫、重大盗窃的犯罪嫌疑人 43 人；漳州市公安局督办的 11 名犯罪嫌疑人抓获 10 人。1999 年，破获康美镇城垵村村民佘某发全家（5 人）食物中毒致死案件，捕获犯罪嫌疑人田某某（该犯罪嫌疑人于同年 12 月 30 日被法院判处死刑）。2000 年，破获发生在大嵊村 1 起故意杀害儿童案，抓获犯罪嫌疑人李某某。全年共立刑事案件 624 起，破刑事案件 379 起，抓获违法犯罪嫌疑人 301 人。其中，摧毁犯罪团伙 9 个，抓获犯罪嫌疑人 31 人。

2001 年 4 月起，开展严打整治专题斗争，制定《东山县公安机关严打整治专项斗争工作方案》，将西埔、铜陵及沿海区域作为重点整治地区，确定 6 个重点整治行业、7 个重点整治问题。是年，立刑事案件 755 起，破案 474 起（其中特重大案 118 起），抓获犯罪嫌疑人 368 人。其中，摧毁犯罪团伙 12 个，抓获犯罪嫌疑人 47 人。2003 年 1 月，县内发生 1 起台商被绑架案，县公安局侦破组跨越江苏、江西、福建三省八市十二县，经过 20 天连续奋战，全案告破，顺利解救台商，涉案的 5 名犯罪嫌疑人全部抓获。同年 6 月，县公安局刑事警察大队被漳州市委、市政府评为漳州市 2001—2003 年度严打整治斗争先进集体。同年 8 月，被漳州市公安局评为全市公安机关严打整治斗争百日会战先进集体。2004 年，西铜公路发生 1 起强奸（未遂）案，县公安机关侦查人员跨越闽、粤、浙三省，行程 1 万多公里，在浙江丽水市把犯罪嫌疑人张某抓获归案，并破获该犯罪嫌疑人 10 年间在闽、粤两省强奸、抢劫、盗窃几十起案件（为福建省公安厅挂牌督办）。2006 年 3 月 22 日，县公安局被省公安厅评为侦破 2004 年“7·7”强奸、抢劫、盗窃系列案专案组集体三等功。2008 年，县公安机关先后侦破“9·21”旗滨工地伤害致死案；公安部挂牌督办的“1·14”入室盗窃保险柜案；省公安厅挂牌督办的朱某某系列盗窃摩托车团伙案；市公安局挂牌督办的“5·20”抢劫、轮奸案等。全年，县公安机关共立刑事案 752 起，破案 630 起，抓获违法犯罪嫌疑人 324 人。其中，摧毁犯罪团伙 12 个，抓获犯罪嫌疑人 36 人。

1989—2008 年东山县刑事案件侦破情况表

表 22-1

年份	立案（件）		破案（件）		抓获违法犯罪嫌疑人数	其中摧毁犯罪团伙	
	合计	其中特重大	合计	其中特重大		团伙个数	人数
1989	237	116	166	75	475	1	13
1990	206	81	140	49	421	3	12
1991	214	93	169	60	167	1	3
1992	135	85	95	60	124	2	33
1993	177	129	108	65	150	16	缺
1994	326	238	263	144	251	24	91
1995	484	317	321	176	241	18	70
1996	346	193	201	83	248	23	82

续表 22-1

年份	立案（件）		破案（件）		抓获违法犯罪嫌疑人数	其中摧毁犯罪团伙	
	合计	其中特重大	合计	其中特重大		团伙个数	人数
1997	349	216	256	124	264	24	82
1998	480	264	348	148	334	24	82
1999	633	396	485	185	278	—	—
2000	624	359	379	161	301	9	31
2001	755	364	474	118	368	12	47
2002	750	81	435	48	345	7	32
2003	652	74	379	50	386	14	77
2004	576	62	290	43	250	11	38
2005	549	57	382	48	305	7	24
2006	516	55	409	47	278	—	—
2007	642	45	525	34	374	23	81
2008	752	64	630	41	324	12	36

第二节　社会治安管理

一、民用枪支、爆炸品管理

1989 年，县公安部门继续对民用枪支、爆炸品实行管理为主，打管并举的方针，堵截非法枪支、爆炸品流入县境。同时，对全县爆破员、监炮员、采购押运员进行培训和年审考核验证；对民用爆炸品购、运、存、用的环节进行监督管理，实施许可证制度，取缔无证经营易燃易爆物品商店；收缴社会上各类非法枪支弹药。1995 年，成立专业队开展枪支弹药清查收缴，查缴非法携带的钢珠手枪 2 把、气枪 3 把、子弹 9 发 、手炮 1 枚、爆炸物品 250 公斤，烟花爆竹 3000 公斤。1997 年，开展查枪治爆专项行动，全年收缴非法炸药 449 公斤、雷管 4640 枚、导火线 300 米、枪 6 支。此后，每年都开展“查枪治爆”专项活动。2004 年起，枪支、爆炸物品和烟花爆竹管理实行例查制度。当年，查缴非法炸药 126.4 公斤、雷管 143 枚、鞭炮 2210 公斤、枪 4 支、子弹 17 发。2007—2008 年，开展缉枪治爆专项行动，缴获气枪 3 支、仿真枪 12 支、子弹 5 发、管制刀具 12 把；收缴非法黑火药 12.25 公斤、硝铵炸药 236 克、土制炸药 190 克、塑料导爆管 713 米、导火索 312.7 米；查获违反烟花爆竹条例的案件 6 起，缴获非法烟花爆竹 5000 多公斤。

二、特种行业管理

1989 年，县公安部门继续对旅馆、酒楼、发廊、美容院、歌舞厅等特种行业实行治安管理；加强对行政机关、人民团体、企事业单位的公章刻制管理，完善审批程序，指定刻印户刻制。1993 年，采取打击、整顿、教育 综合管理模式，定期或不定期对全县 310 家发廊、19 家歌舞厅场所进行整顿。1995 年，采取全面检查与区域检查、公开管理与秘密侦查、专管与群治相结合的办法，对全县特种行业和公共场所进行清查整顿，查封有不良行为的发廊 36 家，拆除 86 家发廊包厢，取缔 3 家电子娱乐厅。2000 年，对全县 56 家旅馆、127 家发廊、16 家歌舞厅进行清理整顿。此后，每年均对特种行业从业单位实行年检。2005 年，贯彻落实《福建省特种行业和公共场所治安管理办法》，加强对机动车维修业、报废车辆回收业、废旧金属收购业、手机销售和维修店、旧手机回收经营点以及金银首饰加工店的治安管理，逐家进行登记、签订治安责任状。2008 年，对特种行业进行治安综合管理，全县特种行业共 407 家，其中刻印 7 家、旅馆酒楼 48 家、发廊美容院 288 家、歌舞厅 22 家、废旧物品收购业 17 家、维修店 25 家。

三、巡逻执勤与“110”联动

1989 年，县公安部门推进基层治保会和治安联防队建设，全县建立治安联防队和保安队共 73 支、人员 639 人。1995 年 1 月 1 日，县公安局在八尺门海堤设治安报警点，在铜陵、马銮湾旅游区、百亿新城等设 9 个治安岗亭；并开设“110”报警台， 加强上街巡逻执勤，提供群众告急、报警、询问、求助等服务。全年出警 325 次，抓获违法犯罪嫌疑人 133 人，协助侦破刑事案件 43 起，协查治安案件 140 起，制止流氓滋事、聚众斗殴事件 123 起。1999 年 3 月 31 日 8 时 10 分，西埔镇东埔街 1 栋 2 层木结构民房因年久失修而倒榻，户主林某父女被压。“110”接报后，巡警、西埔派出所和边防大队人员 5 分钟内即到现场，经 1 小时抢救，户主父女俩安全脱险。2001 年 11 月 22 日，通过“110”接警，县巡警、刑警大队联合行动，现场查获 2 个外县籍入室盗窃团伙，抓获犯罪嫌疑人 7 人，缴获切割刀 2 把、手电筒等作案工具；破获两团伙入室盗窃作案 10 多起。

2003 年，县公安部门在八尺门、大嵝大桥增设 2 个警务区，实行每天 24 小时值勤巡逻。在西埔、铜陵、康美、陈城等重点地区成立治安巡逻队共 26 支、人员 392 人，治安巡逻保一方平安。2008 年，县公安局“110”联动全年接出警 335 次，抓获违法犯罪人员 121 人，协助侦破刑事案件 36 起，协查治安案件 125 起，制止流氓滋事、聚众斗殴苗头事件 95 起。

四、惩治社会恶势力

1989 年后，县公安部门延续惩治社会黑恶势力，开展打击团伙犯罪、围歼车匪路霸等专项斗争。2003 年，东山经济技术开发区内发生 1 起社会黑恶势力集众闹事严重事件，县公安局设专案组对该事件进行调查取证，查获犯罪嫌疑人 43 人，其中逮捕 20 人，行政处罚 23 人，打掉这个社会黑恶势力团伙。2007 年 ，县公安机关通过调查，发现黑恶势力线索 39 条，查获恶势力团伙 4 个 33 人、涉案 26 起。其中，破获以林某某为首的涉黑团伙，抓获犯罪嫌疑人 19 人，消除该团伙在西埔湾、宫前湾等海域实施敲诈勒索犯罪活动。2008 年，县公安部门查出黑恶线索 8 条，打掉林某某等黑势力团伙 4 个，抓获团伙成员 12 人。

第三节 扫除社会丑恶

一、禁 毒

1989 年，县公安部门在开展“扫黄打丑”中查获贩毒案 1 起 8 人。1990 年，查获贩毒案 1 起 4 人，缴获鸦片 650 克（法院判刑 2 人）。1997 年，查获吸毒人员 70 人，捣毁吸毒窝点 2 个，依法处理涉案 38 人。1999 年，在全县 14 条街道居委会建立查禁毒试点工作，全年破获毒品案件 9 起，摧毁吸毒团伙 3 个，缴获海洛因 131 克，依法处理涉毒人员 23 人。2000 年 6 月 20 日，县委、县人大、县政府联合召开“珍爱生命、拒绝毒品”万人大会。此后，县内贩毒、吸毒者有所收敛。2004 年，共查获涉吸毒案 37 起，捣毁窝点 7 个，涉案人员 98 人，缴获海洛因 252.1 克。

2005 年，以铜陵、西埔地区为重点，加强整治，开展创建“无毒社区（村）”活动，全县 9 个“无毒社区”试点单位均于年底通过考评验收。全年新滋生的吸毒人数和复吸率下降。是年共破获毒品案件 7 起，查获涉毒人员 18 人，缴获海洛因 56 克，强制戒毒 12 人。2006—2007 年，破涉毒案件 15 起，抓获犯罪嫌疑人 9 人，缴获海洛因 19.4 克、氯胺酮（K 粉）9.4 克、麻黄素 167 公斤、易制毒化学品原材料高锰酸钾 590 公斤、盐酸 12.5 公斤。2008 年，继续开展涉毒调查，加强易制毒化学品管理。全年破涉毒案 19 起，逮捕起诉涉毒 3 人，劳教 5 人，强制戒毒 23 人；缴获海洛因 8.2 克、K 粉 7.2 克、盐酸 11 吨。

二、禁 赌

1989 年 9—12 月，开展扫黄打黑行动，全县查处赌博案 82 起、参赌人员 550 人。1995 年，抓赌 42 场、参赌人员 345 人。2001 年，地下“六合彩”赌博在县境蔓延，并诱发其他赌博案件不断发生。县公安机关开展打击“六合彩”赌博专项斗争，举办远离六合彩等法制讲座 43 场次，举行远离六合彩宣誓仪式 50 场次。开展统一打击行动 5 次，重点打击庄家中介者和为六合彩赌博活动提供条件者。查获涉赌案件 324 起、参赌人员 842 人。召开大型宣判会 2 场，劳教 8 人，治安拘留 188 人；经法院判刑 21 人。此后，年年保持高压打击态势。2008 年，查获六合彩骗赌活动 199 起、参赌人员 747 人。

三、禁 娼

1989 年，县公安机关查处卖淫嫖娼 27 起，抓获暗娼 52 人、嫖客 109 人；抓获播放淫秽录像 1 起、3 人，收缴黄色录像带 37 盒，黄色书刊画册 522 本。1990 年，查获卖淫嫖娼案 13 起，端掉卖淫窝点 17 个，查处卖淫嫖娼 20 起 78 人。此后，每年查获卖淫嫖娼案 20～30 起。1995 年，查处卖淫嫖娼 63 起，抓获嫌疑人 212 人。

2000 年，根据公安部“打拐”斗争部署，县公安机关先后与贵州警方协同作战，破获“1·25”特大拐骗、容留、强迫妇女卖淫案，抓获犯罪嫌疑人 8 人，解救受害妇女 15 人，全部移交贵州警方处理。

2003 年，整顿娱乐服务场所和美容行业，结合清理外来人口，开展打击卖淫嫖娼活动。全年共查处卖淫嫖娼案件 66 起、抓获嫌疑人 131 人。2006 年，查获卖淫嫖娼案 134 起。2008 年，共查处卖淫嫖娼案件 41 起。

1990—2008 年若干年份东山县治安案件查处情况表

表 22-2

年份	立案件数			查处人数				
	合计	其中		合计	治安拘留	罚款	警告	劳改劳教
		赌博	卖淫					
1990	362	43	13	361	152	342	24	
2001	919	—	38	886	179	739	55	24
2006	647	256	134	654	400	584	58	24
2007	594	178	97	517	433	866	—	—
2008	431	199	41	491	101	841	4	28

第四节　内部保卫

一、单位内保

1989 年，县各内保单位落实岗位责任制，建立安全防范机制，中小学校开展治安整顿。年内，县公安局组织开展 5 次内保单位大检查，发现不安全因素 60 条，均限期整改。翌年，县公安局对 45 个参与创建安全活动的企业进行验收，均合格。1995 年，总结金融系统“三防一保”（防火、防盗、防事故和保安全）经验，逐步推广到全县各内保单位。此后，每年均开展内保安全检查，及时发现不安全因素，督促整改。2007 年，全县开展 “平安企业建设年”活动，出台《东山县公安机关平安企业建设实施意见》《服务重点建设项目治安跟进制度》，促进企业加强平安建设，采取措施防范经济违法犯罪。至年末，县公安局检查重点企业安全 137 次，协助整改隐患 65 处。2008 年，全县有 75 家重点企业（项目）建立内保制度，并组建巡逻队 15 支。

二、专项警卫

1989年起，县公安局内部保卫部门承担重要会议、高（中）考押卷和考场、重要节日保卫等专项警卫任务。1994年8月19日和11月28日，在东山举行1994国际女子帆板冠军巡回赛，内保部门警卫到位，确保各项活动顺利完成。1995年，完成三级以上警卫10次、重要会议保卫6次、外宾保卫1次，完成高考、中考统考押卷和考场保卫5次。2008年，开展奥运治安保卫专项活动，对上级领导到东山调研和第十七届关帝文化旅游节等警卫工作，均安全、顺利完成。

第五节　户政管理

一、常住户口管理

1989年，县公安局推行人口分层次管理办法，将原由各乡镇、村管理的农业户口划归县公安派出所管理，终结非农业户口由公安派出所管理而农业户口由乡镇、村管理的格局，统一全县户口管理制度。年末，全县常住人口40619户、176558人。1991年，县公安局增设户政科，在7个乡（镇）派出所设户籍室，配户籍民警。1992年，在常住户口中换发新的“户口登记簿”，并在全县各建制村（街道）建立户口申报点，提高户口申报率；对历史遗留的县籍户口被迁往内地县份的“内迁户”和上山下乡插队回流人员的户籍进行调查、核对，落实户口入籍。当年，审查户口迁移186人，批准入户147人，办理“农转非”（农业户口转为非农业户口）275人。是年，办理换发户口本34586本。1993年，审查户口迁移44人，办理“农转非”236人。1997年，建立户政管理电脑系统，实行全县户政信息网络化管理。当年依法为失地农民办理“农转非”2170人，为农民就业提供便利。2000年，进一步加强人口自然变动和机械变动管理，提高人口统计准确性。当年，出生入户2468人，死亡注销1556人；迁出1541人，迁入1886人。2002年12月，常住户口取消农业户口与非农业户口之分，将常住户口统称为居民户口。2007年，全县办理户口变更、更正48684次，其中出生入户1768人，死亡注销336人；迁出712人，迁入612人。2008年，全县居民户口58902户、206321人。

二、居民身份证办理

1989年，县内延续办理第一代居民身份证（起于1987年7月1日，凡境内户籍公民年满16周岁，均需办理居民身份证）。至1991年6月，第一代居民身份证颁发完成。此后，居民身份证换发、临时身份证办理、居民身份证查询成为基本业务。1993年，办理居民身份证9187张。1995年，办理居民身份证3087张。2000年，根据省公安局通知，将居民身份证号码由原15位数升至18位数。至2004年，累计颁发居民身份证71295张。

2005年9月起，县境户籍居民身份证进行更新换代，当年办理第二代居民身份证13000多张。2007年，全县办理二代身份证18114张，临时身份证591张。至2008年，累计办理第二代居民身份证101340张。

三、暂住人口管理

1989年，县公安局对在县境居住3个月以上的暂住人员实行管理。1992年，办理申报暂住人口2453人。实行人来登记、人走注销的管理方式。1993年，全县设立外来人口申报点65个，协管员130人。全年登记、办理暂住证4136人，约占暂住人口90%。

1994年3月2日，执行省政府《福建省暂住人口治安管理办法》，规范管理暂住人口。1995年，县户政部门将暂住人口及租赁房屋作为管理重点。当年，核定全县出租给暂住人口的房屋有210家、暂住人口7593人。其中，应办暂住证的4003人，均办证。1998年8月1日起，执行省人大常委会颁布的《流动人口治安管理条例》，流动人口管理实行一个登记标准、一本有效证件、一个登记口径管理制度。2000年，开展《福建省流动人口治安管理条例》和公安部《租赁房屋治安管理规定》等法律法规宣传；实施流动人口管理月专项整治活动，查获取缔在百亿新城别墅区内组织的非法传销活动，遣送非法传销参训人员 1050 人（来自全国 17 个省）。同年，2 次出动民警、基层干部共 592 人次，清查旅馆 56 家、发廊 127 家、舞厅 16 家、出租房 246 间、工地厂矿 31 处，查询外来人口 2160 人次，查验暂住证 2052 张次，解救被拐骗、强迫卖淫的 4 起 8 人；抓获违法犯罪嫌疑人 11 人，破获刑事案件 1 起，查处治安案件 7 起。至 6 月 30 日，全县暂住人口 3123 人（男 907 人，女 2216 人），全部办理暂住证。2001 年 3—9 月，开展清查流动人口 66 次，检查租赁房屋 308 间，检查公共场所、单位工棚、居民住宅等 499 处；查获案件线索 6 条，破获刑事案件 3 起，查处治安案件 11 起 22 人。是年，陈城边防派出所与渔船业主签订外来人口治安责任状，实行“谁接纳雇用，谁负责；谁留宿，谁负责”制度，确保社会安全稳定。当年，全县暂住人口 4698 人。2003 年，县公安部门加强对流动人口中“三无人员”（无职业、无固定住所、无固定收入人员）管理，打击违法犯罪分子，保障流动人口的合法权益。当年，查获外来人口涉嫌犯罪 69 人。此后，检查租赁房屋，清查流动人口，管理暂住人口成为常态工作。2007 年，清查流动人口，抓获犯罪嫌疑人 8 人，抓获犯罪在逃人员 5 人，破获刑事案件 10 起。2008 年，全县暂住人口管理服务实现信息化平台操作；年末，登记暂住人口 5310 人。

第六节　出入境管理

1989 年，县公安部门继续为出入境人员办理手续提供服务。全年办理入境 1774 人次，其中新加坡入境 562 人次、日本入境 48 人次、泰国入境 29 人次，中国台湾入境 806 人次、港澳入境 297 人次。办理公民出国出境申请 162 人次，其中前往新加坡 102 人次、日本 6 人次，中国台湾 7 人次、香港 15 人次。

1991—1992 年，办理入境 7448 人次； 办理公民出国出境申请 744 人次。1995 年，办理入境 1593 人次；办理公民出国出境申请 368 人次，1997 年，县公安局依法简化出入境手续。全年接待来自 28 个国家和地区的入境人员 2510 人；审查批准公民出境出国申请人员 768 人。1999 年，登记入境 5205 人次；办理出境 849 人次。2004 年，出入境管理实行特事特办、快速办理的方式。全年受理公民出国出境申请 307 人次，批准出国出境 296 人次；入境 2396 人次，其中外国人（包括外籍华人）入境 693 人次，中国香港居民入境 288 人次、中国台湾居民入境 1415 人次。2008 年，建立境外人员入境、居留、出境管理体系，突出服务。全年登记境外人员入境 2089 人次（其中外籍入境 408 人次，中国台胞入境 1669 人次、港澳同胞入境 12 人次）；办理公民出境 1374 人次（其中出国 492 人次；前往中国香港、澳门地区 552 人次，前往中国台湾 330 人次）。

第七节　道路交通管理

一、道路交通安全宣传

1989 年，县交警大队利用墙报、标语、有线电视等开展交通安全宣传，印发宣传材料 1.2 万份，张贴标语 1676 张，出动宣传车 57 辆次；在中小学校开展交通宣传教育。此后，每年均开展交通安全宣传活动。以“进农村、进社区、进学校、进单位、进家庭”的“五进”为主渠道，以“关爱生命，文明出行”为主题，实施“文明交通行动计划”，大力倡导“社会公共文明，交通出行做起”；倡导机动车礼让斑马线、按序排队通行、有序停放、文明使用车灯、行人与非机动车各行其道、过街遵守信号等“六大文明交通行为”；开展纠正机动车随意变更车道、占用应急车道、开车打手机、不系安全带、驾乘摩托车不戴头盔、行人过街跨越隔离设施等“六大交通陋习”；坚决抵制酒后驾驶、超速行驶、疲劳驾驶、闯红灯、强行超车、超员与超载等“六大危险驾驶行为”。

1995—2008 年，县交警大队与县有线电视台联合开办《警钟长鸣》专题节目，每周三晚上播放 2 次，用发生在身边的交通案例向电视观众宣传交通法规。每年在春运安全、夏季百日安全竞赛等活动日，开展交通安全教育宣传，提高人们遵守交通秩序的自觉性。

二、道路通行设施设置

1989年后，县交警大队注重道路通行有关设施建设，设置红绿灯、隔离护栏、标志牌等。是年，建立临时小客车停靠场4处，竖立交通安全标志62个、重修11个，架设隔离护栏2段300米。至2008年，全县公路（总长258.28公里）设置红绿灯交通指挥系统6处：疏港公路径口十字路口、西埔城区新城路糖厂十字路口、电信大楼十字路口、新华书店十字路口、旧法院十字路口、东环路税务十字路口；在建红绿灯交通指挥系统4处：西埔虎山路口、铜陵恒达当行路口、城垵中路、铜陵加油站路口；在西埔城区新城路设置中间隔离护栏2.8公里，施画道路标线2693平方米，设置标志牌109套。

三、机动车辆管理

1989年，县公安交警大队延续机动车注册登记、年检、过户转移、变更、报废注销、补换牌证等管理。当年，全县机动车433辆，其中汽车395辆、摩托车38辆。此后，机动车辆逐年增多。至2008年，全县拥有注册登记机动车辆6968辆，其中汽车3335辆、摩托车3633辆。

1989—2008年东山县机动车数量一览表

表22-3　　单位：辆

年份	总数	汽车	摩托车	年份	总数	汽车	摩托车
1989	433	395	38	1999	3871	908	2963
1990	471	418	53	2000	1835	960	875
1991	591	443	148	2001	3868	1082	2786
1992	736	481	255	2002	3376	1325	2051
1993	935	536	399	2003	4391	1588	2803
1994	883	578	305	2004	5995	1878	4117
1995	1020	635	385	2005	6533	1963	4570
1996	1383	764	619	2006	5103	2398	2705
1997	1427	830	597	2007	5697	2874	2823
1998	1321	885	436	2008	6968	3335	3633

四、机动车驾驶员管理

1989年，东山县交警大队不断加强机动车驾驶员的考试、发证、审验、安全教育等管理工作，加强对机动车驾驶员安全行车考核。是年，全县有机动车驾驶员109人，其中汽车类驾驶员28人、摩托车类驾驶员81人。2000年，全县有经培训、考核合格的机动车驾驶员1600人，其中汽车类驾驶员492人，摩托车类驾驶员1108人。2001年，举办全县驾驶员安全教育培训班，进行规范交通制度教育。此后，县内经培训、考核合格的机动车驾驶员不断增加。至2008年，全县机动车驾驶员1982人，其中汽车类驾驶员1145人、摩托车类驾驶员837人。

1989—2008年东山县机动车驾驶员数量一览表

表22-4　　单位：人

年份	合计	汽车类驾驶员	摩托车类驾驶员	年份	合计	汽车类驾驶员	摩托车类驾驶员
1989	109	28	81	1991	152	90	62
1990	155	63	92	1992	230	89	141

续表 22-4

年份	合计	汽车类驾驶员	摩托车类驾驶员	年份	合计	汽车类驾驶员	摩托车类驾驶员
1993	111	57	54	2001	2564	416	2148
1994	695	259	436	2002	6895	560	6335
1995	666	282	384	2003	4639	1129	3510
1996	830	486	344	2004	3931	734	3197
1997	969	474	495	2005	2111	459	1652
1998	844	384	460	2006	1450	428	1022
1999	1327	450	877	2007	1818	856	962
2000	1600	492	1108	2008	1982	1145	837

五、路面交通管理

1989 年，县交警大队遵照“预防事故，缓解阻塞，综合治理，安全畅通”的方针，对路面交通秩序进行管理。查处机动车随意变更车道、占用应急车道、不系安全带、酒后驾驶、超速行驶、疲劳驾驶、闯红灯、强行超车、超员与超载、行人过街跨越隔离设施等违规行为；查处无牌证机动车等。1989—1990 年，检查机动车辆累计 13031 辆次，纠正违章 4845 辆次，记车扣证 200 人次，依法治安拘留 24 人。 1991 年 1 月起，县交警大队对路面交通秩序管理，实行“三定一包”（定人员、 定时间、定路段、包任务）责任制考评制度。当年，在漳州市交警系统春运安全、夏季百日安全竞赛评比中，均获全市第一名。此后，“三定一包”责任制成为路面交通秩序管理考评办法长期推行。1992 年，纠正违章车辆 9575 辆次，记车扣证 207 人次，依法治安拘留 10 人，记证处理 1037 本，罚款 30 多万元。2001 年，开展道路交通整治活动。全年查扣无牌证机动车 4730 辆次，强制报废机动车 441 辆。2003 年，开展整治无牌无证摩托车和“黑车”行动，并强制其解体报废。至 2005 年，全县共强制解体报废无牌、无证摩托车共 9 批、2069 辆。2008 年，在“西铜公路”建设中，制定《关于保障西铜公路公共设施和交通安全措施》，加强沿途 12 公里道路巡查，确保无重特大交通事故。

六、交通事故处理

1989 年，县交警大队设立“122”交通报警服务台，负责接报、处理交通事故。1990 年，全县发生交通事故 27 起，死亡 13 人、伤 8 人，直接经济损失 4. 1 万元。1995 年，全县发生交通事故 35 起，死亡 12 人、伤 25 人，直接经济损失 23 万元。2000 年，县内发生交通事故 205 起，死 21 人、伤 231 人，直接经济损失 44. 8 万元。2004 年 5 月 1 日起，执行公安部新发布的《交通事故处理程序规定》。2008 年，县内发生交通事故 28 起，死 14 人、伤 28 人，直接经济损失 0. 3 万元。

1989—2008 年东山县交通事故统计情况表

表 22-5 单位：万元

年份	事故起数	死亡人数	受伤人数	直接经济损失	年份	事故起数	死亡人数	受伤人数	直接经济损失
1989	41	9	16	4.00	1995	35	12	25	23.00
1990	27	13	8	4.10	1996	63	13	61	28.00
1991	24	3	8	3.80	1997	48	7	50	2.9 0
1992	17	1	29	9.70	1998	36	11	45	22.40
1993	18	6	17	6.70	1999	54	7	42	29.00
1994	28	14	29	8.50	2000	205	21	231	44.80

续表 22-5

年份	事故起数	死亡人数	受伤人数	直接经济损失	年份	事故起数	死亡人数	受伤人数	直接经济损失
2001	292	13	135	11.00	2005	47	16	57	15.80
2002	101	20	103	11.20	2006	27	16	26	—
2003	70	12	83	9.50	2007	22	14	26	—
2004	47	20	53	6.70	2008	28	14	28	0.30

第八节　消防管理

1989 年，武警县消防大队继续执行“预防为主，防消结合” 的消防管理方针，开展安全防火大检查，及时发现隐患，督促整改；加强消防防火演练，提高应急处理能力。1991—1992 年，全县 94 个单位建立健全安全保卫机构，开展“百日防火安全”活动。两年间，全县发生火灾 23 起，经济损失 49.3 万元。1995 年，对全县骨干企业、重点单位、公共场所及易燃易爆化学物品、易燃简搭盖建筑进行检查，消除隐患。1998 年 9 月 1 日，根据《中华人民共和国消防法》和《福建省消防条例》，开展建筑工程项目和建筑装修工程消防设计审核与验收，对工程建设消防安全项目实行一票否决权。此后，每年按规定办理建筑项目消防设计的审批和验收。2001 年，县消防部门开展生产企业消防安全检查，发现隐患，及时督促整改。2004 年，办理建筑工程项目消防安全设计审批 26 个，验收 3 个。

2005 年起，开展娱乐等公共场所消防安全检查。是年春检查娱乐等公共场所消防安全 57 家，下发《责令限期整改通知书》57 份，提出整改意见 228 条。在夏季复查中，查出 4 家公共场所违反消防法规，责令其整改并作出行政处罚(共罚款 4000 元)。年内，开展生产企业消防安全检查，并组织企业消防人员进行培训，全年举办行业消防知识讲座 26 场次，培训企业消防人员 3500 多人次，在铜陵油库组建县内第一支专业消防队。此后，每年开展生产企业和公共场所消防安全检查成为常态，有效地遏制火灾发生。2008 年，县内发生火灾 1 起，经济损失 0.13 万元。

1989—2008 年东山县火灾事故统计表

表 22-6　　单位：万元

年份	火灾起数	死、伤人数	直接经济损失	年份	火灾起数	死、伤人数	直接经济损失
1989	6	0	1.36	1999	3	2 伤	5.36
1990	7	0	13.00	2000	4	0	4.30
1991	13	0	17.70	2001	4	0	10.10
1992	10	1 伤	31.60	2002	2	1 死	3.20
1993	13	6 伤	35.50	2003	1	0	8.60
1994	12	4 伤	66.20	2004	1	0	4.60
1995	10	0	115.17	2005	1	0	1.10
1996	13	0	46.99	2006	1	0	0.10
1997	7	0	64.70	2007	2	0	13.10
1998	5	0	1.80	2008	1	0	0.13

第九节　预审看守

一、设施

1989年，仍设县看守所、拘留所，占地面积1500平方米，有监房14间。

1998年春，建县看守所、拘留所新址，占地面积24672平方米，建筑面积4594平方米；有办公楼1座、监房18间，投资700多万元。当年9月，迁入使用。

二、看守管理

1989年，县看守所进一步完善岗位责任制，落实监房防范措施，加强文明管理。1995年，开展“防事故、保安全”百日竞赛活动。至2004年，县看守所皆无发生重大事故。2005年，县看守所被福建省公安厅授予深挖犯罪工作先进集体称号。2007年，武警县中队介入监区出入管理。至2008年年末，监所无事故发生。

第十节　场所管理与保安服务

一、场所管理

2005年1月，县公安局开始对从事上网服务营业场所实行管理和信息安全审核，承办一般网络违法案件。在对互联网管理中，用正确导向引导网上言论。2007年，在各营业网吧安装“平安通”视频系统，实行24小时管理。同年11月，发现并查处违规网吧6家，其中令其停业整顿3家，纠正违章网吧12家，查处有害信息150条次，抓获网上逃犯2人。2008年，全县24家营业网吧均安装“平安通”视频系统，县公安部门实行网上24小时巡查，增强互联网安全管理。

二、保安服务

1993年5月，组建东山县保安服务公司，隶属县公安局，负责为行政机关、企事业单位提供保安服务，主要项目有金融押运、单位守护等。当年，派出保安员65人，服务单位36个。1995年2月，县保安服务公司实行独立经营，并更名为漳州市保安服务公司东山分公司。年内，公司派出保安员32人，服务单位21个。是年，服务项目主要有监刻公章私章、银行现金押运、单位守护、巡逻等。2008年，县保安服务公司派出保安员75人，服务单位41个。

第十一节　森林案件查处

1989年，县森林公安机关继续贯彻“预防为主、以打促防、打防结合、标本兼治”方针，打击破坏森林资源违法行为。此后，每年重点打击盗伐、乱砍滥伐林木、纵火烧林、违法乱占林地等违法行为。至2008年，全县累计查处林业行政案件511起550人次。2000—2008年，县内林业刑事案件立案共18起，依法拘留31人。批准逮捕7起13人；经法院判刑7起13人。其中，犯盗伐林木罪3起5人，盗窃罪2起4人，失火罪1起1人，非法狩猎罪1起3人。

第十二节 边防管理

1989 年，东山公安边防部门延续对沿海各类停靠船只实行管理并提供补给、维修、救灾等服务。同时，开展对走私、偷渡外逃案件查处。同年 10 月，在大埕湾海域截获走私船 1 艘，查获走私香烟 381 件，案值 100 多万元。

1990 年，东山公安边防部门管理服务台轮 229 艘次、1156 人次。同年，管理全县各类船舶 1540 艘。其中，渔船 924 艘、运输船 60 艘、农副业船 556 艘。审验船舶户口本 974 本、边防登记簿 518 本、船民证 6513 张。1990—1992 年，共查获海上走私 19 起，查获外国高级香烟 23.99 万条、国家一级保护动物 15 只、二级保护动物 6 只、其他文物 29 件、鸦片 1650 克，总案值 1146 万元；查获走私汽车 4 部、船只 17 艘；查处走私案犯 104 人。1992 年，查获偷私渡案件 5 起，涉案共 14 人。1993 年，在东山县兄弟岛海面查获广东籍走私渔船 1 艘、走私摩托车 67 辆，案值 13 万元。

1995 年，在管理的各类船舶中，审验船舶 1362 艘、渔船民 5829 人，换发新版船民证 5600 本、临时证 520 本，审验换证率 95%。1996 年 9 月 9 日凌晨，东山边防部门在东门屿截获 1 艘由福州籍“蛇头”组织的偷渡日本船只，查获偷渡人员 50 人。

2000 年，在打击走私行动中，于杏陈地区查获走私红油 7.2 吨，涉案人员 14 人。2001 年，审核渔船 2165 艘，年审率 95%；审核渔民证 7402 人，年审率 98%；审核批准外派劳工 12 批、132 人。2002 年，针对东山、诏安、云霄交界海域开发利用中存在的纠纷问题，开展海上社会治安综治行动。收缴非法雷管 107 枚、自制手炮 82 枚、导火索 4.8 米，为沿海经济建设创造平安环境。同年，管理服务台轮 1245 艘次、4585 人次。

2005 年，东山公安边防部门加强对县域偏僻港口、重点海岸线、交通要道巡逻检查，共出动 1693 人次、车辆 423 辆次，检查各类船舶 780 艘次、车辆 700 辆次、外来人口 2620 人次。同时，救助遇险船只 10 艘、渔船民 68 人，挽回直接经济损失 280 多万元。2006 年 9 月 30 日晚，在漳浦古雷至东山东门屿海域截获走私船“奥陆 29948 号”船和“闽东渔下 652 号”船，共查获走私柴油 40 吨。

2006—2008 年，对要登陆的台轮人员及台胞给予办理“登陆证”。每年管理服务台轮近千艘次，为台轮人员办理“登陆证”。2008 年，东山公安边防部门巡逻检查海域、岛屿、港口、码头、仓库等场所 2184 场次；检查各类船舶 835 艘次。年内，查获无合法手续贩运成品油案 1 起 8.6 吨，贩运走私盐 9 起、共 132 吨。

第十三节 机 构

1989 年，东山县公安局配局长 1 人、政委 1 人、副局长 2 人，内设秘书、政工、政保、内保、治安、外事、预审等科，直辖刑警队、看守所、治安拘留所、拘役所及林业公安，下辖铜陵分局、西埔、杏陈、陈城、康美、樟塘、前楼等 6 个派出所及交警大队。1991 年，增设户政科。1992 年，增设法制科、三资科和行政科。1994 年 7 月，刑警队升格为刑警大队（副科级），下设第一、第二、技术、刑事责任和综合等 5 个中队。同年 9 月，增设监察室；组建巡警大队（副科级），下设西埔、铜陵中队，并设“110”报警台、八尺门海堤治安报警点及铜陵、马銮湾旅游区、百亿新城等 9 个治安岗亭。1996 年 8 月，设金銮湾派出所（治安管理）。1997 年 7 月，撤销预审科，其职能由法制科和刑警大队负责，实行“侦审合一”。同年 12 月，改设东山县公安局林业分局。1999 年 6 月，改称东山县公安局森林分局。2002 年，政保科更名国内安全保卫大队（副科级），增设经济警察大队（副科级）。2003 年，增设经济技术开发区派出所和八尺门、大嵖大桥警务区；户政科更名户政管理中心，治安科更名治安大队（副科级），行政科更名装备财务科，办公室和政工科升格为副科级。同年，撤销内保科、三资科。2005 年 1 月，增设网络公共信息安全监察科、缉毒大队，铜陵分局改设铜陵派出所。

2008年，县公安局配局长1人、政委1人、副局长2人；内设政工室、警备保障室、监察室、指挥中心、户政管理中心，直辖国内安全保卫大队、刑事侦查大队、交警大队、治安管理大队、法制大队、经济犯罪侦查大队、出入境管理大队、禁毒大队和县看守所、县拘留所，下辖西埔、铜陵、康美、樟塘、杏陈、前楼、陈城、开发区、金銮湾9个派出所及公安森林分局。

第二章 检 察

第一节 刑事检察

一、审查批捕

1989年，东山县人民检察院从严惩处严重经济犯罪案件，监督公安机关依法办事，从重从快打击严重刑事犯罪活动。全年受理自侦部门提请批准逮捕犯罪嫌疑人9人，审查后批捕8人（贪污2人、受贿6人）；受理公安机关提请批准逮捕犯罪嫌疑人49人，审查后批捕41人（其中追捕1人）、不捕1人、移送漳州市检察院审查批捕犯罪嫌疑人3人、公安机关自撤1人、退回补充侦查3人；提前介入公安机关案件侦查27件，与公安机关配合勘查现场，分析案情，提前做好物证、人证及相关资料。县检察院对公安机关立案侦查工作实施监督，发现错误，及时纠正。1994年，在2次参加全省统一组织的"拉网"行动中，抓获一批违法犯罪嫌疑人，清理积案18件42人；纠正公安机关侦查中存在问题12次、案件定性6件；退回补充侦查5件7人。1995年，受理刑事案件94件95人；其中批捕93件，犯罪嫌疑人94人；不捕1件1人。1999年，配合开展全国"追逃犯"专项斗争，联合有关部门利用广播、电视、宣传车、宣传栏等媒介开展政策宣传，形成"追逃"严打氛围；与有关部门密切协作，抓获批捕携款潜逃的犯罪嫌疑人林某某；破获一起重大盗窃摩托车犯罪团伙。此后，开展反盗窃、打拐禁娼、打击车匪路霸、"打流氓、破团伙、清积案、追逃犯"等专项斗争中，又快又准审查批捕，有力打击刑事犯罪分子。2000年，受理刑事案件77件104人，其中批捕67件，犯罪嫌疑人90人；不捕10件14人。

2001年，坚持重特大案件提前介入，快审快捕。当年，受理曹某某、曾某某、崔某某跨省流窜抢劫案和何某某杀人焚尸案，县检察院提前介入，了解并掌握案情，对案件证据提前把关，在公安机关报捕时及时批准逮捕，有力打击犯罪分子。2002—2008年，每年受理批捕案件50～80多件。

2008年2月29日至3月2日，县内发生部分群众因反对"PX项目落户漳浦古雷"而引发的聚众扰乱交通等事件，严重危害社会稳定。县检察院及时介入案件侦查，引导取证，对涉案人员区分对象，对组织、指挥的4名犯罪嫌疑人和积极实施打砸行为的12名犯罪嫌疑人及时作出批捕。全年，受理刑事案件68件107人，其中批捕66件，犯罪嫌疑人105人；不捕2件2人。

1989—2008年东山县人民检察院审查批捕案件统计表

表22-7

年份	受理		批捕		不批捕		公安自撤	
	件数	人数	件数	人数	件数	人数	件数	人数
1989	52	58	50	49	1	1	1	1
1990	56	65	51	59	4	5	1	1
1991	65	75	60	66	3	3	2	6

续表 22-7

年份	受理		批捕		不批捕		公安自撤	
	件数	人数	件数	人数	件数	人数	件数	人数
1992	33	38	33	38	—	—	—	—
1993	47	57	45	55	1	1	1	1
1994	83	120	81	115	2	5	—	—
1995	94	95	93	94	1	1	—	—
1996	132	211	120	193	8	8	4	10
1997	69	110	68	106	1	4	—	—
1998	62	141	61	140	1	1	—	—
1999	57	72	53	68	4	4	—	—
2000	77	104	67	90	10	14	—	—
2001	86	108	83	102	3	6	—	—
2002	72	111	72	109	—	2	—	—
2003	77	142	76	140	1	2	—	—
2004	54	97	53	96	1	1	—	—
2005	57	78	55	73	1	2	1	3
2006	62	87	52	74	6	9	3	4
2007	72	102	69	99	3	3	—	—
2008	68	107	66	105	2	2	—	—

二、审查起诉

1989 年，县检察院审查起诉（公诉）部门共受理公安机关和自侦部门移送审查（起诉、免诉）案件 49 件，犯罪嫌疑人 61 人。审查后，起诉到法院 36 件，犯罪嫌疑人 45 人，决定免诉 13 件 16 人。起诉到法院的案件经审理都作有罪判决。审查起诉平均办案时限 7 天。县检察院在审查起诉工作中对法院审判工作进行检察。1992 年，对法院在认定事实、适用法律、刑期计算方面的错误提出口头纠正意见 12 次；对 1 起错判的案件，提出抗诉。抗诉件得到上级法院的重视和采纳，以抢劫罪改判被告人有期徒刑 3 年。1993 年，县检察院对免诉人员定期进行回访考察。当年，对 16 名免诉人员进行回访考察，对其中表现好的 12 名解除帮教。同年，新成立 6 个帮教小组，对 9 名免诉人员落实帮教措施，督促转化。

1995 年，出庭支持公诉 67 次，顺利办理全市第一起侵占罪案件，被市检察院记集体三等功。全年送审查起诉案件 90 件，犯罪嫌疑人 121 人，审查后，起诉到法院 75 件，犯罪嫌疑人 103 人；免于起诉 3 件 3 人。移送市院起诉案件 12 件，犯罪嫌疑人 15 人。1999 年，县检察院以提高诉讼效率，实行诉讼经济原则为目的，依法建议并经法院同意实行适用简易程序审案。是年，实行简易程序审案 29 件，占起诉总案件数的 50%。此简易程序办理案件的做法在全省推广。

2000 年，按照打击、监督、预防和保护的要求，办好职务犯罪案件的审查起诉。全年送审查起诉案件 72 件，犯罪嫌疑人 93 人，审查后，起诉到法院 64 件，犯罪嫌疑人 83 人；免于起诉 1 件 1 人。移送市院起诉案件 7 件，犯罪嫌疑人 9 人。2005 年，审查起诉案 66 件，犯罪嫌疑人 96 人，审查后，起诉到法院 62 件，犯罪嫌疑人 90 人；不起诉 1 件 1 人；移送市检察院起诉案件 3 件，犯罪嫌疑人 5 人。2006 年，针对公安机关在办理盗窃案件时只注重打击盗窃犯罪而忽视销赃犯罪的问题，加强对销赃犯罪的追诉。

2008 年，建立公诉引导取证制度，完善公诉工作机制，加强对公安机关和检察院自侦部门的取证引导。

是年，县检察院审查起诉部门送审查起诉案件 107 件，犯罪嫌疑人 179 人，审查后，起诉到县法院 103 件，犯罪嫌疑人 173 人；不起诉 1 件 1 人；移送市检察院起诉案件 3 件，犯罪嫌疑人 5 人。

1989—2008 年东山县人民检察院审查起诉案件统计表

表 22-8

年份	受理		起诉（含上年积件）		免于起诉		不起诉		移送市检察院	
	件数	人数	件数	人数	件数	人数	件数	人数	件数	人数
1989	49	61	36	45	13	16	—	—		
1990	52	72	42	56	6	7	—	—	3	8
1991	49	64	44	55	5	9	—	—	—	—
1992	40	56	34	46	4	8	—	—	—	—
1993	38	53	27	39	6	9	—	—	5	5
1994	70	110	57	90	9	10	—	—	4	10
1995	90	121	75	103	3	3	—	—	12	15
1996	185	239	126	180	58	58	—	—	1	1
1997	71	106	68	98	—	—	—	—	3	8
1998	87	118	83	112	—	—	1	2	4	4
1999	59	73	54	65	—	—	1	1	4	7
2000	72	93	64	83	—	—	1	1	7	9
2001	86	109	79	98	—	—	2	2	5	9
2002	72	104	67	99	—	—	2	2	3	3
2003	76	134	65	114	—	—	5	7	6	13
2004	81	138	74	127	—	—	2	2	5	9
2005	66	96	62	90	—	—	1	1	3	5
2006	98	127	96	123	—	—			2	4
2007	101	156	97	147	—	—	2	2	2	7
2008	107	179	103	173	—	—	1	1	3	5

说明：1997 年起，取消免于起诉制度

第二节　经济检察

1989 年，县检察院经济检察（反贪污贿赂）部门共受理各类经济案件 22 件、26 人，审查后立案 18 件，犯罪嫌疑人 22 人。其中，受贿 11 件，犯罪嫌疑人 12 人；贪污 3 件，犯罪嫌疑人 3 人；偷税 1 件，犯罪嫌疑人 1 人；投机倒把 1 件，犯罪嫌疑人 3 人；诈骗 2 件，犯罪嫌疑人 2 人；挪用公款 1 件，犯罪嫌疑人 1 人，共为国家和集体挽回经济损失 70 万元，直接追赃 45 万元。1990 年 5 月，根据群众举报，查出陈城镇社企办施某某利用职务之便，非法盗卖走私盐，获利 10 万元和虚报冒领公款 7 万多元的贪污案。此后，县检察院及时搜集举报信息，交专人审查，经集体讨论，检察长批准，精心组织，开展立案侦查工作。1995 年，先后查处康美镇东沈湾经济开发公司出纳员沈某某贪污 4.9 万元和铜陵建筑材料厂苏某某伙同林某某等 4 名犯罪嫌疑人贪污 1.5 万元的贪污案。全年受理经济案件 30 件 32 人，立案 12 件，犯罪嫌疑人 13 人。移送起诉 10 件，犯罪嫌疑人 11 人；移送免诉 1 件 1 人。1997 年，相继查处县木材公司采购员胡某某受贿 9000 元；铜陵渔业第八公司陈某贪污 1.95 万元；西埔派出所林某某侵吞联防款 8700 元；向阳盐场土地所李某某贪污 29960 元等案件。是年，还查处非法吸收公众存款罪案件 4 起，总金额达 838 万元。1998 年，查处县矿产资源开发公司黄某某利用职便，贪污公款 40 多万元案，并从中挖出该公司会计黄某某、李某 2 起贪污窝案。2000 年，受理经济案件 18 件，立案 7 件 7 人。移送起诉 7 件，犯罪嫌疑人 7 人。2002 年，重点查处国家工作人员贪污、挪用公款参与“六合彩”赌博案件。如：查处县军粮供应站会计孙某某利用其担任会计及保管单位公章等之便，贪污公款 27.62 万元，用于赌博“六合彩”一案。2004 年，立案侦查经济案件 3 件，犯罪嫌疑人 5 人，追回赃款 12.99 万元上缴国库。分别是：樟塘镇古港村村委会叶某某挪用公款 5 万元；县殡仪馆李某某和出纳员林某某共同贪污公款 5.05 万元；县新华书店张某某、谢某某贪污公款 2.94 万元。2008 年，县检察院经济检察部门受理经济案件 10 件 16 人。经初查后，立案经济案件 3 件 6 人，其中贪污 1 件，犯罪嫌疑人 4 人；受贿 2 件，犯罪嫌疑人 2 人（副科级涉案人员 1 人）；移送起诉 2 件，犯罪嫌疑人 5 人。通过办案，为国家挽回经济损失 48 万元。

1989—2008 年东山县人民检察院经济检察案件统计表

表 22-9

年份	受理案件		立案		移送起诉		移送免诉		移送不诉	
	件数	人数	件数	人数	件数	人数	件数	人数	件数	人数
1989	22	26	18	22	3	3	11	14	1	1
1990	16	21	10	14	4	4	6	10	5	5
1991	16	19	8	9	2	2	4	5	—	—
1992	14	15	9	10	2	2	6	7	—	—
1993	17	23	10	13	6	8	3	4	—	—
1994	28	29	16	17	10	10	5	6	—	—
1995	30	32	12	13	10	11	1	1	—	—
1996	26	28	9	9	5	5	3	3	—	—
1997	32	34	12	12	9	9	—	—	1	1
1998	30	30	9	9	—	—	—	—	—	—
1999	14	15	3	4	—	—	—	—	—	—
2000	18	—	7	7	7	7	—	—	—	—
2001	21	28	5	8	5	8	—	—	—	—
2002	13	14	5	6	4	5	—	—	—	—
2003	15	—	4	4	—	—	—	—	—	—
2004	17	—	3	5	—	—	—	—	—	—
2005	15	—	4	6	—	—	—	—	—	—
2006	9	—	4	6	4	6	—	—	—	—
2007	18	—	5	6	5	6	—	—	—	—
2008	10	16	3	6	2	5	—	—	—	—

第三节　法纪检察

一、案件查处

1989 年，县检察院法纪检察（反渎职侵权）部门查处重大责任事故 5 件 6 人，其中查处非法拘禁 1 件 1 人，查处重婚 2 件 4 人。全年受理法纪案件 8 件 11 人，立案查处 3 件 5 人。此后，每年都受理查处反渎职侵权案件。1995 年，查处省机电制冷安装分公司电焊工林某某违章作业导致火灾，造成某企业直接经济损失 73 万多元的重大责任事故案。全年，受理法纪检察案件 12 件 14 人，立案 8 件 10 人，其中移送起诉 3 件，犯罪嫌疑人 4 人；移送免诉 5 件 6 人。1998 年，查处县法院审判员翁某某民事枉法裁判案，为全市立案查处的第一起民事枉法裁判罪案件。2000 年，立案查处渎职侵权案 2 件，犯罪嫌疑人 2 人，并移送起诉。2001 年，查处东山海关货证科汤某某利用职便放纵走私导致国家税收损失 375 万元案。2005 年，在初查案件中发现县烟草部门没有将涉嫌非法经营罪的案件移送公安机关办理，即将该案件线索移送县检察院侦监部门立案监督，公安机关对该案犯罪嫌疑人董某某立案侦查，并移送起诉。2008 年，县检察院法纪检察部门加大办案力度，主动寻找和获取案源线索。同年 7 月，反渎局与反贪局联合办案，查处县看守所原所长詹某某违法办理林某某监外执行案，所有涉案人员均被移均送相关部门作党纪政纪处分。全年受理法纪检察案件 5 件，立案 1 件 1 人，移送起诉 1 件 1 人。

二、反渎职侵权宣传

2007 年、2008 年每年 5—6 月，县检察院法纪检察部门开展反渎职侵权宣传月活动，成立宣传领导小组，利用县有线广播电视、手机短信、墙报、期刊等形式开展反渎职侵权宣教。向县内移动手机用户发送反渎职侵权宣传短信 8 万余条；编辑《预防导报》（2 期）共 2000 多份和宣传材料 1800 多份，分发到全县各机关、企事业单位。在县海洋与渔业执法大队、县税务、县烟草等经济部门举办反渎职侵权法律讲座，听讲者 200 多人，接受法制教育。

1989-2008 年东山县人民检察院法纪检察案件统计表

表 22-10

年份	受理案件		立案查处		移送起诉		移送免诉		移送不诉	
	件数	人数	件数	人数	件数	人数	件数	人数	件数	人数
1989	8	11	3	5	1	2	2	3	—	—
1990	6	16	—	—	—	—	—	—	—	—
1991	4	5	2	2	1	1	1	1	—	—
1992	4	4	1	1	—	—	1	1	—	—
1993	7	8	1	1	1	1	—	—	—	—
1994	10	14	3	5	3	5	—	—	—	—
1995	12	14	8	10	3	4	5	6	—	—
1996	6	7	2	2	1	1	1	1	—	—
1997	9	9	2	2	2	2	—	—	—	—
1998	2	2	1	1	1	1	—	—	—	—
1999	0	0	0	0	0	0	—	—	—	—
2000	3	3	2	2	2	2	—	—	—	—

续表 22-10

年份	受理案件		立案查处		移送起诉		移送免诉		移送不诉	
	件数	人数	件数	人数	件数	人数	件数	人数	件数	人数
2001	3	3	1	1	—	—	—	—	—	—
2002	3	3	1	1	—	—	—	—	—	—
2003	4	4	1	1	—	—	—	—	—	—
2004	10	10	1	1	—	—	—	—	—	—
2005	4	4	—	—	—	—	—	—	—	—
2006	3	3	1	1	1	1	—	—	—	—
2007	3	3	1	1	—	—	—	—	1	1
2008	5	5	1	1	1	1	—	—	—	—

第四节　监所检察

1989 年，监所检察部门继续加强对看守所的检察，防止收押人员自杀事件的发生，打击牢头狱霸；对遵守监规、积极改造有悔罪表现的罪犯，与看守所共同提出对其减刑报告（由法院裁定减刑）。当年，制止 9 名收押人员自杀事件；对 2 名表现好的罪犯，报由法院裁定，各减刑 3 个月。1993 年，通过检察向有关部门发出纠正违法通知书 1 份、口头纠正违法 28 人次；检察应收监未收监 5 人；敦促纠正超期收审羁押 27 人次。1996 年 2 月，迅速查处监所收审人员入狱不足 1 小时即被殴打致死案件。公、检、法部门与监所通力合作迅速查清案情，遂以故意伤害致人死亡罪将犯罪嫌疑人王某某逮捕起诉。1998 年，开展看守所检察规范化建设。实行每月 10 日召开看守所、武警、驻所检察室联席会议和每月 7 日作为所长、科长接待人犯家属控告、申诉日制度；建立严防超期羁押监督电脑管理系统，坚持羁押到期 7 日前提示，3 天前催办制度。实行驻所检察室每天有 2 名干警值班，每月驻所办公 24 天以上制度；实行重大节日 24 小时值班制度，并建立与人犯谈话谈心教育制度，监所科长每月向在押人员上法制课 1 次。

2005 年，开展减刑、假释、保外就医专项检查，对监外执行罪犯的刑罚执行确保落实并得到有效监督。2007 年，执行中央综治委办公室等单位《关于开展核查纠正监外执行罪犯脱管、漏管专项行动的意见》，对 2004 年 7 月 1 日至 2007 年 6 月 30 日所有监外执行罪犯的监管情况进行核查，并建立监外执行罪犯管理档案。2008 年 11 月，县检察院驻监所检察室被最高人民检察院评为二级规范化派驻检察室。

第五节　民事行政检察

1994 年，县检察院成立民事行政检察科，建立民事行政检察申诉件接报、审查、转办、初查、移送、存档制度和重大情况报告制度。1995 年，接受民事申诉件 10 件，其中受理 4 件，及时办结。1996 年，民事行政检察科接受申诉件 7 件，受理 3 件，其中建议提请抗诉 1 件。1997 年，受理申诉案件 7 件，其中建议提请抗诉 1 件。陈某某以刘某某和陈某某共有的房屋为抵押担保，向东山县仝发典当行借款 3 万元，贷款合同书注明共有人陈某某已故。法院判决认定该担保抵押关系无效，将过错责任全由刘某某承担，判处刘某某承担陈某某借款 3 万元连带赔偿责任。接案后，民事行政检察部门反复核查证据发现：一是该案借款合同的主合同无效，典当行应承担主要责任；二是该案抵押担保合同无效，典当行、刘某某、陈某某三方均应承担责任；三是本案合议庭组成人员均系原告典当行的股东。据此认定该案明显有错，遂向漳州市检察院建议提请抗诉，市检察院采纳后向省检察院提请抗诉。该案公正办理后，社会反响很好。

2000年，县检察院制定《办理民事行政申诉案件实行公开审查程序的规定》；与县司法局联合制定《民行案件律师代理申诉制度》。2002年，进一步规范民事行政检察机制，对符合抗诉条件的给予立案，建立“个人审查，集体讨论，检察长决定”的办案制度，严把证据关。2004年，受理申诉案件3件，经审查立案1件。2005年，受理申诉案件12件，审查后立案2件；向县法院及有关行政执法部门发出检察建议8件（均得到书面回复）、执行和解2件、息诉2件。2008年，县检察院受理申诉案件9件，立案1件；办理刑事附带民事诉讼2件；向县法院发出民事执行检察建议10件。是年，通过办案，为国家挽回经济损失87573元。

第六节　控告申诉检察

1989年，县检察院受理群众来信来访48件，其中自行查办18件，转有关部门查处30件；及时妥善处理5起矛盾即将恶化的“告急”信访，平息事端。1990年，受理群众来信来访49件，其中经济举报39件，初查后立案6件6人，其中逮捕4件，犯罪嫌疑人4人，为国家和集体挽回经济损失65877元。1992年，开展重婚纳妾专项治理。县检察院对情节严重、影响极坏的3件重婚案件的人员进行逮捕法办。1995年，受理申诉类案件94件，其中自行查办16件，转有关部门处理78件。2000年，受理群众来信来访93件，其中自行查办81件，转有关部门查处12件。2001年，控申部门举报中心收到群众举报公安部门没有对一起强奸案件立案侦查的信件。经3天查访，掌握犯罪嫌疑人涉嫌强奸犯罪的事实和证据。将该案件移送批捕部门立案监督，2名犯罪嫌疑人被法办。2005年，受理申诉类案件共59件，其中自行查办48件，转有关部门处理11件。2006年，控申部门配合民事行政部门对1起恶意串通侵害他人利益的申诉件进行调查。在查清事实后，向法院提出再审检察建议被采纳。法院经再审撤销原判决，维护申诉人的合法权益。2008年，县检察院受理群众来信来访46件，其中控告类12件、申诉类15件、其他19件，均自行查办。

1989—2008年东山县人民检察院控告申诉检察案件统计表

表22-11　　单位：件

年份	受理			办理	
	总数	控告类	申诉类	自行查办	转有关部门处理
1989	48	—	—	18	30
1990	49	—	—	43	6
1991	58	—	—	37	21
1992	196	164	32	155	41
1993	113	56	57	84	29
1994	53	33	20	31	22
1995	94	80	14	16	78
1996	111	94	17	50	61
1997	121	73	8	25	96
1998	100	51	10	57	43
1999	109	51	6	62	47
2000	93	34	6	81	12
2001	102	35	19	89	13

续表 22-11

年份	受理			办理	
	总数	控告类	申诉类	自行查办	转有关部门处理
2002	52	14	6	48	4
2003	41	19	2	33	8
2004	75	35	2	65	10
2005	59	20	11	48	11
2006	63	23	10	60	3
2007	62	16	12	59	3
2008	46	12	15	46	0

第七节　机　构

1989 年，东山县人民检察院内设刑事检察科、经济检察科、法纪检察科、控告申诉检察科、监所检察科、办公室、举报室、农业银行东山县支行检察室。1991 年，增设财政检察室、供销检察室、盐政检察室和铜陵检察室。1994 年，增设政工科、民行科和陈城检察室。1995 年，设立监察室，同时将经济检察科更名反贪污贿赂局。1996 年，撤销举报室，其业务归属控申科。1997 年，撤销刑事检察科，改设为审查批捕科和审查起诉科。1998 年 3 月，撤销派驻乡镇及部门检察室，仅保留东山县看守所检察室（归属监所科）。2000 年 1 月，增设研究室，改监察室为监察科。2003 年，设立预防科、法警大队和行装科，同时撤销研究室；审查批捕科、审查起诉科分别改为侦监科、公诉科；改法纪检察科为渎职侵权检察科；改政工科为政治处。2005 年，政治处内设政工科、干部科、宣教科。2006 年，渎职侵权检察科更名反渎职侵权局。2008 年，全院内设办公室、政治处、政工科、干部科、宣教科、反贪污贿赂局、反渎职侵权局、侦查监督科、公诉科、民事行政检察科、控告申诉检察科、监所检察科、职务犯罪预防科、监察科、行政装备科、司法警察大队。

1989—2008 年东山县人民检察院检察长一览表

表 22-12

姓名	职务	籍贯	任职时间
吴明忠	检察长（兼党组书记）	福建东山	1989.6—1995.3
张苏平	检察长（兼党组书记）	河北歙县	1995.3—1996.2
许谓北	检察长（兼党组书记）	福建漳浦	1996.2—2004.2
吴文松	检察长（兼党组书记）	福建平和	2004.2—2007.2
苏李津	检察长（兼党组书记）	福建华安	2007.2—

附：1989—2008 年曾任东山县人民检察院副检察长名单

高济发　林木发　游鹤阳　余基建　张寿川　唐勇镇　王志勇

第三章　法　院

第一节　刑事审判

1989年，县法院执行全国人大常委会提出的“严打”方针，对重大刑事犯罪，依法从重从快审判。全年受理刑事案38件48人，审结37件47人（公诉32件37人，自诉5件10人）。其中：盗窃23件28人，贪污受贿2件2人，破坏集体生产1件1人，强奸2件2人，重婚5件10人，故意伤害1件1人，敲诈勒索1件1人，抢劫1件1人，奸淫幼女1件1人。

1991—1992年，县法院刑事审判部门共审结各类刑事案件100件123人。1993年，受理刑事案件37件50人，审结28件39人。是年，被告人林某某奸淫幼女，被判处有期徒刑10年。1994年，被告人孙某某抢劫金手环（价值9975元），被处有期徒刑12年；被告人林某某伙同林某某抢劫摩托车案（价值18275元），林某某又伙同他人盗窃摩托车1辆（值13200元），被告人林某某被数罪并罚，判处有期徒刑18年6个月，被告人林某某被判有期徒刑13年。对青少年犯罪坚持“教育、感化、挽救”的方针，对2名确有悔罪、立功表现的少年犯依法给予减刑。1995年，受理刑事案件71件97人，审结65件86人。2000年，县法院受理刑事案件58件74人，审结58件74人。2001年，县法院贯彻执行全国开展“严打”斗争和整治规范社会主义市场经济秩序。自4月25日至12月，审结“严打”刑事案件60件70人，重点打击主犯、惯犯和累犯及犯罪在逃并继续危害社会的罪犯。年内，“六合彩”骗赌活动猖獗，判处“六合彩”赌博犯罪案16件17人，并在大嶝、铜陵、西埔等地召开“六合彩”犯罪案件宣判大会4场。在严厉惩处杀人、抢劫、绑架、严重暴力等重大恶性犯罪的同时，依法严惩贪污贿赂等职务犯罪，共依法审结贪污、贿赂、挪用公款等职务犯罪4件，判处犯罪分子5人。2003年起，加大刑事附带民事诉讼案件调解力度，促进社会和谐。2004年，以调解方式审结刑事附带民事诉讼案件22件；依法保障人权，为患生理缺陷的被告人指定辩护律师，保障被告人诉讼权利；对失足青少年，依法予以从宽处罚，做好教育挽救工作。全年共审理未成年人犯罪案件14件18人，有5人被判处缓刑。2005年，受理刑事案件65件98人，审结65件98人。2008年，县法院刑事审判部门受理并审结刑事案件101件，判处罪犯166人。其中，破坏公路电力设备犯罪新类型案件2件，3名罪犯分别被判处有期徒刑9年、4年、3年10个月等不同刑期。

1989—2008年东山县人民法院刑事审判案件统计表

表22-13

年份	受理		审结		年份	受理		审结	
	件数	人数	件数	人数		件数	人数	件数	人数
1989	38	48	37	47	1997	93	128	93	128
1990	54	68	48	62	1998	89	124	89	124
1991	64	74	61	71	1999	56	70	56	70
1992	60		39	52	2000	58	74	58	74
1993	37	50	28	39	2001	78	96	78	96
1994	60	95	59	92	2002	70	85	70	85
1995	71	97	65	86	2003	66	120	66	120
1996	109	161	109	161	2004	73	128	71	121

续表 22-13

年份	受理		审结		年份	受理		审结	
	件数	人数	件数	人数		件数	人数	件数	人数
2005	65	98	65	98	2007	100	149	100	149
2006	101	128	101	128	2008	101	166	101	166

第二节　民事审判

1989 年，县法院受理民事案件 309 件，审结 277 件。案件类型有房屋、财产、继承、土地等纠纷。1994 年 4 月，县内民间“标会组织”的“会头”陆续出现“倒会”，造成民间借贷秩序混乱。县法院积极稳妥地受理民间“倒会”案件，成立“倒会”案件协调小组，对被诉的 11 名民间“会头”采取诉讼财产保全和搜查强制措施，查封和扣押财产折合人民币 150 万元。对“会头”起诉的债权案件相应采取诉讼财产保全措施。全年累计审结“倒会”债权债务案件 988 件。1995 年，继续审结涉及“倒会”债权债务纠纷 1065 件，涉及“会头”44 名，共执行“会款”现金 76.4 万元，查封房屋 7 座，扣押物品折合人民币 250 万元，拘留“会头”和拖欠“会款”的债务人 14 人次；派出 8 名审判人员协助公安机关对涉嫌诈骗的 8 名“会头”进行审查；为遏制“倒会”的漫延，促进社会治安稳定，发挥了重要作用。1995 年，受理民事案件 1547 件，办结 1539 件。1999 年，县内离婚案件数量呈上升趋势，全年审结离婚案件 94 件，通过调解，有 21 对夫妻重归和好；依法审理探视权、抚养权变更等家庭纠纷案件。是年，受理民事案件 372 件，审结 362 件。2001 年，县法院受理民事案件 356 件，审结 338 件。2002 年起，民事审判与经济审判合一。

1989—2001 年东山县人民法院民事审判案件统计表

表 22-14　　单位：件

年份	受理	审结	年份	受理	审结
1989	309	277	1996	761	648
1990	248	255	1997	531	515
1991	270	258	1998	344	342
1992	407	381	1999	372	362
1993	372	372	2000	425	409
1994	1494	1348	2001	356	338
1995	1547	1539			

第三节　经济审判

1989 年，县法院审理经济纠纷案件主要有购销、借款、联营、建筑工程合同等纠纷。全年受理经济案件 73 件，办结 71 件，诉讼标的总金额 243.73 万元。1990 年，审理经济案件 67 件。其中，购销合同经济纠纷 34 件，借款合同纠纷 12 件，财产租赁合同纠纷 7 件，其他经济纠纷 14 件。县法院对外地当事人起诉的案件，实行优先立案、优先审理、优先执行，打造良好的经济环境，吸引更多的外地客户到东山办厂经商。漳州市城区巷口造纸厂起诉东山县某造纸厂贷款纠纷案，县法院两天审结，并执行贷款 13.3 万元付还原告。1993 年，县法院针对银行借款逾期未能回收，造成信贷资金周转困难状况，开展收回逾期贷款专项审判活动。是年，受理县建行起诉贷款合同15件、标的金额100万元；县农行系统起诉贷款合同51件、标的金额30万元，都及时审结并执行。同年，在公路、稽征和土地、水电部门设立3个行政执行室，协助收回被欠规费10.6万元。选派审判人员到沈阳、南京等地为县境企业讨回被欠款共10万元，保护企业权益。1995年，农村各类承包合同纠纷诉讼时常发生，县法院力求既公正办案，又保护农民生产积极性原则，审理案件。原告杏陈镇某村委会将村集体盐埕发包给被告吴某某，承包期10年，至第七年被告人拖欠原告承包款10.08万元。原告诉求向被告追讨承包款和违约金计24.85万元。经法院调解，双方自愿达成协议，被告分期偿还承包款，原告放弃违约金，双方同意继续履行承包合同。是年受理经济案件210件，案件审结185件。1998年，县内新出现破产案件，县法院对此类案件严格立案条件，防止“假破产、真逃债”。年内审结东山县第一起破产案——铜陵第四渔业公司外海冷冻厂申请破产，经组织清算，对价值455.56万元的破产财产进行变现分配，清偿率近13%，妥善安置职工35人。是年，加强涉农案件审理，保护农民经济利益。东山某水产开发有限公司将其养殖鲍鱼的大量废水排入宫前村农田，致376户农民的7.15公顷耕地遭淹受污染。镇政府多次调解未果，农民联名向县法院起诉。立案后，审判人员深入发案地查看，了解案情，依法依理说服被告。被告与农户达成协议，赔偿农民损失16.6万元。2000年，县法院针对银行贷款不能按期收回，结合清理整顿农村合作基金会与城市信用合作社，成立收贷和清理农村合作基金会案件的审判、执行领导小组（院长任组长），制定快审快结、诉讼保金等8条措施，开展专项审判。全年审理各类借贷合同纠纷案件146件，解决诉讼标的总金额1736.11万元；受理农村合作基金会起诉案件82件，标的金额500.24万元，大部分案件在短期内结案，协助妥善结束农村基金会组织。

2002年起，民事审判与经济审判合一。2004年，集中力量审理与市场经济运行机制有关的案件，依法保障市场经济秩序。是年审结劳动争议、劳动报酬以及职工再就业社会保障等案件84件。3月，县法院专门设立维护妇女合法权益合议庭，加强对妇女儿童案件的处理。全年，受理买卖合同、货物运输合同、建设工程施工合同、承揽合同、服务合同、经营合同等经济纠纷案件53件，审结52件。受理并审结银行贷款合同案件30件，解决诉讼标的金额699.4万元。2005年，全年受理经济及民事案件676件，审结662件。2007年，实行“能调则调，当判则判，调判结合”原则，充分运用调解手段，讲究调解方法，引导当事人化解矛盾。在审结的经济案件中，以调解撤诉方式结案637件，调撤率达83.71%。2008年，县法院依法审理买卖、借款、房地产开发、建设工程合同等经济案件603件，保护市场主体合法权益。其中，优先审理涉外和涉港澳台经济案件15件，保护当事人合法权益。加强对企业案件审判，防止恶意逃避债务和国有资产流失，促进国有、集体企业改革顺利完成。是年，县法院共审理经济案件817件，审结815件，审结率99.75%。

1989—2008年东山县人民法院经济及民事审判案件统计表

表22-15 单位：件

年份	受理	审结	年份	受理	审结
1989	73	71	1999	218	212
1990	67	60	2000	220	214
1991	80	80	2001	162	158
1992	116	113	2002	919	886
1993	217	216	2003	623	611
1994	241	215	2004	485	469
1995	210	185	2005	676	662
1996	240	207	2006	695	682
1997	386	382	2007	767	761
1998	253	251	2008	817	815

第四节　行政审判

1989 年,县法院审结行政诉讼案件 14 件。翌年，开展《中华人民共和国行政诉讼法》学习与宣传，举办宣传周、专题广播讲座、上街咨询、发宣传材料等活动，为县委党校村主干培训班上法制课；组织人民陪审员、廉政监督员、司法联络员学习《中华人民共和国行政诉讼法》。1990 年，受理行政诉讼案件 2 件，审决 2 件。1994 年，受理行政诉讼案件 4 件，审决 3 件，裁定撤诉 1 件。执行行政案件和行政机关申请执行行政处理或处罚决定计 15 件，标的金额 7.12 万元。配合和受理执行公路和稽征部门行政处理决定 27 件，依法收回拖、逃缴纳的各种规费 22.7 万元。1995 年，受理行政诉讼案件 7 件，审决 6 件，1999 年，行政诉讼案件数量上升，范围扩大，有涉及公安、土地、城建等传统行政案件，也有交警、卫生等新类型案件。是年，首次受理控告行政机关不作为案件。2000 年，受理行政诉讼案件 21 件，审结 21 件。在行政审判中，县法院做好疏导工作，既监督行政机关依法行政，又维护行政管理相对人的利益。2004 年，原告曾某某诉县某部门一案，因被告无法律、法规授权，强行扣押原告物品，具体行政行为被法院依法判决撤销，并就被告行政行为中存在的程序缺陷，及时提出司法建议，有效规范被诉机关的行政行为。2005 年，受理行政诉讼案件 15 件，审决 15 件。2007 年，执行省高院《关于行政诉讼案件立案受理若干问题的意见（试行)》，审判庭与立案庭配合，共同审查把好立案关，指导当事人如何行使诉讼权利，有效解决有诉不理、有案不收和诉权保护不力等问题。全年应受理行政诉讼案件立案率 100%。2008 年，县法院受理并审结行政诉讼案 9 件，有土地登记、房产登记、土地处罚、建设规划、行政许可等。其中，撤销、确认行政行为违法或无效的 5 件；不予受理 2 件；驳回起诉 1 件，撤诉 1 件。

1989—2008 年东山县人民法院行政诉讼审判案件统计表

表 22-16　　单位：件

年份	受理	审决	年份	受理	审决
1989	14	14	1999	13	13
1990	2	2	2000	21	21
1991	9	9	2001	29	29
1992	0	0	2002	17	17
1993	0	0	2003	9	9
1994	4	3	2004	11	11
1995	7	6	2005	15	15
1996	5	5	2006	9	9
1997	9	9	2007	7	7
1998	5	5	2008	9	9

第五节　审判监督

1989 年，县法院成立诉申庭，加强审判监督。坚持院长审批案件制度和案件评审制度，设立院评查组，每季对全院审结的案件逐卷评查，保证办案质量。当年，审结申诉案件 5 件。1991 年，在监督审判中，通过案件评查，发现 2 起刑事案件量刑偏轻，通过审监程序决定再审。经再审，依法对被告人从新量刑处罚。1997 年，将县法院《立案工作（暂行）规定》《当事人的诉讼权利义务》《诉讼收费办法》《信访接待工作细则》等 10 项制度上墙，接受群众监督。全年共受理信访 155 件次，全部由正副院长直接答复、批转、督办。1998 年，按照《全省法院办案规范》，执行立审分开 、审执分开、审监分开原则，形成分类受理、互相监督、互相制约的审判工作机制。当年通过审判监督程序改判民事案件 1 件，适用督促程序和公示催告程序分别审结民事案件 6 件、经济案件 1 件。2004 年，根据省、市法院部署，在全院开展“司法公正树形象”活动执法大检查，评查 2003 年度和 2004 年第一季度办结的各类案件共 1357 件，对评查发现存在问题的案件进行分析，并重点抽查其中被二审改判、发回重审等七类案件 14 件，做好整改工作。2005—2008 年，坚持每季度召开一次二审发回重审、改判案件的排查分析会，做好纠错和纠查工作。加大对审判质量与效率评估体系十大指标的考核，坚持每月一统计一通报，季度综合考评制度，推进审判工作公开公正。

第六节　案件执行

1989 年，县法院共执行当事人申请执行的民事、经济案件 133 件。1990 年，采取自审自执，较难的案件全庭配合，重大案件全院集中攻坚的办法，执行民事、经济、行政案件 172 件，执行标的金额 106.96 万元，并拆除非法建筑的房屋 5 座。执行中，帮助确有困难的被执行人解决实际问题；在执行 1 起货款纠纷时，经济庭帮助被执行人推销商品，使其及时偿还贷款；对阻挠执行者，依法强制执行，被执行人叶某某拒不履行偿还 1.8 万元的欠款，动员无效，法院依法扣押其彩电等物，叶挥锄威胁执行人员法院依据《中华人民共和国民事诉讼法》规定，对叶某某进行司法拘留教育，叶某某认错并偿还全部欠款。1991 年，县法院开展案件执行大会战。县委批转县法院党组《关于开展执行大会战的实施方案》，各乡镇、县直机关协助营造执行会战声势，促使一批长期不执行的被执行人履行义务。“大会战”期间共执行 205 件，其中强制执行 66 件，标的金额 43.67 万元。是年，县法院被评为全市执行会战先进单位。1995 年 2 月，县法院作出《关于财产保全、强制执行措施审批权限的规定》《关于执行中变卖或拍卖财产价款如何清偿债务的规定》，进一步规范对被执行人财产的管制、处理。1995 年，执行案件办结 574 件。

1996 年，重点执行民间“倒会”案件，全年受理“会脚”申请执行的案件 740 件，标的金额 1304.66 万元，涉及“会头”54 人；实施执行 471 件，标的金额 833.69 万元。计查封“会头”的房屋 28 座，面积 3403.56 平方米，其中变卖 7 座价款 78.28 万元，拍卖 6 座价款 66.44 万元，变卖渔船一艘 19.5 万元，及时将执行款发给申请人。同时，查封“会头”的虾池 7 公顷，扣押彩色电视机 18 台、电冰箱 4 台、电风扇 16 台等物品及债权（272.99 万元）文书多件。

1999 年 7 月，宣传《中共最高人民法院党组关于解决人民法院“执行难”问题的报告》。统一执行行动 11 次，执结 439 件，标的金额 835.51 万元。7 月，漳州市“执行月”活动评比中，东山县法院获优胜单位，受到表彰。2000 年，采取定人、定事、定时间、包质量的“三定一包”措施，开展清理积案统一行动，共执结 1999 年前未执案件 35 件；执结农村基金会申请执行的案件 45 件；执结省内外法院委托的执行案件 12 件；全年，执行案件办结 634 件。2003 年 6 月，县法院成立执行局，执行干警由 8 人增至 12 人，并配备执行专用车辆，建立执行案件办结限时、执行款物受理办法、执行申请权备案登记等制度，加大力度解决“执行难”问题。建立每月 10 日、25 日执行局长接待日，加强执行工作的透明度。2004 年，共执结案件 354 件，标的金额 2124.58 万元；执结县计生行政非诉执行案件 38 件，标的金额 23 万元。2005 年，执行案件办结 256 件。

2006 年，开展执行积案集中清理，在县有线电视台、《闽南日报》曝光,对 61 名未履行执行案件的当事人督促其履行执行义务；对 32 名拒不履行义务的被执行人实施司法拘留；对 3 名暴力抗法妨害执行的被执行人给予司法拘留并处罚款。西埔镇冬古村林某某煽动村民围攻殴打法院执行干警，被处司法拘留并罚款 500 元。2007 年 11 月 14 日，县政法委、综治办与县法院联合，借助县综治网络，聘请 7 名镇司法所负责人和 76 名村（社区）综治协管员为执行联络员，协助完成执行事务性工作。执行联络员协助提供 16 件执行案件的被执行人的财产、住所或去向线索；协助执行 56 人次，促成和解 19 件；协助送达法律文书

78 人次。是年，县法院运用执行救助机制为特困当事人发放执行救助基金 2 件 2 人次，共救助 5700 元。2008 年，执行案件办结 158 件。

1989—2008 年东山县人民法院执结案件统计表

表 22-17　单位：件

年份	执结	年份	执结
1989	133	1999	608
1990	172	2000	634
1991	349	2001	608
1992	474	2002	434
1993	407	2003	508
1994	499	2004	354
1995	574	2005	256
1996	310	2006	280
1997	1629	2007	415
1998	914	2008	158

第七节　机　构

1989 年初，县人民法院配院长 1 人、副院长 2 人，内设办公室、政工科、刑事审判庭、民事审判庭、经济审判庭、行政审判庭、执行庭、告诉申诉庭、司法警察大队。下辖铜陵、西埔、铜陵、樟塘 4 个人民法庭。同年 6 月，撤销陈城和樟塘人民法庭。1999 年，增设研究室、司法行政装备科、纪检组、监察室、少年审判庭。政工科、执行庭、民事审判庭、经济审判庭，分别更名为政治处、执行局、民事审判第一庭、民事审判第二庭；告诉申诉庭改设立案庭和审判监督庭。2003 年 5 月 13 日，撤销研究室。同年 7 月，撤销西埔人民法庭。此后，内设机构多次调整。2008 年，县人民法院配院长 1 人、副院长 3 人，内设机构有办公室、政治处、立案庭、刑事审判庭、少年审判庭、民事审判第一庭、民事审判第二庭、行政审判庭、审判监督庭、执行局（挂执行庭牌子）、司法行政装备管理科，并设监察室（与县纪律检查委员会派驻县法院纪律检查组合署）、司法警察大队、铜陵人民法庭。

1989-2008 年东山县人民法院院长一览表

表 22-18

姓名	职务	籍贯	任职时间
林哈	院长（兼党组书记）	福建东山	1987.12—1997.2
沈钦明	院长（兼党组书记）	福建诏安	1997.2—2004.1
阮明光	院长（兼党组书记）	福建漳州	2004.1—2007.1
蒲继山	院长（兼党组书记）	福建诏安	2007.1—

附：1989—2008 年曾任东山县人民法院副院长名单

陈金标　林明发　兰万安　翁麦展　张寿川　林木发　吴秀丹（女）　陈健卿（女）　翁喜鹏　甘锡忠

第四章 司法行政

第一节 普法教育

一、“一五”普法教育

1989—1990年，是“一五”普法教育的最后两年。东山县司法部门向全县公民宣传普及宪法、刑法、民法通则、婚姻法、经济合同法、继承法、刑事诉讼法、民事诉讼法、兵役法、森林法和治安管理处罚条例等法律法规知识；给每个农户发《法律常识课本》。培训村委会（居委会）、共青团、妇联、民兵、治安、调解等组织的普法积极分子共6952人。协助县土地局开展土地管理法宣传，印发《中华人民共和国土地管理法》3万本；张贴宣传标语1200张。1990年7月，县司法局和县人大法制委联合组织对县工商行政管理局、县税务局、县农业银行、县人民检察院等单位“一五”普法开展情况检查验收；对检查验收不合格的单位责令重新学习。是年12月15日，县普法办公室被中共中央宣传部、司法部评为全国普法工作先进单位。

二、“二五”普法教育

1991—1995年，县实施“二五”普法教育。根据县委《关于在全县公民中开展法制宣传教育活动的第二个五年规划》，县司法部门组织全县公民学习宪法、行政诉讼法、义务教育法、集会游行示威法、国防法、土地管理法、环境保护法、归侨眷权益法、食品卫生法及《福建省计划生育条例》等法律法规。1995年12月，“二五”普法通过考核验收，全县干部普及率100%，职工、城镇居民普及率95%，农村村民普及率90%。

三、“三五”普法教育

1996—2000年，县实施“三五”普法教育。主要普及宪法、国家赔偿法、行政诉讼法、国家公务员条例、行政复议条例等法律法规。通过普法教育，促进司法机关司法公正，行政机关依法行政，镇、村干部依法办事。

四、“四五”普法教育

2001—2005年，县实施“四五”普法教育，以《中华人民共和国宪法》和社会主义市场经济等法律法规为主要普及内容。印发“四五”普法宣传材料、青少年法律宣传教育读本、农村法律法规等6.5万册，印制、张贴法制宣传画及挂图2.3万张。县广播电视局设立法制宣传栏目16个，广播电台栏目12个，共播放普法新闻582条次，专题新闻365条次。县工商行政管理局与县技术质监局利用“3·15”活动日，依法公开销毁查扣各种假冒伪劣产品，有效打击违法经营行为。县政法部门在县有线电视台黄金时段开播平安东山、警民报道、政法视点等专题栏目。

五、“五五”普法教育

2006—2008年，东山县实施“五五”普法教育（前三年）。主要是组织学习宣传《中华人民共和国宪法》和国家基本法律制度，学习宣传与经济社会发展相关的法律法规，与群众生产活动密切相关的法律法规，维护社会稳定的法律法规。组建“普法讲师团”，形成由司法助理员、律师、公证员、基层法律服务工作者、普法信息联络员、法制文艺宣传员、村（社区）法律服务志愿者组成的“五五”普法骨干宣传队伍。每年由县政协、县委宣传部组织依法治县办公室等单位联合开展文化、科技、医疗、法律“四下乡”活动，发放各种宣传材料、书籍等。至2008年，共发放各种普法教育宣传材料、书籍1万多份；举办村干部培训班近百期，参加学习者3000多人次，宣传面达86%。“五五”普法期间，东山县被评为全省法制宣传教育先进县。

第二节　民事调解

一、调解机构

1989 年，全县有 7 个乡镇司法办公室和向阳盐场司法办公室承担民事调解；71 个村（居）均建立调委会，配主任、调解员。至 2008 年，全县 77 个村（社区）设调委会，配主任 77 人。县司法部门每年组织基层调解人员集训 1～2 次，提高调解员业务知识水平和工作能力。

二、调解案件

1989—1995 年，全县调解组织调解民间纠纷 7734 件（年平均调解 1289 件），调解成功 7579 件，成功率 98%。1996—2000 年，共调解民间纠纷 4305 件，调解成功 4265 件，成功率 99.1%。2001—2005 年，共调解各类纠纷 5078 件，调解成功 4906 件，成功率 96.6%。其中，防止民事纠纷转刑事案件 74 件 313 人；防止非正常死亡 2 件 5 人。2006—2008 年，共调解民间各种纠纷 1281 件，调解成功 1241 件，成功率 96.8%。

第三节　律　师

一、律师机构

1989 年，东山县律师事务处改为县法律事务所。1994 年更名为漳州达理事务所，有执业律师 3 人。1999 年 12 月，由执业律师组成的县内首家民办律师事务所——漳州劲节律师事务所开业。2001 年，漳州达理事务所更名福建达理律师事务所，漳州劲节律师事务所改名福建劲节律师事务所。2008 年，县内律师事务所 2 个，执业律师 7 人。

二、律师业务

1989 年，县法律事务所的主要业务为刑事、民事案件及非诉讼事件与经济纠纷案件的代理。至 1990 年，县律师事务代理诉讼案件 78 件。其中，民事代理 20 件，经济代理 41 件，行政代理 6 件，其他 11 件；非诉讼代理 9 件。1995 年，承担常年法律顾问 225 家；承办刑事辩护 72 件，民事代理 172 件，经济代理 191 件，行政诉讼代理 22 件，非诉讼法律事务 149 件；为当事人代写法律文书 97 份，接待群众法律咨询 2971 人次，为法律顾问单位办理法律事务 145 件；积极参与“民间标会倒会”的处置。1998 年，漳州达理律师事务所配合有关部门参与农村合作基金会、城市信用合作社的清理整顿，办理大量棘手案件，为维护金融秩序做出贡献。2001 年，福建达理律师事务所被中国长城资产管理公司福建省办事处选聘参与该公司不良资产的处理。2001—2008 年，2 家律师事务所逐渐被农村承包专业户、重点户和经济联合体聘为常年法律顾问。共担任 171 个单位常年法律顾问；承办各类案件 1123 件，接待群众法律咨询 2014 人次。

第四节　公　证

一、公证机构

1989 年，沿设东山县公证处，公证员 3 人。2000 年，县公证处由行政单位改为事业单位。2008 年，公证处工作人员 1 人。

二、公证业务

1989 年，县公证处主要办理涉外公证，为已批准出国出境（含中华人民共和国成立之前离境）人员出具亲属关系、婚姻关系证明；为华侨及外籍华人申请归国探亲、定居办理有关亲属关系证明；为华侨减免捐税，领取养老金所需亲属关系证明；为在国外升学、谋职者办理学历、经历证明；为继承国外或港澳台亲属遗产等所需文件的证明等。是年，共办理各类公证 510 件，其中办理国内民事经济合同公证 302 件，涉台公证 180 件，涉外公证 28 件。1991 年，公证业务由单纯的证明向经济建设提供多项法律服务转变。包括企业拍卖、房屋买卖、国有土地使用权有偿转让、商标注册登记（提存）和诉讼前证据保全，以及台胞从事经济活动委托办理投资手续等事项的公证。1993 年，办理各类公证 2715 件，其中境内民事公证 718 件，经济公证 1718 件，涉外及港台公证 279 件。1997 年，办理各类公证 2486 件；拒绝公证 80 件（其中制止不法经济活动 8 件，涉及人民币 50 万元）。1999 年，办理各类公证 588 件，其中涉外及涉港澳台公证 426 件。2000—2008 年，全县办理各类公证共 5878 件，其中境内公证 2231 件，涉外及涉港澳台公证 3647 件。

第五节　法律服务

一、乡镇（场）司法办服务

1989 年，全县 7 个乡镇和向阳盐场司法办公室开展法律服务，普及法律常识，管理和指导各村（居）委会的调解工作，直接调处民事纠纷和经济纠纷，承担公证联络，参与社会治安综合治理指导等。1989—1995 年，8 个司法办担任 132 家（企业单位）常年法律顾问。1996 年后，随着社会法律知识的普及和律师作用提升，各司法办的常年法律顾问服务对象逐渐减少。2006—2008 年，8 个司法办公室担任 36 家（企业单位）的常年法律顾问，服务民事诉讼 72 件，非诉讼代理 184 件，见证 283 件，协办公证 43 件，调解经济纠纷 220 件，代写法律文书 633 件，解答咨询 1447 人次，挽回经济损失 54 万元。

二、法律援助

2000 年，成立东山县法律援助中心，在乡镇、街道及工、青、妇、残等组织建立法律援助工作站，在村（社区）设立法律援助联络点，为群众申请法律援助提供方便。法律援助中心负责管理、监督和指导全县法律援助工作；组织实施、受理、承办法律援助案件和事项；为经济困难无力支付法律服务费用或特殊案件的当事人免费提供法律服务；建立“96148”法律服务专用电话，接受群众法律咨询。2002 年，“96148”法律服务专用电话改设为“12348”法律援助咨询电话，建立全县统一使用特定的专用电话，提供便捷的法律咨询服务。2000—2008 年，县法律援助中心共受理法律援助案件 362 件，免收法律服务费 25 万元，为受援人挽回经济损失 500 多万元。

第六节　机　构

一、县司法行政机构

（一）东山县司法局

1989 年，县司法局沿设，配局长 1 人、副局长 2 人，内设办公室、基层工作科、宣传教育科和律师事务所（含公证处）。1997 年，增设公证律师管理科，为事业单位。2000 年 8 月，增设县法律援助中心。2002 年，设镇司法所。2008 年，局配局长 1 人、副局长 3 人，内设机构不变，在编工作人员 17 人。

（二）东山县法律援助中心

2000 年 8 月 15 日，成立县法律援助中心，编制 3 人，由县司法局的司法行政业务骨干人员兼职。2008 年，工作人员 3 人。

二、镇司法行政机构

2002 年，设立西埔镇、铜陵镇和陈城镇司法所。每所编制 2～3 人。2008 年，3 个镇司法所在编工作人员共 7 人。

第二十三卷　民政　军事

1989—2008 年，东山县社会救助工作不断加强，形成以救灾救济、抚恤优待、残疾人保障和五保户供养为主的社会保障体系。城乡居民最低生活保障范围逐步扩大，基本做到应保尽保，并将残疾人纳入保障范围；实施五保户供养制，所需资金列入财政预算。开展救灾与救济社会困难户，实行残疾人康复救济。同时，做好拥军支前工作。做好退伍军人安置，进一步健全对革命烈士、因公牺牲军人、病故军人家属、伤残军人的抚恤制度和对义务兵家属、军人、退伍军人的优待制度。开展县乡（镇）界勘定工作，实施地名公共服务工程，开展地名调查、街路命名，建立县地名数据库。设立县婚姻登记管理服务中心，实行婚姻集中登记。开展村级换届选举，实施村民自治示范。开展社会团体登记，整顿规范行业协会活动。完善殡葬改革，推行遗体火化，建设公墓区和骨灰寄存馆。

1989—2008 年，东山县军事机构与驻军发扬优良传统，加强军事建设，积极支持地方建设，开展军民共建精神文明活动。依法进行征兵工作和兵役登记，加强民兵组织建设，开展专业军事技能训练，提高民兵综合素质。加强全民国防教育工作，建设国防教育基地，实施防空网建设，举行防空演练活动，提高人防专业队的快速应急能力和群众防空基本技能。加强海防工作，维护海上社会治安，创建平安环境。

东山县在 20 年间有 5 次被评为福建省双拥模范县；1994 年，被评为福建省国防教育先进县；1999 年被评为全国优抚工作先进县；2003 年、2008 年，先后 2 次被评为全国双拥模范县。

第一章　民　政

第一节　基层自治组织建设

一、村、社自治组织换届选举

（一）村民委员会换届选举

1989 年，东山县宣传贯彻《中华人民共和国村民委员会组织法》《福建省实施〈中华人民共和国村民委员会组织法〉办法》《福建省村民委员会选举办法》，开展村民委员会换届选举。1991 年 4 月 15 日至 8 月 19 日，全县 60 个村民委员会进行换届选举，选出村委会主任 60 人、副主任 42 人、委员 116 人。

2000 年，开展全县村级换届选举。选出村委会主任 59 人、副主任 44 人、委员 144 人，村民代表 2356 人。同年，撤销康美镇铜钵、西埔镇西埔、铜陵镇铜兴、陈城镇澳角、杏陈镇后林管理区；撤销康美镇后宅、铜盛、城内 3 个村委会，恢复铜钵村委会。

2003 年，全县开展村委会换届选举工作，杏陈镇礁头村为东山县首例采取“海选”方式选举村委会主任的建制村，并获成功。当年，有 60 个村委会完成换届选举工作，选出村委会成员 275 人、村民小组长 587 人、村民代表 2405 人。

2006 年 3 月起，开展村委会换届选举工作，至 8 月结束。全县 7 个镇、61 个村委会，共登记选民 104407 人，推选产生村民代表 2985 人，有村民小组 591 个，村民小组长（含副组长）668 人。选举产生村委会主任60人（陈城镇白埕村委会主任候选人在第二轮选举中票数未过半而终止选举，由副主任代行主任职务）、副主任26人、委员120人。

（二）社区居民委员会换届选举

1989年，贯彻《中华人民共和国城市居民委员会组织法》，开展街道居民委员会换届选举宣传。1991年4月15日至8月19日，全县14个街道居民委员会进行换届选举，选出街道居委会主任14人、副主任18人、委员50人。

2000年，开展社区居委会换届选举。选出居委会主任15人、副主任20人、委员55人；居民代表504人。同年，增设康美镇龙潭街道居委会。

2006年3月，开展社区居委会换届选举工作，至8月结束。全县16个社区居委会，居民小组82个，登记选民44290人。推选产生居民代表802人、居民小组长92人。选举产生社区居委会主任16人、副主任22人、委员50人。

二、自治组织建设示范

1995年，县民政部门在30个村委会开展村民自治示范活动。陈城镇山口村委会在此活动中开展村民自治管理，建立制度，制定乡规民约等，被授予福建省村民自治模范村委会称号。铜陵镇铜兴村开展村务管理规范化（“十规范”）试点工作。1998年，全县开展村务公开和建章立制工作。年末验收，有13个村达到省定村民自治示范标准。2002年，开展社区自治组织建设活动，以铜陵镇桂花街居委会为试点，将街居委会改组为社区居委会。至年末，全县完成此项工作。

2005年，开展第一、二批村务决策听证试点村工作，完善村民议事制度，同时在15个村开展民主法制示范村创建活动。其中，被列入创建省级民主法制示范村2个、市级6个、县级7个。2006年，在铜陵镇铜亭社区、苏峰社区开展社区示范建设，从社区党建、服务、安全文明和劳动社会保障“四张网络”出发，促进社区平安、文明、祥和的发展。2007年，县民政部门在杏陈镇大嶝村开展农村社区建设试点，内容有村级党组织活动、村委会制度建设、建立农村基层服务管理网络。2008年，县民政局与县委组织部、县委党校联合举办村（社区）党支部书记、村（社区）主任培训班，随后，在全县农村推行12项村务制度建设，建立农村基层服务和管理网络，提升农村社区功能。

第二节　支前工作与优抚安置

一、支前工作

1989—2008年，县委、县政府，大力支持国防工程项目建设，及时召开项目建设协调会，确保建设顺利进展。同时，突出协助驻军“四项建设”（部队基础设施、训练设施、文化设施和“菜篮子”工程建设），并为驻岛部队解决看电视、饮用水等问题，改善伙房、晒衣场等基础设施。

二、优　抚

（一）抚恤

1.“三属”抚恤　1989年，县民政部门继续对革命烈士、因公牺牲军人、病故军人家属（以下简称“三属”）实行定期定量抚恤。全县享受抚恤“三属”，定期抚恤人均每月70元。此后，“三属”人数逐年有所变动。2005年，全县享受抚恤“三属”，人均每月431元。2006年，贯彻《军人抚恤优待条例》，调增抚恤补助标准，共发放定恤、定补金29.4万元。2008年，全县享受抚恤“三属”，人均每月抚恤金566.5元，还有优待金，标准为当年同户籍义务兵优待金标准的一半。

2.伤残军人抚恤　1989年，全县伤残军人均按规定标准发放残废抚恤金（伤残军人伤残金）。2005年，全县在职伤残军人享受抚恤保健金，人年均2999元；在镇伤残军人享受抚恤金，人年均3692元。在镇伤残军人、伤残民兵（民工）还享受优待金。2006年，根据《东山县在乡重点优抚对象医疗费补助办法》，对 1～6 级残疾军人、副团级以上军休干部，医疗费用全额报销；7～10 级革命残疾人员伤口复发，由民政局提供医疗补助。2008 年，全县在职伤残军人享受抚恤保健金，人年均 6049 元；在镇伤残军人享受抚恤金，人年均 8107 元。

（二）拥军优属

1. 拥军　1989 年，东山县继续发扬拥军优良传统，县机关事业单位与驻地军警开展军民联谊互助互学活动。县党政领导人和各部门单位、乡镇、村（居）干部与驻军指挥员密切联系，解决驻军生活、训练等实际问题。在历年节假日等期间，开展军民联欢活动。在“八一”建军节或元旦、春节期间，县委、县政府召开军政座谈会，组织慰问驻军、军属。1999 年，落实进藏新兵优待政策，进藏新兵优待金为一般义务兵的 3 倍，并一次性发给营养补贴每人 3000 元，办理农村社会养老保险和意外人身保险；为农村进藏兵办理“农转非”和安置登记证书；为城镇进藏兵优先在入伍前办理招工手续，服役期间，工资、奖金照发。2001 年，县法院成立军人军属维权法律咨询站。开设法律专线，为军人军属提供法律咨询；开展法律进军营活动，为驻军普及法律知识提供服务。东山县每年为部队举办各类型科技培训班，培训军地两用人才，为即将复退的官兵提供再就业技能。至 2008 年，共为部队举办各类型科技培训班 20 期。1989—2008 年，东山县被中共福建省委、省人民政府评为全省双拥模范县 5 次（1990 年、1997 年、2000 年、2003 年、2005 年）；被评为全国双拥模范县 2 次（2003 年、2008 年）。

2. 优属　1989 年，东山县对现役义务兵家庭继续实行优待金制度，优待金农村义务兵家庭年户均 600 元，城镇义务兵家庭年户均 525 元。1991 年，农村义务兵家庭优待金年户均 813 元，城镇义务兵家庭年户均 795 元。优待金全由乡镇统筹，标准高低不一。陈城镇宫前村义务兵家庭优待金年户均 2000 元；铜陵镇铜兴、陈城镇澳角、西埔镇冬古等村义务兵家庭优待金年户均 1000 元。1995 年，农村义务兵家庭优待金年户均 1713 元，城镇义务兵家庭年户均 1500 元。1996 年，县政府制定《东山县优待金社会统筹试行办法》，实施优待金社会统筹制度。当年，农村义务兵家庭优待金年户均 2118 元。1997 年，提高军人立功受奖标准，县内军人服役期间，凡荣立一、二、三等功一次，分别奖励当年优待金的 1 倍、60%和 30%。1998 年，县内义务兵家属优待金（年）按当地上年度农民人均纯收入 75%兑现。2000 年，义务兵家庭优待金年标准：农村 3000 元，城镇 1200 元。2001—2004 年，义务兵家庭优待金均上调，农村年 3100 元，城镇年 1300 元。2006 年，农村义务兵家庭优待金年 3836 元，城镇义务兵家庭优待金年 1627 元。2008 年春节前，县、镇财政按时发放 2007 年度优待金农村义务兵家庭每户年标准 4150 元，城镇义务兵家庭年标准 1770 元。2008 年，农村义务兵家庭优待金年标准是 2007 年度全县农民人均纯收入的 100%，为 6626 元；城镇义务兵优待金年标准是上年度全县城镇居民可支配收入的 30%，为 2990 元。

3. 复员军人优待　1989 年，继续对复员军人按有关规定给予优待，全县老复员军人享受定期补助，每人每月 75 元。1996 年，提高在乡老复员军人月定补标准，由 75 元提高 90 元，并为部分复员军人发放生活困难临时救济款 6000 多元。1999 年，开展“爱心献功臣”行动，全县老复员军人被纳入医疗优待范畴，部分老复员军人被确定为建房补助对象。当年，东山县被民政部评为全国优抚工作先进县。2005 年，调整老复员军人定期补助标准，月定期补助分别按 304 元、255 元、205 元的档次发放。2006 年，县政府制定《东山县在乡重点优抚对象医疗费补助办法》，为在乡镇重点优抚对象发放医疗门诊费，每人年补助医疗费 180 元。2008 年，全县有老复员军人分别按 415 元、350 元、305 元的档次享受月定期补助。

4. 退伍军人优待　1989 年，继续对退伍军人实行优待制度。县政府对退伍军人均给予妥善安置，对带病回乡者发放优待金。2000 年，对进藏退役兵、超期服役义务兵安排就业；对其他城镇退伍义务兵帮助自谋职业；对立功和伤残者给予奖励和补助。2004 年起，对所有退伍义务兵和转业士官均采用帮助自谋职业安置。2008 年，对无业的参战退役人员发放生活补助费，每人每月发放生活补助费 100 元，自 2007 年 8 月开始执行。是年，接收 2007 年度冬季退伍兵中城镇复退军人，县财政给予发放退伍军人自谋职业金，人均 11750 元。

三、安置

（一）复退军人安置

1989—1995年，东山县接收的复退军人实行“按系统分配任务，适当调剂，妥善安置”的办法，全部安置就业。1996年起，对城镇户籍复退军人直接安排就业，对农村户籍复退军人给予推荐到三资、民营等企业就业。2000—2003年，采取“双向选择”方式安排就业。2004—2008年，采取推荐和双向选择相结合的方式安置或每人发放一次性安置补偿金1万元；接收志愿兵（士官）全部给予安排就业或每人发放转业士官一次性安置补偿金2万元。

（二）军队干部离退休安置

1989年，县民政部门延续负责军队转交政府安置的离、退休干部安置工作。军队离退休干部政治待遇依原不变，其离退休费、生活补贴等高于地方同工龄同职级干部待遇。节日期间，组织慰问军队离退休干部，并提高其降温费标准。2005年，按规定军队退休干部退休费及各项补贴每人每月标准为：正团级3038元，副团级2755元，营级平均2302元。2008年，军队退休干部每人每月退休费及各种补贴标准为：正团级 4380元，副团级3918元，营级平均 3202 元。

第三节　社会救济

一、居民最低生活保障

（一）城镇居民最低生活保障

1997年春，县民政部门召开建立城镇居民最低生活保障线制度工作会议。会后，开展并完成对保障对象调查工作。是年 12月，县政府制定《东山县城镇居民最低生活保障制度实施办法》，从1998年1月1日起实施。确定最低生活保障对象为无生活来源、无劳动能力、无法定赡养人或抚养人的居民。确定最低生活保障标准为单人户月130元，多人户每人每月120元。是年，全县城镇居民最低生活保障对象 138 户、336 人，年发放保障金14.28万元（列入财政预算）。

2000年，贯彻《城市居民最低生活保障条例》，调整城镇居民最低生活保障标准：单人户月145元，多人户每人每月135元。2001年，扩大城镇居民最低生活保障范围，将城镇“三无”对象、无业特困居民、下岗特困者等纳入保障范围。同时，跟踪居民收入变化，及时调整保障对象。是年，全县城镇低保户增至332 户、957 人，年发放保障金 36.4 万元。2005年起，对城镇最低生活保障户实施总量控制范围内调整政策，全县城镇基本做到“应保尽保”，残疾人优先纳入最低生活保障范围；同时，保障金做到按月足额社会化发放。年末，全县城镇低保户881 户、2541人，发放保障金121.88万元。2006年7月起，调整城镇居民最低生活保障标准，由2005年的每人月160元提高至170元，所需增加保障金24.6万元，列入县财政预算。同年 10月起，县城镇居民最低生活保障标准调整为每人月 200 元。是年，全县最低生活保障人员 2534 人，保障金均有不同程度提高，并按规定时限发放。2007 年，城镇低保人员增加 278 户、846人；至年末，全县城镇居民最低生活保障户共1205户、3380人，占城镇人口的5%，年发放生活保障金349.5万元，基本实现“应保尽保”的目标。

2008年，提高城镇最低生活保障人员补贴，调整每人月不低于15元的副食品补贴和每人每月10元的临时补贴；7月起，每人每月提高30元补贴。是年，全县城镇低保户1205户、3380人（全县城镇低收入家庭2213户、8194人），年发放保障金518.4万元。

（二）农村居民最低生活保障

1997年春，县民政部门召开建立农村居民最低生活保障线制度工作会议，部署农村居民“低保”工作。同年12月，县政府出台相关文件。1998年7月1日，开始实施农村最低生活保障，对象为上年度家庭人均收入低于800元的农村贫困人口，最低生活保障金标准为单人户月110元，多人户每人每月100元。1998年7月，全县农村低保人员301户、910人，保障金由县、镇、村三级按4:3:3比例分担，纳入县财政预算。2000 年，全县农村低保人员 273 户、800 人，年发放保障金 15.52 万元。2004 年 3 月，县民政部门确定 2003 年家庭人均收入低于 1000 元的为农村贫困人口。经核查、公示，全县有 1055 户、2469 人被纳入当年农村最低生活保障范围，占农村人口 1.86%（其中五保对象 200 人），年发放保障金 113 万元。其中，省级补助 34 万元，其余由县、镇财政按 7:3 比例分担，并按月实行社会化发放。

2005 年，实施总量控制范围内调整政策，全县农村最低生活保障人员基本做到“应保尽保”，并优先将残疾人纳入保障范围。年末，全县农村最低生活保障人员 1072 户、2470 人，年发放保障金 113 万元。2007 年 1 月起，调整保障范围，家庭年人均收入不足 1200 元者为“低保”对象。经调查、核准、公示，全县农村低保人员增至 1241 户、2842 人（其中五保对象 219 户、219 人），占农村人口 2.2%（新增 298 人的生活保障金从 2007 年 1 月起补发，8 月兑现）；保障金年发放 190.48 万元。2008 年 7 月起，保障对象每人月增补助 10 元。是年末，全县农村最低生活保障人员 1230 户、2842 人（其中五保户 208 户、219 人），年发放生活保障金 211 万元。

二、救灾救济救助

（一）救　灾

东山县每年均有不同程度的灾害发生，有台风、强热带风暴、洪涝、旱灾及海难事故等。1989—1995 年，全县因灾害所造成的直接经济损失共 2.33 亿元。每次灾情发生后，县、乡镇政府领导人带领工作人员及时奔赴灾区，组织抢险救灾，安置好灾民生活，发放救灾物款，鼓励灾民开展生产自救。7 年间，全县共拨救灾款 480 万元，用于灾民安置、口粮救济、住房重建、衣被救济、伤病治疗和生产自救等。1996 年，建立县、乡镇救灾预备金制度。县政府拨款 20 万元，每乡镇拨款 2 万～4 万元，为救灾预备金，专款专用。当年，连续遭受 8 号、9 号、10 号台风袭击，发生海难事故 13 起，因灾造成直接经济损失 8614 万元。县、镇两级组织做好抢险救灾工作，全年共下拨救济款 21.5 万元。1997 年，遭受 10 号、14 号台风袭击；发生海难事故 5 起。县政府组织抗灾救助，全年发放救灾款 52.2 万元。1998—1999 年，发生台风、洪涝、海难等灾情，县政府下拨救灾款共 144.12 万元。2000 年，遭受霜冻和洪涝灾害，县政府发放救济粮（折款）和救灾款共 25.09 万元，其中，救济春荒缺粮户 1870 户（6000 多人）大米 6.5 万公斤。2001—2005 年，全县受旱情、海难事故、台风等影响，直接造成经济损失 1.8 亿元；县政府下拨救灾款 134.78 万元。2006 年，春季期间救济受灾群众粮款计 26.51 万元。其中，通过政府采购春荒救济粮 5 万公斤，救济缺粮户 3150 户。同年，受 1 号台风“珍珠”正面袭击和 4 号、5 号台风影响，全县普遍受灾。台风前夕，调拨救灾帐篷 100 顶；灾后，县财政下拨救灾款 216 万元，用于抗灾应急和灾民的生活急需及转移安置。接受救灾捐款 65.95 万元，及时送到灾民手中。县财政下拨 14.91 万元补助 243 名重灾对象的医疗费。是年，县民政部门下拨 120 万元帮助 496 户因灾房屋倒塌、房屋受损户修缮住宅，并限时完工提供受灾户入住。2007 年，县财政下拨救灾款 84 万元，救济 4000 户受灾户日常生活困难；并下拨 189.9 万元帮助受灾的 231 户群众完成住宅修缮或重建。2008 年，县财政下拨救灾款 13 万元，发放鞋 8760 双、衣服 782 件（套），救助受灾困难群众；并下拨房屋补助款 45 万元，帮助房屋受损 107 户完成修缮或重建。县民政部门还在县境地质灾害点或低洼地附近设置避灾中心，并在陈城、前楼、杏陈等地建立 5 个避灾点，投资 6 万元配备避灾物资，提升防灾抗灾能力。

（二）救　济

1989 年，县民政部门延续对重病、重灾、特困、残疾困难户给予救济（慰问）。困难救济分为定期救济和临时救济两种方式。是年，全县扶持贫困户定期救济人数 827 人。1990 年起，县民政部门对重病、重灾、特困、残疾困难户每年都进行调查、评议、给予救济。1991—1992 年，共发放临时救济 17.8 万元，救济重灾困难户。1993—1994 年，县民政部门分别下拨春夏荒临时救济款 4.6 万元和 6.6 万元，救济重灾困难户。1995 年，县民政部门定期救济困难人员 892 人，发放定期救济金 392 万元；全县临时救济 3963 人次。1997 年，县民政部门下拨临时救济款 3.5 万元，救济计生困难户 70 户。1998 年，春节前夕，县财政发放春节救济款 15.91 万元、棉被 140 条，救济（慰问）受灾户、五保户、特困户共 1600 多户。1999 年，县民政部门下拨临时救济款 37.62 万元，救济特困户 1672 户。2000 年，定期救济 492 人，国家救济金额 98 万元，集体补助金额 62 万元；城镇临时救济 692 人次。2001 年，春节前夕，县财政发放春节慰问救济款 73.66 万元（其中救济款 37 万元），救济（慰问）受灾户、五保户、特困户、计生困难户等共 3405 户。2002 年，县财政 4 次下拨救灾救济款共 47.59 万元（其中救济粮 9 万公斤）临时救济特困户 3172 户。2003—2004 年，县财政每年度各下拨特大自然灾害救济款 10 万元（用于购买救济粮），临时救济缺粮户 2500～3000 户。2005 年，全县定期救济 2543 人，国家救济金额 103 万元，集体补助金额 15 万元；城镇临时救济 892 人次。2007 年，全县集资 100 多万元，救济城乡困难户 4716 人次（含重病户、重灾户、残疾户、计生困难户、困难侨台属、特困老人、低保户、五保户等社会弱势群体的困难对象，以及重点优抚对象）。2008 年，全县定期救济 65 人，国家救济金额 87.2 万元；全县城镇临时救济人数 1.2 万人次。

（三）救 助

1989 年，东山县延续开展对海难家属、孤残儿童等各类特殊困难者的救助。1993 年，县内各界捐款 20 万元，救助海难家属和特困户共 1300 多户。1994 年，县内各界捐款 12 万元，救助陈城镇澳角、宫前、铜陵地区 3 起海难家属。1996 年，设立县海难救助基金会。是年，发生海难事故共 13 起、死亡 37 人，每户发放救助金 2000 元。2000 年，救助首批因灾倒房户（共 37 户）重建家园，救助款项分别按县、镇、村（及个人）一定比例资助建设。2001 年，县民政部门下拨灾后重建家园救助款 23.19 万元，救助重建家园户 76 户。2001—2002 年，铜陵镇发动社会捐款、捐物，折款 20 万元，救助重灾户、特困户和贫困户。2003 年，县民政部门下拨灾后救助款 16.5 万元，救助重灾户、特困户和贫困户。2005 年，县民政部门下拨特大自然灾害救助款 26.5 万元，救助重灾户、特困户和贫困户等共 3000 多户。2006 年，县民政部门救助各类特殊困难者 1340 人，发放救助金 22970 元。2008 年，县民政部门对城乡低保对象中的困难家庭进行医疗救助，全年救助城乡困难家庭医疗费 30 人、金额 54954 元。是年，县民政部门开展对孤残儿童救助工作，资助分散供养的孤儿 13 人，每人 500 元，资助金额 6500 元。

第四节　社会福利

一、福利院与敬老院

（一）东山县社会福利院

1989 年沿设县社会福利院，位于铜陵镇文峰街，占地面积 8160 平方米。内设办公室、后勤组、财务组、护理组，工作人员 10 人。有床位 32 张，收养孤寡老人 30 人，年供养标准为每人 2000 元。2005 年，工作人员 9 人；收养 20 人，年供养标准为每人 3600 元。2008 年，收养孤寡老人 16 人，年供养标准每人 4200 元。

（二）农村敬老院

1997 年 5 月，樟塘镇古港村敬老院建成，院内床位 10 张。同年 9 月，西埔镇敬老院建成，有床位 15 张。1999 年，康美镇敬老院建成。2000 年，陈城镇敬老院建成。2002 年 7 月，前楼敬老院建成。2005 年，全县农村敬老院 5 所，床位共 44 张，收养孤寡老人 35 人，由各镇负责供养。供养费标准为每人每年 2000～2500 元。2008 年，建西埔镇农村敬老院，陈城镇山口村和樟塘镇古港两村各建 1 所幸福园。年末，全县农村敬老院共 8 所，有床位 120 张。实际使用敬老院 3 所，集中供养孤寡老人 11 人，由各镇负责供养，供养费标准为每人每年 3800 元。

二、农村五保户供养

1989 年，全县 7 个乡、镇共有五保户 78 人，均由村委会负责供养。供养标准为月人均粮食 12 公斤、生活费 5 元。1993 年 6 月，县政府颁发《关于对农村五保户实行乡镇统筹供养的通知》，开始实施五保户供养由各乡镇统筹。全县共有五保户 81 人，月人均统筹口粮 12 公斤、生活费 5 元。1996 年，全县农村五保户 87 户、92 人；1999 年，有五保户 78 人。2005 年，全县有五保户 202 人，供养标准为每人年 2000～2500 元。2006 年，五保户供养费用列入本级财政预算。2008 年，县政府制定《东山县农村五保供养工作暂行规定》，提高农村五保对象的生活水平，完善“五保”供养机制。年末，全县有五保户 207 人，供养标准每人每年 3800 元。

三、扶残助残

（一）生活保障

1997 年，县民政部门把残疾人优先纳入最低生活保障,首批保障的残疾人 106 户、254 人。2001 年，制定《东山县残疾人优惠政策若干规定》，贫、特困残疾人优先纳入最低生活保障。2008 年，全县残疾人纳入低保范围的有 2376 人。其中，城镇 1325 人，占全县城镇低保总人数的 39.9%；农村 1285 人，占全县农村低保总人数的 40.1%。

（二）康复经济补助

1991 年，县医疗卫生部门对残疾人康复扶助主要有白内障复明手术、装配假肢、聋儿语训。是年，实施肢体矫治手术 69 例，其中儿麻矫治术 25 例。1994—1997 年，实施聋儿语训 9 名。1997 年，为残疾人修理、装配假肢 74 例，赠送轮椅 97 部、拐杖 52 副、腋拐 6 副、四脚手杖 3 副、坐便椅 1 件。在开展轮椅捐赠活动中，中国台北曹仲植基金会、东山鑫瑞缘房地产开发公司联合为特困肢残者免费赠送价值 3 万元的轮椅 50 辆。县民政部门组织开展肢体残疾人康复训练。1998 年，成立东山县残疾人康复工作领导小组，随后，对残疾人康复服务项目增加肢体矫治手术、聋儿配用助听器和智残儿童康复训练、肢体残疾人康复训练。2002 年，为 20 名聋儿配用助听器。2002—2003 年，为 40 名盲人配盲杖。2001—2004 年，先后为 19 名低视力残疾人配助视器。2005 年，开展“听力重建启聪行动”调查，全县查出 8 名聋儿，赠给助听器。组织第六次“全国爱耳日”活动，在东沈村老年协会活动中心开展“义诊咨询、听力助残”爱心活动，现场为 60 多名老人详细解答预防与治疗老年性耳聋的有关知识和义诊，发放“老年人耳聋预防与治疗”“助听器选配须知”等宣传材料；为 4 名听力残疾贫困老人配送助听器。2006 年，制定《东山县精神病防治康复“十一五”实施方案（2006—2010 年）（草案）》和《东山县残疾人社区康复“十一五”实施方案（草案）》，县政府批转实施。开展精神病患者普查，以铜陵镇桥雅社区、西埔镇白石社区为康复示范点，建立全县社区康复服务体系。是年，开展创建全国盲人定向行走训练示范县，为 10 名盲人进行定向行走训练。1997—2008 年，肢体残疾人系统康复训练 446 人。1998—2008 年，智力残疾儿童训练 62 人，脑瘫儿童训练 5 人，效果甚佳。2006—2008 年，每年进行聋儿语言训练 3 人。

（三）医疗经济补助

2001 年，制定《东山县残疾人优惠政策若干规定》，残疾人凭证就医免收挂号费（专家门诊除外），实行挂号、交费、化验、取药四优先。持有县残联证明的贫、特困残疾人就医，给予减免 35%床位费、护理费和 10%手术费。2002 年，完成白内障复明手术 403 例。2003 年，县开展“白内障复明工程”，至 2005 年，完成白内障手术 175 例，脱盲率 100%。2005 年，县民政部门对 25 名精神病患者实施救助，支付治疗救助金 2.5 万元。2006 年，县残联与市残联、市同仁眼科医院、县医院联合为 40 名贫困白内障患者实施复明手术，减免手术费 4 万多元。全年完成白内障复明手术 140 例。2007 年，县残联、教育局、卫生局等单位派员和县医院 7 名医学专家组成鉴定组，免费为全县 300 名疑似残疾少儿进行医学鉴定，现场为 50 名残疾少儿办理残疾人证书。是年，全县有 98%的残疾人参与新型农村合作医疗，低保户残疾人参加新型农村合作医疗的个人缴费部分（每人 15 元）由民政局代缴。是年，实施“贫困残疾光明行动”项目，进行白内障筛查，免费为贫困白内障患者施行复明手术 60 人。2008 年，实施《东山县贫困精神病患者免费服药、住院医疗救助项目实施办法》。是年，救助 34 名精神病患者，支付治疗救助金 2.85 万元；落实福建省残疾人事业专项彩票公益金康复项目，为 15 名贫困精神病患者提供免费住院医疗救助，每人年补助 3600 元，计 5.4 万元。同年，实施白内障免费复明手术 120 例。

四、福利企业

1989 年，县内继续兴办残疾人福利厂（场）。1991 年，全县有 5 家福利企业，安排残疾人 87 人就业。至 1994 年，全县残疾人福利企业 18 家，职工 553 人，其中残疾人 181 人。1995 年，全县福利厂 21 家，职工600多人，其中残疾人230人。是年，县民政纸箱厂被省委、省政府授予“文明单位”称号。2002年，县民政纸箱厂总产值420万元，税利28万元，固定资产253万元，职工120人，其中残疾人60人。此后，因经营业务等原因，福利企业相继停产。2003年，县民政纸箱厂停产。至2008年，县内福利厂只有1家，职工60多人，其中残疾人25人。

附：福利彩票发行

1989年，县民政部门代理发行即开型福利彩票。此后，每年均有代理销售即开型福利彩票。1999年，县境开始有代理销售电脑福利彩票门店5家。2008年，全县有福利彩票经销门店10家。

第五节　其他民政事务

一、勘界与地名管理

（一）勘　界

1995年8月，成立东山县乡（镇）勘界工作领导小组，下设办公室，抽调16名工作人员开展乡镇界勘定工作，至2003年11月，完成全县乡镇界勘定，共勘定乡镇界线7条，总长37.4公里。即康美镇与樟塘镇界线，西埔镇与樟塘镇界线，西埔镇与前楼镇界线，西埔镇与杏陈镇界线，西埔镇与陈城镇界线，杏陈镇与前楼镇界线，樟塘镇与杏陈镇界线。同时，完成三交点、起止点勘定，共勘定主要乡镇三交点有2处（西埔镇—杏陈镇—前楼镇，西埔镇—樟塘镇—杏陈镇）、起止点8处（康美镇—樟塘镇起点，康美镇—樟塘镇止点，西埔镇—樟塘镇止点，西埔镇—前楼镇止点，西埔镇—陈城镇起点，西埔镇—陈城镇止点，前楼镇—杏陈镇起点，前楼镇—杏陈镇止点）。

（二）区划调整

1990年1月，经省政府批准撤销陈城乡、杏陈乡，改设陈城镇、杏陈镇，其行政区域不变。1992年7月，经省政府批准撤销康美乡，改设康美镇，其行政区域不变。

1994年，为撤县设市，县政府向省政府申请调整区划。是年9月3日，省政府批准撤销铜陵镇区划，将其辖区并入西埔镇；同时，划出康美镇的铜钵村、樟塘镇的湖尾村、南埔村辖区并入西埔镇。此区划调整至2008年没有执行实施。

1998年6月3日，经省政府批准撤销前楼乡，设前楼镇，行政区域不变。

（三）地名工作

1989年1月，成立县地名委员会。同年6月，开展全县地名复查补查和资料更新工作。1990年，完成地名复查、补查及词条编写，共574条。1993年，编绘成东山县现状图。1995年，完成《福建地名全册·东山部分》《中华人民共和国地名大词典·东山部分》资料上报。1996年，完成《中华人民共和国县乡大辞典》东山词条的编写。1998年，完成西埔城区图绘制和西埔大街小巷地名调查。1999年，完成《福建省地图集·东山部分》《漳州市地图集·东山部分》的绘制、核对；编写上报《福建省行政区划简册·东山部分》《漳州大典·东山部分》材料。2000年，上报《行政区域简册》修订资料。2006年，协调做好东山经济技术开发区的街、路命名。做好《东山县行政区划图》审核、上报；组织实施“地名公共服务工程”。同年，开展各镇、村（居）区划、地名管理调查，开展县地名数据库建设。2008年，完成《东山县地名全录》编制及部分地名设标和中心县城地名规划图等；编写县地名数据库资料汇编。

（四）村牌门牌设置

1993年，县内开展村牌和门牌设置。当年，有30个村完成村牌设置。至2008年，全县61个建制村村牌、路巷、门牌设置完成。

二、婚姻与收养登记

（一）婚姻登记

1989年，东山县婚姻登记管理仍由各镇、乡政府民政部门负责，设婚姻登记室，有婚姻登记员专门负责婚姻登记。1990—1995 年，全县共办理结婚登记 10587 对。1996 年，县民政局与监察局、物委等单位联合对全县婚姻登记机关收费情况进行检查，县政府发出《关于在婚姻登记过程中搭车收费存在问题及整改意见的通知》，制止个别单位利用婚姻登记“搭车收费”行为。当年，办理结婚登记 1695 对。1997—2004 年，全县共办理结婚登记 12201 对。2004 年 7 月，设立县婚姻登记管理服务中心。2005 年，实行全县婚姻集中于“中心”登记制度。当年，办理结婚登记 1598 对。2006 年，开展婚姻登记规范化建设活动，提高执法和服务质量，开展民主评议行风和创建文明窗口单位。2007 年 2 月，县婚姻登记管理服务中心被省民政厅授予全省民政工作先进单位。2008 年，共办理结婚登记 1926 对（其中，2007 年涉台结婚登记 37 对），补领结婚证 110 对。

1990—2008 年，办理华侨及涉港澳同胞结婚登记共 809 对。同期，全县办理离婚登记 1194 对。

1989—2008 年东山县婚姻登记情况表

表 23-1　　单位：对

年份	结婚	其中：补办结婚	离婚	年份	结婚	其中：补办结婚	离婚
1989	1767	812	—	1999	1650	—	—
1990	1400	300	—	2000	1605	—	—
1991	4240	—	30	2001	1244	—	39
1992				2002	1307	—	—
1993	2984	—	—	2003	1329	—	25
1994				2004	1455	—	66
1995	1962	—	—	2005	1598	—	84
1996	1695	—	—	2006	1502	—	97
1997	1760	—	—	2007	1729	58	116
1998	1533	—	—	2008	1926	110	135

（二）收养登记

1989—2008 年，县民政部门延续对社会福利机构和非社会福利机构抚养的（查找不到生父母）弃婴、孤儿，亲生父母有特殊困难无力抚养而由监护人监护的孤儿，以及继父或继母收养继子女的，进行收养登记。至 2008 年，共登记收养 70 例。

三、社会团体管理

（一）社会团体登记与年检

1990 年 12 月，东山县开始社会团体登记工作，至 1991 年 12 月有登记发证的社会团体 60 个。1992 年 2 月，贯彻《社会团体登记管理条例》，制定社团重大活动申报、出版物报送、年度审查、秘书长会议、重大活动、印章与财务管理 6 项制度。是年，重新登记和新成立的社会团体 9 个。1993 年，年检社团 68 个。年内，县民政局与县技术监督局配合，完成全县社团的标识代码申报。此后，年检工作形成制度化。1994—1996 年，全县新建社团 29 个。1997 年，登记发证社团 105 个。1999—2000 年，新建社团 6 个。2005 年，重新登记社团 65 个。2008 年，全县完成 2007 年度社团年检 69 个。

（二）社会团体整顿

1991 年 3 月，东山县开展整顿社会团体。经复查登记，全县发证的社会团体 60 个，延缓登记的 3 个，自行解散的 3 个。1997 年，县民政与县公安和县委统战部门配合完成全县 42 家宗教活动场所、99 家民办非企业单位调查工作；与县审计部门配合完成对 18 个社团 1995—1996 年度财务审计。同年，召开“全县社团工作经验交流会”，表彰 9 个先进社团。1998 年，根据《国务院办公厅转发民政部门关于清理整顿社会团体的意见的通知》，对全县 105 个社团进行清理，审核发证的社团 79 个。2008 年，开展整顿规范行业协会活动，注销长期未开展活动社团3个；对20个由副科级以上党政干部兼任会长（或秘书长）的社团，责成更换、整改。

（三）民间组织管理

2000年，成立县民间组织管理工作领导小组，对76个民办非企业单位进行基本情况调查。2001年，根据省政府《关于开展民办非企业单位复查登记工作的通知》，对县文化体育、县科技、县劳动等主管单位下属的民办非企业单位（民间组织）进行复查登记。共申报民间组织9个，给予登记注册6个。是年9月，成立东山县社团研究会，有会员50人。

2006—2008年，审批申请筹备和成立登记的民间组织17个，注销5个，变更9个。2008年，完成2007年度民办非企业单位民间组织年检65个。年末，东山县社团研究会会员60人。

四、殡葬管理

（一）殡葬改革

1989年，东山县继续推行火葬，改革土葬，规划建设骨灰寄存馆。在铜陵镇、西埔镇的非农业户口中实行火葬，遗体火化地点主要在云霄和广东饶平，遗体火化后，仍采用土葬。

1993年，西埔镇、康美镇开始建设公墓区。1995年，县政府规定西埔镇、铜陵镇的居民（含铜兴村农民）及国家干部、职工的死亡者一律推行火化，遗体火化地点主要在云霄。1990—1995年，全县运送遗体火化1759具。

1996年3月，县政府颁布《关于启用骨灰寄存馆的通告》，规定在全县范围内的国家干部、职工、居民及铜陵镇域内（含铜兴村）的所有常住人口，其死亡遗体火化后的骨灰于出葬当日存入铜陵骨灰寄存馆。1996年，火化遗体348具。

1997年，县政府颁布《关于开展治理乱建坟墓和加强殡葬管理工作的通知》，成立县治理乱建坟墓工作领导小组，集中安葬于指定的公墓区。1997—2000年，全县火化遗体1264具。

2002年2月2日，东山县殡仪馆投入运行。遗体火化集中在县火葬场。是年3月7日，召开全县殡葬改革工作动员大会，并发文规定，自当年3月16日零时起，在全县范围内推行遗体火化。当年，火化遗体773具。2003—2005年，全县共火化遗体3706具。2006年，铜陵镇、康美镇、陈城镇做好骨灰寄存处选址建设。2008年，县境有县殡仪馆、火化场各1处，骨灰寄存馆1处、公墓区2处。全年火化遗体1250具，火化率100%。

（二）县殡仪馆

1989年，县殡仪服务站沿设，负责殡仪服务事项。1998年，撤销县殡仪服务站，改设县殡仪馆，与县殡葬管理所为一套人马、两块牌子，属自收自支事业单位，定编15人。2000年1月13日，始建县殡仪馆，占地面积13332平方米。2001年12月27日建成，建筑面积1800平方米，总投资798万元，内设办证大厅、悼唁厅、火化车间等。2002年2月2日，火化车间点火试运行。

（三）骨灰寄存馆

1991年，建铜陵骨灰寄存馆，投资12.5万元，位于铜陵镇大澳田尾，建筑面积1200平方米。1996年3月，投入使用。1998年迁至竹枝山骨灰临时寄存馆。

2008年，铜陵骨灰寄存馆寄存骨灰385盒。是年，将临时寄存馆内骨灰盒全部迁至殡仪馆骨灰寄存楼。

（四）殡仪馆骨灰寄存楼

2002年2月，于西埔镇龙凤山黑石壁处建县殡仪馆悼念厅。2008年，县殡仪馆悼念厅改作殡仪馆骨灰寄存楼，累计寄存骨灰4500盒。

（五）公墓区

1994年5月，在西埔镇龙凤山划出66.67公顷，在康美镇狮山划出13.33公顷，作为公墓用地。1997年，西埔镇龙凤山公墓区和康美狮山公墓区投入使用。

第六节　机　构

一、行政机构

（一）东山县民政局

1989 年，沿设县民政局，内设办公室、县退伍军人安置办公室、县地名办公室。1990 年，增设县社会团体管理办公室。2003 年，增设老龄工作股（挂东山县老龄工作委员会办公室牌子）。2004 年 7 月，设立婚姻登记管理服务中心。2008 年 12 月，内设机构有人秘股、社会事务股、救灾救济股、优抚安置股 、老年工作股，下辖县婚姻登记管理服务中心、县战斗烈士陵园管理处、民政纸箱厂、福利院、县殡葬管理所 。全局行政编制 6 名，实有工作人员 12 人。

（二）东山县支前办公室

1989 年，沿设县支前办公室，为正科级单位，工作人员 3 人。2003 年 5 月，撤销县支前办，人员并入县支前双拥工作领导小组办公室。

（三）东山县支前双拥工作领导小组办公室

2003 年 5 月 15 日，设县支前双拥工作领导小组办公室，为正科级议事协调机构，定编 3 人。2008 年，有工作人员 4 人。

二、事业单位

（一）东山战斗烈士陵园管理处

1989 年，沿设东山战斗烈士陵园管理处，位于西埔镇石坛村，有工作人员 3 人。2008 年，有工作人员 3 人。

（二）东山县婚姻登记管理服务中心

2004 年 7 月，设立县婚姻登记管理服务中心。2008 年，工作人员 2 人。

（三）东山县殡葬管理所

1998 年,撤销县殡仪馆服务站,成立县殡仪馆和县殡葬管理所，为一套人马、两块牌子。属自收自支事业单位,定编 15 人。2008 年，有工作人员 27 人。

（四）东山县残疾人劳动服务管理站

1995 年 3 月，设立县残疾人劳动服务管理站，隶属县残联，编制 3 人，负责残疾人劳动就业服务、扶贫、培训，依法征收残疾人就业保障金等工作。2008 年 12 月，工作人员 3 人。

（五）东山县救助管理站

2008 年，设立县救助管理站，与县社会福利中心合署办公，为一套人马、两块牌子，工作人员 2 人。

第二章　军　事

第一节　征　兵

一、征兵宣传

1989—2008 年，东山县人民武装部每年在征兵期间延续开展征兵宣传，运用标语、广播、有线电视、专栏等形式，在全县城乡开展以《中华人民共和国兵役法》《中华人民共和国国防法》《征兵工作条例》等为主要内容的征兵宣传活动，并开展爱国主义教育、国防教育、依法服兵役宣传教育。每年均印发征兵宣传材料；县长或副县长发表征兵电视讲话；印发给适龄青年的一封公开信。年年组织适龄青年参观东山保卫战纪念馆，开展革命传统教育；组织军营游，让应征青年感受军营生活；举办退伍军人与应征青年座谈会。同时，在乡镇设咨询站，接受征兵事项咨询。2008 年，全县征兵宣传活动依然。

二、兵役制度与登记

（一）兵役制度

1989 年延续实行义务兵役制度。1998 年 12 月，贯彻修改公布的《中华人民共和国兵役法》，对兵役制度作调整，将义务兵服现役期限缩短为 2 年，并取消超期服役；规定志愿兵实行分期服役制度。1999 年，将士官服役分为六期：第一、二期各为 3 年，退出现役时实行复员制度；第三、四期各为 4 年，退出现役时实行转业制度；第五期为 5 年，第六期为 9 年以上，服现役满 30 年或年龄满 55 岁退出现役时，实行退休制度。

（二）兵役登记

1989 年，县武装部根据《中华人民共和国兵役法》规定，对符合服兵役年龄的公民进行登记并注册管理。每年 12 月 31 日以前，凡年满 18 周岁的男性公民，都应在当年 6 月 30 日以前，按照县兵役机关的安排到指定地点进行兵役登记，确定其是否应服兵役、免服兵役或缓服兵役。

初次参加兵役登记的适龄公民，凭《兵役登记通知书》、户口簿、身份证、学历证书，在规定的时间内到指定的地点参加兵役登记，接受兵役机关组织的身体目测、政治初审和年龄、文化审核。已参加过兵役登记的适龄公民，每年到户籍所在地乡镇（含县直机关武装部）设立的兵役登记处参加复审。适龄公民兵役登记后，因就学、就业、户籍发生变动时，到乡镇（含县直机关）武装部办理兵役登记转移手续。适龄公民因其他原因未能参加兵役登记的，则到户籍所在地的兵役机关补办手续。年满 17 周岁应届高中毕业生，本人自愿也可到站登记。

三、兵员征集

（一）兵员年龄与性别

1989 年，东山县征集兵员延续男青年为 18～20 周岁，高中毕业以上文化程度的青年放宽到 21 周岁；女青年为 18～19 周岁。为适应部队一些特殊专业需要，也征集部分 17 周岁女青年入伍。1998 年起，属企事业单位职工的男青年放宽到 21 周岁。1999 年起，属大专以上文化程度的男青年放宽到 22 周岁。

2005 年起，根据部队需要和本人自愿，增加可征集部分年满 17 周岁的应届高中（含职高、中专、技校）毕业的男青年入伍。至 2008 年 12 月，县内征集的新兵以男性为主，同时征集少数女兵。

（二）兵员职业与教育程度

1989 年，东山主要征集初中毕业以上农业户口青年和高中（含职高、中专、技校）毕业以上非农业户口青年。征集非农村户口青年，都具备高中（含职高、中专、技校）毕业以上文化程度，以及具有高中毕业以上企事业单位的青年职工（含工人、管理人员和技术人员）。1999 年起，增加征集非学历教育民办大学的在校生及在各类高考补习班学习的青年入伍。2005—2008 年，还征集少数本人自愿且符合条件的全日制高等院校在校生入伍。

（三）免征、缓征与不征集

1989 年，县内适龄公民中，有严重生理缺陷或者严重残疾不适合服兵役的人，免服兵役。应征公民为维持家庭生活的唯一劳动力，或者是正在全日制学校就学的学生，则缓征兵役。依照法律被剥夺政治权利的，不准其服兵役。应征公民被羁押正在受侦查、起诉、审判，或者被判处徒刑、拘役、管制正在服刑的，不征集。至 2008 年，上述政策不变。

第二节　民　兵

一、组织建设

1989年，县人民武装部以“政治合格、军事过硬、作风优良、纪律严明、保障有力”为目标，加强民兵组织建设，重点抓好民兵应急分队和专业技术分队建设。1998年，在铜陵镇和西埔镇组建民兵专业分队。1999年，本着减少数量、合理布局、突出重点的原则，调整企业民兵组织隶属关系，使之与所担负的作战支前任务相适应。2002年，以保障分队建设为重点，提高民兵应急快速反应能力。2003年，以民兵营规范化建设为重点，为基层武装部及民兵营部配发办公设施，完善民兵营部的软硬件建设。2004年，对民兵组织结构进行调整，2008年，完成组建民兵分队建设。

二、政治教育

1989—2008年，县人民武装部延续在民兵、预备役队伍中开展党在各个时期的方针政策学习和忠实履行军队历史使命的教育；组织学习质量建军、科技强军的战略思想。1999年后，开展以“讲学习、讲政治、讲正气”为主题的教育，提高民兵预备役思想素质，服从命令，听从指挥。2002年，进行“三个代表”重要思想教育，牢记宗旨，履行新世纪新使命。2003年，组织开展《中华人民共和国国防法》《中华人民共和国兵役法》《中华人民共和国军事设施保护法》《中华人民共和国民兵工作条例》等法规学习教育，提高民兵国防意识。2006—2008年，进行科学发展观、“八荣八耻”为重点的社会主义核心价值体系和时事政策教育，进一步筑牢广大民兵预备役人员思想防线，听党指挥，激发民兵的爱国保国热情。

三、军事训练

1989—2008年，县人民武装部延续每年组织民兵干部和民兵分队开展专业军事技能训练，并进行考核，确保训练质量。1998年，组织专业武装干部、基干民兵营、民兵应急分队人员进行军事训练，此后，每年集训1次。统一内容、统一标准，逐个进行考核，确保训练质量。2003年，结合县人武部担负的任务，提高民兵的综合素质。至2008年，全县民兵军事专业训练合格率100%。

四、哨所建设

1989—2008年，县人武部延续加强澳角、铜陵等民兵哨所组织建设，开展军事技能训练。2003年，铜陵哨所和澳角哨所的生活、执勤等正规化建设进一步完善。此后至2008年，每年组织哨兵进行适应性演练，提高综合素质。

第三节　国防教育

1989年，东山县继续根据县国防教育办公室制定的《县国防教育三年计划》（1988年6月制定）开展国防教育活动，以干部职工、民兵、青年和中小学学生为教育对象，以提高全民的国防观念。

1990年，设立国防教育研究中心；建设国防教育展览馆，修整东山战斗纪念馆和烈士陵园为教育基地；组织编写国防教育教材，开展国防思想基础教育；组建海岛民兵文艺演出队；举办国防教育知识竞赛。至2008年，县国防教育办公室每年以干部职工、民兵、青年和中小学学生为教育重点，宣传《中华人民共和国国防法》《中华人民共和国兵役法》《中华人民共和国国防教育法》等，年受教育者近万人次，全民国防观念增强。同时，东山驻军部队在每年建军节、国庆节、抗日战争纪念日，广泛开展爱国主义教育和国防教育活动；举办专题讲座、军事图片展览等；派出官兵为东山第一中学、东山第二中学、西埔初级中学、东山岛职业中专学校等学校学生开展军训（每年军训学生3000多人次），强化广大师生的国防意识。1994

年 12 月 18 日，东山县被省军区评为福建省国防教育先进县。2002 年起，每年为学生作 1～2 次国防知识、形势宣传讲演活动。2008 年，全县有国防教育和爱国主义教育基地 9 处。

第四节 人民防空

一、防空设施

2000 年，设立县警报器控制中心，成立领导小组，在西埔和铜陵镇区安装电动警报器。2002 年 9 月，漳州市人防办公室为东山县配置移动通信指挥车。2003 年，又配置车载警报器。2004 年，补充安装新型电声警报器，并对原电动警报器进行改造，加装无线遥控接收装备。年末，西埔、铜陵两城区警报音响覆盖率达 90%以上。2005 年，检查、维护全县所有的警报器、警报信号发射与接收系统设备。此后，县人防部门定期组织开展警报设施检查、检测，确保警报设施安全、良好。2008 年，在康美镇增设警报器，全县城区警报音响覆盖率 95%以上。

二、防空演练

2000 年 12 月 28 日上午 9 时 30 分，县政府在西埔、铜陵两地举行首次防空警报试鸣工作。县人防部门组织防空警报设施的安装调试，县政府领导人在县有线电视台发表警报试鸣专题讲话；并按规定及时在县有线电视台进行公告，首次防空警报试鸣工作取得成功。此后，每年 9 月 19 日上午 9 时 30 分至 10 时 0 分，均在西埔、铜陵两地举行防空警报试鸣工作。2003 年 7 月 16 日，纪念东山保卫战胜利 50 周年，县举行首次防空演练活动，组织防空警报试鸣、人员疏散、隐蔽及紧急救护活动，提高人防专业队的快速应急能力，使群众掌握有关人防基本技术技能。2008 年，完成编制《东山县防空袭应急行动方案》。

三、防空工程建设

（一）人防工程项目

1998 年起，县人防部门贯彻以建为主，以收促建的方针，在民用建筑中推行建防空地下室。2003 年，在西埔镇旧城改造中推进小区防空工程建设，并进行人防工程的规划与布局。2005 年，完成编制《东山县人民防空建设规划》初稿，同时，县人防部门向县建设规划部门提出人防工程的规划和布局的建议。至 2008 年，县人防部门对人防工程、防空地下室每个工程的立项审批、开工建设、竣工验收都建立档案资料，并建立人防工程维护管理责任制，定期检查。

（二）防空地下室易地建设费征收

2000 年 10 月起，县人防部门根据有关规定，对县城区、开发区和设防镇的镇区，所有新建民用建筑，都按规定修建防空地下室。2003 年 3 月，对未建设防空地下室新建筑项目征收防空地下室易地建设费，征收标准为每平方米 1800 元。同年 5 月，调整防空地下室易地建设费征收标准。至 2008 年，县人防每年均按规定征收防空地下室易地建设费。

四、防空宣传教育

（一）防空宣传

1998 年起，县人防部门每年都利用广播、电视、墙报、宣传栏等形式，开展《中华人民共和国人民防空法》和《福建省人民防空条例》宣传教育活动。印发《中华人民共和国人民防空法》和《福建省人民防空条例》手册，派员深入建设单位、施工现场、房地产开发公司等分发，开展宣传。先后组织人员撰写人防工作宣传文章 10 篇发表在《中国人民防空》《福建人防》《福建日报》《厦门日报》《闽南日报》等报刊。2008 年起，推进人防工作宣传进学校、进社区、进公司活动，利用县政府网站宣传人防法律法规，增强全民的防空意识和国防观念。

（二）防空知识教育

1998年，县人防部门把人民防空教育纳入国防教育体系规划，组织县干部、职工参加漳州市举办的人防知识竞赛活动；在各中学开展“三防”（防核武器、防化学武器、防生物武器）知识教育。应用三防知识材料（含图片），县人武部专职教员在各中学开展实地操练、演示，使学生掌握战时防护方法和增强国防观念。2000年10月，成立东山县中学生三防知识教育领导小组，下设办公室，负责开展中学生三防知识教育。当年，学生接受“三防”知识训练780人次。2004年后，在各中学开学第一、二周期间，对初二年段中学生开展人防常识培训及三防知识教育。2008年，全县印发中学生“三防”知识普及教育读本1200多册，举办三防知识图片展2场。

第五节　海防工作

一、反偷私渡

1990年，东山县边防大队破获偷渡外逃案件3起，查扣船只2艘，抓获外逃人员29名。是年12月，东山边防大队被公安部边防局记集体三等功一次。1992年，东山边防海防部门查获偷私渡案件5起14人。1996年9月9日凌晨，东山边防部门在东门屿截获1艘由福州籍陈某某非法组织的偷渡日本船只，查获偷渡人员50人。

二、打击海上走私

1989年10月，东山公安边防部门在大埕湾海域截获1艘走私船，查获走私香烟381件，案值100多万元。此后至1992年，共查获海上走私19起，查获外国高级香烟23.99万条，国家一级保护动物15只、二级保护动物6只，其他文物29件，鸦片1650克，总案值1146万元；查获走私汽车4部、船只17艘；查处走私案犯104人。1993年，在东山县兄弟岛海面查获1艘广东籍走私渔船，查获摩托车67辆，价值13万元。2000年，在打击制假行动中，于杏陈镇区查获走私“红油”7.2吨，查处走私人员14名。2006年9月30日晚，在漳浦古雷至东山东门屿海域截获走私船“奥陆29948号”船和“闽东渔下652号”船，查获走私柴油40吨。2008年，查获无合法手续贩运成品油案1起8.6吨，贩运走私盐9起共132吨。

三、服务台轮

1989—2005年，县公安边防大队对到东山停靠的台轮实行安全保护，同时做好补给、维修、救灾等服务。2006—2008年起，对要登陆的台轮人员及台胞给予办理“登陆证”，每年服务台轮近千艘次。

四、船舶管理

1989年，东山县公安边防部门继续对各类船只实施管理，经清查、核对并年审，至1990年12月，全县船舶有1540艘。其中渔船924艘、运输船60艘、农副业船556艘。审验船舶户口本974本，边防登记簿518本、船民证6513张。此后，每年开展船舶年审。1995年，审验各类船只1362艘、渔船民5829人，换发新版船民证5600本、临时证520本，审验换证率95%。2001年，管理审核渔船2165艘，年审率95%；审核渔民证7402人，年审率98%；审核批准外派劳工12批、132人。2002年，针对东山、诏安、云霄交界海域开发利用中存在的纠纷问题，开展海上社会治安综治行动，收缴非法雷管107枚、自制手炮82枚、导火索4.8米，为沿海经济建设创造平安环境。2005年，边防官兵对县域偏僻港口、重点海岸线、交通要道全天候巡逻检查，共出动1693人次、车辆423辆次，检查各类船舶780艘次、车辆700辆次、外来人口2620人次；同时，救助遇险船只10艘、渔船民68人，挽回直接经济损失280多万元。2008年，巡逻检查海域、岛屿、港口、码头、仓库等场所2184场次；检查各类船舶835艘次。

第六节　拥政爱民

一、支援地方建设

（一）参与植树造林

1989年，县人武部和驻军部队继续参与地方植树造林，出动车辆20多辆次，种植树木、花卉3万多棵。此后，县人武部和驻军部队每年都组织造林植树活动，至2008年，共植树4000多株。

（二）助贫建业与济困

1992年起，县人民武装部每年与特困户开展结对子帮困活动，给予资金支持，协调县农业局、县林业局、县渔业局等单位从技术上帮助其发展生产，脱贫致富。每年建军节、春节等节日期间，县人武部组织人员看望慰问五保户和军烈属。1998年，县人武部与县劳动管理部门协同组织贫困民兵家属参加劳动技能培训，帮助他们建业、就业，脱贫致富。

县人武部还常为公益事业捐款，2004年建军节，为希望小学捐款1270元；2006年5月，为受1号台风影响的灾民捐款2.4万元,捐献衣物652件。

二、共建地方精神文明

1989—2008年，县人武部在建军节、国庆节等节日期间，邀请县五套班子领导参与“军事日”活动。积极与县文明办、县支前办、县双拥办、县文化局、县妇联等单位联合举办弘扬主旋律的文体活动，丰富群众精神文化生活，密切军政军民关系。县人武部与县电信局、县硅砂矿、东山县海魁水产集团有限公司、大嵊村等单位开展共建精神文明活动。

驻岛部队长期为县各中学学生开展军训。县人武部年年为县政府、镇政府及重点村订送《中国国防报》《中国民兵》和《东海民兵》等军事报纸杂志，至2008年不变。

三、抢险救灾

1989年后，县人武部和驻岛部队官兵及广大民兵，每当县境遭受台风袭击等灾害时，都站在抗灾抢险最前列，参与抢堵海堤缺口，抢救遇险渔船渔民等。

1998年，县境遭受10号强台风袭击，县人武部组织民兵参加抢险救灾工作。1999年，14号特大台风正面袭击县境，县人武部出动人员组织民兵预备役参与抢险救灾，共加固堤坝130余处（长30余公里），抢救物资400余吨，为国家挽回经济损失上亿元。

2000年7月，陈城某地发生山火，县人武部组织民兵迅速前往灭火，奋战5个多小时，解除灾情。2001年8月，台风袭击县境，铜陵的南门海堤出现严重险情，驻岛部队官兵、县人武部人员、民兵应急分队赶赴现场协助转移受灾群众，堆垒沙包5万多个，加固海堤600多米，排除险情。

2002年2月9日，西埔镇冬古村发生森林火灾（受灾面积8公顷），县人武部组织民兵分队参与灭火行动。

2003年，县境遭受13号强台风“杜鹃”袭击，县人武部组织民兵，出动车辆，参加抢险救灾。是年，西埔镇冬古芹山发生森林火灾（受灾面积1.5公顷），县人武部组织民兵分队参与灭火行动。

2004年，县境遭受18号台风“艾利”袭击，县人武部组织民兵，出动车辆，参加抢险救灾。

2005年，县境遭受10号强台风“珊瑚”袭击，县人武部组织民兵，出动车辆，参加抢险救灾。

2006年5月15—19日，县境遭受强热带风暴“珍珠”袭击。驻岛部队、县人武部人员、边防官兵及民兵多次到海边帮助转移群众，抢修海堤、水库等。5月18日凌晨，在东山湾三号国际锚地避风的“伯利兹号”台湾渔船因受台风袭击造成脱锚，触礁搁浅，船上5名台湾船员生命垂危。得知这一情况后，东山公安边防大队、城关边防派出所官兵冒着狂风暴雨赶往出事海域营救，奋战2个多小时,5名台胞获救。

1989—2008 年，县人武部、驻岛部队、边防武警和民兵在历次台风抗灾抢险中，抢救渔船累计 700 余艘。其中，冬古、澳角和宫前的民兵累计抢救渔船 200 余艘。

第七节 机 构

一、县人民武装部

1989 年，沿设县人民武装部，直属地方建制，为漳州军分区管辖的团级单位。下辖康美、西埔、杏陈、陈城、前楼、樟塘、铜陵、县直机关基层武装部和民兵哨所。1996 年 4 月 20 日，改为军队建制，隶属漳州军分区。2008 年，机构设置不变。

二、武警部队

（一）武警东山县消防大队

1989 年，武警东山县消防大队沿设，负责全县安全防火检查、灭火、消防人员培训和建筑工程消防设计审核与验收等事项。2008 年，设置不变。

（二）武警东山县中队

1989 年，武警东山县中队沿设，位于西埔牛仔圩。负责县看守所、拘留所管理与保卫工作。2008 年，设置不变。

（三）武警东山县边防大队

1989 年，武警东山县边防大队沿设，负责县域边防安全检查等事项。2008 年，设置不变。

三、国防与海防机构

（一）东山县国防教育委员会

1989 年 6 月 10 日，东山县国防教育领导小组成立，下设办公室，负责国防教育事务。1996 年，改设县国防教育委员会，成员由县委宣传部、县政府办公室、县人武部等有关单位组成；下设办公室，负责具体事务。2008 年，设置不变。

（二）东山县国防动员委员会

1996 年 12 月 10 日，成立县国防动员委员会，为组织实施全县国防动员工作的议事机构。中共东山县委书记任第一主任，县人民政府县长任主任，县人武部部长任常务副主任，县人武部政治委员、政府一名副县长任副主任，成员由党政军有关部门领导人组成；下设办公室，负责具体事务。2008 年，设置不变。

（三）东山县海防管理工作委员会

1990 年，成立县沿海安全保卫小组，由县委常委任组长，县公安局局长、边防大队大队长任副组长。负责反偷私渡外逃和打击海上走私等事项。1991 年，改设县海防管理工作委员会，各沿海乡镇相应设领导小组，加强对反偷私渡外逃和打击海上走私专项斗争的领导工作。2008 年，设置不变。

（四）东山县人民防空办公室

1998 年 6 月 25 日，设立县人民防空办公室，为县政府正科级议事协调机构。2008 年，设置不变。

第二十四卷　人力资源和社会保障

1989—2008 年，东山县进行一系列劳动用工制度改革，逐步建立以市场为导向的劳动就业机制，形成以职业介绍、就业培训和失业保险为主的劳动力市场就业服务体系。实施就业准入制度，开展下岗失业人员再就业援助行动，组织农村富余劳动力转移，实行职业技能鉴定。开展劳动生产安全和劳动用工大检查，加强劳动争议调解，保护劳动者权益。改革工资分配制度，完善工资宏观调控管理，实行企业用工最低工资标准。

20 年间，随着改革开放的深入与构建和谐社会的开展，东山县社会保障体系越来越完善。社会养老保险由最初在国有企业中实行，逐渐向城镇集体企业和个体工商户发展，实现城镇社会养老保险全覆盖。离退休人员生活费实现按月足额社会化发放并随着社会生活水平的提高而增加，实现老有所养。推行医疗保险制度改革，建立新型农村合作医疗保险和城镇居民医疗保险制度，初步实现病有所医。全县社会保障体系不断完善。

1992 年起，准备党政机构改革。1997 年和 2005 年，两次进行党政机构改革。实施公务员制度，公开考试录用公务员；对党政机构实行“三定”（定职能、定内设机构、定人员编制）和机构编制实名制管理。推进事业单位机构改革，全面实行专业技术资格的评定与职务聘任分开制度。20 年间，不断深入开展人事制度改革，建立县人才技术信息交流服务中心，搭建人才交流平台。健全行政和事业单位工作人员年度考核制度，以及公务员和专业技术人员继续教育培训制度，不断提高公务员和技术人员素质。

第一章　劳动就业

第一节　用工制度改革

1989 年，东山县劳动管理部门贯彻“统筹安排，自谋职业，社会救济相结合”的就业方针，制定优惠政策，鼓励城镇待业青年到乡镇企业就业或自谋职业，逐步改革劳动就业与企事业招工统筹安排的做法。1991 年，全民企事业单位试行“统一考试，择优录用合同制工人”的招工制度，在一些企业试行自主招收集体所有制工人，企业根据生产经营需要，自定招工名额，报县劳动部门批准（不再给企业下招工指标）；企业招用外省人员或县内农村劳力，需办理“外来人员就业证”或“务工证”。1993 年，贯彻《全民所有制工业企业转换经营机制条例》，深化劳动用工制度改革，将企业的招工、工资分配、工人流动等管理权限下放企业；劳动管理部门不再下达招工指标。企业用工公开向社会招聘，工资分配由企业决定。1994 年，企业用工自主权进一步扩大，可在省内城镇人口中招收工人，不受行政区域限制；招用省内农村劳力和省外劳力需报县劳动部门批准。1995 年，贯彻《中华人民共和国劳动法》，在三资企业、集体企业、乡镇企业和私营企业全面推行劳动合同，企业招工，必须签订劳动合同并报县劳动管理部门鉴证备案；企业用工贯彻“先本县后外县，先城镇后农村”的原则。1998 年 1 月，实行职工下岗登记制度，全面建立以市场为导向的就业机制，劳动力市场形成以职业介绍、就业培训、就业指导和失业保险为主的就业服务体系。2000 年起，调整下岗职工原劳动关系,向市场就业机制过渡。2001 年，推行劳动预备制度和就业准入控制制度。2005 年，开展灵活就业和再就业援助，即以订单形式向企业派遣劳务人员,解决企业临时用工短缺。2006—2008 年，开展农村劳动力转移培训，把农村劳动力转移、进城务工农民纳入公共就业服务体系。

第二节　就业安置

一、就　业

1989 年,县劳动管理部门贯彻“控制总量,广开门路,增加储备,继续稳定就业局势,平稳度过就业高峰”的方针。是年，全民和城镇集体单位安置就业 1177 人，城镇从事个体劳动者 5171 人，有 3325 人登记待业。1991 年，实行经考试择优录用办法，一些企业试行自主招工，全县招工 1845 人。此后，每年都有一批待业人员就业。1998 年 5 月起，实行用工单位招工按计划报劳动部门审批后,可通过劳动力市场招用新员工（在同等条件下,按 30%～40%接纳下岗职工就业）的办法安排就业。县劳动部门健全就业服务窗口,举办就业洽谈会,及时推荐就业。是年，安置就业 1345 人(其中推荐临时就业 610 人)；城镇登记失业 743 人,失业率 2.4%。安置就业的方向主要是高优农业、第三产业的非公有制企业。2001 年起,推进社区服务就业,以招收临时工、弹性工时等形式,提供社区保安、生活护理、维修维护等便民岗位,吸收失业人员就业。2002 年，介绍就业 1818 人（其中城镇待业人员就业 1155 人)。2003 年 8 月,县委办公室、县政府办公室联合发出《关于重新下达 2003 年促进就业目标责任制的通知》,建立就业工作每月通报制度和年终考核制度。2005 年，全县安置就业 2602 人；城镇登记失业 750 人,城镇失业率 4.1%。2008 年，全县安置城镇就业 3113 人，其中灵活就业 656 人；城镇失业登记 605 人，失业率 3.5%。

二、再就业

1995 年，全县处于停产、半停产的困难企业 75 家、职工 4306 人（国有企业 32 家、职工 1601 人；集体企业 43 家、职工 2705 人)。其中,企业不能足额发放工资的有 520 人；企业不能发放工资的有 2033 人；企业不能足额发放最低生活保障金的有 1151 人。县劳动管理部门采取分类解决措施：领取补偿金,办理内部退休或停薪留职,自谋职业；国有企业下岗职工领取失业保险金，经转岗培训和劳务市场实现再就业。年内,有 640 人到三资企业、私营企业就业或自谋职业；有下岗职工 186 人、富余人员 267 人,经职业介绍、转岗培训重新就业。1998 年 1 月,县政府颁布《东山县人民政府关于实施再就业工程的意见》,成立以县长为组长的县实施再就业工程领导小组。是年 3 月 5 日，县劳动局颁发《关于实行职工下岗登记制度的通知》,由县劳动服务公司负责实施并办理“企业职工下岗证”。凡进入再就业服务中心托管的下岗职工，全民企业、县集体企业离岗 3 个月以上的下岗职工，都纳入办证对象。办证后，职工享有免费职业介绍、转岗培训；从事个体经营的,工商机关登记备案,发给临时营业执照,试营业 6 个月,再正式办理注册,免交 1 年工商管理费;创办劳动服务企业或企业安置下岗职工就业占员工总数60%以上的,免征所得税3年等优惠政策。是年 8 月，设立县再就业服务中心（挂靠县劳动服务公司）,负责为进入再就业服务中心的下岗职工提供转岗培训、调剂就业、组织生产自救、推荐就业、提供基本生活与医疗保障、代缴社会保险费等服务。在县经济局、县外经贸局、县交通局、县水产局设立再就业服务分中心或就业安置办公室，各镇设立就业服务站。县政府制定 14 条扶持优惠政策，帮助困难企业下岗职工实现再就业。同年 9 月 18 日,成立东山县国有企业下岗职工基本生活保障和再就业工作领导小组,下设办公室（挂靠县劳动局)。10 月 1 日，县委宣传部、县劳动局等部门联合在县劳动力市场举办国有企业下岗职工再就业暨劳动力交流洽谈会，有 12 家用工单位为下岗职工提供 15 个工种、229 个岗位；有 500 多名下岗职工和社会求职者到会洽谈。当日，用工单位招录 131 人，其中下岗职工 85 人。各部门贯彻县政府 14 条扶持下岗职工再就业优惠政策；县工商行政管理局在西埔、铜陵市场增设 3 个营业网点，安排下岗职工经营摊位 180 个；县粮食部门采取承包租赁经营、创办经济实体等办法，安置下岗职工就业 81 人。是年 12 月,全县国有企业下岗职工 1134 人中，安置就业 828 人,另有 306 人与再就业服务中心签订协议，实行托管（其中 295 人领取生活保障金,11 人办理“企业职工下岗证”)。1999年，全县有近千名下岗职工享受优惠政策，从事个体或合作经营水产品加工、运输、手工制作等职业，至12月12月，全县有离开本单位仍保留劳动关系的职工2978人（全民单位1226人、集体单位1752人)。2000年5月起，县再就业办公室发放有效期3年的“下岗职工再就业优惠证”，同时收回“下岗职工基本生活保障证”“失业证”，停发基本生活费和失业救济金。是年9月起，实行企业新裁员的下岗职工直接与企业解除劳动合同，领取经济补偿金、失业救济金。10月，县再就业服务中心关闭，不再托管下岗职工，解除劳动关系。2001年6月20日，县劳动局制定《关于开展再就业援助行动实施方案》，对已出“中心”的下岗职工、直接与企业解除劳动关系的失业人员和再就业有困难者，实施再就业援助。2002年4月，县政府办公室发出《关于开展再就业援助行动的通知》，为再就业人员提供政策咨询和再就业服务；提供档案寄存，代办社会保险缴费接续服务；提供下岗职工生活保障，积极拓宽社区服务；协调有关部门落实下岗职工再就业各项优惠政策（如税收减免、工商登记等)。2005年1月，开展再就业援助“春风行动”，6—8月，开展再就业政策实效行动。2007年，开展“零就业家庭”援助活动，对城镇“零就业家庭”和农村贫困家庭中的就业困难的人员进行培训，实现贫困家庭“一户一就业”目标。2008年，全县城镇下岗失业人员再就业767人，其中“4050”人员再就业262人。2002—2008年，累计办理“再就业优惠证”1513本（其中2008年470本)；社区申请社会保险补贴659人、补贴金额8.92万元（其中“4050”灵活就业下岗失业人员申请养老保险补贴145人、补贴金额6.68万元)；落实小额担保贷款人员50人、金额161.18万元，贴息9.55万元。

第三节　职业培训与技能鉴定

一、职业培训

（一）就业培训

1989年，县劳动管理部门的就业培训以岗前新工人为主，当年培训岗前新工人7522人。此后，每年均举办岗前新工人培训。1995年，举办各类就业培训班18期，就业培训率100%。1998年4月20日，县劳动局与东山岛职业中专学校建立“就业培训伙伴关系”，成立东山县劳动培训中心，设电脑、餐饮、农业、水产养殖技术等专业课程，开展就业培训。2000年，举办劳动预备制培训班，共办21期，培训预备制人员638人。此后，每年均有举办劳动预备制人员培训班。2006年，采用订单培训、岗前培训、定向培训等培训形式，举办市场营销、维修电工、电焊工、水电安装等实用技术课程，全年培训700人。2007年，县劳动与社会保障局和县教育局职教中心合作，投入3万元，对全县3000多名初中毕业生开展就业指导、岗前培训及专业技能培训鉴定，为企业用工做预备性培训。举办城镇“零就业”家庭培训，共126人，安置就业120人。2008年，培训城镇“零就业”家庭131人，都安置就业。

（二）岗位培训

1989年，县劳动部门岗位培训以技术等级考核培训为主。当年培训企业管理人员、锅炉工、电工、电焊工共979人。1993年，举办在职职工财务、厨师、旅游、公关、通用机械、特种行业等专业知识培训班，培训专业技术工人2629人次。1995年，培训财会、汽车维修、烹调等专业技术人员，共3815人。1996年5月和10月，举办电工作业人员和锅炉工作业人员岗位培训班。此后，每年均举办不同专业技术岗位培训班。2002年，举办电工、客房服务员、餐厅服务员的初、中级技术岗位培训班，共7期，岗位培训263人。2004年，举办8个职业工种的技术岗位培训班，共10期，培训315人。2005—2008年，根据实际需要举办各种技术培训班，年培训岗位人员250～350人。

（三）再就业培训

1998年1月至2000年12月，县再就业服务中心为下岗职工举办转岗培训或再就业培训，开设电工、电脑、缝纫、司炉工、水产养殖技术等课程，共培训转岗人员825人，其中有下岗职工448人经培训后实现再就业。2000年，全县下岗职工转岗培训再就业率65%。2002年起，以县劳动培训中心为主举办下岗职工再就业培训，组织东山岛职业中专学校与企业联办电脑、电工、水产品养殖和水产品加工技术等技术培训班，共19期，免费培训下岗人员708人，其中推荐就业447人。2003年，举办再就业培训班15期，共541人，其中有211人实现再就业。2007—2008年，县劳动培训中心举办电动缝纫、家政服务、维修电工等技能培训班，共27期，培训下岗人员1838人，其中实现再就业1342人。

（四）农村富余劳力职业培训

2005年，县劳动局多次举办农村富余劳力职业培训班，培训后转移就业3500人。2006年，成立县农村劳动力转移培训工作小组，镇设农村劳动力转移就业培训站，村设协理员；全年举办农村劳动力职业技能培训45期，培训2696人。2007年，举办以全面提升农民工技能为主的农村富余劳力培训，以县劳动培训中心为主，镇农村劳动力转移就业培训站为辅，各职业中专、镇文化技术学校协助用工企业开展培训，培训对象是有转移就业愿望的农村16～35周岁劳动力、贫困户家庭劳力、被征地农民。全年举办各类技术培训班32期、培训2595人；另举办农村“一户一就业”技术培训班，至2008年，共培训农村富余劳力1414人，均实现就业。2008年，县劳动和社会保障部门先后举办缝纫、针织、水产养殖、水产品加工、渔具加工为主的就业技能培训，共培训农村富余劳力2112人。

二、技能鉴定

1990年，东山县开始实行特种行业人员持证上岗制度，全年组织企业职工936人，参加省、市举办的技工中级考核鉴定，考核合格912人。1998年4月起，由县劳动培训中心负责部分初、中级技工职业技能鉴定。2000年7月1日始，执行劳动和社会保障部持证上岗就业规定，县内社会劳动者上岗均须经技能考核鉴定，取得初级技工、中级技工、高级技工、技师、高级技师的“职业资格证”，持证上岗就业。当年，有37名烹调专业人员通过技术鉴定。2002年5月，成立县劳动培训中心职业技能鉴定站，开展电工、客房、餐厅服务员的初、中级技能培训鉴定，培训263人，考核合格并通过技能鉴定249人（获得初级证书116人，中级资格证书133人）。2004年，增设美容师、电工、粮油营销员、高级维修电工等职业技能鉴定，至12月，共设置10个职业工种的初、中、高等级的技能鉴定项目。2005年6月，增设县建筑行业职业技能鉴定站（业务由劳动培训中心指导与监督）。2006年起，县内职业技能培训鉴定以农村富余劳动力为主要对象。2008年，县内技术鉴定站共培训、鉴定农村富余劳动力职业技能1037人。

第四节 劳动监察

一、安全生产监察

1989年，县劳动管理部门实行“企业负责，行业管理，国家监督和群众监督”的安全管理体制，开展安全生产监督。根据省劳动管理部门颁发的《劳动安全监察程序表》要求，对县内62个企业实行单项监察，对38个企业实行全面监察，发出整改意见560多条。1990年，开展锅炉、压力容器的劳动安全监察。年检验锅炉20台、压力容器50台。1995年，检查企业安全生产128家，发整改意见书156份、224条，检测特种作业生产场所30家；检查15家建设企业安全措施；实施锅炉运行内外部检验及水质抽样分析22台次，共提出安全监察整改意见596条。2003年6月1日起，县内执行《特种设备安全监察条例》，对电梯、锅炉、压力容器、热水炉、液化气钢瓶等特种设备进行监察，查隐患、堵漏洞、促整改、求实效，遏制事故的发生，消除事故隐患。每年出动监察人员检查各类企业，查处违法案件；发出安全监察意见书，提出整改意见。2008年7月4日，县政府与漳州市质监局联合在龙生水产制品有限公司开展特种设备（压力容器）事故应急救援演练；开展“安全生产百日督查”，健全各企业的事故应急预案；至年末，检查企业60家，查出设备隐患15家，发出安全监察意见书50份，提出整改意见250条；查处违法案件15起，处罚金额2万元。

二、企业用工监察

1989年，县劳动监察部门开展企业劳动用工监察，对企业招工、使用外省劳力和农村劳力等进行重点监察。1994年，县劳动局与县公安局、县总工会组成检查组，对全县54家（职工1708人）外商投资企业、合营企业进行劳动用工大检查，对不符合劳动法规的企业提出整改意见。1995年4月，开展《中华人民共和国劳动法》执行情况大检查，以维护职工合法权益为重点，采取普查和重点抽查相结合。发出普查表120份、年检表150份，企业普查率86%；重点抽查企业31家；全年共监察企业126家（职工5361人），其中国有企业18家（职工1650人）、三资企业42家（职工1864人）、集体企业46家（职工1545人）、私营企业20家（职工302人），发现企业无与职工签订劳动合同、无办理务工许可证、无办理社会养老保险、无缴交职工养老金及失业保险金等问题；发出整改意见书156份，224条；补办务工许可证156人；补缴职工养老金及失业保险金5.2万元；推动4家企业职工82人参加社会养老保险。1996年5月，开展企业劳动安全卫生和劳动用工大检查，重点检查33家企业（其中三资企业27家4868人、私营企业6家472人），共使用农民工1865人，县外劳力274人。其中，补办就业证153人，补签劳动合同362人，发整改意见书266份。1997年5月，开展《中华人民共和国劳动法》执行情况大检查，检查企业48家，对违规企业提出整改意见165条，补签劳动合同810份，对2家屡次违规企业处以罚款共6000元。1998年，监察企业88家（职工4538人），发整改意见书250份，补签劳动合同784人，敦促企业新投保8家283人；处理投诉举报上访案件10起，处理集体上访事件2起；用工年检企业120家。2004年5月，开展农民工劳动保障权益保护专项检查，检查企业61家（农民工4610人），查出违法案件29件，其中未依法签订劳动合同16件，违反工作时间规定9件，其他违规行为4件；对查出案件分别责令整改或警告。2005年，共检查企业218家，其中补签劳动合同286份。2007年，实施“劳动合同三年行动计划”。县劳动监察部门会同县工会、企业主管部门，全面开展对企业劳动合同的签订、履行、变更、续订工作进行检查，全年检查企业213家，建立劳动合同制度覆盖面82%，企业职工劳动合同签订率72%；检查中补签劳动合同485份。2008年，建立县、镇、社区（村）三级劳动保障监察机构网络，采取日常巡查、举报专查、专项检查等形式进行监察，全年共检查各类用工单位238家，其中补签劳动合同682份，责令补交养老保险单位1个，办理未成年工登记158人。

三、农民工工资监察

1997年5月，县劳动监察部门在县内开始开展农民工工资专项执法检查。当年，查处企业拖欠农民工工资案件3起（民工35人），帮助追讨工资1.84万元。此后，每年均开展此项检查。2002年4月，检查用人单位56家，为农民工追讨被欠工资1.2万元。2003年5月，对建筑企业农民工劳动合同签订和履行情况进行检查，帮助农民工追讨被拖欠工资4.8万元。2004年，开展建筑业、服务业、制造加工业等企业拖欠农民工工资检查，帮助农民工讨回2003年及以前被拖欠的工资计305.3万元，涉及农民工1345人；开展“依法按时足额支付工资承诺活动”，有38家签订“承诺书”。2005年，帮助农民工讨回被拖欠工资21.7万元。2007—2008年，通过劳动监察，帮助农民工讨回被欠工资170.89万元，涉及农民工998人。

第五节　劳动争议仲裁

一、劳动争议仲裁机构

1989年，东山县劳动争议仲裁委员会贯彻“以防为主，调防结合”方针，在全民所有制企业中建立劳动争议调解委员会，并对其成员进行培训，至1990年，全县共有40家全民所有制企业建立调解委员会，占应建立数100%。1994年，在三资企业和城镇集体企业中建立调解委员会，并对其主任进行培训。1997年，铜陵、樟塘、杏陈等镇成立劳动争议仲裁调解委员会。1998年9月23日，全省劳动争议仲裁处理检查会议在东山县召开。此后，东山县劳动争议仲裁机构进一步规范，基层调解委员会发挥作用。2001年5月，县劳动仲裁委员会将重点工作转移为处理企业支付下岗职工经济补偿金、解决拖欠职工工资、追缴社会保险费等事项，实行仲裁人员办案追错责任制。2007年，贯彻“重在源头，重在基层，重在调解”方针，实行“调裁结合，以调为主”原则。2008年，开展《中华人民共和国劳动争议调解仲裁法》宣传，稳妥处理集体劳动争议。

二、劳动争议案件仲裁

1989—1990年，县劳动仲裁委员会受理劳动争议案20件，均及时办结。1993—1994年，县劳动仲裁委员会受理劳动争议案12件，均及时办结。1995年，贯彻以基层为主、预防为主、调解为主的方针，以事实为依据，以法律法规为准绳，实行劳动管理、工会、企业主管等部门联合办案，全年受理、办结劳动争议案件4起。1998年，受理、办结劳动争议案件15起（涉及职工308人）。2001年，受理劳动争议案件12起，其中立案5起，案外调解7起，均办结。2005年8月，县劳动争议仲裁庭经省市检查验收达B类标准，全年受理、办结劳动争议案件8起。2008年，县劳动争议仲裁庭受理劳动争议案件3起，其中仲裁调解2起、撤诉1起，均及时办结。

第六节　劳动力市场与工资管理

一、劳动力市场管理

1989年，县劳动管理部门加强对劳动力计划管理，在全县企业事业单位开展落实国家指令性劳动计划情况检查监督，对全县80多家机关团体和企业事业单位的计划用工进行登记，核实全县计划外用工1430人。1993年11月，县政府制定《东山县劳动力市场实施意见》，在铜陵、杏陈、陈城、樟塘等乡镇及东山公路段、向阳盐场设立劳务站，对劳动力市场开展管理和服务。1995年，始对省外劳力和省内农民工实行“外来人员就业证”“流动就业证”和“就业登记卡”管理，企业用工实行“证卡合一”管理办法并要求申报；企业招工贯彻“先本县后外县，先镇后农村”原则。是年，办理省外人员就业证1520本、县农民工务工证1875本。1998年5月，县政府制定《关于加强我县劳动力就业管理规定》，赋予县劳动力市场求职登记、职业介绍、转岗培训、就业咨询、社会保险、劳动争议仲裁等职责。对民办中介机构、乡镇劳务站介绍未持有就业证卡的外来民工就业进行规范整顿。8月，县政府制定《关于乡镇劳务站管理实施意见》，规范乡镇劳务站职责。同月，县劳动服务公司设立劳动力市场办事大厅，面积236平方米，设就业服务窗口，为农村富余劳力、城镇失业人员、外来民工就业提供劳动政策咨询、职业指导、合同鉴证等服务项目，初步形成职业介绍、就业培训洽谈、失业保险为主的服务体系。2000年，全县使用农民工1591人，其中国有单位377人、集体单位66人、其他类型单位1148人。2001年1月，成立县劳动市场清理整顿领导小组，开展劳动力市场整顿。纠正企业擅自招收无“求职证”“失业证”劳动者的行为，规范向被录用人收取报名费、培训费、保证金，不准招用未取得职业资格证书的劳动者从事技术工作，解决未进行社会保险申报和缴费等问题。2002年，实施就业准入制度和企业空岗录用报备制度，与漳州、厦门、泉州等地的劳动力市场建立信息互通关系。2003年8月，成立县农村劳动力转移工作领导小组，各村逐步建立劳务站，推进农村剩余劳力合理流动。2005年1—3月，开展春风行动，为进城务工者提供服务，全年办理农民工登记10890人次，举办用工洽谈会15场，经介绍就业3815人、派遣劳务1076人。2006年，实施“就业扶贫”工作，对农村劳动力实行免费职业介绍和职业培训补贴；各镇确定1个示范村，对就业扶贫对象进行职业技能培训，与企业岗位对接，培训初级、中级、高级技能人员。年内，全县农村富余劳动力转移3931人、通过劳务派遣就业人数3095人。2008年，全县劳力市场求职登记9339人，介绍就业8765人、农村劳动力转移就业3678人、劳务派遣678人（16年累计4747人）。

二、企业工资总额管理

1989年，县劳动局继续对企业人员工资实施监督管理。企业工资主要形式有计件工资、计时工资、基本工资加奖励工资、基本工资加岗位工资加奖励工资，继续推行工资总额与工效挂钩。强化对计划用工的控制和工资基金管理，执行《工资基金手册》制度，协同各开户银行控制工资基金指标，协同县审计局对企业工资基金审计监督。1990 年，先后 2 次调整企业工资，全县 75 家国有企业，在职职工 5800 人，首次符合晋升一级的有 4850 人（其中全民固定工 2916 人、集体所有制职工 1197 人、合同制工人 642 人、计划内临时工 95 人），月增资 55254 元，人均月增资 11.39 元；第二次调资，全县企业职工符合升半级的 4808 人（其中全民固定工 2808 人、集体所有制职工 1187 人、合同制工人 730 人、计划内临时工 83 人），月增资 29926 元，人均月增资 6.22 元。同时，对离退休人员增发离退休费，全县离退休人员 1290 人（离休 30 人，退休 1241 人，退职 19 人），月增资 24127 元，人均月增资 18.70 元。是年，全县职工工资总额 3273 万元，职工人均工资 1654.7 元。1991 年，健全工资总额与经济效益挂钩及工资总额包干的管理形式，对 75 家国有企业（其中实行“包干”59 家，经济效益挂钩 16 家）进行工资基金实际支付结算。严格控制随意增发临时工资；严格控制企业调入混岗集体人员，对企业间的职工调动，实行增人不增资、减人不减资的原则；逐步推行岗位技能工资分配，消除平均分配形式。1993 年，贯彻《企业转换经营机制条例》，改革工资分配，试行工资与工效挂钩，自主分配。1998 年后，实行工资宏观调控，企业自主决定分配形式或实行工资总额增长与经济效益挂钩，或实行工资总额包干，或实行工资基金手册制度，有的国有企业实行经营者年薪制。对企业工资年增幅控制在工资总额的 15%以下。2008 年，全县城镇企业从业人员月平均 10308 人，年工资总额 17273 万元，人均年工资 16756 元。

1990—2008 年若干年份东山县城镇企业从业人员与工资情况表

表 24-1

项目	1990 年	2000 年	2005 年	2006 年	2008 年
从业人员期末人数	14930	9659	10785	10503	9890
从业人员平均人数	14654	9924	10825	10386	10308
从业人员年工资总额（万元）	2236	6904	10588	11471	17273
从业人员平均年工资（元）	1526	6957	9781	11044	16756

三、企业最低工资标准

1994 年 10 月 1 日起，东山县实行企业用工最低工资标准，标准为每月 190 元。此后，最低工资标准随着经济发展水平、城镇居民消费价格指数、职工平均工资的提高而调高。1995 年，企业用工最低工资标准为 200 元；2000 年标准为 260 元；2003 年标准为 300 元；2005 年标准为 400 元；2008 年，企业用工最低工资标准为 570 元。

第七节　机　构

一、行政机构

（一）东山县劳动与社会保障局

1989 年，沿设县劳动局，工作人员 8 人。2003 年 5 月 5 日，改设县劳动和社会保障局。2008 年，局设办公室、仲裁监察股、就业和培训股、社会保险股，有工作人员 13 人。下辖县劳动就业管理中心、县劳动监察中队、县劳动培训中心、县社会劳动保险公司、县机关事业单位社会保险公司、县农村社会保险管理中心、县医疗保险管理中心、县职业技能鉴定指导中心、县劳务派遣有限公司及镇、社区劳动保障事务所（站）。

（二）东山县劳动争议仲裁委员会及办公室

1989 年，沿设县劳动争议仲裁委员会（主任由副县长兼或县劳动局长兼），下设办公室（挂靠县劳动局）。2008 年，县仲办工作人员 3 人。

二、事业单位

（一）东山县劳动就业管理中心

1989 年，沿设县劳动服务公司。2003 年 3 月，改设县劳动就业管理中心。2008 年，县劳动就业管理中心人员 10 人。

（二）东山县社会劳动保险公司

1989 年，沿设县社会劳动保险公司，隶属县劳动局管辖。负责全县国有企业干部职工的养老保险、失业保险业务，工作人员 6 人。1993 年 7 月起，兼负责企业的工伤保险、 女工生育保险业务。1997 年起，业务范围逐渐涵盖城镇集体企业、外商投资企业、城镇私营企业、城镇个体工商户。2003 年 3 月，该公司成立县企业退休人员社会化管理服务办公室，人员 2 人。2004 年 1 月起，该公司兼负责办理企业参保职工正常退休核准业务。2008 年 12 月，公司有工作人员 8 人。

（三）东山县劳动监察中队

1993 年 4 月，设立县劳动管理监察队。1994 年 11 月，改设县劳动监察队。1998 年 11 月，改称县劳动监察中队。2008 年，县劳动监察中队人员 3 人。

（四）东山县农村社会保险管理中心

1993 年 5 月，成立县农村社会保险公司，隶属县民政局，负责农村户籍社会养老保险业务。2001 年 11 月，划归县劳动局辖管。2004 年 5 月，更名县农村社会保险管理中心。2008 年 12 月，县农保中心人员 5 人。

（五）东山县机关事业单位社会保险公司

1993 年 8 月，成立县机关事业单位社会保险公司，隶属县人事局，编制 3 人。负责全县机关事业单位合同制工人、聘用干部、自收自支单位、企业化管理单位、差额补助事业单位职工的确养老保险业务。2001 年 11 月，该公司划归县劳动局管辖。2008 年 12 月，县机关社保公司人员 6 人。

（六）东山县医疗保险管理中心

1998 年 6 月，成立县职工医疗社会保险管理中心，隶属县卫生局，负责县行政事业单位公费医疗保险业务。2000 年 11 月，划归县劳动局管辖。2003 年 5 月，更名县医疗保险管理中心，负责全额拨款的行政事业单位和差额拨款、自收自支事业单位干部职工及国有企业职工的医疗保险业务。2008 年 12 月，县医疗保险管理中心人员 15 人。

（七）东山县职业技能鉴定指导中心

2002 年 5 月，设立县劳动培训中心职业技能鉴定站。 2004 年 6 月，改称东山县职业技能鉴定指导中心，与县劳动就业管理中心为一套人马。

（八）东山县劳动培训中心

1998 年 4 月，设立县劳动培训中心，与县劳动就业管理中心为一套人马。

（九）镇劳动保障事务所

2003 年 3 月，全县 7 个镇先后设立劳动保障事务所，隶属各镇政府，业务由县劳动和社会保障局指导，各事务所配专职人员 2～3 人。

（十）社区劳动保障工作站

2003 年 3 月，铜陵镇、西埔镇、康美镇的 16 个社区（居委会）先后设劳动保障工作站，隶属社区居委会，业务由县劳动和社会保障局指导，负责再就业和退休人员的社会化管理与服务。各站配工作人员 2～3 人，站长由社区居委会主任兼任。

（十一）东山县劳务派遣有限公司

2004 年 5 月，由县劳动就业管理中心与县劳动监察中队合办，成立县劳务派遣有限公司 。主要为求职者提供就业岗位、劳务派遣、劳动技能培训和劳动政策咨询服务等业务。

（十二）东山县新型农村合作医疗管理中心

2007 年 1 月，成立县新型农村合作医疗管理中心，隶属县卫生局。内设基金管理组、业务管理组、医疗技术组、信息资料组；下辖各镇合作医疗报账中心和各村新型农村合作医疗工作小组。2008 年 12 月，县新农合中心人员 6 人。

附：镇合作医疗报账中心

2007 年 1 月，成立镇合作医疗报账中心，隶属县新型农村合作医疗管理中心，办公地点设于各镇卫生院，主任由卫生院院长兼任，会计、出纳由镇卫生院财务人员兼任，由镇卫生院指定 2～3 名卫生技术人员兼任补助审核员。负责参加合作医疗农民 5000 元以下住院费用的审核补助和在县级以上（及县外）医疗机构住院费用（5000 元以上）的初审、上报。

第二章 社会保障

第一节 养老保险

一、企业职工养老保险

（一）对象与缴费标准

1989 年，东山县企业职工养老保险在国有工业企业的合同工、混岗工、临时工中推行。1990 年，养老保险扩大至商业、粮食、供销等流通企业职工；并执行养老保险基金全省统筹。养老保险基金按行业不同实行不同征收标准，商业、粮食、供销等流通企业，按职工工资额的 25%征收；工业、交通及其他企业按职工工资额的 17%征收；合同工、混岗工、临时工个人按工资额的 2%征收。1996 年 1 月，根据省劳动厅的通知，县社会劳动保险机构接管原由县人民保险公司经办的县集体企业职工的养老保险。县集体企业自 1996 年 1 月 1 日起，按职工月工资额的 25%（企业 21%，个人 4%）缴纳社会养老保险费。1997 年，根据《福建省城镇企业职工养老保险条例》和《福建省社会劳动保险费征缴办法》，调整社会养老保险基金征缴比例，企业在职职工养老保险基金按工资额的 26%征收（其中企业单位 18%，个人 8%）。2002 年，再次调整养老保险征缴比例，并于 2 月和 10 月两次调整离退休费。2003 年 3 月，设立县企业退休人员社会化管理服务办公室，为企业离退休人员提供社区化管理服务。同年 7 月，成立县企业参保职工缴费工资和视同缴费年限确认工作领导小组，对“改革前参加工作，改革后退休”人员，实行连续工龄视同缴费年限计算过渡性养老金的政策，标准为每年工龄计算指数化为月平均工资的 1.0%～1.4%；缴费不足 15 年的，退休后一次性支付其个人账户的全部储存额。

（二）基金征收与支出

1990 年，全县参加企业养老保险单位 140 家，参保职工 6090 人，年征收企业职工养老保险基金 160.4 万元；离退休职工 1300 人，年支出离退休费 172.5 万元。1991 年 6 月后，贯彻国务院颁布的《关于企业职工养老保险制度改革的决定》，逐步实行国家强制性基本养老保险，其费用由国家、单位、个人共同负担，实行个人缴纳养老保险费，执行“以支定收，略有结余，留有部分积累”的原则。1993 年 12 月，全县参加养老保险的企业（单位）189 家，参保职工 7522 人，年征收养老保险基金 307.7 万元；离退休职工 1681 人，年支出离退休费 349.1 万元（当年调高离退休费）。1995 年 3 月，贯彻国务院颁布的《关于深化企业职工养老保险制度改革的决定》，企业职工养老保险实行社会统筹与个人账户相结合的原则；由于大部分企业经济效益差，欠缴、漏缴养老保险基金严重，县社会劳动保险机构依法对拖欠养老保险基金的企业进行稽查，共查 81 家，补交养老保险基金 28.7 万元，年末，全县参加养老保险的企业（单位）194 家，参保职工 7036 人，年征收养老保险基金 563.3 万元；离退休职工 1846 人，年支出离退休费 584.9 万元。1996 年 1 月，县社会劳动保险机构开始办理县集体企业职工养老保险业务，集体企业退休人员基本养老金由社会性养老金和缴纳性养老金组成；社会性养老金缴纳年限不满 15 年的，按所在地（市）上年度职工平均工资的 20%计发；满 15 年以上按 25%计发；缴纳性养老金，采取个人及企业缴费分段累加的办法计发。同年 3 月后，社会劳动保险机构对 66 家集体企业的职工 5064 人进行养老保险调查、测算。年内，开始建立企业基本养老保险年检制度。1997 年，县内企业职工养老保险扩大至城镇各类企业职工和个体劳动者。同年 10 月，在 17 个参加社会养老保险的企业（离退休职工 716 人）试行养老金社会化发放(实行离退休、退职人员凭个人账户到开户银行支取)。1998 年，实行企业和职工缴纳养老保险费列入企业厂长（经理）年度考核目标；企业职工养老保险基金纳入县财政专户，实行收支两条线管理；同年 10 月，县政府制定实施离退休职工按时足额领取离退休金措施，并全面实行养老金社会化发放。加强企业职工养老金催缴工作，对欠交养老保险费企业下发《催讨通知书》；严格审查特困企业缓交养老保险费审批手续；对逾期不缴纳且不办理缓交手续的企业按《福建省城镇企业职工养老保险条例》规定给予处罚。年末，全县参加企业职工养老保险的企业 132 家、参保职工 7629 人（其中三资企业 22 家、538 人），年征收基金 875.6 万元；离退休职工 2374 人,年支出离退休费 869.8 万元，人均月离退休费 305.31 元。1999 年 4 月，县政府颁发《关于进一步扩大社会保险基金征缴覆盖面和提高征缴率的实施意见》，实施社会保险登记申报、缴费制度。新参加社会保险的企业（单位）均实行全额申报、全额缴费，实行差额缴费企业(单位)在同年 5 月底前改为全额缴费。县社会劳动保险机构会同有关部门对破产、拍卖或解散的国有企业从其资产变现和转让的收入中预提养老保险金，用于补充养老保险基金；对解除劳动关系的下岗职工采取“协议保留社会保险关系”，即经济补偿金用于缴纳养老保险，以接续社会保险关系的办法；对关闭、破产企业及新参保企业的退休人员,其离退休费先实行社会化发放。逐步推行企业退休人员社会化管理，实行离退休人员与企业分离，减轻企业负担。2000 年 12 月，全县参加企业职工养老保险的企业 160 家、参保职工 7819 人，年征收基金 1181.2 万元；离退休职工 2541 人,年支出离退休费 1108.1 万元。2001 年 4 月起，执行省政府规定，企业职工养老保险基金改由县地方税务局征收。县企业职工养老保险机构建立企业职工、离退休人员的数据库及个人账户信息系统，实行养老金发放办理自动化。年内，为 275 名下岗职工接续养老保险，向单位征缴基金 32.1 万元，追讨历年所欠养老保险基金 79 万元。

2005 年始，城镇灵活就业人员纳入基本养老保险覆盖，至当年 12 月，全县灵活就业人员参加社会养老保险共 866 人，征缴保险费 368.5 万元；年内，按规定调整离退休费，为离退休人员一次性补发养老金共 67.6 万元。是年 12 月，全县参加企业职工养老保险的企业 576 家、参保职工 11212 人，年征收基金 1675.5 万元；离退休职工 3194 人,年支出离退休费 1967 万元。2006 年，调整各项企业职工养老保险待遇，一次性补发调整养老金 300 多万元。是年征缴养老保险费比例增大，全年征收 1313 名灵活就业人员养老保险费 555.85 万元。在杏陈镇大嵊、西埔镇东埔、铜陵镇铜亭、文峰、演武、桂花、公园等社区建立劳动保障工作站，退休人员 1183 人移交社区管理，全县退休人员社会化管理率为 100%。2007 年，调整退休人员基本养老金，年人均增 68.32 元，月增 17.67 万元,一次性补发基本养老金 53 万元。当年，全县灵活就业参保人员 2100 人，征收保费 806.4 万元。2008 年，再次调整退休人员养老金，至 12 月，全县企业职工养老保险参保企业（单位）647 家、参保职工 15969 人，年征基金 4594 万元；离退休职工 3897 人（其中新增退休 253 人），年支出离退休费 3826 万元，人均月养老金 839.72 元。养老金按时足额社会化发放率继续保持 100%。

1989—2008 年若干年份东山县企业职工养老保险收支情况表

表 24-2 单位：万元

年份	投保单位个数	投保总人数	年征收总金额	离退休(职)人数	年支出离退休费
1989	140	6090	160.4	1300	172.5
1990	155	6617	196.0	1363	221.0
1993	189	7522	307.7	1681	349.1
1995	194	7036	563.3	1846	584.9
1998	132	7629	875.6	2374	869.8
2000	160	7819	1181.2	2541	1108.1

续表 24-2

年份	投保单位	投保总人数	年征收总金额	离退休(职)人数	年支出离退休费
2003	470	8791	1454.0	2875	1648.0
2005	576	11212	1675.5	3194	1967.0
2008	647	15969	4594.0	3897	3826.0

二、机关事业单位养老保险

（一）对象与缴费标准

1994 年 12 月，县政府制定《东山县机关事业单位工作人员退休养老保险暂行规定》。1995 年 1 月，成立县机关事业单位保险公司，开始实施机关事业单位工作人员退休养老保险。机关事业单位养老保险对象为县直机关、全额拨款事业单位的聘用制干部、合同制工人、集体所有制工人，差额拨款、自收自支事业单位的人员。养老保险缴费坚持“以支定筹，略有结余”原则，确定缴费比例为：全民所有制单位缴费为工资额的 25%，非全民所有制单位为 28%；个人缴费均为工资额的 2%。1996 年 4 月，县人事局印发《关于机关事业单位工作人员退休养老保险有关问题的意见》，将机关事业单位新录用的干部纳入机关事业单位退休养老保险参保范围。2001 年 1 月，单位缴费部分的比例调整为 19%。2005 年 1 月起，单位缴费比例调整为 25%；个人缴费部分由 2%调整为 4%。2006 年，开展机关事业单位非在编人员养老保险业务，受理机关事业单位参保人员自谋职业的续保业务。2007 年 1 月，个人缴费比例调整为 6%。是年，机关事业单位非在编人员的养老保险，执行企业职工基本养老保险制度，由县机关社保机构办理。2008 年，个人缴费比例调整为 8%。

（二）基金征缴与支出

1994 年 12 月，东山县机关事业单位工作人员养老保险纳入社会统筹机制，按管理权限由县人事局、教育局办理手续，经县机关事业单位社会保险机构审核，支付养老金（项目有基本离退休费、退休补助费、副食品价格补贴、粮油价格补贴等）。1995 年 12 月，全县机关事业单位参保 100 家、参保人员 1033 人，年征缴养老保险基金 117 万元；支付养老保险金单位 7 个、离退休人员 24 人，年支出离退休费 9 万元，人均月养老金 417 元。1998 年 12 月，机关事业单位退休养老保险基金纳入县财政专户，实行收支两条线管理。1999 年 1 月，养老保险基金收支实行计算机管理，5 月，机关事业单位社会保险业务归口县劳动局统一管理，6 月,推行养老金社会化发放，年底，社会化发放率 72%。2000 年 12 月，全县机关事业单位参保 132 家、参保人员 2377 人，年征缴养老保险基金 731 万元；支付养老保险金单位 32 个、离退休人员 200 人，年支出离退休费 284 万元，人均月养老金 900 元。2001 年 11 月 20 日，县机关事业单位社会保险公司由县人事局移交县劳动局管辖。2004 年 12 月，县政府办公室转发《县劳动和社会保障局、县财政局〈关于东山县机关事业单位工作人员养老保险有关问题的实施意见〉的通知》，调整机关事业单位养老保险的缴费基数、缴费比例。自 2005 年 1 月 1 日起，取消参保单位负担养老金的过渡，单位和个人缴纳养老保险费的基数以工资总额为准，工资总额低于《工资基金手册》所核定标准的，按核定的标准作为缴费基数。由单位缴费部分的养老保险费纳入县财政预算；改个人缴费部分退休时一次性返还，为按月加发个人账户养老金。2005 年 12 月，全县机关事业单位参保 170 家、参保人员 2825 人，年征缴养老保险基金 897 万元；支付养老保险金单位 57 个、离退休人员 482 人，年支出离退休费 512 万元，人均月养老金 920 元。养老金社会化发放率 80%。2006 年，清理历年欠缴养老保险费 152 万元。2007 年 1 月起，根据 2006 年 7 月机关事业单位工资套改和 2007 年 1 月恢复部分地区补贴的 2 次工资调整，重新调整养老保险缴费基数，月增收养老保险费 28.5 万元。同时，从 2007 年 1 月，进行调高离退休费：恢复部分地区补贴。2 次待遇调整，月增支养老金 14.7 万元，人均月增离退休费 294 元。2008 年 12 月，全县机关事业单位参保共 205 家、参保人员 2787 人，年征缴养老保险基金 1376 万元；支付养老保险金单位 70 家、离退休人员 588 人，年支出离退休费 896 万元，人均月养老金 1306 元，养老金社会化发放率 98%。

1995—2008 年若干年份东山县机关事业单位养老保险收支情况表

表 24-3

年份	投保单位个数	投保总人数	年收缴总金额（万元）	支付养老金单位个数	离退休(职)人数	年支出养老金（万元）	人均月养老金（元）	历年养老保险基金累计结余（万元）	其中：基金财政专户存款（万元）
1995	100	1033	117	7	24	9	417	106	—
1998	122	1733	382	15	75	57	750	858	744
2000	132	2377	731	32	200	284	900	1716	1684
2003	164	2745	740	47	415	430	900	2830	2762
2005	170	2825	897	57	482	512	926	3426	3350
2008	205	2787	1376	70	588	896	1306	4500	4380

三、农村社会养老保险

（一）对象与资金筹集方式

1992 年 5 月 28 日，成立东山县农村社会养老保险领导小组，开始农村社会养老保险工作。养老保险对象为县籍 55 周岁以下的农业户口居民（含农民、渔民；村干部、乡镇企业职工、民办教师、乡村医务人员；农村籍义务兵；个体经营者和个体运输户，以及其他各行业劳动者），并建立个人账户，实行储蓄式积累，每人月最低缴费金额 2 元。6 月，县人大审议通过《东山县农村社会养老保险试行办法》。县政府在杏林镇后林、前楼镇岱南、陈城镇白埕、山口、樟塘镇樟塘、马銮、铜陵镇铜兴、西埔镇西埔等建制村试点，而后推广。1993 年 5 月，设立县农村社会养老保险公司，隶属县民政局；采取政府组织引导与农民自愿相结合的办法，建立农村社会养老保险制度。农村社会养老保险实行按积累总额确定发放标准；农保基金实行“省级代管，地市监督指导，县级平衡核算”的管理模式。1995 年，县政府颁发《关于进一步抓好农村社会养老保险工作的通知》和《关于实行村干部养老保险的通知》，全县确定村干部参保，村集体经济根据其财力按 50%～70%额度出资缴费。各镇成立农村社会养老保险工作领导小组，下设镇农保管理所。2004 年 3 月，县劳动和社会保障局出台《关于进一步开展农村社会养老保险工作的通知》，养老保险对象继续扩大，对象包括进城务工与经商的农民、土地被征收的农户。

（二）参保与保险费收支

1992 年 6 月至 1993 年 12 月，全县参加农村社会养老保险 1516 人，共征收保险基金 28 万元。1995 年 12 月，全县参加农村社会养老保险累计 2085 人，征收保险基金累计 74.11 万元。1996 年，东山县农村社会养老保险被列为福建省 15 个发展重点县（市）之一，确定杏陈镇大㟙、西埔镇梧龙、樟塘镇南山、康美镇城垵、美山、陈城镇澳角等建制村为推行“户保一人、投保 300 元”的试点村。当年，新增参保人员 1420 人，征收保险基金 97.43 万元。2001 年 11 月 20 日，县农村社会养老保险公司由县民政局划归县劳动局。2002 年初，选择樟塘镇樟塘村、康美镇康美村推行个人账户试点，将个人缴费记入个人账户并张榜公布。严格实行收支两条线，及时将收缴的保险基金上缴省农保基金专户。2004 年 3 月，县劳动和社会保障局出台《关于进一步开展农村社会养老保险工作的通知》，依托镇劳动保障事务所，建立县、镇、村三级农保网络。当年，在杏陈镇大㟙村、樟塘镇下湖村开展村干部投保工作，有 48 人参保，收养老保险基金 25 万元。2005 年 12 月，全县农村社会养老保险参保人员 4374 人，累计征收保险基金 344.79 万元。2006 年，扩大农保覆盖面，吸收进城灵活就业人员参保，全年参保人数 1024 人，征收保险基金 51 万元；领取养老金的 15 人，年发放养老金 12912 元。2008 年，全县农村养老保险总数 4891 人，累计征收保险基金 544.45 万元；领取养老金 43 人，年发放养老金 2.92 万元。

1993—2008 年若干年份东山县农村养老保险收支情况表

表 24-4 单位：万元

年份	当年投保人数	投保累计人数	当年收保费额	保费累计额	年养老金发放总额
1993	1516	1516	28.00	28.01	—
1995	429	2085	26.79	74.11	—
1998	41	3991	12.09	222.13	—
2000	10	4034	6.41	238.35	—
2003	39	4105	9.05	263.42	0.54
2005	183	4374	45.78	344.79	1.0752
2008	171	4891	70.36	544.45	2.92

第二节　失业保险

一、失业保险对象与缴费标准

1989 年，东山县企事业单位职工待业保险参保对象仍为国有企业单位人员。缴费仍执行 1986 年标准，即参保单位按月工资总额的 2%缴费，职工本人为月工资总额的 1%缴费。1990 年，根据《福建省企业职工待业保险暂行规定》，参保范围扩至城镇集体企业、三资企业单位。城镇企业单位的农民合同工本人不缴纳待业保险费。1999 年 2 月，根据国务院颁布的《失业保险条例》，待业保险改称失业保险，保险范围扩至机关事业单位人员。2006 年，继续扩大失业保险覆盖面，将非公有制企业纳入失业保险，开展下岗职工和灵活就业人员实现再就业的失业保险接续工作。2008 年，失业保险缴费标准仍是参保单位按月工资总额的 2%，职工本人为月工资总额的 1%。

二、失业金征缴与支付

1989 年 12 月，全县待业保险投保单位 151 家、参保 4735 人，年征收待业保险基金 5.26 万元。年内发放待业保险金单位 1 家、1 人、发放金额 0.96 万元（含救济金 200 元）。1996 年起，待业保险基金提取 1/3 国有企业解除职工劳动关系经济补偿金。2000 年 12 月，全县参加失业保险企事业单位 210 家、参保 10374 人，年征收失业保险基金 163.5 万元。年内发放失业保险金单位 11 家、共 207 人，发放金额 121.96 万元，其中救济金 59.62 万元。2001 年 1 月 1 日起，失业保险基金不再用于国有企业解除职工劳动关系的经济补偿。4 月 1 日起，失业保险基金改由县地方税务局征收。县社会劳动保险公司的工作重点转向完善业务管理，建立失业保险职工数据库，审核并按时支付失业保险费。2003 年，实行单位和个人失业保险缴费凭证制度，至 12 月，核发单位缴费手册 201 本，个人缴费手册 9098 本。失业保险承担下岗失业人员基本生活保障和再就业培训双重功能。2006 年，建立健全失业保险金标准正常调整和失业预警制度，实现失业保险与促进就业的良好互动。2008 年，全县参加失业保险企事业单位 278 家、参保 9716 人，年征收失业保险基金 278 万元；领取失业保险金 266 人、99.65 万元，其中救济金 56.25 万元。

1989—2008 年若干年份东山县失业保险收支情况表

表 24-5　单位：万元

年份	投保单位个数	投保总人数	年征收总金额	发放失业金单位	领取失业金人数	发放失业金总额	其中：发放救济金
1989	151	4735	5.26	1	1	0.96	0.02
1990	159	7141	6.81	2	2	1.28	0.07
1993	178	8146	18.9	2	227	8.99	6.67
1995	159	7820	70.72	29	39	16.83	1.86
1998	159	8309	56	44	7	23.12	0.87
2000	210	10374	163.5	11	207	121.96	59.62
2003	242	9211	220.4	46	248	129.84	111.94
2005	251	9836	226.2	39	94	56.27	56.25
2008	278	9716	278.0	51	266	99.65	56.25

第三节　工伤保险

一、工伤保险缴费标准与等级鉴定

1993 年 7 月 30 日，东山县开始实行工伤保险，参保单位缴费以企业职工工资总额为基数，缴费率按行业分三类：一类行业为 0.5%，二类行业为 1%～1.5%，三类行业为 2%，全由企业负担缴费。1996 年 8 月起，根据劳动部《企业职工工伤保险试行办法》，职工工伤和职业病致残程度由县劳动鉴定委员会负责评定。1996 年，国家颁布的《职工工伤和职业病致残等级鉴定》中，工伤与职业病致残程度分为 10 个等级，其中 1～4 级为全部丧失劳动能力；5～6 级为大部丧失劳动能力；7～10 级为部分丧失劳动能力。工伤待遇支付项目有：工伤医疗费、工伤津贴、伤残抚恤金、工伤补助及遗属待遇。2004 年，贯彻国务院颁布的《工伤保险条例》和《福建省实施〈工伤保险条例〉办法》，拓宽工伤保险覆盖范围，进一步规范业务工作流程，实行一次性告知制度。简化工伤认定、劳动能力鉴定和工伤待遇支付程序，提高工伤保险服务水平。2008 年，建立工伤预防和工伤康复工作机制，推行工伤认定“首问制”承诺服务。

二、参保数与保险金收支

1993 年 7 月，开始实施工伤保险基金的征收、申领工作，由县社会劳动保险机构负责。12 月，全县参加工伤保险企业 32 家、参保职工 2210 人，年征收基金 3.5 万元。此后，工伤保险基金的征收和申领业务正常开展。2000 年 12 月，全县参加工伤保险企业 147 家、参保职工 7308 人，年征收工伤保险基金 33.7 万元；当年，领取工伤保险金的职工 4 人，支付工伤保险金 2.57 万元。2008 年 12 月，全县参加工伤保险企业单位 153 家、参保职工 11406 人，年征收工伤保险基金 104 万元；当年领取工伤保险金的职工 25 人，支付工伤保险金 30 万元；工伤保险金累计结余 453 万元。

1993—2008年若干年份东山县工伤保险收支情况表

表 24-6

单位：万元

年份	投保单位个数	投保总人数	年征收总金额	领取工伤保险人数	支付金额
1993	32	2210	3.50	—	—
1995	94	7036	20.66	2	1.50
1998	132	7629	23.92	4	9.20
2000	147	7308	33.70	4	2.57
2003	152	7566	37.00	8	5.37
2005	153	9713	56.00	13	16.00
2008	153	11406	104	25	30.00

第四节　企业职工生育保险

一、生育保险征缴标准与支付项目

1993年7月30日，东山县开始办理企业职工生育保险。缴费标准按企业单位工资总额0.7%～1%，职工个人不缴费。1994年，根据劳动部颁布的《企业职工生育保险试行办法》，执行“以支定收，收支基本平衡”的原则，女工生育保险费支付项目有生育津贴和医疗服务费。1996年，执行《福建省企业职工生育保险规定》，参加女工生育保险范围有：国有企业、股份制企业、城镇集体企业、私营企业及职工、外商投资企业的中方职工。缴费标准按企业单位工资总额（外商投资企业按中方职工工资总额）的0.7%缴交。2005年，女工生育保险工作按照“应收尽收，应扩尽扩”的目标，扩大生育保险覆盖面，加强保费征收。2008年，全县企业职工生育保险缴费率延续执行1996年标准。

二、参保数与保险金收支

1993年7月，企业职工生育保险业务由县社会劳动保险机构负责。年末，全县参加生育保险的企事业单位职工2210人，年征收生育保险基金2.68万元。此后，女工生育保险业务正常开展。1995年12月，全县参加生育保险企事业单位职工累计7036人，年征收生育保险基金15.87万元。是年享受生育保险待遇职工95人，支付生育保险金10.07万元。2005年12月，全县参加生育保险企事业单位职工8204人，年征收生育保险基金35万元，享受生育保险待遇职工86人，支付生育保险金24万元。2008年，全县参加企业职工生育保险企事业单位职工8122人，年收生育保险基金90万元。是年，享受生育保险待遇职工111人，支付生育保险金62万元。

1994—2008年若干年份东山县生育保险收支情况表

表 24-7

单位：万元

年份	投保人数	投保总额	享受待遇人数	支付总额
1994	6865	4.92	11	1.29
1995	7036	15.87	95	10.07
1998	7629	13.22	51	10.81
2000	7308	21.96	162	17.96
2003	7566	23.00	57	11.15
2005	8204	35.00	86	24.00
2008	8122	90	111	62.00

第五节 医疗保险

一、职工医疗社会保险

（一）医疗保险制度改革

1998 年，东山县开始实施职工医疗保险。是年 2 月 12 日，县政府制定《关于印发〈东山县职工社会保险试行办法〉的通知》，在原享受公费医疗单位人员中试行职工医疗社会保险，建立社会统筹医疗基金与个人医疗账户相结合的医疗保险制度。职工就医报销凭《东山县职工医疗社会保险手册》，职工医疗社会保险业务由东山县职工医疗社会保险管理中心负责（隶属县卫生局）。同年 7 月 1 日起实行职工医疗保险制度，参保对象为全额拨款行政事业单位职工，职工基本医疗费用由国家、单位、个人共同承担，个人缴费标准按本人月工资总额的 1%征收，由用人单位代扣代缴，存入县财政职工医疗社会保险基金专户。2000 年 5 月，成立东山县医疗改革领导小组；7 月，东山县职工医疗社会保险管理中心划归东山县劳动局辖管，改称东山县医疗保险管理中心；10 月，县政府制定《关于印发〈东山县城镇职工医疗保险制度改革实施方案〉的通知》，自 2001 年 1 月 1 日起，参保范围扩至差额拨款单位、自收自支单位及中央、省、市管理的单位、有缴费能力国有企业人员。医疗保险费的缴费标准：单位按月工资总额的 7%，个人按月工资总额的 2%；退休人员不缴费。2001 年 1 月始，职工个人缴纳的保险费全部划入个人账户（个人手册），单位缴纳的划出 30%记入个人账户，其余部分作为统筹基金使用，用于支付住院等大额医疗费；职工个人账户用于支付个人门诊或小额医疗费。2002 年 10 月，实行职工医疗保险个人账户以银行存折的方式使用，确保门诊医疗费及时报销。2003 年 6 月，县劳动和社会保障局发出《关于印发城镇职工基本医疗保险定点零售药店管理办法的通知》，实施定点零售药店管理，确定西埔、铜陵两地 4 家零售药店为医疗保险定点药店。同时在全额缴费参保单位实行商业补充医疗保险和公务员医疗补助。2004 年，县医疗保险管理机构派员对医疗单位、定点零售药店进行检查，从卡与人、人与病、病与药、药与量、量与费逐项加以审查，拒付违规的医药费用。2005 年 4 月，县劳动和社会保障局、财政局联合发出《关于建立镇公务员医疗保险个人账户定点暂行规定》；镇公务员参保个人缴费在职人员按月工资总额的 2%，退休人员不缴费。用人单位按参保人员不同年龄段的比例缴费（40 周岁以下按月工资总额的 0.8%，40 周岁以上按月工资总额的 1.5%，退休人员按月退休工资总额的 4.5%）。2005 年 5 月起，建立镇公务员用于门诊费报销的医保个人账户，按《东山县城镇职工医疗保险制度改革实施方案》执行。2008 年，实现县医保中心及 2 家定点医院、7 家定点药店、1 家镇卫生服务中心的网络信息系统与市医保中心网络信息系统互联并网；又开通医保 IC 卡刷卡业务。

（二）参保数与保险金收支

2001 年 1 月，全县职工医疗社会保险投保单位 206 家、职工 10330 人，确定县医院、县中医院和各镇卫生院为定点医院。当年 12 月，医疗保险基金征缴到位的单位 134 家、投保职工 4567 人（其中县机关事业单位 70 家、2168 人，中央、省、市管理和国有企业的单位 64 家，职工 2399 人），年医保基金征收 297 万元（其中记入个人账户 56.7 万元，纳入统筹基金 240.3 万元）。全县职工医疗费报销 143 万元（其中个人账户支付 57.68 万元，统筹基金支付 85.32 万元）。2005 年 12 月，通过医药费稽核共节省医疗保险基金支出 86.4 万元，查处 2 例医药费报销违规行为。2006 年，以非公企业为重点，扩大医疗保险覆盖面，参保非公企业 11 家、262 人。当年新增医疗社会保险单位 17 家、职工 527 人。同时调整参保单位缴费基数。至 2008 年 12 月，全县职工医疗社会保险投保单位 382 家、职工 12903 人，医保基金年收入 1806 万元，其中统筹收入 1242 万元，个人账户收入 564 万元。医保基金年支出 942 万元，其中统筹支出 445 万元，个人账户支出 497 万元。职工社会医疗保险基金历年滚存总结余 2261 万元，其中统筹总结余 1755 万元，个人账户总结余 506 万元。

2001—2008 年若干年份东山县职工医疗保险收支情况表

表 24-8 单位：万元

年份	投保单位个数		投保人数		年收医保基金总额		年医保基金支出总额
	总数	年内新增	总人数	年内新增	总额	年内新增额	
2001	134	—	4567	—	297	—	143
2002	260	126	7709	3142	310	13	141
2003	267	7	8116	407	466	156	229
2004	279	12	8316	200	595	129	471
2005	299	20	8812	496	637	42	470
2006	316	17	9144	332	650	13.8	544
2007	347	31	11142	1998	1141	490.4	701
2008	382	35	12903	1761	1806	664.8	942

二、新型农村医疗保险

（一）参保对象

2007 年 1 月，县政府制定《东山县新型农村合作医疗暂行规定》，成立东山县、镇新型农村合作医疗管理委员会及新农合监督委员会，开始实施新型农村合作医疗（以下简称合作医疗）。新型农村合作医疗实行“统一政策、分级管理、全县统筹、合理调剂”的办法，由个人缴费、集体扶持、政府补助相结合筹资。对象是常住农业户口的农民，以户为单位，每人年一次性缴纳 15 元，发给“新型农村合作医疗证”。农村低保户（含五保户）和重点优抚对象，其参保金属个人缴费部分，由县民政局在医疗救助款中代缴。至 2008 年 12 月，全县参加新型农村合作医疗人数 12.54 万人，参合率 100%。

（二）医疗基金补助标准

2007 年 1 月，设立东山县农村合作医疗基金，各级政府投入农村合作医疗的补助资金全部纳入该基金管理，补助标准每人年 40 元（其中省级财政补助 30 元，县补助 10 元）。新型农村合作医疗基金分为住院医疗基金和风险基金，基金总额的 3%为风险基金。

（三）住院医疗费报销标准

新型农村合作医疗费报销设起付线和封顶线。起付线以下由个人负担支付；起付线以上金额从合作医疗基金中按规定比例报销，每人次住院医药费用报销最高额为 2 万元，年累计报销最高额为 2 万元。住院医药费用起付线为乡镇定点医疗机构 100 元，县级定点医疗机构 400 元，县级以上或县外医疗机构 800 元；县级、乡镇定点医疗机构或县外医疗机构的住院医药费用封顶线均为 2 万元。定点医疗机构补助标准镇级 2 万元及以下，补助比例为 70%；县级 2 万元及以下，补助比例为 50%；县级以上及县外 2 万元及以下，补助比例为 30%。2008 年 1 月，调整住院医药费用封顶线，县级以上或县外医疗机构均为 3 万元；同年 6 月起，住院医药费封顶线均调整为 4 万元；镇级补助比例调整为 80%。

（四）医疗保险资金收支

2007 年，东山县新型农村合作医疗保险筹集资金 789 万元，其中参合农民缴纳基金 182 万元，各级政府补助资金 607 万元；全年医疗补偿 3831 人、金额 624.18 万元，人均 1629 元。2008 年，全县合作医疗保险筹集资金 1191 万元，其中农民缴纳 188 万元，政府补助资金 1003 万元（省级补助 752 万元，县级补助 251 万元）；全年医疗补偿 6517 人次、金额 1081.5 万元，人均补偿 1659 元。

附：西埔镇合作医疗福利基金会

1993 年起，西埔镇在其所辖建制村创办农村合作医疗福利基金会，医疗费采用镇、村、个人按比例承担办法，至 2006 年，全镇农民入会率 95%，农民的医疗条件得以改善。2007 年，该镇合作医疗福利基金会改制为新型农村合作医疗保险。

三、城镇居民基本医疗保险

（一）对象与缴费标准

2008 年 4 月 1 日，东山县开始实行城镇居民基本医疗保险，城镇居民基本医疗保险(简称居民医保)由个人缴费，政府补助，用于支付参保居民的住院和门诊大病治疗费用。居民医保以家庭、学校为单位，对象为城镇非从业居民。居民医保的筹资标准和政府补助办法：成年人每人年 230 元，其中省、县财政补助 92 元，参保个人缴纳 138 元；未成年人每人年 120 元，其中省、县财政补助 82 元，参保个人缴纳 38 元；低收入家庭、60 周岁以上的老年人，参保个人缴纳 48 元；持有“中华人民共和国残疾人证”的重度残疾人和持有“福建省最低生活保障领取证”的低保人员及上述两类人员的直系未成年人由政府全额补助。至当年 12 月，城镇居民基本医疗保险参保居民 45428 人，覆盖率 61%。

（二）住院费用起付线

东山县各乡镇定点医疗机构医药费用起付线为 100 元，县定点医疗机构为 200 元，市级及以上医疗机构 800 元。定点医疗机构补助标准：乡镇定点医疗机构补助比例为 80%，县定点医疗机构补助比例为 60%，市级及以上医疗机构补助比例为 50%。居民医保的药品目录、诊疗项目、医疗服务设施范围和标准执行漳州市职工基本医疗保险规定。其年度范围为每年 1 月 1 日至 12 月 31 日，年度报销累计封顶线为 3500 元。

（三）医疗保险资金收支

2008 年 5 月，县政府办公室转发《漳州市城镇居民基本医疗保险试行办法》，东山县成立县城镇居民基本医疗保险工作领导小组，居民医保实行“市级统筹、统一政策、分级管理、总量平衡、适当调剂”管理机制，坚持“以收定支、收支平衡、略有节余”的原则，业务由县医疗保险管理中心管理。至 12 月，城镇居民基本医疗保险基金缴收 278 万元，其中个人缴费 78 万元，省级财政补助 135 万元，县级配套补助 65 万元。参保居民报销 641 人次，支付报销医疗费 230 万元。

第三章　编　制

第一节　机构改革

一、县级党政机构改革

（一）第一次党政机构改革

1992 年，东山县进行党政机构改革准备，经调研形成初步改革方案。1997 年 6 月，根据省、市部署，县级机构进行改革, 以“把握大局，深化改革，稳中求进，狠抓落实”总体要求，制定并实施《东山县党政机构改革的实施意见》《县、乡两级党政机构“三定”工作意见》等文件。以县经济局为改革试点，后推广至其他单位。是月，东山县党政机构“三定”（定职能、定内设机构、定人员编制）方案批复工作全部完成，机构改革后，县级党政部门机构共设 31 个，精简 50%。

改革后，县委工作机构保留原名称 6 个，改变名称 1 个，合署办公 4 个, 新组建 1 个，撤销 4 个，合并 3 个。保留原名称机构是：县纪律检查委员会机关、县委办公室、县委组织部、县委宣传部、县委统一战线工作部、县委政法委员会；改变名称机构是：县委台湾工作部更名为县委台湾工作办公室；合署办公是：纪律检查委员会与监察局合署，县委台湾工作办公室、县委机要局、县委党史研究室与县委办公室合署，组织员办公室与县委组织部合署，县委精神文明建设办公室与县委宣传部合署；新组建机构是：县委农村工作领导小组办公室（加挂县政府农业办公室牌子）。撤销和合并机构是：撤销县委党建工作办公室、县委政策研究室，其职能交由县委办公室承担；撤销农村工作部，其职能交由县委农村工作领导小组办公室承担；撤销县直机关工作委员会，其职能交由县直机关党委会承担；县委保密局并入县委办公室，对外加挂县委保密局牌子。

改革后，县政府工作机构保留原名称 22 个，改变名称的机构 8 个，新组建的机构 1 个，合署的机构 8 个，对外加挂牌的机构 3 个，改由部门管理的机构 5 个，县政府直属事业单位 4 个，撤销机构 11 个，合并机构 5 个。保留原名称机构是：县政府办公室、县农业局、县教育局、县公安局、县民政局、县财政局、县人事局、县卫生局、县审计局、县工商行政管理局、县统计局、县地方税务局、县文化局、县交通局、县环境保护局、县土地管理局、县劳动局、县司法局、县水产局、县监察局、县国家安全局、县林业局；改变名称的机构是：县计划委员会更名为县计划局，县计划生育委员会更名为县计划生育局，县科学技术委员会更名为县科学技术局，县对外经济贸易委员会更名为县对外经济贸易局，县城乡建设委员会更名为县建设局，县口岸委员会（1992 年由口岸办公室改现称）更名为县口岸管理局，县编制委员会办公室更名为县机构编制委员会办公室，县乡镇企业管理局更名为县乡镇企业局。新组建机构是：县经济局。合署机构是：县监察局与县纪律检查委员会合署，县经济局与县计划局合署，县乡镇企业局与县农业局合署，县台湾事务办公室与县委台湾工作办公室合署，县侨务办公室与县政府办公室合署，县机构编制委员会办公室与县人事局合署，县打击走私领导小组办公室与县工商行政管理局合署，县社会治安综合治理委员会办公室与县委政法委员会合署。对外加挂牌机构是：县政府办公室对外加挂县信访局、县支前办公室牌子，县侨务办公室加挂县外事办公室牌子。改由部门管理机构是：县物价委员会更名为县物价局（调整为副科级），由县计划局管理；县水利电力局更名为县水利水电局（调整为副科级），由县农业局管理；县技术监督局（调整为副科级）由县政府办公室管理；县粮食局（调整为副科级）由县经济局管理；县矿产资源开发管理委员会办公室更名为县地质矿产局（为副科级），由县计划局管理。县政府直属事业单位是：县广播电视局更名为县广播电视事业局；县档案局与县档案馆合并，保留县档案局牌子；县旅游局、县地方志编纂委员会。撤销和合并机构是：撤销县经济委员会、县财贸委员会、县工业局、县商业局、县物资局、县经济技术协作办公室、县第二轻工业局（保留二轻集体工业联社），其职能交由新组建的县经济局承担；撤销保密局，其职能交由县委办公室承担，保留县保密局牌子；撤销县经济体制改革委员会，其职能交由县政府办公室承担；撤销县农业委员会，其职能交由新组建的县委农村工作领导小组办公室（加挂县政府农业办公室牌子）；撤销县体育运动委员会，并入县文化局，县文化局对外加挂体育运动局牌子。

1999 年，制定《东山县党政机构改革方案》，完成县人大、县政协、县人民法院、县人民检察院“三定”方案的审定、核编。理顺县工商行政管理局、县技术监督局收归垂直管理的有关事项；协调做好县会计师事务所、县审计师事务所改制中的机构、编制与人员撤并。2002 年 5 月后，对县政府机构进行调整。调整后，县政府设工作机构 20 个（监察局列入政府工作部门序列，不计入政府机构数）；部门管理机构 4 个(均为副科级单位)，即县统计局（由县发展计划局管理）、县水务局（由县水利水电局更名由县农业局管理）、县安全生产监督局（新设立，由县经济贸易局管理）、县文化体育局（由县文化局更名，按正科级配备，由政府办公室管理）；议事协调办事机构 3 个,即：县国防动员委员会人民防空办公室、县口岸与海防办公室（由县口岸管理局、县打击走私综合治理领导小组办公室组成，挂县打击走私综合治理领导小组办公室牌子）、县支前双拥工作领导小组办公室（由县支前办公室和县双拥办公室组成，挂靠县政府办公室）。

（二）第二次党政机构改革

2005 年，根据中共漳州市委、市政府批复，县委、县政府调整相关部门的职能审核，其“三定”方案。对县人大、县政协机关内设机构设置进行调整精简。理顺学校党组织的隶属关系，设立中共东山县委教育工作委员会，完善干部和教师管理体制。机构改革后，县级党政部门机构设置工作机构 29 个、合署机构 6 个、部门管理机构 9 个、议事协调机构 3 个、参照部门管理设置机构 4 个、挂靠机构 3 个。

改革后，县委工作机构设置保留原名称 9 个，部门管理机构 4 个，合署办公机构 2 个，议事协调机构 1 个，挂靠机构 2 个，参照部门管理设置机构 2 个。保留原名称机构是：县纪律检查委员会机关、县委办公室、县委组织部、县委宣传部、县委统一战线工作部、县委政法委员会、县委台湾工作办公室、县委机构编制委员会办公室、县委县直机关党委工作委员会。部门管理机构（均为正科级单位）是：县委老干部局由县委组织部管理、县委精神文明建设办公室由于县委宣传部管理、县委信访局、县委党史研究室由县委办公室管理。合署机构是：县综治办、县防范和处理邪教办公室与县委政法委员会合署。议事协调机构是：县委农村工作办公室。挂靠机构是：县委组织员办公室（挂靠县委组织部）、县委效能办（挂靠县纪律检查委员会机关）。参照部门管理设置机构是：县委国家保密局、县委机要局。

改革后，县政府工作机构设置保留原名称机构 20 个（其中 2 个更名，1 个合署），合署的机构 4 个，部门管理机构 6 个，议事协调机构 3 个，参照部门管理设置机构 2 个，县政府直属事业单位 3 个，撤销机构 11 个，合并机构 5 个。保留原名称工作机构是：政府办公室、县财政局（挂国有资产管理牌子）、县公安局、县监察局、县教育局、县人事局、县人口和计划生育局（由计划生育局更名）、县审计局、县建设局、县环境保护局、县科学技术局、县卫生局、县发展和改革局（由发展计划局更名）、县经济贸易局（从农业局划出乡镇企业局并入该局）、县国土资源局、县海洋与渔业局、县农业局（划出乡镇企业局）、县林业局（合署）、县司法局、县民政局、县交通局。合署机构是：县监察局（与纪律检查委员会合署）、县对外贸易经济合作局（与经济贸易局合署）、县劳动和社会保障局（与人事局合署）、县外事侨务办公室（与政府办公室合署）。部门管理机构（均为副科级单位）是：县文化体育局（由文化局更名，按正科级配备）由政府办公室管理，县统计局由县发展和改革局管理，县水务局由农业局管理，县安全生产监督局由县经济贸易局管理，县民族与宗教事务局由县委统战部管理，县畜牧兽医局由县农业局管理。议事协调机构是：县国防动员委员会人民防空办公室、县口岸与县海防办公室、县支前双拥工作领导小组办公室。参照部门管理设置机构是：县粮食局、县物价局。县政府直属事业单位是：县旅游局、县广播电视事业局、县地方志编纂委员会。2008 年 12 月，县委、县政府工作机构设置不变。

二、乡镇党政机构改革

1997 年 6 月，根据省、市部署，实施乡镇机构改革，制定《东山县党政机构改革的实施意见》《乡镇党政机构“三定”工作意见》等文件，全县一类乡镇有 3 个：西埔镇、铜陵镇、陈城镇，二类乡镇 4 个：康美镇、樟塘镇、杏陈镇、前楼乡。乡镇党政机构改革以西埔镇、前楼镇为试点单位，然后推广全县。是年，完成乡镇党政群机构改革。改革后，乡镇内设机构均为 6 个：党政办公室、农业办公室、财经办公室、社会事务办公室、村镇规划建设办公室、计划生育办公室。保留纪律检查委员会、人大主席团、人民武装部、团委、妇联；乡镇党政内设机构精简 54%。

第二节　行政单位编制

一、县级党政群机关人员编制

1989 年，东山县县级党政机构编制 59 个，编制人员 477 人。1997 年，县级党政部门行政人员编制 530 人。2003 年，制定《东山县党政机关人员编制、领导职数和内设机构设置方案》，重新核定县级党政群机关编制为 458 人，其中工勤编制 69 人，核定政法机关专项编制 164 人，核定县党政群、县政法、县人大、县政协、镇机关领导职数 294 人。2005 年，实施第二次县级党政群机构改革，县委、县政府调整理顺相关部门的职能并审核“三定”方案。重新调整县人大、县政协机关内设机构；理顺学校党组织的隶属关系。县级党政群机关行政编制人员共 488 人。2008 年，县级党政部门机构行政编制 488 人。

二、乡镇党政群机关人员编制

1989 年，县内 7 个乡镇党政群机关编制人员 334 人。1997 年 6 月，乡镇机构进行改革，一类乡镇行政人员编制为 45 人，二类乡镇行政人员编制为 30 人，全县乡镇行政人员编制共 255 人，人员精简。同时，有乡镇工作人员 366 名分流到所属的企事业单位。2002 年，重新制定《东山县镇机关人员编制、领导职数和内设机构设置方案》，经县委编委会审核通过，镇机关核定行政人员编制精简 15%。是年，核定 7 个镇机关行政人员编制共 217 人。2007 年 5 月，核定 7 个镇机关公务员共 163 人、工勤人员 21 人，纳入编制实名制管理。至 2008 年不变。

第三节　事业单位编制与登记

一、县级事业单位编制

1989 年，东山县事业单位分为农林、文教、科研等 8 类。1990 年，事业单位重新分为 12 类：教育事业、科学研究和综合技术服务事业、文化艺术事业、新闻出版广播电视事业、卫生事业、体育事业、农林牧水事业、城市公用事业、社会福利事业、交通事业、机关附属事业及其他事业。是年，县级事业单位 179 个、编制人员 3517 人。2000 年，县级事业单位 207 个、编制人员 4081 人。2005 年，县级事业单位 214 个、编制人员 4034 人。2008 年，县级事业单位 237 个、编制人员 4619 人。

二、乡镇事业单位编制

1989 年，东山县乡镇事业单位 79 个、编制人员 265 人。2003 年，根据《福建省乡镇工作纲要》精神，出台《东山县各镇党政机构和事业单位机构设置意见（讨论征求意见稿）》，各镇设农村经济服务中心、科技文化服务中心、行政执法与法律服务中心、村镇建设规划站、劳动保障事务所、计划生育服务中心等 6 个事业单位。此外，一类镇加设企业管理站。2004 年，县委、县政府制发《东山县各镇党政机构和事业单位机构改革意见》，精简乡镇机构编制。将 7 个乡镇原 79 个下属事业单位合并为 45 个，精简 34.04%；股级领导职数由 158 人，减为 101 人，精简 34.18%；编制数由 265 人减为 225 人，精简 15.09%。综合设置事业单位，将乡镇农技站、农机站、水产站、经管站等合并为农业服务中心；将计生服务所、流动人口管理站的职能并入计生服务中心。鼓励干部职工参与招商引资或发展个体经济。2005 年，由各乡镇呈报党政机构和事业单位机构设置整合方案。2007 年 5 月，全县 7 个镇事业单位共核定编制人员 255 人，实有 515 人，超编 260 人。至 2008 年不变。

三、事业单位登记

1997 年，东山县执行国务院颁布的《事业单位登记管理条例》，设立县事业单位登记管理中心，开展事业单位登记工作。1998 年，全县事业单位登记公告 230 个，其中副科级 21 个。1999 年，事业单位登记公告 242 个，完成 1998 年度 230 个单位的年检。2003 年，东山县开始办理登记事业单位年检，合格者方可开展相关业务；不合格者须进行整改，整改不合格者取消其事业单位资格；对净资产为负数的事业单位不予年检。2004 年 11 月 17—19 日，举办全县事业单位法定代表培训班，内容有事业单位登记管理知识及法律法规，共培训 101 人。当年，年检事业单位 212 个，年检率 92.2%。2005 年，全县事业单位登记换证、公告、年检单位 253 个。2008 年，全县年检事业单位 228 个，完成 100%。

第四节　编制管理

一、核定编制管理

1989 年，东山县编制部门开始实行人员结构管理，核定党政机关、事业单位人员编制。根据单位性质、工作特点及相应的职能，核定各类人员职数。清理非常设机构，控制企业人员调入党政机关、事业单位。当年，申请由企业调入党政机关、事业单位工作的 46 人，经审批同意调入 7 人。1990 年，全县党政机关、事业单位（含司法、社会团体）共 233 个，人员编制 4659 人，实有 4573 人（其中干部 3263 人）。1991 年，实行考录补充党政机关、事业单位人员。自 1992 年起，控制增设党政群机构，禁止超编单位进人；单位缺编人员从机关内部调剂。1994 年，编制《党政群机构编制领导职数一览表》，重新核定机关领导职数。1998 年，在党政机关、事业单位推行人员编制结构管理和增减人员核编制度。县委、县政府制订《关于严肃机构纪律加强机构编制管理的通知》，严格控制增员。当年，核编单位 166 个，其中党政群机关 60 个，事业单位 106 个。1999 年始，执行机构编制审批程序规定。2000 年，增设事业单位机构 14 个，增加编制 408 人；申报招工或调入事业单位的人员共 122 人，经县委编办审核后，批准增设执法监督机构 1 个，批准招收环卫人员 5 人。 2003 年，根据 “三定”规定，原则上冻结机关事业单位进人，禁止满、超编的财政核拨经费的单位进人；缺编单位确需补充人员的，从同性质的超编单位调剂。同年，开始将未定编的自收自支和实行企业管理的事业单位纳入核编管理。全年，办理机关事业单位人员增加 13 人（毕业分配 1 人、新招工 2 人、县外调入 9 人，企业调入 1 人）、人员减少 132 人（退休 95 人、调往县外 27 人、在职死亡 4 人、辞职离职 3 人、调往企业 1 人，开除公职 2 人），净减 119 人。2004 年，对各部门的人员调动、干部任免、领导职数配备、考录公务员、毕业生就业、军转干部安置、退伍安置等均要经机构编制部门审核。全年共办理人员增加 28 人（县外调入 3 人、军转干部安置 4 人、选调生安排 1 人、考录公务员 2 人、中专师范生安排 18 人）、人员减少 148 人（调县外 27 人、企业调入 2 人、辞职 4 人、自动离职 3 人、辞退 1 人、在职死亡 5 人、退休 106 人），全县机关事业单位人员净减 120 人。2005 年 11 月，对全县中小学校、幼儿园的班级数、学生数和教职工进行核实并重新核编。核定全县中小学校教职工编制 1954 人，比原核编减少 104 人。全年办理人员增加 58 人（军转干部安置 3 人、考录公务员 4 人、选调生安排 2 人、中专师范考聘 18 人、师范类本科毕业生安排 31 人）、人员减少 120 人（调县外 11 人、辞职 18 人、自动离职 1 人、在职死亡 8 人、退休 82 人），全县机关事业单位人员净减 62 人。

2007 年 5 月 1 日，执行国务院颁布《地方各级人民政府机构设置和编制管理条例》。全年办理人员核增 75 人（其中毕业生就业 52 人、考录公务员 11 人、县外调入 12 人）、核减 124 人（其中退休 84 人、辞职 3 人、辞退 1 人、在职死亡 10 人、自动离职 4 人、调往县外 22 人），人员净减 49 人。

2008 年，推进编制实名制管理。县二轻联社、县海洋与渔业执法大队、县规划建设办公室、县文化稽查队等为编制实名制管理试点单位。县二轻联社核定编制 9 人，实际在职 12 人，实际超编 3 人。经召开全体人员会议讨论，通过考核、民主测评，从高分到低分取前 9 名人员纳入编制实名制管理，其余 3 名暂列编外管理。当年，按市委编办下达指标，全县党政机关超编 64 人。年内，办理机关事业单位人员核增 55 人（其中考录公务员 6 人、县外调入 2 人、企业调入 2 人、事业单位招聘毕业生 45 人）、核减 117 人次（其中退休 75 人、辞职 8 人、自动离职 4 人、在职死亡 8 人、调往县外 18 人、开除公职 4 人），人员净减 62 人；办理县内人员调动 215 人次

二、编制数据库建立

2003 年 5 月，县编办开始实施机关、事业单位的人员编制、内设机构、职能和实有人员计算机管理，共有 412 个单位、人数 6570 人纳入数据库。2008 年，全县共 408 个机关、事业单位的人员编制、内设机构、职能和实有人员等实行计算机管理。

三、在编不在岗人员清退

2003 年 4 月，县编办会同县委组织部、县人事、县财政、县监察等部门对全县机关、事业单位在编不在岗人员进行调查。调查结果，全县有在编不在岗人员 63 人，属财政核拨经费的 23 人（其中教育系统 13 人）、财政核拨补助经费的 11 人、经费自给的 11 人、乡镇 18 人。2005 年初，再次开展清理机关事业单位在编不在岗人员工作。全县共有在编不在岗人员 75 人。4 月 12 日，县委常委会召开会议研究清理工作，决定从 2005 年 4 月起，停发所有离岗人员的工资。

第五节　机　构

一、行政机构

1989 年，沿设县机构编制委员会办公室，为县政府机构系列，与县人事局合署办公，工作人员 2 人。1997 年 10 月 15 日，改称东山县机构编制委员会办公室。1998 年 7 月 8 日，加挂“东山县人民政府机构

编制管理办公室”牌子。2001 年 1 月 12 日，增挂东山县事业单位管理局牌子。2002 年 7 月 26 日，编委办公室列入中共东山县委机构系列，改称中共东山县委编制委员会办公室。2003 年，内设机关编制科、事业编制科。2008 年 12 月，工作人员 3 人。

二、事业单位

1997 年 8 月 25 日，设立县事业单位登记管理中心，属于自收自支事业单位，编制 2 人。2004 年 11 月 22 日改称东山县事业单位管理局，核定为财政全额核拨单位，编制 3 人。2008 年 12 月，工作人员 2 人。

第四章 人力资源管理

第一节 人事制度改革

一、大中专毕业生调配改革

1989 年，县人事部门对国家计划分配的大中专毕业生（师范生之外）实行安排就业；委培生按委培协议由委培单位接收；指导协调自费生派遣就业。至 1998 年，东山县共接收统配大中专毕业生 1251 人，其中，本科生 207 人，大专生 352 人，中专生 692 人。分配去向：机关单位 168 人，事业单位 898 人，企业 185 人。1999 年起，取消县籍大中专毕业生指令性分配，实行指导就业、市场调节、毕业生自我择业的就业办法。至 2005 年，共接收东山县籍大中专毕业生在县内安置的 107 人，其中，本科生 19 人，大专生 37 人，中专生 51 人。就业去向：机关单位 23 人，事业单位 69 人，企业 15 人。2006—2008 年，县人事部门接收东山县籍大中专毕业生在县内安置的 73 人。

二、机关事业单位人员公开考试录用

1989 年，县内开始公开考试录用干部。当年按省人事局统一部署，国家机关补充非领导职务工作人员实行考试录用。经实行公开报名、统一考试，择优录取,录用干部 9 人。1990 年，根据有关规定，公开从优秀工人中录用干部 32 人（其中，录用全民工 17 人、集体工 15 人）。1991—1992 年，全县公开考试录用干部 62 人，其中从优秀工人中择优录用干部 25 人。此后，机关的工作人员补充均实行公开考试录用。1989—2008 年，县人事部门共考试录用干部 206 人；安置军转干部若干；招收机关事业单位工作人员 689 人。

三、公务员制度实施

1995 年 1 月，东山县执行省政府《福建省推行国家公务员制度实施意见》，开始实施公务员制度。实施范围为县政府行政职能部门、县政府的议事协调机构、乡镇政府办事机构和行使政府行政职能的事业单位中的工作人员（不含工勤人员）。县（含乡镇）党委、县人大、县政协工作部门，县工会、县共青团、县妇联等团体的工作人员（不含工勤人员），列入参照公务员管理。

1998 年，进行机构改革，实施“三定”（定机构、定编制、定职责）方案，完成全县公务员的过渡工作，确定各单位公务员的具体名单。2006 年，县人事局对政府机关公务员的基本情况进行登记。2008 年，全县政府系统登记的公务员 458 人。1993—2008 年，全县新录用公务员 58 人。

四、事业单位参照公务员管理

2007 年初，东山县开始参照公务员管理事业单位的审核报批。2008 年，获省人事部门批准参照公务员管理的单位有：县广电局、县旅游局、县供销合作联社、县农业机械管理站、县统计局农村社会经济调查队、城市社会经济调查队等 6 个单位。2008 年 12 月，参照公务员管理的人员 25 人。

五、事业单位全员聘用制

2008年初，根据人事部《事业单位岗位设置管理试行办法》和《事业单位岗位设置管理试行办法实施意见》，东山县开展事业单位岗位人员调查。是年，全县有事业单位305个，干部职工总数4711人（其中管理人员312人、专业技术人员3064人、工勤人员1335人），全部实行全员聘用制。年末，全县全额拨款、差额拨补和自收自支的事业单位行政人员、专业技术人员和工勤人员4700多人，签订聘用合同。

第二节　干部队伍与培训

一、干部人数

1989年后，东山县干部增加来源主要是国家计划内分配的大中专毕业生，小部分是从优秀工人中择优录用的人员或安置的军转干部。当年，接收分配非师范类大、中专毕业生193人。其中，大学本科、专科毕业生71人，中专生122人。年末，全县干部总数3348人。此后，干部人数逐年增加。1991—1992年，接收国家指令性统配非师范类大、中专毕业生193人，自费生28人。其中，分配到企事业单位、乡镇工作的168人。1999年起，县内干部队伍来源主要通过公开考试录用、聘用。2000年，全县干部总数4305人。2007年起，全县事业单位干部实行全员聘用制。2008年，全县党政群事业单位干部总数5220人。

二、培训

（一）公务员培训

1989年后，县人事部门每年举办新考录干部（公务员）培训班。主要内容有岗位培训、公务员过渡培训、更新知识培训、公务员通用法律知识培训、行政许可法培训、电子政务培训等。至2008年，共举办各类公务员培训班76期，培训机关公务员7272人次。

（二）专业技术人员培训

1989—2008年，县人事部门每年都开展专业技术人员培训。课程主要有创造力开发、世界贸易知识讲座、现代科技知识读本、计算机应用能力、职业道德建设、构建社会主义和谐社会读本，还举办农业系统、文体系统高级研修班。20年间，共举办各类专业技术人员培训班152期，培训12676人次。

（三）工勤人员培训

1989—2008年，县人事部门每年都举办机关、事业单位工勤人员培训班。其课程主要有创造力开发、计算机应用能力、工勤人员新知识读本、公共课程读本等。20年间，共举办机关、事业单位工勤人员培训班90期，培训6499人次。

第三节　技术职务评聘

一、事业单位专业技术职务评聘

1989年，县人事部门制定《关于对专业技术人员年度考核的暂行规定》，开始建立专业技术人员年度职称评审聘任和任期工作考核制度。是年，全县办理专业技术职务资格637人，其中高级职称3人，中级职称50人，初级职称584人。机关单位符合技术职称的人员只评职称等级，不与工资待遇挂钩。1990年始，评聘范围只限事业、企业单位。事业单位在县以上职称改革工作部门（职改办）核定的高、中、初级职务结构比例内，即核定的职数，评聘专业技术职务人员，与工资待遇挂钩。企业单位实行评、聘分开。按照国家统一规定评定或参加全国统一考试取得专业技术职务任职资格的人员，由政府人事（职改办）部门发给相应的任职资格证书。企业人员其工资待遇由企业自主决定。是年，全县审批办理职业技术职务资格22人，其中高级职称1人，中级2人，初级19人。1993年，贯彻省政府《关于企事业评聘职业技术职务经常化工作若干问题的暂行规定》，在企事业单位开展评聘专业技术职务工作。是年，办理继续评聘专业技术职务资格证书 1258 人，办理确认大中专毕业生初级职务 429 人，重新组建中小学教师、卫生、工程、农业等 5 个初级职务评委会和 1 个小学高级教师职务评委会。1994 年，全县办理确认专业技术职务资格 185 人，其中高级职称 14 人，中级职称 127 人，初级职称 44 人。当年，开展专业技术人员继续教育证书登记验证工作，登记验证 2648 人。1995 年，全县评审确认全民企业事业专业技术职务资格 171 人，其中，高级职称 6 人，中级职称 14 人，初级职称 151 人。2005 年，事业单位全面实行专业技术资格评定与专业技术职务聘任分开，工资福利待遇按聘任职务确定。2006 年，县政府制定《东山县事业单位专业技术人员辞职暂行办法》，规定 6 种人员辞职须先报人事局审核，后由主管部门批准。这 6 种人员是：所在单位缺编数超过 20%的；本县紧缺学科人才；事业单位负责人、业务骨干；中、高级专业技术人员职称聘约合同未到期的；新录用人员，转正定级后服务未满 5 年的；优秀青年拔尖人才。至 2008 年，全县取得专业技术资格人员共 3956 人。其中，取得初级专业技术职务（任职资格）人员 1058 人、中级专业技术职务（任职资格）人员 2513 人、高级专业技术职务（任职资格）人员 385 人。

二、乡镇企业专业技术职务评聘

1989 年，县人事部门成立乡镇企业职称改革领导小组，组建经济、会计专业初级评聘委员会，开始实行乡镇企业专业技术职务评聘。1990 年，由县乡镇企业局牵头，评聘专业有工程、经济、会计、统计、工艺美术等。1991—1992 年，全县评定乡镇企业技术职务 114 人，其中，中级技术职务 10 人，初级技术职务 97 人，技术员 7 人。1995 年，县人事部门协助乡镇企业局做好乡镇企业职务改革工作，组建经济、会计、工程等系列乡镇企业专业技术职务评委会，确认经济师 8 人、工程师 2 人，办理申报各系列乡镇企业专业技术职务 203 人。2005 年，乡镇企业专业技术职务评聘改称非公有制企业专业技术职务任职资格评价，由县工商联牵头。至 2008 年，全县累计评聘乡镇企业专业技术职务资格 647 人，其中高级职务资格 5 人，中级职务资格 121 人，初级职务资格 521 人。

三、农民技术人员职称评定

1992 年始，东山县贯彻《福建省农民技术人员职称评定和晋升实施细则（试行）》，开展农民技术人员职称评定，由县科协牵头。是年，县人事部门协助县科协评定农民专业初级技术职务 245 人。1998 年，改由农业局负责农民技术人员职称评定工作。至 2005 年，全县取得农民技术职称 253 人，其中农民技师 8 人，助理农民技师 98 人，农民技术员 113 人，助理农民技术员 34 人。此后，未再评定农民技术职称。

四、专业技术评审组织

1989—2008 年，东山县先后成立经济专业、文博图书专业、企业思想政治工作、乡镇企业工程技术、乡镇企业经济专业、乡镇企业会计专业、农民技术等 7 个专业系列的初级职务评审委员会。评委会由具有本系列中级以上职务任职资格的人员组成，设主任委员 1 人、副主任委员 1～3 人。评审委员每届任期一般 2 年，任期届满进行适当调整，每次调整人数不少于 1/3，不多于 2/3。

第四节　机关事业单位工资与抚恤

一、机关事业单位工资调整

1989 年，县人事部门对国家机关、事业单位的工作人员进行工资调整。全县有 133 个单位、3755 人列入增资范围，人均月增资 8.5 元。1991 年，又对国家机关、事业单位的工作人员进行工资调整。全县有 135 个单位、4685 人列入增资范围，人均月增资 9 元。1993 年，县工改办根据上级文件精神，开展国家机关、事业单位工作人员、离退休、退职人员工资调整工作，完成全县 193 个机关事业单位 4764 名工作人员增发岗位工资和 44 名离退休费、退职人员生活补助费发放。全年总增资额 99.58 万元，在职人员人月均增资 13.06 元，离休人员人月均增资 40.32 元，退休人员人月均增资 18.09 元，退职人员人月均增资 10 元。

二、机关事业单位工资制度改革

1993 年 10 月 1 日起，县人事部门实施第三次工资制度改革。机关工作人员（1998 年后称公务员）实行职级工资制度，基本工资由基础工资、工龄工资、级别工资和职务工资组成。事业单位及机关工勤人员实行职务（等级）津贴工资制度，基本工资由职务（等级）工资和津贴组成。机关技术工人实行岗位技术等级工资制，其工资构成为岗位工资、技术等级工资和奖金 3 个部分；普通工人实行岗位工资制，其工资构成为岗位工资和奖金 2 部分。事业单位根据经费来源不同，分为全额拨款、差额拨款、自收自支 3 种类型，实行不同的管理办法：专业技术人员实行 5 种不同类型的工资制度；管理人员实行职员职务等级工资制；工勤人员实行技术等级工资制；事业单位的干部工资由职务（等级）工资和津贴 2 部分构成。通过这次工资制度改革，机关和事业单位的工资制度分开。1994 年，完成全县 217 个机关、事业单位 5453 工作人员的工资套改审批和 652 名离退休人员增加离退休费的审批。全县在职人员月均增资总额 6242 万元，人月增资 116.31 元；全县月均增加离退休费 8.26 万元，人均月增资 127 元。此后，县人事部门建立正常的增资制度。经年度考核称职以上者，机关干部每两年晋升一档职务工资；每五年晋升一档级别工资（连续三年考核优秀者可三年晋升一档级别工资）。事业单位的干部、技术人员和机关事业单位的工人每两年晋升一档职务（等级）工资和津贴。同时建立正常的奖金制度：对年度考核称职以上的机关、事业单位的工作人员，年终发给一次性奖金，标准为本人当年 12 月份的基本工资数额。2005 年，全县国家机关、事业单位的干部职工人均年工资 14184 元，比 1989 年人均年工资 2520 元增 5.63 倍。2006 年 12 月，县人事部门实施第四次工资制度改革，实行公务员职级工资制。调整工资构成：将职务工资、级别工资、基础工资和工龄工资 4 个部分调整为职务工资、级别工资 2 个部分。机关技术工人仍实行岗位技术等级工资制，将岗位工资、技术等级工资和奖金 3 个部分调整为岗位工资、技术等级工资 2 个部分。普通工人仍实行岗位工资制，将岗位工资和奖金 2 个部分调整为岗位工资。事业单位调整为岗位工资、薪级工资。专业技术人员岗位工资实行等级工资制（设 13 级 + 薪级工资）；管理人员实行职员职务等级工资制（设 10 级 + 薪级工资）；事业单位工人实行技术等级工资制（设 5 级 + 薪级工资），地区津贴、正常增资及奖金制度仍实行。2008 年，全县国家机关、事业单位的干部职工人均年工资 29611 元。

1997—2003 年东山县机关事业单位调资情况表

表 24-9

调资时间	在职调资人数	月平均调资额（元 / 人）	月增资额（元 / 人）	离退休调资人数	月平均调资额（元 / 人）	月增资额（元 / 人）	月增资总额（万元）
1997 年 7 月	5928	20	11.86	965	20	1.93	13.79
1999 年 7 月	6731	105	70.70	1107	110	12.18	82.85
2000 年 11 月	6506	87	56.60	1410	105	14.80	71.41
2001 年 10 月	6506	75	48.80	1410	80	11.28	60.08
2003 年 7 月	6332	50	317.00	1568	50	7. 84	39.50

1989—2008 年若干年份东山县机关事业单位工资情况表

表 24-10　　　　单位：万元

年份	职工总人数	年度工资总额	干部工资		工人工资	
			干部人数	年度工资总额	工人数	年度工资总额
1989	3755	946. 26	2912	733.82	843	212.44
1990	4155	1196. 64	3085	888.48	1070	308.16
1995	5851	2758. 15	4042	1905.40	1809	852.75
1997	5928	2987. 40	4597	2316.65	1331	670.75
2000	6587	8413. 20	4517	5769.31	2070	2643.89
2003	6332	7134. 90	4295	4839.61	2037	2295.29
2005	6130	8694.79	4153	5980.62	1977	2714.18
2006	6038	10903.13	4132	7653.93	1906	3249.20
2008	5934	12266.43	4083	11840.70	1851	4257.30

三、干部亡故抚恤

1989 年，县内凡干部死亡一次性发给丧葬费 300 元，并对其供养的直系亲属每月发给生活补助费(补助费按标准工资的 15%～25%发放。1992 年 9 月始，死亡发给一次性抚恤金和埋葬费。抚恤金标准为 10 个月基本工资(基本退休费)+岗位津贴(生活补助费)+ 职务津贴。埋葬费标准为个月最低工资标准 980 元，并发给一次性困难补助，为 6 个月最低工资标准。对未有固定生活收入的直属亲属和未成年子女，实行定期定额补助，城镇居民按最低工资标准的 50%计发；农村居民按最低工资标准的 45%计发。1999 年 1 月后，多次提高调整干部死亡抚恤金、埋葬费、困难补助、遗属补助标准。2006 年 10 月，死者遗属定期定额补助取消城镇与农村区别。2007 年 8 月，埋葬费标准增为 3990 元，并一次性发放补助 3420 元，对遗属定期定额补助调整为 285 元。

1989—2008 年东山县干部抚恤标准一览表

表 24-11　　　　单位：元

执行时间	抚恤金	埋葬费（7 个月最低工资标准）	一次性困难补助（6 个月最低工资标准）	遗属定期定额补助	
				城镇（按最低工资标准的 50%计发）	农村（按最低工资标准的 45%计发）
1992 年 9 月	10 个月基本工资(基本退休费)+岗位津贴(生活补助费)+职务津贴(生活补贴费)	980	840	70	63
1999 年 1 月		1505	1290	108	97
1999 年 7 月		1680	1440	120	108
2000 年 7 月		1820	1560	130	117
2001 年 10 月		1960	1680	140	126
2003 年 11 月		2100	1800	150	135
2005 年 7 月		2800	2400	200	180
2006 年 8 月		3360	2880	240	216
2007 年 8 月		3990	3420	285	

第五节　人才市场与智力引进

一、人才交流服务

1989 年，东山县成立技术信息服务站，为人才智力供需双方提供信息和合同鉴证。1994 年，该站加挂东山县人才技术信息交流服务中心（以下简称人才交流中心），负责收集人才信息，建立人才交流平台，发布企业招聘信息，实现人才自主择业，单位自主择人的新机制。建立人才交流的工作机制，完善人事代理，做好就业后的服务。人才交流中心实行“中介管理”办法，为各类专业人才提供档案管理、人事关系挂靠，办理转正定级、档案工资调整、专业技术职务评聘和晋升等服务。2005 年 10 月，开设东山人事人才网，使人才交流平台更加广泛，人才信息发布更为顺畅。至 2008 年，县“人才交流中心”列为“中介管理”的各类人员共 299 人；单纯保管档案 200 多人。

二、人才数据库

1989—2008 年，县人事部门通过多种信息渠道收集各方面的人才信息，先后建立东山籍海外留学人员及科技人才数据库、离退休副教授级以上人员数据库、东山籍现职副教授级以上人员数据库、东山籍历届大中专毕业生数据库、东山籍在外知名人士数据库、东山县企事业单位人员信息数据库、东山县企事业最新招聘职位数据库、东山县新人才数据库。

三、智力引进

1989 年，县人事部门把引进智力列为重点工作之一。之后，不断加强人才智力引进，收集生产技术难题，筛选汇总上报省和国务院引智办公室，请求聘请国外或中国港澳台专家到东山指导。1996 年，法国旅游专家乔治·文森特到东山考察旅游资源后，召开旅游规划论证会，对东山旅游重点、布局、项目的设计与规划，及如何解决旅游淡旺季的矛盾等提出意见与建议，编写《东山旅游规划意见》，提供参考实施，效果甚佳。至 2008 年，获国家外国专家局批准的引智项目 36 个，有美国、法国、日本及中国台湾地区的专家共 47 人次到东山指导。

获准引智项目有：太平洋牡蛎育苗、台湾鲍鱼室内养成、大黄鱼网箱养殖技术、网箱养鱼病害防治、黑鲍鱼育苗与养成技术、大黄鱼中期养成技术、九孔鲍鱼育苗生产主要病害的防治研究、秋葵等蔬菜制种技术、秋葵高产栽培技术、夏威夷甘薯栽培技术、芦笋病虫害综合防治技术、芦笋高产栽培及育种技术、绿芦笋高产栽培技术、台湾芦笋优良品种引进、芦笋组培育苗技术引进与推广、芦笋害虫生物防治技术、老化白芦笋轮作更新、荷兰芦笋新品种引进与高产栽培、芦笋产期调节技术、台湾高效活性有机肥在芦笋田的应用研究、低产白芦笋田改造技术、蔬菜良种胡萝卜高产栽培、牛蒡高产栽培技术、台湾龙须菜养殖技术引进、美国“宝马”洋葱良种及其标准化栽培技术引进与推广、龙眼反季节栽培技术引进与推广、台湾枝豆“高雄一号”高产栽培技术、台湾黑珍珠莲雾引进、台湾珍珠巴乐产期调节技术、鲹鱼片加工技术、旅游港口城市规划等。

第六节　人事争议仲裁

一、　争议仲裁机构

2006 年初，东山始筹备人事争议仲裁工作，聘请并培训仲裁员，通过“东山人事人才网”宣传人事仲裁法律法规和有关政策。2007 年 2 月，成立县人事争议仲裁委员会，首批仲裁员 13 人，并召开第一次全体委员会议，举行人事仲裁庭揭牌仪式。

二、争议案件仲裁

2007年2月1日，设立县人事仲裁庭，开始受理、调解、仲裁人事争议案件。年内，处理人事纠纷案件3起，其中裁决1起、告知不予受理2起。2008年，无申请仲裁的人事案件。

第七节　干部管理

一、在职干部管理

1989年，县人事部门制定《东山县机关工作人员岗位责任制考评奖惩暂行办法》，完善干部年度考核，通过德、能、勤、绩、廉5个方面，全面考核干部，考核结果作为干部职务晋升、工资调整、奖金发放的依据。考核称职的机关公务员，五年晋升1个档级工资，连续三年考核优秀的提前晋升1个档级工资；年度考核结果为“不称职”的，降低一个职务层次任职；2年连续考核为“不称职”的给予辞退。1991年，东山县人事部门兑现干部考核奖惩。是年，对7名有突出贡献的人员给予奖励一级工资；办理开除干部4人，开除留用1人；开除留用期满后恢复干部待遇5人。1992年，对全县国家机关1206名工作人员进行年度考核，评出优秀者371人，称职者802人，基本称职者33人。对企业事业单位2289名专业技术干部进行年度考核奖惩；推荐上报1名有突出贡献的高级农艺师作为享受政府特殊津贴人选。2006年起，干部管理实行平时考核月查制度、绩效考核季评制度为重点。2007年，县政府制定《东山县公务员考核办法（试行）》，以落实岗位目标责任制、工作进度月查制、绩效考核季评制和考勤结果奖惩制为重点，将考核结果与公务员的奖惩、任免挂钩；评为年度优秀的由县委、县政府给予嘉奖。2008年1月起，实行机关工作人员平时考核手册制度，加强平时绩效考评工作的指导和监督，推进公务员考核的规范化与科学化。县委、县政府表彰2008年度考核优秀的公务员186人，给予每人800元的奖励。通过考核整顿机关作风，促进公务员有效履职，提高机关行政效率。

二、离退休干部管理

1989年，县退休干部管理办公室贯彻《福建省退休干部管理工作的暂行规定》，建立26个退休干部活动小组或联络小组，设立7个乡镇退休干部活动室，配专职管理人员，开展学习与娱乐活动；指导各镇离退休干部协会办好“离退休干部之家”，组织离退休干部参观新建设项目；协助办老人大学，组织学习政治时事。每年农历十二月，县政府组织召开团拜会，给离退休干部拜年、发过节费。是年，县内共批准退休干部35人。全县有离退休干部430人。1990年，批准退休干部40人。

1992年，成立乡镇退休干部管理领导小组和退管所，配备专（兼）职人员25人。加强退休干部管理，对达到退休年龄的干部列表造册，提前发出书面通知，规定办理时限，至1993年共办理退休人员122人。

1994年，县人事部门先后在铜陵、西埔、杏陈、樟塘、陈城、康美等镇成立退休干部协会；会同县委组织部、县财政局等为退休干部382名进行常规体检；帮助退休教师协会建立活动室，开展“老有所为”活动。此后，每年均组织退休干部开展学习、参观、文体活动。至2008年，全县有离退休干部协会8家，离退休干部1725人。

1989—2008年若干年份东山县退休干部统计表

表24-12

年份	累计人数	年份	累计人数
1989	430	1994	740
1990	475	1996	858
1992	592	1998	1094

续表 24-12

年份	累计人数	年份	累计人数
2000	1301	2006	1682
2002	1449	2008	1725
2004	1640		

第八节　机　构

一、行政机构

（一）东山县人事局

1989 年，沿设县人事局，与县机构编制委员会办公室合署，工作人员 8 人。1994 年，内设人秘股、工资福利股、考录调配股、专业技术人员管理股；下辖县退休干部管理办公室、县人才交流中心、县机关事业单位保险公司。2000 年 8 月，人事局与县机构编制委员会办公室分设。2008 年 12 月，工作人员 7 人。

（二）东山县机关事业单位工作人员年度考核工作领导小组及办公室

1993 年 10 月 1 日，设县机关事业单位工作人员年度考核工作领导小组及办公室，成员由县委组织部部长、县委办公室副主任、县政府办公室主任、县直机关党工委常务副书记、县人事局局长、县监察局局长、县财政局局长等组成，县委组织部部长任组长。下设办公室，主任由人事局局长兼任。2008 年 12 月，该办工作人员 2 人。

（三）东山县退休干部管理办公室

1989 年，县人事局沿设退休干部管理股。1990 年 6 月，升级为副科级，编制 3 人。2008 年 12 月，该办工作人员 2 人。

二、事业单位

（一）东山县人才交流中心

1994 年，成立东山县人才交流中心。2008 年，该中心工作人员 2 人。

（二）东山县机关事业单位保险公司

1995 年 1 月，成立县机关事业单位保险公司，工作人员 3 人。2001 年 11 月，该公司划归县劳动局管理。

第二十五卷　台港澳事务·侨务·外事

东山与台湾的关系源远流长。据1991年普查，东山县1945—1953年共有县籍人员去台同胞4792人，分别居住在澎湖、高雄、台南、台北、屏东、基隆、东港、淡水、嘉义等地。台胞每年回东山探亲、旅游、经商、办企业、文化交流约2000～3000人次，1995年达7000人次。台胞捐款办公益事业和投资办企业者，与日俱增。东山籍人到台湾探亲、旅游、开展经济文化交流者也逐年增加。

海峡两岸交往日趋正常，农业科技交流项目不断增多，台胞到东山经商、办企业稳步发展。至2008年，县内先后从台湾引进青石斑、单性罗非鱼、文蛤等20多个水产良种及先进养殖技术与设备。全年对台小额贸易输出额为344万美元，输入额78万美元。全县台资企业49家，合同金额10141万美元。文学、书画、曲艺双向交流日益频繁，关帝文化节台胞组团朝圣，关帝神像出巡台湾。海上遇险互相救助，骨肉同胞情深如海。

东山县在接待台胞，为台胞办急要事，维护台胞合法权益，推动海峡两岸直接往来等方面都取得显著成效。台胞在东山如在自家一样亲切与方便。东山与台湾的地缘、亲缘、神缘、文缘、商缘的密切关系进一步发展。

东山县是福建省重要侨乡，海外华侨、华人有3万多人，分布26个国家和地区。侨居地东山籍社团8个。海外侨胞繁衍发展，艰苦创业，爱国爱乡。他们为侨居地社会经济文化发展做出贡献，也为祖国、为家乡社会经济文化发展做出贡献。

1989年后，旅外侨胞常回家乡探亲谒祖、参加重大活动。踊跃捐资建学校、修路桥、办福利。20年间，侨胞共捐赠款物折人民币2500多万元，有12人次、5个社团分别获福建省政府、漳州市政府表彰。旅外侨胞在家乡投资创办企业，发展生产，出口创汇。2008年，经年检的侨资企业26家，投资总额11564万美元，注册资本7335万美元。侨务部门在接待、宣传、出访联络以及依法保护华侨权益上做了大量有益工作，多次被评为全国、全省先进单位，有2人被评为全国侨务先进个人。

县外事部门做好外事协调服务。日本、新加坡、马来西亚、泰国等国家新闻媒体记者或友人多次到东山采访、开展经贸活动。20年间，县内出国考察、招商等共53批、334人次。

第一章　台港澳事务

第一节　台胞及其社团

一、台胞台属

（一）去台同胞

东山人移居台湾者历代甚多，至2008年，东山籍的去台人员（含历代移民后裔）约20万人。主要分居在台北、台南、高雄、基隆、花莲、澎湖、台东、云林、屏东、新竹、宜兰、南投、苗栗、淡水、彰化、嘉义、金门等地。

1991 年，东山县台湾事务办公室组织人员对县内 1945—1953 年间去台人员进行普查。经查，全县共有去台同胞 4792 人（分布在 72 个村、街），大多数为男性。其中，1945 年（抗战胜利）至 1948 年东山岛去台人员 669 人；1949 年至 1950 年 5 月 11 日东山岛被抓丁去台人员 3813 人，其他原因去台 179 人；1951—1953 年被抓或其他原因去台人员 131 人。此外，20 世纪 80 年代中期起，有东山县籍女性因婚姻关系嫁往台湾，至 2008 年 12 月，东山县籍女性嫁往台湾地区共 384 人。

（二）县内台胞与台属

1989 年，东山县定居的台湾籍同胞有 11 人。此后，县内原台湾籍同胞及其二、三代人口逐步增加。2008 年，县内原台湾籍同胞及其二、三代人口有 46 户共 132 人，县域有台胞家属 5800 多户、3 万多人。

二、台胞社团

（一）台北市东山同乡会

1989 年，沿设台北市东山同乡会（1973 年 11 月设），位于台北市双园区武成街 125 巷 6 弄 45 号 4 楼。2008 年，该同乡会有会员 400 多人。历任理事长：沈应松、谢祖仁、林革新、何炳武、林向瑞、林文斗，在任理事长林守勇，总干事沈东元。

（二）台南市福建省东山县同乡会

1989 年，沿设台南市福建省东山县同乡会（1974 年 7 月成立），位于台南市裕农路 726 巷 2 弄 5 单元 1 号 2 楼。2008 年，该同乡会有会员 200 多人。历任理事长：林向瑞、朱家荣、潘达松、王武纬、林财福；在任理事长林华山，总干事黄振强。

（三）高雄市福建省东山县同乡会

1989 年，沿设高雄市福建省东山县同乡会（1978 年 3 月成立），位于高雄市前镇区瑞南里瑞圣街 46 号。2008 年，该同乡会有会员 300 多人。历任理事长：林金武、何明周、黄韵奇、林梧桐，在任会长何立新，总干事陈来兴。

（四）基隆市闽南第五乐团

1989 年，沿设基隆市闽南第五乐团（1965 年成立），位于基隆市狮球路 163 号。2008 年，该乐团有会员 300 多人。历任团长：王桂国、高才、林捷盛、黄来、林文成、林俊山、陈坤、陈传文，在任团长林华生，总干事林亚交。

第二节　与台人员来往

一、台胞到东山

1989 年，台胞延续赴东山县探亲、旅游、朝圣、经商；到东山港停靠的台轮（大多数为经营小额贸易船）也有所增加。是年，县对台工作部门接待台胞 2024 人次，其中陆上接待台胞 1069 人次、海上接待台胞 955 人次。此后，台胞到东山探亲、朝圣、经商、旅游逐年增多。1995 年，县对台工作部门接待台胞 6968 人次。2000 年，接待台胞 4609 人次。2008 年，县对台工作部门接待台胞 2408 人次，其中陆上接待台胞 1574 人次、海上接待台胞 834 人次。

1989—2008 年东山县接待台胞情况表

表 25-1

年份	接待人数	陆上接待人数	海上接待		年份	接待人数	陆上接待人数	海上接待	
			艘次	人次				艘次	人次
1989	2024	1069	199	955	1991	2805	1876	250	929
1990	2796	1640	256	1156	1992	3758	1681	480	2077

续表 25-1

年份	接待人数	陆上接待人数	海上接待		年份	接待人数	陆上接待人数	海上接待	
			艘次	人次				艘次	人次
1993	4894	1995	674	2899	2001	3947	1995	503	1952
1994	6651	4095	615	2556	2002	4335	1215	926	3120
1995	6968	4175	670	2793	2003	2890	580	635	2310
1996	4692	1529	781	3163	2004	3263	1506	423	1757
1997	4530	1412	756	3118	2005	4439	2387	484	2052
1998	5110	1187	948	3923	2006	4730	1778	722	2952
1999	4857	1601	728	3256	2007	4819	1987	717	2832
2000	4609	1860	599	2749	2008	2408	1574	253	834

二、县人赴台湾

（一）赴台旅游探亲

1989 年，东山县籍人员去台湾地区旅游、探亲、探病、奔丧等有 1000 多人次。此后，县籍人员去台湾地区旅游探亲等人数逐年增加。2008 年，县籍人员去台湾地区旅游、探亲等共 2327 人次。20 年间，县人去台湾地区旅游、探亲、探病、奔丧者累计 33600 多人次。

（二）赴台考察访问

1990 年，东山县开始有公职人员赴台湾地区考察与文化交流。当年中秋节期间，县政协副主席陈汉波赴台探亲并进行关帝文化考察交流。1994 年 2 月，县政协副主席陈汉波再次赴台探亲并与台胞商讨筹建铜陵朝圣楼建设事宜。当年 4—5 月，县博物馆孙英龙参加福建省妈祖民俗文物展览组，赴台湾地区交流访问。1997 年 1 月，以县委常委林国武为团长的东山关帝庙访问团（10 人），应台湾海峡两岸文化交流协会邀请，赴台湾访问考察，为东山县组团赴台湾之首例。1998 年 9 月，东山县县长吴斌参加福建省开发区协会赴台考察团到台湾著名工业园区等考察，并与台北、台南、基隆、高雄东山同乡会台胞开展恳谈活动。1999 年 3 月，东山县商务考察团（9 人）到台湾考察工贸企业，与台湾地区各东山同乡会主要成员开展商务探讨。此后，东山县因公赴台考察、访问者有所增加。2000—2008 年，县内因公赴台考察访问者共 12 批 67 人，其中 2008 年 2 批 18 人。

第三节　与台经济科技文化交流合作

一、与台经济交流合作

（一）引进台资企业

1989—2008 年，中共东山县委、县人民政府延续引进台资企业，每年通过举办东山关帝文化节暨“三胞”省亲恳谈会、东山闽台农业经济技术交流恳谈会、东山台商新春（或中秋）座谈会等活动，积极招商引资，引进台资企业。1991 年，东山县引进台商到县内创办企业——东兴水产加工有限公司；1999 年，该台商又兴办东旺水产冷冻有限公司；2001 年又兴办东毅水产冷冻加工有限公司。彰化元煌国际集团（美国）公司于 1992 年与东山县五金一厂合作兴办福煌五金制品有限公司；1995 年，又独资创办欧凯金属塑料制品有限公司；1999 年，再办合泰金属塑料制品有限公司。

东山县每年组团参加“4·9”漳台经贸恳谈会和“9·8”厦门投资贸易洽谈会，以“走出去，请进来”等多种形式，引进台资到东山投资办企业。20 年间，东山县引进台资到县内创办企业或经济合作投资等累计 84 项，总投资金额 13457 万美元。

2008 年，县境台资企业 49 家，合同台资额 10141 万美元，注册资本 6847 万美元。

（二）对台小额贸易

1. 货物销售　1989 年，东山县延续与台湾地区开展对台小额贸易，其贸易额以单船次交易额最多 50 万美元为限，超出限额的则按对台大额贸易列入对外一般贸易管理。是年，东山县对台小额贸易销售品类从中成药、烟酒类向鲜活水产品、名优商品转变。1991 年，货物以文蛤、花蛤等贝类、鲜杂鱼类为主。1992 年，贸易台轮为 425 艘次，销售货值 427 万美元。1995 年，拓宽对台小额贸易渠道与品种，销售货值 1278 万美元。1998 年，拓展县外、省外货源市场，确保输台货物质量与数量，销售货值为 1603 万美元。1996—1999 年，全县对台小额贸易销售货值累计 5783 万美元，连续五年名列全省前茅。2000 年，开拓输台货源，有从省外调入的金线鱼、带鱼、马鲛鱼等鲜活类水产品，从县外调入的花蛤、花蚶等贝类水产品，县内收购的沙鳅鱼、巴浪鱼、狗母鱼等冷冻水产品。当年，输台货值 1190 万美元，贸易台轮 629 艘次。2002 年，对台小额贸易试行人民币核销制度，加强与口岸各部门协调配合，贸易额回升，输台货值 720 万美元，贸易台轮增至 997 艘次。2004 年，新发贸易公司成立，专营对台小额贸易。当年，全县对台小额贸易销售货值 788 万美元。2005 年，与涉台部门加强协调，稳定拓展货源，输台货值达 1236 万美元。2008 年，对台小额贸易销售货值 344 万美元。

2. 货物购买　2005 年，东山县利用放开台湾地区部分农产品输入大陆政策时机，首次从台湾购买菠萝、木瓜、芒果等水果 300 吨。2006 年，对台小额贸易购买水果、活鱼等 555 吨，货值 123 万美元。2007 年，货物购买量 775 吨，货值 157 万美元。2008 年，东山县对台小额贸货物购买值 78 万美元。

3. 对台小额贸易企业　1989 年，东山县东发贸易公司仍是县内唯一的外经贸部批准的专营对台小额贸易公司，全年对台小额贸易货物销售值 77.5 万美元。1990 年后，进行企业改革。1993 年起，县东发公司对所属宏盛商场、龙通电子公司 2 个单位实行承包经营，同时完善业务科经营机制。1994 年起，公司尝试开拓大宗贸易货物销售渠道，扩大经营品种。1995 年起，推行公司全员合同制。1997 年 5 月，公司获准对台小额贸易经营权；当年，对台小额贸易货物销售值 1600 万美元。1997 年，加强清理库存和债权债务等，为企业进行股份制改革（筹建集团公司）作准备。1998 年 5 月，公司为盘活经营权，组建福建省东发贸易集团公司。当年，对台小额贸易销售货值 1603 万美元。2004 年，组建东山县新发贸易公司，为国有控股公司。经营对台小额贸易。2005—2008 年，对台小额贸易年销售货值皆在 1000 万美元以上。

（三）劳务输台

1989 年，输台劳务延续由县国际经济技术合作公司负责。公司与台商签订劳务合作合同，派劳务渔船员到新加坡、毛里求斯、南非、西班牙、巴西、乌拉圭等地，为台湾籍渔船工作。8 月，东山口岸被省口岸办批准为台湾渔船渔工劳务接送点。是年，签订 600 名输台渔船员劳务合同，其中外派 200 人，比上年增加 1.8 倍，劳务净收外汇 22.8 万美元，比上年增长 10 倍；年末，再次外派 168 人。1989—1990 年，到东山口岸停泊的台轮劳务船 36 艘次。1991 年 6 月，县国际经济技术合作公司与中海蛇口公司签订 200 名渔船员输台轮劳务合同，促进劳务输台业务发展。1993 年 7 月，为适应台湾渔船短期、近海劳务需求，试办输台短期渔工劳务。同年 11 月，东山被省政府正式批准为闽台近洋渔工劳务合作经营口岸。1993—1996 年，县内输台渔工劳务有长期远洋劳务（三年）、近海短期劳务（半年）互相补充，取得长足发展，年均输台劳务人员 500 多人。

1996 年，县政府贯彻《闽台近洋渔工劳务合作办法》，开展对输台劳务经营秩序整顿，打击劳务市场违法经营。1997 年，东山县代台湾高雄市近 100 家渔业公司招收职务船员、资深船员和外地船员，人员招收扩展到云霄、诏安、平和等县及山东省。当年输台劳务 722 人次，为历年输台劳务最多年份。1998 年，受亚洲金融风暴等影响，船员资源短缺，输台渔船员减少。当年，输台劳务人员 449 人次，劳务净收外汇 27.5 万美元。之后，输台劳务人员持续萎缩。2001 年下半年，执行外经贸部暂停输台劳务渔船员派出通知，停止劳务输台。

1989—2001 年东山县输台劳务情况表

表 25-2

年份	输台劳务净收汇（万美元）	比上年增长（%）	派出人数	年末在外人数
1989	22.8	10.4	200	168
1990	25.4	11.4	149	114
1991	19.8	-22	131	145
1992	23	16	89	122
1993	25.6	11	196	210
1994	36.5	42.5	559	218
1995	36	-1.4	512	240
1996	34.6	-4	600	204
1997	38.5	11	722	262
1998	27.5	-28.5	449	195
1999	20.9	-24	287	140
2000	15	-28.2	100	76
2001	15.8	5.3	119	95

二、与台科技交流合作

（一）概 况

1989 年，东山县被省政府批准为创汇农业试验区，并与台湾开展科技交流与合作。1990 年 5 月，台湾农委会顾问黄正华率农渔专家学者到东山考察。是年，台湾农业经济专家彭作奎率团考察东山芦笋生产、水产养殖和农渔产品加工，双方就两岸合作交换意见。1991 年 10 月，东山县举办“东山·闽台农业经济技术合作交流恳谈会”，有 150 多名台湾专家学者及实业人士到会。双方在互利互助原则下，就建立东山石坛农业技术综合试验区、西屿农业引进隔离区、东山鲍鱼养殖区、闽台农业经济交流中心（1992 年 7 月 20 日成立）展开合作交换意见。此后，东山县与台湾地区经济科技交流合作，从单项试探性转向产业整体配套长期性，从民间自发转向政府部门牵头组织发展。2008 年，东山县与台湾地区科技交流合作项目有种植业、养殖业和食品加工业等。

（二）种植科技交流

1993 年 12 月，东山县启动“石坛农业技术综合实验区”项目，由台湾地区合作方提供芦笋新品种、果蔬良种和栽培技术，东山提供场地、基础设施和管理人员。还与台湾农友种子公司合作，大量引入果蔬良种。同时，引入台湾防治农作物病虫害的技术。台湾地区农业专家还多次到东山县指导农作物病虫害防治，并带来优良农药与器械。2008 年，东山县从台湾地区引进果蔬良种 40 多个，推广果蔬良种 30 多个，如黑珍珠莲雾、金皇芒果、软枝杨桃、牛蒡、黄秋葵等。

（三）养殖科技交流

1991 年，东山县与台湾地区开展养殖合作，海峡两岸水产专家共同决定把研究发展“鲍鱼育苗与养成”作为水产方面交流合作的项目之一。东山县从台湾亚农中心引进台湾九孔鲍鱼亲体 2 万粒，经两岸科技人员精心培育、孵化取得成功，接着，又进行九孔鲍与其他鲍杂交试验并成功。此后，水产养殖合作项目逐渐增加。2008 年，先后从台湾引进青石斑，单性罗非鱼、文蛤、台湾菊花心江蓠等 20 多个水产良种及先进养殖技术与设备。

（四）食品加工科技交流

1989 年，县内企业通过与台湾地区企业交流合作，引进台湾企业到东山投资设厂，并引进先进加工技术设备。当年2月，台胞与日本商人合作在西埔镇冬古办起友信水产开发有限公司加工厂，引进电脑控制的油锅炉、冷风干机等，生产优质食品产品出口。1991年，台胞创办东兴水产加工有限公司后，先后引进流态速冻机、平板速冻机等先进技术设备。台资企业东峰水产加工有限公司引进对虾包装空运保鲜技术。该项技术被福建省科委确认为可推广技术，在东山召开现场交流会进行推广。1994年，县有关部门先后3次邀请6名台湾地区食品生产方面的专家到东山授课。其中，海带杀生加工技术的实施，使海带附加值提高4～5倍。先进技术与设备的推广，促进东山县农渔产品的精深加工。2008年，东山县农渔产品加工业企业通过台资企业引进的先进加工技术有20多项。

三、与台宗教文化交流

（一）参与关帝文化节活动

1990年7月5日（闰五月十三日），东山县举办首届关帝文化节暨海外侨胞、台胞、港澳同胞省亲恳谈会。此后，该文化节定于每年农历五月十三日至六月二十四日间举行，并邀请台湾地区各关帝庙派员参加活动。主要有：

1996年，举办第五届关帝文化节期间，台湾地区有20多座关帝庙代表前往参加有关活动。

1997年，举办第六届关帝文化节期间，举办东山关帝庙建庙610周年庆典，台湾地区有26座关帝庙代表共138人出席活动。

2000年，举办第九届关帝文化节期间，台湾高雄玉圣殿、基隆市承福宫等13座台湾宫庙派代表共320人前往参加。

2006年，举办第十五届关帝文化节期间，台湾地区有18座关帝宫庙和4个东山同乡会代表，以及泉州市、莆田市、武夷山市、漳浦县、云霄县等地台商联谊会代表，共260多人前往参加有关活动。

2007年，东山关帝文化节升格为第一届漳州旅游节、第十六届海峡两岸（福建东山）关帝文化旅游节暨闽台水产品博览会。其间中华台商服务总会会长廖正豪，全国台商协会副秘书长洪玺耀，台湾中华统一促进党主席林正杰及台湾各关帝庙代表共300多人参加活动。

2008年6月16日，第二届漳州旅游节、第十七届海峡两岸（福建东山）关帝文化旅游节暨闽台水产品博览会，被国务院台湾事务办公室列为2008年重点规划交流项目之一。台湾中华道教总会组织台湾地区300多座宫庙负责人共540多人参加节庆，中华台商服务总会、中国道教两岸交流协会、闽台经济合作促进会、台湾中华统一促进党、澎湖县东山同乡会、高雄市东山同乡会、高雄市福建同乡会等均派员参加活动。

（二）关帝神像出巡台湾

1995年1月6日，台湾基隆市普化警善堂堂主简火土、基隆区渔会理事长谢建政、基隆区拖网渔业协会理事长江铁良率团（23人）到东山关帝庙朝圣，恭请武圣殿关圣帝君入台巡境。同年1月11日，恭迎关帝圣像的基隆“源丰11号”渔船抵达铜陵渔港，身高3.07米（九尺二寸）的关帝金身在海峡两岸数百名信徒簇拥下启辇离庙，东山举行隆重的恭送典仪。关帝神像于当日下午3时在铜陵澳雅头移辇下船，随行的还有铜陵天后宫注生娘娘和延寿娘娘神像，由彩旗盛妆的数十艘渔船护送出港。东山关帝神像于1月14日上午9时抵达基隆市正滨渔港。基隆市市长林水木率众恭迎圣驾。台湾当局海军3艘舰艇和数十艘渔船参加迎圣。台湾各地民众涌至基隆朝圣膜拜。1月15日上午10时，东山关帝神像出巡基隆市区。1月29日上午，七朝清醮大典举行关帝神像入皇坛开灯大典移驾祭祀仪式。1月31日（正月初一）举行“敬天迎春玉皇坛开门驾喜十三献”及“北斗七星桥消厄祈福”大典。2月8日（正月初九）在基隆东岸广场恭请东山关帝神像主镇鉴醮太上黄箓护国祈天七朝清醮大典。

2月9日上午，举行隆重的东山关帝神像巡海大典。主舰乘东山关帝神像为主巡及普化警善堂关帝与澎湖天上圣母神像，台湾各大庙197尊主神像分乘其他船只共41艘伴随附近巡海，至下午4时结束。2月20日起，东山关帝神像赴宜兰、台中、高雄、台南、桃园、澎湖巡境，各地信众夹道迎送（累计百万人次），隆重场面史无前例。7月20日，东山关帝神像由台湾议员刘文雄等12人护送，乘豪华游艇返回，东山县举行隆重恭迎圣驾归庙仪式。

东山关帝神像巡台期间，台湾30多家报社和电视台分别在头版突出位置和黄金时段连续报道。

（三）台胞朝圣活动

1.台胞朝圣文化活动 东山关帝庙的香火远播中国台湾地区与海外，台湾地区有关帝宫庙1000余座，绝大多数共认东山关帝庙为香缘祖庙。1989年后，每年都有一大批台湾同胞到东山关帝庙朝圣，许多台胞朝圣时并参与交流及专题活动。1990年7月，台湾宗教咨询委员会委员李炳南教授和台南财团法人、学甲慈济宫董事长周大围到东山岛考察，认定东山关帝庙与台湾诸多关帝庙的渊源关系，并于8月11日，在台湾圆山饭店当众发表这一考察结果。同年8月，台中、高雄、台南、花莲等地11个关帝宫庙代表联袂到东山举行"两岸关帝信仰文化交流筹备联席会议"；同年11月，台湾桃园大溪普济堂等7座庙宇126人到东山关帝庙挂香过炉。1991年4月，宜兰礁溪协天庙主委吴朝煌率团（共476人）到东山关帝庙举行祝嘏大典；迎奉关圣帝神像赴台巡境，并捐资人民币20万元倡议兴建东山铜陵"朝圣楼"。

1992年后，每年关帝诞辰期间，在东山岛连年举办关帝文化节，都有大批台湾关帝庙人员及信众到东山关帝庙谒祖进香。同年9月25日，台湾各关帝庙代表聚集东山朝圣并举行捐建铜陵"朝圣楼"奠基典礼，东山县县长江宏真出席并热情接待。1993年10月3日，台湾高雄关帝庙一行47人组成朝圣团到东山关帝庙进香，并赠送祖庙一个重200公斤的铜铸香炉。

1996年7月，台湾中国海峡两岸交流促进会人员到东山朝圣关帝并恭请小尊神像分灵台湾朝拜。1999年12月，台湾地区50多位学者到东山关帝庙朝圣并参加漳州举行的"台湾移民史学术研讨会"。2000年6月，台湾嘉义开元殿组团到东山关帝庙朝圣并奉迎开台尊王郑成功神像到九仙岩安位立祀。2004年5月20日，台湾嘉义县溪口乡开元殿信众120人到东山关帝庙朝圣。

2005年4月，台湾郑成功研究会、台湾工党组团到东山朝圣并研讨郑成功收复台湾史实。同年5月29日，台湾新竹县新丰乡池溪宫、龙池宫等272人到东山关帝庙朝圣。同年6月2日，金门县烈屿组团263人到东山关帝庙朝圣。6月19日，台湾高雄文衡殿、台湾宜兰县礁溪协天庙、台北行天宫、北港朝天宫等106名代表出席第十四届海峡两岸（福建东山）关帝文化旅游节活动。

2006年起，东山关帝文化节升格为省旅游局与漳州市人民政府共同主办，成为连接海峡两岸文化和商贸交流的重要平台。东山关帝文化节被国务院台湾事务办公室列为全国重点对台交流项目。同年5月11日，金门县烈屿乡关帝庙朝圣团一行220人到东山关帝庙朝圣；6月8日，台湾台南祀典武庙、日月潭文武庙、澎湖红毛城关帝庙、宜兰县礁溪协天庙等18家关帝庙代表组团（250人）前去参加第十五届海峡两岸（福建东山）关帝文化旅游节活动。

2007年6月27日，台湾地区10多座关帝庙信众共295人，组团参加第十六届海峡两岸（福建东山）关帝文化旅游节活动。2008年6月15日至17日，第十七届海峡两岸（福建东山）关帝文化旅游节期间，台湾中华道教总会组织的台湾地区23个道教协会和300多家宫庙共540多名代表组成道教参访团前往参加。

1990—2008年，中国台湾地区共有143个团组6858人次到东山关帝庙朝圣。其中，组团朝圣次数最多的是宜兰礁溪协天庙，共13个团组1097人次。2005年，中国台湾地区有25个团组1403人次到东山关帝庙朝圣，为历年最多。

1990—2008年台胞组团到东山关帝庙朝圣情况表

表25-3

组团单位	次数	人数	组团单位	次数	人数
高雄关帝庙	5	181	桃园市圣义堂	1	26
宜兰礁溪协天庙	13	1097	嘉义镇天宫	1	25
台中圣寿宫	4	93	台湾经济事务主管部门	1	12
基隆闽南第五乐团	4	337	花莲市富慈宫	1	24

续表 25-3

组团单位	次数	人数	组团单位	次数	人数
高雄文衡殿	5	149	基隆慈修宫	1	35
高雄左营镇福庙（官）	3	179	桃园市关帝庙	1	24
澎湖红毛城武圣庙	4	63	台北松山代天府	1	22
台北市东山同乡会	4	173	台北县三峡广兴宫	1	18
台北市慈圣宫	3	50	彰化县二林镇万兴佛济堂	1	22
基隆普化警善堂	2	35	高雄金东堂	1	30
台北朝圣团	2	44	台北艋舺协天宫	1	36
高雄市东山同乡会	3	89	澎湖—漳州直航考察团	1	18
高雄紫云寺（殿）	4	59	基隆慈安宫	1	45
台中县清水帝君会	6	129	台南市三圣会恩主坛帝君庙	1	12
台北板桥天德宫	2	60	苗栗县济世宫	1	68
宜兰玉尊宫	2	36	澎湖朝圣团	1	7
嘉义开元殿	2	152	台湾宗教直航两岸文化交流参圣团	1	70
基隆市济安宫	2	83	嘉义县溪口开元殿	1	25
台北慈恩宫	3	84	彰化东山同乡会	1	18
台中朝圣团	2	26	彭山天后宫	1	19
日月潭文武庙	2	43	新竹县明福宫	1	20
台南祀典武庙	2	79	金门县金宁乡后湖昭应庙	1	60
彰化县关帝庙	2	250	台北汐止佛道宫	1	20
金门县烈屿乡关帝庙	2	208	花莲市镇安宫	1	20
南投县奂池乡郑成功庙	2	150	澎湖竹湾大义宫	1	11
台湾后门国正贸易有限公司	3	43	宜兰协天庙	1	30
桃园大溪普济寺等7庙	1	126	新竹县竹东镇	1	15
台湾关圣帝君祝嘏团	1	124	桃园县龙泽乡圣帝路天恩堂	1	27
宜兰礁溪普恩宫	2	160	台北汐止慈圣宫	1	18
云林县大卑乡三山国王庙	1	300	屏东县东城乡跨海宫	1	30
新竹池龙宫	1	220	台北天圣宫	1	45
台湾寺庙志编委会	1	18	台北章屠街圆明堂	1	24
台湾道教会台北分会	1	26	基隆无极天龙宫	1	12
高雄右昌清隐宫	1	20	台北中华道教两岸交流协会	1	40
高雄镇福慈圣宫	1	17	台中玄天宫	1	22
台北市龙玄宫	1	18	高雄县林园乡汕尾炉济堂	1	46
高雄文武圣殿	1	37	台中县龙井乡大道圣道院	1	20
高雄朝圣团	1	15	新竹湖口乡龙正堂	1	16
高雄南胜宫	1	32	台南市慈恩宫	1	15
桃园武燕宫	1	20	台北玉龙宫	1	46

续表 25-3

组团单位	次数	人数	组团单位	次数	人数
台北太清宫	1	33	彰化市紫竹慈元寺	1	26
南投县朝圣团	1	12	南投县普法堂	1	16
台北三圣堂	1	27	台北深澳里昭明宫	1	23
台南县灵祖殿	1	30	苗栗县显化宫	1	56
基隆左福宫	1	22	台南市山西宫关帝庙	1	75
台北市三峡兴隆宫	1	57	嘉义布袋港祀天宫联合朝圣团	1	363

2. 其他民间信仰活动 1989 年，康美镇铜钵村的去台同胞与新加坡侨胞继续捐资重修该村的净山院。铜钵村籍去台同胞定居多年后，陆续有人返回故乡，他们都到净山院谒祖进香，答谢“妈祖”保佑其平安返乡与亲人团圆。1991 年 9 月 3 日，闽台两岸 50 多名专家学者和名医在东山岛举行吴真人学术研讨会，并到真君宫谒祖进祀。2005 年 9 月 14 日，台湾彰化市中华林祖姑世界天上圣母会妈祖朝圣团 20 多人到陈城镇宫前天后宫进香拜妈祖。2008 年初，台湾嘉义市天后宫董事长、大富鑫工程开发有限公司一行 19 人，专程到康美镇铜钵村净山院参拜、考察。

四、与台文艺体育交流

（一）与台书画交流

1989 年春节，县政府举办“海峡两岸东山人书画展”，有台湾画家陈洪甄等台胞的 37 幅作品参展。此后，陈洪甄多次到东山举办个人画展，并赠送《归渔图》《飞鸟恋旧林 人老思故乡》等 41 幅画作，由东山县博物馆收藏。1992 年 5 月，台湾画家冉茂芹为创作《从唐山过台湾》巨幅油画，到东山采风写生，并与东山美术界人士举行座谈交流。同年 6 月，台湾画家陈梅丰、肖世琼、曾盛乙等到东山县举办“海峡两岸首届关帝画展”，其间，与东山县书画界人士开展艺术交流。1994 年，县政协委员孙用钊创作的《牡丹阁》《山水图》被台湾中华艺术交流协会主办的国际书画名家邀请展选用，并在台湾地区展出。1999 年，台湾地区沈松友、傅子贞、谢华东等 6 人及林梧桐等 3 人，先后到东山鸿文艺术馆举行笔会。此后，傅子贞、谢华东等应邀到东山博物馆举办画展。

1989—2005 年，县籍书画人士谢学文、陈雪琼夫妇多次应邀赴台北、台南、台中、高雄等地举办画展。2008 年，东山关帝文化旅游节期间，台湾摄影家到东山开展创作交流。

（二）与台文学交流

1989 年后，东山与台湾地区有关单位开展文学作品交流活动日益增多，交流的文学作品主要有刘小龙诗集《爱的宝石蓝》《蔚蓝的情怀》《蓝土地情歌》、林平良诗集《放歌东山岛》、黄镇国诗集《蝶岛放歌》，还有《洪干堂诗词楹联集》《陈秋顺诗词联谜作品选集》、高爱明主编的《东山岛纪游》、刘小龙主编的《作家笔下的东山岛》、孙英龙编辑的《黄道周故事》。1995 年，县政协主编的《东山文史资料》第 13 辑刊发回乡定居的台胞蔡波的 17 首诗词辑——《落叶归根东山魂》。

台湾地区作家与东山县开展文学作品交流主要有李放的《千秋评论》《万岁评论》、三毛的散文集，洛夫、席慕蓉、苦苓等的诗集。基本上每年都有台湾地区的文学作品进东山县交流。作品有诗歌、散文、随笔及文学评论等。

（三）与台音乐交流

1989 年 8 月 17 日，以台胞林向瑞为团长的东山旅台同乡潮乐团，与东山县文化馆联合成立东山海峡两岸知音乐友奏鸣社，并定期组织开展两岸乐友交流。此后，在每年传统节日期间，台湾同胞都组团到东山访问交流演出。1992 年 10 月，东山铜陵御乐轩南音社应邀赴台湾参加南音曲目表演。同年重阳节期间，台湾音乐界南音人士到东山参加首届中、外南音弦友联谊会活动。1990—1994年，先后有台湾地区台北市丽声业余潮乐研究社、台北中华业余潮乐团、台南鼓乐二团、基隆闽南第五乐团等台湾地区民间潮乐团体，到东山县参加联欢演出，开展潮乐交流。1995年8月，由刘小龙作词、林荣元作曲的歌曲《龙虾配烧酒》赴台湾地区参与音乐评奖活动，在1995年海峡两岸闽南方言童谣合唱作品评奖中获奖。1997年2月14日，台湾大学教授曾永义率团（12人）到东山，考察台湾与东山的民间音乐渊源关系，观看东山民间音乐演奏演唱活动。此后至2008年，先后有台湾地区中华台北业余潮乐团、台湾基隆闽南第五乐团及台北、基隆、台南、高雄等东山同乡会组成回乡访问团，到东山开展音乐交流。

（四）与台体育交流

1997年9月16日，在东山岛举行“赊店杯”海钓大赛，台湾派出代表队参赛，并获团体第二名。1999年10月8—13日，亚洲帆板巡回赛在东山举行，中华台北帆板队派出11名队员参赛。2000年8月25—27日，东山举行沙滩风筝特技表演，以台湾海峡极限运动交流协会副主席曾志龙为总教练的厦门特技风筝队派员参演，台资企业东山乙翔风筝有限公司也派员参演。

第四节　海峡两岸互助

一、台胞资助亲属

1989—2008年，县籍去台同胞及台胞回乡人员除资助家人款物外，台胞回乡人员还帮助亲属创业，办企业，办水产养殖场、畜禽养殖场、水果种植场等，促进就业和社会经济发展。

二、台胞资助公益事业

20年间，东山籍台湾同胞回乡探亲时，多有捐款帮助乡梓建设。其捐款用于兴办公益事业200多项，有的捐赠水、电、路、桥、渔港、码头、学校、文化、卫生等公共设施的建设，有的捐赠修建祠堂、寺庙，建立奖学助学基金会或扶贫赈灾基金会等。1991年4月，台湾地区同胞组团到东山关帝庙朝圣时，捐款倡建“朝圣楼”。1992年9月，台湾地区各关帝庙派代表组团到东山关帝庙朝圣时，参加朝圣楼奠基典礼，并为其捐款。

三、海上互救

（一）海上救助台胞

台湾海峡两岸渔民历来同在闽南渔场、台湾浅滩渔场捕鱼，海上作业时常遇大风大浪或船机故障等险情，遇险互救是海峡两岸渔民的传统。1989年3月，台轮“德福号”在广东沿海沉没，船员数人被救到广东省惠来县。东山台胞接待站接报后即驱车前往，将数名台湾船员带到东山，联系在东山停靠的台轮“新丰号”将台湾船员载回台湾。

1992年8月16日，台轮“升金胜号”在海上沉没，3名台湾渔民被惠安县渔民救起送到东山港。东山台胞接待站即组织人员前往慰问，并联系台轮“金满祥号”将3名台胞送回台湾。1993年11月6日，台轮“顺发号”在海上作业时因机器发生故障，在海上漂流。东山“闽东渔2201号”船发现“顺发号”后即放弃作业，将船拖入东山港进行维修，使其安全返回台湾。

1995年12月24日，台湾屏东县雅美族同胞在兰屿海面钓鱼时，竹筏被风浪掀翻，人在海里漂流7天，被晋江渔民发现后救进东山港。东山台胞接待站领导得知后即把其接进站入住，为其购买衣服及日常用品，请医生为其体检治疗。该台胞休养18天后康复，接待站又派员将其护送到福州，帮助他从马尾登船安全返台。该事迹被写成文稿，题为《大陆渔民抢救海上遇险台胞廖歌山》，在《中国新闻》、《人民日报》（海外版）、《港台信息报》等刊发。

1997 年 2 月 4 日，台轮“吉兴成号”在返台途中发生机器故障并酿成火灾，船上数十吨柴油将有燃爆危险。东山渔业第三公司“闽东渔 1338 号”船发现火情后立即驰援，将“吉兴成号”拖入东山港。东山台胞接待站和东山边防、消防等部门闻讯即组织人员赶赴现场，冒险登轮扑火。经两个小时奋战，救出 4 名船员，抢搬出易燃物及 2/3 货物，货值 100 多万元。

1998 年 2 月 3 日，台湾渔船“金福胜号”在海上作业时突然电池断电，船在海上漂流三昼夜。台湾当局军舰从其附近经过，视而不救。东山县第二渔业公司“闽东渔 1242 号”渔船发现后即放弃作业，将台轮拖入东山港维修。其间，县台湾事务办公室和东山台胞接待站妥善安置台湾船员食宿，购送衣裤，邀请他们参加元宵节活动。

1999 年 12 月 8 日，第 14 号强台风袭击东山。到东山港避风的台湾渔船“富生号”和“稳成 6 号”船先后遇险。县委、县政府负责人亲自组织抢救队，冒着暴风巨浪，指挥将渔船上的台胞抢救上岸。台风过后，即组织抢修渔船，使其安全返台。

2002 年 12 月 6 日，台湾台南渔民驾船在台湾浅滩渔场放钩钓鱼，因发生机器故障，渔船在海上漂流三昼夜，至东山澳角龙屿海面。9 日早晨，陈城镇澳角村渔民林跃南父子驾竹排出海捕鱼，发现该船险情，即用竹排将台轮拖至澳角渔港，救人修船。台胞在陈城镇澳角村修船疗养 12 天期间，受到林跃南家人和县对台办工作人员的细心照顾。渔船返台时，县台办还赠送汽油和食品。

（二）台胞救助东山渔民

2007 年 1 月 5 日，“闽东渔 4020 号”船在海上作业时，突遇大风浪，渔船沉没，5 名渔民被越南货轮救往中国台湾地区。经多方帮助寻找，取得有关部门及台湾同胞的大力协助，一周后，5 名东山籍渔民乘坐福建沿海与金门、马祖地区直接往来的货船安全返回东山。

第五节　港澳同胞事务

一、港澳同胞总数

1996 年，东山县开展侨情普查。普查结果：县籍定居中国香港、澳门同胞 98 户、1083 人，其中香港同胞 97 户、1068 人；澳门同胞 1 户、15 人。2005 年，又开展调查，调查结果为县籍定居中国香港、澳门同胞共 792 人。其中，香港同胞 769 人，澳门同胞 23 人。

二、县籍港澳同胞创办企业

1989 年，东山县籍港澳同胞继续在县内投资创办企业。至 2008 年，东山县港澳投资企业 26 家，投资总额 15325 万美元，注册资本 7532 万美元（其中澳门投资企业 3 家，投资总额 954 万美元，注册资本 531 万美元）。

三、港澳同胞捐助

1989—2008 年，东山县港澳同胞继续踊跃捐资，为家乡教育、道路和景区建设做贡献。1998 年，东山籍香港同胞捐赠一辆吉普车，同年 12 月获漳州市人民政府表彰。2005 年，东山籍香港同胞捐资修建径里村水泥路等，获得漳州市人民政府表彰。

第二章　华侨事务

第一节　侨胞侨眷及社团

一、华侨华人侨眷

（一）华侨华人

1996 年，东山县开展侨情普查。普查结果：县籍旅外华侨华人共 4390 户、32061 人，其中华侨 98 人，华人 31963 人。主要分布在新加坡、马来西亚、印度尼西亚、泰国、越南、缅甸、菲律宾、日本、美国、加拿大、阿根廷、巴拉圭、英国、法国、荷兰、澳大利亚等 16 个国家。

2005 年，东山县开展侨情调查，调查结果为县籍旅外华侨、华人共 3197 户、37858 人，其中华侨 741 人，华人 37117 人。侨胞居住国共 26 个，主要分布地为新加坡（31696 人，占 83.7%）、马来西亚（3263 人，占 8.6%）、印度尼西亚（1835 人，占 4.8%），新增居住国有文莱、巴西、乌拉圭、瑞士、俄罗斯、哥斯达黎加等国家。在华侨、华人总数中新出国定居人员共 191 人，主要旅居国家有美国（57 人）、巴西（56 人）、阿根廷（37 人）、巴拉圭（10 人）、西班牙（9 人）、日本（5 人）、俄罗斯（4 人）、加拿大（3 人）；还有个别在澳大利亚、德国、英国、荷兰、乌拉圭、新西兰、玻利维亚等国家。

（二）出国留学与工作人员

1989—2008 年，东山县延续有县籍人员出国留学或工作。至 2008 年 12 月，全县共有县籍人员 191 人出国留学或工作。

（三）归侨侨眷

1996 年，东山县开展侨情普查。普查结果，县内有归侨、侨眷 4375 户、29697 人，其中归侨 550 人、侨眷 29147 人。

2005 年，再次开展县内侨情调查。据查，县内有归侨、侨眷 125 户、3657 人，其中归侨 242 人、侨眷 3417 人。归侨、侨眷分布县内城乡各地，归侨较多的镇村有铜陵镇 28 人、东沈村 22 人、后林村 8 人、樟塘村 8 人、康美村 6 人。

二、侨胞社团

（一）新加坡东山励志社

新加坡东山励志社社址在新加坡芽茂 40 巷 11 号楼，原名东益社，1936 年 9 月 25 日成立，首任领导人为彭雨三。1937 年改称东山励志社，旨在联络同乡、互助互惠、支援家乡抗日。社里设立奖学金、老人度岁金。2008 年，该社有会员 160 多人。历任社长：黄舜仁、陈荣顺、沈进喜（1990 年起任，连任数届）。

（二）新加坡南洋东山会馆

新加坡南洋东山会馆馆址在新加坡梧槽干那律 7 号，1938 年 4 月 24 日成立，旨在联络旅居星洲同乡，举办同乡慈善公益事业。2008 年，该会馆有会员 500 多人。历任馆主席（1989 年起）：吴振顺、林喜籐、谢启发。

（三）新加坡康美林氏联谊社

新加坡康美林氏联谊社社址在新加坡柔道 10 号，1946 年 5 月成立。该社在团结乡亲、联络乡谊、增进同乡福利、造福桑梓等方面成绩显著。2008 年，该社在册会员 150 人。历任主席（社长）：林献珍、林金春（副主席）、林喜籐、林进荣、林育生。

（四）新加坡港西、下湖、马鞍五房家族互助社

新加坡港西、下湖、马鞍五房家族互助社社址在新加坡后港，1947 年 4 月 6 日成立，主旨是“互助”，有难相助，丧事同哀，喜事同乐。设神龛供奉祖先，每年春秋二祭。

（五）新加坡美山杨氏公会

1997 年，新加坡美山杨氏公会成立，会址在新加坡直落布亚湾。其会徽是一只木舢板图案，意在纪念杨氏家人自 20 世纪初乘木舢板到新加坡艰苦创业历程。2008 年，该公会有会员 100 多人。会长为杨裕安。

（六）马来西亚雪兰莪州巴生诏安东山会馆

马来西亚雪兰莪州巴生诏安东山会馆初址设在马来西亚雪兰莪州苏丹那街 40A 会馆大楼，1959 年 4 月 7 日成立。为云霄、诏安、东山县旅居马来西亚较有影响的华侨社团。设“三环俱乐部”、“三立堂”（为三邑同乡供奉先辈神主灵位）。设教育基金会，时有会员 200 多人。1970 年 6 月，迁址马来西亚雪兰莪州巴生夏巴律 20 号三层大楼。旨在行善积德、发展教育。1985 年，增设青年团，1995 年，增设妇女组。2008 年，该会馆有会员 1000 余人。历任主席：江贵喜、陈昆南。

（七）南美洲闽南同乡联谊总会

2002 年 2 月 3 日，在巴西联邦共和国注册成立，系洲级同乡社团，是福建省闽南地区（含中国台湾同胞）旅居巴西、阿根廷、巴拉圭等国的华人华侨同乡会。其宗旨是联络乡亲情谊，为乡亲服务，加强同闽南、中国台湾及世界闽南籍社团交谊，促进祖国和平统一，增进中巴人民友谊与合作。2008 年，该总会有会员 400 多人。会长：黄河（泉州籍）、刘振魁（东山籍）。

第二节　关爱桑梓

一、侨胞捐办公益事业

1989—2008 年，东山县旅外侨胞为家乡公益事业、教育、道路和景区建设做贡献。共捐赠款物折人民币 2500 多万元。有侨胞 12 人次、5 个社团获省政府、市政府表彰。

二、侨胞创办企业

1989 年，东山县籍侨胞继续在县内投资创办企业，侨资企业较快发展。1996—2008 年，县内获准创办的侨资企业共 43 家，占全县外商投资企业数 45.3%。2008 年，县内有获准注册的侨资企业 26 家（经有关部门年检的），投资总额 11564 万美元，注册资本 7335 万美元。

20 年间，县籍归侨、侨眷投资折合人民币 630 多万元，在东山创办民营企业 27 家。

三、参加家乡重大活动

1990 年 12 月，新加坡南洋东山会馆、东山励志社组团 141 人到东山参加东山华侨大酒店落成试业典礼。1995 年，新加坡南洋东山会馆、康美林氏联谊社组团 20 多人参加黄道周诞辰 610 周年纪念活动。1995 年，新加坡福善堂、龙善堂组团 121 人参加石庙山景区修复竣工典礼。1996 年，新加坡南洋东山会馆、东山励志社、康美林氏联谊社组团 41 人参加东山县建县 80 周年庆典活动。1999 年，新加坡永川行董事主席陈立铭率团为西山岩景区剪彩；同年，新加坡南洋东山会馆第一副主席陈玉池率团参加漳州海外乡亲恳谈会暨海外交流协会成立大会；2000 年，又率团参加漳州市花博会；2001 年，再次率团参加“4·9”漳台贸洽会。2005—2008 年，新加坡南洋东山会馆、东山励志社、港西五房互助社、巴西闽南同乡联谊总会、新加坡漳属同乡会、新加坡南洋会馆、新加坡康美林氏联谊社、阿根廷华人华侨“反独促统”联合会总会等分别组团参加历年东山关帝文化旅游节活动。

第三节　宣传与出访、探亲

一、宣　传

（一）归侨侨眷权益保护宣传

1989年，县侨务部门继续贯彻《中华人民共和国归侨侨眷权益保护法》及《福建省实施〈中华人民共和国归侨侨眷权益保护法〉办法》《福建省华侨捐赠兴办公益事业管理条例》等法律法规。此后每年都以有线电视、广播、召开座谈会、举办学习辅导班、印发宣传材料、张贴标语、出版宣传专栏、举办咨询活动等形式开展侨法宣传。

2007年12月，在全省侨法宣传月活动中，县侨办与县人大华侨台胞宗教委员会、县政协“三胞”委员会和县华侨联合会共同召开侨法宣传座谈会，扩大侨法宣传。至2008年，县侨务部门召开法律法规学习会议累计（下同）25场，与会人数2000多人次。举办法规学习辅导班20期，听课人数1650人次。印发法规学习宣传材料3万多份（其中小册子1.5万本）。县领导人多次在东山有线电视台作宣传讲话。县侨办、县侨联多次联合上街开展《中华人民共和国归侨侨眷权益保护法》咨询活动。在重点侨乡、社区张贴标语，制作宣传专栏，组织镇、社区等工作人员参加侨法知识竞赛，在全社会营造依法护侨的氛围。

（二）乡情宣传

1989—2008年，县侨办每年编辑出版乡讯《石斋故里》，20年间共出版87期，每期印发2000份，让各地侨胞华人及时了解家乡发展状况。每年春节期间，向海外侨胞华人邮寄贺年卡、慰问信（各600～700份）。通过县领导人出访活动，给海外侨胞华人带去《东山县志》《东山岛投资指南》《东山岛简介》等（累计100多份），以及专题介绍东山风景名胜等资料的录像带（57盒）、光盘（近百片），向海外侨胞宣传介绍东山。

二、公事出访

1994年5月，东山县县长黄汉河、副县长吴裕光、沈玛添及县侨办负责人出访新加坡，开展联谊活动。县侨办领导还应邀赴马来西亚，拜访大小苯珍诏东会馆、马六甲漳州会馆、峇株巴辖云诏东会馆、巴生诏东会馆，开展侨务联谊活动。

2005年8月，县政协主席高爱明、县侨联等应邀赴新加坡参加东山励志社成立68周年庆典活动。2007年5月，副县长吴芳华随市政府组团赴新加坡、马来西亚、泰国，拜访当地政要、财团与华侨华人社团。8月，县政协副主席谢宝介赴新加坡、马来西亚参加东山同乡社团庆典，拜访重点人士。2008年4月，县委、县政府、县人大、县政协等分管侨务工作领导人组团赴新加坡参加南洋东山会馆成立70周年庆典活动，并拜访其他东山同乡会人士，宣传东山，结交朋友。

三、出境探亲

1989年，东山县归侨侨眷出境探亲277人。1995年，县内归侨侨眷出境探亲195人。此后，县内每年有归侨侨眷出境探亲。2008年，县内归侨侨眷出境探亲213人。20年间，县内归侨侨眷出境探亲累计4796人次。

1989—2008 年东山县归侨侨眷出境探亲情况表

表 25-4

年 份	人 次	年 份	人 次
1989	277	1999	301
1990	234	2000	273
1991	249	2001	230
1992	256	2002	238
1993	302	2003	178
1994	207	2004	162
1995	195	2005	199
1996	164	2006	209
1997	355	2007	233
1998	321	2008	213

第三章　外　事

第一节　来　访

一、外国记者采访

1998 年 4 月 17 日，日本广播协会（NHK）《佛陀》摄制组在中国中央电视台、省外事办公室人员陪同下到东山采访。在陈城镇澳角村进行为期 5 天的妈祖诞辰民间庆典和当地风土人情摄制活动，县外事侨务办公室给予接待与协助。

1999 年 9 月 22—25 日，日本 NHK 电视台中国总局记者 3 人，到东山采访海峡两岸民间交往及民众盼望祖国统一的情况。通过其电视台，向日本民众介绍 50 年前在康美镇铜钵村发生的一夜抓丁百余人致骨肉分离的事件及此后引出的“寡妇村”感人故事。

2000 年 1 月 25—26 日，芬兰赫尔辛基驻上海记者 2 人到东山采访。县外事侨务办公室接待，并介绍东山与台湾的人缘、地缘关系和对台农业引进及经贸关系等情况。记者参观“寡妇村”展览馆、八尺门网箱养鱼，采访水上人家。同年 3 月，美国《洛杉矶时报》驻上海支局记者、美国全国公共广播电台驻北京记者、日本朝日电视台上海支局记者先后到东山，参观“寡妇村”展览馆。

2004 年，芬兰、日本记者 2 批 4 人到东山采访。2005 年，美国、芬兰、日本记者 3 批 5 人到东山采访。2006 年 6 月，日本经济新闻社记者到东山采访。每次外国记者采访，县外事侨务办公室都热情接待，帮助做好采访点及采访对象的联络工作，外国记者皆满意而归。

二、外国人士考察

1998 年 9 月 9—11 日，欧洲、亚太地区部分国家驻华大使馆参赞经济贸易考察团 13 人考察东山县环岛公路、芦笋种植园、马銮湾、冬古鲍鱼养殖基地等。同年 9 月 15—19 日，日本谏早市桌球协会友好访问团应邀到漳州地区访问，游览东山岛。

2007 年 6 月，泰国国家旅游局派人到东山参加第十六届关帝文化节。县外事侨务办公室接待。同年 3

月，巴西侨商到东山考察，县外事侨务办公室和县外经贸局领导人接待，并推介东山投资环境和优惠政策，解答有关投资问题。

2008年11月5—7日，马来西亚槟州代表团30人到东山考察、访问、省亲。中共漳州市委统战部、县委组织人员招待并举行座谈；客人期望槟州与东山加强经贸文化科技领域交流合作。

第二节　出　访

1989—2008年，东山县基本每年都有党政领导干部或企业人员因公出国（境）开展经贸洽谈、业务考察、招商活动。1995年，代县长康君福、县人大副主任汤德元与东山经济技术开发区、中国银行东山支行、县侨联等单位负责人赴新加坡开展联谊活动。

2004年，县委书记黄双庆与县外事侨务办公室负责人出访巴西、阿根廷，拜访巴西闽南同乡联谊总会、巴西中华总商会、巴西—中国工商文化科技信息交流协会，并在阿根廷首都与侨胞们共度中秋节，开展侨务联谊活动。

2005年9月，副县长林文楚率县外事侨务办公室、县侨联领导人赴新加坡参加南洋东山会馆成立67周年庆典活动，拜访新加坡闽南同乡社团6个及重点人士20多人，进一步联络乡亲情谊。

2007年11月，县外事侨务办负责人随漳州市组团赴东南亚，参加菲律宾中国商会成立大会，其间，拜访中国商会主席许克宜、会长郭从愿，拜访菲律宾荥阳郑氏宗亲会，宣传漳州，推介东山，赠送《东山投资指南》、东山风光碟片及乡讯《石斋故里》，拜访马来西亚陈氏宗亲总会名誉会长、大成集团董事长陈良民及新加坡漳属同乡会、南洋东山会馆、康美林氏联谊社，并考察部分华人企业。

2008年5月，县政协主席沈平忠率县政协委员5人到巴西、阿根廷、南非，拜访巴西、阿根廷闽南同乡联谊总会的领导人，开展联谊活动。

20年间，县外事侨务办公室办理因公出国（境）审批手续53批334人次（含侨务出国）。

第四章　机构与服务

第一节　机　构

一、行政机构

（一）中共东山县委台湾工作办公室

1989年，沿设县委对台工作部。1991年10月15日改称县委台湾工作部，内设经济科、宣传科、沿海科、联络科和秘书室，负责县内涉及台湾、台胞、台属等工作事务，以及对台宣传、联络，开展涉及台胞的经济工作的协调服务，工作人员18人。1997年6月改现名，内设科室不变，工作人员15人。2008年工作人员11人。

（二）东山县外事侨务办公室

1989年，沿设县侨务办公室，工作人员3人。1994年4月20日，成立县政府外事办公室，与县侨务办公室合署，为一套人马、两块牌子。

2002年8月，县侨务办公室和外事办公室并入县政府办公室，并合称东山县外事侨务办公室，负责全县侨务与外事工作，工作人员2人。2008年，工作人员1人。

（三）东山县人民政府台湾事务办公室

1991 年 10 月 15 日，设立县人民政府台湾事务办公室。1997 年 6 月，台湾事务办公室与台湾工作办公室合署，为一套人马、两块牌子。

二、事业单位

（一）东山台胞接待站

1989 年，沿设东山台胞接待站，负责接待台胞到东山县探亲、观光旅游、参观考察、贸易投资等。2008 年，该站有工作人员 35 人。

（二）旅台东山同乡会台胞服务处

2003 年 1 月 1 日，设立旅台东山同乡会台胞服务处，为群团组织，址于西埔镇龙舞街 61 巷 620 号。负责为东山旅居台湾的同胞提供服务，也为县内人员去台旅游、探亲提供服务。

第二节　服　务

一、对台服务

（一）对台服务设施建设

1. 冬古台轮停泊点　位于西埔镇冬古村。1995 年建，是省内唯一拥有 2 个台轮停泊点的县份（1978 年建铜陵台轮停泊点），其停泊点岸线长 120 多米，港内可容纳 50～300 吨轮船 30 艘，避风条件好，供水、供油和联检设施全，方便前去避风、补给和小额贸易的台轮。

2. 铜陵台轮专用码头　位于铜陵澳雅头渔港。1999 年，东山港务局疏浚澳雅头渔港，建铜陵台轮专用码头，码头岸线长 220 米，可同时停靠 3 艘作业船；港池可同时停泊 50～300 吨轮船 20 多艘，总投资 500 多万元。

3. 改造接待楼　1998—1999 年，共投资 110 万元，改造东山台胞接待站 2 号楼客房，新建餐厅大楼，该站食宿设施为二星酒店标准。

4. 其他专项建设　1989—2008 年，省、市财政拨给东山海岛建设专项资金共 376 万元，扶助 3 项专项建设，另还扶助其他 13 个项目建设（康美镇城垵村、杏陈镇大嵖村、前楼乡的供水工程，“寡妇村”展览馆，宫前避风港、澳角避风港、铜陵避风港清淤，西埔镇梧龙村、樟塘镇湖尾村、康美镇铜钵村道路，前楼小学、高陈小学、探石小学）。2006 年，县政府向上级有关部门建议在东山设立海峡两岸水产品加工集散基地，以推动两岸经贸往来。2007 年 5 月，该项目获国务院台湾事务办公室批准。2008 年，该项目进入筹建阶段。

（二）对台接待服务

20 年间，县对台部门对到东山考察、访问的台商和台湾知名人士、专家学者等均予接待。

1990 年，多次接待回乡探亲的 4 位台胞在东山投资建厂、创办房地产业。

1991 年，台湾民意代表林正杰（去台同胞第二代）应邀回乡参加东山·闽台农业经济技术合作交流恳谈会，受到县委书记洪我追、县长江宏真、副县长林良炎等人接待。林正杰在会上作题为《加强海峡两岸合作交流》的发言。

2001 年 6 月，台湾嘉义布袋港发展促进会访问团到东山，县委、县政府领导人接待，并陪同考察东山港口及配套设施。该考察团与东山港务局签署《东山—布袋港直航意向书》。金门县商会经贸考察团到东山，县委、县政府等领导人接待该团，并陪同考察海魁水产集团有限公司等企业。

2002 年 6 月 29 日，台湾澎湖县县长赖峰伟率考察团到东山。东山县县长黄云山等人接待。双方就发展澎湖与东山客运直航、旅游观光双向交流等事宜，进行专题研究，并达成意向。

2006 年，高雄市东山同乡会理事长何立新首次返乡，受到县领导的接待，并进行交流。

2007 年，台湾东山同乡会多人先后回乡探亲，县委常委邱永顺率台办领导人登门拜访。

（三）台轮补给服务

1989 年 8 月，东山口岸辟为台湾渔轮渔工劳务接送点，对台经营单位积极组织货源为台湾渔轮提供石油、水、粮油、副食品、蔬菜、水果和日用品等补给业务。同年，为 4 艘台湾渔轮补给副食品和日用品等物资，总值 5241 美元；1990 年为 24 艘台湾渔轮补给货物，总值 28800 美元。1991 年起，在近海作业的台轮也大部分到东山口岸补给所需用品。1994—1998 年，此项业务发展较快。之后，该业务随输台劳务渔船员减少而逐渐萎缩，2002 年停止。

2007 年 12 月，东山县新发公司通过市场调研，决定寻找台湾合作伙伴，开办台湾至东山的杂货“零担船”托运业务。2008 年初，先后在中国台湾的台北、台南、台中、基隆、高雄等地设立收货点，并在东山港台轮专用码头附近租用 1 座 500 多平方米的仓库，为台商“零担船”托运提供方便。是年 9 月初，始办理该业务，至 12 月，共办理对台“零担船”托运业务 7 船次，往大陆运输货物 131564 公斤、货值 13.06 万美元。服务对象有漳州、厦门、汕头、深圳、东莞以及浙江省、江苏省等地台资企业共 20 家。此后，该业务日趋常态化。

（四）维护台胞合法权益

县委、县人大、县政府、县政协领导人关注维护台胞合法权益的工作，挂钩台资企业，经常深入了解情况，现场办公，为台胞排忧解难。

1994 年 4 月，在宣传贯彻《中华人民共和国台湾同胞投资保护法》过程中，县人大常委会组织 5 个宣传调查组，分别挂钩台资重点企业（共 48 家），深入宣传与调查。之后，就如何改善投资硬软环境，维护台胞合法权益等提出 16 条意见。县委、县政府采纳其意见并部署实施，如，取消一些部门收费项目（共 19 项，年 50 多万元），并建立一个窗口收费机制。至 2008 年，县台办、县外经局等单位每年均召开台胞座谈会，全面征集台商意见与建议，建立由各有关单位组成的台商权益保障联席会议的工作机制。

（五）推进两岸“三通”

1996 年，中国台湾嘉义布袋港两岸通航促进会与东山县有关部门开始探讨东山港与布袋港通航事宜。经过多年联络，2008 年 6 月，嘉义布袋港发展促进会原理事长、现任台湾闽台经济合作促进会委员蔡武璋参加东山县关帝文化旅游节活动时，表达继续争取布袋港与东山港通商直航的意愿。东山县县长吴达金提议在两县两港实现直航通商前，先采取个案直航办法试运行。双方就两县两港个案直航等议题，展开实质性商讨。

2006 年，东山县政府完成《东山县与澎湖开展直航的情况调查》。2007 年，县政府向上级呈送《申请要求开通东山—澎湖直航报告》，漳州市政府就东山港对澎湖金门运货直航向福建省政府请示。2008 年，县政府继续把这项工作列为重点，并联系台商、台胞等渠道开展台湾方面的工作。

（六）为台胞办急要事

1. 帮助寻找亲人　20 年间，县对台部门多次尽情尽力帮助台胞寻找大陆亲人，使许多阔别三四十年的亲人团聚。1989 年，台轮“丰鱼星 6 号”船载一家七口到东山，要求帮助寻找离别 40 年的永定亲人。东山台胞接待站即安排专车将其全家送到永定县，并协助找到亲人团聚。

2. 陪同办理要事　20 年间，县对台、县外经等部门延续主动协助台商办理创办企业过程中的事务。1991 年，县对台部门派员陪同东嘉公司台商到省政府申办土地成片开发（47.27 公顷）审批手续。同年 8—9 月，县委对台部门、县外经委负责人陪同鸿荣海运公司代理人到北京申办厦门—东山—汕头气垫船客运航线（1992 年 11 月 6 日交通部批准）。2001 年，县对台办负责人陪同东兴水产加工有限公司董事长到福州办理水产品进口加工许可；经省台办协调，使该公司再次获得鱿鱼进口加工许可证。2002 年，县台办与县交通局负责人到福州申办东荣、东益 2 艘货轮承运货物直航金门业务，当年获交通部批准。

3. 救助特困台胞　20 年间，县对台部门延续关注回乡定居台胞的生活状况，对有困难者则向上级申请，给予经济补助。2006 年，向省、市申请生活困难补助资金 1500 元，帮助 3 名回乡定居的特困台胞。2007 年，向省、市申请生活困难补助资金 2500 元，及时帮助生活困难的台胞。

4. 治病解危 东山县各医院都设台胞急诊室和病床，许多患病台胞得到及时治疗。1991 年深秋雨夜，被雨淋湿的一位台胞赶回华福酒店，一进客房，突然昏倒地上。酒店职工即将他急送医院治疗，经诊断为患突发性胃出血。经抢救治疗，恢复健康。

1992 年 1 月，一位台胞投宿东山台胞接待站时，其 14 年未治愈的风湿性关节炎又发作，步履艰难。站负责人带他到县中医院检查，而后将检查报告等资料寄到大连海军第二疗养院。经疗养院研究、确诊后，制订治疗方案，分派 3 个疗程的药品寄回东山。台胞把药带回台湾并遵医嘱服用。数月后，他变得腿轻步健。

1997 年 10 月 23 日，台轮“祥发 666 号”一位船员患胃穿孔急症。县对台部门护送他到县医院台胞急诊室住院治疗，经手术抢救后脱险。其间，得到县医院医生和护士的精心护理。

二、侨务服务

（一）侨务接待

1989—2008 年，县委、县政府及侨务部门延续接待到东山谒祖、观光旅游、投资考察、捐赠公益和参加重大活动的海外侨胞。

1993 年，新加坡华侨（共 12 人）到东山考察并洽商县城西埔镇旧城改造项目，市、县领导人热情接待并陪同实地考察，共商旧城改造大计。同年 11 月，新加坡侨胞社团组织福建省商业旅游考察团（共 30 人）赴福州、泉州、漳州，到东山考察时，省、市、县领导及有关部门热情接待，并推介东山投资环境及项目。1996 年，新加坡侨胞、文莱侨胞共 12 人，到东山巡视其投资的西山岩景区建设及开发房地产海景大厦项目进展情况，县领导接待。1998 年，新加坡侨胞到东山考察投资环境，县委、县政府领导接待，并推介外商投资优惠政策。

2006—2008 年，巴西闽南同乡联谊总会、阿根廷闽南工商企业联合会组团返乡开展贸易与投资考察；县分管领导人及有关部门热情接待，并推介东山投资环境与优惠政策。

至 2008 年 12 月，县侨务部门接待到东山谒祖、观光旅游、投资考察、捐赠公益和参加重大活动的海外侨胞、港澳同胞累计 15004 人次，年均 750 多人次。

（二）依法维护侨胞权益

1989—2008 年，县侨务部门贯彻《中华人民共和国归侨侨眷权益保护法》和《福建省实施〈中华人民共和国归侨侨眷权益保护法〉办法》，依法维护华侨权益。

铜陵镇孙某某继承的华侨祖宅的后花园（面积 400 平方米），在“文化大革命”中被林某某等 3 户居民拆掉围墙后建成 3 座房屋。1992 年，孙某某提出申诉。县侨办就此案向上级反映，并联系县委、县人大、县政府协调解决，使孙某某获得合理赔偿。

1998 年，西埔镇旧城改造期间，涉及侨房拆迁问题，县侨办向建设单位宣传有关法规，使侨户徐某某的房产拆迁时，按有关规定得到补偿和安置。

西埔镇侨眷徐某某用自有资金向县城建开发公司购置 1 幢临街商品房；其远在东北的侄女徐某以该房属父亲遗产要求继承而提起诉讼。县法院立案审理。1998 年，县侨办协助向售房单位调查，查出徐某某购置该房证据，法院判决原告讼争无理。

铜陵镇印尼归侨傅某某与邻居刘某某因家宅挡土墙问题引发纠纷。经铜陵镇城建、司法办调解达成协议，但刘不履行协议，加固挡土墙。由于暴雨致傅家房屋受损。县侨办接到投诉后，即会同铜陵镇司法办、城建办人员察看现场、核实，裁定刘某某赔偿傅家损失，该案得到妥善解决。

20 年间，县侨办处理侵犯侨资企业权益 6 件，处理侵犯侨房权益 35 件，维护华侨投资权益 8 件，清理历史遗留问题 20 件。

（三）济困救灾

1989—2008 年，县侨办继续开展送温暖活动，关心归侨生产、生活。每年都登门拜访归侨，协助贫困归侨向省、市侨务部门争取发放补助款。县财政延续向归侨发放生活补助费，每人每月 50 元。

1996 年 7—8 月，根据省政府《关于归侨退休职工增发生活补贴的通知》，为 28 名符合补贴条件的归侨退休职工增发生活补贴。

2007 年，东山县受“圣帕”台风袭击，向省侨办争取受灾补助款 2.7 万元，发放给损失严重的归侨特困户。2008 年，为 9 名企业倒闭的归侨退休职工发放生活补助，每人每月 60 元，并将其纳入县政府预算。

1989—2008 年，向省、市侨务部门及县财政争取发放归侨补助款累计 38 万元。

（四）关照“三侨”子女升学

1989—2008 年，县侨办为“三侨”（侨胞、归侨、侨眷）子女参加大学、中专升学考试出具证明 303 件；为巴西、阿根廷、西班牙华侨办理子女公证书 13 份；为巴西华侨子女联系在漳州地区入学就读手续 3 人。

三、外事服务

2001 年 2 月 1 日，冬古村“闽东渔 3082 号”渔船在北纬 22° 57′ 、东经 117° 49′ 沉没，5 名船员被外轮救起，随轮往新加坡。县外侨办闻报即发函漳州市外事办转呈新加坡中国大使馆。不久，5 名船员被送返东山。2002 年，韩国籍彼洋轮靠泊东山港硅砂码头作业时，某船员不慎摔死于轮舱底。县外侨办接报后，即呈转漳州市外事办，并协调县有关部门，妥善办理该船员后事。2005 年，中日韩第六次“利用清洁能源推动地区经济发展防止地球变暖研讨会”在东山县召开。县外侨办密切配合县人民政府可持续发展实验区办公室，承办此次国际会议，会议取得预期效果。

第二十六卷　教　育

1989年，全县幼儿园30所，幼儿1410人（公办民办合计）；小学64所，在校学生17564人；中学12所，在校学生6426人（其中高中1179人）；职业中专2所，在校学生590人。1991年办特教班，学生12人。1993年，全面实施九年义务教育，职业中等教育“减校精办”，增加学生与学科，提高教学质量。2001年，小学教育因生员减少而实行学校撤并整合，提高教学质量。2006年，全面实施初级中等义务教育阶段免收学杂费，并为贫困学生补助教科书款。

2008年，全县幼儿园112所，幼儿4839人（其中公办幼儿园22所，在园幼儿1792人）；小学47所，在校小学生13388人；中学11所，在校学生12852人（其中高中4604人）；职业中专调整为1所，学生增加到2676人。成人教育全面、稳步发展。扫盲工作常抓不怠，青壮年文盲脱盲率由1988年的86%，提高至2008年的99.7%。县机关干部业余学校、函授中专大专、高等教育自学考试、广播电视大学专业班、党校大专班等稳步发展。2008年12月，全县在聘公办教职工2086人，其中专任教师1736人（中学高级教师192人、中学一级与小学高级教师727人）。

教育管理体制改革、教师队伍建设、教学研究等取得明显成效，进入福建省先进县行列。1993年6月，开始发展电教，至1997年，全县中小学均设电脑网络教室。2002年12月，东山县被省评为德育工作先进县。2003年3月，县人民政府教育督导室被教育部评为全国先进教育督导室。至2006年12月，东山县被确定为福建省农村中小学远程教育工程项目应用研究试点县。2007年7月，县实验小学被教育部评为全国优秀家长学校。

2008年 5月，东山县通过省政府双高普九评估。当年，全县中考成绩优良人数比、全科及格人数比、综合比三项指标均居漳州市各县（市区）首位，东山县被评为漳州市初中教育教学先进县。县苏峰初级中学、县石斋初级中学被评为漳州市初中教育教学质量先进学校和初中教育教学质量信得过学校；东山县被评为漳州市高中教育教学质量先进县。

第一章　幼儿教育

第一节　幼儿园所设置

一、公办幼儿园

1989年，全县公办幼儿园2所，在园幼儿544人。此后，逐步增加，2000年，各镇均设公办中心幼儿园；许多建制村也设公办幼儿园。2001年，县教育部门对公办幼儿园进行整改。整改后，公办幼儿园24所：西埔镇有6所（实验幼儿园1所、宅山中心小学附设5所）、铜陵镇5所（实验小学附设1所、铜陵中心小学附设4所）、康美中心小学、樟塘中心小学和前何中心小学各附设1所、前楼中心小学附设4所、陈城中心小学附设6所。2004年12月，完成改制的公办幼儿园仅保留实验幼儿园和镇中心幼儿园共7所，其他转为民办。2008年，全县公办幼儿园22所，除县实验幼儿园、铜陵中心幼儿园外，其他均附设在小学里（实验小学附设幼儿园1所，宅山中心小学附设2所，铜陵中心小学附设3所，前楼中心小学附设5所，陈城中心小学附设6所，康美、樟塘和前何中心小学各附设1所），在园幼儿1792人,有教职员工 141人，其中公办教职工60人。

二、民办幼儿园

1989年，全县各乡镇都办民办幼儿园，共28个班，在园幼儿866人。此后，民办幼儿园逐步增加。2001年，村公办幼儿园都改制为民办。2008年，全县民办幼儿园90所，其中铜陵镇31所、西埔镇25所、陈城镇7所、杏陈镇9所、康美镇8所、樟塘镇8所、前楼镇2所，在园幼儿3047人，教职工268人。

三、幼儿园选介

（一）东山县实验幼儿园

东山县实验幼儿园位于西埔镇龙舞街。1989年沿设，占地面积1406.6平方米，建筑面积1646平方米，体育、游乐、集会等活动场地设施齐全，学童200多人，教职工15人。1992年，该园被省教委评为省标准幼儿园（漳州市首例）。2005年，被评为漳州市优质幼儿园。2006年，该园租用原顶西小学场地改建为分园,占地面积10013 平方米，建筑面积2344平方米。2008年，该园设大、中、小共13个班，学童580人，教职工44人（含分园）。

（二）铜陵中心幼儿园

铜陵中心幼儿园位于铜陵镇铜亭街18幢。1988年，由县妇联创办，为公办幼儿园。1994年，增建第二层教学楼；全园占地面积2926平方米，建筑面积1802平方米，户外活动场地1921平方米。2006年，通过漳州市标准幼儿园暨县优质幼儿园复评。2008年，全园共8个班，学童300人，设舞蹈、美术、珠心算等特色班；户外场地配有攀、爬、钻、荡、滑、摇、转等大型体育活动器械，有沙池、海洋球池等设施；公办教师18人，均为大专学历。

第二节　幼儿园学制与教学

一、幼儿园学制

1989—2008年，县内幼儿园学制仍为三年，幼儿入园年龄为3～6周岁。小班3～4周岁，每班不超25人；中班4～5周岁，每班不超30人；大班5～6周岁，每班不超35人；混合班每班不超30人；学前班每班不超40人。

二、幼儿园课程设置

1989年，幼儿课程设体育、语言、常识、计算、音乐和美术，使用全国统编教材，教学方式以直观、游戏为主。1993年，附设小学学前班，学制一年，统一使用《福建省学前班教材》。1997年，幼儿教材改用《福建省幼儿园大、中、小班教材》。2008年 ，幼儿课程按《福建省幼儿园主题活动指导》与《福建省幼儿园领域活动指导》设置，大、中、小班教学教程分为：语言领域、艺术领域（音乐与美术）、健康领域（体育与心理、卫生习惯）、科学领域（数学与常识）、社会领域。

三、幼儿园教学研究

1989年，县教育局成立幼教股，承担指导幼儿课程教研，各学区配备1名幼教辅导员，负责学区幼教业务。是年，县教育学会增设幼儿教育研究会，开展保育、教育的理论研究和学术探讨；通过组织幼儿教师开展教学交流，提高教学水平。1993年12月，东山县被评为福建省幼儿教育工作先进县。1996年12月，成立县社会力量办学领导小组，承担对民办幼儿园的教学与指导。2008年，组织幼儿教师开展教学研究，共收集幼儿教师教学论文89篇。

第二章　初等教育

第一节　初等学校设置与学生

一、初等学校设置

1989年，县继续实行教育分级管理，小学除实验小学、西埔中心小学（县第二实验小学）属县教育局直辖外，其他小学实行由县教育局指导，所在乡镇、村管理。当年，全县共设小学64所、在校学生17564人。此后多次撤并。2001年9月，撤陈城镇后姚、樟塘镇前马、后马和康美镇美山、西崎等初级小学。2002年8月，撤西埔镇顶西坑小学、樟塘镇南山小学、前楼镇叶厝小学。2003年9月，撤铜陵第二小学、杏陈镇径口小学和磁窑小学。2004年9月，撤西埔镇坑内小学。2006年9月，撤铜陵第五小学、西埔镇顶西小学。2007年9月，撤西埔镇亲营小学、康美镇马銮小学。2008年9月，撤陈城镇黄山小学。小学撤后，原在校生并入所在学区中心小学或就近的学校，教师由所在学区调配，其财产由所在学区中心小学接管，校舍改用村文技校或幼儿园。2008年12月，全县共设小学47所。其中，西埔镇8所（东山县第二实验小学、宅山中心小学、探石小学、梧龙小学、冬古小学、石埔小学、坑北小学、双东小学），铜陵镇4所（东山县实验小学、铜陵中心小学、铜陵第四小学、铜兴小学），康美镇5所（康美中心小学、东沈小学、铜钵小学、城垵小学、钱岗小学），樟塘镇6所（樟塘中心小学、下湖小学、港西小学、湖尾小学、古港小学、南埔小学），杏陈镇7所（前何中心小学、后林小学、大嵊小学，埕英小学、高陈小学、张家小学、礁头小学），前楼镇6所（前楼中心小学、岱南小学、东英小学、径里小学、下西坑小学、顶上小学），陈城镇11所（陈城中心小学、白埕小学、宫前小学，澳角小学、湖塘小学　、岐下小学、港口小学、山口小学、山东小学、山南小学、后崎小学），共381班。

二、小学学生

1989年，东山县继续实行九年义务教育，凡年满7周岁儿童均按时入学，是年，全县在校小学生17564人。此后，在校小学生数有所增减，2001年，全县在校小学生23500人。2003年秋，适龄儿童的入学年龄调整为6周岁半。2006年秋起，儿童入学具体招生数由县教育部门根据当年出生人数向各小学下达招生指标。同年，全县小学生15398人。2008年，全县小学47所，共381班，在校小学生13388人。当年，全县小学毕业2487人。

1989—2008学年若干学年东山县小学基本情况表

表26-1

学年	学校个数	班级个数	毕业生人数	招生人数	在校学生人数
1989	64	508	—	2742	17564
1994	64	614	3262	3701	20206
1997	65	734	3421	4512	23715
1998	65	732	3432	3961	24296
2000	65	702	3737	3149	23500
2005	53	454	3316	2152	15398
2008	47	381	2487	2019	13388

说明：学年即学校的教学年度，从当年9月1日到次年8月31日

三、小学学校选介

（一）东山县第一实验小学

东山县第一实验小学位于铜陵镇下田社区。1989 年沿设，为省一般重点小学，占地面积 8768 平方米，建筑面积 5633 平方米。1999 年，被教育部 、国家体委评为全国学校体育卫生工作先进单位。学校承担国家、省、市、县级系列课题研究。2006 年 3 月 2 日，该学校被全国妇联授予全国三八红旗手集体称号。当年，该校承担市级重点课题：利用课堂生成资源促进学生有效学习等研究；同年 6 月，承担省级“问题解决”子课题“新课程课外阅读探究”和“有效的教学活动促进形成生动活泼、主动和富有个性的学习过程研究”，均取得阶段性成果。2008 年，全校有 23 个教学班、学生 1158 人，教职工 64 人，其中小学中学高级教师 1 人，小学高级教师 33 人。

（二）东山县第二实验小学

东山县第二实验小学位于西埔镇中兴街埔上巷 102 号，学校占地面积 11853 平方米，建筑面积 7007 平方米。1989 年，沿设西埔中心小学。1990 年，该校被共青团中央评为全国少先队金奖学校、全国少先队红旗大队。1996 年 10 月，改属县直属小学，2002 年 1 月，更名为县第二实验小学。2004 年 10 月，该校被定为省级示范小学。2008 年，该校有 38 个教学班、学生 2329 人，教职工 112 人，其中小学高级教师 48 人。

第二节 小学学制与课程

一、小学学制

1989—2008 年，县内义务教育全日制小学继续实行 6 年制。学校设置大多数为高级小学，学生在校从一年级读到六年级；少部分为初级小学，学生在校从一年级读到三年级，再转到高级小学读四至六年级。

二、小学课程

1989 年，东山县小学课程执行省教育厅规定，开设思想品德、语文、数学、自然、地理、历史、体育、音乐、美术、劳动、活动等课程。2001 年，实施课改，自三年级起增设英语、信息技术、综合实践活动等课程。2004 年，调整学科节数，语文科从一年级到六年级，周课时从 49 节减至 40 节；数学科从 29 节减至 26 节；英语科从三年级开始每周从 1 节改为 2 节。 2008 年，学科节数不变。

第三节 小学特殊教育

1991 年，县教育部门在西埔小学办特教班，招收智残儿童 12 人；配教师 2 人，1995 年，特教教师增至 3 人。至 2000 年，特教班 12 名学生均小学毕业，其中 1 名升初中随班就读。2001 年，县教育局出台《关于做好残疾少儿随班就读工作意见》，减免残疾学生的学杂费并给予助学金；对在外地就读的残疾学生，每生年补助交通费 200 元。自当年起对残疾学生均采用随班就读方式。2006 年，县残疾人联合会发出《关于对全县适龄残疾学生实行补助的通知》，对在校随班就读的贫困残疾学生每年补助 100～300 元，并设扶残助学金；对在外地就读的残疾学生每人补助 2000 元（县教育局、县残联各出 1000 元）。是年，县教育局、县残联、县卫生局及县医院组成伤残鉴定小组，对全县各镇身体有缺陷的适龄少儿进行免费医学鉴定，造册、建档，为招生提供依据。2008 年，全县有 6～15 周岁残疾少儿 237 名在各中小学随班就读，前三类视力、听力、智力残疾少儿入学率由 2000 年 87.9%提高到 2008 年 96.54%，符合省标要求。

第四节　小学教学教育研究

一、小学教研活动

1989年，县教育部门成立县教育研究会，总结开展小学语文的学导式教学法、数学的尝试方式教学方法经验。1990年，颁发《东山县小学教育教学的基本要求（40条）》，推动全县小学教学规范化。1991年，成立县小学教育研究会，开展小学教育研究活动。1992年，成立县丁有宽读写结合科研领导小组，在西埔小学、实验小学（各1个班）开设丁有宽读写结合试点班。1993年2月，成立县实验教学普及工作领导小组，对小学实验教学普及进行指导。1994年9月起，小学教研活动分铜陵和西埔两片区开展。1998年，改革小学综合评价机制，将小学一至三年级原百分制考试制度改为“等级+特长+鼓励性评语”的综合评价机制（等级评价）。2000年，成立县小学语文“民主化、开放性”课题组和数学的参与—互动—创新课题组，开展开放性、创新性教学活动。该语文课题被列为漳州市管课题，数学课题被列为县管课题。至年末，共收集小学教师教学论文109篇，其中经评选获得县级奖励32篇。2002年9月，县小学教育进入新一轮课程改革实验，建立作文生活化研究课题，开展研究。该课题被中国教育学会列为“十五”规划三项科研课题——“新时期作文教学全境研究”的子课题。同年10月，县实验小学先后开设谈天说地、写字等特色课程。2003年3月21日，在宅山中心小学举行县作文生活化研究和发展性评价课题组开题仪式，探讨作文生活化研究与实践活动。同年6月20日，举行构建任务驱动、学思结合校本培训体系课题教研活动，至2004年，铜陵四小、宅山小学、实验幼儿园也相继开设银球风采、校园童谣、蝶岛乡土等课程。2004年12月，全县小学新课程课堂巡回展示活动在各农村校开展。2005年3月23日，举行义务教育阶段课改工作会，同年4月，县课题改革办公室组织开展课改三年回头看系列调研活动。2006年6月，新课程课外阅读探究被确定为市级重点课题。至2008年，县教师在各级刊物发表小学教研论文共2000多篇，其中在省级刊物发表213篇，市级刊物发表79篇；获得省、市奖175篇。

二、小学素质教育研究

1997年始，县教育部门对县小学素质教育进行研究，同年9月，召开县素质教育动员大会，各学区、中心学校相继组织素质教育研究活动。1999年11月，县小学素质教育经验交流现场会在县实验小学召开，各学区、中心学校相互交流素质教育经验，县实验小学作典型介绍。2000年4月，召开全县小学教育工作会，部署开展小学生“减负”（减轻小学生过重的课业负担）工作，县教育局出台《关于切实减轻我县小学生课业过重负担的若干意见》，同年10月，全县“小学‘减负’后的作业设置与批改”研讨会在西埔小学召开，各校交流“减负”后作业设置与批发中开办特色教育的作法。此后，县教育部门每年根据各校实际，开办特色教育，增加乡土教材教学，开展新课程巡回展示活动，提高素质教育。2008年，素质教育研究基本达到研究与实践相结合的水平。

第三章　普通中等教育

第一节　普通中等学校设置与学生

一、普通中等学校设置

1989年，全县中学12所，其中高级中学2所（东山一中、东山二中）、初级中学4所（东山三中、铜陵初级中学、西埔初级中学、白埕中学）、附属中学6所（埕英附中、前何附中、后林附中、康美附中、樟塘附中、前楼附中）。1990年秋，铜陵初级中学（原址在县职业中学内）迁至原县铜陵顶街学校旧址，独立办学。1991 年 9 月，埕英学校附中、前何学校附中、后林学校附中合并，组建杏陈初级中学。1992 年 9 月，复办后林附中，单设，称后林初级中学。同年，在铜陵文峰社区创办石斋初级中学。1994 年秋，樟塘附中单设，称樟塘初级中学。1996 年，康美附中单设，称康美初级中学；前楼附中单设，称前楼初级中学。2001 年 8 月，创办苏峰初级中学，校址在东山岛职业中专校内。2003 年，撤并东山岛第二职业中专学校的初中部。2005 年，撤并铜陵初级中学。2008 年，全县中学 11 所，其中高级中学 2 所（东山第一中学、东山第二中学）、初级中学 9 所（东山第三中学、东山县石斋初级中学、东山县苏峰初级中学、东山县西埔初级中学、东山县杏陈初级中学、东山县后林初级中学、东山县前楼初级中学，东山县康美初级中学、东山县樟塘初级中学）。

二、普通中等学校学生

1989 年，全县普通中学共 144 班，其中初中 117 班、高中 27 班；在校学生 6426 人，其中初中生 5247 人、高中生 1179 人。当年，招生 1924 人（其中高中生 402 人）。全县初高中毕业生总数 2383 人，其中初中毕业生 1843 人、高中毕业生 540 人。当年，县内初中辍学率 6.8%。1995 年，全县普通中学有 194 班，其中初中 164 班、高中 30 班；在校学生 8172 人，其中在校初中生 7088 人、在校高中生 1084 人。全县初高中毕业生总数 2283 人，其中初中毕业生总数 1916 人、高中毕业生总数 367 人。2000 年，全县普通中学共 250 班（其中初中 208 班、高中 42 班），在校学生 12602 人（其中在校初中生 10649 人、在校高中生 1953 人）。当年，招生 4445 人，其中初中招生 3737 人、高中招生 708 人。全县初高中毕业生总数 3919 人，其中初中毕业生 3383 人、高中毕业生 536 人。2005 年秋季，东山第一中学、东山第二中学实行初、高中分离，不再招初中新生。是年，全县在校初中生 11260 人，为有记录以来最多；高中生 3861 人。初中生辍学率下降至 2.85%。2006 年，初中三年巩固率城镇为 98.28%、农村为 97.02%，应届初中毕业生升学率为 75.90%。当年，全县初、高中毕业生总数 5224 人。2008 年 12 月，全县在校学生 12852 人，其中在校初中生 8248 人、在校高中生 4604 人。

2008 年东山县各普通中学基本情况表

表 26-2

学校名称	班级个数			在校生人数			毕业生人数		教职工人数	办学地点
	初中	高中	合计	初中	高中	合计	初中	高中		
东山第一中学	4	52	56	199	2475	2674	—	778	217	西埔镇
东山第二中学	—	44	44	—	2129	2129	—	634	182	铜陵镇
东山第三中学	17	—	17	1049	—	1049	510	—	56	陈城镇
石斋初级中学	22	—	22	1054	—	1054	397	—	69	铜陵镇
西埔初级中学	39	—	39	2412	—	2412	944	—	142	西埔镇
杏陈初级中学	12	—	12	646	—	646	243	—	48	杏陈镇
康美初级中学	7	—	7	442	—	442	217	—	38	康美镇
樟塘初级中学	11	—	11	498	—	498	171	—	45	樟塘镇
前楼初级中学	8	—	8	489	—	489	144	—	36	前楼镇
后林初级中学	7	—	7	382	—	382	138	—	23	后林村
苏峰初级中学	18	—	18	1077	—	1077	373	—	67	铜陵镇
合计	145	96	241	8248	4604	12852	3137	—	923	

说明：东山第三中学教职工数含县第二职业学校教职工 4 人

1989—2008 学年若干学年东山县普通中学基本情况表

表 26-3

学年	学校个数		班级个数		毕业生人数		招生人数		在校学生人数		教职工人数（初中／高中教师）
	初中	完中	初中	高中	初中	高中	初中	高中	初中	高中	
1989	9	2	117	27	1843	540	1522	402	5247	1179	531
1990	9	2	104	26	1620	433	1225	408	4521	1120	554
1995	11	2	164	30	1916	367	3019	423	7088	1084	707
2000	11	2	208	42	3383	536	3737	708	10649	1953	849
2005	10	2	271	78	3964	914	3316	1511	11260	3861	661/241
2006	10	2	167	93	4212	1012	3134	1595	9847	4372	589/309
2008	10	2	145	96	3137	1412	2487	1438	8248	4604	524/399

三、重要考试

（一）“小升初”考试

1989 年，东山县初中招生继续实行统一考试、统一招生，成绩合格学生，升入所在乡镇的初中校就读；东山第一中学和东山第二中学按指标择优录取学生就读。是年，初中招生 1522 人，招生比例 68.59%。1995 年，全县初中招生 3019 人，招生比例提高至 92.64%。2000 年 4 月，初中招生以学区为单位。康美、陈城、樟塘、杏陈、前楼等学区小学毕业生就近升入初中；西埔和铜陵地区按考试成绩实行电脑派位入学，其中西埔小学和宅山中心小学按派位升入东山第一中学和西埔初级中学；县实验小学和铜陵学生升入东山第二中学、石斋初级中学、铜陵初级中学、苏峰初级中学；其他乡镇的小学毕业生免试就近升入初中就读。是年，全县初中招生 3737 人，招生比例 100%。2003 年，全县初中招生 4519 人，为有记录以来最多，招生比例 100%。此后，初中招生数逐年减少。2008 年，东山第一中学、东山第二中学恢复招收初中新生（每校 200 人）。全县初中招生 2487 人，招生比例 100%。

1989—2008 年东山县初中招生情况表

表 26-4　　单位：人、%

年份	小学毕业	初中招生	招生比例	年份	小学毕业	初中招生	招生比例
1989	2219	1522	68.59	1999	3481	3481	100
1990	1457	1225	84.08	2000	3737	3737	100
1991	3193	2188	68.52	2001	4235	4235	100
1992	3246	2299	70.83	2002	4356	4356	100
1993	2794	2338	83.68	2003	4519	4519	100
1994	3262	1995	61.12	2004	3960	3960	100
1995	3259	3019	92.64	2005	3316	3316	100
1996	3173	3079	97.04	2006	3134	3134	100
1997	3421	3421	100	2007	2861	2861	100
1998	3432	3432	100	2008	2487	2487	100

（二）中考

1989 年，县内初中毕业生升高中、中专依然需经考试，统称中考。中考由漳州市统一命题、统一考试，按志愿和各类界定分数录取。考试科目为语文、数学、英语等。至 1998 年，初中毕业考试和高中阶段招生考试，皆分两次进行。1999 年起，实行“两考合一”（毕业考、升学考合一），高中、中专招生按考试总分，从高到低录取。其次序为：重点高中—小中专—一般完中—职专—技校。2000—2003 年，重点高中和一般高中招生在高中第一批志愿填报；中专第一批招生一次性招完。2004 年后，中专录取实行全市统一招生。2005 年起，考试科目增加历史、地理、生物，分数统计也做相应调整，即语文、数学、英语按原始分每科 150 分计，物理、化学、政治、历史、地理、生物按 A、B、C、D 等级记载，另加体育分数。2008 年，全县有初中毕业生总数 3137 人，其中 2746 名升入高中、中专阶段就学（高中录取 1438 人，中专录取 1308 人）。

1989—2008 年东山县初中毕业生升学报考及录取情况表

表 26-5　　单位：人、%

年份	毕业	报考	普高录取	中专录取	总录取	录取比例
1989	1843	1426	540	385	925	50.19
1990	1620	685	433	340	773	47.72
1991	1609	907	502	370	872	54.20
1992	1310	1259	384	483	867	66.18
1993	1822	1209	324	531	855	46.93
1994	1916	1826	377	665	1042	54.38
1995	1916	1404	423	837	1260	65.76
1996	2005	1727	478	801	1279	63.80
1997	1916	1882	609	691	1300	67.85
1998	3094	1888	599	820	1419	45.86
1999	3079	1723	670	626	1296	42.09
2000	3383	1567	723	635	1358	40.14
2001	3429	2391	736	593	1329	38.76
2002	3477	2509	766	699	1465	42.13
2003	3414	2887	779	477	1256	36.79
2004	3865	3379	1349	579	1928	42.12
2005	3964	3640	1318	461	1779	44.88
2006	4212	4212	1572	1429	3001	71.25
2007	3387	3387	1659	1290	2949	87.07
2008	3137	3137	1438	1308	2746	87.54

（三）高考

1989 年，东山县普通高校招生考试时间仍为每年 7 月 7—9 日，以东山第一中学为考点，考试分文、理科。文科（含音乐、美术）考语文、数学、外语、政治、历史和地理；理科（含体育）考语文、数学、外语、政治、物理、化学和生物。1994 年，文科考试科目调整为语文、数学、外语、政治和历史；理科考试科目调整为语文、数学、外语、物理和化学。2001 年，文科考试科目调整为语文、数学、外语加文科综合；理科考试科目调整为语文、数学、外语加理科综合；外语科增加听力考试。2002 年，高考时间调整为每年 7 月 7—8 日。2003 年始，高考时间调整为每年 6 月 7—8 日。2004 年起，增设东山第二中学考点。2005 年起，东山第一中学、东山第二中学考点实行全省高考网上巡视系统。1989—1998 年，全县高考报考学生 12595 人，其中被大中专学校录取的学生 2216 人。1999—2008 年，全县高考报考学生 10349 人，其中被大中专学校录取学生 7839 人。2008 年，东山县参加高考学生 1728 人，其中上专科线以上 1493 人，上线率 86.4%。

1999—2008 年东山县普通高考录取情况表

表 26-6 单位：人

年份	报考	录取	学制分类				考试类别				
			重点	本科	专科提前	高职高专	文史	理工	体育	艺术	高职单招
1999	546	375	30	141	37	167	145	225	3	2	0
2000	572	411	36	119	169	87	148	254	1	4	4
2001	712	445	95	146	9	195	140	293	2	5	5
2002	854	543	79	214	9	241	204	326	1	6	6
2003	1009	778	87	285	35	371	241	519	1	13	4
2004	1092	807	81	345	28	353	283	514	2	8	0
2005	1118	827	63	282	22	460	294	504	4	7	18
2006	1186	942	79	365	36	462	299	603	4	12	24
2007	1532	1218	52	355	63	748	348	843	3	10	14
2008	1728	1493	70	486	90	847	519	924	7	15	28
合计	10349	7839	672	2738	498	3931	2621	5005	28	82	103

第二节　中学学校简介

一、福建省东山第一中学

福建省东山第一中学位于西埔镇龙舞社区。1989 年，全校有 39 个班（初中 24 个班、高中 15 个班），在校生 1906 人（初中 1209 人、高中 697 人），当年毕业生 900 人（初中毕业生 590 人、高中毕业生 310 人），教职工 151 人。1994 年 3 月，被重新确定为省重点中学（三级达标中学）。此后，对校园进行综合扩建改造。2001 年 9 月，晋升为省二级达标中学，获省文明学校称号。2007 年秋，为高级中学。2008 年秋，恢复招收初中生。2008 年 12 月，全校占地面积 74609 平方米，校舍建筑面积 21151 平方米，有综合楼、科学楼、教学楼、师生餐厅、学生宿舍，物理、化学、生物、计算机等教学仪器设备齐全，其中电脑 200 台，多媒体教室 54 间；体育、美术、音乐等设施完整，有田径场（400 米跑道）、篮球场、排球场。全校 56 个班，学生 2674 人，其中高中 52 个班 2475 人、初中 4 个班 199 人；当年，高中毕业生 778 人。教职工 217 人，专任教师 180 人，其中特级职称 1 人、高级职称 54 人、一级职称 81 人。1989—2008 年，有近千名高中毕业生被重点大学录取，学科竞赛参赛学生获国家级、省级奖励者 300 多人次，有 10 多人获得省庄采芳奖学金。

二、福建省东山第二中学

福建省东山第二中学位于铜陵镇演武社区。1989 年，全校有 35 个班（初中 23 个班、高中 12 个班），在校生 1591 人（初中 1109 人、高中 482 人），当年毕业生 649 人（初中毕业生 419 人、高中毕业生 230 人），教职工 159 人。1992 年，被授予省二级达标中学。2004 年，设高考考点。2007 年，成为高级中学。2008 年，学校占地面积 62796 平方米，校舍建筑面积 22649 平方米，设有电教中心、艺术中心、电脑室、语音室、足球场、篮球场、羽毛球场、门球场、体操区，有图书馆、海洋生物标本馆、禁毒教育宣传基地展览厅，图书馆藏书近 8 万册。海洋生物标本馆收藏标本 1200 余种，是开展青少年海洋环境保护教育的基地，曾参与联合国开发计划署和中国国家海洋局关于中国南部沿海生物多样性管理项目。年末，全校有教学班 44 个，学生 2129 人；当年，高中毕业生 634 人。教职工 182 人，其中专任教师 143 人（本科学历 127 人）、高级职称 52 人、中级职称 68 人。1989—2008 年，学校有近千名高中毕业生被重点大学录取；学科竞赛获国家和省级大赛奖励的 219 人次。为福建省中学生德育夏令营基地之一，20 年间承办 15 届德育夏令营，省内 1100 名优秀学生参加。2006 年 10 月 20 日，被评为福建省第三届绿色学校。

三、福建省东山第三中学

福建省东山第三中学位于陈城镇北山村。1989 年，全校有教学班 12 个，在校生 478 人，教职工 36 人。1995 年起，相继对校园进行扩建改造，至 2008 年，学校占地面积 24331 平方米，建筑面积 6962 平方米。有教学楼、综合楼、学生宿舍楼和师生公用食堂，设有多媒体教室、电脑室、理化实验室、图书室、阅览室、校园广播网及师生健体活动区等。全校 17 个班，在校生 1049 人，教职工 56 人，其中专任教师 48 人（高级职称 5 人、一级职称 16 人）。

四、东山县西埔初级中学

东山县西埔初级中学位于西埔镇白石社区虎山南麓西环 2 路一区。1989 年，全校有 12 个班，在校生 601 人，教职工 51 人。当年，扩建综合教学楼，建设理化生实验室、计算机教室、多媒体教室等。2003 年 2 月，学校被省教育厅确定为福建省基础教育课程改革实验基地校。2004 年 5 月，被省教育厅授为福建省普通初中示范学校。2008 年，学校占地 24858 平方米，总建筑面积 9855 平方米，有综合教学楼、学生阅览室、教师电子备课室、理化生实验室；有计算机教室 2 间电脑 120 台、多媒体教室 1 间，图书馆藏书 24988 册；有标准 200 米跑道、水泥篮球场等。全校教学班 39 个，在校学生 2412 人，当年毕业生 944 人。教职工 142 人，其中专任教师 129 人（高级职称 17 人、一级职称 47 人，本科以上学历 29 人）。

五、东山县石斋初级中学

东山县石斋初级中学位于铜陵镇苏峰社区 263 号。1990 年 8 月 10 日开办，为福建省普通初中示范校。当年，校园占地面积 6004 平方米，校舍建筑面积 2600 平方米；招收新生 227 人；教职工 52 人。此后相继扩建校园。2004 年，被评为漳州市课题改革先进学校，2006 年 6 月，被评为全国“十五”规划课题子课题“初中英语课堂教学模式”优秀实验学校，至 2008 年，连续三年被评为漳州市初中教育教学质量先进校。2008 年，学校占地面积 14594 平方米,校舍建筑面积 5722 平方米，有多媒体梯形教室、电脑室和物理、化学、生物实验室；设校园广播网，图书馆藏书 3.45 万册。学校教学班 22 个，学生 1054 人，当年毕业生 397 人。教职工 69 人，其中专任教师 57 人（高级职称 9 人、一级职称 23 人）。学校以“弘扬石斋，爱国爱乡，文明诚信，立志成才”校训激励师生，并成为俱有德育工作特色学校。

六、东山县杏陈初级中学

东山县杏陈初级中学位于杏陈镇前何村。1989 年沿设埕英附中。1991 年 9 月，由原埕英附中、前何学校附中、后林附中合并组建杏陈初级中学，当年，有教学班 9 个，在校生 453 人，教职工 45 人。1992 年 8 月，析出原后林附中部分，设县后林初级中学。此后，杏陈初级中学相继对校园进行扩建并配置教学设施。1994 年度，在全县中考中优生率和综合比率均居全县第一名。2005 年 11 月，被评为漳州市普通初中示范校。2008 年，学校占地面积 19265 平方米，校舍建筑面积 5230 平方米，有综合楼、实验教学楼、微机室（有计算机 60 台）、多媒体教室、教师电子备课室；设局域网，加入东山教育城域网；按省初中Ⅱ

类校标准配备物理、化学、生物实验器材和设施；有水泥篮球场、跑道等运动场所。学校教学班 12 个，在校生 646 人，当年毕业生 243 人，教职工 48 人（高级职称 5 人、一级职称 16 人），其中专职教师 45 人。

七、东山县后林初级中学

1989 年，沿设后林附中，1991 年 9 月并入杏陈初级中学。1992 年 8 月，从杏陈初级中学析出原后林附中部分而设立，校址在杏陈镇后林小学，当年，有教学班 4 班，在校生 172 人，教职工 18 人。1998 年 2 月迁址杏陈镇后林村西边。此后，扩建校园并配置教学设施。2006 年，被评为漳州市全科及格率先进学校。2008 年，学校占地面积 16666 平方米，校舍建筑面积 4674 平方米，其中教学用房 3084 平方米、办公用房 422 平方米、生活用房 1168 平方米，配有电脑室、多媒体教室及物理、化学、生物实验室。学校教学班 7 个，学生 382 人，教职工 23 人（本科 5 人、专科 16，高级职称 1 人、一级职称 8 人），专任教师 21 人。

八、东山县樟塘初级中学

东山县樟塘初级中学位于樟塘镇樟塘村西。1989 年，沿设樟塘学校附设初中部，1994 年单设。当年，有教学班 8 个，在校生 420 人，教职工 32 人。被评为漳州市农村初中示范学校。2005 年，毕业生中考上线率 23.2%，高中上线人数居全县农村中学第二名。2007 年，毕业生中考综合比获全县农村中学第一名。2008 年，学校占地面积 21116 平方米，校舍建筑面积 6808 平方米，绿地面积 1058 平方米；有音乐室、美术室及生物、物理、化学实验室等。学校教学班 11 个，学生 498 人，教职工 45 人（高级职称 6 人、一级职称 12 人），其中专任教师 37 人。

九、东山县康美初级中学

东山县康美初级中学位于康美镇康美村信林尾。1989 年，沿设康美学校附设初中部，建教师办公楼和教师宿舍楼。1996 年 8 月单设，当年，有教学班 12 个，在校生 574 人，教职工 30 人。此后，对校园进行扩建。2003 年，被评为市教育管理先进校，2006 年，被评为市全科及格率先进校和市巩固率达标校。2008 年，学校占地面积 14958 平方米，校舍建筑面积 4804 平方米，有标准的教学楼、多媒体教室、膳食厅，配有 200 米跑道、水泥球场、运动场等活动场地。学校有教学班 7 个，在校生 442 人，当年毕业生 217 人，教职工 38 人，其中专任教师 31 人（本科学历 5 人，高级职称 7 人、一级职称 12 人）。

十、东山县前楼初级中学

东山县前楼初级中学位于前楼镇顶上村。1989 年，沿设前楼学校附设初中部。1996 年 8 月 15 日单设，当年，有教学班 7 个，在校生 400 人，教职工 21 人。此后，对校园进行扩建并添置设备。2008 年，学校占地面积 16666 平方米，校舍建筑面积 3620 平方米。有教学楼、办公楼，有电脑室、多媒体教室、实验室、广播网，以及操场、跑道、篮球场等活动场地。学校有教学班 8 个，在校生 489 人，当年毕业生 144 人，教职工 36 人（本科学历 17 人，高级职称 4 人、一级职称 10 人），其中专任教师 30 人。

十一、东山县苏峰初级中学

东山县苏峰初级中学位于铜陵与康美镇交界处。2001 年 8 月创办，学校占地面积 3000 平方米，校舍建筑面积 3200 平方米，当年，招收教学班 4 个、在校生 220 人；有教职工 12 人。2004—2008 年，毕业生中考成绩连续五年位居全县前列，普通高中上线率 55.53%。2008 年，学校有教学班 18 个、学生 1077 人，当年毕业生 373 人，教职工 67 人（高级职称 4 人、一级职称 23 人），其中专任教师 60 人。

第三节　普通中等学校学制与课程

一、普通中等学校学制

1989—2008 年，县内普通中学学制初中三年，高中三年。1990 年，普通初中、高中毕业生均实施实用技术培训，时间为一周以上，期满考核，合格者发给结业证书（双证书制度：毕业证书、实用技术培训结业证书）。1991 年，实行普通高中毕业生全省统一学科会考制度。2004 年，将实施义务教育初中阶段的学制按三年设置安排课程，初中一年称“七年级”，初中二年称“八年级”，初中三年称“九年级”。

二、普通中等学校课程

1989 年，普通中学课程设置按省教育厅规定执行。初中阶段：初一年级课程为政治、语文、数学、英语、历史、地理、生物、体育、音乐、美术等；初二年级增加物理课；初三年级再增加化学课，同时减少生物课。全学年教学时间为 40 周。其中，初一、初二年级授课 34 周，劳动技术教育课 2 周，复习考试 4 周；初三年级授课 33 周，劳动技术教育课 2 周，第二学期复习考试 5 周。

高中阶段：高中一年级课程为语文、数学、英语、物理、化学、地理、历史、生物、政治；高中二年级课程分为文、理科，理科为语文、数学、英语、物理、化学、生物，文科为语文、数学、英语、政治、地理、历史。全学年教学时间为 40 周：高中一、二年级教学 32 周，劳动技术教育课 4 周，复习考试 4 周；高三年教学 24 周，劳动技术教育课 4 周，复习考试 4 周，第二学期总复习 8 周；高中三年级的课程，按照侧重文科或侧重理科做教学安排。1998 年后，每年制定《东山县学年度全日制普通中学教学计划》，并严格按计划执行。2001 年，实行课改，初中增加综合实践活动和地方与学校课程；高中增加社区服务和社会实践。2002 年，东山县被确定为首批省级课改实验区。2008 年，普通中学课程设置依然。

第四节　普通中等教育教学研究

一、初中教学研究

（一）“三主”课堂教学和六步教学法（语文）研究

1993 年，初中部开展学习借鉴钱梦龙的“三主”（以学生为主体，教师为主导，训练为主线）课堂教学思想和魏书生的“六步”（定向、自学、讨论、答题、自测、日结）教学法，以杏陈初级中学和东山第一中学为实验重点，开展研究活动。1998 年 10 月，对该课题进行总结研讨，至 2008 年仍实施。

（二）张思中（英语）教学法研究

1997 年 12 月 8 日，县教育部门成立张思中（英语）教学法的课题领导小组和中心教研组，由县教师进修学校中学教研室实验推广张思中教学法，当年，12 所初中校的 60 多位老师采用“走出去，请进来”的方式参加实验。11 月，东山县被评为教育部“九五”规划重点课题组张思中教学法培训优秀基地。2001 年 3 月，获得漳州市首届基础教育课题研究优秀成果一等奖。

（三）课内外衔接（语文）课题研究

1998 年 10 月，县教育部门引进课内外衔接（语文）课题研究。1999 年 3 月，成立课题实验领导小组，在各中学实验。2001 年 3 月，东山第一中学、西埔初级中学被授予该课题实验学校，同时，被评为“首届全国中学语文教学实验经验交流会暨成果展示会”综合成果二等奖。2002 年 1 月，获漳州市首届基础教育课题研究优秀成果二等奖。

（四）初中实验·导学·创新（物理）课题

2000 年，县教育部门在各中学开展初中物理“实验·导学·创新”课题实验。该课题以实验操作为基础，目的是培养学生的科学精神和创新思维习惯，2002 年 1 月，被评为漳州市首届基础教育课题研究优秀成果三等奖。2008 年，该课题仍在实施。

（五）指导——自主学习（数学）课题

2001 年 3 月，成立县初中数学课题实践研究领导小组和中心教研组，组织参与实验的教师进行学习培训。课题目的是改变传统的由“教师讲”转向“导”，学生由“他主学习”转向“自主学习”；把教师的“教”建立在学生“学”的基础上，让学生充分发挥自主学习的潜能。2008 年，该课题仍在实施。

（六）导学——自悟课堂（英语）教学实践研究

2002 年，县教育部门开展初中英语“导学——自悟”课堂教学实践课题实验。该课题注重过程性评价，激励学生全面发展。通过开发课程资源，拓展学用渠道，提高课件设计的科学性。2005 年 12 月，该课题获漳州市义务教育课程改革实验优秀成果三等奖。2008 年，该课题仍在实施。

（七）初中语文教学资源的开发与利用课题

2002 年，县教育部门将学生课外语文学习实践资源、整合利用课堂教材资源和课外语文学习资源相结合，开展初中语文教学资源的开发与利用课题实验。2005 年 12 月，该课题被评为漳州市义务教育课程改革实验优秀成果一等奖。2008 年，该课题仍在实施。

（八）以学为本、因学设教（数学）教学实验模式

2002—2003 学年上学期，县教育部门在各中学倡导“以学为本、因学设教” 的教学实验模式，引导学生课前独立学习，课堂合作学习；教师设教导学、课后复习等进行课题实验。2005 年 12 月，该课题被评为漳州市义务教育课程改革实验优秀成果三等奖。2008 年，该课题仍在实施。1998—2008 年，共收集初中教师教学论文 1000 多篇，经评选，获得县级奖 263 篇，获得省市级奖 132 篇。

二、高中教学研究

1989 年，县内高中教学研究分别由东山第一中学和东山第二中学承担，具体由分学科教研组和备课组组织实施。2001 年，东山第一中学和东山第二中学分别成立高中学科教研中心组和实施研究性学习领导小组，指导开展高中的教学研究。高一、高二年阶段以基础教育为主，课程设置以必修课、选修课和校本课程相结合，建立学生课程修习计划的自主学习方式；课程内容以模块为表现形式，体现其基础性、时代性和选择性；课程评价推行以学分制为核心的多元评价。高三阶段以培养学生的创新思维和实践能力为基础，提高学生的整体素质。2006 年 4 月，东山第一中学和东山第二中学又分别成立高中课改实验领导小组，以指导高中课改教学研究与实验。同年 5 月，东山第一中学被确定为省高中课改实验样本校。秋季开始，高中阶段基础课程改革研究进入实施阶段，至 2008 年，共收集高中教师教学论文 400 篇；获得省市级奖 41 篇。

第四章　中等职业教育

第一节　中等职业学校设置与学生

一、中等职业学校设置

1989 年，东山县有 2 所职业高中和 3 所职业初中。职业高中学校有：城关职业中学，位于铜陵镇与康美镇的城乡接合部；白埕农业中学，位于陈城镇白埕村。职业初中学校即：大嵘盐业中学，位于杏陈镇大嵘村向阳盐场；湖塘农业中学，位于陈城镇湖塘村；黄山农业中学，位于陈城镇黄山村。1990 年停办黄山农业中学，1991 年停办湖塘农业中学，1992 年停办大嵘盐业中学。1992 年 8 月，职业中等学校有东山县职业中学和白埕农业中学。1994 年 12 月，白埕农业中学更名为东山岛第二职业中学。1995 年 5 月，东山县职业中学更名为东山岛职业中专学校。1998 年 5 月，东山岛第二职业中学改称为东山岛第二职业中专学校，为普通初中、职业高中、职业中专三者合一的综合型学校。2003 年 12 月，东山岛第二职业中专学校并入东山岛职业中专学校。2008 年，仅有东山岛职业中专学校。

二、中等职业学校学生

1989 年，全县职业中等学校 5 所，在校生共 777 人，教职工 78 人。其中职业中专 2 所，在校学生 590 人。至 1992 年 8 月，县内 5 所职业中等学校中停办 3 所职业初中学校，保留 2 所职业高中（中专）：东山县职业中学、东山县白埕农业中学。1995 年，中等职业教育发展加快，学生数量不断增加，是年，县内中等职业学校在校生共 1328 人，教职工总数 91 人。此后，职业中等学校学生数下降。2001 年，中等职业学校在校生共 584 人，教职工总数 89 人。2005 年，加快发展特色职业教育，职业中专学校学生增加，同年在校生 1359 人。2006 年秋，职业中专学校在校生 1872 人。2008 年秋，东山岛职业中专学校在校生 2676 人，其中新生 1065 人，教职工总数 51 人，学生在技能鉴定考核中通过率为 96.4%。

1989—2008 年若干年份东山县中等职业学校学生、教职工统计表

表 26-7　　单位：人

年份	学校	在校学生	教职工
1989	东山县城关职业中学	555	55
	东山县白埕职业中学	35	8
	东山县大嵝盐业中学(初中)	118	9
	东山县湖塘农业中学(初中)	47	4
	东山县黄山农业中学(初中)	22	2
1992	东山县职业中学	589	64
	东山县白埕农业中学	63	14
1995	东山岛职业中专学校	1015	61
	东山岛第二职业中学	313	30
2001	东山岛职业中专学校	449	59
	东山岛第二职业中学	135	30
2005	东山岛职业中专学校	1359	60
2006	东山岛职业中专学校	1872	51
2008	东山岛职业中专学校	2676	51

三、中等职业学校选介

（一）东山岛职业中专学校

1989 年，县城关职业中学沿设，位于康美镇龙潭街龙陵区 101 号。学校设置专业 4 个，教学班 4 班，在校学生 555 人。1990 年，与县教育局联办幼师班，培训幼师人员。1992 年 1 月，更名为县职业中学，1995 年 5 月，改称东山岛职业中专学校。1999 年，学校推行“双证书”制度，实行订单式办学，走校企合作之路；参与下岗职工和农村劳动力转移培训。至 2006 年，共联办幼师班 5 届，幼师毕业生 160 人。其间，还举办 2 届幼师函授班，毕业生 106 人。2008 年 9 月，东山岛职业中专学校占地面积 30538 平方米，建筑面积 7350 平方米，有教学楼、科技楼、实训楼及师生宿舍楼等；有计算机室、电子实验室、钳工实训室、烹饪实验室、多媒体教室以及模拟餐厅、模拟客房等，图书馆藏书 2 万册，有 350 个床位的宿舍楼和食堂餐厅。学校开设机电一体化、玻璃工艺、旅游、食品检验、幼师、烹饪、计算机、电子、水产养殖、果树种植、综合高中等专业 11 个，有教学班 53 班，在校学生 2676 人，当年毕业 717 人。全校教职工 51 人，其中专任教师 42 人（中学高级教师 8 人、中学一级教师 15 人）。当年，该校通过市级重点中专学校评估；专业设置工科类为重点。

（二）东山岛第二职业中专学校

1989 年，沿设县白埕农业中学，位于陈城镇白埕村，由普通初中、职业高中、职业中专组成综合型学校，设置专业 2 个，有教学班 2 班，在校学生 35 人。1992 年，先后与省广播电视大学、省农业广播学校、东山旅游经济开发区、县委组织部等联合办学，面向漳州地区招生。1994 年 12 月，更名为东山第二职业中学，1998 年 5 月，改名为东山岛第二职业中专学校。学校占地面积 53390 平方米，校舍建筑面积 7350 平方米，设置专业 8 个，有教学班 15 班，在校学生 519 人，当年毕业 166 人。至 2002 年，合作办学累计培养学生 1668 人。2003 年 12 月并入东山岛职业中专学校。

第二节　中等职业学校学制与专业设置

一、中等职业学校学制

1989 年，县农业初级中学和职业中专（中学）学校的学制为三年。即第一、二年在校学习，第三年实习。1992 年，取消农业中学后，职业中等学校的学制仍为三年，至 2008 年不变。

二、中等职业学校专业设置

1989 年起，农业初级中学和职业中专（中学）学校课程，分为专业技术课和公共课。专业技术课以适应当地生产建设需要为主，城关职业中学设航海驾驶、制冷、工业会计、护士、幼师等；农业中学设果树种植、水产养殖。公共课（也称文化基础课）设语文、数学、英语及体育。1992 年，县职业中专（中学）学校课程由专业技术课、公共课和实训技能课构成，增加职业道德指导课程，包括职业道德、职业指导、职业技术知识、法律、心理学、礼仪礼节、计算机等。此后，每年根据专业技术发展需要适当调整课程设置，更好地与市场接轨。2004—2008 年，公共课程课时减少，专业技术课时增加，课程设置更注重培养学生的专业技术能力，以适应就业需求。东山岛职业中专学校设置的专业有焊接、船舶电气技术、船体建造与修理、导游、财会、水产品加工与检验、机电一体化、玻璃工艺、旅游服务与管理、食品检验、幼师、烹饪、计算机应用（含综合高中）、电子技术应用、水产养殖、果树种植等。

第三节　技术传授

1989 年，县白埕农业中学教师结合教学实践，开展沙质地农作物高产实验，进行沙质地改良，提高土壤肥力，增加土壤团粒结构，保持沙质地表水份等实践取得教学成效；结合教学，开展芦笋、水稻、甘薯良种的培育实验，根据农作物从土壤中吸收的养分不同，采用不同作物合理轮耕作方式，提高土壤肥力，减少病虫害，提高作物产量。县职业中学根据城镇工业经济发展设置专业，指导学生开展航海驾驶与轮机、制冷、家用电器等专业实践活动，先后建计算机室、电子实验室、钳工实训室，提高学生的实践技能。

1999 年 9 月，东山岛职业中专学校根据县境产业发展需要，调整专业设置，推行“双证书”制度。在专业技术传授上加强与企业合作，创办特色专业；增建烹饪实验室、多媒体教室、模拟餐厅与客房等，加强实践技能培养与考核。此后，与企业合办专业不断增加。2005 年，东山岛职业中专学校与厦门某些宾馆酒店、县旅游局及所属的旅行社合办旅游专业；与漳州旗滨玻璃有限公司合办机电技术应用、玻璃工艺专业；与东山道达船舶有限公司、东山领新重工有限公司、东山华浮港务有限公司等合办焊接、船舶电气技术、船体建造与修理等专业。至 2008 年，学校与漳州旗滨玻璃有限公司、东山道达船舶有限公司、厦门建发集团、厦门银翔集团、福州百乐电源科技公司、石狮荣誉集团等企业合作办学，涉及专业 11 个，学生就业率 95%。

第五章 成人教育

第一节 扫盲教育与技术培训

一、扫盲文化教育

1989 年，全县青壮年文盲率 19.19%。东山县继续加强青壮年扫盲工作，实行“双线”领导责任制，县政府与各镇（乡）政府签订《扫除文盲责任书》，教育局与各学区、学区与各学校签订《扫除文盲教学责任书》。1990 年，县委、县政府成立东山县基本普及九年义务教育和基本扫除青壮年文盲（简称“两基”）领导小组，下设办公室，全县 7 个乡镇各建制村（街道居委会）均办成人文化技术学校或扫盲班，开展文化学习。扫盲班使用省教育委员会成人教育处编的《成人识字课本》（上、下册）教材，学制一年，授课 240 课时～360 课时，授课时间为晚上 7 时—9 时，教师主要由全日制小学教师担任。每学期末由学区组织考试，毕业、结业由县成教办出卷并组织统考，登记造册，核发毕业、结业证书，同时对取得成人扫盲毕业的人员进行巩固和提高阶段的学习教育。是年，全县举办扫盲班 53 班，学员 1630 人，扫盲毕业 1540 人，至 1993 年 1 月，有 23 个建制村通过扫盲验收。1994 年，杏陈镇文化技术学校被省教委评为福建省扫盲、农村成人教育先进单位。至 1995 年 9 月，全县扫除青壮年文盲累计 15147 人，青壮年文盲率降至 3.14%，当年，东山县通过漳州市“两基”验收。1997 年 12 月，东山县代表漳州市、福建省接受并通过国家级“两基”验收。2003 年，县内扫盲进入全面巩固和提高阶段，巩固阶段使用《脱盲巩固练习册》《生活之友》《人口教育》《识字课本》为教材；学习一学年，授课 120 课时；提高阶段（高小班）使用省教育委员会成人教育处编的《实用语文》（上、下册）、《实用数学》（1 册）教材，学制一年，授课 240 课时。2004 年，全县青壮年脱盲率提高到 99.58%。2006 年，全县 15～24 周岁青壮年文盲全扫除，符合省级标准，至 2008 年，全县参加扫盲学习累计 19116 人，脱盲 17596 人；全县青壮年文盲率下降为 0.3%。

二、成人技术培训

1989 年后，县、乡镇文化技术学校和村文化技术学校延续开展实用技术培训和农村劳动力转移技术培训，至 2008 年，全县参加实用技术培训毕业累计 62513 人。

1989—2007 学年东山县扫盲和成人技术培训情况表

表 26-8 单位：%

学年	扫盲				技术教育
	班级个数	在学人数	毕业人数	非文盲率	毕业、结业人数
1989	53	1630	1540	80.81	—
1990	68	2573	2360	83.9	4300
1991	99	4814	4503	88.2	
1992	88	4235	4090	92.7	1595
1993	45	2567	2327	95.3	1796
1994	16	343	327	96.86	2248
1995	32	559	518	97.45	2199
1996	31	383	288	97.78	2183

续表 26-8

学年	扫盲				技术教育
	班级个数	在学人数	毕业人数	非文盲率	毕业、结业人数
1997	26	294	262	98.08	2825
1998	20	225	173	98.27	2829
1999	44	1097	1040	99.45	2733
2000	18	105	45	99.46	2805
2001	3	27	23	99.53	5368
2002	2	18	—	99.55	5703
2003	13	73	23	99.58	6921
2004	10	61	—	99.59	6929
2005	8	57	49	99.66	2627
2006	5	27	—	99.67	6475
2007	7	28	28	99.70	2977

三、成人教育机构

（一）东山县成人教育办公室

1989 年，县成人教育办公室沿设，负责全县成人扫除文盲和业余文化技术教育。2008 年，工作人员 7 人。

（二）乡镇业余文化技术学校

1989 年，各乡镇继续办业余文化技术学校（简称文技校），负责扫除文盲及实用技术培训。校长由所在乡镇党政副职领导兼任；副校长由学区校长兼任，配一位常务副校长负责日常工作，每校配专职人员 2～3 人，全县专职人员 25 人。1992 年 9 月，铜陵文化技术学校被国家教委评为全国农村成人教育先进单位。1997 年 12 月，各镇文技校增办初中班、高中班。2008 年，全县 7 个镇业余文化技术学校共有专职人员 16 人。

第二节　成人中等教育

一、业余高中班

1989 年，县机关干部业余学校及各镇业余文化技术学校，继续负责成人高中文化补习，全县有业余高中学历班 15 班，在校学生 676 人。1990 年，县机关干部业余学校办业余高中学历班，招收学员 150 人，学制三年。铜陵、西埔、杏陈、陈城镇业余文化技术学校继续办业余高中学历班。至 2008 年，20 年间全县业余高中毕业累计 1437 人。

二、成人中等专业班

1989 年，东山县成人中等教育有自学考试中专、漳州市教师进修学院中等师范函授班、中华会计函授学校财会中专函授班，当年，在校师范函授班学员 62 人，毕业 40 人；财会中专函授班，在校学员 1 个班 42 人，新招收学员 81 人，学制三年。1992 年 2 月，中华会计函授学校在东山县设函授站，招收财会中专函授班学员。同年 9 月，省广播电视大学东山县工作站招收农业经济、财会等专业中专学员 45 人，学制三年。此后，成人中等专业班设置有农业经济、财会、行政与文秘、财会电算化、土地管理、企业管理和计算机应用等，采用业余、半脱产等形式办班教学。至2005年，全县成人中等招生累计1201人（中华会计函授招生856人、电大招生337人、自学考试中专8人），毕业累计1002人（中华会计函授毕业764人、电大中专230人、自学考试中专8人）。2005年后，停办成人中等专业班。

三、业余中等学校选介

（一）东山县机关干部业余学校

1989年，沿设县机关干部业余学校，位于西埔镇白石街府后路2号，继续办业余初中班，以机关企事业职工为招生对象，当年，在校学生130人。1990年，办业余高中班，以初中毕业程度的机关企事业职工为招生对象，招生150人，学制三年。此后，每年均招收业余高中学生，至2000年，初中毕业累计170人、高中毕业累计1402人。2000年9月，与漳州业余大学联办计算机应用专业大专班，招生45人，学制3年，此后，增招小学教育、计算机经济信息管理、财会电算化专业大专班。2002年，与漳州师范学院联办网络教育专业专科和本科，共招生101人（专科15人，本科86人）。至2008年，该校教职工7人，与高校联办大专班累计招生316人，毕业302人；本科累计招生86人，毕业86人。

（二）中华会计函授学校东山县函授站

1989年，中华会计函授学校，在铜陵设财会中专函授班。1992年2月，改设中华会计函授学校东山县函授站，由县教育局与县财政局联办，仍隶属于中华会计函授学校，校址在铜陵中心小学校内。该站有教学综合楼面积1950平方米，配备微机房和多功能教室。当年，函授站招收财务会计中专班学员47人，学制三年，有会计师、律师、经济师、审计师等中级以上职称的专兼职教师10多人。2000年，增办会计电算化大专班，当年招收学员47人，学制三年，2003年，又招收现代企业经营管理专业学员，2007年，停办大专班。至2008年，累计招收中专学员856人，毕业764人；招收大专学员212人，毕业208人。

第三节　成人高等教育

一、成人高等教育专业设置与学员

1989年，东山县成人高等教育有自学考试、广播电视大学、中央党校函授学院，分专科、本科，专业设置有小学教育、行政管理、汉语言文学、法律、党政基础科、金融、财政、会计、基建财务、农业经济、统计、价格学、经济管理、经济法、文秘、财务会计、教育管理、法学、现代文员、会计学（财务方向）、公共事业管理（教育管理）、金融学等。1994年，全县报考高等教育自学考试350人次，实际参加考试206人次，及格率64.28%。2000年，增设中华会计函授大专班，为会计电算化专业。2003年起，党校函授学院经济管理专业大专班不再招收学员。至2008年，县内有成人高等教育专科毕业生2256人（其中电大1036人、自学考试577人、党校函授经济管理专业435人、中华会计函授208人），本科毕业359人（电大262人、自学考试97人）。

二、成人高等教育主要形式

（一）广播电视大学

1989年，沿设省广播电视大学东山工作站，分设专科、本科，学生实行业余学习。同年，设党政干部管理、汉语言文学、法律等专业，在校学生55人；当年有党政干部管理专业毕业12人。1997年，开办大专注册视听生，设法律、文秘和财会专业。2000年秋，设开放教育专科办学点，专业有教育管理、小学教育、法学、行政管理、现代文员、会计学（财务方向）和汉语言文学。2003年春，设开放教育本科教学点，专业有法学、公共事业管理（教育管理）、行政管理、汉语言文学和金融学等。是年，开设专科专业8个：公共事业管理（教育管理）、小学教育、法学、会计学、现代文员、行政管理、旅游、农村行政管理等专业；本科专业5个：公共事业管理（教育管理）、金融、行政管理、法学、汉语言文学，新招专科生249人、本科生113人。1989—2008年，东山广播电视大学招收大专学生2054人（包括业余、注册视听生、开放教育等3种办学形式），毕业1036人；招收本科学生412人，毕业262人。2008年，东山广播电视大学共有教学班36班，在校生412人，在编专职教师16人（其中高级职称9人，中级职称6人），外聘教师45人。

1989—2008年东山电视大学招生与毕业生统计表

表26-9 单位：人

年份	大专		本科	
	招生	毕业	招生	毕业
1989	—	12	—	—
1990	74	—	—	—
1991	—	37	—	—
1992	110	—	—	—
1993	15	7	—	—
1994	—	—	—	—
1995	89	14	—	—
1996	12	14	—	—
1997	138	12	—	—
1998	57	7	—	—
1999	34	14	—	—
2000	289	14	—	—
2001	70	21	—	—
2002	249	31	113	—
2003	187	261	54	—
2004	117	68	52	—
2005	84	186	62	62
2006	153	183	45	83
2007	216	83	53	68
2008	160	72	33	49
合计	2054	1036	412	262

（二）自学考试

1989年，继续开设高等教育自学考试，分专科和本科，有汉语言文学、英语、党政基础科、法律、金融、财政、会计、基建财务、农业经济、统计、价格学、行政管理等21个专业。其中，本科专业1个（汉语言文学），专科20个。考试每年2次，时间为4月和10月的最后一个星期六和星期日，考试地点设在漳州市。考试采用学分制，报考者经考试成绩合格并完成规定学分，由省自学考试委员会发给毕业证书。全年报考617人次，取得单科合格198人次，是年，专科毕业8人（汉语言文学1人、党政基础科2人、统计5人）。自学考试工作年年正常开展，学员逐年增多。2001年，考试地点改设在云霄县。2008年，自学考试开考4次，是年，全县自学考试在籍考生1120人，毕业累计674人（其中本科毕业97人、专科 577 人）。

三、成人高等教育机构选介

（一）省广播电视大学东山县工作站

1989 年，沿设省广播电视大学东山县工作站，原址在白石街府后路 8 号，工作人员 5 人。2005 年 10 月，迁址西埔东环二路福瑞 2 号新教学楼，占地面积 5931 平方米，建筑面积 1998 平方米，投资 262 万元。设计算机局域网、多媒体教室、计算机室、电子阅览室、VBI 数据广播接收系统，初步实现教学现代化、办公自动化。2008 年，该站工作人员 5 人。

（二）东山县自学考试办公室

1989 年，沿设东山县自学考试办公室，负责自学考试组织及考生学籍管理。2008 年，县自学考试办公室工作人员 2 人。

（三）东山县教师进修学校

1989 年，沿设东山县教师进修学校，位于西埔镇白石街育新路 150 号，建筑面积 2040 平方米。负责中小学教学研究，开展教师培训和继续教育及学历教育。2003 年 9 月，与福建师范大学联合办学，设立福师大网络教育学院东山县教师进修学校学习中心，至 2008 年，县内有中小学教师 426 人通过该中心学习，获得大专以上学历。2008 年 12 月，该校在编教职工 52 人，其中专职教师 51 人（含中学高级教师 7 人，中学一级教师 8 人和小学高级教师 24 人）。

第六章　管理与设施

第一节　机　构

一、行政机构

（一）东山县教育局

1989 年，沿设县教育局，内设办公室、人事股、计划财务股、德育股、中等教育股、初等教育股、视导股，有工作人员 23 人。1991 年，撤销视导股，改设教育督导室。1997 年，核定局人员编制 13 人，其中机关行政编制 11 人；事业编制 2 人。2001 年，实行以地方政府为主的分级管理体制。2003 年，局设办公室、人事股、计财股、德育股、普教股，编制 10 人，其中行政编制 7 人、事业编制 3 人，下辖县教师进修学校、县成人教育办公室、高中会考办公室、学校生产管理站、电教仪器站、福建省广播电视大学东山县工作站等直属事业单位，管辖县招生委员会办公室（简称招生办）、县自学考试办公室等临时机构。2008 年，局及下辖单位共有工作人员 65 人。

（二）学区

1989 年，各乡镇沿设学区，对当地中心小学、完全小学和初级小学实施管理。2002 年 9 月起，撤学区建制，每镇设 1 所中心小学，履行学区职能。

二、教育督导机构

1989 年，县教育局设视导股，负责教育督导工作。1991 年，设东山县人民政府教育督导室，开展教育督导，工作人员 5 人。2008 年，县人民政府教育督导室工作人员 8 人。

第二节　管　理

一、人事管理

（一）干部任免

1989—2005 年，县教育系统副科级以上干部（含东山第一中学和东山第二中学校长）由县委、县政府任免；股级干部由县委宣传部任免，县教师进修学校和职业中专学校、各初级中学的处室干部，各学区教导、完全小学校长、实验小学和实验幼儿园教导、教研员由教育局任免。2005 年 12 月，成立中共东山县委教育工作委员会（简称县委教工委），原由县委宣传部负责的教育系统干部管理工作划归县委教工委负责。2007 年 9 月后，县教育局机关以及直属事业单位和直属学校的行政业务、人事工作由县教育局负责，县教育局机关以及直属事业单位股级干部由县教育局考核任免。东山第一中学和东山第二中学处室的正副主任、教师进修学校正副校长、初级中学（职业中专学校）正副校长、小学正副校长、实验幼儿园（中心幼儿园）的正副园长，由县委教工委考核任免。初级中学（含职业中专学校）、小学、实验幼儿园中层干部经县委教工委批准后，由中心学校考核任免。

（二）教师管理

1. 教师来源　1989 年，东山县教师分公办教师和民办教师。公办教师大部分来自大中专师范类毕业生，小部分由民办代课教师转正（民办教师转为公办教师的条件为学历达到中专师范类毕业或大专毕业以上，教龄三年以上，经考核合格）。民办教师属临时在岗代课教师，具有初中或高中学历，不纳入教师编制。是年，全县公办教师 1318 人，其中，中学教师 596 人、小学教师 722 人；登记民办在岗代课教师 79 人，其中，中学民办教师 11 人、小学民办教师 68 人；年内，有 10 名民办教师经考核转为公办教师。1999 年，取消民办教师，年末，全县分配的师范类大中专毕业生公办教师 1136 人（其中大学本科 125 人，专科 476 人）。2000 年起，东山籍师范类大专、中专毕业生停止指令性分配为公办教师；当年，吸收本县籍定向或委培师范类中专毕业生 46 名为代课教师，这些代课教师在 3 年内经成人高等教育取得大专程度以上学历，并参加县统一组织的考试，按成绩多数转为公办教师。2002 年，师范类本科毕业生停止指令性分配为公办教师。当年，实行教师资格制度，公办教师补充人员需通过全省教师招聘统一考试，按成绩高低顺序聘用。2004 年 9 月，经人事部门考试，聘用师范类大专毕业生 4 名为代课教师。2005 年 1 月，聘用在中学代课的师范类本科毕业人员 17 名为公办教师。2006 年，聘用成人高等教育取得师范类本科学历，在中学代课的师范类大专毕业人员为公办教师。2007 年 1 月起，公办教师均改为聘用制。2000 年 8 月至 2008 年 8 月，全县录用师范类大学本科毕业生共 86 人为公办教师。2008 年 12 月，全县在聘公办教职工 2086 人（其中专任教师 1736 人）。其中，中学高级教师 192 人，中学一级教师和小学高级教师 727 人，中学初级教师 536 人；有骨干教师 473 人，其中，中学骨干教师 277 人（省级骨干教师 9 人、市级 200 人），小学骨干教师 196 人（省级 7 人、市级 85 人）。

2. 教师资格认定　1996 年，东山县执行省教委颁布的《关于实施教师资格过渡工作的通知》，对 1994 年 1 月 1 日前在各类学校从事教育教学工作的教师及承担教育教学的其他专业技术人员的教师资格进行过渡认定，认定过渡教师 1585 人，其中，幼儿园教师 48 人，小学教师 924 人，初中教师 480 人，高中教师 117 人，中等职业教师 16 人。2001 年 11 月，首次认定教师资格，对象是未达国家法定退休年龄的、具备《中华人民共和国教师法》规定的教师资格条件的人员，共认定教师资格（在职）884 人，其中，幼儿园教师 50 人，小学教师 435 人，初中教师 337 人，高中教师 62 人。2002 年，实行教师资格制度，开展社会人员教师资格认定，凡进入教师队伍者，都应具有相应的教师资格证书。至 2006 年，认定社会人员教师 397 人，其中，幼儿教师 78 人，小学教师 110 人，初中教师 72 人，高中教师 129 人，中等职业教师 8 人。2008 年，全县有教师资格证的共 2941 人。其中，幼儿教师 187 人，小学教师 1481 人，初中教师 892 人，高中教师 351 人，中职教师 30 人。

3. 教师培训

（1）继续教育培训　县教育部门每年都举办教师继续教育，对中小学、幼儿园教师进行培训。1989—1994 年，举办中小学、幼儿园教师补偿教育培训班，共 8 期，培训教师 420 人。1995—1996 年，教师继续教育培训由各校组织进行，教师再学习情况经学校盖章后，送县人事部门确认。1997—2006 年，教师继续教育由县教师进修学校集中组织进行，每年举办 18 期，培训 2000 多人。2007—2008 年，教师继续教育培训分为常规研究培训、校本部培训和集中培训方式进行，每人完成 72 课时的法定培训。

（2）幼师培训　1991 年起，县教育局对幼儿园教师进行培训，教材有《幼儿园规程》《幼儿园条例》《福建省学前班教材》《幼小衔接》《福建省幼儿园大、中、小班教材》《幼儿教育指导纲要》《福建省幼儿教育指南》《福建省幼儿园教育用书》。至 2008 年，累计培训幼师 1581 人次，其中，2008 年培训幼师 400 多人次。

（3）丁有宽教材培训　1993 年 9 月始，县教育部门在小学阶段采用丁有宽教材。1994 年 5 月，举办 2 期丁氏教材培训班，培训小学校长 86 人。

（4）张思中（英语）教学法培训　1998 年 9 月始，县教育部门在中学推广张思中（英语）教学法，组织实验教师前往上海、福州等地参加“张法”培训。至 2000 年 3 月，有 3 批 40 多人参加培训。

二、经费管理

（一）经费来源

1. 财政拨款　1989 年，东山县教育经费实行分级管理，学校经费拨款分两大类：县直学校（东山第一中学、东山第二中学、职业中学、白埕中学、实验小学、西埔小学、进修学校、实验幼儿园）的拨款及结算由教育局管理；其他各中小学校、幼儿园由所在镇（乡）财政所拨款，向县教育局报账结算，财务接受双重管理。1990 年后，各中小学、公办幼儿园经费均由县财政直拨，结算管理仍分县直学校和农村中小学两大类，前者仍由教育局直接管理，后者由财政按独立预算单位管理。1991 年度，全县教育经费投入 598 万元，1995 年度，全县教育经费投入 2458 万元。其中，县财政投入 1558 万元，省级补助税改转移支付 39 万元，教育附加费 861 万元。2000 年 9 月，实行教师工资由国库统付。各中学和中心小学单独设账，开支由校长审批，各学校设总务、出纳和会计员；各小学设总务兼出纳，会计由中心校会计或基点会计兼职。中心小学负责管理辖区内各小学的财务。财政或教育局以中心小学为财务核算单位，款项先拨到中心小学，由中心小学代收代支，再拨到各小学。中、小学财务严格执行《会计基础操作规范》，按县教育局、县财政局有关通知设会计科目，实行会计核算。每月由小学向中心校报账，再由各中心校和中学向教育局报账，年终由教育局组织中小学财务决算、分析、汇总。是年，全县教育经费投入 3951 万元。其中，县财政投入 3703 万元，省级补助税改转移支付 86 万元，教育附加费 162 万元。2003 年，实行以县为主的分级管理体制，当年，取消农村教育事业费附加，并实行省级补助税改转移支付。2005 年，全县教育经费财政投入 4294 万元。其中，县财政投入 3893 万元，占县财政总支出 27.63%；省级补助税改转移支付 401 万元。2006 年，中小学经费试行预算。2008 年，全县教育经费财政投入 8722 万元。其中，县财政投入 7442 万元，占县财政总支出 12.95%；省级补助税改转移支付 937 万元，教育附加费 343 万元。

2. 学生缴交学杂费　1989 年，继续收取九年义务教育阶段学生的杂费，免收学费，而高中阶段的学生需交学杂费。幼儿园收费因各园办学类别不同，采取不同的收费标准。1991 年，全县收取学生学杂费 21 万元。1997 年，中小学收费等预算外资金实行收支两条线管理，期初学校收费统一上缴东山县行政事业性收费管理中心，收费管理中心按时序进度分期拨付中小学杂费，是年，全县收取学生学杂费 434 万元，2000 年，收取学生学杂费 359 万元。2004 年，对义务教育阶段实行一费制收费办法，进一步规范学校收费。2005 年，全县收取学生学杂费 922 万元。2006 年 1 月 30 日起，全县农村义务教育阶段学生免除杂费，至 2008 年不变。1991—2008 年，全县收取学生学费与杂费共 7414.7 万元。其中，2008 年收取 592 万元。

（二）财政拨款使用

1989 年，东山县教育经费使用项目有教职工工资、福利费、公务费、设备购置费、学校基础建设维修费、业务费、学生助学金等。1991 年度，全县教育经费支出 950 万元。2000 年 9 月后，教育经费的使用项目有人员经费、公用经费，个人和家庭的补助支出等，是年，全县教育经费支出 4321 万元。此后，全县教育经费支出逐年增加。2008 年度，全县教育经费支出 10814 万元。

1991—2008 年若干年份东山县教育经费（财政）收支情况表

表 26-10　　单位：万元

年份	总收入	其中			总支出
		县财政投入	教育附加费	省地补助	
1991	598	598	—	0	950
1993	1068	902	129	37	1585
1995	2458	1558	861	39	3549
1998	2888	2376	261	251	3669
2000	3951	3703	162	86	4321
2003	4049	3458	0	591	4836
2005	4294	3893	0	401	5864
2008	8722	7442	343	937	10814

三、督导管理

（一）教育督导评估

1990 年，东山县教育督导室实施义务教育 “六项督导评估”（教育管理、事业发展、队伍建设、教育经费、校舍设备、德育工作）等工作。1991 年 5 月，东山县通过省级教育六项督导评估，被授予教育优级县称号。2003 年 3 月，县教育督导室被教育部评为全国先进教育督导室。

（二）“两基” 督导评估

1994 年 5 月，成立东山县普及九年义务教育和扫除青壮年文盲（简称“两基”）验收领导小组；同年 11 月，县委、县政府制定《关于发展教育、实施“两基”的决定》。1995 年 9 月，东山县的“两基”自查情况通过漳州市政府评估验收；同年 10 月 15 日，又通过省政府评估验收组验收，确认合格并报国家教委。1996 年，东山县被国家教委确认为全国第三批实现普及九年义务教育和扫除青壮年文盲县。同年 11 月，受省政府委托，漳州市政府组成跟踪核查组对东山县“两基”验收后的整改、巩固和提高的成果进行跟踪核查。1997 年 12 月至 1998 年 1 月，国家、省“两基”跟踪核查检查组对东山县进行跟踪核查。2003 年 4 月，省政府教育督导室与漳州市教育督导室联合对县教育“两基”巩固提高工作进行跟踪督查。此后至 2008 年，几次跟踪复查都确认合格。

（三）实施素质教育督导评估

1999 年 6 月，县教育督导室出台《东山县中小学实施素质教育工作督导评估五年规划》和《东山县中小学实施素质教育工作督导评估方案》，是年，东山第二中学、县实验小学、杏陈初级中学、探石小学被确定为实施素质教育工作督导评估试点校，以《福建省中小学实施素质教育工作督导评估工作方案》（试行稿）为依据进行评估。2000 年 2 月 23 日，县政府成立东山县中小学素质教育领导小组，是年，试点校增加西埔小学、铜陵第三小学、樟塘小学等。2001 年 3 月，县教育督导室分批对 11 所中学、47 所小学进行评估验收，至 2007 年 6 月完成。

（四）“双高普九” 督导评估

2006 年，县委、县政府成立东山县 “双高普九”（指高水平、高质量的普及九年义务制教育）工作领导小组，挂靠县政府教育督导室。根据双高普九要求，对全县 0～24 周岁人口（约 6.5 万）建立文化档案；对残疾少儿（231 人）做医学鉴定并办证，县财政部门拨付经费，给各中小学校配备电脑、实验仪器及体、音、美、卫等教学器材。2008 年 5 月，东山县通过省政府 “双高普九” 评估。

四、德育管理

1989年起，县教育部门沿设德育股，把德育建设纳入教育总体规划，建立德育工作相应的激励机制，先后制定《关于进一步加强中小学、幼儿园教师师德师风建设的意见》《关于在中小学开展爱国主义教育影视片教育的通知》《关于向全县中小学生免费开放“谷文昌纪念馆”等八个思想道德教育基地的通知》《东山县中小学生道德歌》《评选东山县中小学“师德标兵”活动》《进一步规范教育办学行为制止教师从事有偿家教的通知》等系列文件，开展德育评比活动，涌现一批先进单位和先进个人。2002年12月，东山县被评为省德育工作先进县。1989—2008年，全县被评为国家级的先进单位或个人共19次；被评为省级的先进单位或个人共118次；被评为省级三好学生的共81人次。1996—2008年，东山县实验小学分别被评为省级文明单位、德育工作先进单位、省三无学校、省优秀家长学校等；并被教育部评为全国优秀家长学校。

第三节　学校设施建设与社会助学

一、校舍建设

（一）学校危房改造

2000年，县教育部门组织对各校舍进行检查，鉴定部分校舍为危房。2001年起，对危房校舍进行改造，至2006年，全县共改造中小学危房18575平方米，其中D级11914平方米，C级6661平方米；共投入资金1783万元，其中省级以上补助588万元，县级补助166万元，学校自筹及群众集资1029万元。2006年，县建立中小学校舍维修改造长效机制，县财政把中小学校舍的维修、改造资金纳入财政预算。2008年，改造中小学危房3867平方米，维修校舍11500平方米，重点改造后林小学、樟塘中心小学综合楼、东山第一中学、樟塘初级中学和东山第三中学教学楼，共投入资金1000万元。

（二）学校新建校舍

1989年，全县新建中小学校舍面积5270平方米，造价174.5万元。1990年，全县新建中小学校舍面积6507平方米，造价189.9万元。1995年，全县新建中小学校舍面积35295平方米，扩大校园面积6.83公顷。2001—2006年，先后新建一批教学楼（实验培训楼）、综合楼和宿舍楼，多为3～4层结构，至2006年，共投入资金3365万元，新建校舍37467平方米。新建教学楼的学校主要有双东小学、陈城中心小学、高陈小学、南埔明德小学、樟塘中心幼儿园，樟塘初级中学、苏峰初级中学、西埔初级中学、前楼初级中学、东山第一中学、东山第二中学（科学楼）、东山岛职业中专学校等，建筑面积共20548平方米。新建综合楼的学校主要有东山第一中学、西埔初级中学、杏陈初级中学、樟塘初级中学，前何中心小学、铜陵第四小学、宅山中心小学等，建筑面积共11403平方米。新建学生宿舍楼的学校主要有东山第二中学、东山第三中学、康美初级中学，县第二实验小学等，建筑面积共5516平方米。2008年，全县共投入资金750万元，新建校舍8100平方米。

（三）校舍总面积

1991年，全县中小学占地总面积406926平方米，校舍建筑总面积86469平方米。其中，小学占地总面积219780平方米，校舍建筑总面积52959平方米；中学占地总面积167166平方米，校舍建筑总面积29140平方米；职业学校占地总面积19980平方米，校舍建筑总面积4370平方米。此后，随着一批新教学楼、综合楼和宿舍楼的建设，学校校舍总面积逐年增加。2000年，全县中小学占地总面积679955平方米，校舍建筑总面积178994平方米。其中，小学占地总面积306047平方米，校舍建筑总面积88091平方米；中学占地总面积300273平方米，校舍建筑总面积80522平方米；职业学校占地总面积73635平方米，校舍建筑总面积10381平方米。2008年，全县中小学占地总面积660253平方米，校舍总面积208010平方米。其中，小学占地总面积287276平方米，校舍建筑总面积95099平方米；中学占地总面积342439平方米，校舍建筑总面积103711平方米；职业学校占地总面积30538平方米，校舍建筑总面积9200平方米。

2008 年东山县中学及实验小学校舍面积一览表

表 26-11　　单位：平方米

学校名称	占地面积	校舍建筑面积
东山第一中学	74609	21151
东山第二中学	62796	22649
东山第三中学	24331	6962
东山县石斋初级中学	14594	5772
东山县西埔初级中学	24858	9855
东山县杏陈初级中学	19265	5230
东山县康美初级中学	14958	4804
东山县樟塘初级中学	21116	6808
东山县前楼初级中学	16666	3620
东山县后林初级中学	16666	4674
东山县苏峰初级中学	3000	3200
东山岛职业中专学校	30538	7350
东山县第一实验小学	8768	5633
东山县第二实验小学	11853	7007
合计	344018	114715

二、电教仪器设备

1989—1991 年，全县购置教育仪器设备支出 3.8 万元，东山第一中学、东山第二中学教学仪器配备、实验室建设分别达到省重点中学三类、二类标准；前何小学、梧龙小学教学仪器配备、实验室建设达到省农村示范校要求，进入省第一批 100 所农村示范校行列。1993 年 6 月，县教育局设立电教站，负责全县中小学的电教仪器配备、管理与维护。1994 年，根据《福建省中小学电教设备配备目录》要求，各中学、学区中心校、示范校均配备录像机、电视机、投影仪等，并实现班班配备录音机。1999 年 8 月，电教站与仪器站合并为教育局电教仪器站。1999 年，全县购置电教仪器站投入 94 万元，为各中小学校长办公配备电脑，共 60 台。同年，在县教师进修学校设 1 间电脑网络教室；在中小学配备简易多媒体电教室（电脑、电视机、简易实物展台组成)，共 22 间。2001 年，电教仪器采购委托县政府采购中心进行并公开招标。2003 年 2 月，省教育厅对东山县的实验教学普及工作进行验收，各项指标符合省定要求，被确认为省实验教学普及县。2006 年 12 月，东山县被确定为福建省农村中小学远程教育工程项目应用研究试点县。至 2008 年，全县中小学均设电脑网络教室，有的学校还设多媒体电教室。东山第一中学、东山第二中学按一级达标校要求，班班配备多媒体教学设备。2008 年 12 月，全县中小学校多媒体教室 200 间，电脑计 2373 台，投入资金累计 1465 万元。

三、社会助学

1989 年，东山县通过群众集资，华侨、港澳台同胞捐资等，开展社会助学。至 2008 年，全县筹集社会助学资金 2989 万元，其中华侨、港澳台同胞捐资 267 万元。

第二十七卷　科学技术

1989—2008 年，中共东山县委、县人民政府实施科技兴农、科技兴企和科技兴海措施。组织科技工作者下乡开展科普宣传和科技咨询服务，出版科普宣传栏，编播科普电视、广播专题，举办农函大和芦笋种植、水果种植、海水养殖等科技培训班及科普讲座。积极开展海峡两岸科技交流与合作，从台湾引进农渔业良种和水产育苗、水产加工技术，为发展东山现代农渔业及产品加工业发挥重要作用。全县各项科技成果较快转化为生产力，使东山成为全国最大的县级芦笋生产基地，以高优果蔬为主要特色的高优农业生产基地，以鲍鱼、牙鲆鱼等海珍品养殖为主要特色的水产养殖基地，以鱼虾蟹为主要原料的水产品加工基地。

1998 年，东山县被评为全国科技先进县，同年，东山成为第三批全国科技兴海示范基地和水产品精深加工示范基地。2001 年，东山县成为福建省首个国家可持续发展实验区，2005 年 12 月，东山县国家可持续发展实验区通过国家中期考评验收，2008 年通过国家验收。

20 年间，科技队伍不断发展壮大，科技人员在各个领域做出重要贡献，取得县科研项目成果 157 项。获漳州市级以上科技成果奖励 30 项（其中获省级奖励 14 项、国家部委奖励 4 项）；获县政府科技成果奖 126 项，有 6 人次获全国科技工作先进个人奖、4 人次获全省科技工作先进个人奖。

第一章　科技组织

第一节　科技队伍

1989 年，全县科技人员 1807 人，此后，各种科技人员逐年增加。2008 年，全县技术职称系列 16 个，科技人员 2847 人。其中，工程技术人员 233 人、农业技术人员 44 人、科学研究人员 5 人、卫生技术人员 370 人、教学人员 2001 人、经济人员 60 人、会计人员 73 人、统计人员 5 人、翻译人员 3 人、图书档案文博人员 8 人、新闻出版人员 5 人、律师公证人员 2 人、播音人员 1 人、体育人员 3 人、艺术人员 31 人、政工人员 3 人。各类科技人员属高级技术职称 236 人，中级 864 人。

2008 年东山县各类科技人员统计表

表 27-1　　单位：人

类别	高级	中级	初级	合计
工程技术人员	5	66	162	233
农业技术人员	3	13	28	44
科学研究人员	2	3	0	5
卫生技术人员	27	121	222	370
教学人员	197	615	1189	2001

续表 27-1

类别	高级	中级	初级	合计
经济人员	0	13	47	60
会计人员	0	15	58	73
统计人员	0	0	5	5
翻译人员	0	0	3	3
图书档案文博人员	1	2	5	8
新闻出版人员	1	0	4	5
律师、公证人员	0	0	2	2
播音人员	0	0	1	1
体育人员	0	0	3	3
艺术人员	0	14	17	31
政工人员	0	2	1	3
合计	236	864	1747	2847

第二节　科技机构

一、科技情报机构

东山县科学技术情报研究所　1989 年，沿设县科学技术情报研究所，隶属县科学技术委员会，为事业单位，工作人员 2 人。藏有图书资料 5000 多册、报刊 27 种；与国内 26 个省 132 个县进行科技资料交流。2008 年，该所工作人员 2 人。

二、农业科技机构

（一）东山县农业科学研究所

县农业科学研究所位于西埔镇坑北村。1989 年沿设，隶属农业局，为事业单位，工作人员 6 人。承担农业新品种实验与推广，有科研耕地 2 公顷。2008 年，该所工作人员 3 人。

（二）东山西屿农业引进隔离场

东山西屿农业引进隔离场位于陈城镇西屿岛。1989 年沿设，隶属县农业局，为副科级事业单位，人员 20 人。承担新品种引进隔离实验与推广，有耕地、果园等。2008 年，该场工作人员 2 人。

（三）东山县良种繁育场

县良种繁育场位于西埔镇坑北村。1989 年沿设，隶属农业局，为副科级事业单位，工作人员 6 人。承担农作物种子培育繁殖和试验推广，耕地 4.8 公顷。2008 年，该场工作人员 2 人。

（四）东山县农业机械研究所

县农业机械研究所位于西埔镇宅山。1989 年沿设，隶属县农业局，为事业单位，工作人员 3 人。承担农业机械试验，推广及新农机研制。2008 年，该所工作人员 15 人。

三、渔业科技机构

（一）东山县鲍鱼增殖站

县鲍鱼增殖站位于铜陵镇虎崆澳。1989 年沿设，隶属县水产局，为事业单位，工作人员 26 人。承担水产科技研究，新品种引进养殖实验，苗种培育、推广。2008年，该站工作人员12人。

(二) 东山县水产科学研究所

1989年，沿设县水产科学研究所，与县鲍鱼增殖站为一套人马、两块牌子。

四、林业科技机构

东山县下溪国有林业苗圃　位于前楼镇下溪村。1989年，沿设县下溪国有林业苗圃，隶属县林业局，工作人员5人。分设下溪苗圃、东门屿苗圃，承担林木苗种研究与培育。2008年，有工作人员3人。

第三节　学术团体

一、专业学会

(一) 县农学会

1989年，沿设县农学会，会员45人。承担农业新品种实验、宣传、咨询、推广，举办培训班、讲座，开展学术交流。2008年，会员40人。

(二) 县水产学会

1989年，沿设县水产学会，会员46人。承担水产新品种试验、宣传、咨询、推广，举办培训班、讲座，开展学术交流。2008年，会员52人。

(三) 县水利学会

1989年，沿设县水利学会，会员21人。承担水利科技宣传、推广、咨询，举办培训班，组织学术交流。2008年，会员54人。

(四) 县工学会

1989年，沿设县工学会，会员126人。内设机械工程学组、机电工程学组、建材学组、食品化工学组、制盐学组、工艺美术学组、交通运输工程学组、电信学组等。承担工业、交通、建材等方面的科技宣传、咨询、推广，举办培训班，组织学术交流。2008年，会员130多人。

(五) 县医学会

1989年，沿设县医学会，会员363人。承担医学科普宣传咨询，举办医护人员培训班，组织学术交流。2008年，会员532人。

(六) 县科普创作小组

1989年，沿设县科普创作小组，会员21人。承担科普创作、宣传科技知识等。2008年，会员20多人。

(七) 县数理化学会

1989年，沿设县数理化学会，会员23人。承担教学研究、交流，推广先进教学经验。2008年，会员96人。

(八) 县财政会计学会

1989年，沿设县财政会计学会，会员132人。承担财政会计业务研究，培训财务人员。2008年，会员190人。

(九) 县税务学会

1989年，沿设县税务学会。承担税务宣传、咨询，举办培训班，开展学术交流。2008年，会员121人。

(十) 县水电学会

1989年，沿设县水电学会。承担水电科技的宣传、咨询、推广、研究、讲座、学术交流。2008年，会员54人。

（十一）县环境科学学会

1989年沿设。承担环境科学的咨询、宣传、推广，举办培训班，开展学术交流。2008年，会员50人。

二、专业研究会

（一）县芦笋研究会

1989年，沿设县芦笋研究会，会员40人。承担芦笋栽培技术研究、宣传、咨询、推广。2008年，会员40人。

（二）县农村专业技术研究会

199 5年，设县农村专业技术研究会，有分会13个，共有会员50人。其中，澳角村渔业研究会，每月开展一次交流活动，伏季休渔期间集中学习交流。2008年，共有会员975人。

（三）县天勤电脑研究会

2008年，成立县天勤电脑研究会，会员50人。

三、专业协会

（一）县青少年科技辅导协会

1989年，沿设县青少年科技辅导协会，会员52人。设数理化标本制作组、气象组、电子计算机组、船模组、养殖组、花卉雕塑组等学习兴趣小组。2008年，会员50人。

（二）县珠算协会

199 0年，成立县珠算协会，会员120人。承担珠算科技的咨询、宣传、研究，举办讲座、学术交流。2008年，会员120多人。

（三）县烹饪技术协会

1991年，成立县烹饪技术协会，会员67人。承担烹饪技术咨询、宣传、研究、交流。2008年，会员70多人。

（四）县质量管理协会

1995年12月，成立县质量管理协会，会员29人。承担技术质量的管理监督宣传、咨询、研究，举办培训班和学术交流。2008年，会员40多人。

（五）县果树协县果树协会会

1999年，成立，挂靠县农业局。承担果树实验、宣传、咨询、推广、研究，举办果树培训班，组织果树学术交流，创办《东山果树》刊物。2008年，会员100多人。

（六）县对虾养殖协会

1999年，成立县对虾养殖协会，会员315名。承担对虾养殖的科技咨询、实验、宣传、推广、研究，举办对虾养殖培训班，组织对虾学术交流，推动对虾养殖。 2008年，会员300多人。

（七）县鲍鱼协会

2001年，成立县鲍鱼协会，挂靠县水产局。承担鲍鱼育苗、培养及防治病虫害的科技咨询、宣传推广研究，举办鲍鱼培育培训班，组织学术交流；创办《鲍鱼动态》刊物。2008年，会员60人。

（八）县芦笋协会

2007年，成立县芦笋协会，会员289人。

（九）县老科学技术工作者协会

2007年，成立县老科学技术工作者协会，会员70多人。

第四节　科普组织

一、东山县科学技术协会

1989年，沿设县科学技术协会，负责县内科技协会组织和科普宣传普及，组织学术交流活动。内设学会工作科和科学技术普及科，工作人员5人。2008年，内设机构和人员不变。

二、乡镇科普协会

1989年，各乡镇科普协会沿设，承担各种科技项目咨询、宣传、推广，举办培训班，组织学术交流。2008年，7个镇科普协会工作人员20多人。

三、社区科普协会

2003年，西埔镇龙舞社区和铜陵镇桂花社区科协成立，分别有会员32人和50人。2005年，西埔镇成立白石社区科协，有会员50人。社区科协建科普活动站和青少年科学工作室，设科普宣传栏，配专人负责科协工作。2008年，西埔镇龙舞社区科协、铜陵镇桂花社区科协、白石社区科协会员共150多人。

第二章　科技普及

第一节　科普宣传

一、下乡巡回宣传

1989年，县科协组织各专业科普协会利用科普宣传车下乡巡回宣传共十多次，此后，每年都下乡巡回宣传。1995年，确定每年举办一次科技宣传周活动。1997年，举办主题为可持续发展的科技宣传周活动，下乡办科普宣传6场，共39个单位、120名科技人员参加，发放科普材料3500份，展出科技图片360幅。1998年，县科协结合艾滋病宣传日、世界无烟日、世界环境日、世界水日等开展专题宣传，举行科技知识宣讲、科普挂图展、科技座谈会等活动，组织43个单位科技人员下乡巡回，编印分发科技材料76种计1万多份。1999年，县科协举办主题为“创新与科技兴县”的第五届科技宣传周活动，有专业学会、科普协会等单位45个、科技人员245人参加，采用宣传员宣讲、挂图联展、绘画展览、录像放映等形式，共宣讲125场次，发放资料1.9万份，展出挂图1300幅，放映录像145场。此后，县科协每年都根据不同主题开展科技宣传周活动。2008年，组织科技人员256人次，下乡巡回宣传12次，分发科技资料2.5万份，参与活动民众2万人次。

二、科普专栏宣传

1989年，全县各科技学会或协会、各乡镇、部分建制村（街道）设固定的科普宣传栏，定期刊出科普文章，至1990年刊出科普文章354版，约80万字。1997年，刊出科普文章620版，约124万字。2004年，县科协投资10万元，在县城区西埔建一标准化科普宣传栏（长10米）。此后，在铜陵等地再建2个标准化科普宣传廊。2007年，县科协在农村开展建设科普“一站一栏一员”（建设一个科技图书站、一个科技宣传栏、培养一名农村科普宣传员）活动，至2008年，共建农村科普宣传栏67座，配置农村科普宣传员90人。当年，全省农村科普“一站一栏一员”建设工作经验交流会在东山县召开，各地代表100多人参加，东山县在会上作经验介绍。

三、广播电视科普宣传

1989年，县科协继续在县有线广播电台设《科学与生活》《农友之窗》《科技走廊》等科普专题，定期或不定期播出科普知识和科技新闻，至1990年，共播出科技稿件969篇，广播2480次。此后，每年都在县广播电台、县有线电视台广播、放映科技新闻、实用技术片、专题片（解答科技难题）。1998年，播映科技新闻96条、实用技术片23片、专题片6次。2002年，县有线电视台播映环境知识片《心系一方净土》和东山环境保护成果专题片等共38片次。2004年，县科协拍摄4集科普短片《土池养殖技术》等在电视台播映。2008年，县科协、县科技局协作在县有线电视台开设《农友之窗》专栏节目，专题宣传科技知识。

四、编发科普信息

1989年后，县科协、县科委延续编印分发《东山科技》《科技情报》及多种科普资料小册子；各学会根据专业特点编写科普资料。1999年，县农学会编发《东山果树》。2000年，县内高级农艺师佘朱坤编写《芦笋栽培》一书，作为乡土科普教材。2001年，县医学会编印《东山医疗卫生》；水产学会编印《水产科技信息》。2006年，县科协编发《东山白蚂蚁科技》《教育广角》等科普刊物，共1000多份，进行宣传。至2008年，县各学会编发的科普宣传期刊有《东山果树》《东山医疗卫生》《水产科技信息》《东山白蚂蚁科技》等。

第二节　科技咨询服务

一、科协组织咨询服务

1989年，县科协继续组织各类科技人员开展科技咨询服务。1992年3月15—16日，县科技局与县科协联合举办东山县首届科技经贸信息博览会，由县科技信息研究会主办，展出科技经贸信息资料78种、商品样品126种；并提供咨询服务。1994年，组织各专业学会开展科技咨询共281次，出动科技人员450人次。1996年，各学会开展科技咨询共100多项，县科协组织农学会、水产学会协助县政府做好“菜篮子”工程规划实施，引进蔬菜、芦笋及果树新品种共16种；县医学会组织医疗人员下乡开展咨询活动共633人次，服务群众数万人次。1998年，组织各专业学会开展科技咨询共95次，出动科技人员450人次。2001年，科协组织县质量管理协会为县农业产业化综合标准的制定和实施提供咨询服务，促使东山芦笋和东山鲍鱼综合标准在同年7月和11月通过省质量管理协会验收。是年，组织各学会开展咨询服务共135次，出动科技人员600人次。2004年，县科协组织海事技术协会会员为海上安全生产提供咨询服务，全年，组织各专业学会开展科技咨询服务共530次，参与服务的科技人员850人次。2008年，县科协组织各专业学会科技人员共165人次，进村、社区举办科技咨询共32场，接受科技咨询5000多人次。

二、专业咨询服务

（一）农业科技咨询服务

1989年，县农学会以芦笋茎枯病综合防治为重点，为笋农田间管理、病虫害防治等提供11项咨询服务，促进芦笋产量稳定提高。县芦笋研究会科技人员深入田间调查芦笋生产状况，为笋农提供技术咨询，采取措施，减少因多雨造成的损失。康美、前楼、樟塘等乡镇科技人员与农户签订芦笋、早稻有偿技术咨询合同，促进芦笋、早稻产量继续提高。1994年，县农学会帮助县农业部门做好“菜篮子”工程规划实施。2004年，樟塘科协科技服务“快车队”开通“农技服务电话”与“农村供求信息服务电话”，开办镇科技信息服务之声有线广播节目，公布产品供求信息210条，解答咨询电话200多次。2008年，县农学会组织科技人员深入田间地头为农民提供技术咨询服务100多项。

（二）水果种植科技咨询服务

1999年，县果树协会、农学会组织专业人员对龙眼、荔枝种植品种进行鉴定，调查种植品种、数量及分布等状况，指导果树生产。2004年，组织会员对果农进行技术咨询指导，并承包部分果园种植。至2008年，县果树协会每年都为水果种植提供科技咨询服务。

（三）渔业科技咨询服务

1989年，县水产学会开展新网具设计、导航仪应用与维修、机械节能、网箱养鱼、引进罗非鱼等10多项咨询服务。1994年，开展养殖、海洋捕捞、新仪器应用咨询。2000年，开展鲍鱼养殖和牙鲆产业化养殖咨询服务。2008年，县水产学会开展以鲍鱼和牙鲆产业化养殖为主的养殖、海洋捕捞、新仪器应用等咨询服务共150多项。

（四）工业科技咨询服务

1989年，县工学会二轻组为企业改装塑料窗帘生产线等技改项目提供8项咨询服务；又为县鱼钓厂制切线机等技改项目提供16项咨询服务。盐业分会为西港盐场技术改造提供咨询，使食盐的氯化钠含量提高1.02%，水含量下降0.72%，食盐合格率提高8%。1995年后，县工学会为食品罐头企业生产技术改造提供咨询服务。2008年，为企业生产技术改造提供咨询服务30多项。

（五）水电科技咨询服务

1994年，县水电学会开展东山风力发电项目论证咨询等。1999年，组织人员为冬古避风港、港西海堤及两座水库的设计规划提供服务。2001年，为海堤修建、除险加固、道路排水等工程设计提供咨询，为防洪减灾提供依据。2008年，为海堤修建、除险加固、水库设计规划、道路排水和饮水工程建设提供咨询服务20项。

（六）环保科技咨询服务

1999年，县环保学会开展鲍鱼养殖区水质调查与控制项目，为养殖户提供咨询，并及时通报。2001年4月，在八尺门海域发生网箱死鱼事件中，县环保学会及时监测，为养殖户提供防止死鱼的有效办法。

第三节　科技培训

一、短期科技培训班

1989—2008年，县科技局、县科协及各专业学会延续举办实用科技培训班。1992年，举办各种实用技术培训班42期，培训2325人次；举办科技讲座24场次，听讲者4466人次，主要讲座有芦笋、蔬菜、水果种植与病虫害防治、水产品养殖等。1996年，县科协举办果树栽培、水产养殖、食用菌栽培、芦笋种植等培训班60期，培训6038人次；举办科普讲座72场，听讲者6810人次。1998年，举办各类实用技术培训班65期，共培训7300人次，学习农业新品种栽培新技术，结合农时季节现场指导生产。此后，每年县镇科协及各专业学会都举办各种短期实用技术培训、讲座等。2008年，县科协、各专业学会举办各种培训班、讲座24期，培训农民技术人员2000多人次。

二、农函大技术培训

1993年，福建省农民函授大学在县内设东山分校，开办果树、作物管理、海水养殖、蔬菜栽培、市场营销、经营管理等6个专业班，学制一年，招收学员近300人，学员以初高中文化程度的农村党员、干部为主。学习方式以收看电视授课为主，并结合现场授课，学业完成时进行结业考试。当年，县内农函大招生384人，1994—2007年，每年都招收新学员300多人。农函大东山分校于1998年被福建省科协和省农函大总校联合评为1993—1998年度先进分校。至2008年，县内参加农函大学习的学员累计4150人。

第四节　科技推广

一、农业科技推广

1989—2008 年，东山县引进研究推广的农业科技主要是芦笋种植与虫病防治，推广美国、荷兰、日本芦笋良种（14 个品种）种植、稀土施肥法、绿洲芦笋营养液应用、芦笋园改选综合技术；米乐尔防治芦笋赤斑病、线虫病；农地乐防治芦笋夜蛾害虫。蔬菜种植主要引进研究推广台湾毛豆、黄秋葵、牛蒡等栽培技术，建立示范村、示范户、种植基地与培育典型，而后全面推广。樟塘镇建立 3 个蔬菜种植示范村，有示范户 50 户、示范基地 4 处。果树栽培主要引进研究推广台湾芭乐、凤梨释迦、黑珍珠莲雾、无籽西瓜、哈密瓜杂交一代新世纪一号、金皇芒果、软枝杨桃等果树。东山岛滨海沙生植物园先后从国内外引进果树、蔬菜、药用植物品种 134 个，经研试、示范，多数品种得到推广种植。东山岛滨海沙生植物园成为县、市、省科普教育基地。

二、渔业科技推广

1989—2008 年，东山县海洋捕捞业研究推广应用导航仪、定位仪、疏目流刺网，强光光诱鱿鱼渔法，船用系统报警器、雷达设备等。水产养殖业研究推广台湾九孔鲍、鲍鱼、牙鲆鱼、石斑鱼养殖，以及扇贝、贻贝、花蛤、文蛤、巴非蛤、东方螺、梭子蟹、乌塘鳢、大菱鲆、台湾的菊花心龙须菜等养殖技术。欧洲鳗工厂化养殖设备与技术，虾池鱼虾贝混养技术，多种网箱养殖技术，鲍鱼吊养，太平洋牡蛎吊养等养殖新技术成功推广。20 年间，建立县、镇、村示范船、示范户、示范场，通过示范点研试，总结经验，全面推广。

三、林业科技推广

1989—2008 年，东山县林木种植主要引进研究推广木麻黄 501、601、701 及湿地松等新品种，同时推广木麻黄容器育苗法及容器苗造林法、沙地林带间种果树、沙质地引种巨尾桉、沙地种竹等新技术，增加生产效益。

四、水利科技推广

1989—2008 年，东山县水利部门实施推广节水灌溉技术与设备，在芦笋、蔬菜、水果种植推广使用，从而节约水资源，减轻劳动强度，提高生产效益。

五、工业科技推广

1989—2008 年，县经济（工业）部门主要推广燃烧锅炉水膜除尘工程等技术。

第五节　学术交流

1989 年，县科技局、县科协及各学会研究会继续以会刊、年会、专题会等形式开展学术研究交流活动，并有学术论文在市、省、全国性刊物发表。1994 年，县直各学会、协会、研究会开展专业学术交流活动 25 场，参加 1358 人次，发表学术论文 107 篇，其中，在国际性刊物发表 6 篇，国家级刊物 36 篇，省级刊物 38 篇。有 3 篇被选送参加国际性研讨会，2 篇获全国优秀论文奖。

1997 年，县科协及下属各学会、协会开展学术交流活动共 61 场，参加 6400 人次，论文 128 篇。其中，在国家级刊物发表 42 篇；在省级刊物发表 58 篇，有 28 篇论文参加省级以上学术交流。

1998 年，邀请美籍华人、芦笋专家王先生到东山做学术报告，介绍世界芦笋生产情况、新的管理技术及优良品种，对东山芦笋生产具有现实指导作用。1999 年，县果树协会撰写的《龙眼丰产优质栽培技术》《荔枝青年树稳定栽培技术》在《中国南方果树》刊物发表，2000 年，《荔枝青年树稳定栽培技术》论文获漳州市第三届自然科学优秀论文一等奖。县环保学会撰写的《东山县水产养殖和近海域环境保护》论文参加省级学术研究交流。2003 年，县科协选用论文 4 篇，参加科技进步与《工业立市》为主题的漳州市科协学术年会。其中《抓龙头、创名牌、促发展，建设东山水产精深加工业基地》一文，入选年会论文集。2006 年，县科协、科技局及县水产学会联合举办以海洋捕捞与渔业安全生产为主题的学术交流活动，参与人员 80 多人，收到论文 6 篇，县科协将论文汇编出版，其中选用 3 篇论文参加市学术年会交流。2008 年，县科协、县各学会、研究会举办科技交流年会、专题会等 38 场。

第三章　科技成果选介

第一节　农业科技成果选介

一、白芦笋低产园改造技术

1995 年，由县农业技术推广站林岳生、林淑芬、沈金发、徐惠玲（女）、林东辉等组成课题组，对白芦笋低产园进行技术改造研究。通过土壤改良，加强病虫害综合防治，增施有机肥，推广配方施肥等方法，提高中低产芦笋园的产量和品质，促进芦笋产量的提高。该成果获漳州市人民政府 1996 年科技进步三等奖。

二、沿海沙地龙眼栽培技术研究

1996 年，由县农业局、东山岛赤山林场、县英才联谊会的林添发、李辉耀、陈胜、沈广湖、陈朝国组成课题组，根据沿海沙质地风大、种植条件差等特点，在沿海防护林带内的沙质地上栽培龙眼树。经 3 年试验攻关，取得成功，为沿海防护林实现经济效益与防护效益结合探索新路。该成果获漳州市人民政府 1997 年科技进步三等奖。

第二节　渔业科技成果选介

一、小机船光诱鱿鱼缯研试

1989 年，由陈泉、蓝希文、陈锦坤等组成项目组，研究小机船光诱鱿鱼缯（包括台湾海峡枪乌贼，资源探捕调查及渔具渔法研究专题）。通过设计光诱鱿鱼缯，开发利用闽南及台湾浅滩渔场鱿鱼资源，经济效益较高。该成果获福建省人民政府 1989 年科技进步三等奖。

二、LYXG-4/40Q 型舷侧滚筒起倒式液压流刺网起网机试验推广

1990 年，由王小凡、朱健康、游远新、陈锦坤等研究试验，1991 年试验完成并推广应用。该项目解决底层刺网作业时用手抓起网难题，使网片投放提高 6 倍并节省劳力 50%。该成果获福建省人民政府 1993 年科技进步三等奖。

三、机帆船灯光围网高产稳产技术研究推广

1993 年，由蓝希文、吴养生、陈锦坤、吴金泰等研究完成。通过项目研究在灯围技术上取得突破，更新原机帆船动力与光源配置；运用卫星云图、渔况速报，提供生产临时预报，可进行百米以上深海围捕；通过对东沙北部海区探捕，查明其海区作为福建灯围作业的更替渔场。该成果获农业部 1994 年全国农牧

渔业丰收二等奖。

四、东山湾渔业水质监测与养殖生物病害监测

1993 年，由县水产局陈锦坤、谢跃生、云霄县水产局刘国春和福建省渔业环境监测站的陈超群、阮金山、李秀珠（女）等 5 人共同承担完成。通过监测获取一定成效。该成果获农业部渔业局 1994 年渔业环境监测成果三等奖。

五、高体鰤鱼人工繁殖与育苗技术

1994 年，由漳州市东山湾水产增殖中心、厦门水产学院（后改名集美大学水产学院）联合组成课题组，成员有黄佳鸣、陈昌生、林振泰、何华武、廖志强。通过对高体鰤鱼人工育苗与养成试验，至 1996 年育出鰤鱼苗 22.4 万尾，并在亲鱼培育、饵料生物大规模连续培养和营养强化、水质控制，以及用中、西药结合办法防治病害等方面取得重大突破。该成果获福建省人民政府 1997 年科技进步三等奖。

六、云霄万亩泥蚶养殖技术

1997 年，由福建省水产技术推广总站、省水产研究所、云霄县及其峛屿、陈岱、东厦的水产技术推广站、东山县水产技术推广站、漳浦县水产技术推广站、漳州市水产技术推广站等单位组成项目组，参与研究人员有马平、陈文龙、苏碰皮、吴成洲、钟传明、方志亮、吴泽港、陈顺添、陈贵顺、郑志坚、李复生、何伟湃、郑向阳、林阿乞、许清浦、陈永有、赵建忠、张良松。该项目通过云霄县泥蚶“168”工程研究、实验与推广，成效显著。该成果获农业部 2005 年全国农牧渔业丰收二等奖。

七、牙鲆南方人工育苗及产业化养殖示范

2001 年，由厦门铁路实业发展有限公司东山水产养殖基地实施，课题组成员常建波、常林、韩家英、徐建成、林克明。把北方鱼种牙鲆移植南方育苗，在国际上首次纬度南移 14° ，取得成功，推进东山水产养殖业的发展。该成果获得漳州市人民政府 2002 年科学技术进步一等奖、福建省人民政府 2003 年科技进步二等奖。

八、南方海区牙鲆人工繁育技术研究

2005 年，由林越纠、蔡良候、曾庆民、何伟湃等开展该项目研究并取得成功。该成果获厦门市人民政府 2005 年科技进步二等奖。

第三节　林业科技成果选介

一、木麻黄地理种源及抗主要蛀干害虫的研究

1989 年，由东山赤山林场、省林科院、泉州市森林病虫害防检站、惠安赤湖林场、厦门市森林植物检站等组成课题组，成员有黄金水、陈任、丁必、朱配演、高美玲（女）。该研究历时 13 年，通过对各木麻黄种源抗主要蛀干害虫进行系统调查、观察、分析，判定木麻黄种源 C39、C40 为最佳种源。该成果获福建省人民政府 2001 年科技进步二等奖。

二、滨海沙地二代更新树种选择试验

1991 年，由东山赤山林场、漳州市林业科技站、漳州国营林场组成课题组，成员有方添源、林清顺、王伯能、李思敬、江进钦。通过滨海沙地二代更新树种选择试验，引进树种 20 余种，筛选出具有抗风、速生、抗旱、少病、适应性广的湿地松、明果松树种，促进木麻黄更新和防护林体系建设。该成果获漳州市人民政府 1992 年科技进步二等奖，福建省人民政府 1993 年科技进步三等奖。

三、海岸带木麻黄防护林更新改造和风口困难立地造林技术研究（一）

1995 年，由东山赤山林场、省林科院、漳州林业科技推广总站、惠安赤湖林场组成课题组，成员有张水松、叶功富、徐俊森、林武星、陈洪。此项目由“八五”国家重点科技攻关项目、“九五”国家重点科技攻关项目和福建省重点科技计划项目组成。通过研究寻找木麻黄低产、低质、低效林成因，提出木麻黄更新改造系列化技术。该成果获福建省人民政府 2001 年科技进步二等奖。

四、沿海沙地丛生竹生长效果评价与造林技术研究

1999 年，由东山赤山林场、漳州市国有林场管理处、漳浦下蔡林场组成课题组，成员有何水东、姚庆瑞、林国华、陈礼光、邹明辉、苏金德。应用丛生竹生物学特性和丰产结构等机理，根据沿海风积沙土和潮积沙土特性，采用容土法营造绿竹、麻竹、吊丝单竹等丛生竹，获良好效果，提高沿海防护林的社会经济效益。该成果获漳州市人民政府 2000 年科技进步三等奖，获福建省人民政府 2001 年科技进步三等奖。

五、木麻黄优良无性系沙培技术研究与应用

1999 年，由东山赤山林场的陈胜、李永林、何水东、姚庆瑞、陈玉珠（女）组成课题组。以木麻黄无土栽培中的沙培技术为载体，开发木麻黄优良苗木插育技术。该成果获漳州市人民政府 2000 年科技进步三等奖。

六、海岸带木麻黄防护林更新改造和风口困难立地造林技术研究（二）

2002 年，由省林科院、东山赤山林场等联合研究，课题组成员有叶功富、陈胜、谭芳林、姚庆瑞、李永林。根据沿海防护林树种较为单一、稳定性差等问题，通过对各种相思树种在沿海沙地上的栽培试验，以及对抗风和抗旱性测定，提出相思树种在沿海沙地上种植发展的应用模式，对沿海防护林建设具有重要的指导意义。该成果获福建省人民政府 2005 年科技进步三等奖。

第四节　工业建筑业科技成果选介

一、9FWS-40 型无筛粉碎机

1989 年，由省机械研究所与县农械厂合作，研制人员郑文远、林建成、林晓荔、谢远大、袁玉兰（女）。产品适用于中草药、各类食品及饲料的粉碎加工，无须筛网，一次可出成品。该成果于 1991 年通过省级鉴定，获福建省人民政府 1994 年科技进步三等奖。

二、流态单体速冻蔬菜

1990 年，由县供销速冻厂林章武、冯明祥、黄汉波、谢文勇、陈福添组成课题组。采用流态化单体速冻技术，使产品在外形及内在风味都基本保持新鲜蔬菜特色。该成果获福建省人民政府 1991 年“星火科技”三等奖。

三、异型鱼钓的研制

1990 年，由县渔钓厂实施，陈美贵、张寿择、颜启顺、洪志强、陈春辉组成课题组。异型鱼钓产品，造型新颖，结构合理，具有挂钓容易、脱钓难的特点，是鱼获物上钓率较高的新型鱼钓。该成果获漳州市人民政府 1991 年科学技术进步三等奖，同年获省二轻工业厅科技进步二等奖。

四、ZKZ-3A 单索自动后合式抓斗

1990 年，由县搬运公司林开河、朱添来、李福寿、杨和、陈命等人研制完成。该产品具有设计合理、

款式新颖、结构简单、操作方便、安全可靠、节能降耗、作业效率高等特点，广泛适用于装卸作业。该成果获漳州市人民政府1992年科技进步三等奖。

五、蓄电池吸附式复合隔板

1992年，由县蓄电池配件厂与县经济局合作，课题组成员林文其、陈沛泽、陈春辉、严溢宏、林聪毅。该产品利用超细玻璃纤维高温制成，是传统PVC隔板的升级产品，使用期大为延长。该成果获漳州市人民政府1995年科技进步三等奖。

六、东海牌船用八股绳

1993年，由县塑料绳缆一厂的林龟、方植英、许智强、孙清水、周乌定研制完成。产品制作工艺特殊，拉力强，耐磨。产品经过省级鉴定，技术水平达国内同类产品领先。该成果获漳州市人民政府1995年科技进步三等奖。

七、气动排料阀的研制与应用

1996年，由县硅砂矿码头管理处陈振春研制完成。具有滤水性好、操作简单、减少生产损耗、降低劳动强度，提高劳动效率等优点。该成果获漳州市人民政府1997年科技进步三等奖。

八、滚筒式型砂洗选机研制

1997年，由县矿产资源开发公司承担，由林元峰、李长炳、黄振耀、王平添、陈细章研制完成。采用液态水洗滚筒筛选技术，提高产品品位和产量，减少产品含泥量，使天然砂含泥量保持在0.2%以下。该成果获漳州市人民政府1999年科技进步三等奖。

第五节　环境科技成果选介

一、江蓠对养殖污染海水修复技术研究

1994年，由县环保监测站、厦门大学海洋与环境学院、东山科华公司组成课题组，成员有汤坤贤、袁东星、林征木、陈敏儿（女）、林泗彬。针对东山海水养殖污染严重，选择大型藻类江蓠为实验品种，通过养殖污染海水生物修复技术研究，证实江蓠在生长过程具有吸收水中营养盐，产生溶解氧，改善水环境具有明显作用。该成果获漳州市人民政府2002年科技进步三等奖，又获福建省人民政府2005年度科技进步二等奖。

二、福建典型海水养殖区富营养化的生物修复技术研究

2001年，由厦门大学、福建省海洋研究所、东山县环境监测站组成课题组，成员有焦念志、梁红星、冯坤贤、钱鲁闽、方少华、徐永健、袁东星。在江蓠对养殖污染海水修复技术研究的基础上，通过对福建典型海水养殖区进行更为全面和更宽广领域的试验，为净化典型海水养殖区、防止赤潮产生闯出新路。该成果获国家环保总局2004年科技进步三等奖，又获福建省人民政府2005年科技进步二等奖。

第六节　其他科技成果选介

一、东山湾导流工程可行性研究

1993年，由漳州市科委、中国水产科学院渔业工程研究所、县政府、漳州市水产局组成课题组，成员有薛正锐、谢真、陆阿枝、曲广平、苏孝道。根据东山湾西部水域趋向富营养化，水产资源受损状况，提

出对东山湾另开一条沟通外海的水道，兴建导流工程方案。经研究，确认打开八尺门海堤，使东山湾西域海水交换状况明显改善，是为最佳方案。通过实施导流工程，既利于生态环境改良和水产业发展，也有利于旅游业发展及港口建设。该成果获福建省人民政府 1995 年科技进步三等奖。

二、东山县海岛资源与社会经济发展情况调查报告

1993 年，由县科委林锡源、林水平、欧惠聪完成。以翔实资料，对东山岛社会经济发展历史与现状、社会经济发展条件及资源利用情况作出客观分析与评价，提出今后海岛开发利用的设想。该成果获漳州市人民政府 1995 年科技进步三等奖。

三、白蚁混合型危害防治技术研究

1994 年，由县白蚂蚁防治技术研究所的杨登良、杨登福、杨登松、杨钦武、杨黎武共同完成。是针对具有顽固抗药性蚁种的新型防治技术，破解传统防治方法对上述蚁种防治无效的难题。该成果获漳州市人民政府 1997 年科技进步三等奖。

四、东山县基本风压值编制

1995 年，由县建委、福建省气候中心和县气象局合作，由刘文光、朱金权、李梅（女）、许朝琦、林晓聪、章志兴组成课题组。通过对不同风压指标和经济指标分析，提出 10 年、50 年、100 年的基本风压数据，数据被编入国家标准《建筑结构荷载规范》（GB 50009-2001）。该成果获漳州市人民政府 1997 年科技进步三等奖。

第四章　可持续发展实验区建设

第一节　可持续发展实验区设置与规划目标

一、可持续发展实验区设置

1996 年 11 月，东山县被省计划委员会确定为全省社会事业与经济协调发展改革示范点。1997 年 3 月，成立东山可持续发展实验区领导小组，县政府主要领导为组长，下设办公室，挂靠县科技局。1998 年 5 月，东山县列入福建省首批可持续发展实验区之一。2001 年 8 月，东山县被国务院批准为国家级可持续发展实验区（时为全省唯一）。

二、可持续发展实验区规划目标

1997 年 10 月，《东山可持续发展实验区规划》（简称“规划”）编制初步完成，2001 年 4 月，“规划”通过国家科技部组织的专家论证。东山可持续发展实验区总体目标是：积极推进发展模式转变，确保东山经济可持续快速健康发展，实现人口素质与社会生产力发展相适应，环境质量与生活质量同步提高，经济与社会、物质文明与精神文明协调发展。到 2005 年，基本实现宽裕型小康，到 2010 年实现第三步战略目标奠定比较坚定的经济基础、资源基础、环境基础和生态基础，生活质量和环境质量达到世界中等发达国家和地区水平。2008 年 12 月，东山可持续发展实验区顺利通过科技部组织的专家组实地考察验收。

第二节　可持续发展实验区实施成果

一、可持续发展经济体系建设

（一）农业经济向高、优、特方向发展

东山县可持续发展实验区以建设全国生态农业试点县为目标，在芦笋、水果、海洋捕捞、水产养殖四大基地建设中优化结构、提高质量，注重向高、优、特方向调整结构，促进整体素质和效益的提高，实现农业经济可持续发展。芦笋种植走改良品种、集约经营的道路，建立芦笋标准化和无公害生产示范片，使芦笋产量比建区前提高30%，质量也大为提升。同时，引进台湾凤梨释迦等10多种优质水果种植近万亩。水产业结构趋向合理。新推广钢质渔轮数百艘，部分渔船开展远洋捕捞作业。牙鲆、青石斑、鲍鱼等精品养殖发展迅猛。农业标准化建设有效地推进，白芦笋和九孔鲍鱼获省级名牌农产品称号。在全省率先建立贝类卫生监控系统。

（二）生态型工业体系初步建立

东山县可持续发展实验区建立后，县政府确定“工业立县”战略，加快推进新型工业化进程，东山逐渐形成以高新技术开发为重点、经济技术开发区为载体、工贸小区为补充的新型工业区布局。旗滨玻璃厂、风电厂等项目建成投产，使东山工业发展进入一个全新的发展时期。

（三）环境保护和工业建设同步进行

东山可持续发展实验区建立后，县政府先后投入2300多万元治理工业污染，工业废气全部达标排放，实现县城“烟尘控制区”覆盖率 100%。新建设项目环保设施执行率达 100%。清洁生产工艺普遍推广，至2008年，全县有28个工业企业通过HACCP管理体系和1SO 9000产品质量认证。

（四）海滨旅游为主的第三产业日趋繁荣

东山旅游品位不断提高。至2008年12月，东山风动石景区成为国家AAAA级景区。东山先后举办世界和全国帆板冠军邀请赛、全国沙滩排球赛、闽台关帝文化节等活动。东山生态型旅游业的发展，有效地带动宾馆、餐饮、交通等服务行业的发展，使东山以滨海生态旅游业为主的第三产业规模日益扩大，质量不断提高。

二、可持续发展社会体系建设

东山可持续发展实验区建立，至2008年12月，连续3次顺利通过国家科技进步考核，被评为全国科技进步先进县。人口与计生工作连续多年被评为全省一类先进县，学校德育工作被评为全省德育先进县；三级卫生保健网络不断完善，医疗卫生保健水平有所提高；广播电视事业实现村村入网综合覆盖率100%；城乡居民最低生活保障制度落实；拥军支前工作多次被评为全省双拥模范县、全国双拥模范县称号。社会治安状况良好，万人刑事案件发案率多年在万分之五以内。东山县被市政府评为安全生产工作先进县。

三、建立环境保护机制

1998年5月，东山县开始实施可持续发展实验区，至2008年12月，全县环境建设体系逐步完善，有效控制污染排放。东山近海为全国唯一尚未被污染的良好海域，大气和海水质量优良。工业生态系统不断改良，防护林持续建设，防护林带之间推广水果、竹等经济作物种植，巩固农林复合系统，赤山海滨森林公园升级为国家森林公园。

科学规划小城镇建设，提高土地、水资源的利用效率，美化人居环境。引进以色列节水灌溉技术，建设万亩节水示范片。海洋资源的开发与保护并举，建立东南沿岸海岸带、海底珊瑚带、海洋生物多样性3个保护区，促进海洋资源的可持续开发。

第五章 管 理

第一节 机 构

一、行政机构

（一）东山县科学技术局

1989年，沿设县科学技术委员会，行政编制6人，下设科技情报所、新技术开发站、县地震办公室（均为事业单位）。

1997年6月，县科委改现名，编制6人，下设机构不变。1998年10月，增设信息网络站，2001年8月，增设生产力促进中心。2008年，行政编制人员6人。

（二）东山县可持续发展实验区领导小组办公室

1997年3月，成立县可持续发展实验区领导小组办公室，挂靠县科学技术局，为一套人马、两块牌子，主任由局长兼任。至2008年不变。

二、事业单位

（一）东山海洋环境监测站

1989年，沿设国家海洋局东海分局东山海洋站，隶属国家海洋局厦门海洋预报台，内设办公室、预报室。2001年，更名为国家海洋局东山海洋环境监测站，隶属国家海洋局厦门海洋环境监测中心站，为正科级单位，内设办公室、预报室、环境监测室。2008年，有工作人员9人，其中工程师6人，助理工程师2人。

（二）东山县气象局

1989年，沿设县气象局，配局长1人、副局长2人；内设填图组、报务组、办公室、预报股、测报股。1998年，撤销填图组、报务组。2003年4月，增设防雷中心和避雷装置安全监测所。2008年，县气象局工作人员20人，其中工程师7人。

（三）东山县气象台

1989年，沿设县气象台，与东山县气象局为一套人马、两块牌子。至2008年不变。

（四）东山海洋预报台

1999年初，东山海洋预报台成立，与东山海洋站为一套人马、两块牌子，内设办公室、预报室、环境监测室、实验室。至2008年不变。

（五）东山县地震办公室

2004年7月，成立县地震办公室，为正科级事业单位，编制4人，与科技局合署。2008年，工作人员4人。

第二节 科技成果评奖

一、县科技成果评奖

1989年后，东山县政府每两年组织一次科技成果评选奖励。科技成果由成果完成单位或个人申报，经县政府科技成果评审委员会审评，县政府颁布奖励。

县科技进步奖项目：1990—1991年度24个（一等奖4个、二等奖13个、三等奖7个）；1992—1993年度33个（一等奖6个、二等奖18个、三等奖5个、特别奖1个、嘉奖3个）；1994—1995年度40个（一等奖6个、二等奖12个、三等奖16个、特别奖3个、嘉奖3个）；1996—1997年度29个（一等奖1个、二等奖10个、三等奖12个、特别奖1个、嘉奖5个）。此后，至2008年，县内未进行县科技项目评奖。

1990—1991年度东山县科技进步奖项目一览表

表27-2

奖级	项目名称	完成单位	主要完成人员
一等奖	盐田藻垫在盐业生产上的应用	县西港盐场、省盐务局、县盐管处	黄镇江、罗青、翁耆、陈开龙、赖绍文
	25QD1.5X16～0.37旋涡式单相潜水电泵	县潜水电泵厂 福建省机械研究院	胡保仁、黄保义、董定钦、游明理、杨长和
	9FWS-40型无筛粉碎机	县农械厂	林晓荔、谢远大、吴亚发
	针刺加温和灸治疗呃逆	县中医院	陈素华（女）、汤仰红（女）
二等奖	一品乐芦笋茶	县技术开发中心站	陈开亮、吴耀辉、沈义成、蔡荣钦
	半烧结平底坩埚	县陶瓷厂、工业局	黄建添、林细忠、游明理
	弧形筛应用研制	县硅砂矿	杜文树、钟国强、陈兆生、陈芳生、林炳坤
	建筑工程应用电子计算机辅助设计	县建筑设计所	朱金权、许朝琦、朱士鹏、林晓聪
	无沙海蜇皮	县铜陵海产制品厂 省农学院	陈振魁、林建杰、卢永泽、卢志中、黄启章
	松节油合成松油醇系列产品	县香料化工厂 省轻工业研究所	林细桂、吴启莲、林文平、林琼平、林　伟
	东山县恶性肿瘤死亡变动及流行因素初探	县防疫站、县医院	钟景长、郑登魁、林怡和、李俊鑫
	浅谈《内经》理论在儿科的应用	县中医院	余定辉
	院外联合化疗37例多菌型麻风三年疗效观察	县防疫站	欧阳寿镇、杨光颐、江定森、郑登魁
	白蚂蚁防治	西崎小学	杨登良
	旱地粮油工程示范与推广	县农业局、杏陈镇农技站、陈城镇农技站	张云生、林建国、沈成义、陈树鸿、林和平
	三千亩吨粮田开发	杏陈镇农技站、杏陈镇科委	林建国、黄文庆、林促尼、郑天德、高才金
	单性罗非鱼养殖技术的推广应用	县科委　西埔镇	林加和、林锡源
三等奖	ZKZ-3A单索自动启合式抓斗	县搬运公司、县技术开发中心站、县港务局	林开河、翁德来、沈义成、朱天来、李福寿
	加强科技管理促进企业经济发展	县工业局生产技改股	游明理、杨宝孝、林吉庆
	钻孔浇注桩技术应用	县第一建筑公司	周正钦、黄振平、李天寿、刘定寿、谢国平
	纸浆废液在建筑砂浆中的应用	县第一建筑公司	陈坤寿、周正义、杨武泽
	机砖厂轮窑技术改造	后林第一机砖厂 杏陈镇科委	林云生、黄文庆、林火生
	应用成品塑料预成全牙列的临床体会	县中医院	朱文鑫
	疏腹有翼张网的应用推广	铜陵镇第二渔业公司 铜陵镇渔办	陈定坤、陈国民

1992—1993年度东山县科技进步奖项目一览表

表 27-3

奖级	项目名称	完成单位	主要完成人员
一等奖	东山县海岛资源与社会经济发展情况调查报告	县科委	林锡源、林水平、欧惠聪
	机帆船灯光围网高产稳产技术	县水产局、铜陵渔办	陈锦坤、陈国民、络美丽（女）、朱联生、何伟湃
	炼焦油防渗技术在水工建筑物的应用	县水电局 向东渠管理处	欧定期、王永添、陈定松、何东明、麦约瑟（女）
	黏土烧结空心砖研制	建美机砖厂	陈劲松、林瑛金、林春兴、林平盛、林水坤
	浅谈扶正救急法在中医儿科急症的应用	县中医院	余定辉
	小针刀治疗桡骨茎突狭窄性腱鞘炎	县医院	陈锦辉
二等奖	木麻黄小枝切基砂培法技术研究与应用	赤山林场	陈　胜、李思敬、曾国容
	东山县国土规划研究报告	县计委	林定波、沈永祥、蔡林通 林则森
	甘茹新品种金山57的引进试验与推广	县农业局	张云生、林添发、黄加瑶、沈成义、徐惠玲（女）
	绿叶素液肥对芦笋的产量效应	县农业局	林添发、林淑芬（女）
	东山湾渔业水质监则与养殖生物病害监测	县水产局	陈锦坤、谢跃生、林清海、林顺来、吴石坤
	拖网网具改革与推广	县水产局	杨登松、田秉坤、李复生、周韶华
	塑膜水泥砂浆防渗技术的应用	县水电局	周立奇、王永添、陈定松
	对虾生长关键期的气候研究	县气象局	蔡连娃（女）、章志兴、林哲来
	型砂生产工艺的技改成果应用	梧龙硅砂矿	郑务慧、傅杨才、陈铁顺、张文孝、谢冲跃
	东山县近岸海域环境功能区划及其说明	县环保局	汤坤贤、张忠华、李结生、林锡源、田秉坤
	新型竹制钓鱼竿研制	县农渔具厂	林胜国、陈　忝、谢德欣
	高密度聚乙稀牙签丝研制	县一塑制品厂	陈坤福、温金寿、许炳辉、胡宝孝、林则超
	中医药学应用与现代科学技术结合以适应市场竞争	县中医院	余定辉
	东山县居民健康水平与死因变动简析	县防疫站、县医院	钟景长、郑登魁、林怡和、李俊鑫
	东山岛海马、海蛇资源调查与开发设想	东山第一中学	林士忠
	关于海岛白蚁混合型危害防治技术研究	白蚁防治技术研究所	杨登良、杨登福、杨钦武
	拟大须鲸骨骼标本的研制	东山第二中学	欧盈茂、陈宗禧、董惠珠（女）、翁喜鹤
	U型砼膨胀剂推广应用	县建设委员会	朱金权、游友德、许朝琦、欧洪东、陈汉周
三等奖	东山港口经济发展的总体设想	县计划委员会	王振声、沈永祥、曾国东、林则森、翁伟庄
	涤纶无结节灯光围网试验	铜陵镇渔业一公司	谢松辉、黄火生、陈国民、朱朝忠

续表 27-3

奖级	项目名称	完成单位	主要完成人员
三等奖	粉喷桩技术推广应用	县建设委员会	朱金权、谢朝琦、游友德、李主忠
	东山县幼妇卫生保健状况调查分析	县卫生防疫站	何亚珠（女）、钟景长
	台湾番木瓜良种引进推广	科协特种禽研究会	林捷盛
特别奖	中国民间文学集成福建卷东山分卷编	县博物馆	孙英龙
嘉奖	滨海砂地二代更新树种选择的试验	赤山林场	方添源、江进钦、李思敬
	9FWS-40 型无筛粉碎机	县农械厂	林晓荔、谢远大
	ZKZ-3A 单索自动启合式抓斗	县搬运公司	林开河、朱天来、李福寿

1994—1995 年度东山县科技进步奖项目一览表

表 27-4

奖级	项目名称	完成单位	主要完成人员
一等奖	东山县基本风压值编制	县建筑设计院 县气象局	朱金权、许朝琦、林晓聪、章志兴
	泥蚶人工育苗技术研究	华联（东山）水产开发公司港育苗场、县科技局	张善结、林进聪、林锡源、曾志成、方惠添
	中华乌塘鳢育苗技术研究	东兴粮行养殖场、杏陈镇	何云生、黄文庆、周文彬
	三宝液	广益堂保制品厂	蔡国柱
	富含 DHA 天然鱼油的开发	东山智星生物工程开发有限公司	陈嘉彦、蔡志坚、蔡志伟 欧阳瑞珍（女）
	胃癌单克隆抗体金标免疫法检测 400 例结果分析	县医院	陈华生
二等奖	虾池套养泥蚶	高陈村	高清风、何秋顺、高成富
	精心组织、搞好科技示范镇建设	樟塘镇政府、县科技局	林素兴、张朝胜、林锡源 郑凯禅、张海鹰
	东山县森林病虫害种类及主要病虫害防治	县林业局	林建发、林荣春、陈玉珠（女）
	港口村 500 亩低产芦笋园改造示范片	县农技站、陈城镇农技站	佘朱坤、林淑芬（女）、林文祥、曾海滨、林岳生
	新型改性 PVC 异形材研制	县工业塑料厂	胡宝仁、黄保义、董定钦、叶成东、胡添勇
	蝴蝶画工艺品	县文化服务公司	林贵福、赖水福、林永吉、李宗庆
	气动排料阀	县硅砂矿、硅砂码头机修厂	陈振春、陈定全
	海带结加工	海魁水产集团有限公司、县科技局、铜陵镇政府	陈振魁、高安顺、陈锦坤、吴成业、黄族和
	中药内服外洗治疗新生儿硬肿症	县医院	余定辉、林木珍

续表 27-4

奖级	项目名称	完成单位	主要完成人员
三等奖	帽状腱膜瓣修复硬脑膜缺损	县医院	高清洁
	恙虫病 415 例临床分析	县医院　县防疫站	张清福、葛保罗
	肺痿新析	县中医院	黄登金
	龙眼嫁接技术研究与推广应用	县农技站 樟塘镇农技站	李辉耀、林东辉、张云生、张朝胜、朱武黎
	龙眼速生快长栽培技术研究与应用	县农技站	李辉耀、张云生、曾海滨、林东辉、徐惠玲（女）
	发展高优立体农业，促进龙眼速生快长	樟塘镇农技站	张朝胜、佘如福、张章成、张进如、张进添
	绿洲芦笋根部营养液追施芦笋的肥效试验	县农技站、陈城镇农技站 樟塘镇农技站	佘朱坤、林和平、张朝生、杨冬发
	回弹检测技术应用与推广	县建设局检测中心	陈德兴、何舜玲（女）、黄锦辉、张玉梅、蓝志琼
	160 家用薯类磨粉机	县农械厂	林晓荔、吴亚发、刘辉海
	脱脂金枪鱼冻片	铜陵海味厂	黄　海、朱水树、黄智猛、黄博武
	双倒刺钓鱼钩	铜兴渔钓厂	陈　猛、颜志强、洪志强、黄振东
	节能灯镇流集合模块研制	八达贸易有限公司	林华钦
	洋栖菜加工	西埔芦笋速冻厂	谢成川、陈文水
	麻黄附子细辛汤治疗顽固性寒热 43 例	县中医院	黄启畴
	东山县基本消灭丝虫病后期监测	县防疫站	翁锦坤、陈旭东、徐健清
	一起奇异变形杆菌食物中毒的报告	县防疫站	施惠娇（女）、林进添
	161 份 HBeAg 阳性 HBeAg 血清流行病学调查	县防疫站	钟景长、汤乃胜
	芦笋病虫害的监测及防治	县农技站、陈城镇农技站	张云生、徐惠玲（女）、佘朱坤、沈金发、林和平
	搞好科学管理，促进企业发展	县第一塑料制品厂	陈坤福、温金寿、许炳辉、胡宝孝
特别奖	东山城市设计浅谈	县建筑设计院	朱金权
	“东山史前文化及其在闽台史前文化交流中的地位”调研	县博物馆	孙英龙、蔡保金
	新编《东山县志》	县地方志编纂委员会	黄启注、方耀铿、许林耀
嘉奖	东山县海岛资源与社会经济发展情况调查报告	县科技局	林锡源、林水平、欧惠聪
	蓄电池吸附式复合隔板	县蓄电池配件厂	林文棋、陈沛泽、陈春辉、严溢宏、林聪艺
	东海牌船用八股绳	县塑料绳缆一厂	林　龟、方植英、许智强、孙清水、周乌定

说明：3 个嘉奖项目获漳州市科技进步三等奖

1996—1997 年度东山县科技进步奖项目一览表

表 27-5

奖级	项目名称	完成单位	主要完成人员
一等奖	东山城市设计浅谈	县建筑设计院	朱金权
二等奖	老化芦笋园更新技术	县农业技术推广站	林岳生、徐惠玲（女）、林淑芬（女）、曾海滨、沈金发
	甘蓝京丰一号高产技术研究与推广	县农科所	林武福、沈才金、朱武黎、陈卫平、陈友金
	“海魁牌”冻鲨鱼片生产技术	东山海魁水产集团有限公司	陈振魁、陈德结、吴成业黄族和、高安顺
	白腻厚苔并非皆主湿	县中医院	黄启铸
	实施取水许可制度基础工作报告	县水电局	黄小文、欧定期、吴旭艺
	小儿肠胃激综合征中药疗法	县中医院	余定辉
	鲍鱼采苗的改进——薄膜采苗器	樟塘镇政府	林加和
	马銮湾泵房水井污染治理研究	县环境保护监测站	汤坤贤、游秀萍（女）、陈敏儿（女）、林泗彬、林亚森
	东山县科技发展“九五”计划和2010年规划纲要	县科技局	高安顺、方惠添、林进聪、欧惠聪
	福建东山可持续发展实验区规划研究	东山可持续发展实验区办公室	朱建辉、郑亚盐、杨建文、沈　国
三等奖	东山口岸5418名出入境人员传染病监测结果	东山县卫生检疫局	陈维娜（女）、林成才、郑登魁
	恙虫病疫源地与病原学调查	东山县卫生检疫局、县卫生防疫站	郑登魁、葛保罗、王世良
	东山县20年传染病发病情况分析	县卫生防疫站	林　雅（女）、查理树、孙瑞泉
	科技情报的分析研究	县科技情况所	林水平、林庆强、王东秀（女）、谢丽清（女）
	米非司酮等药抗早孕配合中药治疗药流后出血的止血效果观察	县妇幼保健所	沈淑君（女）、周珉秀（女）、沈江莲（女）钟景长
	儿童骨骺损伤的X线平片论断	西埔卫生院	林育奋
	20%甘露醇治疗脑震荡的临床体会	县医院	高清洁、林耀武
	重症脑挫伤的观察及护理	县医院	谢灵妹
	口服甘露醇在术前胃肠准备中应用	县第二医院	林　岚（女）、黄俊成
	盆腔化瘀汤治疗盆腔瘀血症	县中医院	林成珍（女）、余定辉
	雷尼替丁、得乐联合治疗十二指肠球部溃疡120例疗效观察	县医院	陈华生
	疏肝利胆汤治疗慢性胆囊炎	县医院	林艺章
特别奖	《黄道周研究文集》编印	县博物馆	孙英龙

续表 27-5

奖级	项目名称	完成单位	主要完成人员
嘉奖	东山县基本风压值编制	县建设局	朱金权、许朝琦、林晓聪
	气动排料阀的研制与应用	县硅砂矿码头管理处	陈振春
	沿海沙质地龙眼栽培研究	县英才联谊会、县农业局、赤山林场	林添发、李辉耀、陈　胜、沈广湖、陈朝国
	白芦笋低产园改造技术	县农业技术推广站	林岳生、林淑芬（女）、沈金发、徐惠玲（女）、林东辉
	白蚁混合型防治技术研究	东山县白蚁防治技术研究所	杨登良、杨登福、杨登松、杨钦武、杨黎武

说明：5 个嘉奖项目获漳州市科技进步三等奖

二、科技成果上报评奖

1989 年，东山县科技项目成果继续上报市、省并参与评选。上报科技成果由县科委（科技局）推荐，或由项目完成单位或个人自行上报，再由市、省人民政府组织的科技成果评选委员会审评，并由同级人民政府颁布表彰奖励项目。

第三节　科技经费管理

一、县级科技经费

1989 年，县财政继续拨给科研项目、新产品研发、工艺改造等补助经费，再由县科委根据立项需要安排到有关单位使用。项目完成时，县科委组织验收。当年，县财政拨给科技经费 10 多万元，此后逐年增加，1996 年为 40 万元。科技经费补助涉及各行业数百个单位、补助金额少者几百元，多者几千元。1997 年起，县级科技“三项”经费停拨。

二、科技项目经费申请

1997 年起，县内科技立项经费由县科技局上报市、省、国家科技部门，申请项目经费支持。获国家、省、市科技立项经费有所增加。

1997—1999 年东山县获国家省市科技立项经费一览表

表 27-6　　单位：万元

时间	承担单位	课　题　名　称	金额
1997 年 10 月	县科技局	龙虾养殖基地	3
1997 年 10 月	县水产局	浅海贝类养殖	3
1997 年 10 月	杏陈镇高陈村	虾池泥蚶混养	3
1997 年 10 月	康美养殖场	海水养殖病虫害防治技术欧鳗研究应用	13
	新技术开发站		
	杏陈镇高陈村		
	陈城镇科委		
	路桥公司		

续表 27-6

时间	承担单位	课 题 名 称	金额
1997 年 10 月	县鲍鱼中心 西埔镇科委	鲍鱼病虫害监测及综合防治技术研究	8
1997 年 11 月	县科技局	追加预算指标	2
1997 年 6 月	县情报所	热带名优花果种苗开发	5
1997 年 10 月	县农业局	芦笋新品种引进试验研究	4
1997 年 10 月	海洋资源科研所	泥蚶中间培育技术研究	1.5
1998 年 4 月	县科技局	申请星火计划业务培训补助	2.5
1998 年 5 月	县农业局	芦笋新品种引进试验研究	6
1998 年 7 月	县海洋资源科研所	泥蚶中间培育技术研究	3.5
1998 年 7 月	陵岛海珍开发研究所	龙虾养殖技术研究	4
1998 年 7 月	县科技局	仪器设备	10
1998 年 7 月	县政府	东山湾海洋综合开发试验建设	45
1998 年 8 月	山口村、新技术开发站	台湾黑珍珠莲雾引进栽培	10
1998 年 11 月	县科技局、县财政局	补助 1998 年海域使用管理业务经费	12
1998 年 12 月	可持续发展实验区办公室	科技计划项目（实验区）	4
1999 年 6 月	县科技局	水产品精深加工示范基地规划实施	10
1999 年 6 月	兴丰养殖所	台湾文蛤引进与养殖技术开发	4

1999—2002 年东山县获国家省市科技立项经费一览表

表 27-7 单位：万元

时间	承担单位	课 题 名 称	金额
1999 年 6 月	杏陈镇政府、县科技局	芦笋下脚料综合开发利用	6
1999 年 12 月	银海水产疾病研究所	九孔鲍球状病毒的诊断与防治	3
2000 年 1 月	县科技局、杏陈镇政府	海域使用管理经费	5
2000 年 6 月	新技术开发站	漳州市海水育苗“626”技术攻关	25
2000 年 6 月	西埔镇政府	军用两用科技培训基地建设	6
2001 年 7 月	杏陈镇政府	台湾凤梨释迦的引进试种与推广	6
2001 年 7 月	海利达、铜陵镇科委	海胆工厂养殖与食品加工技术开发	8
2001 年 7 月	杏陈镇政府	台湾凤梨释迦的引进试种与推广	6
2001 年 7 月.	海利达公司、铜陵镇科委	海胆工厂化养殖与食品加工技术开发	8
2001 年 10 月	可持续发展实验区办公室	景观生态建设和社会经济可持续发展示范工程	90
2001 年 10 月	厦铁东山养殖基地、新技术开发站	牙鲆南方人工育苗及产业化养殖示范	15
2001 年 10 月	厦铁东山养殖基地、新技术开发站	牙鲆南方人工育苗及产业化养殖示范	15
2001 年 12 月	珍稀果树品种母本场开发站	名优特水果引进及沙生种植筛选试验	8
2001 年 12 月	西埔镇永昌兴丰水产研究所	牙鲆鱼人工育苗及虾池养殖示范推广	7

续表 27-7

时间	承担单位	课　题　名　称	金额
2001 年 12 月	珍稀果树品种母本场	名优特水果引进及沙生种植筛选试验	8
2001 年 12 月	西埔镇永昌兴丰水产研究所	牙鲆鱼人工育苗及虾池养殖示范推广	7
2001 年 12 月	西埔镇永昌兴丰水产研究所	牙鲆鱼人工育苗及虾池养殖示范推广	7
2002 年 1 月	珍稀果树母本场开发站	台湾凤梨释迦良种引进与推广	5
2002 年 6 月	厦铁东山养殖基地	牙鲆南方人工育苗及产业化养殖示范	5
2002 年 8 月	海魁水产集团有限公司	参鱼和金枪鱼功能性食品罐头研发	8
2002 年 8 月	沙生植物园、西屿场	大棚及反季节绿芦笋新技术试验与研究	6
2002 年 8 月	盛丰种养场、宏大公司、新技术开发站	青点石斑鱼虾池养殖及赤点石斑鱼工厂化育苗开发	10
2002 年 10 月	海魁水产集团有限公司、集美大学	参鱼和金枪鱼功能性食品罐头开发	8
2002 年	县可持续发展实验区办公室	景观生态建设和社会经济可持续发展示范	60

2002—2004 年东山县获国家省市科技立项经费一览表

表 27-8　单位：万元

时间	承担单位	课　题　名　称	金额
2002 年	珍稀果树母本场、新技术开发站	台湾凤梨释迦改良种引进与推广	5
2002 年	厦铁东山养殖基地、新技术开发站	牙鲆南方人工育苗及产业养殖示范	5
2002 年	海魁水产集团有限公司	参鱼和金枪鱼功能性食品罐头研究	8
2002 年	滨海沙生植物园、西屿场	大棚及反季节绿芦笋栽培试验研究	6
2002 年	盛丰种养场、宏大公司、开发站	青点石斑鱼虾池养殖及赤点石斑鱼加工厂化育苗技术开发	10
2002 年	海魁水产集团有限公司、集美大学	参鱼和金枪鱼功能性食品罐头开发	8
2002 年	杏陈镇科委、福建师大、县可持续发展实验区办公室	小城镇人居环境设计与示范工程	20
2002 年	海星渔业有限公司	多层式网箱研制及海区养殖技术研究	6
2002 年	白蚁防治技术研究所	白蚁防治技术研究	5
2002 年	县可持续发展实验区办公室	可持续项目款	22
2002 年 10 月 2003 年 5 月	杏陈镇政府、县可持续发展实验区办公室	小城镇建设与人居环境可持续示范工程	20
2003 年	杏陈镇政府	东方螺工厂化养殖	10
2003 年	东山智星生物有限公司	海洋生物皮肤修复因子的研制	8
2003 年	东晟水产育苗场	牙鲆盾纤毛虫病的防治研究	7
2003 年	兴海养殖场	虾池养殖海蜇技术研究	8
2003 年	滨海沙生植物园	观光休闲农业技术示范园	7

续表 27-8

时间	承担单位	课　题　名　称	金额
2003 年	铜陵包装厂	纸张防水上光剂	15
2003 年	杏陈高优农业试验场	东方螺工厂化养殖推广	10
2003 年	锦盛食品有限公司	芦笋袋泡茶新产品技术开发	4
2003 年	西埔湾围垦管理处	铁铝酸盐混凝沉箱养殖鲍鱼海胆	4
2003 年	可持续发展实验区办公室	沙质地竹种引进和试种技术研究	6
2003 年	可持续发展实验区办公室	小城镇建设与人居环境可持续发展示范工程	30
2004 年 9 月	铜兴渔钓厂	翼式-1 型渔笼渔具研制	3
2004 年 9 月	环保科技	可替代塑胶之高降解淀粉制品研制	10
2004 年 9 月	县硅砂矿	螺旋溜槽在玻璃砂选矿中示范研究	5
2004 年 9 月	海星渔业公司	高优东方豚人工繁育与精养殖研究示范	3
2004 年 9 月	东山英才联谊会	芦笋无公害栽培技术研究与示范	5

2004—2008 年东山县获国家省市科技立项经费一览表

表 27-9　　单位：万元

时间	承担单位	课　题　名　称	金额
2004 年 9 月	滨海沙生植物园	新疆红柳大田引种试验与示范推广	6
2004 年 9 月	清风水产研究所	龙胆石斑虾池人工育苗技术研究	3
2004 年 9 月	岐下村	澳大利亚绿唇鲍引进及育苗研究	3
2004 年 9 月	港口村	新型笼具海区鲍鱼吊养技术	3
2004 年 9 月	县政府	白芦笋无公害标准化生产技术示范	49
2004 年 9 月	东鑫装饰材料	环保型麻面清光双面良板	12
2004 年 9 月	辉永泰绳缆制品	登山绳开发	10
2005 年 5 月	县科技局	实验区建设补助	2.4
2005 年 9 月	华昌食品有限公司	巴氏菌保蟹肉罐头生产工艺研究	5
2005 年 9 月	生态环保研究所	贝藻复合生态系统处理城镇污水技术研究	6
2005 年 9 月	新港水产良种养殖场	三尤梭子蟹工厂人工育苗和虾池养成试验研究	3
2005 年 9 月	兴海养殖场	大菱鲆虾池养殖技术研究	5
2005 年 9 月	东升电子科技	多功能柴油机监测仪	8
2005 年 9 月	东亚水产	章鱼深加工技术的开发与应用	4
2005 年 9 月	县超然食品有限公司	利用无公害栽培与加工技术生产全功能芦笋产品	14
2005 年 9 月	县可持续办	景观生态建设和社会可持续发展示范工程	14
2005 年 10 月	新技术开发站	牙鲆南方人工育苗及产业化养殖示范推广	10
2005 年 11 月	县科技局	科技进步示范县	2.75

续表 27-9

时间	承担单位	课　题　名　称	金额
2005 年 12 月	县可持续办	海岛文化景观资源开发与保护示范工程	3
2005 年 12 月	滨海沙生植物园	东山县白芦笋无公害标准化生产技术示范	4
2006 年	康力电池隔板公司	免维护铅酸蓄电池超细玻璃纤维隔板	10
2006 年	东升电子科技公司	柴油机监控系统	10
2006 年	县防汛抗旱办公室	适时水文监控系统	6
2006 年	辉永泰绳缆制品公司	多功能超安全带	12
2006 年	县科技局	台湾黑珍珠莲雾栽培技术	3
2007 年	县科技局	县水产养殖与加工销售产业的扶持（实施 4 年）	182
2007 年	滨海沙生植物园有限公司	东山县白芦笋无公害标准化生产	10
2007 年	滨海沙生植物园有限公司	芦笋良种引进繁育推广基地建设	10
2007 年	辉永泰体育用品有限公司	多功能超轻安全带	12
2007 年	县水电局、县防汛办	防汛视频实时监控系统	6
2008 年	县科技局	海珍品技术研究与产业化基地建设	30
2008 年	华昌食品有限公司	金昌鱼人工育苗技术研究	2
2008 年	黑珍珠观光果园有限公司	台湾莲雾防风避寒技术	3
2008 年	县科技局	农业科技培训体系建设	3

第四节　专利项目管理

1989—2008 年，县内专利项目申请由发明单位或个人与厦门或漳州有关专利事务所联系，由其代办向国家知识产权局申请办理。2008 年，县科技局工作人员协助 4 个单位，报经厦门居创专利事务所漳州分部向国家知识产权局申请专利，共 15 项。其中，发明专利 1 项：东鑫装饰材料有限公司复合型高分子装饰板（发明人甘辉雄）；实用新型专利 14 项："V"型槽式自行车制动器（发明人王金生），鱼钩自动化生产设备（发明人陈美贵等），康力电池隔板有限公司的电池隔板生产中浆料玻璃除渣装置、吸尘装置、最大孔径检测装置、水力切割装置、废水回收装置、压力吸酸装置等共 12 项（发明人林文棋、林聪毅、林聪泉、黄敏雄）。此外，企业自行申报的有外观设计专利 2 项（东兴水产品加工厂的大有牌包装设计等）。以上都报经厦门居创专利事务所漳州分部办理申报，由国家知识产权局批准，并授予专利号，其知识产权得到专利保护。

第二十八卷　文化　体育

东山素有“海滨邹鲁”之称，文化事业繁荣发达。1989—2008年20年间，东山的文学、美术、音乐、摄影、舞蹈等创作活动大发展；民间戏曲和民间音乐品种繁多，保留潮剧及昆腔、汉剧、铁枝木偶戏、南音、潮州音乐、东山歌册、和尚戏、渔歌、四平锣鼓等10多种古老文艺品种。东山歌册、东山关帝信俗、东山南音、剪瓷雕、黄金漆画等入选国家及省非物质文化遗产名录。

东山新建、扩（改）建文化馆、图书馆、博物馆、档案馆、电影院、书店等一批文化活动场所，并不断充实新的活动内容。全县乡镇村街有文化站7个、专业剧团1个、职业剧团11个、铁枝木偶剧团1个、曲馆38个、潮州鼓乐队84支、农家书屋29家。1996年11月5日，东山县被文化部授予中国民间艺术（音乐）之乡称号；2008年10月，又获中国民间艺术（海岛美术）之乡称号。是年，全县有线广播站7个，有线广播电视传输干线网络总长165.5公里，其中光缆长134.5公里；有线电视用户3.65万户，其中数字电视用户1万户；广播专线遍及全县各自然村。

文物工作者发现古人类化石“东山人”，证明万年前东山沿海一带有人类活动。东山县考古研究项目“台湾海峡（东山）陆桥的发现”入选《中国地理百年大发现》。东山关帝庙被国务院列为第四批全国重点文物保护单位。至2008年，全县有文物保护单位81处。其中，国家文物保护单位1处，省级文物保护单位3处，县级文物保护单位77处。

东山与新加坡、泰国、菲律宾等国家和中国台湾、香港、澳门地区文艺工作者或团体经常进行文化艺术交流，互相往来联谊,促进文化艺术发展。

东山县体育事业蓬勃发展，传统体育项目有游泳、田径等，运动员在全国、省、市体育比赛中常取得好成绩。东山是省帆船帆板训练基地，并常承办全国性帆船帆板比赛。体育设施不断完善，各建制村均设有体育场所或健身点，有社会体育活动中心场所5个；各中小学均设体育运动场，游泳、帆船、田径、球类、象棋等体育活动广泛开展。2008年，东山县被评为福建省老年人健身活动先进县。

第一章　群众文化

第一节　场所设施

一、影剧场所

（一）县属影剧场所

1989年，县属影剧场所以西埔、铜陵2家专业影院和县人民会堂为主，共有影剧场6家。2008年，县属影剧放映场所17家。

（二）村属影剧场所

1989年，樟塘镇樟塘、下湖、港西，杏陈镇前何、后林，西埔镇石埔、梧龙、探石、宅山，康美镇铜钵、东沈，陈城镇白埕、陈城、岐下，前楼镇岱南、前梧等村仍设影剧场或封顶舞台配露天广场，用于放映电影或演戏等，此后，一些村也建起广场。至 2008 年，各建制村都建有广场或戏台，其中有些是封闭式的，并配灯光和音响设备。

（三）主要影剧场简介

1. 县人民会堂 位于西埔顶西，是经常性大型演出场所，占地面积 8500 平方米，建筑面积 3700 平方米，台座宽 25 米、长 13.6 米、高 8.8 米，台面比地面高出 1.2 米，观众厅座位 1720 个，楼层座位 300 个。有多层次正反投射布景灯光设备和电影放映座机。2005 年，进行全面维修，对舞台灯光、音响设备及观众厅座椅进行更新，并安装空调系统。

2. 西埔电影院 位于西埔镇龙舞街新城巷 001 号，为电影放映的重要场所，占地面积 6303 平方米，建筑面积 4850 平方米，观众厅座位 688 个。1998 年，因旧城改造、原西埔电影院范围改建为商品房后，设有新的电影放映厅和舞蹈厅。

3. 铜陵电影院 位于铜陵，是铜陵地区文艺活动的重要场所，也是电影放映的场所，建筑面积 1677 平方米。设有舞台灯光、音响设备，观众厅座位 1318 个。2008 年延续使用。

二、文化馆站

（一）县文化馆

1989 年,沿设县文化馆，位于西埔镇中兴街新榕巷 486 号，占地面积 960 平方米，4 层结构，建筑面积 890 平方米，内设图书阅览室、展览厅(也作舞厅、排练厅)等。承担群众性文化艺术活动的组织与演出。2001 年，因旧城改造搬迁至人民会堂。2008 年，设舞蹈、音乐、戏曲室，举办群众性文艺活动 22 场次，举办艺术培训班 2 期。

（二）乡镇文化站

1989 年，全县 7 个乡镇均沿设文化站（文化活动中心），每个站都有工作室、图书室和阅览室，配有专职人员 1～3 人，有的设有电影放映室、电视室、露天影剧场、球场、广播室。承担群众文化艺术活动的组织开展，开设时事政策宣传栏和科学文化普及讲座。1994 年，铜陵镇文化站被省文化厅列为芳草计划示范点，并被评为全省特级文化站、百强文化站。2001 年 6 月，实行乡镇机构改革，撤销乡镇文化站，其业务与人员并入乡镇科技文卫中心，并由其统一协调开展群众性文化活动。图书室和阅览室等活动设施有所改善。

（三）村（社区）文化室

1989—2008 年，县内一些建制村、社区创办文化室，组织开展群众文化活动。2008 年，全县有村社文化室 43 处。

三、歌舞、录像厅

1989 年初，全县录像放映厅 3 家、录像放映摊点 12 家。1997 年，全县有录像厅、歌厅、舞厅（简称“三厅”）43 家，音像放映场 1 家。2008 年，全县有“三厅”和茶座 63 家，音像店、录像厅各 1 家。

四、台球场、电子游乐场

1989 年初，全县台球场 5 处、电子游乐场 10 家、闽台电子游乐中心 1 家。1997 年，出现保龄球馆 1 处，溜冰场 1 处。2008 年，全县有电子游乐场 11 家，台球场 8 个，溜冰场 2 处。

五、书店、网吧

1989 年初，全县有新华书店 1 家、书摊 13 家、报刊零售店（摊）4 家。1997 年，全县有书摊 18 家。2000 年后，个体书摊书店主要有铜陵的晓风书店、三味书店，西埔的八斗书店等。2008 年，全县有书摊 26 家，网吧 25 家。

第二节　群众文化组织

一、民间业余剧团

1989 年，东山县有民间业余剧团 3 家，每团演出人员 10～30 人不等。1991 年 10 月，复办铜陵御乐轩南音社。1997 年，全县有民间业余剧团 6 家，演职员 120 多人，主要有铜陵家具厂昆剧团、铜陵群艺芗剧团、九街汉剧团。此后，增办一些业余剧团，有的业余剧团转为职业剧团。2008 年，有民营潮剧团 8 家[县第二潮剧团（铜陵），县龙凤潮剧团（铜陵）、县青年实验潮剧团（前何村）、县民生潮剧团（前何村）、县青年潮剧团（下湖村）、县金鹰潮剧团（马銮村）、县海声潮剧团（古港村）、县海峡潮剧团（址云霄县船场，属东山管理）]，以及铜陵御乐轩南音社、铁枝木偶剧团，共有演职人员 300 多人。

二、民间曲馆、鼓乐队

1989 年，县境许多建制村（街道）沿设曲馆或潮州鼓乐队，每逢节日或重要文化活动则参加文艺表演，每队队员 10～20 多人。此后，曲馆或潮州鼓乐队有所增加，至 2008 年，全县民间曲馆 48 家、潮州鼓乐队 84 支（队员近千人）。

三、《东山歌册》传习中心

1989 年，东山县铜陵地区民间延续唱东山歌册活动，同时，歌册爱好者组织《东山歌册》传习中心，组织传习人员 10 人。至 2008 年，《东山歌册》传习中心 5 处：铜亭社区传习中心、码头社区传习中心、兴华歌册传习中心、海滩俱乐部传习中心、县实验小学《东山歌册》传习中心，共有《东山歌册》传习人员 300 多人。

四、文化中心户

1989 年后，许多建制村和街道相继培育设立文化中心户，有的培育设立农家书屋。每个文化中心户或农家书屋都有专用房或活动厅室，定期开展群众文化活动。2008 年，全县各建制村（社区）共有文化中心户 227 户、农家书屋 29 间。

第三节　群众文化活动

一、东山县文化艺术节

（一）东山县第一届文化艺术节

1996 年 6 月 28 日至 7 月下旬，县举行庆祝建县 80 周年暨东山县首届文化艺术节文艺活动。项目有：踩街表演、文艺晚会；书画、摄影、盆景、木雕等展览；县首届“农金杯”农民卡拉 OK 赛和县少儿文艺会演。其间，特邀泉州拍胸舞艺术团、石狮舞狮团、诏安麒麟队参加表演。是东山县有记录以来规模最大、时间最长的群众文艺活动。

（二）东山县第二届文化艺术节

1999 年 10 月 1—7 日，举办东山县第二届文化艺术节。项目有：文艺踩街、文艺晚会；书画、摄影展览；民族音乐会、中小学教师文艺会演；国庆歌咏比赛等。

二、群众文艺演出

1989 年 6—7 月，在纪念中国共产党建党七十周年活动中，县举办纪念谷文昌事迹系列活动。播映《谷文昌》电视剧和幻灯片；刊发《绿色丰碑》歌曲集；举办歌咏会；演出歌颂谷文昌的潮剧《怀念》《家事》；

办光辉历程展和谷文昌事迹展等。同年10月1日，在庆祝中华人民共和国成立四十周年活动中，举行文艺踩街、歌舞晚会；办故事会、灯谜会等20多项活动。1994年10月，在人民会堂举办东山县第四届潮州锣鼓赛，参赛锣鼓队14支250多人，观众1400多人。2000年9月，在人民会堂举行欢迎中国女排东山行文艺联欢会，演出文艺节目20多个，观众1200多人。2004年10月，在人民会堂举办东山县第八届潮州锣鼓赛，参赛14队、300多人，观众1300多人。2008年春节期间，举办迎春歌舞晚会、威风大锣鼓赛、文化艺人书画联展、军民联欢晚会等活动。

三、唱东山歌册活动

1989年，东山铜陵地区民间延续开展唱东山歌册活动，常有妇女三五成群，相聚于庭院听民间歌手演唱歌册（同时织网）。2000年，设《东山歌册》传习中心传唱歌册，对散落于民间的歌册唱本进行收集、整理，收集整理的《东山歌册》（刊印本）100多部（300多本），约千万字。其中有：《王昭君》《崔鸣凤》《包公出世》《严兰贞》《三伯英台》《万花楼》《双白燕》《曹翠娥》《樊梨花》《正德君游江南》《薛刚反唐》《褒姒乱周》《双鹦鹉》《林璋》《阿蓉娘》《高文举》《织网歌》《玉钏缘》《韩登美》等唱本。2005年12月26日，《东山歌册》被列入首批福建省戏曲类•非物质文化遗产名录，2006年5月，《东山歌册》被列入首批国家级非物质文化遗产名录。2008年，铜陵地区有《东山歌册》传习中心5处，在元旦、春节、劳动节、国庆节等节日期间或重要活动都举行《东山歌册》传唱活动。

四、文化“三下乡”活动

1989—2008年，县文化部门联合县科技、县科协等部门年年组织文化馆、图书馆的工作人员及曲艺界的艺人、书画作者和舞蹈协会会员，在元旦、春节等节庆期间到农村参与文化“三下乡”活动，送科普书籍、写春联、送年画等，并参与下乡文艺演出；还派员下乡（社区）开展文艺培训活动。

五、参加市省文化活动

1989年，县文化部门每年组织排演文艺节目参加市省文艺演出活动。1991年春，县文化馆组织少儿舞蹈《龙王送来满载鱼》、民乐合奏《闹春潮》节目，参加福建省第六届武夷之春音乐舞蹈节会演。同年5月，在省第六届音乐舞蹈节漳州会场会演中，海峡两岸知音乐友奏鸣社表演的器乐曲《庆丰收》，获集体演奏奖。1994年，县组织舞蹈《老来俏》《网》、器乐合奏《观姑》《绿魂》、男声四重唱《我们的心，我们的情》《坚守国门》等节目参加福建省第七届音乐舞蹈节会演。同年10月，现代小戏《夫妻勤俭助先行》节目参加漳州地方戏剧巡回观摩演出和漳州市地方戏剧调演。1995年，东山威风大锣鼓队（100多人）参加漳州市“地改市”10周年纪念活动表演。1997年7月，县组织舞蹈节目《鱼池欢歌》《海趣》，参加福建省第八届音乐舞蹈节表演。1998年5月，县潮剧团创作的潮剧《仁杰与光远》参加由市委宣传部、市文化局主办的漳州市地方戏剧巡回观摩评奖活动。同年12月，县文化馆的男声四重唱《半个月亮爬上来》和男声独唱《劳动换得幸福来》节目，参加漳州市举办纪念十一届三中全会20周年文艺晚会表演。1999年，东山县参加由漳州市举办的福建（中国）第六届闽南歌曲青年歌手赛，4名歌手获优秀歌手奖。2001年12月，县文化馆的吹打乐《百船扬帆》节目参加漳州市举办龙江春潮文艺调演。2002年，县文化馆组织锣鼓表演队（108人）以《金鼓催春》节目参加漳州市第四届民间艺术节及花博会开幕式活动，县文化馆获优秀组织奖。同年8月，东山县选手（10人）参加由漳州市文化局举办的第二届“三禾杯”器乐比赛，获金奖1项、银奖4项、铜奖4项、优秀奖1项；县文化馆获优秀组织奖。2004年6月，铜陵御乐轩南音社应邀参加在浙江省玉环县举办的首届海岛文化节演出。2006年，由市委宣传部、县委、县政府主办，县委宣传部、县文化局、县教育局等单位承办的“奋进漳州，扬帆东山”文艺晚会，在漳州电视台演播室演出，参演人员120多人，演出节目14个。同年《爱我东山港、爱我东山口岸》歌曲作品获漳州市政府颁发的第三届百花文艺三等奖。2007年，东山县组织合唱团（80人）参加由市委宣传部等单位主办的漳州市首届“企业之声”歌咏比赛活动，获二等奖。

第四节　文化交流

一、对外文化交流

（一）与新加坡文化交流

1989年，县文化部门积极组织书画、摄影作者等参加对外文化交流活动。同年，组织林少丹（东山）、杨夏林、孔继昭作品在新加坡举行联展。1990年，谢学文陈雪琼夫妇应新加坡东山会馆邀请，在新加坡中华总商会办画展，并出版画集。1992年，新加坡摄影公会秘书长易英到东山采风。1993年8月13—21日，谢学文陈雪琼夫妇在新加坡狮城大会堂、牛车水文化艺术品节举办画展，新加坡新闻与艺术部长杨荣文出席并主持其开幕式。2005年、2006年、2007年，县图书馆馆长游明元应邀参加第十二、十三、十四届新加坡春城洋溢华夏情文化·艺术·旅游展，获中国驻新加坡大使馆新中文化教育中心颁发的特别奖2次、优秀奖1次。2008年，东山关帝文化节期间邀请新加坡摄影家到东山创作交流。2008年10月25日，新加坡籍华人、著名口琴大师游宏钊到东山进行音乐交流，并举行专场音乐会。

（二）与泰国文化交流

1989年1月17日至3月13日，县潮剧团（60人）应泰国黄金半岛慈善发展董事会邀请，赴泰国曼谷进行商业演出，开创福建省县级剧团赴泰访演先例。演出剧目有《妲己乱纣》《黄飞虎反朝歌》《李元霸》（上下集）、《秦香莲》（上下集）、《皇姑点将》《杜王斩子》和《银瓶仙姑》等14个古装潮剧，共演出46场，观众累计3万多人次。其间，泰国副总理披猜·叻达军、中国驻泰国使馆文化参赞张正理等出席在曼谷市月宫戏院举行的首演式剪彩，泰国电视台及泰国6大华文报纸均做报道。

（三）与菲律宾文化交流

1992年10月3—5日，铜陵御乐轩南音社应邀赴菲律宾参加联谊演出，表演南音曲目。2000年9月，铜陵御乐轩南音社应邀赴菲律宾参加长和郎君社总社举办的第二届菲律宾国际南音大会，演出南音曲目。

（四）与其他国家文化交流

2001年1—2月，日本琵琶博物馆高桥启一、加拿大华籍专家关键等参观县博物馆并开展学术交流。2002年5月13日，日本《朝日新闻》驻上海支局长堀江义人夫妇访问县博物馆，并就冬古沉船等事项进行交流。2005年5月下旬至6月初，美国毕士普博物馆焦天龙博士到县博物馆参观，并考察城垵贝丘遗址、苏峰湾海岸岸层等。同年8月17日，澳大利亚国立大学博士研究生洪晓纯女士在北京大学博士张弛陪同下到县博物馆，参观大帽山贝丘遗址发掘品。

二、与港澳台文化交流

（一）对港澳文化交流

1989年9月，谢学文水墨山水画展在香港艺术中心展出。该画展由香港漳属同乡会主办，并出版谢学文画选小辑（共100幅）。1992年10月，铜陵御乐轩南音社应邀赴香港参加南音曲目表演。1996年1月27日至2月2日，应香港新天艺潮剧团的邀请，县潮剧团（40人）赴香港九龙城演出；主要剧目有《妲己乱纣》《黄飞虎反朝歌》《皇姑考察》等，共演出4场，观众3000多人次。同年8月10—16日，县潮剧团应香港新天艺潮剧团邀请，赴港演出《李元霸》（上下集）、《文武状元》（上下集）、《包公审庞伦》（上下集）等，共演出20多场。2001年6月，香港组织百名摄影家到东山采风拍摄，开展摄影创作交流活动。2002年10月，应澳门南音社邀请，铜陵御乐轩南音社参加该社成立大会及“两岸四地南音大会唱”活动。2006—2008年，东山县金鹰潮剧团、东山县潮剧二团、东山县龙凤潮剧团、东山县青年潮剧团、东山县海峡潮剧团等民间职业剧团，分11批次组团赴香港开展演出活动，促进东山与香港地区民间文化交流。

（二）对台文化交流

1989年7月15—21日，谢学文的画作《桂林山水画》（长30米）在台湾高雄参加由台湾随缘艺术中心主办的画展，台湾杂志《雄狮美术》对谢学文画作及作者做专题介绍。同年8月17日，成立东山海峡两岸知音乐友奏鸣社，由台胞林向端捐资 700 多美元和 5000 元台币购置乐器，并定期组织开展海峡两岸乐友交流。同年，台湾画家陈洪甄（东山籍人）回铜陵故乡探亲，与家乡书画作者举行笔会交流。1992 年 5 月，台湾画家冉茂芹到东山采风，创作《从唐山到台湾》系列画作，并与县美术界举行创作座谈交流会。同年 6 月，台湾画家陈梅丰、肖世琼、曾盛乙等在东山举办海峡两岸首届关帝画展期间，与东山画家进行艺术交流。同年 10 月，铜陵御乐轩南音社应邀赴台湾参加南音曲目表演。1993 年，台湾著名画家陈洪甄精选其在世界 10 多个国家和地区展出的画作《归渔图》《飞鸟恋旧林　人老思故乡》等 41 幅，赠与东山县博物馆收藏。

1990—1994 年，先后有台湾的台北市丽声业余潮乐研究社、台北中华业余潮乐团、台南鼓乐二团、基隆闽南第五乐团等台湾潮乐民间团体，到东山县参加联欢演出，开展潮乐交流。1995 年 2 月，谢学文、陈雪琼夫妇应邀赴金门、台北、台南、台中、高雄等地举办巡回画展。同年 4 月，有 2 幅作品入选在台北举行的由台湾中国美术家协会主办的海峡两岸美术教授名家创作交流展览。1997 年 4 月，又赴台湾高雄举办国画展，展出 38 幅画，其间由台湾岭南编委会编印《陈雪琼画集》。1999 年 8 月，县文化局与金门县美术学会在黄道周纪念馆联办金门书画摄影展。2001 年 5 月，台湾嘉义市书法协会在东山乙翔风筝书画艺术馆举办海峡两岸书画家作品邀请展。同年 10 月，海峡两岸知音乐友奏鸣社社员与台北市潮乐社等民间乐友举办音乐交流和联欢活动。2002 年 2 月 17 日，台湾基隆闽南第五乐团及台北、基隆、台南、高雄等东山同乡会组成回乡访问团（共 65 人）到东山岛访问交流，参加文艺踩街等活动。同年 7 月，金门县陶艺学会会长王明宗、美术学会总干事谢华东一行携陶艺作品 100 件，应邀到东山鸿文艺术馆举办展览。2005 年，县图书馆组织东山籍书画家作品参加金门县举办的画展；同年 11 月，谢学文应金门县美术学会邀请，经国台办、文化部核准于金门举办“谢学文、谢华东叔侄国画陶艺双人联展”。2006 年，东山县编辑出版台湾东山籍画家《陈洪甄画选》。2008 年 7 月，东山关帝文化节活动期间，邀请台湾摄影家到东山开展创作交流。

第二章　文艺创作

第一节　文学创作

一、民间文学集成

1991 年 8 月，成立东山县民间文学三套集成领导小组，下设办公室和编委会，开始整理编纂民间文学三套集成资料。1992 年 12 月，编辑出版东山县民间文学三套集成：《中国民间故事集成·福建卷·东山分卷》（收入民间故事 258 篇、32 万字）、《中国民间歌谣集成·福建卷·东山分卷》（收入民间歌谣 438 首）、《中国民间谚语集成·福建卷·东山分卷》（收入民间谚语 2100 条）。

1992—1993 年，以民间文学三套集成为基础，分别编辑出刊《黄道周故事集》《康美民间文学》《澳角民间文学》《宫前妈祖的故事》《铜陵关帝庙》。

二、“东山岛”系列丛书

2002 年冬，县成立编辑“东山岛”系列丛书编委会。2003 年 4 月起，由海潮摄影艺术出版社相继出版系列丛书《东山岛》《走进东山岛》《东山魂》《走遍东山岛》，共 224.9 万字。

三、散文、小说

（一）散文创作

1989—2008 年，东山县籍散文作者的创作，有散文、报告文学、游记、随笔等。主要有：陈立群的报告文学《渔家傲》于 1991 年 4 月获文化部“全国文明使者征文”优秀奖；林长华的报告文学《管号声之农家乐》于1993年9月在《华声报》等主办的“方正杯”全国新侨征文中获优秀奖；陈燕松的散文集《梦见太阳》被列入《福建散文丛书》，由海峡文艺出版社出版；刘小龙的《奇石之魂》于2005年9月由作家出版社出版；李鸿耀的《海隅鸿泥》于2006年8月由作家出版社出版。

（二）小说创作

1989年后，东山县籍作者的小说创作活动有所发展。发表的小说主要有：陈立群的中篇小说《纸人儿》于1989年在文学期刊《海峡》杂志第4期发表；林贵福的长篇小说《西经东传》于1999年由福建音像电子出版社出版；刘黄强的小说《宰鸡》于2001年在陕西省作协、陕西文学创作研究会联合举办的首届拓荒文学评奖中获优秀奖。

四、诗词、楹联

（一）诗词创作

1989年，县文联诗词协会和县政协文史员常年开展诗词创作与交流，并征集诗词编辑出版。主要有：1992年，县文联出版的《东山岛新时期青年诗选》。1996年7月，县文联、县政协文史委编辑出版《陈秋顺诗联谜选集》。1997年，县政协文史委编辑出版《迎回归，促统一诗词选》。

许多诗词作者的佳作在国家级刊物发表或出版社出版。如刘小龙的诗歌集《爱的宝石蓝》于1990年12月由鹭江出版社出版，诗歌集《蔚蓝的情怀》于1992年8月由海峡文艺出版社出版，诗歌集《东方的龙》于1996年5月由广西民族出版社出版，诗歌集《蓝土地情歌》于1998年7月由作家出版社出版，诗词集《海魂吟草》于2006年6月由作家出版社出版。林平良的诗集《放歌在东山岛上》于1997年12月由作家出版社出版。江茂才14首诗词于2002年、2003年分别入编作家出版社出版的《二十世纪华人文学作品选诗词卷》《中国当代抒情诗词大典》。孙用钊5首诗词作品于2003年分别入编由中华诗词学会编辑出版的《中国当代诗词艺术家大辞典》。吴耀中3首诗作于2005年入编由中国文联出版社出版的《中国当代诗人词家代表作大观》。洪德章4首词作于2007年入选由中华诗词学会编辑，中国文联出版社出版的《中华诗词学会会员作品集——吟苑英华》。许海钦的诗集《蓝色血液》于2008年5月由海峡文艺出版社出版。

（二）楹联创作

1989—1994年，县文联每年都举办楹联创作与交流活动。1995年，成立东山县诗词楹联学会。学会经常组织楹联创作与研究活动，每年春节、中秋等节日期间，县诗词楹联学会都举行楹联作品交流活动。2000年后，楹联创作活动有所发展。2004—2008年，林镇发（中国楹联学会会员）共有30副楹联作品入编《中国楹联年鉴》《中国对联作品集》《中国楹联学会会员大典》等刊物。2005年，在国家税务局系统主办税收、发展、民生全国征联中，陈福的一副楹联作品获三等奖（湖南省）；洪德章的一副楹联作品获优秀奖（福建省）。

第二节　艺术创作

一、音乐

1989—2008年，东山音乐创作活动延续不断，作品水平不断提高。1990年11月，由刘小龙作词、林水金作曲的《东山岛·闽南海上的明珠》歌曲获由中国音乐家协会、福建音协、漳州水仙花筹委会联合主办的“水仙花之歌”歌曲全国征集活动创作奖。1992年，刘小龙创作的闽南语歌词《故乡的风动石》获福建省文化厅举办的福建省农村文化节调演创作二等奖。同年，由林水金作曲的《信念》在省文化厅主办的“社会主义好”征歌中获三等奖；同年，由蔡吉发、方少卓、胡东雄、陈仰贤组成的男声四重唱组参加省文化厅主办的第七届音乐舞蹈节活动，获表演三等奖。1995年，陈仰贤参加省委宣传部、省文化厅、省广电局联办的“正亚杯”爱我中华卡拉OK歌手电视大赛，获美声独唱二等奖。1996年，由刘小龙作词、林水金作曲的《海上鸿雁》，在中国音协、音乐周报、南京市文联联办的“世纪之声”全国歌曲大赛中获银奖，并发表于《中国行业金曲选》。1999 年，由刘小龙作词、林水金作曲的男声四重唱《我们的心、我们的情》作品，在文化部、中国艺术研究院举办的“共和国社会主义文学艺术五十年研讨会”活动中，获音乐创作一等奖。2000 年，东山铜陵御乐轩南音社在第六届中国（泉州）国际南音大会汇唱活动中获一等奖。2006 年，由林水金作词、作曲《爱我东山港、爱我东山口岸》歌曲作品获漳州市政府颁发的“第三届百花文艺”三等奖。

二、舞蹈

1989—2008 年，县舞蹈创作活动有所发展。1991 年，由方雪容、谢玉辉编舞，谢溪添编词作曲的少儿舞蹈《龙王送来满载鱼》，参加福建省文化厅、福建省音协主办的福建省第六届“武夷之春”音乐舞蹈节漳州分会场表演，获创作三等奖。1994 年，由杨振忠、谢玉辉编舞、谢溪添配曲的舞蹈《老来俏》《网》，获福建省文化厅、福建省音协主办的第七届音乐舞蹈节编舞创作三等奖、表演三等奖。1997 年，由谢玉辉编舞、谢少燕编曲、卢绵英等 3 人表演的舞蹈《虾池欢歌》，参加福建省文化厅、福建省音协主办的福建省第八届音乐舞蹈节会演，获铜奖。2001 年，由陈奋炜表演的舞蹈《傣族情》，获漳州市政府首届百花文艺奖三等奖。2003 年，由谢玉辉、卢绵英创作的《朝霞里走来电力人》舞蹈节目获漳州市政府第二届百花文艺奖三等奖。2008 年 12 月，黄育奇在省第十届音乐舞蹈节活动中，获表演三等奖。

三、戏剧、小品

1989 年，县内戏剧种类有潮剧、南音、昆剧、芗剧、汉剧等。潮剧、南音持续发展，其剧本创作活动以县潮剧团编剧人员为骨干，创作一批群众喜闻乐见的剧目。同年 12 月，县潮剧团组织参加省文化厅主办的福建省第二届中青年演员表演赛活动，曾友禄获金牌奖，林晓生获银牌奖，许秀梅获铜牌奖；剧团获组织奖。1990 年 10 月，县潮剧团《白莲之恋》剧组参加福建省文化厅主办的第十八届戏剧会演，获集体演出奖、配器奖；吴越光、黄荣、林水金获优秀音乐设计奖（第一名）；蔡金茂获领奏奖；曾友禄获演员奖和群星荣誉奖；吴甘娇、林丽贞、陈惜贞获演员奖。1997 年 10 月，成立东山方言曲艺社，方言相声或小品（含方言广播剧）等曲艺活动日益活跃。1998 年 2 月，在省文化厅主办的福建省第三届中青年演员比赛中，县潮剧团表演的《活捉孙富》获铜牌奖。同年 9 月，在福建省第五届水仙花戏剧传统唱腔（名家名段）漳州赛区的潮剧专场比赛中（在东山宾馆礼堂举行），县潮剧团获优秀组织奖。2002 年 4 月，县潮剧团创作的《狄公亭》获福建省文化厅、省艺术研究所举办的第二十二届戏剧会演创作剧目征稿入围奖。2003 年，东山县潮剧团大型戏剧音乐《李元霸》（上下集）由中视国际电视总公司制作成 VCD 出版发行。同年，该剧团另一部大型戏剧音乐《双龙玉锁》（上下集），由中视国际电视总公司制作成 VCD 出版发行。2007 年，县潮剧团传统潮剧《八宝图》，在中国戏曲文学学会主办的全国剧本创作评奖活动中，获银牌奖；剧本刊发在《中国剧本》杂志。2008 年，县潮剧团创作现代戏剧《浅水湾》，在福建省文化厅主办的纪念改革开放三十周年全省现代剧本征文评选中，获创作奖。

四、书画

（一）书法

1989—2008 年，东山籍书法作者先后 10 多人参加市、省、全国及国外的书法展览并得奖。

1993 年，欧洪东行书作品参加中国书法家协会、建设部联合举办的全国建设系统职工摄影、书法、绘画作品展，获优秀奖。1994 年，黄友山书法作品参加海峡两岸书画大赛，获金奖。 1995 年，林学东书法作品获中国国际文艺博览会特级作品奖。1997 年 12 月，李立清作品入选由中国书法家协会与中国美术家协会联办的“世界华人书画展”。1999 年 8 月，杨辉坚小楷作品参加“爱我中华弘扬国粹”全国书法艺术大展，获二等奖，2000 年 1 月，其小楷作品参加文化部举办的“全国群众书画摄影展”，获优秀奖。2001 年 5 月，李立清草书作品获得由中国书法家协会与茂名市政府联办的“全球华人书法大赛”铜奖。2002 年，曾阿鑫书法作品获第三届世纪之星全国少年儿童美术书法摄影艺术教育成果铜奖。同年 2 月，李立清行草作品获得由文化部社文司与中国诗酒协会联办的中国国际科技文化成果博览会书画大展成年组金奖。同年

5 月，刘子铭、林济华、黄雄武书法作品参加福建文联、省计生委等主办的“福建省人口文化艺术作品巡回展”，均获优秀作品奖。8 月，杨镇全书法作品在庆祝中国人民解放军建军 75 周年全国书画大展中获三等奖。同年，林文金书法作品参加江西省文化厅主办的庆祝中国人民解放军建军 75 周年全国书画大展，获优秀奖。2003 年，林渊书法作品参加福建省书法家协会等单位主办的“万众一心抗非典·福建省美术书法摄影作品展览”，获优秀奖。同年，林文金书法作品参加湖南省书法家协会主办的首届“今古墨缘”中国书画新作大赛，获优秀奖。2006 年 6 月，杨辉坚小楷作品参加“毛泽东诗词”全国书画大赛，获银奖。同年，在省委宣传部、省文联、省书法家协会等主办的“第三届福建省青少年美术、书法征稿比赛”中，林学东作品获青年组优秀奖，陈淑蓉作品获三等奖。2006 年秋，由中国美术出版社出版《东山县书法作品集》。该集选编当代东山县籍（含旅居外地者）51 位书法作者的 51 幅作品。作品有篆、隶、楷、行、草诸体；有对联、斗方、条幅、尺牍、扇面等不同形式。2008 年 9 月，李石生书法作品参加中国书法协会举办的全国第二届草书展，被评为入选作品。1989—2008 年，县书法家获得全国性奖项共 9 次、省部级奖项 12 次。

（二）画 作

1989 年，林少丹国画《钟馗》获全国“金龙杯”书画大赛三等奖、北京中国画研究所美展荣誉奖，并被中国台湾中兴大学收藏。1990 年，林济民油画《海隅》获福建省文化厅主办的福建省职工书画展银奖。1992 年，张贤明、林任清的国画《雪霁》入选由中国美术家协会举办的全国首届花鸟画展。此后，其国画作品多次参加全国性及省部级举办的作品展并获得多项奖励。其中，获全国性的金奖 1 个、银奖 2 个；二等奖 1 个、三等奖 1 个；佳作奖 2 个、优秀奖 10 个。

1993 年，谢学文国画《大足卧佛》被福建省美术馆收藏。同年，蔡毅华国画《春风鼓劲》参加由中国美术家协会、中国书法家协会、中国书法艺术研究院举办的“北京二〇〇〇奥林匹克第一届国际绘画书法艺术大展”，获优秀奖。1994 年，吴耀中国画参加中国美术家协会展览部、中国书画家协会主办的“中国三峡耀华杯书画大奖赛”，获佳作奖；同年 12 月，张贤明的国画《秋声》入选文化部、中国美术家协会举办的第八届全国美术作品展。1998 年 12 月，张贤明的国画《晨曦》参加中国文学艺术界联合会、中国书法家协会、中国美术家协会举办的全国书画作品展，获金彩奖、牡丹杯新人奖。1999 年，柳财顺国画参加中国美协主办的“庆祝建国五十周年全国诗人、书法家、画家作品大奖展览”，获佳作奖。同年，李立农国画在福建省文化厅主办的福建省第二届书画节书画作品展中，获优秀奖。2004 年，谢学文国画《长城万里，屹立千秋》《长城图》先后被中国长城博物馆和国家博物馆收藏，其国画《长城雄风图》获亚洲艺术交流大展银奖，并在《中国美术》杂志发表。同年，林贵平钢笔画《榕映春潮》参加中国钢笔画学会、陕西省美协主办的“第二届全国钢笔画邀请赛”，获优秀奖；许炳辉国画《明月寄情忆思君》参加省美术协会主办的纪念邓小平诞辰百年、诚信书画作品展，获优秀奖。2004 年 8 月，张贤明的国画《微风》入选文化部、中国美术家协会举办的第十届全国美术作品展；同月，国画《秋色颂》参加中国美术家协会举办的首届中国美术家协会会员中国画精品展，获优秀奖。2005 年，蔡毅华国画《细雨无声》参加人民日报社、中国美术家协会、中国书法家协会等举办的全国纪念抗战胜利 60 周年大型书画展，获优秀奖并入编其作品集。同年，吴治晖国画《工笔花鸟》参加中国美协、中国书协举办的光大环保杯首届全国环保美术、书法、摄影展，获银奖。2006 年，朱雁娴与邓伯元合作的国画《正午》参加中国美协主办的“2006 全国中国画展”获优秀奖。同年，在省委宣传部、省文联、省美协主办的福建省第三届青少年美术、书法比赛中，陈淑蓉国画作品获二等奖；林文金国画获三等奖。2007 年，林济华国画《荷风送爽》参加江西省文联、江西省美协主办的“赣粤高速杯”全国书画展，获优秀奖；同年 12 月，张贤明的国画《秋色渐浓》被中国美术馆收藏；是年，出版《东山书画作品集》（由中国美术出版社出版）。该集收录古今东山籍书画作者黄道周、康瑞、潘潜、蔡玉卿、马兆麟、欧眉山、林少丹、陈洪甄、谢学文、马驰等 182 幅书画作品。2008 年，张惠远国画《秋野》参加中国美协主办的和谐家园全国工笔画作品展，获优秀奖。同年，吴治晖国画参加浙江省美协、书协主办的秀水韵、千岛湖全国书画大赛，获优秀奖；其国画参加河南省文联、省美协主办的中原书画大奖赛，获优秀奖。12 月，张文才国画《绘画》在河南省美术家协会主办的纪念改革开放三十周年中原书画大奖赛中，获入围奖。

1989—2008 年的 20 年间，县籍书画作者共出版画集 17 本。主要有：《林少丹钟馗画集》《孙用钊书画》《谢学文画选》《谢学文东山风采写生百米画卷》《张贤明画集》《张贤明工笔花鸟画集》《杨颖哲画集》。东山籍书画作者 40 多人参加市、省、全国及国外书画展，画作获得全国性奖项 19 次、省部级奖项 24 次。

五、摄 影

1989 年后，县内摄影爱好者增多，作品参加全国、省组织的摄影展览，在报纸杂志上发表，许多优秀作品获奖。 1999 年，陈培峰摄影作品《水上人家》参加中国艺术摄影学会、中国名俗摄影协会联合主办的第二届全国群艺馆文化馆（站）摄影大赛百人百幅展，获三等奖。2001 年，刘汉添摄影作品《多彩季节》参加中国摄影家协会等主办的爱我中华，照我大地全国摄影爱好者摄影大赛，获鼓励奖。2002 年，陈培峰摄影作品《计生服务到山村》参加省文联、计生委主办的福建省人口文化艺术作品巡回展，获优秀奖。2004 年，许永森摄影作品参加纪念“共和国辉煌”55 周年和纪念邓小平诞辰 100 周年活动，获文化部艺术服务中心颁发的金匾和证书。2007 年，何婉贤摄影作品《渔家的节庆》获省摄影家协会主办的《海西明珠》摄影展，被评为十佳作品。同年，欧康摄影作品《团圆》入选由中国摄影家协会《大众摄影》主办的全国渔文化摄影大赛。2008 年，欧康摄影作品《土楼的孩子》《田螺之旅》《田埔村》入选由中国摄影家协会《大众摄影》主办的全国土楼摄影大奖赛。

1989—2008 年，县内摄影爱好者获得全国性摄影作品奖 3 项、省部级奖摄影作品 11 项。

第三章 广播电视与报刊

第一节 广播电视

一、广 播

（一）广播设施

1989 年，县境各乡镇广播均采用有线专线传输广播信号。1991 年，利用虎山上的电视差转台机房的 10 瓦功率试发调频广播信号，频率为 106.1 兆赫，时广播信号传输形成有线与调频发射并存的有线广播格局，乡镇广播站信号源覆盖率 45%。1992 年，采用 30 瓦调频发射机在电视差转台楼上发射东山县广播站调频广播，采用框形天线，高度为海拔 35 米，使信号覆盖率提至 50%。1996 年，利用有线电视调频广播信号在亲营山上作调频广播补点发射，采用 10 瓦功率和半波振子天线发射调频广播，天线高度为海拔 230 米，覆盖率提高到 68%。1999 年初，广播发射移到县广播电视大楼上，功率增至 100 瓦，覆盖率 75%，发射频率为 103.05 兆赫。2002 年 12 月，在云霄县笔架山增加补点定向发射，功率 100 瓦，调频发射覆盖提高至 98%，发射频率为 103.05 兆赫。2004 年 4 月，因笔架山在铜陵站机房楼顶设调频补充发射覆盖盲区，功率为 10 瓦，频率为 106.2 兆赫；全县调频发射覆盖提高至 100%。2005 年 3 月，停止笔架山发射点，同时，在广电局楼上建 300 瓦发射机，其 100 瓦发射机移至陈城镇广播站楼作补点。2006 年 3 月起，广播利用有线光纤发射调频广播，功率为 100 瓦，频率为 106.8 兆赫，县广播电视局楼上发射频率为 103.1 兆赫，陈城广电站仍采用 10 瓦发射，频率为 106.2 兆赫，全县覆盖率为 100%。

（二）广播业务

1989 年，东山县仍采用有线传输信号广播。1993 年 7 月，东山人民广播电台正式开播。电台播音时间每天 12 小时，设 9 个自办固定栏目，并转播中央台、省台新闻联播节目。2003 年 5 月，电台数字音频网络工作站建成，同年 6 月 1 日正式播出，实现广播节目从编辑、录制、播出全过程数字化、网络化、自动化。2005 年元旦，正式开通东山广播电视网，内容包含广播电视节目、广电服务等，有自办节目 6 个，可保存县电台播出的广播电视节目1个月。2008年，公共广播节目播出时间4537小时19分钟。

（三）获省级奖节目

1989—2008年，县广播站人员精心采编制作广播节目，积极向省、市电台提供优秀作品参与评选。1993年11月，《御前奏乐曲播心声》在福建省广电学会举办的省乡镇优秀广播节目评选中，获二等奖。1995年11月，《黄阿婆与子弟兵》在省广电学会主办的省第三届地市播音作品评选中，获二等奖；《东山新闻》在省广电学会主办的省第三届地市播音作品评选中，获三等奖。1997年4月，《专家谈芦笋中低产园改造》被省广电厅、省广电学会评为福建广播专题二等奖。同年9月，《海峡情深》在省广电厅、省广电学会主办的省播音作品评选中，获二等奖。1999年4月，《海峡七彩虹》在省广电学会主办的省优秀广播电视播音作品评选中，获三等奖。2005年4月，由宿畅制作《上周要闻》在省广电学会主办的省优秀广播电视播音作品评选中，获三等奖。2006年，通讯《寡妇村的变迁》在中央人民广播电台对台新闻大赛中，获三等奖。

二、有线电视

（一）有线电视网络建设

1993年9月，东山有线电视网络通过福建省广播电视网厅验收并投入使用。1994年6月，投资8.33万元，开通同省有线电视微波联网工程，传播省有线电视节目4套。是年，投资225万元，实现县镇光缆电缆联网。其中，采用光缆联网线路2条、电缆（美国500C型）线路2条，共长35公里，分支线路53公里，覆盖终端用户增加3000户（盒）。年末，全县有线电视用户共1.55万户（盒）。1995年，投资184.8万元，实现乡镇有线电视联网（只有一个总前端的一体化系统），联网建制村31个（占51.7%）。全县有线电视网主干线长58公里，其中光缆3条36皮长公里，系统网络328公里，终端用户2.1万户（盒）。投资28万元，开通县至漳州市电视微波回传系统，建立电视双向回传会议室，同时实现上传新闻节目。1996年，将电视差转台和广播调频发射台迁往亲营山，广播电视覆盖率98%。同时，投入5万元架设开通亲营山、建宅、红山有线电视联网工程。新增主干线18.5公里，网络线56公里，联网10个建制村，新增用户2000户。1997年，扩大有线电视覆盖，新增主干线20公里，网络线43公里，联网12个建制村，新增用户2840户。时，全县入网建制村53个，占总数87%，实现广播、电视播出合一。1999年初，筹资55.5万元，完成6个建制村联网工程，共架设光缆3.4公里、网络线20多公里，同时，完成下垵、岩仔、长山尾、新厝、前坑洞等边远自然村的有线广播电视光缆架设。全县有线电视网络共有光缆64.2公里，系统网络线525.27公里，终端用户2.8万户（盒），实现乡镇100%光缆联网，建制村100%通有线电视，自然村100%通广播电视，并通过省市“村村通”验收。县广播电视局被评为全省电视“村村通”先进单位。是年，投入180万元，完成铜陵镇网络更新改造，共架设主干光缆9.95皮长公里，安装12个光节点，架设电缆66.72公里，使1万多用户都能收看到清晰的电视节目。2001年，投入50多万元，改造县台播出机房，系统由原300兆赫提升为860兆赫，调制器全部采用“巴可”产品，同时实现24小时不间断有线电视节目转播。2003—2006年，投入200多万元，改造县城区主干光缆网和分配网，推进数字电视进程。首期改造完成光节点的分配网12个，架设电缆120多公里，改造后的区域新增用户290多户，受益用户3622户。采用路权可控的双向可寻址电缆双线分配网络，实行用户管理自动化。2006年5月1日，投入150万元开通有线数字电视，采取分片区逐点试行办法在铜陵和西埔率先推行数字电视业务。此后，继续进行镇、村光缆联网改造工程，2007年6月，县城区分配网改造工程竣工。同时，对驻马銮湾的省工体大队和马垵村的有线电视网络进行联网改造。同年10月，对西埔镇东陂村光节点分配网进行改造（受益用户300多户）。2008年初，完成陈城澳角山有线光缆网络工程。同年5月，完成东山经济技术开发区地税局、东海嘉园一期、南苑花园、党校路光缆下地敷设、埔顶光节点扩网及湖东新村分配网改造等6个工程。2008年12月，全县有线广播电视传输干线网络总长165.5公里（光缆134.5公里，分配网光节点共134个），有线电视用户3.65万户，其中数字电视用户1万户。

（二）有线电视节目制播

1995 年 1 月 1 日，东山有线电视台正式开播，有线电视网络分别转播传送中央、省、市 25 套电视节目、4 套广播节目，自办少量县内新闻和专题，广播电视实现光缆传输。1997 年，实行公开选聘业余主持人，1999 年元旦，台标正式使用，2003 年 5 月，建成电视非编制作网，于 6 月 1 日播出，实现电视节目从编辑、制作到节目播出的全过程数字化、网络化、自动化。7—8 月，对自办电视栏目进行改版，《东山新闻》增加信息量和播出次数，增设《婚育与健康》《综艺看台》《政法视点》等栏目。9 月，增设中小学生节目《七彩阳光》、渔民节目《讨海人》、广播专题节目《川陵风》等。10 月，增设《上周要闻》《农友之窗》《政务专栏》等自办栏目。2007 年 7 月，新闻报道题材实行“三三制” 改革（即会议新闻、社会新闻、其他活动新闻的月综合量比为各占 1/3)，改变会议新闻多，社会新闻少的状况。同年 10 月 15 日起，《东山新闻》栏目实现日播，天天有新闻。2008 年，全年公共电视节目播出时间 799 小时 15 分。

（三）获省级奖节目

1993 年以来，县广播电视人员积极向省、市广播电视台提供优秀节目并参与评选。1996 年 4 月，采编制作的《龙船鞋》被福建省广播电视学会评为福建电视专题三等奖。 1998 年 5 月，制作播音的《同在一片阳光下》被省广播电视厅、省广播电视学会评为福建残疾人事业优秀电视专题片三等奖。2000 年 3 月，制作播音的《龙腾虎跃彩蝶飞》被福建电视台公共频道评为地县春节特别节目大展播电视专题一等奖。2002 年 1 月，制作播音的《毁林建虾池是祸不是福》被省广电厅、省广电学会评为首届全省县级电视新闻优秀节目二等奖。2002 年 5 月，同年 7 月，制作《东山发现 4 万年前东山陆桥古人类活动遗迹》被省委宣传部、省广电厅评为省对外电视好新闻二等奖。2003 年 4 月，制作的《中美专家在东山发现与台湾相似的南岛语发祥物》被省广电厅、省广电学会评为省对外电视好新闻一等奖。同年 7 月，制作播音的《当芦笋无人收购时》被省广电厅、省广电学会评为电视新闻二等奖。

第二节　报　刊

一、《石斋故里》（乡讯）

1989 年，县侨务办公室继续主办《石斋故里》（乡讯）。该报创办于 1986 年 10 月，为不定期出版物，每期发行量 3000 份，其中向海外发行 1500 份。该报以中国港澳台同胞及海外侨胞、外籍华人为主要发行对象，系统介绍东山人文环境，传递家乡经济社会发展的信息，宣扬海外华侨、华人、台港澳同胞爱国爱乡事迹。为海外华人、台港澳同胞回东山旅游观光、寻根谒祖、投资创业提供服务。至 2008 年，共发行 82 期。

二、《东山旅游报》

《东山旅游报》于 1996 年 1 月 1 日创刊，属内部刊物。由东山旅游经济开发区管委会、县旅游局主办，月刊，设新闻报道、旅游采风、市场大观、休闲副刊 4 个版面。以介绍东山旅游环境，宣传东山旅游动态为主。2003 年 9 月 25 日停刊，共出刊 93 期。

三、《东山岛中小学生作文园地》

《东山岛中小学生作文园地》于 1997 年 10 月创刊，由县教育局主办，月报。为发表中小学学生优秀作文的园地。1998—2007 年，共刊发中小学生作文 2840 篇，并推荐习作 50 余篇在省内外正式刊物发表。

第四章　图书档案与史志谱牒

第一节　图　书

一、县图书馆设施

1989年，沿设县图书馆，隶属县文化局，位于铜陵镇，建筑面积2000平方米，内设采编室、阅览室、外借室、期刊室、台湾资料室、黄道周研究室及展览厅。1992年，获福建省红领巾读书读报“金锁匙集体奖”、并被评为省少年儿童文化艺术工作先进集体。1995年1月，被文化部评为国家二级图书馆；同年2月，被省文化厅评为“十佳”图书馆。1996年3月，被省委、省政府评为福建省第五届文明单位。2005年，第三次全国公共图书馆评估，再次被文化部评为国家二级图书馆。2008年，工作人员13人，其中高级职称1人、中级职称4人。

二、馆藏与借阅

（一）图书馆藏

1989—2008年，县图书馆每年订杂志刊物300多种、报纸100多种，同时投入资金购置多种图书。至2008年，馆藏图书12.01万册，其中有《四库全书》《宛委别藏》《清实录》及黄道周真迹《榕颂》等珍品。

（二）图书借阅

1989—2008年，县图书馆继续实行全开架服务，向读者推荐健康有益的书籍和科技情报资料。1990年，图书借阅为11.18万人次、18.67万册。此后，每年举办图书馆服务宣传周、暑假读书月、优秀读者夏令营等读书活动，提高图书借阅量。每年为近千名侨胞、台胞到馆参观、查阅资料提供服务。2008年，图书借阅11.2万人次、11.5万册次。

1989—2008年若干年份东山县图书馆图书借阅情况表

表28-1

年份	借阅人次	借阅册次	对台服务人数
1989	117528	186651	110
1993	98199	133786	98
1995	155923	156227	300
1998	124450	114432	400
2000	121500	115230	500
2003	145617	147934	1600
2005	110875	101926	546
2008	112050	115032	1543

三、图书流动站（箱）

1989年，县图书馆沿设农村图书流动箱、军营图书流动站（箱），组织文化图书服务队下农村、进军营，传播图书知识和科技信息。此后，每年参加文化下乡活动，深入农村传播农作物种植和鱼虾养殖技术。在八一建军节前后，开展东山县图书馆读书月军民联谊活动，把图书送进军营，丰富连队官兵的业余文化生活。2008年，东山县图书馆被福建省军区评为双拥模范单位。

四、图书发行

县境图书发行主要是县新华书店。1990 年，县新华书店发行图书 3645 种、50 万册，年销售额 83.8 万元。此后，其图书发行种类和发行量逐年增加。2000 年，县新华书店图书发行 4565 种、78 万册，年销售额 449 万元。2008 年，县新华书店图书发行 5016 种、92 万册，年销售额 641 万元。此外，其他小书店 2008 年图书发行量共 900 多种、15 万册，年销售额 90 多万元。

第二节　档　案

一、县档案馆

（一）馆设机构

1989 年，东山县档案馆依然与县档案局合署。1995 年 11 月，重新确定档案局馆合一，为科级事业单位，编制 6 人。1999 年 12 月，被福建省档案局定为省三级档案馆。2007 年 8 月，该馆设人秘股、监督指导股、保管利用股，编制 7 人。2008 年，县档案馆被定为政府信息公开查询场所。

（二）档案设施

1989 年，县档案馆位于县委办公楼内，办公用房面积近 200 平方米，其中库房面积 140 平方米（包括云霄档案馆库房）。2008 年 8 月，迁到县电信大楼 4 楼，办公用房面积 279 平方米，其中库房面积 200 平方米。县档案馆建立档案安全管理制度，档案室配备消防安全系统，以及自动恒温调控、防火防盗监控、档案铁皮箱柜和防有害生物设施等。对馆藏档案资料定期检查，及时抢救扫描珍贵或利用频繁的档案资料。建立电子文本和纸质文本查询系统及文书目录、声像档案、资料全文等数据库，开通档案馆网站。配备计算机、复印机、传真机、文件柜等办公设备，可供公民上网浏览已公开的馆档资料信息。

（三）档案收集与整理

1. 档案收集　1989—2008 年，县档案馆延续收集有保存价值的档案。历年收集范围包括县直党政机关、人民团体、企事业单位及上级驻东山单位具有长期永久保管价值的资料；委县组织部、县人事局保存的死亡干部档案；撤销机关、破产单位资料；企业单位资料；史志、专题、家谱族谱资料等；收集反映县内特色的报刊、图书、历史文献资料。2000—2008 年，收集各类档案资料卷宗 227 卷，共 908 万字；征集资料 65 册，共 325 万字；声像资料 8 盘。2008 年，县档案馆馆藏档案有 69 个全宗系列，共 9112 卷，资料 13861 册，照片档案 250 张，声像档案 13 件。

2. 档案整理　1989—2008 年，县档案馆延续开展档案整理。每年馆藏整理按县委、县政府、乡镇、企业等系列全宗进行。档案整理根据全宗必须清楚，档案必须理顺，分类基本科学，组卷基本合理，保管期限鉴定基本准确，归档材料能反映立档单位概貌，案卷题名能揭示卷内档案主要内容的原则进行。2008 年 3 月，将破损较严重的民国时期档案 535 卷，分别送福建省文件档案管理服务中心、福州八闽档案管理技术服务有限公司进行抢救性修复。

（四）档案利用

1989—2008 年，县档案馆延续为需要使用档案者提供服务。每年接待档案查询人员近 100 人次，档案使用量一般为 300 卷、资料 150 册。2002—2008 年，共接待档案查询人员 630 人次，提供查询档案 2287 卷、资料 482 册。

二、县直机关与乡镇档案室

1989 年，县直机关档案室 64 间，档案员 68 人；企事业单位档案室普遍建立。当年，县潮剧团档案室被福建省档案局评为一级档案室。各机关企事业单位档案管理逐步规范，档案室设施逐渐完善，至 2002 年，累计有 23 个单位档案室先后被评为省级先进档案室或省一级档案室。2008 年，全县县直机关事业单位和乡镇档案室共 98 间，档案员 120 人。

三、档案执法检查

1989—2008年，县档案局年年开展档案执法检查活动。每年档案检查工作与《中华人民共和国档案法》宣传相结合，利用广播电视、墙报标语，举办“档案法”知识竞赛或培训班等形式开展宣传。档案执法检查采用自查自纠和专门检查相结合，及时发现存在问题，发出整改通知书，督促限期整改，促进部门单位“依法治档”。2006年，档案执法检查100个单位，有23个单位被评为优秀，17个单位被评为良好，60个单位被评为合格。

第三节 史志与谱牒

一、党史研究编写

1989年后，中共东山县委党史研究室（简称党史办）主持编写出版党史资料汇编或专著。1990年7月，编写出版《东山组织史资料（1950—1988)》，由鹭江出版社出版。1993年6月，编写出版《纪念东山保卫战四十周年》(内部资料)。1994年10月，编写出版《东山县社会主义革命和建设大事记（1949-1990)》（内部刊物)。2005年5月，编写出版《纪念东山解放五十五周年（党史专辑)》(内部资料)。2006年7月，编写出版《东山党史专辑——纪念建党八十五周年》(内部资料)。2007年5月，编写《东山保卫战》，由福建人民出版社出版。

二、县志编纂

1989年，县地方志编纂委员会继续组织编纂建县以来首部《东山县志》，同年12月，首部《东山县志》部门资料稿大部分完成。1990年2月，拟定县志凡例、总目录、各卷篇目，确定各卷编辑人员，建立定任务、定人、定时间、定质量、定补贴费工作责任制。至1991年12月，各卷志稿初次总纂完成。1992年1月中旬，召开《东山县志》稿三级评议会。之后，对志书进行全面修改补充，再次总纂，分批送漳州市地方志编纂委员会审查。1993年2月，确定执行总编、副总编，进入第三次总纂深加工。是年8月形成正式送审稿，送县政府、漳州市方志委、福建省地方志编纂委员会复审、验收。1994年2月，经福建省方志委批准付印，由中华书局出版。该志总编方耀铿、黄启注（执行)，副总编许林耀，编辑人员17人。全志由概述、大事记、专志（36卷）及附录构成；有地图7幅（含4幅黑白图)，照片76张，五序二跋，正文120万字。1994年9月成书发行，印刷3000册。1997年8月25日，《东山县志》被中国地方志指导小组和中国社会科学院评为全国新方志优秀志书二等奖；同年9月，获福建省新方志优秀志书一等奖（该志于1995年被东山县政府授予科技进步特别奖)。

2003—2006年，县地方志编纂委员会编写福建省地方志编纂委员会和漳州市地方志编纂委员会部署的《地名志》《姓氏志》《名产志》《名镇志》等东山部分资料。

2007年4月，县政府召开全县第二轮修志工作会议，启动续修第二部《东山县志》，各机关、团体负责人和主要业务人员共200多人参加。部署各单位编写部门资料稿。2008年10月，县方志委组织县志编纂人员11人，经业务培训，准备分工编写《东山县志（1989－2008)》分卷初稿。

三、年鉴编纂

1996年春，县地方志编纂委员会部署编纂《东山县年鉴（1989—1995)》的工作，收集资料。1998年夏，年鉴稿全部完成，为7年合本（两年1卷，1995年单独立卷)，交县年鉴审稿组审查。此后，经修改，再送福建省地方志编纂委员会年鉴出版审稿组审查。1999年夏，交中国社会科学出版社审编出版，是年12月成书发行。全书69.9万字，图照49幅，印刷1000本。

四、谱牒编写

1989年，县内有两三个建制村开展编写谱牒活动，其编写的谱牒由内部出刊。此后，编写谱牒建制村逐渐增多，至2008年，县内出刊谱牒有《林氏族谱》《朱氏族谱》《沈氏族谱》《杨氏族谱》《孙氏族谱》《陈氏族谱》《何氏族谱》等共20部。

第五章　文物与考古

第一节　文　物

一、博物馆

（一）东山县博物馆与馆藏

1989年，县博物馆沿设，隶属县文化局。1995年，县博物馆单设，位于黄道周纪念馆左后方，占地面积1400平方米，建筑面积986平方米，为3层楼结构。有四个展厅，分别是史前闽台文化关系陈列、海峡两岸同根文化展、黄道周史迹展等。2008年，县博物馆（下辖黄道周纪念馆、黄道周故居、东山戍守台湾将士墓群、东山抗战烈士陵园，与县文物保护管理所合署办公，与县文物保护管理所合署办公）馆藏文物755件（套），其中二级文物2件、三级文物260件。有工作人员8人。

（二）博物馆举办展览纪要

1989年，县博物馆举办东山县历代反侵略斗争展；黄道周文物展；林少丹国画作品展；张贤明工笔画展。1991年10月，举办虢国文物展（与三门峡博物馆联合举办）。1992年5月，举办海峡两岸东山人书画展，1993年，举办台湾画家陈洪甄捐赠作品展（41幅）。1995年9月，举办中华人民共和国45周年成就展；建国45周年东山成就展。1996年7月，举办东山建县八十周年回顾展。1998年，在风动石景区、博物馆前面建立“碑廊”，并举办古碑林展（30多方古碑）。2001年2月，举办东山县近期考古成果展。2002年5月，与江西省博物馆联办明代王妃真尸及其随葬品展览。2006年7月，举办海峡•船与关帝展览，2007年6月，举办两岸同根文化展。

二、文物保护单位

（一）国家级文物保护单位

1996年11月，东山关帝庙被国务院公布为第四批全国重点文物保护单位。

（二）省级文物保护单位

1989年，县内省级文物保护单位有水寨大山（于1985年10月确定）。1991年4月，东山县抗战烈士陵园被福建省人民政府列为第三批重点文物保护单位。2005年5月，宫前天后宫被福建省人民政府列为第六批省重点文物保护单位。

（三）县级文物保护单位

1992年11月，县政府公布东山县第四批文物保护单位12处：朱旋墓、港口盐课大使署、樟塘解山庙、铜陵真君宫、美山康美古榕树群、石鼓石锣石龟、美山世美堂杨观吉墓、铜陵古来寺、铜陵东岭大庙、铜兴御乐轩旧址、钱岗崇孝堂、赤山谷文昌陵园。

2002年7月10日，县政府公布东山县第五批文物保护单位9处：山后朱氏家庙、东山戍守台湾将士墓群、城垵山庵庙旧址、铜陵马兆麟墓地、铜陵宝智寺、前何追远堂、东山碑廊、七圣夫人庙文物群、前何威惠庙。

2006年9月22日，县政府公布东山县第六批文物保护单位12处：康美林氏家庙、湖塘永慕堂旧址、冬古苏峰古寺旧址、东沈永锡堂、东沈祀先堂、铜陵南少林和尚、陈城追远堂、龙潭苦菜寺旧址、铜陵明德宫、铜钵燕翼堂、顶城燕翼堂、埔头林凤将军墓。

至2008年，东山县文物保护单位共81处。其中，国家文物保护单位1处，省级文物保护单位3处，县级文物保护单位累计77处。

第二节　考　古

一、考古发现

1990年7月，省、县考古工作者在苏峰山西南坡海拔100米处，发现新石器时代文化遗址，采集标本有石锛、石戈、砺石、陶罐等。同年10月，中国科学院古脊椎动物与古人类研究所和县博物馆的考古人员，在樟塘乡南山头首次发现11块旧石器时代小石器，属福建省重大发现之一，证明万年前东山岛已有古人类活动。是年秋，由厦门大学与县博物馆的考古人员在西埔镇顶西村、梧龙村（埔尾、水库）、顶西坑（村南、村灰厂）、虎山南坡、樟塘镇南山村、下山前村、樟塘村大林下、前楼镇岱南村水库等地发现旧石器时代人类活动遗址，收集小旧石器308件（非工具类包括石核和石片；工具类有生活和生产工具）。经中国科学院古脊椎动物与古人类研究所鉴定，为1.3万—0.9万年前古人类旧石器。

1998年12月20日，东山渔民在距东山岛100海里的海域捞到一块亚洲象下颚化石，经专家鉴定，距今约1万年。2000年3月，康美镇钱岗村村民在其村西南方1公里处的南山尾发现一处古人类遗址，采集石锛8件、石戈2件、陶釜1件，经鉴定为商周时期文化遗址。2002年2月，根据大帽山村民提供信息，县博物馆在乌礁湾海域发现一运载黑釉瓷、青瓷的南宋沉船。同年5月，在铜陵镇烟墩山发现旧石器时代的石器点，采集旧石器60多件。2004年6月，铜钵村民发现珍藏的郑和碑文。2005年4月，根据铜陵考古爱好者提供信息，县博物馆工作人员在康美镇城垵村发现一沙丘遗址和宋代古村落，并在沙丘遗址采集一批石器、陶片等文化遗物。2005年4月，县博物馆工作人员在苏峰山北麓发现旧石器时代石器点，从地层中采集到砍砸器1件，经中国科学家古脊椎动物与古人类研究所研究员尤玉柱鉴定，该石器距今约3万年。2007年10月，根据西埔村民提供信息，县博物馆人员在坑北西山岩发现新石器时代遗址，采集石制品2件，其中石锛1件。同年11月，由美国毕士普博物馆、福建省博物馆、厦门大学与县博物馆联合组成的课题组，在东门屿发现石锛和石斧。

二、东山陆桥考古研究

1989年，县内学者延续开展东山陆桥考古研究工作（1987年初，考古发现“东山人”人类化石，为东山陆桥考古研究提供重要的实物佐证），陆续发现东山岛旧石器时代人类活动遗址和诸多旧石器及海底哺乳动物化石，证明福建沿海1万年前已有人类生息，同时佐证了曾有“东山陆桥”将闽台连在一起。

2001年11月，由中国科学院考古研究所教授韩康信、中国科学院古脊椎动物与古人类研究所教授祈国琴、台湾自然科学博物馆教授何传坤考察县博物馆收集的哺乳动物化石。经考察认定：东山海域的哺乳动物化石与台湾澎湖海沟的哺乳动物化石相同，同属一个动物群。与中国淮河流域以古菱齿象、四不像鹿、水牛为主要成员的动物群相似，因此，东山和澎湖的动物群属于华北动物群。同时认为这个动物群在台湾海峡成为陆地时期，为了逃避寒冷，很可能沿着古河道自北而南迁移通过“东山陆桥”的。在考察中还发现8件四不像鹿的鹿角上带有明显的人工刻痕。2008年7月，中央电视台《走遍中国》摄制组，到东山县拍摄专题片《“东山陆桥”探秘》。

三、大帽山贝丘遗址考古发掘

2001年12月，美国哈佛大学教授焦天龙博士到县博物馆，研究陈城镇大帽山贝丘遗址标本，并到该遗址进行考古发掘。2002年11月19日至12月13日，经国家文物局批准，由福建博物院与美国哈佛大学、夏威夷大学联合组成发掘组，对县境大帽山贝丘遗址进行考古发掘。发掘面积75平方米，采用西方考古发掘和研究方法进行。用卫星定位系统确定遗址的位置，所发掘的各层堆积物均用0.5厘米孔径的筛子筛选。对重点地层单独用水进行浮选；应用色谱系列对照表确定并描述地层的土质土色，以及陶片的陶质和陶色等。2006年5月20日至7月2日，经国家文物局批准，由福建博物院与美国毕士普博物馆联合组成发掘组，第二次对大帽山贝丘遗址进行考古发掘。此次发掘面积55.5平方米，发现新石器时代（距今5000～4000年）贝壳类25个品种，鱼类有软骨、硬骨，主要是海豚、鲨鱼和哺乳动物骨骼等；兽类有鹿角、猪骨等；陶类有泥质、夹砂陶制罐、陶壶等；生产工具有石锛、石箭头、骨制鱼钩、陶纺轮等。

四、海底沉船考古

（一）冬古郑成功沉船发掘

2000年1月，西埔镇冬古村民在该村海域底部发现一沉船。县博物馆组织人员前往探挖，采集到一批文物，有铁炮、铜铳、地雷、手雷、铜钱以及木器、瓷器、锡器等，经鉴定，为南明时期郑成功水师的沉船，属首次发现。2001年3月8日，经国家文物局批准，由国家博物馆水下考古研究中心组成工作队，对冬古郑成功水师沉船进行为期40天的水下考古调查。同年秋天，开展抢救性考古发掘。2003年10月，漳州市政府先后拨款共100多万元，支持冬古郑成功水师沉船的考古发掘项目。同年11月，经考古队调查后，采用钢坝围堰形式，把沉船圈定，而后再进行水下考古发掘，历时4个月，取得重要成果。发掘的文物有铠甲片、印泥、紫砂壶、烟斗、砚台、剑鞘、锡盒等，同时，发现大量火药、地雷、弹丸，另有不少瓷器、铜器、锡器等。

（二）多处水下沉船考古

2001年11月14日，经国家文物局批准，中国国家博物馆水下考古研究中心组织人员对东山海域进行水下考古调查。调查采用的声呐设备，对铜陵镇东门屿与古雷头之间海域进行扫摸，发现海底多处沉船，同时，采用旁测声呐和浅地层剖面声呐对南门湾、乌礁湾等重点海域进行考古调查。2005年6—7月，再次采用旁测声呐和浅地层剖面声呐对东门屿至古雷头之间海域进行水下考古调查，发现海底有明、清时期沉船，同时，还发现东山岛乌礁湾一处南宋沉船和陈城镇澳角龙屿一处明代沉船。

五、岛屿田野考古调查

2007年11—12月，由美国毕士普博物馆、福建省博物馆、厦门大学与县博物馆联合组成闽台史前文化关系和南岛语族起源问题课题组，对县域的岛屿、田野等进行考古调查。该课题计划5年完成。此次调查发现康美白塘澳沙丘遗址、白塘澳与西崎结合部贝丘遗址、苏峰山新石器时代石器点、东门屿太阳纹岩画、大坪屿新石器时代石器等，调查按全国第三次文物普查的标准进行，对所发现的遗址均做科学勘察、测绘与登记。

第六章　体　育

第一节　群众体育

一、职工体育

1989—2008年，县机关企事业单位职工业余体育活动延续开展，项目有篮球、排球、乒乓球、田径、自行车、游泳、门球、武术等。每年的元旦、春节、劳动节、国庆节等节日均举办职工体育赛事，组织10多支职工体育团队200多人参赛。每年还组队参加市、省的职工体育比赛活动，并取得名次。2008年，职工体育仍正常开展，职工体育运动开展得较好的单位有县硅砂矿、东山第一中学、东山第二中学、县农业银行、漳州旗滨玻璃集团有限公司等。

二、农民体育

1989年后，县内农村体育活动沿续开展，许多建制村有篮球场、设乒乓球室，并开展体育比赛活动。杏陈镇大嶝、陈城镇澳角、西埔镇西埔等村组队参加县、市、省的体育比赛活动，并取得名次。1998年后，县文化体育局于每年春节期间在西埔地区主办“华昌杯”篮球赛，参赛者主要为农民。2000年起，有条件建制村建立农民体育健身点，配体育器材。至2008年，建立农民体育健身点的建制村有21个：陈城镇澳角村、宫前村、湖塘村，西埔镇西埔村、石埔村、宅山村、冬古村，杏陈镇大嶝村、后林村、埕英村、前何村、径口村、高陈村，樟塘镇港西村、樟塘村，铜陵镇铜兴村、康美镇马銮村、美山村，前楼镇岱南村、东英村、下西坑村。是年，县文化体育局被省体育局评为实施农民体育健身工程先进单位。

三、老年体育

（一）老体协组织

1989年，成立县老年人体育协会（简称老体协）。之后，各镇逐步成立老体协，至2004年，全县各镇村、社区都成立老体协，并设辅导站、点，配置健身器械，配辅导员258人。各级老体协常组织老人开展门球、象棋、地掷球、太极拳等体育活动。

（二）老年人健身活动

1989年重阳节，县老体协与县体育委员会联合举办东山县首届老年人运动会暨首次老年人大型健身活动，有8个代表队参加活动。开幕式上举行中老年健身迪斯科、太极拳表演和老年人（200人）健步走竞赛。运动会比赛项目有中国象棋、乒乓球、门球等。2006年10月20日，举办县老年人健身活动展示会，有7个镇代表队200多人参加，表演回春医疗保健操等16个节目，表演者年龄最大82岁。同年10月25日，大嶝村举办首届老人运动会，4个自然村代表队，共175人参加，比赛项目有门球、地掷球、拔河、象棋、飞镖、挡环等。2008年4月30日，举办庆五一、迎奥运老年人健步走活动，全县有2000多人参加，行程3公里。8月，在大嶝村举办漳州市 “全国全民健身日”和“全国农民健身活动日”启动仪式，市委、市政府领导及县五套 班子领导人、漳州市各县（区）代表出席启动仪式。9月，举办庆奥运、迎国庆健身展示会，全县7个镇代表队及教育代表队、老年大学代表队共600多人参加，表演拳、操、舞节目。是年，东山县被评为福建省老年人健步活动先进县。

（三）参加市、省比赛

2006年，东山县老体协组队参加漳州市第七届老年运动会，获地掷球第三名、中国象棋第三名，并获健身球圈优胜奖。同年，林少先代表漳州市参加省老年运动会，获中国象棋第三名。2007年11月，组团参加漳州市老体协组织的门球比赛，获第三名。2008年9月，县老体协举办云霄、漳浦、诏安、东山门球友谊赛，东山队获第一名。

（四）农村老年体育工作示范点

2003年9月，大嶝村、下田社区被市体育局定为老年体育工作示范点。2008年，陈城村、桂花社区、岱南村、湖塘村被市体育局定为老年体育工作示范点。

第二节 学校体育

一、幼儿体育

1989—2008年，县实验幼儿园、铜陵幼儿园及乡镇各中心小学幼儿园沿设体育活动课，每周3节课，按小、中、大班幼儿年龄段，开展走、跑、跳跃、投掷、平衡、踢、钻、爬、攀登等及广播体操活动，村办、私办幼儿园也经常组织开展幼儿广播体操等体育活动。2008 年，举行全县幼儿园广播体操比赛，10支代表队参加。

二、小学体育

（一）小学体育课

1989—2008 年，东山县小学体育课延续执行省教育厅颁布的课时计划；每年举行体育教学公开课、观摩课和教学评比活动。1994 年，全县小学《体育合格标准》合格率达 98.45%。2008 年，县第二实验小学教师参加福建省第三届全国中小学体育教学观摩展示活动，获优秀体育课评比二等奖。

（二）阳光体育活动

确保小学生每天 1 小时课外体育活动时间。县教育部门推广县第二实验小学课间活动经验，组织学生到操场或野外开展体育活动，将其纳入对学校综合督导内容。

（三）重点体育项目训练

东山县许多学校根据各自特点，抓重点体育项目课外训练。主要有：铜陵第四小学的乒乓球、县第二实验小学的篮球、大嶝小学的游泳、前楼中心小学的举重等。前楼中心小学自 1997 年创建举重队，每年参加省、市比赛多次获奖。县第二实验小学篮球队多次参加省、市比赛，于 2004 年获省篮球锦标赛男子组第五名。大嶝小学泳池项目于 2006 年被确定为东山县学生综合实践活动基地教学点。

三、中学体育

（一）中学体育达标活动

1989—2008 年，东山县中学体育执行《国家体育锻炼标准》《中学生体育合格标准》。1994 年 11 月，东山第二中学、西埔初级中学接受市省教委、省体委检查验收，均评定为优级。是年，全县中学《国家体育锻炼标准》合格率 94.7%。东山县被省教委、省体委评为《国家体育锻炼标准》先进县。2005 年初，东山第一中学、东山第二中学全面试行教育部、国家体育总局《关于实施学生体质健康标准（试行）的通知》，年末检查，学生体质健康合格率为 96.8%。2007 年 9 月，各中学全面推行《学生体质健康标准》（原“中学生体育合格标准”取消）。2008 年始，各中学学生体质健康标准按教育部要求，执行《国家学生体质健康标准》，并开始上报国家数据库。

（二）中学课外体育活动

1989 年，中学各校体育活动皆实行“日查、周评、月结”，全程检查、督促、评比、表彰。课外体育活动实行定时间、定地点、定内容、定专人负责。之后，每两三年举办一次中小学田径运动会和中小学篮球比赛，至 2008 年，共举办 8 届县中小学生田径运动会，5 届中小学生篮球赛，提高学生体育运动技术水平。

（三）中学生参加省级以上竞赛

1996 年，东山第一中学学生林彤参加省少年儿童田径分龄赛，获男子少年组 100 米跑第二名，200 米跑第三名。2004 年，东山第一中学学生翁俊彬、东山第二中学学生洪吉平参加省少年儿童田径锦标赛，分别获男子撑竿跳高金牌、800 米跑金牌。同年 8 月，在全国田径分龄组比赛中，翁俊彬获男子撑竿跳高第三名。是年，康美初级中学学生王鸿参加福建省少儿游泳“龙佳杯”锦标赛，获女子 11 岁组 50 米、100 米仰泳第一名。杏陈初级中学学生江文青、李华勇、李清勇参加 2004 年省帆船帆板锦标赛（欧洲级团体），获第一名；并获欧洲奥林匹克航线 3 个个人第二名、3 个个人第三名。2007 年，东山第二中学学生朱一彬在全国少年儿童田径锦标赛中，获男子三级跳远第三名。

四、学校体育获奖项目

1995 年 12 月，东山第二中学被省教委、省体委授予学校体育工作先进单位。1997 年，东山第一中学、西埔初级中学被省体委、省教委授予福建省推行《国家体育锻炼标准》先进单位。1999 年 4 月，杏陈初级中学、铜陵第三小学被省体委、省教委授予推行《国家体育锻炼标准》先进单位。同年 10 月，县实验小学被教育部、国家体育总局授予体育卫生工作先进单位。

附：兴华武术馆

1990年11月，经批准成立东山兴华武术馆（私立），位于铜陵，刘子铭任馆长兼总教练。首期招收学员40人，年龄最小5岁、最大42岁，以传授武术基本功为主。至2008年，共培养学员2600人，当年在馆学员160人。

第三节　体育赛事

一、东山县第二届体育运动会

1990年8月10日—12月16日，举办东山县第二届运动会，赛场分设西埔、铜陵，比赛项目有田径、游泳、篮球、排球、乒乓球、射击、帆船帆板、中国象棋、围棋等，有机关、学校、乡镇等17个代表队，1000多名运动员参加（运动员中有干部、职工、农民、学生等）。8月12—15日，在马銮湾举行首场式，比赛项目有帆板、帆船三角绕标等。9月10—14日，在大嵝村游泳池举行游泳比赛，有6个代表队120名选手参加。9月18—21日，在西埔人民会堂球场举行排球赛，参加运动员124人。9月27日至10月5日，在西埔、铜陵分别举行篮球赛，经36场比赛，县经委、县宣教委、县政法委代表队分获一、二、三名。10月5—10日，在铜陵举行中国象棋、围棋比赛，125名棋手参加，铜陵镇代表队夺得男子组个人中国象棋冠军；县经委代表队夺得女子组个人中国象棋冠军；铜陵镇、县经委、西埔镇代表队分获男子组中国象棋团体一、二、三名。县经委、铜陵镇、县财委代表队分获女子组中国象棋团体一、二、三名；铜陵镇代表队夺得男子组个人围棋冠军，东山第二中学、县农委、铜陵镇代表队分获男子围棋团体一、二、三名。11月2—7日，在县人民会堂举行乒乓球比赛，8个代表队90名选手参加，铜陵镇队获男子团体冠军，县财委队获女子团体冠军，获男女单打冠军者为樟塘队、县财委队，获男、女双打冠军的是县宣教队、铜陵镇队，获得混合双打冠军的是县财委队。11月27日，举行射击比赛，9支代表队80名射手参加，县政法代表队夺得男子团体总分第一名；陈城镇代表队夺得女子团体总分第一名。县第二届运动会有近400名裁判和工作人员，是东山县有记录以来规模最大、项目和参加人数最多的一次体育盛会。

二、参加市以上体育运动会

（一）参加市体育运动会

1997年9—11月，东山县组织代表队参加漳州市第八届运动会。在中国象棋比赛中，县代表队获团体第一名。2001年，组织参加漳州市第九届运动会，县代表队获乒乓球男子丙组团体第一名。2005年，组织参加漳州市第十届运动会，县运动员获男子跨栏100米、110米、200米三个项目第一名；男子撑竿跳高第一名；男子800米跑、3000米跑第一名；男子100米、200米跑第一名；获4×100米接力跑第一名；获跳远、三级跳远第一名；获女子100米跨栏跑和三级跳远第一名；获女子400米跑、800米跑第一名；获女子1500米跑、3000米跑第一名。

（二）参加省体育运动会

1992年8—10月，在福建省第十届运动会上，县籍李辉顺获帆船帆板比赛男子帆板长距离第一名、航线第四名；李斗明获长距离第三名；游泳运动员黄志源获100米、200米蹼泳第一名，100米自由泳第三名。1998年8—10月，在省第十一届运动会上，县籍李进贤获帆船帆板男子帆板长距离第三名、航线第六名；李光辉获长距离第四名、航线第四名；游文宇获长距离第六名。游泳运动员李华东获100米、200米蛙泳第一名，400米自由泳第三名。2002年9月，在省第十二届运动会上，县籍李芳琳获男子帆板航线第二名、障碍第三名。2006年，在省第十三届运动会上，县籍陈曦获乒乓球赛男子甲组单打第一名；陈雅慧、杨晓莉获乒乓球女子乙组双打第三名。柯少雄获男子甲组110米跨栏第二名；林锦燕获女子乙组100米跨栏第三名。朱一彬获男子乙组三级跳远第二名、男子乙组跳远第二名。沈陵彬获男子甲组撑竿跳高第三名。

（三）参加全国运动会

1992年9月，全国第七届运动会上，县籍黄志源在四川成都赛区获蹼泳第二名、短距离全能第五名。

李舒莉获帆船欧洲级距离第一名、航线第三名；江文清获帆船欧洲级长距离第四名、航线第一名；李清勇、李艺猛获420级帆船长距离第四名、航线第四名。李鸿泉获帆船赛第一名。1997年，全国第八届运动会上，李鸿泉获帆船芬兰人级第一名；2001年，全国第九届运动会上，李鸿泉又获帆船芬兰人级第一名。

三、承办体育赛会

1994年，东山县承办首届女子帆板世界冠军巡回赛。1998年4月2—9日，在东山举行“七匹狼”杯全国帆板、翻波板锦标赛。1999年10月8—15日，在东山举行亚洲帆板巡回赛暨奥运会帆板精英赛、全国帆板锦标赛。2000年，全国沙滩排球巡回赛在东山举行。2003年8月20—29日，在东山举行福建省青少年帆船暨帆板锦标赛。同年12月27日，举行全国帆板（东山）邀请赛。2008年12月27—29日，首届全国帆船帆板（东山）邀请赛在马銮湾举行，县文化体育局协办。

附：人才输送

1989—2008年，东山县向省体工队输送运动员20人：帆船帆板运动员李利勇、李清勇、李辉顺、林敏瑞、游文宇、黄乙能、刘斌勇、江文清、李舒莉（女）、李买华；游泳运动员曾辉标、黄志源、李华东、李少雄、李斌艺、王鸿；乒乓球运动员陈曦、陈雅慧（女）、许传睿；田径运动员朱一彬。

第四节　体育师资与设施

一、体育师资

（一）东山县少年体育学校师资

2008年，县少体校在编教师5人（中级职称2人、初级职称3人），其中帆船帆板教练员3人、田径教练员1人、游泳教练员1人。

（二）中小学体育教师

1989年，全县有专业体育教师19人，此后人员不断增加。2008年，全县中小学体育专业教师96人，其中大学本科毕业10人，大学专科39人，中专45人。有15人被评为中学高级教师，43人被评为小学高级教师。

二、体育设施

（一）健身设施

1989年起，县内有条件的建制村陆续设置健身点，配置健身设备。至2008年，全县61个建制村均设置健身点，配置健身器械。

（二）体育场地

1989—2008年，东山县各中小学及许多建制村陆续建设体育场地，增加体育设施。至2008年，全县有塑胶门球场4处（西埔青少年宫2个，铜陵敬老院、杏陈镇大嵊各1个）、农民体育中心8处（前楼镇岱南村、康美镇、西埔庙山公园、陈城镇湖塘村、杏陈镇大嵊村、城关边防派出所、陈城镇陈城村、樟塘镇下湖村）、游泳池2处（庙山游泳池、杏陈镇大嵊游泳池）。全县中小学有400米田径运动场2个（东山第一中学、东山第二中学）、200米田径场16个、150米以下的田径场12个。

（三）东山县少体校训练基地

东山县少体校训练基地位于马銮湾畔西侧（也称东山海上运动俱乐部），1994年建成，占地面积11333平方米，建筑面积1000多平方米。1998年，省体育局将其命名为省帆船后备人才训练基地、省帆板训练基地，也是漳州市、东山县帆船帆板训练基地。2004年，国家体育局将其命名为青少年体育俱乐部。2008年，该基地工作人员6人。

第七章 管 理

第一节 机 构

一、行政机构

（一）东山县文化体育局

1989年，沿设县文化局，配局长1人、副局长3人，辖县文化馆、图书馆、博物馆、黄道周纪念馆、文化市场管理委员会、电影发行公司、潮剧团、文化服务公司。1996年2月7日，县人民会堂由县政府办公室移交县文化局管理。1997年7月，县文化局和县体育运动委员会合并，仍称县文化局，对外加挂县体育局牌子。2005年7月，更名东山县文化体育局，下辖单位不变。2008年，该局工作人员7人。

（二）县文化稽查队

1989年，沿设县文化市场管理委员会，隶属县文化局，负责文化市场执法检查事项；工作人员3人。1996年5月，改设县文化稽查队，经省市培训，部分人员取得执法资格。2008年，该队有工作人员9人。

二、事业单位

（一）中共东山县委党史研究室

1989年1月，沿设中共东山县委党史工作委员会，配副主任1人、工作人员3人。同年8月，改称县委党史研究室。2008年，该室工作人员3人。

（二）东山县档案局

1989年，沿设县档案局，仍与县档案馆合署办公，配局长1人、副局长2人，工作人员8人。1995年11月，重新确定档案局馆合一，为正科级事业单位，编制6人。2007年8月，设人秘股、监督指导股、保管利用股，确定编制7人。2008年，该局工作人员6人。

（三）东山县地方志编纂委员会

1989年，沿设县地方志编纂委员会，主任由县长兼任，并设副主任及委员若干人，下设办公室为办事机构，负责地方志与年鉴资料的收集、整理与编辑出版，办公室配正副主任各1人，工作人员8人。1990年9月，撤销县地方志编纂委员会办公室，改县地方志编纂委员会为办事机构，定编5人。2008年，县地方志编纂委员会配主任1人、副主任2人，工作人员3人。

（四）东山县广播电视事业局

1991年6月20日，设县广播电视局，配局长1人，内设办公室、总编室、规划设计室，下辖东山人民广播电台和东山有线电视台。1993年6月起，辖管各乡镇广播电视站业务。1997年6月，改称县广播电视事业局，1998年，将全县乡镇广播电视站纳入垂直管理（共定编35人），完成网络回收。2000年2月25日，该局被评为全国广播电影电视系统先进单位。2008年，全局人员119人（含下属单位）。

（五）东山广播电视台

1994年4月10日，广电部批准设立东山有线电视台，是年11月成立，编制15人。1998年2月，东山有线电视台与东山人民广播电台合并，改设为东山广播电视台，为副科级事业单位，实行局台合一（与县广播电视事业局），定编60人。2008年，实有工作人员52人。

三、企业单位

1989年，沿设县电影发行公司，隶属县文化局，为企业单位，负责电影放映发行，办公地点在西埔电影院，下辖西埔、铜陵2家专业影院、4个乡镇放映队和20个放映点。1994年，撤销乡镇放映队和放映点，职工经买断工龄后自谋职业。1998 年，原西埔电影院范围改造，新设西埔电影放映厅。至 2008 年，县电影发行公司下辖西埔、铜陵 2 家专业影院。

第二节　文化市场管理

1989—1991 年，东山县文化稽查队每年出动稽查人员近 400 人次，对县内文化市场进行检查，查缴、封存多批淫秽书刊、盗版录像（录音）带，检查无证经营录像厅、书摊、歌舞厅等多家。1992 年 3 月，出动稽查人员 130 多人次，检查录像及放映点 23 家，没收非法录像片 1531 盒，其中淫秽片 62 盒；检查录音摊 24 家，没收盗版音像片 3715 盒；查书摊 16 家，没收荒淫书刊 108 册，处罚 14 家无证经营摊点。1997 年，全县文化经营单位 106 家，其中录像厅、歌厅、舞厅 43 家，电子游戏机 23 家，书摊 18 家，电影放映 6 家，业余剧团 6 个，台球馆 7 家，保龄球馆 1 处，溜冰场 1 处，音像放映场 1 家。当年，组织检查 180 多人次，稽查 30 多次，查处各种违规经营单位 25 家，收缴非法出版物 308 册。

1998－2008 年，每年都开展文化市场稽查，查处非法经营，促进文化市场健康发展。

第三节　非物质文化遗产管理

一、非物质文化遗产普查

2005 年，县文化体育局组织 20 多人对全县非物质文化遗产进行普查。普查内容包括种类、数量、分布、生存环境、保护现状等。普查中召开座谈会 200 多场（次），调查艺人 300 多人（次），获得信息 1215 条，其中有科学价值的非物质文化遗产信息 207 条。

二、非物质文化遗产报批

（一）非物质文化遗产名录报批

2005 年起，经县文化体育局申报，市、省、国家先后公布东山县非物质文化遗产名录，至 2008 年 12 月，获批准的“非遗”名录共 8 个。其中，国家级 1 个，省级 6 个，市级 1 个。

2005—2008 年东山县获市级以上非物质文化遗产一览表

表 28-2

名称	级别	批次	公布时间
东山歌册	国家级	第一批	2006 年 5 月
东山关帝信俗	省级	第一批	2005 年 10 月
东山南音	省级	第二批	2007 年 8 月
东山剪瓷雕工艺	省级	第二批	2007 年 8 月
东山玉二妈信俗	省级	第二批	2007 年 8 月
东山宋金枣传统制作工艺	省级	第二批	2007 年 8 月
东山黄金漆画技艺	省级	第二批	2007 年 8 月
东山和尚戏	市级	第三批	2008 年

（二）非物质文化遗产传承人报批

2008 年 2 月起，县文化体育局申报非物质文化遗产传承人名单。2008 年 12 月，共获批准 18 人，其中，国家级非物质文化遗产传承人 2 人，省级 6 人，市级 10 人。

2008 年东山县非物质文化遗产传承人一览表

表 28-3

名称	传承人	级别	公布时间
东山歌册	蔡婉香	国家级	2008 年 2 月
东山歌册	黄春慧	国家级	2008 年 2 月
东山歌册	林如东	省级	2008 年 5 月
剪瓷雕	孙丽强	省级	2008 年 5 月
宋金枣	张振成	省级	2008 年 5 月
黄金漆画	谢少艺	省级	2008 年 5 月
东山南音	张福禄	省级	2008 年 5 月
东山铁枝木偶	陈银发	省级	2008 年 5 月
东山铁枝木偶	陈银龙	市级	2008 年 6 月
东山歌册	孙志娟	市级	2008 年 6 月
东山歌册	张丽卿	市级	2008 年 6 月
东山歌册	吴彩华	市级	2008 年 6 月
东山歌册	林玉珠	市级	2008 年 6 月
东山歌册	陈亚笑	市级	2008 年 12 月
东山歌册	谢溪添	市级	2008 年 12 月
宋金枣	张志敏	市级	2008 年 12 月
宋金枣	张振顺	市级	2008 年 6 月
东山南音	杨桔平	市级	2008 年 5 月

第二十九卷　医药卫生

1989—2008 年，东山县人民政府不断增加卫生事业投入，县级医疗单位相继配备多功能心脏检测仪、彩色多普勒超声诊断仪、500 毫安 X 光机、螺旋（TCGE）、半自动凝血仪等诊疗设备，医疗质量逐年提高。1997 年 8 月，县中医院被国家中医药管理局评为二级甲等中医医院；1998 年 2 月 12 日，被福建省卫生厅确定为二级甲等医院。是年 8 月，县医院被省卫生厅评为二级甲等医院。至 2000 年，完成 7 个乡镇卫生院三项达标建设，并逐步建成功能齐全县、镇、村三级医疗卫生服务网，实行村村有医疗机构，人人享有初级卫生保健。

公共卫生，不断推进，每年均开展卫生宣传、健康教育和消灭蚊、蝇、蟑螂、老鼠活动，预防控制传染病的发生与流行；农村改水、改厕成绩显著，至 2008 年，全县受益累计 12.23 万人，其中农村累计受益 8.56 万人，占农村总人口 87.31%；食品卫生、学校卫生常抓不懈。

妇幼保健和卫生防疫工作日益加强。各医疗单位均建立疫情报告网络，提高全县公共卫生突发事件应急处置能力。1989 年，东山县“四苗”接种率达 85%目标，1995 年，法定传染病发病率为 55.42/10 万，低于全省平均水平，基本消灭麻风病，肺结核病、艾滋病、禽流感预防与控制目标如期完成任务指标。加强妇女儿童保健工作，贯彻执行《中华人民共和国母婴保健法》和妇女儿童发展纲要，全面实施住院分娩，推进产科质量建设。1996 年 12 月，县医院被世界卫生组织、世界儿童基金会、中国卫生部联合授予“爱婴医院”称号。1998 年 10 月，县卫生防疫站被评为全国麻风防治先进单位。2008 年，全县孕产妇系统保健率 90.16%，住院分娩率 93.36%，新法接生率 100%，婴儿母乳喂养率 96.17%。婚前健康检查 3504 人，婚检率 99.55%。

医疗药品市场监管正常化。打击非法行医和销售假药劣质药行为；建设县、镇（乡）、村药品监管网和配送网络，实现 100%乡镇零售药店覆盖，城乡药品同质同价。

2008 年，县级医疗卫生机构 4 家，人员 564 人；镇级医疗卫生机构 7 家，人员 152 人；病床位总数 490 张；农村卫生所（室）142 家（不含个体牙医及专业诊所），持证乡村医生 170 人。

第一章　医疗卫生机构

第一节　县直医疗机构

一、东山县医院

县医院隶属县卫生局，为二级甲等医院。1989 年，沿设县医院，设办公室、医务处、护理部、总务部。工作人员 174 人，其中卫生技术人员 137 人（中医师 11 人、西医师 40 人、护师 21 人、西药师 6 人、检验师 2 人、技师 1 人、中西医士 5 人、护士 32 人、助产士 8 人、中西药剂士 4 人、检验士 3 人、其他 4 人）。门诊部设有内科、外科、小儿科、妇产科、传染科、中医科、眼科、皮肤科、急诊科、手术室、药剂科、心电图室、放射科、耳鼻喉科、B 超室、制剂室、供应室等医技科室，年门诊量 9 万多人次。住院部设有内科(包括中医组、传染病组)、外科(包括骨伤科)、儿科、妇产科；病床 150 张，年住院病人 4 千多人次。1990 年，自筹资金 10 万元，添置紫外线分光光度计、多功能心脏检测仪、乙状结肠镜、体外反搏器、脊柱牵引床等。

1991—1992 年，添置激光治疗机 2 台、日本产的双目显微镜、手推式电动吸引器、电泳仪、500MA X 光机、尿液自动分析仪、血红蛋白测定仪、脑电图机、八道脑电图机、胃镜验光源、超短波电疗机（落地）、干扰治疗机。1995 年，添置彩色多普勒超声诊断仪（彩超）1 部、日本电视胃镜、血球计数仪、结肠镜（价值 11 万元）及心电监护仪、呼吸机等仪器设备。1994 年 7 月，7 层病房大楼建成（建筑面积 6370 平方米，总投资 500 多万元）投入使用。1996 年 5 月，住院部病床增至 250 张，添置日本产的 X 光机 1 部。是年 12 月 10 日，县医院被世界卫生组织、世界儿童基金会、中国卫生部联合授予爱婴医院称号。1997 年，购置急救设备，并完善重症检查护理病房所需器械。1997 年 3 月 5 日，县医院被省卫生厅、省财政厅、省交通警察总队、中保财险福建分公司联合确定为第一批“福建省道路交通事故伤员救治定点医院”。1998 年 11 月 19 日，被中共漳州市委、市人民政府命名为市第五届文明单位。1998 年 8 月 28 日，被省卫生厅评为二级甲等医院。2000 年 5 月 11 日，该院林锦贤被漳州市委、市政府评为第二届（1998—1999 年度）满意服务先进个人。是年，陈华生被人事部、卫生部授予全国卫生系统先进工作者称号。同年，增设 ICU、保健科、信息科等。2001 年，添置美国产的酶标仪洗板机 1 台。2002 年，添置意大利产的欧林帕斯生化分析仪和美国产的 GE 螺旋 CT 机（价值 358 万元）各 1 台。2004 年，添置美国产的彩超 1 台（价值 152.8 万元）、德国产的半自动凝血仪、胃镜。2005 年，添置熊牌呼吸机 1 台。2006 年，添置麻醉机等设备。2007 年，添置生物安全柜等。

2008 年 12 月，全院用房建筑面积 16691.6 平方米。其中，业务用房 9548.48 平方米，辅助用房 1345.98 平方米，生活用房 5797.14 平方米。全院有单价万元以上的医疗设备 92 台，总价值 1237 万元。院设办公室、政工科、护理部、医务科、总务科、设备科、信息科、财务科等职能科室；设内科、外科、儿科、妇产科、肿瘤科、急诊科、五官科（含眼科、耳鼻喉科、口腔科）、皮肤科、传染科、康复科、针灸理疗科、中医科等临床科室；设药剂、放射科、检验科、中心血库、功能检查科、病理科、营养室、手术室、供应室、保健科等医技业务科室。院编制 320 人，实有 302 人（含编外 34 人），其中卫生技术人员 245 人（高级技术职称 4 人，副高级技术职称 17 人，中级技术职称 62 人，初级技术职称 139 人，其他技术人员 23 人）。年门诊近 10 万人次，年住院 5000 多人次。

二、东山县中医院

县中医院隶属县卫生局，二级甲等医院，位于铜陵镇文峰街南坑。1989 年初，院部设办公室、总务科、医务科。病房设内科(含传染病房)、外科(含骨伤科)、儿科及台胞病房，病床 60 张。门诊部设中医内科、儿科、骨伤科、口腔科、外科(换药)、青草科、痔疮科、妇产科、台胞诊室、急诊室、针灸室、超声波室、检验室、放射室、药剂科(药房)。是年，添置 B 超检查仪 1 台。完成病房楼、门诊楼、制剂室以及食堂、洗衣房等建设，总建筑面积 5790 平方米，共投资 141 万元。1990 年，添置体外反搏器、B 超记录仪、胃电图仪；并添置紫外线分光光度计、显微镜、施光仪等器械充实制剂室。新建供应室、营养食堂、门诊楼及污水处理设施，建筑面积 556 平方米，总投资 26.2 万元。是年 12 月，全院工作人员 101 人，其中卫生技术人员 83 人（中医师 16 人、西医师 5 人、护师 4 人、中药师 4 人、西药师 1 人、检验师 1 人、中西医士 11 人、护士 21 人、助产士 4 人、中西药剂士 6 人、检验士 1 人、中西药剂员 2 人、其他 7 人）。1991 年，添置多功能心脏检测仪、脑电图机、双用洗胃机。1993 年，被省中医院确立为分级管理试点医院。1993—1994 年，添置丰田救护车 1 部及胃镜（欧林巴斯，价值 7 万元）、尿液分析仪等医疗器械。1995 年，添置心电监护仪。1996 年，添置 B 超检查仪（SA-5000）、血球计数仪、脑电地形仪、波姆光治疗仪。1996 年，全院占地面积 17584.91 平方米，有门诊部、住院部、制剂室、生活区。此后，多次增建业务用房。1997 年 8 月，县中医院被国家中医药管理局评为二级甲等中医医院。1998 年 2 月 12 日，被省卫生厅确定为二级甲等医院。

2001 年 6 月，经批准将东山县第二医院和铜陵产院并入县中医院。合并后保留县中医院名称，对外加挂铜陵中心卫生院牌，为财政核拨补助的全民所有制副科级事业单位。按二级甲等中医院标准设置，兼顾综合医院功能；同时，承担中心卫生院的职能（承担铜陵地区防疫保健、妇幼保健、计生等项工作），实行院长负责制和全员聘用制，并由身份管理向岗位管理转变。全院人员编制 260 名，病床位 200 张。

2008 年 12 月，全院占地面积 22063.08 平方米，用房建筑面积 11888.3 平方米。其中,医疗业务用房 7302 平方米，辅助用房 2750.8 平方米，生活用房 1835.5 平方米。有单价万元以上的医疗设备 30 台，总价值 226.6 万元。全院编制 268 人，实有 222 人，其中卫生技术人员 189 人（高级技术职称 15 人，中级技术职称 40 人，初级技术职称 134 人）。

三、东山县第二医院（也称城关医院）

1989 年，沿设县第二医院，负责铜陵镇卫生、防疫保健、计划生育等工作。院部设行政办公室、总务科、医务科、防保科。门诊部设内科、外科、中医科、针灸室、伤科、眼科、妇产科、牙科、检验室、放射室、心电图室、A 超室、外注室、药房等科室，病房床位 60 张。1990 年，添置体外反搏器、胃镜等医疗器械。是年 12 月，全院 135 人，其中卫生技术人员 108 人（中医师 9 人、西医师 20 人、护师 5 人、中药师 3 人、西药师 1 人、检验师 3 人、其他技师 2 人、中西医士 11 人、护士 25 人、助产士 2 人、中西药剂士 7 人、护理员 1 人、中西药剂员 1 人、其他 18 人）。1993—1994 年，添置丰田救护车 1 部、心电监护仪、产程监护仪及眼科手术仪器设备。后，无添置设备。2001 年 6 月，该院撤销，人员并入县中医院。

第二节　卫生保健机构

一、东山县妇幼保健所

县妇幼保健所位于西埔镇中兴街新榕巷 546 号。1989 年，沿称县妇幼保健站，隶属县卫生防疫站，内设妇女保健科、儿童保健科及门诊部。1996 年 2 月，改设东山县妇幼保健所，隶属东山县卫生局，为全额拨款事业单位，编制 15 人，实有人员 13 人，其中技术人员 12 人。1996 年起，县妇幼保健所逐步添置医疗仪器设备。1998 年 10 月，县妇幼保健所门诊综合楼竣工。该楼占地面积 250 平方米，建筑面积 800 平方米，投资 73.5 万元。2001 年 5 月，县妇幼保健所升格为副科级事业单位。2008 年 12 月，该所设备有 X 光机、乳腺红外线扫描、B 超、血球仪、阴道镜、尿液分析仪、显微镜 2 台。设妇女保健科、儿童保健科及门诊部，工作人员 11 人，其中卫生技术人员 10 人（中级职称 5 人）。

二、医疗妇幼保健机构

1989 年，县级医院均沿设妇幼保健股。镇（乡）卫生院逐步设妇幼保健股或妇产科、儿科。每个乡镇卫生院均有 1～3 名妇产科专业人员和 1～2 名儿童保健工作人员。至 2008 年 12 月，社区卫生服务中心、镇卫生院均设妇幼保健股和妇产科、儿科。

三、铜陵产院

铜陵产院位于铜陵镇大井头附近。1989 年沿设，为独立核算的集体所有制卫生事业单位。设门诊、产房，有病床 10 张。1990 年 12 月，工作人员 10 人，其中卫生技术人员 7 人（助产士 2 人）。2001 年 6 月，该院撤销，人员并入县中医院。

第三节　疾病预防控制机构

一、东山县疾病预防控制中心

县疾病预防控制中心隶属县卫生局。1989 年，沿设县卫生防疫站，位于西埔新城北路，为副科级事业单位。内设办公室、防疫股、食品卫生股、卫生监测股、检验股、妇幼股、保健股、皮防股、结防股。1990 年，全站工作人员 48 人，其中卫生技术人员 38 人（西医 13 人、护师 2 人、检验师 5 人、其他技师 1 人、中西医士 5 人、护士 2 人、助产士 2 人、检验士人、其他 6 人）。1996 年，在西埔新城路北新建县防疫综合楼，占地面积 3600 平方米，1998 年竣工，投资 220 万元。1998 年 10 月，县卫生防疫站被评为全国麻风防治先进单位。2000 年 2 月，获国家计量认证合格单位证书。

2005 年 10 月，县卫生防疫站改为县疾病预防控制中心。主要负责疾病预防控制的组织与实施，及信息收集和疫情报告等。2008 年 12 月，该中心内设健康体检、防疫、检验、皮防、结防、办公室、宣教股(室)，附设海港检疫。中心设备有 X 光机、紫外可见分光光度、1/1 万电子天平、1/4 电子天平、散射式浊度计、纯水处理器、微波消解器、均质器、50 立升不锈钢立式灭菌器、测汞仪计、自动电位滴定仪、可调移液器、恒温水浴箱、荧光显微镜等。编制 39 人，实有 29 人；其中卫生技术人员 22 人（高级职称 2 人，中级职称 6 人，初级 14 人）。

二、镇、村疾病防控机构

1989 年，疾病预防控制、传染疫情报告、计划免疫和健康教育工作任务主要由镇村卫生单位承担。之后，各镇（乡）卫生院、社区卫生服务中心逐步设防疫股或预防保健股，负责辖区的防疫预防保健工作。2008 年 12 月，各社区卫生服务中心、镇卫生院都有疾病防控专业人员 2～3 人，村卫生所（室）有 1～2 人负责该项工作。

第四节　基层卫生机构

一、社区卫生服务中心

（一）西埔社区卫生服务中心

西埔社区卫生服务中心位于中兴街康复路。1989 年，沿设西埔镇卫生院，设内科(综合门诊)、外科、牙科、小儿科、妇产科、骨伤科、皮肤科、精神病科、理疗室和防疫组。全院 25 人，其中卫生技术人员 21 人（中医师 1 人、西医师 5 人、护师 5 人、中药师 3 人、中西医士 1 人、护士 3 人、助产士 1 人、中西药剂士 3 人、其他 3 人）。1995 年，通过省、市卫生部门的验收。2007 年 5 月，卫生院改现称，编制 35 人。2008 年 12 月，该中心设内科(综合门诊)、外科、牙科、小儿科、妇产科、骨伤科、皮肤科、精神病科、理疗室和防疫组，病床 10 张。实有人员 29 人（含编外 5 人），其中卫生技术人员 24 人（中级职称 3 人，初级职称 14 人）。

（二）铜陵社区卫生服务中心

1994 年 11 月 18 日，设立铜陵中心卫生院，挂靠县第二医院（为一套人马、两块牌子）。1995 年，在农村卫生三项建设中，通过省、市卫生部门验收。2001 年 6 月，人员并入县中医院，对外加挂铜陵中心卫生院牌子。2002 年撤销，2003 年又恢复设置。2007 年 5 月，铜陵中心卫生院改现称，单设，编制 60 人。2008 年，门诊设内科、五官科、防疫科、妇产科、精神科、推拿科、健康教育科等。有卫生技术人员 52 人（中级职称 6 人，初级职称 46 人）。

二、镇卫生院

（一）陈城中心卫生院

陈城中心卫生院位于陈城圩。1989年，沿设陈城卫生院，设内科、外科、牙科、手术室、药房、放射科、化验室、妇幼组、住院部，病床10张。1990年12月，全院15人，其中，卫生技术人员13人（中医师1人、西医师2人、中药师2人、中西医士3人、护士1人、助产士1人、护理员1人、其他2人）。此后，随乡改镇而改设镇中心卫生院。2008年12月，设置内科、外科、牙科、手术室、药房、放射科、化验室、妇幼组、住院部，有病床10张。编制30人；实有工作人员23人（含编外5人），其中卫生技术人员22人（中级职称1人，初级职称8人）。

（二）杏陈卫生院

杏陈卫生院位于杏陈圩场边。1989年，沿设杏陈卫生院，设中、西医门诊部(包括内、外、儿科)、手术室、牙科、防疫、药房、收费、财会等科室，有病床10张。1990年12月，全院工作人员14人，其中卫生技术人员10人（中医师2人、西医师1人、中药师 1人、中西药剂士1人、护理员2人、其他3人）。此后，随乡改镇而改设镇卫生院。2008年12月，设内科、外科、儿科、手术室、牙科、防疫、药房、收费、财会等科室。编制25人，实有工作人员17人，其中卫生技术人员15人（中级职称3人，初级职称10人）。

（三）前楼卫生院

前楼卫生院位于前梧。1989年，沿设前楼卫生院，设内科、外科、妇产科、五官科、手术室、防疫等科室，病床10张。1990年12月，全院工作人员9人，其中卫生技术人员8人（中医师1人、西医师2人、中药师1人、中西医士1人、护士1人、中西药剂士1人、其他1人）。此后，随乡改镇而改设镇卫生院。2008年12月，全院设置内科、外科、妇产科、五官科、手术室、防疫科等，有病床10张。编制18人，实有工作人员11人，其中卫生技术人员9人（初级职称7人）。

（四）康美卫生院

康美卫生院位于美山村。1989年，沿设康美乡卫生院，设外科、内科、妇产科、手术室、药房等，病床10张。1990年12月，全院12人，其中卫生技术人员9人（中医师1人、西医师1人、中西医士2人、护士1人、助产士1人、中西药剂员1人、其他2人）。此后，随乡改镇而改设镇卫生院。2008年12月，设外科、内科、妇产科、手术室、药房等，病床10张。编制25人，实有人员12人，其中卫生技术人员11人（副高级职称1人，初级职称8人）。

（五）樟塘卫生院

樟塘卫生院位于樟塘羊角山南麓。1989年，沿设樟塘乡卫生院，设内科、外科、妇科，手术室、药房、防疫科等，病床10张。1990年12月，全院12人，其中卫生技术人员10人（西医师3人、护师1人、中西医士2人、护士1人、中西药剂士3人）。此后，随乡改镇而改设镇卫生院。2008年12月，设外科、内科、药房科等，病床10张。编制18人，实有人员8人，其中卫生技术人员7人（初级职称6人）。

三、村卫生所诊所

1989 年，全县各建制村均设立卫生所或医疗室；有个体中西医诊所（含牙医诊所）27 家（医务技术人员27人）。随着医疗卫生事业的发展，村卫生所（室）、个体诊所（门诊部）不断增加。1997年，有100个医疗点，乡村医生82人、卫生员42人。此后，多数村卫生所（室）用房面积在40平方米以上，诊室、药房、疗室等三室分开，设备较为齐全。2008年12月，全县农村卫生所（室）142家，持有乡村医生证件170人；个体诊所（门诊部）12家（中西医、牙医等），医务技术人员共18人。

四、企业、学校医务室

1989年，县内一些学校、企业（如西港盐场、向阳盐场、县农机厂、县糖厂、东山第一中学、东山第二中学等单位）设医务室，配专业医务人员1～3人，从事日常简单的医务活动。随着改革的深入，这些单位或停产或改制，医务室停办。2008 年 12 月，设医务室的单位仅有东山第一中学、东山第二中学，各有医务人员 1～2 人。

第二章　公共卫生

第一节　爱国卫生运动

一、健康教育

1990 年 4 月，东山县开展第一个爱国卫生月活动。县爱卫办在全社会广泛实施多种形式的爱国卫生知识宣传，发放宣传单、小册子、防病专刊等，开展灭病防病宣传和健康知识教育。此后，每年 3・24 结核病日、“4・25”计划免疫日、“5・15”预防碘缺乏病日均开展专项宣传和咨询活动。2003 年，在开展《全国亿万农民健康促进行动》的宣传活动中，印发宣传单 2.5 万份、宣传小册子 3 万册、防病专刊 3 期。2006 年，漳州市“亿万农民健康促进行动——健康面对面乡村行动”在东山县启动，全年举办 7 次卫生日宣传和咨询活动，出刊卫生专栏 8 期、墙报 40 多版，分发宣传品、宣传资料 1 万多份。

2007—2008 年，在机关、学校或公共场所开展专项卫生宣传和健康教育活动共 31 场，人民群众卫生健康知识水平逐步提高。

二、除四害活动

1989 年，东山县贯彻“政府组织、地方负责、部门协调、群众动手、科学治理、社会监督”的爱国卫生工作方针，开展以除害灭病为中心和“两管五改”(管水、管粪，改水、改厕、改灶、改圈、改环境)为主要内容的爱国卫生运动。1990 年 4 月，在第一个爱国卫生月活动中，进行大规模的公共环境卫生整治，组织除“四害”（消灭蚊、蝇、蟑螂、老鼠）爱国卫生群众运动，消灭老鼠 11.44 万只，用药杀灭早代蚊蝇。此后，每年都开展公共环境卫生整治，组织除“四害”爱国卫生运动。

2002 年，在开展除“四害”爱国卫生运动中按照“谁受益、谁负责”的原则，发动全县机关企事业单位或个人集资 10 万元，购鼠药 9 吨、敌敌畏 2045 公斤、漂白粉 3.8 吨，于当年 4 月 16 日在全县统一进行投药消杀“四害”。2003 年，开展以灭鼠为主的除害防病、整治环境卫生的全民爱国卫生运动，消灭病源隐患，清理卫生死角。共发放鼠药 2.5 吨、漂白粉 15 吨、过氧乙酸 176 对，有效地降低“四害”密度，对预防和减少病媒传播疾病的发生和蔓延起到积极作用。此后至 2008 年，每年均开展除“四害”和整治公共环境卫生的全民爱国卫生运动。

三、环境卫生整治

1989 年，县城区环境卫生队伍以西埔环卫所为骨干，负责县城街道的环境卫生定时清除。1990 年，第一个爱国卫生月活动期间，全县出动 1.58 万人次、车辆 24 辆次，清除垃圾 2487 吨。在县城主街道两侧添置 200 多个垃圾箱、果皮箱，保证垃圾日日清。1993 年，购置两辆垃圾载运车，建设西埔、铜陵封闭式中转站，垃圾无害化处理率大为提高。此后，全县各镇乡均设有环卫所，并聘用保洁员负责大街小巷的卫生、收集垃圾。在城区主要街道推行门前三包及门内达标制度。同时，县城管中队，加强市容市貌监督管理，有效地控制乱摆摊点和乱搭盖。

1997 年，实施《福建省爱国卫生条例》，先后制定《东山县爱国卫生管理实施办法》和《东山县除四害管理办法》。在全县城乡开展环境卫生集中整治，把清除背街小巷、集贸市场、城中村和城乡接合部的卫生死角作为重点，同时，广泛开展健康教育活动，开辟健康教育电视栏目。 城区绿化覆盖率由 1989 年的 27.6%提高到 2005 年的 32%；人均公共绿地面积由 1989 年的 1.9 平方米提高到 2005 年的 5 平方米。道路绿化长度由 1989 年的 1.1 公里增加到 2005 年的 7.21 公里。2008 年，县城大小街道、小巷等路面全部用水泥铺设，路面硬化。

四、农村改厕

1989—2003 年，东山县把改建增建公厕作为爱国卫生运动内容之一。1992 年，在西埔、铜陵增建 3 间卫生公厕。1996 年，开展以城乡改厕为重点的“爱国卫生月”活动，加强对改建公厕布点规划。1999 年，对西埔、铜陵两镇所有公厕进行统一规划。同时，在其他镇试点推广无害化厕所，并进行农村家庭建无害化厕所试点，免费发给蹲便器，广泛宣传粪便无害化处理办法。至 2002 年，共投入 171.1 万元，在西埔、铜陵两镇定点新建水冲式三级公厕 6 座，改建修建公厕 7 座，并实行专人管理。对农村新建公厕，实行三级集资，共建无害化厕所 5 座。

1999—2002 年，全县新建住房户 98%配套合格卫生化粪池。至 2008 年 12 月，全县农村卫生厕所普及率 59.68%。

五、农村改水

1989 年，东山县政府延续关注农村饮用水卫生，抓好农村改水工程。投建西埔、铜陵两个自来水厂，新修连接乡镇的自来水管道，整治红旗水库周围的环境卫生，建设岛外引水工程，扩建日产 10 万立方米的自来水工程；新建和延长连接各镇乡的自来水输水管道。2004 年起，建设村村通自来水工程，主要自来水输水管网进行改造。至 2008 年 12 月，有 19 个建制村、龙潭社区和西埔镇、铜陵镇各社区的自来水输水管网改造完成，受益群众 12.23 万人。

县卫生监测人员定期对自来水厂及其外环境进行监测。2008 年，全县饮用安全水普及率为 94%。

六、卫生先进单位创建

1992—2005 年，县组织开展以治理“脏、乱、差”为主要内容的创建卫生县城、卫生乡(镇)、卫生村活动。同时，抓好铜陵镇的“卫生城镇”达标工作和康美镇钱岗村、陈城镇陈城村的“两管五改”试点工作。铜陵镇被评为省级卫生乡镇。2006 年，开展创建县、市级卫生先进单位活动。至 2008 年 12 月，全县有市级卫生单位 20 家、县级卫生单位 26 家。

第二节　公共场所卫生监督

1989 年，东山县公共卫生管理继续执行国务院 1987 年 4 月 1 日颁布的《公共场所管理条例》，对全县旅社、车站、理发店、娱乐场所等公共场所进行卫生监督管理，对经营单位实行发放卫生许可证制度，对从业人员实行卫生体检制度。是年，全县公共场所经营单位发放卫生许可证（简称发证，下同）102 家，从业人员 416 人，体检 255 人，检出“五病”（病毒性肝炎、活动性肺结核、细菌性痢疾、伤寒、渗出性皮肤病）人员 10 人。“五病”检出率为 3.92%。对检出“五病”人员督促用人单位给以调换岗位处理。

1992 年起，扩大公共卫生监督范围，加强对宾馆（住宿）、理发、娱乐行业监管，逐步开展对商场、美容店、录像厅等监督管理，采用科学仪器进行采样检测，健全卫生制度，完善卫生设施。1995 年起，要求公共场所经营单位配备卫生管理人员、建立岗位责任制，旅店、美容店等场所配备消毒水、毛巾或消毒桶等卫生消毒设施。是年，全县公共场所经营单位发证 117 户，体检从业人员 721 人，检出“五病”人员 21 人。“五病”检出率 2.91%。1998 年起，开展公共场所禁烟活动，在各类公共聚集场所配备禁烟标识。2000 年 12 月，全县有公共场所经营单位发证 112 家，从业人员 1510 人，体检 1320 人，检出“五病”人员 58 人。“五病”检出率 4.39%。2003 年，国内发生“非典”，县内建立疫情直报系统，对返乡来岛人员进行体温监测，同时加强对公共场所从业人员健康管理。2005 年，全县公共场所经营单位发证 130 家，从业人员体检 1816 人，人员卫生合格率 93.6%；监测公共用品 110 家，监测样品 770 份，样品卫生合格率 90.9%。2008 年 12 月，全县公共场所经营单位发证 126 家，卫生监测项目 2038 项次，卫生合格率 95%。

从业人员体检 2983 人，人员卫生合格率 97.59%；监测公共用品 121 家，监测样品 726 份，样品卫生合格率 93.11%。

第三节 饮用水卫生监测

1989 年，县卫生防疫站延续对饮用水水质进行卫生监测。当年，全县有饮用水源 4035 处，其中，自来水站（点）7 处，公共水井 1016 处，私人水井 3012 处。全年饮用水水源卫生抽样监测 83 份次，市卫生防疫站协助一般分析样品 62 份次，水质合格率 80%。对县自来水公司进行定期水质样品监测 55 份次，其中，采集水样 44 份次，水质合格率 79.55%。1995 年，全县有饮用水源 9101 处，其中，水库 1 处，浅水井 8990 处，深水井 110 处。全年饮用水水源卫生抽样监测 114 份次，其中，样品检测合格率 61.4%。水质监测 10 处，采集样品 20 份，水质合格率 85%。此后，每年都按监测标准要求，对全县饮用水各项指标进行监测。2005 年，全县采集监测饮用水样品 72 份，其中，水质合格样品 68 份，水质合格率 94.44%。

2006 年，根据《中国农村饮用水和环境卫生现状调查》要求，选择 10 个建制村各抽查 10 户水井之水作为样本资料。全年监测农村饮用水 20 点（处）。抽查监测结果为：一级水质水井 12 点（处），占监测水井总数 60%；二级水质水井 1 点（处），占 5%；三级水井 7 点（处），占 35%。2008 年，全县采集饮用水监测样品 120 份，合格样品 117 份，水质测验综合合格率 98%。不合格者占 2%，主要是游离余氯不符合《生活饮用水水质卫生规范》。

第四节 食品卫生监测

1989 年，县卫生部门继续开展食品卫生监测工作，对从事食品生产经营单位进行监测抽检或检查；在元旦、春节、中秋、国庆等重要节日期间，对饮食经营单位和摊点进行食品卫生重点监测检查；在高考期间，对考点食堂及周围的饮食摊点进行监测，建立食品卫生档案，保障食品安全卫生。以餐具消毒和预防中毒为重点开展食品卫生监测检查，建立食品从业人员体检制度。1990 年，全县食品生产经营单位 1497 户，从业人员 3520 人，体检 3199 人，体检查出“五病”（HBSAg、志贺氏带菌、沙门氏带菌、伤寒带菌、肺 TB）150 人，“五病”检出率 4.69%；对患“五病”人员要求用人单位给以调换岗位处理。年度审查发放卫生许可证 220 户，累计发放卫生许可证（简称发证，下同）1419 户。抽检食品样品 103 份，食品卫生监测合格率 59.22%；餐具消毒等卫生监测合格率 52.83%。对违反食品卫生法律法规的生产经营者进行查处，其中，责令停业整顿 10 户次；没收并销毁不合格食品 48 户次。1992 年起，加强餐饮业卫生监测管理，对餐饮业经营单位环境卫生提出 3 点要求：后堂铺设白瓷砖；从业人员穿戴白色工作衣、帽、围裙；店容和从业人员卫生整洁。1994 年，在餐饮业经营单位推广使用熟食品防蝇罩和一次性筷子。1995 年，全县食品生产经营单位 1353 户，从业人员 5253 人，体检 5016 人，体检率 95.48%，查出“五病”81 人，“五病”检出率 1.54%。年度审查卫生许可证换放 1145 户。抽检食品样品 282 份，食品卫生合格率 78.79%，餐具消毒等卫生合格率 48.06%。查处违反《中华人民共和国食品卫生法》的生产经营者 44 户，其中 28 户次不合格食品被没收并销毁。1997 年，检查督促完善餐饮业“三防”（防鼠、防尘、防蝇）设施，对排烟扰民店面排烟管道责令改造，减少污染。1999 年起，在餐饮业推广电子消毒柜、红外线消毒柜等，使之成为餐饮业经营必备条件之一。2000 年，全县食品生产经营单位 1450 户，从业人员 4320 人，体检 3200 人（比上年减少 5 个百分点），查出“五病”82 人，“五病”检出率 2.56%；年度审查发放卫生许可证 1228 户。抽检食品样品 300 份，食品卫生合格率 78.98%，餐具卫生合格率 60.58%。2001 年，开展食品行业放心店创建活动，治理餐桌污染，建设食品放心工程，保障民众饮食安全卫生。2003 年春，开展以防抗“非典”为中心的“春季饮食卫生安全保障”检查大行动。检查中没收销毁一批有害食品。2005 年，全县食品生产经营单位 1900 户，从业人员 4400 人，体检 3320 人，查出“五病”92 人，“五病”检出率 2.77%；年度审查发放卫生许可证 1230 户。抽检食品样品 320 份，食品卫生合格率 80.21%，餐具抽检卫生合格率 62.51%。2008 年 12 月，全县食品生产经营单位 1523 户，从业人员 3452 人，体检 3100 人，比上年减少 5 个百分点。查出“五病”98 人，“五病”检出率 3.16%；年度审查发放卫生许可证 1316 户；抽检食品样品 328 份，食品卫生合格率 81%，餐具抽检卫生合格率 70.52%。

第五节　学校卫生监测

1989 年，东山第一中学、东山第二中学等学校设置卫生室。卫生室配备专职医务人员，主要负责学校卫生健康宣传教育和保健教育工作。是年，县卫生部门协调学校卫生室对东山第一中学高三年段学生进行体检，并建立健康档案。对东山第一中学、东山第二中学高三年段学生视力进行监测。其结果为：平均视力 4.82，正常视力学生占受监测学生总数的 31.86%，低下视力占 68.14%。同年，对西埔初级中学新建校舍进行采光监测，监测结果为：采光系数均在 1:4～1:6 之间，自然照度 100 勒克斯以上，符合卫生标准。

1990 年 6 月，贯彻执行国务院颁布的《学校卫生工作条例》，开展宣传教育活动。是年，县防疫站与康美乡卫生院合作对马銮小学学生进行头虱监测，查出患病学生占监测学生总数 63.33%。1992 年 6 月，贯彻卫生部、国家教育委员会联合下发的《全国学生常见病综合防治方案》，加强对学生视力底下、龋齿、蛔虫病、贫血、沙眼、肥胖和营养不良等（以下简称“六病”）常见病的监测防治。1993—1995 年，每年均开展“六病”监测防治工作。1995 年，选择有代表性 4 所中小学校进行环境卫生监测，监测学校的学习时间、教室人均面积、黑板、教室采光、照明、教室微小气候、环境噪音等 17 个卫生项目，共监测教室 21 间，符合学校卫生环境标准教室 19 间，合格率 90.48%。是年，对全县中小学校 26066 名学生开展“六病”体检，体检率 92.27%，体检结果：肥胖和营养不良学生 6889 人，占体检学生总数的 26.43%；视力低下学生 4444 人，占体检学生总数的 17.05%；龋齿学生 10040 人，占体检学生总数的 38.52%。选择有代表性学校年段进行贫血监测，共监测学生 464 人，发现贫血患者 82 人，占体检学生总数的 17.67%。1997 年，各中小学校继续贯彻《学校卫生工作条例》要求，改善学校卫生环境。开设卫生常识课，监测学生“六病”并进行防治。2000 年，县防疫站对全县中小学校 26078 名学生进行监测，监测结果：营养不良学生 7012 人，占监测学生总数 26.89%；肥胖学生 1689 人，占 6.48%；视力底下学生 6441 人，占 24.7%。

2003—2004 年，在全县中小学校开展“非典”知识教育宣传活动，提高预防“非典”意识。开展碘缺乏病预防宣传活动，组织卫生专业技术人员对学生进行甲状腺检查，检查 8～10 岁的学生 360 人，甲状腺肿大率 1.39%。2005 年，在东山第一中学、东山第二中学等学校开展学生健康监测，监测学生 6250 人，监测结果：营养不良学生 2083 人，占监测学生总数 33.33%；肥胖学生 560 人，占 8.96%；视力底下学生 1531 人，占 24.5%。

2006—2008 年，根据《学校卫生工作条例》要求，在中小学校及托幼机构食堂推行食品卫生监督量化分级管理，将学校食堂按风险分级和信誉度分级分类实行监管，确保学校食品卫生安全。开展中小学校学生体检与营养状况评价，通过体检发现学生健康问题，及时建立中小学校学生体检档案工作。2007 年 5 月 3 日世界无烟日，东山第一中学、东山第二中学和东山岛职业中专学校共有 2000 多名学生参加“拒吸第一支烟，做不吸烟的新一代”签名活动。

第三章　卫生保健

第一节　婚前医学检查

1989 年，县妇幼保健部门继续推行婚前医学检查和保健工作。1995 年，全县接受婚前医学健康检查

2116人，检出疾病196人，患病率占婚前医学健康检查总数9.33%。此后，婚前医学检查成为一项常规性项目，并实行严格的工作规范。2003年，婚前医学检查以卫生部制定的《婚前保健工作规范》为标准，开展婚前医学健康检查。是年，全县接受婚前医学健康检查2253人，婚检率90.12%，检出疾病251人，患病率11.14%；患病者绝大多数听从医务人员指导进行治疗。2008年，全县接受婚前健康检查3504人，婚检率99.55%，检出疾病510人，患病率14.55%。

第二节　妇幼保健

一、产妇保健

1989年，县妇幼保健站以农村基层卫生院为服务重点，推行妇幼医务人员片区包干目标管理责任制，加强接生员培训指导。同年11月，以县妇幼保健所为技术骨干组建县围产保健协作组，定期开展围产期保健研究工作，协调铜陵产院和乡镇卫生院做好围产保健管理及技术指导。各乡镇卫生院继续设立妇幼组，并配备妇幼保健人员1～3人，开展婚前医学检查、接生员管理、计划生育和妇科病随访等工作。是年，全县产妇大部分接受产前检查并实行住院分娩和新法接生；实施产后“三访”。至1990年12月，全县产妇4831人，采用新法接生4804人（其中1989年新法接生2099人），新法接生率99.85%（其中1989年新法接生率100%）。是年，县内产妇住院分娩率占产妇60.46%，产前“三检”率90.78%，产后“三访”率97.98%。1991年，县妇幼保健部门举办1期妇幼保健培训班，对乡镇卫生院妇幼保健人员进行技术培训，重点学习新法接生技术。1995年6月，贯彻落实《中华人民共和国母婴保健法》，加大住院分娩和新法接生技术推广力度，至年末，全县新法接生率99.61%。1999年，县政府发出《关于推行住院分娩、确保母婴安全实施意见的通知》和《关于取消村级接生员工作的通知》文件。2000年6月1日起，取消村级接生员，在各乡镇卫生院全面推行住院分娩，做到人员、房屋、设备三配套。2001年，县妇幼保健部门贯彻落实《福建省促进母亲安全10点意见》，调选5名助产技术人员充实镇（乡）卫生院。年内，举办1期村级妇幼保健人员培训班，经考试合格后，有10人获得妇幼保健员从业资格（持证上岗）。2004年起，全县卫生院产科执行《福建省一级助产技术服务标准》，并对产科、儿科工作人员进行技术培训。2005年，县内产妇产前接受3次以上检查的占产妇总数91.32%，产后访视率95.66%，住院分娩率91.16%，新法接生率100%；婴儿母乳喂养率90.5%。2006年，继续实施《中华人民共和国母婴保健法》和妇女儿童发展纲要，加强镇卫生院妇产科、儿科建设，规范孕、产妇保健管理，提高农村住院分娩率等。同时，严厉打击非法接生、非医学需要的胎儿性别鉴定和选择性别的人工终止妊娠等违法行为。是年，孕、产妇系统保健率91.56%，住院分娩率92.52%。2008年，全县孕、产妇系统保健率90.16%，住院分娩率93.36%，新法接生率100%。全县婴儿母乳喂养率96.17%。

二、妇科病防治

1989年，县妇幼保健部门继续到农村等基层单位开展妇科病普查防治宣传活动，组织人员定期下乡开展普查和妇科病随访工作。是年，妇科病随访抽查共111人，发现患妇科病例占抽查治疗总人数63.06%，予以治疗。1989—1990年，妇科病随访抽查324人（次），发现患子宫脱垂的病例予以治疗。1993年后，政府更加关注妇女健康，全面贯彻《中华人民共和国妇女权益保障法》，国务院颁布的《女职工劳动保护规定》，卫生部、劳动部、人事部、全国总工会、全国妇联发布颁发的《女职工保健工作规定》等文件，对保护妇女健康提出相应要求和措施，并对妇科常见病筛查工作做出部署。根据相关法律法规要求，县妇幼保健站联合县妇联、县总工会等出台相关文件在全县开展妇科病普查治疗。1995年，开展妇科病普查，查2300人，发现患妇科病例948例，患病率占普查对象41.22%。此后，每年均对妇科病开展普查或抽查治疗。至1999年，全县妇科病普查率占妇女总数95.04%。2008年，开展女职工妇科病筛查工作，共筛查女职工2067人，主要项目有生殖器官检查、乳房检查等服务；年内，围产保健门诊1750人次。

三、儿童保健

1989年，县妇幼保健部门继续开展儿童保健工作，是年，全县儿童体检率93.9%；新生儿童疾病筛查率和出生缺陷矫正率80%以上。1990年，东山县实施儿童系统保健管理，主要对象是7岁以下儿童并实行定期体检，筛选体弱儿并进行专科管理，把防治维生素A缺乏、缺铁性贫血、佝偻病、营养不良作为工作重点。年内，将32个建制村3岁以下儿童1177名列为儿童系统保健管理对象，3岁以下儿童系统管理率94.31%。全县托幼儿童体检3640人，体检率占托幼儿童98.08%。1995年6月，贯彻落实《中华人民共和国母婴保健法》，1996年，县医院被世界卫生组织、世界儿童基金会、中华人民共和国卫生部联合授予"爱婴医院"。此后，每年均实施儿童系统保健管理。1999年，全县7岁以下儿童系统保健管理率80.64%。2003年，全县7岁以下儿童接受系统保健管理14173人，儿童系统保健管理率85.21%；体弱儿童筛查率占接受系统保健管理总数48%，新生儿疾病筛查率占新生儿总数87.04%，专案管理100%。2005年，全县7岁以下儿童系统保健管理覆盖率 86.02%。2006年，继续实施《中华人民共和国母婴保健法》和妇女儿童发展纲要，加强儿童系统保健管理，做好新生儿疾病筛查诊断、遗传病诊断、新生儿救护等，是年，全县3岁以下儿童系统保健管理率84.05%。2008年，全县7岁以下儿童体检率91.51%，3岁以下儿童系统保健管理率89.89%；体弱儿童筛查率占7岁以下儿童4.61%；新生儿疾病筛查率86.22%。

第三节　初级卫生保健

1990年，根据卫生部、国家计划委员会等联合颁布的《关于我国农村实现2000年人人享有卫生保健的〈规划目标〉》，东山县全面开展初级卫生保健工作。1995年8月，县政府成立东山县初级卫生保健委员会，下设办公室，制定东山县初级卫生保健工作的实施意见，明确各个阶段的奋斗目标。各乡镇、村（街）均成立相应的领导机构，加强对初级卫生保健工作的领导，制定符合本地区情况的初级卫生保健规划，把初级卫生保健纳入当地政府年度工作计划。1997年，县初级卫生保健工作通过福建省考评组验收，基本达到人人享有初级卫生保健的目标。

1998年6月，贯彻省人大常委会颁布的《福建省初级卫生保健条例》（1998年5月29日通过）。开展新一轮"以乡镇为单位达标"的初级卫生保健工作。2000年4月24日，东山县初级卫生保健通过省初级卫生保健工作委员会验收。东山县达到《福建省初级卫生保健条例》规定的标准。2001年6月，县卫生局被漳州市政府评为市初级卫生保健、农村卫生三项建设和无偿献血工作先进单位。此后，至2008年，全县不断完善初级卫生保健工作，全面推进"全国亿万农民健康促进行动"，倡导文明健康的生活方式；大力开展各种形式的爱国卫生运动，提高公民的大卫生意识，促进家园整洁。

第四章　疾病预防控制

第一节　传染病报告与防治

一、疫情监测与报告

1989年，东山县贯彻实施《中国传染病防治法》，各医疗卫生单位设"传染病登记簿"，指定专人负责登记核实，进行统计分析工作。县防疫站按《中国传染病防治法》所规定进行疫情报告，配备疫情专职人员负责疫情收集、整理、统计、按时上报；根据不同季节传染病发病情况，分析疫情动态，编印疫情简报，与邻近地区互通信息。是年，东山县报告传染病6种：流脑、痢疾、肝炎、恙虫病、伤寒 、流行性感冒， 年发病人数503人，年发病率285.01人/10万，无发生传染病死亡病例。

1995年，设霍乱病例观测点，在康美镇康美村发现1例病例。是年，法定报告传染病5种，发病人数108例，没有发生死亡病例。1996年，设立霍乱病例监测点，以腹泻病人及其密切接触者为对象监测传染病。2000年，法定报告传染病7种，发病人数528例。

2003年10月，建立县镇“非典”直报系统，对返乡人员、县外来客均进行体温监测，当年，未发现“非典”病例。2004年2月，建立禽流感监测点；是年4月起，实行医疗机构发热病例和不明原因肺炎病例日报告制度，未发现病例。2005年，建立县艾滋病监测点，开展艾滋病监测；年内法定报告传染病14种，发病人数651例。

2008年，法定报告传染病15种：梅毒、肝炎、肺结核、痢 疾、麻疹、猩红热、伤寒副伤寒、出血热、淋病、手足口病、流行性感冒、流行性腮腺炎、急性出血性结膜炎、风疹、其他感染性腹泻病，全年发病人数1155例。20年间，全县法定报告传染病发病累计9845例，年发病率在55.42人/10万～533.63人/10万之间。

1989—2008年东山县法定报告传染病发病及死亡率情况表

表29-1

年份	全县平均人口数	报告传染病种类数	传染病发病人数	传染病发病率（人/10万）	传染病死亡人数	传染病死亡率（人/10万）
1989	176485	6	503	285.01	0	0
1990	158928	6	318	200.09	0	0
1991	182967	4	445	240.65	0	0
1992	186988	4	317	169.52	0	0
1993	188996	6	383	204.82	0	0
1994	191231	6	222	116.09	0	0
1995	194875	5	108	55.42	0	0
1996	196044	3	224	114.26	0	0
1997	199894	7	377	188.60	0	0
1998	199942	6	484	242.07	1	0.5
1999	200156	7	514	256.7997	0	0
2000	201498	7	528	262.0373	0	0
2001	202610	6	628	309.9551	0	0
2002	202969	7	623	306.9434	0	0
2003	202993	6	575	283.2610	0	0
2004	203037	12	490	241.3353	0	0
2005	212951	14	651	305.7041	0	0
2006	214173	15	623	290.8863	1	0.4669
2007	215315	15	677	314.4231	0	0
2008	216442	15	1155	533.6303	1	0.462

二、传染病防治

（一）流行性乙型脑炎防治

1989年，县防疫站贯彻预防为主的方针，开展传染病防治工作。是年，县内发生流行性乙型脑炎病例

14 例。县防疫部门将流行性乙型脑炎作为重点传染病加以监测防治，至 2008 年，县内未发生流行性乙型脑炎死亡病例。

（二）病毒性肝炎防治

20 世纪 90 年代初起，县防疫部门贯彻预防为主的方针，开展病毒性肝炎防治，以切断传播途径为重点的综合性预防措施。对乙型和丁型肝炎以接种乙型肝炎疫苗为主，做好乙肝疫苗接种供应。对食品从业人员开展健康体检，对体检中发现的“五病”人员立即调离餐饮、食品工作岗位。1989—2008 年，县内医疗单位产科免费对新生儿实行预防性乙肝疫苗注射，并将乙肝疫苗纳入儿童免疫管理，肝炎发病呈下降趋势。

（三）肺结核病防治

1989 年，县防疫站配有肺结核防治专业人员，县、乡镇医疗机构设有结防门诊；以管理治疗肺结核病人为重点，形成县、乡（镇）防痨网，采用不住院化疗和短程化疗方案进行抗结核治疗。是年 4 月，在全省计划免疫表彰会上，县防疫站被评为福建省防痨先进单位。至年末，全县治疗管理肺结核病人 129 例。1994 年 9 月，东山县被卫生部列为加强与促进结核病控制项目县，结核病人实行归口管理，使用间隙短程化疗方案和强化期督导办法。自 1990—1995 年，共治管活动性肺结核病人 512 例，治愈 483 例，治愈率 94.5%（其中菌阳病人 157 例）。1997 年 7 月 1 日起，结核病人由县防疫站结核防治门诊统一检查、化疗与管理。翌年，全省结核病归口管理工作现场会在东山县召开，并推介东山县防治经验。2005 年，成立全球基金东山县结核病控制项目办公室和涂阳活动性肺结核诊断技术小组，并从当年 6 月 1 日起，新登记涂阳活动性肺结核病人实行免费治疗。1996—2008 年，以活动性肺结核病人为治管对象，共治管 1929 例，其中，治愈 1858 列，治愈率 96.3%；免费治疗结核病人 917 例。

（四）麻风病防治

1989 年，县防疫站继续对麻风病人进行监测、搜索与治疗。1991 年，东山县被卫生部列为中英协作麻风康复试点之一。1991 年 6 月，国际麻风救济会理疗顾问珍妮·沃森女士和波费尔女士在国家麻风康复工作领导小组及省卫生厅人员陪同下，到东山县考察麻风康复工作。1992 年，县内现症麻风病患者 22 人，均采用规范化治疗；对麻风病康复人员 111 人，均进行自我护理指导。1994 年 1 月，经省市专家考核验收，东山县被省卫生厅评定为基本消灭麻风病标准县。此后，继续对麻风病人进行监测、搜索与治疗。2003—2008 年，东山县新发现麻风病患者 3 人。2008 年 12 月，全县有麻风病患者 42 人，麻风病患病率在 1/10 万以下。

（五）霍乱防治

1994 年 7 月，县内发现首例埃尔托生物型霍乱（又称“二号病”），县医疗机构及时对患者进行救治；县防疫站对患者活动过的周边环境进行监测、消毒，防止疫病扩散。1995 年，县医院和乡镇卫生院设霍乱疫病监测点，是年，在康美地区新发现霍乱病例 1 例并及时进行救治。1996 年，发现霍乱病例 7 例，分布于西埔（2 例）、陈城（4 例）、康美（1 例）地区。疫情发生后，县医疗机构及时开展救治，县防疫站及时做好疫病防治宣传，对患者活动过的周边环境进行监测、消毒，监测以腹泻病人及其密切接触者为主要对象。此次疫病流行期较长，从当年 6 月至 9 月 20 日，共 83 天，属小川型霍乱，无发现带菌病例和发生死亡病例。此后，霍乱病例监测被县防疫部门列为监测重点。2008 年 10 月，县防疫站采检标本 236 份，无发现霍乱病例。

（六）人感染高致病禽流感防治

2004 年 2 月，东山县建立禽流感监测点，在县医院发热门诊的基础上，建立感染性疾病门诊，开展禽流感传染病的预检工作。至 2008 年，未监测出禽流感病例。

（七）艾滋病防治

2004 年，县卫生防疫站建立艾滋病病毒抗体检测初筛实验室，配备检测专业技术人员；还选派人员参加市、省及国家举办的相关业务技术培训。此后，在县级医疗单位设立艾滋病监测点，开展艾滋病监测。2007 年，县疾病预防控制中心监测、发现县内首例艾滋病病例。

（八）手足口病防治

2008年4月，县内陆续出现手足口病疫情，县疾病预防控制中心将该病列为重点防控工作。成立手足口病防治领导小组，配备专业技术人员，落实车辆、消杀器械、药品、防护用品，设立手足口病监测点，开展环境消毒。至是年10月，全县发现手足口病例99例，其中住院治疗88例，无重症患者。

第二节 地方病防治

一、氟中毒防治

1989年，东山县前楼镇东英岱寮村仍被确定为地方性氟斑牙病疫区（1983年，该村进行地氟病普查，调查365人，检出氟斑牙患者244人，患病率66.85%）。为控制地方性氟斑牙病发生，政府投资在该村建成水氟含量为0.26毫克/升的低氟水井为水源的供水网络，从饮水上控制地方性氟斑牙病，同时，县防疫部门开展水资源监测并对氟斑牙病患者进行治疗。至1994年11月，县组织专业人员对该村氟斑牙病患者治疗效果进行考核，抽查8～12岁人群，氟斑牙患病率为26.74%。此后，疫区氟斑牙患病率逐步下降。2000年，经省控制地氟病考核组考核，东山县通过省基本控制地氟病验收。2005年，检测前楼镇岱寮村8～12岁人群查出氟斑牙患者16人，氟斑牙检出率16.67%。2008年，检测前楼镇东英村岱寮自然村8～12岁人群查出氟斑牙患者12人，氟斑牙检出率12.00%。

二、碘缺乏病防治

1995年，东山县首次被确定为碘缺乏地区。当年，县卫生防疫站抽样调查8～10岁学生1157人，其中，检出甲状腺肿大289人，甲状腺肿大率占24.98%；尿检196人，尿检中位数为73.2微克/毫升，低于国际标准100微克/毫升。此后，全县开展碘缺乏病防治，全面推广食用碘盐；开展食用碘盐、消除碘缺乏病宣传活动。2000年，抽样调查8～10岁人群360人，其中，检出甲状腺肿大率降至12.00%；县内出售碘盐合格率100%，居民合格碘盐食用率达87.5%。2004年，经省卫生厅考核验收，东山县被确认为消除碘缺乏病的县份。2008年，县内出售碘盐合格率98.1%，居民合格碘盐食用率67.7%；年内，抽样调查360人，其中，检出甲状腺肿大率为4%。

第三节 计划免疫

1989年，东山县“四苗”（卡介苗、麻疹疫苗、脊髓糖丸、白百破疫苗）全程合格接种率96.66%。1991年“4·25”计划免疫宣传日，县、镇（乡）医疗单位广泛开展计划免疫宣传活动。1992年，县计划免疫继续推行保偿制，全县卡介苗、小麻糖丸（口服脊髓灰质炎疫苗）、麻疹糖丸、乙脑疫苗、三联疫苗等接种率均为91%以上（其中卡介苗、三联疫苗接种率达95%）。此后，计划免疫继续推行与加强。1993年，县卫生部门多次开展灰质炎疫苗强化免疫活动，全县实现第3次“四苗”接种率达到85%以上工作目标。此后，每年12月至次年1月，东山县均开展两轮灰质炎强化免疫。2000年后，县计划免疫重点是加强生物制品的供应计划和冷藏保管工作，及时做好免疫接种疫苗的供应与发放工作。是年，乙肝疫苗纳入计划免疫。县内疫苗接种率为：卡介苗接种率93.99%，小麻糖丸服用率98.00%，白百破接种率91.49%，麻疹疫苗接种率91.98%，乙肝疫苗接种率90.20%，乙脑疫苗接种率94.40%，流脑疫苗接种率85.03%。2005年，贯彻国务院颁布的《疫苗流通和预防接种管理条例》，对疫苗流通、疫苗接种、保障措施、预防接种异常反应等做出明确规定，确定政府对预防接种工作的保障机制明确卫生行政部门以及医疗卫生机构的职责，规范各接种单位的接种行为。是年，县内疫苗接种率为卡介苗接种率98.63%，小麻糖丸服用率98.04%，白百破接种率97.51%，麻疹疫苗接种率97.51%，乙肝疫苗接种率98.10%，乙脑疫苗接种率88.18%，流脑疫苗接种率88.00%。2006年，开展儿童计划免疫专项督查，规范预防接种门诊的接种工作，及时对适龄儿童进行免疫预防。2008 年，全县疫苗接种率为：卡介苗接种率 99.09%，小麻糖丸服用率 98.79%，白百破接种率 99.20%，麻疹疫苗接种率 100%，乙肝疫苗接种率 98.08%，乙脑疫苗接种率 99.44%，流脑疫苗接种率 99.19%。每年脊髓灰质炎强化免疫对象约 6800 人

第四节　突发公共卫生事件应急处置

1989 年，县卫生局把突发公共卫生事件应急处置预案纳入卫生工作计划。1993 年 3 月下旬，西埔镇宅山村发生一起食用河豚中毒事件，发病 5 人，其中死亡 2 人。事发后，县卫生局和县卫生防疫部门迅速启动应急处置预案，迅速派员赶赴现场调查，采集样品，查明系食用河豚鱼卵巢所致，对中毒患者即予治理。1994—2002 年，县卫生局和县疾病预防控制中心按照“快速反应、协调一致、突出重点、全力以赴”的原则，及时报告上级并组织医疗人员迅速赶赴现场开展应急处置，较好地控制事态发展。

2003 年春，县内开展防治传染性非典型肺炎（简称“非典”，于 2002 年 11 月在国内发生，2003 年 2 月被卫生部列为法定传染病管理）。4 月 21 日，县政府召开非典型肺炎防治工作会议，成立县防治“非典”协调领导小组，县长任组长。26 日，县政府出台《关于预防和控制传染性非典工作预案》。5 月 2 日，县“非典型肺炎防治协调领导小组”更名为“县防治非典型肺炎指挥部”，成立办公室，下设 8 个工作组。县防疫站成立防治“非典”专业小组，举办防治专业技术培训班，培训专业技术骨干 100 多人。县境开展返乡人员及县外来客体温监测，对班车和外来船只进行消毒、观察，对“非典”可疑病例逐一进行排查、追踪、观察。10 月，建立县镇“非典”直报系统，至年末，医学观察返乡及来岛人员共 2760 人；排查、追踪、观察可疑发热病人 4 人；消毒、观察外来船只 153 艘，医学观察船只人员 1566 人；班车消毒 480 班次，观察人员 576 人。全年，县境未发现“非典”病例。

2004 年 4 月起，县境建立医疗机构发热病例和不明原因肺炎病例日报告制度。县、镇各医疗单位对发热病例和不明原因肺炎病例进行观察、排查，至年末，未发现发热和不明原因肺炎病例。2008 年，为完善卫生应急预案建设，县卫生部门先后建立疾病预防控制机构、卫生监督机构和医疗机构的应急队伍，并建立相应的应急管理制度。规范突发公共卫生事件信息报告制度，做好突发公共事件的防范和应急处置准备。9 月初，县外发生“三鹿牌”婴幼儿配方奶粉安全事故。17 日，县内发现首例因食用含三聚氰胺奶粉导致婴幼儿泌尿系统结石事件。县食品卫生监管部门启动应急预案，对全县商场、超市、食品生产加工场所开展“问题乳制品”专项检查、排查。出动执法人员共 745 人次，检查食品生产企业 15 家、经营单位 1115 家；共查封“三鹿牌”婴幼儿配方奶粉 11.8 公斤，查处其他“问题乳制品”173.6 公斤。卫生部门对服用“问题乳制品”的儿童进行体检，共 2683 人，检出发现肾结石病患儿童 85 人，无重症病例。

第五章　医疗护理技术

第一节　医疗卫生队伍

一、医务人员总数

1989 年，全县医疗卫生工作人员 538 人，其中技术人员 429 人（中级以上职称 199 人，占总人数的 36.98%）。2000 年，全县医疗卫生技术人员 562 人，其中副高级职称 15 人，中级职称 104 人。2008 年 12 月，全县医疗卫生工作人员 736 人（编制内 682 人），其中技术人员 611 人。技术人员中高级技术职称 41 人（正高 6 人、副高 35 人），中级技术职称 128 人，初级技术职称 442 人。

二、各类技术人员

（一）中医人员

1989年，全县中医技术职称人员中有中医师40人，中医士15人。此后，中医人员 逐步增加。至2008年12月，全县中医技术职称人员151人，其中主任中医师3人、副主任中医师13人，主治中医师19人、中医师40人，其他中医技术人员76人。

（二）西医人员

1989年，全县有西医人员89人。此后西医人员逐步补充。至2008年12月，全县有西医人员131人。其中，主任医师3人、副主任医师15人，主治医师33人、医师 54人，医士15人，其他11人。

（三）医技与护理人员

1989年，全县医疗卫生机构中有护师89人，护士84人，护理员4人，检验师11人，检验士6人。此后，医技与护理人员不断增加。至2008年12月，全县有医疗技术及护理人员215人，其中护理人员183人（护士41人、护师105人、主管护师33人、副主任护师4人）、检验人员16人（检验士9人、检验师4人、主管检验师3人）。

（四）妇幼保健人员

1989年，全县妇幼保健人员24人。此后，妇幼保健人员有所补充。至2008年12月，全县妇幼保健专业人员 65人。其中，县妇幼保健所10人，县级医院妇幼保健人员33人，镇（乡）卫生院、社区服务中心 妇幼保健人员22人。

（五）防疫人员

1989年，从事卫生防疫人员（疾病预防控制）共69人。其中，县防疫站48人，县直医院1人，镇（乡）卫生院防疫人员20人。2000年，防疫人员59人。其中，县卫生防疫站42人、镇卫生防疫人员17人。有主管卫生医师3人。2008年12月，全县从事疾病预防控制共65人。其中，县疾病预防控制中心41人，县直医院2人，镇卫生防疫人员22人。

第二节　诊疗技术

1989年,东山县医院外科开展颅内血肿清除术和心脏检测、结肠镜等诊断新技术,增设病理诊疗科目，开展病理检查技术，为临床提供诊断依据。1990年，县中医院的陈素华(与汤仰红合作)开展针刺加温和灸治疗呃逆等新技术并形成论文，该文在法国巴黎国际针灸学术会上交流。

1992年，县医院开展小针治疗桡骨茎狭窄性腱鞘炎技术，县中医院余定辉在中医儿科急症治疗中，采用扶正急法并取得成效。1994 年,县医院开展帽状腱膜瓣修复脑膜缺损等新技术,外科开展食管癌（三切口）、贲门癌、肺癌、直肠癌、乳腺癌、卵巢及子宫颈癌根治术，填补县内医疗技术空白。县中医院用中药内服外洗办法治疗新生儿硬肿症。县第二医院与厦门开元区眼科合作，采用人工晶体植入术治疗白内障及角膜放射性切除术治疗近视眼，共4批48例，皆取得成功。1995年，县中医院邀请上海骨科专家协助开展小儿麻痹症和骨科矫正手等新技术。县医院与厦门眼科医院联合开展人工晶体植入术治疗白内障及角膜放射性切除术治疗近视眼。邀请漳州市医院外科医生协助开展肺叶切除术、食道中上段癌切除术等新技术。1997年,县医院开展彩超检查技术，邀请青岛市医院医生协助诊断，提高诊断水平；2001年，开展螺旋CT检查技术，填补了县内该医疗技术空白；2003年，县医院神经内科开展CT定位下颅内血肿椎颅血肿清除；2005年，县医院感染科开展胸腔内置管化疗。2006年，县医院神经内科开展急性脑梗死溶栓治疗。2007年，县医院骨科开展髋关节置换术；儿科开展儿童呼吸机治疗术。同年，东山县中医院开展西医诊疗技术，无痛人流、术后镇痛，为手术病人提供疼痛管理，更好的减轻手术产生的疼痛。2008年，县医院感染科开展纤维支气管镜检查术。

至 2008 年，县医院和县中医院能独立开展多项二甲医院重点专科要求的技术项目。如：食道癌三野根治术、肝癌切除术、直肠癌根治术、甲癌根治术、胃癌根治术、全髋关节置换术、肾癌根治术、微创脑内血肿穿刺术、宫颈癌根治术、困难的剖宫产、急性呼吸窘迫综合征的诊治、心肌梗死并发症的诊治、超声引导下肝穿刺活体组织检查术、内镜下结肠息肉摘除术、呼吸衰竭血气监测及抢救、早产儿的处理、新生儿重症监护、白内障人工晶体植入术、鼻窦手术等。

2007—2008 年，县医院还成功抢救两例外伤性心脏破裂病例。

第三节　护理技术

一、县医院护理技术

1989 年起，县医院实行总护士长负责制，实施总护士长、护士长二级管理。同时，规范护理技术操作流程，健全护理人员的职责，组织护理质量全面检查，举办护理人员培训班，提高医疗护理质量。1991 年起，逐步建立危重病人特护、值班交接、急诊抢救、护理工作等制度，强化护理，增加护理班次，加强护理记录和交接班制度。

1997 年，县医院设立重症监护病房，提高重病人的救治成功率，改善生存质量，减少护理并发症。1998 年，使用外周静脉留置针，减轻患者疼痛，提高工作效率；在内科、外科启动整体护理模式，抓好护理质量监管，建立护理质量监控体系，逐级监控，层层负责，把工作各项指标细化、具体化，落实到各科室、各人，促进护理质量的提高。护理工作从以疾病为中心向以生理、心理、社会医学模式转变。

2000 年起，开展“医疗安全质量年”活动，对全员进行“三基”培训，加强护理管理，落实“一人一针一筒一用一灭菌”制度，推行一次性注射器和输液器，强化“三查七对”(在给药前、中、后查，核对姓名、床号、药名、浓度、计量、方法、时间)制度，严格护理各种文件书写。2007 年，采用成人动脉采血技术，提高重病人的救治成功率。2008 年，开展小儿机械通气护理，采用小儿动脉采血技术，提高新生儿的救治成功率。至 2008 年末，此措施制度持续执行。

二、县中医院护理技术

1989 年后，东山县中医院护理部按二级甲等中医医院护理标准进行管理，实行院长领导下的护理部主任、护士长两级管理体系，实施目标管理，依据护理人员能力、专业特点合理配置护理人力资源。1998 年，按护理质量评价标准，建立完善各种规章制度、岗位职责；实行以“病人为中心”的整体优质护理模式，及分级护理制度。建立各科室中医护理常规，及中医特色的护理质量评价标准。2000 年起，对毕业三年内的新护士进行中医理论知识、专科专病中医护理常规、中医护理技术和护理记录书写培训，认真落实《中医医院中医护理工作指南》，为病人提供具有中医药特色的康复和健康指导。建立手术室、ICU 等重点科室的工作流程，实施监测的相关规定措施，并符合追溯要求。建立护理安全风险评估及“危机值”报告制度，设立供大中专卫校学生的实习基地，并完成教学任务。至 2008 年，此措施制度仍在执行。

第四节　医疗救护

一、120 急救中心

1997 年，县医院配备急救车和急救设备，开设急救服务，负责辖区内各种伤病员的院前急救。1998 年初，于县医院设“120”急救中心，负责全县各种伤病员的急救，参与“110”社会服务联动的各种紧急医疗救治服务。有急救车 2 辆，并配备急救设备，年救治伤病员 400 多人次。2000 年起，县中医院也配备急救车和急救设备。2008 年，县“120”急救中心抢救各种急危重病人 500 多人。

二、无偿献血

1999 年，县根据《中华人民共和国无偿献血法》，成立县无偿献血工作领导小组，下设办公室，制定《东山县临床用血筹集办法》和《用血审批制度》，开展无偿献血活动。当年，全县参加无偿献血近千人，实际参加采血人数 423 人，采血量 8.4 万毫升。此后，无偿献血成为公民一项应尽的义务，每年无偿献血人数近千人，采血量近 10 万毫升。2008 年，全县无偿献血人数 625 人，采血量 13.8 万毫升。

第六章　药材药品医械

第一节　药材种植与加工

一、药材种植

1989-2008 年，县中药材种植主要有菊花、水线草、一见喜、生地、沙参、白茅根等品种，其中水线草、菊花年产量各近 20 吨，一见喜年产量近 30 吨。

二、中药材加工

1989 年，县医药公司中药材生产收购站和中药饮片加工厂延续收购加工的野生中药材主要有：香附、白茅根、海马、土鳖虫、水线草、菊花、一见喜、生地、沙参等品种。采用切、熏、水制、火制、制汁、醋制、蜜制、油制、炒、煅等方法，加工炮制中药材，其加工品种近 100 个。加工量较多的有香附（年产 5 吨）、白茅根（年产 10 吨）、水线草（年产 20 吨）、菊花（年产 20 吨）、一见喜（年产 30 吨）。加工的其他药材有桔梗、天门冬、麦门冬、山栀子、射干、枸杞、车前、蓖麻、柴胡、苍耳、艾、益母草、淡竹、万年青、桑寄生、木贼、菖蒲、蒲公英、酢浆草、海藻等。还有一点红、马齿苋、黄疸草、马鞭草、大飞扬、天胡荽、无根藤、荽胡、半边莲、灯笼草、鸡屎藤、梨头藤、鸭趾草、积雪草(蚶壳草)、鬼针草、黄毛耳草、薜荔等。

2003 年 9 月，由于西埔城区旧城改造，县医药公司中药材生产收购站和中药饮片加工厂拆迁。2004 年 12 月，县医药公司改制，药材加工停止。此后，县内地产中药材的生产加工只在各药店零散进行。

三、制剂生产

1998 年，县中医院设制剂中心，配备生产楼房，建筑面积 1000 平方米，主要生产灭菌制剂、普通制剂、中草药制剂等，产品供应县内医疗卫生单位。

第二节　药材药品医械经营

一、药品经营单位

（一）东山县医药公司

东山县医药公司位于西埔镇龙舞街六一巷 631 号。1989 年沿设，属国有企业。下设西药批发部、中成药批发部、中药批发部、铜陵综合批发部、药材收购站等分支机构；并设西埔第一门市、西埔第二门市、西埔第三门市、铜陵药品经营部、铜陵第二门市部。主要经营中成药、中药材、中药饮片、化学药制剂、化学原料药、抗生素制剂、生化药品和生物制品，年营业额 300 多万元。2003 年，公司改革，取消西药批发部、中成药批发部、铜陵综合批发部、药材收购站等分支机构。期间，整合各门市部，注销西埔第二门市部、西埔第三门市部、铜陵第二门市部，分流职工 47 人，留用在岗职工 31 人。2004 年，通过药品经营质量管理规范并取得证书。2005年10月，申请停业，进行改制（至2008年仍在改制中）。

（二）漳州杏春堂医药连锁有限公司

漳州杏春堂医药连锁有限公司属民营企业，位于东山县西埔镇白石街19号2楼。1989年，沿设东山县杏春药堂（1984年成立），为县内第一家个体药店，位于铜陵镇团结路三角点。1991年，迁址团结路杏春堂楼(现铜陵分店)。2004年3月，取得药品经营许可证。2005年2月，通过药品经营质量管理规范并取得证书。经营中药饮片、中成药、中药材、化学药制剂、抗生素制剂、生化药品、血液制品和诊断药品。同年，改设漳州杏春堂医药连锁有限公司，并在云霄、诏安、漳浦等县设连锁分药店。至2008年，有连锁分药店10家，员工 80多人。

二、药品医械购销

1989年，东山县药材药品医械购销依然通过县医药公司进行。药品经营单位仍须持有县工商行政管理局发给的营业执照和县卫生局发给的药品经营企业的药品合格证，才能到医药公司批拨药品。1991年起，对药品生产经营企业实行许可证制度（核发制剂许可证、药品生产企业许可证、药品经营许可证）。此后，医药公司独家经营药品的局面逐渐被打破，允许药品经营单位根据需要到外地医药公司或厂家采购药品，批准外地医药公司或厂家进入县内经营药品。其经营的药品有中成药、中药材、中药饮片、化学药制剂、化学原料药、抗生素制剂、生化药品和生物制品。

2000年10月起，销售给医疗单位药品逐渐实行招标采购办法，通过公开招标降低药品价格，减轻群众医药费负担。2003年始，县药品监督管理部门建立县、乡、村三级的药品配送网络，实行药品直接配送形式，以东山县医药公司为药品主配送，漳州杏春堂医药连锁有限公司为补充。同时，对广东省饶平县采芝林药业有限公司等6家外来合法药品批发企业，实行药品配送报备制度管理，药品质量由三级药品监督员、协管员负责监督。2005年，全县药品零售企业（药店）31家，从业人员120 人。年药品零售总额650万元。2007 年，开始受理医疗器械非法人经营企业申请换发“医疗器械经营企业许可证”工作。至 2008年，全县申办医疗器械经营企业许可证15家，从业人员52人。年医疗器械销售总额200万元。

第七章　管　理

第一节　机　构

一、行政机构

（一）东山县卫生局

1989年，沿设县卫生局，配正、副局长各1人，内设人秘股、医政股、公费医疗办公室、职工医疗社会保险管理办公室，行政编制9人。1994年，增设财务股。2003年5月，重新核定编制为7人，其中行政编制4人，事业编制2人，工勤1名。2008年，局内设人秘股、医政股、卫生监督与监察股等，下辖县卫生监督所、县新型农村合作医疗管理中心。2008年，局内工作人员7人。

（二）东山县爱国卫生运动委员会办公室（简称县爱卫办）

1989年，沿设县爱国卫生运动委员会办公室，负责爱国卫生事务，人员1人。2003年6月，经县编委核定为行政机构，编制2人，其中事业编制1人。2008年，该办工作人员1人。

（三）东山县食品药品监督管理局

2001年11月30日，设立县药品监督管理局，为省垂直管理的正科级单位，负责药政监督和医药行业管理，编制13人，内设综合股、药品监管股、稽查股。2006年8月24日，改现称，管理体制及机构级别不变，增设食品安全监管股。2008年，局内设综合股、药品监管股、稽查股、食品安全监管股，工作人员 12 人。

二、事业单位

（一）东山县职工医疗社会保险管理中心

1992 年 9 月，设立县职工医疗社会保险管理中心，负责公费医疗事务，人员 3 人。1998 年 6 月，改设县职工医疗社会保险管理中心，负责县行政事业单位公费医疗保险业务，人员 6 人。2000 年 11 月，划归县劳动局辖管。

（二）东山县卫生监督所

2005 年 6 月，设立县卫生监督所，为财政核拨的股级事业单位，编制 7 人。同年 11 月，升格为副科级单位。2008 年 12 月,该所工作人员 6 人。

（三）东山县新型农村合作医疗管理中心

2007 年 1 月，设立县新型农村合作医疗管理中心，内设基金管理组、业务管理组、医疗技术组、信息资料组；下辖各镇合作医疗报账中心和各村新型农村合作医疗工作小组。2008 年 12 月,该中心工作人员 6 人。

第二节　医政管理

一、卫生人事制度改革

1990 年，县卫生系统建立以绩效为导向的用人机制，此后逐步规范。1999 年，在卫生系统公开选拔乡镇卫生院院长，通过推荐选拔和公开考核，先后任用西埔卫生院、陈城中心卫生院、樟塘卫生院等单位院长。2001 年起，通过公开考核，招聘大中专毕业生或卫生技术人员充实农村卫生单位。当年招聘大中专医科药科类毕业生 15 人。2007 年,招聘卫生技术人员 29 人。2008 年又招聘卫生技术人员 41 人，充实县镇各医疗卫生单位。

二、乡村、个体医生管理

1989 年，根据县政府《关于整顿农村卫生所、个体开业医生的方案》，县卫生部门对村卫生所和个体开业的医生进行业务考核，合格者发给“行医许可证”。至 1990 年，全县有 72 名农村卫生所或个体开业的医生通过考核，获得行医资格；同时，查处 14 名无证行医人员。1993 年，强化对农村卫生所和个体开业医生管理，责令 5 家无证行医单位停止营业。1994 年，全县有 86 所村卫生所（室）。

2000 年，按照《医疗机构设置规划》《医疗机构基本标准》，对符合条件的村卫生所（室）给予换发“医疗机构执业许可证”。同时，加强乡村医生业务培训与管理。2005 年，全县筹建空白村卫生所，举办 3 期乡村医生业务培训班，培训乡村医生 166 人。2008 年，全县村卫生所（室）142 家，从业乡医 170 人。

三、医疗单位管理

1989 年，县卫生部门对县级医院实行分级、分类管理。县医院按二级乙等、中医院按中医二级甲等、县第二医院按一级甲等标准管理。同时，根据《福建省各级医院“两公开一监督”制度规范》，规定各医务工作者不得收受患者“红包”和贵重物品，并严禁“私收、漏收、乱收”医疗费的违纪行为。1999 年 6 月，对全县 51 所甲级卫生所进行标准考核验收，有 36 所通过。

2001 年，对医疗单位实行新的分类管理制度，县医院、县中医院、县妇幼保健所、西埔卫生院、陈城中心卫生院、康美卫生院、杏陈卫生院、前楼卫生院、樟塘卫生院等医疗单位被定为非营利性医疗单位；余扶东诊所等 20 家个体诊所被定为营利性医疗单位。2008 年，对全县 152 家医疗机构（含个体和村卫生所）进行登记注册，进一步规范医疗机构监督管理。同年，实施助产技术服务准入制度，规范助产技术管理。给县医院等 5 家医疗机构换发“母婴保健技术服务执业许可证”，有 80 名助产技术人员通过考核，获得母婴保健技术合格证。

四、医疗市场监管

1989 年，县卫生监督部门延续对医疗市场进行监督检查，开展打击非法行医和使用假药专项行动。此后，每年出动执法监管人员数十人次，检查医疗机构近百家，取缔非法行医数家，并予罚款。2001 年，县卫生局会同县纠风办制定《东山县清理整顿非法医疗机构，严厉打击非法行医和违法医疗广告的工作方案》，整顿违法医疗广告。与县工商行政管理部门联合出台《东山县店堂药品广告发布有关规定》，对广告发布和广告宣传做具体规定，以杜绝医疗药品、保健品广告乱散发、乱悬挂现象。此后，每年均开展药品保健品整顿。2008 年，查处药品保健品非法广告数十起，并给予罚款。

五、农村中医先进县创建

2007 年起，东山县开展创建农村中医先进县工作。以镇卫生院创建中医专科为重点，以提高中医药临床疗效为主要内容，开展科研活动。当年 12 月，市卫生部门组织专家对东山县创建农村中医先进县进行考核、验收。杏陈、前楼、陈城、西埔卫生院被列入省市重点乡镇卫生院建设项目。

第三节　药政管理

一、药品经营企业管理

（一）药品经营许可证管理

1989 年，县内药品经营企业仍由县卫生局负责监管。县卫生局和县医药管理局通过核发药品生产企业许可证、药品经营许可证、制剂许可证的形式进行管理。1990 年，全县有 14 家药品经营企业和 1 个药品生产企业获得经营许可证。1994 年，核发药品经营许可证的生产企业 27 家。

2001 年 11 月，设立县药品监督管理局后，经营许可证自 2001 年 12 月起，统一更换为药品监督管理局核发的药品经营许可证。2002 年，县内有 1 家（东山县医药公司）药品批发企业和 19 家药品零售企业完成换发许可证。至 2005 年，有县医药公司西埔第一门市部等 24 家零售药店换发许可证。2008 年，全县核发药品经营许可证的企业共 36 家。

（二）药品企业认证管理

2004 年初，县药品监督管理部门对县药品批发企业、药品零售连锁企业和县级药品零售企业开展 GSP 认证工作，未能通过 GSP 认证的企业不能经营药品。同年 10 月，县医药公司通过 GSP 认证；2005 年，漳州杏春堂医药连锁有限公司通过认证。2008 年，通过 GSP 认证的药品批发企业 1 家、药品零售连锁企业 1 家、县级药品零售企业 29 家。

（三）药学技术人员定岗管理

2002 年起，县药品监督管理局对从事药学技术人员进行规范化管理，规定在药品经营单位任职医药学技术人员，不得在其他单位兼任。同时，规定药品经营单位其质量负责人必须在岗，并实行挂牌上墙制度。2008 年，共有药学技术人员 73 人，主要分布在县医药公司、县医院、县中医院、乡镇卫生院药房、各零售药店等单位。

（四）药学技术人员继续教育

2002 年起，从事药学技术人员每年均参加继续教育，未参加继续教育者，其上岗资格证被取消，要重新上岗须通过再学习培训，考试合格后才能取得再上岗资格。2002—2008 年，全县药学技术人员参加继续教育培训 286 人。

（五）实行从药人员健康体检制

2002 年起，从事药品生产、经营的人员每年都进行健康体检，患有传染病或其他可能污染药品疾病的人员，不得从事直接与药品接触的工作。此规定至 2008 年不变。

（六）药业诚信单位建设

2005年5月，县药品经营企业，开展药业诚信度等级评选活动，诚信等级分为五级，即AAA级药品诚信单位、AA级药品诚信单位、A级药品诚信单位、警示单位、失信单位。评定内容有设备设施、药品的采购、验收、养护；人员配备、管理制度、销售服务等。至2006年7月，共评出AAA级药品诚信单位1家、AA级药品诚信单位8家、A级药品诚信单位20家。

二、药品管理

（一）药品采购招标

2000年，成立东山县药品采购统一招标领导小组及其专业组，制定《东山县医疗机构药品采购统一招标管理办法》和《招标实施方案》，在全县医疗机构推行药品集中采购统一招标。同年10月18日，首次举行药品集中采购公开招标会，有抗生素、生物制剂和部分常用药品共60种，公开进行招标。有数家药品生产销售企业参加竞标，经招评标，最终评定中标药品41个品种，中标药品价格平均降幅40.08%，降幅最多为76.12%，降幅最少为16.89%。2002年，县医院、县中医院和县妇幼保健所参与由省卫生厅组织的第一批省级药品统一招标跟标，共有跟标药品600多个，其中中标97个品种，总值160万元，药品价格平均降幅40%。此后至2008年，每年都有数量不等的药品实行采购招标。

（二）处方药与非处方药管理

2000年1月起，县内药品经营企业所经营的药品须按处方药与非处方药分别管理。处方药须凭执业医师或执业助理医师处方才可调配、购买和使用；非处方药不需凭执业医师或执业助理医师处方即可购买和使用。处方药只准在专业性医药报刊进行广告宣传，非处方药经审批可在大众传播媒介进行广告宣传。2006年，推行药品分类管理，要求零售药店的药品按经营范围、标识及分类摆放，严格按处方药与非处方药规定销售药品。

（三）实行麻醉药品和精神药品定点经营

2005年11月起，根据新的《麻醉药品和精神药品管理条例》，一般药品经营企业不得经营麻醉药品原料药和第一类精神药品原料药，只有经过资质确认的药品经营企业才有权经营上述两类药品。当年，县医药公司经过资质确认，取得销售第二类精神药品资格。

（四）建立《药品不良反应报告和监测管理办法》制度

2004年3月起，县内从事药品生产、经营的企业和医疗卫生机构，按要求均配专（兼）职人员负责药品不良反应报告和监测工作。对在生产、经营、使用药品过程中发现的可能与用药有关的不良反应事件，做记录、调查、分析、评价、处理；并填写《药品不良反应事件报告表》，每季集中向省药品不良反应监测中心报告。对新发现的或严重的药品不良反应事件，必须于发现之日起15日内报告，死亡病例须及时报告。2007年，共收集7个片区ADR报告173例，通过全国药品不良反应监测网上报监测中心173例。2008年，共收集上报ADR报告394例，其中医疗器械不良事件8例。首次从基层医疗单位发现障翳散服用后发生眼异常、酚麻美敏片服用后发生血尿等新的ADR报告。

（五）建设县、乡、村药品监管网

2003年，县药品监督管理局在县、乡、村建立三级药品监管网络。聘请县药品监督员8人，乡镇药品协管员14人，村级药品报告员70人。2007年，设立镇药品监督协管中心，对三级药品监督员、协管员和报告员进行调整。至2008年，聘请县级食品药品安全监督员16人，镇级食品药品安全协管员14人，村级食品药品报告员76人，形成以县局监管队伍为主，以镇协管员、村信息员为辅的联动监管机制。

（六）建设县、乡、村药品配送网络

2003年，县药品监督管理局在县、乡、村建立三级药品配送网络，药品的配送由药品生产、经营企业直接配送到医疗卫生单位，药品质量由三级药品监督员、协管员负责监督。2007年，对农村药品配送企业按规定标准进行规范，引导大型配送企业向偏远农村配送药品。2008年，全县各建制村实行药品配送，各镇都有零售药店，基本实现城乡药品同质同价。

三、医药市场大检查

1990年，成立县医药市场整顿领导小组，根据《中华人民共和国药品管理法》开展医药市场整顿，组织3次全县医药市场大检查，查处违法制售伪劣药品、医疗器械违法行为，取缔无证经营药店。是年，共立案37起,没收、销毁伪劣药品62种（价值4920元）；没收违法经营药品219种次（价值21118元）。此后，县卫生管理部门每年均开展医药市场大检查，检查药品和医疗器械生产经营使用单位，查处制售伪劣药品、医疗器械违法行为，取缔无证经营药店。2008年，出动执法人员21次，检查药店17家、药品近千种次，对伪劣药品和医疗器械予以没收销毁。

四、建立药品突发性事件应急处理机制

2007年初，县食品药品监督管理局成立突发性事件应急工作领导小组，负责组织和协调应对药品安全有关的重特大突发性事件，制定实施《东山县药品和医疗器械突发性群体不良事件应急预案》，以应对重大药械安全事故，减少伪劣药品及医疗器械对公众身体健康和生命安全造成的危害。

第四节　公费医疗管理

一、公费医疗制度改革

（一）公费医疗范围

1992年9月，县政府制定《东山县公费医疗管理暂行办法》，开始对公费医疗管理进行改革。公费医疗对象是实行全额预算管理的国家机关、党派、人民团体、行政事业单位在编的由国家预算内支付工资的全民工作人员、实行差额预算管理的医院和集体卫生院的全民工作人员。

1998年2月，县政府制定《东山县职工医疗社会保险试行办法》，当年7月1日起，开始实行医疗保险制度改革。其范围是在原有享受公费医疗单位的人员中试行，并实行社会统筹医疗基金与个人医疗账户相结合的社会保险制度。

（二）公费医疗缴费标准

1992年9月实行公费医疗改革，职工基本医疗费用由国家、单位和个人共同负担。用人单位缴费标准是按职工上年全年工资总额或退休费总额的10%缴纳；职工个人按上年全年工资总额的1%缴纳。财政部门和用人单位为职工缴纳10%的医疗保险金，按比例分别记入职工个人医疗账户。1998年7月1日起，实行医疗保险制度改革，职工基本医疗费用也是由国家、单位、个人共同承担。个人缴费按本人月工资总额的1%，由用人单位代扣代缴入县财政职工医疗社会保险基金专户。单位缴费按月工资总额的7%，退休人员不用缴费。单位缴费部分划出30%记入个人账户，其余作为统筹基金使用，只支付住院等大额医疗费用。职工个人账户用于支付个人门诊或小额医疗费用。

（三）就医报销标准

1992年9月起，公费医疗人员就医报销需持由县职工医疗社会保险管理中心（隶属县卫生局）制发的《东山县职工医疗社会保险手册》，标准是：门诊医疗费定额为每人每年24元，并加工龄每年1.5元；住院医疗费定额为每人年66元;退休人员门诊住院医疗费定额为每人每年200元(其中门诊医疗费为90元)；离休人员和在乡二等乙级以上残疾军人，门诊住院医疗费定额为每人每年300元（其中门诊医疗费为120元）。住院医疗费按工龄不同分别负担，工龄30年以上（含30年）的负担5%；工龄20年以上（含20年）的负担10%；工龄10年以上（含10年）的负担15%；工龄10年以下的负担20%。

1998年7月起，参保职工医疗费报销，根据省、市制定的基本医疗保险药品目录、治疗项目和医疗服务设施标准执行，确定县医院、县中医院和各镇卫生院为定点医院。

二、医疗费管理

1992 年 9 月起，公费医疗费实行“门诊住院医疗费总额由定点医疗单位包干”，节余归医院作为事业发展基金。定点医疗单位对享受的公费医疗单位和个人实行“门诊费用按人定额包干，住院费用采用适当与单位和个人挂钩”的办法。离退休人员、副处级以上干部、高级知识分子、工龄 35 年以上（含 35 年）的人员、在乡二等乙级残疾军人及癌症、因公负伤、精神病患者，其住院医疗费不与个人挂钩。住院费在年终结账，如超过包干定额，其超支部分按比例分担，既县财政负担 70%，定点医疗单位负担 20%，患者单位负担 10% 。

因病情需要转上一级医院诊治的，须由定点医疗单位提出建议，经医院及所在单位的医疗管理小组同意，县公费医疗办审查批准后（危重病人可先住院，2 天内补办手续），方可办理转住院。其转院转诊的费用，由定点医疗单位负责审核并按规定给予报销；未经批准，私自住院、转院、转诊的一切费用，均由个人负责。当年，全县公费医疗费用共节省 135 万元。1999 年 5 月，县卫生局被省卫生厅、财政厅评为全省公费医疗管理先进单位。

1998—2008 年，职工医疗保险费管理，根据省市卫生行政机构制定的目录标准执行。

第三十卷　宗教信仰　风俗

东山岛旧时屡遭风灾、沙灾、旱灾及海啸肆虐，海岛人为谋生存，寄托于神明保佑。岛内的宗教有佛教、道教和天主教、基督教等，并分别成立管理机构负责教内事务。至 2008 年，全县登记宗教活动场所 40 处，其中佛教 23 处，道教活动场所 9 处，基督教活动场所 7 处，天主教活动场所 1 处。

1989—2008 年，东山县宗教界开展捐资修桥修路、捐资助学、赈灾济困等活动，共 390 多万元，服务社会，为构建社会主义和谐社会做出贡献。

1989—2008 年，东山社会的变革、科技的进步、人们观念的更新，对于生产贸易、消费生活、人际礼仪、岁时节日、婚丧喜庆、道德风尚等方面风俗均产生重大影响。一些陈规陋俗逐渐被淘汰，诸多新风良俗诞生成长、充实丰富。新风良俗的形成，展示了东山人民物质生活、精神生活质量的提高，也体现了东山人的美德情操和社会和谐。

第一章　宗教信仰

第一节　佛　教

一、寺　庙

1989—2008 年，县政府批准登记的佛教活动场所 23 处。即铜陵镇的宝智寺（主奉三宝佛）、古来寺（主奉准提佛母）、东明寺（主奉释迦牟尼）、光传寺（主奉释迦牟尼）、香光寺（主奉西方三圣）、五佛寺（主奉三宝佛祖）、恩波寺（主奉观音）、西灵寺（主奉三宝佛祖）；康美镇的东沈庵（主奉三宝佛祖）、苦莱寺（主奉准提菩萨）、圆通苑佛堂（主奉三圣佛祖）、法济院（主奉佛祖）、佛光寺（主奉观音）；樟塘镇的南正院（主奉三宝佛）、九华寺（主奉地藏菩萨）；西埔镇的石庙寺（主奉南海观音）、大德金宫（主奉如意佛祖）、西莲念佛堂（主奉西方三圣）、海云寺（主奉佛祖）；杏陈镇的法狮寺（主奉二娘佛祖）；陈城镇的竹林寺（主奉佛祖）和前楼镇的靖海寺（主奉三宝佛）。

二、主要寺庙简介

（一）东明寺

东明寺位于东门屿北段，是漳州市对台交流重点寺庙。始建于宋代，原为一座小庙。1988 年春，由漳州南山寺法师释道裕（东山县铜陵镇人）携僧众渡海到东门屿考察后倡议扩建，同年农历四月初二动工。住持僧释道裕曾三赴缅甸迎佛像入寺。缅甸华侨诸大德、云南瑞丽观音寺赠送大小缅玉佛像 300 余尊。1996 年农历十月初八，举行开光大典，寺匾“东明寺”为中国佛教协会原会长、著名书法家赵朴初所题，寄寓此寺为东海明珠。

2000 年 4 月 2 日，住持释道裕被评为福建省宗教界社会主义“两个文明”建设先进个人。同年农历十月初八，东明寺举行“佛教传华 2000 周年祈祷世界和平法会”，福建省佛教协会会长释学诚大法师及各方高僧云集东明寺参加活动。2003 年 11 月 1 日，东明寺天王殿举行开光仪式。2008 年 4 月 30 日，东明寺举办大悲殿开光及道裕升座庆典。

扩建后的东明寺建筑面积 6000 多平方米，建筑物有山门、天王殿、藏经阁、钟鼓楼、方丈室、素斋厅、卧佛坛、佛光亭、舍利塔和万佛宝殿等 30 多处，具有相当规模的佛教寺庙建筑群。东明寺是全国离海平面最低的寺庙，仅 0.6 米，寺内供奉一尊全国唯一的释迦牟尼青年时代白玉佛像，还有十八罗汉、四大金刚等 100 余尊白玉佛像，最大的白玉卧佛像长 3.3 米。藏经阁珍藏大量佛教书籍，其中以明代崇祯十四年（1641 年）正月二十九日，由释子祖慧高僧刺舌血书的《大方广佛华严经》（第七十五卷）最为珍贵。

（二）古来寺

古来寺俗称佛母庙，位于铜陵镇东坑水产路，是漳州市第二批对台交流重点寺庙。明成化三年（1467 年）建寺，1966 年“破四旧”时，被废为他用。

1989 年 11 月 23 日，经县政府批准，古来寺恢复庙祀。寺住持释遵礼广结善缘，港台同胞和新加坡侨胞捐资重修。1995 年 2 月 15 日起，辟建山门牌楼；1998 年 12 月 23 日至 2000 年 5 月 18 日完成主殿重修。该寺占地面积 912 平方米，建筑面积 562 平方米。大殿主奉准提佛母（俗称海口佛母），同祀三宝佛（释迦牟尼佛、东方药师佛、阿弥陀佛）。2002 年 1 月 13 日，举行开光盛典，社会各界人士及民众 2000 多人参加。

（三）苦菜寺

苦菜寺位于康美镇龙潭山南麓，漳州市第二批对台交流重点寺庙。明天顺三年（1459），雪熙贤禅师南下居龙潭山“云坞”石室，明成化三年（1467 年），改建“苦菜寺”。清康熙三年“迁界”，毁于兵焚。康熙十九年复界由本源禅师迁建“古来院”。1966 年“破四旧”时，该寺被毁。

1992 年 11 月，在原址重建苦菜寺，得到港澳台同胞、海外侨胞和各界人士乐捐助建。全寺占地面积 9000 平方米，建筑面积 3800 多平方米。至 2002 年，复建天王殿、罗汉殿、伽蓝殿、祖师殿、佛母殿、接引殿、地藏殿、客堂、祖堂、斋堂、禅房和寮房等 12 处建筑。寺中保存明成化三年所立“皇明苦菜寺熙贤和尚进院挂锡足缘碑”及旧宇石柱等一批文物和珍藏经书、佛教古音乐。中国佛教协会原副会长茗山大师题书“苦菜寺”额匾，并题赠对联“进门吃得苦中苦，出世方为人上人”。2002 年 11 月 24 日，苦菜寺开光，有社会各界人士 2000 多人参加开光仪式。

苦菜寺自明末清初有南少林香花僧活动，其佛教派别为香花僧。2006 年，中央电视台《南少林之谜》专题片摄制组专程到苦菜寺拍摄。同年，中央电视台记者再次到苦菜寺采访，引起宗教学术界关注。2008 年，该寺仍保留着几乎绝迹的香花僧。

（四）靖海寺

靖海寺又名松柏门庵，位于前楼镇长山尾庵仔渡口。始建于明代，祀三宝佛祖及地藏王。清康熙三年（1664 年）东山“迁界”，靖海寺被清兵焚毁；康熙十九年“复界”后，香火复兴。光绪十六年（1890 年），由铜山、诏安、云霄十八乡民众捐资重修。后又经民国时期的“破除迷信”活动，以及中华人民共和国成立后的“文化大革命”“破四旧”等运动，尽毁。1982 年，广东省澄海尼太释隆明到靖海寺恢复庙祀；1988 年由澄海信众重修，寺占地面积 210 平方米。2000 年，再次扩建，占地面积 1300 平方米，建筑面积 1000 平方米。2002 年 9 月 25 日，靖海寺举行佛像开光庆典活动，10 名台胞到此参加活动并乐捐善款。

（五）南正院

南正院位于樟塘镇后马鞍村石鼓山。始建于南宋淳熙年间(1174—1189 年)，原名林正院。后被元兵焚毁，明代重建。清康熙三年（1664 年）东山“迁界”，寺庙皆废；康熙十九年“复界”后重建，改名为南正院，依山而建，坐北朝南。1986 年，在南正院边建南正寺、座华寺。南正院与南正寺主要祀奉三宝佛祖，座华寺祀达摩祖师，总占地面积 6000 多平方米，建筑面积 2695 平方米。1992 年 2 月 20 日，台湾宜兰县礁溪协天宫到南正院寻根谒祖。

（六）石庙寺

石庙寺位于西埔镇庙山顶上。明代永乐年间（1403—1424 年）顶西村民众创建，后历代屡有扩建。主庙前殿奉祀三山国王等，后殿奉祀南海观音、庙山佛祖，香火分灵到新加坡等国家和地区。1985 年后，庙山寺多次修扩建。1990 年，由港商捐资，将原菜堂改建成大雄宝殿。1995 年，新加坡庙山佛祖福善堂、龙善堂与庙山理事会暨海内外善男信女捐资，将原 97.4 平方米的主庙扩建为 281 平方米，并增建东西厢房，拓宽庙埕，整建石阶，重修山门。1998 年，庙山理事会募捐，在大雄宝殿东面再建地藏王殿。

（七）红庙（大德金宫）

红庙位于西埔镇东埔自然村。始建于清代光绪年间（1875—1908 年），原为私家斋堂（俗称菜堂），供奉南海娘娘十八佛手观音。创建人祖太陈氏（系岐下村人，嫁与东埔村林氏）30 余岁时建红庙奉佛，发愿皈依。后到泰国、印度尼西亚随缘募化，红庙交其女玉香（法号莲清，也称大姑娘）管理。1989 年，莲明尼太（祖太外甥女,亦称小姑娘）从泰国返梓，募资协助红庙修扩建。1990 年冬，举行落成典礼。修扩建后，占地面积 600 多平方米，建筑面积 366 平方米。1991 年，莲清尼太圆寂，红庙由莲清尼太亲属林享亨、林旺光管理。2003 年 8 月，法渊法师受礼请接管红庙。2004 年，投资 10 万余元对红庙局部修缮，并重塑高 1.4 米的如来佛像。

（八）苏峰寺

苏峰寺位于西埔镇岩雅自然村附近的苏峰山麓，是漳州市第二批对台交流重点寺庙。始建于宋代，由一位苦行僧创建，后寺庙被毁。

2001 年，在原址重建苏峰古寺，占地面积 147000 平方米。至 2008 年，建成大雄宝殿、天王宝殿等建筑。大雄宝殿建筑面积 888 平方米；天王宝殿建筑面积 308 平方米。该寺渐成为集古今佛学禅修、武术、养生等多功能活动处所。

（九）西莲净寺

西莲净寺位于西埔村东埔自然村东部，是县内佛教主要活动场所。始建于 1998 年，该寺坐东北朝西南，占地面积 2000 平方米，建筑面积 1440 平方米。寺为三层钢筋水泥砖木结构，一楼为观音殿，二楼为法堂主奉释迦摩尼佛和西方三圣，三楼为念佛堂。另建有宿舍楼、斋堂、客堂等建筑，2005 年 2 月登记为宗教场所。

三、佛教协会与教徒信众

（一）佛教协会

1999 年 1 月 29 日，东山县佛教协会成立，释道裕法师当选为会长，会址在东明寺，办公室设在古来寺。2008 年，县佛教协会会员 41 人，正副会长 7 人。

（二）教徒信众

1989 年，全县佛教徒（包括在家弟子）412 人，此后佛教徒不断增加。至 2008 年，教徒 1736 人（包括在家弟子）、佛教居士 4500 人。没有加入佛教组织的信众很多，而信众中女性居多。

四、主要活动

县佛教寺庙活动制度、形式、内容一般是：早晚课诵、拜佛、念经、礼忏、念佛、自修、坐禅、弘法讲经、普佛、放生、祈福消灾、普度法会和超度等佛事功德。每逢农历初一、十五日或佛诞，信女信士则沐浴戒斋，净身服，带供品香烛到寺庙礼拜祈祷。信女信士在自家厅中设佛像位香案（以观音佛为多），烧香礼拜（大部分信佛家庭已兼用电烛、电香、电子佛教音乐）。有些信女长期素食、朝夕诵经。各佛教活动场所日常行事有五堂功课、两遍殿。主要节日有每年农历四月初八的佛诞日（为汉传佛教传统节庆释迦牟尼生日，也称浴佛节、洗佛节；佛教寺庙举行纪念仪式，僧侣和信徒们用香汤为佛像洗浴，庆祝佛祖诞辰，一些乡村有吃薄饼习俗），农历七月十五日的佛欢喜日，还有观音纪念日（农历二月十九日观音诞、农历六月十九日观音渡海、农历九月十九日观音成道）。

第二节　道教与民间俗神信仰

一、宫庙

东山岛道教及民间信仰的宫庙主要是三教的“神仙”，供奉最多的神是天上圣母和关圣帝君。还有：康美镇铜钵村净山院供奉柔懿夫人（台胞习称玉二妈，为开漳圣王陈元光的女儿陈怀玉）、铜陵真君宫供奉吴真人（东山岛人习称先生公，宋代名医吴夲，香火承自龙海白礁慈济宫）、杏陈镇前何威惠庙主祀唐开漳圣王陈元光及恭懿夫人种氏、部将辅胜将军灵佑公李伯瑶、辅顺将军舍人公马仁。许多村还供奉地头神，樟塘镇樟塘村供奉玄坛公、康美镇美山村供奉舍人公、西埔镇东埔村供奉上帝公、西埔村内圩供奉圣王公。至2008年，全县经批准登记的道教及民间信仰宫观（庙）9处，即东山（公园）关帝庙（供奉主神关帝）、福兴宫（供奉主神天上圣母）、泗美宫（供奉主神王爷公）、（顶街）真君宫（供奉主神保生大帝）、（码头）天后宫（供奉主神天上圣母、三宝佛祖）、明德宫（供奉主神天上圣母）、陈城（宫前）天后宫（供奉主神天上圣母）、康美（铜钵）净山院（供奉主神柔懿夫人）和杏陈（前何）威惠庙（供奉主神灵佑公）。

二、主要宫庙简介

（一）东山关帝庙

东山关帝庙位于铜陵镇岵嵝山下，依山面海，是漳州市对台交流重点宫庙。建筑面积680多平方米。大殿两边回廊左右分别祀马良、廖化二公并护马二将；大殿正中为关帝（关羽）神像，旁塑周仓坐像。两边奉立周仓、关平、赵累、王甫四将，上悬清咸丰皇帝御笔“万世人极”大字匾额，两边柱子有明末著名学者、书法家黄道周题联。该庙始建于明洪武二十二年（1389年），仅为一单开间的简陋小庙，明正德四年（1509年）扩建，万历三年（1575年）而成。清初迁界时原庙被焚毁，复界后重建，后历朝屡有修葺。1996年11月，东山关帝庙被国务院公布为第四批全国重点文物保护单位。

关帝信仰在东山影响极大，绝大多数家庭厅中都挂关羽像及对联，设香案，每逢农历初一和十五日烧香朝拜。每年农历五月十三日（关平诞生纪念日）至六月廿四日（关羽诞生纪念日）期间，祭祀、游神、演戏等多种民俗活动隆重热闹。

（二）真君宫

真君宫俗称先生公庙，位于铜陵镇顶街社区南门湾海堤边，供奉保生大帝吴夲。占地面积2768平方米，建筑面积1226平方米。始建于明天顺二年（1458），后多次修葺。民国29年（1940年），被改为国民兵团住所。1950年，恢复香火。1957年，殿被占作水产加工场；庙内神像毁于1966年。1987年，恢复庙祀，水产加工场迁走。2000年起，重修与扩建前面广场。

（三）净山院

净山院俗名铜钵妈祖庙，位于康美镇铜钵村妈婆山南麓，是漳州市对台交流重点宫庙。占地面积2619平方米，建筑面积380平方米。始建于明万历十七年（1589年），后多次修葺。1985年，由去台同胞资助，再次重修庙宇。1988年8月，被县政府公布为县级文物保护单位。

净山院主祀开漳圣王陈元光次女陈怀玉，配祀其母开漳圣王夫人（相传陈怀玉随军开发闽南，17岁时在战事中捐躯殉国，被朝廷敕封为“柔懿夫人”，东山民众尊其为“妈祖”）。主殿两边附祀注生娘娘和注寿娘娘，左厢房附祀南海观音和天后圣母，右厢房附祀神农大帝与玄天上帝。

每年农历十一月十一日妈祖（柔懿夫人陈怀玉）诞辰纪念日，铜钵村家家户户置办五果牲礼到庙里朝拜，并抬神出游。该日，嫁出的女儿也会回乡烧香。

（四）宫前天后宫

宫前天后宫原称天妃宫，位于陈城镇宫前村，是漳州市对台交流重点宫庙。2002年被命名为东山县爱国主义教育基地。始建于明代永乐年间（1404—1424年），由莆田湄洲天后宫分香到此，已有500多年历史，历代屡有修缮。陈城镇宫前天后宫属传统抬梁式木构架土木建筑，悬山顶，面阔三间，进深三间，其举架高度、木构架各部用材及形式，均保留明、清时代特征和闽南古建筑艺术风格。占地面积 3700 多平方米，建筑占地面积 200 多平方米，宫庙的后面是圣母山，山顶广场屹立一座高 15.88 米的妈祖石雕像，广场两边各有凉亭。圣母山面积约 6.67 公顷。2005 年 5 月，被公布为第六批省级文物保护单位。

（五）威惠庙

威惠庙位于杏陈镇前何村，占地面积 1210 平方米，建筑面积 480 平方米。主殿主祀唐开漳圣王陈元光及恭懿夫人种氏、部将辅胜将军灵佑公李伯瑶、辅顺将军舍人公马仁，是漳州市第二批对台交流重点宫庙。始建于明弘治年间，废于清康熙三年（1664 年）清廷对东山实行的“迁界”。康熙十九年复界后恢复庙祀。民国 29 年（1940 年），庙堂被改成“中山纪念堂”，并为县西北乡公所驻地。1950 年东山解放，恢复庙祀。1966 年毁。1995 年，由海外侨胞、台湾同胞与乡民捐资重修威惠庙。同年 12 月 31 日，新加坡何氏威惠庙联谊会组成省亲团 30 多人和中国台湾地区何氏族亲近百人回乡，参加威惠庙重修落成庆典。2002 年 7 月，前何威惠庙被公布为县级文物保护单位，成立威惠庙管理董事会，建立文保单位档案，立文物保护标志。

三、教徒信众与道士

东山岛民众有信仰道教和民间俗神，以妇女信众居多，道教教徒有 150 多人，几乎每个自然村都有道教和民间俗神小庙。2008 年，全县有师公（道士）近 30 人，主要分布在西埔镇顶西、冬古、石坛、陈城镇东厝、前黄、陈城、杏陈镇礁头、康美镇前佘等村。

四、主要活动

县内道教主要活动是平时接受邀请到事主家（含投资场所）进行谢土、入厝、酬神、成年礼、拜天公等诵经活动；每年正月接受事主预约，进行“超经”活动；接受丧家邀请，举行超度亡灵等丧葬活动。由于历史原因，全县道教活动存在着与民间信仰、与佛教混杂的状况。

第三节　基督教

一、基督教堂

1989 年，东山铜陵有基督教教堂 1 处，西埔等有基督教聚会点 2 处。1992 年 7 月，位于铜陵七曲巷的基督教堂因年久失修而倒塌。经县政府批准在铜陵镇文峰乌墩新址建基督教堂，于 1997 年 4 月竣工使用。2008 年，全县登记的基督教活动场所 7 处：西埔西环基督教堂、基督教尖山聚会点、文峰基督教堂、基督教桂花聚会点、杏陈基督教堂、大嵊基督教堂、基督教铜钵聚会点。

二、教徒及其活动

1989 年，县境基督教有教徒 500 多人，此后，教徒有所增加。教徒日常在家自读圣经、做祈祷；每星期六集中于教堂做礼拜、唱赞美诗、诵圣经；圣诞节在教堂做祈祷、举行庆贺活动。教徒结婚时，请牧师行祝福祈祷仪式。教徒去世时，召集教徒们参加葬礼，并请牧师或教友作逝世祈祷仪式。2003 年，县基督教会购置汽车（有专门标识），方便出行开展活动。县基督教会多次发动教徒捐助福建神学院（地址在福州）办学、组织教徒赈灾济困共 80 多万元。教会工作人员常深入教徒家庭对在校学习子女进行爱国爱教、遵纪守法宣传教育，为构建社会主义和谐社会做贡献。2008 年，全县基督教徒 2500 人。

第四节　天主教

一、天主教堂

东山天主教教堂原在铜陵镇顶街狮乳泉下，后因倒塌迁往铜陵东坑，又因年久失修，于20世纪90年代初塌废。2003年，县政府落实宗教政策，在铜陵镇乌墩基督教堂旁划出230平方米土地作为天主教堂（供奉主神耶稣）新址。2008年，完成天主教堂围墙建设，并进行主楼楼体的筹备建设。

二、教徒及其活动

1989年，县天主教有教徒33人；至2008年，天主教徒增至68人。教徒在家里做礼拜，教会负责人时而组织走访教徒家庭。

第五节　管　理

一、管理机构

东山县民族与宗教事务局　1989年，县内宗教事务仍归县委统战部管理。2002年6月20日，设立县民族与宗教事务局，为县政府所属的正科级机构，负责管理宗教事务和民族事务，编制2人。2008年，该局工作人员2人。

二、事务管理

（一）落实宗教政策

1989—2008年，县委、县政府不断落实宗教政策，妥善解决宗教历史遗留问题，及时处理宗教活动中遇到的问题，维护宗教的合法活动。根据中国佛教协会《汉传佛教教职人员资格认定办法》《宗教教职人员备案办法》，开展宗教教职人员认定备案工作。2005年，全县分两批上报宗教教职人员，其中佛教教职人员30人，道教教职人员8人，基督教教职人员5人。实施宗教人员养老保险和医疗保险，至2008年，全县宗教场所教职人员和职业人员共办理城镇职工养老保险21人，新型农村合作医疗和城镇居民医疗保险37人。

（二）普法培训

1989—2008年，县宗教管理部门经常宣传国家宗教政策法规，组织宗教界人士学习《中华人民共和国宗教活动场所管理条例》，开展爱国主义教育，提高宗教工作的法制意识，增强抵御渗透能力。2001—2005年，县民宗局每年举办1期宗教系统“四五”普法教育培训班，各乡镇党委会统战委员、各宗教寺观庙堂主持人(负责人)及相关村“两委会”负责人近200人参加培训学习。2006年起，开展宗教系统“五五”普法教育。2008年，组织开展宗教法律法规知识竞赛，宗教系统60多人参赛。

（三）宗教场所登记

1993年，县内开始宗教活动场所登记。1999年，全县公布宗教活动场所20处，其中，佛教寺庙11处、道教场所5处、基督教堂4处。2002年，县民宗局对寺观教堂进行调查，对符合条件的宗教活动场所继续依法登记发证；同时建立宗教活动场所基本情况信息资料数据库。加强寺观庙堂建设的审批管理，治理非法行为。至2008年，全县依法登记宗教活动场所40处，其中佛教场所23处，道教场所9处，天主教场所1处，基督教场所7处。宗教教职人员43人。其中，佛教比丘、比丘尼30人，基督教牧师2人、传道3人，道教传渡8人。全县佛教居士4500人，道教教徒150人，基督教徒2500人，天主教徒68人。

（四）开展慈善活动

1989—2008年，县民宗局组织宗教界开展扶贫济困献爱心活动，引导宗教界人士参与慈善公益事业。

每年组织慰问全县敬老院、养老院的孤寡老人。在家园清洁行动中，引导宗教团体带头做好自家清洁，并协助村委会制定村规民约，规范村民的文明行为；把寺庙积累的香火钱用于社会公益事业。1989—2008 年，宗教界共捐资 390 万元，用于修路造桥等公益设施，用于扶持救助贫困学生、重病症人员、见义勇为的伤残人员。2008 年 5 月 17 日，县佛教协会在古来寺举行捐款活动，募捐 5 万多元用于赈助四川地震灾区。

第二章　风　俗

第一节　节日习俗

一、农历传统节日习俗

（一）春　节

正月初一习称“初一早”，早餐食素。人们穿戴新服装鞋帽，向宗族尊长拜年，平辈互拜，继而到亲戚家拜年，再左邻右舍相互拜年，又有拜师长，或者朋友互拜。上门拜年礼品中多有寓意甘甜、吉祥的柑橘；主人习惯请来客吃金枣、糖果、瓜子等，附说“食金枣，年年好”之类祝词。春节禁忌不吉利的事和话；倘失手打破器物，要念“岁岁平安”之类吉语。正月初一至初三，灯谜会、攻炮城、民俗踩街、书画展览、戏曲演出等节庆活动甚为热闹。电话、手机、短信拜年，电脑网络贺岁十分盛行。嫁出的女儿习惯在正月初二回娘家探亲送礼，以前礼物多以猪腿为主，现在多以红包、烟茶酒为主。节日歇业的经营户于初五开营，俗谓“更开”。

（二）元宵节

正月十五日，亦称“灯节”，家家户户蒸制甜粿、红龟粿等。节日期间，城乡盛行游艺、展览、灯谜会、春灯会、放焰火等节庆活动。元宵夜，乡村人家将自购的烟花、鞭炮集中到寺庙或祠堂前燃放。入夜，家庭有跳火囤、寺庙有祈柑乞龟等民俗。2006 年起，陈城镇每年元宵节都举办持续数日的迎春灯会。西埔、铜陵两镇元宵节前在市区大街两侧装饰时新彩灯、花坛，营造“火树银花不夜天”的灯节气氛。

（三）清明节

每年 4 月 4 日或 5 日为清明节，也有些地方将农历三月初三为古清明节。节日前夕，乡下人习惯到郊野采摘艾叶、鼠曲草，加入粿皮原料制作清明粿。铜陵镇则有“吃薄饼”之俗。一些乡村以农历三月初七为清明节，称之“古清明”。清明节，祭祀祖先、扫墓。县殡仪馆倡办“电脑祭拜”悼念仪式。为缅怀革命先烈，机关团体、学校组织干部职工和师生，于清明前一日列队前往东山战斗烈士陵园、谷文昌陵园、抗战烈士陵园、东山戍台将士墓扫墓悼念，开展爱国主义教育。

（四）端午节

农历五月初五，俗称“五月节”。居家门插挂艾叶、榕枝、柳枝，中午十二时，用午时井水洗脸擦身，泡午时茶饮用。或加入雄黄粉（中药）喷洒庭院，俗信能驱邪防疫。城乡盛行吃粽子、薄饼。杏陈镇大嵵、前何、樟塘镇港西、后林等村习惯举行赛龙舟。

（五）七　夕

农历七月初七称“七夕”，盛行煮糖饭，买石榴、鸡蛋、螃蟹等食物祭拜被奉为护佑孩子平安成长的“七娘妈”和床公床婆。

（六）中元节

农历七月十五，是传统的中元节。是村民祭祀先人日子。

（七）中秋节

农历八月十五为中秋节，是夜，家家户户在庭院、阳台摆桌，陈上月饼以及柚子、蒸熟芋头等，点燃香烛敬拜“月亮妈”。节日活动有赏月、猜灯谜、观姑仔（此俗多在铜陵镇）、博状元饼、海边烧烤、弦友演奏会等。

（八）重阳节

农历九月初九，城乡人们都有进补习惯，15 岁少年进食补药炖熬的全鸡。1988 年，国家将重阳节定为“老人节”后， 全县广泛开展敬老助老活动，发过节费，组织秋游，举行座谈会，举办文体活动。2004 年起，陈城村每年重阳节，都举办“百老宴”，宴请 70 岁以上老人，并赠送节日礼品。

（九）冬 节

农历十一月冬至日为冬节。此日要吃冬节圆。冬节一过，新年将至，民间有“吃冬节圆添一岁”习俗，婴儿也象征性舔甜汤圆，喂圆仔汤。农村家庭在家宅门环上黏附冬节圆，让耕牛歇息、饮酒驱寒。

（十）年 夜

农历十二月最后一天（三十日或二十九日）习称“年夜”，也称“除夕”，各家各户张贴春联。改革开放后，大多数机关企事业单位、团体向印刷厂订购春联，或自撰有行业特色联语的春联赠送职员或客户。年夜前有祭拜天公习俗。傍晚，全家大小围炉（火锅）吃年夜饭。桌上菜肴多有象征意义，菜头（萝卜）寓意好彩头、豆腐寓意多福、泥蚶寓意有钱财和鸡、鱼寓意年年有余。甜粿、发粿、蛋糕、菜粿是年夜必备食品，发粿象征发财和来年好家运。长辈向未成年晚辈分发红包，称分过年钱。厅堂灯烛通宵长明，合家欢聚收看春节联欢晚会电视节目。半夜零时“开新正”，家家户户大放鞭炮迎春纳福。

二、公历节日习俗

（一）元 旦

每年 1 月 1 日，各机关企事业单位插彩旗，悬挂“庆祝元旦”“欢度新年”横幅，呈现一元复始、除旧布新气氛。有的商家举行商品优惠促销活动；文艺团体举办展赛及迎新年文体活动。2000 年元旦，县委宣传部、县文化局、县文联组织大型文艺采风活动，全县文学工作者分组到县内各主要风景区、渔村采风撰文作诗。东山旅游经济开发区管委会、团县委、县旅游局联合举办旅游杯登山比赛，25 支代表队 300 名运动员和登山爱好者参加。

（二）妇女节

3 月 8 日妇女节，各机关企事业单位组织妇女开展活动，盛行广场舞会演、文艺演出、体育活动。有的单位举行座谈会、聚餐联欢、岗位技能比赛。有的单位向女职员发过节费或组织参观旅游。

（三）植树节

3 月 12 日植树节，各机关企事业单位参加义务造林活动蔚然成风。2000 年后，每年植树节所植树种以名贵景观树居多。2008 年植树节期间，在西铜景观大道两侧种植名贵景观树 4487 株，其中大树 1186 株。

（四）劳动节

5 月 1 日劳动节，节前，评选劳动模范。节日期间，举行劳动模范座谈会；新闻媒体广泛宣传劳模先进事迹；各系统工会组织开展丰富多彩的文体活动。

（五）青年节

5 月 4 日青年节，共青团和青年联合会组织举办文体活动，举行新团员入团宣誓仪式，中学举行中学生成年礼仪式。

（六）儿童节

6 月 1 日儿童节。各小学、幼儿园举行少儿文艺活动、才艺表演和比赛；组织小学生集体观看爱国主义教育电影。人们购买文具、玩具、衣物、食品赠送亲戚好友的孩子成为新时尚。

（七）建军节

8 月 1 日为中国人民解放军建军节。节前，慰问驻岛部队，举行退伍军人座谈会，军民文艺联欢活动十分活跃。

（八）教师节

9 月 10 日为教师节（1985 年起）。每年教师节，全县广泛开展尊师爱教活动，隆重召开庆祝教师节暨表彰先进教师大会。

（九）国庆节

10月1日为中华人民共和国国庆节，城乡张灯结彩，遍插国旗，举行各种人们喜闻乐见的文艺庆祝活动。

第二节　纪念日习俗

一、农历传统纪念日习俗

（一）妈祖诞

妈祖，有天妃、天后、天上圣母等誉称。农历三月廿三日妈祖诞辰纪念日，是渔区隆重的传统节日。渔村信众将供品集中在妈祖庙、天后宫、大海边，举行礼拜活动，祈求航海平安、渔业丰收。渔村妈祖庙前演戏，放焰火，有的邀请亲朋作客同欢庆。

（二）关帝节

农历五月十三至六月二十四为关帝节（农历五月十三日为关平诞辰纪念日，农历六月二十四日为关圣帝君诞辰纪念日）。东山关帝庙举行盛大庙会和文艺、民俗活动。农历五月十三日，信众或在自家关帝像前，或到关帝庙进香祀奉、顶礼膜拜。1992年起，每逢关帝诞，县里隆重举办“海峡两岸关帝文化旅游节”，邀请台湾知名人士、海内外嘉宾参加。节庆内容主要有开幕庆典、祭祀活动、大型民俗踩街、焰火晚会、戏剧公演、海峡两岸关帝文化论坛、水产品展销会、文化艺术展览等。

二、公历纪念日习俗

（一）东山建县纪念日

5月1日为建县纪念日（1916年5月1日建东山县）。一般5年或10年举办较大型纪念活动。1996年6月28日，东山县隆重纪念建县80周年，新加坡、韩国及中国港澳台地区和东山县各界人士近千人隆重集会庆祝。

（二）东山解放纪念日

1950年5月11日，中国人民解放军进军东山岛。至12日4时全岛解放。此后，每年5月12日为东山解放纪念日。2005年5月，县委举行纪念东山解放55周年报告会、座谈会以及各种庆祝活动。纪念性文章和资料图片入录省委宣传部和省档案局（馆）等部门联合编纂的《福建解放》档案文献图集。

（三）东山战斗胜利纪念日

1953年7月16日，台湾当局出动海陆空军13000人窜犯东山岛。驻岛解放军和民众英勇奋战，取得保卫战胜利。此后，每年7月16日，东山军民以各种庄重仪式纪念东山战斗胜利，并缅怀战斗中牺牲的英烈。2003年7月17日《福建日报》出专版，刊登回忆文章、资料图片，纪念东山战斗胜利50周年。

（四）抗日战争胜利纪念日

抗日战争胜利纪念日为9月3日。每年这天，东山岛各界人士到东山抗战烈士陵园祭悼为国捐躯的英烈。1995年，县社会各界举行座谈会、专题报道等活动，隆重纪念抗日战争胜利50周年。县政协《东山文史资料》第13辑编发一组8篇纪念文章。同年9月16日，县侨务办公室主办的报刊《石斋故里》刊登多篇纪念文章，揭露当年日本侵略者在东山岛犯下的滔天罪行，忆念东山岛军民英勇抗日的可歌可泣事迹。

第三节　生活习俗

一、服饰习俗

（一）衣　着

1989—2008年，城乡居民对衣着款式、质量的要求从保暖到兼顾美观，再到追求时尚。男性青年罕见穿中山装、列宁装，大多穿西装、夹克、衬衫。青年妇女爱穿紧身衣裤，追求线条美；夏天时兴穿超短裙、半敞胸短袖或无袖上衣，秋凉时节部分青少年女子依然如此。花衣服、牛仔裤成为男女通用衣着，特制的补丁衣服也成时尚。随着创汇农业大发展，城乡群众收入提高，衣着消费追求美观、时尚、名牌、款式多样。穿西装皮鞋下田园劳动者司空见惯。穿着禁忌，平时忌反穿衣服，丧事人家孝男孝女才将衣服反穿；忌讳衣服晒干后不叠就直接穿在身上。

（二）帽　饰

1989—2008年，男女遮阳、御寒帽饰式样不断增多。旧时的礼帽仍被一部分男士喜爱。妇女用折叠伞代替遮阳帽甚多。城乡出现多种多样广告帽、旅游帽，大多是企业宣传赠送。竹编、草编的遮阳帽逐渐减少，具有多功能作用的安笠仍被体力劳动者所喜爱。

（三）鞋　袜

1989—2008年，各种鞋类不断更新进入寻常百姓家，人们结束了“天亮打赤脚，晚上木屐响”的历史。农民下田间地头也穿鞋袜，妇女穿高跟鞋比比皆是。每人冬夏两季鞋袜都有多双，大多数家庭为此置鞋柜。布面鞋逐渐被款式繁多的人造革鞋、塑料鞋、皮鞋所取代。但是，打工族购买经济耐用的军用布面胶底鞋仍很普遍。许多家庭讲究卫生，置备多双大小不一的室内鞋，供入室换穿。

（四）首　饰

1989—2008年，东山女子嫁妆大都有戒指、耳环、簪子、项链、手镯、银裤带等 “三点金四点银”。2000年后，一些男士也喜戴戒指、项链和玛瑙等质料的手链。学龄前孩童仍有佩戴长命锁和银手镯、银脚镯习惯。城乡出现多家经销金银首饰的金店、玉器店，适应日益增加的消费需求。

二、饮食习俗

（一）主　食

东山人一日三餐主食以大米饭为主，有时搭配面食、甘薯。家庭饮食日渐讲究营养和口味。随着生活节奏加快，不少学生和上班族为求方便，多到街市快餐店进餐，或就近在饮食摊点购食豆浆、糖粥、油条、蛋糕、面包等。

（二）副　食

东山人副食主要是蔬菜、肉类（猪、牛、羊、鸡、鸭肉等）、海产品及果品。提倡食用有利于人们健康的绿色食品、无公害食品。鲜而无污染的蔬菜、果品、海产品、肉类及木耳、香菇、蘑菇、金针菇等普受欢迎。

（三）风味小吃

东山岛海味多，也有山珍。烹饪属闽南菜系，兼具潮州菜系，烹调技法上有炒、煮、炖、蒸、焖、煎、卤、炸等，口味多以清淡酸甜为主。自古以来有不少风味名吃，如薄饼、鱼丸、虾枣、烧卖、蚝仔煎、猫仔粥、金钱肉、烧腱灵、鼠曲粿、和合包、瓜子糕、石花冻、熏墨贼、熏鲨鱼、焖小管（小鱿鱼）、大肠灌糯米等。鱼虾螺贝及紫菜、海带、羊栖菜等食用海藻成了海岛名吃一大特色。2002年9月27日，县举办特色菜烹饪比赛，11家旅游酒店30名厨师参赛，利用东山岛特产芦笋、鲍鱼、扇贝、鱼类为主料，辅以各种形象生动的雕刻。

（四）饮　料

1989年后，乌龙茶、绿茶、红茶和普洱茶成为东山人新的泡饮茶类。啤酒、洋酒、果汁频出于宴席餐桌。渔家人善饮酒，为御寒、消除疲劳，个人品饮，重酒不重菜。时下，各种酒类、饮料琳琅满目，为大多数家庭常购常饮。城镇居民对饮用水的水质有更高的要求，许多人常向商店购买纯净水、矿泉水，有的开摩托车、汽车专程到西山岩等山间取山泉水。

三、住房习俗

1989—2008年，勤劳致富的东山岛人温饱问题解决，资金投向即是建房买房。城乡3层楼房及别墅比比皆是，有“富不富，看新厝”之说。农村许多种植、养殖致富的农户纷纷到县城购置商品房，习称“层伢厝”。房地产开发商新建的商品房生活小区日益增多。商品房和自建民居从土木结构转为钢筋混凝土框架结构，机砖取代块石，外墙贴砖取代壳灰粉抹。建筑风格中西结合，新颖而美观。有的自建房建有车库、假山、鱼池、水塔、地下室等设施。城镇机关、企事业单位所建的集资房、商品房都是套房，一户一套，每套面积一般90～150平方米不等。套房地面大多铺贴瓷砖或大理石，均设有寝室、客厅、餐厅、厨房、卫生间等。屋内的水、电等设备配套完整。农村中，新建的住宅以一户一幢、占地面积120平方米居多。

四、出行习俗

改革开放后，摩托车、公共汽车、出租小轿车、手扶拖拉机、人力三轮车营运发达。而远途旅行，有通达县外、省外客运班车，有旅行社负责组团和代办旅外飞机票、船票。1998年后，岛内道路建设四通八达，村村有路通汽车，大多数家庭拥有摩托车、电动摩托车，有的家庭拥有私人小汽车、客车或运输车，人们出行日益方便。

第四节　生产（经营）习俗

一、渔事习俗

（一）造　船

东山人造船择吉日开工。安龙骨（船的主梁），要扎红布，放鞭炮，由大师傅用斧头在主梁削一块木片，并念四句吉语，谓之开斧。竖桅杆、安龙眼也择吉日良辰，扎红布。要说吉语，船身造成后要在船头的两侧雕刻龙眼睛，油漆船身时将船头、船尾分别画上鱼头和鱼尾。有的木船安装一把利斧，寓意劈风斩浪、前途无量。新船下海仪式与新楼落成一样隆重。

（二）航　海

东山渔船出航时，要观测天气的变化，收听渔业天气预报。在海上行船讲究礼让，相遇时为避碰，要大让小、轻让重、顺风船让逆风船。夜间航行或锚泊时，要在船顶开灯指示。为保证海域鱼类资源永不枯竭，1999年开始，每年6月1日至7月31日，伏季休渔为期两个月。休渔期间，渔民整修渔船、渔机具，增添卫星导航仪、探鱼器等先进设备，接受安全培训，以利安全生产。休渔季节结束，出海开航时大放鞭炮，祈祷捕捞丰收。

二、农事习俗

（一）守　田

农作物、瓜果即将成熟时，为防止兽害和盗窃，农民在田边、园地简易搭盖临时住房，值夜守护。为使庄稼不受损害，农民常在谷物将熟的田间插上草人。草人迎风而动，为吓鸟驱鼠，防止谷物瓜果遭损起到一定作用。

（二）敬祀田头公

农历四月廿六，农家人谓之“田头生”。这天习惯吃薄饼（类似春卷），用饭菜、薄饼等供品摆放在自家耕作的田头，敬祀“田头公”（后土神或土地神），并祈祝农作物少病虫害，季季丰收。

三、家畜养殖习俗

（一）养 牛

农民对牛倍加爱护。农忙时，白天给耕牛吃优质饲料，晚上灌牛酒、加刍草。冬天和倒春寒天气要给牛喂番薯大米粥，并定期给牛灌饮米酒。在冬节（冬至），给耕牛“放假”，亦称牛节。此日习惯用甜丸粘于牛角，表示牛同过节日。1989 年来，农家人自养耕牛以肉牛为多，有的一户养肉牛 10 多头。

（二）养 猪

农家人重视养猪，一是可消纳剩饭残羹；二是一笔积累（许多家庭娶媳妇、建新楼房等，靠的就是逐年卖猪积钱）；三是可以解决劳动就业出路。农家人买进仔猪时，要在猪圈前烧一把稻草，拎小猪在烟火上熏烘几下，说几句吉语，再放进猪圈。有的农家人称卖猪为“嫁猪”。猪养大待“嫁”时，用红色纱绳缚在猪的腰部。卖猪前一天，有的主妇会在大猪的颈项拔下一撮鬃毛留在猪舍，并说：“下一栏也养得这样大。”

（三）养 羊

农村养羊多，有两大因素，一是用于喜事庆典，“羊”通“祥”，是吉祥物；二是秋冬季节，特别是重阳节，多数家庭有吃羊肉进补食俗。修建牛舍、猪舍和羊舍，开工前要择吉日。大年三十，贴一副写有六畜兴旺之类的春联，希望养畜顺利。

四、建房习俗

东山民间建住宅俗称“起新厝”，新建民宅坐向普遍为坐北向南。近山的村落则以顺山势龙脉为主屋正厅之朝向。择址合利和确定建筑规制后，即可动工。请择日师择定动工及以后安门、下砛、升梁等重要工序的吉期。建房过程中，重要工序有相应的仪俗。如安装石大门时，在门柱顶端与大门斗衔接处，各压置红布一块，以兆吉利。大门安装完毕，要燃放鞭炮以志喜庆。升大梁要系上一块见方的红布，升梁要选吉日良辰，木、土师傅提梁时要说吉语：“升啊！发啊！”在场所有人也要跟着说。建筑业工匠奉祀的行业祖师是古代能工巧匠 “鲁班公”；采用的“鲁班尺”一般不肯借给他人使用。木匠和泥水匠经常合作承建房屋，负责人称“师傅头”。

五、商务习俗

（一）趁墟习俗

趁墟即赶集。东山岛人习称市场为墟场，三日一次墟。西埔每逢农历三、六、九墟期；陈城每逢农历二、五、八墟期；康美每逢农历一、四、七墟期。多数农村集市墟场设有固定摊位，遮阳挡雨，便于买卖。传统墟期渐渐消失，农村市场也日日开放。

（二）店号习俗

店号讲究取词用字，有的引经据典，有的注意口彩，有的则追求别致。所用字词通常都取吉祥字。又因行业不同，药店多用“堂”字，如杏春堂、葆春堂等；经营书画的店号多用“斋”字，如墨松斋。对于店名店号，商家多是敬请名人书写，装饰得古色古香。一些传统老店十分讲究店铺的门联，装帧得十分精美，联语儒雅，突出行业特点。

（三）行商标志习俗

走街闯巷的商贩或手艺人，用响器作为标志。如卖糖球的晃动拨浪鼓，用“扑通、扑通”的声响吸引孩童；卖麦芽糖、观音串（草药）的敲小镗锣；磨剪子、补锅的用铁丝穿上几块铁片，晃动发出铿锵声；为家畜家禽施阉割术的师傅，搭着褡裢，边走边吹奏特制的短箫，音韵优美流畅；小货郎摇动拨浪鼓等，声音各具特色，互不混淆。人们在家里根据声音，便知何种买卖。时下除卖麦芽糖等个别行商使用响器，多数行商则录制播放器自动播放招顾客。有的用机动车装饰广告、安装扬声器，沿途播放音乐或广告词，吸引顾客。

（四）工商业主做“尾牙”习俗

每逢农历腊月十六日叫尾牙。老板在“尾牙”要宴请雇员，以犒慰平日辛苦，有的习惯于“尾牙”分红包，宣布雇员来年是否继续雇聘。旧俗将宴席上摆的熟鸡鸡头朝向在座某人，即表示过年此人将被解雇；鸡头朝向老板自己，则谁也不解雇。1989 年后，“尾牙宴”演变成工商企业年终的重要聚会，老板犒慰员工的色彩更为浓厚，有的在席间安排抽奖、演唱等活动助兴；有的向员工发奖金、春联、挂历及过年礼品，故做“尾牙”有小过年之说。

第五节　婚丧喜庆习俗

一、婚事习俗

（一）婚俗过程

旧时县境民间婚事习惯有：议婚，内容主要有踏家风、问生辰、测“八字”、送信物；定婚，由双方家长商定聘金、聘礼以及妆奁，并确定完婚的日期；完婚，内容主要有食姊妹桌、上头（梳头戴花）、陪嫁、迎亲、跨火薰、办婚宴、结房圆、闹洞房及上厅拜茶、阿舅探亲、新人回门等。1989—2008 年，随着社会不断进步和人们观念不断更新，东山岛的婚姻习俗逐渐删繁就简。移风易俗、婚事新办越来越多。很多青年不受传统婚姻礼仪中的繁文缛节束缚，他们自由恋爱、自由婚姻，征求父母意见，合情合理，和谐决定婚事。结婚时日，或选择国家重大节日举行婚礼，或选择旅游结婚，渐渐成为一种新的风气。结婚时的服装，新郎新娘婚衣都是选购现成的，“开铰刀尺”的仪式只是象征性。男到女家结婚者增多，俗称入赘、招入。随着独生子女不断增多，婚姻模式有新变化，常见男女双方家庭各设“洞房”，共办婚礼。贺婚仍以红包为多，也有购买家用电器等作为贺礼。结婚时娘家陪嫁品最时髦的是彩电、摩托车、电冰箱、洗衣机、电脑等家用电器，有的在迎娶前就直接送达男方家。迎亲车辆多用小汽车，婚车用吉祥花、红双喜字装饰。新郎新娘穿上艳美的婚纱礼服，请摄影师拍摄婚照成为时代的新民俗。拍摄结婚照制作成影集、影碟片或存入电脑留念者日见增多，新郎新娘讲究情调，让摄影师将镜头移到海边，把“山盟海誓”这一互表忠贞的最高诠释印证在海边实景中。

（二）办婚宴

多数人家选择在酒店举办婚宴，成亲仪式也在酒店大厅举行，专司婚礼的主持人和摄像师应运而生。农村举办婚宴多聘请厨师上门烹饪，桌椅、餐具等采取租用。

二、丧事习俗

人临终时搬铺，移到厅堂用两条板凳和单数木板搭起的临时床。要守灵、报丧（向亲戚报丧）、请水（意给死者擦洗遗体）、收殓 （穿殓衣称“小殓”，将死者遗体纳棺）、盖棺 （盖棺前行告别仪式）、出葬（俗称“出山”）。“出山”仪式新旧结合，主要有致悼词、念祭文，内容多是歌颂死者生前功德风范。孝男、孝妇、孝女、女婿以及亲戚听从司仪安排，依序上供品并祭拜，乡亲、好友行鞠躬礼。1998 年开始，东山岛实行殡葬改革，规定正常死亡的遗体实行火化，土葬的一律改火葬。丧俗事务中的繁文缛节、铺张排场，有损文明的“做功德”“大出山”逐渐减少。机关干部、职工逝世，一般在出殡前，由单位主持举行追悼会，整个过程庄重肃穆，节约简便。追悼会结束即进行送葬。孝男、女婿及部分亲友扶灵柩上灵车，前往殡仪馆。尸体火化后安葬于墓地。死者亲属守孝期间，不参与红白事，不修建房屋。“对年”后“戴孝”的标志去除，称之“脱孝”。时下，流行丧家请人摄影、录像，记录葬礼全过程以作纪念。

三、生育习俗

（一）保　胎

家人重视孕妇的作息和营养。孕妇忌搬动大型器物等。现代青年相信科学，孕妇定期到医院接受检查指导保胎。

（二）报 喜

生儿育女是家庭、家族的一桩大喜事，因此婴儿刚一降生，主人就要打电话或者到亲戚、朋友、邻里家去报喜，报喜成为婴儿初生时的一项礼仪活动。

（三）坐 月

产妇在产后一个月内，习称“做月内”。其间，亲友送礼物祝贺顺产。产妇补养身体，通常以鸡、鱼、鸡蛋、瘦肉、猪内脏、龙眼干肉等。产妇每日正餐之外，还安排点心。产妇不出房门，不迎冷风，不下冷水，不吃生冷食物，以防患“月内风”。

（四）做满月

孩子出生周月称“满月”，要向“做月内”时送贺礼的亲戚朋友回赠鸡蛋。过去只有男婴才“做满月”，女婴无做。20 世纪 80 年代起，生女孩同样“做满月”。做满月时，孩子的外婆要送衣裤鞋帽和毛巾毛毯等，称“送庚”。

（五）四月日

婴儿出生四个月，也有庆祝，俗称“做四月日”。外婆家再给婴儿送小衫、小帽、小鞋等礼物，有的还送金银饰器，诸如手环、项链、脚镯之类。

四、成人礼俗

小孩长到 15 虚岁，要举行“牵出花园”成人礼仪式。举行成人礼由父母择吉日，或七夕节、中秋节，给孩子穿戴新衣服、新帽和新鞋袜。其间，亲友习惯向孩子传授涉世经验，讲述人生哲理，勉励上进。1989—2008 年，五四青年节活动中，有些中学还为 18 岁中学生举行集体成人礼仪式。

五、祝寿习俗

东山岛人年届 51 虚岁者开始庆寿，日期为农历出生年月日。“头生日”庆寿后每年“生日”都庆寿。常年的生日谓之闲生日，一般是子女送些好吃的给老人吃，或买些老人喜好的物品，或举办家宴。虚岁 61 岁、71 岁、81 岁寿诞，则隆重热闹，谓之做大生日。虚岁 91 岁生日，有的人则不做寿，忌讳被别人戏谑为做“狗寿”（因为东山方言“九”与“狗”同音）。有些人认为“九”为至上数（尽数），忌讳而不庆 91 虚岁大寿。长辈庆寿的当天早晨，全家老少进食甜（红糖）寿面和鸡蛋，分享寿者之福。是日，儿孙晚辈都应聚集到寿者居处祝寿，敬献长辈喜好的礼品，以表孝敬之心。寿者之家制作寓意福寿瑞祥的食品分送亲人好友和左邻右舍。现代庆寿注入新气息，流行拍摄全家福照片，有的在电视台节目中点歌，亲友或寄贺卡、打电话、发手机信息祝寿。

第六节 道德风尚

一、尊老爱幼

（一）尊 老

东山岛民众有尊老的好传统。村中或村与村之间有事，都要请年长者出面协商解决；红白事喜欢请老人出主意或主持。家庭中晚辈办事都要事先征求长辈意见。晚辈有事外出，先告知长辈，回家后主动面见长辈。与长辈交谈，让长辈先讲，等长辈讲完，晚辈再讲。晚辈办错事，受到长辈训斥时，虚心倾听。俗语“尊老有老当”，尊敬老人，自己老了才能受人尊敬。乘车时向老人让座，购物、买车票、看病时老人优先等良好风气已形成。家中好食品先让长辈品尝；三餐开膳时，晚辈要替长辈摆好餐具，并让坐主要位置，让长辈先吃。晚辈经常伺候在老人身边。老人出入行走由晚辈扶持。在长辈面前，晚辈不高声喧闹。老人睡觉，则保持环境安静。长辈病了，晚辈端水送药，精心护理。长辈身残，卧床不起，由晚辈悉心照护。兄弟多的家庭对父母或分工赡养，或轮流供养，或兄弟出资让父母自理伙食。每年重阳节期间，县、乡镇、村、社区领导人举行老年座谈会、开展慰问活动；领导人登门拜访、慰问百岁老人。春节前后，领导人登门拜访、慰问离退休老干部职工。东山岛年轻人文明素质较高。在路上遇到熟悉的老人，先打招呼，并让路。老人上下汽车，年轻人主动扶持、让坐。邻居、亲戚老人患病，年轻人闻悉多会前往探望问候，并赠送慰问品。对邻里的孤寡老人，年轻人常嘘寒问暖，帮助端水、洗衣、洗地板，有病帮助请医取药。1989 年，成立县老龄人工作委员会，创办老年大学，成立老年人体育协会，各乡镇、村也相应成立老年人工作机构，为老年人订阅书报杂志，组织开展各种文娱体育活动，增进老年人身心健康。为老年人发放“老年人优待证”，注明 8 项社会优待与照顾内容。每逢老年节，全县广泛开展敬老慰问活动，大多数村老年协会给 60 岁以上老人发过节费。县委、县政府领导人上门为百岁老人祝寿，并发送礼金礼物。县政府对 70 周岁及以上老年人实行免费乘坐公交车。一些服务单位专门开设老人优先窗口。

（二）爱 幼

1989 年 1 月，县成立关心下一代协会；1994 年，协会改为工作委员会（简称关工委）。各乡镇相应成立关心下一代工作机构，协助学校培养下一代。县有实验幼儿园，各镇有中心幼儿园，民办幼儿园，托儿所遍及各建制村、社区，为幼儿的成长提供良好的基础。妇幼保健机构逐步健全，为儿童防治疫病和健康成长提供保证。县妇幼卫生保健所配置 X 光机、治疗仪等仪器设备。1998 年，全县各建制村都实行妇幼保健制度。创建县爱婴医院，促进母乳喂养。1999—2008 年，10 年间，私营企业家陈美贵共捐款 150 多万元，资助众多孤儿，被誉为“爱心爷爷”，被评为 2007 年感动漳州十大人物之一。

二、尊师敬贤

东山民众重教尊师，都尊称教师为“先生”。传授技艺的师傅更受徒弟尊敬，学徒拜师时送厚重礼物，并举行拜师仪式。乡村大事习惯与老师商量，邻里争执要请老师主持公道。学生对授业老师普遍终生难忘，有的给业师祝寿诞。每月县里对在偏僻乡村小学任教的老师都予以生活补贴。民众常请老师代写家信、契约、祭文、对联、婚书等。有的婴儿出生要请老师取名。政府帮助老师解决生活上实际困难，改善教学条件等，提高广大老师爱岗从教积极性。逢年节，一些学生（或家长）和徒弟向老师和师傅拜年。外出工作的人员常与老师通信问安，回乡探亲也登门拜望老师。初中、高中毕业生纷纷按届别成立同学会，聚会时习惯请老师赴宴、合影。每年教师节期间，政府及教育部门表彰优秀教师，组织开展尊师活动，营造全社会重教尊师浓厚风气。政府对德才兼备、贡献较大的老师给予奖励，优先推荐为劳动模范、人大代表、政协委员。

三、人际礼仪

（一）待客礼仪

东山岛人凡客人预约来访，会教孩子妥善称呼来客，提前备好茶水。如果是正式邀宴，如婚礼、乔迁新居等，预先发送请柬或电话邀请，表明宴请时间、场所。客人在约定时间到达；主人提前清理场所，在门口迎接客人进门入厅，并向家人作介绍。主人面带微笑，热情待客。客至敬茶，常言“七分茶八分酒”，茶过满会被视为欺客。客人告辞时，主人婉言相留。客人起身后，主人才起身相送，家人也微笑起立，亲切告别。若客人来时带有礼物，要再次提及对礼物的感谢或回赠礼物。送客送到大门口以外。

（二）拜访礼仪

到别人家做客拜访，事先打电话约好时间，并尽量避开吃饭、休息时间，以防突然造访给主人带来不便。到达主人家门前，先擦净脚上泥土。进门后，如果主人家中有老人，主动与老人打招呼。如有其他客人在场，先在一旁静坐，不打断人家谈话。尽量克制吸香烟，避免满屋是烟。主人敬茶时，客人用食、中两指轻叩桌面，表示谢意，谓之跪手礼。

（三）路上礼仪

路遇熟人，均点头招呼。路上遇到陌生人，挑的让扛的，空手的让肩挑的，年轻的让年老的，男的让女的。让路就是把安全好走的一边让给别人。狭路上行走时不超越先行的人，若有紧急情况须超越的，必打招呼请让路。向陌生人问事，按年龄尊称对方，然后询问事情。遇到过路人问路或询问情况，尽自己所知予以回答。在路上或公共场所，不小心碰撞了陌生人，主动表示歉意。

（四）海上礼俗

东山岛渔民和船民，在海洋捕捞作业和航行过程中，很讲究礼让。两船在海上相遇，大船让小船；顺风船让逆风船。在捕捞作业的海区，未下网的船让已下网的船，晚下网的船让早下网的船。进港泊船，先到先泊，后到依次停泊。

（五）海上救助

东山渔船民发现海上遇难船舶求救时，总是全力予以救援，先抛缆救人，再带缆拖船。若是风浪大或船破损严重，在人船无法两全时，则救人而弃船。对于救助脱险生还的遇险者，渔民们总是慷慨相助，供食宿、送衣物，助其渡过难关。

四、勤劳节俭

东山岛家庭妇女以勤劳出名，善于理家务，还织网、补网、绣花、办家庭作坊。一些退休的女干部职工发挥余热，到企事业单位做力所能及的工作。改革开放以后，城乡人民生活水平大有提高，多数人家保持着惜物节支、勤俭持家的风尚。随着家庭电冰箱普及，三餐吃剩的菜多采用保鲜留下一餐吃。上酒楼饭店，也将吃剩的菜打包回家。住房装修讲究实用。

第三十一卷　人　物

本卷之人物传收录人物传记6篇6人。人物表收录获得国务院表彰3人，省部级表彰122人次；并附东山县籍在外任处级以上职务名表（已知）。人物录收录取得高级技术职称人员396人。

一、人物传

樊生林

樊生林（1923—1993），河北邢台淡活乡大百村人。读4年小学后辍学务农。

民国30年（1941年）2月，生林参加民兵组织，任百工片联防队长，并建游击小组。率3名游击队员斗汉奸、毁炮楼、打日本侵略军，游击小组不断壮大。民国33年，他被评为杀敌英雄，出席邢台县和晋冀鲁豫边区群英会，获边区政府颁发之杀敌英雄奖章。

民国34年，升任中共北八区委员、武委会主任。民国37年6月，调任河南焦作县第二区区长。11月，随军南下福建，任云霄县民政科长、县政府秘书。1951年10月，到中央政法干校学习；1953年初，被派到福建省政法委调研组工作。

1953年7月16日，台湾当局出兵进犯东山岛。生林服从组织决定，偕妻刘贵荣（分娩才3天）随增援部队进东山，任副县长兼城关镇党委书记。他披星戴月，奔忙于各机关、街道，整顿秩序，健全民兵组织，安抚民众，直到全部恢复正常生产生活秩序。

1955年11月，樊生林任东山县县长，为改变县境风沙肆虐、干旱频仍、交通闭塞等状况而竭尽心血。他与县委书记谷文昌一道发动全县干部民众治理风沙。开展大规模的“筑堤拦沙”“挑土压沙”“种草固沙”“植树御沙”等8次战役。他皆身体力行，与民众同劳动。1957年春，科技人员报告木麻黄能在沙滩种活的消息，他即配合谷文昌领导开展大规模木麻黄育苗、造林。树苗是关键。生林指调得力干部担任林业苗圃负责人，并常亲自到苗圃巡查。一天傍晚，他又踏进苗圃，忽见一株苗木上挂着一件衬衣。他提衣四处查找衣主人，严厉批评了这人。1958年3月12日，中共东山县委向全县人民发出“上战秃头山，下战飞沙滩，绿化全海岛，建设新东山”的号召，他日夜与群众一道挖坑种苗，一起挑水浇苗，造一片、活一片。

樊生林把东山常闹旱灾的事记挂在心，深入农村与农民商量，发动利用小溪沟地形筑坝建闸蓄水，领导勘测建水库。1956年2月15日，他主持县第一座水库西山岩小（2）型水库开工仪式，参加劳动。此起，每隔数天就到工地与民工同吃、同住、同劳动、同搞技术革新。该工程提前二个月（于1956年7月）竣工。他紧接着领导修建人底、龙潭、荟（过）东等11座小水库。哪里修水库，哪里就有他的汗水。1959年，东山县被省政府评为水利建设高工效红旗县。

1959年10月，东山八尺门海堤工程指挥部成立，县长樊生林兼任总指挥。八尺门海峡宽500多米，是东山到云霄的咽喉渡口。在此建堤，是项支前工程，紧迫又艰巨。他经常到八尺门海堤工地与民工同住、同吃、同劳动。1960年初，他因反对“大跃进”被错定为“右倾机会主义分子”，只保留八尺门海堤总指挥职务。他安心海堤建设指挥事务，参加扶钎打石、挑石等劳动。1961 年 6 月海堤竣工。八尺门海堤提前 1 年完成，节约投资 27 万元。一座长 520 米、宽 12 米、高 56 米的海堤伫立海峡上，被称为“海上丰碑”。

1962 年 2 月，樊生林调任龙溪专署林业局局长；1963 年 5 月，任专署办公室主任。“文化大革命”开始，他受到冲击，进“五七”干校劳动。

1970 年 2 月，樊生林出任南靖县革委会副主任。1975 年 12 月，调任龙溪地委秘书长，1977 年 3 月，任地委常委，地区革委会副主任（次年 9 月改称行署副专员）。1983 年，省政府聘樊生林为龙溪地区行署顾问； 1990 年 3 月，离职休养。1993 年 8 月 22 日，樊生林病逝。

林少丹

林少丹（1919—1993）又名保真，东山县康美村人。

少丹幼时曾随从事泥瓦工的父兄到附近寺庙祠堂，见壁画装饰物而深受影响，常以砖片、黑炭在地上壁上学画。他 10 岁进私塾，3 年后，因家贫辍学，随兄学泥瓦艺。外出工余，就近游览寺庙祠堂壁画、饰物，好问好学，潜心习练，尝试创作，逐渐练就一手好技艺。青年时期，就以擅长壁画、剪瓷、泥塑古典人物和动物，蜚声于闽南、粤东。

民国 33 年（1944 年），少丹被荐到平和县九峰初级中学任美术教师。其间，自学许多画艺书刊，提高素养。翌年，在福建省教育厅考核中，其透视画技获满分佳绩。民国 35 年，少丹离校，随兄从事建筑业。“七七”事变后，建筑业衰落，他兼事画漆工艺，为戏社画制布景。民国 37 年，林家承包闽南著名古刹三平寺重修业务，少丹领头专事剪瓷、壁画、泥塑，讲究内容和规格，实践中技艺大提高。

1950 年秋，林少丹受聘任东山县一区第一小学校长； 不久，到樟塘学区任教。教学之余，于 1952 年创作连环画《修堤防汛》，在福建美术创作评比会上获奖。1954 年调任东山城关第二小学副校长，1955 年再调任第一小学副校长（该校于 1956 年改制为县实验小学）。

1958 年，少丹受聘于龙溪专区艺术学校任美术教师。其间，他以“龙溪”地名含义为主题，创作《巨龙翻江》浮雕，生动壮观，参加专区教育展览会，并赴省展出。1959 年，创作国画《前哨归渔》，被选送北京参加中华人民共和国成立 10 周年全国美展。同年，为红军进漳纪念馆雕塑《红军战士》，威武风姿动人心魄。

1960 年 9 月，少丹因蒙受不白之冤回乡务农，达 20 年之久。农作之余，他常拿珍藏 10 多年的《张天师》旧画，研究其线条和神韵，起手稿。1972 年，他开始画捉鬼驱邪、为民除害的钟馗。

1980 年，林少丹得到平反。他的钟馗画改传统怀才不遇、耿介孤傲的形象，成为关心民瘼、疾恶如仇、机智锐敏的人物。以浓眉珠眼、阔口虬须、魁身壮体、破扇、破袍、破剑鞘等画面，把钟馗刚正不阿、威严勇敢、清廉俭朴的品性特征表现得活灵活现，神形兼备。他很注意人体解剖和透视关系，画面浓淡、粗细、疏密、虚实结合和谐，布局合理。

林少丹《钟馗》画迅速在东山传开。1981 年冬，县文化馆展出的林少丹国画《钟馗》被中国美术馆收藏。福建电视台记者专程采访，专题播放林少丹《钟馗》组画。

1984 年 12 月，林少丹当选为东山县政协第二届委员会常委、副主席，增补为福建省政协委员；1987 年 11 月，连任县政协第三届委员会常委、副主席、省政协委员。他积极为社会政治经济文化建设献策献力，工作之余毫不松懈作画。以画钟馗为主，兼画其他人物。他借画抒情，寄托愿望。其笔下人物，皆特征突显，不落俗套。如他画了题为《笑我》的弥勒佛人物画，则表现蔑视世俗、宽厚忘我的神态。他笔下人物皆有呼之欲出之势，还与他刻苦探索、实践，形成将工笔线条的细腻与泼墨写意的豪放融为一体的技法。他特别注意画好人物眼睛：注视时，射出智慧光芒；愤怒时，可见怒火中烧； 得意时，呈现踌躇满志。“工写合一，虚实相融”。使人物衣饰层次分明、神态生动、动感质感强烈，整个画面主体感达到完美程度。他以其扎实的服人技艺，被吸收为中国美术家协会福建分会会员，受聘为漳州画院画师和名誉院长。

林少丹是自学成长、擅长人物画画家，其作品享誉国内外，在日本、韩国、东南亚、美洲广为传播。

1993年，福建美术出版社出版《林少丹钟馗画集》，内有钟馗形象83种。1993年5月，林少丹因病逝世。

蔡诗东

蔡诗东（1938—1996），生于福建东山县。物理学家，中国科学院物理研究所研究员，科学院院士。

他出生数月后，随父到上海。民国35年（1946年），随家迁居台湾。1956年，高中毕业，选定研究物理学，考入东海大学物理系。他穿着朴素，剃着光头，不多言语，文雅风趣，爱打桥牌。他特别重视逻辑思考和从原点出发的创新。他喜欢推演高等数学和物理学原理，不断研读海外研究所的资料。1960年，大学毕业，作为预备军官服役一年后，在东海大学物理系任助教。

1963年，他获得全额奖学金赴美国新罕布什尔州特茅斯大学攻读超流物理硕士学位。1965年获硕士学位后，又得到普林斯顿大学的研究奖学金，在该大学的天体物理科学系攻读等离子体物理博士学位。1969年，获得该学位。至1973年，他先在美国加州大学任助理研究物理学家，后在美国马里兰大学任研究员。

1973年11月，他放弃了马里兰大学物理科学研究所助理教授的职位及优裕的生活条件，携夫人毅然回到祖国北京。在中国科学院物理研究所从事等离子体理论研究。后，被晋升为副研究员、研究员，担任理论研究组组长、学术小组组长、研究所学术委员会委员。1985年，担任中国等离子体研究会主席，先后被聘为复旦大学、福州大学、大连理工大学、华中理工大学的兼职教授。1986年起，被推荐为全国政协委员会科技组委员。1987—1988年，任中国高等科技中心（世界实验室）特别成员。1988年。连任亚非等离子体培训协会副主任。1991年，美国物理学会授予高级会员称号。1992年，被国务院授予国家级有突出贡献中青年专家称号。1995年5月，被选为亚非等离子体培训协会研究与培训中心主任。1995年11月，当选为中国科学院院士。

蔡诗东学问渊博，知识面广。在等离子体理论的许多方面都有创新和贡献，为后来学者开辟了研究方向和道路。他提出“要让等离子体研究在中国的土地上扎根！”他在他领导的研究组内定期举行学术讨论会，带头讲授。1985年，主动与中国科技大学、复旦大学、福州大学联系，倡导并创立中国等离子体研究会，他被选为研究会主席。组织开展各种学术活动，亲自指导。如：成员单位的合作研究，举办专题报告会、讲习会、国际学习报告会。后，中国等离子体研究成员单位发展到20多个(2001年，他生前推动的研究会纳入中国物理学会，统一学术活动)。

蔡诗东严格要求自己，保持好学与谦虚品质。实验中尚不明白的问题，总要请教同事。学术讨论中与学生平等相待，以科学为准。蔡诗东生活俭朴，长期资助湘西地区4名贫困学生。他淡泊名利，有了成绩从不张扬。报社、电台的记者多次向他采访，他都婉言谢绝。蔡诗东学术成就主要在于对等离子体基础理论的研究，成果主要体现在：其一，推导出热流非对角元与逆磁对流项相消的恒等式，后被普林斯顿实验室同行称为“蔡氏等式”，从此，等离子体宏观方程应力与热流的表达式被固定下来。其二，建立求解各向异性电磁振荡非线性饱和极限的热力学方法。其三，对大幅度朗缪尔波的研究，建立了混合计算方法，应用于无碰撞等离子体中有限幅度等离子体波的空间演变的研究，建立了利用边界条件匹配的解析与模拟混合算法。其四，推导出弱相对论普遍色散关系，为天体、空间和实验室等离子体的许多问题提供了计算方法。其五，解释了离子温度梯度不稳定性与等离子体约束的定性关系。

蔡诗东的热核聚变等离子体理论研究，一是建立了适用于相对论、任意频率、任意磁场位形的等离子体的回旋动力论方程；二是提出了高能粒子稳定等离子体磁流体模的新概念；三是预言了聚变产物（高能a粒子）会激发一些新的不稳定性，并提出聚变堆设计中将会遇到的新问题。

蔡诗东的研究面很广，涉及等离子体很多重要方面，与同事们合作还做出不少有分量的工作。发现等离子体鞘对漂移模的影响（后被实验证实），研究了电阻问题与电阻型模的线性与非线性行为等。

蔡诗东于1996年6月20日因病去世。

洪干堂

洪干堂（1909—1997），清宣统元年 2 月生，铜山保（今铜陵镇）人。7 岁读私塾，13 岁进东山工艺学校，16 岁当店员，18 岁往印度尼西亚任某商行文书兼会计，22 岁回东山结婚并从商（后在远大行任会计），28 岁往新加坡，后转马来亚沙捞越等地（曾任沙捞越木缪中华商会秘书），37 岁返东山与侨友合资于后街开侨昌行。

1950 年 5 月 12 日，东山解放后，实行各界人民代表会议的政治制度。洪干堂被选为侨界代表参加会议；同年 12 月，他当选县人民代表会议常委会委员、副主席（驻会）。1954 年 4 月后，他先后当选第一届、第二届县人民代表大会代表、县人民委员会委员；第七届县人民代表大会代表、县革委会委员；第八届县人民代表大会代表、县人大常委会委员。1978 年，任省政协第四届委员会委员，1980 年，任县政协第一届委员会副主席。

他自 1952 年至 1984 年 5 月，历任县归国华侨联合会第一至第八届主席。其间曾任县侨务科副科长、省侨联委员、地区侨联常务委员。1984 年 6 月，任县侨联顾问。他联络归侨、侨眷和海外华侨华人，增进乡谊、推动华侨支持家乡建设，做出突出贡献。1986 年，他被评为全国侨联工作积极分子，获全国侨联会表彰。

他积极投身经济建设。1954 年 1 月，组织归侨、侨眷开办华侨缝纫工厂（在城关，今铜陵），被选任经理。1955 年，组织开办城关华侨面粉厂。1956 年 4 月，组织开办公私合营城关华侨火力发电厂，创东山电力照明先例。同年，还组建西埔华侨旅社。他不懈努力，既帮助归侨、侨眷实现就业百余人，又促进地方工业、服务业发展。

他热心地方文化事业。1958 年，发动印尼华侨集资，协助兴办东山华侨中学（校址在铜陵文昌宫），他被推为名誉校长；带动前何、康美学区兴办华侨初中班。1979 年，任县文物保护维修董事会董事长，发动港澳同胞、海外侨胞捐款，协助维修东山关帝庙、天后宫、宝智寺等名胜古迹。

洪干堂善诗工书。1950 年后，创作许多诗词，歌颂中国共产党、社会主义新中国，歌颂劳动人民、家乡建设和改革开放。1994 年，县文联将其诗词整理成《洪干堂诗词集》（内部出版）。1995 年，他被选为漳州诗词学会第二届理事。他擅长书法，多人向他求字，其笔迹于县内外广为流传。1997 年，洪干堂因病去世。

傅四有

傅四有（1923—1997），又名田风，生于河南省林县东岗乡后郊村贫寒农家。幼年断断续续读了 3 年书，13 岁务农。

1940 年，他参加抗日战争担任村民兵小队长，率民兵民工，参加抗击日本侵略军的“百团大战”，多次成功破坏日伪军交通线。他参与组织农民协会，斗地主、分田地，组织担架队支援前线，发动青年参军参战，开展慰问军烈属活动。担任村民校校长，组织与辅导青少年学习。历任村文书、副村长、区财粮助理员。1949 年 1 月，加入中国共产党，并编入“长江支队”随军南下。

1950 年 5 月，傅四有参加解放东山县，参与领导土地改革、剿匪反霸、抗美援朝、统购统销，东山岛保卫战、工商业社会主义改造，皆尽职竭力为东山人民，为社会主义建设做出重大贡献。1953 年 7 月 16—17 日，参加东山战斗。时任县财粮科长，深感责任重大，不顾自身安危，冒着敌机轰炸扫射，乘船渡过八尺门海峡，到云霄县发动群众售粮支援解放军，又押运过渡进岛。如此往返多次，运粮数千公斤，保障解放军急需。东山战斗胜利结束，他被评为三等功臣。

1958—1963 年，傅四有克服车辆、物资匮乏等困难，先后完成水库、造盐、修海堤等工程建设的物资采购任务。他亲自到一线既当采购员，又当押运员。为县里各项建设顺利进行做出贡献。

“文化大革命”期间，傅四有被错定为“走资本主义道路当权派”，受到批斗、游街、审讯、关禁，下放劳动。1971 年秋，傅四有恢复工作，任战备公路修建总指挥。他日夜奔忙在修路和市政建设工地上。他总是尽职尽力，在一线调研、指挥并与民工一起劳动，总能保质按时完成任务。傅四有亲自到最危险、最艰苦的地段，白天上工地指挥爆破，督查安全施工，参加扒碎石、平路基；晚上与民工们一起露宿，讲时事、搞评比。3 个月未曾进入家门。1976 年 1 月，他被任命为县财政局局长。后，又被抽调主持扩建铜陵团结路。此路修建，需拆迁民房近千间。傅四有挨家挨户进行宣传、动员；做好理赔、安置工作。1978 年 1 月，傅四有升任县革委会副主任，分管城镇建设。

1984 年 12 月，傅四有离休，但继续工作。他热心“关心下一代协会”工作，亲自到许多单位募捐，帮助学校办学。他担任中小学辅导员，组织与带领报告团，到中小学报告谷文昌事迹和东山战斗英雄事迹。主持编印《腾飞的东山》。1991 年 1 月，他被省老干部局、老龄工委、关心下一代协会联合授予关心下一代工作积极分子称号。1994 年 7 月，被县委评为优秀共产党员。

傅四有在东山县解放后，历任第一区（城关）、第四区（古雷）副区长、县财粮科长、县委财经委副书记、县委委员（第一、二届）、县委财贸部部长。“文化大革命”初期，下放劳动。1971 年秋起，历任战备公路总指挥、县粮食局长、财政局长、县革委会副主任、县政府副县长、县政协副主席、县人大常委会常委。1984 年 12 月离休后，历任县老龄工作委员会副主任、县关心下一代协会常务副主任等职。

1997 年 7 月 29 日，傅四有因病医治无效逝世。

何荣玉

何荣玉（1934—2006），东山县杏陈镇埕下村人，少时读书，稍长务农。1951 年，任村干部。1953 年 7 月，加入中国共产党。1955 年 8 月，任县委组织部组织员；1958 年，任县水电局副局长；1980 年，任县政府副县长；1983 年 7 月，任龙溪地区水电局局长；1985 年 7 月，任漳州市水电局局长。是省劳动模范，省优秀共产党员。

何荣玉在 20 世纪 50 年代初参加土地改革、东山战斗和农业合作化运动。他调任县水电局副局长后，与水利水电工作结下不解之缘。几十年如一日，在水利水电建设工地上拼搏。他参与或主持规划设计、组织实施的工程主要有西港盐场、八尺门海堤、向东渠、峰头水库、云东三级抽水站、铜陵防波堤、西埔湾围垦等。

1971 年，何荣玉多次实地踏勘测量向东渠引水工程建设数据，为工程规划建设提供科学依据。经过他反复斟测，改变原来绕村、跨公路建渠方案，采用沿公路右侧选线的方案，使向东渠东山段减少设置一座长 100 多米、高 30 米的引水渡槽，并缩短渠道 3 公里，为工程节省资金 4 万多元及大量建材。

1972 年，何荣玉与技术员、民工共同对渡槽桥墩结构、拱架形式、吊装机具、吊装方式等 20 多项技术进行革新，制成“三绞桁式木拱架”，比原设计“满堂红”拱架结构节省木材 70%左右，提高工效。“三绞桁式木拱架”成为水电部向全国推广的先进技术项目。

1977 年 10 月，何荣玉任西埔湾围垦工程总指挥。他组织并指挥自制炸药实施纵横爆破的大爆破技术采石。在技术员和民工密切配合下，这项技术取得成功应用，加快了采石进度，并节省资金 28 万元，整个工程提前一年半完成。

1978 年，何荣玉被省政府授予省劳动模范称号；之后，又被评为省科技先进工作者、省优秀共产党员。1981 年，《福建日报》《福建组工通讯》《闽南日报》相继报道他的事迹。

何荣玉调任市水电局局长后，为九龙江下游民众的生命财产安全，改善投资环境，增加发电、供水，做出重大贡献。位于南靖县的南一水库建设，是治理九龙江的关键工程。他带病到现场考察，多次奔赴北京、福州等地筹集资金、建材、设备。工程进行下库、下闸、封孔等关键项目建设及设备安装时，都奔赴现场，与民工们同吃同住，指导并参与操作，及时解决难题。经 4 年多艰苦努力，南一水库于 1992 年 11

月 11 日封堵蓄水，为优质工程，被省“重点办”评为先进单位。在建设漳云和南常 110 千伏输变电线路工程时，他四方奔波发动筹资，施工时亲临现场指挥。两工程建成后，缓解了漳州市南部沿海供电紧张局面。1994 年 10 月，实施九龙江防洪堤一期加固工程，上级补助资金未到位，他先率领干部职工自制施工设备并全面开工，亲临指挥，仅用一年时间完成市区 5 公里防渗墙的修筑，提前完成任务。

何荣玉严于律己，长期保持艰苦朴素作风。于 1995 年再次被省委授予优秀共产党员称号。1995 年秋退休；2006 年 3 月，因病治疗无效逝世。

二、人物表

1989—2008 年东山县获省部级以上表彰先进个人一览表

表 31-1

姓名	工作单位	荣誉称号	授予单位	时间
汪家顺	县劳动局	安全生产先进工作者	省政府	1989 年 2 月
孙耀坤	县华友商店	商业劳动模范	商业部	1989 年 5 月
李鸿耀	县环保局	海洋环保先进工作者	省委、省政府	1989 年 7 月
沈玛添	杏陈镇政府	优秀党务工作者	省委	1989 年 7 月
陈囊萤（女）	前楼小学	优秀教师	国家教委	1989 年 9 月
黄全孝	东山第二中学	优秀教师	国家教委	1989 年 9 月
林添发	白埕农业中学	优秀教师	国家教委	1990 年 9 月
黄成才	县教育局	优秀教育工作者	国家教委	1991 年
卢丽玲（女）	县实验幼儿园	优秀教师	国家教委	1991 年
陈窍（女）	县华友商店	先进女职工	全国总工会	1991 年 3 月
林多默	陈城镇白埕村	劳动模范	全国绿化委员会	1991 年 4 月
陈金保	陈城镇山口村	劳动模范	省政府	1991 年 4 月
沈韬	县第一建筑公司	劳动模范	省政府	1991 年 4 月
邱汉东	东山公路段	职工劳动模范	省政府	1991 年 4 月
陈荣泗	县政府办公室	劳动模范	省政府	1991 年 4 月
江定禄	东山边防大队	打击走私先进工作者	省政府	1991 年 4 月
林多默	陈城镇白埕村	优秀共产党员	省委	1991 年 7 月
林光周	县人民银行	安全保卫先进工作者	人民银行总行	1991 年 10 月
佘朱坤	陈城镇农业局	星火科技先进工作者	国家科委	1991 年 10 月
何珠生	东山边防大队	打击走私先进工作者	省政府	1992 年
林和生	前楼乡岱南村	治安综治先进工作者	省委、省政府	1992 年
陈兆辉	县水利局	抗洪先进个人	省政府	1992 年 2 月
朱步云	东山动植物检疫局	植检先进个人	农业部	1992 年 3 月

续表 31-1

姓名	工作单位	荣誉称号	授予单位	时间
林坤福	县委老干局	农村社教优秀工作队员	省委	1992 年 4 月
曾才德	县劳动局	安全生产先进工作者	省政府	1992 年 4 月
陈兆辉	西埔湾管理处	抗洪先进个人	省政府	1992 年 12 月
邱汉东	东山公路分局	精神文明建设先进工作者	省委、省政府	1993 年
方雪蓉(女)	西埔小学	优秀教师	国家教委	1993 年
黄志强	县委组织部	优秀党务工作者	省委	1993 年 6 月
洪玉河	县委组织部	优秀党务工作者	省委	1993 年 6 月
欧必欣	县委组织部	优秀共产党员	省委	1993 年 6 月
林守电	县财政委员会	优秀共产党员	省委	1993 年 6 月
陈平川	陈城镇宫前村	优秀共产党员	省委	1993 年 6 月
林光勇	前楼乡岱南村	农村青年星火带头人	团中央、国家科委	1993 年 8 月
陈振魁	东山商检局	精神文明建设先进工作者	省委、省政府	1994 年
吴耀西	电力公司	劳动模范	省政府	1994 年 4 月
刘舜华(女)	永生机砖厂	劳动模范	省政府	1994 年 4 月
许照临	县广电局	劳动模范	省政府	1994 年 4 月
张福成	县侨务办公室	为实现“八五”计划和十年规划做出贡献先进个人	全国侨联	1994 年 6 月
陈满水	铜陵镇铜兴管理区	精神文明先进工作者	省委、省政府	1995 年
林福坤	东山第二中学	优秀教师	国家教委	1995 年
谢选民	县财政局	清产核资先进个人	财政部	1995 年
谢汉妹(女)	县计生委	计生协会先进工作者	全国计生协会	1995 年
陈振魁	海魁水产集团有限公司	优秀青年星火企业家	农业部、团中央	1995 年
冯明祥	东山远东速冻厂	劳动模范	内贸部、人事部	1995 年 3 月
许照临	县广电局	先进工作者	国务院	1995 年 4 月
洪辉海	县工商局	全国工商行政先进工作者	国家经贸委、工商局	1995 年 5 月
林亚民	陈城镇澳角管理区	优秀共产党员	省委	1995 年 6 月
林晓峰	中共东山县委	优秀党务工作者	省委	1995 年 7 月
陈启良	县外经局	优秀党务工作者	省委	1995 年 7 月
郑志强	县建材预制厂	优秀共产党员	省委	1995 年 7 月
陈金枝	县交警大队	优秀共产党员	省委	1995 年 7 月
林亚民	陈城镇澳角村	优秀共产党员	省委	1995 年 7 月
陈振魁	海魁水产集团有限公司	科技先进工作者	科技部	1996 年
李基正	县向阳盐场	五一劳动奖章	全国总工会	1996 年
佘朱坤	县农业局	引进国外智力先进工作者	农业部等	1996 年

续表 31-1

姓名	工作单位	荣誉称号	授予单位	时间
李基正	县向阳盐场	劳动模范	省政府	1996 年 4 月
杜双成	县水利局	千里海堤加固达标先进个人	省委、省政府	1997 年 2 月
李云霞(女)	县政府	千里海堤加固达标先进个人	省委、省政府	1997 年 2 月
陈江祥	县财政局	劳动模范	省政府	1997 年 4 月
陈平川	陈城镇官前村	劳动模范	省政府	1997 年 4 月
何金科	县委办公室	优秀党务工作者	省委	1997 年 7 月
陈进福	县地税局	优秀共产党员	省委	1997 年 7 月
李福章	县民政局	专项治理先进个人	省政府	1997 年 12 月
林亚民	陈城镇澳角村	精神文明建设先进工作者	省委、省政府	1998 年
林慧敏(女)	县实验小学	精神文明建设先进工作者	省委、省政府	1998 年
林文楚	县委农村工作办公室	农村小康先进工作者	省委、省政府	1998 年
高卫东	东山第一中学	优秀教师	国家教委	1998 年
陈易洲	中共东山县委	全国科教兴县先进个人	国家科委	1998 年
吴　斌	县政府	全国科教兴县先进个人	国家科委	1998 年
陈路生	陈城镇	青年星火科技带头人	团中央、国家科委	1998 年 4 月
林慧敏(女)	县实验小学	五一劳动奖章	全国总工会	1998 年 4 月
林亚民	陈城镇澳角村	优秀退伍军人	民政部	1998 年 8 月
李云霞(女)	县政府	农业普查先进工作者	农牧渔业部	1999 年 2 月
孙建钦	县委农村工作办公室	农业普查先进工作者	农牧渔业部	1999 年 2 月
巫锦益	县侨联	归侨侨眷先进工作者	国务院侨务办公室、中国侨联	1999 年 7 月
林培琼(女)	县公安局	优秀共产党员	省委	1999 年 7 月
张　岩	中共东山县委	优秀党务工作者	省委	1999 年 7 月
林亚民	陈城镇澳角管理区	优秀党务工作者 全国优秀党务工作者	中央组织部	1997 年 7 月 1999 年 7 月
郑永泉	县计生协会	计生先进工作者	省政府	1999 年 12 月
朱联钦	县工商局	精神文明建设先进个人	省委、省政府	2000 年 2 月
林国武	县委宣传部	精神文明建设先进个人	省委、省政府	2000 年 2 月
林添龙	县委文明办	精神文明建设先进个人	省委、省政府	2000 年 2 月
林文祥	县农业局	生态农业建设先进工作者	农牧渔业部	2000 年 3 月
林国宏	县农业局	生态农业建设先进工作者	农牧渔业部	2000 年 3 月
林培琼(女)	县公安局	劳动模范	省政府	2000 年 4 月
林桂莲(女)	陈城镇白埕村	劳动模范	省政府	2000 年 4 月
林慧敏(女)	县实验小学	全国先进工作者	国务院	2000 年 5 月
林慧敏(女)	县实验小学	师德标兵	教育部	2000 年 7 月

续表 31-1

姓名	工作单位	荣誉称号	授予单位	时间
刘淑辉(女)	康美镇马銮村	优秀计生中心户组长	国家计生委	2000 年 9 月
林宜跃	县电力公司	安全生产先进个人	省政府	2001 年
林素兴	西埔镇政府	优秀共产党员	省委	2001 年
沈慧玲(女)	县总工会	教育培训工作先进个人	全国总工会	2001 年 2002 年
郑务慧	县梧龙硅砂矿	五一劳动奖章	全国总工会	2001 年 4 月
赖慧贞(女)	西埔镇政府	计生先进工作者	省委、省政府	2001 年 7 月
许炳林	县水利局	抗洪抢险抗灾先进个人	省委、省政府	2002 年
陈义丹	县环保局	全国环境监察先进个人	国家环保总局	2002 年 10 月
汤坤贤	县环保局	全国先进环境监测站长	国家环保总局	2002 年 10 月
李鸿耀	县委文明办公室	精神文明建设先进工作者	省委、省政府	2003 年
张德钦		精神文明建设先进工作者	省委、省政府	2003 年
李良宗	县气象局	质量优秀测报员	国家气象局	2003 年 3 月
吴云宜(女)	县气象局	质量优秀测报员	国家气象局	2003 年 3 月
郑务慧	县梧龙硅砂矿	劳动模范	省政府	2003 年 4 月
陈定钦	县硅砂矿	劳动模范	省政府	2003 年 4 月
刘淑辉(女)	康美镇马銮村	劳动模范	省政府	2003 年 4 月
林国武	中共东山县委	优秀党务工作者	省委	2003 年 7 月
林海鹰	铜陵镇政府	优秀党员	省委	2003 年 7 月
林慧敏(女)	东山县实验小学	杰出人民教师	省委、省政府	2004 年
黄双庆	中共东山县委	全国科技进步先进个人	省委、省政府	2004 年
郑亚盐	县科技局	全国科技进步先进个人	省委、省政府	2004 年
林素兴	西埔镇政府	优秀党员	省委	2004 年
宋利山	县委关心下一代工作委员会	全国关心下一代工作先进个人	中央关工委	2005 年
陈平川	陈城镇官前村	全国劳动模范	国务院	2005 年 4 月
何金顺	县二轻联社	再就业工作先进工作者	省政府	2005 年 12 月
黄聪斌		精神文明建设工作者	省委、省政府	2006 年
沈永祥	东山经济技术开发区	可持续发展实验先进个人	国家科委	2006 年
杨建文	县科技局	可持续发展实验先进个人	国家科委	2006 年
林桂莲(女)	陈城镇白埕村	全国双学双比女能手	全国双学双比活动领导小组	2006 年
黄义文	陈城镇政府	优秀党务工作者	省委	2006 年 7 月
朱永鑫	县财政局	优秀党员	省委	2006 年 7 月
陈和春	退休干部	全民国防教育先进个人	中央宣传部等	2006 年 12 月
陈振魁	海魁水产集团有限公司	轻工行业劳动模范	人事部等	2007 年 4 月

续表 31-1

姓名	工作单位	荣誉称号	授予单位	时间
方成俊	东山检验检疫局	五一劳动奖章	全国总工会	2008 年 4 月
沈永金	陈城镇澳角村	劳动模范	省委、省政府	2008 年 4 月
李玉生	县供水公司	劳动模范	省委、省政府	2008 年 4 月

1989—2008 年东山县籍在外任处级以上职务一览表

表 31-2

姓名	性别	单位及职务	姓名	性别	单位及职务
黄江	男	某舰队副司令员	林辉煌	男	中国冶金进出口公司厦门分公司经理
林东伟	男	贵州师范大学校长	黄庆顺	男	省台胞接待站站长
李立士	男	厦门海沧缉私队队长	陈华生	男	漳州市卫生学院
李 骏	男	厦门市直机关团工委书记	张琳光	男	龙文区区长
陈阿包	男	厦门集美大学纪检书记	林良炎	男	漳州市水电局局长
沈如吉	男	厦门集美大学	林立辉	男	漳州市行政执法局局长
林顺发	男	海沧房地产开发公司总经理	陈再生	男	漳州师院政法委党组书记
吴明忠	男	厦门市人民检察院副检察长	刘琪	男	四川省政协常委、四川省台联主席
潘木忠	男	厦门市湖里区政协常委	黄友江	男	建行北京市分行处长
朱之文	男	厦门大学党委书记	高义生	男	农业部立法司副司长
吴玉辉	男	省委党校副校长	林松添	男	外交部
孙海贵	男	福建省军区高炮师参谋长	林坤荣	男	中石油涉外法律处处长
张土文	男	中共漳州市政法委副书记	江荣彻	男	贵阳电视台台长
何红孙	男	漳州市人大常委会副主任	曾红革	男	上海市漳州商会副会长
陈燕松	男	漳州市广电局局长	李林生	男	漳州市外侨办主任
林小雄	男	厦门机电公司总经理	沈庆云	男	广东闽南经济促进会秘书长
王沈扬	男	厦门大学事业发展部经理	陈武英	男	省政府驻津办主任
林财火	男	厦门石油贸易公司	杨义猛	男	省纪委干部正处级

三、人物名录

1989—2008 年，东山县获得高级专业技术职务（任职资格）共 396 人：

主任医师：张清福　黄登金　谢添桂　陈华生　陈小芸（女）　余定辉　林艺章

副主任医师：刘维杰　林宗元　林学康　许教源　钟景长　林福茂　翁锦坤　高清洁　陈运仁　张　宗　林松昌　李东勇　林玉萍（女）　洪咏钟　陈锦辉　黄俊城　陈亚龙　林春英（女）　林　雅（女）　林东茂　林亚清　林锦贤（女）　蔡碧娟（女）　林文添　朱宇东　王晓波　陈福荣　黄文来　蔡小冬　陈旭民　林祝贤　罗毅峰　何旭鹏　李丽芳（女）　蔡火吉　郑璋坤　王志斌

主任护师： 林兰英（女） 吴东珠（女） 张紫兰（女） 陈耀琴（女）

副主任药师： 黄光寿 陈水平

高级工程师： 陈坤寿 林永盛 汤坤贤 陈玉珠（女） 廖志强 黄建孝 林晓聪 徐海钦 游友德 朱裕福 苏乃平 沈东煜 汤加荣 黄炳亮 林喜明

高级农艺师： 佘朱坤 徐钦顺 徐惠玲（女） 林淑芬（女） 林岳生 林添发 李辉耀 沈金发 林东辉

高级会计师： 朱永鑫

副研究馆员： 孙英龙（退休后晋研究馆员） 游明元 陈立群

副 编 审： 黄启注（被省地方志编委员聘为特约编审）

二级演员： 曾友禄

高级讲师： 张英顺 林云保 吴武雄

中学高级教师： 王天来 林福茂 彭观松 孙清泉 翁其兰 陈瑞种 周奇彬 刘维任 林宜禄 林添裕 俞爱珠（女） 杨两国 庄百领 孙文峰 林士忠 翁景寿 高仰双 孙玉添 沈舜友 许永宗 林允和 傅北兴 杨宝义 董慧珠（女） 林福坤 朱田顺 陈维民 林定泗 陈长保 史祖谋 陈柏华 林耀发 林平木 林穆川 张华先 林双泉 高文伟 朱华彬 何招花 陈天福 孙志忠 张明德 黄云生 洪源隆 林黎明 陈添镇 吴初生 沈毅章 周正辉 陈国发 郭雪瑛（女） 张荣煌 林红勇 林达松 朱延生 蔡爱武 林添贵 高卫东 陈镇章 孙文成 林国钦 卢春红（女） 孙立斌 沙成铁 林黎生 林明坤 王静才 李来福 何各能 唐炳成 林鹏飞 张苹茜（女） 朱宗弼 陈登魁 谢桂旺 孙艺雄 陈俊兰（女） 陈东明 吴丽琴（女） 沙世俊 黄小群 林卧贵 蔡明忠 沈荣泉 林作发 沈旭东 张建设 林武平 李文辉 张秋发 李荣辉 杨幼明 李志成 高美顺 潘智聪 陈文端 林益平 沈伯兴 黄德全 陈志东 史朝阳 谢春生 林志敏 陈海欣 黄秋忠 陈锦章 李智安 黄 哲 朱耀川 林东辉 林贵添 张添贵 林文辉 沈如松 林跃妹（女） 胡东燕（女） 陈 燕（女） 孙武平 孙明顺 黄耀英（女） 林进猛 林兴添 陈福山 涂松辉 林国勇 林添生 林连升 陈定尧 陈光辉 黄明俊 张天生 曾秀敏（女） 胡玮琪 陈贵武 李金海 黄定容 林永宗 朱延平 朱舜妹（女） 李良东 王忠义 李侨生 郑 诏 陈少纯 薛卫东 蔡镇南 廖旭辉 张海成 杨建东 张 芳（女） 黄汉成 洪志芬（女） 林育志 林明阳 刘保安 田启雄 陈吉猛 黄景芳（女） 陈镇乐 朱展英（女） 吴群松 施辉生 朱添妹 林清耀 廖汝建 姚炳生 何裕寿 郭秀萍（女） 张世忠 谢朝东 陈文义 张如生 林茂平 王少彬 黄国川 林建新 林财安 林周顺 马靖安 孙建勇 孙源添 黄建成 林美顺 张振顺 林永强 许祥明 赖理华 谢红士 孙进武 谢华彬 陈友艺 廖文虎 沈桂武 林雄彬 雷宇峰 林金才 黄铭锋 谢舜谦 刘晖儿（女） 何聪敏（女） 杨玫夏（女） 沈仕东 沈胡溪 沈炳生 陈宜春 王石发 黄阿各 唐东穆 施辉煌 林巧云（女） 王木春 甘梅红（女） 林华杰 林德强 吴洪炎 林国生 林汉生 陈定国 林文能 陈永顺 陈捍东 李汝锦（女） 张金生 陈文标 颜宏年 唐金川 林才友 何亚平 林镇元 陈春益 李石龙 吴惠敏（女） 林占春 郑细发 林华平 董朝晖 张聪渊 张海防 张金维 朱锦华 林如海 林金平 何亚东 孙文义 许晓凯 彭灼兰（女） 陈阿红（女） 陈国平 林周生 沈志勇 田琛瑜（女） 陈婉儿（女） 黄亚武 王建筹 戴东鹰（女） 林耀孟 朱友林 郑鸿章 方裕东 李永东 吴华安 蔡朝阳 陈建骞 张敏坤 陈少芳（女） 温国梁 孙为民 孙东升 黄惠斌 林进结

朱金定　林添顺　林裕勇　郑霓（女）　方闽红（女）　许素辉（女）　高万志
林立雄　陈华东　唐勇东　陈添文　许晓武　赵玲玲（女）　陈珊丽（女）
朱明辉　沈耀炫　董炳亮　林炎山　唐国荣　许振辉　曾文生　林劲松　黄坤明
张友德　蔡春祺　高明智　陈玲娜（女）　黄来春

小学晋中学高级教师： 林振伟　朱友钦　吴镇宗　谢金枞　蔡敏慧（女）　吴学敏　陈聪艺
陈春生　孙耀武

附　录

中共东山县委
关于发扬光大东山保卫战精神和谷文昌精神的决定

1990 年 1 月 8 日中共东山县委第六届第六次全体会议通过

东山是个英雄岛。历史上，东山军民为保疆卫土、开发海岛创立了光辉的业绩。其中，五十年代的“东山保卫战”和六十年代的植树造林运动，影响尤为深远。长期以来，东山军民面对强大的敌人和严重的自然灾害，进行了艰苦卓绝的斗争，锤炼了自己的革命意志，形成了无私无畏、顽强进取的光荣传统，她一直激励着人们为海岛的繁荣与进步而奋斗不息。

一九五三年七月十六日，台湾当局纠集陆海空三军疯狂窜犯东山，岛上军民毫不畏惧，团结一致，并肩作战，与十数倍的敌人展开殊死的斗争，终于在友邻部队的支援下，迅速击溃来犯之敌，赢得了东山保卫战的胜利，创造了军民并肩战斗、保卫海防的光辉典范。在战斗中，解放军和人民群众都涌现出无数可歌可泣的英雄事迹：有拉开导火线冲入敌阵与敌人同归于尽的战斗英雄黄飞龙烈士，用自己的胸膛堵住敌人枪眼的战斗英雄张国栋烈士；有冒死引渡增援部队的英雄民工林尖鼻烈士，以一把菜刀夺下敌人机枪的农民孤胆英雄林大富；有踊跃支前的妇女模范刘杏、杨亚来，在敌后机智勇敢地与敌人展开斗争的“东山英雄八少年”……

谷文昌是河南省林县人，一九四八年随军南下，一九五二年任东山县县长，是东山保卫战的组织指挥者之一；一九五四年任中共东山县委书记。他任职期间，一手抓海防对敌斗争，一手抓海岛建设。当时，海岛东南部风沙滚滚，吞没田园、房舍，农业生产和人民生存倍受威胁。谷文昌同志和县委一班人，决心带领东山人民根治风沙。他曾指天发誓：“不制服风沙，就叫风沙把我埋掉”。他走遍海岛每一座山头，每一片沙滩，与干部群众共商治理风沙的规划和措施，组织全县人民在沙滩上筑堤沙，挑土压挡沙，植草固沙，造林防沙，几经挫折，终于找到了适宜我县种植的抗风固沙树种——木麻黄，形成了宏伟的绿色规划。一九五八年开始，一场“上战秃头山，下战飞沙滩，绿化全海岛，建设新东山”的战斗打响了，全县党政军民总动员，男女老少齐上阵，掀起了大规模的植树造林运动。

经过数年不懈努力，全县四百多座大小山头、三万多亩沙滩披上了绿装，三十多公里的海岸线筑起了“绿色长城”；从根本上改善了东山的生态环境，实现了他制服风沙的夙愿。谷文昌同志在带领群众造林制服风沙的同时，还发动群众挖塘、打井、修渠、筑水库，开发地下水源。到七十年代，东山农业在没有特大旱灾的情况下，实现了保种保收，为海岛的经济发展和社会进步奠定了坚实的基础。

东山保卫战精神，就是同仇敌忾、团结战斗的爱国热情，就是勇往直前、无坚不摧的英雄气概；就是有敌无我、奋不顾身的牺牲精神。东山人民根治风沙的伟大实践丰富和发展了东山保卫战的光荣传统，凝结成以谷文昌为代表的团结、进取、艰苦创业和无私奉献的精神，给后人留下宝贵的精神财富。在新时期，我县人民立志把东山建成一个繁荣的、现代化的港口经济区，这是更加伟大和艰巨的事业，需要好几代人前赴后继，不懈努力。因此，全会决定在我县社会主义精神文明建设中，深入持久地开展发扬光大东山保卫战精神和谷文昌精神的学习教育活动，使团结进取、艰苦创业和无私奉献的精神，成为东山人特有的风貌。

我们继承东山保卫战的光荣传统，学习谷文昌精神，就是要坚定社会主义必胜的信念，同心同德，拥护和支持以江泽民同志为核心的党中央领导集体，坚持“一个中心”“两个基本点”，走建设有中国特色的社会主义的道路。就是要保持海防建设和治理风沙时期那种革命热情，那种艰苦奋斗、无私奉献的精神。就是要发扬拥军爱民、军民共建海岛的优良传统。全县人民都要胸怀建设四化的宏伟目标，用辛勤的创造性的劳动为东山的繁荣进步做出贡献。全县共产党员、共青团员、国家干部要学习和发扬谷文昌同志改天换地、重整山河的革命胆略，全心全意为人民服务的崇高品德和坚忍不拔、实事求是的优良作风，勤政廉洁、踏实苦干、为群众做出表率。

全会号召全县共产党员和全县人民，要认真贯彻党的十三届四中、五中全会精神，正确认识形势，统一思想、统一行动、坚定信心，努力完成治理整顿和深化改革的任务。特别要提倡识大体、顾大局。坚决执行国家的计划和政策法令，进一步把我县的经济结构调整好，经济秩序整顿好，保证我县改革和建设事业持续、稳定、协调地发展。

中共东山县委　东山县人民政府
关于科教兴县的决定

1991 年 11 月 28 日

各部、委、办、局，各乡镇及有关单位：

为进一步落实党中央关于把经济建设真正转移到依靠科技进步和提高劳动者素质轨道上来的重大决策，县委、县政府根据省委第五届三次和市委第六届七次全会精神，联系东山实际，认真讨论了依靠科教进步，振兴东山经济问题，做出如下决定：

一、增强全民科教意识，确定“科教兴县”战略思想

要大力宣传“科学技术是第一生产力”的观点，使全县人民认识科教的进步对振兴我县经济，推进社会主义现代化建设的巨大作用，树立依靠科教进步，振兴我县经济的强烈责任感和紧迫感。各级党政领导要自觉地把推动科技进步和提高劳动者素质作为一项全局性工作来抓。

二、明确科教兴县的主要目标，突出工作重点

——依靠科技进步，巩固创汇农业。以优良品种的引进、选育和先进种、养、捕技术的推广应用为重点，改造和发展以芦笋和鱼虾贝藻为主的种养业和捕捞业，不断提高创汇农业在我县经济的比重。

——在调整人和自然关系的若干重大领域，特别是人口控制、环境保护、资源保护及合理开发利用，防灾减灾等方面的科技进步取得明显成效。

——加速科技成果向生产领域引进，优化工业产品结构，开发建材工业，发展海盐工业，改造食品工业，是我县工业逐步形成技术进步、结构优化的工业经济新格局。

——加快智力开发步伐，提高全民的文化水平。1995 年，全县小学在校生达 1.9 万人，初中在校生达 8600 人，普通高中和职业高中在校生达到 1600 人。“八五”期间，全面实施普及九年义务教育，全县基本扫除青壮年文盲。

——搞好职业技术教育和培训，壮大科技队伍。“八五”期间，全县企业职工要有 80%以上人员接受岗位培训；农村各类农民技术人员达 5000 人，农村劳动力要接受不同层次的实用技术培训。

——在全县城乡不断进行科技知识普及教育，同时加强科技情报的研究应用和信息反馈。

三、大力发展科教事业，全面提高劳动者素质，促进技术引进与经济开发

——东山要振兴，科技要先行，教育是基础。全县城乡要积极创造条件，普及九年制义务教育。“八五”

期间要把发展初中教育摆在重要位置，实现乡乡有初级中学。同时，要加倍重视扫盲工作，“八五”期间全县基本扫除青壮年文盲，青壮年脱盲率力争达到95%以上。

——要充分利用成人大中专文化技术教育和科技活动中心等阵地，开展农民的各种实用技术培训和各行业的资格、技术等级及各种岗位培训。“八五”期间参加实用技术培训达到 3.2 万人以上，各类技术人员达标 5000 人。

——以福建省科技新产品的确认及申请减免税的暂行规定为导向，鼓励技术引进和技术开发，大力发展我县农业新产品开发。对我县的新科技引进、新经济建设项目要县科委等职能部门参加研讨、论证签章。

——积极引导科技人员进入经济建设主战场，鼓励科研机构同国营企业、集体企业、乡镇企业建立科研与技术相结合的技术经济联合体，开展广泛的、多层次的、多种形式的科技协作，建立多功能的社会化科技服务体系，推动科技进步。

四、多渠道筹集资金，完善科教投入机制

科教投入从根本上说也是生产型投入，各级政府及有关部门要采取切实可行的措施，增加科教投入。县政府保证每年科技三项经费的提取不低于县财政正常支出的 1%，每年增幅不低于 10%；乡镇每年要从本级财政收入中安排不低于 0.5%的资金作为科技经费。县、乡（镇）财政还要按当地人口总数分别以每人每年四分、五分额拨给科协作为开展科普等专项基金。企业也要提取占销售收入 1%的科技开发基金，用于企业科技投入。

各级财政在年初预算中，对教育的投入要保证“三个增长”。县机动财力每年要划出 25%以上用于义务教育事业。乡（镇）要依法保证收足、用好农村教育费附加和城镇建设教育配套费。同时，要继续鼓励群众集资办学、侨台港澳捐资兴学。“八五”期间，全县扩建校舍资金投入达 2000 万元以上。

五、建设激励机制，倡导奉献、拼搏、协作、求实、创新精神

要积极倡导尊师重教、尊重知识和新生人才的风尚，建立激励机制，调动科教人员的工作积极性。

县、乡（镇）都要成立科技奖励基金会和教育奖励基金会，定期奖励突出贡献的科技人员，奖励学有成就的学生、教有成果的教师和办学有方的学校，激励他们为我县经济振兴做出更多贡献。

要不断改善科教人员的工作条件和生活环境，为科教人员排忧解难，今后在住房分配和子女安排方面，划出一定的分配比例给予优先照顾。

六、加强科教工作领导，提高“科教兴县”的凝聚力

各级党委和政府一定要把科教工作列入重要议事日程，切实加强领导，充分发挥科技副乡镇长的作用，建立乡镇科委和乡镇教育事业管理委员会。科委要加强对科技工作的宏观管理，综合协调；教育局要认真贯彻党和国家的教育方针，实施教育事业发展规划，深化教育改革，提高教育质量和办学效益；组织、人事、劳动部门要做好科技人员的管理，为科技人才脱颖而出创造条件。各经济部门要立足基层，积极开展科普教育和科技活动，推进科技进步；宣传部门要打造“科教兴县”的舆论；科协、工会、共青团、妇联等群众组织要充分发挥自己的优势和作用，团结、引导、组织社会各界参与“科教兴县”的实践，为振兴我县经济做贡献。

东山县人民政府
东山县鼓励投资优惠政策(试行)

2007 年 5 月 30 日

第一条 总则

1. 为进一步鼓励投资者到东山投资办实业，推动全县经济的发展，根据国家和省、市的有关规定，结

合我县实际，特制定本优惠政策。

2. 本政策所指的投资者，是指到东山投资的国内外企业和其他经济组织或个人。在东山投资的企业享受本优惠政策。

第二条　税收优惠

1. 对风力生产的电力实行按增值税应纳税额减半征收的政策。

2. 出口企业以“来料加工”“进料加工”贸易方式进口的货物，免征进口环节的增值税、消费税。

3. 出口企业以“来料加工”贸易方式出口的货物免征其加工或委托加工货物及其工缴费的增值税、消费税。

4. 增值税一般纳税人生产企业自营或委托外贸企业代理出口自产货物，除另有规定外，增值税一律实行免、抵、退税管理办法。

5. 外商投资企业凡符合《外商投资产业指导目录》（鼓励类和限制乙类），以及《当前国家重点鼓励发展的产业、产品和技术目录》的投资项目，在投资总额内进口的设备，除列为《外商投资项目不予免税的进口商品目录》和《国内投资项目不予免税的进口商品目录》外，免征关税和进口环节增值税。

6. 外商投资企业凡符合《外商投资产业指导目录》（鼓励类和限制乙类），以及《当前国家重点鼓励发展的产业、产品和技术目录》的投资项目，在核定退税投资总额内在国内采购的设备，除列为《外商投资项目不予免税的进口商品目录》和《国内投资项目不予免税的进口商品目录》外，享受增值税退税的税收优惠政策。

7. 属于国家重点扶持和鼓励发展的产业和项目，给予企业所得税优惠。

8. 从事农、林、牧、渔业项目的所得，从事国家重点扶持的公共基础设施项目投资经营的所得，从事符合条件的环境保护、节能节水项目的所得，符合条件的技术转让所得，可以免征、减征企业所得税。

9. 符合条件的小型微利企业，减按20%的税率征收企业所得税。

10. 属于国家需要重点扶持的高新技术企业，减按15%的税率征收企业所得税。

11. 企业综合利用资源，生产符合国家产业政策规定的产品所取得的收入，可以在计算应纳税所得额时减计收入。

12. 企业购置用于环境保护、节能节水、安全生产等专用设备的投资额，可以按一定比例实行税额抵免。

13. 新《中华人民共和国企业所得税法》发布前已经批准设立的企业，属设在东山经济技术开发区的生产性外商投资企业，减按15%的税率征收企业所得税。设在东山经济技术开发区外的生产性外商投资企业，减按24%的税率征收企业所得税，免征地方所得税。

14. 新《中华人民共和国企业所得税法》发布前已经批准设立的企业，属生产性外商投资企业，经营期在十年以上的，从开始获利的年度起，第一年和第二年免征企业所得税，第三年至第五年减半征收企业所得税，第一年至第五年免征地方所得税。

15. 新《中华人民共和国企业所得税法》发布前已经批准设立的企业，属从事港口码头建设的中外合资经营企业，经营期在十五年以上的，经企业申请，省级税务机关批准，从开始获利的年度起，第一年至第五年免征企业所得税，第六年至第十年减半征收企业所得税，免征地方所得税。

16. 新《中华人民共和国企业所得税法》发布前已经批准设立的企业，属外商投资举办的产品出口企业，在依照税法规定免征、减征企业所得税期满后，凡当年出口产品产值达到当年企业产品产值70%以上的，可以按照税法规定的税率减半征收企业所得税，免征地方所得税。但经济技术开发区已经按15%的税率缴纳企业所得税的产品出口企业，符合上述条件的，按10%的税率征收企业所得税。

17. 新《中华人民共和国企业所得税法》发布前已经批准设立的企业，属外商投资举办的先进技术企业，依照税法规定免征、减征企业所得税期满后仍为先进技术企业的，可以按照税法规定的税率延长三年减半征收企业所得税，免征地方所得税。

18. 新《中华人民共和国企业所得税法》发布前已经批准设立的企业，生产经营所得依照当时的税收法律、行政法规规定，享受低于 25%的低税率优惠的，可以保留享受低税率优惠，五年内逐步过渡到 25%的税率；享受定期减免税优惠的，可以从 2008 年起继续享受到期满为止，但因未获利而尚未享受优惠的，优惠期限从 2008 年起计算。

19. 外商投资企业暂不征收城市维护建设税和教育费附加。

20. 鼓励企业吸纳下岗失业人员就业。对商贸企业、服务型企业(国家限制的行业除外)、劳动就业服务企业中的加工型企业和街道社区具有加工性质的小型企业实体，在新增加的岗位中，当年新招用持《再就业优惠证》人员，与其签订 1 年以上期限劳动合同并缴纳社会保险费的，按实际招用人数，在相应期限内定额依次减免营业税、城市维护建设税、教育费附加和企业所得税，期限最长不超过 3 年。对 2005 年底前核准减免税但未到期的企业，在剩余期限内仍按原方式继续享受减免税政策。

第三条　土地使用

1. 保证工业项目用地指标，符合产业导向的工业项目，可以优先安排用地指标。对选址合理的工业项目，确需调整土地利用总体规划的，及时给予办理调整手续。重大、重点和急需的工业项目，确需占用基本农田的可以依法申请局部调整。

2. 对利用荒山、荒坡、荒滩进行旅游开发的，经县级以上人民政府批准，可以确定给予开发单位或者个人最长 40 年的使用期，并免缴土地使用费。旅游开发项目涉及林地并改变林地用途的，应预缴森林植被恢复费，待项目完成后，县级分成部分返回项目单位用于恢复森林植被。

3. 投建旅游区内旅游干道，并投资旅游房地产等项目的，县政府可通过招、拍、挂方式提供土地使用权，投资 1000 万元以上的项目，按投资数额大小对收取出让金给予适当优惠，作为政府投入基础设施建设资金。

4. 对固定资产投资在 1000 万元以上的工业企业，一次性缴纳土地出让金并取得土地使用权的，可实行个案政策，在政策允许的情况下，可适当优惠土地出让金，用于该项目基础设施建设。

第四条　收费减免

1. 涉及企业的行政事业收费要严格按照财政、物价部门公布的收费项目、标准收取，收费标准有高低限的按最低标准收取。

2. 凡到我县投资的企业，在水价、电价、土地价格上给予优惠倾斜，对变压器容量 315kVA 及以上工业项目，电价一律执行大工业用电价格，水价按生活用水的价格给予优惠。

3. 星级宾馆、饭店的用水、用气实行工业企业的用水、用气价格，减半征收电话中继线管理费。

第五条　投资服务

1. 投资 500 万元以上工业企业的供水、供电和通讯管网配套至项目规划红线，供水、供电和通讯部门为项目提供绿色通道，简化办事程序，努力为企业提供最优质的服务。

2. 企业运输车辆在县内轻微违章，未发生事故且未造成损失的，经道路交通管理部门批评教育后一律予以放行，免予处罚。

3. 在我县投资的项目，县劳动部门每月免费为企业发布招工信息，每年定期举办春、夏两季招工专场劳务洽谈会，为企业搭建用人选才的服务平台。

4. 在我县投资的项目，由项目责任单位无偿为投资者办理企业设立的各种手续，并帮助企业落实有关优惠鼓励政策，协调解决企业运作过程中的各种困难。

5. 凡属本县权限范围内审批的投资项目，主办单位在收到项目业主申请报告后，并在其它相关资料完整的情况下，3 个工作日内给予批复，不属本县权限范围内审批的项目，3 个工作日内给予转报，如未能及时办理的，要向申办者说明理由。

6. 需经上级相关部门审批办理的投资项目，由县对口部门负责协调和协助办理，在有效工作日内办结（涉及到报国家、省、市以上审批的土地征用、项目规划手续、特殊行业审批的项目可根据实际适当放宽办结时限）。

7. 精简前置审批项目。除国家法律、行政法规和国务院决定规定的事项继续执行前置审批外，其余事项不再作为企业登记注册的前置条件。

8. 除落实上级统一布置、接到署名举报和安全检查外，各级各部门（不包括外汇局、海关、国税局、地税局、检验检疫部门）未经县效能办批准，不得对企业进行检查。

第六条　其它

1. 重大招商引资项目和省级以上认定的高新技术项目，可实行个案优惠。

2. 鼓励以无形资产投资，放宽高新技术成果作价出资的比例。以知识产权、工业产权等非货币资产作为投资的，可按不超过注册资本的 70%的比例予以核准登记。以高新技术成果作价出资的，可按不超过注册资本 70% 的比例予以核准登记。上市公司 按国家证券委有关规定执行。

3. 支持外商投资企业增资扩股。允许外商投资企业以资本公积金、盈余公积金、未分本利润、应付股利及已登记的外债转增为注册资本。

4. 拓宽外商投资企业的投资方式。允许外商以在中国境内投资企业的清算、股权转让、先行回收投资、减资等所得的货币资金，在中国境内再投资。所得的货币资金是人民币的，允许其参照人民币利润所得再投资的方式办理。

5. 支持民营企业引进急需的各类专业技术人才。民营企业新引进高层次人才，可享受人事部门规定的生活津贴待遇，其支出可作为企业工资项目给予税前扣除。凡年纳税 100 万元以上的高新技术民营企业和重点民营科技企业招聘应届大学毕业生,一年内招入具国民教育本科以上学历的毕业生 10 名以上，毕业生在企业工作一年以上的，企业可申请 10 万元科技经费，专项用于企业科技人才项目开发。本条款也适用于台商投资企业。

6. 外商在我县实际投资每 30 万美元，投资者可为其在境内的亲属在我县办理常住户口，每位投资者办理城市常住户口的名额不超过 5 名。在我县投资、兴办实业，实际投资达 20 万元人民币或固定资产达 20 万元人民币的内地公民及随其共同生活的直系亲属，可将户口迁到我县落户。

以上优惠政策自下发之日起执行，由东山县人民政府负责解释。此前与本政策不符的，以本政策为准。有关条款因国家、省、市政策调整不能继续执行的自行废止，国家、省、市新出台比本政策更优惠的规定按上级最新规定执行。

中共东山县委　东山县人民政府
关于进一步加快旅游产业发展的若干意见

2008 年 11 月 12 日

为进一步发挥我县的资源优势，推动旅游产业又好又快发展，使我县从旅游资源大县向旅游经济强县转变，实现建设“国际旅游海岛”奋斗目标。根据《福建省人民政府印发关于加快旅游产业发展若干意见的通知》和《漳州市人民政府关于进一步加快旅游业发展的若干意见》精神，结合我县实际，制定以下意见：

一、深化思想认识，增强发展意识

旅游业是新兴产业和朝阳产业，是第三产业中发展最快的行业，也是我县经济社会发展的优势、潜力和希望。大力发展旅游产业，对于调整优化产业结构，拉动相关产业协调发展，提高县域经济综合实力；对于拉动内需，扩大就业，提高人民群众的生产生活水平；对于提升知名度和影响力，扩大对外开放，树立我县良好的对外形象；对于促进海峡两岸的交流往来，推动多层次的合作，服务祖国统一大业，都具有重要的意义。经过多年发展，我县旅游产业已初具规模，基础设施逐步完善，服务水平不断提升，具备加快发展的条件。各级各部门要树立“全县旅游一盘棋”思想，明确加快旅游业发展的重要意义，进一步增强发展旅游业的紧迫感和责任感，集合各级各部门以及全县干部群众的力量，把旅游产业作为新的经济增长点抓紧抓好，形成共同支持、参与、培育、发展旅游产业的强大合力。

二、明确指导思想，统一发展思路

我县旅游产业发展的指导思想是：以邓小平理论和“三个代表”重要思想为指导，贯彻落实科学发展观和党的十七大精神，融入海峡西岸经济区建设，围绕福建省“十一五”旅游产业发展重点规划部署，坚持政府主导、部门联动、市场运作、社会参与的发展理念，大力实施项目带动战略，打造旅游精品项目，壮大旅游产业集群，提升旅游产业素质，把东山建设成为以休闲度假为主，兼容宗教朝圣、观光旅游、商务会议、康乐疗养于一体，具有鲜明海岛特色和较强竞争力的“国际旅游海岛”。

三、确定发展目标，明确努力方向

我县旅游产业发展的目标是：充分发挥海岛、海滨、海洋优势，重点培育、完善和提升一批旅游项目，调整、完善旅游产业结构，提升旅游服务质量和管理水平，提高旅游产品竞争力，吸引更多的境内外客人，不断提升旅游产业在我省旅游发展中的地位和在我县国民经济中的比重，使旅游产业真正成为我县的经济新增长点，成为建设“国际旅游海岛”的支柱产业。

——到 2012 年，实现接待境内外游客人数和旅游收入比 2007 年翻一番，旅游经济占 GDP 的比重不断提升，朝“国际旅游海岛”大步迈进。

——建设完善 6 个景区和一批旅游项目，培育形成 8 大旅游精品，组织推出 10 条专项旅游线路，提升旅游产业的吸引力和竞争力。

——拥有四星级酒店 4 家、总床位 1700 个、五星级酒店 3 家、总床位 1500 个，接待设施不断完善。

——拥有国际旅行社 2 家，150 人的导游员(讲解员)队伍,服务能力有效提升。

——建成游客集散中心，建立起国际化的旅游标识、咨询服务、统计分析、应急救援系统。

——实现旅游客户群由中低端客人向高端客人转变,旅游市场由传统闽粤市场向长三角等经济发达地区和境外市场转变,旅游业态由单一的观光型向观光、休闲、度假、康体、会展、商务等复合型转变。

四、打造旅游精品，构建产业支撑

实施项目带动战略，把旅游项目作为重要抓手，以项目带动集聚生产要素，促进投资增长，增强旅游产业综合实力和发展后劲；以项目促进旅游资源开发，带动旅游资源整合。

加强全县旅游资源的普查、整理，建立旅游资源档案，为完善旅游规划提供基础依据。按国际旅游海岛建设目标要求,编制《东山岛发展战略规划》，修编和完善《东山县旅游发展规划》，进一步明确全县旅游产业发展的总体思路和整体布局。抓好各景区、景点的控制性和修建性规划编制工作，有效整合资源，合理产业布局，优化产品结构,形成科学可行、协调完善的旅游规划体系，推进旅游产业可持续发展。

加快旅游项目建设，重点鼓励发展五星级酒店、游艇俱乐部、海上旅游线、体育公园等海上岸上高端游乐项目，4A 级以上景区景点开发，小岛旅游综合开发， 壮大旅游产业集群。加强高星级、高档次接待服务设施建设，配套完善度假休闲娱乐项目,提升旅游综合服务功能。

完善景区管理体制，推动实现东门屿景区与风动石景区一体化管理。加快新景区开发，抓好九仙山、南正院、西山岩、庙山公园、苏峰山、龙虎狮象四屿、西屿海钓基地等景区(点)开发建设，形成一批新的旅游项目，整合推出一日游至七日游及系列专线游。加快以海产品、贝壳、关帝纪念品、手工艺品、旅游服饰用具、纪念品等的旅游商品开发,发挥各方力量建设大型旅游购物商场，做大旅游购物文章。

实施名牌项目战略，提升国家 4A 级旅游区风动石景区和国家级健康海水浴场马銮湾景区的品位，积极创建“优秀旅游县”、系列 A 级旅游区等国家级旅游品牌，提升旅游美誉度。培育形成滨海度假、水上运动、关帝文化、宗教朝圣、对台交往、红色旅游、休闲农业、观光工业八大旅游精品，整合推出系列旅游线路，增强旅游的吸引力。

五、发挥区域优势，拓展区域合作

发挥好对台优势，立足海峡西岸，对接海峡东岸，抓住放开对台旅游的契机，加大与台湾的旅游协作力度，推动东山—澎湖旅游对接，争取开通东山—澎湖旅游航线，实现对台旅游双向交流。主动对接、主动融入、主动合作，借助厦门、潮汕等地的推动，形成北接长江三角洲，南联珠江三角洲的国内客源市场格局。加大国际旅游市场的开拓力度，着力拓展港、澳、东南亚、俄罗斯等客源地，壮大境外客源市场。

加大宣传促销力度，实行省内促销与跨省区促销相结合，集中力量促销与多渠道促销、多形式分散促销相结合的方式，充分利用报纸、杂志、电视、广告、互联网等载体，打造、推广全县旅游形象标识和主题口号，借助高科技宣传促销手段，丰富市场化宣传包装运作形式，拓宽宣传的覆盖面，增强促销的实效性。

六、实施优惠政策，加大扶持力度

加大旅游投入，县财政每年安排一定数额的专项资金支持旅游产业发展，设立专户，专款专用。

加大招商引资力度，积极引导和鼓励有实力的企业参与旅游资源开发建设，形成多元化的旅游投入格局。对于引进旅游项目的单位和人员，根据项目规模及形象进度，予以相应的奖励。对引进单个旅游项目固定资产投资 1 亿元以上的单位和个人开始计奖。1 亿元(含)以上、5 亿元以下奖励 10 万元；5 亿元(含)以上、10 亿元以下奖励 20 万元；10 亿元(含)以上奖励 30 万元。奖励以人民币支付，项目资金额以人民币计算，外币资金按到资日人民银行公布的汇率折算。项目在合同约定的期限内建设完成并开业经营，给予项目引荐者一次性奖励。奖励资金从县政府支持旅游产业发展的专项资金中列支。奖金的所得部分由发放单位代扣代缴所得税。对于由开发区、镇引进的飞地旅游项目，除了实行以上的奖励政策外，可视同工业项目将除税收之外的所有指标纳入引进单位的工业考核指标统计；项目产生的税收地方级收入部分，引进单位、落户的镇(区)按 6:4 分成。

在符合法律法规和旅游规划建设要求的前提下，可以将景区(点)经营权与所有权分开，允许以合资、独资、承包、租赁、股份制等形式，出(转)让给企业法人以及其他经济组织开发、经营，最长年限可至 40 年。鼓励多元化投资开发新的景区(点)，新开发景区产生的门票收入的 10%归所在镇村收益，10%上交旅游主管部门纳入旅游专项资金统筹使用。

对所有旅游项目实行视同工业项目的优惠政策，对重点鼓励发展的旅游项目还可以实行更优惠的政策，并对其道路、通信、用水、用电等配套设施予以重点解决。五星级酒店项目用地中的 80 亩土地，游艇俱乐部、海上旅游线等海上岸上游乐项目的岸上配套用地，体育公园项目的接待、管理设施用地，招拍挂后的成交价，扣除农民土地补偿费、赔青费、劳力安置费、失地农民养老保险、地上地下构筑物赔偿及拆迁费用和报批时应缴省市的土地费用等成本后，剩余部分作为县政府投入该项目基础设施配套，并安排一定比例的经营性用地配套。对于投资 1 亿元以上的五星级酒店、游艇俱乐部、海上旅游线、岸上游乐项目、新开发的 4A 级以上景区项目的主体经营部分在合同约定的时间内建设完成的，其建设环节税费中的县本级实际收入，全额作为政府投入该项目的基础设施配套建设；投产后经营产生的县级税收部分，按第 1～3 年 60%、第 4～6 年 30%的比例作为政府投入该项目的基础设施配套建设。对其他重大项目也可以采取“一事一议”方式解决。

鼓励在符合旅游规划的前提下发展夜总会、酒吧、健身理疗等夜间休闲娱乐项目，根据投资规模大小，按最低标准减半征收直至免收县级各项行政事业性收费，其他经营性服务收费按最低标准收取。

对利用荒山、荒坡、荒滩进行旅游开发的，经县政府批准，可给予最长 40 年的使用期并免缴土地使用费。旅游开发项目涉及林地并改变林地用途的，应预缴森林植被恢复费，项目完成后，县级分成部分返回项目单位用于恢复森林植被。

大力发展东山旅游商品生产。对依托东山独特的自然、人文资源，运用传统工艺技术开发、设计、生产反映东山特色的旅游用品、旅游食品、旅游礼品、旅游纪念品等旅游商品，固定资产投资 500 万元以上，或年产值达 500 万元，或年上缴税收 30 万元以上的旅游商品加工企业，或利用民间独特传统手工工艺生产，难以实现规模化的家庭式旅游商品加工单位，经旅游主管部门认定后，以个案处理的形式，根据投资规模和产值大小，按最低标准减半征收直至免收县级各项行政事业性收费，其他经营性服务收费按最低标准收取。

鼓励发挥各方力量在符合旅游规划的前提下发展旅游专卖市场。对投建或新开设的营业面积超过 1000 平方米且旅游商品营业面积超过 500 平方米的旅游专卖市场，根据投资额及经营规模大小按最低标准减半征收直至免收县级各项行政事业性收费，其他经营性服务收费按最低标准收取。

支持旅行社发展壮大。对新设立的国际旅行社或国内旅行社升格为国际旅行社的，给予 5 万元的奖励；根据县内旅行社接待的游客数及县外旅行社组织到东山的游客数，经过对游客在东山过夜人次、景区门票贡献率、完税率以及旅行社安全、优质服务等综合考评且游客量年增长 15%以上的，评出县内旅行社前三名和县外旅行社前三名，分别给予 3 万元、2 万元、1 万元的奖励。鼓励酒店积极评星提升档次。对评定为四星级酒店的奖励 5 万元，评定为五星级酒店的奖励 10 万元。奖励资金从县政府支持旅游产业发展的专项资金中列支一次性奖励。

鼓励和支持社会、集体、个人及外商投资开发旅游专线或旅游客运班车。对旅游企业符合标准的非线路营运旅游车辆，三年内免征客运附加费。公安、交通、交警等部门要采取措施，保证到东山的旅游车辆便利、快捷进出，对旅游车辆开辟“绿色通道”。对星级宾馆(饭店)的用水实行居民用水价格。外商投资企业暂不征收城市维护建设税和教育费附加。

七、加强市场监管，提高服务质量

加强旅游执法队伍建设，充实完善东山县旅游质量监督管理所，强化旅游市场监管。加强旅游运输、消防、安全、商品和服务价格、食品卫生等方面的管理，确保旅游市场健康稳步发展。完善旅行社、宾馆、酒店的管理，加强旅游行业诚信教育和职业道德教育，提高旅游管理水平和服务质量。公安、工商、卫生、环保、文化、消防等部门对旅游企业要规范执法行为，文明执法。

加大旅游从业人员的岗前和岗位培训力度，鼓励旅游从业人员参加国家、省、市旅游管理的培训教育，提高旅游从业人员素质。加强与外地旅游专业院校的联合，建设良好的用人机制，吸引、用好、留住各类旅游人才。

八、加强组织领导，强化保障措施

县委、县政府加强对旅游产业发展的领导，及时调整充实“东山县旅游产业发展领导小组”，对旅游产业发展进行指导、协调，制定旅游产业发展措施，处理解决旅游发展中的问题。

各镇要把旅游发展列入经济社会发展的目标，明确相应的旅游发展任务，协调本镇旅游发展中的有关问题。各区、镇引入的旅游发展项目，旅游经济开发区要及时介入，提供全程服务，促成项目落地。要切实改变旅游资源分割、力量分散、重复建设、多头管理等现象，形成旅游业发展的强大合力，在全县形成“大旅游”的发展格局。

各部门要立足本身实际，围绕旅游产业发展需要，配合做好各种宣传促销活动，加强与旅游部门、旅游企业的沟通与联系，服务旅游产业发展。

理顺旅游经济开发区机制体制。充实调整完善旅游经济开发区的人员队伍，提高整体的管理水平。以省政府批准的旅游经济开发区 58 平方公里的规划范围为发展目标，由旅游经济开发区管委会行使以下职责：一是负责全县旅游项目建设；二是会同规划主管部门组织制订区内规划并参与规划管理；三是组织区内投资项目的审核转报，指导并管理产业布局。

公安、建设、市容管理、环保、海洋与渔业、国土资源、林业以及七个镇要抓好沿海岸线乱养殖、乱采沙、乱占林地、乱搭盖等破坏旅游资源和环境行为的整治，重点抓好南门湾、马銮湾、金銮湾的“三湾”整治，营造优美的旅游发展环境。

索　引

说明

1. 本索引按字主题词首字汉语拼音字母顺序排列，同音词按声调排列，第一字相同的，则按第二字音序序排列，依次类推。

2. 索引条目的阿拉伯数字表示本书的页码。

3. 本卷中“概述”“大事记”“人物”及附录不列入索引范围。

一、要目索引

A

B

C

K

P

Q

R

S

Z

二、图表索引

编纂始末

2006年8月，东山县地方志编纂委员会根据中共福建省委、省人民政府关于开展第二轮修志的工作部署和福建省、漳州市地方志编纂委员会的具体要求，拟定《东山县志（1989—2005）》编写目录。2007年1月，中共东山县委办公室、东山县人民政府办公室联合转发《东山县地方志编纂委员会〈关于开展第二轮《东山县志》编纂工作意见〉的通知》，同年4月2日，县政府召开《东山县志（1989—2005）》编纂工作会议。参加会议的有全县各部委办局、事业单位、乡镇、群众团体、志稿撰写人员和县方志委全体工作人员共200多人。会上，副县长吴芳华部署了编修县志工作，把开展第二轮修志工作任务落实各单位，要求各有关单位在年内提交1989—2005年的修志资料。9月4日，县政府发布《关于征集修志资料的公告》，在全县征集第二轮修志资料。

2008年8月，为进一步推动全县续修县志工作，县政府召开全县第二轮《东山县志》编纂工作督查会议。会上通报全县112个修志单位工作情况，要求各有关修志单位加快资料稿编写进程。10月，县政府决定组建第二轮编修《东山县志》编纂组（共11人），同时，决定将《东山县志》下限延至2008年12月。于是，全县各有关修志单位再编写补充2006—2008年度的资料内容。

2009年6月，多数修志单位已完成志书资料编写工作并将资料稿移交到县方志委。县方志委决定举行编纂人员业务会议，学习修志常识和《地方志工作条例》《志书质量规定》等，进行编辑分工，研究并初定县志各卷、章、节，编写目录。至此，县志进入分卷编辑工作阶段。各分卷编辑根据县志的编写目录和资料稿有关情况及时增补资料，以弥补部门单位的资料不足，完善资料编写内容。

2011年起，陆续有编辑人员写成分卷初稿送交准备总纂。2012年10月至2017年12月，县志编辑工作进入总纂阶段。其间，总纂工作时断时续，一切与总纂工作有关业务均由黄启注、沈建顺负责完成。为把握志稿内容的准确性、完整性和保密意见，自2013年4月起至2016年3月，总纂人员陆续将总纂完成的县志分卷送相关部门单位审稿，征求意见与建议，定期收回稿件做进一步补充修改。2015年夏季，经总纂编修绝大部分县志分卷完成初稿。省市地方志编委会检查工作时，建议将“对外对台贸易合作”卷拆分为两部分，将其中的对外贸易合作部分与“国内贸易与服务业”卷合并，卷名改为“商贸与服务业”；将其中的对台贸易合作部分并入“与台湾关系”。将“与台湾关系”和“侨务外事”两卷合并，卷名改为“对台事务·侨务外事”。将“民政事务”和“军事”两卷合一，卷名设置为“民政　军事”。县志总纂接受意见并进行修改。修改后《东山县志（1989—2008）》由原来设置的专业志34卷，调整为专业志31卷，专业志设置比原来减少3卷。同时，对“城乡建设”“工业”“口岸管理”“综合经济管理”“中共地方组织”“金融”等卷的一些章、节进行调整，补充资料，重新编写；重新校对各卷统计数据。2016年10月，全部县志稿总纂工作基本完成。

2017年1月起，县地方志编委会整理全部志稿（总概述、大事记、专志31卷），完成《东山县志（1989—2008）》评审稿工作，向县政府和漳州市方志委报告县志工作进度、质量等情况，建议召开《东山县志（1989—2008）》稿评议会。此建议得到同意，随即印制全部志稿，分送省市方志委、漳州市各县（市、区）及友邻市县方志委，邀请方志领导、专家评议《东山县志（1989—2008）》稿。

2018年1月4—5日，县政府召开“《东山县志（1989—2008）》稿评议会”。参加评议会的有省地方志委员会领导、县志辅导处处长、市地方志委员会领导与编辑人员、厦门、南平、龙岩、三明等地的地方志委员会和漳州市各县（市、区）方志委的领导和编辑人员共 25 人，本县参加评议的有县政府常务副县长王文生、县地方志委员会工作人员、县志编辑人员共 19 人。评议会肯定了县志志稿质量较好，其特色、优点较明显；同时着重指出志稿存在的缺点、弱点，并提出修改完善的意见、建议，具体修改意见建议共 167 条。

县志稿评议会后，总纂人员认真讨论评议意见建议，统一认识，肯定绝大部分意见建议很好，并分工进行修改：调整章节结构，增加特色资料，补充资料不足；注重材料交叉关系处理，做到详略各有不同，并逐卷一一落实。同时，对自我发现的某些分卷中存在的问题也并做相应的修改。每卷志稿修改完成后，由县方志委领导审查通过。经过 10 个多月的修改、补充校对资料，整部县志送审稿已基本完成，可以报送中共漳州市委党史和地方志研究室审查验收。2019 年 1 月，根据省政府颁布的福建省《实施〈地方志工作条例〉办法》，县政府向市委史志室报送《东山县志（1989—2008）》送审稿，申请审查验收。2 月，市委史志室成立《东山县志（1989—2008）》审稿验收小组，对县志送审稿进行审查。其间，县志总纂人员对县志送审稿进行再次自查自修，逐卷过关。6 月，市委史志室完成对《东山县志（1989—2008）》送审稿的审查工作，向县委史志室提交修改意见。县志纂人员全面实施市审稿意见建议，结合自我发现的问题进行补充修改。于当年 12 月，县政府批准《东山县志（1989—2008）》再次向市委史志室报送修改后的《东山县志（1989—2008）》复审稿。

2020 年 2 月 5 日，市委史志室下达《东山县志稿复审意见》，中共东山县委党史和地方志研究室组织总纂人员再次研究修改并上报，3 月 31 日，市委史志室同意《东山县志（1989—2008）》复审稿可定稿付印。

编纂《东山县志（1989—2008）》是一项规模宏大的文化工程，是在县委、县政府领导下各部门通力合作，地方志工作者辛勤耕耘、无私奉献取得的成果。在编纂过程中，得到省市方志委专家的精心指导，得到县统计局、县档案局、县保密局、各承编单位领导和主笔和社会各界人士大力支持。在此，谨向关心和支持本志编纂工作的各级领导、专家学者、修志同仁以及社会各界人士表示衷心的感谢！向两位逝世同仁：沈快生、林惠生表示哀悼。

由于编纂水平所限，志书内容丰富繁杂，难免有疏漏差错和不足之处，敬请读者和专家批评指正。

中共东山县委党史和地方志研究室
2020 年 2 月 16 日

《东山县志（1989—2008）》各卷编辑与提供资料人员名单

卷序	卷名	编辑人员	提供资料人员
	图　片	沈建顺	陈培峰　陈春亮　陈锦生　林麟浪　林锡源　许照临　黄辉全　徐　凌　陈志铭　林添生
卷　首	凡例　概述	黄启注	
	大事记	李玉聪	
第一卷	政区与自然环境	李玉聪	林朝钐　刘文钟　沈龙保　陈松华　欧旭红　林建华　曾国清　沈跃峰　林宏坤　朱春添　张惠英　吴钦生　吴云宜　林平才　林庆强　谢雄魁
第二卷	人　口	黄克桐	曹明福　林龙顺
第三卷	环境保护	李玉聪	许培斌　林漳东
第四卷	城乡建设	沈建顺	欧洪东　黄智福　林小华
第五卷	交通　邮政　通信	沈建顺	陈汉川　谢秋炎　林晓娜　沈康生　徐长华　李德发　张彩云　林妙群　郭延东　黄明慧　王泽俊　林寿喜
第六卷	水　利	沈建顺	黄振池　朱春添
第七卷	渔　业	沈建顺	陈锦坤　陈章群　邱建发
第八篇	农　业	林平才	林雷春　陈成伟
第九卷	林　业	林平才	林平才
第十卷	工　业	杨宝孝　沈建顺	杨宝孝　沙世雄　刘德金　林振生　林石文　黄辉全　陈晓莹
第十一卷	商贸与服务业	杨宝孝　孙丹义　沈建顺	姚汉忠　孙丹义　陈志强　林长华　沈钦松　方文斌　郑丽贞　方琼瑶　黄辉全
第十二卷	旅游业	陈锦生	陈锦香　曾琼梅
第十三卷	金　融	沈钦松	张丽君　张国发　张东春　陈色川　朱耀文　李金荣　沈　莲　陈力红　刘木钦　王丽敏
第十四卷	财政　税务	刘泽金　谢惠英	沈艺峰　陈桂喜　游友来　陈朝和
第十五卷	口岸管理	蔡坤通	张建洋　蔡伟强　徐维彬　吴财平　黄炳钦　黄海毅　张艺真

续表

卷序	卷名	编辑人员	提供资料人员
第十六卷	综合经济管理	沈建顺	陈伯辉 陈振山 刘泽金 陈剑寒 沈惠敏 朱建东 蔡聪泉 吴启样 林宏坤 陈自强 陈志强
第十七卷	中共地方组织	沈快生 沈钦松	林　彤 林文旭 王旭端 蔡远滨 林宏辉 林坤生 林淑雁 林燕晖 佘全添 肖景春 朱冬琼 朱文明 李爱华 黄进喜 吴长林 王志勇 谢汉杰 陈松炎
第十八卷	地方人民代表大会	陈锦生	翁鸿超
第十九卷	地方人民政府	沈快生 沈钦松	林火坤 陈松华 肖景春
第二十卷	政协地方组织	林惠生 沈钦松	林惠生
第二十一卷	社会团体	陈锦生	黄炳钦 陈明泉 欧艺英 方少华 沈春鸣 黄首发 颜国川 洪镇钦 林学东 陈爱华 林雄平 汤可恩 马荣顺 谢武全 沈联生 朱朝忠 黄扶国 林秀龙
第二十二卷	法　治	沈钦松	沈天来 林东升 颜江滨 张福强 林东鑫 许宜钦 林通明 郭慧君
第二十三卷	民政 军事	沈建顺	朱顺义 林亦光 詹庆富 朱秀平 杨松国
第二十四卷	人力资源和社会保障	沈建顺	朱朝忠 肖景春 林文聪 朱碧华
第二十五卷	台港澳事务·侨务·外事	孙丹义	黄松添 张兴松 孙丹义
第二十六卷	教　育	林定泗 李剑卿	林定泗 彭永泉
第二十七卷	科学技术	孙英龙 李剑卿	杨建文 沈春鸣
第二十八卷	文化体育	孙英龙	陈来兴 陈爱华 林国山 许锦茹 林明添 张嘉玲 沈建顺
第二十九卷	医药卫生	沈建顺	王志勇 林书茵
第三十卷	宗教信仰风俗	林长华	
	人　物	黄启注	
编　末	附录 索引 编纂始末	沈建顺 黄启注	
	文稿校对	沈建顺	

说明：本志部分图片、资料的作者不详未予署名，获知后将在下一轮修志时给予补遗